DIREITO EMPRESARIAL SISTEMATIZADO

Tarcisio Teixeira

DIREITO EMPRESARIAL SISTEMATIZADO

Teoria, jurisprudência e prática

Inclui **MATERIAL SUPLEMENTAR**

13ª edição
2025

- O autor deste livro e a editora empenharam seus melhores esforços para assegurar que as informações e os procedimentos apresentados no texto estejam em acordo com os padrões aceitos à época da publicação, *e todos os dados foram atualizados pelo autor até a data de fechamento do livro.* Entretanto, tendo em conta a evolução das ciências, as atualizações legislativas, as mudanças regulamentares governamentais e o constante fluxo de novas informações sobre os temas que constam do livro, recomendamos enfaticamente que os leitores consultem sempre outras fontes fidedignas, de modo a se certificarem de que as informações contidas no texto estão corretas e de que não houve alterações nas recomendações ou na legislação regulamentadora.

- Fechamento desta edição: 14/01/2025

- O autor e a editora se empenharam para citar adequadamente e dar o devido crédito a todos os detentores de direitos autorais de qualquer material utilizado neste livro, dispondo-se a possíveis acertos posteriores caso, inadvertida e involuntariamente, a identificação de algum deles tenha sido omitida.

- Direitos exclusivos para a língua portuguesa
  Copyright ©2025 by
  Saraiva Jur, um selo da SRV Editora Ltda.
  Uma editora integrante do GEN | Grupo Editorial Nacional
  Travessa do Ouvidor, 11
  Rio de Janeiro – RJ – 20040-040

- **Atendimento ao cliente: https://www.editoradodireito.com.br/contato**

- Reservados todos os direitos. É proibida a duplicação ou reprodução deste volume, no todo ou em parte, em quaisquer formas ou por quaisquer meios (eletrônico, mecânico, gravação, fotocópia, distribuição pela Internet ou outros), sem permissão, por escrito, da **SRV Editora Ltda.**

- Capa: Lais Soriano
  Diagramação: Fabricando Ideias Design Editorial

- **DADOS INTERNACIONAIS DE CATALOGAÇÃO NA PUBLICAÇÃO (CIP)**
  VAGNER RODOLFO DA SILVA – CRB-8/9410

T266d Teixeira, Tarcisio
Direito Empresarial Sistematizado / Tarcisio Teixeira. – 13. ed. – São Paulo: Saraiva Jur, 2025.

648 p.
ISBN 978-85-5362-421-8

1. Direito. 2. Direito Empresarial. I. Título.

	CDD 346.07
2024-4664	CDU 347.7

Índices para catálogo sistemático:
1. Direito Empresarial   346.07
2. Direito Empresarial   347.7

AGRADECIMENTOS

Graças a Deus:

por me permitir encontrar sentido na vida, em especial pelo casamento e pelos filhos; e, ainda sim, conseguir publicar mais este livro e suas reedições;

pela minha esposa e eterna namorada, Veridiana, pela infinita paciência e pelas privações em razão do meu ofício; suporte indispensável;

pelos meus pais, Tarcisio e Eunice, sobretudo em razão das preces;

pelos meus conselheiros, Fábio e Oswaldo, que por inspiração divina me ajudaram a orar, a confiar, a atuar e a dividir meu tempo;

pela Cleide Forastieri e demais profissionais da Editora Saraiva, por acreditarem no meu trabalho;

pelo Professor Haroldo M. D. Verçosa, por me iniciar e auxiliar no desenvolvimento acadêmico;

pelos colegas e/ou assistentes Alessandra de Oliveira, Aline Kurahashi, Américo Ribeiro Magro, André Pedroso Kasemirski, Cristian Santos, Francielli da Costa, Gregory Tonin Maldonado, Guilherme Prado B. de Haro, Hugo Crivilim Agudo, Isabela Cristina Sabo, Isadora de Souza Fonseca, João Borducchi Aguiar, José Eduardo Balera, Karina Cocatto, Luciano Godoi Martins, Luis H. Toniolo S. Silva, Maria Angélica Lozam, Maryele Berbel, Mayara Araújo, Rodolfo Ignácio Aliceda, Uiara Vendrame Pereira, Vinicius Cheliga, Pedro Alberto Maciel Filho, Fernanda Shimomura Zuffa, João Vitor Conti Parron, Brenda Carolina Mugnol, Luciano Carvalho Mucio e Paulo Henrique W. Barbosa pelo apoio acadêmico;

pelos leitores que gentilmente puderem nos informar acerca de eventuais atualizações e/ou imperfeições nesta obra por meio do canal: tarcisio@privacidadegarantida.com.br.

RELAÇÃO DE OBRAS E ARTIGOS PUBLICADOS PELO AUTOR

Livros publicados (individualmente):

1. TEIXEIRA, Tarcisio. *Direito digital e processo eletrônico*. 9. ed. São Paulo: Saraiva, 2025.
2. TEIXEIRA, Tarcisio. *LGPD e e-commerce*. São Paulo: Saraiva, 2021.
3. TEIXEIRA, Tarcisio. *Direito empresarial sistematizado*: doutrina, jurisprudência e prática. 10. ed. São Paulo: Saraiva, 2022.
4. TEIXEIRA, Tarcisio. *Direito empresarial sistematizado*: doutrina, jurisprudência e prática. 8. ed. São Paulo: Saraiva, 2019.
5. TEIXEIRA, Tarcisio. *Manual da compra e venda*: doutrina, jurisprudência e prática. 3. ed. São Paulo: Saraiva, 2018.
6. TEIXEIRA, Tarcisio. *Direito empresarial sistematizado*: doutrina, jurisprudência e prática. 7. ed. São Paulo: Saraiva, 2018.
7. TEIXEIRA, Tarcisio. *Curso de direito e processo eletrônico*: doutrina, jurisprudência e prática. 4. ed. São Paulo: Saraiva, 2018.
8. TEIXEIRA, Tarcisio. *Direito empresarial sistematizado*: doutrina, jurisprudência e prática. 6. ed. São Paulo: Saraiva, 2017.
9. TEIXEIRA, Tarcisio. *Direito empresarial sistematizado*: doutrina, jurisprudência e prática. 5. ed. São Paulo: Saraiva, 2016.
10. TEIXEIRA, Tarcisio. *Marco civil da internet*: comentado. São Paulo: Almedina, 2016.
11. TEIXEIRA, Tarcisio. *Comércio eletrônico*: conforme o Marco Civil da Internet e a regulamentação do e-commerce. São Paulo: Saraiva, 2015.
12. TEIXEIRA, Tarcisio. *Compromisso e promessa de compra e venda*: distinções e novas aplicações dos contratos preliminares. 2. ed. São Paulo: Saraiva, 2015.
13. TEIXEIRA, Tarcisio. *Curso de direito e processo eletrônico*: doutrina, jurisprudência e prática. 3. ed. São Paulo: Saraiva, 2015.
14. TEIXEIRA, Tarcisio. *Direito empresarial sistematizado*: doutrina, jurisprudência e prática. 4. ed. São Paulo: Saraiva, 2015.
15. TEIXEIRA, Tarcisio. *Curso de direito e processo eletrônico*: doutrina, jurisprudência e prática. 2. ed. atual. e rev. São Paulo: Saraiva, 2014.

16. TEIXEIRA, Tarcisio. *Direito empresarial sistematizado*: doutrina, jurisprudência e prática. 3. ed. São Paulo: Saraiva, 2014.
17. TEIXEIRA, Tarcisio. *Compromisso e promessa de compra e venda*: distinções e novas aplicações do contrato preliminar. São Paulo: Saraiva, 2013.
18. TEIXEIRA, Tarcisio. *Curso de direito e processo eletrônico*: doutrina, jurisprudência e prática. São Paulo: Saraiva, 2013.
19. TEIXEIRA, Tarcisio. *Direito empresarial sistematizado*: doutrina e prática. 2. ed. São Paulo: Saraiva, 2013.
20. TEIXEIRA, Tarcisio. *Direito empresarial sistematizado*: doutrina e prática. São Paulo: Saraiva, 2011.
21. TEIXEIRA, Tarcisio. *Direito eletrônico*. São Paulo: Juarez de Oliveira, 2007.

Livros organizados e em coautoria:
22. TEIXEIRA, Tarcisio; ALICEDA, Rodolfo Ignácio; KASEMIRSKI, André Pedroso. *Empresas e Implementação da LGPD – Lei Geral de Proteção de Dados Pessoais*. 2. ed. *Salvador*: Juspodivm, 2022.
23. TEIXEIRA, Tarcisio; STINGHEN, João Rodrigo de Morais et. al. (Coords.). *LGPD e Cartórios*: implementação e questões práticas. São Paulo: Saraiva, 2021.
24. TEIXEIRA, Tarcisio; ARMELIN, Ruth Maria Guerreiro da Fonseca. *Lei Geral de Proteção de Dados Pessoais*: comentada artigo por artigo. 4. ed. São Paulo: Saraiva, 2022.
25. TEIXEIRA, Tarcisio; MAGRO, Américo Ribeiro (Coords.). *Proteção de dados*: fundamentos jurídicos. 2. ed. Salvador: Juspodivm, 2021.
26. TEIXEIRA, Tarcisio; CHELIGA, Vinicius. *Inteligência artificial*: aspectos jurídicos. 3. ed. Salvador: Juspodivm, 2021.
27. TEIXEIRA, Tarcisio; RODRIGUES, Carlos Alexandre. *Blockchain e criptomoedas*: aspectos jurídicos. 2. ed. Salvador: Juspodivm, 2021.
28. TEIXEIRA, Tarcisio; LOPES, Alan Moreira; TAKADA, Thalles (Coords.). *Manual jurídico da inovação e das startups*. 3. ed. Salvador: Juspodivm, 2021.
29. TEIXEIRA, Tarcisio; ARMELIN, Ruth Maria Guerreiro da Fonseca. *Lei Geral de Proteção de Dados Pessoais*: comentada artigo por artigo. 2. ed. Salvador: Juspodivm, 2020.
30. TEIXEIRA, Tarcisio; MAGRO, Américo Ribeiro (Coords.). *Proteção de dados*: fundamentos jurídicos. Salvador: Juspodivm, 2020.
31. TEIXEIRA, Tarcisio; LOPES, Alan Moreira; TAKADA, Thalles (Coords.). *Manual jurídico da inovação e das startups*. 2. ed. Salvador: Juspodivm, 2020.
32. TEIXEIRA, Tarcisio; CHELIGA, Vinicius. *Inteligência artificial*: aspectos jurídicos. 2. ed. Salvador: Juspodivm, 2020.
33. TEIXEIRA, Tarcisio; LOPES, Alan Moreira (Coords.). *Startups e inovação*: direito no empreendedor (entrepreneurship law). 2. ed. São Paulo: Manole, 2020.
34. TEIXEIRA, Tarcisio; CHELIGA, Vinicius. *Inteligência artificial*: aspectos jurídicos. Salvador: Juspodivm, 2020.
35. TEIXEIRA, Tarcisio; ARMELIN, Ruth Maria Guerreiro da Fonseca. *Lei Geral de Proteção de Dados Pessoais*: comentada artigo por artigo. Salvador: Juspodivm, 2019.
36. TEIXEIRA, Tarcisio; RODRIGUES, Carlos Alexandre. *Blockchain e criptomoedas*: aspectos jurídicos. Salvador: Juspodivm, 2019.
37. TEIXEIRA, Tarcisio; LOPES, Alan Moreira; TAKADA, Thalles (Coords.). *Manual jurídico da inovação e das startups*. Salvador: Juspodivm, 2019.
38. TEIXEIRA, Tarcisio; LOPES, Alan Moreira (Coords.). *Startups e inovação*: direito no empreendedor (entrepreneurship law). São Paulo: Manole, 2017.
39. TEIXEIRA, Tarcisio; LIGMANOVSKI, Patrícia. A. C. (Coords.). *Arbitragem em evolução*: aspectos relevantes após a reforma da lei arbitral. São Paulo: Manole, 2017.
40. TEIXEIRA, Tarcisio; BATISTI, Beatriz; SALES, Marlon de. *Lei anticorrupção*: comentada dispositivo por dispositivo. São Paulo: Almedina, 2016.

41. TEIXEIRA, Tarcisio; LOPES, Alan Moreira (Coords.). *Direito das novas tecnologias*: legislação eletrônica comentada, *mobile law* e segurança digital. São Paulo: RT, 2015.
42. TEIXEIRA, Tarcisio; SZTAJN, Rachel; SALLES, Marcos Paulo de Almeida (Coords.). *Direito empresarial*: estudos em homenagem ao Prof. Haroldo Malheiros Duclerc Verçosa. São Paulo: IASP – Instituto dos Advogados de São Paulo, 2015.

Capítulos em obras coletivas:
43. TEIXEIRA, Tarcisio. Democracia, relações negociais e segurança da urna eletrônica In: *Estudos em direito negocial e democracia*. Birigui, SP: Boreal, 2016. p. 200-220.
44. TEIXEIRA, Tarcisio. Direitos, humanos, trabalho e tecnologia. In: *Estudos em direito negocial*: relações privadas e direitos humanos. Birigui – SP: Boreal, 2015. p. 202-227.
45. TEIXEIRA, Tarcisio. O "Comercialista" e a pioneira tese sobre cooperativas e recuperação de empresas In: *Direito empresarial – estudos em homenagem ao Prof. Haroldo Malheiros Duclerc Verçosa*. São Paulo: IASP – Instituto dos Advogados de São Paulo, 2015. p. 405-424.
46. TEIXEIRA, Tarcisio. Responsabilidade civil no comércio eletrônico: a livre iniciativa e a defesa do consumidor. In: *Direito & Internet III*: Marco Civil da Internet (Lei n. 12.965/2014) – Tomo II. São Paulo: Quartier Latin, 2015. v. 3. p. 341-375.
47. TEIXEIRA, Tarcisio. Aplicação do Código de Defesa do Consumidor às compras celebradas eletronicamente: uma visão da análise econômica do direito. In: *Estudos em direito negocial e relações de consumo*. Birigui – SP: Boreal, 2013. p. 179-199.
48. TEIXEIRA, Tarcisio. Os interesses das empresas e dos empregados no uso do e-mail. In: *Direito & Internet II*: aspectos jurídicos relevantes. São Paulo: Quartier Latin, 2008. v. 2. p. 680-694.

Artigos publicados em Revistas e Periódicos:
49. TEIXEIRA, Tarcisio. Intermediação no comércio eletrônico: responsabilidade e diligência média. *Revista dos Tribunais* (São Paulo. Impresso), v. 957, p. 345-360, 2015.
50. TEIXEIRA, Tarcisio. Wi-fi – riscos e aspectos jurídicos. *Carta Forense*, v. 1, p. 16-17, 2015.
51. TEIXEIRA, Tarcisio. Wi-fi – riscos e limites da responsabilidade pelo compartilhamento. *Revista dos Tribunais* (São Paulo. Impresso), v. 961, p. 19-34, 2015.
52. TEIXEIRA, Tarcisio. A duplicata virtual e o boleto bancário. *Revista da Faculdade de Direito* (USP), v. 109, p. 617-642, 2014.
53. TEIXEIRA, Tarcisio. A organização da empresa rural e o seu regime jurídico. *Revista de Direito Empresarial*, v. 2, p. 15-40, 2014.
54. TEIXEIRA, Tarcisio. Aspectos atuais do e-commerce. *Carta Forense*, v. 138, p. 8-9, 2014.
55. TEIXEIRA, Tarcisio. Marco Civil da Internet e regulamentação do comércio eletrônico. *Revista Tributária das Américas*, v. 8, p. 10-12, 2014.
56. TEIXEIRA, Tarcisio. O STJ e a responsabilidade dos provedores. *Revista de Direito Empresarial*, v. 5, p. 303-329, 2014.
57. TEIXEIRA, Tarcisio. Os títulos de crédito eletrônicos são viáveis?. *Revista de Direito Empresarial*, v. 4, p. 65-86, 2014.
58. TEIXEIRA, Tarcisio. Nome empresarial. *Revista da Faculdade de Direito* (USP), v. 108, p. 271-299, 2013.
59. TEIXEIRA, Tarcisio. A recuperação judicial de empresas. *Revista da Faculdade de Direito* (USP), v. 105, p. 402-430, 2012.
60. TEIXEIRA, Tarcisio. Contratos eletrônicos empresariais e o Código Civil. *Carta Forense*, v. 96, p. 18-18, 2011.
61. TEIXEIRA, Tarcisio. Estabelecimento empresarial virtual: regime jurídico. *Revista de Direito Mercantil Industrial, Econômico e Financeiro*, v. 157, p. 167-175, 2011.
62. TEIXEIRA, Tarcisio. Título de crédito eletrônico. *Carta Forense*, v. 97, p. 25-25, 2011.
63. TEIXEIRA, Tarcisio. Arras ou sinal nos contratos empresariais: um estudo do regime jurídico do Código Civil de 2002. *Revista de Direito Mercantil Industrial*, Econômico e Financeiro, v. 142, p. 197-202, 2008.

64. TEIXEIRA, Tarcisio. Contrato preliminar empresarial. *Revista da Faculdade de Direito* (USP), v. 101, p. 699-743, 2008.
65. TEIXEIRA, Tarcisio. Inadimplemento nos contratos empresariais: um estudo sobre a mora e as perdas e danos no Código Civil de 2002. *Revista de Direito Mercantil Industrial, Econômico e Financeiro*, v. 141, p. 263-274, 2007.
66. TEIXEIRA, Tarcisio. Internet: o conceito de provimento de acesso para fins tributários. *Revista Tributária e de Finanças Públicas*, v. 71, p. 119-146, 2006.
67. TEIXEIRA, Tarcisio. Tributação dos provedores de Internet. *Revista de Estudos Tributários* (Porto Alegre), v. 52, p. 137-160, 2006.
68. TEIXEIRA, Tarcisio. Cancelamento de contrato de seguro por sinistralidade sazonal – abusividade – aplicação do CDC. *Revista de Direito Mercantil Industrial, Econômico e Financeiro*, v. 139, p. 271-278, 2005.
69. TEIXEIRA, Tarcisio. Obrigações e contratos empresariais no novo Código Civil: o contrato preliminar e o contrato com pessoa a declarar. *Revista de Direito Mercantil Industrial, Econômico e Financeiro*, v. 137, p. 259-276, 2005.

Artigos em coautoria:
70. TEIXEIRA, Tarcisio; AGUDO, Hugo Crivilim. As limitações da utilização de mecanismos de big data à luz da lei geral de proteção de dados pessoais. In: *Proteção de dados: fundamentos jurídicos*. Salvador: Juspodivm, 2020. p. 229-265.
71. TEIXEIRA, Tarcisio; BOCHI, Bruno Vincentin. Criptomoedas: uma análise sobre a viabilidade de sua regulação. Revista dos Tribunais, v. 1.000, p. 699-725, 2019.
72. TEIXEIRA, Tarcisio; PEREIRA, Uiara Vendrame. Inteligência artificial: a quem atribuir responsabilidade? *Revista de Direitos e Garantias Fundamentais* (Faculdade de Direito de Vitória), v. 20, n. 3, p. 119-142, 2019.
73. TEIXEIRA, Tarcisio; ROSA, Davi Misko S. Atentado na escola em Suzano: reflexões à luz do direito eletrônico. *Revista dos Tribunais*, v. 1.004, p. 417-423, 2019.
74. TEIXEIRA, Tarcisio; MENEZES JUNIOR, Eumar Evangelista de. Miguel Reale: memória e justificativas para a inserção do direito de empresa na codificação do homem comum. In: *Sociedade e direitos humanos: a filosofia aplicada – v. 2*. São Paulo: Fonte, 2020. p. 245-269.
75. TEIXEIRA, Tarcisio; LOPES, Alan Moreira. Direito no empreendedorismo: entrepreneurship law. In: *Startups e Inovação*: direito no empreendedor (entrepreneurship law). São Paulo: Manole, 2017. p. 65-83.
76. TEIXEIRA, Tarcisio; VERCOSA, Haroldo Malheiros Duclerc; SABO, Isabela Cristina. Litígios do comércio eletrônico e arbitragem eletrônica: aspectos da lei da arbitragem reformada. In: *Arbitragem em evolução*: aspectos relevantes após a reforma da lei arbitral. São Paulo: Manole, 2017. p. 181-203.
77. TEIXEIRA, Tarcisio; MORETTI, Vinicius. D. Aspectos econômicos do conflito de interesses nas sociedades por ações: análise do caso Tractebel. In: *XXIV ENCONTRO NACIONAL DO CONPEDI – UFS*: Direito empresarial. Florianópolis: CONPEDI, 2015. p. 225-242.
78. TEIXEIRA, Tarcisio; SABO, Isabela Cristina. Os novos cadastros e bancos de dados na era digital: breves considerações acerca de sua formação e do atual tratamento jurídico. In: *XXIV CONGRESSO NACIONAL DO CONPEDI – UFMG/FUMEC/DOM HELDER CÂMARA*: Direito, Governança e novas tecnologias. Florianópolis: CONPEDI, 2015. p. 456-475.
79. TEIXEIRA, Tarcisio; VERCOSA, Haroldo Malheiros Duclerc. Arbitragem eletrônica. In: *Estudos em direito negocial e os meios contemporâneos de solução de conflitos*. Birigui – SP: Boreal, 2014. v. 1. p. 155-181.
80. TEIXEIRA, Tarcisio; LEAO, Luana C. A necessidade do desenvolvimento de uma governança global do e-commerce. *SCIENTIA IURIS* (UEL), v. 21, p. 269-291, 2017.

81. TEIXEIRA, Tarcisio; ATIHE, Lucas. Contratos de software: apontamentos sobre suas espécies. *Revista dos Tribunais* (São Paulo. Impresso), v. 976, p. 200-220, 2017.

82. TEIXEIRA, Tarcisio; SABO, Isabela Cristina. A Convenção de Viena sobre Contratos de Compra e Venda Internacional: implicações no comércio eletrônico brasileiro. *Scientia Iuris* (on-line), v. 20, p. 177-202, 2016.

83. TEIXEIRA, Tarcisio; SABO, Isabela Cristina. Democracia ou autocracia informacional? O papel da Internet na sociedade global do século XXI. *Revista de Direito, Governança e Novas Tecnologias*, v. 2, p. 39-54, 2016.

84. TEIXEIRA, Tarcisio; SABO, Isabela Cristina. O uso da tecnologia da informação e a validade jurídica dos negócios realizados por crianças e adolescentes: uma análise de sua hipervulnerabilidade nas relações de consumo virtuais. *Revista de Direito do Consumidor*, v. 104, p. 257-282, 2016.

85. TEIXEIRA, Tarcisio; ESTANCIONE, Laura M. B. Propaganda eleitoral pela Internet. *Revista dos Tribunais* (São Paulo. Impresso), v. 969, p. 75-90, 2016.

86. TEIXEIRA, Tarcisio; SABIAO, Tiago. M. S. Reflexões sobre a importância da limitação da responsabilidade nas sociedades limitadas. *Revista de Direito Empresarial*, v. 19, p. 39-64, 2016.

87. TEIXEIRA, Tarcisio; ESTANCIONE, Laura M. B. Urna eletrônica e impressão do registro do voto: o direito eleitoral e a segurança no uso da tecnologia da informação. *Revista dos Tribunais* (São Paulo. Impresso), v. 963, p. 193-211, 2016.

88. TEIXEIRA, Tarcisio; ESTANCIONE, Laura M. B. Urna eletrônica e voto impresso: a segurança no Direito Eleitoral. *Consultor Jurídico* (São Paulo. Online), v. 1, p. 1-1, 2016.

89. TEIXEIRA, Tarcisio; NEUHAUS, Talita A. E-commerce e compras coletivas: a importância da confiança de quem compra. *Revista de Direito Empresarial*, v. 10, p. 175-294, 2015.

90. TEIXEIRA, Tarcisio; FERREIRA, Leandro Taques. Excludentes de responsabilidade além do CDC: o fortuito interno e externo. *Revista de Direito Empresarial*, v. 7, p. 19-34, 2015.

91. TEIXEIRA, Tarcisio; AUGUSTO, Leonardo Silva. O dever de indenizar o tempo desperdiçado (desvio produtivo). *Revista da Faculdade de Direito da Universidade de São Paulo*, v. 110, p. 177-209, 2015.

92. TEIXEIRA, Tarcisio; AGUIAR, João Borducchi. Premissas para um estudo dos títulos de crédito eletrônico: documento eletrônico e prova eletrônica. *Revista de Direito Empresarial*, v. 1, p. 63-74, 2014.

PREFÁCIO

Em curto período o autor traz a lume outra edição do seu *Direito empresarial sistematizado*, com ajustes, atualizações e novos temas que o enriquecem substancialmente.

O autor, desde algum tempo, tem se dedicado com bastante ênfase e proveito à carreira acadêmica, como professor de Direito Comercial na Universidade Estadual de Londrina, unindo a teoria à prática essencial deste ramo do Direito. Não há Direito Comercial tão somente teórico, pois ele diz respeito justamente ao atendimento das necessidades jurídicas diuturnas da atividade mercantil.

Tarcisio Teixeira a cada edição atualiza e inclui o estudo de temas novos, como [outrora] o da empresa individual de responsabilidade limitada (EIRELI) [atualmente revogada], do microempreendedor individual (MEI), da desconsideração *inversa* da personalidade jurídica e da governança corporativa, entre outros, todos atuais e de reconhecida importância.

[À época] a EIRELI nasceu da necessidade de se dar ao pequeno empresário um instrumento apto a lhe permitir exercer sua atividade com a minimização de riscos patrimoniais para o seu patrimônio particular. Como será visto no estudo feito, o instituto nasceu com diversos problemas a serem resolvidos, esperamos que em futuro não muito remoto. À EIRELI se agrega o exame do microempreendedor individual. Quem pensa que a pujança de nossa economia está fundada substancialmente na grande empresa desconhece uma realidade espantosa: os micro e pequeno empreendedores são responsáveis por uma enorme quantidade de empregos e, na soma da sua atividade, movimentam volumoso segmento de nossa economia. Pena que o legislador e os governantes lhe dispensem tão pouca atenção. Afinal de contas, a hoje gigante Microsoft nasceu dentro de uma pequena garagem.

O desgastante tema da desconsideração da personalidade jurídica, que mereceu do legislador no Código Civil de 2002 e do Judiciário um tratamento que pode se dizer indigno, é aqui tratado pelo autor sob outra vertente, a da sua *inversão,* que se revela bastante interessante.

Finalmente, também foi abordada a questão da governança corporativa a respeito da qual muito se tem escrito, a favor e contra. Neste último caso, em vista de falhas gritantes que têm se verificado em grandes empresas, dando a alguns motivos para reclamarem de um custo extremamente elevado para as empresas que a adotam e sem contrapartida justificável. Não se mostra a governança corporativa, evidentemente, como uma panaceia que atenderá sempre adequadamente aos interesses dos que estão *de fora* da administração das sociedades e servirá para proteger os seus interesses. Mas pode-se dizer com tranquilidade que *ruim com ela, muito pior sem ela*, não se podendo descuidar do seu aperfeiçoamento.

Enfim renovada, a obra de Tarcisio Teixeira continua como uma importante referência para o aprendizado do indispensável Direito Comercial.

Haroldo Malheiros Duclerc Verçosa
Mestre, Doutor e Livre-docente em Direito Comercial pela USP. Professor Associado de Direito Comercial da USP. Membro do Centro de Mediação e Arbitragem da Câmara do Comércio Brasil-Canadá. Consultor e advogado.

SUMÁRIO

Agradecimentos V

Relação de obras e artigos publicados pelo autor VII

Prefácio (Haroldo Malheiros Duclerc Verçosa – USP) XIII

Nota à 13ª edição XXIX

Abreviaturas utilizadas XXXI

Capítulo 1

    Direito de empresa (teoria geral) 1

1.1. Introdução ao direito empresarial 1

    1.1.1. Origem e evolução histórica do Direito Empresarial (Comercial) 1

        1.1.1.1. Teoria dos atos de comércio. Mercancia. França 3

        1.1.1.2. Teoria da empresa. Itália 4

        1.1.1.3. O desenvolvimento do Direito Empresarial no Brasil 5

            1.1.1.3.1. Código Comercial de 1850 5

        1.1.1.4. Direito Empresarial, Comercial ou Mercantil 6

    1.1.2. Autonomia, importância e conceito do Direito Empresarial 6

    1.1.3. Objeto do Direito Empresarial 8

        1.1.3.1. Comércio e atividade negocial 9

            1.1.3.1.1. Comércio eletrônico 9

    1.1.4. Fontes 12

        1.1.4.1. Usos e costumes 12

    1.1.5. Livre-iniciativa, ordem econômica e Constituição Federal 13

1.1.5.1.	Declaração de Direitos de Liberdade Econômica	14
1.1.6.	Sub-ramos do Direito Empresarial	18
1.1.7.	Relação com outros ramos do Direito	19
1.1.8.	O Projeto de Código Comercial	20
1.2.	Empresário	21
1.2.1.	Conceito de empresário	21
1.2.2.	Caracterização do empresário	21
1.2.3.	Conceito de empresa e mercado. Perfis da empresa e teoria poliédrica	24
1.2.4.	Empresa e atividade empresarial	25
1.2.5.	Atividade intelectual	26
1.2.5.1.	Científica, literária e artística	27
1.2.5.2.	Concurso de auxiliares ou colaboradores	27
1.2.5.3.	Elemento de empresa	27
1.2.6.	Inscrição, registro e obrigações. Atos constitutivos. Abertura e encerramento	29
1.2.7.	Empresário individual. Os direitos	31
1.2.8.	Sociedade empresária. Princípios. A separação patrimonial e a limitação da responsabilidade	32
1.2.9.	EIRELI – Empresa Individual de Responsabilidade Limitada. O fim	34
1.2.10.	ME – Microempresa e EPP – Empresa de Pequeno Porte	38
1.2.11.	MEI – Microempreendedor Individual (EI – Empreendedor Individual)	40
1.2.12.	Empresa rural. Agronegócio. Atividade futebolística (clubes de futebol)	42
1.2.13.	Atividade futebolística (clubes de futebol)	45
1.2.14.	Empresa irregular, informal ou de fato	46
1.2.15.	*Startups* – Marco Legal	47
1.3.	Capacidade para ser empresário. Emancipação	48
1.3.1.	Impedimentos e incapacidade	48
1.3.1.1.	Falido não reabilitado	49
1.3.1.2.	Funcionário público	49
1.3.1.3.	Militar	50
1.3.1.4.	Devedor do INSS	50
1.3.1.5.	Estrangeiro	50
1.3.1.6.	Incapacidade superveniente	51
1.3.2.	Empresas, empresários, sócios e cônjuges	51
1.4.	Registro	52
1.4.1.	Registro Público de Empresas Mercantis (Junta Comercial) e DREI – Departamento Nacional de Registro Empresarial e Integração	53
1.4.2.	Registro Civil das Pessoas Jurídicas	55
1.4.3.	REDESIM – Rede Nacional para a Simplificação do Registro e da Legalização de Empresas e Negócios	55
1.4.4.	CGSN – Comitê Gestor do Simples Nacional; Fórum Permanente das Microempresas e Empresas de Pequeno Porte; e CGSIM – Comitê para Gestão da Rede Nacional para Simplificação do Registro e da Legalização de Empresas e Negócios	57
1.5.	Estabelecimento	58
1.5.1.	Aviamento	59
1.5.2.	Clientela	60
1.5.3.	Trespasse/alienação	60
1.5.4.	Ponto e fundo de comércio	62

Sumário · XVII

1.5.5.	Ação renovatória	62
1.5.6.	Estabelecimento digital (virtual)	64
1.6.	Nome empresarial e institutos afins	64
1.6.1.	Firma	67
1.6.2.	Denominação	67
1.6.3.	Título de estabelecimento – nome fantasia	68
1.6.4.	Insígnia	69
1.7.	Prepostos	69
1.7.1.	Gerente	70
1.7.2.	Contador/contabilista	70
1.7.2.1.	Responsabilidade do contador	71
1.7.3.	Outros auxiliares. Leiloeiro, tradutor e intérprete público	73
1.8.	Escrituração (contabilidade empresarial)	75
1.8.1.	Demonstrações contábeis. Balanço patrimonial e balanço de resultado econômico	76
1.8.2.	Livros obrigatórios e facultativos	76
1.8.3.	A prova com base na escrituração	77
1.8.4.	Outros aspectos da contabilidade empresarial	78
1.8.5.	Contabilidade eletrônica	79
1.8.5.1.	SPED – Sistema Público de Escrituração Digital	79
1.8.5.1.1.	ECD – Escrituração Contábil Digital	79
1.8.5.1.2.	ECF – Escrituração Contábil Fiscal	79
1.8.5.1.3.	EFD ou EFD ICMS IPI – Escrituração Fiscal Digital do ICMS e IPI	79
1.8.5.1.4.	EFD – Contribuições – Escrituração Fiscal Digital do PIS/PASEP e da COFINS	79
1.8.5.1.5.	EFD-Reinf – Escrituração Fiscal Digital das Retenções e Informações da Contribuição Previdenciária Substituída	79
1.8.5.1.6.	E-Social – Sistema de Escrituração Digital das Obrigações Fiscais, Previdenciárias e Trabalhistas	79
1.8.5.1.7.	NF-e – Nota Fiscal eletrônica (ambiente nacional)	79
1.8.5.1.7.1. DANFE – Documento Auxiliar da Nota Fiscal Eletrônica		79
1.8.5.1.8.	NFS-e – Nota Fiscal de Serviços eletrônica (ambiente nacional)	79
1.8.5.1.9.	NFC-e – Nota Fiscal de Consumidor eletrônica (ambiente nacional)	79
1.8.5.1.10. CT-e – Conhecimento de Transporte eletrônico (ambiente nacional)		79
1.8.5.1.11. E-Financeira		79
1.8.5.1.12. MDF-e – Manifesto Eletrônico de Documentos Fiscais		79
1.8.5.1.13. Outros apontamentos		79
1.8.5.2.	Notas fiscais eletrônicas estaduais e municipais	79
1.8.5.2.1.	Notas fiscais eletrônicas estaduais	79
1.8.5.2.2.	Notas fiscais eletrônicas municipais	79
Questões de exames da OAB e concursos públicos		80

Capítulo 2

Direito societário		**83**
2.1.	Introdução às sociedades	83
2.1.1.	Histórico	83
2.1.2.	Principais expressões societárias	84
2.1.3.	Conceito e natureza. Pessoa jurídica	85

2.1.4.	Personalidade jurídica. A criação da sociedade	86
	2.1.4.1.	Desconsideração da personalidade jurídica	87
		2.1.4.1.1.	Desconsideração inversa (ou invertida)	93
2.1.5.	Dissolução, liquidação e extinção (baixa) de sociedade	95
	2.1.5.1.	Dissolução parcial e exclusão de sócio	96
		2.1.5.1.1.	Morte de sócio	97
		2.1.5.1.2.	Direito de retirada	97
		2.1.5.1.3.	Falta grave	98
		2.1.5.1.4.	Incapacidade superveniente	98
		2.1.5.1.5.	Falência de sócio	99
		2.1.5.1.6.	Sócio devedor	99
		2.1.5.1.7.	Regime jurídico da exclusão e apuração de haveres	99
	2.1.5.2.	Dissolução total	101
	2.1.5.3.	Dissolução irregular	101
	2.1.5.4.	Dissolução regular *v.* autofalência. Partilha entre os credores e os sócios. Extinção	103
	2.1.5.5.	Função social e preservação da empresa	104
2.1.6.	Penhora de quotas e ações, empresa, estabelecimento, faturamento e lucro	105
2.1.7.	Classificação	107
	2.1.7.1.	Sociedades limitadas, ilimitadas e mistas	107
	2.1.7.2.	Sociedades de capital e de pessoas	107
	2.1.7.3.	Sociedades personificadas e não personificadas	108
	2.1.7.4.	Sociedades empresárias e simples (intelectuais)	108
	2.1.7.5.	Quadro com a classificação conforme o Código Civil	109
2.2. Sociedade em comum	109
2.3. Sociedade em conta de participação	111
2.4. Sociedade simples	113
2.4.1.	Contrato social	114
	2.4.1.1.	Cláusulas e requisitos	115
	2.4.1.2.	Pacto separado	115
	2.4.1.3.	Inscrição e Registro Civil das Pessoas Jurídicas	116
	2.4.1.4.	Alterações contratuais	116
	2.4.1.5.	Abertura de filial	116
2.4.2.	Direitos e obrigações dos sócios	117
	2.4.2.1.	Direitos e obrigações contratuais	117
	2.4.2.2.	Direitos e obrigações legais	117
		2.4.2.2.1.	Participação nos lucros e prejuízos	119
2.4.3.	Administração e decisões sociais	119
	2.4.3.1.	Administração	119
		2.4.3.1.1.	Teoria *ultra vires*	121
		2.4.3.1.2.	Teoria da aparência e boa-fé	121
	2.4.3.2.	Decisões sociais. Conflitos de interesses	122
2.4.4.	Relação com terceiros e responsabilidade dos sócios	123
2.4.5.	Resolução da sociedade em relação a um sócio (exclusão de sócio)	123
2.4.6.	Dissolução	123
2.5. Sociedade em nome coletivo	124
2.6. Sociedade em comandita simples	125
2.7. Sociedade limitada	126

Sumário XIX

2.7.1. Disposições preliminares. Sociedade Limitada Unipessoal – SLU 126

2.7.2. Capital social – subscrito e integralizado; aumento e redução. Quotas 128

    2.7.2.1. Quotas preferenciais.. 130

2.7.3. Administração 131

2.7.4. Conselho fiscal 132

2.7.5. Deliberações dos sócios 133

    2.7.5.1. Reunião e assembleia 133

    2.7.5.2. Quadro com quóruns de votação 135

2.7.6. Resolução da sociedade em relação a sócios minoritários (exclusão de sócio) 136

2.7.7. Dissolução.. 137

2.8. Sociedade anônima.. 137

2.8.1. Regime jurídico.. 138

2.8.2. Características 138

    2.8.2.1. Demonstrações financeiras. Publicações 140

    2.8.2.2. Livros sociais. Registros eletrônicos 141

2.8.3. Espécies de sociedade anônima.. 141

    2.8.3.1. Fechada 141

    2.8.3.2. Aberta. IPO 141

2.8.4. Mercado de capitais e valores mobiliários... 142

    2.8.4.1. Sociedades Corretoras 142

    2.8.4.2. Bolsa de Valores – B3 143

    2.8.4.3. Mercado de Balcão... 143

    2.8.4.4. Comissão de Valores Mobiliários – CVM 144

    2.8.4.5. Espécies de valores mobiliários... 145

        2.8.4.5.1. Ações... 145

        2.8.4.5.2. Debêntures 146

        2.8.4.5.3. Bônus de subscrição 146

        2.8.4.5.4. Partes beneficiárias 146

        2.8.4.5.5. *Commercial papers* 146

2.8.5. Ações: regime jurídico e espécies 146

    2.8.5.1. Ordinárias 148

    2.8.5.2. Preferenciais... 148

    2.8.5.3. De fruição ou de gozo 149

2.8.6. Acionista.. 149

    2.8.6.1. Direitos 149

    2.8.6.2. Minoritário... 150

    2.8.6.3. Controlador.. 150

        2.8.6.3.1. Poder de controle 151

        2.8.6.3.2. Função social da empresa 151

        2.8.6.3.3. Abuso do poder de controle 152

    2.8.6.4. Acordo de acionistas 153

2.8.7. Órgãos da companhia 153

    2.8.7.1. Assembleia geral 154

        2.8.7.1.1. Assembleia geral ordinária 155

        2.8.7.1.2. Assembleia geral extraordinária 156

        2.8.7.1.3. Assembleia especial 156

    2.8.7.2. Administração... 156

	2.8.7.2.1.	Conselho de administração	157
	2.8.7.2.2.	Diretoria	158
	2.8.7.2.3.	Deveres dos administradores	158
	2.8.7.2.4.	Responsabilidade dos administradores	159
	2.8.7.2.5.	Ação judicial contra os administradores	160
	2.8.7.3.	Conselho fiscal	161
2.8.8.	Subsidiária integral		162
2.8.9.	*Tag along* e alienação de controle		163
2.8.10.	*Take over* e oferta pública de aquisição do controle de companhia aberta – OPA		163
2.8.11.	Governança corporativa: conceito, princípios e novos segmentos		164

2.9. Sociedade em comandita por ações... 168
2.10. Sociedade cooperativa.. 168
 2.10.1. Áreas de atuação 171
 2.10.2. Cooperativas singulares.. 172
 2.10.3. Cooperativas centrais ou federações de cooperativas 172
 2.10.4. Confederações de cooperativas 172
2.11. Sociedades coligadas, grupos e consórcios 172
 2.11.1. Controladora. *Holding. Offshore*... 172
 2.11.2. Controlada 174
 2.11.3. Filiada.. 174
 2.11.4. Simples participação 174
 2.11.5. Grupo de sociedades (de fato e de direito) 174
 2.11.6. Consórcio de sociedades... 175
2.12. Reorganização societária 176
 2.12.1. Transformação e conversão 177
 2.12.2. Incorporação e fusão – *M&A* e *Due diligence* 178
 2.12.3. Cisão... 178
 2.12.4. *Joint venture* 179
2.13. SPE – Sociedade de propósito específico.. 180
2.14. Sociedade dependente de autorização 181
 2.14.1. Sociedade nacional.. 182
 2.14.2. Sociedade estrangeira 182
2.15. Sociedade de grande porte 183
Questões de exames da OAB e concursos públicos.. 183
Modelos 187
 1º Contrato social de sociedade (Junta Comercial) 187
 2ª Alteração e consolidação de contrato social (Registro Civil das Pessoas Jurídicas)..................... 192

Capítulo 3

Títulos de crédito e meios de pagamento... 199

3.1. Teoria geral dos títulos de crédito.. 199
 3.1.1. Crédito: sua importância. Empresa Simples de Crédito (ESC) 199
 3.1.2. Histórico... 200
 3.1.3. Conceito de título de crédito 201
 3.1.4. Principais expressões cambiárias... 201
 3.1.5. Características 202
  3.1.5.1. Negociabilidade.. 202

3.1.5.2.	Executividade	203
3.1.6.	Princípios cambiários	203
3.1.6.1.	Cartularidade (documentalidade)	203
3.1.6.2.	Literalidade	204
3.1.6.3.	Autonomia	205
3.1.6.3.1.	Abstração	205
3.1.6.3.2.	Inoponibilidade das exceções pessoais aos terceiros de boa-fé	205
3.1.7.	Assinatura eletrônica e certificação digital	206
3.1.7.1.	Assinatura eletrônica simples, avançada e qualificada	209
3.1.8.	Classificação	213
3.2.	Institutos do direito cambiário	215
3.2.1.	Saque	215
3.2.2.	Aceite	216
3.2.2.1.	Aceite limitativo e modificativo	217
3.2.3.	Endosso	217
3.2.3.1.	Endosso *versus* cessão de crédito	218
3.2.3.2.	Espécies de endosso	219
3.2.4.	Aval	220
3.2.4.1.	Aval *versus* fiança	220
3.2.4.2.	Espécies de aval	222
3.2.5.	Vencimento	222
3.2.5.1.	Espécies de vencimento	222
3.2.6.	Pagamento	223
3.2.6.1.	Pagamento parcial	224
3.2.7.	Protesto	224
3.2.7.1.	Protesto facultativo e obrigatório	228
3.2.8.	Ações cambiais	228
3.2.8.1.	Execução de títulos extrajudiciais	229
3.2.8.2.	Ação de regresso (e solidariedade cambial)	229
3.2.8.3.	Ação de anulação/substituição cambial	231
3.2.8.4.	Ação monitória	231
3.2.8.5.	Ação declaratória de inexistência de débito e cancelamento de protesto (com pedido indenizatório e tutela antecipada)	232
3.2.8.6.	Meios de defesa	232
3.2.8.6.1.	Embargos à execução e exceção de pré-executividade	233
3.2.8.6.2.	Prescrição	234
3.3.	Cheque	234
3.3.1.	Regime jurídico	235
3.3.2.	Requisitos	237
3.3.3.	Sustação e revogação	237
3.3.4.	Cheque pré-datado	238
3.3.5.	Cheque cruzado	239
3.3.6.	Cheque administrativo	239
3.3.7.	Cheque visado	239
3.3.8.	Cheque viagem	239
3.3.9.	Cheque sem fundo	240
3.3.10.	"Cheque eletrônico"	240

3.3.11.	Compensação por *smartphone*	241
3.4.	**Duplicata**	**241**
3.4.1.	Regime jurídico	242
3.4.2.	Requisitos	244
3.4.3.	Duplicata virtual. Boleto bancário	245
3.4.3.1.	Duplicata eletrônica (escritural)	247
3.4.4.	Duplicata de prestação de serviços	251
3.4.5.	Duplicata rural	252
3.4.6.	Duplicata simulada	252
3.4.7.	Modelos de duplicata	252
3.5.	**Letra de câmbio**	**253**
3.5.1.	Regime jurídico	254
3.5.2.	Requisitos	254
3.5.3.	Modelos de letra de câmbio	255
3.6.	**Nota promissória**	**255**
3.6.1.	Regime jurídico	256
3.6.2.	Requisitos	257
3.6.3.	Modelos de nota promissória	258
3.7.	**Outros títulos de crédito**	**259**
3.7.1.	Conhecimento de depósito e *warrant*	260
3.7.2.	Certificado de depósito agropecuário (CDA) e *warrant* agropecuário (WA)	260
3.7.3.	Conhecimento de transporte/frete/carga	261
3.7.4.	Cédulas e notas de crédito	262
3.7.4.1.	Rural	262
3.7.4.2.	Industrial	263
3.7.4.3.	Comercial	264
3.7.4.4.	À exportação	265
3.7.4.5.	Imobiliário (CCI)	265
3.7.4.6.	Bancário (CCB)	265
3.7.5.	Cédula Imobiliária Rural (CIR)	266
3.7.6.	Cédula de produto rural (CPR)	267
3.7.7.	Certificado de depósito bancário (CDB)	268
3.7.8.	Letra imobiliária garantida (LIG)	268
3.7.9.	Letra de Crédito do Desenvolvimento (LCD)	269
3.7.10.	Nota comercial	270
3.7.11.	Modelos de títulos de crédito	271
3.8.	**Títulos de crédito e o Código Civil de 2002**	**275**
3.9.	**Título de crédito emitido eletronicamente**	**276**
3.10.	**Meios de pagamento**	**279**
3.10.1.	Cartão de crédito	279
3.10.1.1.	Crédito rotativo	281
3.10.2.	Cartão de crédito virtual	283
3.10.3.	Débito em conta e cartão de débito. "Cheque eletrônico"	285
3.10.4.	*Internet-banking (home-banking)*. TED	286
3.10.5.	Pagamento por aproximação. NFC	287
3.10.6.	Pagamento instantâneo	290

Sumário | XXIII

3.10.7. PIX... 291

3.10.8. Débito Direto Autorizado (DDA). PIX Agendado e PIX Automático.............. 295

3.10.9. Boleto bancário. Nova plataforma de cobrança... 296

3.10.10. Crédito documentário/documentado.. 297

3.10.11. Arranjos e instituições de pagamento.. 299

    3.10.11.1. Conceitos fundamentais... 301

3.10.12. Gestão de pagamento (pagamento caucionado)... 307

    3.10.12.1. Trata-se de atividade financeira?.. 309

3.10.13. Criptomoedas. Moedas digitais. *Megabyte*. Criptoativos............................... 312

    3.10.13.1. *Blockchain* e o caso do *Bitcoin*.. 316

3.10.14. DREX – Real Digital.. 320

Questões de exames da OAB e concursos públicos.. 321

Capítulo 4

Contratos mercantis **325**

4.1. Aspectos gerais dos contratos... 325

    4.1.1. Conceito de contrato.. 325

    4.1.2. Fases da relação contratual... 326

    4.1.3. Inadimplemento contratual e adimplemento substancial................................ 326

        4.1.3.1. Perdas e danos.. 329

            4.1.3.1.1. Danos emergentes... 329

            4.1.3.1.2. Lucros cessantes.. 330

            4.1.3.1.3. Dano moral... 330

            4.1.3.1.4. Teoria da perda da chance.. 331

    4.1.4. Extinção dos contratos... 332

    4.1.5. Unificação dos diplomas obrigacionais.. 332

    4.1.6. Especificidades dos contratos empresariais.. 333

    4.1.7. Classificação dos contratos... 336

    4.1.8. Distinção entre os contratos: civil (c2c), de consumo (b2c) e empresarial (b2b).......... 336

        4.1.8.1. Hipóteses de aplicação do Código de Defesa do Consumidor aos contratos empresariais. Teorias.. 338

            4.1.8.1.1. O destinatário final... 339

4.2. Contratos em espécie.. 341

    4.2.1. Compra e venda mercantil.. 341

        4.2.1.1. Afixação e diferenciação de preço – nova legislação............................ 343

    4.2.2. Prestação de serviço empresarial.. 345

    4.2.3. Locação mercantil.. 347

        4.2.3.1. *Built to suit*.. 349

    4.2.4. *Shopping center*.. 350

    4.2.5. *Leasing*/arrendamento mercantil... 351

        4.2.5.1. *Leasing* financeiro.. 353

        4.2.5.2. *Leasing* operacional.. 354

        4.2.5.3. *Lease-back*.. 354

        4.2.5.4. *Self leasing*.. 354

        4.2.5.5. Valor residual garantido.. 354

    4.2.6. Alienação fiduciária... 355

    4.2.7. *Factoring*/faturização.. 360

4.2.7.1. *Maturity factoring*	362
4.2.7.2. *Conventional factoring*	362
4.2.8. Contratos bancários e financeiros	362
4.2.8.1. Contrato de depósito bancário	363
4.2.8.1.1. Conta poupança	363
4.2.8.1.2. Conta-corrente	364
4.2.8.2. Contrato de abertura de crédito	365
4.2.8.2.1. Taxa de juros	367
4.2.8.2.2. Cheque especial – novas regras	369
4.2.8.3. Aval e fiança bancária	369
4.2.8.4. Desconto bancário	370
4.2.9. Securitização de crédito	370
4.2.10. Consórcio (para aquisição de bens)	372
4.2.11. Franquia	375
4.2.12. Agência e distribuição	377
4.2.13. Representação comercial	379
4.2.14. Comissão e mandato mercantis	380
4.2.15. Concessão mercantil	385
4.2.16. Corretagem	387
4.2.17. Seguro	389
4.2.17.1. Seguro patrimonial (de dano)	392
4.2.17.2. Seguro pessoal (de pessoa)	393
4.2.18. Transporte/frete	394
4.2.18.1. Transporte de pessoas	395
4.2.18.2. Transporte de coisas	396
4.2.18.3. Transporte cumulativo	396
4.2.19. *Engineering* (engenharia)	397
4.2.20. Contratos eletrônicos	398
4.2.21. Contratos internacionais	404
4.2.21.1. *Lex mercatoria*	404
4.2.21.2. INCOTERMS	406
4.2.21.3. Aplicação da legislação estrangeira e LINDB (antiga LICC)	406
4.2.21.4. Aplicação do direito material e processual	408
4.2.22. Parceria público-privada	409
4.3. Arbitragem	410
4.3.1. Cláusula compromissória	412
4.3.2. Compromisso arbitral	413
4.3.3. Arbitragem na prática	413
Questões de exames da OAB e concursos públicos	414

Capítulo 5

Propriedade intelectual (propriedade industrial e direito autoral)	**417**
5.1. Introdução	417
5.1.1. Breve histórico	419
5.1.2. Convenção de Paris, Convenção de Berna e Protocolo de Madri	420
5.1.3. Organização Mundial da Propriedade Intelectual – OMPI	421
5.1.4. Organização Mundial do Comércio – OMC	422

5.1.5.	Acordo sobre Aspectos dos Direitos de Propriedade Intelectual Relacionados ao Comércio – TRIPS	423
5.1.6.	Tratado de Cooperação em Matéria de Patentes – PCT	424
5.2.	**Propriedade industrial – aspectos gerais**	**425**
5.2.1.	INPI – Instituto Nacional da Propriedade Industrial	425
5.2.1.1.	E-Marcas e e-Patentes	426
5.2.1.2.	Patentes Verdes	427
5.2.1.3.	Patentes MPE e Prioridade BR	427
5.2.2.	Segredo empresarial (industrial) *versus* patente	428
5.3.	**Patentes**	**429**
5.3.1.	Invenções	430
5.3.1.1.	Prazo de vigência	431
5.3.2.	Modelos de utilidade	431
5.3.2.1.	Prazo de vigência	432
5.3.3.	Transgênicos e genes humanos	432
5.3.4.	Regime jurídico	433
5.3.4.1.	Direito de prioridade, *pipeline* e ANVISA	435
5.4.	**Desenhos industriais**	**436**
5.4.1.	Prazo de vigência	437
5.4.2.	Regime jurídico	437
5.5.	**Marcas**	**438**
5.5.1.	Sinais: distintivos e perceptíveis	440
5.5.2.	Marca de produto ou de serviço (marca de indústria, de comércio e de serviço)	440
5.5.3.	Marca de certificação	441
5.5.4.	Marca coletiva	441
5.5.5.	Marca de alto renome	442
5.5.6.	Marca notoriamente conhecida	443
5.5.7.	Marca tridimensional	443
5.5.8.	Marca virtual. Domínios e conflitos	444
5.5.9.	Marca consagrada ou de referência	446
5.5.10.	Marca de posição	446
5.5.11.	Prazo de vigência	447
5.5.12.	Regime jurídico	447
5.6.	**Indicações geográficas**	**450**
5.6.1.	Indicação de procedência	451
5.6.2.	Denominação de origem	451
5.6.3.	Regime jurídico	452
5.7.	**Direitos autorais**	**453**
5.7.1.	Direito de autor e *copyright*	453
5.7.2.	Direitos morais e patrimoniais	455
5.7.3.	Direitos conexos	459
5.8.	***Software* – programa de computador**	**459**
5.8.1.	Aspectos gerais	459
5.8.2.	Desenvolvimento ou encomenda de *software*	463
5.8.3.	Cessão de *software*	464
5.8.4.	Licença de *software*	464
5.9.	**Jogos eletrônicos**	**464**

XXVI   DIREITO EMPRESARIAL *sistematizado*

5.10. Contratos de *know-how*/transferência de tecnologia.. 466

    5.10.1. Exploração de patente... 467

    5.10.2. Uso de marca 468

    5.10.3. Uso de *software*.. 469

Questões de exames da OAB e concursos públicos.. 469

Capítulo 6

Direito concorrencial e econômico.. 473

6.1. Introdução 473

6.2. Concorrência desleal 474

    6.2.1. Repressão na esfera penal e civil 476

6.3. Infração da ordem econômica 477

    6.3.1. A ordem econômica na Constituição 477

        6.3.1.1. Livre-iniciativa e livre exercício de qualquer atividade econômica 478

            6.3.1.1.1. Autorização prévia do Estado... 480

        6.3.1.2. Livre concorrência... 481

        6.3.1.3. Tratamento favorecido ao pequeno empresário 483

        6.3.1.4. Tutela do consumidor... 484

        6.3.1.5. Intervenção do Estado no domínio econômico 484

    6.3.2. Agências reguladoras 485

    6.3.3. Sistema Brasileiro de Defesa da Concorrência (SBDC) 487

        6.3.3.1. Conselho Administrativo de Defesa Econômica (CADE). Controle dos atos de concentração 487

        6.3.3.2. Secretaria de Acompanhamento Econômico (SEAE) 488

        6.3.3.3. Espécies de infrações... 489

            6.3.3.3.1. Dominação de mercado.. 490

            6.3.3.3.2. Abuso de posição dominante 491

            6.3.3.3.3. Eliminação da concorrência....................................... 492

                6.3.3.3.3.1. Monopólio, oligopólio, monopsônio e oligopsônio 492

                6.3.3.3.3.2. Cartel 493

            6.3.3.3.4. Aumento arbitrário dos lucros 493

        6.3.3.4. Sanções.. 494

        6.3.3.5. Acordo de leniência... 495

Questões de concursos públicos... 496

Capítulo 7 499

Recuperação de empresas e falência (direito concursal) 499

7.1. Histórico 499

7.2. Decreto-lei n. 7.661/45.. 500

    7.2.1. Concordata suspensiva... 500

    7.2.2. Concordata preventiva 501

7.3. Lei n. 11.101/2005 (e a reforma pela Lei n. 14.112/2020) 501

    7.3.1. Crise da empresa... 503

    7.3.2. Princípio da preservação da empresa 504

    7.3.3. Pessoas e atividades sujeitas à aplicação da Lei n. 11.101/2005. A empresa rural........... 505

        7.3.3.1. Pessoas e atividades não sujeitas 507

        7.3.3.2. Cooperativas.. 507

7.4.	Disposições comuns à recuperação judicial e à falência	510
	7.4.1. Competência e prevenção	510
	7.4.2. Suspensão da prescrição, das ações e das execuções. *Stay period*	511
	7.4.2.1. Sócios solidários e sócios garantidores (avalistas e fiadores)	513
	7.4.3. Verificação de créditos	515
	7.4.4. Habilitação de créditos	515
	7.4.4.1. Credores retardatários (atrasados)	516
	7.4.5. Impugnação de crédito	517
	7.4.6. Administrador judicial	517
	7.4.6.1. Deveres	517
	7.4.6.2. Destituição e renúncia	519
	7.4.6.3. Remuneração	520
	7.4.7. Comitê de credores	521
	7.4.7.1. Composição	521
	7.4.7.2. Atribuições	522
	7.4.7.3. Remuneração	522
	7.4.8. Regras gerais para administrador judicial e membros do comitê de credores	522
	7.4.8.1. Impedidos	522
	7.4.8.2. Responsabilidade	523
	7.4.9. Assembleia geral de credores	523
	7.4.9.1. Composição	524
	7.4.9.2. Atribuições	524
	7.4.9.3. Convocação, instalação e votação	524
7.5.	Recuperação de empresas	525
	7.5.1. Recuperação judicial	526
	7.5.1.1. Créditos abrangidos e não abrangidos	527
	7.5.1.1.1. Trava bancária	529
	7.5.1.2. Requisitos e pressupostos	530
	7.5.1.3. Meios de recuperação	532
	7.5.1.4. Pedido e processamento judicial	533
	7.5.1.5. Plano de recuperação	535
	7.5.1.5.1. Requisitos	535
	7.5.1.5.2. Objeção, rejeição e modificação	536
	7.5.1.5.3. Plano apresentado pelos credores	536
	7.5.1.5.4. Aprovação do plano, *cram down* e novação	537
	7.5.1.6. Dívidas fiscais, parcelamentos e certidões	540
	7.5.1.7. Prazos	541
	7.5.1.8. Cumprimento do plano	542
	7.5.1.8.1. Manutenção da gestão e gestor judicial	543
	7.5.1.9. Alienação e oneração de bens ou direitos	544
	7.5.1.10. Convolação da recuperação judicial em falência	544
	7.5.2. Recuperação especial da ME, EPP e empresa rural	545
	7.5.2.1. Condições especiais (plano especial)	547
	7.5.3. Recuperação extrajudicial	548
	7.5.3.1. Créditos abrangidos e não abrangidos	549
	7.5.3.2. Requisitos	550
	7.5.3.3. Homologação	550

7.6.	Falência	551
	7.6.1. Massa falida	553
	7.6.2. Classificação dos créditos (*par conditio creditorum*)	553
	7.6.3. Créditos extraconcursais	558
	7.6.4. Pedido de restituição	559
	7.6.5. Decretação da falência	561
	7.6.5.1. Hipóteses	562
	7.6.5.2. Quem pode requerer	563
	7.6.5.2.1. Falência requerida pelo próprio devedor (autofalência)	564
	7.6.5.3. Petição inicial e procedimento. Protesto especial	564
	7.6.5.4. Afastamento da falência	565
	7.6.5.5. Recursos cabíveis	566
	7.6.5.6. Decretação de falência – efeitos e determinações	566
	7.6.5.7. Termo legal da falência	567
	7.6.5.8. Inabilitação empresarial	567
	7.6.5.9. Direitos e deveres do falido	568
	7.6.6. Arrecadação, avaliação e custódia dos bens	569
	7.6.7. Efeitos da decretação da falência sobre as obrigações do devedor	570
	7.6.7.1. Resolução de contratos bilaterais e unilaterais	571
	7.6.8. Ineficácia e revogação de atos praticados antes da falência	571
	7.6.8.1. Ação revocatória	573
	7.6.9. Realização do ativo	573
	7.6.9.1. Meios de alienação	574
	7.6.9.2. Modalidades	574
	7.6.9.3. Sucessão tributária, trabalhista e acidentária	574
	7.6.10. Pagamento aos credores	575
	7.6.10.1. Responsabilidade pessoal e desconsideração da personalidade jurídica	576
	7.6.11. Encerramento da falência	577
	7.6.12. Extinção das obrigações do falido	577
7.7.	Aspectos penais e crimes da Lei n. 11.101/2005	579
Questões de exames da OAB e concursos públicos		581

Capítulo 8
    Compliance, lei anticorrupção e responsabilidade empresarial objetiva 585

Gabarito e comentários das questões 587

Referências 597

Índice alfabético-remissivo 607

NOTA À 13ª EDIÇÃO

Nesta 13ª edição 2025, *Direito empresarial sistematizado* mantém o padrão de estar atualizado com a recente legislação que envolve seus temas, bem como com as posições atuais da doutrina e da jurisprudência.

Sob o prisma das recentes normas jurídicas e assuntos que afetam a matéria empresarial, são abordadas, entre outras temáticas, as seguintes:

- STJ, STF e tribunais: súmulas e julgados;
- DREX – Real Digital;
- Novas regras do Bacen;
- Marco Legal dos Jogos Eletrônicos;
- Assinatura eletrônica simples, avançada e qualificada;
- Atualizações ao Código Civil, Lei das Sociedades Anônimas e legislação empresarial em geral;
- SLU – Sociedade Limitada Unipessoal;
- Quotas preferenciais na sociedade limitada;
- Tradutor e Intérprete Público;
- Marco Legal da Securitização de Crédito;
- Criptoativos;
- Instruções Normativas do DREI;
- Nota comercial;
- Marca de posição;
- PIX Agendado e PIX Programado;
- Pagamento por aproximação e pagamento instantâneo;
- Letra de Crédito do Desenvolvimento (LCD);
- Cartão de crédito virtual.

Além disso, nas últimas edições, objetivando-se proporcionar ao leitor melhor visualização e compreensão prática das matérias, foram atualizados os modelos de títulos de crédito e de contratos sociais e os quadros sinóticos, além do repertório jurisprudencial, especialmente do STJ e suas recentes decisões e súmulas sobre direito empresarial.

Nestes últimos anos foram muitas as novidades e evoluções de temas que envolvem o Direito Empresarial; por isso, no âmbito dos títulos de créditos e meios de pagamento, foram incluídos itens sobre: a duplicata eletrônica (escritural); a nova plataforma de cobrança de boletos bancários; e, de acordo com o CPC de 2015, os embargos à execução, exceção de pré-executividade e ação declaratória de inexistência de débito e cancelamento de protesto (com pedido indenizatório e tutela antecipada). Já quanto ao Direito Concursal, foi incluso um item específico sobre a trava bancária enquanto uma questão cada vez mais discutida no âmbito da recuperação judicial de empresas.

Há comentários atualizados sobre: os novos segmentos de Governança Corporativa criados pela Bolsa de Valores; as novas regras do cheque especial e do crédito rotativo do cartão de crédito; o *blockchain* (sistema de escrituração digital) e as criptomoedas (moedas digitais). Foram atualizadas as lições acerca dos módulos que envolvem o Sistema Público de Escrituração Digital – SPED, como o é caso da Nota Fiscal eletrônica.

Além disso, optou-se por um arranjo organizacional e complementar da obra ao se inserir um capítulo sobre Direito Concorrencial e Econômico, o que inclui o estudo sobre: a ordem econômica na Constituição Federal; a livre concorrência; a intervenção do Estado no domínio econômico; as infrações da ordem econômica (dominação de mercado, abuso de posição dominante, eliminação da concorrência e aumento arbitrário dos lucros); e acordo de leniência.

ABREVIATURAS UTILIZADAS

AC – Apelação Cível

ADI – Ação Direta de Inconstitucionalidade

Ag – Agravo

AgRg no Ag – Agravo Regimental no Agravo de Instrumento

AI – Agravo de Instrumento

AMS – Apelação em Mandado de Segurança

Ap. – Apelação

B3 – (JUNÇÃO) BM&FBOVESPA e CETIP

Bacen – Banco Central do Brasil

BM&F – Bolsa de Mercadorias e Futuros

BM&FBOVESPA – Bolsa de Valores, Mercadorias e Futuros

BOVESPA – Bolsa de Valores de São Paulo

CADE – Conselho Administrativo de Defesa Econômica

CB – Central de Balanços

c/c – combinado com

CC – Código Civil (Lei n. 10.406/2002)

CComp – Conflito de Competência (STJ)

CDC – Código de Defesa do Consumidor (Lei n. 8.078/90)

CETIP – Central de Custódia e Liquidação Financeira de Títulos

CFC – Conselho Federal de Contabilidade

CGSIM	–	Comitê para Gestão da Rede Nacional para Simplificação do Registro e da Legalização de Empresas e Negócios
CMN	–	Conselho Monetário Nacional
CNPJ	–	Cadastro Nacional da Pessoa Jurídica
COTEPE	–	Comissão Técnica Permanente, vinculada ao Ministério da Fazenda (Economia)
CPC	–	Código de Processo Civil de 1973 (Lei n. 5.869/73)
(novo) CPC	–	(novo) Código de Processo Civil de 2015 (Lei n. 13.105/2015)
CT-e	–	Conhecimento de Transporte eletrônico
CTN	–	Código Tributário Nacional
CUP	–	Convenção da União de Paris
CVM	–	Comissão de Valores Mobiliários
DANFE	–	Documento Auxiliar da Nota Fiscal Eletrônica
DJ	–	Diário da Justiça
DJe	–	Diário da Justiça eletrônico
DJU	–	Diário da Justiça da União
DNRC	–	Departamento Nacional de Registro do Comércio
DREI	–	Departamento Nacional de Registro Empresarial e Integração
E-LALUR	–	Livro de Apuração do Lucro Real Eletrônico
ECD	–	Escrituração Contábil Digital
ED	–	Embargos de Declaração
EFD	–	Escrituração Fiscal Digital
ENAT	–	Encontro dos Administradores Tributários
EREsp	–	Embargos de Divergência em Recurso Especial
FCONT	–	Controle Fiscal Contábil de Transição
FGTS	–	Fundo de Garantia do Tempo de Serviço
GATT	–	Acordo Geral de Tarifas e Comércio
HC	–	*Habeas Corpus*
IBGC	–	Instituto Brasileiro de Governança Corporativa
ICMS	–	Imposto sobre Circulação de Mercadorias e Serviços
INCOTERMS	–	Termos Internacionais do Comércio
INCRA	–	Instituto Nacional de Colonização e Reforma Agrária
INPI	–	Instituto Nacional da Propriedade Industrial
INSS	–	Instituto Nacional do Seguro Social
IPTU	–	Imposto sobre a Propriedade Predial e Territorial Urbana
IPVA	–	Imposto sobre a Propriedade de Veículos Automotores
IRR (TST)	–	Incidente de Recurso Repetitivo
ISS	–	Imposto Sobre Serviços de Qualquer Natureza
LC	–	Lei Complementar
LCh	–	Lei do Cheque (Lei n. 7.357/85)

LD – Lei da Duplicata (Lei n. 5.474/68)

LDA – Lei dos Direitos Autorais (Lei n. 9.610/98)

LGPD – Lei Geral de Proteção de Dados Pessoais (Lei n. 13.709/2018)

LINDB – Lei de Introdução às Normas do Direito Brasileiro (atual denominação para a LICC – Lei de Introdução ao Código Civil – Decreto-Lei n. 4.657/42)

LPI – Lei da Propriedade Industrial (Lei n. 9.279/96)

LRF – Lei de Recuperação e Falência (Lei n. 11.101/2005)

LS – Lei do *Software* (Lei n. 9.609/98)

LSA – Lei das Sociedades Anônimas (Lei n. 6.404/76)

LU – Lei Uniforme (Decreto n. 57.663/66)

MP – Medida Provisória

NFC – Near Field Communication

NF-e – Nota Fiscal eletrônica

NFS-e – Nota Fiscal de Serviços eletrônica

NIRE – Número de Identificação do Registro de Empresa

OAB – Ordem dos Advogados do Brasil

OMC – Organização Mundial do Comércio

OMPI – Organização Mundial da Propriedade Intelectual

ONU – Organização das Nações Unidas

PCT – Tratado de Cooperação em Matéria de Patentes

PPP – Parceria público-privada

RE – Recurso Extraordinário

REsp – Recurso Especial (STJ)

RPI – *Revista da Propriedade Industrial*

SBDC – Sistema Brasileiro de Defesa da Concorrência

SEAE – Secretaria de Acompanhamento Econômico

SEFAZ – Secretaria de Estado da Fazenda, órgão vinculado ao Ministério da Fazenda (Economia)

SESC – Serviço Social do Comércio

SESI – Serviço Social da Indústria

SINIEF – Sistema Nacional de Informações Econômicas e Fiscais

SLU – Sociedade Limitada Unipessoal

SPED – Sistema Público de Escrituração Digital

STF – Supremo Tribunal Federal

STJ – Superior Tribunal de Justiça

SUSEP – Superintendência de Seguros Privados

TR – Taxa Referencial

TRIPS – Acordo Relativo aos Aspectos do Direito da Propriedade Intelectual Relacionados com o Comércio

VRG – Valor residual garantido

1

DIREITO DE EMPRESA (TEORIA GERAL)

1.1. INTRODUÇÃO AO DIREITO EMPRESARIAL

Com o advento do Código Civil de 2002 e a revogação de parte do Código Comercial de 1850, no Brasil tem-se usado a expressão "Direito Empresarial" em vez de "Direito Comercial", o que ensejou até a mudança de nomenclatura das disciplinas de grande parte dos cursos jurídicos.

Poderíamos dizer que Direito Empresarial é o mesmo que Direito Comercial, mas o Direito Empresarial é mais amplo que este, pois alcança todo exercício profissional de atividade econômica organizada para produção ou circulação de bens ou de serviços (exceto intelectual). Já o Direito Comercial alcançava, em sua concepção inicial, apenas os comerciantes que compravam para depois revender e algumas outras atividades, que serão vistas adiante.

De qualquer forma, o Direito Comercial é um ramo histórico do Direito, que surgiu pelas necessidades dos comerciantes não respaldadas pelas normas do Direito Civil.

1.1.1. Origem e evolução histórica do Direito Empresarial (Comercial)

Nas palavras de Levin Goldschmidt, o desenvolvimento do conceito de propriedade individual foi fundamental para o intercâmbio de bens, especialmente dos bens móveis; isso desde os tempos primitivos. Toda circulação de mercadorias na sua fase inicial é o comércio de troca, um comércio realizado por andarilhos (comércio de rua) em que a negociação se dá por conta própria. Mas aos poucos foi aparecendo a mercadoria intermediária, o dinheiro, e do natural negócio de troca foi-se formando o comércio de compra, certamente pela primeira vez no tráfico internacional.

Obviamente que a troca de bens era pequena nos tempos primitivos entre os membros da mesma comunidade. O seu crescimento e a sua regularidade se deram em razão da intervenção do intermediário (comerciante estrangeiro), o qual excitava e satisfazia o sentido estético das pessoas, o que implicava novas necessidades, consequentemente levando as pessoas a importarem bens desejados (joias, metais, armas, ferramentas, vinho, licor etc.) e exportarem bens superabundantes. Assim, o comerciante que vinha de outro lugar poderia ser ao mesmo tempo bem-vindo e odiado, pois muitas vezes era tido como um esperto enganador.

Aos poucos o comércio foi se fixando fisicamente, normalmente nas praças das cidades (comércio estável), adicionado ao comércio ambulante (de rua). Mais tarde, em muitas localidades, os estabelecimentos físicos tornaram-se predominantes; entretanto, ainda hoje, em alguns países (como da África e da Ásia) o comerciante nômade desempenha um papel extremamente relevante. Também gradualmente a venda de bens a granel (soltos) foi crescendo, mas somente com o desenvolvimento da venda por atacado é que a atividade do comerciante passou a ser tida como uma profissão[1].

Há notícia de institutos do Direito Comercial no Código de Hammurabi [1.772 a.C.][2], como o contrato de sociedade e o empréstimo a juros.

Durante o **Império Romano** não havia tratamento jurídico específico para o tráfico mercantil (comércio). Os grandes juristas-historiadores afirmam que a disciplina do Direito Comercial em Roma estava submetida às regras do Direito Privado comum (Direito Civil).

A ausência de normas específicas para o comércio foi determinante para a progressiva elaboração de um corpo de regras que mais tarde caracterizaria o Direito Comercial como ramo do Direito.

Com o fim do Império Romano, o **Direito Canônico** não deixou incorporar às suas normas algumas práticas comerciais, como a cobrança de juros (a Igreja considerava que o dinheiro era estéril, logo não podia ter filhos – juros).

Para superar os impedimentos, os comerciantes desenvolveram técnicas negociais complexas e institutos, como a letra de câmbio (que mais adiante será estudada) para a busca de crédito e uma série de usos e costumes mercantis.

Assim, os comerciantes conseguiram vencer a ausência de normas dos ordenamentos jurídicos influenciados pelo Direito Romano. Também superaram as restrições do Direito Canônico, já que a partir daí o comércio passou a ter mais oportunidades, do ponto de vista jurídico, para seu desenvolvimento.

Pode-se dizer que o desenvolvimento do Direito Comercial se deu "quase no escuro", isto é, sem prévia experiência social e jurídica, arriscando sem medir as consequências.

Mas, quando o Direito Comum [o que hoje equivaleria ao Direito Civil] dispunha de institutos satisfatórios aos comerciantes, estes se socorriam deles, e não criavam novos. Talvez seja essa a razão pela qual nunca houve um grande marco divisor entre Direito Civil e Comercial. Muitos institutos originalmente mercantis acabaram por se generalizar na sua utilização, mas nem por isso pode-se dizer que o Direito Comercial precede o Direito Civil.

---

[1] Levin Goldschmidt. *Storia universale del diritto commerciale*: prima traduzione italiana a cura di Vittorio Pouchain e Antonio Scialoja. Torino: Unione Tipografico-Editrice Torinense, 1913. p. 20-24.

[2] Conforme Fábio Ulhoa Coelho, que credita a notícia a Tullio Ascarelli. *Curso de direito comercial*: direito de empresa. 12. ed. São Paulo: Saraiva, 2008. v. 1, p. 12.

Direito de empresa (teoria geral) 3

O nascimento e a evolução do Direito Comercial ocorreram pela necessidade de estruturação do setor econômico. Diferente do Direito Civil, que é estático, o Direito Comercial sempre esteve em constante evolução (nas suas disposições), livre de tecnicismos e abstrações, aberto ao espírito de criação dos comerciantes por seus usos e costumes.

Além disso, na **Idade Média** as pessoas começaram a migrar do campo para as cidades, onde artesãos e mercadores passavam a exercer atividades negociais. Assim, desenvolveram-se as feiras e os mercados, que facilitaram o encontro dos comerciantes, o que, por sua vez, contribuiu para o desenvolvimento de um comércio interno e internacional forte na Europa.

Vale mencionar que o desenvolvimento do comércio marítimo também teve papel relevante na construção do Direito Comercial como ramo do Direito.

Em razão dos entraves já mencionados, os comerciantes criaram as Corporações de Ofícios e de Artes, com normas e justiça próprias (Tribunal dos Comerciantes), destinadas a solucionar possíveis conflitos entre eles, com base na equidade, na boa-fé e nos usos e costumes, um grande passo para a afirmação do Direito Comercial[3].

Sucintamente, o Direito Comercial, em sua evolução, pode ser dividido em 3 fases: 1ª – dos usos e costumes (fase subjetiva, que se inicia na Antiguidade, consolidando-se fundamentalmente na Idade Média, indo até 1807, ano da edição do Código Comercial francês); 2ª – da teoria dos atos de comércio (fase objetiva, de 1807 até 1942, ano marcado pela edição do Código Civil italiano); 3ª – da teoria da empresa (fase subjetiva moderna, a partir de 1942 até o presente momento). Passaremos ao estudo dessas teorias; os usos e costumes serão tratados no item sobre as fontes do Direito.

1.1.1.1. Teoria dos atos de comércio. Mercancia. França

Com o movimento das grandes codificações (promovido substancialmente por Napoleão, a partir do Código Civil francês de 1804), a disciplina do Direito Comercial passou a ter nova "roupagem", com a criação da **teoria dos atos de comércio**, positivada pelo Código Comercial francês de 1807 e mais tarde adotada pelo Código Comercial brasileiro de 1850.

De acordo com o art. 110-1 do Código Comercial francês de 1807, ato de comércio é a compra com intenção de revender.

Nessa fase, o Direito Comercial tinha por objeto, principalmente, estabelecer regras sobre os atos daqueles que compravam para revender, ou seja, a atividade dos comerciantes.

Para que alguém fosse considerado comerciante, os atos de comércio deviam ser realizados habitual e profissionalmente[4]. Isso também era chamado de **mercancia**.

Assim, **atos de comércio** ou **mercancia** pressupunham habitualidade, atuação contínua no exercício da atividade comercial.

No Brasil, conforme o art. 19 do então vigente Decreto (Regulamento) n. 737/1850, considerava-se mercancia: a compra e venda ou troca com o fim de revender por atacado ou a granel na mesma espécie ou manufaturados ou com o objetivo de alugar; as operações bancárias, de corretagem e de câmbio; as empresas de fábrica, de comissão, de depósito, de expedição, de consignação, de transporte de mercadorias e de espetáculos públicos; os seguros, fretamentos e

---

3   Haroldo Malheiros Duclerc Verçosa. *Curso de direito comercial.* São Paulo: Malheiros, 2004. v. 1, p. 29-39.

4   Ricardo Negrão. *Direito empresarial*: estudo unificado. São Paulo: Saraiva, 2008. p. 3.

demais contratos do comércio marítimo; armação e expedição de navios. Essa disposição legal brasileira, em grande medida, equivalia ao art. 110-1 do Código Comercial francês de 1807. Entretanto, é bom frisar que o Decreto n. 737/1850 tinha uma finalidade primordialmente processual, pois visava a fixar a jurisdição das causas de natureza comercial.

Além disso, o revogado art. 4º do Código Comercial brasileiro de 1850 previa que somente era considerado comerciante para fins de proteção legal quem estivesse matriculado em um Tribunal do Comércio e fizesse da mercancia sua profissão habitual. O emprego da terminologia comerciante se explica, em parte, porque a industrialização ainda começava, e a atividade de prestação de serviços também era incipiente. A principal atividade desenvolvida até então era o comércio, sobretudo pela compra para revenda.

1.1.1.2. Teoria da empresa. Itália

Com o passar do tempo, em especial pelo grande desenvolvimento de atividades econômicas complexas – principalmente na industrial e na prestação de serviços –, a teoria dos atos de comércio tornou-se insuficiente como disciplina jurídica para o Direito Comercial, até porque as novas atividades econômicas não eram alcançadas por essa teoria.

Surgiu então, a partir da vigência do Código Civil italiano de 1942, a **teoria da empresa**, como evolução da teoria dos atos de comércio, tendo em vista sua maior amplitude.

Assim, a teoria da empresa (italiana) é uma evolução da teoria dos atos de comércio (francesa) por protagonizar o empresário, considerando-o a partir da exploração profissional de atividade econômica organizada, para a produção ou a circulação de bens ou serviços de quaisquer natureza, desde que não seja contrário à moral, à ordem pública, aos costumes e à lei[5].

A teoria da empresa é mais ampla que a teoria dos atos de comércio porque alcança qualquer atividade econômica organizada para a produção ou para a circulação de bens ou de serviços (exceto as atividades intelectuais), e não apenas os atos de comércio.

Vale considerar que a palavra "comércio" (base da teoria dos atos de comércio) em sua acepção primária teria o sentido de compras e vendas, intermediação. Muitas vezes, a expressão comércio é empregada de forma ampla para designar todo o gênero de atividades econômicas. Porém, o mais adequado, especialmente após o advento da teoria da empresa, seria utilizar a palavra comércio como espécie de atividade empresarial ou negocial (gênero). Dessa forma, comércio, indústria e prestação de serviço seriam as espécies de um gênero comum. Isso se alinha com o disposto pelo art. 966, *caput*, do Código Civil que adotou a teoria da empresa.

O comerciante passou a ser referido pelo art. 966, *caput*, do Código Civil ao dispor que "considera-se empresário quem exerce profissionalmente atividade econômica organizada para a produção ou a circulação de bens ou de serviços." A figura do comerciante está retratada na expressão "circulação de bens ou de serviços". Ou seja, comerciante é aquele que promove a circulação de bens ou a circulação de serviços. O Código Civil italiano, art. 2.082 (cuja redação foi a fonte inspiradora do art. 966 do nosso Código Civil), utiliza a expressão "troca de bens ou de serviços".

O Código Civil brasileiro externa a opção legislativa pela adoção da teoria da empresa em substituição à teoria dos atos de comércio. A teoria da empresa se fundamenta no conceito

---

[5]   Haroldo Malheiros Duclerc Verçosa. *Curso de direito comercial.* v. 1, p. 137.

de empresário previsto no *caput* do art. 966; já a teoria dos atos de comércio era baseada na mercancia, sendo positivada inicialmente pelo Código Comercial francês de 1807, art. 110-1. Adiante, nos itens a respeito do conceito e da caracterização do empresário, a teoria da empresa será tratada com mais profundidade.

1.1.1.3. O desenvolvimento do Direito Empresarial no Brasil

Durante o período Brasil-colônia, as relações jurídicas brasileiras eram reguladas pelas Ordenações Portuguesas (à época imperavam as Filipinas), sob influência do Direito Canônico e Direito Romano.

Com a chegada da Família Real ao Brasil, em 1808 (que saiu de Portugal em razão da invasão das tropas napoleônicas), surgiu a necessidade de organização da Corte e de uma legislação com finalidade econômica.

Por obra de Visconde de Cairu – com a chamada Lei de Abertura dos Portos de 1808 –, os comerciantes, antes impedidos pela política mesquinha da metrópole, abrem-se plenamente para o comércio.

Em seguida, surgem a Real Junta de Comércio, Agricultura, Fábricas e Navegações e o Banco do Brasil (criado pelo Alvará de 12 de outubro de 1808), entre outras determinações legais.

Após a Proclamação da Independência, em 7 de setembro de 1822, foi convocada a Assembleia Legislativa de 1823, ficando então determinado que ainda teriam vigência no Brasil as leis portuguesas, com a possibilidade de invocar leis mercantis de **países cristãos com boa jurisprudência**. Isso se deu em face da ausência de um ordenamento jurídico brasileiro naquele momento.

Assim, o Código Comercial francês de 1807, o Código Comercial espanhol de 1829 e o Código Comercial português de 1833 foram verdadeiras fontes legislativas para o Brasil no século XIX.

1.1.1.3.1. *Código Comercial de 1850*

Mesmo diante do relatado há pouco, o espírito de soberania no Brasil àquela época exigia legislação própria. Assim, em 1834, foi elaborado um projeto de Código do Comércio, que tramitou no Poder Legislativo até 1850, ano em que foi sancionada a Lei n. 556, de 25 de junho de 1850 – conhecida como Código Comercial brasileiro.

Esse Código é até hoje elogiável em razão da técnica e da precisão. Teve como inspiração os Códigos Comerciais da França, da Espanha e de Portugal. No mesmo ano de sua edição foi regulamentado pelo Decreto n. 737, de 1850.

Depois surgiram legislações mercantis sobre regras do processo comercial; matrícula e qualificação do comerciante; extinção dos Tribunais do Comércio; sociedade anônima; sociedade limitada; concordata preventiva; reforma falimentar etc.

O Código Comercial brasileiro de 1850 adotava a teoria dos atos de comércio. Na segunda metade do século XX, a jurisprudência e a doutrina brasileiras começaram a perceber a insuficiência dessa teoria e passaram a admitir a teoria da empresa. Isso pode ser percebido na concepção de várias normas, como a Lei n. 8.078/90 – Código de Defesa do Consumidor.

Como é sabido, com a vigência do Código Civil de 2002, revogou-se a primeira parte do Código Comercial de 1850 (a maior e principal parte). A partir disso, o Direito Empresarial deixou de ter como fonte principal o Código Comercial, passando a ser regulado pelo Código Civil.

Vale ressaltar que o legislador brasileiro, na concepção do Código Civil de 2002, seguiu em grande medida as disposições do Código Civil italiano de 1942, em especial quanto às disposições sobre o direito obrigacional e o direito de empresa.

Em razão disso, o Código Civil de 2002 adotou a teoria da empresa em detrimento da teoria dos atos de comércio, conforme seu art. 966. Logo, a partir da vigência do Código Civil de 2002, o Direito Empresarial passou a ter como disciplina qualquer atividade profissional econômica e organizada para a produção ou a circulação de bens ou de serviços, exceto as atividades intelectuais.

1.1.1.4. Direito Empresarial, Comercial ou Mercantil

Ainda é muito recorrente o uso da expressão **Direito Comercial** no meio jurídico, alternando-se com o uso de **Direito Empresarial**.

Pode-se dizer que Direito Empresarial é o mesmo que Direito Comercial, porém, em uma versão mais ampla e moderna, já que a partir do Código Civil de 2002, com a adoção da teoria da empresa, passou-se a abranger qualquer exercício profissional de atividade econômica organizada (exceto a de natureza intelectual) para a produção ou circulação de bens ou de serviços, diferenciando-se do regime anterior (Código Comercial de 1850), que adotava a teoria dos atos de comércio.

Haroldo Malheiros Duclerc Verçosa ilustra essa situação com dois círculos concêntricos, em que o Direito Empresarial seria o círculo maior e o Direito Comercial, o menor[6].

A nosso ver, **Direito Empresarial** seria apenas a expressão "Direito Comercial" atualizada. Boa parte da doutrina continua a usar Direito Comercial, inclusive nos títulos das obras. Independentemente da terminologia, trata-se de um ramo do Direito, como será visto adiante. Os países de língua espanhola preferem usar **Direito Mercantil**.

A propósito, Paula A. Forgioni pondera que as expressões Direito Mercantil, Direito Comercial e Direito Empresarial são equivalentes, sendo sua tentativa de distinção irrelevante; porém a autora explica que para alguns Direito Mercantil serviria para designar a primeira fase da disciplina relacionada às atividades dos mercadores medievais. Já num segundo momento, o Direito Comercial teria como limites da matéria os atos de comércio. E Direito Empresarial, pelo fato de a empresa (atividade) ser o núcleo deste ramo do Direito[7].

1.1.2. Autonomia, importância e conceito do Direito Empresarial

A vigência do Código Civil de 2002 levou à unificação dos diplomas obrigacionais, já que obrigações civis e empresariais seguem esse mesmo regime jurídico (ou seja, o estabelecido pelo Código Civil).

Esse fato fez com que alguns chegassem a falar em "unificação do Direito Privado" e/ou "extinção do Direito Empresarial", já que este passaria a pertencer ao Direito Civil. Não se pode concordar com isso, pois um ramo do Direito não se justifica em razão de um Código.

---

[6] Haroldo Malheiros Duclerc Verçosa. *Curso de direito comercial*. v. 1, p. 139.

[7] Paula A. Forgioni. *A evolução do direito comercial brasileiro*: da mercancia ao mercado. São Paulo: RT, 2009. p. 13 e s.

O Direito Administrativo, por exemplo, não tem um Código, mas nem por isso deixa de ser um ramo do Direito.

Na Itália, a unificação das regras obrigacionais, em 1942, não ocasionou a extinção do Direito Comercial, que se manteve como disciplina autônoma, sem grandes controvérsias.

O Direito Empresarial continua tendo autonomia em relação aos demais ramos do Direito, mesmo com a revogação de boa parte do Código Comercial, por possuir princípios próprios, principalmente quanto aos usos e costumes. Além disso, a autonomia do Direito Comercial se dá pela própria disposição da Constituição Federal, em seu art. 22, I.

O Direito Empresarial difere do Direito Civil por ser mais dinâmico em suas relações e normas. O Direito Civil é estável, e o Direito Empresarial é criativo e mutante. Na vida civil contrata-se poucas vezes (comparando-se com a vida mercantil) e se pensa muito antes de realizar algo (p.ex., a compra e venda de imóvel para moradia da família). Na vida mercantil contrata-se reiteradamente, várias vezes (p. ex., contrato de distribuição, franquia, *know-how* etc.)

Considerado um ramo do Direito, o Direito Empresarial guarda uma principiologia própria, sendo dinâmico e cambiante, ocupando-se de negócios de massa, diferente dos demais, notadamente do Direito Civil, que tem a peculiaridade de ser mais conservador e estável nas suas relações e quanto às mudanças, tratando de atos isolados.

Isso está alinhado com a posição de Cesare Vivante, quando ele se retrata. Isso pois, no final do século XIX, Vivante, professor da Universidade de Roma, maior comercialista de todos os tempos, proferindo conferência inaugural do curso jurídico na Universidade de Bolonha, escandalizou o meio jurídico ao atacar a divisão do Direito Privado, condenando a autonomia do Direito Comercial.

Mais tarde, o renomado jurista mudou de opinião quanto à divisão do Direito Privado. Ao se retratar, defendeu a manutenção da autonomia do Direito Comercial em relação ao Direito Civil, pois, do contrário, acarretaria prejuízo para o Direito Comercial, visto que o Direito Civil é quase estático na disposição de suas normas, tratando de atos isolados. Já o Direito Comercial precisa de dinamismo nas suas normas em razão do constante desenvolvimento econômico, tratando de negócios de massa[8].

Diante do exposto, parece então continuar válido o difundido conceito de Direito Comercial, qual seja:

> "O direito comercial constitui aquela parte do direito privado que tem, principalmente, por objeto regular a circulação dos bens entre aqueles que os produzem e aqueles que os consomem" (tradução livre)[9].

Para Levin Goldschmidt, o Direito Comercial pode ser considerado uma parte da ciência do comércio, isto é, a soma de todos os conhecimentos que são importantes para o exercício de comércio[10].

Pode-se dizer também que o Direito Empresarial influencia o Direito Civil, pois ele arrisca mais, inventando e experimentando institutos novos, que mais tarde serão ou não

---

[8] Rubens Requião. *Curso de direito comercial.* 27. ed. São Paulo: Saraiva, 2008. v. 1, p. 18 e s.

[9] Cesare Vivante. *Elementi di diritto commerciale.* Milano: Ulrico Hoepli, 1936. p. 1.

[10] Levin Goldschmidt. *Storia universale del diritto commerciale.* p. 7.

consolidados no âmbito civil. Por exemplo, os sistemas de pagamentos foram inventados pelo Direito Empresarial, primeiro com a letra de câmbio (para evitar o risco de assaltos no percurso dos mercadores) e, posteriormente, com o cheque e o cartão de crédito, que, devido à grande aceitação, passaram a fazer parte da vida civil.

Rubens Requião lembra a posição de Sylvio Marcondes Machado – autor do anteprojeto de Código das Obrigações de 1965, na parte relativa às sociedades e ao exercício da atividade mercantil –, ao dizer que as razões da retratação de Cesare Vivante continuavam válidas, mas nem por isso excluíam a coordenação unitária de atos jurídicos concernentes ao fenômeno econômico, e que o Direito Comercial podia conviver com o Direito Civil em um código unificado. E que para Caio Mário da Silva Pereira, presidente da redação do mesmo anteprojeto, a unificação do direito das obrigações não significa a abolição da vida comercial, e uma unidade orgânica não conflita com a disciplina da vida mercantil[11].

Além de todos esses argumentos, Fábio Ulhoa Coelho pondera que a justificativa fundamental para a autonomia do Direito Empresarial se dá pela manutenção dessa disciplina nos bancos universitários, inclusive no exterior, como na Itália e na Espanha[12].

1.1.3. Objeto do Direito Empresarial

O objeto do Direito Empresarial é, essencialmente, regular as relações entre empresários e dispor sobre as regras das sociedades empresariais. Isso sem perder de vista o conceito de Direito Empresarial de Cesare Vivante, disciplinador da circulação dos bens entre aqueles que os produzem e aqueles que os consomem.

Se antes o objeto do Direito Empresarial era tido a partir da teoria dos atos de comércio, com a vigência do Código Civil de 2002 o objeto passa a ser mais amplo, o da teoria da empresa, abrangendo toda e qualquer atividade econômica (cf. art. 966 do Código Civil).

Conforme Rubens Requião, é a lei que determina a matéria empresarial, por exemplo, a legislação dos títulos de crédito, da propriedade industrial, bancária, concorrencial etc.[13].

São muitas as leis empresariais. As principais podem ser encontradas no que as editoras chamam "Código Comercial". O mais adequado seria chamá-las de consolidação das leis comerciais/empresariais, pois não contêm apenas o Código Comercial e, muito pelo contrário, a maior parte é de legislação extravagante.

Assim, o Direito Empresarial, em sua evolução, chegou à atualidade como uma alavanca ao desenvolvimento dos negócios, em razão dos instrumentos que coloca à disposição para as operações, atendendo, assim, às necessidades dos empresários, com suas normas e diversos tipos de contratos.

Apenas para exemplificar, o contrato de câmbio funciona como forma de dar eficácia às negociações, eliminando qualquer barreira quanto à distância entre os negociantes e movimentando grandes quantidades de mercadorias/serviços ou de dinheiro (nesse caso, sem necessidade de movimentar efetivamente o numerário).

---

[11] Rubens Requião. *Curso de direito comercial*. v. 1, p. 20-22.

[12] Fábio Ulhoa Coelho. *Curso de direito comercial*: direito de empresa. 12. ed. São Paulo: Saraiva, 2008. v. 1, p. 28.

[13] Rubens Requião. *Curso de direito comercial*. v. 1, p. 25.

1.1.3.1. Comércio e atividade negocial

O comércio é a atividade com fins lucrativos relevante para o movimento de mercadorias, sendo cada elemento pertencente ao comércio (necessários para a sua realização; os seus objetos; e outros assuntos) chamado de matéria de comércio[14].

De acordo com Alfredo Rocco, "o **comércio** é aquele ramo da produção econômica que faz aumentar o valor dos produtos pela interposição entre produtores e consumidores, a fim de facilitar a troca das mercadorias"[15].

Esse conceito está diretamente relacionado com o de Direito Comercial trazido por Cesare Vivante: "O direito comercial constitui aquela parte do direito privado que tem, principalmente, por objeto regular a circulação dos bens entre aqueles que os produzem e aqueles que os consomem" (tradução livre)[16].

Pelo exposto anteriormente sobre a evolução da teoria dos atos de comércio para a teoria da empresa, o mais adequado é dizer que o **objeto** do Direito Empresarial é qualquer **atividade negocial** (exceto as intelectuais).

Atividade negocial pode ser entendida como qualquer atividade que tenha por finalidade o lucro, isto é, desde a atividade extrativa de matéria-prima, a indústria, o comércio e a prestação de serviços. Logo, atividade negocial é uma expressão mais ampla do que comércio, pois inclui qualquer atividade de prestação de serviços, que também faz parte do escopo do Direito Empresarial.

Curiosamente, o Livro II do Código Civil de 2002, denominado "Do direito de empresa", no projeto inicial de Sylvio Marcondes era chamado "Da atividade negocial".

1.1.3.1.1. Comércio eletrônico

É fato que o comércio – em seus primórdios desenvolvido por meio de feiras, caravanas terrestres ou marítimas etc. – chegou ao final do século XX impulsionado ainda mais por um sistema eletrônico denominado **internet**, formando, então, o que se tem chamado no Brasil "comércio eletrônico" ou *e-commerce*[17].

O *e-commerce* representa o futuro do comércio. Existem milhares de oportunidades de negócios espalhadas pela rede, e é muito provável que uma pesquisa de preços na internet lhe trará não só o menor preço, como o melhor produto. Apesar do gargalo representado pelo "analfabetismo digital" de uma grande parcela da população, o *e-commerce* já desponta junto a uma geração que nasceu com o computador no colo. O crescimento do número de internautas na última década é espantoso.

---

[14] Levin Goldschmidt. *Storia universale del diritto commerciale*. p. 5.

[15] Alfredo Rocco. *Princípios de direito comercial*. São Paulo: Saraiva & Cia., 1931. p. 15.

[16] Cesare Vivante. *Elementi di diritto commerciale*. Milano: Ulrico Hoepli, 1936. p. 1.

[17] Para um estudo mais aprofundado acerca do comércio eletrônico, veja: Tarcisio Teixeira. *Direito digital e processo eletrônico*. 8. ed. São Paulo: Saraiva, 2024; e Tarcisio Teixeira. *Comércio eletrônico*: conforme o marco civil da internet e a regulamentação do *e-commerce* no Brasil. São Paulo: Saraiva, 2015.

Atualmente, o Brasil possui 70,6% (cerca de 149 milhões de pessoas) de sua população com acesso à internet. Se fizermos um comparativo entre os anos de 2000 e 2012, perceberemos um aumento de aproximadamente 1.500% do número de internautas no Brasil[18].

O grande destaque dentre os dados recentes foi a China. Com um grande aumento nos últimos anos, os internautas chineses agora representam 18,5% do total de pessoas com acesso à rede no mundo inteiro. Apesar desse enorme percentual, os internautas chineses ainda podem se multiplicar, uma vez que apenas 54.5% da população chinesa possui acesso à rede.

O *ranking* dos países com maior quantidade de internautas (habitantes com acesso à internet) em números absolutos é o seguinte: 1º China (772 milhões); 2º Índia (462 milhões); 3º EUA (312 millhões); 4º Brasil (149 milhões); 5º Indonésia (143 milhões); 6º Japão (118 milhões); e 7º Rússia (109 milhões). Em média, os países desenvolvidos têm acima de 90% de sua população com acesso à internet, a exemplo dos Estados Unidos (95,7%), Alemanha (96%), Japão (92%) e França (92%).

O que se pode constatar a respeito de tais dados é que o acesso à internet cresceu muito nos últimos anos, o que foi crucial para o alavancamento do comércio eletrônico em todo o mundo, e também significativamente no Brasil. Aqui, as categorias de bens mais comercializados são: moda e acessórios, 19%; cosméticos e perfumaria, 18%; eletrodomésticos, 10%; livros e revistas, 9%; informática, 7%. Veja as tabelas ilustrativas a seguir, referentes ao crescimento do comércio eletrônico varejista no Brasil, por meio da pesquisa eBit[19].

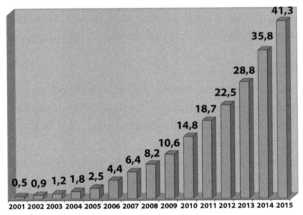

Faturamento do *e-commerce* no Brasil – Bilhões de reais

Fonte: Ebit – www.e-commerce.org.br (Obs.: a instituição não tem mais divulgado abertamente estes números).

---

[18] *Top 20 countries with the highest number of internet users.* Disponível em: <www.internetworldstats.com/top20.htm>. Acesso em: 16 ago. 2018.

[19] *Evolução da internet e do e-commerce.* Disponível em: <http://www.e-commerce.org.br/stats.php>. Acesso em: 22 maio 2016. Esses números não consideram as vendas de automóveis, passagens aéreas e leilões *on-line*.
Lamentamos que a instituição não tenha mais atualizado e/ou divulgado abertamente os dados. E, embora não tenham outras fontes fidedignas, chegou-se a anunciar que o *e-commerce* brasileiro em geral, incluindo a comercialização de todos os tipos de produtos e serviços, teria alcançado cerca de 120 bilhões em 2016. Outras fontes não fidedignas expressariam 44,6 bilhões em 2016, 49 bilhões em 2017 e 56 bilhões em 2018.

Pode-se entender que **comércio eletrônico** é o conjunto de compras e vendas de mercadorias e de prestação de serviços por meio eletrônico, isto é, as negociações são celebradas por meio da internet ou outro recurso da tecnologia da informação.

No comércio eletrônico é possível ocorrer a contratação de bens **corpóreos/materiais** – com existência física – (utensílios domésticos, equipamentos de informática, livros etc.) e **incorpóreos/imateriais** (programas de computador, músicas, vídeos, filmes, séries etc.).

Quando se trata de bens corpóreos, a negociação é feita por meio eletrônico, e a entrega do bem se dá fisicamente, pelas vias tradicionais, como o serviço postal.

Sendo compra de bens incorpóreos, além da negociação, a entrega do bem é feita diretamente ao comprador por meio eletrônico, como ocorre com o *download* de *software*.

É possível que o comércio eletrônico seja realizado fora da internet. No entanto, os grandes problemas jurídicos a serem enfrentados ocorrem, notadamente, no âmbito do comércio eletrônico realizado na rede mundial de computadores.

No âmbito brasileiro, o comércio eletrônico e os respectivos contratos celebrados estão sujeitos aos mesmos princípios e regras aplicáveis aos demais contratos celebrados no território nacional – Código Civil e Código de Defesa do Consumidor (CDC), bem como o Decreto n. 7.962, de 15 de março de 2013 (vulgarmente chamada de Lei do *E-commerce*), cuja finalidade é regulamentar o CDC quanto à contratação no comércio eletrônico[20]. No que couber, será aplicável a Lei n. 13.709, de 14 de agosto de 2018 – Lei Geral de Proteção de Dados Pessoais (LGPD). Frise-se que o Marco Civil da Internet, Lei n. 12.965, de 23 de abril de 2014, não trata específica e expressamente de *e-commerce, mas seus conceitos e principiologia são aplicáveis*[21]. Aproveitamos para remeter o leitor para o item "afixação e direnciação de preços – nova legislação", no qual tratamos sobre essas regras também para efeitos de compras pela internet. Também é muito importante ter em conta a ampliação da segurança das relações no âmbito digital a partir do uso das assinaturas eletrônicas, especialmente no que tange à Lei n. 14.063/2020 e à Medida Provisória n. 2.200-2/2001, que criou a Infraestrutura de Chaves Públicas Brasileira – ICP-BRASIL[22].

Quanto aos casos de relação jurídica firmada entre partes sediadas em países diversos, deve ser observada a LINDB – Lei de Introdução às Normas do Direito Brasileiro (atual denominação para a LICC – Lei de Introdução ao Código Civil), cujo art. 9º, *caput* e § 2º, disciplina que se aplica a lei do país onde se constituírem as obrigações. Sob este aspecto, será considerado local da constituição da obrigação o lugar em que residir o proponente, ou seja, daquele que estiver ofertando o produto ou o serviço na internet. Nesta seara, apesar de não tratar expressamente sobre comércio eletrônico, poderá ser aplicável a Convenção de Viena ou Convenção das Nações Unidas sobre Contratos de Compra e Venda Internacional de Mercadorias (CISG, na sigla em inglês). Em 19 de outubro de 2012 o Congresso Nacional

---

[20] Sobre *e-commerce* e aplicação da legislação à contratação eletrônica, veja: Tarcisio Teixeira. *Direito digital e processo eletrônico*. 8. ed. São Paulo: Saraiva, 2024. p. 237. Tarcisio Teixeira. *Marco civil da internet:* comentado. São Paulo: Almedina, 2016. p. 23 e s.

[21] Para um estudo sobre o Marco Civil da Internet, veja: Tarcisio Teixeira, *Comércio eletrônico:* conforme o Marco Civil da Internet e a regulamentação do *e-commerce* no Brasil. São Paulo: Saraiva, 2015. p. 91 e s.; e Tarcisio Teixeira. *Marco Civil da Internet:* comentado. São Paulo: Almedina, 2016. p. 23 e s.

[22] Sem prejuízo do que é tratado sobre assinatura eletrônica e certificação digital em outro item deste livro, para mais informações a respeito, *vide:* Tarcisio Teixeira. *Direito digital e processo eletrônico*. 8. ed. São Paulo: Saraiva, 2025. p. 246 e s.

brasileiro ratificou o texto da Convenção por meio do Decreto Legislativo n. 538/2012. Após, a Convenção passou a integrar o ordenamento jurídico brasileiro em 16 de outubro de 2014, com a promulgação do Decreto Presidencial n. 8.327/2014.

1.1.4. Fontes

Fontes do Direito são as maneiras pelas quais se estabelecem as regras jurídicas. Ou seja, fonte é de onde nasce o Direito; é a origem das normas jurídicas.

Pode-se dizer que as fontes nutrem o operador do Direito das regras aplicáveis às relações jurídicas.

No Direito Empresarial as fontes podem ser divididas em **primárias** e **secundárias**.

Fontes primárias (ou diretas) são as leis em geral, sobretudo as de conteúdo empresarial (p.ex., as leis de franquia, de concessão mercantil, falimentar, de títulos de crédito), o Código Comercial (a parte não revogada de Direito Marítimo), o Código Civil etc. A Constituição Federal também se inclui entre as fontes primárias. Além disso, respeitadas as normas de ordem pública, tendo em vista que o contrato faz lei entre as partes (*pacta sunt servanda*), ele também é fonte do Direito Empresarial, bem como outras obrigações como os títulos de crédito.

Por sua vez, as **fontes secundárias** (ou indiretas) são formadas pelos princípios gerais do direito, analogia, equidade e principalmente os usos e costumes. Secundária no sentido de que sua importância é subsidiária, não principal. Mas é bom esclarecer que os usos e costumes já foram a principal fonte do Direito Empresarial.

O operador do Direito deve inicialmente aplicar as fontes primárias, sendo que quando estas não tiverem respostas plenas ao caso, aí sim, socorrer-se-á das fontes secundárias. Ou seja, as fontes secundárias terão aplicação às relações jurídicas quando houver omissão das primárias.

1.1.4.1. Usos e costumes

Usos e costumes empresariais são "práticas continuadas" de determinados atos pelos agentes econômicos, que são aceitas pelos empresários como regras positivadas e obrigatórias. Eles vigoram quando a lei (empresarial e civil) não possui normas expressas para regular o assunto.

Exemplo disso são a emissão e o pagamento de boletos bancários, que se tornou uma prática corriqueira no comércio, independentemente de previsão legal.

Outro exemplo são as arras assecuratórias (diferentemente das arras confirmatórias e das penitenciais) consistentes naquelas dadas em geral como sinal na aquisição de imóveis, ficando o negócio com uma condição suspensiva pela aprovação posterior. Na maioria das vezes, com a não efetivação do negócio, apenas se devolve o sinal, sendo isso possível por tratar-se de uma forma atípica de arras.

Essa espécie de arras funciona, na verdade, como uma reserva, em que a parte a entrega a fim de assegurar a reserva de determinado imóvel, mas tem o direito de arrepender-se sem, contudo, perder a quantia entregue, pois ela será devolvida.

No Brasil, os usos e costumes, para valerem ("como se fossem leis"), devem estar assentados no Registro Público de Empresas Mercantis e Atividades Afins, conforme a Lei n. 8.934/94, art. 8º, VI. Também é aplicável aos usos e costumes o Decreto n. 1.800/96, que regulamenta a Lei n. 8.934/94, especialmente seus arts. 87 e 88 (cujas redações foram atualizadas pelo Decreto n. 10.173/2019).

Direito de empresa (teoria geral) 13

Tal determinação legal, de certa forma, acaba minimizando o papel dos usos e costumes como fonte do Direito Empresarial, diferentemente do que ocorria no passado, quando foi a mais significante das fontes para as relações entre os comerciantes[23].

1.1.5. Livre-iniciativa, ordem econômica e Constituição Federal

A temática da livre-iniciativa e da ordem econômica na Constituição Federal é melhor abordada em itens próprios no capítulo deste livro sobre Direito Concorrencial e Econômico. A título de situar o tema dentro da teoria geral do Direito Empresarial, livre-iniciativa significa liberdade de exercício de atividade econômica lícita, implicando a possibilidade de entrar, permanecer e sair do segmento empresarial em que se atua. Trata-se de um princípio pelo qual os agentes econômicos (pessoas físicas e jurídicas) agem de forma livre, sem a intervenção direta do Estado. A isso também se denomina economia de mercado ou neoliberalismo, em que a maior parte da atividade econômica (comércio, indústria e prestação de serviços) é

---

[23] A seguir transcrevemos a ementa de uma decisão do STJ muito ilustrativa a respeito dos usos e costumes: Comercial. Recurso especial. Ação de cobrança. Prestação de serviço de transporte rodoviário. Cargas agrícolas destinadas a embarque em porto marítimo. Cobrança originada por atraso no desembaraço das mercadorias no destino. Discussão a respeito da responsabilidade do contratante pelo pagamento das 'sobrestadias'. Requerimento de produção de prova testemunhal para demonstração de costume comercial relativo à distribuição de tal responsabilidade. Natureza dos usos e costumes mercantis. Sistema de registro dos costumes por assentamento nas Juntas Comerciais. Costume *contra legem*. Conflito entre duas fontes subsidiárias de Direito Comercial (Lei civil e costume comercial) no contexto relativo à vigência do Código Comercial de 1850 e do Código Civil de 1916. Atualmente, a Lei n. 8.934/94 atribui competência às Juntas Comerciais para proceder ao assentamento dos usos e práticas mercantis. Impertinente, portanto, a alegação da recorrente no sentido de que nenhum regulamento portuário indica ser de responsabilidade da contratante do serviço de transporte o pagamento das eventuais 'sobrestadias', pois não cabe a tais regulamentos consolidar usos e costumes mercantis relativos ao transporte terrestre de bens. Há desvio de perspectiva na afirmação de que só a prova documental derivada do assentamento demonstra um uso ou costume comercial. O que ocorre é a atribuição de um valor especial – de prova plena – àquela assim constituída; mas disso não se extrai, como pretende a recorrente, que o assentamento é o único meio de se provar um costume. – Não é possível excluir, de plano, a possibilidade de que a existência de um costume mercantil seja demonstrada por via testemunhal. (...) Trata-se apenas de, uma vez demonstrada a existência do costume, tomá-lo como regra jurídica para a solução do litígio. Tal solução, porém, dependerá ainda da verificação da subsunção do suporte fático àquele comando, em atividade cognitiva posterior. A adoção de costume *contra legem* é controvertida na doutrina, pois depende de um juízo a respeito da natureza da norma aparentemente violada como sendo ou não de ordem pública. Na hipótese, não se trata apenas de verificar a imperatividade ou não do dispositivo legislado, mas também analisar o suposto conflito entre duas fontes subsidiárias do Direito Comercial – quais sejam, a lei civil e o costume mercantil, levando-se em conta, ainda, que a norma civil apontada como violada – qual seja, o art. 159 do CC/1916 – não regula, de forma próxima, qualquer relação negocial, mas apenas repete princípio jurídico imemorial que remonta ao *neminem laedere* romano. Especialmente em um contexto relativo ao período em que não havia, ainda, ocorrido a unificação do Direito Privado pelo CC/2002, é impossível abordar o tema de forma lacônica, como se fosse possível afirmar, peremptoriamente e sem maiores aprimoramentos, a invalidade apriorística de todo e qualquer costume comercial em face de qualquer dispositivo da Lei civil, ainda que remotamente aplicável à controvérsia. Recurso especial parcialmente conhecido e, nessa parte, não provido (REsp 877.074/RJ, *DJe* 17-8-2009).

gerada pela iniciativa privada, ficando o Poder Público com a função de regulamentar e fiscalizar, bem como a de promover áreas essenciais, como, por exemplo, energia, educação, saúde, segurança. De forma diversa, a economia de estado se dá quando o Estado é o protagonista da economia por desenvolver ele próprio o comércio, a indústria e a prestação de serviço.

A Constituição Federal de 1988, art. 1º, IV, assegurou à livre-iniciativa, haja vista sua relevância, o *status* de fundamento para o Estado Democrático de Direito, ao lado de outros como a soberania, a cidadania, a dignidade da pessoa humana, o pluralismo político e os valores sociais do trabalho.

Além disso, o texto constitucional ao tratar da **ordem econômica** expressa no seu art. 170 que ela está fundada na livre-iniciativa e na valoração do trabalho humano. Para tanto, deverão ser observados, entre outros, os seguintes princípios: livre concorrência; defesa do consumidor; tratamento favorecido para as empresas de pequeno porte; defesa do meio ambiente; propriedade privada; função social da propriedade (estes que serão princípios tratados no capítulo sobre direito concorrencial e econômico).

1.1.5.1. Declaração de Direitos de Liberdade Econômica

Visando dar maior efetividade ao contido na norma constitucional, foi editada a Lei da Liberdade Econômica – Lei n. 13.874/2019, a qual institui a Declaração de Direitos de Liberdade Econômica. Ela constitui uma declaração de direitos econômicos e estabelece garantias para o livre mercado, alterando artigos dos seguintes diplomas legais: Código Civil, Lei de Registros Públicos, Lei do Cadastro Informativo dos Créditos não Quitados de Órgãos e Entidades Federais, Lei de Registro Público de Empresas Mercantis e Atividades Afins, Consolidação das Leis do Trabalho, Lei da Sociedade Anônima, dentre outras normas.

Essa lei foi fruto da Medida Provisória (MP) n. 881/2019, que teve como fundamento para sua criação o argumento de que, no Brasil, impera a percepção de necessidade de permissão do Estado para empreender, causando insegurança ao empresário nacional, resultando em péssimo desempenho nacional em *rankings* que auferem as liberdades econômicas de cada país. Além disso, o argumento de que o Brasil conta com grande número de desempregados [à época, cerca de 12 milhões], o que causa estagnação econômica e diminuição da renda dos cidadãos.

Fundamentou-se também em "estudos empíricos" que demonstram que a liberdade econômica é fator preponderante para o desenvolvimento e crescimento econômico do país. Pauta-se no ideal de que a liberdade econômica e a proteção à propriedade privada são determinantes para o bem-estar da população. Para prover eficácia à livre iniciativa, referida medida finda por desburocratizar o Brasil, empoderando o particular ao expandir a proteção contra a intervenção do Estado.

Desta forma, visando modificar a realidade microeconômica que irá refletir macroeconomicamente, estabeleceu-se direitos pensando em situações consideradas paradigmáticas, sem privilegiar nenhum setor, e, para isso, o texto será considerado uma norma a ser seguida no direito civil, empresarial, econômico, urbanístico e do trabalho.

A Lei n. 13.874/2019 está dividida em cinco capítulos, sendo que no primeiro encontram-se as disposições gerais, que tratam do modo de funcionamento e da finalidade da legislação; o capítulo segundo tipifica a Declaração de Direitos de Liberdade Econômica, demonstrando o que seria essencial para o desenvolvimento econômico brasileiro (no entendimento do legislador). Em seguida, no capítulo terceiro, denominado de garantias de livre iniciativa, encontram-se descritos os deveres da administração para com os particulares no exercício da liberdade de iniciativa privada. No capítulo quarto, há a análise do impacto regulatório, que deverá ser feito pelos entes públicos para averiguar se a criação de leis não prejudicará a liberdade de empreender, e, por fim, no capítulo quinto, estão as alterações legislativas que a lei introduziu juntamente às disposições finais.

O art. 1º da lei expressa que a Declaração de Direitos de Liberdade Econômica estabelecerá normas de proteção à livre iniciativa e ao livre exercício da atividade econômica, alocando e reafirmando o Estado como agente normativo e regulador, o que encontra parâmetro nos arts. 170, parágrafo único, e 174, *caput*, ambos da Constituição Federal.

O § 1º do artigo anteriormente referido estipula que será observada a Declaração de Direito de Liberdade Econômica para aplicação e interpretação do direito civil, empresarial, econômico, urbanístico e do trabalho nas relações jurídicas que estejam em seu âmbito de aplicação, dispondo no § 2º que serão interpretadas em favor da liberdade econômica, da boa-fé e do respeito aos contratos e aos investimentos e à propriedade todas as normas de ordenação pública sobre a temática.

Requer especial atenção o § 4º do art. 1º da lei, no qual consta que os arts. 1º ao 4º constituem norma geral de direito econômico, devendo ser observados para todos os atos públicos de liberação da atividade econômica executados pelo Estado, Distrito Federal e pelos Municípios. Assim, está de acordo com o art. 24, §§ 1º, 2º, 3º e 4º, da Constituição Federal, que estabelece a competência concorrente para os entes legislarem sobre direito econômico, devendo a União limita-se a legislar sobre normas gerais e restando aos Estados competência suplementar sobre o tema.

Os princípios norteadores da Lei de Liberdade Econômica estão descritos no art. 2º, estando inclusos a liberdade como garantia no exercício de atividade econômica (I), a boa-fé do particular perante o Poder Público (II), a intervenção subsidiária e excepcional do Estado sobre o exercício da atividade econômica (III) e o reconhecimento da vulnerabilidade do particular perante o Estado (IV).

A vulnerabilidade do particular perante o Estado recebe especial atenção no parágrafo único do art. 2º, que se refere à elaboração de um regulamento que disporá sobre os critérios de aferição para afastar a ideia de vulnerabilidade do particular perante o Estado, estando limitado pela má-fé, hipossuficiência ou reincidência.

O termo vulnerabilidade, na convergência da natureza de liberdade de empreender intrínseca à norma, leva a crer que o legislador entende que o particular, e em especial a pessoa natural, os pequenos e microempreendedores, são vulneráveis perante o grande aparato estatal, do ponto de vista econômico, técnico e fático, principalmente quando diante da figura de um Estado com viés intervencionista, que interfere nas relações entre os particulares para nivelar eventuais diferenças, culminando em enfraquecer a empresa comparada ao poder econômico do Estado.

Pensando-se na realidade do empreendedor (pessoa natural ou jurídica), poder-se-á tomar emprestada a lição de Sylvio Capanema de Souza sobre a vulnerabilidade aplicada ao consumidor, que pode ser analisada de maneira fática, na qual o particular pode ter menor capacidade econômica em relação ao poderio de decisão do Estado. Também há o ponto de vista técnico, em que o Estado pode dificultar ao particular o acesso aos meios necessários de produção e, por fim, o ponto de vista jurídico, em que o Estado tem maiores benefícios e proteção legal diante do interesse social que carrega[24].

Referido princípio encontra respaldo constitucional ao notar que as micro e pequenas empresas possuem tratamento especial, previsto no art. 170, IX, da Constituição Federal, bem como o reconhecimento da função social da propriedade, que está prevista no inciso III do mesmo artigo. O tratamento especial para os pequenos empreendedores ocorre por várias razões, desde a falta de preparo dos indivíduos, insuficiência de capital de giro e linhas de crédito, dentre outros, devendo receber este tratamento diferenciado pela importância na geração de empregos e renda que lhe são inerentes.

Pode-se, também, atribuir à vulnerabilidade do particular perante o Estado a pretensão do legislador constituinte de erigir a dignidade humana e solidariedade social, como descreve Teresa Negreiros, referindo que o foco da Constituição, além de outros, é enfrentar as desigualdades sociais, erradicando a pobreza e a marginalização social[25], sendo a liberdade econômica um instrumento de erradicação de pobreza e de dignificação do homem.

Por sua vez, o art. 3º da referida lei enumera os direitos de liberdade econômica que são aplicados ao particular, pessoa natural ou jurídica, considerada essencial para o desenvolvimento e o crescimento econômico do País. São vários os incisos que trazem direitos que facilitam a atividade econômica, iniciando pelo direito ao exercício de atividade de baixo risco (I); desenvolvimento de atividade econômica em qualquer horário, desde que respeitadas as normas de proteção ambiental, restrições contratuais ou de outro negócio jurídico e legislação trabalhista (II); definir livremente, em mercados não regulados, o preço de produtos e de serviços como consequência de alteração da oferta e da demanda (III); receber tratamento isonômico de órgãos e de entidades da Administração Pública quanto ao exercício de liberação da atividade econômica (IV); gozar de presunção de boa-fé nos atos praticados no exercício da atividade econômica para as quais as dúvidas serão resolvidas de forma a preservar a autonomia privada (V); desenvolver, executar, operar ou comercializar novas modalidades de produtos e de serviços quando as normas infralegais se tornarem desatualizadas por força de desenvolvimento tecnológico consolidado internacionalmente (VI); ter garantia de que nas solicitações de atos públicos de liberação da atividade econômica se sujeitarão ao disposto na lei (IX); arquivar qualquer documento por meio de microfilme ou por meio digital (X); não ser exigida medida ou prestação compensatória ou mitigatória abusiva, em sede de estudos de impacto de outras liberações de atividade econômica no direito urbanístico (XI); e não ser exigida pela Administração Pública direta ou indireta certidão sem previsão expressa de lei (XII).

É notório que alguns direitos visam dar maior praticidade para a tarefa de empreender sem que o Estado interfira sem motivos justos e legais, buscando diminuir a burocracia e promover a celeridade na liberação de atividade econômica, sem exigir certidões não previstas em leis, bem como no arquivamento de documentos por meio digital, que, pelas novas tecnologias, torna-se necessário a regulação.

---

[24] SOUZA, Sylvio Capanema de. *Direito do consumidor*. Rio de Janeiro: Forense, 2018, p. 14-15.

[25] NEGREIROS, Teresa. *Teoria do Contrato*: Novos paradigmas. 2. ed. Rio de Janeiro: Renovar, 2006, p. 19.

Em outros direitos, nota-se especial importância na comercialização de novas modalidades de produtos e de serviços, pensando no desenvolvimento tecnológico, ponto que encontra convergência com tecnologias que captam, utilizam e até comercializam dados de pessoas naturais.

No art. 4º estão dispostas as garantias de livre iniciativa, sendo que em seu *caput* está previsto como dever da Administração Pública, no intuito de evitar o abuso do poder regulatório de maneira a indevidamente criar reserva de mercado, favorecendo grupo econômico ou profissão por meio de regulação, prejudicando os demais (I); evitar a criação de enunciados que impeçam a entrada de novos competidores nacionais ou estrangeiros no mercado (II); exigir especificações técnicas que sejam desnecessárias para a finalidade desejada (III); impedir que se redijam enunciados que impeçam ou retardam a inovação e a adoção de novas tecnologias, processos ou modelos de negócios, ressalvado as situações consideradas de alto risco (IV); aumentar custos de transação sem demonstração de benefícios (V); criar demanda artificial ou compulsória de produto, serviço ou atividade profissional, inclusive de uso de cartórios, registros ou cadastros (VI); que introduzam limites à livre formação de sociedades empresárias ou de atividades econômicas (VII); restringir o uso e o exercício da publicidade e propaganda sobre um setor econômico, ressalvadas as expressamente previstas em leis (VIII) e exigir, sob pretexto de inscrição tributária, requerimentos de outra natureza de maneira a mitigar os efeitos do inciso I do *caput* do art. 3º da lei em estudo.

Das garantias previstas, observa-se a intenção de evitar o abuso na criação de enunciados normativos que impeçam a entrada de novos competidores, bem como que retardem ou impeçam a inovação tecnológica. Isso acabaria por aumentar os custos de transação sem demonstração de benefícios e introduzir limites à livre formação das sociedades empresariais ou de atividade econômica (incisos II, IV, V e VII do art. 4º).

Quanto ao Código Civil, este diploma legal sofreu alterações com a Lei da Liberdade Econômica, sendo incluídos incisos sobre direito empresarial, pessoa jurídica, abuso da personalidade jurídica, dentre outros. Porém, é o art. 113[26] que recebe grande atenção e alterações com novas formas de interpretação do negócio jurídico, devendo a interpretação levar em conta os usos, costumes e práticas do mercado em que ocorre certo tipo de negócio.

---

[26] "Art. 113. Os negócios jurídicos devem ser interpretados conforme a boa-fé e os usos do lugar de sua celebração.

§ 1º A interpretação do negócio jurídico deve lhe atribuir o sentido que:

I – for confirmado pelo comportamento das partes posterior à celebração do negócio;

II – corresponder aos usos, costumes e práticas do mercado relativas ao tipo de negócio;

III – corresponder à boa-fé;

IV – for mais benéfico à parte que não redigiu o dispositivo, se identificável; e

V – corresponder a qual seria a razoável negociação das partes sobre a questão discutida, inferida das demais disposições do negócio e da racionalidade econômica das partes, consideradas as informações disponíveis no momento de sua celebração.

§ 2º As partes poderão livremente pactuar regras de interpretação, de preenchimento de lacunas e de integração dos negócios jurídicos diversas daquelas previstas em lei."

Também no Código Civil, receberam ajuste substancial o art. 50 (sobre desconsideração da personalidade jurídica, cujo tema é tratado em outro item deste livro), o art. 421, ao qual foi acrescido o parágrafo único, e o art. 421-A[27], no que diz respeito à função social do contrato, às relações privadas e à simetria nessas relações.

1.1.6. Sub-ramos do Direito Empresarial

Assim como o Direito Civil, por exemplo, possui sub-ramos – como o direito de família, o direito das sucessões etc. –, o Direito Empresarial também possui sub-ramos:

1) Direito Societário – trata dos vários tipos de sociedades empresariais (anônima, limitada etc.);

2) Direito Falimentar (Concursal, Recuperacional) – cuida da recuperação judicial e extrajudicial e da falência de empresários individuais e sociedades empresárias;

3) Direito Industrial (propriedade industrial) – regula as marcas, as patentes, os desenhos industriais etc.;

4) Direito Cambiário – cuida dos títulos de crédito (cheque, duplicata, nota promissória etc.);

5) Direito Concorrencial – trata da concorrência leal entre as empresas, inibindo abusos econômicos e condutas desleais;

6) Direito Bancário – cuida do sistema financeiro, especialmente no âmbito privado;

7) Direito do Mercado de Capitais – regula o mercado de valores mobiliários: ações e derivativos comercializados em bolsa e mercado de balcão;

8) Direito Marítimo – trata das regras sobre embarcações, fretamento, naufrágio, direitos e obrigações dos oficiais e da tripulação etc.;

9) Direito Securitário – estabelece as regras sobre seguros de pessoas e de coisas (seguro de vida, seguro de automóvel etc.).

Não há um consenso sobre se o **Direito do Consumidor** – que trata da relação entre fornecedor e consumidor que adquire produto ou serviço como destinatário final – é um sub-ramo do Direito Empresarial. O fato é que o Direito do Consumidor é composto por regras dos Direitos Empresarial, Civil, Administrativo, Penal etc.

Para se ter uma ideia, na Faculdade de Direito do Largo São Francisco (USP) a disciplina Direito do Consumidor é ministrada por professores de várias áreas, cabendo aos professores de Direito Empresarial principalmente a parte de responsabilidade civil dos fornecedores. Se considerarmos o conceito de Direito Comercial de Vivante (como visto

---

[27] "Art. 421. A liberdade contratual será exercida nos limites da função social do contrato.

Parágrafo único. Nas relações contratuais privadas, prevalecerão o princípio da intervenção mínima e a excepcionalidade da revisão contratual."

"Art. 421-A. Os contratos civis e empresariais presumem-se paritários e simétricos até a presença de elementos concretos que justifiquem o afastamento dessa presunção, ressalvados os regimes jurídicos previstos em leis especiais, garantido também que:

I – as partes negociantes poderão estabelecer parâmetros objetivos para a interpretação das cláusulas negociais e de seus pressupostos de revisão ou de resolução;

II – a alocação de riscos definida pelas partes deve ser respeitada e observada; e

III – a revisão contratual somente ocorrerá de maneira excepcional e limitada.

anteriormente), poderemos dizer que o Direito do Consumidor se aproxima bastante do Direito Empresarial.

Dos sub-ramos citados, alguns serão tratados nesta obra, por serem objeto de estudo nos cursos regulares de Direito. Já outros têm seu estudo mais aprofundado em cursos de pós-graduação.

1.1.7. Relação com outros ramos do Direito

A par da discussão sobre a divisão do Direito, em especial em público e privado, a doutrina já é pacífica em afirmar que essa divisão é meramente didática, especificamente para fins de aprendizado. Um ramo do Direito não se consegue manter sem o auxílio dos demais.

Nesse sentido, o Direito Empresarial não conseguiria prosperar de forma isolada, pois suas normas e princípios fazem parte de um todo, denominado ordenamento jurídico. Assim, o Direito Empresarial se relaciona com outros ramos do Direito, como será visto de forma sucinta:

1) Direito Constitucional – é a Constituição Federal que trata da ordem econômica, assegurando a todos o livre exercício para empreender em qualquer atividade econômica lícita, independentemente de autorização de órgãos públicos, salvo nos casos previstos em lei (p.ex., bancos e seguradoras);

2) Direito Civil – é o ramo que estabelece os conceitos de pessoa natural e pessoa jurídica, bens, obrigações, contratos em geral, atos unilaterais, propriedade etc. (todos utilizados pelo Direito Empresarial);

3) Direito Tributário – a atividade empresarial é fonte de recursos para o Estado; os negócios e os resultados das empresas são fatores de incidência tributária e de arrecadação, que, por sua vez, são objetos do Direito Tributário;

4) Direito Penal – muitos crimes podem ser praticados por empresários ou por seus representantes, como os crimes falimentares, a lavagem de dinheiro, os crimes contra a ordem econômica;

5) Direito do Trabalho – este ramo visa a proteger a relação de trabalho e de emprego. No entanto, às vezes, o empresário procura mascarar essa relação, por exemplo, com contratos de representação comercial autônoma, de sócios minoritários, de cooperativas etc. Assim atua para verificar eventuais distorções nas relações de trabalho na atividade empresarial;

6) Direito Processual – fornece instrumentos para que o empresário possa alcançar suas pretensões (p.ex., ação renovatória de locação de imóvel do estabelecimento empresarial, recuperação de empresas, execução de títulos de crédito);

7) Direito Econômico – o Estado pode ser um agente econômico direto (quando há um mercado relevante não explorado pela iniciativa privada) e, ao mesmo tempo, é o tutor da atividade empresarial por meio da regulação com normas (para preservar o mercado);

8) Direito do Consumidor – nas relações de consumo (entre consumidor e fornecedor), normalmente em uma das pontas está o empresário; é nesse campo que estão as disposições sobre responsabilidades e obrigações do fornecedor (p.ex., responsabilidade por defeito do produto, prazos de garantia).

1.1.8. O Projeto de Código Comercial

Sem prejuízo de outros possíveis projetos de lei, em trâmite ou arquivados, existe no Congresso Nacional o Projeto de Lei n. 1.572/2011 (ao qual foi apensado o Projeto de Lei n. 1.044/2018 em razão da similaridade da matéria) cuja intenção seria a de instituir um novo Código Comercial.

O corpo do Projeto de Lei n. 1.572/2011 está dividido em livros, títulos e capítulos que tratam dos variados institutos do Direito Empresarial, a começar por princípios, empresário individual, sociedade empresária e intelectual, obrigações e contratos empresariais, títulos de crédito, agronegócio, processo empresarial, comércio marítimo e eletrônico, entre outros.

Referido projeto visa a revogar a parte que ainda resta em vigor do Código Comercial de 1850, dispositivos do Código Civil que cuidam das questões empresariais, especialmente o Livro II da Parte Especial, e outras normas de conteúdo empresarial.

Um novo Código Comercial que estivesse sistematizado de acordo com a realidade atual dos negócios jurídicos seria bem-vindo, tanto no plano da prática forense quanto da teoria acadêmica. Isso, sem dúvida, poderia implicar maior segurança jurídica para os agentes econômicos, além de elevar a "autoestima" do Direito Empresarial, muito em baixa depois da vigência do Código Civil de 2002, cujo ramo do Direito foi alvo de muitos "ataques" que chegavam a defender o seu fim e/ou a sua incorporação pelo Direito Civil (unificação dos diplomas obrigacionais)[28].

Entretanto, o Projeto de Lei n. 1.572/2011 foi submetido a várias consultas públicas durante sua tramitação, além de ter sido objeto de estudos e discussões por entidades privadas. Muitos juristas são favoráveis a ele, mas outros têm se declarado abertamente contra o projeto devido a vários problemas, de ordem principiológica, conceitual e estrutural, que o permeariam. Alguns defendem a edição de microssistemas (inspirados no jurista italiano Natalino Irti), sendo que cada qual envolveria determinados temas do direito empresarial, como já ocorre, por exemplo, com a Lei das Sociedades Anônimas.

Contudo, apreciar o conteúdo do referido projeto de Código Comercial escapa da proposta deste livro, por isso vamos destacar e comentar um tema que chama muito a atenção no projeto de lei; trata-se da parte sobre comércio eletrônico.

O art. 108 do projeto define comércio eletrônico como a relação cujas partes se comunicam e contratam por meio de transmissão eletrônica de dados, abrangendo a comercialização de mercadorias, insumos e prestação de serviços. Já o seu art. 111 prevê que se o *site* for destinado tão somente a possibilitar a aproximação entre potenciais interessados na concretização de negócios entre eles, o empresário que o mantém não terá responsabilidade pelos atos praticados pelos vendedores e compradores de produtos ou serviços por ele intermediados. Para tanto, caberá ao empresário titular do *site* o dever de: retirar do *site* as ofertas que lesem direito de propriedade intelectual alheio, no prazo de 24 horas do recebimento da notificação emitida por quem seja comprovadamente o seu titular; disponibilizar no *site* um procedimento de avaliação dos vendedores pelos compradores, acessível a qualquer pessoa; e manter uma política de privacidade na página inicial do *site*, a qual deve mencionar claramente a instalação de programas no computador de quem o acessa, bem como a forma pela qual eles podem ser desinstalados. Haveria a intenção de afastar a responsabilidade objetiva para os intermediários

---

[28] Para mais detalhes: Tarcisio Teixeira. *Manual da compra e venda*: doutrina, jurisprudência e prática. 3. ed. São Paulo: Saraiva, 2018. p. 15 e s.

de negócios pela internet, ainda que os requisitos previstos para tanto não sejam os melhores, especialmente o da exigência de manter um sistema de avaliação dos vendedores, por se tratar de clara intromissão na liberdade de organizar a empresa, sem dizer que, na prática atual, o que se observa é uma falta de fidelidade desses dados, sendo, portanto, muito discutível.

1.2. EMPRESÁRIO

1.2.1. Conceito de empresário

Empresário é aquele que exerce profissionalmente atividade econômica organizada para a produção ou a circulação de bens ou de serviços, de acordo com o *caput* do art. 966 do Código Civil de 2002.

O art. 966 do Código Civil brasileiro de 2002 é reflexo do art. 2.082 do Código Civil italiano de 1942, que dispõe: "É empreendedor quem exerce profissionalmente uma atividade econômica organizada para o fim da produção ou da troca de bens ou de serviços" (tradução livre).

É correto afirmar que o empresário é um ativador do sistema econômico. Ele é o elo entre os capitalistas (que têm capital disponível), os trabalhadores (que oferecem a mão de obra) e os consumidores (que buscam produtos e serviços).

Ainda pode-se dizer que o empresário funciona como um intermediário, pois de um lado estão os que oferecem capital e/ou força de trabalho e de outro os que demandam satisfazer suas necessidades.

Vale ressaltar que o conceito de empresário, a princípio, compreende a figura do empresário individual (uma só pessoa física) e da sociedade empresária (pessoa jurídica com dois ou mais sócios[29]), que também pode ser denominada empresário coletivo. Seguindo modelos europeus, em 2011, no Brasil foi criada a figura da EIRELI (Empresa Individual de Responsabilidade Limitada), [embora tenha sido "revogada" pela Lei n. 14.382/2022] ela poderia ser tida como a terceira espécie de empresário. Esses temas serão tratados mais à frente.

Sequencialmente, serão estudados a ME (Microempresa), a EPP (Empresa de Pequeno Porte), o MEI (Microempreendedor Individual), o empresário rural e o empresário irregular, mas que não são enquadráveis perfeitamente como espécies de empresário, uma vez que estas figuras podem se encaixar como empresário individual ou sociedade empresária.

1.2.2. Caracterização do empresário

Para melhor entender o conceito de empresário, bem como analisar os elementos que o caracterizam (atividade econômica, organização, profissionalidade e produção ou circulação de bens ou de serviços)[30], seguir-se-á um estudo dividido em cinco grupos:

1º) o exercício de uma **atividade**;

2º) a natureza **econômica** da atividade;

3º) a **organização** da atividade;

---

[29] Exceção à subsidiária integral e sociedade limitada individual, que serão objeto de estudo em outro itens desta obra.

[30] Haroldo Malheiros Duclerc Verçosa. *Curso de direito comercial.* v. 1, p. 118-140.

4º) a **profissionalidade** no exercício de tal atividade;

5º) a finalidade da **produção ou da circulação de bens ou de serviços**.

Atividade – Para sabermos o que é uma atividade, é necessário fazer a distinção entre ato e atividade.

Ato é cada parte de uma peça; significa algo que se exaure, que é completo e alcança o resultado pretendido. Ele atinge a finalidade para a qual foi praticado sem a necessidade de outro ato.

Já a atividade é o conjunto de atos coordenados para alcançar um fim comum, o que também se denomina "empresa". Não é uma mera sequência de atos; é necessária a coordenação, como ocorre, por exemplo, com as linhas de produção de automóveis.

Por sua vez, a atividade pode envolver atos jurídicos e atos materiais. Os atos jurídicos são aqueles que têm efeito na esfera do Direito (p.ex., a venda de mercadorias gera uma obrigação de pagar tributo). Os atos materiais são aqueles que não geram efeitos jurídicos (p.ex., o deslocamento de mercadorias dentro da empresa de um almoxarifado para outro).

Atividade pressupõe uma habilidade do sujeito que a exerce ou a organiza, assumindo o seu risco econômico.

É o empresário (às vezes, com ajuda de auxiliares) quem exerce a empresa, ou seja, quem exerce a atividade, pois, no âmbito dos negócios, atividade é sinônimo de empresa. Ele coordena os atos que formam a atividade (p.ex., em uma confecção).

Econômica – É a atividade que cria riqueza por meio da produção ou circulação de bens e de serviços.

A atividade econômica tem como fim o lucro. Quem explora a atividade objetiva o lucro, ainda que às vezes experimente prejuízos.

Se o lucro for meio – por exemplo, no caso de uma associação ou fundação na qual o lucro é todo destinado a programas assistenciais –, não é atividade econômica. O bazar realizado por uma igreja visa a arrecadar fundos que serão empregados em suas obras; logo, não há lucro, pois a igreja não tem a finalidade de obter lucro na sua atividade principal, que é religiosa.

"Econômica" é uma expressão que aqui está relacionada ao fato de a atividade apresentar "risco". A atividade é exercida com total responsabilidade do empresário, pois há o risco de perder o capital ali empregado, o que justifica o proveito que ele tem em retirar o lucro decorrente da atividade.

Organização – O empresário é quem organiza a atividade. Ele combina os fatores de produção de forma organizada.

Os fatores de produção são: 1) natureza (matéria-prima; insumos); 2) capital (recursos financeiros, bens móveis e imóveis etc.); 3) trabalho (mão de obra); e 4) tecnologia (técnicas para desenvolver uma atividade).

Assumindo o risco inerente a toda atividade econômica, combinando os fatores de produção, o empresário cria riquezas e atende às necessidades do mercado[31].

---

[31] A penhora sobre o faturamento de uma sociedade comercial deve ser a última alternativa a ser adotada em um processo de execução, visto que implica verdadeiro óbice à existência da empresa, entendida como atividade econômica organizada profissionalmente para a produção, circulação e distribuição de bens, serviços ou riquezas (art. 966 do novo Código Civil: "Considera-se empresário quem exerce pro-

Pode o empresário contar com auxiliares, mas não há necessidade do concurso do trabalho de pessoas além dele, já que é possível ele ter uma firma individual ou uma sociedade em que somente os sócios trabalham (p.ex., uma lavanderia).

A organização da atividade pressupõe um estabelecimento, que será estudado adiante (CC, art. 1.142). Estabelecimento é o complexo de bens para o exercício da atividade e, na maioria das vezes, inclui um ponto físico, mas não necessariamente. Por exemplo, um carrinho de pipoca pode ser considerado o estabelecimento de um empresário.

Cabe esclarecer que "organização" não significa necessariamente "regularização". Isso porque, um empresário informal ou irregular (sem inscrição na Junta Comercial) poderá desenvolver de forma organizada sua atividade em um estabelecimento empresarial.

Profissionalidade – Significa que o empresário é um profissional/*expert* naquele ofício; faz do exercício da atividade econômica a sua profissão. A profissionalidade do empresário pressupõe:

1) habitualidade (continuidade; atuação contínua do empresário no negócio; não se trata de um negócio pontual, mas frequente);

2) pessoalidade (o empresário é quem está à frente do negócio, diretamente ou por meio de contratados que o representam);

3) especialidade (o empresário é quem detém as informações a respeito do negócio; o conhecimento técnico, por exemplo, de como produzir linguiças aromatizadas).

Toda atividade negocial é de risco, então, poder-se-ia dizer que o empresário é um profissional em correr riscos.

Produção ou circulação de bens ou de serviços – Para compreendermos melhor este ponto, ele será dividido em quatro possibilidades:

1ª) **Produzir bens** é sinônimo de fabricar/industrializar/produzir mercadorias. É acrescentar valor a elas por meio de processo de transformação, como ocorre em fábricas de sapatos, padarias, metalúrgicas, montadoras de veículos etc.

2ª) **Produzir serviços** é prestar serviços, como acontece com bancos, seguradoras, locadoras, lavanderias, encadernadoras etc. Trata-se de prestação de serviços em geral, exceto os de

---

fissionalmente atividade econômica organizada para a produção ou a circulação de bens ou de serviços" – conceito de empresa) O ordenamento jurídico pátrio confere proteção especial ao exercício da empresa – mormente o novo Código Civil, por intermédio do Livro II, com a criação do novo Direito de Empresa –, de sorte que ampla a construção doutrinária moderna acerca de suas características. Cesare Vivante, ao desenvolver a teoria da empresa no Direito italiano (cf. *Trattato de diritto commerciale*. 4. ed. Milão: Casa Editrice Dott. Francesco Vallardi, 1920) congregou os fatores natureza, capital, organização, trabalho e risco como requisitos elementares a qualquer empresa. No mesmo sentido, Alfredo Rocco salienta a importância da organização do trabalho realizada pelo empresário e adverte que a empresa somente pode ser caracterizada quando a produção é obtida mediante o trabalho de outrem, a ser recrutado, fiscalizado, dirigido e retribuído exclusivamente para a produção de bens ou serviços (cf. *Princípios de direito comercial*. São Paulo: Saraiva, 1931). Em espécie, denota-se inequívoca a caracterização da empresa exercida por Begê Restaurantes de Coletividade Ltda. – empresário e sujeito de direito –, de modo que, embora seja uma abstração enquanto entidade jurídica – *tertius genus*, para Orlando Gomes; ente *sui generis*, conforme lição de Waldírio Bulgarelli e Ricardo Negrão; objeto de direito, segundo Rubens Requião –, a empresa merece tutela jurídica própria. (...) (REsp 594.927/SP, STJ, 2ª Turma, rel. Min. Franciulli Netto, *DJ* 30-6-2004).

caráter intelectual (CC, art. 966, parágrafo único, ao expressar que atividade intelectual não é considerada empresarial).

3ª) **Circular bens** é adquirir bens para revendê-los (em regra, sem transformá-los). Normalmente é quem compra no atacado para revender no varejo. É a típica atividade do comerciante (p.ex., lojas de sapatos, roupas, cosméticos etc.). Também inclui os intermediários em geral, que apesar de não comprarem bens para revendê-los, aproximam vendedor/prestador do comprador/usuário, como o corretor de seguros e o agente de viagens.

4ª) **Circular serviços** é realizar a intermediação entre o cliente e o fornecedor do serviço a ser prestado, como o corretor de seguros e o agente de viagens.

Assim, a partir da produção e da circulação, seja de bens ou de serviços, estão-se gerando riquezas.

Frise-se que tais modalidades podem ser desenvolvidas individualmente ou de forma combinada pelo empresário. Hipoteticamente, uma empresa pode produzir e circular bens ao mesmo tempo (como uma fábrica que mantém loja varejista na porta do seu estabelecimento industrial); ou pode circular bens e prestar serviço concomitantemente (por exemplo, uma concessionária que vende veículos e realiza assistência técnica).

1.2.3. Conceito de empresa e mercado. Perfis da empresa e teoria poliédrica

O italiano Alberto Asquini foi quem melhor já escreveu sobre o conceito de empresa, em seu texto "Perfis da empresa", ao ponderar que empresa é um negócio econômico que se apresenta de diversas maneiras[32].

De acordo com Alberto Asquini, a empresa pode ser entendida em quatro perfis, por isso a expressão "teoria poliédrica", que serão discorridos sucintamente:

1) objetivo – a empresa significa patrimônio, ou melhor, estabelecimento, enquanto conjunto de bens destinados ao exercício da empresa (nesse sentido: art. 1.142 do Código Civil);

2) subjetivo – a empresa é entendida como sujeito de direitos, no caso o empresário, individual (pessoa natural) ou sociedade empresária (pessoa jurídica), que possui personalidade jurídica, com a capacidade de adquirir direitos e contrair obrigações (nesse sentido: arts. 966 e 981 do Código Civil) [modernamente poderia ser incluída a EIRELI neste perfil, embora tenha sido "revogada" pela Lei n. 14.382/2022];

3) corporativo – a empresa significa uma instituição, como um conjunto de pessoas (empresário, empregados e colaboradores) em razão de um objetivo comum: um resultado produtivo útil;

4) funcional (ou dinâmico) – a empresa significa atividade empresarial, sendo uma organização produtiva a partir da coordenação pelo empresário dos fatores de produção (capital, trabalho, matéria-prima e tecnologia) para alcançar sua finalidade (que é o lucro).

Diante do exposto, pode-se dizer que, a princípio, a palavra *empresa* significa atividade, que por sua vez é exercida pelo empresário. Essa atividade é o conjunto de atos coordenados pelo empresário. Mas, modernamente, a expressão *empresa*, como atividade econômica, contempla a soma de todos os perfis apontados por Alberto Asquini.

---

[32] Alberto Asquini. Perfis da empresa. Profili dell'impresa. *Rivista del Diritto Commerciale*, 1943. v. 41, I, tradução de Fábio Konder Comparato. *Revista de Direito Mercantil, Industrial, Econômico e Financeiro*, São Paulo, RT, n. 104, out./dez. 1996, p. 109 e s.

Não se pode deixar de mencionar que Ronald H. Coase, em seu texto *"The nature of the firm"*, datado inicialmente de 1937, apontou para o fato de que as empresas são constituídas por agentes econômicos, que são maximizadores de utilidades e riquezas, a fim de reduzir os custos de transação (despesas para se concretizar os negócios), bem como atender às exigências dos mercados em que pessoas buscam satisfazer suas necessidades e aumentar seu bem-estar.

Para Ronaldo H. Coase a empresa é um feixe de contratos (nexo de contratos) coordenados pelo empresário ao estabelecer relações com fornecedores, empregados e clientes, visando a oferta de produtos ou serviços nos mercados[33].

Por **mercado**, entenda-se o local onde os agentes econômicos (empresas, consumidores etc.) operam como vendedores ou compradores, efetuando assim trocas de bens e serviços por unidades monetárias ou por outros bens ou serviços. O mercado facilita o encontro desses operadores, diminuindo os custos de transação, ou seja, as despesas para se concretizar os negócios.

1.2.4. Empresa e atividade empresarial

O conceito de atividade empresarial está diretamente relacionado com o conceito de empresário, previsto no *caput* do art. 966 do Código Civil. A atividade desenvolvida pelo empresário é empresarial, pois é exercida profissionalmente na busca de lucro.

Pode-se dizer que a atividade é uma organização profissional para produção ou circulação de bens ou de serviços com a finalidade de lucro.

Assim, a empresa é justamente a atividade econômica organizada, exercida profissionalmente. A empresa envolve a produção ou a circulação de bens ou de serviços (exceto os de natureza intelectual), sem prejuízo do que foi considerado anteriormente sobre os elementos que compõem o conceito de empresário, à luz do art. 966 do Código Civil.

A princípio, a empresa pode ter natureza civil ou empresarial. As atividades intelectuais e rurais e as cooperativas podem ser tidas como exemplos da natureza civil da atividade. A indústria, o comércio e a prestação de serviços têm natureza empresarial.

Rachel Sztajn afirma que empresa é gênero de atividade econômica que comporta algumas espécies, desde a produção de bens até a prestação de serviços ou atividades artesanais. A autora aponta que, neste aspecto, o Brasil não segue os modelos da doutrina e da legislação italianas, mantendo a separação entre atividade econômica de empresa e outras atividades econômicas[34].

Destaca-se que o empresário, titular da atividade empresarial, goza de alguns **direitos**, como a possibilidade de requerer: a recuperação de empresa judicial ou extrajudicial; a autofalência; a falência de outro empresário, com base em título extrajudicial, apenas provando sua regularidade (as demais pessoas só têm esse direito após o trânsito em julgado de ação judicial); a utilização de seus livros como prova judicial em seu favor, o que, por sua vez, não

---

[33] Ronald H. Coase. The nature of the firm. In: *The firm, the market and the Law*. Chicago: University of Chicago Press, 1937, p. 7.

[34] Rachel Sztajn. *Teoria jurídica da empresa*: atividade empresária e mercados. 2. ed. São Paulo: Atlas, 2010. p. 89-90.

são direitos assegurados aos profissionais intelectuais. Além disso, tem o direito de adquirir direitos e contrair obrigações, bem como pode estar em juízo (enquanto parte processual). E, sendo uma sociedade empresária, a depender do seu tipo societário, haverá a separação patrimonial e limitação de responsabilidade.

Mesmo que alguém exerça uma atividade que entenda não ser empresarial ela o será, em razão do exposto[35].

1.2.5. Atividade intelectual

A **atividade intelectual,** descrita no parágrafo único do art. 966 do Código Civil, difere da atividade empresarial prevista no *caput* do mesmo dispositivo.

Em regra, as atividades de natureza intelectual ficaram fora do campo da empresa e do Direito Empresarial. Isso foi uma mera opção do legislador considerando que, do ponto de vista organizacional (fatores de produção), econômico (busca de lucros) e de existência de estabelecimento(s), não há diferenças com relação à atividade empresarial.

O vocábulo "**intelectual**" significa os dotes que vêm do intelecto (inteligência), da mente, e está relacionado à erudição, ao estudo, ao pensar.

Assim, as **atividades intelectuais** são aquelas que necessitam de um esforço criador que, por sua vez, está na mente do profissional que a realiza, como no caso de médicos, arquitetos etc.

São atividades personalíssimas, por não se admitir, via de regra, a fungibilidade do devedor quanto à sua prestação, ou seja, o devedor não pode ser substituído.

Geralmente as atividades intelectuais são realizadas por **profissionais de atividades regulamentadas** ou por **profissionais liberais** (sem vínculos). Porém, isso não é uma regra absoluta, como ocorre com o corretor de seguros, que pode ser um profissional liberal, mas não exerce atividade intelectual, e sim atividade empresarial. O mesmo vale dizer do representante comercial autônomo.

Profissional liberal é aquele profissional independente que tem curso universitário. Mas existem casos em que se exerce uma atividade intelectual sem necessariamente se ter um curso universitário, como acontece com artistas e escritores.

Já **profissão regulamentada** é aquela com previsão legal, ou melhor, com regulamentação pela legislação, como ocorre com os advogados, contadores, economistas, médicos etc. O próprio corretor de seguros que desenvolve atividade empresarial também tem sua atividade regulamentada por lei.

Atividade intelectual não se confunde necessariamente com **prestação de serviços**, pois esta é uma atividade empresarial, de acordo com a teoria da empresa e o conceito de empresário,

---

[35] Isso é ilustrado pela seguinte decisão judicial do Tribunal de Justiça de São Paulo: Falência. Empresa ré que alega ser sua atividade civil (prestação de serviços de subempreiteira de obras para construção civil). Atividade profissional economicamente organizada que não é de ser considerada civil. Submissão à Lei de Falências. Atual Código Civil (art. 966) que adotou a "Teoria da Empresa" em substituição à antiga conceituação de comerciante e de atos do comércio. Falência decretada. Decisão mantida. Recurso desprovido (Ag 9036760-53.2004.8.26.0000, *DJe* 5-1-2005).

estabelecido no *caput* do art. 966 do Código Civil. Por exemplo, o pedreiro não exerce uma atividade intelectual, mas, sim, uma atividade empresarial de prestação de serviços.

O que aproxima a atividade intelectual da atividade empresarial é que ela também visa ao lucro e tem estabelecimento para o desenvolvimento de sua atividade. Mas, a princípio, o volume de serviços prestados ou de bens produzidos não descaracteriza a atividade intelectual.

A atividade intelectual, de acordo com o art. 966, *caput,* do Código Civil, pode ser uma atividade de natureza: científica, literária ou artística.

1.2.5.1. Científica, literária e artística

A atividade de natureza **científica** está relacionada com quem é pesquisador ou cientista, ou seja, alguém especializado em uma ciência (conhecimentos sistêmicos). As atividades realizadas pelos profissionais de uma das áreas do conhecimento (humanas, exatas e biológicas) podem se enquadrar na atividade intelectual, citando-se, como exemplos, o preparador físico, o fisioterapeuta, o psicólogo, o químico, o médico etc. Pode-se dizer que esses são cientistas nas suas respectivas áreas.

Já a atividade de natureza **literária** está relacionada com a expressão da linguagem, ideias, sentidos e símbolos, especialmente por meio da escrita. Nesse sentido, o escritor, o compositor, o poeta, o jornalista etc. são exemplos de profissionais que exercem atividade de natureza literária. O literário é intelectual, mas pode não ser universitário.

Por sua vez, a atividade de natureza **artística** está vinculada com a arte, que é a produção de algo extraordinário com a utilização de habilidades e certos métodos para a realização. Também está relacionada com a expressão de sentidos e símbolos por meio de linguagem não escrita, como a linguagem corporal. Exercem atividade de natureza artística o ator e o cantor (que são intérpretes), o desenhista, o fotógrafo, o artista plástico etc.

1.2.5.2. Concurso de auxiliares ou colaboradores

Para o exercício da atividade intelectual, seja de natureza científica, literária ou artística, o profissional pode contratar auxiliares ou colaboradores para auxiliá-lo.

A contratação de auxiliares ou colaboradores pelo profissional intelectual não caracteriza sua atividade como empresarial.

Em outras palavras, tomando como exemplo o médico (profissional intelectual) que pode contratar uma secretária ou um mensageiro (que realizam serviços burocráticos e indiretos – atividade meio) como **colaborador**; ou contratar uma enfermeira ou outro médico para ser seu **assistente/auxiliar** (pois realizam serviços relacionados à atividade médica – atividade fim), sem que isso descaracterize sua atividade intelectual.

1.2.5.3. Elemento de empresa

Conforme a parte final do parágrafo único do art. 966 do Código Civil, o profissional intelectual pode ser considerado um empresário se o exercício da sua profissão constituir elemento de empresa.

Quer dizer que a atividade intelectual pode fazer com que seu titular seja considerado empresário se estiver integrada em um objeto mais complexo, próprio da atividade empresarial, ou seja, se a atividade intelectual for parte de uma atividade empresarial[36].

O intelectual não é empresário, mas transforma-se em um quando desenvolve uma atividade empresarial, que vai além da atividade intelectual.

Dessa forma, o profissional não é empresário quando realiza um serviço intelectual diretamente em favor de quem com ele contrata. Mas, quando o profissional intelectual oferece os serviços intelectuais de outras pessoas (que trabalham para ele) será considerado empresário[37]. Aqui o cliente procura o escritório (ou a empresa), e não necessariamente o profissional. No primeiro caso, o cliente procura diretamente o trabalho do profissional intelectual.

Um bom exemplo é a situação de um médico. Quando recém-formado, num primeiro momento trabalhando sozinho, abre uma clínica e, com o passar do tempo, contrata uma secretária, depois uma enfermeira (para auxiliar nos curativos), e mesmo assim será considerado um profissional intelectual, pois é em razão dele que os pacientes vão ao consultório. Nesse caso, o médico ainda não é um desenvolvedor de atividade empresarial[38].

No entanto, se ao longo dos anos esse consultório passar a ser uma clínica, e futuramente se transformar num hospital, os pacientes que ali vão muitas vezes sequer terão conhecimento daquele profissional, pois irão apenas pelo prestígio do hospital (empresa); aí, neste caso, a atividade médica será considerada atividade empresarial.

Então, nesse exemplo, o papel do médico (fundador) passa a ser o de administrador, considerando os vários tipos de serviços que ali existem (laboratórios, serviço de remoção, lanchonetes, lojas etc.), além dos vários departamentos (contabilidade, jurídico, almoxarifado, expedição, administração etc.). Ele passou a ser um organizador dos fatores de produção (capital, trabalho, natureza e tecnologia), ou seja, a profissão intelectual deu lugar à atividade empresarial.

Outro exemplo é o do professor: enquanto lecionar aulas particulares é um profissional intelectual. Mas, se constituir uma escola e passar a ser o diretor, isso poderá caracterizar a atividade como empresarial. Também pode ser uma hipótese o caso do químico, pois quando passa a ser sócio de uma indústria de reagentes sua atividade intelectual passa a ser considerada empresarial. Ainda, poderia se pensar no veterinário que passa a desenvolver o comércio de produtos para animais, no ramo que popularmente se denomina *pet shop*; ou o preparador físico pessoal (*personal trainer*) que monta uma academia de ginástica. E, ainda, o nutricionista que abre um comércio para vender alimentos de receita e fabricação próprias.

Assim, o profissional intelectual se tornará empresário quando organizar sua atividade como empresa, com o objetivo de empresário: a produção ou circulação de bens ou de serviços para atender indistintamente os agentes econômicos do mercado, sobretudo os consumidores.

---

[36] Haroldo Malheiros Duclerc Verçosa. *Curso de direito comercial.* v. 1, p. 142.

[37] Francesco Galgano. L'impresa. In: *Trattato di diritto commerciale e di diritto pubblico dell'economia.* Padova: Cedam, 1978. v. II, p. 30, apud Haroldo Malheiros Duclerc Verçosa. *Curso de direito comercial.* v. 1, p. 143.

[38] Sylvio Marcondes. *Questões de direito mercantil.* São Paulo: Saraiva, 1977. p. 11, apud Haroldo Malheiros Duclerc Verçosa. *Curso de direito comercial.* v. 1, p. 143.

Poder-se-ia também dizer que, quando a busca pelo lucro estiver à frente da intelectualidade e da pessoalidade no exercício profissional, como ocorre, por exemplo, em clínicas de cirurgia estética, construtoras ou farmácias convencionais, em que há padronização dos serviços e/ou produtos para o mercado, não importando quem está por trás da atividade. O produto ou serviço deixa de ter o caráter personalizado de uma atividade intelectual.

A multiplicidade de filiais pode mudar a natureza jurídica da atividade, de intelectual para empresarial, como, por exemplo, tem ocorrido com clínicas odontológicas e escolas de ensino particular que são abertas na forma de franquia. Neste caso, a atividade intelectual é mero elemento de empresa.

Contudo, a atividade será considerada empresarial quando a natureza de empresa se sobrepuser à natureza intelectual, ou seja, quando o exercício da profissão constitui elemento da atividade empresarial, o profissional será enquadrado no conceito jurídico de empresário, fazendo *jus* aos direitos de empresário, como a recuperação de empresas[39].

1.2.6. Inscrição, registro e obrigações. Atos constitutivos. Abertura e encerramento

Ao empresário é atribuída uma série de obrigações no Código Civil. A primeira obrigação é a sua inscrição no Registro Público de Empresas Mercantis (de acordo com o art. 1.150 do Código Civil, o Registro Público de Empresas Mercantis está a cargo das Juntas Comerciais).

Essa inscrição deve ser feita no órgão da respectiva sede (Estado-membro) do empresário, devendo ser realizada antes de o empresário iniciar sua atividade (CC, art. 967).

Aqui é necessário externar que "ato constitutivo" é um gênero do qual são espécies: o **requerimento** (por exemplo, o do empresário individual e da EIRELI [embora tenha sido "revogada" pela Lei n. 14.382/2022]); o **contrato social** (como, o da sociedade limitada ou da sociedade simples); e o **estatuto social** (por exemplo, o da sociedade anônima ou da sociedade cooperativa).

Quanto à inscrição do empresário, deverá ser feita mediante requerimento (por meio de formulário disponibilizado pela Junta Comercial). Esse requerimento deverá conter seu nome, nacionalidade, domicílio, estado civil, regime de bens (se for casado), firma (nome empresarial) com assinatura, capital (a ser empregado na constituição), objeto e sede da empresa (CC, art. 968, *caput*, I a IV).

---

[39] Quanto ao reenquadramento de uma atividade intelectual em empresarial, segue a transcrição parcial de uma decisão do STJ muito pertinente, cujo relator fundamentando seu voto transcreve parte do voto do Desembargador relator do julgamento da apelação no Tribunal de segunda instância: "(...) Se o profissional intelectual, para o exercício de sua profissão, investir capital, formando uma empresa, ofertando serviços mediante atividade econômica, organizada, técnica e estável, deverá ser, então, considerado como empresário (...)". "Sustenta, outrossim, que 'o fato de haver colaboradores ou de haver equipamentos não desconfigura o caráter de sociedade simples da recorrente (...). A v. sentença, com muita propriedade e louvando-se em tranquila jurisprudência do STJ, demonstrou que a sociedade não possui caráter pessoal, onde os sócios assumem a responsabilidade pessoalmente, mas possui 87 servidores, biólogos, biomédicos, auxiliares de enfermagem, técnicos de patologia, técnicos de laboratório, o que lhe marca o caráter empresarial. Não cabe sua exclusão de empresária, pois todo o exercício desenvolvido da profissão constitui elemento de empresa (art. 966, parágrafo único, do CC/2002)' (...)" (REsp 1.124.618/SP, Min. Humberto Martins, *DJe* 1º-3-2010).

A Lei Complementar – LC n. 147/2014 alterou o inc. II do art. 968 do Código Civil, o qual passa a dispor que a firma (assinatura autógrafa) poderá ser substituída pela assinatura autenticada com certificação digital ou meio equivalente que comprove a sua autenticidade, na forma estabelecida pelo CGSIM – Comitê para Gestão da Rede Nacional para Simplificação do Registro e da Legalização de Empresas e Negócios (respeitado o que prevê o inc. I do § 1º do art. 4º da LC n. 123/2006 – Estatuto Nacional da Microempresa e da Empresa de Pequeno Porte).

No caso de sociedade empresária (que em grande parte aplicam-se, no que couberem, as regras tratadas neste item), o ato constitutivo ocorre por meio do registro de **contrato social**, que por sua vez deve obedecer aos requisitos dos arts. 997 a 1.000 do Código Civil, sem prejuízo de outros previstos para cada tipo societário, conforme veremos no capítulo das sociedades.

Cabe ressaltar que a inscrição do empresário será anotada no livro do Registro Público de Empresas Mercantis e, além disso, quaisquer modificações deverão ser averbadas (CC, art. 968, §§ 1º e 2º).

O empresário que desejar ter uma filial em outra jurisdição deverá providenciar a sua inscrição no registro competente (localidade da filial), comprovando a inscrição da matriz (CC, art. 969, parágrafo único).

A abertura de filial também obriga-o a efetuar averbação no registro da matriz, informando o ocorrido (CC, art. 969, parágrafo único).

É preciso ter em conta o fato de que a inscrição do empresário (e o registro de sociedade) tem como finalidade:

a) tornar pública a sua atividade, bem como sua finalidade empresarial e suas disposições do ato constitutivo;

Conforme os arts. 29 e 30 da Lei n. 8.934/94, qualquer pessoa, sem precisar demonstrar a razão, pode consultar os registros existentes nas Juntas Comerciais desde que pague o preço fixado pelo órgão, podendo assim requerer a expedição de certidões.

b) efetuar o cadastro do empresário, o que gera um número de matrícula conhecido como NIRE (Número de Identificação do Registro de Empresas) que, entre outras coisas, servirá para a obtenção do CNPJ (Cadastro Nacional da Pessoa Jurídica) junto à Receita Federal;

c) proteger sua identificação e seu nome empresarial, o que é garantido pelo princípio da anterioridade, ou seja, quem primeiro registrar aquele nome goza de proteção;

d) estabelecer o início de sua existência (CC, art. 45) e assegurar a separação patrimonial e a limitação de responsabilidade patrimonial dos sócios por dívidas sociais, pois com a inscrição a sociedade adquire personalidade jurídica (CC, art. 985).

Além da inscrição, o Código Civil prevê outras obrigações ao empresário, que estão no capítulo da escrituração (e assim serão estudadas com mais detalhes adiante):

1) a **escrituração uniforme** de livros mercantis (CC, art. 1.179, *caput*, 1ª parte) significa que a escrituração deve ser feita respeitando os princípios da Contabilidade, como a ordem crescente de datas em dia, mês e ano;

2) o levantamento anual do **balanço patrimonial** e do **resultado econômico** (CC, art. 1.179, *caput*, 2ª parte). O balanço patrimonial reflete todo o histórico da empresa: ativo (bens e direitos), passivo (obrigações) e patrimônio líquido, sendo este positivo ou negativo, a depender se o ativo é maior ou menor que passivo. Já o balanço de resultado econômico mostra apenas as receitas e as despesas de determinado período, por exemplo, o último ano de exer-

cício. O resultado será de lucro ou de prejuízo, dependendo se as receitas foram maiores ou menores que as despesas;

3) a adoção de **livros obrigatórios** (CC, art. 1.180, *caput*) – o Diário é obrigatório para todos os empresários; porém, dependendo da circunstância, existem outros livros obrigatórios, como o Livro de Ações Nominativas para sociedades anônimas, nos termos do art. 100 da Lei n. 6.404/76;

4) a **boa guarda** da escrituração, da correspondência e dos demais documentos inerentes à atividade empresarial (CC, art. 1.194) – a conservação deve ocorrer pelo período mínimo dos prazos de prescrição e decadência, dependendo de cada tipo de obrigação. Vale destacar que por boa guarda pode-se compreender também a necessidade de *backups* confiáveis e em periodicidade razoável.

1.2.7. Empresário individual. Os direitos

Pode-se ter em conta que a palavra "empresário" é gênero do qual o empresário individual e a sociedade empresária são espécies [a EIRELI, revogada pela Lei n. 14.382/2022, também era uma espécie de empresário]. Entretanto, conforme veremos adiante, ME (microempresa), EPP (empresa de pequeno porte) e MEI (microempreendedor individual) não são necessariamente novas espécies de empresário, mas sim formas simplificadas do ponto de vista contábil e fiscal/tributário.

O Código Civil de 2002 ora usa a palavra "empresário" para designar o gênero (art. 966), ora para designar a espécie – empresário individual (art. 1.150).

Por sua vez, empresário individual é aquele que, independentemente do motivo, opta por desenvolver sua atividade econômica isoladamente, sem a participação de sócios.

Sérgio Campinho chama a atenção para o fato de que o empresário individual é a pessoa física titular de uma atividade empresarial, que por sua vez não se confunde com o sócio da sociedade empresária. O sócio não é empresário, mas, sim, integrante do quadro social de uma sociedade empresária[40].

Ao empresário individual é assegurado alguns **direitos** como: à inscrição/regularidade (a lei considera isso um dever); à recuperação de empresas (judicial e extrajudicial); à autofalência; a requerer a falência de outro empresário sendo credor de título extrajudicial (sem precisar de sentença transitada em julgado, como é exigível para os demais credores que não sejam empresários regulares); à utilização dos seus livros como prova em processo judicial; a emitir nota-fiscal fatura; à tributação mais benéfica, como pessoa jurídica (pois terá CNPJ); à participação de licitações públicas; à proteção da sua identificação (nome empresarial); à proteção do seu ponto comercial por meio de ação judicial renovatória (visando a continuidade da locação). Todos esses direitos também são direitos assegurados **às sociedades empresárias** [e às EIRELIs, embora estas tenham sido "revogadas" pela Lei n. 14.382/2022].

No entanto, o empresário individual **não** goza da limitação de responsabilidade e da separação patrimonial, princípios inerentes às sociedades empresárias e às EIRELIs (que a seguir serão tratados).

---

[40] Sérgio Campinho. *O direito de empresa à luz do novo Código Civil*. 10. ed. Rio de Janeiro: Renovar, 2009. p. 12.

Em sua atividade solitária de empresário individual, não se considera em separado o patrimônio da empresa e o patrimônio pessoal; logo, a responsabilidade do empresário individual pelas obrigações firmadas em razão do seu negócio é ilimitada. Ele responde, inclusive, com seu patrimônio pessoal, ainda que sua empresa tenha patrimônio próprio.

A propósito, não há que se falar da aplicação da desconsideração da personalidade jurídica (tema que será estudado adiante), justamente porque a responsabilidade do titular da atividade empresarial é ilimitada.

Por isso, poder-se-ia questionar o que levaria um empresário a matricular-se na Junta Comercial. Acontece que, entre outros benefícios, a regularização do empresário individual lhe assegura alguns direitos: recuperação de empresas, uso dos livros contábeis como prova em processo judicial; vantagens tributárias (que somente são possíveis se tiver um CNPJ – Cadastro Nacional de Pessoas Jurídica – mantido pela Receita Federal do Brasil, sem prejuízo de outros requisitos); entre outras.

Em geral, esses direitos (benefícios) são dados aos empresários (individuais ou sociedades empresárias) **regulares**, não aos irregulares. Já as obrigações, como a de pagar tributos e de respeitar direitos dos consumidores e trabalhadores, são inerentes a todos os empresários, regulares ou não.

É pertinente apontar que o empresário individual pode admitir sócios, neste caso solicitará ao Registro Público das Empresas Mercantis a transformação de sua inscrição como empresário individual para sociedade empresária (CC, art. 968, § 3º). Também poderá solicitar sua transformação para Sociedade Limitada Unipessoal – SLU. Em quaisquer casos de transformação, deverão ser respeitadas as regras previstas na legislação, inclusive as normas firmadas pelo DREI – Departamento Nacional de Registro Empresarial e Integração [antigo DNRC – Departamento Nacional de Registro do Comércio], em especial a Instrução Normativa n. 81/2020.

1.2.8. Sociedade empresária. Princípios. A separação patrimonial e a limitação da responsabilidade

A sociedade empresária, como espécie do gênero empresário, é um contrato (acordo de duas ou mais partes para constituir, regular ou extinguir entre elas uma relação jurídica de **direito** patrimonial — nesse sentido é o teor do art. 1.321 do Código Civil italiano). Veja no capítulo das sociedades estudo mais aprofundado sobre a natureza contratual da sociedade e seu conceito.

Sócios podem ser pessoas físicas ou jurídicas. Historicamente, não existia sociedade que envolvesse apenas uma pessoa (a exceção surgiu com a "subsidiária integral" e, em 2019, a sociedade limitada individual, que será objeto de estudo em outros itens). Uma sociedade, por regra, pressupunha no mínimo duas partes, que firmam um contrato de sociedade e passam a ser sócias.

Há dois princípios básicos que norteiam a sociedade empresária: princípio da **separação patrimonial** e princípio da **limitação da responsabilidade**. Ambos os princípios podem ser vistos como direitos/benefícios inerentes aos sócios, valendo o primeiro a todo tipo de sociedade com personalidade jurídica; o segundo, destinado aos tipos societários com limitação de responsabilidade.

No primeiro princípio, **separação patrimonial** (ou autonomia patrimonial), o patrimônio da empresa é diferente do patrimônio pessoal dos sócios, pois estes ao constituírem uma sociedade fazem um aporte de bens ou capital para formar o patrimônio da empresa. Isso faz com que o seu patrimônio de sócio (pessoa física ou jurídica) seja diferente do patrimônio da empresa (sociedade), sendo que, em geral, seu patrimônio pessoal não poderá ser afetado por dívidas da sociedade (abstração do CPC, art. 795) [CPC/73, art. 596, *caput*].

Não se pode perder de vista o advento do art. 49-A do Código Civil, introduzido pela Lei n. 13.874/2019 – Lei da Liberdade Econômica:

> Art. 49-A. A pessoa jurídica não se confunde com os seus sócios, associados, instituidores ou administradores.
>
> Parágrafo único. A autonomia patrimonial das pessoas jurídicas é um instrumento lícito de alocação e segregação de riscos, estabelecido pela lei com a finalidade de estimular empreendimentos, para a geração de empregos, tributo, renda e inovação em benefício de todos.

Já no segundo princípio, o da **limitação da responsabilidade**, a responsabilidade dos sócios é limitada ao valor de sua participação na sociedade, ou seja, ao valor de suas quotas[41] ou ações (dependendo do tipo societário, pois em alguns casos isso não acontece). Assim, ao se constituir uma sociedade a responsabilidade dos sócios é limitada se ocorrer insucesso da atividade. Esse limite é, em regra, o valor das respectivas quotas de cada sócio do capital social da sociedade (o que é abstraído fundamentalmente do art. 1.052 do Código Civil, sobretudo para o caso das sociedades limitadas).

Vale destacar que, enquanto um ente dotado de personalidade jurídica, com direitos, deveres e patrimônio próprios, a sociedade responde por suas dívidas com todo o seu patrimônio empresarial (que muitas vezes torna-se maior do que o capital social previsto em seu contrato societário). Mas, é preciso expressar para existir o direito à separação patrimonial e à limitação da responsabilidade. É necessário que a sociedade tenha personalidade jurídica em razão de ter sido constituída regularmente (registrada).

Esses princípios não são aplicáveis ao empresário individual. Neste caso não há a separação de patrimônio (civil e empresarial) nem limitação de responsabilidade (seu patrimônio é único e responde por todas as dívidas de qualquer natureza, civil ou empresarial).

Assim, com a constituição regular de uma sociedade empresária garante-se, via de regra, a separação patrimonial dos bens da empresa em relação aos bens dos sócios, bem como a limitação de responsabilidade dos sócios pelas dívidas da empresa ao valor de suas respectivas quotas, salvo em caso de desconsideração da personalidade jurídica (assunto que será visto mais adiante).

Contudo, historicamente são essas as razões relevantes que levavam algumas pessoas a constituírem sociedades empresárias em detrimento da figura do empresário individual.

---

[41] Quotas ou cotas? Na língua portuguesa as duas formas de se escrever estão corretas, mas preferimos utilizar a mesma opção do legislador, ou seja, quotas.

1.2.9. EIRELI – Empresa Individual de Responsabilidade Limitada. O fim

A EIRELI – Empresa Individual de Responsabilidade Limitada – foi revogada pela Lei n. 14.382/2022. Entretanto, como o instituto funcionou por cerca de 11 (onze) anos no Brasil, consideramos ainda ser relevante deixarmos algumas ponderações a respeito. A EIRELI foi instituída por meio da Lei n. 12.441, de 11 de julho de 2011, cuja vigência teve início em janeiro de 2012. Esta lei promoveu importantes alterações no Código Civil, especificamente em seus arts. 44, 980 e 1.033. Regulamentando a matéria, o DREI – Departamento Nacional de Registro Empresarial e Integração editou a Instrução Normativa n. 10/2013 [atualmente revogada pela IN 38/2017], que havia aprovado o Manual de Atos de Registro de Empresa Individual de Responsabilidade Limitada.

Pode-se afirmar que a EIRELI era um instituto jurídico parecido com uma sociedade limitada [no formato clássico, com dois ou mais sócios], mas tendo apenas uma pessoa [hoje se assemelharia à sociedade limitada unipessoal – SLU]. Também se assemelhava à figura do empresário individual, no entanto, com responsabilidade limitada deste empresário. Ou seja, a EIRELI era uma mistura do empresário individual e da sociedade empresária.

Assim, a EIRELI era a figura jurídica que possibilitava a um empreendedor, individualmente, utilizar-se dos princípios da separação patrimonial e da limitação da responsabilidade (já tratados anteriormente) para assim desenvolver uma atividade econômica. Lembrando que estes princípios até então eram exclusivos às sociedades, não sendo aplicáveis ao empresário individual.

Isso sempre foi uma forte razão para levar muitas pessoas a constituírem sociedades empresárias em detrimento da figura do empresário individual. Como se sabe, via de regra, uma sociedade é composta de no mínimo duas pessoas. Então, para formar uma sociedade e assim obter a limitação da responsabilidade, o empreendedor se torna sócio de uma sociedade com participação de 99,5% do capital social, convidando outra para ser sua sócia com uma participação de 0,5%, meramente para fins de se compor a sociedade. Formando assim o que se conhece vulgarmente por "sociedade de fachada" ou "sociedade de faz de conta".

Por isso, pode-se dizer que a EIRELI seria uma espécie de empresário individual com direito a separação patrimonial e limitação de responsabilidade. Obviamente que isso não impede que haja a desconsideração da personalidade jurídica (tema que será tratado mais adiante), caso ocorra abuso na utilização da empresa. Neste caso, podendo o patrimônio pessoal do empreendedor pagar por dívidas da EIRELI; entretanto, não se dever perder de vista o que disciplina o § 7º[42], introduzido ao art. 980-A do Código Civil pela Lei da Liberdade Econômica – Lei n. 13.874/2019.

Guardadas as devidas peculiaridades, a criação da EIRELI foi inspirada em modelos europeus, em especial da Itália e de Portugal. O art. 2.463 do Código Civil italiano prevê a denominada "sociedade unipessoal de responsabilidade limitada". Já em Portugal, o Decreto-lei n. 248/86 criou o "estabelecimento individual de responsabilidade limitada"[43].

---

[42] Art. 980-A. § 7º Somente o patrimônio social da empresa responderá pelas dívidas da empresa individual de responsabilidade limitada, hipótese em que não se confundirá, em qualquer situação, com o patrimônio do titular que a constitui, ressalvados os casos de fraude.

[43] Alexandre Demetrius Pereira. *A empresa individual de responsabilidade limitada*. Disponível em: <http://www.blogdireitoempresarial.com.br/2011/06/empresa-individual-de-responsabilidade.html>. Acesso em: 11 jul. 2018.

A lei preferiu denominar essa figura jurídica "empresa individual de responsabilidade limitada". No entanto, nos parece que o emprego da palavra "empresa", neste caso, foi equivocado, haja vista que o vocábulo "empresa" significa atividade. Ou melhor, no Direito Empresarial "empresa" significa atividade econômica, que consiste no conjunto de atos coordenados pelo empresário a fim de alcançar o lucro. Por isso, a terminologia mais adequada seria "empresário individual de responsabilidade limitada". Isso, pois empresário quer dizer "aquele que exerce profissionalmente atividade econômica organizada para a produção ou a circulação de bens ou de serviços" (conforme o *caput* do art. 966 do Código Civil de 2002). E mais, porque a limitação de responsabilidade se dá em relação ao empresário e não à atividade (empresa).

Vale ter em conta que a época, a lei que a criou deu à EIRELI o *status* de ser uma nova espécie de pessoa jurídica de direito privado em razão do inc. VI acrescido ao art. 44 do Código Civil, por força da Lei n. 12.441/2011. Destacando que o inc. VI do art. 44 do Código Civil também foi revogado pela Lei n. 14.382/2022.

Quanto à criação da EIRELI, parece-nos que o mais adequado é que o seu ato constitutivo seja feito por requerimento, semelhantemente ao que ocorre com a inscrição do empresário individual, uma vez que a figura jurídica do contrato social se dá, como regra geral, quando há duas ou mais pessoas, portanto, uma sociedade. Na Itália é por ato unitaleral.

No que se refere aos requisitos, a EIRELI deveria ser constituída observando os seguintes critérios (CC, art. 980-A):

a)   formada por uma única pessoa;

b)   a pessoa natural não pode constituir mais de uma EIRELI.

A pessoa física (natural) poderia ser titular tão somente de uma EIRELI. Quanto à possibilidade de uma pessoa jurídica ser titular de EIRELI, a previsão do art. 980-A dava margem a dupla interpretação. Podia-se depreender que seria possível uma pessoa jurídica ser titular de uma ou mais EIRELIs; ou que não seria admissível uma pessoa jurídica ser titular de EIRELI, o que por sinal estava previsto na Instrução Normativa DREI n. 10/2013 (revogada pela IN 38/2017), Anexo V, item 1.2.11[44].

---

[44]   Tal disposição era muito questionável juridicamente, pois a função do DREI é regulamentar a lei e não a de legislar na omissão dela. Enquanto permaneceu em vigor a proibição de pessoa jurídica ser titular de EIRELI, as Juntas Comerciais precisaram segui-la, por ser a posição do DREI, órgão hierarquicamente superior às Juntas. Mas vale ressaltar que a intenção da Lei n. 12.441/2011 foi a de tentar regularizar situações fáticas de atividades empresariais, como a das sociedades de fachada. A redação original do Projeto de Lei n. 4.605/2009, que deu ensejo à criação da EIRELI, previa a criação por uma "única pessoa natural", mas a palavra "natural" foi suprimida da redação durante o trâmite legislativo.

Ainda, vale ter em conta que, se fosse mantida esta tese proibitiva de titularidade da EIRELI por pessoas jurídicas, as sociedades estrangeiras (que até então precisam ter ao menos um sócio minoritário brasileiro) continuariam vedadas a constituir EIRELI.

Com efeito, apesar de não ter sido a vontade do legislador reformador do Código Civil, e mesmo que houve silêncio da norma jurídica de caráter privado, entendemos que seria possível uma pessoa jurídica ser titular de EIRELI (e até mais de uma). Isso porque, se o Código Civil não restringiu tal possibilidade, não caberia ao DREI realizá-la.

Tendo vigorado até o dia 1º de maio de 2017, tal revogação foi promovida pela Instrução Normativa DREI n. 38/2017, cujo itens 1.2 e 1.2.5, letra *c*, do Anexo V, preveem que a pessoa jurídica, nacional ou estrangeira, pode ser titular de EIRELI. E mais, conforme a nova redação dada ao item 1.2 pela Instrução Normativa DREI n. 47/2018, a pessoa jurídica pode figurar em mais de uma EIRELI [a pessoa física em apenas uma]. Em 2020, a Instrução Normativa DREI n. 81/2020 revogou as de n. 38/2017 e 47/2018.

c)   a pessoa deverá ser a titular da totalidade do capital social;

d)   o capital não pode ser inferior a 100 vezes o maior salário mínimo vigente no País[45];

e)   o capital deve ser totalmente integralizado (integralizado de fato e de direito, não meramente documental);

---

[45]   A questão de vincular a quantia mínima para a constituição da EIRELI com o valor do salário mínimo pode ser tida como inconstitucional, haja vista a vedação de sua vinculação para qualquer fim, conforme prevê o art. 7º, IV, da Constituição Federal. A propósito, este tema já está *sub judice* no Supremo Tribunal Federal, por meio da ADI 4.637/2011, rel. Min. Gilmar Mendes, ajuizada pelo PPS – Partido Popular Socialista. Essa ação também fundamenta seu pedido sob o prisma de que esse valor fere o princípio da livre-iniciativa, estampada na Constituição Federal, art. 170, *caput*, uma vez que inviabiliza a criação da EIRELI por pequenos empreendedores. Além disso, feriria o princípio da igualdade, haja vista que uma sociedade empresária pode ser constituída sem a exigência de capital social mínimo. Portanto, a exigência contraria a própria finalidade da lei que a criou, sendo, além de inconstitucional, incompreensível tal exigência.

Coadunamos com a fundamentação da referida ação, mas quanto à incompreensão da exigência ela pode ser explicada pelo fato de que o patrimônio da empresa é sempre uma garantia aos seus credores em caso de inadimplemento obrigacional. E, ainda que se possa aplicar a desconsideração da personalidade jurídica, deve-se ter em conta que ela é cabível, em tese, nos termos da lei, mas não em mero caso de insuficiência patrimonial; daí a exigência de um capital social mínimo de valor considerável. A título de curiosidade, tem-se notícia de que o valor mínimo em Portugal é de *5.000* euros.

Diante do exposto, parece-nos que exigir um capital mínimo tão elevado para a EIRELI, e não para a sociedade empresária (seja uma sociedade limitada ou anônima), irá provocar a continuidade da constituição de sociedades de fachadas com capital social de valor inferior.

Contudo, e a título de comparação, vale destacar que o STF, ao apreciar a ADI 3.934/2007, entre outras coisas, discutia a constitucionalidade do art. 83, I, da Lei n. 11.101/2005, que limita o crédito trabalhista na falência a 150 salários mínimos, posicionou-se no sentido de que não há inconstitucionalidade. Segue trecho do voto do relator Ministro Ricardo Lewandowski: "(...) o que a Constituição Federal veda é a sua utilização como indexador de prestações periódicas, e não como parâmetro de condenações e indenizações, de acordo com remansosa jurisprudência desta Suprema Corte (...)".

Finalmente o STF se pronunciou e julgou a ADI 4.637/2011 conforme a ementa: "Ação Direta de Inconstitucionalidade. 2. Empresa Individual de Responsabilidade Limitada (EIRELI). Art. 980–A do Código Civil, com redação dada pelo art. 2º da Lei n. 12.441, de 11 de julho de 2011. 3. Exigência de integralização de capital social não inferior a 100 (cem) vezes o maior salário mínimo vigente no País. Constitucionalidade. 4. Proibição de vinculação do salário mínimo para qualquer fim. Art. 7º, IV, da Constituição Federal. Ausência de violação. Uso meramente referencial. 5. Livre iniciativa. Art. 170 da Constituição Federal. Ausência de violação. Inexistência de obstáculo ao livre exercício de atividade econômica. A exigência de capital social mínimo não impede o livre exercício de atividade econômica, é requisito para limitação da responsabilidade do empresário. 6. Ação direta de inconstitucionalidade improcedente." (ADI 4.637/2011, STF, Plenário, rel. Min. Gilmar Mendes, *DJe* 4-2-2021).

Quem não dispusesse desta cifra, deveria fazer inscrição como empresário individual ou associar-se para constituir uma sociedade limitada com capital social inferior. Atualmente, por força da Lei n. 13.874/2019 pode constituir uma Sociedade Limitada Unipessoal – SLU (que será objeto de estudo em outro item).

f) o nome empresarial deverá ser formado pela inclusão da expressão "EIRELI" após a firma ou a denominação (temas que estudaremos adiante).

Cabe destacar que a EIRELI também podia resultar da concentração das quotas de outra modalidade societária num único sócio, independentemente das razões que motivaram tal concentração (CC, art. 980-A, § 3º). Por exemplo, um sócio majoritário poderia comprar a parte do minoritário e assim transformar uma sociedade em EIRELI.

Podia a EIRELI ser constituída para fins de prestação de serviços de qualquer natureza, podendo por isso ser atribuída a ela a remuneração decorrente da cessão de direitos patrimoniais de autor ou de imagem, nome, marca ou voz de que seja detentor o titular da pessoa jurídica, vinculados à atividade profissional (CC, art. 980-A, § 5º). Essa situação trata de casos em que a atividade intelectual é elemento de empresa, sendo um reconhecimento do legislador quanto ao fato de inúmeros profissionais constituírem, nos últimos anos, pessoas jurídicas a fim de desenvolverem suas atividades profissionais por meio delas; e assim obterem redução da carga tributária.

Quanto às atividades intelectuais passíveis de formação de sociedades simples, registráveis no Registro Civil de Pessoas Jurídicas, compreendemos que o legislador não teve a intenção de permitir a constituição de EIRELI para quem pretenda desenvolver individualmente uma atividade intelectual, como, por exemplo, a de arquitetura ou a de psicologia, sendo que, nestes casos, restaria apenas a atuação como profissional liberal. Ou seja, entendemos que uma EIRELI pode ser registrada somente na Junta Comercial, órgão apto para o registro de atividades empresariais, não nos Registros Civis de Pessoas Jurídicas, ainda que se tenha notícia de isso já ter ocorrido na prática. Alguém poderá alegar que no silêncio da lei é possível uma EIRELI, com objeto intelectual, ser registrada no Registro Civil de Pessoas Jurídicas. Contudo, tal argumento é precário na medida em que o tema deve ser visto à luz dos arts. 966 e 1.150 do Código Civil, sendo que apenas se a atividade intelectual for elemento de empresa é que uma "EIRELI intelectual" poderá existir, porém registrada na Junta Comercial.

Não se pode deixar de mencionar que, apesar de a EIRELI não ser uma sociedade limitada, aplicava-se a ela, no que coubesse, as regras previstas para as sociedades limitadas (CC, art. 980-A, § 6º).

Para efeitos burocráticos e tributários (como no caso do Simples Nacional), a EIRELI poderia ser tida como microempresa – ME desde que sua receita bruta anual fosse limitada a R$ 360.000,00; ou como empresa de pequeno porte – EPP – caso sua receita bruta anual estivesse entre R$ 360.000,00 e R$ 4.800.000,00 (LC n. 123/2006, art. 3º).

Quanto às questões de recuperação de empresas e falência, entendemos pela submissão da EIRELI às regras da Lei n. 11.101/2005, a partir de uma aplicação por analogia, pois ainda que seu art. 1º expresse apenas a figura do empresário individual e da sociedade empresária, a EIRELI terá por objeto o desenvolvimento de atividade empresarial, essencialmente. Também pode ser acrescido a esse argumento o fato de que as atividades econômicas não sujeitas à Lei n. 11.101/2005 estão excluídas expressamente em seu art. 2º, que por sua vez não exclui a EIRELI.

Por último, a EIRELI teria o direito de utilizar seus livros empresariais como prova em processo judicial, desde que a escrituração contábil preencha os requisitos legais. Isso também a partir de uma aplicação por analogia dos arts. 226 do Código Civil e 418 do Código de Processo Civil [CPC/73, art. 379].

Contudo, pelo advento da Lei n. 13.874/2019, que incluiu os §§ 1º e 2º ao art. 1.052 do Código Civil, para permitir a possibilidade de a sociedade limitada ter um único sócio, a intitulada Sociedade Limitada Unipessoal – SLU [a qual não tem a necessidade de capital social mínimo], a EIRELI em boa medida já tinha perdido a sua razão de ser, passando desde então a já não ser mais constituída. E, finalmente, por força da Lei n. 14.382/2022, ao revogar o art. 980-A e inc. VI do art. 44, ambos do Código Civil, a EIRELI foi extinta do ordenamento jurídico.

1.2.10. ME – Microempresa e EPP – Empresa de Pequeno Porte

A Constituição Federal, art. 170, IX, prevê tratamento favorecido às empresas de pequeno porte constituídas de acordo com as leis nacionais e que tenham sede e administração no Brasil. O art. 970 do Código Civil também expressa a necessidade de garantia de tratamento diferenciado tanto para o pequeno empresário quanto para o empresário rural, no que se refere à inscrição e a seus efeitos.

A necessidade de tratamento especial para pequenos empresários se dá por várias razões: excesso de carga tributária, burocracia administrativa dos órgãos públicos, complexidade das exigências contábeis, falta de preparo dos empreendedores, insuficiência de capital de giro e linhas de crédito, entre outros. Pesquisas do SEBRAE divulgadas no início de 2014 davam conta de que uma a cada quatro empresas não chegam ao segundo ano de existência; sendo que entre as micro e pequenas empresas, 7 a cada 10 não chegam ao quinto ano de funcionamento.

É importante salientar que o Código Civil não distingue microempresa de empresa de pequeno porte, além disso, é tímido no tratamento favorecido ao pequeno empresário.

Fora do âmbito jurídico, o assistente social uruguaio Carlos Montaño traz um conceito muito interessante para as micro e pequenas empresas. Para o autor, elas são: pequenas, porque têm poucos trabalhadores, reduzida produção, comercialização e alcance no mercado, mesmo geograficamente falando; pouco complexas, pois são centralizadas com pequena divisão de atribuições; relativamente informal, uma vez que não há bem definidos objetivos, normas, recompensas e sanções[46].

Juridicamente, a distinção entre micro e pequeno empresário é fixada pelo Estatuto Nacional da Microempresa e da Empresa de Pequeno Porte, LC n. 123/2006.

De acordo com a LC n. 123/2006, **microempresa** (ME) é aquela que possui receita bruta de **até R$ 360.000,00** por ano (art. 3º, I).

Já a **empresa de pequeno porte** (EPP) é aquela que possui receita bruta anual superior a **R$ 360.000,00** até o limite de **R$ 4.800.000,00** (art. 3º, II).

---

[46] Carlos Montaño. *Microempresa na era da globalização*: uma abordagem crítica. São Paulo: Cortez, 1999 (Coleção Questões de nossa época. v. 69). p. 15.

Por isso, o que vai caracterizar o empresário como micro ou pequeno é a receita bruta que ele auferir em cada ano-calendário.

O Estatuto Nacional da Microempresa e da Empresa de Pequeno Porte estabelece um regime jurídico diferenciado e favorável para o micro e pequeno empresário em várias searas, inclusive quanto à burocracia e à diminuição da carga tributária e das obrigações trabalhistas e previdenciárias.

Para concretizar o tratamento diferenciado a MEs e EPPs, a LC n. 123/2006, art. 12, criou o **Simples Nacional** – Regime Especial Unificado de Arrecadação de Tributos e Contribuições devidos pelas Microempresas e Empresas de Pequeno Porte.

De fato o Simples Nacional trouxe uma simplificação no sistema de como proceder para efeitos de arrecadação. Por este sistema deverá haver o recolhimento mensal via um documento único de arrecadação de uma série de tributos (LC n. 123/2006, art. 13):

a) ICMS – Imposto sobre Operações Relativas à Circulação de Mercadorias e sobre Prestações de Serviços de Transporte Interestadual e Intermunicipal e de Comunicação;

b) ISS – Imposto sobre Serviços de Qualquer Natureza;

c) IRPJ – Imposto sobre a Renda da Pessoa Jurídica;

d) IPI – Imposto sobre Produtos Industrializados;

e) CSLL – Contribuição Social sobre o Lucro Líquido;

f) COFINS – Contribuição para o Financiamento da Seguridade Social;

g) Contribuição para o PIS/Pasep;

h) CPP – Contribuição Patronal Previdenciária para a Seguridade Social (exceto no caso de algumas atividades de prestação de serviços previstas no § 5º-C do art. 18 da LC n. 123/2006).

O art. 27 da LC n. 123/2006 prevê a faculdade de a ME e a EPP adotarem sistema de contabilidade simplificada para fins de registros e controles das operações realizadas. Entretanto, compreende-se que a adoção de um sistema simplificado não libera a necessidade de a ME e a EPP contratarem contador para a realização de sua escrituração (mesmo que mais facilitada). Isso porque, conforme o 68 da LC n. 123/2006, somente o MEI (microempreendedor individual, que será estudado adiante) é considerado pequeno empresário para efeitos da dispensa da necessidade de contratação de contador.

Há algumas restrições que impedem uma empresa de aproveitar-se dos benefícios jurídicos concedidos à ME e à EPP. Desse modo, **não** poderá se beneficiar do tratamento jurídico diferenciado previsto na LC n. 123/2006 a pessoa jurídica:

1) que exerça atividade de banco comercial, de investimentos e de desenvolvimento, de caixa econômica, de sociedade de crédito, financiamento e investimento ou de crédito imobiliário, de corretora ou de distribuidora de títulos, valores mobiliários e câmbio, de empresa de arrendamento mercantil, de seguros privados e de capitalização ou de previdência complementar;

2) constituída sob a forma de sociedade anônima;

3) constituída sob a forma de cooperativas, salvo as de consumo;

4) que seja filial, sucursal, agência ou representação, no País, de pessoa jurídica com sede no exterior;

5) de cujo capital participe outra pessoa jurídica;

6) de cujo capital participe pessoa física que seja inscrita como empresário ou seja sócia de outra empresa que receba tratamento jurídico diferenciado;

7) cujo titular ou sócio participe com mais de 10% do capital de outra empresa que não esteja enquadrada como ME e EPP;

8) cujo sócio ou titular seja administrador ou equiparado de outra pessoa jurídica com fins lucrativos;

9) cujos titulares ou sócios guardem, cumulativamente, com o contratante do serviço, relação de pessoalidade, subordinação e habitualidade;

10) que participe do capital de outra pessoa jurídica;

11) resultante ou remanescente de cisão ou qualquer outra forma de desmembramento de pessoa jurídica que tenha ocorrido em um dos 5 anos-calendário anteriores (LC n. 123/2006, art. 3º § 4º).

A micro e a pequena empresa podem ser: empresário individual, sociedade empresária, empresa individual de responsabilidade limitada (EIRELI)) [esta atualmente revogada pela Lei n. 14.382/2022] ou sociedade simples (LC n. 123/2006, art. 3º, *caput*).

Por último, vale a pena destacar que a micro e a pequena empresa podem ter por objeto a exploração de quaisquer atividades econômicas de caráter empresarial. O objeto também pode ser intelectual (sociedade simples ME ou EPP), haja vista tratar-se de um formato destinado a um regime tributário e/ou contábil mais benéfico.

1.2.11. MEI – Microempreendedor Individual (EI – Empreendedor Individual)

À luz do § 1º do art. 18-A da LC n. 123/2006 (com nova redação dada pela LC n. 188/2021), considera-se MEI – Microempreendedor Individual – o empresário individual (previsto no art. 966 do Código Civil) ou o empreendedor que exerça as atividades de industrialização, comercialização e prestação de serviços no âmbito rural que tenha auferido receita bruta no ano-calendário anterior de até **R$ 81.000,00** e que seja optante do regime tributário Simples Nacional. Essa figura jurídica também é conhecida por **EI – Empreendedor Individual**. À luz do art. 970 do Código Civil, jurídica e categoricamente falando, o MEI é um empresário individual.

No caso de início de atividade, esse limite será de R$ 6.750,00 multiplicados pelo número de meses compreendidos entre o início da atividade e o final do respectivo ano-calendário, considerando as frações de meses como um mês inteiro (LC n. 123/2006, art. 18-A, § 2º).

O MEI foi criado, fundamentalmente, para efeitos de redução da carga tributária e da burocracia aos empreendedores. A legislação citada visa primordialmente a regularizar a situação de milhares de empresários irregulares no Brasil, que permanecem nesta condição entre outras razões pelo custo burocrático e tributário, sem prejuízo do tempo necessário para se formalizar perante os órgãos competentes, entre eles a Junta Comercial.

Do ponto de vista classificatório, o MEI é uma modalidade de microempresa (ME), sendo que todos os benefícios previstos na Lei Complementar n. 123/2006 para ME são estendidos ao MEI, sempre que lhe for mais favorável (LC n. 123/2006, art. 18-E, §§ 2º e 3º).

É bom ressaltar que todo o processo de formalização é gratuito, pois há isenção de taxas para inscrição e concessão de alvará para funcionamento. A partir da formalização, o único custo mensal é de R$ 45,65 referente ao INSS e R$ 5,00 se prestador de serviços (ou R$ 1,00 para comércio e indústria). Esse pagamento deve ser realizado por meio de carnê emitido exclusivamente no *site* do empreendedor (LC n. 123/2006, art. 18-A, § 3º, V). Tendo em vista não haver a necessidade de escrituração contábil mais complexa, o MEI está liberado da necessidade de contratar contador à luz dos arts. 68 e 27 da LC n. 123/2006.

A propósito, foi criado um *site* exclusivamente para o MEI: <http:www.portaldoempreendedor.gov.br>, no qual se realiza totalmente de forma digital a inscrição do microempreendedor, pois há muita vontade política nessa regularização dos empreendedores. Tem-se notícia de que já são mais de **23 milhões de pessoas inscritas** (ano de 2023) como microempreendedor individual, sendo que o marco de 1 milhão foi comemorado em solenidade com a participação da Presidência da República no dia 16 de junho de 2015.

Nesse portal do empreendedor é encontrada a lista com as atividades que podem ser desenvolvidas por meio da inscrição como microempreendedor individual. A relação é extensa, porém taxativa. Atividades que não estejam lá listadas não podem ser desenvolvidas por essa categoria. Diferentemente, a micro e a pequena empresa podem ter por objeto a exploração de quaisquer atividades econômicas, de caráter empresarial ou intelectual.

Uma vez regularizado, o empreendedor passa a ter cobertura previdenciária para si e para sua família, por meio do auxílio-doença, aposentadoria por idade, salário-maternidade, pensão e auxílio-reclusão, efetuando uma contribuição mensal reduzida de 5% sobre o valor do salário mínimo.

Outro benefício ao MEI é a possibilidade de contratar e registrar até *um* funcionário com um custo menor (3% para a Previdência Social e 8% de FGTS do salário mínimo – ou piso da categoria – por mês, consistindo em um valor total de R$ 96,80, sendo que o empregado contribuirá com 8% do seu salário para a Previdência). Esse benefício permite ao empreendedor desenvolver melhor o seu negócio ao poder admitir até um empregado por um custo mais baixo.

Assim, a norma procura dar um tratamento mais simplificado ao microempreendedor individual, por isso o seu processo de registro deverá ter trâmite especial, preferencialmente eletrônico (LC n. 123/2006, art. 4º, § 1º, e CC, art. 968, § 4º), visando mais rapidez na abertura, alteração e baixa do MEI.

Vale ter em conta que, quanto à inscrição do microempreendedor individual, poderão ser dispensados o uso da firma, com a respectiva assinatura autógrafa, o capital, requerimentos, demais assinaturas, informações relativas ao estado civil e ao regime de bens, bem como a necessidade de remessa de documentos, conforme o que dispuser o CGSIM – Comitê para Gestão da Rede Nacional para Simplificação do Registro e da Legalização de Empresas e Negócios[47] (LC n. 123/2006, art. 4º, § 1º, I, e CC, art. 968, § 5º).

Embora o valor mensal a ser recolhido seja relativamente baixo, o índice de inadimplência dos MEIs é estimado em cerca de 50%. Por isso, o § 15-B do art. 18-A da LC n. 123/2006 prevê a possibilidade de cancelamento automático da inscrição do MEI se houver inadimplência dos recolhimentos ou declarações por 12 meses consecutivos, independentemente de qualquer notificação.

---

[47] O CGSIM está vinculado ao Ministério do Desenvolvimento, Indústria e Comércio Exterior, sendo composto de representantes da União, dos Estados, do Distrito Federal, dos Municípios e demais órgãos de apoio e de registro empresarial, na forma definida pelo Poder Executivo, para tratar do processo de registro e de legalização de empresários e pessoas jurídicas, conforme prevê o art. 2º, III, da LC n. 123/2006.

Durante os primeiros anos da existência do MEI sua abertura sempre foi muito simples, tendo o seu trâmite todo pela internet. Porém, ficou demonstrado que a baixa (encerramento) não era tarefa fácil de concretizar tendo em vista as exigências feitas quanto à comunicação em certos órgãos. Desse modo, por força da inclusão promovida pela LC n. 155/2016, o § 16-A do art. 18-A da LC n. 123/2006 passou a prever que a baixa do MEI também se dará pela internet, ficando dispensada a necessidade de comunicação a quaisquer outros da Administração Pública.

De acordo com o § 25 do art. 18-A da LC n. 123/2006, o MEI poderá utilizar sua residência como sede do estabelecimento, exceto quando for necessária a existência de local próprio para o exercício de sua atividade.

Ainda, no que tange à recuperação de empresas e à falência, entendemos que o MEI se submete às regras da Lei n. 11.101/2005, a partir de uma aplicação por analogia, ainda que o art. 1º desta norma expresse apenas a figura do empresário individual e da sociedade empresária, o MEI terá por objeto, fundamentalmente, o desenvolvimento de atividade empresarial. Acrescente-se a isso o fato de que as atividades econômicas não sujeitas à Lei n. 11.101/2005 estão excluídas expressamente em seu art. 2º, que por sua vez não exclui o MEI.

Não é demais explicitar que ao MEI, por ser empresário individual, não é conferida a separação patrimonial e a limitação de responsabilidade dada à sociedade empresarial (e atualmente à Sociedade Limitada Unipessoal – SLU). E, que não é aplicável a desconsideração da personalidade jurídica ao MEI, justamente porque a responsabilidade do seu titular é ilimitada.

1.2.12. Empresa rural. Agronegócio. Atividade futebolística (clubes de futebol)

Pode ser considerado empresário rural aquele que desenvolve atividade: **agrícola** (cultivo/produção de vegetais em geral); **pastoril/pecuária** (criação e engorda de animais); **extrativa** (obtenção de recursos prontos da natureza, sem a necessidade de manejo humano, como a pesca, a caça ou a extração de látex de seringueiras); ou **agroindustrial** (industrialização/transformação de produtos agrícolas ou pastoris, como a produção de leite pasteurizado ou suco industrializado).

Essa classificação pode ser abstraída de várias passagens do Estatuto da Terra – Lei n. 4.504/64, em especial do art. 4º, I, e art. 24, III[48]. Tal norma dá à atividade extrativa o mesmo tratamento da atividade agrícola ou pecuária, podendo todas ser desenvolvidas em um imóvel rural.

É importante ponderarmos que a atividade rural sempre foi tida como uma matéria jurídica excluída do Direito Empresarial, tendo em vista que, a princípio, a natureza desta

---

[48] "Art. 4º Para os efeitos desta Lei, definem-se: I – 'Imóvel Rural', o prédio rústico, de área contínua, qualquer que seja a sua localização que se destina à exploração extrativa agrícola, pecuária ou agroindustrial, quer através de planos públicos de valorização, quer através de iniciativa privada;"

(...)

"Art. 24. As terras desapropriadas para os fins da Reforma Agrária que, a qualquer título, vierem a ser incorporadas ao patrimônio do Instituto Brasileiro de Reforma Agrária, respeitada a ocupação de terras devolutas federais manifestada em cultura efetiva e moradia habitual, só poderão ser distribuídas: (...) III – para a formação de glebas destinadas à exploração extrativa, agrícola, pecuária ou agroindustrial, por associações de agricultores organizadas sob regime cooperativo; (...)."

atividade está relacionada à criação de animais e ao cultivo de vegetais para o sustento próprio e da família. Assim, tratar-se-á de uma produção de subsistência, sem a finalidade de produção para o mercado com o objetivo lucrativo, o que é típico nas atividades empresariais. Por essa razão, a atividade rural sempre foi tida como de natureza civil.

Mas, pode-se dizer que o espírito empresarial se verifica nas mais primitivas produções agrícolas, pois o que se produzia na propriedade nem sempre atendia a todas as necessidades das pessoas que ali viviam, logo, produziam excedentes a fim de que estes pudessem servir como pagamento pela aquisição de outros objetos ou mesmo para lucrar com eles[49].

Rachel Sztajn afirma que as atividades rurais ou agrícolas, envolvendo plantação ou criação de animais, são tradicionalmente consideradas não mercantis pela estreita ligação com a propriedade imobiliária. No entanto, essa ideia vem sendo colocada em dúvida. Isso pois, a importância da propriedade do imóvel rural, como representação da riqueza, perde espaço diante da exploração econômica das áreas rurais em que a produtividade tem grande importância. Além desse fato, há um crescimento na adoção de procedimentos de transformação da produção agrícola visando a agregar valor aos produtos, o que gera reflexos na organização econômica da atividade. Por essas razões, torna-se cada mais sutil a distinção entre produtor rural e empresário.

Ainda, Rachel Sztajn pondera que as atividades agrícolas e as intelectuais deveriam compor o quadro geral da empresa a fim de harmonizar o que se refere à produção para os mercados, ou seja, todas as atividades econômicas[50].

Fernando Campos Scaff, citando Fábio Maria De-Mattia e outros, aponta a divergência que há acerca de a atividade agrária ser de natureza civil ou empresarial[51]. A doutrina agrarista considera que a atividade agrária é por natureza civil, distinta, portanto, da atividade empresarial. Isso porque, como atividade civil, a atividade agrária é desprovida de qualquer estrutura jurídica, estando ligada à pessoa física do agricultor.

Pinto Ferreira afirma que a empresa rural tem natureza civil e depende de registro no INCRA [Instituto Nacional de Colonização e Reforma Agrária], podendo ser, quanto à natureza, comercial caso funcione sob a forma de sociedade anônima[52].

Silvia C. B. Opitz e Oswaldo Opitz afirmam que a natureza da empresa rural é civil, mesmo que assuma a forma de sociedade sujeita a registro na Junta Comercial, equiparando-se à sociedade empresária, salvo quanto à sociedade anônima, que por determinação da Lei n. 6.404/76, art. 2º, § 1º, qualquer que seja seu objeto, a companhia é mercantil. Os autores vão além, ao ponderar que a empresa rural tem por objeto a exploração de imóvel rústico[53] nas formas extrativa, agrícola, pecuária ou agroindustrial, o que não caracteriza atos de comércio.

---

[49] Silvia C. B. Opitz e Oswaldo Opitz. *Curso completo de direito agrário*. 6. ed. São Paulo: Saraiva, 2012. p. 79-80.

[50] Rachel Sztajn. *Teoria jurídica da empresa: atividade empresária e mercados*. p. 15.

[51] Fernando Campos Scaff. *Aspectos fundamentais da empresa agrícola*. São Paulo: Malheiros, 1997. p. 76.

[52] Pinto Ferreira. *Curso de direito agrário*: de acordo com a Lei n. 8.629/93. 2. ed. São Paulo: Saraiva, 1995. p. 175.

[53] Tradicionalmente, imóvel rústico, prédio rústico ou fundo rústico têm o sentido de área destinada a exploração de atividade agrícola; mas pode incluir também as atividades extrativa ou pastoril.

E, que a finalidade da empresa agrária é a produção econômica e racional de bens para satisfazer as necessidades alheias, quando o comércio se coloca entre os produtores e os consumidores facilitando a troca desses bens, promovendo assim a circulação da riqueza. Finalizam argumentando que ambas as atividades, civis e comerciais, visam ao lucro, não estando, portanto, na finalidade econômica a distinção, mas sim na estrutura jurídica[54].

Sem dúvida, os autores Opitz equivocam-se ao colocar o tema à luz da Teoria dos Atos de Comércio, por não estar mais vigente entre nós. Assim, haja vista o que até aqui expusemos sobre o conceito de empresa, bem como a expansão do **agronegócio** e a possibilidade de o ruralista efetuar sua inscrição como empresário (que será visto adiante), compreendemos que a atividade rural ao conjugar fatores de produção objetivando a produção de bens, poderá ser tida como uma atividade de caráter empresarial.

Isso porque com a adoção da Teoria da Empresa, em detrimento da Teoria dos Atos de Comércio, qualquer atividade econômica organizada de forma profissional com o fim de produção ou circulação de bens ou serviços (exceto as intelectuais) é tida como atividade empresarial.

Vale salientar que, nas últimas décadas as características das atividades empresariais chegaram ao campo de maneira mais intensa, tornando certas atividades rurais verdadeiras empresas. Daí o chamado agronegócio, que por sinal ocupa, cada vez mais, o lugar da agropecuária de subsistência.

Conceitualmente, **agronegócio** é o conjunto organizado de atividades econômicas que inclui a fabricação e fornecimento de insumos, a produção, o processamento, armazenagem e a distribuição para consumo interno e externo de produtos de origem pecuária ou agrícola[55].

Por isso, pode-se afirmar que a empresa rural é aquela atividade econômica que tem por objeto a produção de bens ou serviços de natureza campesina (do campo) com o fim lucrativo, diferentemente da propriedade cuja produção atende apenas a demanda de sustento de poucas pessoas.

Contudo, o Código Civil facultou ao ruralista equiparar-se ao empresário, desde que a atividade rural constitua sua principal atividade; sendo que, em parte, essa faculdade da lei está relacionada com a expansão do agronegócio nas últimas décadas no Brasil, e no mundo como um todo.

Dessa forma, aquele que desenvolve atividade rural, se optar por efetuar sua inscrição, deverá fazê-la no Registro Público de Empresas Mercantis da sua sede, devendo cumprir todas as formalidades estabelecidas pelo art. 968 aos empresários: nome, nacionalidade, domicílio, estado civil, regime de bens (se casado), firma, com assinatura autógrafa, capital, objeto, e sede.

Uma vez realizada a inscrição, o ruralista ficará equiparado ao empresário sujeito a registro para todos os efeitos legais, tido, portanto, como empresário rural.

Semelhantemente, a sociedade que tenha por objeto o exercício de atividade rural/agropecuária e seja constituída de acordo com um dos tipos de sociedade empresária poderá efetuar seu registro no Registro Público de Empresas Mercantis, tornando-se equiparada para todos os efeitos à sociedade empresária (CC, art. 984).

---

[54] Silvia C. B. Opitz e Oswaldo Opitz. *Curso completo de direito agrário*. p. 83.

[55] Renato M. Buranello. *Sistema privado de financiamento do agronegócio – regime jurídico*. 2. ed. São Paulo: Quartier Latin, 2011. p. 44.

Direito de empresa (teoria geral)

Com isso, o empresário rural e a sociedade de objeto rural ficam equiparados ao empresário individual e à sociedade empresária, respectivamente, para fins de autofalência, recuperação de empresa, uso da escrituração contábil como prova em processos judiciais, requerer a falência de outra empresa etc. (CC, arts. 971 , *caput*, e 984).

Mas, se aquele que desenvolve atividade rural não efetuar sua inscrição no Registro Público das Empresas Mercantis, não será tido como empresário[56].

O art. 970 do Código Civil prevê que a legislação também assegurará tratamento diferenciado ao empresário rural com relação à sua inscrição e aos efeitos decorrentes.

Assim, quando uma atividade rural for desenvolvida profissionalmente de forma organizada visando à produção de bens ou serviços, ela poderá ser considerada uma empresa rural.

Contudo, a empresa rural poderá ser desenvolvida individualmente (como um empresário individual ou uma sociedade limitada unipessoal – SLU) ou por meio da constituição de uma sociedade empresária cujo objeto será o desenvolvimento de atividade agrícola, pastoril, extrativa ou agroindustrial. Preenchidos os requisitos legais, poderá haver o enquadramento tributário como microempresa ou empresa de pequeno porte.

1.2.13. Atividade futebolística (clubes de futebol)

Seguindo as mesmas regras do *caput* do art. 971 do Código Civil, associações que desenvolvam **atividades futebolísticas** em caráter habitual e profissional (os conhecidos clubes de futebol) poderão requerer seu registro como sociedade empresária para todos os efeitos jurídicos. Isso passou a ser expresso a partir da Lei n. 14.193/2021, a qual inclui um parágrafo único ao referido art. 971.

Esse fato decorre de uma realidade que está acontecendo há décadas pelo mundo, ou seja, clubes de futebol virando efetivas "empresas". Nos parece que essa faculdade trazida pelo legislador poderia ser estendida a outras atividades esportivas além do futebol.

A Lei n. 14.193/2021 foi muito além de acrescentar um dispositivo ao Código Civil. Tal norma criou um regime jurídico para os clubes de futebol. À luz do seu art. 1º, constitui **Sociedade Anônima do Futebol (SAF)** a companhia cuja atividade principal consiste na prática do futebol, feminino e masculino, em competição profissional, sujeitando-se às regras específicas da Lei n. 14.193/2021, aplicando-se subsidiariamente a Lei n. 6.404/76 (Lei das Sociedades Anônimas) e a Lei n. 9.615/98 (Lei do Desporto).

Deixar de ser um mero clube no formato jurídico de associação, sem fins lucrativos, e passar a ser uma sociedade empresária gera outros efeitos jurídicos, por exemplo, pela possibilidade de tratar os interesses dos investidores enquanto acionistas a partir das suas

---

[56] (...) Produtor rural não pode beneficiar-se nem ser prejudicado pela disciplina da recuperação judicial e das falências se não estiver inscrito no Registro Público de Empresas Mercantis. Tampouco pode beneficiar-se da recuperação judicial em relação a operações realizadas antes de inscrever-se naquele registro, pois sua equiparação a empresário só ocorre com a referida inscrição. (...) (Ag 9031524-47.2009.8.26.0000, rel. Des. Lino Machado, j. 6-7-2010).

Entretanto, a partir da vigência da Lei n. 14.112/2020, que promoveu alterações à Lei n. 11.101/2005, em especial ao art. 48 (§§ 2º e 3º), passou-se a permitir que, visando o requerimento da recuperação judicial, no caso de exercício de atividade rural por pessoa jurídica, seja admitida a comprovação de dois anos de atividade por meio da Escrituração Contábil Fiscal (ECF), desde que entregue tempestivamente.

respectivas participações societárias (percentuais de ações com direito a voto) nas deliberações assembleares; pode requerer a recuperação de empresas em caso de crise econômico-financeira; entre outros.

1.2.14. Empresa irregular, informal ou de fato

A inscrição do empresário de acordo com o art. 967 do Código Civil é obrigatória. Se o empresário optar por não efetuá-la, será considerado **empresário irregular**. O mesmo vale para a sociedade que não registrou seu contrato social, denominada **sociedade irregular**.

Ainda que na maioria das vezes as expressões "irregular" e "informal" sejam tratadas como sinônimas, é possível fazer uma distinção entre elas. Considera-se empresário informal aquele que não efetuou sua inscrição, bem como é sociedade informal aquela que não efetuou seu registro no órgão competente. Trata-se de situações em que há um exercício **informal** da atividade econômica, ainda muito corriqueira no Brasil, apesar do esforço do Estado em formalizar as atividades econômicas.

Mas, também existem situações em que empresários e sociedades – apesar de inscritos ou registradas – estão irregulares, como, exemplificativamente, por até hoje ainda não ter adaptado suas disposições constitutivas ao Código Civil de 2002 no prazo estipulado por esta norma (primeiramente, tinha-se um ano para tanto, depois o prazo foi ampliado por mais um ano); por não se adaptarem a outras normas jurídicas vigentes; ou por quaisquer outras razões se tornaram irregulares. Neste caso cuida-se de um exercício **irregular** da atividade econômica.

Devido a isso, o empresário e a sociedade irregulares ou informais não podem gozar dos direitos que são assegurados por lei ao empresário e à sociedade regularizada, como a recuperação de empresas, autofalência, uso dos livros como prova etc. No caso de sociedade empresária, não haverá a separação patrimonial quanto aos bens da empresa e dos sócios, nem a limitação da responsabilidade dos sócios pelo valor das respectivas quotas[57].

Tratando-se de sociedade, a doutrina considera **sociedade irregular** quando existe um contrato social escrito, mas que não foi registrado; e **sociedade de fato** quando nem sequer existe um contrato escrito, e sim apenas um acordo verbal entre os sócios.

Cabe explicitar que o Código Civil trata essas situações como **sociedades não personificadas** (arts. 986 e s., que serão estudadas adiante), sujeitando os sócios a uma responsabilidade solidária e ilimitada pelas obrigações sociais, além de esses não poderem requerer falência, recuperação de empresas, usarem livros como prova etc.

Em matéria de responsabilidade é importante lembrar que "solidária" significa uma responsabilidade mútua entre os sócios e a sociedade, respondendo concomitantemente sócios e sociedade. Difere, portanto, da responsabilidade subsidiária, em que a responsabilidade do sócio é uma espécie de garantia acessória, ou seja, o sócio responderá apenas quando a sociedade não tiver bens suficientes para fazer frente ao total da dívida.

---

[57] Nesse sentido, é a decisão a seguir do Tribunal de Justiça de São Paulo: Embargos à execução. Impugnação à penhora realizada por incidência sobre bens alheios. Atuação durante todo o processo como representante legal da empresa que impede a posterior alegação em sentido contrário. *Venire contra factum proprium.* Elementos que indicam tratar-se de empresa irregular. Responsabilidade da empresa de fato que permite a constrição de bens do proprietário, independentemente de desconsideração da personalidade jurídica. Recurso desprovido (Ap. 9209697-98.2006.8.26.0000, rel. Des. Edgard Rosa, j. 25-8-2010).

Contudo, quem desenvolve atividade empresarial de modo irregular, informal ou de fato tem todos os deveres inerentes às empresas regulares (por exemplo, as obrigações tributárias, previdenciárias e trabalhistas), mas não goza dos direitos inerentes a estas (como a recuperação de empresas, a autofalência, o direito a requerer a falência de outra empresa, o uso da escrituração contábil como prova).

1.2.15. *Startups* – Marco Legal

O Marco Legal das *Startups* e do Empreendedorismo Inovador foi instituído pela Lei Complementar (LC) n. 182/2021. Sua finalidade: é fomentar esse ambiente de negócios; aumentar a oferta de capital para investimento em *startups* e disciplinar a licitação e contratação de soluções inovadoras pela Administração Pública.

De acordo com o art. 4º, *caput*, da LC n. 182/2021, *startups* são as organizações empresariais ou societárias, nascentes ou em operação recente, cuja atuação caracteriza-se pela inovação aplicada a modelo de negócios ou a produtos ou serviços ofertados.

Para serem tidas como *startups*, terão receita bruta de até R$ 16.000.000,00 (dezesseis milhões de reais) no ano-calendário anterior ou de R$ 1.333.334,00 (um milhão, trezentos e trinta e três mil trezentos e trinta e quatro reais) multiplicado pelo número de meses de atividade no ano-calendário anterior, quando inferior a 12 (doze) meses, independentemente da forma societária adotada.

As *startups* têm um caráter inovador que visa aperfeiçoar sistemas, métodos ou modelos de negócio, de produção, de serviços ou de produtos, os quais, quando já existentes, caracterizam *startups* de natureza **incremental**, ou, quando relacionados à criação de algo totalmente novo, caracterizam *startups* de natureza **disruptiva**.

Vale destacar que a definição se aplica tanto à criação de algo totalmente novo ou disruptivo quanto ao aperfeiçoamento de produtos e serviços de natureza incremental.

Assim, do ponto de vista de sua natureza, poder-se-ia classificar as *startups* como incrementais e disruptivas.

Isso pode ser conferido pela própria redação do art. 65-A da Lei Complementar n. 123/2006 (com nova redação dada pela LC n. 182/2021):

> Art. 65-A. Fica criado o Inova Simples, regime especial simplificado que concede às iniciativas empresariais de caráter incremental ou disruptivo que se autodeclarem como empresas de inovação tratamento diferenciado com vistas a estimular sua criação, formalização, desenvolvimento e consolidação como agentes indutores de avanços tecnológicos e da geração de emprego e renda.
>
> § 3º O tratamento diferenciado a que se refere o *caput* deste artigo consiste na fixação de rito sumário para abertura e fechamento de empresas sob o regime do Inova Simples, que se dará de forma simplificada e automática, no mesmo ambiente digital do portal da Rede Nacional para a Simplificação do Registro e da Legalização de Empresas e Negócios (Redesim), em sítio eletrônico oficial do governo federal, por meio da utilização de formulário digital próprio, disponível em janela ou ícone intitulado Inova Simples.(...)

O Marco Legal das *Startups*, ao estabelecer um regime jurídico, também trouxe alguns conceitos relevantes, dentre os quais o do investidor anjo e o do sandbox regulatório, previstos no art. 2º, I e II (LC n. 182/2021):

I – investidor-anjo: investidor que não é considerado sócio nem tem qualquer direito a gerência ou a voto na administração da empresa, não responde por qualquer obrigação da empresa e é remunerado por seus aportes;

II – ambiente regulatório experimental (sandbox regulatório): conjunto de condições especiais simplificadas para que as pessoas jurídicas participantes possam receber autorização temporária dos órgãos ou das entidades com competência de regulamentação setorial para desenvolver modelos de negócios inovadores e testar técnicas e tecnologias experimentais, mediante o cumprimento de critérios e de limites previamente estabelecidos pelo órgão ou entidade reguladora e por meio de procedimento facilitado.

Quando se pensa nas alternativas para o desenvolvimento de uma *startup*, são elegíveis para o enquadramento na modalidade de tratamento especial destinada ao fomento de *startup* o empresário individual, a empresa individual de responsabilidade limitada [embora esta tenha sido "revogada" pela Lei n. 14.382/2022], as sociedades empresárias, as sociedades cooperativas e as sociedades simples (conforme expressa o § 1º do art. 4º da LC n. 182/2021).

1.3. CAPACIDADE PARA SER EMPRESÁRIO. EMANCIPAÇÃO

Qualquer pessoa pode exercer a atividade empresarial, desde que esteja em pleno gozo da sua capacidade civil, e não esteja impedida por lei (CC, art. 972).

O exercício da atividade empresarial pressupõe capacidade civil do sujeito que irá exercê-la.

A capacidade civil ocorre quando a pessoa atinge a maioridade (18 anos) [ou nas hipóteses de emancipação] e a sanidade mental (interpretação dos arts. 1º a 5º do CC).

Uma exceção à maioridade, para efeitos de capacidade empresarial, está prevista no art. 5º, parágrafo único, V, do Código Civil (quando trata das hipóteses de emancipação), que apenas acontece quando o menor, com 16 anos completos, tiver um estabelecimento comercial/empresarial, com economia própria. Isso pode ser exemplificado quando o menor recebe um estabelecimento por doação ou herança. Assim, a incapacidade do menor com 16 anos cessará, pois será **emancipado** em razão do seu estabelecimento empresarial.

Waldemar Martins Ferreira explica que se o menor tem autonomia econômica, o juiz deve reconhecer essa autonomia para que uma situação de fato passe a ser de direito, devendo assim ser levado a registro[58].

1.3.1. Impedimentos e incapacidade

Uma pessoa pode ser plenamente capaz civilmente, mas não poderá exercer a atividade empresarial se estiver impedida por lei. É uma proibição legal, podendo citar, entre esses impedimentos: **falido não reabilitado, funcionário público, militar, devedor do INSS** (que serão estudados a seguir).

Caso seja exercida uma atividade empresarial, desrespeitando as normas de impedimento (a seguir expostas), essa pessoa não poderá gozar dos direitos de empresários (por exemplo, a recuperação de empresas), mas responderá pelas suas obrigações, como os contratos firmados, os tributos etc. (CC, art. 973).

---

[58] Waldemar Martins Ferreira. *Tratado de direito comercial*. São Paulo: Saraiva, 1962. v. 2, p. 109-113.

Isso significa que, para a concessão de direitos, é preciso ser empresário de direito (devidamente inscrito, respeitando as normas de capacidade). Porém, basta, para os deveres, ser empresário de fato (independentemente de registro e/ou desrespeitando as normas de capacidade).

Além disso, a pessoa que desrespeita tais normas ainda poderá ser condenada criminalmente, caso pratique um dos crimes concursais falimentares (crimes que serão estudados a seguir).

1.3.1.1. Falido não reabilitado

Falido não reabilitado: Lei n. 11.101/2005, art. 102, *caput,* c/c o art. 181, § 1º – a norma presume que, se o empresário faliu e ainda não se reabilitou (ou seja, não conseguiu pagar todas as suas dívidas; ou elas não prescreveram ou não decorreu o prazo fixado pela sentença penal), é porque não tem condições para começar uma nova atividade.

Por isso, a partir da decisão judicial que decretar a falência, o devedor fica inabilitado/impossibilitado de exercer qualquer atividade empresarial, o que ocorre a partir dessa decisão até a sentença que extinguir suas obrigações. E, se houver condenação por crime concursal/falimentar, poderá perdurar por até **5 anos** após a sentença condenatória.

Vale ponderar que a inabilitação empresarial é uma das sanções ao empresário por ter quebrado. Porém, se pensarmos em uma falência provocada por motivos alheios à vontade do devedor, como uma crise econômica mundial ou um plano econômico do governo, essa sanção pode ser injusta.

Tal regra alcança os sócios de responsabilidade ilimitada e os sócios de responsabilidade limitada, se estes forem administradores da sociedade.

Isso ocorre porque, em tese, qualquer patrimônio que tiver deverá ser destinado a pagar primeiro suas dívidas anteriores, decorrentes da falência, para, somente após o pagamento, poder iniciar outro negócio.

No entanto, é possível haver a figura da reabilitação do empresário falido. O falido reabilitado é aquele que embora tenha falido teve suas obrigações declaradas extintas (por ter conseguido pagar todas elas ou porque a seu favor já decorreu o prazo prescricional dessas dívidas); ou, se for o caso de crime concursal/falimentar, que já tenham se extinguido os efeitos da sentença penal condenatória.

O falido reabilitado pode voltar a desenvolver regularmente atividade empresarial, o que se dará a partir de um pedido formulado ao juiz da falência que oficiará a Junta Comercial; ou pelo decurso do prazo de até 5 anos após a extinção da punibilidade (Lei n. 11.101/2005, art. 102, parágrafo único, c/c o art. 181, § 1º).

1.3.1.2. Funcionário público

Funcionário público: Lei n. 8.112/90, art. 117, X – a justificativa para esse impedimento é que os funcionários públicos não devem se preocupar com situações que não as pertinentes ao seu cargo público.

Também, e dependendo do órgão que trabalhe, o funcionário público poderia ficar tentado a favorecer sua empresa em detrimento de outras ou do próprio Poder Público.

De acordo com o referido dispositivo legal, o funcionário público pode até ser acionista ou cotista de uma sociedade, mas não pode ser administrador (de sociedade com personalidade jurídica ou não), bem como não pode exercer atividade empresarial como empresário individual. Ou seja, não pode estar à frente do negócio. Vale ponderar que leis estaduais e municipais (e normas regimentais de instituições) podem ter regimes jurídicos mais específicos sobre essa questão.

Vale ainda ponderar que, na esfera administrativa, o funcionário público que burlar esse impedimento poderá sofrer sanções e até mesmo perder seu cargo público, de acordo com a disposição de cada estatuto.

1.3.1.3. Militar

Militar: Código Penal Militar – Decreto-lei n. 1.001/69, art. 204 – pela semelhança, a mesma situação do funcionário público vale para o militar (que também é um funcionário público).

De acordo com o referido dispositivo legal, "comerciar o oficial da ativa, ou tomar parte na administração ou gerência de sociedade comercial, ou dela ser sócio ou participar, exceto como acionista ou cotista em sociedade anônima, ou por cotas de responsabilidade limitada". A penalidade é de detenção, de 1 (um) a 2 (dois) anos (art. 204, com redação atualizada pela Lei n. 14.688/2023).

Uma das motivações está no fato de que, durante o horário de trabalho, o militar poderia ficar tentado a guardar exclusivamente o seu estabelecimento comercial.

1.3.1.4. Devedor do INSS

Devedor do Instituto Nacional do Seguro Social – INSS: Lei n. 8.212/91, art. 95, § 2º, *d* – a lei prevê que empresários individuais e sociedades empresárias devedoras de contribuições à Previdência Social podem sofrer interdição para exercer a atividade empresarial.

Há outras restrições aos devedores do INSS, como o impedimento para participar de licitações públicas; além de eventuais dificuldades para realizar o encerramento da atividade econômica, entre outras.

1.3.1.5. Estrangeiro

Em regra, os estrangeiros podem exercer atividade empresarial no Brasil, salvo nos casos excepcionados pela legislação, sobretudo pela Constituição Federal de 1988, em que se pode estabelecer impedimentos e/ou limites.

Exemplificativamente, o § 1º do art. 176 da Constituição prevê que: "Art. 176. As jazidas, em lavra ou não, e demais recursos minerais e os potenciais de energia hidráulica constituem propriedade distinta da do solo, para efeito de exploração ou aproveitamento, e pertencem à União, garantida ao concessionário a propriedade do produto da lavra. § 1º A pesquisa e a lavra de recursos minerais e o aproveitamento dos potenciais a que se refere o *caput* deste artigo somente poderão ser efetuados mediante autorização ou concessão da União, no interesse nacional, por brasileiros ou empresa constituída sob as leis brasileiras e que tenha sua sede e administração no País, na forma da lei, que estabelecerá as condições específicas quando essas atividades se desenvolverem em faixa de fronteira ou terras indígenas".

Por sua vez, a Constituição Federal, em seu art. 222, assevera que: "Art. 222. A propriedade de empresa jornalística e de radiodifusão sonora e de sons e imagens é privativa de brasileiros natos ou naturalizados há mais de dez anos, ou de pessoas jurídicas constituídas sob as leis brasileiras e que tenham sede no País. § 1º Em qualquer caso, pelo menos setenta por cento do capital total e do capital votante das empresas jornalísticas e de radiodifusão sonora e de sons e imagens deverá pertencer, direta ou indiretamente, a brasileiros natos ou naturalizados há mais de dez anos, que exercerão obrigatoriamente a gestão das atividades e estabelecerão o conteúdo da programação. § 2º A responsabilidade editorial e as atividades de seleção e direção da programação veiculada são privativas de brasileiros natos ou naturalizados há mais de dez anos, em qualquer meio de comunicação social. § 3º Os meios de comunicação social eletrônica, independentemente da tecnologia utilizada para a prestação do serviço, deverão observar os princípios enunciados no art. 221, na forma de lei específica, que também garantirá a prioridade de profissionais brasileiros na execução de produções nacionais. § 4º Lei disciplinará a participação de capital estrangeiro nas empresas de que trata o § 1º. § 5º As alterações de controle societário das empresas de que trata o § 1º serão comunicadas ao Congresso Nacional.

1.3.1.6. Incapacidade superveniente

Incapacidade superveniente do empresário (aquela que ocorre posteriormente ao início da atividade, pois até então ele era capaz) não impede a continuidade do exercício da empresa pelo agora incapaz. Para tanto, é necessária uma autorização judicial com a nomeação de um representante, no caso seus pais ou o autor da herança (CC, art. 974, *caput*).

Quanto à incapacidade de sócio de uma sociedade empresária, a Junta Comercial deverá registrar contratos ou alterações contratuais de sociedade que envolva sócio incapaz, desde que atendidos, de forma conjunta, os seguintes requisitos: o sócio incapaz não pode exercer a administração da sociedade; o capital social deve ser totalmente integralizado; e o sócio relativamente incapaz deve ser assistido, se absolutamente incapaz, deve ser representado por seus representantes legais.

O representante ou o assistente poderá nomear um gerente para lhe substituir quando não puder exercer a atividade empresarial, desde que com aprovação judicial, o que não exime o representante de suas responsabilidades (CC, art. 975, *caput*).

A autorização do incapaz (ou a emancipação do menor com 16 anos) para a atividade empresarial deve ser registrada no Registro Público de Empresas Mercantis – Junta Comercial (CC, art. 976, *caput*).

1.3.2. Empresas, empresários, sócios e cônjuges

Cônjuges podem ser sócios, ou seja, podem constituir uma sociedade empresária. Pela regra não há impedimentos para contratarem sociedade entre si ou com terceiros. As exceções ficam por conta de quem é casado pelo regime da comunhão universal de bens ou pelo regime da separação obrigatória (CC, art. 977)[59].

---

[59] Nesse sentido, é a decisão do STJ transcrita a seguir: Direito Empresarial e Processual Civil. Recurso especial. Violação ao art. 535 do CPC. Fundamentação deficiente. Ofensa ao art. 5º da LICC. Ausência de prequestionamento. Violação aos arts. 421 e 977 do CC/2002. Impossibilidade de contratação de sociedade entre cônjuges casados no regime de comunhão universal ou separação obrigatória. Vedação legal que se aplica tanto às sociedades empresárias quanto às simples. (...) (REsp 1.058.165/RS, Min. Nancy Andrighi, *DJe* 21-8-2009).

Regime da separação obrigatória é aquele imposto por lei, está previsto no art. 1.641 do Código Civil, que ocorre, por exemplo, nos casos de casamento de pessoa maior de **70 anos** ou que dependa de suprimento (autorização) judicial. A intenção do legislador, ao impedir sociedade entre esses cônjuges, foi evitar fraudes[60] do ponto de vista patrimonial, uma vez que a lei obriga a separação patrimonial e os cônjuges poderiam tentar transferir patrimônio um ao outro por via da sociedade empresária, via entrada e retirada de sócio.

Quanto à outra exceção, pelo casamento sob o regime da comunhão universal de bens, não se encontra explicação razoável para tal disposição legal. Uma possível resposta seria imaginar que, se o casal formasse uma sociedade, essa acabaria sendo, *grosso modo*, uma espécie de "sociedade unipessoal" (o que, via de regra, o ordenamento não permitia até a criação da EIRELI [atualmente revogada pela Lei n. 14.382/2022]) levando-se em consideração uma "universalidade de bens", pois nesse regime todo o patrimônio é de ambos os cônjuges.

Adauto de Almeida Tomaszewski, ao comentar sobre a proibição para o regime da comunhão universal, afirma que com eventual má gerência o patrimônio familiar seria alcançado, o que acarretaria grande prejuízo a todo o contexto familiar[61].

O empresário individual pode **alienar os bens** da empresa, inclusive imóveis, sem necessidade da autorização do seu cônjuge (não sócio), independentemente do regime de bens do seu casamento (CC, art. 978).

Todos os atos (inclusive os da vida civil) que envolvam o empresário devem ser registrados no Registro Público das Empresas Mercantis, como doação, pacto antenupcial, separação etc. (CC, arts. 979 e 980), visando que aqueles que contratem com o empresário possam ter acesso às informações e noção de como está o seu patrimônio, para fins de cumprimento das obrigações, principalmente no caso de desconsideração da personalidade jurídica.

Nos termos das notas que constam da Instrução Normativa DREI n. 81/2020, a vedação da sociedade entre cônjuges contida no art. 977 do Código Civil não se aplica às sociedades anônimas nem às sociedades cooperativas. Tais notas citam como fundamento o Enunciado n. 94, da III Jornada de Direito Comercial do Conselho da Justiça Federal, ocorrida em 2019: "A vedação da sociedade entre cônjuges contida no art. 977 do Código Civil não se aplica às sociedades anônimas, em comandita por ações e cooperativa".

1.4. REGISTRO

No geral, a finalidade dos registros é dar publicidade a atos jurídicos. No Brasil, há uma divisão no sistema de registro de atividades econômicas. De um lado, tem-se o Registro Público de Empresas Mercantis; de outro, o Registro Civil das Pessoas Jurídicas[62].

---

[60] Nesse sentido, Gladston Mamede. *Manual de direito empresarial*. São Paulo: Atlas, 2005. p. 33.

[61] Adauto de Almeida Tomaszewski. *Direito civil, notarial & registral*. Curitiba: Camões, 2008. p. 216.

[62] Ainda, pode-se acrescer a OAB – Ordem dos Advogados do Brasil – ao sistema de registro, uma vez que as sociedades entre advogados adquirem personalidade jurídica pelo arquivamento dos seus atos constitutivos nas respectivas Seccionais da OAB, funcionando assim como um órgão registral (Lei n. 8.906/96, art. 15, § 1º).
Um efeito desse registro perante a OAB é o de haver um impedimento para que o exercício da advocacia possa ser considerado elemento de empresa, não podendo assim ser suscetível de registro na Junta Comercial.

As atividades empresárias (empresário individual ou sociedade empresária) são inscritas no Registro Público de Empresas Mercantis. Já as atividades intelectuais (sociedades simples) são inscritas no Registro Civil das Pessoas Jurídicas (CC, art. 1.150).

Se a atividade intelectual for exercida por um profissional liberal ou autônomo (ou seja, se não há sociedade), basta o seu registro na Prefeitura, pois não há inscrição no Registro Civil das Pessoas Jurídicas, nem no Registro Público de Empresas Mercantis.

Quanto ao prazo, a apresentação dos documentos para a realização do registro deve ser feita em **30 dias** a partir da assinatura do ato constitutivo, sob pena de responsabilidade por perdas e danos (CC, art. 1.151, §§ 1º e 3º).

Cabe ao órgão registral (Registro Público de Empresas Mercantis ou Registro Civil das Pessoas Jurídicas) verificar a regularidade e a legitimidade do requerimento de registro (CC, arts. 1.152 e 1.153).

Antes de cumpridas as formalidades perante o órgão competente, o ato sujeito a registro não pode ser oposto a terceiros, como, por exemplo, alegar responsabilidade limitada do sócio antes da inscrição do contrato social (CC, art. 1.154). Isso porque não houve publicidade do ato, não produzindo, portanto, efeitos perante terceiros.

1.4.1. Registro Público de Empresas Mercantis (Junta Comercial) e DREI – Departamento Nacional de Registro Empresarial e Integração

O serviço do Registro Público de Empresas Mercantis é realizado pelas Juntas Comerciais. As Corporações de Artes e de Ofícios poderiam ser vistas como as precursoras quanto às atividades realizadas pelas Juntas Comerciais. O mesmo poder-se-ia dizer sobre a Real Junta de Comércio brasileira criada em 1808 com a chegada da Família Real ao Brasil.

A organização do Registro Empresarial ocorre sobretudo pela Lei n. 8.934/94, sem prejuízo de outras normas. Todas as Juntas Comerciais integram o Sistema Nacional de Registro de Empresas Mercantis – SINREM. O SINREM também é composto pelo DREI – Departamento Nacional de Registro Empresarial e Integração (Lei n. 8.934/94, art. 3º, e Decreto n. 1.800/96, art. 3º, cuja redação foi atualizada pelo Decreto n. 10.173/2019).

A Lei n. 4.048/61, arts. 3º, II, 20 e 21, criou o DNRC (Departamento Nacional de Registro do Comércio), o qual era vinculado ao então Ministério da Indústria e do Comércio. Com a edição da Lei n. 8.934/94, art. 4º, *caput* [em sua redação original], e do Decreto n. 1.800/96, art. 4º, manteve-se o nome DNRC, subordinado ao, à época, Ministério da Indústria, Comércio e Turismo. Em 2013, em razão das redações do art. 2º, II, *a*, 1, e do art. 8º, ambos do Anexo I do Decreto n. 8.001/2013, o DNRC teve a sua nomenclatura substituída por **DREI** – Departamento Nacional de Registro Empresarial e Integração. Este decreto aprovou uma nova estrutura para a Secretaria da Micro e Pequena Empresa da Presidência da República, à qual o DREI ficou subordinado. Por força da nova redação dada pela Lei n. 13.874/2019 ao art. 4º da Lei n. 8.934/94, o DREI está vinculado à Secretaria de Governo Digital da Secretaria Especial de Desburocratização, Gestão e Governo Digital do Ministério da Economia[63].

As **Juntas Comerciais** são órgãos locais, com funções executoras e administrativas dos serviços de registro (Lei n. 8.934/94, art. 3º, II). Há uma Junta Comercial para cada Estado (Lei n. 8.934/94, art. 5º).

As finalidades das Juntas Comerciais são: dar garantia, publicidade, autenticidade, segurança e eficácia aos atos empresariais; efetuar a inscrição/registro de ato constitutivo do empresário individual e da sociedade empresária, bem como as suas alterações e seu cancelamento; arquivar documentos; autenticar instrumentos de escrituração empresarial; assentar os usos e as práticas mercantis; efetuar as matrículas de leiloeiros, administradores de armazéns, tradutores e intérpretes públicos; elaborar tabela de preços dos serviços e os regimentos internos etc. (Lei n. 8.934/94, arts. 1º, 8º, 32 e 39; Decreto n. 1.800/96, art. 7º, cuja redação foi atualizada pelo Decreto n. 10.173/2019).

Por força da LC n. 147/2014, art. 8º, foram incluídos os arts. 39-A e 39-B à Lei n. 8.934/94 para dispor que, a autenticação dos documentos de empresas, de qualquer porte, realizada por meio de sistemas públicos eletrônicos dispensa qualquer outro método autenticatório. Para tanto, a comprovação da autenticação de documentos e da autoria poderá ser realizada por meio eletrônico.

O **DREI** (antigo DNRC) é um órgão central, hierarquicamente superior, que tem a finalidade de atuar junto às Juntas Comerciais, supervisionando, fiscalizando, estabelecendo normas, solucionando dúvidas etc. (Lei n. 8.934/94, arts. 4º e 6º; Decreto n. 1.800/96, art. 4º; e Decreto n. 8.001/2013, art. 8º do Anexo I).

---

[63] Compreendemos que, embora seja competência do Presidente da República a organização dos órgãos da Administração Pública, não pode um decreto se sobrepor a uma lei ordinária quanto à alteração do nome do órgão federal. Parece-nos que tal norma (Decreto n. 8.001/2013) foi além do que poderia e dessa forma o seu teor, no todo ou em parte, poderá ser discutido no plano de sua **inconstitucionalidade**. Isso porque um decreto tem função de regulamentar e não de normatizar, sendo que o decreto pode ter extrapolado seus limites ao criar regras que possam conflitar com as previstas, sobretudo pela Lei n. 8.934/94. Gerou-se um conflito entre um decreto e uma lei ordinária; tanto é que o Decreto n. 8.001/2013 não faz menção expressa de revogação total ou parcial da Lei n. 8.934/94. Neste caso, qual deve prevalecer? A função regulamentadora pertence ao Poder Executivo, a normatizadora ao Legislativo, sob pena de infração ao equilíbrio dos Poderes previstos na Constituição Federal.

Entre as atribuições que foram adicionadas ao DREI está a de auxiliar na integração para o registro e legalização de empresas (Decreto n. 8.001/2013, art. 8º, do Anexo I), o que é salutar. Entretanto, no Brasil, imagina-se que a mudança da nomenclatura de um órgão pode fazer grande diferença, quando na verdade o que é preciso é vontade política e investimento para o setor funcionar adequadamente.

Até 2020, eram muitas as Instruções Normativas do DREI, que regulavam variados assuntos. Isso motivou a edição da Instrução Normativa DREI n. 81/2020, a qual revogou muitas Instruções anteriores do próprio órgão, tendo por fim a unificação dos regimes, bem como a simplificação e a desburocratização de orientações e procedimentos que já não mais coadunam com os princípios promovidos pela Lei de Liberdade Econômica, Lei n. 13.874/2019.

A propósito, por força da inclusão, promovida pela Instrução Normativa DREI n. 55/2021, do art. 9º-A à Instrução Normativa DREI n. 81/2020, fica assegurado que: "nos atos submetidos a registro poderão ser usados elementos gráficos, como imagens, fluxogramas e animações, dentre outros (técnicas de *visual law*), bem como timbres e marcas d'água".

Vale ressaltar que as Leis n. 13.874/2019 e n. 13.833/2019 promoveram uma série de ajustes à Lei n. 8.934/94, bem como o Decreto n. 10.173/2019 realizou uma significativa reforma no Decreto n. 1.800/96.

1.4.2. Registro Civil das Pessoas Jurídicas

Por sua vez, o Registro Civil das Pessoas Jurídicas tem suas regras estabelecidas pela Lei n. 6.015/73, arts. 114 e s.

Vale ressaltar, porém, que o Registro Civil das Pessoas Jurídicas também recebe o nome popular de "cartório", apesar da imperfeição desse termo, haja vista que cartório pode ser aplicado a várias outras situações.

No Registro Civil das Pessoas Jurídicas são registradas as sociedades simples (que realizam atividades intelectuais de natureza artística, literária e científica) e outras pessoas jurídicas não enquadradas como atividade empresarial, como as associações e as fundações.

1.4.3. REDESIM – Rede Nacional para a Simplificação do Registro e da Legalização de Empresas e Negócios

A Rede Nacional para a Simplificação do Registro e da Legalização de Empresas e Negócios – REDESIM – foi instituída pela Lei n. 11.598/2007. Tal norma estabelece diretrizes e procedimentos para a simplificação e integração do processo de registro e legalização de empresários e de pessoas jurídicas, bem como promove algumas alterações no ordenamento jurídico.

A intenção primordial é diminuir a burocracia para a abertura de empresas no território brasileiro, a qual impõe perdas aos empreendedores e à sociedade como um todo. Com a implantação de um sistema integrado, facilita-se a prática de atos relacionados não apenas à abertura, mas ao encerramento de empresas e às alterações inerentes à atividade empresarial, bem como à regularização de atividades desenvolvidas informalmente.

Na verdade, esta lei estabelece normas gerais de simplificação e integração do processo de registro e legalização de empresários e pessoas jurídicas no âmbito da União, dos Estados, do Distrito Federal e dos Municípios (Lei n. 11.598/2007, art. 1º).

É preciso ter em conta que a criação da REDESIM tem por finalidade propor ações e normas aos seus integrantes, cuja participação na sua composição será obrigatória para os órgãos federais, e voluntária, por adesão mediante consórcio, para os órgãos, autoridades e entidades não federais com competências e atribuições vinculadas aos assuntos de interesse da REDESIM (Lei n. 11.598/2007, art. 2º, *caput*).

Essa previsão de adesão voluntária pode ser vista como um dos entraves para a efetivação deste sistema. Isso, pois, o grande objetivo dessa lei é reduzir o tempo para a abertura de empresas, buscando integrar os vários entes relacionados com o tema (Estados, Municípios, Registro Público das Empresas Mercantis, Registro Civil das Pessoas Jurídicas etc.). No entanto, será preciso vontade política desses entes, bem como a devida destinação orçamentária, sob pena de tornar-se tão somente um bom propósito legal. Passados alguns anos de vigência da lei, somente em alguns Estados a REDESIM está operando, e ainda de forma parcial.

Para o efetivo cumprimento da intenção legislativa, o art. 12 da referida lei prevê a instalação das Centrais de Atendimento Empresarial – FÁCIL, consistindo em unidades de atendimento presencial da REDESIM. Estas centrais deverão ser instaladas preferencialmente nas capitais, funcionando como centros integrados para a orientação, registro e legalização de empresários e pessoas jurídicas, em um mesmo espaço físico, dos serviços prestados pelos órgãos que integrem, localmente, a REDESIM.

Vale destacar que, na elaboração de normas de sua competência, os órgãos e entidades que componham a REDESIM deverão considerar a integração do processo de registro e de legalização de empresários e de pessoas jurídicas, e articular as competências próprias com aquelas dos demais membros, buscando, em conjunto, compatibilizar e integrar procedimentos, de modo a evitar duplicidade de exigências e garantir a linearidade do processo e da perspectiva do usuário (Lei n. 11.598/2007, art. 3º).

Além disso, os órgãos e entidades que componham a REDESIM, no âmbito de suas atribuições, deverão manter gratuitamente à disposição dos usuários, de forma presencial e pela rede mundial de computadores (internet), ficha cadastral simplificada, da qual constem os dados atualizados da empresa, bem como informações, orientações e instrumentos que permitam pesquisas prévias sobre as etapas de registro ou de inscrição, de alteração e de baixa de empresários, incluídos produtores rurais estabelecidos como pessoas físicas, e de pessoas jurídicas e de licenciamento e de autorizações de funcionamento, de modo a fornecer ao usuário clareza quanto à documentação exigível e à viabilidade locacional, de nome empresarial, de registro, de licenciamento ou de inscrição (Lei n. 11.598/2007, art. 4º, *caput*, com nova redação dada pela Lei n. 14.195/2021).

Quanto aos atos de registro, inscrições, alterações e extinções de empresários ou pessoas jurídicas, o art. 7º, *caput*, da lei proíbe a instituição de qualquer tipo de exigência de natureza documental ou formal, restritiva ou condicionante, que exceda o estrito limite dos requisitos pertinentes à essência de tais atos, observado o disposto nos arts. 5º e 9º da Lei n. 11.598/2007.

Incluído pela LC n. 147/2014, o art. 7º-A, *caput*, da Lei n. 11.598/2007, complementa o tema ao dispor que o registro de atos constitutivos, bem como de suas alterações e baixas de empresários e pessoas jurídicas, em qualquer órgão da União, Estados e Municípios, ocorrerá independentemente da regularidade de obrigações tributárias, previdenciárias ou trabalhistas (principais ou acessórias) do empresário, da sociedade, dos sócios, dos administradores ou de empresas de que participem. Isso não prejudica as responsabilidades do empresário, dos titulares, dos sócios ou dos administradores por tais obrigações, apuradas antes ou após o ato de extinção.

Cabe explicar que a solicitação de extinção da atividade (baixa) implica em responsabilidade solidária dos titulares, dos sócios e dos administradores do período de ocorrência dos respectivos fatos geradores de caráter tributário, previdenciário e trabalhista (Lei n. 11.598/2007, art. 7º-A, § 2º, incluído pela LC n. 147/2014).

Direito de empresa (teoria geral)   57

A extinção da atividade no órgão competente não impede que, posteriormente, sejam lançados ou cobrados impostos, contribuições e respectivas penalidades em razão da falta de recolhimento ou da prática comprovada em processo administrativo ou judicial de demais irregularidades praticadas por empresários, titulares, sócios ou administradores (Lei n. 11.598/2007, art. 7º-A, § 1º, incluído pela LC n. 147/2014).

Visando a celeridade, para os fins de registro e legalização de empresários e pessoas jurídicas, os requisitos de segurança sanitária, controle ambiental e prevenção contra incêndios deverão ser simplificados, racionalizados e uniformizados pelos órgãos e entidades que componham a REDESIM, no âmbito das respectivas competências (Lei n. 11.598/2007, art. 5º, *caput*).

Ainda, quanto aos Alvarás de Funcionamento, os Municípios que aderirem à REDESIM emitirão Alvará de Funcionamento Provisório, que permitirá o início de operação do estabelecimento imediatamente após o ato de registro, exceto nos casos em que o grau de risco da atividade seja considerado alto (Lei n. 11.598/2007, art. 5º, *caput*).

1.4.4. CGSN – Comitê Gestor do Simples Nacional; Fórum Permanente das Microempresas e Empresas de Pequeno Porte; e CGSIM – Comitê para Gestão da Rede Nacional para Simplificação do Registro e da Legalização de Empresas e Negócios

Atendendo ao que prevê a Constituição Federal, art. 170, IX, acerca da necessidade de tratamento favorecido às microempresas e empresas de pequeno porte, a Lei Complementar n. 123/2006, prevê em seu art. 2º (Redação dada pela LC n. 147/2014) que este tratamento diferenciado será gerido pelos seguintes órgãos: o Comitê Gestor do Simples Nacional – CGSN; o Fórum Permanente das Microempresas e Empresas de Pequeno Porte; e o Comitê para Gestão da Rede Nacional para Simplificação do Registro e da Legalização de Empresas e Negócios – CGSIM.

Compete ao **CGSN** regulamentar a opção, exclusão, tributação, fiscalização, arrecadação, cobrança, dívida ativa, recolhimento e demais questões referentes ao Simples Nacional (Regime Especial Unificado de Arrecadação de Tributos e Contribuições devidos pelas Microempresas e Empresas de Pequeno Porte), previsto no art. 12 da LC n. 123/2006.

Já ao **Fórum Permanente das Microempresas e Empresas de Pequeno Porte** cabe orientar e assessorar a formulação e a coordenação da política nacional de desenvolvimento das microempresas e empresas de pequeno porte, bem como acompanhar e avaliar a sua implantação.

Por sua vez, ao **CGSIM** compete regulamentar a inscrição, cadastro, abertura, alvará, arquivamento, licenças, permissão, autorização, registros e outras questões relativas à abertura, legalização e funcionamento de empresários e de pessoas jurídicas de qualquer porte, atividade econômica ou composição societária.

Em relação às MEs e EPPs optantes pelo Simples Nacional é facultado ao CGSN determinar a forma, a periodicidade e o prazo do recolhimento do FGTS e da entrega à Receita Federal do Brasil de uma única declaração com dados relacionados a questões tributárias, previdenciárias e trabalhistas.

Frise-se que o CGSIM foi instituído pelo Decreto n. 6.884/2009, art. 1º, com o objetivo de administrar e gerir a implantação e o funcionamento da REDESIM (que, apesar de já previsto pela Lei n. 11.598/2007, não operava efetivamente). Para cumprir com o seu objetivo legal, o CGSIM deverá respeitar as normas da Lei n. 11.598/2007 e da LC n. 123/2006.

Nos termos do art. 2º do Decreto n. 6.884/2009, entre outras atribuições, compete ao CG-SIM: regulamentar a inscrição, cadastro, abertura, alvará, arquivamento, licenças, permissão, autorização, registros e demais itens relativos à abertura, legalização e funcionamento de empresários e de pessoas jurídicas de qualquer porte, atividade econômica ou composição societária; elaborar e aprovar o modelo operacional da REDESIM; realizar o acompanhamento e a avaliação periódicos do programa de trabalho aprovado, assim como estabelecer os procedimentos básicos para o acompanhamento e a avaliação periódicos das atividades e das ações a cargo dos subcomitês e dos grupos de trabalho; expedir resoluções necessárias ao exercício de sua competência.

As reuniões do CGSIM ocorrerão ordinariamente a cada trimestre e extraordinariamente sempre que forem convocadas por seu presidente (Ministro de Estado e Chefe da Secretaria da Micro e Pequena Empresa). Além disso, o CGSIM poderá instituir subcomitês e grupos de trabalho para a execução de suas atividades (Decreto n. 6.884/2009, arts. 5º e 6º, *caput*).

1.5. ESTABELECIMENTO

Estabelecimento é o conjunto de bens organizado pelo empresário (ou por sociedade empresária) para o exercício da empresa (ou sua atividade econômica) (CC, art. 1.142, *caput*; no mesmo sentido, é o disposto no art. 2.555 do Código Civil italiano).

O Código Civil de 2002, o art. 1.142 foi alterado pela Lei n. 14.382/2022, recebendo acréscimos, dentre eles:

> § 1º O estabelecimento não se confunde com o local onde se exerce a atividade empresarial, que poderá ser físico ou virtual.
>
> § 2º Quando o local onde se exerce a atividade empresarial for virtual, o endereço informado para fins de registro poderá ser, conforme o caso, o endereço do empresário individual ou o de um dos sócios da sociedade empresária.(...).

No Brasil, quem primeiro estudou o estabelecimento foi Oscar Barreto Filho, que o definiu como um "complexo de meios materiais e imateriais, pelos quais o comerciante explora determinada espécie de comércio"[64].

Os bens materiais/corpóreos são aqueles que se caracterizam por ocupar espaço no mundo exterior, por exemplo, as mercadorias, as instalações, as máquinas, entre outros.

Já os bens imateriais/incorpóreos são coisas que não ocupam lugar no mundo exterior, sendo resultado da elaboração abstrata humana, como os títulos dos estabelecimentos, as marcas, as patentes, os desenhos industriais etc.

A empresa é uma atividade exercida pelo empresário. Para ele poder exercer sua atividade, é necessário um estabelecimento em que estarão conjugados bens na intenção de alcançar o lucro (mas pode-se dizer que, para o exercício de uma atividade intelectual, também se requer um estabelecimento).

Contudo, o estabelecimento é o instrumento para o empresário exercer sua atividade; é a base física da empresa (mas pode ser virtual, como será visto adiante). Normalmente, é o local onde os clientes do empresário se dirigem para realizar negócios.

Quanto à natureza jurídica do estabelecimento, Marcos Paulo de Almeida Salles lembra que o estabelecimento é uma universalidade de fato, que difere da universalidade de direito,

---

[64] Oscar Barreto Filho. *Teoria do estabelecimento comercial*. São Paulo: Max Limonad, 1969. p. 73.

pois nesta a destinação unitária decorre de norma jurídica, como no caso da massa falida, em razão da pretensão legal liquidatória[65].

Sendo o estabelecimento uma universalidade de fato, significa que ele é uma pluralidade de bens singulares pertencentes à mesma pessoa, tendo destinação unitária (por exemplo, o desenvolvimento da empresa) por instituição de seu titular (no caso, o empresário), à luz do art. 90 do Código Civil.

Bens singulares são aqueles que, embora reunidos, se consideram por si sós, independentemente dos demais. Vale destacar que os bens que formam a universalidade de fato podem ser objeto de relações jurídicas autônomas.

Teoricamente, o estabelecimento pode ter natureza civil ou empresarial. Tanto é que o Código Civil expressa "Do estabelecimento" e não "Do estabelecimento empresarial". A princípio, o estabelecimento de atividade intelectual, rural ou cooperativa tem natureza civil; de indústria, comércio ou prestação de serviço em geral, empresarial. Mais adiante trataremos da possibilidade ou não de a atividade rural e a cooperativa serem tidas como atividades empresariais.

Para o estudo do estabelecimento é necessário tratar de alguns elementos inerentes a ele, como: o aviamento, a clientela, o trespasse, entre outros, conforme veremos a seguir.

1.5.1. Aviamento

Para explicar o que vem a ser aviamento, é necessário ponderar que o estabelecimento tem condições de produzir lucro para o empreendedor.

Esse fato é chamado aviamento, ou seja, é a aptidão de produzir lucro conferido ao estabelecimento a partir do resultado de variados fatores, quais sejam, pessoais, materiais e imateriais. É um atributo do estabelecimento, sendo a clientela um dos fatores do aviamento[66].

Conforme Sérgio Campinho, a organização dos fatores que compõem o estabelecimento determina o grau de eficiência na produção de lucros, que é o objeto desejado pelo empresário[67].

É pertinente mencionar que o aviamento pode ser **objetivo** e **subjetivo**. O primeiro, aviamento objetivo, decorre de aspectos/fatores extrínsecos à atividade do empresário, como é o caso da localização do estabelecimento (*local goodwill*); o segundo, subjetivo, deriva de aspectos/fatores intrínsecos e conceituais quanto à atuação do empresário, como, por exemplo, a sua competência e boa fama à frente de seu negócio (*personal goodwill*)[68].

O **aviamento objetivo** que ocorre em razão da localização do estabelecimento pode ter como exemplo o caso de uma lanchonete em um colégio ou uma floricultura em frente de um cemitério. Nesse caso, o cliente compra porque não tem outro lugar próximo; ou então porque está com pressa. Assim, o fator extrínseco "localização" é o maior aspecto da lucratividade; mas poderia ser, por exemplo, a menor carga tributária daquela localidade esse fator.

Por sua vez, o **aviamento subjetivo** ao ocorrer em razão da competência do empresário pode ser exemplificado por um restaurante ou salão de cabeleireiro. Nessa hipótese, o cliente vai

---

[65] Marcos Paulo de Almeida Salles. Estabelecimento, uma universalidade de fato ou de direito? *Revista do Advogado*, São Paulo, n. 71, ago./2003, p. 79.

[66] Oscar Barreto Filho. *Teoria do estabelecimento comercial*. p. 169 e 179-180.

[67] Sérgio Campinho. *O direito de empresa à luz do novo Código Civil*. p. 341.

[68] Haroldo Malheiros Duclerc Verçosa. *Curso de direito comercial*. v. 1, p. 248.

ao restaurante ou salão em razão da confiança que tem na pessoa que está à frente do negócio, ou por sua fama ou qualificação, ou mesmo pela singularidade dos seus produtos ou serviços (sendo isso um fator intrínseco); não importando necessariamente a localização do seu estabelecimento.

Muitas vezes pode-se estar diante de um estabelecimento com aviamento objetivo e subjetivo ao mesmo tempo, como, por exemplo, se certa empresa de atributos conceituais e intrínsecos esteja muito bem localizada, como em um *shopping center*.

Por mais contraditório que possa parecer do ponto de vista concorrencial, às vezes o aviamento se dá em razão de o estabelecimento estar localizado próximo aos concorrentes. Nesse caso, a clientela é atraída para certa localidade em razão de lá haver várias opções de fornecedores. Exemplificativamente, na cidade de São Paulo existem aproximadamente trinta ruas (ou regiões) tidas como temáticas: rua das noivas (rua São Caetano – bairro do Bom Retiro), rua dos instrumentos musicais (rua Teodoro Sampaio – bairro Pinheiros) etc. O simples fato de um empresário ter uma loja de vestidos de noiva ou de instrumentos musicais nessas ruas já é um aviamento, pois nessas localidades circula um grande número de pessoas interessadas nesses produtos.

1.5.2. Clientela

Clientela difere de aviamento. A clientela é definida por Haroldo Malheiros Duclerc Verçosa como "o conjunto de pessoas que, de fato, mantém com o estabelecimento relações continuadas de procura de bens e de serviços"[69].

Nem o aviamento nem a clientela pertencem ao estabelecimento (não são propriedades do empresário); no entanto, tanto um como o outro são levados em consideração na ocasião da alienação do estabelecimento[70].

Isso ocorre porque há concorrência no mercado; enquanto a clientela permanecer fiel, o aviamento existirá. Mas isso pode mudar no decorrer do tempo, como com o surgimento de novos concorrentes.

De qualquer forma, o aviamento e a clientela são fatores consideráveis e são apurados por métodos econômico-contábeis de fluxo de caixa descontado, como acontece, exemplificativamente, em negociações de corretoras de seguros e agências de publicidade.

1.5.3. Trespasse/alienação

Trespasse significa transferir a propriedade para outro; ou ato de passar, o que muitas vezes é vislumbrado na prática por placas com os seguintes dizeres: "passa-se o ponto". No Direito Empresarial, trespasse cuida-se da alienação do estabelecimento, ou seja, que este pode ser objeto de direitos, ou que pode ser negociado. No entanto, deve ser feita a averbação na Junta Comercial, produzindo efeito perante terceiros apenas depois da publicação (CC, arts. 1.143 e 1.144).

Amador Paes de Almeida chama a atenção para o fato de que o estabelecimento pode ser objeto de negócio jurídico na forma de cessão ou venda, arrendamento ou usufruto[71].

---

[69] Haroldo Malheiros Duclerc Verçosa. *Curso de direito comercial*. v. 1, p. 250.

[70] É bem verdade que, em certos segmentos, como, por exemplo, entre corretores de seguros, ocorre a denominada venda de "carteira de clientes", em que se negocia a transferência tão somente dos clientes de certo empresário a outro.

[71] Amador Paes de Almeida. *Direito de empresa no Código Civil*. São Paulo: Saraiva, 2004. p. 49.

Deve-se verificar, na alienação do estabelecimento, se ao empresário irão restar bens suficientes para saldar suas dívidas; caso contrário, ele deverá pedir anuência de todos os seus credores. Caso haja uma contrariedade a esse mandamento, a alienação não terá eficácia (CC, art. 1.145). Essa regra se dá em razão da máxima do Direito "o patrimônio é a garantia dos credores", o que é aplicável ao estabelecimento enquanto conjunto de bens do empresário. A propósito é a Súmula 451 do STJ: "É legítima a penhora da sede do estabelecimento comercial".

Além disso, a Lei n. 11.101/2005 (Lei de Falências), art. 94, estabelece que será decretada a falência do empresário que transferir seu estabelecimento sem consentimento dos credores ou simular a transferência.

Obviamente, tal regra não será aplicável se a transferência do estabelecimento se der por força da recuperação judicial de empresas cujo plano foi aprovado pelos credores.

Em razão da venda do estabelecimento, o adquirente responde pelos débitos anteriores deste (desde que contabilizados). E, pelos mesmos débitos anteriores, o alienante continua solidariamente responsável por **1 ano** (CC, art. 1.146).

Este prazo de 1 ano está relacionado principalmente aos débitos de natureza empresarial e civil, pois podem existir normas jurídicas prevendo prazos diferentes para a responsabilidade do alienante, como as do Direito do Trabalho (CLT, art. 10-A) e do Direito Tributário. A propósito, é importante ter em conta a Súmula do STJ 554: "Na hipótese de sucessão empresarial, a responsabilidade da sucessora abrange não apenas os tributos devidos pela sucedida, mas também as multas moratórias ou punitivas referentes a fatos geradores ocorridos até a data da sucessão".

Outra regra reside no fato de que o adquirente (trespassário) se **sub-roga** nos contratos firmados pelo alienante (trespassante) e nos direitos decorrentes da compra do estabelecimento, produzindo efeitos a partir da publicação da alienação (CC, arts. 1.148 e 1.149).

O alienante do estabelecimento não pode fazer concorrência com o adquirente por **5 anos**, ou seja, está impedido de abrir idêntico tipo de negócio em uma distância que possa afetar a clientela do adquirente, salvo autorização expressa no contrato de compra e venda (CC, art. 1.147). Trata-se da cláusula implícita de não restabelecimento, como é conhecida, cujo vendedor não pode, por certo período, exercer a mesma atividade econômica exercida anteriormente, sob pena de concorrência desleal e ausência de boa-fé[72]. Essa cláusula de não restabele-

---

[72] O art. 1.147 do Código Civil é fruto de uma polêmica disputa judicial ocorrida no início do século XX, o famoso *case* da "Casa de Juta". Em 1913, na cidade de São Paulo, o Conde Álvares Penteado, após constituir a Companhia Nacional de Tecidos de Juta, proprietária da Fábrica de Juta Santana, transferiu o fundo de comércio. Um ano mais tarde o vendedor, Álvares Penteado, fundou outra fábrica no mesmo bairro onde funcionava a anterior, objeto da alienação. Dessa feita, o comprador, sentindo-se prejudicado e considerando que a venda do estabelecimento comercial implicaria a transferência da clientela e o não restabelecimento do vendedor no mesmo ramo de negócio, contratou o comercialista José Xavier Carvalho de Mendonça para ajuizar a ação pleiteando indenização ao Conde. Inicialmente o autor (comprador) teve a demanda julgada favoravelmente (TJSP, Apelação Cível n. 2.183, de 12-8-1913), mas no STF – em sede de embargos (STF, Diário Oficial de 19-7-1915) – o réu Álvares Penteado contratou o jurista Rui Barbosa, o qual conseguiu reverter a decisão com a tese de que a renúncia ao direito de exercício de certo ramo de atividade econômica precisa ser expressa no contrato de alienação, o que não havia ocorrido.

Hoje tal decisão afrontaria o que dispõe o art. 1.147 do Código Civil. Porém, mesmo à época, não havendo disposição equivalente no ordenamento jurídico, a decisão foi equivocada, pois, do ponto de

cimento também é conhecida como **cláusula de não concorrência** ou **cláusula raio** (ou de raio), sendo muito comum que ela seja expressa (reafirmada) no contrato de trespasse[73].

1.5.4. Ponto e fundo de comércio

Ponto ou ponto empresarial é a localização física do estabelecimento, que é valorizado pelo deslocamento efetuado dos clientes desde a saída de um local até a chegada nele para realizarem suas compras.

É válido ter em conta que o ponto tem sentido diverso da propriedade do imóvel. Quando um imóvel é locado para um empresário, pode se dizer que a propriedade é tanto civil quanto empresarial.

Civilmente, a propriedade em si é do seu proprietário. Empresarialmente, com relação ao ponto, é do empresário.

Esse valor adquirido pelo ponto, em razão do desenvolvimento da atividade empresarial e pelo decurso do tempo, também é chamado **fundo de comércio** (ou fundo empresarial). É um valor decorrente da atuação (trabalho) do empresário.

Assim, fundo de comércio significa o resultado da atividade do empresário, que com o decorrer do tempo agrega valor econômico ao local onde está estabelecido. Por isso, o ponto confere valor próprio ao local, que claramente pertence ao patrimônio do empresário. Nesse sentido, REsp 189.380.

Dessa forma, quando se vê um anúncio de "passa-se o ponto", na realidade não se está vendendo a propriedade do imóvel, mas, sim, a propriedade sobre o ponto.

1.5.5. Ação renovatória

A formação do fundo de comércio justifica a proteção ao empresário locatário de imóvel destinado ao exercício de sua atividade empresarial, pois o empresário tem o direito de renovar compulsoriamente o contrato de locação por meio de **ação renovatória** (Lei das Locações – Lei n. 8.245/91, art. 51).

Sem prejuízo do disposto no item sobre "locação mercantil", que se recomenda a leitura, a **ação renovatória** é cabível quando: (i) não houver acordo entre locatário e locador para renovar o contrato de locação; ou (ii) houver abuso por parte do locador referente ao preço para a renovação do aluguel.

---

vista concorrencial, acabou promovendo uma concorrência desleal pelo desvio indevido de clientela, uma injustiça, portanto; além disso, não respeitou o princípio da boa-fé nem a obrigação do vendedor de fazer boa a coisa vendida.

[73] Recurso especial. Direito civil. (...) Cláusula de não concorrência. Limite temporal e espacial. Abusividade. Não ocorrência. 1. Demanda em que se debate a validade e eficácia de cláusula contratual de não concorrência, inserida em contrato comercial eminentemente associativo. (...) 5. A funcionalização dos contratos, positivada no art. 421 do Código Civil, impõe aos contratantes o dever de conduta proba que se estende para além da vigência contratual, vinculando as partes ao atendimento da finalidade contratada de forma plena. 6. São válidas as cláusulas contratuais de não concorrência, desde que limitadas espacial e temporalmente, porquanto adequadas à proteção da concorrência e dos efeitos danosos decorrentes de potencial desvio de clientela – valores jurídicos reconhecidos constitucionalmente. 7. Recurso especial provido (REsp 1.203.109/MG, STJ, 3ª Turma, rel. Min. Marco Aurélio Bellizze, *DJe* 11-5-2015).

É possível obter a renovação do contrato de locação por um prazo igual ao estabelecido, desde que: o contrato tenha sido celebrado por escrito e com prazo determinado; o prazo mínimo de locação tenha **5 anos**; o empresário esteja explorando o mesmo ramo de atividade há pelo menos **3 anos** (Lei n. 8.245/91, art. 51, *caput,* I a III).

O período para ajuizar a ação renovatória é no penúltimo semestre de vigência do contrato, ou seja, num contrato de 5 anos (que é composto de dez semestres), a ação deve ser ajuizada durante os meses do **nono semestre** (Lei n. 8.245/91, art. 51, § 5º).

Como exceção, o locatário não terá direito à renovação compulsória do contrato de locação quando o locador pleitear a retomada do imóvel para: uso próprio ou transferência de fundo de comércio (que exista há mais de 1 ano, sendo detentor da maioria do capital social o locador, seu cônjuge, ascendente ou descendente), não podendo o imóvel ser destinado à atividade igual à do locatário, exceto se a locação envolvia o fundo de comércio com instalações e outros pertences; ou realização de obras determinadas pelo Poder Público que impliquem alteração substancial do imóvel ou modificação que aumente o valor da propriedade ou do negócio (Lei n. 8.245/91, art. 52).

Especificamente sobre o prazo mínimo de 5 anos, ele pode ser decorrente da soma de dois ou mais contratos, mesmo que tenha havido a mudança de inquilino, ou seja, inicialmente era um empresário que passou o ponto para outro empresário, que, por sua vez, continuou explorando o mesmo negócio. Mas o art. 13 da Lei n. 8.245/91 dispõe que a cessão da locação, a sublocação e o empréstimo do imóvel, total ou parcialmente, dependem do consentimento prévio e escrito do locador, o que, em tese, também é aplicável à locação mercantil[74].

Uma vez renovado o contrato por força de sentença judicial que julgou procedente a demanda, existe a possibilidade de o locatário pleitear outras vezes a renovação do contrato de locação via nova ação renovatória, desde que atendidos aos requisitos da lei.

No ambiente empresarial é muito comum o locador previamente adquirir, construir ou reformar substancialmente o imóvel com o fim de atender às especificações do pretenso locatário que usará o imóvel, por prazo determinado, para desenvolver sua atividade. Nestes casos,

---

[74] Isso pode ser demonstrado pela seguinte decisão do STJ: (...) 1. Transferência do fundo de comércio. Trespasse. Efeitos: continuidade do processo produtivo; manutenção dos postos de trabalho; circulação de ativos econômicos. 2. Contrato de locação. Locador. Avaliação de características individuais do futuro inquilino. Capacidade financeira e idoneidade moral. Inspeção extensível, também, ao eventual prestador da garantia fidejussória. Natureza pessoal do contrato de locação. 3. Desenvolvimento econômico. Aspectos necessários: proteção ao direito de propriedade e a segurança jurídica. 4. Afigura-se destemperado o entendimento de que o art. 13 da Lei do Inquilinato não tenha aplicação às locações comerciais, pois, prevalecendo este posicionamento, o proprietário do imóvel estaria ao alvedrio do inquilino, já que segundo a conveniência deste, o locador se veria compelido a honrar o ajustado com pessoa diversa daquela constante do instrumento, que não raras vezes, não possuirá as qualidades essenciais exigidas pelo dono do bem locado (capacidade financeira e idoneidade moral) para cumprir o avençado. 5. Liberdade de contratar. As pessoas em geral possuem plena liberdade na escolha da parte com quem irão assumir obrigações e, em contrapartida, gozar de direitos, sendo vedada qualquer disposição que obrigue o sujeito a contratar contra a sua vontade. 6. Aluguéis. Fonte de renda única ou complementar para inúmeros cidadãos. Necessidade de proteção especial pelo ordenamento jurídico. 7. Art. 13 da Lei n. 8.245/91 aplicável às locações comerciais. 8. Recurso especial provido (REsp 1.202.077/MS, Min. Vasco Della Giustina, desembargador convocado do TJRS, *DJe* 10-3-2011).

conforme o art. 54-A da Lei n. 8.245/91 (acrescido pela Lei n. 12.744/2012), prevalecerão as disposições contratadas entre as partes, obedecendo aos procedimentos previstos na própria lei. Normalmente, o acordo anterior à locação é feito por um contrato preliminar (promessa de locação), cujo sentido é desde já estabelecer direitos e deveres para as partes, obrigando-as e implicando a possibilidade de adjudicação compulsória e/ou perdas e danos[75].

1.5.6. Estabelecimento digital (virtual)

Até alguns anos atrás o estabelecimento era somente físico, ou seja, um local em que os clientes do empresário se dirigiam para realizar negócios.

Nas últimas décadas, especialmente pelo desenvolvimento e expansão da internet, surgiu o estabelecimento digital (ou virtual), que é um local não físico para onde os clientes também se dirigem (não por deslocamento físico, mas, sim, por deslocamento virtual) em busca de negócios.

A princípio, o estabelecimento virtual nada mais é do que um *site* (sítio eletrônico) pelo qual é possível fazer negócios (como vender mercadorias, prestar serviços, etc.). *Site* é o conjunto de informações e imagens alocadas em um servidor e disponibilizadas de forma virtual na internet.

O acesso virtual ao *site* é feito por meio de um endereço eletrônico, ou melhor, pelo nome de domínio (por exemplo: <http://www.computadorlegal.com.br>). O nome de domínio identifica o estabelecimento virtual.

Dessa forma, é pelo *site* que a atividade do empresário – atuante no comércio eletrônico – passa a ser difundida e desenvolvida, pois é nesse local virtual que os clientes podem realizar compras, por meio de um deslocamento virtual.

Dependendo do ramo de negócio, para o empresário, o avanço da informática e o uso da internet são ferramentas importantíssimas no desenvolvimento de sua atividade mercantil, sendo uma ferramenta que auxilia na busca do lucro, pois os clientes podem adquirir produtos e serviços pela rede mundial de computadores.

Assim, um nome de domínio pode ser considerado um ponto virtual, logo, passível de proteção jurídica da mesma maneira que o ponto físico. Isso também pode ser considerado para as plataformas eletrônicas em geral que são utilizadas para realizar atividade empresarial, como, por exemplo, contas no Facebook, blogs e **aplicativos**. Assim, poderia também uma conta em uma **rede social** em que por lá se faz negócios ser eventualmente tida como estabelecimento digital.

Percebe-se que os conceitos expostos até aqui (estabelecimento, título do estabelecimento, aviamento e clientela) são aplicáveis ao fato de o *site* poder ser considerado um estabelecimento virtual. Dessa forma, o nome de domínio (que espelha o endereço virtual do estabelecimento, o qual é registrado no <http://www.registro.br>) goza de proteção jurídica, sendo regulado pelo Núcleo de Informação e Coordenação do Ponto BR – NIC.BR, à luz das Resoluções n. 001/2005 e n. 008/2008 do Comitê Gestor da Internet no Brasil – CGI.BR; a primeira estabelece a competência do NIC.BR e a segunda, os critérios para os nomes de domínios.

1.6. NOME EMPRESARIAL E INSTITUTOS AFINS

O nome empresarial tem a função de identificar o empresário [outrora **razão social**, cuja nomenclatura – embora ainda seja muito usual – não tem mais amparo na legislação,

---

[75] Para mais detalhes, veja nosso: Tarcisio Teixeira. *Manual da compra e venda:* doutrina, jurisprudência e prática. 3. ed. São Paulo: Saraiva, 2018. p. 263 e s.

sendo a expressão correta "nome empresarial"]. É como se fosse o nome civil de uma pessoa física. Ele faz a ligação do nome da empresa ao empresário. O nome empresarial é o que a pessoa (física ou jurídica) utiliza para individualizar a sua atividade. Revela o tipo societário optado pelos sócios e se a responsabilidade deles é limitada ou não; bem como o objeto social da empresa, como, por exemplo, indústria, comércio etc.

A proteção jurídica do nome empresarial ocorre pela inscrição do empresário individual ou pelo arquivamento de contrato social (para sociedade empresária) no registro próprio; ou, ainda, pelas alterações que mudam o nome, efetuadas posteriormente, conforme prevê a Constituição Federal, art. 5º, XXIX; Código Civil, art. 1.166; e Lei n. 8.934/94, art. 33. Também, a tutela do nome empresarial está disposta no Decreto n. 1.800/96, que regulamenta a Lei n. 8.934/94, especialmente em seus arts. 61 e 62; bem como na Instrução Normativa do Departamento Nacional de Registro Empresarial e Integração – DREI – n. 81/2020; sem prejuízo da proteção conferida pelas regras da concorrência desleal previstas especialmente na Lei n. 9.279/96, arts. 195, V, e 209.

Pela regra geral, a proteção ao nome empresarial é válida no território do Estado-membro em que foi registrado. Em casos excepcionais, previstos na legislação, a proteção ao nome empresarial pode ter caráter nacional (CC, art. 1.166). Também, a proteção pode dar-se internacionalmente por força do art. 8º da Convenção da União de Paris – CUP – de 1883. Vale considerar que o Brasil, enquanto signatário deste tratado internacional, internalizou suas regras desde a edição do Decreto n. 9.233/1884. Atualmente a matéria é objeto dos Decretos n. 635/92 e 1.263/94.

O Decreto n. 1.800/96 prevê em seu art. 61, §§ 1º e 2º, que a proteção ao nome empresarial limita-se à unidade federativa da Junta Comercial que procedeu ao arquivamento; sendo que a proteção ao nome empresarial poderá ser estendida a outras Unidades da Federação mediante requerimento da empresa interessada. Por sua vez, a Instrução Normativa – IN DREI n. 81/2020, art. 25, assevera que a proteção ao nome empresarial no território estadual de outra Junta Comercial decorre, automaticamente, da abertura de filial nela registrada ou do arquivamento de pedido específico. Neste último caso, o pedido deve ser instruído com a certidão do Registro Público das Empresas Mercantis da unidade federativa onde se localiza a sede da empresa interessada. Uma vez arquivado o pedido de proteção ao nome empresarial, deverá ser expedida comunicação desse fato à Junta Comercial do Estado onde estiver localizada a matriz da empresa.

Além disso, é considerado crime de concorrência desleal usar indevidamente nome empresarial alheio (Lei n. 9.279/96, art. 195, V).

O art. 18 da IN DREI n. 81/2020 assevera que "o nome empresarial atenderá aos princípios da veracidade e da novidade e identificará, quando assim exigir a lei, o tipo jurídico adotado".

Assim, vale destacar que o nome empresarial não pode ser igual a outro já inscrito (CC, art. 1.163). Nos casos em que isso acontecer, será necessário realizar alguma alteração para se obter a distinção.

Pelo princípio da novidade, não poderá haver identidade ou semelhança entre nomes empresariais no território de sua proteção, sendo que a distinção entre eles deve ser suficiente para que alguém, com a atenção normalmente empregada, possa diferenciá-los[76].

---

[76] Justino Vasconcelos. *Das firmas e denominações comerciais*. Rio de Janeiro: Forense, 1957. p. 241.

Até a entrada em vigor da IN DREI n. 55, de 2 de junho de 2021, e a alteração do art. 22 da IN DREI n. 81/2020 era prevista a vedação do registro do nome empresarial *idêntico* ou *semelhante* a outro já registrado na mesma Junta Comercial. O vigente art. 22 da IN DREI n. 81/2020 prevê que "é vedado o registro do nome empresarial **idêntico** a outro já registrado na mesma Junta Comercial", não mais empregando o critério da "semelhança" para impedir o registro do nome empresarial.

Por sua vez, antes da alteração de redação em 2021, o art. 23 da IN DREI n. 81/2020 fixava critérios para a análise, pelas Juntas Comerciais (e pelo próprio DREI), de *identidade* ou *semelhança* entre nomes empresariais. Nas firmas, a análise será feita pelos nomes inteiros, sendo idênticos se tiverem a *mesma grafia* (homógrafos) e semelhantes se tiverem a *mesma pronúncia* (homófonos). Em relação às denominações, consideram-se os nomes por inteiro, quando compostos por expressões comuns, de fantasia, de uso generalizado ou vulgar, sendo idênticos, se homógrafos, e semelhantes, se homófonos. Mas quando as denominações contiverem expressões de fantasia incomuns (extraordinárias), serão elas analisadas isoladamente, ocorrendo identidade, se homógrafas, e semelhança, se homófonas. O vigente art. 23 (com redação alterada pela IN DREI n. 55/2021) prevê que a Junta Comercial não arquivará atos com nome empresarial **idêntico** a outro já registrado, sendo considerado idêntico o nome empresarial que tenha exatamente a mesma composição daquele anteriormente registrado na mesma Junta Comercial. Caso haja semelhança a outro nome empresarial já registrado, o em vigor art. 23-A prevê que o interessado poderá questionar, a qualquer tempo, por meio de recurso ao DREI. Ou seja, o critério da "semelhança" não impede mais o registro de nome empresarial pela Junta Comercial, entretanto, permite o questionamento diante ao DREI. Em complemento, o § 4º do art. 23-A assevera que "considerar-se-á semelhante o nome empresarial, por inteiro, desconsiderando apenas as expressões relativas ao tipo jurídico adotado, que tenha distinção em relação a apenas algum ou alguns caracteres, mas que não resulte em diferença significativa quanto à grafia ou à pronúncia".

Por sua vez, os atuais §§ 2º e 3º do art. 23 preveem que "o critério para análise de identidade entre firmas ou denominações será aferido considerando-se os nomes empresariais por inteiro, desconsiderando-se apenas as expressões relativas ao tipo jurídico adotado, de modo que, apenas, haverá **identidade** se os nomes forem homógrafos. Se o nome empresarial for idêntico a outro já registrado, deverá ser modificado ou acrescido de designação que o distinga".

Vale frisar que de acordo com o princípio da anterioridade a proteção se dá em favor daquele que primeiro registrou o nome empresarial. Assim, se o empresário tiver nome idêntico ao de outros já inscritos, deverá acrescentar designação que o diferencie.

O nome empresarial também não pode ser alienado (CC, art. 1.164, *caput*). No caso de sociedades, o que acontece na prática é a venda total das quotas da sociedade, assumindo assim os adquirentes a sociedade com o respectivo nome.

É pertinente mencionar que a inscrição do nome empresarial pode ser anulada por meio de ação judicial quando violar a lei ou o contrato (CC, art. 1.167). E também poderá ser cancelada quando cessar o exercício da atividade ou a sociedade for liquidada (CC, art. 1.168).

Vale lembrar que no passado, a "empresa individual de responsabilidade limitada" [que não existe mais] precisava incluir ao final do nome empresarial esta expressão por extenso ou a sigla "EIRELI" (CC, art. 980-A, § 1º [dispositivo revogado pela Lei n. 14.382/2022]). Quanto à microempresa e empresa de pequeno porte, anteriormente, *era* necessário incluir

– no final do nome empresarial – a expressão "Microempresa" ou "Empresa de Pequeno Porte" ou suas abreviações "ME" ou "EPP", sendo que tal regra deixou de existir em razão da *revogação* do art. 72 da Lei Complementar n. 123/2006.

Por sua vez, o seu art. 18-A (incluído pela IN DREI n. 55/2021) prevê que o empresário individual, a sociedade empresária e a cooperativa podem optar por utilizar o **número do CNPJ** como nome empresarial, seguido da partícula identificadora do tipo societário ou jurídico, quando exigida por lei.

De acordo com o Código Civil, **nome empresarial** é gênero do qual são espécies **firma** e **denominação** (art. 1.155, *caput*; e IN DREI n. 81/2020, § 1º).

1.6.1. Firma

A palavra "firma" está relacionada ao nome ou à assinatura de pessoa. Para efeitos de ser uma espécie de nome empresarial, a firma é mais utilizada por empresário individual (daí o porquê do uso **firma individual**), pois seu nome de pessoa física deverá constar em sua inscrição na Junta Comercial, por exemplo, "João da Silva".

Conforme o art. 1.156, na firma do empresário individual deve constar seu nome de pessoa física, completo ou abreviado, podendo ou não ser acrescido de uma designação mais precisa da sua pessoa (como João da Silva "Bigode") ou do ramo de sua atividade (por exemplo, João da Silva Comércio de Bebidas).

O § 2º do art. 18 da IN DREI n. 81/2020 reforça que "a firma é composta pelo nome civil, de forma completa ou abreviada".

Da mesma forma, a firma deve ser usada por sociedades em que haja sócios de responsabilidade "ilimitada", devendo constar no nome empresarial o nome civil de pelo menos um desses sócios (CC, arts. 1.157 e 1.158, § 1º).

Contudo, o art. 1.158 do Código Civil faculta à sociedade limitada a adoção de firma ou denominação, desde que acompanhada da palavra "limitada" ou sua abreviação "Ltda.".

1.6.2. Denominação

Denominação significa a designação que deve ser formada pelo objeto social da sociedade. Assim, a denominação é utilizada pelas sociedades empresárias e deve expressar o objeto da sociedade em seu nome empresarial (CC, art. 1.158, § 2º). Em outras palavras, o objeto social (finalidade da empresa) deve fazer parte da denominação, como "Macedônia Indústria de Calçados Ltda."

Ressalta-se que a denominação pode ser formada com o nome de um ou mais sócios ou pode ter um elemento ou expressão fantasia, por exemplo, formado pela sigla composta das letras iniciais dos nomes dos sócios.

"A denominação é formada por quaisquer palavras da língua nacional ou estrangeira, sendo facultada a indicação do objeto", sendo essa a redação do § 3º do art. 18 da IN DREI n. 81/2020 (cuja redação foi alterada pela IN DREI n. 55/2021).

Frise-se que, sobre a indicação do objeto social na denominação, há uma contradição entre o Código Civil (art. 1.158, § 2º) e a IN DREI n. 81/2020 (art. 18, § 3º), devendo neste caso prevalecer a regra do Código Civil (ou seja, na denominação deve-se indicar o objeto social). Isso pois, ao Código Civil – enquanto lei ordinária – cabe a função de criar regras jurídicas; não competindo isso a uma Instrução Normativa, à qual cabe apenas regulamentar regras.

Sociedade limitada deve ter a palavra "Limitada" ou "Ltda.", sob pena de responsabilidade solidária e ilimitada dos administradores (CC, art. 1.158, § 3º).

Já a **sociedade cooperativa** deve ter na sua denominação a palavra "Cooperativa" (CC, art. 1.159).

Por sua vez, a **sociedade anônima** deve ter em sua denominação a expressão "Sociedade Anônima" ou "Companhia", ou a abreviação "S.A.", "S/A" ou "Cia.", sendo facultada a designação do objeto social. No que diz respeito à sociedade em comandita por ações, ela pode, em vez de firma, adotar denominação, com a expressão 'comandita por ações', facultada a designação do objeto social (CC, arts. 1.160 e 1.161, ambos com nova redação dada pela Lei n. 14.382/2022).

Com relação às denominações das **sociedades simples, associações** e **fundações**, elas possuem a mesma proteção jurídica do nome empresarial (CC, art. 1.155, parágrafo único).

1.6.3. Título de estabelecimento – nome fantasia

Título de estabelecimento é o nome ou a expressão utilizada pelo empresário para identificar o local onde ele está instalado[77]. Algo como se fosse um apelido "mais formal" para o estabelecimento.

Dessa forma, é o título do estabelecimento que identifica o ponto em que o empresário está estabelecido[78].

Aqui há uma distinção a ser ponderada: o título de estabelecimento não é necessariamente o nome empresarial. Ele pode ser uma parte do nome empresarial ou uma expressão totalmente inexistente no nome empresarial. Muitas vezes é um **nome fantasia** que se atribui a um estabelecimento, que, por sua vez, não é correspondente ao nome empresarial efetivamente. Por exemplo, uma sociedade pode ter o nome empresarial "Santos Comércio de Roupas Ltda." e usar o nome fantasia "Maravilha Roupas".

Um exemplo de título de estabelecimento com nome fantasia é o do Grupo Pão de Açúcar, pois o nome empresarial dessa rede de supermercados é Companhia Brasileira de Distribuição de Alimentos. Ou, Assaí (nome fantasia) e Barcelona Com. Varejista e Atacadista S/A (nome empresarial).

Por si só o título de estabelecimento não tem um regime jurídico próprio, diferentemente do que ocorre tanto com o nome empresarial, que é protegido pelo registro na Junta Comercial, quanto com a marca, que tem uma proteção jurídica específica na Lei n. 9.279/96 (como será visto adiante).

Porém, não se admite a usurpação (apossar-se ilegitimamente ou por fraude) do título de estabelecimento. Nesse caso, a proteção para o título de estabelecimento pode ocorrer pelo princípio do ato ilícito (CC, art. 186), bem como pela concorrência desleal (Lei n. 9.279/96, arts. 195, V, e 209), que, inclusive, é tipificada como crime.

É comum se colocar no ato constitutivo o nome fantasia que será utilizado no desenvolvimento da atividade empresarial. Isso não tem o condão de assegurar a proteção jurídica conferida ao nome empresarial, mas, sim, possibilitar que este nome fantasia conste no car-

---

[77] Haroldo Malheiros Duclerc Verçosa. *Curso de direito comercial*. v. 1, p. 245.

[78] Sérgio Campinho. *O direito de empresa à luz do novo Código Civil*. p. 328.

tão do CNPJ, documento no qual constam as principais informações da empresa. Porém, eventualmente, poderá servir de prova num confronto com outrem que invoque o uso primário do mesmo nome fantasia; ou seja, expressado no ato constitutivo, serviria para marcar o início do uso do nome fantasia.

Vale destacar que existem casos de títulos de estabelecimento que acabam se tornando também a marca do empresarial (como ocorre com o próprio Pão de Açúcar). Assim, um título de estabelecimento poderá ser registrado como marca se não estiver entre as proibições da Lei n. 9.279/96, art. 124, gozando das regras que protegem a marca.

1.6.4. Insígnia

Insígnia é um símbolo ou um emblema que tem como função a identificação do estabelecimento. A insígnia é um sinal distintivo; um detalhe para diferenciar um estabelecimento de outro. Esse sinal pode também corresponder a uma expressão gráfica, uma letra ou uma palavra.

A empresa pode ter em conjunto título de estabelecimento e insígnia, sendo que não necessariamente terão elementos comuns (e, ainda que possam ter algum elemento do nome empresarial, com ele não se confundem). Um bom exemplo é o título do estabelecimento "McDonald's", sendo a sua insígnia a letra "M", maiúscula e amarela, estilizada de forma grande e arredondada; ou o título de estabelecimento "Pão de Açúcar" (supermercado), cuja insígnia são os dois morros em verde. Também são insígnias os peixinhos sobrepostos da Hering, os símbolos das montadoras de veículos utilizados nas fachadas das concessionárias, entre outros.

Da mesma forma como ocorre com o título de estabelecimento, também não há um regime jurídico próprio para a insígnia, o que não acontece com o nome empresarial e a marca, pois cada um possui sua proteção legal.

Também não se admite a usurpação da insígnia, sendo que, nessa hipótese, a tutela jurídica da insígnia ocorrerá pela concorrência desleal e pelos princípios gerais do ato ilícito, da mesma forma que pela proteção do título de estabelecimento.

Para finalidade de marca, a insígnia poderá ser registrada como marca, desde que preencha os requisitos da Lei n. 9.279/96, em especial do art. 122 c/c o art. 124, II, devendo ser considerada um sinal distintivo visualmente perceptível, ou seja, um caractere que a torna reconhecível pelas pessoas com o intuito de distinguir um produto ou serviço.

É pertinente apontar que letra, algarismo e data, isoladamente, não podem ser registrados como marca, conforme disposto no art. 124, II, da Lei n. 9.279/96. Mas poderão ser objeto de marca quando estiverem revestidos de suficiente forma distintiva. Nesse caso, a insígnia gozará da proteção legal de marca.

1.7. PREPOSTOS

Preposto é aquele que, em nome de outrem (preponente), dirige ou se ocupa de seus negócios. É uma espécie de representante.

Preponente, no entanto, é aquele que outorga poderes ao preposto para que esse o represente.

É pertinente externar que o preposto pode ser **dependente** e **independente**:
1) **dependente/subordinado** – é empregado do preponente, como gerentes e vendedores;
2) **independente/não subordinado** – não é empregado, pode ser profissional liberal ou não, cujo vínculo ocorre por contratos específicos, como é o caso dos corretores.

O preposto não pode nomear substitutos para o seu lugar sem autorização escrita do preponente, sob pena de responder pessoalmente pelos atos do seu substituto (CC, art. 1.169).

Também, o preposto não pode negociar por conta própria, salvo se houver autorização, sob pena de responder por perdas e danos (CC, art. 1.170).

É válida a entrega de documentos, bens ou valores ao preposto encarregado pelo preponente para tal tarefa (CC, art. 1.171), como ocorre no caso de recepcionista.

Os registros feitos nos livros e documentos por quaisquer dos prepostos são como se feitos pelo preponente (CC, art. 1.177, *caput*).

Quanto à responsabilidade do preposto, se este agir com culpa, responderá pessoalmente perante o preponente; se agir com dolo, responderá perante terceiros solidariamente com o preponente (CC, art. 1.177, parágrafo único).

Vale salientar que os preponentes são responsáveis pelos atos de quaisquer prepostos quando praticados dentro do estabelecimento e relativos à atividade da empresa, mesmo que não autorizados por escrito (CC, art. 1.178, *caput*). Como exemplo, podem ser citadas as informações prestadas ou as negociações realizadas por um vendedor dentro de loja varejista.

Se os atos do preposto forem realizados fora do estabelecimento, o preponente estará obrigado nos limites dos poderes conferidos por escrito (CC, art. 1.178, parágrafo único).

E mais, o preposto não pode fazer concorrência com o preponente, o que configura concorrência desleal (Lei n. 9.279/96, arts. 195, V, e 196, I).

Assim, o gerente, o contabilista, além de outros auxiliares (que serão estudados a seguir), são prepostos do empresário.

1.7.1. Gerente

Gerente é o preposto que está permanentemente no exercício da empresa, seja na matriz, seja na filial (CC, art. 1.172). É um funcionário com "funções" de chefia, encarregado da organização do trabalho.

Ressalte-se o fato de que o gerente é autorizado a praticar os atos necessários ao seu exercício, mas a lei pode exigir poderes especiais para alguns atos determinados. Quando houver mais de um gerente, seus poderes são solidários, salvo se estipulado de modo diverso (CC, art. 1.173).

O empresário, para se defender junto a terceiros quanto às limitações dos poderes dados ao preposto, deve arquivar na Junta Comercial o instrumento de outorga de poderes (procuração, contrato social ou alteração). Isso também vale para modificação ou revogação de poderes (CC, art. 1.174).

Além disso, o gerente pode representar o preponente em juízo (CC, art. 1.176), o que é muito comum em audiências judiciais.

1.7.2. Contador/contabilista

A palavra "contabilista" significa especialista em contabilidade, ou seja, o encarregado pela escrituração dos livros empresariais. Pode ser o técnico contábil (nível técnico de segundo grau) ou o contador bacharel (nível de curso superior).

Na verdade, o contabilista é um auxiliar do empresário, mas o exercício dessa atividade pode ocorrer como empregado (geralmente nas grandes empresas) ou não (quando mantém contrato de prestação de serviços).

Direito de empresa (teoria geral)

O contabilista, independentemente do seu vínculo com o empresário ou sociedade, deve sempre respeitar a legislação, em especial as disposições inerentes à sua profissão, como o **Decreto-lei n. 9.295/46**, que cria o Conselho Federal de Contabilidade (CFC) e define as atribuições do contador, além do Código de Ética Profissional do Contador (CEPC) – Resolução CFC n. 803/96.

Apesar de o *caput* do art. 1.177 do Código Civil ser aplicável a todos os prepostos, não só ao contador em grande medida, os registros feitos nos livros e documentos do empresário são realizados por contador ou seus respectivos representantes.

Especificamente sobre a responsabilidade do contador, haja vista ser um preposto, e como tal se agir com culpa, responderá pessoalmente perante o preponente; se agir com dolo, responderá perante terceiros solidariamente com o preponente (CC, art. 1.177, parágrafo único), preferimos tratar do assunto em um item apartado a seguir.

Antes, vale expressar que função de gerente é facultativa, porém a de contabilista é obrigatória, sendo que qualquer um dos dois pode ser gerente, mas apenas o profissional com formação contábil pode ser contabilista.

1.7.2.1. Responsabilidade do contador

A questão da responsabilidade civil do contador é um tema muito relevante, em especial a partir da vigência do parágrafo único do art. 1.177 do Código Civil, ao dispor que no exercício de suas funções, se o contador agir com culpa, responderá pessoalmente perante o preponente (empresário ou sociedade); se agir com dolo, responderá perante terceiros solidariamente com o preponente.

Por isso, qualquer ação do contador que configure uma negligência, imprudência ou imperícia trará a ele a responsabilidade perante o empresário. Ou seja, o empresário terá o direito de cobrar do contador quaisquer prejuízos decorrentes da culpa deste. Inclusive aqueles decorrentes de autuações.

Mais grave ainda é o caso de o contador agir com dolo (intenção de causar prejuízo). Neste caso ele responderá juntamente com o empresário perante terceiros. Terceiros podem ser um consumidor, um adquirente de estabelecimento empresarial, até mesmo o Fisco etc.

Em matéria de responsabilidade é importante lembrar que solidária significa uma responsabilidade mútua entre os envolvidos, ou seja, o contador e o empresário (ou sociedade) respondem concomitantemente. Difere da responsabilidade subsidiária, em que a responsabilidade é acessória, uma espécie de garantia, ou seja, o contador responde apenas quando o empresário não tiver bens suficientes para fazer frente a uma condenação ou não for localizado.

Mas no caso de dolo a responsabilidade do contador é solidária. Isto é, poderá responder juntamente com o empresário pelos prejuízos causados[79].

---

[79] A seguir, duas decisões sobre responsabilidade do contador: Apelação cível. Alteração de contrato social de empresa. Serviço de contador. Má execução. Ressarcimento das despesas. Comprovada a execução defeituosa da alteração do contrato social de empresa, responde o contador pela falha ocorrida, ressarcindo as despesas havidas. Recurso improvido. Unânime (AC 70007681034, TJRS, 15ª Câmara Cível, rel. Des. Otávio Augusto de Freitas Barcellos, j. 31-3-2004).

Responsabilidade Civil. Ausência de "baixa" da sociedade junto à Receita Federal. Danos advindos da

Outro ponto interessante é o fato de que, ao empresário é dado o direito de usar sua contabilidade como meio de prova (como estudaremos adiante).

Sucintamente, quando a escrituração contábil preencher os requisitos legais, irá servir de prova a favor do seu autor no caso de litígio entre empresários (CC, art. 226, *caput*, 2ª parte, e CPC, art. 418) [CPC/73, art. 379]. Mas a contabilidade empresarial também faz prova contra o seu autor (por exemplo, no caso de processo de falência). No entanto, é permitido ao empresário provar que a escrituração contábil não corresponde à verdade dos fatos (CC, art. 226, *caput*, 1ª parte, e CPC, art. 417) [CPC/73, art. 378].

Logo, se por culpa ou dolo do contador a escrituração da documentação trouxer prejuízos ao empresário este poderá pleitear as perdas contra o contador.

Mais uma questão relevante: o Código Civil prevê que quando há uma venda de estabelecimento empresarial, o adquirente responde pelos débitos anteriores à transferência, desde que devidamente contabilizados (CC, art. 1.146).

O vendedor responde solidariamente com o comprador pelo prazo de 1 ano. Ou seja, se alguém pretender cobrar um débito não contabilizado após um ano da transferência do estabelecimento, em tese, não poderá cobrar nem do comprador (por não estar contabilizado)[80], nem do vendedor por ter decorrido mais de 1 ano.

No entanto, eventualmente, poderá tentar cobrar daquele que deixou de contabilizar, o contador (no prazo de cinco anos, por ser considerado vítima de acidente de consumo).

A propósito, a prestação de serviço do contador ao seu cliente pode ser considerada uma relação de consumo (veja o item aplicação do Código de Defesa do Consumidor aos contratos empresariais), se o tomador do serviço for considerado destinatário final. Logo, é aplicável o Código de Defesa do Consumidor, que, por sua vez, traz uma série de direitos e garantias aos consumidores, como a possibilidade de inversão do ônus da prova, responsabilidade objetiva como regra geral, foro privilegiado etc.

Também, o contador é responsável pelos atos de seus funcionários e colaboradores, no exercício do trabalho que lhes compete ou em razão dele, conforme prevê o Código Civil, art. 932, III. Trata-se da responsabilidade do empregador pelo seu colaborador. Vale ter em conta que o art. 933 do Código Civil deixa claro que existe a responsabilidade do empregador – mesmo que não exista culpa de sua parte – pelos atos dos seus empregados. Essa responsabilidade do empregador, de acordo com o parágrafo único do art. 942, é solidária.

A responsabilidade civil do empregador pelo ato de seu empregado (*lato sensu*) é justificada por seu poder diretivo em relação a ele (no caso o autor do dano). A responsabilidade

---

referida omissão. Responsabilidade do contador. Falha na prestação do serviço de contabilidade. Inadimplemento contratual. Danos materiais e morais reclamados por ambas as autoras. Sanções fiscais impostas à parte por conta da omissão do réu. Obrigação de restituir o valor recebido como pagamento pelos serviços não prestados e de ressarcir as autoras dos danos que lhes foram causados. (...) Recursos parcialmente providos (AC 2005.001.32363, TJRJ, 4ª Câmara Cível, rel. Des. Fernando Cabral, j. 13-12-2005).

[80] Súmula 8 do CFC – Conselho Federal de Contabilidade: A elaboração de balanço ou de qualquer outro trabalho contábil de responsabilidade similar, sem lastro em documentação hábil e idônea, configura a infração ao disposto no art. 27 do Decreto-lei n. 9.295/46, com o enquadramento na letra *d*, se dolosa, e na letra *c*, se culposa.

Direito de empresa (teoria geral)

só ocorrerá se houver: culpa do empregado, vínculo de trabalho e que o ato tenha sido cometido durante o exercício das funções do empregado ou em razão delas[81].

Estamos diante de hipótese da responsabilidade objetiva[82-83], que reflete a teoria do risco, segundo a qual o empregador responderá não apenas pela mera falta de vigilância sobre o empregado, mas, principalmente, pelo risco assumido de que esse fato lesivo possa ocorrer.

No campo tributário e penal a responsabilização do contador é muito mais difícil, haja vista posição da jurisprudência brasileira[84].

1.7.3. Outros auxiliares. Leiloeiro, tradutor e intérprete público

Entre os auxiliares do empresário destacam-se o **leiloeiro e o tradutor e intérprete público**. Todos devem ser matriculados na Junta Comercial, conforme o art. 32, I, da Lei n. 8.934/94.

Leiloeiro é a pessoa que organiza leilões e vende as mercadorias buscando o melhor preço. O leilão é uma forma ou técnica de se promover a venda pública de objetos à pessoa do público que oferecer o maior preço (lance). A elevação do preço interessa ao vendedor e também ao leiloeiro, uma vez que sua remuneração está relacionada a uma comissão sobre o valor da venda.

Apesar de promover a venda de bens, o leiloeiro não é um vendedor, pois realiza a venda de bens de terceiros, sendo estes sim os efetivos vendedores. Também o leiloeiro não pode ser tido como empresário ou comerciante, tratando-se apenas de um preposto do empresário (aplicando-se, no que couber, as regras dos arts. 1.177 e 1.178 do Código Civil). No Código Comercial de 1850 o leiloeiro era tido como agente auxiliar do comércio, conforme o revogado art. 35, n. 2.

O leiloeiro tem sua atividade regulamentada pelo Decreto n. 21.981/32, o qual prevê em seu art. 1º que a profissão de leiloeiro será exercida mediante concurso e matrícula con-

---

[81] Silvio Rodrigues. *Direito civil*: responsabilidade civil. 22. ed. São Paulo: Saraiva, 2009. v. 4, p. 75.

[82] Sobre o tema é a Súmula 341 do STF: "É presumida a culpa do patrão ou comitente pelo ato culposo do empregado ou preposto".

[83] Nesse sentido, Caio Mário da Silva Pereira. *Responsabilidade civil*. 2. ed. Rio de Janeiro: Forense, 1991. p. 96; Silvio Rodrigues. *Direito civil*: responsabilidade civil. p. 72.

[84] A seguir, uma decisão ilustrativa: Penal. Tributário. Crime contra a ordem tributária. Autonomia das esferas penal e administrativa. Ausência de registro nos livros fiscais e de recolhimento do ICMS. Delito configurado. (...) Agem com dolo comerciantes que, livre e conscientemente, deixando de registrar nos livros fiscais operações relativas à circulação de mercadorias, se eximem do pagamento dos respectivos impostos. "A autoria, da mesma forma, restou configurada pelos interrogatórios dos recorrentes (fl. 131v. e fl. 182v.), muito embora um apelante tenha justificado que agiu daquela maneira orientado 'verbalmente' pela própria exatoria estadual, e o outro atribuiu a responsabilidade ao contador da empresa. Impossível acolher as justificativas apresentadas pelos recorrentes, pois evidente que a responsabilidade de cada empresa é pessoal, e não de quem presta serviço para ela, pelo menos no campo fiscal e criminal, tornando inviável a suposta pretensão de transferir a responsabilidade ao contador, e pior, alegar que a própria coletoria estadual orientou-os neste sentido". Apelação Criminal 97.012867-3, TJSC, rel. Des. Amaral e Silva, j. 16-6-1998.

Trata-se do crime de sonegação fiscal por parte dos preponentes comerciantes, que tentaram incriminar o profissional contador para atenuar suas penas.

cedida pelas Juntas Comerciais. Também ele está sujeito às normas da Instrução Normativa DREI n. 72/2019 (a qual revogou a IN 17/2013), que dispõe sobre o processo de concessão de matrícula, seu cancelamento e a fiscalização da atividade de Leiloeiro Público Oficial.

Já o "tradutor público e intérprete comercial" [nomenclatura de outrora], popularmente conhecido por tradutor juramentado, trata-se de um profissional habilitado em um idioma estrangeiro e em língua portuguesa. Revogado pela **Lei n. 14.195/2021**, o Decreto n. 13.609/43 disciplinava essa atividade exercida no Brasil mediante concurso de provas e nomeação concedida pelas Juntas Comerciais.

Assim, a profissão de **tradutor e intérprete público** [nomenclatura atual] passou a ser disciplinada pelos arts. 22 a 34 da Lei n. 14.195/2021. Esse profissional pode habilitar-se e registrar-se para um ou mais idiomas estrangeiros ou, ainda, na Língua Brasileira de Sinais – Libras (art. 23). É mantida a regra de que presumir-se fiéis e exatas as conversões reali-zadas por tradutor e intérprete público (art. 27).

Para exercer a profissão de tradutor e intérprete público precisará ter: capacidade civil; formação em curso superior completo em qualquer área do conhecimento; ter nacionalidade brasileira, ou estrangeiro residente no País; aprovação em concurso para aferição de aptidão; registro na junta comercial do local de seu domicílio ou de atuação mais frequente etc. (Lei n. 14.195/2021, art. 22).

Seus atos de tradução e versão (de documentos, contratos sociais, procurações, certidões etc.) têm fé pública e valem em todo o Brasil como documento oficial, sendo aceitos pelos entes públicos e privados. Na legislação anterior, a área de atuação do tradutor e intérprete público estava circunscrita ao território do ente federativo (Estado ou Distrito Federal) da Junta Comercial em que estivesse registrado. Agora, por expressa previsão do art. 24 da Lei n. 14.195/2021, ele pode atuar em qualquer ente federativo, mesmo mantendo uma única inscrição no local de seu domicílio ou de atuação mais frequente.

Muito relevante é a disposição do art. 31 da nova lei ao prever que "os tradutores públicos e intérpretes comerciais que, na data de entrada em vigor da Lei n. 14.195/2021, já estavam habilitados na forma prevista no regulamento aprovado pelo Decreto n. 13.609/43, podem continuar a exercer as atividades no território nacional". Algo novo está no fato de que o tradutor e intérprete público poderá organizar-se na forma de sociedade unipessoal (art. 32).

De acordo com a legislação, art. 26 da Lei n. 14.195/2021, são atividades privadas do tradutor e intérprete público:

> A – traduzir qualquer documento que tenha de ser apresentado em outro idioma perante pessoa jurídica de direito público interno ou perante serviços notariais e de registro de notas ou de títulos e documentos;
>
> B – realizar literários, quando exigido por lei;
>
> C – interpretar e verter verbalmente perante o público a manifestação de pessoa que não domine a língua portuguesa se não houver agente público apto a realizar a atividade ou se for exigido por lei específica;
>
> D – transcrever, traduzir ou verter mídia eletrônica de áudio ou vídeo, em outro idioma, certificada por ato notarial; e
>
> E – realizar, quando solicitado pela autoridade competente, os exames realizados à verificação da exatidão de qualquer tradução que tenha sido arguida como incompleta, imprecisa, errada ou fraudulenta.

Historicamente, a legislação nunca diferenciou a "tradução pública" da "interpretação comercial", tratando apenas do ofício de tradutor público e intérprete comercial. Mas pode-se dizer que a **tradução pública** está mais relacionada com a atividade que é desempenhada por escrito, como a tradução/transposição de um contrato empresarial de uma língua estrangeira para o vernáculo (língua pátria); já a **interpretação** está ligada a uma atuação com esclarecimentos de forma verbal, por exemplo, acerca do significado de certa expressão em um documento ou sentido de certo depoimento. No fundo tradutor e intérprete são o mesmo profissional, e no concurso público são cobradas dos candidatos as duas habilidades: tradução e interpretação. Basicamente, um faz tradução/transposição (tradutor); o outro, versão (intérprete).

Apesar de o tradutor e intérprete realizar outras tarefas não relacionadas ao Direito Empresarial, como tradução de documentos civis e administrativos (certidões de nascimento e casamento, passaporte, procurações civis, entre outros), sua matrícula é realizada perante as Juntas Comerciais por uma questão histórica. Isso porque o ofício de tradutor e intérprete teve início fundamentalmente para atender aos interesses dos comerciantes quanto às traduções e interpretação de contratos e documentos comerciais; porém, com o decorrer do tempo, seus serviços passaram a ser demandados também para documentos em geral.

Durante a vigência dos arts. 35 e s. do Código Comercial de 1850, leiloeiros, corretores, **trapicheiros**[85], **administradores de armazéns**, comissários de transporte etc. eram tidos como "**agentes auxiliares do comércio**". Mas o Código Civil de 2002 optou por não renovar essa categorização, sendo que pelo teor dos arts. 1.177 e 1.178 (alocados no Capítulo III – Dos prepostos) eles passaram a ser "auxiliares do empresário" na condição de prepostos.

Apesar de o vigente art. 1º, III, da Lei n. 8.934/94, prever que compete às Juntas Comerciais proceder à matrícula dos "agentes auxiliares do comércio", essa expressão ficou desatualizada em vista da nova dinâmica imposta pelo Código Civil pela adoção da teoria da empresa.

De todo o modo, sem prejuízo de outras normas pertinentes, é aplicável a Instrução Normativa – IN DREI n. 52/2022, a qual dispõe sobre o exercício das profissões de administrador de armazéns gerais, trapicheiro, leiloeiro oficial e tradutor e intérprete público.

Os **corretores**, especificamente, não são mais auxiliares do comércio (como acontecia na vigência do Código Comercial de 1850); esses profissionais passaram a ser considerados empresários, conforme o art. 966 do Código Civil. Entretanto, mesmo nessa condição, podem ser prepostos de outros empresários. O tema dos corretores, e as respectivas normas aplicáveis, é tratado no item sobre corretagem, para qual remetemos o leitor.

1.8. ESCRITURAÇÃO (CONTABILIDADE EMPRESARIAL)

Escriturar significa fazer a contabilidade. A contabilidade é o registro de movimentações patrimoniais e financeiras. Dessa forma, escrituração são os registros contábeis do empresário.

A seguir, iremos verificar como ocorre o regime jurídico das demonstrações contábeis do empresário, em especial, o balanço patrimonial e o balanço de resultado econômico.

---

[85] Trapicheiro é aquele que trabalha em trapiche (armazém onde se guardam mercadorias a serem embarcadas ou que foram desembarcadas).

1.8.1. Demonstrações contábeis. Balanço patrimonial e balanço de resultado econômico

O empresário (individual e sociedade empresária) é obrigado a seguir um sistema de contabilidade, com base na escrituração uniforme de seus livros e documentos. A contabilidade pode ser feita de forma mecanizada (máquina de escrever, computador etc.) ou manualmente (CC, art. 1.179, *caput*, 1ª parte).

Além disso, é obrigação do empresário efetuar o levantamento anual das demonstrações contábeis: **balanço patrimonial** e **balanço de resultado econômico** (CC, art. 1.179, *caput*, 2ª parte).

Vale destacar que há algumas peculiaridades quanto à contabilidade de certos tipos empresariais, por exemplo, do pequeno empresário como o MEI, que pode ser mais simplificada (CC, art. 1.179, § 2º); e da sociedade anônima, que é bem mais complexa e com a necessidade de publicação em jornal de grande circulação (Lei n. 6.404/76, arts. 176 e 289). São temas que serão estudados adiante.

Além disso, a escrituração contábil, a ser feita por contabilista, deve seguir a estrutura das "Normas Brasileiras de Contabilidade" (NBC) que é objeto de regulamentação do Conselho Federal de Contabilidade (CFC) pela Resolução CFC n. 1.328/2011.

O balanço patrimonial demonstra a situação patrimonial do empresário desde o início de sua atividade até o presente momento.

Já o balanço de resultado econômico revela a situação financeira de um determinado período, a partir dos registros das receitas e das despesas, apurando se houve lucro ou prejuízo, por exemplo, do exercício fiscal anterior (ano-calendário).

Na dicção do Código Civil, o balanço patrimonial deve demonstrar a real situação da empresa, de forma fiel e clara (CC, art. 1.188).

E o balanço de resultado econômico, apontando os débitos e os créditos, deve acompanhar o balanço patrimonial (CC, art. 1.189).

De forma sintética, o balanço patrimonial corresponde a todo o histórico da empresa: ativo (bens e direitos), passivo (obrigações) e patrimônio líquido, sendo este positivo ou negativo, a depender se o ativo é maior ou menor do que o passivo. Por sua vez, o balanço de resultado econômico demonstra tão somente as receitas e as despesas de determinado período, por exemplo, do exercício do último ano. O resultado será de lucro ou de prejuízo, dependendo se as receitas foram maiores ou menores que as despesas.

Ambos os balanços, o patrimonial e o de resultado econômico, deverão ser lançados no Livro Diário (CC, art. 1.184, § 2º).

1.8.2. Livros obrigatórios e facultativos

Há duas espécies de livros empresariais: **obrigatórios** e **facultativos**.

O livro Diário é um livro obrigatório a todos os empresários (exceto para os casos dispensados pela lei, como o do MEI). O livro Diário é aquele que registra todas as operações cotidianas da empresa, sendo que a partir das suas informações pode-se adotar outros livros contábeis, facultativos e/ou de caráter mais específico.

Destaque-se que o Diário pode ser substituído por fichas/folhas impressas, por máquinas de escrever ou por computador (CC, art. 1.180). No caso da adoção de fichas, o livro Diário poderá ser substituído pelo livro Balancetes Diários e Balanços (CC, art. 1.185).

Existem outros livros obrigatórios estabelecidos por lei; no entanto, eles serão compulsórios somente em determinadas circunstâncias, e não a todos os empresários e sociedades empresárias. Por exemplo, é o que ocorre nas sociedades anônimas, que são obrigadas a ter os livros de: Registro de Ações Nominativas, Transferência de Ações Nominativas, Atas das Assembleias Gerais etc. (Lei n. 6.404/76, art. 100). Estes livros servem para o registro dos acionistas, das minutas com o conteúdo das assembleias etc.

As cooperativas também são obrigadas a ter os livros de Matrícula, Atas das Assembleias Gerais, Presença dos Associados nas Assembleias Gerais, Atas do Conselho Fiscal etc. (Lei n. 5.764/71, art. 22).

Com relação aos livros facultativos, o empresário poderá optar por usá-los, sendo que a espécie e a quantidade desses livros ficarão a seu critério (CC, art. 1.179, § 1º), podendo-se citar como exemplos os livros Caixa (em que se registra a entrada e saída de dinheiro) e Conta-corrente (onde se registra a movimentação de todas as contas que envolvam direitos e obrigações). As movimentações destes livros facultativos são extraídas do livro Diário, o qual é o livro mais completo do ponto de vista contábil-informacional.

1.8.3. A prova com base na escrituração

Os livros obrigatórios ou as fichas (escrituradas por máquinas de escrever ou por computador) devem ser autenticados na Junta Comercial, antes de serem utilizados (CC, art. 1.181).

Quando a escrituração contábil preencher os requisitos legais, irá servir de prova a favor do seu autor em casos de litígios judiciais (CC, art. 226, *caput*, 2ª parte, e CPC, art. 418) [CPC/73, art. 379]. Isso quer dizer que não há necessidade de o empresário apresentar todos os documentos (por exemplo, notas fiscais) que deram origem à escrituração contábil. É claro que, ao apresentá-los, estará contribuindo, principalmente, para a formação do convencimento do juiz[86].

Isso ocorre porque a escrituração contábil é uma prova relativa, ou seja, é passível de ser contestada. É uma presunção de prova. Não é uma prova absoluta. Anteriormente, o revogado art. 23 do Código Comercial de 1850 considerava os livros empresariais como prova plena, ou seja, absoluta (que não cabe contestação ou prova em contrário).

De acordo com o Código de Processo Civil, art. 418 [CPC/73, art. 379], esses livros somente têm valor probatório em caso de litígios entre empresários. Todavia, o Código Civil, art. 226, não faz a mesma especificação. Por sua vez, o revogado art. 23 do Código Comercial de 1850 previa o uso desses livros tanto no caso de litígio entre empresários como no caso de litígio de empresário com pessoa não empresária (p. ex., consumidor ou Fisco). Trata-se de um interessante conflito aparente entre normas, pois o CPC é norma especial em matéria de prova (critério da especialidade). Com a vigência do Código de Processo Civil de 2015, este diploma legal também é mais novo que o Código Civil de 2002 (critério da anterioridade).

Mas isso não é tudo, uma vez que o Código Civil também é lei especial no que se refere a três matérias aqui envolvidas: (i) prova; (ii) contabilidade; e (iii) atividade empresarial

---

86 Nesse sentido, Vera Helena de Mello Franco. *Manual de direito comercial*. 2. ed. São Paulo: RT, 2004. p. 79.

(critério da especialidade, de forma tripla). Contudo, compreendemos que a regra do Código Civil deve prevalecer sobre o CPC valendo a prova contábil para todo litígio que envolver o empresário, sendo um benefício ao empresário sem restrição quanto à qualificação da parte adversa. Entretanto, não é de se estranhar haver entendimento adverso, sobretudo em litígios de consumidores ou trabalhadores contra as empresas, tendo em vista a condição processual mais frágil de ambos.

Além disso, a contabilidade empresarial também faz prova contra o seu autor (por exemplo, no caso de processo de falência). No entanto, é permitido ao empresário provar que a escrituração contábil não corresponde à verdade dos fatos (CC, art. 226, *caput*, 1ª parte, e CPC, art. 417) [CPC/73, art. 378].

Por fim, a Instrução Normativa – IN DREI n. 82/2021 (que revogou a IN n. 11/2013) dispõe sobre os procedimentos para autenticação dos livros contábeis ou não dos empresários individuais, das empresas individuais de responsabilidade limitada, das sociedades, bem como dos livros dos agentes auxiliares do comércio.

1.8.4. Outros aspectos da contabilidade empresarial

O contabilista devidamente habilitado é o profissional responsável pela escrituração contábil (CC, art. 1.182). Vale lembrar que contabilista é um gênero do qual são espécies o técnico em contabilidade (nível técnico de segundo grau) e o bacharel em ciências contábeis (nível de curso superior).

A escrituração deve ser feita em idioma e moeda nacionais e em forma contábil por ordem cronológica de dia, mês e ano (CC, art. 1183).

Todas as operações referentes ao exercício da atividade empresarial devem ser lançadas no livro Diário, admitindo-se escrituração resumida (CC, art. 1.184, *caput,* § 1º).

Da mesma forma, o balanço patrimonial e o balanço de resultado econômico deverão ser lançados no livro Diário (CC, art. 1.184, § 2º).

Como regra, nenhuma autoridade, inclusive judicial, poderá obrigar o empresário a apresentar seus livros com a intenção de verificar o cumprimento das formalidades. As exceções devem estar previstas em lei (CC, art. 1.190), como nos casos de falência, sucessão por morte de sócio etc. (CC, art. 1.191, e CPC, art. 420) [CPC/73, art. 381], e também quanto às autoridades fiscais e previdenciárias (CC, art. 1.193).

Acontece que, se for cabível um requerimento do juiz para apresentação de livros e o empresário não o atender, essa negativa será considerada como uma confissão ao que a parte contrária estiver alegando (CC, art. 1.192).

Vale ressaltar que o empresário deve manter a boa guarda da escrituração, da correspondência e dos demais papéis concernentes à sua atividade, enquanto não houver prescrição e decadência (CC, art. 1.194).

Todas essas regras sobre escrituração contábil são aplicáveis também às filiais das empresas estrangeiras sediadas no Brasil (CC, art. 1.195).

Contudo, existem alguns tipos de empresas que são obrigadas a publicar suas demonstrações contábeis, como a sociedade anônima (Lei n. 6.404/76, art. 176, §§ 1º e 6º, c/c o art. 289) e a sociedade de grande porte (Lei n. 11.638/2007, art. 3º), que serão objeto de estudo adiante. As publicações devem ser realizadas em dois veículos de comunicação: no órgão oficial da União ou do Estado, em que está situada a sede da companhia; e em outro jornal de grande circulação editado na localidade onde a empresa estiver sediada.

1.8.5. Contabilidade eletrônica

Com o desenvolvimento da informática, visando a facilitar a escrituração contábil, cada vez mais a contabilidade passou a socorrer-se desse suporte eletrônico.

O Código Civil de 2002 (que foi projetado no início da década de 1970) prevê a escrituração contábil não necessariamente de forma manual, podendo se utilizar de instrumentos mecânicos e eletrônicos (CC, art. 1.179, *caput*, 1ª parte).

É importante levar em consideração o fato de que, a partir da expansão da internet, órgãos governamentais têm investido na criação de um sistema de contabilidade que possa ser feito *on-line*, diretamente nos servidores públicos. Desse investimento, surgiram o SPED (Sistema Público de Escrituração Digital – Decreto n. 6.022/2007), a nota fiscal eletrônica, além de institutos afins e toda uma legislação correspondente.

1.8.5.1. SPED – Sistema Público de Escrituração Digital

Para obter o conteúdo do item e subitens abaixo, acesse o *QR Code*.

1.8.5.1.1. ECD – Escrituração Contábil Digital

1.8.5.1.2. ECF – Escrituração Contábil Fiscal

1.8.5.1.3. EFD ou EFD ICMS IPI – Escrituração Fiscal Digital do ICMS e IPI

1.8.5.1.4. EFD – Contribuições – Escrituração Fiscal Digital do PIS/PASEP e da COFINS

1.8.5.1.5. EFD-Reinf – Escrituração Fiscal Digital das Retenções e Informações da Contribuição Previdenciária Substituída

1.8.5.1.6. E-Social – Sistema de Escrituração Digital das Obrigações Fiscais, Previdenciárias e Trabalhistas

1.8.5.1.7. NF-e – Nota Fiscal eletrônica (ambiente nacional)

1.8.5.1.7.1. DANFE – Documento Auxiliar da Nota Fiscal Eletrônica

1.8.5.1.8. NFS-e – Nota Fiscal de Serviços eletrônica (ambiente nacional)

1.8.5.1.9. NFC-e – Nota Fiscal de Consumidor eletrônica (ambiente nacional)

1.8.5.1.10. CT-e – Conhecimento de Transporte eletrônico (ambiente nacional)

1.8.5.1.11. E-Financeira

1.8.5.1.12. MDF-e – Manifesto Eletrônico de Documentos Fiscais

1.8.5.1.13. Outros apontamentos

1.8.5.2. Notas fiscais eletrônicas estaduais e municipais

Para obter o conteúdo do item e subitens abaixo, acesse o QR Code.

Acesse o
MATERIAL SUPLEMENTAR
https://uqr.to/1ykot

1.8.5.2.1. Notas fiscais eletrônicas estaduais

1.8.5.2.2. Notas fiscais eletrônicas municipais

QUESTÕES DE EXAMES DA OAB E CONCURSOS PÚBLICOS

1. (OAB Nacional 2009.1) Considerando os vários tipos de sociedades descritos no Código Civil e com base na teoria geral do Direito Empresarial, assinale a opção correta.

A) As cooperativas, independentemente do objeto social, são sempre sociedades simples.

B) A sociedade anônima pode adotar a forma simples, desde que o seu objeto social compreenda atividades tipicamente civis.

C) A sociedade simples não possui personalidade jurídica, sendo desnecessária a inscrição de seu contrato social no Registro Civil das Pessoas Jurídicas do local de sua sede.

D) Na sociedade em comum, todos os sócios respondem limitadamente pelas obrigações da sociedade; assim, todos os sócios podem valer-se do benefício de ordem a que os sócios da sociedade simples fazem jus.

2. (OAB-SP 137º 2008) No Brasil, o estabelecimento empresarial regulado pelo Código Civil é tratado como:

A) pessoa jurídica;

B) patrimônio de afetação ou separado;

C) sociedade não personificada;

D) universalidade.

3. (OAB-SP 137º 2008) Acerca do contrato de trespasse e negócios empresariais afins, assinale a opção correta.

A) O trespasse equipara-se à cisão parcial para todos os efeitos legais.

B) A cessão de todas as participações de uma sociedade, assim como ocorre com o trespasse, altera a titularidade nominal sobre o respectivo estabelecimento.

C) O trespasse equipara-se à incorporação de sociedades para todos os efeitos legais.

D) O trespasse pode ocorrer entre empresários individuais, assim como entre sociedades empresárias, ou entre estas e aqueles.

4. (OAB-SP 136º 2008) De acordo com a legislação em vigor, são atos próprios do registro público de empresas:

A) a matrícula de atos constitutivos de sociedades empresárias, o arquivamento de atos constitutivos de sociedades anônimas e a autenticação dos instrumentos de escrituração dos agentes auxiliares do comércio;

B) a matrícula de leiloeiros, o arquivamento de atos constitutivos de sociedades em comandita por ações e a autenticação dos instrumentos de escrituração empresarial;

C) a matrícula de tradutores públicos [tradutores e intérpretes públicos], o arquivamento de documentos relativos à constituição de firmas individuais e a autenticação de atos constitutivos de sociedade simples;

D) a matrícula de escrituração empresarial, o arquivamento de atos constitutivos de sociedades por ações e a autenticação feita por tradutores públicos [tradutores e intérpretes públicos].

5. (Magistratura-SP 181º 2008) De acordo com o Código Civil, o empresário é obrigado a:

A) escriturar os livros obrigatórios, exceção feita aos pequenos empresários que estão dispensados dessa formalidade, ou devem escriturá-los de modo simplificado;

B) registrar-se perante o órgão de registro das empresas 30 (trinta) dias após o início de suas atividades, sob pena de não deter legitimidade ativa para pedido de falência;

C) obter a outorga conjugal para a alienação dos imóveis que representem mais de cinquenta por cento do patrimônio da empresa, quando o regime do casamento for o da comunhão universal de bens;

D) manter sistema de contabilidade sempre mecanizado, composto por livros obrigatórios e facultativos que devem necessariamente ser autenticados no Registro Público das Empresas Mercantis.

6. (Magistratura-SP 180º 2007) No que se refere ao nome empresarial, assinale a alternativa correta.

A) A sociedade em conta de participação pode ter firma ou denominação.

B) O nome empresarial pode ser objeto de alienação.

C) As sociedades limitadas podem adotar firma ou denominação integrada pela palavra final limitada ou sua abreviatura.

D) A proteção ao nome empresarial decorrerá do seu registro no Instituto Nacional de Propriedade Industrial (INPI).

7. (Magistratura-PR 2007-2008) Assinale a alternativa correta.

A) O estabelecimento pode ser objeto unitário de direitos e de negócios jurídicos, translativos ou constitutivos, que sejam compatíveis com a sua natureza.

B) O contrato, que tenha por objeto a alienação do estabelecimento, só produzirá efeitos entre as partes depois de averbado à margem da inscrição do empresário, ou da sociedade empresária, no Registro Público de Empresas Mercantis.

C) O adquirente do estabelecimento responde individualmente pelo pagamento dos débitos anteriores à transferência, desde que regularmente contabilizados.

D) O alienante do estabelecimento não pode fazer concorrência ao adquirente nos três anos subsequentes à transferência, mesmo diante de autorização expressa.

8. (Magistratura-PR 2007-2008) Assinale a alternativa correta.

A) A pessoa jurídica em que haja participação de outra pessoa jurídica pode gozar dos benefícios do Estatuto da Microempresa e da Empresa de Pequeno Porte.

B) É considerada microempresa a firma mercantil individual que tiver receita bruta anual igual ou inferior a R$ 240.000,00 (duzentos e quarenta mil reais) [valor atualizado: R$ 360.000,00].

C) O arquivamento, nos órgãos de registro, dos atos constitutivos de firmas mercantis individuais, que se enquadrarem como microempresa ou empresa de pequeno porte, dispensa qualquer declaração de inexistência de condenação criminal.

D) A perda da condição de empresa de pequeno porte, em decorrência do excesso de receita bruta, somente ocorrerá se o fato se verificar durante cinco anos consecutivos.

9. (Ministério Público-PE 2008) A desconsideração da pessoa jurídica:

A) será configurada apenas com a insolvência do ente coletivo, sem outras considerações;

B) não ocorre no Direito brasileiro, dada a separação patrimonial entre pessoas físicas e jurídicas;

C) restringe-se às relações consumeristas;

D) implicará responsabilização pessoal, direta, do sócio por obrigação original da empresa, em caso de fraude ou abuso, caracterizando desvio de finalidade ou confusão patrimonial;

E) prescinde de fraude para sua caracterização, bastando a impossibilidade de a pessoa jurídica adimplir as obrigações assumidas.

10. (Ministério Público-CE 2009) Em relação ao empresário, é INCORRETO afirmar que:

A) se a pessoa legalmente impedida de exercer atividade empresarial assim agir, responderá pelas obrigações contraídas;

B) de sua definição legal, destacam-se as noções de profissionalismo, atividade econômica organizada e produção ou circulação de bens ou serviços;

C) a profissão intelectual, de natureza científica ou artística pode ser considerada empresarial, se seu exercício constituir elemento de empresa;

D) a atividade empresarial pode ser exercida pelos que estiverem em pleno gozo da capacidade civil, não sendo impedidos legalmente;

E) ainda que representado ou assistido, não pode o incapaz continuar a empresa antes exercida por ele enquanto capaz, por seus pais ou pelo autor da herança.

2

DIREITO SOCIETÁRIO

2.1. INTRODUÇÃO ÀS SOCIEDADES

De início cabe ponderar que, nesta obra, ao nos referirmos à palavra "sociedade", trata-remos das sociedades voltadas à exploração de atividades econômicas, e não à sociedade no sentido de coletividade/comunidade de indivíduos organizada.

Este capítulo também poderia ser denominado apenas de "Sociedades", mas optamos por "Direito Societário" considerando a atual propagação da expressão ao se referir ao sub-ramo do Direito Empresarial que trata de sociedades, tanto da teoria geral quanto das espé-cies societárias.

É cabível esclarecer que, nas relações societárias, ou seja, entre sócios e entre estes e a sociedade, não se aplica o Código de Defesa do Consumidor, uma vez que não se trata de relação de consumo; sendo, portanto, aplicável as regras do Direito das Sociedades: Código Civil ou leis especiais. Por nossa sugestão, durante a Jornada de Direito Comercial, promovi-da pelo Conselho da Justiça Federal em outubro de 2012, foi aprovado o Enunciado n. 19: "Não se aplica o Código de Defesa do Consumidor às relações entre sócios/acionistas ou entre eles e a sociedade".

2.1.1. Histórico

Conforme relata Rubens Requião, na Antiguidade as sociedades já existiam, embora fossem reguladas pelo Direito Civil; porém, ainda não existia um ramo específico do Direito para os comerciantes[1]. O contrato de sociedade já era previsto no Código de Hammurabi[2],

---

[1]   Rubens Requião. *Curso de direito comercial*. v. 1, cit., p. 372.

[2]   De acordo com Fábio Ulhoa Coelho, ao atribuir a notícia ao jurista italiano Tullio Ascarelli. *Curso de direito comercial*: direito de empresa. 12. ed. São Paulo: Saraiva, 2008. v. 1, p. 12.

que data do ano de 1.772 a.C. Vale ter em conta que naquela época ainda não existia a personalidade jurídica e seus efeitos como o da autonomia patrimonial, bem como não havia o sistema de registro, como o que hoje é realizado pela Junta Comercial.

No entanto, o grande desenvolvimento das sociedades mercantis apoiou-se no fato de que pudessem ser feitos investimentos na exploração de determinados negócios, mas com limitação de responsabilidade dos investidores.

A primeira sociedade regular, ou seja, criada com personalidade jurídica, foi a **sociedade anônima**. Isso se deu na Inglaterra durante a Revolução Industrial (século XVIII), sendo ela destinada a empreendimentos de vulto, como a exploração de petróleo e a criação de ferrovias.

Basicamente, a captação de recursos para a formação da sociedade anônima ocorria pela venda de títulos – as ações –, pois esses podiam circular. A limitação da responsabilidade dos investidores era o correspondente ao valor de suas ações.

Mais tarde, no século XIX, em território alemão, surgiu a **sociedade limitada**, destinada a empreendimentos menores, como padaria, mercearia, sapataria etc. A sociedade limitada nasceu devido às solicitações de comerciantes individuais que não tinham a limitação de responsabilidade e a separação patrimonial, pelo desenvolvimento de suas atividades.

Em tese, na sociedade limitada não havia a livre circulação dos títulos societários (quotas) nem tantas formalidades como há na sociedade anônima.

No Brasil, foi o Código Comercial de 1850 que primeiro disciplinou os tipos societários com personalidade jurídica, dentre eles a sociedade anônima; somente no século seguinte a sociedade limitada foi inaugurada em nosso país, na época pelo Decreto n. 3.708/1919.

2.1.2. Principais expressões societárias

O estudo do Direito Societário é algo bem complexo, especialmente pela vastidão de leis e expressões jurídicas que são frequentemente confundidas. Dessa forma, com o fim de melhor situar o estudante a respeito da matéria, elaborou-se um "minidicionário" com algumas expressões muito utilizadas no campo societário. É importante destacar que algumas dessas expressões serão mais bem explicadas no desenvolvimento deste capítulo.

Sócio – É aquele que participa da sociedade (detém uma parte das quotas[3] ou ações); é o gênero do qual **acionista**, **cotista** e **cooperado** são espécies.

Lucro – É resultado positivo da empresa por ter obtido receitas maiores que suas despesas em certo período.

Dividendo – Havendo lucro, é o retorno distribuído aos sócios na proporção de sua participação no capital social da sociedade.

Prejuízo – É o resultado negativo da empresa em razão de suas despesas terem sido maiores que as receitas em determinado lapso temporal.

Pro labore – É a remuneração do administrador/sócio que trabalha na empresa (é pago mesmo que não haja lucro no exercício).

---

[3] Quotas ou cotas? Lembramos que na língua portuguesa as duas formas de se escrever estão corretas, mas preferimos utilizar a mesma opção do legislador, ou seja, quotas.

Direito de retirada – É a faculdade que o sócio tem de sair do quadro societário. Na sociedade anônima é chamado de direito de **recesso**.

Cessão de quotas – É a alienação das quotas sociais, ou seja, o ato de transferir as quotas, como, por exemplo, pela venda ou doação.

2.1.3. Conceito e natureza. Pessoa jurídica

No Direito Empresarial, sociedade significa um ente que tem natureza contratual, ou seja, sociedade é um contrato por meio do qual pessoas se agrupam em razão de um objeto comum. Ainda que alguns tentem estabelecer uma distinção entre sociedades contratuais (como, a sociedade limitada) e institucionais (a exemplo, da sociedade anônima), no fundo mesmo estas ainda que constituídas por estatuto social – e não por contrato social – têm sua natureza no instituto do contrato. Dessa maneira, para conhecer mais profundamente o conceito de sociedade, é necessário relembrar o que é pessoa jurídica e qual o conceito de contrato.

A pessoa pode ser **física** (natural) ou **jurídica**. **Pessoa jurídica** é a entidade legalizada; um ente criado pela técnica jurídica como uma unidade orgânica e estável de pessoas para fins de natureza pública ou privada. É completamente distinta dos indivíduos que a compõem, tendo personalidade jurídica, como a pessoa física, visando a obter direitos e contrair obrigações.

Ressalta-se que as pessoas jurídicas podem ser de **direito público** (interno e externo, p.ex., União, Estados, Municípios, autarquias, ONU etc.) e de **direito privado** (associações, fundações, partidos políticos, entidades religiosas, **sociedades**), à luz dos arts. 40, 41 e 44 do Código Civil. Este capítulo do livro irá focar apenas as sociedades.

O "nascimento" (criação) da sociedade legalizada acontece com o registro do seu ato constitutivo (por exemplo, contrato social) no órgão competente, o que lhe confere personalidade jurídica (item que será tratado adiante).

Porém a sua extinção pode ocorrer quando o seu prazo de duração termina, se por prazo determinado; se fundir-se com outra sociedade; se for cindida/dividida totalmente para a criação de outras sociedades; se for incorporada por outra etc. (aspectos que iremos estudar mais à frente).

Como já foi citado, salvo exceções, a sociedade é um contrato, ou seja, toda sociedade tem natureza contratual. Tullio Ascarelli expressa que a sociedade tem natureza de contrato plurilateral (não bilateral), pois os interesses dos sócios não são antagônicos, mas sim interesses homogêneos que convergem no mesmo sentido [obter dividendos pelo lucro da empresa][4].

Contrato significa o acordo (ato) de duas ou mais partes para constituir, regular ou extinguir entre elas uma relação jurídica de direito patrimonial (nesse sentido é o texto do art. 1.321 do Código Civil italiano de 1942).

Ainda, cabe destacar que a palavra "patrimonial" do conceito está relacionada ao fato de que os contratos necessariamente devem ter um conteúdo econômico, pois, do contrário, não são considerados contratos, o que tem aplicação direta ao contrato de sociedade.

---

[4] Tullio Ascarelli. *Problemas de sociedade anônima e direito comparado*. 2. ed. São Paulo: Saraiva, 1969. p. 266-272.

O Código Civil brasileiro de 2002 não abarca o conceito de contrato, mas prevê o conceito de contrato de sociedade, no seu art. 981, *caput*:

> "Art. 981. Celebram contrato de sociedade as pessoas que reciprocamente se obrigam a contribuir, com bens ou serviços, para o exercício de atividade econômica e a partilha, entre si, dos resultados".

Em relação a esse conceito, salienta-se que, quando trata da partilha dos resultados, está se referindo aos resultados decorrentes da exploração da atividade econômica. Esses resultados podem ser **lucros** ou **prejuízos**.

Contudo, o conceito de contrato de sociedade, previsto no art. 981 do Código Civil, vale para sociedades personificadas ou não, empresárias ou simples.

2.1.4. Personalidade jurídica. A criação da sociedade

A sociedade, enquanto um acordo entre sócios, surge com o contrato (verbal ou escrito); no entanto, para que essa sociedade tenha existência própria e personalidade jurídica é indispensável atender ao que determina a lei.

Como visto, a pessoa pode ser física (natural) ou jurídica. A pessoa jurídica é um ente criado a partir da técnica jurídica, tendo, no caso da sociedade, por fim o desenvolvimento de atividade econômica. Ela não se confunde com os indivíduos que a compõem, pois tem sua própria personalidade jurídica.

Personalidade jurídica é o fato pelo qual um ente, no caso a sociedade, torna-se capaz de adquirir direitos e contrair obrigações, ou seja, de realizar negócios jurídicos. Com a personalidade jurídica, passa-se a ter titularidade negocial, patrimonial, tributária e processual (para fins de ações judiciais e administrativas).

Com isso, a personalidade jurídica confere à sociedade uma existência diversa em relação aos sócios, sendo então uma entidade jurídica individualizada e autônoma.

Adquire-se a personalidade jurídica pelo registro do ato constitutivo (contrato social) da sociedade no registro próprio[5]. Ato constitutivo é um gênero do qual são espécies: **contrato social** (exemplificativamente, o da sociedade limitada ou da sociedade simples); **estatuto social** (como o da sociedade anônima ou da sociedade cooperativa); e o **requerimento** (por exemplo, o do empresário individual).

Em outros termos, a personalidade jurídica da "sociedade empresária" é adquirida com seu registro no **Registro Público das Empresas Mercantis** (Junta Comercial), e a "sociedade simples", ao se registrar no **Registro Civil das Pessoas Jurídicas** (CC, art. 985 c/c os arts. 45 e 1.150).

Do ponto de vista classificatório, a "sociedade de advogados" seria uma sociedade de natureza intelectual (simples). Entretanto, as sociedades de advogados não são registradas no Registro Civil das Pessoas Jurídicas, mas sim nas Seccionais da **OAB** (Lei n. 8.906/94, art. 15, § 1º). A explicação está no fato de que, mesmo que pudesse haver o elemento de empresa, a sociedade de advogado jamais poderia ser empresária sujeita a registro na Junta Comercial.

---

[5] Nesse sentido, Paulo Sérgio Restiffe. *Manual do novo direito comercial*. p. 91.

Por sua vez, a extinção da personalidade jurídica ocorre com a averbação da dissolução e respectiva liquidação da sociedade (como será visto adiante).

Os efeitos decorrentes da personalidade jurídica ocorrem pelo fato de a sociedade constituir: nome próprio, patrimônio próprio (princípio da autonomia/separação patrimonial), domicílio próprio, realizar negócios jurídicos, seja parte processual etc. Também, em razão da personalidade jurídica, a sociedade pode estar em juízo, ativa e passivamente, sendo aplicável, quando for o caso, a Súmula 481 do STJ: "Faz *jus* ao benefício da justiça gratuita a pessoa jurídica com ou sem fins lucrativos que demonstrar sua impossibilidade de arcar com os encargos processuais". Em seu art. 98, o CPC de 2015 prevê a possibilidade da concessão do benefício da justiça gratuita à pessoa jurídica.

A personalidade jurídica da sociedade acarreta a separação patrimonial da sociedade em relação aos seus sócios, para efeitos de responsabilidade, ou seja, as obrigações da sociedade devem ser arcadas pelo seu próprio patrimônio, não atingindo o patrimônio pessoal dos sócios.

2.1.4.1. Desconsideração da personalidade jurídica

No plano conceitual, a desconsideração (ou despersonalização) da personalidade jurídica é o instituto por meio do qual o juiz deixa de levar em conta a separação/autonomia patrimonial existente entre sociedade e sócio(s) com o fim de responsabilizar este(s) por dívidas daquela.

Como estudado, a personalidade jurídica gera a separação patrimonial da sociedade quanto aos seus sócios.

Em contraponto, surgiu a desconsideração da personalidade jurídica, criada pela jurisprudência inglesa em 1897, em razão do famoso caso Salomon[6].

No Brasil, o pioneiro no trato do assunto foi Rubens Requião, chamando a atenção para o fato de que a difusão do instituto o fez ficar conhecido como *Disregard Doctrine* (Doutrina da Desconsideração)[7] ou *Disregard of Legal Entity* (Desconsideração da Personalidade Jurídica).

---

[6] Rubens Requião credita a informação sobre a origem dessa doutrina ao Prof. Piero Verrucoli, em sua obra *Il superamento della personalità giuridica delle società di capitali* (A superação da personalidade jurídica da sociedade de capital – tradução livre). No episódio, a Justiça inglesa teve que decidir a respeito do caso "Aaron Salomon *versus* Salomon & Companhia". O comerciante [individual] Aaron Salomon havia constituído uma sociedade com outros seis membros da família, transferindo para a companhia um fundo de comércio seu já existente. Ele ficou titular de 20 mil ações da sociedade e cada um dos familiares ficou com apenas uma ação. Logo a seguir, a sociedade demonstrou fragilidades econômicas, não conseguindo fazer cumprir as suas obrigações [incluindo as decorrentes do fundo de comércio transferido]. Em primeiro e em segundo graus, o Poder Judiciário inglês considerou que o "Sr. Aaron Salomon" usou a sociedade para blindar seu patrimônio pessoal, por dívidas já contraídas anteriormente, enquanto era comerciante individual, devendo então ser responsabilizado pessoalmente pelas dívidas da "Salomon & Companhia", sociedade da qual era sócio majoritário (praticamente único e absoluto sócio). A decisão acabou sendo reformada pela Casa dos Lordes, em terceira instância, mas a tese acabou tendo grande repercussão, em especial nos Estados Unidos, onde formou-se jurisprudência. In: Rubens Requião. Abuso de direito e fraude através da personalidade jurídica. *Revista dos Tribunais*, São Paulo, RT, n. 410. p. 18-19, dez. 1969; e Rubens Requião. *Curso de direito comercial*. v. 1, p. 392-393.

[7] Rubens Requião. Abuso de direito e fraude através da personalidade jurídica. *Revista dos Tribunais*, cit., p. 12-24.

Toda sociedade é constituída com um objeto social, que, no fundo, reflete determinada atividade econômica que visa a explorar.

Algumas vezes o objeto social da sociedade não é cumprido pelos sócios e/ou administradores da empresa, utilizando-o de forma fraudulenta e ilícita, o que prejudica a autonomia patrimonial estabelecida pela personalidade jurídica. Quando isso acontece, a sociedade pode ter sua personalidade jurídica desconsiderada pelo juiz. Antes da vigência do Código de Processo Civil de 2015 havia divergências doutrinárias em relação ao momento processual em que o juiz deve decretar a desconsideração da personalidade jurídica. Mas, a princípio, o momento adequado seria o da execução do processo em que a sociedade é ré, de forma incidental[8], uma vez que eventuais abusos podem ser apurados na fase de conhecimento. Os contrários a essa corrente afirmavam que, nesse caso, ficam prejudicados os direitos ao contraditório e à ampla defesa, bem como ao devido processo legal, uma vez que os sócios não teriam sido citados para responder ao processo de conhecimento, e sim apenas a sociedade. Alguns compreendiam que seria necessário processo apartado para apurar a falta do sócio.

Nossa tese fundamenta-se no fato de que, à luz do art. 790, II, do CPC de 2015 [CPC de 1973, art. 592, II], os bens do sócio ficam sujeitos à execução nos termos da lei. E, conforme o art. 795, *caput*, do CPC de 2015 [CPC de 1973, art. 596, *caput*], os bens dos sócios não respondiam pelas dívidas da sociedade, salvo nos casos autorizados pela legislação (como a desconsideração da personalidade jurídica prevista no art. 50 do Código Civil), hipótese em que eles teriam direito a exigir que fossem primeiro excutidos os bens da sociedade. Ou seja, seu direito não estava relacionado a ter contra si um processo de conhecimento para a apuração de abuso da personalidade, uma vez que a conduta pode ser verificada de forma incidental pelo juiz no processo ajuizado contra a sociedade. Teríamos um desvirtuamento e ineficácia da desconsideração da personalidade jurídica se condicionássemos o instituto a processo de conhecimento contra os sócios.

Trazendo uma solução para a divergência, o § 4º do art. 795 do CPC de 2015 expressa que, para haver a desconsideração da personalidade jurídica é obrigatória a observância do incidente, previsto nos arts. 133 a 137 do mesmo Código. Reforçando a questão, o art. 134, *caput*, do CPC de 2015 prevê que a desconsideração da personalidade jurídica se dá por meio de incidente, o qual é cabível em todas as fases do processo de conhecimento, no cumprimento de sentença e na execução fundada em título executivo extrajudicial.

Como reflexo da desconsideração da personalidade jurídica, a separação patrimonial entre sociedade e seus sócios, bem como a limitação de responsabilidade destes são suspensas momentaneamente; logo, os bens dos sócios podem ser atingidos em razão das dívidas da sociedade, por implicar na responsabilidade pessoal e direta dos sócios por elas. Por isso, cuida-se de exceção aos princípios da limitação da responsabilidade e da separação patrimonial e às correspondentes autonomias patrimoniais da sociedade e dos seus sócios.

Especificamente quanto à responsabilidade pessoal e direta de sócios ou administradores, não há **limite** de valor para essa responsabilização (nesse sentido, REsp-STJ 1.169.175),

---

[8]   Incidente é uma questão acessória que surge durante o trâmite do processo e precisa ser resolvida.

ou seja, a limitação da responsabilidade é suspensa para que todo o patrimônio particular fique sujeito a ser constrito (penhorado) por força dos efeitos da desconsideração, exceto o que for considerado bem de família, à luz do art. 1º da Lei n. 8.009/90, que prevê:

> "O imóvel residencial próprio do casal, ou da entidade familiar, é impenhorável e **não responderá por qualquer tipo de dívida civil, comercial**, fiscal, previdenciária ou de outra natureza, contraída pelos cônjuges ou pelos pais ou filhos que sejam seus proprietários e nele residam, salvo nas hipóteses previstas nesta lei" (destaque nosso).

Por certo que a impenhorabilidade do bem de família não deve dar abrigo a quem se desfaz do seu patrimônio premeditadamente, por temer a desconsideração da personalidade jurídica da empresa a qual compõe o quadro de sócios e/ou é administrador, mantendo-se como titular apenas um imóvel para que assim este seja protegido pela impenhorabilidade. Ou seja, a impenhorabilidade do bem de família não pode ser aplicada de forma isolada, devendo ser vista à luz da boa-fé e da ausência de prática de abuso de direito (ato ilícito)[9].

A impenhorabilidade do bem de família não impede a penhora do estabelecimento, pois este não é tido como bem de família. Isso se alinha à Súmula 451 do STJ: "É legítima a penhora da sede do estabelecimento comercial".

Vale ter em conta que a desconsideração da personalidade jurídica não se aplica ao empresário individual, pois não é dado a ele o direito à limitação de responsabilidade e à separação patrimonial. Logo, seus bens pessoais responderão pelas dívidas decorrentes da sua atividade empresarial, salvo bem de família.

Dessa forma, o instituto da desconsideração da personalidade jurídica foi criado visando a evitar o mau uso da pessoa jurídica.

A desconsideração da personalidade jurídica não é a sua **anulação**. A anulação da personalidade jurídica faz com que a pessoa jurídica deixe de existir. Já a desconsideração apenas suspende momentaneamente a personalidade jurídica aos efeitos de separação e limitação patrimonial, porém a pessoa jurídica continua existindo.

Para haver a desconsideração da personalidade jurídica, é necessário que ela seja declarada pelo juiz (mediante requerimento da parte ou do Ministério Público) quando estiver configurado o **abuso da personalidade jurídica**, conforme dispõe o art. 50 do Código Civil, que recebeu nova redação pela Lei n. 13.874/2019 – Lei da Liberdade Econômica[10].

---

9   Recurso especial. Cumprimento de sentença. Venda de bens em fraude à execução. Bem de família. Afastamento da proteção. Possibilidade. Fraude que indica abuso de direito. 1. Não há, em nosso sistema jurídico, norma que possa ser interpretada de modo apartado aos cânones da boa-fé. Ao alienar todos os seus bens, menos um, durante o curso de processo que poderia levá-lo à insolvência, o devedor não obrou apenas em fraude à execução: atuou também com fraude aos dispositivos da Lei 8.009/90, uma vez que procura utilizar a proteção conferida pela Lei com a clara intenção de prejudicar credores. 2. Nessas hipóteses, é possível, com fundamento em abuso de direito, afastar a proteção conferida pela Lei 8.009/90. 3. Recurso especial conhecido e não provido (REsp 1.299.580/RJ, STJ, 3ª Turma, rel. Min. Nancy Andrighi, *DJe* 25-10-2012).

10   Art. 50. Em caso de abuso da personalidade jurídica, caracterizado pelo desvio de finalidade ou pela confusão patrimonial, pode o juiz, a requerimento da parte, ou do Ministério Público quando lhe couber intervir no processo, desconsiderá-la para que os efeitos de certas e determinadas relações de obrigações

O abuso da personalidade jurídica se configura pelo **desvio de finalidade**, que é a utilização da sociedade de forma abusiva, por meio de atitudes fraudulentas e ilícitas, como para a frustração de credores. Não se trata simplesmente de a empresa desviar-se do seu objeto social previsto no seu ato constitutivo. Exemplificativamente, se uma sociedade tiver finalidade comercial e vier a praticar atos industriais (fabricação) isso não necessariamente implicará a desconsideração, pois é preciso o elemento de caráter ilícito/fraudulento.

Também configura abuso da personalidade jurídica a **confusão patrimonial**, que significa a mistura do patrimônio da sociedade com o do(s) sócio(s), por exemplo, quando o sócio paga a escola do filho com o cheque da empresa, ou paga o aluguel da empresa com o seu cheque particular.

É válido explicitar que a desconsideração da personalidade jurídica é aplicável aos bens de sócio ou **administrador** da sociedade, sendo que o administrador não precisa ser necessariamente sócio-administrador, pode ser um administrador contratado, mesmo que no regime da legislação do trabalho, não pertencendo, portanto, ao quadro societário.

Muito importante também é ponderar que o instituto da desconsideração da personalidade jurídica é aplicável não apenas quanto às sociedades, mas a **todo o tipo de pessoa jurídica** nos termos da parte final do art. 50 do Código Civil, que não faz restrição às espécies de pessoa jurídica, de direito público ou privado. Logo, em tese, havendo abuso da personalidade jurídica pelo administrador de uma associação, fundação, partido político, entidade religiosa, etc. é aplicável a desconsideração da personalidade jurídica.

No Direito Público esse tema também pode ser visto sob a ótica da **improbidade administrativa**, nos termos do art. 37, § 4º, da Constituição Federal, ao estabelecer que os atos de improbidade administrativa importarão a suspensão dos direitos políticos, a perda da função pública, a indisponibilidade dos bens e o ressarcimento ao erário, na forma e gradação previstas em lei, sem prejuízo da ação penal cabível. Essa matéria é regulamentada pela Lei n. 8.429/92 – lei que dispõe sobre as sanções aplicáveis aos agentes públicos nos

---

sejam estendidos aos bens particulares de administradores ou de sócios da pessoa jurídica beneficiados direta ou indiretamente pelo abuso.

§ 1º Para os fins do disposto neste artigo, desvio de finalidade é a utilização da pessoa jurídica com o propósito de lesar credores e para a prática de atos ilícitos de qualquer natureza.

§ 2º Entende-se por confusão patrimonial a ausência de separação de fato entre os patrimônios, caracterizada por:

I – cumprimento repetitivo pela sociedade de obrigações do sócio ou do administrador ou vice-versa;

II – transferência de ativos ou de passivos sem efetivas contraprestações, exceto os de valor proporcionalmente insignificante; e

III – outros atos de descumprimento da autonomia patrimonial.

§ 3º O disposto no *caput* e nos §§ 1º e 2º deste artigo também se aplica à extensão das obrigações de sócios ou de administradores à pessoa jurídica.

§ 4º A mera existência de grupo econômico sem a presença dos requisitos de que trata o *caput* deste artigo não autoriza a desconsideração da personalidade da pessoa jurídica.

§ 5º Não constitui desvio de finalidade a mera expansão ou a alteração da finalidade original da atividade econômica específica da pessoa jurídica."

casos de enriquecimento ilícito no exercício de mandato, cargo, emprego ou função na Administração Pública direta, indireta ou fundacional e dá outras providências.

Mas, sem dúvida, o campo em que a desconsideração da personalidade jurídica tem mais aplicabilidade é o do Direito Societário. Um caso paradigmático na jurisprudência brasileira a respeito da aplicação da desconsideração da personalidade jurídica foi julgado pelo STJ, por meio do REsp 86.502, rel. Ruy Rosado de Aguiar, *DJU* 26-8-1996, quando se entendeu que a personalidade jurídica pode ser desconsiderada quando for usada para fraudar credores.

Este instituto é aplicável principalmente em casos de falência de sociedade se houver confusão patrimonial (ou fraude), como no julgamento proferido pelo Tribunal de Justiça do Estado de São Paulo, 7ª Câmara de Direito Privado, por meio do AI 155.854-4/8, rel. Salles de Toledo, *DJ* 30-11-2000. Haroldo Malheiros Duclerc Verçosa, ao comentar tal acórdão, frisa que uma das finalidades da desconsideração está na sua presteza quanto a atender aos interesses dos prejudicados, pois se tivessem de esperar uma decisão em processo de conhecimento para discutir a fraude, enquanto corre o processo falimentar, corresponderia a não se obter a tutela adequada[11].

No entanto, é bom ter claro que processo falimentar não significa necessariamente ter de aplicar a desconsideração da personalidade jurídica, pois nem toda falência é acometida por fraude, abuso de direito ou confusão patrimonial. Nesse sentido, é o REsp-STJ 693.235. Por isso, não se deve aplicá-lo à desconsideração em casos de falência por crise econômica, por hipótese.

Especificamente sobre sociedade anônima, a desconsideração da personalidade jurídica poderá se dar quanto ao administrador e/ou acionista controlador, mas não em relação a acionista minoritário, uma vez que este não tem ingerência sobre a gestão da empresa.

No ordenamento jurídico brasileiro, além do art. 50 do Código Civil, há outras previsões de desconsideração da personalidade jurídica:

1) Lei n. 13.105/2015 – Código de Processo Civil de 2015 – arts. 133 e s.: o incidente de desconsideração da personalidade jurídica será aberto mediante requerimento da parte interessada ou do Ministério Público (quando lhe couber intervir no processo); sendo cabível em todas as fases do processo de conhecimento, no cumprimento de sentença e na execução fundada em título executivo extrajudicial. O pedido de desconsideração deverá demonstrar os pressupostos legais (à luz do art. 50 do Código Civil, confusão patrimonial ou desvio de finalidade), havendo a possibilidade da desconsideração inversa (tema que será estudado adiante). A instauração do incidente suspenderá o trâmite do processo principal, salvo na hipótese em que a desconsideração for requerida na própria petição inicial. Uma vez aberto o incidente, o sócio ou a pessoa jurídica será citado para manifestar-se e requerer as provas cabíveis no prazo de quinze dias. Depois de concluída a instrução do incidente, se for o caso, ele será resolvido por decisão interlocutória, contra a qual cabe agravo de instrumento, conforme o art. 1.105, IV, do CPC de 2015. Se for procedente o pedido de desconsideração, a alienação ou a oneração de bens, ocorrida em fraude à execução, não terá efeito em relação

---

[11] Haroldo Malheiros Duclerc Verçosa. Falência – desconsideração da personalidade jurídica. *Revista de Direito Mercantil, Industrial, Econômico e Financeiro*, São Paulo, Malheiros, n. 120, out./dez. 2000, p. 171.

ao requerente. Ainda, o art. 1.062 do CPC de 2015 prevê que o incidente da desconsideração é aplicável aos processos dos juizados especiais;

2) Lei n. 12.846/2013 – Lei anticorrupção e de responsabilidade objetiva empresarial, art. 14, prevê a possibilidade de desconsideração da personalidade jurídica em processo administrativo que visa à apuração da responsabilidade de pessoa jurídica. Conforme a lei, a personalidade jurídica poderá ser desconsiderada sempre que utilizada com abuso do direito para facilitar, encobrir ou dissimular a prática dos atos ilícitos (previstos pela própria Lei n. 12.846/2013) ou para provocar confusão patrimonial, sendo estendidos todos os efeitos das sanções aplicadas à pessoa jurídica aos seus administradores e sócios com poderes de administração, devendo sempre ser respeitada a principiologia do contraditório e da ampla defesa;

3) Lei n. 8.078/90 – Código de Defesa do Consumidor – art. 28: quando, em detrimento do consumidor, houver abuso de direito; excesso de poder; infração da lei; ato ilícito; violação do contrato social; inatividade da empresa; ou ainda quando a personalidade jurídica for obstáculo ao ressarcimento de prejuízos causados aos consumidores;

4) Lei n. 12.529/2011 – Lei que estrutura o Sistema Brasileiro de Defesa da Concorrência (SBDC) e dispõe sobre a prevenção e a repressão às infrações contra a ordem econômica –, cujo art. 34 prevê a desconsideração da personalidade jurídica (essa lei, a partir de 1º-6-2012, substitui a maioria dos dispositivos da Lei n. 8.884/94 – Lei de Infrações à Ordem Econômica –, em que a desconsideração estava prevista no art. 18): quando houver infração à ordem econômica (p. ex., combinar a fixação de preços com concorrentes) em decorrência de abuso de direito; excesso de poder; infração da lei; ato ilícito; violação do contrato social; inatividade ou falência por má administração;

5) Lei n. 9.605/98 – Lei de Proteção Ambiental – art. 4º: quando a personalidade jurídica for obstáculo ao ressarcimento de prejuízos causados ao meio ambiente;

6) Lei n. 9.847/99 – Lei do Abastecimento Nacional de Combustíveis – art. 18, § 3º: a personalidade jurídica da sociedade poderá ser desconsiderada quando ela for óbice à indenização pelos danos provocados ao abastecimento nacional de combustíveis ou ao Sistema Nacional de Estoques de Combustíveis;

7) Lei n. 5.172/66 – Código Tributário Nacional (CTN) – art. 135: quando não houver o pagamento de tributo resultante de ato praticado com excesso de poder ou infração de lei ou contrato social.

A doutrina não é unânime ao considerar o disposto no art. 135 do CTN como desconsideração da personalidade jurídica. Alguns consideram como "responsabilidade tributária". Independentemente disso, o efeito é o mesmo: atacar o patrimônio pessoal do sócio pela falta de pagamento do tributo. Aqui não se pode deixar de mencionar o teor da Súmula 430 do STJ: "O inadimplemento da obrigação tributária pela sociedade não gera, por si só, a responsabilidade solidária do sócio-gerente".

Há duas teorias que abordam o tema da desconsideração da personalidade jurídica: a maior e a menor. Pela **teoria maior**, a autonomia patrimonial das pessoas jurídicas é afastada em caso de ato abusivo da sociedade, fraude ou confusão patrimonial. Já pela **teoria menor**, o simples prejuízo do credor possibilita afastar a autonomia patrimonial (independentemente

Direito societário

de fraude ou abuso)[12]. Sob esse prisma, pode-se afirmar que o Código Civil adota a teoria maior e o Código de Defesa do Consumidor, a menor.

Vale expressar o fato de que a desconsideração da personalidade jurídica tem sido aplicada com muita intensidade na **Justiça do Trabalho**, sob o fundamento do art. 2º, § 2º, da CLT e/ou de que o trabalhador, sendo a parte mais fraca da relação de trabalho, não pode ser prejudicado pela falta de disponibilidade financeira da sociedade, independentemente do motivo que o levou a se tornar inadimplente, adotando, portanto, a denominada teoria menor. Ou seja, os sócios respondem independentemente de fraude ou confusão patrimonial pelas dívidas trabalhistas. Nesse sentido, entre muitas outras, é a decisão proferida pelo Tribunal Regional do Trabalho de São Paulo, 8ª Turma, no *Processo 02980577850*. Mais recentemente, de forma mais específica a partir da Lei n. 13.467/2017, que acrescentou à **CLT o art. 855-A**, o qual prevê expressamente que "aplica-se ao processo do trabalho o incidente de desconsideração da personalidade jurídica".

2.1.4.1.1. Desconsideração inversa (ou invertida)

A desconsideração inversa (ou invertida) da personalidade jurídica será aplicável se o sócio deslocar patrimônio pessoal para a sociedade a fim de salvaguardá-lo de credor particular.

Quando um sócio pratica tal ato ele tem a intenção de não ficar com bens suficientes, em seu nome particular, para satisfazer os direitos de seus credores pessoais.

Fábio Konder Comparato foi o primeiro a chamar a atenção para a possibilidade da desconsideração da personalidade jurídica em sentido inverso[13].

Vale ponderar que a desconsideração inversa trata-se de uma construção jurisprudencial e doutrinária[14] em que se busca a responsabilidade da sociedade por dívidas efetuadas por seu sócio, utilizando-se para tanto da quebra da autonomia de patrimônios (entre sociedade e sócios) derivada do princípio da separação patrimonial.

No plano do ordenamento jurídico, o Código de Processo Civil de 2015 prevê em seu art. 133, § 2º, a possibilidade da desconsideração inversa da personalidade jurídica, devendo o pedido de desconsideração demonstrar os pressupostos legais (ou seja, a confusão patrimonial ou o desvio de finalidade).

Na desconsideração inversa os bens da sociedade respondem por atos pessoais praticados pelo sócio. Difere, portanto, da desconsideração convencional em que o sócio responde com seus bens pessoais pelas dívidas da sociedade.

Cabe reforçar que para a aplicação da desconsideração inversa (assim como na convencional) deve haver o **abuso da personalidade jurídica**, que se configura por desvio de finalidade (fraude) ou confusão patrimonial, à luz do art. 50 do Código Civil. Seguindo, assim, a

---

[12] Fábio Ulhoa Coelho. *Curso de direito comercial*: direito de empresa. 11. ed. São Paulo: Saraira, 2008. v. 2, p. 36 e s.

[13] Fábio Konder Comparato. *O poder de controle na sociedade anônima*. Rio de Janeiro: Forense, 1983. p. 346.

[14] Fábio Ulhoa Coelho. *Curso de direito comercial*: direito de empresa. 11. ed. São Paulo: Saraiva, 2008. v. 2, p. 37 e s.

teoria maior, para a qual não basta a mera insuficiência de bens, mas sim a fraude ou a confusão patrimonial.

Nesta situação, o deslocamento de bens do patrimônio pessoal do sócio para a sociedade é derivado de situações premeditadas, quando, por exemplo, um sócio faz dívidas em nome próprio, mas no fundo é para beneficiar a sociedade; para salvaguardar bens de credores pessoais, se constitui pessoa jurídica visando ao que vulgarmente se tem denominado "blindagem patrimonial"; frustrar a meação que tem direito o cônjuge; evitar aumento da pensão alimentícia a ser paga de acordo com a renda decorrente dos bens pessoais; entre outras hipóteses.

Para se efetivar a desconsideração inversa, e assim penetrar nos bens da sociedade por dívidas do sócio, será necessária uma decisão judicial motivada pela ausência de bens no patrimônio do devedor combinada com uma transferência fraudulenta de bens para a sociedade; ou mesmo a confusão patrimonial[15].

Se for o caso de mera insuficiência de bens pessoais do sócio, caberá ao credor, em fase de execução judicial, requerer a penhora das quotas sociais (ou ações) correspondentes que, por sua vez, compõem o patrimônio particular deste sócio. Neste caso, havendo a penhora das quotas o credor poderá até se tornar sócio da sociedade (se a natureza da sociedade ou o contrato social assim o permitir, quando, portanto, for uma sociedade de capital); ou promover a liquidação das respectivas quotas, transformando-as em dinheiro, por meio de uma dissolução parcial e apuração de haveres (hipótese de uma sociedade de pessoas).

A desconsideração inversa da personalidade jurídica também pode ser aplicável na relação entre empresas coligadas, como no caso de controlada e controladora, quando, por

---

[15] Mesmo antes da alteração do art. 50 do Código Civil (promovida pela Lei n. 13.874/2019 – Lei da Liberdade Econômica), na jurisprudência brasileira, já se encontrava casos de aplicação da desconsideração invertida. Há um muito interessante e ilustrativo, julgado pelo STJ, que vale transcrever a decisão: Processual Civil e Civil. Recurso Especial. Execução de título judicial. Art. 50 do CC/2002. Desconsideração da personalidade jurídica inversa. Possibilidade. (...) III – A desconsideração inversa da personalidade jurídica caracteriza-se pelo afastamento da autonomia patrimonial da sociedade, para, contrariamente do que ocorre na desconsideração da personalidade propriamente dita, atingir o ente coletivo e seu patrimônio social, de modo a responsabilizar a pessoa jurídica por obrigações do sócio controlador. IV – Considerando-se que a finalidade da *disregard doctrine* é combater a utilização indevida do ente societário por seus sócios, o que pode ocorrer também nos casos em que o sócio controlador esvazia o seu patrimônio pessoal e o integraliza na pessoa jurídica, conclui-se, de uma interpretação teleológica do art. 50 do CC/2002, ser possível a desconsideração inversa da personalidade jurídica, de modo a atingir bens da sociedade em razão de dívidas contraídas pelo sócio controlador, conquanto preenchidos os requisitos previstos na norma. V – A desconsideração da personalidade jurídica configura-se como medida excepcional. Sua adoção somente é recomendada quando forem atendidos os pressupostos específicos relacionados com a fraude ou abuso de direito estabelecidos no art. 50 do CC/2002. Somente se forem verificados os requisitos de sua incidência, poderá o juiz, no próprio processo de execução, "levantar o véu" da personalidade jurídica para que o ato de expropriação atinja os bens da empresa. VI – À luz das provas produzidas, a decisão proferida no primeiro grau de jurisdição, entendeu, mediante minuciosa fundamentação, pela ocorrência de confusão patrimonial e abuso de direito por parte do recorrente, ao se utilizar indevidamente de sua empresa para adquirir bens de uso particular.(...) (REsp 948.117, rel. Min. Nancy Andrighi, *DJe* 3-8-2010).

exemplo, a controlada desloca seu patrimônio para a controladora a fim de resguardá-lo quanto à cobrança de credores ou por estar em fase pré-falimentar. Nesse sentido, REsp-STJ 1.259.018. Mas, a aplicação deve sempre levar em conta a necessidade de estar presente um ato abusivo, fraude ou confusão patrimonial, pois do contrário não há que se falar da aplicação da desconsideração.

Muito semelhante à desconsideração inversa é o instituto da fraude contra credores, no entanto, há diferença entre ambos. Na desconsideração inversa um bem em nome da sociedade pode ser penhorado por dívidas do sócio. Já na fraude contra credores a integralização feita pelo sócio que consistiu na entrega de um bem à sociedade será anulada, voltando o bem a fazer parte do patrimônio pessoal do sócio, submetendo assim a penhora.

2.1.5. Dissolução, liquidação e extinção (baixa) de sociedade

O término ou a extinção de uma sociedade requer certo procedimento que consiste em dissolvê-la, posteriormente, liquidá-la; para ao fim se ter a efetiva extinção. Assim, dissolução difere de liquidação e extinção.

A **dissolução** pode ser **parcial**, que veremos adiante, ou **total** (integral). Dissolução total é o ato pelo qual se decide encerrar a existência da sociedade, que pode ocorrer tanto pela vontade das partes quanto pela obrigação decorrente do contrato, da lei ou de determinação judicial.

Na dissolução integral da sociedade ainda não há a perda da personalidade jurídica, pois esta continua visando a concluir negócios pendentes e entrar no período de liquidação. Em razão disso, não deverá haver novas atividades da sociedade, e sim apenas a conclusão dos atos pendentes. A partir da dissolução, se ocorrerem novas operações da sociedade, os administradores respondem solidária e ilimitadamente pelos efeitos produzidos por elas.

Liquidação, na hipótese de dissolução total, é o conjunto de atos destinados a vender o ativo, pagar o passivo e dividir o saldo restante entre os sócios. Durante a liquidação ainda permanece a personalidade jurídica.

Já quando se trata de dissolução parcial pela penhora de quotas de credor pessoal do sócio, a liquidação consistirá em transformar as quotas objeto da penhora em dinheiro. Em muitos casos a liquidação das quotas poderá ser a única alternativa, pois, do contrário, a sociedade teria um novo sócio sem o *affectio societatis* (afinidade entre os sócios para contrair sociedade em razão de seus atributos pessoais e/ou profissionais), inerente às sociedades de pessoas, como é o caso da sociedade simples e a sociedade em nome coletivo.

Na liquidação as quotas serão transformadas em recursos a serem entregues ao exequente do sócio devedor. Por exemplo, se o patrimônio social da sociedade vale R$ 100.000,00 e o sócio devedor tem 30% das quotas, seu credor receberá R$ 30.000,00, que será o fruto da liquidação.

Por sua vez, **extinção** é o término da existência da sociedade, ou seja, é quando a sociedade deixa de existir e de ter personalidade jurídica. A perda da personalidade jurídica da sociedade ocorre com sua extinção e seu encerramento, mediante a respectiva averbação no registro competente, o que vulgarmente se chama de "**baixa**" da sociedade.

Assim, a liquidação ocorre após a **dissolução**, que é o ato pelo qual se decide encerrar a existência da sociedade, pela vontade dos sócios ou obrigação decorrente do contrato, da lei ou de determinação judicial, conforme os arts. 1.033 a 1.038 do Código Civil.

Deve-se esclarecer que caberá aos administradores nomear um liquidante (CC, art. 1.036). O liquidante pode ser sócio ou pessoa estranha ao societário, administrador da sociedade ou não. Quando o liquidante não for o administrador, é necessário averbar sua nomeação no registro competente (CC, art. 1.102).

A liquidação da sociedade pode ser feita junto ao Poder Judiciário, sendo assegurado a qualquer sócio optar por requerer a liquidação judicial (CC, art. 1.036, parágrafo único).

Terminado o processo de liquidação é que se terá a **extinção** da sociedade. Reforçando que a extinção é o término da existência da sociedade, o fim da personalidade jurídica[16]. Isso se concretiza com o encerramento no órgão registral competente, via protocolo, o que vulgarmente é conhecido por "baixa".

2.1.5.1. Dissolução parcial e exclusão de sócio

A palavra "dissolver" significa desmanchar ou desfazer. Por isso, a dissolução de uma sociedade é a sua ruptura, isto é, significa desmanchar ou desfazer o contrato de sociedade.

A dissolução pode ser classificada em total ou parcial. A **dissolução parcial** ocorre com a liquidação de quotas sociais a fim de entregar um valor, proporcionalmente às quotas, correspondente à parte do patrimônio da sociedade (os haveres) a quem de direito (sócio ou herdeiro), em casos de: morte de sócio, direito de retirada, falta grave, incapacidade superveniente, falência de sócio e sócio devedor, como estudaremos a seguir.

A dissolução parcial no capítulo sobre as sociedades simples é chamada de "resolução da sociedade em relação a um sócio". **Resolução** tem o sentido de rescisão, no caso, a rescisão da sociedade com relação a um de seus sócios, seja pela sua exclusão, morte etc. A isso também podemos denominar **exclusão de sócio**.

É indispensável esclarecer que na dissolução parcial não ocorre a extinção da sociedade, apenas a redução do capital social. Para não haver a redução do capital social, os sócios remanescentes precisariam integralizar recursos correspondentes à parte dissolvida da sociedade, ou admitir outros sócios que integralizassem a mesma quantia.

A dissolução parcial é concretizada por meio de uma alteração do contrato social averbada no órgão em que está registrada a sociedade. Assim, difere da dissolução total gerada pela vontade dos sócios em que a formalização se dá por meio de distrato (contrato que põe fim ao contrato social firmado anteriormente) levado ao órgão registral.

Vejamos detalhadamente as hipóteses de resolução (exclusão): morte de sócio, direito de retirada, falta grave, incapacidade superveniente, falência de sócio e sócio devedor.

---

[16] Quanto à efetiva extinção da personalidade jurídica, veja a seguir a decisão do STJ: Processo Civil. Execução de sentença. Coisa julgada. (...) Comercial. Dissolução e liquidação da sociedade. A dissolução da sociedade não implica a extinção de sua personalidade jurídica, circunstância que se dá apenas por ocasião do término do procedimento de liquidação dos respectivos bens; se, todavia, o distrato social eliminou a fase de liquidação, partilhando desde logo os bens sociais, e foi arquivado na Junta Comercial, a sociedade já não tem personalidade jurídica nem personalidade judiciária. Recurso especial conhecido e provido (REsp 317.255/MA, STJ, 3ª Turma, rel. Min. Ari Pargendler, DJe 22-4-2002).

2.1.5.1.1. Morte de sócio

Uma das hipóteses de resolução da sociedade em relação a um sócio ocorre no caso de falecimento. Pela morte do sócio suas quotas serão liquidadas, ou seja, serão transformadas em dinheiro a ser entregue aos herdeiros do falecido, na proporção das quotas deste (CC, art. 1.028, *caput*).

Exemplificativamente, se o patrimônio social era de R$ 200.000,00 e o sócio que faleceu tinha 20% das quotas, seus herdeiros receberam R$ 40.000,00.

Entretanto, se o contrato social dispuser de outra forma, isso não poderá acontecer, como no caso em que os sócios optarem por dissolver totalmente a sociedade ou se houver um acordo com os herdeiros para que haja uma substituição do sócio morto (CC, art. 1.028, I a III).

2.1.5.1.2. Direito de retirada

O direito de retirada é outra possibilidade de resolução da sociedade em relação a um sócio. O art. 1.029 do Código Civil consagra o princípio da liberdade das convenções, o que significa que ninguém é obrigado a contratar, nem permanecer contratado.

Anteriormente, o sócio só poderia sair da sociedade com o consentimento dos demais; porém, com o passar do tempo, isso foi sendo alterado pela jurisprudência.

Dessa forma, nas sociedades por prazo indeterminado, o sócio pode retirar-se da sociedade, mediante notificação prévia de no mínimo **60 dias**[17]. Se for sociedade por prazo determinado, somente por ordem judicial nos casos de **justa causa** (CC, art. 1.029, *caput*).

Justa causa é algo subjetivo, que com certeza precisará de uma interpretação jurisprudencial, mas pode-se dizer que se configura em casos de acentuado desentendimento ou incompatibilidade pessoal entre os sócios; pela quebra do *affectio societatis* (afinidade e a confiança entre os sócios).

Nos primeiros **30 dias**, a partir da notificação, os sócios podem optar pela dissolução da sociedade (CC, art. 1.029, parágrafo único). Isso pode ocorrer principalmente nos casos em que o sócio que está saindo é o principal membro da sociedade em termos de capacidade negocial ou intelectual ou pela sua fama, por exemplo, em agência de publicidade; ou é a pessoa habilitada para determinado negócio, como no caso de corretor de seguros que possui

---

[17] Recurso especial. Direito empresarial. Societário. Dissolução parcial. Sociedade limitada. Tempo indeterminado. Retirada do sócio. Direito potestativo. Autonomia da vontade. Apuração de haveres. Data-base. Art. 1.029 do Código Civil de 2002. Notificação extrajudicial prévia. Postergação. 60 (sessenta) dias. Enunciado 13 – I Jornada de Direito Comercial – CJF. Art. 605, II, do Código de Processo Civil de 2015. (...) 4. O direito de recesso deve respeitar o lapso temporal mínimo de 60 (sessenta) dias, conforme o teor do art. 1.029 do CC/2002. 5. No caso concreto, em virtude do envio de notificação realizando o direito de retirada, o termo final para a apuração de haveres é, no mínimo, o sexagésimo dia, a contar do recebimento da notificação extrajudicial pela sociedade. 6. A decisão que decretar a dissolução parcial da sociedade deverá indicar a data de desligamento do sócio e o critério de apuração de haveres (Enunciado 13 da I Jornada de Direito Comercial – CJF). 7. O Código de Processo Civil de 2015 prevê expressamente que, na retirada imotivada do sócio, a data da resolução da sociedade é o sexagésimo dia após o recebimento pela sociedade da notificação do sócio retirante (art. 605, II). 8. Recurso especial provido (REsp 1.403.947/MG, STJ, 3ª Turma, rel. Min. Ricardo Villas Bôas Cueva, *DJe* 30-4-2018).

a carteira da Superintendência de Seguros Privados – SUSEP, utilizada pela sociedade para exercer a corretagem de seguros.

Destaca-se que o direito de retirada não se confunde com a cessão de quotas. No direito de retirada, as quotas do sócio retirante são liquidadas, não havendo o ingresso de novo sócio. Já na cessão dessas, o que existe é uma alienação/venda das quotas para outra pessoa, que ingressará no quadro social.

Também não pode ser confundida com *pro labore*, que é a remuneração do sócio que trabalha pela sociedade; muito menos com **dividendos**, que significa participação nos lucros da sociedade.

A lei não condiciona o arquivamento na Junta Comercial da notificação feita pelo sócio retirante aos demais sócios remanescentes, quanto ao exercício do direito de retirada. Apesar de possível, a lei também não obriga a Junta a aceitar o arquivamento da notificação. Esta deve comprovar a ciência inequívoca dos destinatários (sócios remanescentes), podendo para tanto socorrer-se de notificação extrajudicial via cartório.

Cabe destacar que a efetiva exclusão do sócio retirante do quadro social, bem como os efeitos daí decorrentes, só se dá com a averbação na Junta da devida alteração do contrato social, especialmente quanto à responsabilidade do sócio retirante perante terceiros e a própria sociedade. Na prática, e com certa frequência, acontece de os sócios remanescentes não providenciarem imediatamente as assinaturas e o competente arquivamento da alteração contratual, tendo por efeito o fato de que não se inicia a contagem do prazo de dois anos da responsabilidade do sócio retirante, à luz do art. 1.032 do Código Civil. Nesses casos, restará ao sócio retirante ir à Justiça e pleitear uma antecipação de tutela com o fim de que a Junta Comercial possa promover a alteração no seu cadastro do quadro de sócios daquela sociedade, sob pena de esse retirante permanecer no banco de dados da Junta como sócio até o desfecho final do litígio e/ou o arquivamento da alteração do contrato social.

2.1.5.1.3. Falta grave

O sócio também pode ser excluído nos casos de falta grave no cumprimento de suas obrigações, como no caso de desvio de recursos do caixa da sociedade (uma fraude, portanto, do sócio); ou mesmo na hipótese do sócio que não comparece para realizar suas atribuições previstas no contrato social.

A exclusão por esse motivo deve ser feita mediante decisão judicial, por iniciativa da maioria dos sócios (CC, art. 1.030, *caput*). A decisão judicial é necessária porque caberá ao juiz avaliar se é caso de falta grave ou não.

Essa regra de exclusão por falta grave é válida para sociedade por prazo determinado ou indeterminado.

2.1.5.1.4. Incapacidade superveniente

Incapacidade superveniente ocorre quando o sócio se tornar incapaz em decorrência de problemas de saúde, após seu ingresso na sociedade (época em que era capaz).

Nesse caso, a exclusão deve ser feita também mediante decisão judicial, por iniciativa da maioria dos sócios (CC, art. 1.030, *caput*).

Contudo, caberá ao juiz avaliar se é ou não hipótese de incapacidade superveniente.

2.1.5.1.5. Falência de sócio

Falência de um sócio é motivo para sua exclusão da sociedade e pode acontecer quando um sócio também desenvolve atividade empresarial fora da sociedade.

Salienta-se que a falência é pertinente apenas ao empresário (empresário individual ou sociedade empresária), não atingindo quem desenvolve profissão intelectual. Logo, esse dispositivo somente terá aplicação quando o sócio (pessoa física) tiver a qualificação de empresário individual no exercício de outra atividade tida como empresarial; ou se for uma sócia (pessoa jurídica) que desenvolve outra atividade empresarial.

Para isso ser levado a efeito, é necessário haver uma decisão judicial que declare a falência do sócio (CC, art. 1.030, parágrafo único). A decretação da falência está prevista na Lei n. 11.101/2005, arts. 94 e s., a qual disciplina o instituto da recuperação e da falência de empresas.

A falência é um procedimento judicial que visa à reunião dos bens do empresário para vendê-los e assim efetuar o pagamento dos credores. Por isso, havendo a falência de um sócio(a), será preciso reunir no processo falimentar todo o seu patrimônio, incluindo os valores decorrentes da sua participação no quadro de sócios da sociedade simples.

2.1.5.1.6. Sócio devedor

Por fim, a última hipótese de exclusão de sócio poderá ocorrer quando o sócio teve suas quotas executadas e liquidadas pelo não pagamento de débitos pessoais (CC, art. 1.030, parágrafo único), conforme visto no item sobre penhora de quotas.

Dessa forma, deixará de ser sócio por ter perdido a titularidade de suas quotas sociais pela liquidação destas e a entrega da respectiva quantia ao seu credor. Se for o caso de uma sociedade de capital, pode-se pensar na adjudicação compulsória (transferência forçada por ordem judicial) das quotas.

2.1.5.1.7. Regime jurídico da exclusão e apuração de haveres

Em qualquer dos casos de exclusão de sócio, ou seja, de resolução da sociedade em relação a um sócio (retirada, morte etc.), o valor de suas quotas será liquidado, por meio de apuração de haveres.

A apuração de haveres será feita considerando o levantamento de balanço específico para esse fim, mediante apuração do montante realizado (a princípio, o valor do ativo menos o do passivo). Deve-se ter em conta que a apuração será realizada de acordo com a situação patrimonial atual da sociedade, salvo se houver disposição contratual diversa (CC, art. 1.031, *caput*)[18]. Muitos chegam a pensar que os haveres são apurados conforme o valor do capital

---

[18] Sociedade limitada. Dissolução parcial. Reembolso. Apuração de haveres. Valor apurado com base na situação patrimonial da sociedade. Recurso improvido. A doutrina e a jurisprudência têm se manifestado no sentido de que, na hipótese de dissolução parcial da sociedade, o valor de reembolso do sócio excluído deve ser estimado com base na real situação patrimonial da sociedade empresária, vale dizer, ele deve ser reembolsado de acordo com o real valor patrimonial da sua participação na sociedade empresária, a fim de se evitar o enriquecimento ilícito da própria sociedade e dos sócios remanescentes (AP 9154404-51.2003.8.26.0000/SP, TJSP, rel. Jesus Lofrano, *DJ* 25-5-2010).

social. Entretanto, como regra, a apuração é sobre o valor patrimonial da sociedade, sendo que, como veremos adiante, ambos os valores acabam por se diferenciar ao longo da existência da sociedade.

Em alguns casos, por exemplo, nas empresas de prestação de serviços que têm sua carteira de clientes como seu maior patrimônio, será necessário adotar o método contábil do "fluxo de caixa descontado", a fim de fazer uma projeção do patrimônio. Há outras situações em que o maior bem patrimonial da sociedade é a sua marca, o que vai requerer uma avaliação específica acerca do seu valor.

Assim, o capital social será reduzido ao valor correspondente das quotas do sócio que saiu (salvo integralização dos demais sócios), sendo que a quota liquidada será paga em dinheiro e no prazo de **90 dias**, a partir da liquidação, salvo acordo ou disposição contratual diferente (CC, art. 1.031, §§ 1º e 2º, e CPC de 2015, art. 609).

O sócio retirante, o sócio excluído e os herdeiros de sócio morto respondem por todas as dívidas da sociedade contraídas antes da respectiva saída. O prazo de tal responsabilidade ocorre pelos **2 anos** seguintes à saída, a contar da data da competente averbação (CC, art. 1.032).

Se não for providenciada a averbação da saída do sócio retirante (ou do excluído), ele ainda irá responder pelas dívidas contraídas pela sociedade após sua saída até a data da averbação, pelo prazo de **2 anos** a contar da respectiva averbação[19]. Essa hipótese, porém, não vale para os herdeiros de sócio morto (CC, art. 1.032). Isso ocorre porque, sem a averbação no registro, não se tem publicidade da saída.

Havendo divergência entre os envolvidos (sócios e/ou sociedade) quanto aos termos da dissolução parcial a ponto de a questão ser levada para conhecimento e julgamento pelo Poder Judiciário, o CPC de 2015 (arts. 599 a 609) traz um regime jurídico próprio para a ação judicial de dissolução parcial de sociedade, enquanto um dos procedimentos especiais do diploma processual.

A ação de dissolução parcial de sociedade pode ter por objeto o seguinte: resolução da sociedade empresária contratual (ou seja, não a S/A) ou simples em relação ao sócio falecido, excluído ou que exerceu o direito de retirada ou recesso; e apuração dos haveres do sócio falecido, excluído ou que exerceu o direito de retirada ou recesso; ou somente a resolução ou a apuração de haveres (CPC de 2015, art. 599).

---

[19] Cumprimento de sentença. Bloqueio de valores em conta de sócios de empresas cujas personalidades jurídicas foram desconsideradas. Extensão da medida a todos os sócios que integraram o quadro social após o evento danoso. Inadmissibilidade. Sócios que se retiraram da sociedade há mais de dois anos. Ausência de responsabilidade por dívidas, ainda que preexistentes. Arts. 1.003 e 1.032 do Código Civil. Descumprimento da lei pelos sócios. Reconhecimento por decisão até o momento não impugnada pelos interessados. Medida constritiva que deve abranger os ativos financeiros dos sócios atuais, bem como daqueles que se retiraram da sociedade há menos de dois anos. Recurso provido em parte (Ag 9003753-94.2009.8.26.0000/SP, TJSP, rel. Roberto Bedaque, *DJ* 16-12-2009).

2.1.5.2. Dissolução total

Sem prejuízo do que já foi abordado sobre dissolução, a **dissolução total (ou integral)** da sociedade implicará efetivamente a sua extinção. São várias as hipóteses em que pode ocorrer a dissolução total da sociedade (CC, art. 1.033):

1) quando se dá o término do prazo de duração da sociedade por prazo determinado;

2) pelo consenso de todos os sócios, na sociedade de prazo determinado;

3) pela vontade dos sócios, considerando a maioria de votos, na sociedade por prazo indeterminado;

4) quando for extinta sua autorização para funcionar (se for sociedade empresária podem ser exemplos: os bancos e as seguradoras que necessitam de autorização, respectivamente, do Bacen – Banco Central do Brasil – e da SUSEP – Superintendência de Seguros Privados).

Além disso, a sociedade pode ser dissolvida judicialmente quando qualquer sócio a requerer em razão da anulação de sua constituição, ou quando a sua finalidade social tiver se esgotado (como, por exemplo, uma SPE – sociedade de propósito específico), ou se tornar impossível de se realizar (CC, art. 1.034).

O contrato social também pode prever outras hipóteses de dissolução a serem verificadas judicialmente (CC, art. 1.035), como, por exemplo, aquela que expressa a dissolução da sociedade se ocorrer a morte de qualquer um dos vários sócios que a compõem.

No caso de sociedade empresária, a dissolução também pode ocorrer pela decretação da falência, nos termos da Lei n. 11.101/2005 (CC, arts. 1.044 e 1.087).

Quando a dissolução total se dá por força da vontade dos sócios isso é formalizado por meio de um distrato (contrato que desfaz o contrato social anterior) que é levado ao órgão em que está registrada a sociedade. Difere, como já mencionado, da dissolução parcial, a qual é concretizada por meio de uma alteração do contrato social averbada no órgão registral.

2.1.5.3. Dissolução irregular

A **dissolução irregular** da sociedade se caracteriza pelo encerramento da atividade sem a devida liquidação e extinção, ou seja, a "baixa" nos órgãos competentes. Isso implica responsabilidade dos sócios e administradores pelas dívidas da sociedade com a possibilidade da desconsideração da personalidade jurídica. Assim, a dissolução precipitada de uma sociedade que era devidamente constituída é uma hipótese para a desconsideração da personalidade jurídica, pois pode ser tida como uma fraude, sobretudo em relação aos credores[20].

---

[20] Tendo tramitado pelo rito dos recursos repetitivos, segue decisão do STJ: Processual civil. Tributário. Recurso especial representativo da controvérsia. Art. 543-C, do CPC. Redirecionamento de execução fiscal de dívida ativa não tributária em virtude de dissolução irregular de pessoa jurídica. Possibilidade. (...) 3. É obrigação dos gestores das empresas manter atualizados os respectivos cadastros, incluindo os atos relativos à mudança de endereço dos estabelecimentos e, especialmente, referentes à dissolução da sociedade. A regularidade desses registros é exigida para que se demonstre que a sociedade dissolveu-se de forma regular, em obediência aos ritos e formalidades previstas nos arts. 1.033 a 1.038 e arts. 1.102 a 1.112, todos do Código Civil de 2002 – onde é prevista a liquidação da sociedade com o pagamento dos credores em sua ordem de preferência – ou na forma da Lei n. 11.101/2005, no caso de falência. A desobediência a tais ritos caracteriza infração à lei. 4. Não há como compreender

Nesse ponto, ainda que tratando da esfera tributária, é importante termos em vista a Súmula 435 do STJ: "Presume-se dissolvida irregularmente a empresa que deixar de funcionar no seu domicílio fiscal, sem comunicação aos órgãos competentes, legitimando o redirecionamento da execução fiscal para o sócio-gerente".

Conforme dispõe a Lei n. 11.598/2007, que criou a REDESIM – Rede Nacional para a Simplificação do Registro e da Legalização de Empresas e Negócios –, nos atos de extinções (baixas) de empresários ou pessoas jurídicas é proibida a exigência pelas instituições de qualquer tipo de documento que exceda o estrito limite dos requisitos pertinentes à essência de tais atos (Lei n. 11.598/2007, arts. 7º, *caput*, 5º e 9º).

Além disso, complementando o assunto, foi incluído pela LC n. 147/2014 o art. 7º-A, *caput*, à Lei n. 11.598/2007, ao dispor que o registro de atos constitutivos, bem como de suas alterações e baixas de empresários e pessoas jurídicas, em qualquer órgão da União, Estados e Municípios, ocorrerá independentemente da regularidade de obrigações tributárias, previdenciárias ou trabalhistas (principais ou acessórias) do empresário, da sociedade, dos sócios, dos administradores ou de empresas de que participem. Isso não prejudica as responsabilidades do empresário, dos titulares, dos sócios ou dos administradores por tais obrigações, apuradas antes ou após o ato de extinção.

Contudo, a solicitação de baixa da atividade implica responsabilidade solidária dos titulares, dos sócios e dos administradores no período de ocorrência dos respectivos fatos geradores – de caráter tributário, previdenciário e trabalhista (Lei n. 11.598/2007, art. 7º-A, § 2º). Isso não alcança as obrigações de outras ordens, como, por exemplo, as dívidas civis e empresariais.

Não é demais explicitar que a baixa da atividade no órgão competente não impede que, posteriormente, sejam lançados ou cobrados impostos, contribuições e respectivas penalidades em razão da falta de recolhimento ou da prática, devidamente comprovada em processo

---

que o mesmo fato jurídico "**dissolução irregular**" seja considerado ilícito suficiente ao redirecionamento da execução fiscal de débito tributário e não o seja para a execução fiscal de débito não tributário. *Ubi eadem ratio ibi eadem legis dispositio*. O suporte dado pelo art. 135, III, do CTN, no âmbito tributário é dado pelo art. 10 do Decreto n. 3.078/19 e art. 158 da Lei n. 6.404/78 – LSA no âmbito não tributário, não havendo, em nenhum dos casos, a exigência de dolo. (...) (REsp 1.371.128/RS, STJ, 1ª Seção, rel. Min. Marco Campbell Marques, *DJe* 17-9-2014) (grifo nosso).

De outro modo: Processual Civil e Civil. Ação de indenização de lucros cessantes. Posse indevida de imóvel. Cumprimento de sentença. Desconsideração da personalidade jurídica. Art. 50 do CC/2002. Teoria maior. Atuação dolosa e intencional dos sócios. Utilização da sociedade como instrumento para o abuso de direito ou em fraude de credores. Comprovação concreta. Ausência. (...) 4. A mera insolvência da sociedade ou sua **dissolução irregular** sem a devida baixa na Junta Comercial e sem a regular liquidação dos ativos, por si sós, não ensejam a desconsideração da personalidade jurídica, pois não se pode presumir o abuso da personalidade jurídica da verificação dessas circunstâncias. 5. *In casu*, a Corte estadual entendeu que a dissolução irregular da sociedade empresária devedora, sem regular processo de liquidação, configuraria abuso da personalidade jurídica e que o patrimônio dos sócios seria o único destino possível dos bens desaparecidos do ativo da sociedade, a configurar confusão patrimonial. Assim, a desconsideração operada no acórdão recorrido não se coaduna com a jurisprudência desta Corte, merecendo reforma. 6. Recurso especial parcialmente conhecido e, nesta parte, provido (REsp 1.526.287/SP, STJ, 3ª Turma, rel. Min. Nancy Andrighi, *DJe* 26-5-2017) (grifo nosso).

administrativo ou judicial, de demais irregularidades realizadas por empresários, titulares, sócios ou administradores (Lei n. 11.598/2007, art. 7º-A, § 1º).

2.1.5.4. Dissolução regular *v.* autofalência. Partilha entre os credores e os sócios. Extinção

Destaca-se que a função básica do liquidante é arrecadar o ativo (levantar e vender bens, receber créditos etc.) e pagar o passivo (débitos). Assim, a liquidação visa a transformar o ativo em dinheiro, a fim de pagar as dívidas, ou seja, partilhar o resultado da arrecadação.

Se o passivo for maior que o ativo, o liquidante fará pagamentos proporcionais aos credores de débitos vencidos e vincendos, respeitando a ordem de preferência dos credores, como, p.ex., as dívidas decorrentes de direitos reais e privilégios, nos termos dos arts. 955 a 965 (CC, art. 1.106).

Caso o ativo seja maior que o passivo, após o pagamento integral dos credores, o liquidante fará a partilha entre os sócios do saldo remanescente (CC, art. 1.107).

Após o rateio do saldo entre os sócios, o liquidante irá convocá-los para a prestação final de contas (CC, art. 1.108).

Dessa forma, encerrada a liquidação, a sociedade se **extingue** com a respectiva averbação no registro próprio (CC, art. 1.109, *caput*). Assim, com a extinção, a sociedade deixa de existir e de ter personalidade jurídica.

Se a sociedade for extinta de forma irregular, principalmente com o fim de prejudicar credores, cabe aos prejudicados responsabilizar via ação judicial os sócios e, se for o caso, o liquidante.

Contudo, sendo a liquidação promovida **regularmente**, não se pode perder de vista que os sócios têm responsabilidade limitada conforme o valor das suas quotas, que outrora foram integralizadas. Desse modo, à luz do art. 1.110 do Código Civil, após o encerramento da liquidação, poderá o credor insatisfeito cobrar dos sócios o pagamento do seu crédito, mas limitando-se ao valor por eles recebido na partilha. Significa dizer que se a quantia a que teria direito o credor for superior ao valor que os sócios receberam por ocasião da partilha, a diferença não poderá ser cobrada dos sócios, tendo em vista o princípio da limitação da responsabilidade.

Mas o leitor pode se perguntar qual a diferença entre dissolução total e autofalência. A **autofalência** é um pedido de falência do próprio devedor (empresário individual, sociedade empresária ou EIRELI [essa atualmente revogada do ordenamento jurídico pela Lei n. 14.382/2022]), que consiste em um dever legal de requerer judicialmente o encerramento de sua atividade, por se constatar que a empresa está acometida por uma crise econômico-financeira tamanha que a impede de pleitear a recuperação de empresas (judicial ou extrajudicial). Trata-se de um dever imposto pela Lei n. 11.101/2005, art. 105, *caput*, com o fim de não prolongar os efeitos da crise em detrimento dos vários afetados pela atividade empresarial (*stakeholders*), em que estão incluídos os credores e trabalhadores.

Já a dissolução total, enquanto uma deliberação de sócios tomada por maioria de votos, trata-se de uma opção levar a empresa à extinção por mera faculdade dos sócios independentemente de haver crise. Pode acontecer, por exemplo, pela quebra do *affectio societatis* (afinidade entre os sócios) ou porque os sócios consideram que o seu objeto social tornou-se, ou se tornará em breve, inviável. Nesta última hipótese, mesmo que isso ainda não tenha a característica de uma crise econômico-financeira, uma vez que pode haver uma reserva financeira para honrar as obrigações firmadas até então.

Um diferencial interessante da autofalência (e da falência em geral) está no potencial de maximização quanto ao valor de venda dos ativos da empresa. Isso porque a Lei n. 11.101/2005, art. 141, II, assevera que o objeto da alienação está livre de qualquer ônus, não havendo sucessão do arrematante nas obrigações do devedor, inclusive nas de natureza tributária, trabalhista e de acidente do trabalho. Isso incentiva outros empreendedores a se interessarem pelo acervo da massa falida, podendo comprá-lo, reerguê-lo e assim oferecer a possibilidade de as pessoas aproveitarem os bens para o exercício de atividade empresarial com seus reflexos positivos (manutenção dos empregos, recolhimentos de tributos, ou seja, exercer a função social da propriedade e da empresa). Isso não se aplica à hipótese de dissolução da sociedade.

Um entrave que leva muitos a resistirem à autofalência está no fato de que, com a decretação da falência ocorre a inabilitação empresarial (do empresário individual e dos sócios administradores da sociedade limitada), sendo que o devedor fica proibido de exercer atividade empresarial. Isso vai desde a decisão judicial que declarou a quebra até a sentença que extinguir suas obrigações (LRF, art. 102, *caput*). Esse é outro aspecto não aplicável à dissolução total.

Como se pode perceber, a **extinção** é precedida das fases da **dissolução**, da **liquidação** e da **partilha**, respectivamente.

2.1.5.5. Função social e preservação da empresa

Como visto, a dissolução total implica o fim da sociedade. Mas vale explicitar que há situações em que a pretensão de dissolução total torna-se dissolução parcial, haja vista o princípio da preservação da empresa, bem como o princípio da função social da empresa[21]. Tais princípios são tratados com maior profundidade em itens próprios para os quais remetemos o leitor.

Conforme será estudado no capítulo sobre recuperação de empresas e falências, o princípio da preservação da empresa objetiva recuperar a atividade empresarial de crise econômica, financeira ou patrimonial, a fim de possibilitar a continuidade do negócio, bem como a manutenção de empregos e interesses de terceiros, especialmente dos credores.

O princípio da preservação da empresa, previsto no art. 47 da Lei n. 11.101/2005, é o grande norteador desta lei, e, por que não, das demais normas jurídicas atinentes à empresa, uma vez que tem influenciado posições jurisprudenciais e doutrinárias sobre a necessidade da preservação da empresa em detrimento de interesses particulares, seja de sócios, de credores, de trabalhadores, do Fisco etc.

Não se pode deixar de expressar que o princípio da preservação da empresa deve ser visto ao lado do princípio da função social da empresa, que considera o fato de que a atividade empresarial é a fonte produtora de bens para a sociedade como um todo, pela geração de empregos; pelo desenvolvimento da comunidade que está à sua volta; pela arrecadação de

---

[21] Sociedade limitada composta por dois sócios. Pedido de dissolução total baseado na quebra da *affectio societatis*. Sentença de procedência. Reforma. Hipótese que é de dissolução parcial da sociedade limitada, em consagração ao princípio da preservação da empresa, mantida a continuidade da sociedade, ainda que com apenas um sócio, mas pelo período de 180 dias (art. 1.033, V, do Código Civil). Sentença reformada. Recurso provido (AP 9159588-17.2005.8.26.0000/SP, TJSP, rel. Paulo Alcides, *DJ* 16-9-2010).

tributos; pelo respeito ao meio ambiente e aos consumidores; pela proteção ao direito dos acionistas minoritários etc.

A função social da empresa está prevista no art. 116, parágrafo único, da Lei n. 6.404/76 que, apesar de esculpida no âmbito da lei sobre companhias, acabou tornando-se um princípio com efeitos para além das sociedades anônimas, alcançando assim outros tipos societários, como a sociedade limitada.

É importante ter em conta que a preservação da empresa justifica-se nos casos de empresas que cumpram a sua função social, e não o contrário.

Contudo, tendo em vista os princípios da preservação da empresa e da função social da empresa, a dissolução total de uma sociedade pode ser obstada, ou mesmo alterada para dissolução parcial ou outros mecanismos que visam a recuperação da atividade econômica em crise, tendo em vista a importância da empresa no cenário socioeconômico.

2.1.6. Penhora de quotas e ações, empresa, estabelecimento, faturamento e lucro

A penhora de **quotas** ou **ações** de sócio de sociedade (simples ou empresária) também é disciplinada pelo CPC de 2015, art. 861, o qual assevera que havendo a penhora o juiz estabelecerá um prazo razoável, de no máximo três meses, para que a sociedade apresente balanço especial a fim de que seja levantado o valor atual e real da sociedade e das respectivas quotas (ou ações)[22] do sócio devedor.

Devendo obrigatoriamente ser observado o direito preferencial, derivado da legislação ou do contrato, de os demais sócios adquirirem as quotas, no mesmo prazo assinalado pelo juiz, a sociedade deverá oferecer as quotas objeto da penhora aos outros sócios. Se não houver interesse deles para a aquisição, deverá haver a liquidação das quotas, depositando em dinheiro o valor apurado em juízo.

A fim de evitar a liquidação das quotas (o que implicaria redução do capital social), a sociedade poderá adquiri-las, sem reduzir o capital, utilizando-se de suas reservas. Assim, as quotas ficam mantidas em tesouraria (CPC de 2015, art. 861, § 1º).

O juiz pode ampliar o prazo determinado por ele caso o pagamento das quotas liquidadas supere o valor do saldo de lucros ou reservas; ou se o pagamento colocar em risco a estabilidade financeira da sociedade (CPC de 2015, art. 861, § 4º).

Caso não haja interesse dos demais sócios em exercer o direito de preferência, bem como não ocorra a aquisição das quotas pela sociedade por ser extremamente onerosa para ela, o juiz poderá determinar o leilão judicial das quotas (CPC de 2015, art. 861, § 5º).

Essas regras de liquidação não se aplicam às sociedades anônimas abertas, na medida em que suas ações serão adjudicadas (transferidas) ao exequente (credor do acionista devedor) ou comercializadas em bolsa de valores (CPC de 2015, art. 861, § 2º).

Se o objeto da penhora for **estabelecimento empresarial** (comercial, industrial ou agrícola), semoventes (criações), plantações ou edifícios em construção, o juiz nomeará um

---

[22] A fim de evitar repetições das palavras "quotas" e "ações", vamos empregar apenas "quotas" deixando o uso de ações apenas quando tratarmos especificamente de sociedades anônimas, cujo capital social é dividido em ações, não em quotas como as demais sociedades.

administrador-depositário, o qual apresentará em dez dias um plano para a administração do patrimônio penhorado (CPC de 2015, art. 862, *caput*).

Tratando-se de edifícios em construção por incorporação imobiliária, a penhora recairá apenas sobre as unidades imobiliárias ainda não comercializadas pelo incorporador (CPC de 2015, art. 862, § 3º), pois do contrário implicaria prejuízo a terceiros adquirentes de unidades com boa-fé.

Se for preciso afastar o incorporador da administração da obra em construção, uma comissão formada por representantes dos adquirentes exercerá a gestão dela. Tratando-se de construção financiada (normalmente por banco), será administrada por empresa ou profissional indicado pela instituição fornecedora dos recursos para a obra. Nesta última hipótese, a comissão de representantes dos adquirentes deverá ser ouvida previamente (CPC de 2015, art. 862, § 4º).

Quando a penhora recair sobre **empresa** que opere por concessão ou autorização (como as de planos de saúde, energia elétrica etc.), a depender do valor do crédito, a constrição judicial será realizada sobre a renda, sobre determinados bens ou sobre todo o patrimônio. Para tanto, o juiz nomeará preferencialmente um de seus diretores como depositário (CPC de 2015, art. 863, *caput*). O órgão público que houver outorgado a concessão deverá se manifestar antes da arrematação ou da adjudicação se a penhora recair sobre todo o patrimônio da empresa concessionária (CPC de 2015, art. 863, § 2º).

Frise-se que a penhora de empresas apenas será determinada se não houver outro meio eficaz para a satisfação do direito creditício do exequente/credor (CPC de 2015, art. 865).

O juiz ordenará a penhora de percentual de **faturamento** de empresa apenas se o executado não tiver outros bens penhoráveis ou se esses forem de difícil alienação; ou ainda se os bens forem insuficientes para saldar o crédito executado (CPC de 2015, art. 866, *caput*). Quando esta penhora é feita com a presença do oficial de justiça junto ao caixa da empresa (normalmente no comércio), com o fim de conferir as quantias recebidas, vulgarmente isso é denominado "penhora na 'boca do caixa'".

Faturamento não se confunde com dividendos. Isso porque o faturamento é valor recebido (receita) decorrente das vendas e/ou prestação de serviços realizada pela empresa; enquanto dividendos diz respeito à participação nos lucros da empresa, sendo que lucro corresponde à diferença entre as receitas e as despesas da empresa.

Visando à manutenção da empresa, o § 1º do art. 866 do CPC de 2015 prevê que o juiz fixará percentual que propicie a satisfação do crédito objeto da execução por tempo razoável, não podendo tornar inviável o exercício da atividade empresarial. Essa regra está associada ao princípio da preservação da empresa, previsto no art. 47 da Lei n. 11.101/2005, cujo tema é objeto de outro item deste livro (capítulo sobre falência e recuperação de empresas) para o qual remetemos o leitor.

Será nomeado pelo juiz um administrador-depositário, o qual submeterá à aprovação judicial a forma de sua atuação e prestará contas mensalmente. Para tanto o administrador deverá entregar em juízo as quantias recebidas, com os respectivos balancetes mensais[23], visando ao pagamento do débito (CPC de 2015, art. 866, § 2º).

O CPC de 2015, art. 866, § 3º, estabelece que nos casos de penhora de percentual de faturamento de empresa deverão ser observadas, no que for compatível, as regras sobre penhora de frutos e rendimentos de coisa móvel e imóvel previstas nos arts. 867 a 869 do mesmo diploma processual.

O Código Civil, art. 1.026, prevê que, na falta de bens do sócio, o seu credor particular (em razão de dívidas pessoais) pode executar os **dividendos** (participação nos lucros) a que este sócio teria direito. A regra deste dispositivo, que entrou em vigor em 2003, pacificou as controvérsias doutrinária e jurisprudencial ao afirmar a possibilidade de a execução recair sobre as quotas sociais.

Contudo, tanto o Código Civil como o Código de Processo Civil não preveem a penhora de *pro labore* – retribuição do sócio que trabalha pela empresa –, pois se trata de uma remuneração de caráter alimentar (algo semelhante ao salário de funcionário); logo, é impenhorável pelas regras ordinárias.

2.1.7. Classificação

A classificação das sociedades pode ser efetuada quanto à responsabilidade dos sócios; condição de alienação societária; personificação; e, ainda, ser ou não empresária.

2.1.7.1. Sociedades limitadas, ilimitadas e mistas

Em relação à responsabilidade dos sócios, a sociedade pode ser limitada, ilimitada ou mista.

Uma sociedade pode ser classificada como **limitada** quando a responsabilidade dos seus sócios possuir limites patrimoniais vinculados ao valor de suas respectivas quotas ou ações, de modo que as dívidas da sociedade não alcançarão, em regra, seus respectivos patrimônios pessoais. Exemplificativamente, temos a sociedade anônima ou a intitulada "sociedade limitada".

Já na sociedade **ilimitada**, os sócios respondem com seus bens pessoais, sem limites pelas obrigações assumidas pela sociedade, como ocorre na sociedade em nome coletivo.

Por sua vez, na **mista**, há sócios com responsabilidade limitada e outros com responsabilidade ilimitada, como a comandita simples ou a comandita por ações.

2.1.7.2. Sociedades de capital e de pessoas

Pode-se, na alienação societária, classificar a sociedade em sociedade de capital ou sociedade de pessoas.

Na **sociedade de pessoas**, os atributos/qualidades de cada sócio têm relevância à sociedade, sendo nela vedado o ingresso de estranhos, caso um sócio queira vender suas quotas sociais, pois a sua formação inicial se deu com base na confiança/afinidade entre os sócios

---

[23] "Balancete" ou "balancete de verificação" é um demonstrativo contábil que elenca diversos saldos operacionais da empresa. A partir das informações dos balancetes se formam o Balanço Patrimonial e o Balanço de Resultado Econômico.

(*affectio societatis* – ânimo de contrair sociedade[24]) ou em razão de seus atributos pessoais e/ou profissionais, como a sociedade em nome coletivo e a sociedade limitada[25].

Especificamente sobre a sociedade limitada, nos seus primórdios ela era constituída exclusivamente como uma "sociedade de pessoas"; atualmente pode ser de "pessoas" ou de "capital", a depender das regras estabelecidas no contrato social, especialmente quanto à cessão de quotas e ingresso de sócios.

Em contrapartida, na **sociedade de capital**, não importam os atributos/qualidades pessoais de cada sócio, pois qualquer pessoa pode ser sócia, ficando livre a alienação das ações da empresa, como a sociedade anônima aberta (mas vale deixar claro que uma sociedade anônima fechada pode, dependendo de suas regras estatutárias, ser classificada com uma sociedade de pessoas). No fundo, o que mais importa na sociedade de capital é o fato de se dispor de recursos para participar do quadro societário.

2.1.7.3. Sociedades personificadas e não personificadas

Com relação à personificação, a sociedade pode ser classificada em não personificada e personificada.

A sociedade **não personificada** é aquela que não tem personalidade jurídica, por não ter sido registrada no registro competente (p.ex., a sociedade em comum e a sociedade em conta de participação). No entanto, uma sociedade não personificada tem todas as obrigações das sociedades personificadas, mas não possui os direitos desta.

Uma sociedade não personificada pode ser subdividida em: sociedade de fato e sociedade irregular. A **sociedade de fato** é aquela que nem sequer tem contrato escrito, sendo apenas um acordo verbal entre os sócios. Por sua vez, a **sociedade irregular** é aquela que tem contrato assinado por escrito, mas este não foi levado ao registro competente.

Já a sociedade **personificada** é aquela que detém personalidade jurídica própria, portanto, apta a adquirir direitos e contrair obrigações por ter seu contrato social registrado no órgão próprio, como ocorre com a sociedade limitada.

2.1.7.4. Sociedades empresárias e simples (intelectuais)

Quanto à natureza da atividade, as sociedades podem ser empresariais ou simples.

Sociedades **simples** não são empresárias, pois se referem às atividades intelectuais, de natureza artística, científica e literária, à luz do parágrafo único do art. 966 do Código Civil, como uma sociedade médica, conforme será visto, de forma aprofundada adiante, no item da sociedade simples.

---

[24] Rubens Requião. *Curso de direito comercial.* v. 1, p. 411.

[25] Sobre a necessidade da existência do *affectio societatis* para a qualificação da sociedade como sendo de pessoas, é a decisão do Tribunal de Justiça do Distrito Federal, a seguir: Sociedade por quotas de responsabilidade limitada. Sociedade de pessoas. *Affectio societatis*. Não cabe ao Estado determinar a inclusão de sócio em sociedade de quotas de responsabilidade limitada por se tratar de sociedade de pessoas, sendo necessária a existência da *affectio societatis* (ACJ 907284520058070001/DF, TJDF, rel. Carlos Pires Soares Neto, *DJe* 10-7-2007).

Também são consideradas sociedades simples, independentemente do seu objeto social, a sociedade cooperativa, por força da redação do art. 982, parágrafo único, do Código Civil.

As sociedades **empresárias** são aquelas nas quais o objeto social é a exploração de qualquer atividade econômica (exceto as intelectuais), ou seja, é uma sociedade que tem como finalidade desenvolver uma atividade, de forma profissional, economicamente organizada para a produção ou para a circulação de bens ou de serviços, conforme o *caput* do art. 966 do Código Civil, podendo-se citar como exemplos a sociedade limitada e a sociedade anônima.

2.1.7.5. Quadro com a classificação conforme o Código Civil

Seguindo as disposições do Código Civil de 2002, a classificação das sociedades é a seguinte:

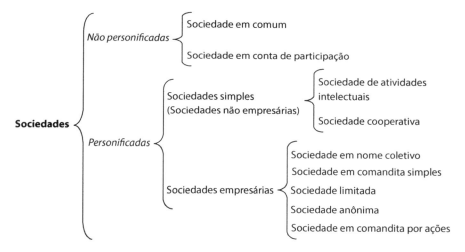

2.2. SOCIEDADE EM COMUM

"Em comum" deve ser compreendido por algo que não é especial. Significa dizer que, por não ter registro, a sociedade em comum não tem personalidade jurídica, logo, não pode ser a ela atribuída a condição de tipo societário personificado específico. A terminologia empregada pelo legislador não é a mais adequada.

O art. 986 do Código Civil menciona que sociedade em comum é a sociedade que ainda não inscreveu seus atos constitutivos em registro próprio. Logo, a sociedade em comum não tem personalidade jurídica, pertencendo ao quadro das sociedades não personificadas.

Antes do Código Civil de 2002, o que existia eram as chamadas "sociedade irregular" (constituída por contrato escrito, mas sem ser registrado no órgão competente) e a "sociedade de fato" (constituída apenas verbalmente, sem a existência de um ato por escrito).

Em geral, uma sociedade deve efetuar sua inscrição no registro competente antes do início de suas atividades. Entretanto, se iniciar suas atividades antes da respectiva inscrição, nesse período a sociedade será considerada sociedade em comum, com os efeitos legais que serão analisados a seguir.

Em nosso país muitos empresários (individuais ou sociedades) realizam suas atividades sem a devida inscrição durante anos. Alguns nunca chegam a efetivar a inscrição, recebendo a denominação de empresários sem personalidade jurídica.

De maneira específica, as sociedades em comum irão ser exercidas por meio do regramento dos arts. 986 a 990 do Código Civil, e, subsidiariamente, no que for compatível, pelas regras da sociedade simples (que serão examinadas adiante). Embora os sócios possam ter a intenção de registrar sua sociedade (como sociedade limitada ou simples), enquanto não o fizerem, ela será regida pelos dispositivos da sociedade em comum.

Com relação à existência da sociedade (não está se falando de personalidade jurídica), as relações entre os sócios e destes com terceiros somente são provadas por escrito; no entanto, os terceiros podem provar que a sociedade existe por qualquer forma (CC, art. 987).

Isso significa que, se for uma sociedade sem ato escrito ("sociedade de fato"), os sócios não podem pleitear a existência da sociedade entre eles ou contra terceiros. Porém, se houver um ato escrito sem registro ("sociedade irregular"), isso se torna possível[26].

Apesar de não ter personalidade jurídica, a sociedade tem um patrimônio, que o art. 988 do Código Civil chama **patrimônio especial**. O patrimônio especial é composto pelos bens e dívidas da sociedade em comum. Um exemplo deste tipo de sociedade se dá quando duas ou mais pessoas se reúnem para construir casas para revendê-las posteriormente. Também existe a sociedade formada pelos consorciados de um grupo de consórcio, à luz dos arts. 3º e 10 da Lei n. 11.795/2008 – Lei dos Consórcios.

Os bens da sociedade em comum (bens sociais) respondem pelos atos de gestão praticados por qualquer dos sócios, salvo se houver um pacto de limitação de poderes (de um dos sócios), mas de conhecimento do terceiro (CC, art. 989).

Pela regra geral, os sócios de sociedades gozam do benefício de ordem, previsto nos arts. 1.024 do Código Civil e 795 do Código de Processo Civil [CPC/73, art. 596], significando que os bens particulares dos sócios não podem ser executados por dívidas da sociedade, salvo depois de primeiro terem sido executados os bens da sociedade (responsabilidade subsidiária).

Na sociedade em comum, não há o benefício de ordem ao sócio que contratou pela sociedade. Vale destacar que a responsabilidade do sócio é **solidária** e **ilimitada**, em razão das obrigações assumidas pela sociedade (CC, art. 990).

Assim, a responsabilidade **solidária** significa que se trata de uma responsabilidade mútua entre os envolvidos (no caso, entre a sociedade e o sócio). Diferentemente, na responsabilidade **subsidiária** a responsabilidade é de um (a sociedade), estendendo-se a

---

[26] Confira-se decisão a respeito da prova de existência da sociedade: Agravo de Instrumento. Demonstração da existência de sociedade não personificada. Comprovação apenas através de prova documental. Observância do disposto no art. 987 do Código Civil. Inadmissibilidade da produção de prova testemunhal a respeito. Desnecessidade de se aguardar a produção de provas em audiência para o exame da alegação de impossibilidade jurídica do pedido formulada com lastro no citado art. 987 do CC. Tema que exige pronta apreciação. Agravo provido (Ag 0087084-93.2010.8.26.0000/SP, TJSP, rel. Donegá Morandini, *DJ* 15-6-2010).

outro (o sócio) apenas quando o primeiro não tiver bens suficientes para responder; ou seja, a responsabilidade do sócio é acessória à da sociedade[27].

As sociedades não regulares, como a sociedade em comum, têm os mesmos deveres das regulares (do ponto de vista tributário, trabalhista, previdenciário etc.), mas não gozam de benefícios firmados por regras do Direito Empresarial, como a recuperação de empresa, o uso da escrituração contábil como prova em processos judiciais, a possibilidade de requerer a falência de outra empresa (CC, arts. 971, *caput*, e 984).

2.3. SOCIEDADE EM CONTA DE PARTICIPAÇÃO

"Conta de participação" é uma expressão empregada para designar o fato de o sócio oculto participar de uma sociedade sem personalidade jurídica, a qual é administrada por sócio ostensivo (ou seja, é gerida por conta desse sócio ostensivo).

A sociedade em conta de participação (SCP) é uma sociedade que não possui personalidade jurídica, existindo uma sociedade apenas entre os sócios[28], mas não perante terceiros. Nesse tipo de sociedade, existem os sócios **ostensivos** e os sócios **participantes (ocultos)**.

Ostensivo significa evidente, ou seja, para que se veja. O sócio ostensivo é aquele que administra e realiza a atividade econômica da empresa, ou seja, um empreendedor, podendo haver mais de um sócio ostensivo (CC, art. 996, parágrafo único).

Participante ou oculto é porque não aparece. Em geral, faz parte da sociedade para compor a mão de obra ou o capital, sendo, neste caso específico, um investidor.

Por isso, sócio ostensivo é quem exerce a atividade empresarial em seu nome individual, sob sua responsabilidade. Ele é o único que pode se apresentar perante terceiros, e, assim, é o único que tem responsabilidades com terceiros (CC, art. 991).

Já o sócio participante é um sócio oculto, pois não aparece e nem se obriga perante terceiros, ou seja, não tem responsabilidade com terceiros. No entanto, participa dos resultados – lucros ou prejuízos (CC, art. 991)[29].

Não há personalidade jurídica na sociedade em conta de participação, porque o sócio ostensivo exerce a empresa em seu nome pessoal. Assim, essa sociedade, por não ter personalidade jurídica, também pertence ao quadro das sociedades não personificadas.

---

[27] Confirma o fato de que os sócios de sociedades não personificadas respondem de forma solidária e ilimitada a decisão do Tribunal de Justiça de Santa Catarina: Apelação Cível. Embargos à execução fiscal. Ilegitimidade passiva *ad causam*. Reconhecimento. Extinção da execucional. Sentença mantida. Recurso desprovido. A teor do art. 990 do Código Civil, nas sociedades não personificadas, diga-se, sociedades sem registro ou sociedades de fato, os sócios é que respondem, de forma, solidária e ilimitada, pelas obrigações da sociedade (AC 170304/SC, TJSC, rel. Pedro Manoel Abreu, *DJ* 29-7-2009).

[28] Paulo Sérgio Restiffe. *Manual do novo direito comercial.* p. 102.

[29] Quanto à responsabilidade do sócio ostensivo, veja a seguir a decisão do STJ: Comercial. Sociedade em conta de participação. Responsabilidade para com terceiros. Sócio ostensivo. Na sociedade em conta de participação o sócio ostensivo é quem se obriga para com terceiros pelos resultados das transações e das obrigações sociais, realizadas ou empreendidas em decorrência da sociedade, nunca o sócio participante ou oculto que nem é conhecido dos terceiros nem com estes nada trata. Hipótese de exploração de *flat* em condomínio. (...) (REsp 168.028/SP, STJ, 4ª Turma, rel. Min. Cesar Asfor Rocha, *DJe* 22-10-2001).

Destaca-se que a sociedade em conta de participação não pode ter firma ou denominação (CC, art. 1.162), devendo-se usar o nome particular do sócio ostensivo e, dessa forma, sua constituição não necessita de qualquer formalidade (CC, art. 992).

O contrato social da sociedade em conta de participação produz efeitos somente entre os sócios e, caso haja eventual registro, não lhe será conferida personalidade jurídica (CC, art. 993, *caput*).

A sociedade em conta de participação é uma sociedade que só existe entre os sócios, sendo inexistente para terceiros, mas isso não impede que terceiros tomem conhecimento da sua existência, pois não é algo tido como um segredo absoluto. Mesmo assim, há quem a chame de sociedade em conta de participação de sociedade secreta.

Ela pode ocorrer, por exemplo, quando um artesão confecciona obras de arte e as vende partilhando os resultados com um investidor, que lhe forneceu recursos para a compra de matéria-prima. Também é muito utilizada em serviços de *flat*, pois existe uma sociedade entre os proprietários dos apartamentos que, formando o *pool* para locação, não aparece para terceiros. A sociedade em conta de participação pode ser aberta para a realização de um negócio ou vários.

Cabe ainda mencionar que o sócio oculto/participante pode fiscalizar a gestão do sócio ostensivo. Porém, o sócio oculto não tem nenhuma responsabilidade perante terceiros, não podendo interferir na negociação do sócio ostensivo com terceiros, sob pena de responder solidariamente (CC, art. 993, parágrafo único).

Existe um patrimônio especial composto pelas contribuições dos sócios para a realização dos negócios, mas este patrimônio só produz efeitos em relação aos sócios (CC, art. 994, *caput*, § 1º).

Se ocorrer a falência do sócio ostensivo, a sociedade será dissolvida e liquidada. Já a falência do sócio oculto, sem dúvida, pode ocorrer apenas no caso de ele exercer outra atividade paralela (CC, art. 994, §§ 2º e 3º).

O sócio ostensivo necessita do consentimento dos outros sócios para poder admitir novo sócio (CC, art. 995).

Ainda, quanto ao regime jurídico, as regras da sociedade simples (que será visto adiante nesta obra) aplicam-se subsidiariamente às sociedades em conta de participação (CC, art. 996).

Reiteramos que sociedades sem personalidade jurídica, como é o caso da sociedade em conta de participação, não usufruem de benefícios do Direito Empresarial, como a recuperação de empresa, o uso da escrituração contábil como prova em processos judiciais, a possibilidade de requerer a falência de outra empresa (CC, arts. 971, *caput*, e 984); entretanto, têm os mesmos deveres das sociedades regulares (tributário, trabalhista, previdenciário etc.).

Durante a sua vigência, muito se discutiu sobre a Instrução Normativa da Receita Federal do Brasil n. 1.863/2018 (revogada pela Instrução Normativa da Receita Federal n. 2.119/2022), sobretudo pelo seu art. 4º, XVII, e a exigência de registro no Cadastro Nacional das Pessoas Jurídicas (CNPJ) das sociedades em conta de participação, pois tal seria contrária ao Código Civil, que (além de permitir) estabelece um regime jurídico para a sociedade em conta de participação e a sociedade em comum, sendo dois tipos societários "sem personalidade jurídica" e, por consequência, sem registro em órgão registral. Além disso, obrigar o registro no CNPJ seria como exigir que a sociedade em conta de participação tivesse personalidade jurídica, o que contraria a sua própria natureza (ser uma sociedade sem personalidade jurídica).

Trata-se de mais uma situação em que o Direito Tributário e/ou Fazendas Públicas e seus agentes desrespeitam os conceitos do Direito Privado[30], o que afronta o próprio CTN, arts. 109 e 110[31]. Nestes casos, caberá ao advogado, no interesse do seu cliente, promover as medidas jurídicas necessárias contra os órgãos que fazem exigências ilegais e/ou editam normas ilegais.

2.4. SOCIEDADE SIMPLES

A sociedade simples (sigla S/S ou SS) destina-se à constituição de sociedade entre profissionais que desenvolvem atividades intelectuais de natureza científica, literária ou artística (nesse sentido, CC, art. 966, parágrafo único).

Logo, não é uma sociedade empresária, não tendo assim os direitos inerentes aos empresários, como recuperação de empresas.

O nome sociedade "simples" não possui nenhuma relação com o sistema de tributação unificado "Simples Nacional"[32]. Trata-se apenas de uma infeliz coincidência, devido aos nomes escolhidos pelo legislador brasileiro.

O vocábulo "simples" tem o sentido de ser uma sociedade menos complexa, haja vista seu objeto social estar relacionado à atividade intelectual (artística, literária ou científica), portanto, negócios que envolvessem cifras menores. Isto é, seria um tipo societário simplificado, o que não é uma verdade absoluta, tendo em vista que certas atividades intelectuais muitas vezes gozam de ampla estrutura organizacional e/ou com inúmeros sócios, como, por exemplo, as sociedades de auditorias.

Cabe destacar que a sociedade simples tem personalidade jurídica, o que a enquadra como uma das sociedades personificadas. Em sua denominação deverá constar a expressão "sociedade simples" ou sua abreviação "S/S". Expressamente, o Código Civil não prevê a possibilidade de a sociedade simples operar por firma, apenas denominação.

---

[30] A respeito da necessidade de o Direito Tributário respeitar os conceitos do Direito Privado, veja a obra: TÔRRES, Heleno. *Direito tributário e direito privado*: autonomia privada, simulação, elusão tributária. São Paulo: RT, 2003. p. 11 e s.

[31] "Art. 109. Os princípios gerais de direito privado utilizam-se para pesquisa da definição, do conteúdo e do alcance de seus institutos, conceitos e formas, mas não para definição dos respectivos efeitos tributários.

Art. 110. A lei tributária não pode alterar a definição, o conteúdo e o alcance de institutos, conceitos e formas de direito privado, utilizados, expressa ou implicitamente, pela Constituição Federal, pelas Constituições dos Estados, ou pelas Leis Orgânicas do Distrito Federal ou dos Municípios, para definir ou limitar competências tributárias."

[32] O Simples Nacional foi instituído pelo Estatuto Nacional da Microempresa e da Empresa de Pequeno Porte – Lei Complementar n. 123/2006, especialmente o art. 12. Sua finalidade é diminuir e simplificar a carga tributária das atividades que tenham menor faturamento, bem como minimizar a burocracia contábil, previdenciária e trabalhista.

Para efeitos tributários, a sociedade simples pode ser enquadrada como microempresa – ME – desde que sua receita bruta anual seja limitada a R$ 360.000,00; ou como empresa de pequeno porte – EPP – caso sua receita bruta anual esteja entre R$ 360.000,00 e R$ 4.800.000,00 (LC n. 123/2006, art. 3º).

Um tema ainda recorrente reside no fato de que a sociedade simples difere da antiga **sociedade civil** (prevista no Código Civil de 1916, arts. 16 e 20).

A sociedade civil era destinada à constituição de quaisquer atividades relacionadas à prestação de serviço (inclusive às intelectuais), como cabeleireiro, lavanderia etc.

Porém, nem todas as atividades de prestação de serviço são atividades intelectuais. A sociedade simples é restrita para atividades intelectuais. As atividades de prestação de serviço que não sejam intelectuais, com a vigência do Código Civil de 2002 e a adoção da teoria da empresa, são consideradas atividades empresariais (logo, a sociedade a ser constituída para a exploração dessas atividades deve ser um dos tipos de sociedades empresárias, que serão vistos adiante).

Para exemplificar, a atividade de pedreiro é uma prestação de serviços (mas não é profissão intelectual). Antes da vigência do Código Civil, para o exercício desta atividade se constituía uma sociedade civil. Agora, para a constituição de sociedade de pedreiros (por ser uma prestação de serviço e não uma profissão intelectual), se constitui uma sociedade empresária, e não uma sociedade simples.

Para uma melhor compreensão sobre profissão intelectual, veja os itens que tratam do conceito de empresário, atividade empresarial e atividade intelectual, no Capítulo I.

Porém, aqui, cabe destacar que a palavra **"intelectual"** está relacionada ao que abrange o intelecto (inteligência); mental; erudito, estudioso, pensador. E que **profissional intelectual** não é necessariamente o mesmo que **profissional liberal**.

Liberal é o profissional independente, sem vínculo de exclusividade, que pode ser empresário (se exercer profissionalmente atividade econômica organizada para a produção ou a circulação de bens ou de serviços) ou intelectual.

Intelectual é aquele cuja profissão tem natureza científica (p.ex., químico, médico, arquiteto, engenheiro), literária (p.ex., escritor, poeta, compositor, articulista) e artística (p.ex., desenhista, fotógrafo, músico, produtor gráfico, artista plástico).

Antes de prosseguir, vale registrar que as sociedades simples, regidas pelos arts. 997 e s. do Código Civil, não estão sujeitas à Lei n. 11.101/2005 – Lei de Falências e Recuperação de Empresas –, pois essa norma é aplicável apenas às atividades empresariais.

2.4.1. Contrato social

Contrato social é o ato constitutivo de uma sociedade, que pode ocorrer por instrumento privado ou público. O empresário individual, por sua vez, faz requerimento de inscrição.

Na grande maioria dos casos as sociedades são concebidas por contratos na forma de instrumento privado. Mas em certas situações a exigência da escritura pública é indispensável, como, por exemplo, quando o capital social for integralizado com imóveis. Essa regra é válida para a sociedade simples, mas não para as sociedades limitadas e anônimas por força da Lei n 8.934/94, art. 35, VII, e Lei n 6.404/76, art. 89, respectivamente, que dispensam estes tipos

Direito societário   115

societários da escritura pública para incorporação de imóvel ao capital social. Nesse sentido, REsp-STJ 689.937.

É no contrato social que deve estar disposto o objeto da sociedade; a formação do capital social, com as respectivas quotas de cada sócio; os deveres e direitos de cada sócio etc.

A sociedade simples é constituída mediante contrato social que deve ser escrito, por instrumento particular ou público, e que pode ter cláusulas livremente estipuladas pelas partes (desde que não contrarie normas de ordem pública ou bons costumes).

Os atos e contratos que visem à constituição de pessoas jurídicas somente podem ser levados a registro quando assinados por advogado. Trata-se de uma das atividades privativas da advocacia, conforme o Estatuto da Advocacia – Lei n. 8.906/94, art. 1º, § 2º. Porém, essa regra fica dispensada no caso de ME e EPP, as quais poderão ser constituídas sem o visto do advogado por força do art. 9º, § 2º, da LC n. 123/2006. Quanto à assinatura de testemunhas, elas são facultativas, mas, se houver, será preciso que haja a devida identificação, com nome completo e o número de identidade. Ao final deste capítulo apresentamos modelos de contrato social e alteração de contrato social.

2.4.1.1. Cláusulas e requisitos

Entre as cláusulas do contrato social, deverão constar obrigatoriamente como requisitos mínimos (CC, art. 997):

1) qualificação dos sócios (com nome, endereço etc., podendo ser pessoas **físicas** ou **jurídicas**);
2) denominação, objetivo, sede e prazo da sociedade;
3) o capital social (que, além de dinheiro, pode compreender quaisquer bens valoráveis, como máquinas, patentes, marcas etc.);
4) a quota (parte do capital social) de cada sócio;
5) as incumbências do sócio que se obriga em contribuir com serviços;
6) as pessoas físicas que serão os administradores e seus respectivos poderes;
7) a participação de cada sócio nos lucros e nas perdas;
8) se os sócios respondem subsidiariamente pelas obrigações da sociedade.

Paulo Sérgio Restiffe, ao referir-se às cláusulas do contrato social, divide-as em cláusulas **essenciais** e cláusulas **não essenciais**. As primeiras (previstas em lei, especialmente no art. 997 do CC) seriam essenciais; as demais, estabelecidas de acordo com a conveniência dos sócios, seriam não essenciais[33], como, por exemplo, a cláusula que prevê a possibilidade de abertura de filial em outro Estado da Federação; ou uma cláusula compromissária de arbitragem (para dirimir eventuais conflitos societários).

2.4.1.2. Pacto separado

É importante destacar a questão do pacto separado, em especial, a possibilidade de sua admissão.

---

[33] Paulo Sérgio Restiffe. *Manual do novo direito comercial.* p. 89-90.

Pacto separado é um acordo feito fora do contrato ou alteração social (conhecido também como contrato de gaveta). Ele é válido entre os sócios.

No entanto, o pacto separado não tem eficácia em relação a terceiros (CC, art. 997, parágrafo único) em razão de ele não ter publicidade; não ser acessível a qualquer um, como ocorre com o contrato social que fica à disposição no órgão em que estiver registrada a sociedade. Por isso, também é conhecido como "contrato parassocial". O pacto separado pode ser o acordo de votos entre os sócios, o regimento interno da sociedade, o código de ética societário, o manual de reunião, entre outros.

2.4.1.3. Inscrição e Registro Civil das Pessoas Jurídicas

A inscrição da sociedade simples, conforme já abordado, deve ser feita no Registro Civil das Pessoas Jurídicas no prazo de **30 dias**, a contar da celebração do contrato (CC, art. 998, *caput*).

É a partir da sua inscrição no órgão registral que a sociedade simples adquirirá personalidade jurídica, produzindo os efeitos decorrentes deste ato: nome próprio; domicílio próprio etc.

2.4.1.4. Alterações contratuais

Todas as modificações do contrato social devem ser averbadas no respectivo registro (CC, art. 999, parágrafo único), sob pena de não ter validade perante terceiros, pela falta de publicidade do ato, que, por sua vez, se dá pela averbação perante o órgão registrador[34].

Alterações contratuais referentes aos temas previstos no art. 997 (elencados anteriormente) dependem de autorização de todos os sócios (unanimidade); as demais matérias podem ser decididas por maioria absoluta de votos (mais da metade do capital social) – salvo se o contrato previr deliberação unânime (CC, art. 999, *caput*).

2.4.1.5. Abertura de filial

Havendo filial (da sociedade simples), deve-se efetuar a sua inscrição no Registro Civil das Pessoas Jurídicas do local onde ela será estabelecida. Além disso, faz-se necessária a averbação no Registro Civil originário, em que estiver inscrita a matriz, informando sobre a abertura da filial (CC, art. 1.000).

Caso o contrato social da sociedade não preveja a possibilidade de abertura de filial, primeiro será necessária a alteração desse contrato para constar tal previsão, depois deve-se

---

[34] Nesse sentido, para efeitos ilustrativos: Citação. Pessoa jurídica. Sociedade simples que adota o tipo de responsabilidade limitada. Alteração contratual não averbada. Impossibilidade de oposição a terceiros. Locação não residencial. Contrato assinado por representante legal devidamente citado. Transcurso do prazo prescrito para oferta de contestação, considerados o termo inicial fixado pelo art. 241, II, do Código de Processo Civil. Legitimidade. Matéria de ordem pública. Possível conhecimento de ofício e, por isso, arguição por simples petição, sem prejuízo. Agravo não provido (AI 0068046-32.2009.8.26.0000/SP, TJSP, rel. Sá Moreira de Oliveira, *DJ* 29-6-2009).

proceder à efetiva abertura, com inscrição no registro do local da filiação, e por fim inserir essa informação no registro da matriz.

Dessa forma, muitos contratos sociais, desde logo, preveem a possibilidade de abertura de filial, ainda que os sócios efetivamente nem sequer cogitem de tal ato. Isso é realizado para prevenir a necessidade de alteração do contrato social antes de eventual abertura (sem mencionar que é necessário se dispor de verbas para se averbar alteração de contrato social).

2.4.2. Direitos e obrigações dos sócios

Entre outros assuntos, o contrato social pode prever quais são os direitos e as obrigações dos sócios. No entanto, há alguns direitos e obrigações que são decorrentes da lei.

2.4.2.1. Direitos e obrigações contratuais

Os direitos e obrigações contratuais são aqueles previstos no contrato social que não estão elencados em lei.

Como já estudado, a sociedade tem natureza contratual; logo, as partes são livres para contratarem da forma como bem entenderem, podendo estabelecer direitos e obrigações entre elas; ou esses podem ser alterados quando não houver proibição legal. Isso decorre da autonomia privada, refletida nos princípios da liberdade de contratar atipicamente e da livre-iniciativa.

Pode-se afirmar que o limite para essa liberdade de estabelecer e até alterar direitos e obrigações, entre os sócios no contrato social, está contido nas normas de ordem pública (que não podem deixar de ser observadas pelas partes, por sua natureza de regra cogente), nos bons costumes e nos princípios do direito como a boa-fé e a função social do contrato.

Exemplificando, não pode haver uma cláusula no contrato social que prive um sócio de participar dos lucros. Tratar-se-ia de uma disposição privada que iria ferir uma norma de ordem pública, no caso o art. 1.008 do Código Civil.

Rubens Requião lembra que essa disposição vedatória, da participação nos lucros por apenas um sócio, já constava no Código Comercial de 1850, no revogado art. 288[35].

Além de tudo isso, a disposição de direitos e deveres contratuais entre os sócios está respaldada pelo próprio Código Civil, ao expressar no art. 997 que os sócios podem estipular cláusulas no contrato social.

2.4.2.2. Direitos e obrigações legais

Direitos e obrigações legais são aqueles previstos na legislação. No Código Civil, são previstos a partir do art. 1.001, que serão examinados a partir de agora.

As obrigações dos sócios começam imediatamente com a assinatura do contrato, ou outra data que dispuserem (mesmo que seja antes do seu registro), e terminam com a extinção das responsabilidades da sociedade após a sua liquidação (CC, art. 1.001).

---

[35] Rubens Requião. *Curso de direito comercial*. v. 1, p. 411.

O sócio não pode ser **substituído** no exercício de suas funções sem o consentimento dos outros sócios, o que deve ser expresso em alteração do contrato social (CC, art. 1.002).

Com relação à cessão (transferência) de quotas, ela pode ser total ou parcial, devendo ser feita com o consentimento dos outros sócios, bem como com a devida alteração do contrato social (CC, art. 1.003, *caput*). Essa necessidade de consentimento dos demais sócios para a cessão de quotas caracteriza a sociedade simples como uma sociedade de pessoas.

Contudo, o cedente (aquele que cedeu as quotas) responde solidariamente com o cessionário (aquele que adquiriu as quotas), por **2 anos** (a contar da averbação da modificação do contrato), pelas obrigações da época que era sócio (CC, art. 1.003, parágrafo único)[36]. Essa responsabilidade é perante a sociedade e terceiros[37].

Cabe mencionar que o sócio está obrigado a dar suas contribuições à medida do que foi previsto no contrato, e não o fazendo no prazo de **30 dias**, após uma notificação da sociedade, deverá responder pelos danos causados (CC, art. 1.004, *caput*). Nesse caso, a notificação é necessária, a fim de interpelar o devedor da prestação (é a chamada mora *ex persona*, que difere da mora *ex re*, pois esta não precisa de interpelação do devedor).

Vale o apontamento de que a quota social pode ser composta por bens ou créditos, sendo que o sócio que os transmitiram à sociedade responderá pela evicção e vícios dos bens e pela solvência dos créditos (CC, art. 1.005). Isto é, se o sócio é credor de um título transferindo-o à sociedade e se ao tempo do vencimento esse título não é quitado pelo seu devedor principal, o sócio responde pelo inadimplemento, seja pela regra do art. 1.005, seja pela regra do endosso (se for o caso), que faz do endossante codevedor do crédito.

Também é importante destacar que o sócio que participa da sociedade com seus serviços – mão de obra – não pode exercer outra atividade estranha à sociedade, sob pena de não receber dividendos e de ser excluído do quadro societário (CC, art. 1.006). Ou seja, o sócio deve ter dedicação exclusiva, salvo se houver previsão contratual que o autorize a realizar serviços fora da sociedade constituída, como costuma acontecer nas sociedades formadas por médicos, que exercem seu ofício também em outras instituições.

A seu tempo, o Código Comercial de 1850 chamava de **sócio de indústria** o sócio que participava exclusivamente com serviços em uma sociedade. Na vigência dessa norma, existia a sociedade de capital e indústria, arts. 317 a 324, cujo **sócio de capital** era o que

---

[36] Sobre a contagem do prazo de 2 anos é a decisão do Tribunal de Justiça do Rio de Janeiro, a seguir: Direito Empresarial. Agravo de Instrumento. Cessão de quotas. Averbação no registro competente. Efeitos. Bloqueio de valores. Responsabilidade dos sócios. Legitimidade à luz do art. 1.003, parágrafo único, do Código Civil. (...) 2. Responsabilidade dos sócios legítima, até dois anos após a averbação da modificação do contrato no registro competente, pois solidários o cedente e o cessionário, perante a sociedade e terceiros, pelas obrigações que tinha como sócio, nos exatos termos do art. 1.003, **parágrafo único**, Código Civil. (...) (Ag 578904320108190000/RJ, rel. Des. Adolpho Andrade Mello, *DJ* 2-3-2011).

[37] No plano do Direito do Trabalho, à luz do art. 10-A da CLT (Incluído pela Lei n. 13.467/2017): "O sócio retirante responde subsidiariamente pelas obrigações trabalhistas da sociedade relativas ao período em que figurou como sócio, somente em ações ajuizadas até dois anos depois de averbada a modificação do contrato, observada a seguinte ordem de preferência: I – a empresa devedora; II – os sócios atuais; e III – os sócios retirantes. Parágrafo único. O sócio retirante responderá solidariamente com os demais quando ficar comprovada fraude na alteração societária decorrente da modificação do contrato.

ingressava na sociedade com recursos financeiros, e o sócio de indústria, o que contribuía com serviços.

2.4.2.2.1. Participação nos lucros e prejuízos

Em geral, os sócios participam dos lucros e das perdas de uma sociedade, na proporção de suas quotas. Mas os sócios que contribuem com serviços apenas participam dos lucros, de acordo com suas quotas (CC, art. 1.007).

Respeitando essa regra, não pode haver estipulação contratual que prive sócios de participar de lucros ou prejuízos (CC, art. 1.008), seja em pacto separado, seja em cláusula do contrato social.

Se houver lucros ilícitos ou fictícios, uma vez distribuídos, acarretam responsabilidade **solidária** aos administradores e aos sócios que os receberam (CC, art. 1.009). Como veremos, originalmente, a responsabilidade dos sócios da sociedade simples é subsidiária. Neste caso, em razão da distribuição de lucros ilícitos, os sócios perderiam o benefício de ordem decorrente da subsidiariedade.

2.4.3. Administração e decisões sociais

2.4.3.1. Administração

Administrar significa dirigir ou organizar; em outras palavras, significa efetuar a gestão da empresa.

Dessa forma, a administração é um órgão da sociedade pelo qual ela assume as obrigações e exerce seus direitos (nesse sentido, o art. 1.022 do Código Civil). Administração é o órgão que executa as decisões tomadas pela sociedade (em razão das deliberações dos sócios), compreendendo a gestão das operações da atividade econômica e a representação da sociedade perante terceiros.

O administrador pode ser sócio ou não, sendo que somente pessoa natural (física) pode ser administrador(a). Isso é abstraído do art. 997, VI, do Código Civil. Esse dispositivo expressa "as pessoas naturais" incumbidas da administração sem fazer restrição à possibilidade de admissão de administrador não sócio.

Assim, não havendo vedação expressa nos dispositivos que tratam da sociedade simples, nem no ordenamento como um todo, é possível a sociedade simples ser administrada por pessoa natural estranha ao quadro societário (neste caso um colaborador); até porque se a sociedade simples admite sócios que sejam pessoas jurídicas, e havendo a necessidade de o administrador ser pessoa natural, necessariamente, neste caso, o administrador não será sócio.

O que se percebe na prática é o fato de muitas sociedades contratarem administradores constituídos na forma de pessoas jurídicas visando a afastar o vínculo empregatício e os encargos derivados. Isso, além de burlar a regra civil/empresarial que impede o administrador pessoa jurídica, afronta as normas trabalhistas.

Todo administrador deve agir com honestidade e ter o cuidado e a diligência que utiliza nos seus próprios negócios (CC, art. 1.011, *caput*).

Há algumas pessoas que estão impedidas de serem administradoras, como as condenadas por crime concursal (falimentar) ou peculato, entre outras hipóteses previstas no § 1º do art. 1.011 do Código Civil.

A nomeação do administrador poderá ser feita no próprio contrato social ou em ato separado, que deverá ser averbado no respectivo Registro Civil das Pessoas Jurídicas (CC, art. 1.012).

Frise-se que a nomeação do administrador, independentemente de ser no contrato social ou em ato separado (uma procuração), não deixa de ser um mandato. Vale explicitar que o mandato somente confere poderes gerais de administração (gestão), sendo que para se praticar atos que extravasem a administração ordinária é preciso haver a outorga de poderes especiais. De qualquer forma, o art. 997, VI, do Código Civil exige a menção expressa dos poderes e atribuições dos administradores.

Vale destacar que a sociedade simples pode ser administrada por um ou todos os sócios. No silêncio do contrato social, a administração é exercida por todos os sócios separadamente – o que em geral ocorre nas sociedades de porte pequeno (CC, art. 1.013, *caput*).

Os sócios administradores também podem impugnar as operações um do outro, respondendo o administrador por seu ato que deve saber ser contrário à vontade da maioria (CC, art. 1013, §§ 1º e 2º).

Quando houver mais de um administrador, as decisões são tomadas em conjunto por todos, salvo os casos de urgência que possam causar dano irreparável ou grave (CC, art. 1.014).

Ressalta-se que o administrador não pode ser substituído em suas funções, mas poderá nomear mandatário (CC, art. 1.018).

Se o sócio foi investido na administração da sociedade por ocasião do contrato social, isso não poderá ser revogado, salvo ordem judicial por justa causa. Será revogável, a qualquer época, se for o caso de ato separado (CC, art. 1.019).

O administrador deve prestar contas aos sócios, devendo fazer levantamentos anuais, bem como apresentar o balanço patrimonial e o balanço de resultado econômico (CC, art. 1.020). Sem prejuízo do que foi explicitado anteriormente, o balanço patrimonial reflete todo o histórico da sociedade, pela demonstração do ativo, passivo e patrimônio líquido; já o balanço de resultado econômico mostra apenas as receitas e despesas de um determinado período, por exemplo, do último ano de exercício.

Independentemente da prestação de contas, os sócios podem, a qualquer tempo, examinar os documentos e contas da sociedade, salvo pacto que fixa determinados períodos para o exame (CC, art. 1.021).

Não havendo a devida prestação de contas, isso pode ser exigido judicialmente[38].

A regra é que o administrador não tem responsabilidade pelos atos regulares efetuados na gestão da sociedade. A responsabilidade é da própria sociedade.

---

[38] Nesse sentido: Prestação de contas. Primeira fase. Propositura contra sócio administrador da empresa. Possibilidade. Falta de interesse de agir. Inocorrência. Administrador que não comprova ter prestado contas como lhe incumbia. Administração, ademais, que obriga à prestação de contas. Ação procedente. Sentença mantida. Recurso improvido (AP 0102529-26.2007.8.26.0011/SP, TJSP, rel. Vito Guglielmi, *DJ* 27-5-2010).

Mas o administrador responderá solidariamente perante a sociedade e os terceiros prejudicados quando agir com culpa (CC, art. 1.016)[39]. Aqui a expressão "culpa" deve ser entendida em sentido amplo: dolo, negligência, imprudência e imperícia, de forma omissiva ou pela falta de cautela.

2.4.3.1.1. *Teoria* ultra vires

Ultra vires quer dizer além dos poderes ou excesso de poderes; no Direito emprega-se atos ou teoria *ultra vires*.

Assim, a sociedade responde por suas obrigações, que, por sua vez, são firmadas pelo administrador. Mas essa responsabilidade existe quando o administrador firmou as obrigações nos limites de seus poderes definidos no contrato social, inscritos em registro próprio (CC, art. 47).

No entanto, a sociedade não tem responsabilidade pelos atos do administrador que excedam os limites de seus poderes.

Esses atos são os chamados atos *ultra vires*, pois são praticados sem poderes para tanto ou por terem excedido os seus poderes. Ricardo Negrão, ao referir-se à teoria *ultra vires*, afirma serem as operações estranhas ao objeto social[40].

Os atos *ultra vires* do administrador não vinculam a sociedade, desde que os poderes estejam no contrato social, pois, no silêncio do contrato, os administradores podem praticar todos os atos pertinentes à gestão da sociedade (CC, art. 1.015, cujo parágrafo único foi revogado pela Lei n. 14.195/2021).

2.4.3.1.2. *Teoria da aparência e boa-fé*

A teoria da aparência pode ser confrontada com a teoria *ultra vires*, em favor do terceiro que contratou com o administrador sem ter poderes para tanto.

Dessa forma, a teoria da aparência ocorre quando alguém, considerado por outros como titular de um direito, mas que na verdade não é, negocia com um terceiro de boa-fé.

Boa-fé significa "ter uma boa intenção", ou não ter a vontade de prejudicar a outra parte; é o comportamento que a sociedade espera do contratante[41].

Assim, a justificativa da construção dessa teoria se dá pela necessidade de se preservar a segurança jurídica das relações, bem como pela boa-fé de terceiros confiantes na aparência de realidade da situação. Nesse sentido, REsp-STJ 887.277.

No campo das obrigações firmadas por administrador, a teoria da aparência pode ser aplicada, pois o administrador não tem poderes para determinados atos, mas aparenta ter

---

[39] Veja a seguir a decisão do STJ acerca de responsabilidade solidária: Tributário. Execução fiscal. Responsabilidade solidária dos sócios. Lei 8.620/93. Art. 1.016 do CC e art. 135 do CTN. I – O sócio somente pode ser responsabilizado se ocorrerem concomitantemente duas condições: a) exercer atos de gestão e b) restar configurada a prática de tais atos com infração de lei, contrato ou estatuto ou que tenha havido a dissolução irregular da sociedade. (...) (AgRg no REsp 809640/DF, STJ, 1ª Turma, rel. Francisco Falcão, *DJe* 4-5-2006).

[40] Ricardo Negrão. *Direito empresarial*: estudo unificado. p. 35.

[41] Para mais detalhes sobre boa-fé, veja: Tarcisio Teixeira. *Manual da compra e venda*: doutrina, jurisprudência e prática. 3. ed. São Paulo: Saraiva, 2018. p. 28 e s.

uma postura negligente da sociedade, por conhecer e permitir a prática desses atos; e inclusive, muitas vezes, se aproveitando deles[42].

Nesse caso, uma situação real e fática (os atos praticados com aparência de regularidade) prevalece sobre a situação formal de direito (a ausência de poderes para a prática dos atos).

2.4.3.2. Decisões sociais. Conflitos de interesses

Quando se tratar de assuntos da sociedade, estabelecidos pelo contrato social ou pela lei, que devam ser decididos pelos sócios (não pelo órgão da administração), as deliberações serão realizadas por maioria de votos (CC, art. 1.010, *caput*).

A maioria de votos ocorre pela contagem do valor das quotas de cada sócio, ou seja, os votos são proporcionais à quantidade e aos valores das respectivas quotas. Para a formação da maioria de votos, são necessários votos que correspondam a mais da metade do capital social (CC, art. 1.010, *caput*, § 1º). Isso é a chamada maioria absoluta de votos, que se diferencia da maioria relativa na qual se leva em conta os votos correspondentes aos presentes para se apurar a maioria de votos.

No entanto, a lei pode prever quórum qualificado para determinadas matérias, por exemplo, unanimidade dos sócios para a dissolução da sociedade por prazo determinado, conforme o art. 1.033, II.

Se houver conflito de interesses entre sócio e sociedade, ou seja, se o interesse particular de um sócio for contrário ao interesse da sociedade em alguma operação, o sócio deve abster-se de votar, sob pena de responder por perdas e danos caso o seu voto seja decisivo na deliberação (CC, art. 1.010, § 3º). Isso pode acontecer, por exemplo, no caso da decisão da sociedade em contratar com um amigo ou parente daquele sócio.

O conflito de interesse entre sócio e sociedade pode ser **positivo** ou **negativo**. O conflito positivo favorece a si próprio ou a terceiro, e o negativo prejudica terceiro; porém, em ambos os casos há prejuízo ao interesse da sociedade, uma vez que mesmo no conflito negativo o interesse da sociedade é esquecido com o fim de impor algo danoso a outrem. Exemplificativamente, o administrador pode decidir por adquirir insumos de um fornecedor com quem tenha amizade, ainda que por um preço acima da média de mercado, a fim de favorecê-lo em detrimento da empresa (conflito positivo); ou deixar de comprar o mesmo insumo de certo fornecedor, que tenha o melhor custo-benefício para a empresa, por mera questão pessoal de falta de simpatia pelo fornecedor (conflito negativo).

---

[42] Sobre a teoria da aparência: Direito Comercial. Sociedade por quotas de responsabilidade limitada. Garantia assinada por sócio a empresas do mesmo grupo econômico. Excesso de poder. Responsabilidade da sociedade. Teoria dos atos *ultra vires*. Inaplicabilidade. Relevância da boa-fé e da aparência. Ato negocial que retornou em benefício da sociedade garantidora. (...) (REsp 704.546/DF, STJ, 4ª Turma, rel. Min. Luis Felipe Salomão, *DJe* 8-6-2010).

2.4.4. Relação com terceiros e responsabilidade dos sócios

Sociedade simples é uma pessoa jurídica com capacidade de adquirir direitos e de contrair obrigações por meio de sua administração (CC, art. 1.022), e, como tal, se relaciona com outras pessoas físicas ou jurídicas durante a sua existência.

A regra é que, na sociedade simples, a responsabilidade dos sócios é **ilimitada**, respondendo **subsidiariamente** pelo saldo das dívidas que não foram pagas pela sociedade, na proporção de suas quotas (CC, art. 1.023).

Vale reafirmar que **subsidiária** é a responsabilidade do sócio que se dá como uma espécie de garantia acessória, ou seja, o sócio responderá apenas quando a sociedade não tiver bens suficientes. De modo diferente, a **solidária** trata-se de uma responsabilidade mútua entre os sócios e a sociedade, respondendo todos concomitantemente.

Pela regra da responsabilidade ilimitada da sociedade simples, os bens particulares dos sócios apenas podem ser executados depois da execução dos bens da sociedade (CC, art. 1.024, e CPC, art. 795) [CPC/73, art. 596]. Trata-se do benefício de ordem já abordado anteriormente.

No entanto, a sociedade simples pode assumir a forma de "limitada", conforme prevê o art. 983 do Código Civil, o que **limita a responsabilidade** de seus sócios ao valor de suas respectivas quotas. Neste caso, deverá ser acrescida à sua denominação a expressão "**ltda.**". Esse fato não transforma a sociedade simples em sociedade empresária, logo, mesmo tendo os seus sócios responsabilidade limitada, ela continuará sendo registrada no Registro Civil das Pessoas Jurídicas.

O novo sócio, ou seja, aquele que ingressa na sociedade já constituída, responde pelas dívidas sociais anteriores ao seu ingresso (CC, art. 1.025).

Herdeiros ou cônjuges que se separaram judicialmente não podem exigir a sua parte social até que se liquide a sociedade, apenas a divisão periódica de lucros (CC, art. 1.027).

2.4.5. Resolução da sociedade em relação a um sócio (exclusão de sócio)

Resolução tem o sentido de rescisão, no caso, a rescisão da sociedade com relação a um de seus sócios, ou seja, a saída de um sócio da sociedade.

Várias são as hipóteses de uma resolução: morte de sócio, direito de retirada, falta grave, incapacidade superveniente, falência de sócio e sócio devedor, conforme já foi tratado em outro item deste livro, para o qual remetemos o leitor.

2.4.6. Dissolução

A dissolução total da sociedade simples pode ocorrer nas seguintes hipóteses já tratadas anteriormente (CC, art. 1.033): quando ocorre o término do prazo de duração da sociedade por prazo determinado; pelo consenso de todos os sócios, na sociedade de prazo determinado; pela vontade dos sócios, considerando a maioria de votos, na sociedade por prazo indeterminado; quando for extinta sua autorização para funcionar; outros casos previstos no contrato social.

Tais possibilidades já foram objeto de estudo no item denominado "dissolução total", o qual o leitor deve conferir.

2.5. SOCIEDADE EM NOME COLETIVO

"Nome coletivo" é uma expressão que serve para evidenciar que se trata de um tipo societário em que, coletivamente (ou seja, em conjunto), todos os sócios respondem pelas dívidas da sociedade de forma ilimitada. Ela pertence ao quadro das sociedades personificadas por ter personalidade jurídica.

A sociedade em nome coletivo é composta exclusivamente por pessoas físicas, em que se pressupõe uma afinidade entre os sócios. Por isso, é uma sociedade de pessoas (*affectio societatis* – ânimo de contrair sociedade entre os sócios em razão de seus atributos pessoais e/ou profissionais).

Neste tipo societário, a pessoa jurídica não pode ser sócia, como ocorre em outras sociedades.

Na sociedade em nome coletivo, todos os sócios respondem de forma **solidária** e **ilimitada** pelas obrigações da sociedade. Podem os sócios limitar suas responsabilidades entre si, o que não prejudica a responsabilidade solidária e ilimitada deles perante terceiros, podendo ser feito no ato constitutivo ou documento posterior (CC, art. 1.039).

O contrato social da sociedade em nome coletivo deve observar requisitos mínimos, elencados no art. 997 do Código Civil.

Além disso, no contrato social, deve constar a **firma social** (CC, art. 1.041). Isso porque, em uma sociedade, a firma social demonstra quem são os sócios (pelos seus nomes estampados na firma), bem como revela que as suas responsabilidades são ilimitadas.

Contudo, na sociedade em nome coletivo, deve constar o nome civil de todos os sócios, ou de pelo menos um deles, seguido da expressão "e companhia" ou "e cia." (CC, arts. 1.157 e 1.158, § 1º). Isso identifica o tipo societário em nome coletivo, ou seja, os sócios coletivamente respondem pelas dívidas da sociedade, solidária e ilimitadamente. Não se pode confundir "Companhia" ou "Cia." como expressões equivalentes de sociedade anônima; sendo que, nesse caso, as expressões não podem estar no final da denominação justamente para evitar confusão com a sociedade em nome coletivo.

A administração da sociedade em nome coletivo só pode ser exercida pelos sócios (CC, art. 1.042). Diferindo, portanto, das sociedades simples, limitada e anônima que podem ser administradas por pessoas não sócias.

Com relação ao regime jurídico, a sociedade em nome coletivo deve seguir as regras da sociedade simples, na omissão dos arts. 1.039 a 1.044, referentes ao capítulo desta sociedade no Código Civil.

Já no que se refere à dissolução da sociedade em nome coletivo, ela ocorre pelas mesmas causas da sociedade simples. No entanto, se for sociedade empresária, também se dissolve pela decretação de falência (CC, art. 1.044).

O que determina se a sociedade é empresária é o fato de o seu objeto social estar relacionado com a produção ou circulação de bens ou de serviços (registrável na Junta Comercial). Diversamente, as sociedades simples são aquelas cujo objeto social está voltado ao desenvolvimento de atividade intelectual-literária, artística ou científica (registrada no Registro Civil das Pessoas Jurídicas).

Assim, o que se pode abstrair de tal regra, positivada pelo Código Civil, é que a sociedade em nome coletivo pode ter seu objeto social voltado para desenvolver atividade intelectual ou empresarial, e apenas nesse último caso é cabível a falência como forma de dissolução.

2.6. SOCIEDADE EM COMANDITA SIMPLES

A sociedade em comandita simples é aquela em que há sócios com responsabilidade limitada e sócios com responsabilidade ilimitada e solidária. Essa sociedade possui personalidade jurídica e pertence ao quadro das sociedades personificadas. A expressão "simples" vale para diferenciá-la da sociedade em comandita por ações, a qual é uma espécie de sociedade anônima, que estudaremos adiante.

Comandita significa administrada ou comandada. É um termo derivado do italiano *accomandita*, cujo significado era guarda ou depósito, uma vez que, no passado, pessoas confiavam seu capital a outrem para que este o administrasse em seu nome e risco.

Neste tipo societário, existe uma mistura das responsabilidades, pois existem os sócios comanditados e comanditários.

Sócios **comanditados** são aqueles com responsabilidade *solidária* e *ilimitada*, que necessariamente devem ser "pessoas físicas" (CC, art. 1.045, *caput*). Trata-se do sócio que comanda e administra a sociedade.

Já os sócios **comanditários** têm responsabilidade *limitada* ao valor de suas quotas sociais e podem ser "pessoas físicas ou jurídicas" (CC, art. 1.045, *caput*).

Salienta-se que a sociedade em comandita simples está em desuso, mas resguarda na sua concepção a possibilidade de ter investidores em determinados empreendimentos, assegurando-lhes uma responsabilidade limitada às suas quotas (na condição de comanditários), e empreendedores, que efetivamente irão trabalhar no negócio (na condição de comanditados), o que não ocorre na sociedade em nome coletivo.

No contrato social deverá estar descrito quais são os sócios comanditados e os comanditários (CC, art. 1.045, parágrafo único).

Os sócios comanditários respondem apenas pela integralização de suas quotas, de forma limitada; entram na sociedade apenas com capital, não participando da gestão da sociedade[43]. Ou seja, somente os comanditados podem ser os administradores da sociedade em comandita simples.

Por sua vez, os sócios comanditados entram com capital e trabalho, administram a sociedade e respondem ilimitadamente aos terceiros[44].

Aplicam-se à sociedade em comandita simples as regras da sociedade em nome coletivo, no que não for incompatível (CC, art. 1.046, *caput*). Essas regras também se aplicam às normas da sociedade simples, pois, se as regras da sociedade simples são aplicáveis à sociedade em nome coletivo, logo, também são aplicáveis à sociedade em comandita simples.

---

[43] Nesse sentido, Rubens Requião. *Curso de direito comercial*. v. 1, p. 436.

[44] Sobre a diferenciação entre sócios comanditários e comanditados, é a decisão do Tribunal de Justiça do Distrito Federal: Processo Civil e Empresarial. (...) Sociedade em comandita simples. Litigância de má-fé. Alteração da verdade dos fatos. Constatação. Honorários advocatícios. Redução. Correção monetária. Alteração de marco inicial. Inexistência de *reformatio in pejus*. (...) 2. A sociedade em comandita simples caracteriza-se por possuir duas categorias de sócios: os comanditados, responsáveis solidária e ilimitadamente pelas obrigações sociais, e os comanditários, obrigados somente até o valor de sua quota-parte. Essa reflete a exegese do art. 1.045 do Código Civil. O autor, na qualidade de sócio-investidor, ou seja, comanditário, contribuía, apenas, para formação do capital social da empresa. (...) (AP 8309257200780700001/DF, TJDF, rel. Flavio Rostirola, *DJ* 10-3-2010).

2.7. SOCIEDADE LIMITADA

A expressão "limitada" está relacionada com o fato de a responsabilidade do(s) sócio(s) nesse tipo de sociedade ser limitada ao valor de suas quotas, como regra geral.

Tendo surgido na Alemanha em 1892, por meio de uma iniciativa legislativa (e não como um fato que precedeu a disciplina normativa, o que em geral ocorre com os institutos do Direito Empresarial), a sociedade limitada buscava atender ao anseio para a limitação da responsabilidade de pequenos e médios empreendedores, haja vista a existência anterior da sociedade anônima, para empreendimentos maiores e com limitação de responsabilidade[45].

Pode-se dizer que a sociedade limitada é uma mistura de sociedade de capital (principalmente, em razão da limitação da responsabilidade) e sociedade de pessoa (pela afinidade pessoal e/ou profissional entre os sócios e pela simplicidade de sua constituição quando comparada com a sociedade anônima). No fundo, serão as regras sobre cessão de quotas quem irão definir se determinada sociedade limitada tem características de sociedade de pessoas ou de capital.

No Brasil, antes do Código Civil de 2002, a sociedade limitada era regulada pelo Decreto n. 3.708/1919, sendo denominada "sociedade por quotas de responsabilidade limitada", cuja nomenclatura era muito melhor do que a atual, "sociedade limitada". Isso porque a limitação da responsabilidade está vinculada às quotas de cada sócio; não é a sociedade que tem responsabilidade limitada, mas sim os sócios, de acordo com suas quotas.

Sem dúvida é o tipo societário mais utilizado no território nacional, o qual terá suas regras estudadas a seguir. É uma sociedade personificada, pois tem personalidade jurídica.

2.7.1. Disposições preliminares. Sociedade Limitada Unipessoal – SLU

Sociedade limitada é aquela cujos sócios têm responsabilidade restrita ao valor de suas quotas, mas todos respondem solidariamente pela integralização do capital social (CC, art. 1.052, *caput*).

Tradicionalmente, as sociedades limitadas foram compostas por no mínimo dois sócios. Entretanto, por força das alterações promovidas pela Lei da Liberdade Econômica (Lei n. 13.874/2019) ao art. 1.052 do Código Civil, foi a este acrescentado o § 1º, o qual prevê a possibilidade de a sociedade limitada poder ser constituída por apenas uma pessoa (o que o legislador intitula como "unipessoal", conforme redação do § 2º do art. 1.052).

Tem-se, portanto, a **Sociedade Limitada Unipessoal – SLU**, a qual tem muito de seus fundamentos na Empresa Individual de Responsabilidade Limitada – EIRELI [revogada pela Lei n. 14.382/2022, objeto de estudo em outro item deste livro].

Em geral, à SLU são aplicadas todas as regras da sociedade limitada ["clássica" com 2 ou mais sócios], por exemplo, a respeito do nome empresarial. Entretanto, há regras que são incompatíveis, como as que estabelecem a necessidade da observância de quóruns qualificados de votação, uma vez que isso só faz sentido em sociedades com 2 ou mais sócios.

Em caso de omissões deste Capítulo, que trata da sociedade limitada, arts. 1.052 a 1.087, aplicam-se de forma subsidiária (supletiva) as disposições da **sociedade simples**, por exemplo, quanto às hipóteses de dissolução (CC, art. 1.053).

---

[45] Fábio Ulhoa Coelho. *Curso de direito comercial*: direito de empresa. 8. ed. São Paulo: Saraiva, 2008. v. 3, p. 366.

Mas, se preferir, o contrato social da sociedade limitada pode prever a aplicação subsidiária da legislação da **sociedade anônima**, Lei n. 6.404/76. No entanto, se dele não constar nenhuma previsão, aplica-se o regime jurídico da sociedade simples (CC, art. 1.053).

A opção em escolher a aplicação supletiva das regras da sociedade simples ou da sociedade anônima vai depender da necessidade dos sócios, pois as regras da sociedade simples são menos complexas que as da anônima, o que facilita a administração principalmente de pequenas e médias sociedades. No entanto, a disciplina da sociedade anônima possui um sistema de controle mais aprofundado, importante para sociedades com grande número de sócios, inclusive com a necessidade de publicação de balanço etc. Vale esclarecer que a opção pelo regime supletivo da Lei n. 6.404/76 não implica renúncia às regras fixadas para as sociedades limitadas (arts. 1.052 a 1.087 do CC).

Com relação ao contrato social da sociedade limitada, ele deve conter os requisitos do art. 997, no que for compatível. Poderá adotar denominação ou firma social; neste caso deve ter o nome de um ou mais sócios no nome empresarial (CC, art. 1.054 c/c o art. 1.158).

Além disso, no nome empresarial da sociedade limitada devem constar o objeto social e a expressão "Limitada", ou sua abreviação "Ltda.", sob pena de responsabilidade solidária e ilimitada dos administradores (CC, art. 1.158, *caput*, §§ 2º e 3º).

Sendo a sociedade limitada formada apenas por uma pessoa, aplicar-se-ão ao documento de constituição do sócio único, no que couber, as disposições sobre o contrato social. Isso está previsto no § 2º, incluído ao art. 1.052 do Código Civil pela Lei da Liberdade Econômica (Lei n. 13.874/2019).

Também, quanto ao contrato social da sociedade limitada, ele pode ser feito por escritura pública ou por instrumento privado. Na grande maioria dos casos, as sociedades limitadas são concebidas por contratos sociais na forma de instrumento privado, mesmo para a integralização de imóveis ao capital social, haja vista o disposto na Lei n. 8.934/94, art. 35, VII.

Tendo os sócios integralizado o capital social, a responsabilidade de cada um deles fica limitada ao efetivo valor de suas respectivas quotas, não havendo responsabilidade pessoal por dívidas da sociedade, conforme a regra geral[46]. Entretanto, se o capital ainda estiver subscrito/prometido (ou seja, não integralizado) os sócios poderão ser condenados de forma solidária a integralizá-lo, caso em que o **limite** da condenação seria a quantia restante para compor o valor do capital social. Isso não deve ser confundido com outras situações, como as de fraude ou confusão patrimonial em que poderá haver a desconsideração da personalidade jurídica, sendo que neste caso o limite não é o valor do capital social, mas sim os bens pessoais dos sócios.

Especificamente em relação à integralização do capital social, na sociedade limitada há liberdade para se estabelecer isso, conforme o melhor entendimento dos sócios, não sendo

---

[46] Nesse sentido: Sociedade limitada. Responsabilidade dos sócios perante os credores. Integralização do capital social. 1 – Na sociedade limitada, o limite da responsabilidade dos sócios, perante os credores, é o total do capital social subscrito e não integralizado (art. 1.052, CC). 2 – Se ficar provado que os sócios não aportaram, de fato, o valor formalmente referido como capital integralizado, eles poderão ser responsabilizados pela diferença. 3 – Não há, no Direito brasileiro, a obrigação do sócio de manter ou reintegrar o capital social, na hipótese de exaurimento do patrimônio da limitada. (...) (Ag 209069320108070000/DF, TJDF, rel. Jair Soares, *DJ* 9-2-2011).

rígido como na sociedade anônima (que deve ser comprovada por algumas formalidades previstas na Lei n. 6.404/76, art. 8º c/c os arts. 88 e s.).

O controle da integralização na sociedade limitada, na maioria das vezes, não espelha o previsto no contrato social, ou não existe, sendo que nestes casos os sócios responderam solidariamente pela integralização do capital social não integralizado.

Na prática, no momento da formação de uma sociedade, os sócios estimam o capital que será necessário ao empreendimento. Esses recursos podem consistir em bens materiais e imateriais, desde que passíveis de avaliação pecuniária, como, por exemplo, dinheiro em espécie; crédito (decorrente de endosso ou cessão de crédito); direitos (como o de participação societária); móveis; imóveis; propriedade intelectual (direitos autorais, marcas, patentes etc.). Sendo estes bens transferidos pelos sócios à sociedade, eles passarão a integralizar o capital social da sociedade (capital integralizado).

2.7.2. Capital social – subscrito e integralizado; aumento e redução. Quotas

Capital social é o patrimônio **inicial** da sociedade conforme estabelecido no ato constitutivo. Diz-se inicial porque, com o passar do tempo, a sociedade pode ter seu patrimônio aumentado ou diminuído na prática (patrimônio **real**), sem necessariamente o seu capital ter sido aumentado ou diminuído por alteração do contrato social.

Assim, depois de um tempo, o valor do capital social não coincidirá necessariamente com o valor patrimonial da empresa. De qualquer forma, a responsabilidade dos sócios está relacionada com o valor do capital social, na proporção de suas quotas, salvo se não tiver ocorrido a integralização total do capital. Mas, quanto aos direitos dos sócios em caso de dissolução parcial (como, por exemplo, pelo direito de retirada) ou liquidação da sociedade, eles recebem proporcionalmente às suas quotas um percentual sobre o valor patrimonial da empresa (a ser apurado por balanço), não apenas sobre o valor do capital social.

É bom deixar claro que, enquanto ente dotado de personalidade jurídica, com direitos, deveres e patrimônio próprios, a sociedade limitada responde por suas dívidas com todo o seu patrimônio empresarial, não sendo a sua responsabilidade vinculada tão somente ao valor do seu capital social previsto em seu contrato societário. O valor do capital social e as respectivas quotas limitam a responsabilidade dos sócios, mas a responsabilidade da sociedade está atrelada a todo o seu patrimônio real.

Não se pode deixar de expressar o princípio da **veracidade do capital social**, o qual significa que o valor declarado como capital social deve ser autêntico, devendo assim refletir exatamente o montante dos bens integralizados pelos sócios. A falta de observância deste princípio pode ser considerada uma fraude, podendo implicar na desconsideração da personalidade jurídica em desfavor dos sócios.

O capital social é dividido em quotas. **Quota** significa a parte ou a porção de determinado objeto, no caso do capital social. A quota atribui um **direito** patrimonial sobre o valor real da sociedade, bem como um direito político referente ao de votar nas deliberações sociais (reuniões ou assembleias).

Capital subscrito é aquele prometido pelos sócios para a formação da sociedade, ou seja, para a composição do patrimônio inicial da sociedade. **Quota subscrita** é a parte que cada um dos sócios promete, ou seja, se comprometeu a integralizar perante a sociedade e os sócios.

Por sua vez, **capital integralizado** significa aquele que já foi entregue pelos sócios.

No entanto, é o contrato social quem vai dispor o momento da integralização do capital. O capital subscrito pode ser integralizado **à vista** (quando da constituição da sociedade, no caso de a sociedade necessitar da integralização para seu início) ou **a prazo** (inclusive podendo ser de forma parcelada).

O valor do capital social pode ser alterado, diminuído ou aumentado. Tanto no aumento como na diminuição, deve-se alterar o contrato social e levá-lo ao registro para averbação, a fim de dar publicidade ao ato.

No **aumento** de capital, os sócios têm preferência na integralização das novas quotas, no prazo de 30 dias, na mesma proporção das quotas de que já são titulares. Não o fazendo, essas poderão ser integralizadas por terceiros (CC, art. 1.081, *caput*, § 1º).

Já a **diminuição** ocorre quando, depois de integralizado o capital, houver perdas irreparáveis ou o capital for excessivo com relação ao objeto da sociedade. Assim, haverá diminuição proporcional nas quotas dos sócios (CC, arts. 1.082 e 1.083). Também pode ser o caso de dissolução parcial, como pelo exercício do direito de retirada.

Como visto, com a integralização do capital social, a responsabilidade dos sócios fica limitada ao efetivo valor de suas quotas, via de regra, pois é possível a aplicação da desconsideração da personalidade jurídica, mas apenas excepcionalmente nos casos autorizados por lei[47].

Entre as obrigações dos sócios, a principal é a de colaborar para a formação do capital social, composto pelo total das contribuições que esses se obrigam a transferir à sociedade[48], conforme suas quotas.

A **divisão do capital** social se dá em **quotas** de valores idênticos ou de valores distintos, cabendo uma ou mais quotas a cada um dos sócios (CC, art. 1.055, *caput*).

Todavia, a atitude mais usual é dividir o capital em quotas de igual valor, cabendo a cada um dos sócios determinado número delas. Por exemplo, num capital social de R$ 10.000,00, cada quota tem o valor de R$ 1,00, contabilizando um total de 10 mil quotas, sendo que,

---

[47] Tratando do tema sob a perspectiva da sociedade por quotas de responsabilidade limitada, segue trecho de uma decisão do STJ: Comercial, Civil e Processo Civil. (...) Declaração de desconsideração da personalidade jurídica. Necessidade de comprovação de abuso. Encerramento de atividade sem baixa na junta comercial. Circunstância insuficiente à presunção de fraude ou má-fé na condução dos negócios. Arts. 592, II, e 596 do CPC. Normas em branco, que não devem ser aplicadas de forma solitária. Sociedade por quotas de responsabilidade limitada. Ausência de administração irregular e do capital social integralizado. Sócios não respondem pelo prejuízo social. Precedentes. (...) – A excepcional penetração no âmago da pessoa jurídica, com o levantamento do manto que protege essa independência patrimonial, exige a presença do pressuposto específico do abuso da personalidade jurídica, com a finalidade de lesão a direito de terceiro, infração da lei ou descumprimento de contrato. – O simples fato da recorrida ter encerrado suas atividades operacionais e ainda estar inscrita na Junta Comercial não é, por si só, indicativo de que tenha havido fraude ou má-fé na condução dos seus negócios. (...) – Os sócios de empresa constituída sob a forma de sociedade por quotas de responsabilidade limitada **não respondem pelos prejuízos sociais, desde que não tenha havido administração irregular e haja integralização do capital social.** Recurso especial não conhecido (REsp 876.974/SP, STJ, 3ª Turma, rel. Min. Nancy Andrighi, *DJe* 27-8-2007).

[48] Paulo Sérgio Restiffe. *Manual do novo direito comercial.* p. 123-124.

se um sócio tiver 6 mil quotas, ele terá 60% do patrimônio da empresa, e o outro, com 4 mil quotas, terá 40%. Isso é de grande ajuda para facilitar a partilha de quotas, como no caso do sócio que pretende ceder parte das quotas, querendo ficar com a outra parte.

Vale ter em conta que pela exata estimação do valor dos bens (materiais e imateriais) entregues para formar o capital social respondem solidariamente todos os sócios, até o prazo de cinco anos da data do registro da sociedade (CC, art. 1.055, § 1º). Isso porque, o bem será integralizado ao capital social pelo valor estimado pelos sócios e que será previsto no contrato social. Diferentemente, na sociedade anônima é preciso haver a avaliação dos bens por empresa especializada ou por três peritos, sendo o bem integralizado pelo valor de avaliação (Lei n. 6.404/76, art. 8º, *caput*).

É vedada a participação de sócio que entre para a sociedade apenas com sua **prestação de serviços** (art. 1.055, § 2º) [o sócio que participava exclusivamente com serviços, no Código Comercial de 1850, arts. 317 a 324, era conhecido como sócio de "indústria"]. Na sociedade limitada é preciso haver participação com capital (dinheiro ou bens). Comparativamente, na sociedade simples é possível o sócio compor o quadro societário somente com serviço, à luz do art. 1.006 do Código Civil.

Há a possibilidade de haver **condomínio de quotas**, que se dá quando uma quota é de propriedade de mais de uma pessoa – vários são titulares da mesma quota (CC, art. 1.056, § 1º). Isso se dá, por exemplo, quando ocorre a morte de um sócio, devendo haver um condômino representante, neste caso, o inventariante.

Também é possível o sócio ceder sua quota, total ou parcialmente, tendo efeitos perante terceiros após a averbação no Registro (CC, art. 1.057).

Em caso de **cessão de quota**, devem-se observar as regras do contrato social. Se houver omissão do contrato, a cessão para outro sócio independe de audiência (autorização) dos demais. Já a cessão para terceiros não pode ter oposição de sócios que detenham mais de um quarto do capital social (CC, art. 1.057). Desse modo, a depender das regras previstas no contrato social quanto à cessão de quotas, uma sociedade limitada poderá ter características de sociedade de pessoas ou de capital.

Se houver **sócio remisso**, aquele que não integraliza suas quotas, ele poderá ser excluído em razão disso (CC, art. 1.058). Isso porque a integralização das quotas é uma das mais importantes obrigações dos sócios.

E, se os sócios distribuírem lucros ou retirarem quantias em prejuízo do capital da sociedade, os valores deverão ser repostos pelos sócios (CC, art. 1.059).

2.7.2.1. Quotas preferenciais

Uma inovação trazida pelo item 5.3.1 do anexo IV da Instrução Normativa DREI n. 81/2020 é possibilidade de haver quotas preferenciais na sociedade limitada[49].

---

[49] Instrução Normativa DREI n. 81/2020, Anexo IV, item 5.3.1: São admitidas quotas de classes distintas, nas proporções e condições definidas no contrato social, que atribuam a seus titulares direitos econômicos e políticos diversos, podendo ser suprimido ou limitado o direito de voto pelo sócio titular da quota preferencial respectiva, observados os limites da Lei n. 6.404, de 1976, aplicada supletivamente. Havendo quotas preferenciais sem direito a voto, para efeito de cálculo dos quóruns de instalação e deliberação previstos no Código Civil consideram-se apenas as quotas com direito a voto.

A serem previstas no contrato social, essas quotas preferenciais terão restrição ao direito (político) de voto; mas tendo direito (patrimonial) sobre o valor real da sociedade. As quotas preferenciais não são computadas para efeitos dos quóruns para deliberações (reuniões ou assembleias) de sócios.

É verdade que, com fundamento supletivo na Lei das Sociedades Anônimas, já havia entendimento pela possibilidade de serem instituídas quotas preferenciais; no entanto, havia divergência quanto à possibilidade de restrição ao direito de voto.

Vale lembrar que o art. 15, § 2º, da Lei n. 6.404/76 limita a 50% o número de ações preferenciais sem direito a voto, sendo que tal limitação também seria aplicável ao número de quotas preferenciais na sociedade limitada.

Contudo, a possibilidade de limitação ao direito de voto, observados os limites da lei, encontra-se amparada no princípio da legalidade, segundo o qual, inexistindo proibição normativa, é lícito aos sócios instituírem essa previsão no contrato social, considerando ainda o princípio da liberdade de iniciativa e da autonomia privada.

2.7.3. Administração

Como já visto, administrar significa dirigir ou organizar, efetuar a gestão da empresa.

O Decreto n. 3.708/1919, revogado, que disciplinava as sociedades limitadas, usava a denominação "gerente"[50]. Atualmente utiliza-se "administrador" ou "diretor"; gerente de acordo com o art. 1.172 do Código Civil é o preposto permanente no exercício da empresa, o representante (funcionário).

Administração é um órgão da sociedade, por meio do qual a sociedade assume as obrigações e exerce seus direitos. É o órgão que cumpre as decisões da sociedade, o que compreende a gestão das operações da atividade da sociedade.

O administrador poderá ser sócio (sócio-administrador) ou não da sociedade. A nomeação de administrador não sócio dependerá de aprovação da unanimidade dos sócios, enquanto o capital não estiver integralizado, e de dois terços, no mínimo, após a integralização (CC, arts. 1.060 e 1.061).

Cabe destacar que a administração pode ser exercida por uma ou mais pessoas físicas. Assim, há dois tipos possíveis de administradores na sociedade limitada: pessoa física sócia ou pessoa física não sócia. É semelhante à sociedade simples, em que somente a pessoa natural (física) pode ser administrador (CC, art. 997, VI).

A nomeação do administrador é feita no contrato social ou em ato separado. Se designado em ato separado, ocorrerá mediante termo de posse no livro de atas da administração, que deve ter sua qualificação e ser averbada no registro competente (CC, arts. 1.060 e 1.062).

Em relação ao término da administração, ele poderá ocorrer: pela destituição (a qualquer tempo); pelo fim do prazo (se não houver recondução); ou pela renúncia. Em qualquer uma das alternativas, também deve ser averbado (CC, art. 1.063).

---

[50] Esse fato também é lembrado por Amador Paes de Almeida. *Direito de empresa no Código Civil*. São Paulo: Saraiva, 2004. p. 136.

De acordo com a nova redação promovida pela Lei n. 13.792/2019 ao § 1º do art. 1.063, "tratando-se de sócio nomeado administrador no contrato, sua destituição somente se opera pela aprovação de titulares de quotas correspondentes a mais da metade do capital social, salvo disposição contratual diversa".

O uso do nome empresarial (firma ou denominação) é exclusivo do administrador, sendo ele o responsável pelo levantamento do balanço patrimonial (CC, arts. 1.064 e 1.065).

No que diz respeito aos deveres do administrador da sociedade limitada, são os mesmos da sociedade simples: deve agir com honestidade e ter o cuidado e a diligência que emprega em seus próprios negócios (CC, art. 1.011).

2.7.4. Conselho fiscal

O conselho fiscal é o órgão colegiado (toma decisões em conjunto) encarregado da fiscalização da sociedade, com a tarefa de verificar se as atitudes dos administradores estão condizentes com o contrato social e a lei.

Inspirado na Lei das Sociedades Anônimas, o Código Civil de 2002 adotou a possibilidade da instituição do conselho fiscal para a sociedade limitada. Para melhor compreender a razão desse órgão societário, vale destacar que a sociedade anônima (que será tratada adiante) foi concebida com uma estrutura semelhante à do Estado: Poder Legislativo (elabora leis); Poder Executivo (executa); Poder Judiciário (fiscaliza). É a divisão de poderes de Montesquieu, citada em sua obra *O espírito das leis*. Assim, na sociedade anônima existe a Assembleia (estabelece as diretrizes); a administração/diretoria (executa) e o conselho fiscal (fiscaliza).

Em geral, o conselho fiscal é adotado em grandes empresas; porém, pode ser instituído em sociedades de qualquer tamanho.

Sua formação na sociedade limitada é facultativa, com no mínimo três membros e respectivos suplentes (em igual número), que podem ser sócios ou não, mas devem residir no Brasil, e devem ser eleitos pela assembleia ordinária anual (CC, art. 1.066).

Os membros são eleitos em assembleia, devendo assinar o termo de posse anotado no livro de atas e pareceres do conselho fiscal. Além disso, os conselheiros têm direito à **remuneração**, a qual será fixada anualmente pela assembleia dos sócios que os elegerem (CC, arts. 1.066 a 1.068).

Há restrições quanto aos elegíveis ao conselho fiscal, como, por exemplo, as vedações para os seus administradores e empregados que não poderão ser conselheiros. Outro ponto relevante está no fato de que os sócios minoritários, que representarem pelo menos um quinto do capital social, terão o direito de eleger, separadamente, um dos membros do conselho fiscal e o respectivo suplente (art. 1.066, §§ 1º e 2º).

Quanto ao período do **mandato** dos conselheiros fiscais e seus suplentes, ele é de aproximadamente um ano. Isso pelo fato de que o mandato inicia-se após a sua eleição na assembleia realizada em um ano e termina na assembleia do ano seguinte (exceto se houver uma cessação do mandato). Assim, como a assembleia deve acontecer dentro dos quatro primeiros meses seguintes ao término do exercício social, ocorrendo geralmente no mês de abril, o mandato terá cerca de um ano, podendo ser um pouco mais ou menos a depender dos dias em que as assembleias foram realizadas (CC, art. 1.067, *caput*). Vale esclarecer que são permitidas reeleições, sem limites; ou melhor, enquanto os conselheiros forem considerados dignos/confiáveis/aptos pelos sócios para permanecerem no cargo.

São deveres do conselho fiscal: fiscalizar os livros da sociedade; dar pareceres sobre os exames dos livros e dos negócios sociais; denunciar os erros ou crimes; entre outros previstos na lei ou no contrato social (CC, art. 1.069).

O conselho fiscal também pode eleger contabilista habilitado como um auxiliar para exame das questões contábeis da empresa (CC, art. 1.070, parágrafo único).

2.7.5. Deliberações dos sócios

Deliberações sociais são as decisões que devem ser tomadas pelos sócios e podem ocorrer em qualquer hipótese prevista no contrato, como, por exemplo, para se abrir uma filial.

Normalmente, fica a cargo dos sócios decidirem as matérias mais relevantes da sociedade, pois os atos ordinários de gestão ficam por conta da administração.

Entretanto, além das matérias previstas no contrato social, a lei enumera aquelas que devem ser deliberadas pelos sócios, pois são situações que podem influir profundamente nas estruturas ou nas relações da sociedade. São elas (CC, art. 1.071):

1) alterações do contrato social;
2) nomeação, remuneração e destituição de administradores;
3) aprovação das contas da administração;
4) decisão sobre incorporação, fusão, dissolução ou término da liquidação da sociedade;
5) pedido de recuperação de empresa (o Código Civil de 2002 usa a palavra "concordata", mas esse instituto foi substituído pela "recuperação de empresa", pelo advento da Lei n. 11.101/2005).

2.7.5.1. Reunião e assembleia

Na prática, as deliberações (ou decisões) são tomadas em reunião ou em **assembleia**. Em regra, a **reunião** se realiza quando a sociedade tem até dez sócios; já a **assembleia**, quando tem mais de dez sócios, ou melhor, onze ou mais sócios.

As decisões devem ser tomadas considerando a maioria absoluta de votos, contados conforme as quotas de cada sócio tendo em vista o capital social (CC, art. 1.072, *caput*, c/c o art. 1.010, *caput*), salvo se a lei exigir quórum mais privilegiado. Vale destacar que para a formação da maioria absoluta são necessários votos correspondentes a mais de metade do capital (CC, art. 1.010, § 1º). A maioria absoluta de votos difere da maioria relativa, na qual se consideram os votos correspondentes às quotas dos presentes (e não o total do capital social) para se apurar a maioria de votos.

Compreendemos que o contrato social pode estabelecer quóruns diferenciados apenas nas hipóteses do art. 1.076, III, ou seja, situações previstas na lei ou no contrato social sem que haja a necessidade de quórum qualificado para a votação. Isso porque, apesar da natureza contratual da sociedade, os quóruns fixados pelo legislador civil são normas de ordem pública, não podendo, por isso, ser alterados pelas partes.

Alteração de quóruns legais, por exemplo, ampliando para unanimidade uma matéria que assim não quis o legislador, poderá sofrer abusos por parte de sócios na tomada de decisões sociais. Assim, um sócio poderá não comparecer deliberadamente para votar a fim de não se alcançar o quórum necessário para se aprovar certa matéria. Esse fato pode ser considerado um abuso no exercício do direito de voto, logo pode ser objeto de suprimento judicial em que a decisão do juiz fará suprir o não comparecimento do sócio na reunião ou na assembleia. Por conta disso, este sócio poderá ser excluído da sociedade[51].

---

[51] No mesmo sentido, Leonardo Honorato Costa. Abuso do direito de voto nas sociedades limitadas: remédios judiciais. *Revista de Direito Empresarial*, p. 99-110.

Cabe esclarecer que as decisões tomadas em assembleia ou reunião vinculam todos os sócios, mesmo ausentes ou discordantes (CC, art. 1.072, § 5º).

Destaca-se que as deliberações (assembleias ou reuniões) que infringirem o contrato ou a lei tornam ilimitada a responsabilidade de quem expressamente as aprovou (CC, art. 1.080). Por isso, é fundamental o sócio divergente exigir a consignação em ata do seu voto discordante da decisão tomada pela maioria. Aqui não se trata necessariamente de votação que visa a alterar o contrato social, pode ser qualquer deliberação social.

As deliberações sociais podem ser feitas presencialmente ou de forma remota (on-line). De acordo com o art. 1.080-A do Código Civil, incluído pela Lei n. 14.030/2020:

> "O sócio poderá participar e votar a distância em reunião ou em assembleia, nos termos do regulamento do órgão competente do Poder Executivo federal. A reunião ou a assembleia poderá ser realizada de forma digital, respeitados os direitos legalmente previstos de participação e de manifestação dos sócios e os demais requisitos regulamentares".

Além disso, o art. 4º-A da Lei n. 13.019/2014, alterado pela Lei n. 14.309/2022, passou a dispor que:

> "Art. 4º-A. Todas as reuniões, deliberações e votações das organizações da sociedade civil poderão ser feitas virtualmente, e o sistema de deliberação remota deverá garantir os direitos de voz e de voto a quem os teria em reunião ou assembleia presencial".

Uma deliberação ocorre a partir da convocação pelos administradores, e se estes não o fizerem pode ser por sócio ou pelo conselho fiscal (CC, arts. 1.072, *caput*, e 1.073). Há algumas formalidades para a convocação, sendo que a reunião ou a assembleia fica dispensada quando os sócios decidirem por escrito (CC, art. 1.072, §§ 2º e 3º).

No que se refere à instalação da **assembleia**, ela será realizada em até duas chamadas. Na primeira chamada, a instalação tem início com a presença de sócios titulares de quotas que representem no mínimo três quartos do capital social. Na segunda chamada, com qualquer número (CC, art. 1.074, *caput*). O quórum para início da assembleia não deve ser confundido com o quórum necessário para a aprovação exigido para cada matéria. Por exemplo, embora a assembleia possa ser instalada com qualquer número em segunda chamada, se o quórum exigido para determinada aprovação for superior ao das quotas dos presentes, ainda que haja unanimidade entre eles, o assunto não poderá ser deliberado (salvo nas hipóteses de aprovação por maioria de votos dos presentes, à luz dos arts. 1.076, III, e 1.071, I e VII).

O sócio pode ser representado por outro sócio ou advogado (CC, art. 1.074, § 1º).

Serão escolhidos, entre os sócios presentes, o presidente e o secretário da assembleia, sendo que as deliberações deverão ser anotadas no livro de atas da assembleia, devendo uma cópia da ata ser arquivada no Registro Público de Empresas Mercantis (CC, art. 1.075).

Nos casos de modificação do contrato, fusão e incorporação da sociedade, o sócio discordante tem direito de se retirar da sociedade, dentro do prazo de 30 dias (CC, art. 1.077). Embora tenham o mesmo sentido (com certas peculiaridades), na sociedade limitada essa faculdade do sócio denomina-se "direito de retirada"; na sociedade anônima, "direito de recesso" (à luz da Lei n. 6.404/76, art. 137).

Direito societário 135

Pelo menos uma vez ao ano, durante os 4 primeiros meses do ano, a assembleia deve ser realizada, devendo-se, por exemplo, verificar as contas do administrador (CC, art. 1.078).

Documentos que porventura estejam mencionados nas contas do administrador ou no balanço patrimonial devem ficar disponíveis aos sócios 30 dias antes da assembleia (CC, art. 1.078, § 1º).

Quanto às **reuniões,** o regime jurídico será dado pelo próprio contrato social, por exemplo, quanto à possibilidade de convocação por *e-mail*, *WhatsApp* ou outro meio de comunicação, sendo que na omissão deste aplicam-se as regras da assembleia (CC, art. 1.079).

2.7.5.2. Quadro com quóruns de votação

O art. 1.076 do Código Civil, combinado com outros dispositivos, enumera diversos quóruns necessários para a aprovação de determinados assuntos. Mas há quóruns previstos em outros dispositivos. O quadro abaixo procura facilitar a classificação dos quóruns de votação para cada matéria, apontado o respectivo artigo do Código Civil.

QUÓRUNS	MATÉRIAS	ARTS. – CC
Unanimidade	Dissolução da sociedade por prazo determinado.	1.033, II
Dois terços do capital social	Nomeação de administrador não sócio (quando o capital não estiver integralizado).	1.076, *caput*, c/c o 1.061 (nova redação)
Mais da metade do capital social	Modificação do contrato social, incorporação, fusão, dissolução ou término da liquidação da sociedade.	1.076, II, c/c o 1.071, V e VI (nova redação)
Mais da metade do capital social	Nomeação de administrador não sócio (quando o capital já estiver integralizado).	1.076, *caput*, c/c o 1.061 (nova redação)
Mais da metade do capital social	Destituição de administrador que é sócio.	1.076, *caput*, c/c o 1.063, § 1º (nova redação)
Mais da metade do capital social	Nomeação de administrador sócio (em ato separado); destituição e remuneração de administrador sócio ou não sócio; pedido de recuperação de empresa.	1.076, II, c/c o 1.071, II, III, IV e VIII
Mais da metade do capital social	Exclusão de sócio da sociedade pela prática de ato grave que prejudique a continuidade da empresa.	1.085, *caput*
Mais da metade do capital social	Dissolução da sociedade por prazo indeterminado.	1.033, III
Maioria de votos dos presentes	Outros casos previstos em contrato ou lei, como aprovação de contas do administrador; nomeação e destituição de liquidantes, bem como a aprovação de suas contas.	1.076, III, c/c o 1.071, I e VII

É importante lembrar que as decisões devem ser tomadas de acordo com a proporção das quotas sociais de cada sócio (CC, art. 1.072, *caput*, c/c o art. 1.010, *caput*). E o quórum acontece em relação ao capital social da sociedade, salvo os casos de maioria dos presentes.

Vale lembrar que se um sócio deixar de comparecer às deliberações sem motivo justo, apenas com o fim de não alcançar o quórum necessário para se votar certa matéria, isso poderá ser considerado um abuso do direito de voto. Dessa forma, é cabível ação visando ao suprimento judicial para que o juiz preencha o não comparecimento do sócio. Também é possível se buscar a exclusão desse sócio faltoso[52].

2.7.6. Resolução da sociedade em relação a sócios minoritários (exclusão de sócio)

Como já visto, resolução tem o sentido de rescisão (exclusão). Neste caso de rescisão da sociedade em razão de sócios minoritários, trata-se da saída de sócios com pequena participação da sociedade.

Vale ter em conta que, no que couber, aplicam-se as regras da sociedade simples à sociedade limitada, inclusive quanto à resolução da sociedade e as suas hipóteses (morte, incapacidade superveniente etc.).

Destaca-se que na sociedade limitada, mediante alteração do contrato social, um ou mais sócios podem ser excluídos extrajudicialmente do quadro societário, por atos de inegável gravidade que comprometam a sociedade, colocando em risco a continuidade da empresa (CC, art. 1.085, *caput*)[53].

Cabe destacar que esse tipo de exclusão terá cabimento somente se houver previsão no contrato social da possibilidade de exclusão por justa causa[54]. Já na sociedade simples a exclusão por falta grave precisará necessariamente ser processada em juízo, nos termos do art. 1.030, *caput*, do Código Civil.

A exclusão será decidida pela maioria dos sócios, que represente mais da metade do capital social (maioria absoluta), por meio de deliberação (reunião ou assembleia) convocada especialmente para esse fim. A convocação deve guardar tempo hábil para o exercício do direito de defesa do sócio acusado (CC, art. 1.085, *caput* e parágrafo único, com nova redação dada pela Lei n. 13.792/2019). O disposto pelo art. 1.085 do Código Civil reflete o princípio constitucional da ampla defesa e do contraditório.

---

[52] No mesmo sentido, Leonardo Honorato Costa. Abuso do direito de voto nas sociedades limitadas: remédios judiciais. *Revista de Direito Empresarial*, n. 4, São Paulo, RT, jul./ago. 2014, p. 99-110.

[53] Sociedade empresarial. Destituição de sócio. Quebra da *affectio societatis*. Justa causa para a exclusão extrajudicial de sócio minoritário. Contrato social em que observadas as regras disciplinadoras da sociedade por quotas de responsabilidade limitada. Impossibilidade de convivência pacífica entre os sócios, havendo risco de inviabilizar a empresa. Suspensão dos efeitos de deliberação de cotistas afastada. Recurso provido, com observação (Ag 0463806-95.2010.8.26.0000/SP, TJSP, rel. Elliot Akel, DJ 7-12-2010).

[54] Veja a decisão judicial sobre a previsão no contrato social para a exclusão do sócio: Apelação Cível. (...) Transmutação de entidade empresarial para sociedade simples, regida pelo novo Código Civil. Alteração de contrato social. Inclusão de previsão de exclusão extrajudicial de sócio. Ausência de previsão contratual. Pretensão de alteração deliberada pela maioria dos sócios. Impossibilidade. Interpretação erigida dos arts. 1.030 e 1.085 do atual Código Civil. Recurso não provido. (...) 2 – A maioria societária somente poderá deliberar sobre a exclusão extrajudicial de sócio, quando constante do estatuto social da empresa (art. 1.085 do CC) (AC 5319419 PR 0531941-9, TJPR, rel. Rafael Augusto Cassetari, DJ 20-5-2009).

Sendo a decisão pela exclusão do sócio, deve-se promover a alteração do contrato social, bem como sua averbação na Junta Comercial, tendo o sócio excluído direito a receber o correspondente às suas quotas mediante a devida liquidação e apuração de haveres, nos termos dos arts. 1.031 e 1.032 (CC, art. 1.086).

2.7.7. Dissolução

Na sociedade limitada, a dissolução total acontece nas mesmas hipóteses da sociedade simples, ou seja (CC, art. 1.087 c/c os arts. 1.044 e 1.033):

1) quando ocorre o término do prazo de duração da sociedade;
2) pelo consenso de todos os sócios, na sociedade de prazo determinado;
3) pela vontade da maioria dos sócios, na sociedade por prazo indeterminado;
4) quando for extinta sua autorização para funcionar (como no caso de bancos e seguradoras que precisam de autorização).

Porém, além dessas hipóteses, na sociedade limitada a dissolução ocorre também pela **falência** (CC, art. 1.087). A falência será estudada mais adiante, mas aqui já se pode adiantar que ela só é cabível para sociedades empresárias, e não para as sociedades de natureza intelectual.

Também pode ocorrer a dissolução a partir de deliberação dos sócios que definirem pela: fusão/união da sociedade com outra sociedade; a cisão/divisão total para a criação de outras empresas; a incorporação/aquisição por outra sociedade. São hipóteses previstas no Código Civil, a partir do art. 1.116, estudadas adiante, em que a sociedade terá sua personalidade extinta, sendo que seus direitos e deveres passaram para outra(s) sociedade(s).

Conforme já apontado, há situações em que é cabível a dissolução parcial em detrimento da dissolução total. Neste caso, não haverá o encerramento da sociedade que continuará a desenvolver sua atividade, cabendo aos sócios que saem do quadro societário o direito de receber seus haveres[55].

2.8. SOCIEDADE ANÔNIMA

Como já apontado, a primeira sociedade regulamentada por lei foi a sociedade anônima. Na maioria das vezes, esse tipo societário é adotado para grandes empreendimentos[56] ou por determinação legal, como seguradoras, bancos, sociedades com ações em bolsa etc. que, necessariamente, devem ser sociedades anônimas. Entretanto, há um movimento (e projeto de lei) para a simplificação da sociedade anônima, de modo que possa ser constituída por apenas um titular, tenha um regime contábil menos complexo etc., como já ocorreu

---

[55] Comercial. Recurso especial. Dissolução integral e liquidação de sociedade por quotas de responsabilidade limitada. Pedido de sócios minoritários. Argumentos que conduzem, no máximo, à dissolução parcial, com a saída dos dissidentes e apuração dos haveres. Improcedência da pretensão. 1. Julga-se improcedente o pedido de dissolução integral e liquidação da sociedade se requerido por sócios minoritários sem razões robustas, que demonstrem no mínimo o desvio da finalidade social. 2. A estes sócios, insatisfeitos com a administração da sociedade, assiste o direito de retirada, com a devida apuração de haveres (REsp 453.423/AL, STJ, 3ª Turma, rel. Min. Humberto Gomes de Barros, *DJe* 15-5-2006).

[56] Nesse sentido, Fábio Ulhoa Coelho. *Curso de direito comercial*: direito de empresa. v. 3, p. 62.

em alguns países, por exemplo, França e Colômbia[57]. Nesse caso, se aprovado o Projeto de Lei n. 4.303/2012, teremos uma espécie semelhante à EIRELI [atualmente pela Lei n. 14.382/2022] ou à Sociedade Limitada Unipessoal – SLU, a **Sociedade Anônima Simplificada – SAS**.

A expressão "anônima" está relacionada com o fato de que, em sua concepção inicial, os acionistas eram desconhecidos (anônimos), porém titulares de ações ao portador (aquelas que não identificam os proprietários). Na maioria dos países, incluindo o Brasil, não é mais possível a emissão de ações ao portador, apenas ações nominativas. Mas alguns países, sobretudo os tidos como paraísos fiscais, ainda admitem essa prática, permitindo desse modo manter o anonimato dos seus acionistas.

2.8.1. Regime jurídico

O regime jurídico da sociedade anônima é uma lei especial, a Lei n. 6.404/76 – Lei das Sociedades Anônimas – LSA, sendo que somente nos casos omissos é que se aplica o Código Civil (art. 1.089).

2.8.2. Características

A sociedade anônima tem como características a divisão do seu capital em ações (e não em quotas); e o fato de que cada sócio responsabiliza-se apenas pelo preço de emissão das ações que adquirir (LSA, art. 1º; e também CC, art. 1.088).

Em se tratando da responsabilidade dos sócios, o limite é o valor de emissão das respectivas ações, não existindo a responsabilidade pela integralização do capital social subscrito, como acontece na sociedade limitada.

Valor nominal (ou valor de emissão) é aquele convencionado pelos acionistas no momento da emissão das ações, na formação inicial ou no aumento do capital social da empresa. Ou seja, o valor de emissão é o preço que o acionista subscritor da ação pagou (à vista ou a prazo) por ela no momento da sua integralização, sendo este o valor que vai delimitar a sua responsabilidade patrimonial.

Aqui é preciso realizar algumas distinções quanto ao valor da ação. Isso pois, valor patrimonial é o resultado da relação existente entre o patrimônio líquido da sociedade anônima e o número de ações que a companhia emitiu. Cabe lembrar que o patrimônio líquido é abstraído do balanço patrimonial consistindo no saldo da subtração: "ativo menos passivo". Já valor econômico é o preço da ação a partir de uma avaliação do quanto a empresa vale no mercado considerando seu histórico e projeção futura. Por sua vez, valor de negociação é o preço que o titular da ação conseguir por ela no momento de sua alienação.

Vale sempre esclarecer que, sendo um ente dotado de personalidade jurídica, com direitos, deveres e patrimônio próprios, a sociedade anônima responde por suas dívidas com todo o seu patrimônio empresarial, não sendo a sua responsabilidade restrita a apenas o valor do seu capital social previsto no seu estatuto.

---

[57] Leonardo Garcia Barbosa. Sociedade anônima simplificada. *Revista de Informação Legislativa*, Brasília, Senado Federal, ano 51, n. 204, out./nov. 2014.

A sociedade anônima, em sua acepção inicial e histórica, era a típica sociedade de capital, não de pessoas, pois o capital prevalece sobre qualquer relacionamento que pudesse haver entre os sócios. Essa conotação se mantém em relação às sociedades anônimas abertas (grosso modo, as que têm ações circulando em bolsa), mas não é mais uma verdade absoluta quanto às demais, as companhias fechadas; pois existem sociedades anônimas cujo estatuto social impede a livre circulação de ações, devendo elas ser alienadas aos demais acionistas, o que a caracterizaria como uma sociedade de pessoas.

Os participantes da sociedade anônima são denominados **acionistas**, e não sócios. Dessa forma, poderia até ser dito que sócio é gênero do qual acionista, cotista e cooperado são espécies.

Destaque-se que o ato constitutivo da sociedade anônima é o **estatuto social**, e não contrato social. O significado de estatuto social é ser um conjunto de dispositivos, como se fosse uma lei orgânica, havendo certo sentido de maior complexidade de regras em relação a um contrato social.

O capital social pode ser formado por bens materiais e imateriais desde que suscetíveis de avaliação pecuniária (como dinheiro em espécie, créditos, direitos, móveis, imóveis, marcas, patentes etc.), sendo que na sociedade anônima a avaliação dos bens precisa ser realizada por empresa especializada ou por três peritos (Lei n. 6.404/76, art. 8º, *caput*), não por mera estimativa dos sócios (acionistas), como na sociedade limitada. Contudo, o bem será integralizado ao capital social da companhia pelo valor de sua avaliação.

Frise-se que o estatuto social pode ser constituído por instrumento público ou privado. De acordo com o art. 88 da Lei n. 6.404/76, a sociedade anônima pode ser constituída por **escritura pública** ou por deliberação dos subscritores em **assembleia geral** (ordinária/constituinte); sendo que todos os subscritores são considerados fundadores.

Desse modo, salvo nos casos exigidos por lei, em boa medida, as sociedades anônimas são concebidas por instrumentos privados, ainda que o capital social seja integralizado com imóveis. Isso por força do art. 89 da Lei n. 6.404/76, além da previsão do art. 35, VII, da Lei n. 8.934/94. Nesse sentido, REsp-STJ 689.937.

É pertinente explicitar que a expressão sociedade anônima também é sinônima de **companhia**.

Sua denominação poderá expressar o seu objeto social (finalidade, ramo de atividade explorada, como indústria, comércio, banco etc.), devendo conter as expressões "sociedade anônima" ou "companhia", por extenso ou abreviadamente: S.A., S/A ou Cia. (LSA, art. 3º, *caput*, e CC, art. 1.160, *caput*, com nova redação trazida pela Lei n. 14.382/2022). Porém, "Companhia" ou "Cia." não podem estar no final da denominação, uma vez que poderia ser confundida com a sociedade em nome coletivo.

Assim, por exemplo, na denominação "Metalúrgica Rio Branco S/A." a palavra "metalúrgica" demonstra o seu objeto social; "S/A" revela que o seu tipo societário é uma sociedade anônima.

Independentemente do seu objeto social, a sociedade anônima será sempre sociedade empresária, conforme o parágrafo único do art. 982 do Código Civil. Associado a isso, o § 1º do art. 2º da Lei n. 6.404/76 expressa que a companhia (sociedade anônima) é mercantil (ou seja, não é sociedade de atividade intelectual). Por exemplo, uma clínica médica cujo tipo societário seja de uma sociedade anônima será mercantil pela forma adotada (S/A), não pelo conteúdo de sua atividade (objeto social relacionado à atividade intelectual); logo, será registrada na Junta Comercial.

2.8.2.1. Demonstrações financeiras. Publicações

Quanto às demonstrações financeiras, a Lei das Sociedades Anônimas impõe às companhias um nível maior de exigência em relação ao Código Civil. Entre outras razões, dá-se pelo fato de que ao fim de cada exercício social, a diretoria fará elaborar, com base na escrituração empresarial da sociedade, uma série de demonstrações financeiras, as quais devem exprimir com nitidez a situação do patrimônio da empresa e as mutações ocorridas no exercício. Conforme o art. 176 da Lei n. 6.404/76, são as seguintes as demonstrações:

1) balanço patrimonial (total do ativo e do passivo, tendo como resultado o patrimônio líquido, positivo ou negativo, a depender se o ativo é maior ou menor do que o passivo);

2) demonstração dos lucros ou prejuízos acumulados (durante a existência da empresa);

3) demonstração do resultado do exercício (anterior);

4) demonstração dos fluxos de caixa (registro de entradas e saídas e o resultado disso no período apurado);

5) se companhia aberta[58], demonstração do valor adicionado (a riqueza produzida pela empresa e sua distribuição entre aqueles que contribuíram para a sua formação: acionistas, trabalhadores, financiadores, investidores etc.).

Com efeito, as demonstrações precisarão (i) registrar a destinação dos lucros (conforme proposto pela administração, pressupondo sua aprovação pela assembleia geral) e (ii) ser complementadas por notas explicativas, sem prejuízo de outros quadros analíticos ou demonstrações contábeis necessários, para esclarecimento da situação patrimonial e dos resultados do exercício (LSA, art. 176, §§ 3º e 4º).

Outra razão da complexidade pela obrigatoriedade de companhias terem de publicar suas demonstrações contábeis está no fato de que, tais publicações devem ser realizadas em dois veículos de comunicação: no órgão oficial da União ou do Estado, em que está situada a sede da companhia; e em outro jornal de grande circulação editado na localidade onde a empresa estiver sediada. Se for o caso de sociedades anônimas abertas, elas poderão também disponibilizar as referidas publicações pela rede mundial de computadores (Lei n. 6.404/76, art. 176, § 1º, c/c o art. 289, *caput* e § 7º).

Entretanto, é oportuno ponderar que em se tratando de companhia fechada com patrimônio líquido – na data do balanço, inferior a R$ 2.000.000,00 (dois milhões de reais) não será obrigada à elaboração e publicação da demonstração dos fluxos de caixa (Lei n. 6.404/76, art. 176, § 6º).

---

[58] Companhia aberta e fechada é um tema a ser estudado adiante, mas, grosso modo, a aberta consiste em companhia que tem parte de seus valores mobiliários, entre os quais as ações, em circulação no mercado de valores mobiliários, sobretudo na Bolsa de Valores. Já a sociedade anônima fechada, suas ações são circuladas na esfera estritamente privada, fora da bolsa, portanto.

2.8.2.2. Livros sociais. Registros eletrônicos

Também a sociedade anônima deve efetuar sua escrituração mantendo todos os livros obrigatórios a qualquer empresário, além dos seguintes livros sociais que a ela também são compulsórios (LSA, art. 100):

1) livro de Ações Nominativas, para inscrição, anotação ou averbação: do nome do acionista e do número das suas ações; das entradas ou prestações de capital realizado; do resgate, reembolso e amortização das ações, ou de sua aquisição pela companhia etc.;

2) livro de Transferência de Ações Nominativas, para lançamento dos termos de transferência, que deverão ser assinados pelo cedente e pelo cessionário ou seus legítimos representantes;

3) livro de Registro de Partes Beneficiárias Nominativas e o de Transferência de Partes Beneficiárias Nominativas, se tiverem sido emitidas;

4) livro de Atas das Assembleias Gerais;

5) livro de Presença dos Acionistas;

6) livro de Atas das Reuniões do Conselho de Administração, se houver, e de Atas das Reuniões de Diretoria;

7) livro de Atas e Pareceres do Conselho Fiscal.

Vale ter em conta que, de acordo com o § 2º do art. 100, com a nova redação dada pela Lei n. 12.431/2011, nas companhias abertas os livros referidos acima entre os números 1 e 5 podem ser substituídos por **registros mecanizados ou eletrônicos**, respeitando sempre regras firmadas pela Comissão de Valores Mobiliários – CVM. Por sua vez, o § 3º (acrescido pela Lei n. 14.195/2021) prevê que nas companhias fechadas, esses mesmos livros poderão ser substituídos por registros mecanizados ou eletrônicos, nos termos do regulamento [em tese, poderia ser uma regulamentação do DREI por se tratar de companhias fechadas].

Reformada a Lei n. 6.404/76, além das questões contábeis, vários dos atos praticados no âmbito da companhia passaram a ter autorização legal para que possam ser praticados à distância utilizando dos recursos da **tecnologia da informação**. Exemplificativamente, a participação, o exercício do voto e o registro à distância em assembleia geral, nos termos da atual redação do parágrafo único do art. 127 da Lei das Sociedades Anônimas.

2.8.3. Espécies de sociedade anônima

As sociedades anônimas podem ser fechadas ou abertas (LSA, art. 4º, *caput*, e Lei n. 6.385/76, art. 22).

2.8.3.1. Fechada

Sociedades anônimas fechadas são aquelas cujos valores mobiliários de sua emissão não podem ser negociados no mercado de valores mobiliários.

Assim, tratando-se de sociedades anônimas fechadas, eventuais cessões de valores mobiliários, como suas ações, terão lugar em ambientes mais restritos, não circulando na Bolsa de Valores, por exemplo.

2.8.3.2. Aberta. IPO

Já as sociedades anônimas abertas são aquelas nas quais os valores mobiliários emitidos por elas estejam em negociação no mercado de valores mobiliários, sobretudo na Bolsa de Valores. São as sociedades que procuram captar recursos junto ao público para se financiarem. Vale explicitar que IPO (*Initial Public Offering*), em português, corresponde à Oferta Pública Inicial de ações que é feita pela empresa quando abre o seu capital social para negociação em Bolsa.

A companhia deve estar registrada na CVM para que seus valores mobiliários possam ser negociados no mercado de valores mobiliários, em especial na Bolsa de Valores (LSA, art. 4º, § 1º).

2.8.4. Mercado de capitais e valores mobiliários

Para se estudar sociedade anônima, é necessário conhecer o que vem a ser mercado de capitais e valores mobiliários, ainda que sucintamente.

Valores mobiliários são títulos emitidos por sociedades anônimas com características e direitos padronizados, como, por exemplo, quanto à participação nos lucros da empresa. Diferem-se dos títulos de crédito, entre outras razões, porque, enquanto estes são emitidos individualmente com quantias e direitos específicos, os valores mobiliários são emitidos em série/massa com direitos padronizados[59].

Os valores mobiliários são utilizados como formas de captação de recursos para financiamento de empresas que os emitem. Em geral, para os que adquirem os valores mobiliários, trata-se de uma forma de investimento. São exemplos de valores mobiliários: ações, debêntures, bônus de subscrição, partes beneficiárias etc., que verificaremos mais adiante.

Quanto ao **mercado de capitais**, ele pode ser compreendido como o sistema de comercialização de valores mobiliários que propicia maior liquidez aos títulos emitidos por companhias, para com isso viabilizar a capitalização de recursos por estas, bem como proporcionar segurança perante os adquirentes de tais títulos que o fazem como forma de investimento. Assim, o Direito do Mercado de Capitais seria aquela parte do Direito Empresarial/Comercial que regula o mercado de valores mobiliários. Sem prejuízo do acervo de normas aplicáveis, é fundamental ter em mente o regime jurídico da Lei n. 4.728/65, a qual disciplina o mercado de capitais e estabelece medidas para o seu desenvolvimento.

O Sistema Financeiro é formado pelos mercados monetário, de crédito, de câmbio e de capitais. Conceitualmente, Sistema Financeiro consiste no conjunto de instituições e instrumentos que viabilizam o fluxo financeiro entre os poupadores e os tomadores na economia[60].

Voltando aos valores mobiliários (cujos espécies adiante vamos estudar), eles são negociados no mercado de valores mobiliários. O mercado de valores mobiliários acontece, basicamente, pela negociação destes na Bolsa de Valores ou no Mercado de Balcão.

2.8.4.1. Sociedades Corretoras

As Sociedades Corretoras ou Corretoras de Títulos e Valores Mobiliários (ou simplesmente Corretora de Valores) são empresas que têm por objeto a atividade de distribuição e intermediação nas operações envolvendo a comercialização de valores mobiliários. De forma sucinta, e em boa medida, a atividade principal da Corretora de Valores é atender seus clientes quanto a ordens de compra e de venda de valores mobiliários.

---

[59] Waldirio Bulgarelli. *Títulos de crédito*. 2. ed. São Paulo: Atlas, 1982. p. 85-88.

[60] Comissão de Valores Mobiliários. *O mercado de valores mobiliários brasileiro*. 3. ed. Rio de Janeiro: Comissão de Valores Mobiliários, 2014. p. 30-31.

Como veremos adiante, a bolsa é uma instituição formada pela "associação/união" das Sociedades Corretoras, para que desse modo pudessem ter no mesmo ambiente um grande fluxo de ofertas e demandas de valores mobiliários para assim melhor responder ao anseio de seus clientes. Nesse sentido, o art. 8º da Lei n. 4.728/65 assevera que a intermediação de negócios em bolsa será exercida por seus membros, ou seja, as Corretoras de Valores.

As Corretoras de Valores são consideradas instituições financeiras que precisam de autorização do Bacen – Banco Central do Brasil – para funcionar, conforme prevê o art. 3º, II, da Lei n. 4.728/65; bem como as corretoras estão sujeitas à regulamentação e à fiscalização deste órgão.

Contudo, as corretoras também estão sujeitas à atuação da CVM – Comissão de Valores Mobiliários (órgão que estudaremos adiante), mas de forma limitada quanto à fixação de normas regrais sobre o "número de Sociedades Corretoras, membros da bolsa; requisitos ou condições de admissão quanto à idoneidade, capacidade financeira e habilitação técnica dos seus administradores; e representação no recinto da bolsa" (Lei n. 6.385/76, art. 18, I, alínea "e").

2.8.4.2. Bolsa de Valores – B3

Bolsa de Valores é a instituição criada pelas corretoras de valores mobiliários para se comercializar títulos, sendo que somente podem participar as corretoras autorizadas para isso. Além do mais, as corretoras são intermediadoras legais dos negócios que nela são realizados.

Desde 2008, o Brasil tem uma única bolsa no Brasil, a Bolsa de Valores, Mercadorias e Futuros – **BM&FBOVESPA**, originada em razão da integração das operações da Bolsa de Mercadorias & Futuros (BM&F) e da Bolsa de Valores de São Paulo (BOVESPA) (esta que já havia incorporado a partir de 2000 as operações da Bolsa de Valores do Rio de Janeiro). A BM&FBOVESPA assumiu a forma de uma sociedade empresária, mas já foi uma associação sem fins lucrativos formada pelas corretoras de valores.

Desde março de 2017, a BM&FBOVESPA passou a ser chamada de **B3** (**B**rasil, **B**olsa, **B**alcão) em razão da combinação entre a BM&FBOVESPA e a Cetip, dando origem assim a uma companhia de infraestrutura de mercado financeiro de classe mundial e consolidando a atuação da BM&FBOVESPA (na negociação e pós-negociação de produtos listados) e da Cetip (no registro e depósito de operações de balcão e de financiamento). Contudo, a B3 é a Bolsa de Valores oficial do Brasil.

Vale esclarecer que a **Cetip** (Central de Custódia e Liquidação Financeira de Títulos) foi criada em março de 1986, como uma instituição sem fins lucrativos, conjuntamente pelas instituições financeiras e pelo Bacen (Banco Central do Brasil) para fornecer mais agilidade e segurança às operações realizadas com títulos privados.

2.8.4.3. Mercado de Balcão

No **Mercado de Balcão**, por sua vez, podem participar instituições financeiras que estão ofertando valores mobiliários e os aceitantes; agentes credenciados que não exclusivamente as corretoras de valores[61].

---

[61] Vera Helena de Mello Franco; Rachel Sztajn. *Direito empresarial II*: sociedade anônima, mercado de valores mobiliários. São Paulo: RT, 2009. p. 44.

Por Mercado de Balcão pode-se entender o local, fora da bolsa, em que as operações de comercialização de valores mobiliários são realizadas, como ocorre quando **instituições financeiras** estão vendendo valores mobiliários que acabam de ser emitidos, sendo a primeira circulação dos títulos. Um bom exemplo se deu na ocasião em que se possibilitou a aquisição de ações primárias das empresas Petrobras e Vale do Rio Doce com recursos do Fundo de Garantia do Tempo de Serviço – FGTS.

2.8.4.4. Comissão de Valores Mobiliários – CVM

A Lei n. 6.385/76 (já alterada algumas vezes; incluindo as promovidas pela Lei n. 13.506/2017) é a norma que trata do mercado de valores mobiliários, além de ter criado a **Comissão de Valores Mobiliários – CVM**, órgão encarregado de regulamentar e fiscalizar esse segmento, entre outras atribuições.

A CVM é uma autarquia vinculada ao Ministério da Fazenda (Economia), com personalidade jurídica e patrimônio próprios. Ela é dotada de autoridade administrativa independente, ausência de subordinação hierárquica, mandato fixo e estabilidade de seus dirigentes, bem como tem autonomia financeira e orçamentária (Lei n. 6.385/76, art. 5º).

Quanto à gestão, a CVM é administrada por 1 presidente e 4 diretores, nomeados pelo Presidente da República, depois de aprovados pelo Senado Federal, dentre pessoas de ilibada reputação e reconhecida competência em matéria de mercado de capitais, conforme prevê o art. 6º da Lei. n. 6.385/76.

Compete à CVM regulamentar, com observância da política definida pelo Conselho Monetário Nacional – CMN, as matérias expressamente previstas nas Leis n. 6.385/76 e 6.404/76; fiscalizar e inspecionar as companhias abertas dando prioridade às que não apresentem lucro em balanço ou às que deixem de pagar o dividendo mínimo obrigatório; fiscalizar permanentemente as atividades e os serviços do mercado de valores mobiliários, bem como a veiculação de informações relativas ao mercado, às pessoas que dele participem, e aos valores nele negociados; propor ao Conselho Monetário Nacional a eventual fixação de limites máximos de preço, comissões, emolumentos e quaisquer outras vantagens cobradas pelos intermediários do mercado (Lei n. 6.385/76, art. 8º).

Além disso, a CVM pode entre outros atos (Lei n. 6.385/76, art. 9º):

1) apurar, mediante processo administrativo, atos ilegais e práticas não equitativas de administradores, membros do conselho fiscal e acionistas de companhias abertas, dos intermediários e dos demais participantes do mercado;

2) aplicar sanções administrativas aos infratores da Lei n. 6.385/76, sem prejuízo da responsabilidade civil ou penal;

3) suspender a negociação de determinado valor mobiliário ou decretar o recesso de bolsa de valores;

4) suspender ou cancelar os registros de que trata a Lei n. 6.385/76;

5) divulgar informações ou recomendações com o fim de esclarecer ou orientar os participantes do mercado;

6) examinar e extrair cópias de registros contábeis, livros ou documentos, inclusive programas eletrônicos e arquivos magnéticos, ópticos ou de qualquer outra natureza, bem como papéis de trabalho de auditores independentes, devendo tais documentos ser mantidos em perfeita ordem e estado de conservação pelo prazo mínimo de 5 anos;

7) intimar as pessoas para prestar informações, ou esclarecimentos, sob cominação de multa, sem prejuízo da aplicação das penalidades;

8) requisitar informações de qualquer órgão público, autarquia ou empresa pública;

9) determinar às companhias abertas que republiquem, com correções ou aditamentos, demonstrações financeiras, relatórios ou informações divulgadas.

De acordo com a nova redação promovida pela Lei n. 13.506/2017 no § 4º do art. 9º da Lei n. 6.385/76, a CVM (na apuração de infrações) priorizará as faltas mais graves, cuja apenação proporcione maior efeito educativo e preventivo para os participantes do mercado, podendo deixar de instaurar o processo administrativo sancionador, consideradas a pouca relevância da conduta, a baixa expressividade da lesão ao bem jurídico tutelado e a utilização de outros instrumentos e medidas de supervisão que julgar mais efetivos.

Estão entre as sanções que a CVM pode impor aos infratores as penas de (Lei n. 6.385/76, art. 11, com nova redação dada pela Lei n. 13.506/2017):

1) advertência;

2) multa;

3) suspensão da autorização ou registro para o exercício das atividades disciplinas pela Lei n. 6.385/76;

4) inabilitação temporária, até o máximo de 20 anos, para o exercício do cargo de administrador ou de conselheiro fiscal de companhia aberta, de entidade do sistema de distribuição ou de outras entidades que dependam de autorização ou registro na CVM; proibição temporária, até o máximo de 10 anos, de atuar, direta ou indiretamente, em uma ou mais modalidades de operação no mercado de valores mobiliários etc.

O art. 2º da Lei n. 6.385/76[62] enumera vários tipos de valores mobiliários, dos quais vamos estudar os principais, em especial os que também estão dispostos na LSA (Lei n. 6.404/76).

2.8.4.5. Espécies de valores mobiliários

2.8.4.5.1. Ações

Ações são valores mobiliários que correspondem a parcelas do capital social da sociedade anônima, conferindo ao seu titular a categoria de acionista (LSA, art. 11).

---

[62] Art. 2º São valores mobiliários sujeitos ao regime desta Lei:

I – as ações, debêntures e bônus de subscrição;

II – os cupons, direitos, recibos de subscrição e certificados de desdobramento relativos aos valores mobiliários referidos no inciso II;

III – os certificados de depósito de valores mobiliários;

IV – as cédulas de debêntures;

V – as cotas de fundos de investimento em valores mobiliários ou de clubes de investimento em quaisquer ativos;

VI – as notas comerciais; [*vide* Lei n. 14.195/2021]

VII – os contratos futuros, de opções e outros derivativos, cujos ativos subjacentes sejam valores mobiliários;

VIII – outros contratos derivativos, independentemente dos ativos subjacentes; e

IX – quando ofertados publicamente, quaisquer outros títulos ou contratos de investimento coletivo, que gerem direito de participação, de parceria ou de remuneração, inclusive resultante de prestação de serviços, cujos rendimentos advêm do esforço do empreendedor ou de terceiros.

Na condição de acionista, o titular da ação participa dos resultados da companhia, lucro ou prejuízo, bônus ou ônus.

As ações são os principais valores mobiliários, sendo um tema que será aprofundado a seguir.

2.8.4.5.2. Debêntures

Debêntures são valores mobiliários cuja emissão é uma operação de empréstimo, em que a sociedade anônima é mutuária e os debenturistas mutuantes, sendo que esses valores conferem aos debenturistas um direito de crédito (LSA, art. 52).

Ressalta-se também que o debenturista não é sócio da sociedade anônima, mas, sim, um credor de um título (debênture) de longo prazo [mais de 180 dias].

2.8.4.5.3. Bônus de subscrição

Os bônus de subscrição são valores mobiliários que atribuem ao seu titular o direito de preferência para subscrever novas ações da companhia emissora, em um futuro aumento de capital (LSA, art. 75).

Assim, um bônus de subscrição pode ser usado quando a sociedade já estiver planejando o aumento de capital, sendo uma forma bem atraente para a captação prévia de recursos.

2.8.4.5.4. Partes beneficiárias

As partes beneficiárias são valores mobiliários que asseguram ao seu titular direito de crédito contra a sociedade anônima, consistente na participação nos lucros anuais (LSA, art. 46, § 1º).

São títulos que conferem participação dos lucros; muito embora sejam títulos negociáveis, não possuem valor nominal e são estranhos ao capital social. Podem ser emitidos pela companhia a qualquer tempo.

Um ponto que aqui merece destaque é o fato de ser proibido conferir aos titulares de partes beneficiárias qualquer direito privativo de acionista, a não ser fiscalizar os atos dos administradores (LSA, art. 46, § 3º).

2.8.4.5.5. Commercial papers

Commercial papers são valores mobiliários que consistem em promessa de pagamento (uma espécie assemelhada à nota promissória) emitida pela sociedade anônima, que pode ser ofertada publicamente destinando-se à captação de recursos a curto prazo.

Os *commercial papers* diferenciam-se das debêntures, pois estas são utilizadas pela companhia para obtenção de recursos a longo prazo. A emissão de *commercial papers* objetiva conseguir recursos a curto prazo, entre 30 e 180 dias[63].

2.8.5. Ações: regime jurídico e espécies

Como já visto, as ações são valores mobiliários correspondentes à parte do capital social da companhia, que confere ao titular a condição de acionista. Na verdade, o capital social é dividido em ações.

---

[63] Paulo Sérgio Restiffe. *Manual do novo direito comercial.* p. 171.

No passado, as ações eram consideradas títulos de crédito, pois eram emitidas como títulos ao portador pela constituição de sociedades anônimas. Mais tarde, sua caracterização passou a ser de valor mobiliário pela emissão em massa e em razão de sua padronização de direitos, como, por exemplo, quanto à participação nos lucros da empresa; diferenciando assim dos títulos de crédito.

Destaca-se que as ações são materializadas por **certificados** (LSA, art. 23) ou por **escrituração** (LSA, arts. 34 e 35). Certificados são títulos/documentos que materializam as ações e que ficam de posse dos respectivos titulares. Já escrituração significa que não há um título; no fundo o direito do titular da ação fica registrado no sistema de registro da companhia.

Desse modo, para que não haja a emissão de certificados das ações, o estatuto social precisará autorizar que todas as ações da companhia (de uma ou mais espécies) sejam mantidas em contas de depósito, em nome de seus titulares, junto à instituição que designar (LSA, art. 34, *caput*).

Anteriormente, apenas instituições financeiras autorizadas pela CVM podiam manter serviços de escrituração de ações e de outros valores mobiliários (LSA, art. 34, § 2º). Por força das alterações promovidas pela Lei n. 14.430/2022, não há mais necessidade de ser uma instituição financeira, podendo a CVM autorizar as Bolsas ou outras entidades, instituições ou não, a prestar serviços de custódia de valores mobiliários (combinação do art. 293 da Lei n. 6.404/1976 com o art. 24 da Lei n. 6.385/1976). No fundo, são as denominadas instituições depositárias, as quais são responsáveis pela administração das ações (e/ou outros valores mobiliários) de uma companhia emissora.

Quanto à segurança jurídica sobre eventual manipulação das informações acerca das ações escriturais, esclarece-se que a sociedade responde pelos prejuízos provocados aos interessados em razão de erros no serviço de escrituração das ações. De todo o modo, é cabível o direito de regresso contra a instituição depositária que tenha dado causa ao dano (LSA, art. 34, § 3º).

A titularidade sobre a propriedade da ação escritural é presumida pelo assentamento (registro) na conta de depósito das ações, aberta em nome do acionista nos livros da instituição depositária (LSA, art. 35).

Frise-se que estas ações escriturais não são objeto de livre circulação como as negociadas no mercado de valores mobiliários. Sua negociação se dá em ambiente estritamente privado de acordo com o interesse do respectivo proprietário.

Portanto, a transferência da ação opera-se pelo lançamento efetuado pela instituição depositária em seus livros, debitando da conta de ações do alienante/vendedor e creditando na conta de ações do adquirente. Isso é feito mediante ordem escrita do alienante, ou por determinação judicial, em documento hábil que ficará em poder da instituição (LSA, art. 35, § 1º).

É dever do depositário fornecer ao acionista extrato da conta de depósito das ações escriturais, sempre que solicitado, ao término de todo mês em que for movimentada e, não havendo movimentação, pelo menos uma vez por ano (LSA, art. 35, § 2º).

O serviço de depósito realizado pela instituição financeira é remunerado, sendo que o estatuto social da companhia emissora das ações pode autorizar o depositário a cobrar do acionista o custo pelo serviço de transferência de ações, devendo ser respeitados os limites financeiros estabelecidos pela CVM (LSA, art. 35, § 2º).

Deve-se levar em consideração o fato de que é o estatuto social que fixa o número de ações (LSA, art. 11).

Todavia, não constam necessariamente no estatuto social quem são os proprietários/ titulares de todas as ações, pois, do contrário, a cada negociação envolvendo ações dever-se--ia alterar o estatuto. Isso a difere da sociedade limitada, em que os proprietários das quotas devem constar no contrato social.

A princípio, o valor de cada ação corresponde a uma fração do capital social. Mas, de fato, para se saber o valor real da ação é preciso subtrair o passivo do ativo, obtendo-se como resultado o patrimônio líquido da empresa, sendo que este dividido pela quantidade de ações resulta no valor individual da ação. Mas é claro que uma ação pode ser negociada considerando o seu valor de mercado, que pode sofrer oscilações por questões internas ou externas à empresa[64].

Como já mencionado, no Brasil, desde 1990, não é possível a emissão de ações **ao portador**, pois as ações devem ser sempre **nominativas** (LSA, art. 20, cuja redação foi alterada pela Lei n. 8.021/90).

Contudo, as ações podem ser classificadas em: ordinárias, preferenciais ou de fruição (LSA, art. 15).

2.8.5.1. Ordinárias

As ações ordinárias são aquelas que conferem direito de voto ao seu titular, meio pelo qual ele pode chegar ao controle da sociedade nas deliberações sociais, bem como eleger seus administradores (LSA, art. 16).

Por isso, é pertinente levar em consideração que as ações ordinárias creditam aos seus proprietários amplos direitos enquanto acionistas; direitos que serão vistos adiante.

2.8.5.2. Preferenciais

As ações preferenciais são aquelas que têm privilégios/prioridades para os seus titulares, como na distribuição de lucros (LSA, art. 17). É comum o direito dos acionistas preferenciais de receberem dividendos fixos ou mínimos.

E, justamente por conferirem ao acionista uma vantagem, podem limitar ou suprimir o direito de voto dele. Assim, as ações preferenciais geralmente não têm direito a voto, mas excepcionalmente podem ter[65].

---

[64] Comercial. Valor patrimonial de ações. Valor a pagar a acionista. Deliberação da assembleia geral extraordinária. Inteligência do art. 121 da Lei n. 6.404/76. O valor patrimonial de cada ação da companhia é "a parcela do patrimônio líquido da sociedade anônima correspondente a cada ação. É obtido pela divisão do valor em reais do patrimônio líquido pelo número de ações." A Assembleia Geral de acionistas, como dispõe o art. 121 da Lei n. 6.404/76, tem poderes para decidir todos os negócios relativos ao objeto da companhia e tomar as resoluções que julgar convenientes à sua defesa e desenvolvimento. Tendo a Assembleia decidido que após o grupamento o pagamento dos sócios pelas frações de ação que possuírem será pelo valor patrimonial, não há que se cogitar que este se faça pelo valor de mercado das ações (AC 1.0024.04.262098-9/001, Comarca de Belo Horizonte, rel. Des. Nilo Lacerda, DJ 2-11-2006).

[65] Direito Comercial. Sociedade Anônima. Distribuição de dividendos. Ações preferenciais com direito a dividendos mínimos. Distribuição dos lucros remanescentes em igualdade de condições com as ações ordinárias. (...) A Lei n. 6.404/76 comanda, no § 2º do art. 17, a repartição dos lucros remanescentes também para as ações com dividendo mínimo. Assim, somente por disposição estatutária expressa é que tal direito dos acionistas preferenciais poderia ser legalmente afastado. No caso, de acordo com o que se extrai do acórdão hostilizado, não há vedação expressa à percepção dos dividendos remanescentes para os acionistas preferenciais, mas apenas a regulamentação do percentual a ser auferido, permanecendo incólume o comando legal de distribuição dos lucros remanescentes às ações com dividendo mínimo,

Conforme dispõe o § 2º do art. 15 da Lei n. 6.404/1976, "o número de ações preferenciais sem direito a voto, ou sujeitas a restrição no exercício desse direito, não pode ultrapassar 50% do total das ações emitidas".

2.8.5.3. De fruição ou de gozo

As ações de fruição (ou gozo) são aquelas ações que asseguram a amortização antecipada do valor que o sócio receberia em caso de liquidação da sociedade (LSA, art. 44, § 5º).

Esse tipo de ação é atribuída ao acionista ordinário ou preferencial que teve suas ações totalmente amortizadas, ou seja, ações que já receberam o que tinham direito em caso de eventual e futura liquidação. Trata-se de uma espécie de devolução antecipada do valor investido pelos sócios.

2.8.6. Acionista

São chamados acionistas os sócios da sociedade anônima ou da companhia.

A palavra "acionista" ocorre devido ao fato de a companhia ter seu capital social dividido em ações; já nas sociedades limitadas e outras, o capital social é dividido em quotas, daí a expressão quotista.

2.8.6.1. Direitos

Os acionistas gozam de alguns direitos que são considerados essenciais, pois não podem ser privados deles, nem por previsão no estatuto social, nem por determinação da assembleia geral, conforme poderá ser visto a seguir (LSA, art. 109):

1) fiscalização da gestão dos negócios da sociedade;
2) de se retirar da sociedade (ou direito de recesso, conforme prevê o art. 137);
3) de preferência na subscrição de valores mobiliários;
4) de participar da divisão do patrimônio da companhia, em caso de liquidação;
5) participação nos lucros (dividendos).

Aqui é importante destacar que a sociedade anônima é uma pessoa jurídica com finalidade lucrativa, sendo que seus acionistas têm direito de receber dividendos (lucros) ao fim de cada exercício, no importe previsto no estatuto ou, na omissão, conforme deliberação em assembleia-geral (LSA, art. 202). São os chamados **dividendos obrigatórios**. Porém, a companhia pode separar uma parte do lucro para reserva financeira ou para reinvestir no interesse da própria empresa.

O acionista também tem o direito de a sua responsabilidade ser **limitada** ao valor de emissão das ações que adquiriu, bem como o direito de **alienação/cessão** de suas ações (e demais valores mobiliários). Sendo uma ação circulável no mercado de valores mobiliários, para os casos companhias abertas, a alienação é livre. Quando for caso de sociedades anônimas fechadas, a alienação deverá observar o que prevê o estatuto social, o qual pode fixar, por exemplo, a exigência de primeiramente se oferecer a ação aos demais acionistas remanescentes, para somente após, se não houver interesse de compra por estes, poder-se oferecer a terceiros[66].

---

em igualdade de condições com as ações ordinárias. (...) (REsp 267.256/BA, STJ, 4ª Turma, rel. Min. Cesar Asfor Rocha, *DJ* 5-11-2001).

[66] Direito Societário e Empresarial. Sociedade anônima de capital fechado em que prepondera a *affectio societatis*. Dissolução parcial. Exclusão de acionistas. Configuração de justa causa. Possibilidade. Aplicação do

Cabe ainda ressaltar o seguinte direito: o **direito de voto,** que, via de regra, é próprio dos titulares de ações ordinárias (LSA, art. 110).

No entanto, em geral, os acionistas preferenciais não têm direito a voto, e o estatuto social pode restringir-lhes outros direitos (LSA, art. 111).

Frise-se que a assembleia geral poderá suspender o exercício dos direitos do acionista que deixar de cumprir obrigação imposta pela lei ou pelo estatuto, cessando a suspensão logo que cumprida a obrigação (LSA, arts. 120 e 122, V).

2.8.6.2. Minoritário

Acionista minoritário é aquele que não controla a sociedade anônima, mesmo tendo direito de voto. Isso ocorre porque a sua quantidade de ações não é suficiente para que faça prevalecer sua vontade nas deliberações sociais.

Contudo, é importante salientar que, independentemente do número de ações do acionista minoritário, ou seja, de sua participação acionária na sociedade, ele goza dos direitos apontados anteriormente.

2.8.6.3. Controlador

É aquele que controla a companhia por deter uma quantidade de ações com direito a voto, fazendo por esse motivo preponderar sua vontade nas decisões sociais. Dessa forma, poderá eleger a maioria dos administradores e dirigir os negócios da sociedade (LSA, art. 116).

---

direito à espécie. Art. 257 do RISTJ e Súmula 456 do STF. 1. O instituto da dissolução parcial erigiu-se baseado nas sociedades contratuais e personalistas, como alternativa à dissolução total e, portanto, como medida mais consentânea ao princípio da preservação da sociedade e sua função social, contudo a complexa realidade das relações negociais hodiernas potencializa a extensão do referido instituto às sociedades "circunstancialmente" anônimas, ou seja, àquelas que, em virtude de cláusulas estatutárias restritivas à livre circulação das ações, ostentam caráter familiar ou fechado, onde as qualidades pessoais dos sócios adquirem relevância para o desenvolvimento das atividades sociais (*affectio societatis*) (Precedente: EREsp 111.294/PR, Segunda Seção, rel. Min. Castro Filho, *DJ* 10-9-2007) 2. É bem de ver que a dissolução parcial e a exclusão de sócio são fenômenos diversos, cabendo destacar, no caso vertente, o seguinte aspecto: na primeira, pretende o sócio dissidente a sua retirada da sociedade, bastando-lhe a comprovação da quebra da *affectio societatis*; na segunda, a pretensão é de excluir outros sócios, em decorrência de grave inadimplemento dos deveres essenciais, colocando em risco a continuidade da própria atividade social. (...) 4. No caso em julgamento, a sentença, com ampla cognição fático-probatória, consignando a quebra da *bona fides societatis*, salientou uma série de fatos tendentes a ensejar a exclusão dos ora recorridos da companhia, porquanto configuradores da justa causa, tais como: (i) o recorrente Leon, conquanto reeleito pela Assembleia Geral para o cargo de diretor, não pôde até agora nem exercê-lo nem conferir os livros e documentos sociais, em virtude de óbice imposto pelos recorridos; (ii) os recorridos, exercendo a diretoria de forma ilegítima, são os únicos a perceber rendimentos mensais, não distribuindo dividendos aos recorrentes. 5. Caracterizada a sociedade anônima como fechada e personalista, o que tem o condão de propiciar a sua dissolução parcial – fenômeno até recentemente vinculado às sociedades de pessoas –, é de se entender também pela possibilidade de aplicação das regras atinentes à exclusão de sócios das sociedades regidas pelo Código Civil, máxime diante da previsão contida no art. 1.089 do CC: "A sociedade anônima rege-se por lei especial, aplicando-se-lhe, nos casos omissos, as disposições deste Código." (...) 7. Recurso especial provido, restaurando-se integralmente a sentença, inclusive quanto aos ônus sucumbenciais (REsp 917.531/RS, STJ, 4ª Turma, rel. Min. Luis Felipe Salomão, *DJe* 1º-2-2012).

Direito societário 151

Acionista controlador pode ser pessoa física ou jurídica, ou grupo de pessoas vinculadas por acordo de voto – é o chamado contrato parassocial, que é um ato legal, como veremos adiante (LSA, art. 116, *caput*).

2.8.6.3.1. Poder de controle

O acionista controlador para controlar a companhia necessita ter poder, como realmente tem. Esse poder de controle lhe é um direito conferido pela lei (e por ter um número de ações que lhe assegura o poder de comando).

Porém, o poder deve ser usado pelo controlador para gerir a empresa e orientar o funcionamento dos órgãos da companhia (LSA, art. 116, *b*). Como veremos adiante, os órgãos da sociedade são: assembleia geral, administração e conselho fiscal.

Assim, o poder do controlador deve ser usado com a finalidade de levar a sociedade a alcançar seu objeto social e cumprir com a sua "função social" (LSA, art. 116, parágrafo único). Trata-se de um poder-dever[67], pois, embora o poder seja um direito derivado da lei e da condição de controlador, ele impõe ao controlador o dever de direcionar a empresa para atingir o seu objetivo e cumprir sua finalidade social.

2.8.6.3.2. Função social da empresa

De acordo com a Lei n. 6.404/76, art. 116, parágrafo único, o acionista controlador deve usar seu poder com a intenção de fazer a companhia realizar seu objeto e cumprir sua **função social**.

Além disso, o controlador tem deveres e responsabilidades com os demais acionistas da empresa, os que nela trabalham e a comunidade em que atua, devendo respeitar e atender lealmente os direitos e interesses dos *stakeholders* (partes interessadas ou afetadas).

Dessa forma, a chamada "função social da empresa" significa que a sociedade, por meio do seu controlador, deve ter responsabilidade perante:

1) os demais acionistas, no caso, os minoritários (respeitando seus direitos);
2) os seus trabalhadores (respeitando-os; cumprindo com as obrigações da empresa quanto ao pagamento de salário; benefícios, inclusive quanto aos seus dependentes etc.);
3) a comunidade em que atua (auxiliando na sustentabilidade e desenvolvimento da localidade em que está sediada);
4) o meio ambiente (preservando-o; cumprindo as determinações da legislação ambiental);
5) os clientes e consumidores (pelo fornecimento de mercadorias e serviços livres de defeitos, para assim zelar pela saúde e segurança deles);
6) os fornecedores (pela aquisição de insumos, produtos e serviços, e os pagamentos correspondentes);
7) o Fisco (pela geração e recolhimento devido dos tributos, que são revertidos à sociedade como um todo); etc.

Pode-se dizer que a função social da empresa é uma evolução da função social da propriedade.

---

[67] Poder-dever é uma expressão abstraída da obra de Fábio Konder Comparato. *O poder de controle na sociedade anônima*. Rio de Janeiro: Forense, 1983. p. 101.

A **função social da propriedade** tem como ideia o fato de que todos são livres para ter propriedade. No entanto, isso deve ser feito de forma que o bem adquirido possa ter uma utilidade também para a sociedade, por exemplo, no caso de imóvel, que possa servir de habitação ou como fonte geradora de renda.

Contudo, a **função social da empresa** ocorre pelo fato de que a atividade empresarial é fonte produtora de bens para a sociedade. Isso pode ser entendido, por exemplo, pela geração de empregos; pelo desenvolvimento da comunidade que está à sua volta; pela arrecadação de tributos; pelo respeito ao meio ambiente e consumidores; pela proteção aos direitos dos acionistas minoritários etc.

2.8.6.3.3. Abuso do poder de controle

O acionista controlador não deve usar de forma abusiva o seu poder, que é denominado "abuso do poder de controle", pois isso gera responsabilidades ao controlador (LSA, art. 117, *caput*), como discorreremos abaixo.

Abuso do poder de controle significa, então, o controlador utilizar-se de seu poder, conferido por lei, para fins estranhos ao objetivo da companhia ou para contrariar a legislação.

São exemplos de abusos do poder de controle: orientar a companhia para fim estranho ao seu objeto social; eleger administrador sem capacidade técnica; aprovar contas irregulares etc. (LSA, art. 117, § 1º).

O rol previsto no § 1º do art. 117 da Lei n. 6.404/76, de condutas do controlador tidas como abusivas, é exemplificativo[68].

Contudo, o abuso do poder de controle gera consequências para o controlador. O acionista controlador responderá pelos danos causados por atos praticados com abuso de poder (LSA, art. 117, *caput*). Ressalte-se que essa responsabilidade é da pessoa do controlador, e não da companhia.

Frise-se que o administrador ou conselheiro fiscal que praticar um dos atos ilegais tidos como abusivos, à luz do § 1º do art. 117, responde solidariamente com o acionista controlador (LSA, art. 117, § 2º).

Por último, vale considerar que o acionista controlador poderá exercer cargo de administrador ou de conselheiro fiscal, tendo assim também os deveres e responsabilidades próprios do cargo (LSA, art. 117, § 3º).

---

[68] Nesse sentido: Recurso Especial. Direito Processual Civil e Direito Societário. (...) O § 1º, do art. 117, da Lei das Sociedades Anônimas enumera as modalidades de exercício abusivo de poder pelo acionista controlador de forma apenas exemplificativa. Doutrina. A Lei das Sociedades Anônimas adotou padrões amplos no que tange aos atos caracterizadores de exercício abusivo de poder pelos acionistas controladores, porquanto esse critério normativo permite ao juiz e às autoridades administrativas, como a Comissão de Valores Mobiliários (CVM), incluir outros atos lesivos efetivamente praticados pelos controladores. Para a caracterização do abuso de poder de que trata o art. 117 da Lei das Sociedades por ações, ainda que desnecessária a prova da intenção subjetiva do acionista controlador em prejudicar a companhia ou os minoritários, é indispensável a prova do dano. Precedente. (...) (REsp 798.265/SP, STJ, 3ª Turma, rel. Min. Carlos Alberto Menezes Direito, *DJ* 16-4-2007).

2.8.6.4. Acordo de acionistas

É na sociedade anônima que encontramos as origens do instituto do contrato parassocial, especialmente na modalidade de acordo de acionistas, ainda que eventualmente utilizado em outros tipos societários.

Vale ter em conta que os acordos de acionistas podem ter objeto variado. No entanto, quando versarem sobre a compra e venda de suas ações, preferência para adquiri-las, exercício do direito a voto ou do poder de controle deverão ser observados pela companhia quando arquivados na sua sede (LSA, art. 118, *caput*).

A propósito, as obrigações ou ônus decorrentes desses acordos somente serão oponíveis a terceiros depois de averbados nos livros de registro e nos certificados das ações, quando emitidos (LSA, art. 118, § 1º).

O acordo de acionistas tem efeito vinculativo e obrigatório aos seus signatários, sendo que o presidente da assembleia ou do órgão colegiado de deliberação da companhia não computará o voto proferido com infração a acordo de acionistas devidamente arquivado na companhia (LSA, art. 118, § 8º).

No mais, a este tipo de acordo societário é assegurado o direito à execução específica visando ao cumprimento forçado (obrigação de fazer) por ordem judicial das obrigações nele previstas (LSA, art. 118, § 3º). Neste caso, o inadimplemento é suprido pelo juiz. Para fins de execução forçada aplicam-se, no que couberem, as regras do Código de Processo Civil de 2015, especialmente os arts. 497 a 501.

Muito importante é o fato de que as ações averbadas pelo vínculo do acordo de acionistas não poderão ser negociadas em bolsa ou no mercado de balcão (LSA, art. 118, § 4º).

Para viabilizar o cumprimento do acordo, é comum a inserção de cláusula de mandato com a outorga de poderes a uma determinada pessoa/acionista, a qual agirá/votará conforme as regras fixadas no acordo de votos.

Quanto ao tempo de duração do mandado outorgado em acordo de acionistas para proferir, em assembleia geral ou especial, voto contra ou a favor de determinada deliberação, ele poderá ser superior a *um* ano (LSA, art. 118, § 7º, c/c o art. 126, § 1º).

Por último, vale destacar que a sociedade anônima, sempre que entender necessário, poderá solicitar aos membros do acordo esclarecimento sobre o teor de suas cláusulas (LSA, art. 118, § 11).

2.8.7. Órgãos da companhia

Como já visto neste livro, a sociedade anônima foi concebida com uma estrutura semelhante à estrutura do Estado: Poder Legislativo (elabora leis); Poder Executivo (executa as leis e a administra); Poder Judiciário (fiscaliza e julga).

É a divisão de poderes, idealizada por Aristóteles e aprimorada por Montesquieu na sua obra *O espírito das leis*, que inspirou dispositivos da Constituição francesa, pós-revolução do século XVIII, que se faz presente na estrutura das sociedades anônimas.

Aqui cabe explicitar que na sociedade anônima existem os seguintes órgãos: a **assembleia geral** que traça as diretrizes básicas (semelhante ao Poder Legislativo); a **administração** que executa (como o Poder Executivo); e o **conselho fiscal** que fiscaliza (parecido com o Poder Judiciário).

2.8.7.1. Assembleia geral

Assembleia significa reunião de pessoas para determinado fim. A assembleia geral é o órgão máximo da sociedade, funcionando para deliberar sobre a constituição da companhia e para tomar decisões relativas ao objeto da sociedade (LSA, art. 121, *caput*).

Destaca-se que a assembleia geral é o órgão máximo da companhia em razão das matérias de sua competência para votação e por ser composta por todos os seus acionistas, dos quais alguns podem ter direito a voto, outros não (mas podem participar e, eventualmente, apresentar sugestões).

Conforme o *caput* do art. 121, convocada e instalada de acordo com a lei e o estatuto, a assembleia geral tem poderes para decidir sobre todos os negócios relacionados ao objeto da companhia, bem como tomar as decisões que julgar convenientes à sua defesa e desenvolvimento.

Acrescido pela Lei n. 12.431/2011 e ajustado pela Lei n. 14.030/2020, o parágrafo único do art. 121 da Lei n. 6.404/76 prevê a possibilidade de o acionista participar e votar a **distância** em assembleia geral de sociedades anônimas abertas e fechadas, respeitadas as normas regulamentadoras da Comissão de Valores Mobiliários (para companhias abertas) e do órgão competente do Poder Executivo federal (quanto às companhias fechadas). Votar a distância significa votar por videoconferência ou sistema equivalente que permita instantaneidade na interação do acionista com o restante das pessoas que compõem a assembleia e vice-versa.

Também dispõe o *caput* do art. 127 que, antes de abrir-se a assembleia, os acionistas deverão assinar o Livro de Presença, anotando o seu nome, nacionalidade e residência, bem como a quantidade, espécie e classe das ações das quais forem titulares.

A fim de se alinhar à recente possibilidade de participação e votação à distância, a Lei n. 12.431/2011 também incluiu um parágrafo único ao art. 127, cujo texto expressa que se considera presente em assembleia geral, para todos os efeitos da Lei n. 6.404/76, o acionista que registrar **à distância** sua presença, na forma prevista em regulamento da Comissão de Valores Mobiliários.

São competências privativas da assembleia geral (LSA, art. 122):

1) alterar o estatuto social;
2) eleger ou destituir administradores e conselheiros fiscais da sociedade, a qualquer tempo;
3) exigir a prestação de contas dos administradores, bem como aprová-las;
4) autorizar os administradores a requerer a falência ou recuperação de empresas da companhia;
5) deliberar sobre transformação, incorporação, fusão, cisão ou dissolução e liquidação da companhia;
6) decidir sobre a emissão de valores mobiliários, como debêntures ou partes beneficiárias;
7) deliberar a respeito da avaliação de bens que irão formar o capital social da companhia;
8) suspender os direitos dos acionistas que deixarem de cumprir com suas obrigações previstas no estatuto social ou na legislação.

Na sociedade anônima, a convocação para a realização de assembleia geral precisa ser feita via anúncio publicado por 3 vezes, no mínimo, que deverá conter: local, data e hora da assembleia; matérias a serem deliberadas, sobretudo se envolver alteração do estatuto social (LSA, art. 124, *caput*).

Com efeito, sendo companhia fechada, a primeira convocação da assembleia geral deverá ser feita com 8 dias de antecedência, no mínimo, contado o prazo da publicação do primeiro anúncio. Caso não tenha ocorrido a assembleia, será publicado novo anúncio, de segunda convocação, com antecedência mínima de 5 dias. Já no caso de sociedade anônima companhia aberta, o prazo de antecedência da primeira convocação será de 15 dias e o da segunda convocação de 8 dias (LSA, art. 124, § 1º).

Em regra, a assembleia deverá ocorrer no próprio endereço da companhia, mas, havendo motivo de força maior, pode ser efetuada em outro lugar apontado claramente nos anúncios convocatórios. Porém, em nenhuma hipótese, o local de realização poderá ser fora da localidade da sede (LSA, art. 124, § 2º). Localidade pode significar uma região de um país, uma cidade ou um distrito, enquanto parte de uma cidade. Logo, neste caso será preciso uma análise do caso concreto, caso ocorra de não haver um local apropriado nas imediações da empresa.

Em complemento, por força da Lei n. 14.030/2020, foi incluído o § 2º-A ao art. 124 da Lei n. 6.404/76, dispondo da seguinte forma:

> § 2º-A. Sem prejuízo do disposto no § 2º deste artigo, as companhias, abertas e fechadas, poderão realizar assembleia digital, nos termos do regulamento da Comissão de Valores Mobiliários e do órgão competente do Poder Executivo federal, respectivamente.

Salvo exceções previstas em lei, a assembleia geral será instalada, em primeira convocação, com a presença de acionistas que representem, no mínimo, 1/4 do capital social com direito de voto. Já em segunda convocação, será instalada com qualquer número. Ressalta-se que os acionistas sem direito de voto podem comparecer à assembleia e debater os assuntos em pauta, porém não podem votar, por óbvio (LSA, art. 125).

Antes de iniciar a assembleia, os acionistas que estiverem presentes escolhem um presidente e um secretário que irão compor a mesa com o fim de dirigir os trabalhos; porém o estatuto social pode prever formato diverso (LSA, art. 128).

Em geral, pois pode haver exceções previstas em lei, as deliberações da assembleia serão tomadas por maioria absoluta de votos, não sendo computados os votos em branco (LSA, art. 129, *caput*). Vale lembrar que a maioria absoluta de votos leva em conta todos os votos possíveis (estando ou não presentes), diferenciando-se da maioria relativa, em que se contabilizam apenas os votos dos que estiverem presentes.

Além disso, no caso da sociedade anônima, o estatuto social pode aumentar o quórum exigido para certas deliberações, desde que especifique as matérias (LSA, art. 129, § 1º).

É muito importante ter em conta que a assembleia geral pode ser **ordinária** ou **extraordinária**. Também existe a assembleia especial, a qual é uma modalidade peculiar (*sui generis*) de assembleia.

2.8.7.1.1. *Assembleia geral ordinária*

Assembleia geral ordinária significa que sua instalação e funcionamento são normais e periódicos, não se trata de uma convocação excepcional ou emergencial.

Ela ocorrerá uma vez ao ano, nos quatro primeiros meses após o término do exercício social, para deliberar sobre (LSA, art. 132):

1) destinação do lucro líquido e distribuição de dividendos;
2) eleição dos conselheiros fiscais e, se for o caso, dos administradores;
3) exame e aprovação das contas e demonstrações financeiras apresentadas pelos administradores;
4) correção monetária do capital social.

2.8.7.1.2. Assembleia geral extraordinária

Já a assembleia geral extraordinária significa que ela não é habitual, ou seja, que só ocorrerá em situações excepcionais. A instalação da assembleia extraordinária que objetiva alterar o estatuto se dará em primeira convocação com a presença de acionistas que representem dois terços, no mínimo, do capital com direito a voto; entretanto, poderá instalar-se em segunda com qualquer número.

Quanto ao seu funcionamento, ela ocorrerá sempre que necessário, e a qualquer período do ano, para deliberar sobre os interesses da sociedade (LSA, arts. 135, 136 e 136-A), como:

1) alterar o estatuto social e mudar o objeto da companhia;
2) deliberar sobre fusão, cisão ou dissolução e liquidação da companhia;
3) definir sobre a inclusão de convenção de arbitragem no estatuto social;
4) decidir sobre a emissão de valores mobiliários, como ações preferenciais e partes beneficiárias etc.

2.8.7.1.3. Assembleia especial

Assembleia especial é uma reunião *sui generis* (peculiar) convocada e realizada apenas para deliberar sobre matéria inerente a certa(s) classe(s) de acionistas, como os preferencialistas.

As decisões tomadas na assembleia especial, em geral, vinculam apenas os integrantes desta(s) classe(s); sendo por isso que ela não é uma categoria da assembleia geral, como são a ordinária e extraordinária.

São exemplos de matérias suscetíveis de deliberações em assembleia especial:

1) o resgate de ações de uma ou mais classes, que somente poderá ser efetuado se for aprovado por acionistas que representem, no mínimo, a metade das ações da(s) classe(s) atingida(s). Isso desde que não haja disposição em contrário no estatuto social (LSA, art. 44, § 6º);
2) a criação de ações preferenciais ou aumento de classe de ações preferenciais existentes, ou alteração nas preferências, vantagens e condições de resgate ou amortização de uma ou mais classes de ações preferenciais, ou criação de nova classe mais favorecida (LSA, art. 136, I e II e § 1º).

2.8.7.2. Administração

Administração é o órgão encarregado de executar as determinações das assembleias-gerais ordinária e extraordinária.

Compete à **diretoria** administrar a companhia, ou seja, a gestão dos negócios da sociedade.

Entretanto, a administração pode ser subdividida em dois órgãos, se houver previsão no estatuto: **conselho de administração** e **diretoria** (LSA, art. 138).

Vale ter em conta que a partir dos §§ 3º e 4º do art. 138 (incluídos pela Lei n. 14.195/2021) fica proibida, nas companhias abertas, a acumulação do cargo de presidente do conselho de administração e do cargo de diretor-presidente ou de principal executivo da companhia. A Comissão de Valores Mobiliários poderá editar ato normativo excepcionando tal regra para sociedades anônimas de menor porte.

Os membros eleitos para os órgãos de administração necessariamente serão pessoas naturais, bem como os conselheiros de administração e os diretores não precisam residir no Brasil. Tudo isso conforme prevê textualmente a nova redação do art. art. 146 dada pela Lei n. 14.195/2021.

2.8.7.2.1. Conselho de administração

O conselho de administração é um órgão colegiado para deliberações administrativas, sendo composto de no mínimo **3 membros** (LSA, art. 138, § 1º, e art. 140, *caput*).

Por órgão colegiado deve-se entender que as decisões devem ser tomadas em conjunto, não individualmente por cada membro (nem sempre de forma unânime). Esse órgão traça as grandes estratégias da empresa a partir das decisões assembleares (tomadas pelos acionistas em assembleia), que por sua vez serão executadas pela diretoria.

Esse órgão é facultativo nas sociedades anônimas fechadas; porém, é obrigatório nas companhias abertas (LSA, art. 138, § 2º).

Vale destacar que compete ao conselho de administração (LSA, art. 142):

1) fixar a orientação geral dos negócios da sociedade;

2) eleger, fiscalizar e destituir diretores, bem como fixar suas atribuições;

3) quando o estatuto exigir, manifestar-se previamente sobre os contratos a serem assinados pela diretoria etc.

O prazo de gestão (mandato) dos conselheiros poderá ser de até **3 anos**, sendo permitida a reeleição (LSA, art. 140, III).

Não há limites para reeleições. Um conselheiro poderá ser eleito inúmeras e seguidas vezes; na prática, pelo tempo em que tiver a quantidade de votos necessários a cada reeleição.

Haroldo Malheiros Duclerc Verçosa comenta que a reeleição é permitida indefinidamente enquanto os conselheiros contarem com a confiança da assembleia geral[69].

Contudo, os membros do conselho de administração deverão ser pessoas naturais (não podendo ser pessoas jurídicas), acionistas ou não, da sociedade anônima (LSA, art. 146, *caput*).

Até 2011, antes, portanto, da reforma promovida pela Lei n. 12.431/2011, o *caput* do art. 146 exigia a necessidade de o conselheiro de administração ser acionista. Essa regra provocava a seguinte situação: o controlador, por contrato, vendia ou emprestava uma única ação para as pessoas que ele pretendesse eleger para o cargo de conselheiro, que deveria ser devolvido ao término do mandato[70]. No caso de venda, a retomada da ação poderia ser feita

---

[69] Haroldo Malheiros Duclerc Verçosa. *Curso de direito comercial*. São Paulo: Malheiros, 2008. v. 3, p. 411.

[70] Haroldo Malheiros Duclerc Verçosa. *Curso de direito comercial*. v. 3, p. 412.

pelo instituto da retrovenda; sendo empréstimo, bastaria o período de o empréstimo coincidir com o tempo do mandato.

2.8.7.2.2. Diretoria

A diretoria é o órgão executivo da companhia, formado por, no mínimo, **2 diretores**, competindo a eles a representação da sociedade (LSA, arts. 138, § 1º, e 143, *caput*).

É um órgão executivo porque cumpre as determinações do conselho de administração, e, na sua inexistência, da assembleia geral.

Quanto à representação da companhia, significa praticar os atos necessários para seu funcionamento. Trata-se de uma representação externa, ou seja, perante terceiros, como na celebração de contratos com fornecedores; na contratação de funcionários etc.

Fábio Ulhoa Coelho lembra que essa representação é privativa dos diretores, não podendo ser atribuída a outro órgão societário[71].

Os diretores são eleitos e destituíveis a qualquer tempo pelo conselho de administração, ou, se não houver, pela assembleia geral (LSA, art. 143, *caput*).

Cabe ressaltar que é o estatuto social quem fixa os atos de competência da diretoria; o número de diretores, as atribuições de cada diretor etc. (LSA, art. 143).

Normalmente as atribuições são divididas conforme a organização interna da empresa, como, por exemplo, diretoria administrativa, diretoria comercial, diretoria de *marketing*, diretoria financeira etc. Ainda, o estatuto poderá fixar quais são os limites dos poderes de cada diretor, de modo a expressar o que ele pode assumir individualmente em matéria de direitos e deveres em nome da companhia; ou quando isso deve ser feito em conjunto com outro diretor.

É possível haver a cumulação de cargos de conselheiro de administração e diretor. Porém, no máximo um terço dos conselheiros de administração poderá ser eleito para cargos de diretores (LSA, art. 143, § 1º). Os demais diretores serão executivos [de carreira], mas não conselheiros. Essa regra tem por fim manter certa independência dos órgãos, até porque se toda a diretoria pudesse ser composta de conselheiros, ficaria prejudicada a fiscalização do conselho sobre a diretoria.

O estatuto social também pode estabelecer que determinadas decisões sejam tomadas em conjunto pelos diretores, em reunião de diretoria (LSA, art. 143, § 2º).

Em relação ao prazo de gestão dos diretores, ele poderá ser de até **3 anos**, sendo permitida a reeleição (LSA, art. 143, III). Também, não há limite para a reeleição do diretor, dependerá tão somente da vontade dos conselheiros de administração, ou, se não existir, da assembleia geral.

Além disso, os diretores deverão ser pessoas naturais (não pessoas jurídicas), podendo ser acionistas ou não da companhia. Anteriormente, até a vigência da Lei n. 14.195/2021, que alterou o *caput* do art. 146, os diretores precisavam residir no Brasil.

2.8.7.2.3. Deveres dos administradores

Os administradores da sociedade anônima, conselheiros e diretores têm deveres que devem ser observados.

---

[71] Fábio Ulhoa Coelho. *Curso de direito comercial*: direito de empresa. 11. ed. São Paulo: Saraiva, 2008. v. 2, p. 229.

No exercício das atribuições inerentes à sua profissão, o administrador deve agir com cautela e diligência, assim como todo homem cuidadoso age na elaboração de suas coisas pessoais e familiares (LSA, art. 153).

Exercendo suas funções, previstas na lei ou no estatuto, o administrador deve sempre buscar alcançar os fins e interesses da sociedade, levando-a a desempenhar e cumprir sua função social (LSA, art. 154).

Logo, são deveres do administrador: ser leal à companhia, devendo manter segredo sobre os negócios que dela fazem parte; não se aproveitar de oportunidades pelo conhecimento obtido em razão de sua função (*insider trading*); não agir de forma a conflitar os seus interesses pessoais aos da companhia (LSA, arts. 155 e 156).

Cabe ressaltar que o **conflito de interesse** entre acionista e companhia pode ser positivo ou negativo. O conflito **positivo** é aquele que favorece a si próprio ou a terceiro, enquanto o **negativo** prejudica terceiro.

Em ambos os casos há prejuízo ao interesse da sociedade, pois mesmo no conflito negativo o interesse da sociedade é esquecido com o fim de impor algo danoso a outrem. Pode-se ilustrar a situação da seguinte forma: o administrador pode decidir por adquirir insumos de um fornecedor com quem tenha amizade, ainda que por um preço acima da média de mercado, a fim de favorecê-lo em detrimento da empresa (conflito positivo); ou deixar de comprar o mesmo insumo de certo fornecedor, que tenha o melhor custo-benefício para a empresa, por mera questão pessoal de falta de simpatia pelo fornecedor (conflito negativo).

2.8.7.2.4. Responsabilidade dos administradores

Os administradores são os responsáveis por celebrar os contratos em nome da sociedade. No entanto, é a sociedade quem responde por essas obrigações, uma vez que o administrador é somente um seu representante.

Dessa forma, em relação à responsabilidade civil, os administradores não respondem pessoalmente (com seu patrimônio particular) pelas obrigações contraídas em nome da companhia e em razão dos atos normais de gestão do negócio (LSA, art. 158, *caput*). Quem irá responder é a sociedade, pois as obrigações são dela e não dos administradores.

No entanto, o administrador será pessoalmente responsável, na esfera civil, pelos prejuízos causados, quando agir além das suas atribuições, com dolo ou culpa, dentro das suas funções ou com violação de lei ou do estatuto social (LSA, art. 158, I e II). Para melhor entendimento desse tema, vale resgatar a leitura dos itens já tratados anteriormente, sobre teoria *ultra vires* e teoria da aparência, ambas aplicáveis à sociedade anônima[72]. Eventualmente,

---

[72] Direito Empresarial. Negócio jurídico celebrado por gerente de sociedade anônima. (...) 1. No caso em exame, debatem as partes em torno de aditivo que apenas estabeleceu nova forma de reajuste do contrato original – em relação ao qual não se discute a validade –, circunstância a revelar que o negócio jurídico levado a efeito pelo então Gerente de Suprimentos, que é acessório, possui a mesma natureza do principal – prestação de serviços –, o qual, a toda evidência, poderia ser celebrado pela sociedade recorrente por se tratar de ato que se conforma com seu objeto social. 2. Na verdade, se a pessoa jurídica é constituída em razão de uma finalidade específica (objeto social), em princípio, os atos consentâneos a essa finalidade, não sendo estranho ao seu objeto, praticados em nome e por conta da sociedade, por seus representantes legais, devem ser a ela imputados. 3. As limitações estatutárias ao exercício de

além da esfera civil, poderá haver responsabilização dos administradores nas esferas administrativa e penal, a depender do caso.

Um administrador não responde solidariamente pelo ato ilícito de outro administrador, a não ser no caso de ele ter sido conivente ou ter sido negligente na descoberta da irregularidade (LSA, art. 158, § 1º).

2.8.7.2.5. Ação judicial contra os administradores

O ajuizamento da ação judicial de responsabilidade civil contra os administradores, pelos prejuízos causados à companhia, compete à própria sociedade anônima, mediante prévia deliberação da assembleia geral (LSA, art. 159, *caput*). Significa dizer que a titular para promover a ação é a própria companhia[73].

Este assunto do ajuizamento de ação contra o administrador poderá ser deliberado em assembleia geral ordinária. Mas também poderá ser deliberado em assembleia geral extraordinária, desde que haja previsão na ordem do dia, ou seja, consequência direta de tema objeto da deliberação (LSA, art. 159, § 1º).

É importante ressaltar que a mesma assembleia deverá determinar a substituição do administrador contra o qual deva ser proposta ação, haja vista que ele ficará impedido para o exercício do cargo (LSA, art. 159, § 2º).

---

atos por parte da Diretoria da Sociedade Anônima, em princípio, são, de fato, matéria *interna corporis*, inoponíveis a terceiros de boa-fé que com a sociedade venham a contratar. 4. Por outro lado, a adequada representação da pessoa jurídica e a boa-fé do terceiro contratante devem ser somadas ao fato de ter ou não a sociedade praticado o ato nos limites do seu objeto social, por intermédio de pessoa que ostentava ao menos aparência de poder. 5. A moldura fática delineada pelo acórdão não indica a ocorrência de qualquer ato de ma-fé por parte da autora, ora recorrida, além de deixar estampado o fato de que o subscritor do negócio jurídico ora impugnado – Gerente de Suprimento – assinou o apontado "aditivo contratual" na sede da empresa e no exercício ordinário de suas atribuições, as quais, aliás, faziam ostentar a nítida aparência a terceiros de que era, deveras, representante da empresa. 6. Com efeito, não obstante o fato de o subscritor do negócio jurídico não possuir poderes estatutários para tanto, a circunstância de este comportar-se, no exercício de suas atribuições – e somente porque assim o permitiu a companhia –, como legítimo representante da sociedade atrai a responsabilidade da pessoa jurídica por negócios celebrados pelo seu representante putativo com terceiros de boa-fé. Aplicação da teoria da aparência. 7. Recurso especial improvido (REsp 887.277/SC, STJ, rel. Min. Luis Felipe Salomão, DJe 9-11-2010).

73 Quanto à necessidade de prévia anuência da assembleia, veja a decisão do STJ: Civil e Processual Civil. Sociedade Anônima. Ação da companhia contra administrador. Necessidade de prévia autorização da assembleia geral. (...) I – O art. 159 da Lei n. 6.404/76 estabelece, com clareza, em seu *caput*, a necessidade de prévia autorização da assembleia geral para que a companhia possa mover ação contra um de seus administradores. II – O fato de o requerido ter, segundo a requerente, indevidamente se intitulado diretor-presidente, quando era somente diretor-tesoureiro, e outorgado procuração para venda de bem da empresa, não retira a necessidade de prévia deliberação da assembleia geral autorizando a companhia a ingressar com ação contra ele. III – Não havendo prova de tal autorização por parte da assembleia geral, correto o entendimento do egrégio Tribunal *a quo*, ao extinguir o feito sem julgamento do mérito, por ausência de legitimidade ativa (art. 267, VI, do Código de Processo Civil). IV – Recurso especial improvido (REsp 882.782/RN, STJ, 3ª Turma, rel. Massami Uyeda, DJe 6-5-2010).

Caso a ação judicial não seja proposta pela companhia no prazo de 3 meses da delibera-ção, tomada em assembleia que aprovou o seu ajuizamento, qualquer acionista poderá ajuizá--la (LSA, art. 159, § 3º). Se a assembleia deliberar por não promover a demanda judicial contra o administrador, os acionistas que representem no mínimo 5% do capital social pode-rão promovê-la (LSA, art. 159, § 4º). Os resultados da ação judicial proposta por acionista favorecem a sociedade, mas a ela cabe indenizá-lo das despesas com o processo, limitando-se aos resultados auferidos (LSA, art. 159, § 5º).

Em muitos casos a companhia opta por não propor ação judicial contra o administra-dor, por várias razões: os atos suspeitos são originados de determinações dos controladores; conivência dos controladores com os atos dos administradores; os administradores têm substancial participação no quadro de acionistas; não exposição pública dos problemas da companhia etc.

Por isso, havendo a assembleia e esta decidindo por não propor a ação contra o adminis-trador, poderá ela ser ajuizada por acionistas que representem no mínimo **5% do capital social**.

Na decisão, o juiz poderá reconhecer a exclusão da responsabilidade do administrador, caso se convença de que ele agiu de boa-fé e objetivava o interesse da sociedade anônima (LSA, art. 159, § 6º). Isso decorre do princípio estadunidense *business judgment rule*, em português, regra de julgamento empresarial, que se dá quando o juiz compreende que estava com boa intenção em sua atuação e assim o exclui de responsabilidade.

Vale ter em conta que essa ação aqui tratada (de titularidade da companhia contra o administrador) não exclui o direito de ação do acionista ou de terceiro diretamente prejudi-cado por ato de administrador (LSA, art. 159, § 7º).

2.8.7.3. Conselho fiscal

O conselho fiscal é o órgão colegiado (decide em conjunto) encarregado de fiscalizar as atividades da administração da companhia.

É um órgão obrigatório em toda sociedade anônima. Seu funcionamento deverá ser de acordo com o previsto no estatuto social, podendo ser permanente ou não, sendo instalado a pedido dos acionistas (LSA, art. 161, *caput*).

Por isso, a composição do conselho fiscal será de no mínimo **3** e no máximo **5 mem-bros**, com suplentes em igual número, eleitos por assembleia geral. Para fins comparativos, na sociedade limitada não há limitação ao número máximo de membros do conselho fiscal, de acordo com a redação do art. 1.066 do Código Civil.

O período do **mandato** dos conselheiros fiscais e seus suplentes é de aproximadamente um ano. Isso porque, o mandato começa após a eleição em assembleia-geral ordinária de um ano e termina na assembleia-geral ordinária do ano seguinte. Desse modo, como a assem-bleia-geral ordinária deve acontecer dentro dos quatro primeiros meses seguintes ao término do exercício social, ocorrendo geralmente no mês de abril, o mandato terá cerca de um ano. Em todo caso são permitidas reeleições (LSA, art. 161, § 6º).

Os membros do conselho fiscal e seus suplentes podem ser ou não acionistas da compa-nhia, não podendo suas atribuições ser delegadas (LSA, art. 161, §§ 1º e 7º).

Além disso, os membros do conselho fiscal só podem ser pessoas físicas (não jurídicas) residentes no Brasil, com formação em curso universitário; ou que já tenham exercido, por no mínimo 3 anos, cargo de administrador de empresa ou de conselheiro fiscal (LSA, art. 162, *caput*).

Esses conselheiros já devem ter exercido cargo de conselheiro fiscal em sociedade limitada ou cooperativa (ou de conselheiro fiscal de outro tipo de pessoa jurídica, como uma associação ou condomínio constituído como tal), pois seria impossível já ter sido conselheiro fiscal de outra companhia, uma vez que para isso teria de ter a qualificação de exercício no cargo no mínimo por 3 anos.

Na constituição do conselho fiscal, terão direito de eleger um membro e o respectivo suplente, em votação em separado, os titulares de ações preferenciais (sem direito a voto, ou com voto restrito). Nos mesmos termos, os acionistas minoritários (titulares de ações ordinárias, desde que representem, em conjunto, no mínimo 10% das ações com direito a voto) também têm direito a eleger um membro e suplente (LSA, art. 161, § 4º, *a*)[74].

Sem prejuízo do exposto acima, os demais acionistas com direito a voto poderão eleger os membros efetivos e suplentes que, em qualquer caso, serão em número igual ao dos eleitos nas condições anteriormente elencadas, somando mais um membro (LSA, art. 161, § 4º, *b*).

São atribuições do conselho fiscal (LSA, art. 163):

1) examinar as demonstrações financeiras;

2) opinar sobre o relatório anual da administração, fazendo constar do seu parecer as informações complementares que julgar necessárias ou úteis à deliberação da assembleia geral;

3) denunciar erros, fraudes ou crimes à assembleia;

4) fiscalizar, por qualquer de seus membros, os atos dos administradores e verificar o cumprimento dos seus deveres legais e estatutários; etc.

Esse é um caso excepcional de atuação individual de um conselheiro, pois como um órgão colegiado, sua atuação normalmente se dá em conjunto, prevalecendo a vontade da maioria. No entanto, para fins de fiscalização a lei assegura o direito individual de cada membro do conselho realizar essa atividade.

2.8.8. Subsidiária integral

"Subsidiária" pode ser tida como uma sociedade controlada (aquela cujo controle é exercido por outra sociedade, conforme tratado em outro item), isso porque uma subsidiária integral é uma espécie de setor da companhia responsável por desenvolver certas atividades dentro do ramo de atividade econômica em que atua sua controladora.

---

[74] Ação Cominatória. Obrigação de fazer. Instauração de assembleia geral extraordinária. Eleição de conselho fiscal da companhia. Previsão legal. Art. 161, § 4º, da Lei n. 6.404/76. Redução do valor das *astreintes*. Art. 461, § 6º, do CPC. Os acionistas minoritários com direito a voto da Sociedade Anônima têm direito a um representante no Conselho Fiscal da S.A., consoante dispõe o art. 161, § 4º, da Lei n. 6404/76. Restando irrecorrida a decisão que deferiu liminar, a ser cumprida sob pena de multa diária e, confirmada esta na sentença, devida é a referida *astreinte*, que pode ser reduzida de ofício (art. 461, § 6º, do CPC), sempre que se verificar onerosidade excessiva ou enriquecimento ilícito (AC 2.0000.00.461088-4/000, TJMG, Desa. Valdez Leite Machado, *DJ* 27-8-2007).

Direito societário 163

Trata-se da denominada sociedade unipessoal, pois a subsidiária integral é uma companhia cuja titularidade das ações é exclusivamente de uma sociedade anônima brasileira; por isso a expressão "integral", uma vez que a totalidade das ações é de propriedade de tão somente uma única companhia. Ela será constituída por escritura pública (LSA, art. 251, *caput*).

Uma sociedade já existente (que tenha dois ou mais sócios) pode ser convertida em subsidiária integral desde que haja a aquisição de todas as suas ações por sociedade brasileira (LSA, art. 251, § 2º).

Conforme o art. 252, *caput*, da Lei n. 6.404/76, a incorporação de todas as ações do capital social ao patrimônio de outra sociedade anônima brasileira, para convertê-la em subsidiária integral, será submetida à deliberação da assembleia geral das duas companhias.

2.8.9. *Tag along* e alienação de controle

Tag along (em português, ir junto) é uma expressão inglesa que representa uma proteção a acionistas minoritários, de uma sociedade anônima, em ter suas ações recompradas pelo preço de no mínimo 80% do valor pago pelas ações de controle quando do fechamento de capital.

Na verdade, esse é um mecanismo que garante aos minoritários o direito de deixar uma companhia, caso o controle da sociedade seja adquirido por uma pessoa que até aquele momento não fazia parte do seu quadro de sócios.

Assim, *tag along* relaciona-se com **alienação de controle** de uma companhia. Para efeitos jurídicos, entende-se como alienação de controle a transferência (de forma direta ou indireta) de ações integrantes do bloco de controle, de ações vinculadas a acordos de acionistas e de valores mobiliários conversíveis em ações com direito a voto, cessão de direitos de subscrição de ações e de outros títulos ou direitos relativos a valores mobiliários conversíveis em ações que venham a resultar na alienação de controle acionário da sociedade (LSA, art. 254-A, § 1º).

A Lei n. 6.404/76, em seu art. 254-A, disciplina o *tag along* e a alienação de controle. O *caput* deste dispositivo dispõe que a alienação (direta ou indireta) de controle de sociedade anônima aberta somente poderá ser contratada sob a condição, suspensiva ou resolutiva, de que o adquirente se obrigue a fazer oferta pública de aquisição das ações com direito a voto de propriedade dos demais acionistas da companhia, de modo a lhes assegurar o preço no mínimo igual a 80% do valor pago por ação com direito a voto, integrante do bloco de controle.

Destaca-se que a alienação de controle precisa de autorização da CVM – Comissão de Valores Mobiliários –, que por sua vez autorizará a alienação se verificar que as condições da oferta pública atendem aos requisitos legais (LSA, art. 254-A, § 2º).

Vale ter em conta que opcionalmente o adquirente do controle acionário de companhia aberta poderá oferecer aos acionistas minoritários a opção de permanecer na companhia, mediante o pagamento de um prêmio equivalente à diferença entre o valor de mercado das ações e o valor pago por ação integrante do bloco de controle (LSA, art. 254-A, § 4º).

2.8.10. *Take over* e oferta pública de aquisição do controle de companhia aberta – OPA

A oferta pública para aquisição de controle de companhia aberta – OPA, também conhecida pela expressão inglesa *take over* (em português, assumir o controle), é uma forma de aquisição do controle de uma sociedade anônima.

Trata-se de uma alternativa às aquisições convencionais, permitindo, assim, ao ofertante a aquisição do poder de controle sem a necessidade de prévia negociação com controladores diluídos da companhia. Esse instituto ainda não é muito utilizado no Brasil em razão da elevada concentração acionária das sociedades anônimas, fruto – em boa medida – da grande quantidade de empresas familiares.

No fundo, a OPA é uma operação por meio da qual uma pessoa pretende comprar uma participação (parte) ou a totalidade das ações de acionista(s) de uma companhia aberta.

Conforme a Lei das Sociedades Anônimas, a OPA somente poderá ser feita com a participação de instituição financeira que garanta o cumprimento das obrigações assumidas pelo ofertante (LSA, art. 257, *caput*).

Vale considerar que a OPA deverá ter por objeto ações com direito a voto em número suficiente para assegurar o controle da companhia e será irrevogável (LSA, art. 257, § 2º).

Mas, caso o ofertante já seja titular de ações votantes do capital da companhia, a oferta poderá ter por objeto o número de ações necessárias para completar o controle, mas o ofertante deverá fazer prova, perante a CVM, das ações de sua propriedade (LSA, art. 257, § 3º).

Visando a regulamentar a OPA, a CVM poderá expedir normas sobre oferta pública de aquisição de controle. Se a OPA contiver permuta, total ou parcial, dos valores mobiliários, somente poderá ser efetuada após prévio registro na CVM (LSA, art. 257, §§ 1º e 4º).

O instrumento de oferta de compra, firmado pelo ofertante e pela instituição financeira que garante o pagamento, será publicado na imprensa e deverá indicar (LSA, art. 258):

1) o número mínimo de ações que o ofertante se propõe a adquirir e, se for o caso, o número máximo;

2) o preço e as condições de pagamento;

3) a subordinação da oferta ao número mínimo de aceitantes e a forma de rateio entre os aceitantes, se o número deles ultrapassar o máximo fixado;

4) o procedimento que deverá ser adotado pelos acionistas aceitantes para manifestar a sua aceitação e efetivar a transferência das ações;

5) o prazo de validade da oferta, que não poderá ser inferior a vinte dias;

6) informações sobre o ofertante.

O parágrafo único do art. 258 da Lei n. 6.404/76 assevera que a OPA será comunicada à CVM em até 24 horas da primeira publicação.

Frise-se o caráter sigiloso da oferta até sua efetivação, pois até a publicação da OPA, o ofertante, a instituição financeira intermediária e a CVM devem manter sigilo sobre a oferta projetada, respondendo o infrator pelos danos que causar (LSA, art. 260).

Eventualmente poderá haver oferta concorrente, isso, pois uma OPA em andamento não impede outra OPA concorrente. Neste caso, a publicação da oferta concorrente anula as ordens de venda que já tenham sido firmadas por acionistas em aceitação à oferta anterior; sendo facultado ao primeiro ofertante prorrogar o prazo de sua oferta até fazê-lo coincidir com o da oferta posterior e concorrente (LSA, art. 262).

2.8.11. Governança corporativa: conceito, princípios e novos segmentos

A governança corporativa é um sistema pelo qual as sociedades são dirigidas e monitoradas, envolvendo os sócios/acionistas, conselho de administração, diretoria, conselho fiscal e auditoria independente. Consiste em um conjunto de mecanismos, tanto de incentivos quanto de monitoramento, com o fim de assegurar que o comportamento – sobretudo dos executivos – seja ético e esteja sempre alinhado com o interesse dos acionistas.

Sua origem se deu essencialmente nos Estados Unidos na primeira metade da década de 1990, em que acionistas perceberam a necessidade de novas regras que os protegessem dos abusos das diretorias executivas das empresas, da inércia de conselhos de administração e das omissões das auditorias externas, haja vista situações de fraudes, erros, excesso de poder etc.

Sob o prisma conceitual, o instituto da governança corporativa surgiu para superar o "conflito de agência", decorrente da separação entre a propriedade e a gestão empresarial. Pois, nesta situação, o proprietário (acionista) delega a um agente especializado (executivo) o poder de decisão sobre sua propriedade. Em contrapartida, os interesses dos gestores [administradores] nem sempre estarão alinhados com os dos proprietários [acionistas], o que gera um conflito de agência[75].

É por isso que o grande objetivo da governança corporativa é criar um ambiente eficaz para o monitoramento, a fim de garantir um alinhamento dos interesses dos acionistas com os atos dos gestores. E mais, promover uma atuação ética da empresa que a adota, seja interna ou externamente[76].

A sociedade que opta por adotar as práticas da governança corporativa deve seguir os seguintes **princípios**: equidade, transparência, prestação de contas e responsabilidade corporativa.

O princípio da **equidade** quer dizer que deve ser dado tratamento isonômico, justo e equilibrado quanto aos direitos e interesses de todos os *stakeholders*, ou partes interessadas/afetadas (acionistas – sobretudo os minoritários –, credores, clientes, fornecedores, funcionários); não sendo admitidas atitudes ou políticas discriminatórias ou de favorecimento indevido (*fairness*).

Já o princípio da **transparência** significa que é obrigação da sociedade informar e manter à disposição informações além das exigidas por lei, como os compulsórios balanços patrimonial e de resultado econômico. A sociedade deve adotar métodos de transparência e publicidade dos seus atos praticados (*disclosure*).

Por sua vez, o princípio da **prestação de contas** se dá quanto ao fato de que os órgãos societários e seus membros devem atuar com diligência e dar conhecimento dos atos praticados durante seus mandatos, bem como agir com integridade e assumir as consequências decorrentes deles. Para fazer referência a este princípio, é bem usual a expressão inglesa *accountability*, que pode ser traduzida como a obrigação de prestar contas.

E por último, o princípio da **responsabilidade corporativa** está relacionado à sustentabilidade, ou seja, por meio dos seus órgãos, a sociedade deve zelar pela longevidade da corporação/instituição, por meio de condutas éticas e pelo respeito a questões legais, sociais, ambientais etc. (*compliance*).

---

[75] Conforme nota do Instituto Brasileiro de Governança Corporativa: Disponível em: <http://www.ibgc. org.br>. Acesso em: 9 ago. 2018.

[76] Newton De Lucca afirma que a empresa ética poderá contribuir decisivamente para um futuro solidário na história da humanidade. Newton De Lucca. *Da ética geral à ética empresarial.* Tese (Concurso para provimento do cargo de Professor Titular de Direito Comercial) – Faculdade de Direito da Universidade de São Paulo, São Paulo, 2009. p. 414.

Tudo isso tem por consequência minimizar as chances de fraudes, erros, abusos de poder e atos de corrupção; além de ser um meio para atrair investimentos e valorar as ações (ou quotas) da sociedade no mercado, bem como melhorar a confiança perante os clientes de modo a aumentar o seu faturamento pelo maior volume de vendas e/ou prestação de serviços.

Logo, o conselho de administração deve estabelecer estratégias para a empresa, elegendo e destituindo os principais executivos, fiscalizando e avaliando o desempenho da gestão e escolhendo a auditoria independente.

Vale destacar que as boas práticas de governança corporativa foram desenvolvidas fundamentalmente pensando nas sociedades anônimas abertas, mas não há qualquer impedimento da adoção por uma companhia fechada ou mesmo por uma sociedade limitada.

No Brasil, o instituto da governança corporativa teve início fundamentalmente a partir do movimento de privatizações e a necessidade de adoção das regras de governança. Assim, em 1999, o Instituto Brasileiro de Governança Corporativa – IBGC criou o primeiro código sobre governança corporativa.

Por sua vez, em 2002, a Comissão de Valores Mobiliários – CVM lançou sua cartilha a respeito da governança corporativa, visando a orientar administradores, conselheiros, acionistas controladores e minoritários e auditores independentes.

Mas um marco igualmente relevante se deu em 2000, quando a então Bolsa de Valores de São Paulo (hoje denominada B3)[77] criou segmentos de empresas com padrões diferenciados de governança corporativa. Tal iniciativa objetivou, fundamentalmente, estimular mercado de capitais ampliando o interesse dos investidores e a valorização das sociedades anônimas de capital aberto adeptas às melhores práticas da governança corporativa. Atualmente, esses segmentos (ou níveis) são 5: **Nível 1, Nível 2, Novo Mercado, Bovespa Mais e Bovespa Mais 2**.

As sociedades que estão listadas pela bolsa no **Nível 1** caracterizam-se ao se comprometerem, essencialmente, com a melhoria na prestação de informações ao mercado e com a dispersão acionária (pulverização do controle). A companhia no Nível 1 tem obrigações que são adicionais à legislação, como: aprimorar as informações prestadas à CVM, à B3 (BM&FBOVESPA), ao público; apresentar demonstrações financeiras trimestrais; realizar reuniões públicas com analistas e investidores, ao menos uma vez por ano; apresentar um calendário anual, do qual conste a programação dos eventos corporativos, tais como assembleias e divulgação de resultados; manutenção em circulação de uma parcela mínima de ações, representando 25% do capital social da companhia; entre outras.

Já as companhias que estão no **Nível 2**, além das obrigações do Nível 1, devem adotar práticas adicionais quanto aos direitos dos acionistas e do conselho de administração, como: ter um conselho de administração com o mínimo de 5 membros e mandato unificado de até 2 anos, permitida a reeleição; direito de voto às ações preferenciais em algumas matérias

---

[77] Vale lembrar que em 2008 a Bolsa de Valores de São Paulo transformou-se na BM&FBOVESPA, pela integração das operações da Bolsa de Valores de São Paulo e da Bolsa de Mercadorias & Futuros. A partir de 2017, a BM&FBOVESPA passou a ser chamada de B3, combinação entre a BM&FBOVESPA e a Cetip (Central de Custódia e Liquidação Financeira de Títulos).

(p. ex., incorporação, fusão, cisão ou transformação); aderir à Câmara de Arbitragem do Mercado para resolução de conflitos societários; concessão de *tag along* de 100% para ações ordinárias e preferenciais; entre outras.

Quanto ao **Novo Mercado** (que poderia ser denominado Nível 3), ele diferencia-se do Nível 2 pela exigência adicional, às anteriormente descritas, de que: haja comitê de auditoria (estatutário ou não), auditoria interna e área de *compliance*; no conselho de administração, pelo menos, *dois* membros ou 20% dos membros devem ser independentes, com mandato unificado de até *dois* anos; divulgação simultânea, em português e inglês, de fatos relevantes e comunicados ao mercado ou acionistas; o capital social da sociedade anônima seja composto apenas de **ações ordinárias**. Lembrando que a ação ordinária, entre outros direitos, assegura ao acionista o direito ao voto.

Estes três segmentos (Nível 1, Nível 2 e Novo Mercado) podem ser tidos também como níveis hierárquicos de governança corporativa, tendo em vista haver um maior grau de exigência entre eles. Já os demais (Bovespa Mais e o Bovespa Mais 2) não são necessariamente níveis hierárquicos de exigências de governança corporativa, apenas são dois segmentos com a finalidade de atender empresas que queiram entrar gradualmente, em até 7 anos, no mercado de capitais. Enquanto a empresa vai se profissionalizando, ela já pode ser listada pela B3 para, posteriormente, poder realizar a oferta de ações.

O **Bovespa Mais** e o **Bovespa Mais 2** são destinados especialmente às pequenas e médias empresas que, via de regra, têm dificuldade para implementar de plano boas práticas de governança corporativa, tendo sido essa a razão de a bolsa criar novos segmentos para atender este perfil de empresa, sobretudo. Assim, a tendência é que nestes segmentos de "entrada" ao mercado de capitais se obtenha captações menores de recursos junto a investidores que vislumbram potencial de crescimento da empresa e de retorno do investimento, em médio e longo prazo. Basicamente a diferença entre estes dois segmentos está no fato de que, no Bovespa Mais a companhia somente pode ter ações ordinárias (ON), enquanto no Bovespa Mais 2 (ou Bovespa Mais Nível 2) é possível haver ações ordinárias e ações preferenciais (PN).

No mais, empresas que cumprem apenas e ordinariamente a legislação e as normas institucionais/convencionadas (como, por exemplo, emitindo ações ordinárias e preferenciais, mantendo *tag along* de 80% etc.) poderiam ser enquadradas num segmento tido por **Nível Básico [ou perfil tradicional]**, pois não contam com regras diferenciadas de governança corporativa.

Contudo, a adoção das práticas de governança corporativa tem a finalidade, primordial, de estabelecer um ambiente empresarial ético; aumentar o valor da companhia (e dos seus valores mobiliários em circulação); facilitar seu acesso ao capital, acrescentando mais investidores pela segurança gerada e pela redução das incertezas no processo de avaliação de investimento e de risco; contribuir para a continuidade da empresa. São estes os resultados esperados pela implantação das regras da governança corporativa, o que vai beneficiar, além dos investidores e da empresa, o mercado acionário e a sociedade como um todo (pois a função social da empresa estará sendo cumprida, como fonte produtora de bens, como fonte de arrecadação de tributos etc.). Mas não se pode deixar de observar que, mesmo com a adoção das melhores práticas de governança corporativa, as corporações não estão imunes a fraudes, abusos, atos de corrupção etc.

2.9. SOCIEDADE EM COMANDITA POR AÇÕES

Inicialmente, vale lembrar que a palavra **comandita** quer dizer administrada ou comandada. Além disso, trata-se de uma palavra originada do italiano *accomandita*, cujo significado era guarda ou depósito, pois no passado pessoas confiavam seu capital a outrem para que este o administrasse em seu nome e risco.

"Comandita por ações" significa o tipo societário em que a administração é feita necessariamente por sócios (acionistas), os quais, na condição de administradores, respondem de forma ilimitada e subsidiária pelas dívidas da companhia, cujo capital social é dividido em ações. A expressão "por ações" a diferencia da sociedade em comandita simples prevista no Código Civil, arts. 1.045 e s.

A sociedade em comandita por ações, assim como a sociedade anônima, possui seu capital dividido em ações, sendo regulada pela Lei n. 6.404/76 – Lei das Sociedades Anônimas – LSA (LSA, art. 280, e CC, art. 1.090).

As principais diferenças entre a sociedade em comandita por ações e a sociedade anônima encontram-se na administração e na responsabilidade dos administradores.

Na sociedade em comandita por ações, somente quem é acionista pode administrá-la, sendo que na condição de administrador responde **subsidiária** e **ilimitadamente** pelas obrigações da sociedade (LSA, art. 281, *caput*, e CC, art. 1.091, *caput*). Neste ponto há uma distinção em relação à sociedade em comandita simples, pois nesta os sócios comanditados respondem **solidária** e ilimitadamente pelas obrigações sociais, conforme o art. 1.045, *caput*, do Código Civil. Na responsabilidade subsidiária há o benefício de ordem em favor do acionista administrador, razão pela qual seu patrimônio pessoal somente será afetado depois de exaurida a tentativa de cobrança perante a sociedade que não tinha bens para saldar sua dívida.

Ainda, quanto às distinções em relação à sociedade anônima, a sociedade em comandita por ações não possui conselho de administração e não pode emitir bônus de subscrição[78].

Quanto ao nome empresarial, a sociedade em comandita por ações pode operar por firma ou denominação com a expressão "Comandita por Ações", sendo facultada a designação do objeto social (LSA, art. 281, parágrafo único, e CC, arts. 1.090 e 1.161, com nova redação dada pela Lei n. 14.382/2022).

2.10. SOCIEDADE COOPERATIVA

O vocábulo "cooperativa" tem o sentido de colaboração entre os sócios; uma associação gerida de forma coletiva em favor dos associados (cooperados). A sílaba "co" está relacionada a conjunto e a palavra "operativa" ou "operativismo" à atuação/operação; portanto, uma atuação conjunta para alcançar um fim comum.

A sociedade cooperativa (ou simplesmente "cooperativa", como é mais conhecida) é regida pela Lei n. 5.764/71 (Lei das Cooperativas) e pelos arts. 1.093 a 1.096 do Código Civil. Na omissão de tais normas, aplica-se o regime jurídico da sociedade simples (CC, art. 1.096).

Vinte pessoas é o número mínimo de associados para a formação da cooperativa (Lei n. 5.764/71, art. 6º, I). "Celebram contrato de sociedade cooperativa as pessoas que

---

[78] Paulo Sérgio Restiffe. *Manual do novo direito comercial*. p. 202.

reciprocamente se obrigam a contribuir com bens ou serviços para o exercício de uma atividade econômica, de proveito comum, sem objetivo de lucro" (Lei n. 5.764/71, art. 3º).

Em relação à expressão "sem objetivo de lucro", ela tem o sentido de que a cooperativa é apenas uma organização de pessoas para que possam auferir renda, exercendo um mero papel de intermediária entre o capital e o trabalho (que são fatores de produção).

Independentemente do seu objeto social, a cooperativa é uma sociedade simples, nos termos do parágrafo único do art. 982 do Código Civil. Isso em razão da natureza civil da cooperativa. Pelo teor desse dispositivo legal, mesmo que o objeto social da cooperativa esteja relacionado com atividade empresarial (produção ou circulação de bens ou de serviços) ainda sim ela será uma sociedade simples.

Assim, surge um conflito aparente de normas, pois, de acordo com os arts. 998, *caput*, e 1.150 do Código Civil, a sociedade simples está vinculada ao Registro Civil das Pessoas Jurídicas. No entanto, apesar de a cooperativa ser considerada sociedade simples, o art. 18 da Lei n. 5.764/71 determina que ela deve ser registrada no Registro Público das Empresas Mercantis (Junta Comercial).

Neste caso de conflito aparente entre normas, aplica-se a regra da norma especial, devendo, portanto, as cooperativas ser registradas na Junta Comercial; devendo seguir a determinação legal do art. 1.096 do Código Civil, em que este diploma tem aplicação subsidiária à Lei das Cooperativas. Como no Brasil, na Itália as cooperativas também são registradas no registro das empresas, conforme determina o art. 2.200 do Código Civil italiano.

De acordo com o art. 4º, *caput*, da Lei n. 5.764/71, a cooperativa é uma sociedade de pessoas, de natureza civil, não sujeita à falência, sendo sua dissolução e sua liquidação realizadas conforme os arts. 63 a 78 da Lei n. 5.764/71.

Quanto à possibilidade de aplicação dos institutos da **recuperação de empresas** e da **falência** à cooperativa, já há decisões judiciais favoráveis motivadas pelo princípio da preservação da empresa. Mas a questão da aplicação da Lei de Falências e Recuperação de Empresas à cooperativa é controvertida, por isso, este assunto é melhor abordado no capítulo deste livro: Recuperação de empresas e falência.

Trata-se de uma organização de pessoas (de determinada categoria de classe ou não) que unem forças para atuar em determinada(s) atividade(s), com o intuito de poder distribuir os lucros entre os cooperados, ou para prestar assistência aos cooperados.

Pode ser objeto da sociedade cooperativa qualquer gênero de serviço ou atividade, sendo obrigatório o uso da expressão "cooperativa" em sua denominação, para que os terceiros possam identificar o tipo societário (Lei n. 5.764/71, art. 5º, *caput*).

No entanto, as cooperativas, inclusive as de crédito, não podem usar a expressão "banco", pois é uma expressão de uso privativo de instituições financeiras (Lei n. 5.764/71, art. 5º, parágrafo único).

Os cooperados são, ao mesmo tempo, sócios e clientes da cooperativa[79]. "Sócios" porque têm quotas e fazem parte do contrato social (estatuto), além de receberem os rendimentos decorrentes da atuação da cooperativa. "Clientes" porque as cooperativas são criadas também para prestar assistência (técnica, jurídica etc.) aos seus cooperados.

---

[79] Nesse sentido, Amador Paes de Almeida. *Direito de empresa no Código Civil*. São Paulo: Saraiva, 2004. p. 179.

Independentemente do tipo da cooperativa, não existe vínculo empregatício entre cooperados e cooperativa. Mas, em relação aos seus empregados, a cooperativa se equipara às demais empresas quanto às obrigações trabalhistas e previdenciárias (Lei n. 5.764/71, arts. 90 e 91).

Algumas características das cooperativas estão listadas no art. 4º da Lei n. 5.764/71, como a adesão voluntária; e outras no art. 1.094 do Código Civil, como distribuição de resultados proporcionalmente ao trabalho que cada sócio realizou. Entretanto, nos dois dispositivos legais há algumas regras que se repetem, como a variabilidade do capital social e a proibição de transferência de quotas a terceiros.

Na cooperativa, a responsabilidade dos sócios pode ser **limitada** – responde apenas pelo valor de suas quotas; ou **ilimitada** – responde solidária e ilimitadamente pelas obrigações sociais (Lei n. 5.764/71, arts. 11 e 12, e CC, art. 1.095).

Independente disso, em caso de abuso da personalidade jurídica, sendo uma espécie de pessoa jurídica de direito privado, a sociedades cooperativa fica sujeita à desconsideração da personalidade jurídica[80], cujo tema foi tratado em item próprio.

São órgãos da cooperativa: **assembleia geral** (ordinária e extraordinária), **administração** (diretoria ou conselho de administração) e **conselho fiscal** (Lei n. 5.764/71, arts. 38 a 56). Esses órgãos são explicados no item sobre sociedade anônima, o que pode ser aplicável às cooperativas, especialmente sob o prisma conceitual e da finalidade de cada um deles.

Nos termos do art. 43-A da Lei n. 5.764/71, incluído pela 14.010/2020:

> "O associado poderá participar e votar a distância em reunião ou em assembleia, que poderão ser realizadas em meio digital, nos termos do regulamento do órgão competente do Poder Executivo federal. A assembleia geral poderá ser realizada de forma digital, respeitados os direitos legalmente previstos de participação e de manifestação dos associados e os demais requisitos regulamentares".

---

[80] Nesse sentido: Recurso especial. Processual Civil e Consumidor. (...) Desconsideração da personalidade jurídica. (...) 1. Cuida-se de ação coletiva de consumo, na qual foi decretada a desconsideração da personalidade jurídica da cooperativa recorrente para que o patrimônio de seus dirigentes também responda pelas reparações dos prejuízos sofridos pelos consumidores na demora na construção de empreendimentos imobiliários, nos quais a recorrente teria atuado como sociedade empresária de incorporação imobiliária e, portanto, como fornecedora de produtos. (...) 10. O Código de Defesa do Consumidor é aplicável aos empreendimentos habitacionais promovidos pelas sociedades cooperativas. Súmula 602/STJ. 11. De acordo com a Teoria Menor, a incidência da desconsideração se justifica: a) pela comprovação da insolvência da pessoa jurídica para o pagamento de suas obrigações, somada à má administração da empresa (art. 28, *caput*, do CDC); ou b) pelo mero fato de a personalidade jurídica representar um obstáculo ao ressarcimento de prejuízos causados aos consumidores, nos termos do § 5º do art. 28 do CDC. 12. Na hipótese em exame, segundo afirmado pelo acórdão recorrido, a existência da personalidade jurídica está impedindo o ressarcimento dos danos causados aos consumidores, o que é suficiente para a desconsideração da personalidade jurídica da recorrente, por aplicação da teoria menor, prevista no art. 28, § 5º, do CDC. 13. Recurso especial parcialmente conhecido e, nesta parte, desprovido (REsp 1.735.004/SP, STJ, 3ª Turma, rel. Min. Nancy Andrigui, *DJe* 29-6-2018).

Direito societário

A constituição da cooperativa se dá por deliberação em assembleia geral dos fundadores, constantes da respectiva ata ou por instrumento público (Lei n. 5.764/71, art. 14).

O ato constitutivo (estatuto) da cooperativa a ser levado a registro deve conter (Lei n. 5.764/71, arts. 15 e 16):

1) a denominação, a sede, o objeto;
2) a qualificação dos fundadores;
3) aprovação do estatuto;
4) qualificação dos membros que compõem os órgãos da cooperativa;
5) assinatura dos fundadores.

É cabível às cooperativas: operações de fusão, incorporação e cisão (Lei n. 5.764/71, arts. 57 a 62), institutos que serão tratados em outro item mais adiante.

2.10.1. Áreas de atuação

Como citado anteriormente, a cooperativa pode ter por objeto qualquer gênero de serviço ou atividade. Assim, são várias as atividades em que as cooperativas podem atuar. Por exemplo, as cooperativas:

1) de trabalho: taxistas, professores, atendentes etc.;
2) de venda: por exemplo, a Cooperativa Central "Leite Paulista";
3) de consumo: para efetuar compras em grande escala, por exemplo, a Cooperativa dos Funcionários da Alpargatas;
4) de crédito: para concessão de empréstimo aos cooperados[81];
5) de seguro, agrícola, habitação etc.

As cooperativas podem ser consideradas **mistas** quando apresentarem mais de um objeto de atividades (Lei n. 5.764/71, art. 10, § 2º).

Acerca das cooperativas habitacionais, elas são organizadas como se fossem incorporadoras e/ou construtoras, de modo que seus cooperados possam adquirir imóveis, em tese, por preços mais baratos. A esse respeito, o STJ editou a Súmula 602: "O Código de Defesa do Consumidor é aplicável aos empreendimentos habitacionais promovidos pelas sociedades cooperativas".

Em geral, as cooperativas têm a preocupação com o desenvolvimento econômico das regiões onde desenvolvem suas atividades. Especialmente as cooperativas de crédito, elas são uma alternativa aos bancos, pois são associações de pessoas que buscam ajuda mútua para cuidar de seus recursos financeiros, oferecendo linhas de crédito e serviços bancários (por exemplo, com cartão de débito e talão de cheque) em condições mais favoráveis, inclusive quanto às taxas de juros, por se tratar de atividade sem fins lucrativos.

Podem-se classificar as cooperativas em cooperativas singulares; cooperativas centrais ou federações de cooperativas e confederações de cooperativas.

---

[81] Normalmente, as tarifas de serviços e as taxas de juros das cooperativas de crédito são menores do que as praticadas pelos bancos.

2.10.2. Cooperativas singulares

As cooperativas singulares são aquelas que prestam serviços diretamente aos seus associados, sendo constituídas por, no mínimo, **vinte pessoas físicas** (Lei n. 5.764/71, arts. 6º, I, e 7º). Por exemplo: Unimed Santos (cooperativa com atuação na área médica).

2.10.3. Cooperativas centrais ou federações de cooperativas

As cooperativas centrais ou federações de cooperativas são formadas por pelo menos três cooperativas singulares, objetivando organizar, em maior escala, os serviços de interesses das cooperativas filiadas (Lei n. 5.764/71, arts. 6º, II, e 8º). Ilustrativamente: Unimed/RS – Federação das Cooperativas Médicas do Rio Grande do Sul Ltda.

2.10.4. Confederações de cooperativas

As confederações de cooperativas são formadas por, no mínimo, três cooperativas centrais ou federações de cooperativas, visando a orientar e coordenar as atividades das filiadas quando o volume dos empreendimentos ultrapassarem o âmbito de capacidade ou conveniência de atuação das centrais ou federais (Lei n. 5.764/71, arts. 6º, III, e 9º). A título de exemplo: Unimed Confederação Nacional das Cooperativas Médicas.

2.11. SOCIEDADES COLIGADAS, GRUPOS E CONSÓRCIOS

Os empreendedores estão sempre buscando otimizar a forma de como desenvolver suas atividades econômicas, sendo comum haver relações jurídicas entre sociedades por meio de coligação de sociedades, grupo societário ou consórcio, como veremos adiante. A Lei n. 6.404/76, arts. 243 e s., e o Código Civil, arts. 1.097 e s., tratam do assunto.

Por "sociedades coligadas" entende-se a relação entre sociedades. O Código Civil, ao disciplinar esse tema, especifica que se consideram coligadas as sociedades que, em suas relações de capital, são controladas, filiadas ou de simples participação (CC, art. 1.097).

Contudo, para conhecer tais conceitos é preciso iniciarmos o estudo pela sociedade controladora.

2.11.1. Controladora. *Holding. Offshore*

A sociedade controladora é aquela que tem participação em outra sociedade (a controlada) a ponto de obter maioria de votos nas deliberações, fazendo prevalecer sua vontade e assim elegendo os administradores e, como consequência, dirigindo os negócios da controlada.

Os conceitos de controladora e controlada foram trazidos inicialmente pela Lei das Sociedades Anônimas – Lei n. 6.404/76. Agora, com o Código Civil, esses institutos são aplicáveis aos outros tipos societários (em especial à sociedade limitada), sem a necessidade de aplicação subsidiária da Lei n. 6.404/76.

A sociedade controladora também é denominada **holding** (ou *holding* societária). No fundo a *holding* é uma sociedade que detém participação societária em uma ou mais empresas, tendo sido constituída especificamente para esse fim ou não[82].

---

[82] Gladston Mamede; Eduarda Cotta Mamede. *Holding familiar e suas vantagens*: planejamento jurídico e econômico do patrimônio e da sucessão familiar. São Paulo: Atlas, 2011. p. 2.

A *holding* pode ser **pura** (de controle ou de participação) ou **mista**. A *holding* pura de controle é aquela que detém participação acionária em outra sociedade de forma a exercer o controle societário sobre ela. Já a *holding* pura de participação tem titularidade na participação acionária de uma outra empresa, porém não a ponto de ter o controle dela. Por sua vez, a *holding* mista é aquela que além de ter participação acionária em outra empresa desenvolve simultaneamente atividade econômica de produção ou circulação de bens ou serviços (pode ser uma fábrica, comércio ou prestadora de serviços).

Vale expressar que a *holding* pode ser tida como uma gestora de participações sociais, podendo ser formada para administrar uma só empresa ou verdadeiros conglomerados empresariais. Esse modelo pode ser utilizado para redução do custo administrativo, centralizando funções, reestruturação societária, uniformização de práticas entre as empresas, manutenção de parceria com outras empresas, planejamento tributário ou sucessório etc.

A criação de *holdings* está de acordo com o que prevê o art. 2º, *caput* e § 3º, da Lei n. 6.404/76, o qual assevera que o objeto da companhia pode ser qualquer empresa (atividade) de fim lucrativo, desde que lícito, de modo que a companhia pode ter por objeto social a participação em outras sociedades (*holding* pura, de controle ou de participação). E, mesmo que não previsto no estatuto, a participação é facultada como forma de realizar o seu objeto ou para favorecer-se de benefícios fiscais (*holding* mista).

Em razão disso, proliferam-se *holdings* com os mais variados fins e com as mais diversificadas terminologias: *holding* **familiar**, *holding* **financeira**, *holding* **patrimonial**, *holding* **imobiliária**, entre outras.

Muitas pessoas têm constituído pessoas jurídicas com o fim de administrar patrimônio próprio decorrente da integralização de bens dos sócios, especialmente imóveis. A finalidade é encontrar um melhor enquadramento tributário, notadamente quanto ao imposto de renda sobre as locações. Isso, por si só, não é ilegal, tratando-se de planejamento tributário não proibido pelo ordenamento. Entretanto, quando uma *holding* é constituída para mera **blindagem patrimonial**, ou seja, com o fim de "blindar" o patrimônio pessoal contra credores, isso pode ser tido como um ilícito; logo, poderá implicar em fraude contra credores, ou mesmo desconsideração inversa da personalidade jurídica (em que a sociedade poderá ser responsabilizada por dívida de sócio).

Offshore significa fora da costa ou paraíso fiscal. Assim, ficou a terminologia empregada para contas bancárias ou empresas criadas em países tidos como "paraísos fiscais", uma vez que a maioria deles é constituída por ilhas, objetivando a remessa de recursos para o exterior.

A *offshore* (ou *offshore company*) é uma sociedade constituída no exterior com o fim de controlar uma ou mais empresas no território nacional. Em tese, não há ilicitude nisso se o ordenamento jurídico não proibir, como, por exemplo, é o caso de empresas que fazem isso como forma de planejamento. No entanto, muitas vezes tais empresas são constituídas buscando "reduções tributárias" ilegais nos países considerados "paraísos fiscais", visando a ocultação da identidade dos controladores, haja vista a possibilidade de emissão de ações ao portador e o direito à manutenção do sigilo quanto aos acionistas (ou seja, acionistas não identificáveis); ou simplesmente para a remessa ilícita de dinheiro para o exterior[83].

---

[83] Gladston Mamede; Eduarda Cotta Mamede. *Holding familiar e suas vantagens*: planejamento jurídico e econômico do patrimônio e da sucessão familiar. p. 70.

2.11.2. Controlada

Já a sociedade controlada é aquela em que parte de seu capital é de propriedade de outra sociedade (a controladora), que lhe assegura um número de votos suficiente nas deliberações (maioria de votos), a fim de eleger os administradores (CC, art. 1.098, I).

A sociedade pode ainda estar sujeita a um controle indireto, o que ocorre quando, por exemplo, a sociedade **A** é controladora da sociedade **B**, que por sua vez, é controladora da sociedade **C**. Assim, a sociedade **C** é controlada de **A** indiretamente (CC, art. 1.098, II).

2.11.3. Filiada

A sociedade filiada é aquela que tem 10% ou mais de seu capital social com participação de outra sociedade, que, por sua vez, não a controla. Filiação significa participação. Nesse sentido, estamos falando de uma sociedade participando do capital social de outra sociedade, mas sem controlá-la (CC, art. 1.099).

O art. 1.099 do Código Civil conceitua sociedade filiada como sociedade coligada. No entanto, o art. 1.097 dispõe de sociedade coligada como gênero do qual a filiada é uma espécie.

2.11.4. Simples participação

Sociedade *de simples participação* é aquela que tem menos de 10% de seu capital social com participação de outra sociedade, porém não a controla (CC, art. 1.100).

2.11.5. Grupo de sociedades (de fato e de direito)

Grupo significa o conjunto de pessoas ou coisas para formar um todo; aqui trataremos do grupo de sociedades (ou empresariais), tendo em vista que nos tempos atuais é comum haver concentração de empresas, que formam **grupos de fato** (empresas que mantêm laços empresariais por meio de participação acionária, sem a necessidade de se organizarem juridicamente) ou **grupos de direito** (empresas que se organizam juridicamente formando um "grupo" com registro na Junta Comercial, em que se obrigam a conjugar recursos e esforços para a realização de seus objetos sociais).

Assim, o grupo de direito é o conjunto de sociedades formado por sociedade controladora e suas controladas. Nos termos do *caput* do art. 265 da Lei n. 6.404/76, sua formação se dá mediante convenção pela qual se obriguem a combinar recursos ou esforços para a realização dos objetos, ou a participar de empreendimentos comuns.

No grupo, a sociedade controladora (também intitulada como sociedade de comando) deve ser brasileira, devendo exercer, de modo permanente, o controle (direta ou indiretamente) das sociedades filiadas, como titular de direitos de sócio ou acionista, ou mediante acordo com outros sócios ou acionistas (LSA, art. 265, § 1º).

Cada sociedade pertencente ao grupo manterá sua personalidade e patrimônio próprio (distintos), cabendo à convenção do grupo estabelecer as relações entre as sociedades, a estrutura administrativa do grupo e a coordenação ou subordinação dos administradores das sociedades filiadas (LSA, art. 266).

Considera-se constituído o grupo a partir da data do arquivamento, na Junta Comercial da sede da sociedade controladora (de comando), dos documentos a seguir:

1) convenção de constituição do grupo;

2) atas das assembleias gerais, ou instrumentos de alteração contratual, de todas as sociedades que tiverem aprovado a constituição do grupo;

3) declaração autenticada do número das ações ou quotas de que a sociedade de comando e as demais sociedades integrantes do grupo são titulares em cada sociedade filiada, ou exemplar de acordo de acionistas que assegura o controle de sociedade filiada (LSA, art. 271).

Quanto aos requisitos para a formação da convenção do grupo, ela precisará ser aprovada por cada uma das sociedades que irão compor o grupo. Além disso, a convenção precisará conter:

1) a designação do grupo;

2) a indicação da sociedade de comando e das filiadas;

3) as condições de participação das diversas sociedades;

4) o prazo de duração, se houver, e as condições de extinção;

5) as condições para admissão de outras sociedades e para a retirada das que o componham;

6) os órgãos e cargos da administração do grupo, suas atribuições e as relações entre a estrutura administrativa do grupo e as das sociedades que o componham;

7) a declaração da nacionalidade do controle do grupo;

8) as condições para alteração da convenção (LSA, art. 269).

No que diz respeito ao nome empresarial, o grupo de sociedades terá designação de que constarão as expressões "grupo" ou "grupo de sociedade" (LSA, art. 267), por exemplo, Grupo Votorantim S.A.

2.11.6. Consórcio de sociedades

Consórcio tem o sentido de união/associação/parceria entre empresas com o fim de realizar uma atividade de interesse comum. Isso é concretizado mediante contrato firmado entre as empresas consorciadas, como, por exemplo, para a construção e/ou concessão de uma rodovia em que as participantes se juntam para que possam em conjunto atender aos requisitos do edital de licitação, uma vez que sozinhas nenhuma delas teria condições de alcançar.

A título de diferenciação, aqui não estamos fazendo referência ao consórcio previsto na Lei n. 11.795/2008, objeto de estudo no capítulo dos contratos mercantis. Tal consórcio equivale à união de pessoas, sob a gestão de uma administradora, que contribuem com quotas mensais de modo a formar um fundo para aquisição por cada um dos consorciados de um bem com o valor da carta de crédito, fornecida mediante sorteio ou lance.

Nosso objeto de estudo é o intitulado "consórcio de sociedades" ou "consórcio empresarial". Nos termos do *caput* do art. 278 da Lei n. 6.404/76, as sociedades anônimas e quaisquer outras sociedades, sob o mesmo controle ou não, podem constituir consórcio para executar determinado empreendimento.

É muito importante expressar que o consórcio, enquanto uma união de esforços, não tem personalidade jurídica, sendo que as consorciadas apenas se obrigam nas condições previstas no respectivo contrato firmado entre elas, respondendo cada uma por suas obrigações, sem presunção de solidariedade (LSA, art. 278, § 1º).

Também, em caso de falência de uma consorciada isso não alcança as demais. Neste caso o consórcio se manterá com as outras contratantes (LSA, art. 278, § 2º).

Quanto aos requisitos do contrato de consórcio, ele precisará ser por cada sociedade consorciada e deverá conter:

1) a designação do consórcio se houver;

2) o empreendimento que constitua o objeto do consórcio;

3) a duração, endereço e foro;

4) a definição das obrigações e responsabilidades de cada sociedade consorciada, e das prestações específicas;

5) normas sobre recebimento de receitas e partilha de resultados;

6) normas sobre administração do consórcio, contabilização, representação das sociedades consorciadas e taxa de administração, se houver;

7) forma de deliberação sobre assuntos de interesse comum, com o número de votos que cabe a cada consorciado;

8) contribuição de cada consorciado para as despesas comuns, se houver (LSA, art. 279, *caput*).

Contudo, tanto o contrato de consórcio como suas alterações serão arquivados na Junta Comercial do lugar da sua sede, devendo a certidão do arquivamento ser publicada (LSA, art. 279, parágrafo único).

2.12. REORGANIZAÇÃO SOCIETÁRIA

Durante a trajetória de uma sociedade, considerando a dinâmica das atividades econômicas, pode-se notar que muitas vezes ela foi obrigada a passar por mudanças.

Para isso, a sociedade necessita ter motivos, entre os quais, podem ser citados: dificuldade econômica; absorção de tecnologia; racionalização na administração, na produção ou na venda dos produtos; planejamento tributário etc.

É a chamada "reorganização societária", que pode ocorrer de várias formas, como transformação, conversão, incorporação, fusão e cisão. Em qualquer hipótese, é sempre necessária a averbação no registro competente.

A transformação, a conversão, a incorporação, a fusão e a cisão das sociedades não prejudicam os direitos dos credores (salvo se houver uma recuperação de empresas nos termos da Lei n. 11.101/2005).

Ao tratar da transformação, incorporação, fusão e cisão das sociedades, em grande parte o Código Civil acaba quase repetindo as regras já estabelecidas na Lei n. 6.404/76 – Lei das Sociedades Anônimas. Já a conversão está prevista no art. 84 da Instrução Normativa DREI n. 81/2020, cuja norma também disciplina a transformação, incorporação, fusão e cisão.

Remetemos o leitor para o capítulo de Direito Concorrencial e Econômico, em que encontrará uma série de conceitos que lhe auxiliarão nesta matéria. Mas vale chamar a atenção ao fato de que os atos de reorganização societária, especialmente atos de concentração (como, por exemplo, fusão ou incorporação), não podem, via de regra, resultar em monopólio, oligopólio, monopsônio ou oligopsônio. Por isso, nas hipóteses legais, são submetidos à apreciação do órgão de controle para essas operações, o **Conselho Administrativo de Defesa Econômica (CADE)**, sob pena de infração à Lei n. 12.529/2011 – Lei que estrutura o Sistema Brasileiro de Defesa da Concorrência (SBDC).

2.12.1. Transformação e conversão

Transformação é o ato pelo qual uma sociedade passa de um tipo societário para outro. Isso pode ser exemplificado da seguinte forma: uma sociedade limitada que devido à necessidade de expansão passa a ser uma sociedade anônima, para que assim possa fazer captação de recursos por meio da emissão de valores mobiliários comercializados em bolsa.

Outra hipótese se dá quando uma sociedade cooperativa deseja transformar-se em uma sociedade limitada. Pode-se pensar, também, em uma sociedade anônima que queira transformar-se em limitada, em razão da menor burocracia quanto à contabilidade e à desnecessidade de publicação de balanços.

Para a realização da transformação, não é necessária a dissolução ou a liquidação da sociedade (CC, art. 1.113).

Na transformação, a personalidade jurídica da sociedade permanece; no entanto, em razão de sua nova estrutura, pode haver mudanças quanto à responsabilidade dos sócios (p.ex., de ilimitada para limitada, dependendo do tipo societário anterior e o posterior).

Em qualquer hipótese de transformação, o direito dos credores não é prejudicado ou modificado (CC, art. 1.115, *caput*)[84].

Um ponto que merece destaque é a possibilidade de transformação de cooperativa e conversão de associação em sociedade empresária. Assim, há uma sutil diferença entre transformação e conversão, no âmbito das Juntas Comerciais. **Transformação** é a operação pela qual uma empresa ou sociedade passa de um tipo jurídico para outro, conforme o art. 62 da Instrução Normativa DREI n. 81/2020.

Já a **conversão** é a operação por meio da qual uma sociedade simples ou associação se converte em empresário individual, sociedade empresária ou cooperativa, passando do Registro Civil das Pessoas Jurídicas (Cartório) para o Registro Público das Empresas Mercantis (Junta Comercial) e vice-versa, conforme art. 84 da Instrução Normativa DREI n. 81/2020 (redação dada pela Instrução Normativa DREI/ME n. 88, de 23 de dezembro de 2022) e item 96 da Nota Técnica SEI n. 21253/2020/ME, que acompanha a referida Instrução.

Logo, diante da possibilidade de transformação de cooperativa e conversão de associação, há de destacar que não cabe ao Estado impor limitações aos que buscam manter a permanência de suas atividades por meio de tais operações.

É verdade que o Código Civil não prevê expressamente que uma associação pode converter-se em sociedade. Por outro lado, o art. 2.033 do Código Civil dispôs que as pessoas jurídicas indicadas no seu art. 44, entre as quais se incluem as associações, estão sujeitas às disposições do Código Civil acerca da transformação.

Vale consignar ainda que há entendimento no sentido de que as cooperativas não podem ser convertidas em sociedade empresária, pois isso estaria contrariando o espírito do legislador, na medida em que as cooperativas estariam sendo deliberadamente dissolvidas para que os cooperados se apropriassem dos valores que compõem os fundos obrigatórios, cuja natureza jurídica de indivisibilidade está prevista no art. 4º, IV, da Lei n. 5.764/1971.

---

[84] Nesse sentido: Execução de título extrajudicial. Alteração no polo passivo da execução para incluir empresa que se beneficiou de transformação da sociedade executada. A transformação da empresa não pode prejudicar credores. Aplicação do art. 1.115 do Código Civil. Recurso desprovido (Ag 191586120118260000/SP, TJSP, rel. Sérgio Shimura, *DJ* 29-6-2011).

Por sua vez, não se pode interpretar que as associações e as cooperativas, prestigiadas pela Constituição Federal por sua importância no contexto social, tenham sofrido vedação ao acesso do instituto da transformação; pelo contrário, o art. 5º, XX, da CF pretende preservar a livre vontade dos associados e cooperados.

2.12.2. Incorporação e fusão – *M&A* e *Due diligence*

A incorporação (ou aquisição) é um ato decorrente de fenômenos econômicos, cujas sociedades, por questões estratégicas e de concorrência, são levadas a efetuar concentrações empresariais (principalmente por buscarem ganho de escala na produção e distribuição; ou na tentativa de monopolizar o mercado). Essa conceituação vale também para a fusão.

Incorporação é o ato pelo qual uma sociedade é absorvida (adquirida/comprada) por outra sociedade; porém, pode acontecer também que duas ou mais sociedades possam ser incorporadas.

Com isso, a sociedade incorporadora (que absorve) sucede a incorporada (absorvida) em todos os seus direitos e deveres (CC, art. 1.116).

Exemplo: a sociedade **A** compra a sociedade **B**, e a sociedade **B** deixa de existir.

Diante do exposto, a sociedade incorporada será extinta, devendo ser averbada no registro (CC, art. 1.118).

Entre as inovações trazidas pela Instrução Normativa DREI n. 81/2020 do DREI está a previsão da possibilidade de incorporação de sociedade com patrimônio líquido negativo, conforme o seu art. 70, parágrafo único. De acordo com esse dispositivo, existe a possibilidade de incorporação sem o aumento do capital, de modo que o aumento de capital não seria mais um pressuposto para a operação.

Assim como a incorporação, a fusão é um ato decorrente de concentração empresarial, objetivando, na maioria das vezes, ganho de escala na produção e distribuição, ou a monopolização do mercado.

Fusão é o ato por meio do qual duas ou mais sociedades são extintas para formar uma só, ou seja, para dar origem à criação de uma sociedade nova. Essa nova sociedade é que irá suceder as sociedades extintas em todos os direitos e obrigações (CC, art. 1.119).

Exemplo: a sociedade **X** e a sociedade **Y** deixam de existir para que seus respectivos patrimônios formem a sociedade **Z**. Dessa forma, a nova sociedade deve ser inscrita no registro (CC, art. 1.121).

Substancialmente, a diferença entre a incorporação e a fusão está no fato de que a incorporação é a absorção de uma sociedade por outra e a fusão significa a união de sociedades.

No mercado é comum o uso da sigla **M&A** – *mergers and acquisitions* (em português, fusões e aquisições) para as operações de concentração de empresas por meio de incorporações e fusões.

Associado a isso, também se emprega muito a expressão *due diligence* (em português, diligência prévia), no sentido de ser um levantamento ou apuração dos riscos do negócio, o que normalmente é feito em operações empresariais, sobretudo em aquisições (incorporações) e fusões.

2.12.3. Cisão

A cisão é o ato pelo qual uma sociedade tem seu patrimônio dividido em duas ou mais partes formando novas sociedades. Também pode ocorrer que parte do patrimônio seja destinada a compor o patrimônio de uma sociedade já existente (para aumentá-lo).

Curiosamente, não há nenhum artigo do Código Civil que trate especificamente sobre a cisão (apesar de prevista no título do "Capítulo X", arts. 1.113 a 1.122, que aborda a reorganização societária).

Logo, deve-se aplicar subsidiariamente o art. 229 da Lei n. 6.404/76 – Lei das Sociedades Anônimas.

A cisão pode ser total ou parcial. Existe cisão **total** quando ocorre a extinção da sociedade cindida/dividida, pois todo o seu patrimônio foi transferido para outras sociedades (novas ou já existentes). Nessa hipótese, existe a extinção da sociedade cindida.

A cisão **parcial** ocorre quando a sociedade cindida continua existindo, pois teve apenas parte de seu patrimônio transferido para outra sociedade (nova ou já existente, podendo ser mais de uma sociedade). Nesse caso, não há a extinção da sociedade cindida.

É importante esclarecer que a cisão parcial difere da **dissolução parcial**, pois esta ocorre com a finalidade de entregar parte do capital da sociedade (isto é, efetuar o pagamento) ao sócio que se retira ou é excluído; à família em razão do falecimento do sócio etc. Diferentemente do que ocorre com a cisão, na dissolução parcial a parte do patrimônio apurada não é necessariamente para formar nova sociedade ou integrar o capital social de outra já existente.

2.12.4. *Joint venture*

Joint venture é uma expressão inglesa que significa "empreendimento ou risco conjunto". Trata-se da combinação de recursos e/ou técnicas de duas ou mais empresas, podendo fazer surgir uma sociedade, com personalidade jurídica ou não, para realizar um determinado negócio empresarial.

Trata-se de soluções contratuais para atender às necessidades das partes envolvidas, como ampliação da área de vendas; a troca de *know-how* (tecnologia), entre outras. Por isso, empresas contratam entre si esse tipo de atuação conjunta[85].

Outra possibilidade seria para a concentração empresarial objetivando ganho de escala na produção e distribuição de produtos.

A concretização da *joint venture* acontece por meio de uma operação típica ou atípica, ou seja, a efetivação da *joint venture* pode ocorrer por cisão, fusão, participação acionária recíproca, criação de uma *holding*/controladora, criação de uma nova sociedade ou outros mecanismos contratuais[86].

---

[85] Recurso especial. Ação de dissolução de sociedade ou apuração de haveres. Quebra da *affectio societatis* em virtude do rompimento unilateral de acordo de associação (*joint venture*). (...) Hipótese: A controvérsia diz respeito à verificação da possibilidade de dissolução total ou parcial com apuração de haveres, de sociedade por tempo indeterminado, criada por força de acordo de associação *joint venture* firmado para a exploração do comércio brasileiro de disquetes, ante o rompimento da *affectio societatis* e a inviabilidade da continuação do objeto social da empresa. 1. É incontroversa a quebra da *affectio societatis*, pois a ruptura unilateral do "acordo de associação" (*joint venture*) levada a efeito pela notificação datada de 18 de fevereiro de 1991, foi considerada absolutamente lícita, legítima e eficaz por força de decisão judicial já transitada em julgado. (...) (REsp 1.377.697/AM, STJ, 4ª Turma, rel. Min. Marco Buzzi, *DJe* 21-10-2016).

[86] Carlos Alberto Bittar. *Contratos comerciais*. p. 198-199.

A finalidade de se criar uma *joint venture* é obter lucro para os participantes por meio da realização de uma atividade econômica, por um determinado prazo. Dessa forma, as empresas envolvidas não perdem suas personalidades jurídicas, apenas partilham a administração, os lucros e os prejuízos. A união das empresas envolvidas pode se dar pela criação de uma nova empresa ou por meio de uma mera parceria associativa (consórcios de empresas). Um modelo de *joint venture* foi a parceria entre Volkswagem e Ford quando criaram a Autolatina.

Ressalta-se o fato de que, a depender do seu formato, o contrato de *joint venture* pode ser visto como um ato de reorganização societária, mas não chega necessariamente a criar vínculos societários, tendo por objeto propiciar comodidades às partes envolvidas a fim de dinamizar seus negócios[87].

2.13. SPE – SOCIEDADE DE PROPÓSITO ESPECÍFICO

Sociedade de propósito específico (SPE) é uma sociedade empresária cuja atividade é restrita, ou seja, específica para atingir um determinado fim, como, por exemplo, quando os sócios de uma construtora decidem criar uma sociedade especial para o desenvolvimento de um determinado empreendimento imobiliário; ou a criação de uma SPE para administrar as locações derivadas das unidades de um edifício comercial.

O objetivo central da SPE é separar os riscos de acordo com cada atuação. Embora possa ser utilizada em diversos segmentos, no campo imobiliário é muito comum em incorporações de imóveis, criando-se uma SPE para cada empreendimento que será construído e comercializado.

Cabe esclarecer que a SPE pode ter existência por prazo determinado ou indeterminado. Não se trata de um novo tipo societário, mas apenas de um modelo de negócio, derivado inicialmente da liberdade de contratar e de criar tipos novos pertencentes ao direito privado. Ou seja, uma forma de organização empresarial pela qual se constitui uma nova sociedade (limitada ou anônima) com um objetivo específico.

A SPE possui personalidade jurídica própria; logo, tem seu próprio nome, patrimônio, responsabilidade, escrituração etc. conforme o seu tipo societário (limitada ou anônima).

Este modelo de negócio decorre da criação dos empresários e dos princípios da autonomia privada e da liberdade contratual. No entanto, sem prejuízo do que dispõe o parágrafo único do art. 981 do Código Civil, por força de alterações ao art. 56 da Lei Complementar n. 123/2006 (Lei Geral da Micro e Pequena Empresa), houve uma introdução expressa em

---

[87] Administrativo. Transportador responsável e legitimado *ad causam*. Contrato de *joint venture*. (...) O contrato de *joint venture* apenas possibilita, por comodidade das contratantes, que seus serviços sejam inseridos em novos mercados, mediante a associação e cooperação mútua entre as contratantes. É acordo que, por conveniência das interessadas, não necessita de um vínculo societário, inferindo-se das razões e documentos apresentados pela impetrante que o referido armador apenas se incumbiu de prestar-lhe um serviço, sem qualquer responsabilidade ou vínculo, trazendo os contêineres de que a impetrante admite ser a transportadora (AMS 7451/SP, 2000.61.04.007451-2, TRF da 3ª Região, rel. Juíza Eliana Marcelo, *DJU* 29-11-2006).

nosso ordenamento da SPE. Segundo esse dispositivo a SPE pode ser constituída por microempresas (MEs) ou empresas de pequeno porte (EPPs).

Conforme o art. 56, as MEs ou as EPPs poderão realizar negócios de compra e venda de bens, para os mercados nacional e internacional, por meio de sociedade de propósito específico (SPE), a qual terá seus atos arquivados no Registro Público de Empresas Mercantis. Sua finalidade, por exemplo, pode ser realizar operações de compra para revenda. A SPE, na forma expressa nesse dispositivo legal, deverá ser uma sociedade limitada, não podendo ser uma sociedade cooperativa; sendo a ela vedado o exercício de atividade que seja proibida às microempresas e empresas de pequeno porte optantes do Simples Nacional. A ME ou a EPP não poderá participar simultaneamente de mais de uma sociedade de propósito específico, sob pena de responsabilidade solidária das microempresas ou empresas de pequeno porte sócias da SPE.

2.14. SOCIEDADE DEPENDENTE DE AUTORIZAÇÃO

Sociedade dependente de autorização é aquela que necessita de autorização do Poder Executivo federal para funcionar (CC, art. 1.123).

Essa previsão também está na Constituição Federal, art. 170, parágrafo único, que, ao tratar da livre-iniciativa, menciona que em casos excepcionais previstos em lei haverá necessidade de autorização governamental.

Sobre a necessidade de autorização, ela se justifica tendo em vista as peculiaridades de determinadas atividades, cuja função de autorizar é feita por alguns órgãos, por exemplo, a autorização para seguradoras é dada pela Superintendência de Seguros Privados – SUSEP (Decreto-lei n. 73/66); já a autorização para os bancos é fornecida pelo Banco Central do Brasil – Bacen (Lei n. 4.595/64); igualmente, a autorização para administradoras de consórcios é dada pelo Bacen (Lei n. 11.795/2008, art. 7º, I) etc.

Isso é explicado pelo fato de que algumas atividades econômicas têm particularidades que demonstram a necessidade de existir maior controle e fiscalização do Estado. Por exemplo, bancos e seguradoras fazem captação de quantias elevadas de recursos junto às pessoas; além disso, se um banco "quebrar", poderá ocasionar risco sistêmico (ou efeito cascata) aos demais agentes do mercado.

Devido a essa possibilidade, surge a necessidade da autorização estatal, a fim de verificar se o pretendente a obtê-la preenche os requisitos mínimos para se estabelecer no mercado. No passado, já existiram quotas de autorização, uma espécie de limitação de autorizações; logo, se alguém quisesse entrar em determinados mercados, deveria comprar a autorização de quem já a possuía.

Salienta-se que a autorização para funcionamento pode ser **cassada**, a qualquer tempo, nos casos de infração de norma de ordem pública ou pela prática de atos contrários à finalidade prevista no seu estatuto (CC, art. 1.125).

A cassação é uma faculdade do Poder Público, mas deve ser aplicada com cautela, pois, se assim não fosse, poderia levar a infinitas cassações, como no caso de uma infração ao Código de Defesa do Consumidor – CDC (que, conforme seu art. 1º, é norma de ordem pública).

2.14.1. Sociedade nacional

A sociedade nacional é aquela sociedade organizada segundo a lei brasileira e que deve ter sua sede administrativa (matriz) no Brasil.

Quando necessário (somente nos casos de atividades determinadas em lei, como já estudado), a autorização para a sociedade nacional é dada por expedição de **decreto**, que serve como prova (em conjunto com os demais documentos, como contrato social ou estatuto) para a inscrição no registro competente (CC, art. 1.131, *caput*).

Não se deve esquecer de que a constituição de uma sociedade, num primeiro momento, ocorre com a celebração do contrato entre os sócios; num segundo momento, acontece a "inscrição [registro]" com o arquivamento do ato constitutivo mais a autorização estatal – quando necessária (CC, art. 1.132, § 2º).

As modificações do contrato social ou estatuto também dependem de aprovação estatal, exceto com relação ao aumento de capital (CC, art. 1.133).

Publicado o decreto autorizador, a sociedade deve iniciar seu funcionamento no prazo de doze meses, sob pena de caducidade da autorização, exceto se houver estipulação legal com prazo diverso[88].

2.14.2. Sociedade estrangeira

A sociedade estrangeira é a sociedade organizada de acordo com lei estrangeira e com sede administrativa fora do território brasileiro.

De modo diverso das sociedades nacionais, qualquer sociedade estrangeira, independentemente de seu objeto social, não pode funcionar sem **autorização governamental** (CC, art. 1.134, *caput*).

No caso de a sociedade estrangeira ser acionista de sociedade anônima brasileira, não haverá necessidade de autorização. A exigência de autorização para sociedades estrangeiras e a respectiva faculdade do Poder Público em autorizar estão relacionadas com as questões de soberania nacional (CC, art. 1.135, *caput*).

Atendidas as condições, será expedido o decreto de autorização pelo Poder Executivo (CC, art. 1.135, parágrafo único). Sem prejuízo de outras normas pertinentes às sociedades estrangeiras, é aplicável o Decreto n. 11.497/2023, que delega competência ao Ministro de Estado do Desenvolvimento, Indústria, Comércio e Serviços para decidir e praticar os atos de autorização de funcionamento no País de sociedade estrangeira [destacando que o art. 1º, § 1º, prevê a possibilidade de subdelegação de tal competência ao Diretor do DREI].

Uma vez autorizada a funcionar no Brasil, a sociedade estrangeira fica sujeita às leis e às decisões dos tribunais brasileiros pelos atos que realizar no país (CC, art. 1.137, *caput*). Além disso, a sociedade estrangeira deve manter no mínimo um representante em território brasileiro com poderes para resolver quaisquer questões e receber citação judicial pela sociedade (CC, art. 1.138, *caput*).

---

[88] Nesse sentido, Sérgio Campinho. *O direito de empresa à luz do novo Código Civil*. 10. ed. Rio de Janeiro: Renovar, 2009. p. 287.

Com relação ao nome empresarial, a sociedade estrangeira poderá usar sua denominação originária (que tinha em seu país de origem), podendo acrescentar as expressões "do Brasil" ou "para o Brasil" (CC, art. 1.137, parágrafo único).

2.15. SOCIEDADE DE GRANDE PORTE

A Lei n. 11.638/2007, art. 3º, instituiu um regime jurídico diferenciado às denominadas "sociedades de grande porte".

Para os fins da Lei n. 11.638/2007, é de grande porte a sociedade (ou conjunto de sociedades sob controle comum) que tiver, no exercício social anterior, ativo total superior a R$ 240.000.000,00 (duzentos e quarenta milhões de reais) ou receita bruta anual superior a R$ 300.000.000,00 (trezentos milhões de reais).

De acordo com a referida lei, qualquer tipo de sociedade (limitada, anônima, cooperativa etc.) submete-se ao regime jurídico da Lei n. 6.404/76 (Lei das Sociedades Anônimas) para fins de escrituração e elaboração de demonstrações financeiras, bem como a obrigatoriedade de auditoria independente por auditor registrado na Comissão de Valores Mobiliários (CVM).

Portanto, as sociedades de grande porte, mesmo sendo uma sociedade limitada, são obrigadas a publicar suas demonstrações contábeis, assim como a sociedade anônima. Tais publicações devem ser realizadas em dois veículos de comunicação: no órgão oficial da União ou do Estado, em que está situada a sede da companhia; e em outro jornal de grande circulação editado na localidade onde a empresa estiver sediada. Tudo isso por força da Lei n. 11.638/2007, art. 3º, c/c a Lei n. 6.404/76, art. 176, §§ 1º e 6º, c/c o art. 289.

Contudo, não podemos dizer que a sociedade de grande porte seja um tipo societário, até porque, como já dito, qualquer tipo societário – limitada, anônima, cooperativa etc. – pode enquadrar-se no conceito da lei, que se dá por valor de ativo ou receita. Trata-se apenas de um enquadramento para efeitos contábeis, sobretudo pelo objetivo de ter mais transparência na elaboração e na publicidade das demonstrações financeiras, as quais devem ser bem detalhadas e transparentes.

Entre outras finalidades almejadas pela Lei n. 11.638/2007 está a busca por atenuar a sonegação fiscal, bem como a intenção de que a empresa exerça sua função social, especialmente quanto à transparência e prestação de contas em razão dos efeitos que gera em uma comunidade, região e/ou país.

QUESTÕES DE EXAMES DA OAB E CONCURSOS PÚBLICOS

1. (OAB Nacional 2009.1) Com base na disciplina jurídica das sociedades anônimas, julgue os seguintes itens.

I – As sociedades por ações podem ser classificadas em abertas ou fechadas, considerando-se a participação do Estado em seu capital social.

II – A Comissão de Valores Mobiliários, entidade autárquica em regime especial vinculada ao Ministério da Fazenda [Economia], é responsável pela emissão de ações em mercado primário.

III – Ações preferenciais são aquelas que conferem ao seu titular uma vantagem na distribuição dos lucros sociais entre os acionistas e podem, exatamente por isso, ter limitado ou suprimido o direito de voto.

IV – As ações, as debêntures, os bônus de subscrição e as partes beneficiárias, entre outras, são espécies de valores mobiliários emitidos pelas companhias para a captação de recursos.

V – O valor nominal da ação é alcançado com a sua venda no ambiente de bolsa de valores.

Estão certos apenas os itens:

A) I e V;

B) II e III;

C) III e IV;

D) I, II, IV e V.

2. (OAB Nacional 2008.3) A sociedade simples difere, essencialmente, da sociedade empresária porque:

A) aquela não exerce atividade própria de empresário sujeito a registro, ao contrário do que ocorre nesta;

B) aquela não exerce atividade econômica nem visa ao lucro, ao contrário desta;

C) naquela, a responsabilidade dos sócios é sempre subsidiária, enquanto nesta é sempre limitada;

D) aquela deve constituir-se apenas sob as normas que lhe são próprias, enquanto esta pode constituir-se utilizando-se de diversos tipos.

3. (OAB Nacional 2007.3) As sociedades anônimas:

A) podem ser simples ou empresárias, conforme o objeto social;

B) estão proibidas por lei de receberem nome de pessoa física em sua denominação;

C) são sociedades de capitais, sendo irrelevantes as características pessoais de seus acionistas;

D) devem ser constituídas por, no mínimo, sete acionistas.

4. (OAB Nacional 2008.3) Com relação às regras que disciplinam a situação do sócio-quotista da sociedade limitada, assinale a opção correta.

A) As quotas representam a necessária divisão do capital social em partes iguais, sendo as deliberações consideradas de acordo com o número de quotas de cada sócio.

B) As quotas podem ser integralizadas pelos sócios por valores representados em dinheiro, bens ou prestação de serviços, respondendo solidariamente todos os sócios pela exata estimação dessas contribuições.

C) As quotas são bens de livre disposição do sócio, que poderá vendê-las a outro sócio ou a terceiro, independentemente da anuência dos demais sócios.

D) A responsabilidade dos sócios é restrita ao valor de suas quotas, mas todos respondem pela integralização do capital social.

5. (OAB Nacional 2007.3) Paulo e Vinícius, únicos sócios da Ômega Comércio de Roupas Ltda., decidiram ceder integralmente suas quotas sociais e, também, alienar o estabelecimento empresarial da sociedade para Roberto e Ana, Ômega Comércio de Roupas Ltda. Havia celebrado contrato de franquia com conhecida empresa fabricante de roupas e artigos esportivos.

Considerando a situação hipotética acima, assinale a opção correta.

A) A eficácia da alienação do estabelecimento empresarial dependerá sempre do consentimento expresso de todos os credores.

B) O adquirente não responderá por qualquer débito anterior à transferência do estabelecimento empresarial.

C) O franqueador não poderá rescindir o contrato de franquia com a Ômega Comércio de Roupas Ltda. com base na transferência do estabelecimento.

D) Os alienantes do estabelecimento empresarial da Ômega Comércio de Roupas Ltda. não poderão fazer concorrência aos adquirentes nos cinco anos subsequentes à transferência, salvo se houver autorização expressa para tanto.

6. (Magistratura-SP 182º 2009) Nas sociedades anônimas:

A) compete privativamente à assembleia geral eleger os diretores da companhia;

B) é direito essencial do acionista o da preferência para a subscrição de debêntures conversíveis em ações, observado o disposto em lei;

C) a diretoria será composta por três ou mais diretores, destituíveis a qualquer tempo pela assembleia geral;

D) é vedado ao estatuto estabelecer a exigência de garantia, prestada por terceiro, para o exercício do cargo de administrador.

7. (Magistratura-SP 182º 2009) Na sociedade simples:

A) as obrigações dos sócios terminam quando a sociedade tornar-se inativa;

B) as modificações do contrato social que tenham por objeto a denominação, o objeto, a sede e o prazo da sociedade podem ser decididas por maioria absoluta de votos;

C) nos 60 (sessenta) dias subsequentes à sua constituição, a sociedade deverá requerer a inscrição do contrato social no Registro Civil das Pessoas Jurídicas do local de sua sede;

D) a administração poderá ser exercida por pessoa nomeada por instrumento em separado, averbado à margem da inscrição da sociedade.

8. (Magistratura-SP 182º 2009) Em relação à administração das sociedades anônimas:

A) o estatuto fixará o prazo de gestão dos membros do Conselho de Administração, que não poderá ser superior a 4 (quatro) anos, permitida a reeleição;

B) o Conselho de Administração será composto por, no mínimo, cinco membros;

C) poderão ser eleitos para membros dos órgãos de administração pessoas naturais, devendo os membros do Conselho de Administração ser acionistas [ou não] e os diretores residentes no Brasil, acionistas ou não;

D) na eleição dos membros do Conselho de Administração, é facultado aos acionistas que representem, no mínimo, 5% (cinco por cento) do capital social, exercerem o direito ao voto múltiplo.

9. (Magistratura-PR 2007-2008) Assinale a alternativa INCORRETA.

A) As obrigações dos sócios na sociedade simples e na limitada começam imediatamente com o contrato, se este não fixar outra data, e terminam quando, liquidada a sociedade, se extinguirem as responsabilidades sociais.

B) Na sociedade simples cabe aos sócios decidir, por meio de designação expressa no contrato social, se eles respondem, ou não, subsidiariamente, pelas obrigações sociais.

C) O sócio, admitido em sociedade já constituída, não se exime das dívidas sociais anteriores à admissão.

D) Na sociedade simples, responde o cedente solidariamente com o cessionário, perante a sociedade e terceiros, pelas obrigações que tinha como sócio até três anos depois de averbada a modificação do contrato.

10. (Ministério Público-CE 2009) A sociedade empresária, como pessoa jurídica, é sujeito de direito personalizado.

Posta a premissa, é FALSA a consequência seguinte:

A) a responsabilização patrimonial, solidária e direta dos sócios, em relação aos credores, pelo eventual prejuízo causado pela sociedade;

B) sua titularidade negocial, ou seja, é ela quem assume um dos polos na relação negocial;

C) sua titularidade processual, isto é, pode demandar e ser demandada em juízo;

D) sua responsabilidade patrimonial, ou seja, tem patrimônio próprio, inconfundível e incomunicável com o patrimônio individual de seus sócios;

E) extingue-se por um processo próprio, que compreende as fases de dissolução, liquidação e partilha de seu acervo.

MODELOS

1º Contrato social de sociedade (Junta Comercial):

INSTRUMENTO PARTICULAR DE CONTRATO SOCIAL[89]

LERO DROGARIA E COMÉRCIO DE MEDICAMENTOS LTDA. – ME

Por este instrumento particular e na melhor forma de direito,

1..SR. ALEXANDRE MATOS, brasileiro, maior, casado, empresário, sócio administrador, nascido em 12/09/58, natural de: Campos/RJ, portador da RG n. _____SSP-SP, expedido em: 10/08/2002; e inscrito no CPF sob o n. _____; filho de: Aparecido Rodrigues Matos e Guilhermina Almeida, residente e domiciliado na Rua Valmor, n.____ – Parque Eugênio – CEP _____ – São Paulo/SP.

2......SR. MÁRCIO ALMEIDA, brasileiro, maior, casado, empresário, sócio administrador, nascido em 21-2-1958, natural de: Gramado/RS, portador da RG n. _____ SSP-
-SP, expedido em: 10-8-2002; e inscrito no CPF sob o n. _____; filho de: Leandro Almeida e Marcelina Almeida, residente e domiciliado na Rua Chagas, n.____ – Parque Vila Lobbos – CEP _____– São Paulo/SP.

têm entre si, justos, certos e contratados a constituição de uma sociedade limitada, a qual reger-se-á nos ditames da legislação e nas seguintes disposições:

CAPÍTULO I – DENOMINAÇÃO, SEDE, OBJETO E DURAÇÃO

Art. 1º A sociedade limitada denominada LERO DROGARIA E COMÉRCIO DE ME-DICAMENTOS LTDA – ME, tem sua sede e administração na Estrada do Tijuco, n. _____
– Vila Cisper – CEP _____ – Município de São Paulo – Estado de São Paulo, podendo abrir filiais em todo o território nacional, e em outros países, desde que satisfaça os interesses da maioria na sociedade e da legislação vigente; e reger-se-á por este instrumento e pela legis-lação vigente no país.

Art. 2º A sociedade tem por objetivo social a atividade de comércio varejista de:

– drogaria;

– perfumaria e cosméticos;

– produtos de higiene pessoal;

– materiais cirúrgicos.

Parágrafo único. Poderão estas atividades ser alteradas, reduzidas e/ou ampliadas, des-de que convenha aos interesses da maioria na sociedade.

Art. 3º O prazo de duração da sociedade limitada é por tempo indeterminado.

---

[89] Este clausulado é meramente sugestivo, devendo ser avaliado o caso concreto a fim de melhor estabele-cer suas regras e interesses contratuais.

CAPÍTULO II – CAPITAL SOCIAL

Art. 4º O capital social é de R$ 20.000,00 (vinte mil reais), totalmente integralizado neste ato, em moeda nacional, boa e corrente do país, e dividido em 20.000 (vinte mil) quotas, no valor nominal de R$ 1,00 (um real) cada, sendo distribuídas aos sócios na seguinte proporção:

ALEXANDRE MATOS:

10.000 quotas	R$ 10.000,00 (dez mil reais)	50%

MÁRCIO ALMEIDA:

10.000 quotas	R$ 10.000,00 (dez mil reais)	50%

TOTAL:

20.000 quotas	R$ 20.000,00 (vinte mil reais)	100%

§ 1º Os sócios concordam com os percentuais destinados a cada um.

§ 2º A responsabilidade de cada sócio é restrita ao valor de suas quotas, mas todos respondem solidariamente pela integralização do capital social, nos termos do art. 1.052 do Código Civil.

CAPÍTULO III – ADMINISTRAÇÃO

Art. 5º A sociedade será administrada pelos sócios ALEXANDRE MATOS e MÁRCIO ALMEIDA, aqui, ambos designados sócios administradores.

§ 1º Os sócios administradores ficam investidos de amplos e gerais poderes para representar a sociedade conjuntamente, em todas as operações ativas e passivas em geral, incluindo nomear e constituir procuradores, abrir, movimentar, alterar e encerrar contas bancárias em nome da sociedade, cabendo-lhes ainda a responsabilidade de cuidar individualmente de toda parte administrativa, financeira e comercial da sociedade, entre outras operações, incluindo as mencionadas no art. 13 deste instrumento.

§ 2º O uso da denominação social é privativo dos administradores que tenham os necessários poderes, conforme art. 1.064 do Código Civil.

§ 3º Por procuração simples e/ou pública específica, os administradores poderão delegar poderes específicos a terceiros para representá-los em assuntos e interesse da sociedade.

§ 4º Na falta de entendimento entre os sócios, em assuntos que impliquem o andamento normal das atividades fins da sociedade, terá maior poder de decisão e responsabilidade o sócio majoritário e/ou os sócios que tiverem a maioria mínima de 3/4 (três quartos) do capital social, nos atos e operações da sociedade.

Art. 6º É vedado o uso da denominação social em negócios estranhos aos interesses da sociedade, ficando inteira e individualmente responsável (pessoa física), pelos compromissos assumidos, o sócio que infringir este artigo, isentando a empresa e o outro sócio de quaisquer responsabilidades e aborrecimentos.

Art. 7º Apenas os sócios administradores pelo exercício de sua função na empresa, entre outras coisas, terão direito a uma retirada mensal a título de *pro labore*, cujo valor será livremente convencionado entre as partes de comum acordo.

Parágrafo único. A retirada a título de *pro labore* ou distribuição de lucros será feita pelo sócio administrador signatário de acordo com a legislação vigente, após terem sido liquidados todos os compromissos mensais da sociedade ora constituída.

Art. 8º Os administradores declaram, sob as penas da Lei, de que não estão impedidos de exercer a administração da sociedade por: força legal ou condenação criminal, em que a pena vede, ainda que temporariamente, a possibilidade de administrar, de ter acesso a cargos públicos etc. (CC, art. 1.011, § 1º).

CAPÍTULO IV – EXERCÍCIO SOCIAL

Art. 9º Ao término de cada exercício social, proceder-se-á à elaboração do inventário, do balanço patrimonial e do balanço de resultado econômico, conforme o art. 1.065 do Código Civil.

Parágrafo único. O exercício social coincide com o ano civil, ao final do qual (sempre em 31 de dezembro de cada ano) deverão ser inventariados os bens e elaboradas as demonstrações contábeis.

Art. 10. O resultado do exercício social terá a destinação que for deliberada pelos sócios.

§ 1º Os lucros ou prejuízos apurados serão calculados na proporção das quotas integralizadas de cada sócio, mensalmente, trimestralmente, anualmente, ou de outra forma de comum acordo entre as partes, e a legislação vigente de cada exercício.

§ 2º Os lucros não deverão ser distribuídos entre os sócios em sua totalidade, pois dos mesmos deverá ser retirada uma parte de comum acordo entre os sócios, para que seja formado um fundo de caixa na empresa, para cobrir as despesas ordinárias do mês e/ou período seguinte ao mês e/ou período de apuração e distribuição.

CAPÍTULO V – DISPOSIÇÕES GERAIS

Art. 11. As quotas de capital da sociedade não poderão ser alienadas a terceiros estranhos ao quadro societário, sem que seja oferecida a preferência, em igualdade de condições ao sócio que permanecer na sociedade, devendo o sócio retirante oferecer suas quotas a todos os sócios, sempre por escrito, em correspondência, de que constem as condições da alienação, dirigida a cada sócio.

Parágrafo único. A princípio, é vedado a qualquer um dos sócios adquirir a totalidade das quotas sociais do sócio retirante, devendo a sua participação ser rateada igualmente entre os sócios que se interessem pela aquisição de sua participação, sendo certo que, caso um ou mais sócios declinem do direito de preferência, a participação do sócio retirante será rateada entre aqueles que se interessem pela aquisição. Após se proceder da forma anteriormente descrita, não deverá restar parte de capital que não tenha sido adquirida pelos sócios que permanecem na sociedade, salvo comum acordo entre as partes.

Art. 12. O sócio que desejar retirar-se da sociedade deverá fazer comunicação por escrito aos sócios remanescentes com antecedência mínima de 60 (sessenta) dias.

§ 1º Se o sócio remanescente não tiver interesse nas quotas sociais do sócio retirante, deverá fazer comunicação por escrito ao sócio que se despede dentro do mesmo prazo acima mencionado; e as quotas poderão ser oferecidas a terceiros, desde que o admitido seja previamente aprovado por ele (sócio remanescente). O sócio retirante deverá apresentar ao sócio remanescente até 03 (três) compradores, pessoas físicas idôneas, com condições financeiras e profissionais para assumir as obrigações e responsabilidades do sócio retirante e dar continuidade às atividades do mesmo na sociedade. Caso o sócio remanescente não aceite nenhum dos interessados apresentados pelo sócio retirante como sócio, observar-se-á o disposto no § 2º (e seus incisos), deste artigo.

§ 2º Na falta de acordo entre as partes, os haveres do sócio que se despede serão calculados com base em balanço extraordinário levantado na data de seu afastamento da empresa, e pagos em 36 (trinta e seis) prestações mensais e sucessivas acrescidas de juros de 12% (doze por cento) ao ano e correção monetária anual, de acordo com o maior índice legal vigente divulgado pelo governo, vencendo-se a primeira 30 (trinta) dias após a assinatura da alteração contratual. Sendo as despesas totais do balanço extraordinário levantado, assim como da alteração contratual completa, totalmente por conta do sócio retirante, podendo essas despesas ser deduzidas em sua totalidade no valor da primeira prestação a lhe ser paga. O referido balanço, assim como a alteração contratual, deverá ser realizado por um profissional de plena confiança das partes, o qual foi escolhido através de acordo firmado por escrito pelas mesmas.

I – Os juros de 12% (doze por cento) ao ano serão aplicados sobre o valor total da soma das notas promissórias – NP – vencidas dentro de cada período de 12 (doze) meses, devendo ser pagos no primeiro dia útil do mês seguinte, mediante recibo.

II – A correção monetária anual será de acordo com IGP-M (FGV), e/ou outro índice ou método legal que venha a substituí-lo, o qual será aplicado sobre o valor total da soma das notas promissórias, vencidas dentro de cada período de 12 (doze) meses, devendo ser pagos no primeiro dia útil do mês seguinte, mediante recibo.

Art. 13. As deliberações relativas: ao aumento ou à redução do capital; designação ou destituição de administradores, forma de sua remuneração; pedido de recuperação de empresas judicial ou extrajudicial; distribuição de lucros; alteração contratual; fusão, cisão e incorporação; endossos e avais; admissões de novos sócios somente poderão ser processadas por decisões tomadas pelos sócios, conforme os quóruns previstos na legislação.

Parágrafo único. A reunião dos sócios será realizada em qualquer época, mediante convocação dos administradores.

Art. 14. A sociedade não se dissolve por morte de qualquer um dos sócios, continuando com os herdeiros e/ou sucessores legais, salvo desinteresse desses ou oposição do outro sócio.

Parágrafo único. Na hipótese dos herdeiros e/ou sucessores legais não permanecerem na sociedade, a apuração e o pagamento de seus haveres observarão o disposto no art. 13, §§ 1º e 2º.

Art. 15. Os casos omissos neste instrumento serão resolvidos com observância dos preceitos do Código Civil brasileiro e demais disposições legais vigentes no país.

Art. 16. Para todas as questões oriundas deste contrato, será competente o Foro da sede da sociedade, com renúncia de qualquer outro, por mais especial que se apresente.

Art. 17. As partes desde já facultam uma à outra ou ao seu representante legal o exame ou vistoria de toda documentação empresarial, contábil e fiscal da sociedade quando bem entender, durante o período que participarem da sociedade.

Art. 18. Saibam quantos este instrumento tiver acesso, que, na melhor forma de direitos, os sócios signatários discriminados, desde já, declaram sob as penas da lei assumir todas e quaisquer responsabilidades, cíveis, comerciais, penais etc. em decorrência deste contrato, assim como pelas informações aqui fornecidas e mencionadas, isentando de todas e quaisquer responsabilidades a empresa contratada para assessorar na redação deste instrumento, bem como as pessoas e seus representantes, que por ventura vieram a redigi-lo, seus atos contínuos, e a promoção dos devidos registros nos órgãos competentes, tratando-se de mera prestação de serviços.

Art. 19. As partes contratantes respondem ilimitadamente, a todo e qualquer tempo, pela exatidão e legalidade de todas as assinaturas constantes neste instrumento, isentando totalmente as testemunhas de quaisquer responsabilidades referentes às mesmas.

Art. 20. Este instrumento possui ____ (____) páginas numeradas.

E assim, por se acharem justos, certos e contratados, e todos de comum acordo com todas as cláusulas e condições acima estabelecidas, assinam o presente instrumento em 03 (três) vias de igual teor e forma, depois de o terem lido atentamente e achado conforme, em presença de 02 (duas) testemunhas abaixo relacionadas.

São Paulo, 05 de agosto de 2018.

SÓCIOS:

_____
ALEXANDRE MATOS

_____
MÁRCIO ALMEIDA

TESTEMUNHAS: (facultativo)

_____
Nome:
RG n.

_____
Nome:
RG n.

2ª Alteração e consolidação de contrato social (Registro Civil das Pessoas Jurídicas):

INSTRUMENTO PARTICULAR DE ALTERAÇÃO E CONSOLIDAÇÃO DO CONTRATO SOCIAL[90]

MARAMELO ARQUITETURA S/S LTDA.

3ª alteração contratual

CNPJ (MF) n. _____

Por este instrumento particular e na melhor forma de direito,

SR. ANTONIO CARLOS, brasileiro, maior, casado, arquiteto, nascido em 12-9-1958, natural de: Campos/RJ, portador da RG n. _____SSP-SP, expedido em: 10-8-2002; e inscrito no CPF sob o n. _____; filho de: Aparecido Rodrigues Matos e Guilhermina Almeida, residente e domiciliado na Rua Valmor, n. _____ – Parque Eugênio – CEP_____ – São Paulo/SP.

SR. SALVADOR ALMEIDA, brasileiro, maior, casado, arquiteto, nascido em 21-2-1958, natural de: Gramado/RS, portador da RG n. _____ SSP-SP, expedido em: 10-8-2002; e inscrito no CPF sob o n. _____; filho de: Leandro Almeida e Marcelina Almeida, residente e domiciliado na Rua Chagas, n. _____ – Parque Vila Lobbos – CEP _____ – São Paulo/SP.

SR. JAIR DOS SANTOS, brasileiro, maior, casado, arquiteto, nascido em 25-2-1964, natural de: Alfenas/MG, portador da RG n. _____SSP-SP, expedido em: 10-8-2002; e inscrito no CPF sob o n. _____; filho de: Jair Almeida dos Santos e Felícia Almeida, residente e domiciliado na Rua Monte Carlo, n. _____ – Parque Vila Lobbos – CEP _____ – São Paulo/SP.

Na qualidade de únicos componentes e legítimos proprietários do total de 100% (cem por cento) das quotas sociais da sociedade simples limitada denominada **MARAMELO**

---

[90] Este clausulado é meramente sugestivo, devendo ser avaliado o caso concreto a fim de melhor estabelecer suas regras e interesses contratuais.

ARQUITETURA S/S LTDA., estabelecida à Rua Matarazzo, n._____ – Lapa – CEP: 05045-000 – São Paulo/SP, inscrita no CNPJ (MF) sob o n. _____, com o seu contrato social de constituição registrado no 3º Ofício de Registro de Títulos e Documentos e Civil de Pessoa Jurídica – São Paulo, sob o n. _____, em sessão de 12-9-2006, e última alteração contratual registrada sob n. _____ em sessão de 05-6-2007, resolvem de comum acordo alterá-lo nos termos e disposições seguintes:

1 – Neste ato retira-se da sociedade o sócio SALVADOR ALMEIDA, já qualificado acima, possuidor de 270.000 (duzentos e setenta mil) quotas, no valor total de R$ 270.000,00 (duzentos e setenta mil reais), o qual, neste ato, cede e transfere 135.000 (cento e trinta e cinco mil) quotas, no valor total de R$ 135.000,00 (cento e trinta e cinco mil reais), equivalentes a 50% (cinquenta por cento) das suas quotas, ao sócio ANTONIO CARLOS, já qualificado acima, e o saldo restante de 135.000 (cento e trinta e cinco mil) quotas, no valor total de R$ 135.000,00 (cento e trinta e cinco mil reais), equivalentes a 50% (cinquenta por cento) das suas quotas, ao sócio JAIR DOS SANTOS, já qualificado acima, por esta e na melhor forma de direito, dando à sociedade e esta a ele plena, geral, irrevogável e irretratável quitação de todos os seus direitos e haveres, que possuía referente às quotas ora cedidas e transferidas.

2 – Após alteração dos sócios, o capital social continua sendo de R$ 350.000,00 (trezentos e cinquenta mil reais), totalmente integralizado, em moeda boa e corrente do país, e dividido em 350.000 (trezentos e cinquenta mil) quotas sociais no valor nominal de R$ 1,00 (um real) cada, sendo distribuídas entre os sócios na seguinte proporção:

ANTONIO CARLOS:

175.000 quotas .... R$ 175.000,00 (cento e setenta e cinco mil reais) 50%

JAIR DOS SANTOS:

175.000 quotas .... R$ 175.000,00 (cento e setenta e cinco mil reais) 50%

TOTAL

350.000 quotas .... R$ 350.000,00 (trezentos e cinquenta mil reais) 100%

3 – Os administradores declaram, sob as penas da Lei, de que não estão impedidos de exercer a administração da sociedade por: força legal ou condenação criminal, em que a pena que vede, ainda que temporariamente, a possibilidade de administrar, de ter acesso a cargos públicos etc. (CC, art. 1.011, § 1º).

4 – Consolida-se o contrato social revogando todas as disposições em contrário, cujo texto passa a ter a redação mencionada abaixo.

CAPÍTULO I – DENOMINAÇÃO, SEDE, OBJETO E DURAÇÃO

Art. 1º A sociedade simples limitada denominada **MARAMELO ARQUITETURA S/S LTDA.**, estabelecida à Rua Matarazzo, n. _____ – Lapa – CEP: 05045-000 – São

Paulo/SP, e reger-se-á por este contrato e pela legislação vigente no país, podendo abrir filiais em todo o território nacional e em outros países, desde que convenha aos interesses da maioria no capital social da sociedade, e aos requisitos das legislações vigentes dos órgãos competentes.

Parágrafo único. A sociedade tem como nome fantasia "**MARAMELO**".

Art. 2º Seu objeto social é o de "elaborar e desenvolver projetos de arquitetura", podendo estas atividades ser alteradas, ampliadas e/ou reduzidas, desde que, convenha aos interesses da maioria da participação no capital social.

Art. 3º O prazo de duração da sociedade limitada é por tempo indeterminado, e teve seu início em 12-9-2006.

CAPÍTULO II – CAPITAL SOCIAL

Art. 4º O capital social continua sendo de R$ 350.000,00 (trezentos e cinquenta mil reais), totalmente integralizado neste ato em moeda boa e corrente do país e dividido em 350.000 (trezentos e cinquenta mil) quotas sociais no valor nominal de R$ 1,00 (um real) cada, sendo distribuídas entre os sócios na seguinte proporção:

ANTONIO CARLOS:

175.000 quotas	R$ 175.000,00 (cento e setenta e cinco mil reais)	50%

JAIR DOS SANTOS:

175.000 quotas	R$ 175.000,00 (cento e setenta e cinco mil reais)	50%

TOTAL

350.000 quotas	R$ 350.000,00 (trezentos e cinquenta mil reais)	100%

§ 1º Os sócios concordam com os percentuais destinados a cada um.

§ 2º A responsabilidade de cada sócio é restrita ao valor de suas quotas, mas todos respondem solidariamente pela integralização do capital social, nos termos do art. 1.052 do Código Civil.

CAPÍTULO III – ADMINISTRAÇÃO

Art. 5º A sociedade será administrada pelos sócios ANTONIO CARLOS e JAIR DOS SANTOS, aqui, ambos designados sócios administradores.

§ 1º Os sócios administradores ficam investidos de amplos e gerais poderes para representar a sociedade individualmente, em todas as operações ativas e passivas em geral, incluindo nomear e constituir procuradores, abrir, movimentar, alterar e encerrar contas bancárias em nome da sociedade, cabendo-lhes ainda a responsabilidade de cuidar individualmente de toda parte administrativa, financeira e comercial da sociedade, entre outras operações, incluindo as mencionadas no art. 13 deste instrumento.

§ 2º Por procuração simples e/ou pública específica, os administradores poderão delegar poderes específicos a terceiros para representá-los em assuntos e interesse da sociedade.

Art. 6º É vedado o uso da denominação social em negócios estranhos aos interesses da sociedade, ficando inteiramente e individualmente responsável (pessoa física), pelos compromissos assumidos o sócio que infringir este artigo, isentando a empresa e o outro sócio de quaisquer responsabilidades e aborrecimentos.

Art. 7º Apenas os sócios administradores pelo exercício de sua função na empresa, entre outras coisas, terão direito a uma retirada mensal a título de *pro labore*, cujo valor será livremente convencionado entre as partes de comum acordo.

Parágrafo único. A retirada a título de *pro labore* ou distribuição de lucros será feita pelo sócio administrador signatário de acordo com a legislação vigente, após terem sido liquidados todos os compromissos mensais da sociedade ora constituída.

Art. 8º Os administradores declaram, sob as penas da Lei, de que não estão impedidos de exercer a administração da sociedade por: força legal ou condenação criminal, em que a pena que vede, ainda que temporariamente, a possibilidade de administrar, de ter acesso a cargos públicos etc. (CC, art. 1.011, § 1º).

CAPÍTULO IV – EXERCÍCIO SOCIAL

Art. 9º Ao término de cada exercício social, proceder-se-á à elaboração do inventário, do balanço patrimonial e do balanço de resultado econômico.

Parágrafo único. O exercício social coincide com o ano civil, ao final do qual (sempre em 31 de dezembro de cada ano) deverão ser inventariados os bens e elaboradas as demonstrações contábeis.

Art. 10. O resultado do exercício social terá a destinação que for deliberada pelos sócios.

§ 1º Os lucros ou prejuízos apurados serão calculados na proporção das quotas integralizadas de cada sócio, mensalmente, trimestralmente, anualmente, ou de outra forma de comum acordo entre as partes, e a legislação vigente de cada exercício.

§ 2º Os lucros não deverão ser distribuídos entre os sócios em sua totalidade, pois dos mesmos deverá ser retirado uma parte de comum acordo entre os sócios, para que seja formado um fundo de caixa na empresa, para cobrir as despesas ordinárias do mês e/ou período seguinte ao mês e/ou período de apuração e distribuição.

CAPÍTULO V – DISPOSIÇÕES GERAIS

Art. 11. As quotas de capital da sociedade não poderão ser alienadas a terceiros estranhos ao quadro societário, sem que seja oferecida a preferência, em igualdade de condições ao sócio que permanecer na sociedade, devendo o sócio retirante oferecer suas quotas a todos os sócios, sempre por escrito, em correspondência, de que constem as condições da alienação, dirigida a cada sócio.

Parágrafo único. A princípio, é vedado a qualquer um dos sócios adquirirem a totalidade das quotas sociais do sócio retirante, devendo a sua participação ser rateada igualmente entre os sócios que se interessem pela aquisição de sua participação, sendo certo que, caso um ou mais sócios declinem do direito de preferência, a participação do sócio retirante será rateada entre aqueles que se interessem pela aquisição. Após se proceder da forma anteriormente descrita, não deverá restar parte de capital que não tenha sido adquirida pelos sócios que permanecem na sociedade, salvo comum acordo entre as partes.

Art. 12. O sócio que desejar retirar-se da sociedade deverá fazer comunicação por escrito aos sócios remanescentes com antecedência mínima de 60 (sessenta) dias.

§ 1º Se o sócio remanescente não tiver interesse nas quotas sociais do sócio retirante, deverá fazer comunicação por escrito ao sócio que se despede dentro do mesmo prazo acima mencionado; e as quotas poderão ser oferecidas a terceiros, desde que o admitido seja previamente aprovado por ele (sócio remanescente). O sócio retirante deverá apresentar ao sócio remanescente até 03 (três) compradores, pessoas físicas idôneas, com condições financeiras e profissionais para assumir as obrigações e responsabilidades do sócio retirante e dar continuidade às atividades do mesmo na sociedade. Caso o sócio remanescente não aceite nenhum dos interessados apresentados pelo sócio retirante como sócio, observar-se-á o disposto no § 2º (e seus incisos) deste artigo.

§ 2º Na falta de acordo entre as partes, os haveres do sócio que se despede serão calculados com base em balanço extraordinário levantado na data de seu afastamento da empresa, e pagos em 36 (trinta e seis) prestações mensais e sucessivas acrescidas de juros de 12% (doze por cento) ao ano e correção monetária anual, de acordo com o maior índice legal vigente divulgado pelo governo, vencendo-se a primeira 30 (trinta) dias após a assinatura da alteração contratual. Sendo as despesas totais do balanço extraordinário levantado, assim como da alteração contratual completa, totalmente por conta do sócio retirante, podendo essas despesas ser deduzidas em sua totalidade no valor da primeira prestação a lhe ser paga. O referido balanço, assim como a alteração contratual, deverá ser realizado por um profissional de plena confiança das partes, o qual foi escolhido através de acordo firmado por escrito pelas mesmas.

I – Os juros de 12% (doze por cento) ao ano serão aplicados sobre o valor total da soma das notas promissórias – NP – vencidas dentro de cada período de 12 (doze) meses, devendo ser pagos no primeiro dia útil do mês seguinte, mediante recibo.

II – A correção monetária anual será de acordo com IGP-M (FGV), e/ou outro índice ou método legal que venha a substituí-lo, o qual será aplicado sobre o valor total da soma das notas promissórias, vencidas dentro de cada período de 12 (doze) meses, devendo ser pagos no primeiro dia útil do mês seguinte, mediante recibo.

Art. 13. As deliberações relativas: ao aumento ou à redução do capital; designação ou destituição de administradores, forma de sua remuneração; distribuição de lucros; alteração contratual; fusão, cisão e incorporação; endossos e avais; admissões de novos sócios somente poderão ser processadas por decisões tomadas pela unanimidade dos sócios.

§ 1º A reunião dos sócios será realizada em qualquer época, mediante convocação dos administradores.

§ 2º As demais deliberações serão aprovadas por 3/4 (três quartos) do capital social, salvo nos casos em que a legislação exigir maior quórum.

Art. 14. A sociedade não se dissolve por morte de qualquer um dos sócios, continuando com os herdeiros e/ou sucessores legais, salvo desinteresse desses ou oposição do outro sócio.

Parágrafo único. Na hipótese dos herdeiros e/ou sucessores legais não permanecerem na sociedade, a apuração e o pagamento de seus haveres observarão o disposto no art. 13, §§ 1º e 2º.

Art. 15. Os casos omissos neste instrumento serão resolvidos com observância dos preceitos do Código Civil brasileiro e demais disposições legais vigentes no país.

Art. 16. Para todas as questões oriundas deste contrato, será competente o Foro da sede da sociedade, com renúncia de qualquer outro, por mais especial que se apresente.

Art. 17. As partes desde já facultam uma à outra ou ao seu representante legal o exame ou vistoria de toda documentação empresarial, contábil e fiscal da sociedade quando bem entender, durante o período que participarem da sociedade.

Art. 18. Saibam quantos este instrumento tiver acesso, que, na melhor forma de direitos, os sócios signatários discriminados, desde já, declaram sob as penas da lei assumir todas e quaisquer responsabilidades, cíveis, comerciais, penais etc. em decorrência deste contrato, assim como pelas informações aqui fornecidas e mencionadas, isentando de todas e quaisquer responsabilidades a empresa contratada para assessorar na redação deste instrumento, bem como as pessoas e seus representantes, que por ventura vieram a redigi-lo, seus atos contínuos, e a promoção dos devidos registros nos órgãos competentes, tratando-se de mera prestação de serviços.

Art. 19. As partes contratantes respondem ilimitadamente, a todo e qualquer tempo, pela exatidão e legalidade de todas as assinaturas constantes neste instrumento, isentando totalmente as testemunhas de quaisquer responsabilidades referentes às mesmas.

Art. 20. Este instrumento possui ____ (____) páginas numeradas.

E assim, por se acharem justos, certos e contratados, e todos de comum acordo com todas as cláusulas e condições acima estabelecidas, assinam o presente instrumento em 03 (três) vias de igual teor e forma, depois de o terem lido atentamente e achado conforme, em presença de 02 (duas) testemunhas abaixo relacionadas.

São Paulo, 02 de agosto de 2018.

SÓCIOS:

_____   _____

ANTONIO CARLOS   JAIR DOS SANTOS

_____

SALVADOR ALMEIDA (sócio que se retira)

TESTEMUNHAS: (facultativo)

_____   _____

Nome: Nome:

RG n.   RG n.

3

TÍTULOS DE CRÉDITO E MEIOS DE PAGAMENTO

3.1. TEORIA GERAL DOS TÍTULOS DE CRÉDITO

De modo geral, uma teoria significa o sistema coordenado de uma ciência; os princípios de uma ciência. A teoria geral dos títulos de crédito cuida dos princípios e das regras gerais e fundamentais dos institutos jurídicos cambiais.

Os títulos de crédito formam um sub-ramo do Direito Empresarial conhecido como "Direito Cambiário". O Direito Cambiário tem normas próprias que o regem, como a Lei Uniforme sobre letra de câmbio e nota promissória, a Lei do Cheque, a Lei da Duplicata, cabendo a aplicação do Código Civil apenas subsidiariamente (CC, art. 903).

O capítulo dos títulos de crédito é uma parte clássica e importante do Direito Empresarial, mas considerando o avanço de novos meios de pagamento utilizados pelas empresas – em razão da evolução e expansão da tecnologia da informação – sentiu-se a necessidade de, nas últimas edições deste livro, se incluir outros institutos, como o PIX, cartão de débito, entres outros que serão estudados adiante.

3.1.1. Crédito: sua importância. Empresa Simples de Crédito (ESC)

A palavra "crédito" vem do latim *credere* e significa confiar, confiança.

Dessa forma, o crédito oferece a possibilidade de consumo imediato pelo seu tomador em relação à compra de produto ou de serviço e à espera do vendedor para receber a contra-prestação pelo que vendeu.

Com isso, o crédito possibilita a circulação de riquezas sem a necessidade do pagamento imediato.

Assim, cuida-se da troca de uma prestação atual (presente) por uma prestação futura com base na confiança de uma parte com a outra[1].

---

[1] Paulo Sérgio Restiffe. *Manual do novo direito comercial*. São Paulo: Dialética, 2006. p. 203.

No Brasil, o acesso ao crédito sempre foi difícil, burocrático e caro, tanto para as pessoas físicas como jurídicas. Visando atenuar isso foi instituída, a partir da Lei Complementar n. 167/2019, a Empresa Simples de Crédito (ESC). Ela vem como uma nova forma de concessão de crédito destinada exclusivamente a Microempreendedores Individuais (MEI's), Microempresas (ME's) e Empresas de Pequeno Porte (EPP's).

A concessão de crédito pode consistir em operações de empréstimo, de financiamento e de desconto de títulos de crédito.

As ESC's utilizarão exclusivamente seus próprios recursos, ou seja, não poderão tomar empréstimos para utilizar esses recursos nas operações de concessão de crédito junto aos seus clientes.

A intenção de se criar as ESC's é fomentar o mercado de crédito brasileiro, sendo uma alternativa mais viável e menos custosa na tomada de crédito.

Nos termos do *caput* do art. 2º, a ESC deve adotar a forma de empresário individual, empresa individual de responsabilidade limitada [atualmente revogada pela Lei n. 14.382/2022] ou sociedade limitada constituída exclusivamente por pessoas naturais.

Em seu nome empresarial constará a expressão "Empresa Simples de Crédito", não podendo conter nele, ou em texto de divulgação de suas atividades, a expressão "banco" (LC n. 167/2019, art. 2º, § 1º).

Vale destacar que as ESC's estão sujeitas à Lei n. 11.101/2005 no que diz respeito aos regimes da recuperação de empresas (judicial e extrajudicial) e da falência (LC n. 167/2019, art. 7º).

3.1.2. Histórico

Pode-se dizer que o dinheiro é uma forma de troca aceita por todos. É o método para adquirir mercadorias e serviços.

Porém, anteriormente, as negociações eram feitas por trocas *in natura* (de coisa por coisa); mais tarde, passou-se a usar o sal como moeda; depois a moeda-metálica (cujo metal precioso, com valor intrínseco, permitia o entesouramento/guarda); e, finalmente, o papel-moeda fundado na confiança do Estado emissor[2].

Passou-se da chamada economia natural para a economia monetária, caracterizada pela moeda como instrumento de troca.

Posteriormente, a economia monetária cedeu lugar, de forma parcial, à economia creditória, ampliando o conceito de troca, ou seja, o dinheiro em espécie foi, em parte, substituído pelos títulos de crédito.

Os títulos de créditos surgiram na Idade Média como instrumento para facilitar a circulação do crédito comercial. O primeiro título de crédito inventado foi a letra de câmbio[3], o que ocorreu no século XI.

A princípio, o título de crédito foi criado como uma forma de contrato de câmbio trajetício (significa para o trajeto), uma forma de segurança encontrada para evitar que os mercadores fossem roubados ou pirateados. Naquela época, comprador e vendedor compareciam

---

[2] Amador Paes de Almeida. *Teoria e prática dos títulos de crédito*. 24. ed. São Paulo: Saraiva, 2006. p. 2.

[3] Wille Duarte Costa. *Títulos de crédito*. 2. ed. Belo Horizonte: Del Rey, 2006. p. 3.

a um banco, que recebia a quantia do comprador/devedor e em consequência emitia uma letra de câmbio em favor do vendedor/credor. Este título deveria ser pago ao vendedor por um correspondente do banco situado na cidade sede do vendedor.

Depois, com o passar do tempo, o título de crédito assume a condição de representar valores, contendo implicitamente a obrigação de realizar (quitar) esse valor no prazo convencionado.

Tendo em vista a diversidade entre os países quanto às suas leis referentes aos títulos de crédito, um marco fundamental na história do Direito Cambiário se deu em 1930 com a **Convenção de Genebra**. Trata-se de um tratado internacional cuja finalidade foi a de "uniformizar" as regras sobre letra de câmbio e nota promissória, de modo que os países signatários devessem editar normas internas de acordo com o seu teor.

O Brasil, como país signatário, fez isso por meio do Decreto n. 57.663/66 – apelidado de "Lei Uniforme", haja vista a finalidade da Convenção de Genebra, ou seja, a de uniformizar a legislação entre os países.

Vale destacar que, no Brasil, o Código Comercial de 1850 já tratava da letra de câmbio, cujas disposições legais foram revogadas pelo Decreto n. 2.044/1908, que por sua vez foi revogado em parte, tacitamente, pelo Decreto n. 57.663/66. Vale lembrar que, a partir de então, muitas normas trouxeram e disciplinaram outros títulos de créditos, sendo que muitas delas (por alterações ou por serem mais recentes, como a Lei n. 13.986/2020), já preveem a emissão do título na forma escritural (eletrônica), bem como a possibilidade da prática de atos por meio eletrônico, como a assinatura do emitente e dos garantidores.

3.1.3. Conceito de título de crédito

O conceito clássico de título de crédito foi formulado pelo jurista italiano Cesare Vivante como o "**documento** necessário para o exercício do direito **literal** e **autônomo** nele mencionado" (destaques nossos).

Esse conceito é importantíssimo para o Direito Cambiário, pois a partir dele se abstraem os seus três princípios elementares: cartularidade (documento), literalidade (literal) e autonomia (autônomo), que serão estudados mais adiante.

Nosso Código Civil de 2002, com influências do Direito italiano, no seu art. 887, trouxe um conceito de título de crédito, que é semelhante ao de Cesare Vivante: "O título de crédito, documento necessário ao exercício do direito literal e autônomo nele contido, somente produz efeito quando preencha os requisitos da lei".

3.1.4. Principais expressões cambiárias

Estudar o Direito Cambial é visto por muitos como uma tarefa árdua, tendo em vista a antiguidade de parte da sua legislação e os termos utilizados por ela.

Assim, a fim de melhor situar o estudante a respeito da matéria, elaborou-se um "minidicionário" com algumas expressões muito utilizadas pelo Direito Cambiário. É importante destacar que algumas dessas expressões serão melhor explicadas no desencadeamento deste capítulo.

Sacar – Significa emitir o título (pode significar abater/descontar de conta bancária).

Saque – É a expedição do título, emissão ou criação.

Aceite – É a concordância em pagar.

Sacador – É o emitente, quem cria o título; ele saca, por exemplo, a letra de câmbio, dando a ordem para o sacado pagar determinado valor em determinada data.

Sacado – É o aceitante, o devedor, pois aceitando (aceite) o título estará concordando; portanto, deverá pagá-lo no vencimento.

Tomador – É o credor, o beneficiário, que poderá ser um terceiro (cheque ou letra de câmbio), ou ser a mesma pessoa que o sacador (duplicata).

3.1.5. Características

Os títulos de crédito são documentos que representam obrigações em dinheiro. Porém, podem representar obrigações cambiárias (como é o caso do aval) e obrigações não cambiárias, ou seja, qualquer outro tipo de obrigação (p. ex., um contrato de empréstimo)[4].

Pode-se dizer que o credor de uma obrigação representada por um título de crédito tem mais vantagens do que aquele credor de uma obrigação representada em outro título, por exemplo, um contrato, um reconhecimento de culpa, ou inclusive uma sentença judicial. Isso se dá em razão das características da **negociabilidade** e **executividade**[5], nem sempre presentes em outras obrigações.

3.1.5.1. Negociabilidade

A característica da negociabilidade (ou circulação) permite que o título de crédito circule de forma simplificada, dando mais certeza e segurança a quem o recebe, o que propicia maior agilidade e facilidade na transmissão do crédito.

Desse modo, o título de crédito é mais eficiente e seguro, com relação à sua transmissão, se comparado com créditos decorrentes de outros títulos, pois, entre outras coisas, no título de crédito, o devedor não pode opor exceções pessoais a quem recebeu por transferência o título (tema que será aprofundado no estudo do princípio da autonomia e suas extensões).

A negociabilidade possibilita que o título de crédito seja utilizado em operação de desconto, que significa o recebimento antecipado dos valores de títulos de créditos não vencidos. Essa antecipação dos valores é feita pelo banco ao qual o comerciante transferiu os créditos.

O título de crédito também pode ser utilizado como uma forma de garantia, como em um empréstimo bancário, ou para efetuar o pagamento de fornecedores e credores.

Já a circulação dos títulos de crédito se dá de forma simples e ágil, pela mera tradição nos casos de títulos ao portador, ou pela assinatura do credor – endosso – nos títulos nominativos (como será visto adiante).

Isso, que de certa forma se torna difícil com os outros tipos de títulos, tendo em vista sua incerteza e insegurança na circulação e transmissão, sendo que esses são circuláveis apenas pela cessão de crédito (tema que será tratado adiante), o que permite a oposição de exceções pessoais pelo devedor junto ao credor.

---

[4] Fábio Ulhoa Coelho. *Manual de direito comercial*: direito de empresa. 20. ed. São Paulo: Saraiva, 2008. p. 231-232.

[5] Fábio Ulhoa Coelho. *Manual de direito comercial*: direito de empresa. p. 232.

Diga-se de passagem, os títulos de crédito são objeto de penhora, conforme prevê o Código de Processo Civil de 2015, art. 856, ao asseverar que a penhora de crédito representado por cheque, duplicata, nota promissória ou outros títulos far-se-á pela apreensão do documento, independentemente de ele estar ou não em poder do executado (devedor).

3.1.5.2. Executividade

Outra característica dos títulos de crédito é a executividade, pois há uma presunção de verdade quanto ao seu teor, bem como se trata de um documento formal disposto em lei.

Há três elementos necessários para a executividade de um título: **liquidez** (por se saber exatamente o valor da dívida); **certeza** (a obrigação é certa, sobretudo quanto ao devedor e coobrigados, bem como a possibilidade de execução estar prevista em lei); e **exigibilidade** (em razão de a dívida já estar vencida). Isso se alinha ao que prevê o art. 783 do CPC de 2015.

É a executividade que dá maior eficiência e celeridade/rapidez na cobrança da obrigação porque os títulos de crédito são considerados títulos executivos extrajudiciais. O Código de Processo Civil de 2015, no art. 784, I [CPC/73, art. 585, I], enumera os títulos com essa característica, como o cheque, a duplicata, a letra de câmbio e a nota promissória. Além disso, o inc. XII do mesmo artigo prevê que todos os demais títulos que a legislação atribuir força executiva serão tidos como executivos, a exemplo da cédula de crédito rural, cuja executividade está estampada no Decreto-lei n. 167/67, art. 41, *caput*.

Vale destacar que o § 4º do art. 784 do CPC (incluído pela Lei n. 14.620/2023) prevê que "nos títulos executivos constituídos ou atestados por meio eletrônico, é admitida qualquer modalidade de assinatura eletrônica prevista em lei, dispensada a assinatura de testemunhas quando sua integridade for conferida por provedor de assinatura". Sobre assinatura eletrônica, vige no Brasil a Lei n. 14.063/2020 e a Medida Provisória n. 2.200-2/2001, que criou a Infraestrutura de Chaves Públicas Brasileira – ICP-BRASIL[6].

Sendo o título de crédito executivo, ele pode ser cobrado diretamente por meio de **execução judicial** – ação cambial/cobrança sumária –, sem a necessidade de ação de conhecimento e todo o seu rito processual de discussão, prova e contraditório, como em outros casos de cobrança de créditos decorrentes de um contrato.

Assim, um título de crédito pode ser negociado e executado, o que lhe assegura vantagens em relação às outras obrigações.

3.1.6. Princípios cambiários

O Direito Cambiário tem três princípios: cartularidade, literalidade e autonomia. O princípio da autonomia é constituído por dois subprincípios: abstração e inoponibilidade das exceções pessoais ao terceiro de boa-fé.

3.1.6.1. Cartularidade (documentalidade)

Cartularidade: cártula significa papel; logo, um título de crédito necessariamente deve ser firmado em papel.

---

[6] Sem prejuízo do que é tratado sobre assinatura eletrônica e certificação digital em outro item deste livro, para mais informações a respeito, *vide*: Tarcisio Teixeira. *Direito digital e processo eletrônico*. 8. ed. São Paulo: Saraiva, 2025. p. 246 e s.

A princípio, em razão da expressão "cartularidade", o título de crédito não poderia ser materializado em outro suporte que não o papel, como, por exemplo, em tecido, madeira, couro, vidro etc. Se assim fosse, o mais apropriado, então, seria chamar esse preceito de princípio da **materialidade** ou da **documentalidade**, e não da cartularidade. Isso estaria totalmente de acordo com o conceito de título de crédito, de Cesare Vivante, acima apresentado.

Essa discussão se intensificou a partir da vigência do art. 889, § 3º, do Código Civil de 2002, ao prever a possibilidade da emissão de título por computador. Cada vez mais surgem normas sobre títulos de créditos as quais preveem a emissão do título na forma escritural (eletrônica), bem como a possibilidade da prática de atos por meio eletrônico, como a assinatura do emitente e dos garantidores.

Pelo princípio da cartularidade, o exercício dos direitos representados por um título de crédito pressupõe a sua posse, pois somente quem exibe a cártula (o papel, que representa o título) pode exigir a satisfação do direito que está documentado no título. Assim, em geral, quem não tem a posse do título não pode ser presumido credor.

Com isso, para instruir a petição inicial de uma execução judicial, é necessária a exibição do original, não podendo ser cópia autenticada. Dessa forma, tem-se a garantia de que quem postula a satisfação do direito é realmente o seu titular, o que dá segurança às operações creditórias.

A necessidade da cártula original evita o enriquecimento sem causa de oportunistas, como quando alguém já foi credor daquele título, mas agora não é mais por tê-lo transferido a outra pessoa.

Se fosse possível ajuizar a execução com uma cópia do título, o original poderia continuar circulando, prejudicando terceiros de boa-fé. Uma exceção a isso (e ao princípio da cartularidade) ocorre quando o devedor não devolve a duplicata (que lhe foi enviada para aceitação). Nesse caso, a execução pode ser instruída com o comprovante de entrega da mercadoria, pois o título original foi retido pelo devedor.

Nos termos do § 2º do art. 425 do CPC de 2015, tratando de título executivo extrajudicial (como são os títulos de crédito) o juiz poderá determinar seu depósito no respectivo cartório do juízo.

3.1.6.2. Literalidade

Literalidade: literal quer dizer que vale apenas o que está escrito, ou seja, o que efetivamente está estampado no título. Assim, somente produzem efeitos jurídicos-cambiários os atos lançados no próprio título de crédito, pois apenas o conteúdo do título é que possui valor.

Os atos firmados em documentos separados entre as partes, ainda que válidos entre elas, não irão produzir efeitos perante terceiros.

É o caso do recibo separado, que não produz consequência jurídica perante o terceiro de boa-fé que recebeu o título, pois este não sabia que o título tinha sido quitado devido ao fato de não constar a quitação no corpo do título de crédito. Logo, a quitação deve constar no próprio título.

No caso de pagamento parcial, quem paga apenas uma parte de um título deve exigir a quitação parcial no corpo do título, para evitar a transmissão pelo valor total a terceiro de boa-fé.

Outro exemplo é o aval (garantia dada em títulos de crédito, que será estudada mais adiante), que apenas é válido se constar no corpo do título, pois, do contrário, será considerado inexistente (art. 31 do Decreto n. 57.663, de 24 de janeiro de 1966 – conhecido como Lei Uniforme – LU).

3.1.6.3. Autonomia

Autonomia: autônomo significa independente. Por isso, o princípio da autonomia (ou da independência) consiste no fato de que quando um único título documentar mais de uma obrigação, elas serão consideradas independentes, sendo que uma possível invalidade de qualquer uma delas não irá acarretar prejuízos às demais obrigações.

O princípio da autonomia facilita a circulação dos títulos de crédito, pois traz segurança jurídica a estes.

As obrigações são autônomas umas das outras. Por exemplo, se, por algum motivo, o aval for considerado nulo, isso não irá prejudicar o aceite feito por quem irá efetuar o pagamento.

Resumindo, os vícios que comprometem a validade de uma relação jurídica não se estendem às demais obrigações abrangidas no mesmo título.

Um bom exemplo é a seguinte hipótese: se **A** vende uma casa para **B**, e **B** assina uma nota promissória em favor de **A**, **A** torna-se devedor de **C** e efetua o pagamento do seu débito com a mesma nota promissória; então, o título representa três relações jurídicas: de **A** e **B** (compra e venda); de **A** e **C** (quitação da dívida); e de **B** e **C** (**B** agora deve para **C**).

Havendo vício em qualquer relação, como problemas com a casa, não haverá interferência nas demais relações representadas pelo título, pois, para sanar esse problema, existem outros remédios jurídicos, como ação judicial por vício redibitório.

Por essa razão, o princípio da autonomia é fundamental para a garantia da circulação do título de crédito.

Vale destacar que o princípio da autonomia é constituído por dois subprincípios: **abstração** e **inoponibilidade das exceções pessoais aos terceiros de boa-fé.**

3.1.6.3.1. Abstração

A abstração ocorre quando o título de crédito circula a primeira vez, ou seja, é transmitido pelo credor original à outra pessoa, pois nesse caso ele se desvincula do negócio jurídico que lhe deu origem (dito negócio subjacente). Por isso, como regra, deverá ser pago mesmo que haja problemas entre as partes originárias do negócio.

Deve-se ter em conta que a abstração é fundamental para a garantia da circulação do título de crédito, uma vez que quando o título é posto em circulação, se diz que ocorre a abstração.

Cabe destacar que não havendo a circulação do título, ele fica vinculado entre as partes do negócio jurídico originário. Logo, havendo algum problema entre as partes, poderá haver oposição ao pagamento desse documento creditório por estar ele ligado à relação obrigacional entre as partes.

No exemplo de **A** que vende uma casa para **B** e **B** assina a nota promissória, se a compra e venda da casa for desfeita, o título não precisa ser honrado. No entanto, se a nota promissória circulou (mesmo tendo sido a compra e venda desfeitas), o título terá que ser pago ao seu portador/credor.

3.1.6.3.2. Inoponibilidade das exceções pessoais aos terceiros de boa-fé

Inoponibilidade das exceções pessoais aos terceiros de boa-fé: exceção significa defesa. Nesse contexto, o executado, em virtude de um título de crédito, **não** pode alegar em sua defesa (especialmente em embargos à execução) perante o credor/endossatário matéria estranha à sua relação direta com ele, enquanto exequente do crédito, salvo prova de má-fé deste credor (por exemplo, se tinha ciência de problema na relação que deu origem à emissão do título).

Ainda nesse exemplo, depois de a nota promissória assinada por **B** ter circulado, sendo este cobrado por **C**, **B** não poderá alegar em sua defesa que a casa tinha problemas (relação pessoal de **A** e **B**). Apenas poderá alegar problemas da sua relação com **C**, ou seja, deficiências do título (por exemplo, falsidade, nulidade por falta de requisito, prescrição). Assim, **C** não pode ser prejudicado por ser portador de boa-fé.

No entanto, se antes da circulação do título **C** tinha conhecimento da notificação de **B** para **A** sobre os problemas com a casa, **C** será considerado de **má-fé**, podendo essa matéria ser alegada na defesa de **B**, sendo que, nesse caso, **C** terá que provar a inexistência dos vícios.

Contudo, mesmo de boa-fé, o credor não terá direito contra alguém apontado indevidamente no título como "devedor" (ou codevedor), porém que de fato não o seja, como, por exemplo, quando um título é emitido fraudulentamente em nome de outrem. Nesta hipótese, trata-se de uma matéria que não se enquadra como "exceção pessoal", mas sim de um vício/fraude na constituição do título que pode ser matéria apresentada como meio de defesa. De toda a sorte, o terceiro de boa-fé (ora credor/endossatário) mantém seu direito contra aquele que lhe transmitiu o título (o endossante), podendo demandá-lo judicialmente a fim de obter o devido ressarcimento[7].

3.1.7. Assinatura eletrônica e certificação digital

A chegada da computação e da internet ao Brasil trouxe inúmeros benefícios e comodidades aos seus usuários, que passaram a realizar várias operações por meio dela, como automatização de operações bancárias, processamento de textos e cálculos matemáticos com maior precisão, armazenagem de documentos de forma digital, entre outros usos.

---

[7] Recurso especial. Civil e empresarial. Título de crédito. Princípios. Cartularidade. Abstração. Autonomia. Inoponibilidade de exceções pessoais. Terceiro de boa-fé. Duplicata simulada. Causa. Inexistência. Defeito formal. Aceitação. Protesto regular. Art. 15, II, da Lei n. 5.474/68. Inocorrência. Exercício de direitos contra o endossante. Protesto. Desnecessidade. 1. Cinge-se a controvérsia a determinar se: a) a falta de causa para a emissão de duplicata configura exceção pessoal; b) esse defeito da duplicata pode ser oposto ao endossatário que recebe o título por endosso-caução; e c) deve ser mantida a validade do protesto para resguardar os direitos do endossatário em relação ao endossante/sacador. 2. A duplicata é um título causal que só passa a ter existência cambial, abstrata, pelo reconhecimento expresso do comprador ou tomador de serviço da prática do ato que possibilita sua emissão, com o aceite, ou pelo protesto acompanhado da comprovação da entrega e recebimento da mercadoria ou prestação do serviço, sem recusa regular, conforme prevê o art. 15, I e II, da Lei n. 5.474/68. 3. Se não ocorre o aceite ou o regular protesto, a inexistência de causa à emissão de duplicata consubstancia vício de natureza formal para emissão do título, relativo à sua existência cambial e de natureza distinta das exceções pessoais, razão pela qual pode ser oposta ao endossatário que recebe a duplicata por endosso-caução. 4. Embora, em regra, o protesto permita que o portador exerça o direito de regresso contra os endossantes e avalistas da duplicata, na hipótese de duplicata simulada, o protesto deve ser sustado com o resguardo dos direitos do endossatário em relação ao endossante, pois, com esse procedimento, evita-se o dano que poderia sofrer o sacado e resguarda-se o interesse legítimo de ressarcimento junto ao emitente da cártula. 5. *In casu*, a duplicata foi emitida sem causa subjacente, sendo inexigível perante a sacada, que não aceitou o título, tendo sido impedido o protesto, resguardados os direitos da endossatária em face da endossante. O acórdão recorrido, portanto, não merece reforma. 6. Recurso especial desprovido (REsp 1.634.859/SP, STJ, 3ª Turma, rel. Min. Nancy Andrighi, *DJe* 14-3-2017).

A tecnologia passou então a ter papel fundamental na vida humana e na economia mundial, uma vez que possibilita maior agilidade, produtividade e eficiência na execução dos serviços profissionais, bem como comodidade e imediatidade nos pessoais. E, com o seu desenvolvimento e a sua difusão, aumentou a acessibilidade a esses equipamentos, bem como a exigência das pessoas com relação à quantidade de serviços disponibilizados aos usuários, principalmente com relação ao Estado.

Paralelamente aos benefícios, várias pessoas viram nesses meios formas de obter ganhos ilicitamente, inclusive criando mecanismos para capturar dados pessoais, como senhas e números de contas bancárias, chantagear por via de informações obtidas por meio eletrônico, entre outras tantas. Contudo, isso não foi motivo para que a internet e a informática deixassem de ser utilizadas pelas pessoas.

Tendo em vista o uso maciço da Tecnologia da Informação e a possibilidade de seu uso para fins fraudulentos, busca-se a todo momento criar ferramentas que possam dar segurança às relações estabelecidas com suporte eletrônico. Entre essas ferramentas, desenvolveu-se um método pelo qual seria possível identificar o autor e garantir a integridade dos dados transmitidos. Trata-se da assinatura digital e certificação eletrônica.

Isso pois, em razão da desmaterialização dos instrumentos negociais (notadamente o papel), criou-se um sistema de assinatura digital e certificação eletrônica de documentos, por meio da criptografia, com o fim de trazer mais segurança e minimizar as chances de fraudes.

A criptografia é um método matemático que cifra uma mensagem em código, ou seja, transforma-a em caracteres indecifráveis. Cabe esclarecer que a criptografia pode ser simétrica ou assimétrica.

Em razão da segurança, a que mais se utiliza é a criptografia assimétrica. Ela cria um código e uma senha para decifrá-lo, isto é, concebem-se duas chaves: uma chave privada, que codifica a mensagem, e outra chave pública, que decodifica a mensagem. Entretanto, o inverso também pode ocorrer, ou seja, a pública serve para codificar e a privada para decodificar. O emissor da mensagem fica com a chave privada, e os destinatários de suas mensagens ficam com a chave pública. Esse sistema dá segurança aos negócios efetuados na internet, devendo ser controlado por uma terceira entidade, que é a autoridade certificadora, conhecida, de igual modo, como tabelião virtual, que irá conferir a autenticação digital das assinaturas e dos documentos. Por sua vez, a criptografia simétrica cria uma mesma chave para criptografar e descriptografar.

Na prática, para possibilitar a assinatura digital, a certificadora fornece ao usuário, em regra, mediante pagamento, um *kit* que contempla: um *smart card*, uma leitora a ser acoplada a um computador e o cadastramento de uma senha (o *smart card* e a leitora podem ser substituídos por um *token*, semelhante a um *pen drive* que é utilizado pelo acoplamento no computador e senha previamente cadastrada).

Lembrando que a MP n. 2.200-2/2001, ao criar a Infraestrutura de Chaves Públicas Brasileira – ICP-BRASIL –, instituiu o Comitê Gestor e uma rede de autoridades certificadoras subordinadas a ela, que mantêm os registros dos usuários e atestam a ligação entre as chaves privadas utilizadas nas assinaturas dos documentos e as pessoas que nelas apontam como emitentes das mensagens, garantindo a inalterabilidade dos seus conteúdos.

Assim, por meio desse mecanismo de segurança, permite-se às pessoas realizarem negociações no meio eletrônico com a confiabilidade de que as informações transmitidas estão seguras. Esses instrumentos eletrônicos possibilitam que se assinem contratos, obtenham-se informações sensíveis do Estado ou do setor privado, pratiquem-se atos processuais eletrônicos, entre outros.

Cabe ponderar que o processo de certificação digital precisa de três elementos para a consecução do seu fim (não constam nessa lista os *softwares*, *drivers* e *hardwares* necessários, por tratarem de requisitos pelos quais ela se viabiliza), a saber: certificado digital; assinatura digital; e uma normatização técnica positivada que regulamente o sistema de chaves digitais e os órgãos estatais fiscalizadores do sistema eletrônico.

Esses elementos respeitam a algumas necessidades, como: para que o documento eletrônico seja considerado juridicamente válido, é imprescindível que se possam identificar o autor, a localização e a data da sua autoria; que haja segurança quanto à integralidade dos dados criados, de forma que inviabilize alteração; e que esse sistema seja regulamentado pelo Estado.

Por isso, ainda que talvez tardiamente, é importante conceituarmos assinatura digital e certificado eletrônico. Por **certificado eletrônico** entende-se o arquivo eletrônico gerado por uma Autoridade Certificadora, cuja função será a de identificar com segurança pessoas (físicas ou jurídicas) que emitiram determinado documento eletrônico mediante um par de chaves criptográficas. Esses certificados contêm dados do seu titular, como nome, números de documentos identificadores, entre outros, conforme regulamento da respectiva Política de Segurança da sua Autoridade Certificadora.

Em âmbito brasileiro, a Autoridade Certificadora competente para estabelecer normas e políticas de segurança é o Instituto Nacional de Tecnologia e Informação (ITI), uma autarquia federal vinculada à Casa Civil da Presidência da República, cujo objetivo é manter a Infraestrutura de Chaves Públicas Brasileira (ICP-BRASIL), sendo a primeira autoridade da cadeia de certificação – AC Raiz, conforme prevê o art. 13 da MP n. 2.200-2/2001: "O ITI é a Autoridade Certificadora Raiz da Infraestrutura de Chaves Públicas Brasileira".

Sobre a estrutura de chaves públicas brasileira, o art. 1º da MP n. 2.200-2/2001 estabelece os seus objetivos, enquanto o art. 10, § 1º, a validade jurídica dos documentos por ela assinados.

Aqui é importante retransmitir o que dispõe a MP n. 2.200-2/2001, nos arts. 1º e 10:

> Art. 1º Fica instituída a Infra-Estrutura de Chaves Públicas Brasileira – ICP-Brasil, para garantir a autenticidade, a integridade e a validade jurídica de documentos em forma eletrônica, das aplicações de suporte e das aplicações habilitadas que utilizem certificados digitais, bem como a realização de transações eletrônicas seguras. (...)
>
> Art. 10. Consideram-se documentos públicos ou particulares, para todos os fins legais, os documentos eletrônicos de que trata esta Medida Provisória.
>
> § 1º As declarações constantes dos documentos em forma eletrônica produzidos com a utilização de processo de certificação disponibilizado pela ICP-Brasil presumem-se verdadeiros em relação aos signatários (...).

Ainda no plano conceitual, **assinatura digital** é um código anexado ou logicamente associado a um arquivo eletrônico que confere de forma única e exclusiva a comprovação da autenticidade e confiabilidade quanto à integralidade do conjunto de dados do referido documento conforme o original[8].

---

[8] Luiz Guilherme Marinoni; Sergio Cruz Arenhart. *Manual do processo de conhecimento*. São Paulo: RT, 2006, p. 352.

Poder-se-ia até dizer que, guardadas as devidas peculiaridades distintivas, a assinatura digital equipara-se à assinatura manuscrita, uma vez que possibilita a comprovação de que tal documento eletrônico foi criado pelo autor; ou manifesta uma vontade identificada por ele, na forma da lei. A propósito, a legislação aplicável que confirma a aceitação e a validade jurídica da assinatura digital é a Lei n. 11.419/2006, art. 2º, bem como o CPC de 2015, arts. 193, *caput*, 205, § 2º, e 943 [CPC de 1973, arts. 154, § 2º, e 164, parágrafo único].

Haja vista a segurança da assinatura digital e certificação eletrônica, é possível que os mais variados atos jurídicos sejam realizados eletronicamente: contratos, operações bancárias, a prática de atos processuais, entre outros.

Contudo, tornou-se possível a validade jurídica dos documentos eletrônicos, pois, utilizando-se de assinatura digital e certificação eletrônica, é possível identificar o criador do documento eletrônico; também pelo fato de que o autor subscreve o documento eletrônico, conferindo-lhe autenticidade, além de criptografá-lo com sua chave privada para que somente o detentor da outra chave pública possa abri-lo e assim conhecer o seu conteúdo, que será igual ao original por conta da segurança do procedimento da certificação digital[9].

3.1.7.1. Assinatura eletrônica simples, avançada e qualificada

O advento da Lei n. 14.063/2020 trouxe novas regras em sede de manifestação de vontade e a forma de poder externá-la por meio da Tecnologia da Informação (o que levou a lei intitular

---

9   Sobre o uso de assinatura digital em contratos eletrônico: Ementa: RECURSO ESPECIAL. CIVIL E PROCESSUAL CIVIL. EXECUÇÃO DE TÍTULO EXTRAJUDICIAL. EXECUTIVIDADE DE CONTRATO ELETRÔNICO DE MÚTUO ASSINADO DIGITALMENTE (CRIPTOGRAFIA ASSIMÉTRICA) EM CONFORMIDADE COM A INFRAESTRUTURA DE CHAVES PÚBLICAS BRASILEIRA. TAXATIVIDADE DOS TÍTULOS EXECUTIVOS. POSSIBILIDADE, EM FACE DAS PECULIARIDADES DA CONSTITUIÇÃO DO CRÉDITO, DE SER EXCEPCIONADO O DISPOSTO NO ART. 585, INCISO II, DO CPC/73 (ART. 784, INCISO III, DO CPC/2015). QUANDO A EXISTÊNCIA E A HIGIDEZ DO NEGÓCIO PUDEREM SER VERIFICADAS DE OUTRAS FORMAS, QUE NÃO MEDIANTE TESTEMUNHAS, RECONHECENDO-SE EXECUTIVIDADE AO CONTRATO ELETRÔNICO. PRECEDENTES. 1. Controvérsia acerca da condição de título executivo extrajudicial de contrato eletrônico de mútuo celebrado sem a assinatura de duas testemunhas. 2. O rol de títulos executivos extrajudiciais, previsto na legislação federal em "numerus clausus", deve ser interpretado restritivamente, em conformidade com a orientação tranquila da jurisprudência desta Corte Superior. 3. Possibilidade, no entanto, de excepcional reconhecimento da executividade de determinados títulos (contratos eletrônicos) quando atendidos especiais requisitos, em face da nova realidade comercial com o intenso intercâmbio de bens e serviços em sede virtual. 4. Nem o Código Civil, nem o Código de Processo Civil, inclusive o de 2015, mostraram-se permeáveis à realidade negocial vigente e, especialmente, à revolução tecnológica que tem sido vivida no que toca aos modernos meios de celebração de negócios, que deixaram de se servir unicamente do papel, passando a se consubstanciar em meio eletrônico. 5. A assinatura digital de contrato eletrônico tem a vocação de certificar, através de terceiro desinteressado (autoridade certificadora), que determinado usuário de certa assinatura a utilizara e, assim, está efetivamente a firmar o documento eletrônico e a garantir serem os mesmos os dados do documento assinado que estão a ser sigilosamente enviados. 6. Em face destes novos instrumentos de verificação de autenticidade e presencialidade do contratante, possível o reconhecimento da executividade dos contratos eletrônicos. 7. Caso concreto em que o executado sequer fora citado para responder a execução, oportunidade em que poderá suscitar a defesa que entenda pertinente, inclusive acerca da regularidade formal do documento eletrônico, seja em exceção de pré-executividade, seja em sede de embargos à execução. 8. RECURSO ESPECIAL PROVIDO. (STJ, REsp 1.495.920-DF, Rel. Min. Paulo de Tarso Sanseverino, *DJe* 7-6-2018).

de assinatura eletrônica). Vale destacar que a referida lei dispõe sobre o uso de assinaturas eletrônicas em interações com entes públicos, em atos de pessoas jurídicas e em questões de saúde, e sobre as licenças de *softwares* desenvolvidos por entes públicos (tal norma teve sua origem a partir da Medida Provisória n. 983/2020, a qual desdobrou-se no Projeto de Lei n. 32/2020, ora sancionado).

Antes de adentrarmos em alguns aspectos da Lei n. 14.063/2020, vale a pena traçar algumas ponderações prévias.

Muitas vezes utilizada como "alternativa", existe a conhecida assinatura digitalizada, que é um arquivo de imagem por excelência, formado por escaneamento ou captura[10]. Ocorre que a assinatura digitalizada é elemento frágil, na medida em que pode ser replicada indistintamente via um singelo comando de "copiar" e "colar" ou em um *"print screen"*, de modo que não gera a presunção suficiente sobre a autenticidade do documento.

Outra questão a destacar está na utilização de *login*, senha e *checkbox* (caixa de verificação) como fatores de autenticação utilizados como manifestações de vontade sobre documentos e conteúdos[11]. É verdade que se trata de instrumento já utilizado por plataformas (*sites*, aplicativos etc.), pois o aderente preenche um cadastro com seus dados, criando uma conta de usuário. O acesso à conta é realizado por intermédio de *login* e senha individual e intransferível, que dará acesso à plataforma (como exemplo, podemos citar iFood e Uber Eats, entre tantas outras). A pessoa aderente, concordando com o teor das disposições [sem entrar no mérito aqui se chegou a ler ou não], verifica os objetos selecionados para compra *on-line* e clica em um *chatbox* (local de interação), evidenciando sua vontade virtual de contratar.

Voltando à Lei n. 14.063/2020, esta é destinada sobretudo a estabelecer regras de assinatura na interação entre entes públicos, bem como de pessoas privadas com os entes públicos em questões de saúde e *software*. Entretanto, de acordo com o parágrafo único do seu art. 2º, ela não se aplica: aos processos judiciais; à interação entre pessoas naturais ou entre pessoas jurídicas de direito privado, na qual seja permitido o anonimato, e na qual seja dispensada a identificação do particular; aos sistemas de ouvidoria de entes públicos; aos programas de assistência a vítimas e a testemunhas ameaçadas; às outras hipóteses nas quais deva ser dada garantia de preservação de sigilo da identidade do particular na atuação perante o ente público.

Nos termos da Lei n. 14.063/2020, art. 4º, as assinaturas eletrônicas são classificadas em três categorias: assinatura eletrônica simples; assinatura eletrônica avançada; e assinatura eletrônica qualificada.

A **assinatura eletrônica simples** permite a identificação do signatário, bem como anexa dados a outros dados em formato eletrônico do signatário (art. 4º, I).

Embora seja utilizado o termo "simples", na realidade tal tipo de assinatura exige certos níveis de segurança, podendo utilizar de informações como a coleta do endereço de IP (endereço de protocolo de internet)[12], geolocalização, o preenchimento de um formulário ou até

---

[10] Patricia Peck Pinheiro; Sandra Tomazi Weber; Antonio Alves de Oliveira Neto. *Fundamentos dos negócios e contratos digitais.* São Paulo: RT, 2019, p. 42.

[11] Patricia Peck Pinheiro; Sandra Tomazi Weber; Antonio Alves de Oliveira Neto. *Fundamentos dos negócios e contratos digitais,* cit., p. 46.

[12] É um conjunto de regras que regem o formato de dados enviados pela Internet permitindo a identificação de um usuário da Internet.

mesmo a marcação de uma caixa de seleção, a fim de confirmar que o signatário externou sua vontade[13].

Tratando-se da validade da assinatura eletrônica simples, faz-se necessário lembrar o teor do art. 107 do Código Civil, ao prever que "a validade da declaração de vontade não dependerá de forma especial, senão quando a lei expressamente a exigir".

Evidente que a vinculação entre a assinatura e seu signatário na assinatura eletrônica simples trata-se do seu maior problema, pois um estranho pode se passar com relativa facilidade pelo signatário em razão da simplicidade dos meios empregados em tal modalidade de assinatura.

Contudo, embora tenha uma conexão um tanto quanto frágil com seu signatário, a assinatura eletrônica simples pode ser utilizada como declaração de vontade, salvo quando a lei expressamente exige forma especial.

Já a **assinatura eletrônica avançada** utiliza-se de certificados não emitidos pela ICP-Brasil ou outro meio de comprovação da autoria e da integridade de documentos em forma eletrônica, desde que admitido pelas partes como válido ou aceito pela pessoa a quem for oposto o documento (art. 4º, II), e possui como características: (i) associação ao signatário de maneira inequívoca; (ii) utiliza dados para a criação de assinatura eletrônica cujo signatário pode, com elevado nível de confiança, operar com controle exclusivo; (iii) qualquer modificação posterior na assinatura será detectável.

Cabe destacar que a assinatura eletrônica avançada é admitida sempre que couber a assinatura simples, bem como nas hipóteses de registro de atos perante as juntas comerciais, conforme o inc. I do art. 5º da Lei n. 14.063/2020. Cite-se o caso do art. 20 da Resolução n. 809/2020 do CONTRAN (Conselho Nacional de Trânsito) sobre a comunicação de venda de veículos poder ocorrer com a utilização de assinatura digital avançada[14].

Não é demais expressar que, sobre a validade da assinatura eletrônica avançada, o inc. II do art. 4º da Lei n. 14.063/2020 evidencia que ela (a assinatura eletrônica avançada) será válida desde que admitida pelas partes (como válida) ou aceita pela pessoa a quem for oposto o documento.

---

[13]   Felipe Haguehara. *Os diferentes tipos de assinatura eletrônica e suas aplicações*. 2020. Disponível em: https://blog.superlogica.com/superlogica-next/como-fazer-assinatura-eletronica/. Acesso em: 3 set. 2023.

[14]   Resolução n. 809/2020, Art. 20. No caso da ATPV-e [**Autorização para Transferência de Propriedade do Veículo em meio digital**], a comunicação de venda será realizada:

I – por meio de sistema eletrônico implantado pelo órgão máximo executivo de trânsito da União, com a utilização de: a) assinatura digital avançada, nos termos da Lei n. 14.063, de 2020, e de regulamentação vigente; ou b) certificado digital, de propriedade do vendedor e do comprador, emitido por autoridade certificadora, conforme padrão de Infraestrutura de Chaves Públicas Brasileira (ICP-Brasil);

II – por entidade pública ou privada com atribuição legal, em conformidade com a Lei n. 8.935, de 18 de novembro de 1994, expressamente autorizada pelo órgão máximo executivo de trânsito da União para tal finalidade; ou

III – pelo órgão ou entidade executivo de trânsito do Estado ou do Distrito Federal, conforme procedimentos definidos por cada órgão ou entidade.

Parágrafo único. Para realizar a comunicação de venda, as entidades públicas ou privadas previstas no inciso II poderão contratar entidades privadas que tenham como atividade principal ou acessória, prevista em lei ou em seu estatuto constitutivo ou contrato social, a prestação de serviços inerentes à comunicação de venda de veículos.

Cabe diferenciar a assinatura eletrônica simples da assinatura eletrônica avançada. Enquanto na simples não se utiliza do certificado digital, a avançada se utiliza de tal certificado, todavia tal certificação não se enquadra nos padrões da ICP-Brasil, portanto não tendo a mesma segurança da assinatura qualificada, que estudaremos a seguir.

Assim, embora o processo de assinatura avançada tenha mais segurança (em razão de sua tecnologia empregada) do que a assinatura simples, ainda há o problema da certeza na vinculação do signatário à assinatura realizada.

A **assinatura eletrônica qualificada** é a que se utiliza da certificação digital, nos termos da Medida Provisória n. 2.200-2/2001. Conforme o § 2º do art. 5º da Lei n. 14.063/2020, a utilização da assinatura eletrônica qualificada será obrigatória em situações em que envolva: os atos assinados por chefes de Poder, por Ministros de Estado ou por titulares de Poder ou de órgão constitucionalmente autônomo de ente federativo; as emissões de notas fiscais eletrônicas (exceto no caso de MEIs, situações em que o uso torna-se facultativo); os atos de transferência e de registro de bens imóveis; em outras hipóteses previstas em lei.

Visando a regulamentação da matéria, foi editado o Decreto n. 10.543/2020, o qual dispõe sobre o uso de assinaturas eletrônicas na administração pública federal e regulamenta o art. 5º da Lei n. 14.063/2020 quanto ao nível mínimo exigido para a assinatura eletrônica em interações com o ente público.

Entre outras disposições, o Decreto n. 10.543/2020 descreve em seu art. 3º[15] os conceitos de validação biométrica e validação biográfica, os quais são elementos indispensáveis para a assinatura eletrônica avançada, bem como apresenta o conceito de interação eletrônica.

O Decreto n. 10.543/2020 (arts. 11 e 13) dispõe sobre os atos durante a pandemia, possibilitando a utilização de assinatura simples em vez de avançada em situações específicas, bem como impõe que, até 1º de julho de 2021, os órgãos e as entidades da administração pública federal deverão se adequar às novas regras, bem como divulgar na Carta de Serviços ao Usuário os níveis de assinatura eletrônica exigidos nos seus serviços.

Resgatando que (conforme o art. 1º da Medida Provisória n. 2.200-2/2001) a Infraestrutura de Chaves Públicas Brasileira – ICP-Brasil tem a função de "garantir a autenticidade, a integridade e a validade jurídica de documentos em forma eletrônica, das aplicações de suporte e

---

[15] Art. 3º Para os fins deste Decreto, considera-se:

I – interação eletrônica – o ato praticado por particular ou por agente público, por meio de edição eletrônica de documentos ou de ações eletrônicas, com a finalidade de: a) adquirir, resguardar, transferir, modificar, extinguir ou declarar direitos; b) impor obrigações; ou c) requerer, peticionar, solicitar, relatar, comunicar, informar, movimentar, consultar, analisar ou avaliar documentos, procedimentos, processos, expedientes, situações ou fatos;

II – validação biométrica – confirmação da identidade da pessoa natural mediante aplicação de método de comparação estatístico de medição biológica das características físicas de um indivíduo com objetivo de identificá-lo unicamente com alto grau de segurança;

III – validação biográfica – confirmação da identidade da pessoa natural mediante comparação de fatos da sua vida, tais como nome civil ou social, data de nascimento, filiação, naturalidade, nacionalidade, sexo, estado civil, grupo familiar, endereço e vínculos profissionais, com o objetivo de identificá-la unicamente com médio grau de segurança; e

IV – validador de acesso digital – órgão ou entidade, pública ou privada, autorizada a fornecer meios seguros de validação de identidade biométrica ou biográfica em processos de identificação digital.

das aplicações habilitadas que utilizem certificados digitais, bem como a realização de transações eletrônicas seguras. A referida infraestrutura é mantida pelo ITI – Instituto Nacional de Tecnologia da Informação.

A assinatura eletrônica qualificada utiliza-se do certificado digital da ICP-Brasil, o que a diferencia da assinatura avançada, que se utiliza de outros tipos de certificado digital (não da ICP-Brasil). Assim, na assinatura eletrônica qualificada são seguidos padrões e procedimentos estabelecidos pela ICP-Brasil no ato da emissão, de forma a garantir que a pessoa que está recebendo a mídia (*token*, *smart card* ou arquivo eletrônico) é de fato a pessoa que foi devidamente identificada (como se fosse uma espécie de identidade eletrônica). A ICP-Brasil trata-se do nível mais elevado de confiabilidade a partir de suas normas, de seus padrões e de seus procedimentos específicos. Metaforicamente, poder-se-ia dizer que se trata de um "reconhecimento da firma digital".

Sem prejuízo de outros julgamentos, há um precedente relevante do STJ[16] sobre a validade da assinatura eletrônica qualificada. Na decisão foi conferida a característica de título executivo extrajudicial a um contrato eletrônico de mútuo celebrado sem a assinatura de duas testemunhas, porém assinado com o uso da assinatura eletrônica qualificada, logo, com certificado digital da ICP-Brasil.

3.1.8. Classificação

Classificações servem para demonstrar os elementos comuns e distintivos entre determinadas situações, espécies etc.

Assim, os títulos de crédito podem ser classificados de várias formas, sendo quatro os critérios principais, que ocorrem em relação ao modelo, à estrutura, à emissão e à circulação[17].

Cada um desses critérios tem subdivisões, conforme será explicado a seguir, sendo que os títulos de crédito utilizados como exemplos serão, em outro momento, apresentados com mais detalhes em cada tópico, respectivamente. Vejamos, assim, o seguinte quadro:

CRITÉRIOS	POSSIBILIDADES / ESPÉCIES
Modelo	Livre ou Vinculado
Estrutura	Promessa de pagamento ou Ordem de pagamento
Emissão	Causal ou Não causal
Circulação	Ao portador ou Nominativo (à ordem ou não à ordem)

---

[16] Civil e processual civil. Execução de título extrajudicial. Executividade de contrato eletrônico de mútuo assinado digitalmente (criptografia assimétrica) em conformidade com a infraestrutura de chaves públicas brasileira. Taxatividade dos títulos executivos. Possibilidade, em face das peculiaridades da constituição do crédito, de ser excepcionado o disposto no art. 585, inciso II, do CPC/73 (art. 784, inciso III, do CPC/2015). Quando a existência e a higidez do negócio puderem ser verificadas de outras formas, que não mediante testemunhas, reconhecendo-se executividade ao contrato eletrônico. (...). (Resp n. 1.495.920/DF, STJ, 3ª Turma, Rel. Min. Paulo de Tarso Sanseverino, *DJe* 7-6-2018).

[17] Nesse sentido, Fábio Ulhoa Coelho. *Manual de direito comercial*: direito de empresa. p. 236-238.

Mas existem outros critérios. Alguns classificam os títulos de crédito em *próprios* (letra de câmbio, nota promissória, cheque, duplicata) e *impróprios* (os demais).

Quanto ao **modelo** (livre ou vinculado): o modelo **livre** significa que o título não possui um padrão estabelecido por norma quanto ao seu formato, mas deve observar os requisitos mínimos que a legislação exige, como valor e assinatura do emissor no caso de nota promissória ou letra de câmbio.

No modelo **vinculado**, a norma jurídica define os padrões a serem observados quanto ao seu formato, sob pena de não produzir efeitos cambiários. Por exemplo, a confecção do cheque deve seguir o padrão estabelecido na legislação, quanto ao tamanho, local para assinatura, valor numérico etc. Ao se observar os modelos de cheques dos bancos brasileiros, vê-se que são todos iguais em relação ao tamanho e localização dos campos a serem preenchidos; o que muda é apenas a cor e a marca d'água.

Com relação à **estrutura**, ela pode ocorrer por ordem de pagamento ou por promessa de pagamento. A estrutura **ordem de pagamento** significa que a emissão (saque) do título cria três figuras jurídicas: quem dá a ordem de pagamento (sacador); o destinatário da ordem (sacado, quem deverá pagar o título) e o tomador da ordem (beneficiário, credor). São exemplos dessa estrutura a letra de câmbio e o cheque.

Já na estrutura **promessa de pagamento**, o saque do título cria somente duas figuras jurídicas: quem promete pagar (sacador) e o beneficiário da promessa (credor), como a nota promissória.

Em caso de nota promissória, o sacado (quem deverá pagar o título) é o próprio sacador, pois quem efetuará o pagamento é aquele que prometeu (o sacador). No caso da duplicata, quem promete não é o emissor do título, pois este é emitido pelo credor da operação, ou seja, o emissor do título é ao mesmo tempo sacador e beneficiário, sendo que o sacado é o devedor.

Com relação à **emissão,** ela pode ser causal e não causal. A emissão **causal** significa que as hipóteses para a criação de determinado título devem estar previstas na legislação, ou seja, o título de crédito somente pode ser emitido se ocorrer o fato que a lei prevê. Exemplo: a duplicata mercantil apenas pode ser emitida nos casos em que ocorrer a compra e venda entre empresários.

Quando se trata de emissão **não causal**, o título de crédito pode ser criado independentemente da causa, ou seja, em qualquer hipótese, não precisando de previsão legal. Esse título pode representar uma obrigação de qualquer natureza. Por exemplo, o cheque e a nota promissória podem ser emitidos em qualquer situação (como para o pagamento de pensão alimentícia) ou operação econômica (ilustrativamente, pela venda de quotas sociais de uma empresa).

Por sua vez, quanto à **circulação**, ela pode ser ao portador ou nominativo. O título **ao portador** significa que ele não tem a identificação do seu credor, ou seja, o credor é quem tem a posse do título. Esses títulos são transmissíveis pela simples tradição (entrega), pois o credor é considerado o possuidor do título. Como exemplo, podemos citar um cheque em que não se preencha o campo do destinatário.

O título **nominativo** é aquele que identifica o seu credor, ou seja, consta o nome do credor no título. Logo, a simples tradição não basta para a transferência, sendo necessário adicionar outro ato jurídico (o endosso ou a cessão de crédito).

Além disso, o título **nominativo** pode ter **cláusula à ordem** ou **cláusula não à ordem**. O nominativo com cláusula à ordem circula mediante tradição e endosso. Isso porque "à ordem" significa "endossável" ou "pague a quem o credor anterior (endossante) ordenar". Já o nominativo com cláusula não à ordem circula mediante tradição e cessão de crédito[18].

Se o título não tiver nenhuma dessas cláusulas, ele será considerado à ordem, conforme estabelece o art. 11 do Decreto n. 57.663/66.

Cabe esclarecer que **endosso** e **cessão de crédito** serão estudados mais adiante nesta obra, mas já adiantamos que ambos os institutos transmitem a titularidade de crédito, todavia, se diferenciam com relação aos efeitos.

Endosso é a forma de transmissão própria dos títulos de crédito. Em geral, aquele que transmite o título responde pela insolvência do devedor (caso este não pague) e pela existência do crédito (p.ex., ser o título verdadeiro, não falsificado).

Cessão de crédito serve para transferir qualquer tipo de crédito (de maneira mais usual, é decorrente de contrato, mas excepcionalmente pode ser usada para título de crédito, no caso os nominativos com cláusula não à ordem). Em geral, na cessão de crédito, o cedente (quem transfere o crédito) responde apenas pela existência do crédito (p.ex., ser o título verdadeiro), mas não responde pela insolvência do devedor (caso este não pague).

3.2. INSTITUTOS DO DIREITO CAMBIÁRIO

Na doutrina, o estudo dos vários tipos de títulos de crédito se inicia com a letra de câmbio, pois, além de ser o título de crédito mais antigo de que se tem notícia, nela é possível a presença de todos os institutos jurídicos do Direito Cambiário, como saque, aceite, endosso, aval, vencimento, pagamento etc., que, por sinal, estão previstos na norma que disciplina esse título de crédito.

No entanto, muitas vezes, o estudante, ao se deparar com a análise de um instituto jurídico que sequer ouviu falar, pode se sentir bloqueado, ou melhor, pode passar por um susto.

Nesse sentido, de forma pioneira e considerando a proposta deste livro, que é facilitar o estudo, em primeiro lugar, vamos estudar os institutos do Direito Cambiário (na sua ordem mais coerente, não necessariamente a da legislação). Em seguida, passaremos para os títulos de crédito mais conhecidos e utilizados pelo público em geral (iniciando pelo cheque, depois a duplicata, e assim por diante), procurando a melhor didática possível para estimular e facilitar ao estudante o entendimento da matéria.

Pode-se afirmar que os institutos cambiários que serão estudados a seguir, em grande medida, estão previstos no Decreto n. 57.663/66 – Lei Uniforme – LU, em especial na parte que cuida da letra de câmbio. Porém, sempre que for o caso, serão apontadas outras normas que integram o estudo.

3.2.1. Saque

No Direito Cambiário, saque é o ato de criação do título de crédito, ou seja, é a emissão do título.

---

[18] Preferimos a expressão "cessão de crédito", por ser essa a nomenclatura do instituto no Código Civil, arts. 286 e s.; já a Lei Uniforme, art. 11, o denomina "cessão ordinária de crédito"; por sua vez parte da doutrina, como Fábio Ulhoa Coelho chama de "cessão civil de crédito".

Se for o caso de saque de um título considerado ordem de pagamento, ele cria três figuras jurídicas: sacador, sacado e tomador (p.ex., o cheque e a letra de câmbio).

No entanto, se for o caso de promessa de pagamento, haverá apenas duas figuras (LU, art. 3º). No caso de nota promissória, terá a figura do sacador, que é ao mesmo tempo sacado, e a figura do tomador, ou seja, tem-se o sacador-sacado e o tomador. Tratando-se de duplicata, o sacador é simultaneamente tomador e a outra figura é o sacado, ou seja, tem-se o sacador-tomador e o sacado, podendo-se dizer que isso acontece também na hipótese de cheque para si próprio.

O saque gera o efeito de vincular o sacador ao pagamento do título de crédito.

Após o ato do saque, e a partir do vencimento, o beneficiário (tomador/credor) está autorizado a procurar o sacado para poder receber a quantia mencionada no título (atendidas determinadas condições, como o advento do vencimento e o prévio aceite do sacado).

Diante do exposto, é o sacado quem se encontra na posição de destinatário da ordem de pagamento. É ele, a princípio, quem deverá pagar o título. No entanto, o sacador é codevedor, e assim, se o sacado não pagar o título, o sacador (emissor) terá de pagá-lo (LU, art. 9º).

3.2.2. Aceite

Aceite é o ato realizado pelo sacado que consiste na concordância em efetuar o pagamento do título de crédito. Concordar significa aceitar a ordem de pagamento.

A formalização do aceite ocorre por meio da simples assinatura na frente (anverso) do título de crédito, mas também pode ser feito no verso. O aceite é identificado no título de crédito pela expressão "aceito" ou outra equivalente (LU, art. 25).

O simples fato de um título de crédito ser emitido e endereçado ao sacado não significa que ele está obrigado a aceitá-lo para, posteriormente, pagá-lo. O aceite é necessário para que o sacado fique obrigado ao pagamento.

Como regra geral, vale o fato de que nenhuma razão obriga o sacado a aceitar o pagamento do título de crédito. Se, por acaso, o sacado for devedor do sacador ou tomador em outra obrigação (p.ex., em um contrato de compra e venda), existem outros remédios jurídicos para se efetuar a cobrança.

Desse modo, o aceite é um ato de livre e espontânea vontade[19] (como será visto adiante, uma exceção ocorre no caso da duplicata, em que o aceite é obrigatório, salvo nas hipóteses previstas na legislação).

Por isso, a recusa do aceite é um comportamento lícito por parte do sacado[20]. Ele deve ser dado até o vencimento do título (LU, art. 21).

Quem leva o título para ser aceito pelo sacado é o tomador. A função do aceite é proteger os direitos do tomador.

Como efeito da recusa do aceite é a antecipação do vencimento do título (LU, art. 43).

De acordo com a Lei do Cheque, o aceite não é possível nesse tipo de título de crédito em razão da dinamicidade da atividade bancária e do comércio e também devido ao grande

---

[19] Paulo Sérgio Restiffe. *Manual do novo direito comercial*. p. 219.

[20] No mesmo sentido, Fábio Ulhoa Coelho. *Manual de direito comercial*: direito de empresa. p. 246-247.

Títulos de crédito e meios de pagamento   217

volume de cheques emitidos e compensados diariamente. Se, para cada um desses cheques, o banco tivesse que dar o aceite, isso, em grande medida, inviabilizaria a sua maciça utilização (poder-se-ia entender que, no caso do cheque, o aceite é implícito ao próprio instituto, pois ele é dado pelo banco em razão da abertura da conta e do fornecimento do talão de cheques).

Na letra de câmbio, o devedor principal é o aceitante (sacado), e, de início, é ele que deve ser procurado para honrar o pagamento do título. Apenas na recusa do pagamento pelo aceitante é que o tomador poderá procurar o sacador (emissor) para cobrar o pagamento.

É possível a inclusão de uma **cláusula de não aceitação**, cujo título só poderá ser apresentado ao sacado para pagamento diretamente, sem prévio aceite (LU, art. 22).

Ressalta-se que, na letra de câmbio, o sacador poderá ou não fixar um prazo para que o tomador apresente o título ao sacado, para que este possa efetuar o aceite (LU, art. 22). O sacado pode pedir que o título seja apresentado novamente no dia seguinte (LU, art. 22), sendo essa prática conhecida como **prazo de respiro**, muitas vezes necessário para que o aceitante possa avaliar e/ou realizar consultas sobre a aceitação ou não do título.

O revogado Código de Processo Civil de 1973, arts. 885 e 886, previa a possibilidade de prisão administrativa, a ser requerida ao juiz, para o caso de retenção indevida do título (que poderia ser aplicada ao sacado, por ocasião da apresentação para seu aceite, ou do devedor, em caso de entrega do título para quitação). A prisão seria revogada tão logo fosse devolvido o título, ou efetuado o seu pagamento, ou, ainda, se o julgamento da ação não fosse feito no prazo de 90 dias. Isso já não tinha aplicação prática, em razão de o Brasil ter aderido ao "Pacto de São José da Costa Rica", que proíbe a prisão administrativa/civil[21]. Desse modo, tais dispositivos não encontram correspondentes no Código de Processo Civil de 2015; porém este novel diploma prevê, em seu art. 259, II, a publicação de edital em caso de ação de recuperação ou substituição de título ao portador.

3.2.2.1. Aceite limitativo e modificativo

O aceite pode ser **parcial**. Por sua vez, o aceite parcial pode ser um aceite **limitativo** (quando o aceitante concorda em pagar apenas uma parte do título) ou um aceite **modificativo** (quando o aceitante altera qualquer dado existente no título, como a data de vencimento ou o local de pagamento).

Ambos os aceites (limitativo e modificativo) acarretam o vencimento antecipado do título e obrigam o aceitante aos exatos termos por ele delimitados no aceite parcial (LU, art. 26).

3.2.3. Endosso

Endosso é o ato de transferir o crédito representado por título **à ordem**. De acordo com o art. 14 da LU, o endosso transfere todos os direitos do título.

Endossante, por sua vez, é a denominação dada a quem efetua a transferência, e endossatário é quem recebe essa transferência.

---

[21] Mesmo que haja eventuais outras disposições no ordenamento jurídico brasileiro prevendo hipóteses de prisão administrativa e/ou civil, o Supremo Tribunal Federal vem mantendo o entendimento de que, após o Brasil ter aderido ao tratado internacional denominado "Pacto de São José da Costa Rica", não é mais admissível este tipo de prisão, salvo dívidas de caráter alimentar.

O endosso é um ato próprio do Direito Cambiário. Apenas o credor pode endossar. E, como regra geral, o endosso é feito antes do vencimento, pois quando o título vence normalmente se cobra o valor correspondente (exceção é o endosso posterior ao vencimento, que será visto a seguir).

São efeitos do endosso: (i) a transferência do crédito, deixando o endossante de ser credor; (ii) a vinculação do endossante ao título, agora na condição de coobrigado/codevedor (isso porque com o endosso o credor passa a ser o endossatário, à luz do art. 15 da LU).

Em regra, não há limites para o número de endossos, ou seja, um título de crédito não tem limitação quanto ao número de transferências. Uma exceção é o caso do cheque.

No caso de cheque, ele admite apenas um endosso, conforme o art. 17, I, da Lei n. 9.311/96 – conhecida como Lei da CPMF – Contribuição Provisória sobre Movimentação Financeira.

Existem divergências sobre a atual vigência desse dispositivo legal, por exemplo, que o tributo em si não existe mais. Mas a limitação poderia ser explicada pela intenção do governo federal (à época da instituição do referido tributo) em aumentar a arrecadação por meio desse tributo, pois, do contrário, o cheque poderia demorar mais para ser levado à compensação, haja vista a possibilidade de haver inúmeros endossos.

Conforme o art. 13 da LU, o endosso deve ser escrito no título ou em uma folha anexa ao título (mas não separada). Quando não identificar o endossatário, deverá ser feito no verso, para isso, basta a simples assinatura. Se for feito na frente do título, além da assinatura do endossante, deverá ter a identificação de que se trata de um endosso.

Como novo credor, o endossatário poderá efetuar o protesto (tema que será estudado adiante) do título de crédito. Mas sobre esse ponto, vale ter em conta a Súmula 475 do STJ: "Responde pelos danos decorrentes de protesto indevido o endossatário que recebe por endosso translativo título de crédito contendo vício formal extrínseco ou intrínseco, ficando ressalvado seu direito de regresso contra os endossantes e avalistas".

O endosso só é possível para créditos decorrentes de título "à ordem" (essa é uma cláusula tácita nos títulos de crédito, mas pode constar expressamente), conforme o art. 11 da LU. A cláusula "à ordem" significa que o título pode ser negociado e transferido livremente.

Se o título de crédito tiver a cláusula "não à ordem", ele apenas poderá ser transferido mediante **cessão de crédito** (LU, art. 11).

3.2.3.1. Endosso *versus* cessão de crédito

Como já foi estudado, o endosso e a cessão de crédito são formas de transmissão de crédito. Entretanto, há algumas distinções entre os dois institutos, devendo ficar registrado que o **endosso** é a forma de transmissão própria dos títulos de crédito.

A princípio, aquele que transmite o título (o endossante) responde pela insolvência do devedor (caso este não pague) e pela existência do crédito/idoneidade do título (p.ex., ser o título verdadeiro).

Já a **cessão de crédito** é utilizada para transferir qualquer tipo de crédito (em geral, originado de contrato, mas excepcionalmente pode ser usada para título de crédito, como acontece quando possui cláusula "não à ordem").

Em geral, na cessão de crédito, quem transfere o crédito (o cedente) responde apenas pela existência do crédito (p.ex., ser o título verdadeiro), mas não responde pela insolvência do devedor (na hipótese de este não pagar), conforme a previsão dos arts. 295 e 296 do Código Civil.

A principal diferença entre o endosso e a cessão de crédito ocorre em relação à ciência do devedor. No endosso, não é necessário que o devedor seja comunicado sobre a transmissão. Já na cessão de crédito, é necessário comprovar que o devedor está ciente do ato de transmissão, conforme o art. 290 do Código Civil.

O devedor, no caso de endosso, ao ser executado pelo endossatário (credor), não poderá defender-se alegando matéria decorrente da relação com o endossante, em razão do princípio da autonomia e da inoponibilidade das exceções pessoais aos terceiros de boa-fé (LU, art. 17). Por exemplo, tentar defender-se alegando que não vai pagar o título porque o endossante não cumpriu o estabelecido em um contrato que originou a emissão do título.

No entanto, quando se tratar de cessão de crédito, o devedor, ao ser executado pelo cessionário, poderá defender-se alegando matéria da sua relação com o cedente, conforme prevê o art. 294 do Código Civil. Por exemplo, se houve um problema na relação firmada entre o devedor e o cedente que poderia ter como consequência o não pagamento do título, isso poderá ser também alegado contra o cessionário.

O endosso é mais simples e ágil para as relações cambiárias e empresariais, pois facilita e amplia as alternativas de transferência e recebimento do crédito, sendo também mais seguro ao credor-endossatário[22].

3.2.3.2. Espécies de endosso

Aqui cabe ressaltar que, em matéria de transmissão dos títulos de créditos, existem algumas espécies de endosso que estudaremos a seguir. Muitas vezes utiliza-se a expressão "endosso translativo" em vez de tão somente "endosso", sendo que ambos têm o mesmo significado;

---

[22] *Factoring* e Direito Cambiário. Recurso especial. Omissão. Inexistência. Cheque à ordem. Endosso. Efeito de cessão de crédito. Desnecessidade de notificação exigida, pelo Código Civil, para cessão ordinária de crédito. (...) O endosso é plenamente aplicável à avença mercantil do *factoring*, não cabendo restrição a direitos assegurados pelo Direito Cambiário, sob pena de incidência em domínio constitucionalmente reservado ao âmbito de atuação material da lei em sentido formal. Alegação da autora de ter efetuado o pagamento ao endossante, por meio de ação consignatória. O pagamento feito pelo devedor de título "à ordem", sem que a cártula lhe tivesse sido devolvida, evidentemente, não pode ser oposto ao endossatário portador de boa-fé. (...) 2. Desarte, o cheque endossado – meio cambiário próprio para transferência dos direitos do título de crédito, que se desvincula da sua causa, conferindo ao endossatário as sensíveis vantagens advindas dos princípios inerentes aos títulos de crédito, notadamente o da autonomia das obrigações cambiais – confere, em benefício do endossatário, ainda em caso de endosso póstumo (art. 27 da Lei do Cheque), os efeitos de cessão de crédito. De fato, a menos que o emitente do cheque tenha aposto a cláusula "não à ordem" – hipótese em que o título somente se transfere pela forma de cessão de crédito –, o endosso, no interesse do endossatário, tem efeito de cessão de crédito, não havendo cogitar de observância da forma necessária à cessão civil ordinária de crédito, disciplinada nos arts. 288 e 290 do Código Civil. (...) 9. A "negativação" do nome da autora, ora recorrida, em órgão do sistema de proteção ao crédito constituiu exercício regular de direito da *Factoring*. Com efeito, o art. 188, I, do Código Civil proclama não constituir ato ilícito os praticados no exercício regular de um direito reconhecido. 10. Recurso especial provido (REsp 1.236.701/MG, STJ, 4ª Turma, rel. Min. Luis Felipe Salomão, *DJe* 23-11-2015).

explicitando que "translativo" tem o sentido de transferir. Por exemplo, endosso translativo em preto ou endosso em preto.

Endosso **em preto** – é aquele que identifica o endossatário (quem recebe o crédito).

Endosso **em branco** (ou ao portador) – não identifica o endossatário. Com isso, torna-se um título ao portador, ou seja, o credor é aquele que tiver a sua posse (LU, art. 12); o endossatário poderá transferir o título por mera tradição, não ficando coobrigado[23].

Endosso-**caução** (ou pignoratício) – acontece quando o título é dado como garantia, como em caso de penhor (por ser o título considerado um bem móvel, pode ser empenhado). Nessa hipótese, não se transfere a titularidade definitiva do crédito ao endossatário, salvo se não cumprir a obrigação garantida (LU, art. 19).

Endosso-**mandato** (ou procuração ou impróprio) – é aquele que não transfere a titularidade do crédito, apenas dá legitimidade ao seu possuidor (que é um mandatário; procurador) para que efetue o recebimento do crédito. Tem efeitos de uma procuração (LU, art. 18). Por isso, este tipo de endosso não pode ser tido como translativo. Acerca do endosso-mandato é a Súmula 476 do STJ: "O endossatário de título de crédito por endosso-mandato só responde por danos decorrentes de protesto indevido se extrapolar os poderes de mandatário".

Endosso **sem garantia** – cuida-se daquele que proíbe outros endossos após ele, o que desobriga o endossante quanto ao pagamento a outras pessoas caso haja transferências subsequentes (LU, art. 15).

Endosso **posterior ao vencimento** (póstumo) – é aquele realizado depois da data de vencimento do título, tendo os mesmos efeitos do endosso realizado anteriormente ao vencimento (o que é mais comum). Mas, se o endosso se der posteriormente ao "protesto por falta de pagamento", ele produzirá apenas efeitos de uma cessão de crédito (LU, art. 20).

Não é possível realizar endosso **parcial**. O endosso parcial é nulo, conforme prevê o art. 12 da LU.

3.2.4. Aval

O aval é uma obrigação firmada por terceiro (avalista) que garante o pagamento do título, caso o devedor (avalizado) não o cumpra.

O avalista é responsável tanto quanto o seu avalizado. Se o avalista tiver que honrar a obrigação diante da falta de pagamento do devedor-avalizado, ele tem o direito de voltar-se, em regresso, contra o avalizado para reaver o respectivo valor.

Na prática, o aval ocorre pela assinatura do avalista mais a identificação "bom para aval" ou outra expressão equivalente (p.ex., "por aval"). A assinatura pode constar na frente ou no verso no título, bem como em folha anexa, mas não separada (LU, art. 31).

Pode ser avalizado o sacador, o sacado ou endossante(s). O avalista deve indicar quem está avalizando, pois, do contrário, será entendido que está garantindo o sacador (LU, art. 31).

3.2.4.1. Aval *versus* fiança

Semelhante à fiança, o aval é uma forma de garantia. Tanto a fiança quanto o aval são garantias fidejussórias, ou seja, garantias com vínculo subjetivo, de natureza pessoal, realizadas tendo como base a confiança. Não são garantias reais, como a hipoteca e o penhor, em

---

[23] Nesse sentido, Amador Paes de Almeida. *Teoria e prática dos títulos de crédito*. p. 43.

que há um direito real sobre a propriedade, uma vez que, nestes casos, o bem é dado em garantia. Tanto o aval como a fiança podem ser prestados parcialmente quanto ao valor da dívida, conforme preveem o art. 30 da LU e o art. 823 do Código Civil.

No entanto, existem algumas distinções entre o aval e a fiança, em relação às formas de garantia fidejussórias, nos termos a seguir explicitados.

O **aval** é uma garantia cambial (do Direito Cambiário) e autônoma com relação à obrigação do avalizado, isto é, a invalidade da obrigação principal não invalida a obrigação do avalista (LU, art. 32)[24].

Já **fiança** é uma garantia não cambial (garantia comum do Direito Civil) e acessória com relação à obrigação do afiançado, isto é, se houver a invalidade da obrigação principal – p.ex., locação –, a obrigação do fiador, que é acessória, ficará invalidada (CC, art. 837). É pertinente a respeito de fiança a posição do STJ via a Súmula 332: "A fiança prestada sem autorização de um dos cônjuges implica a ineficácia total da garantia", bem como a Súmula 549: "É válida a penhora de bem de família pertencente a fiador de contrato de locação".

Ambos os institutos devem ser prestados por escrito, porém o aval não pode ser realizado fora do corpo do título de crédito (LU, art. 31), em razão do princípio da literalidade. Já quanto à fiança, não havendo tal exigência, ela pode ser firmada em documento separado (ainda que o mais comum é que seja feita no mesmo instrumento do contrato principal).

Além disso, o fiador tem direito ao "benefício de ordem", o que significa que, primeiro, deve-se tentar cobrar o afiançado, e depois, somente em caso de insucesso, é que se irá cobrar o fiador (CC, art. 827 e atual CPC, art. 794). Portanto, a responsabilidade do fiador é subsidiária. Já o avalista não tem esse benefício legal (LU, art. 32), pois sua responsabilidade é solidária.

Um detalhe curioso é que, nos contratos de locação imobiliária, tem sido utilizada uma cláusula em que o fiador renuncia ("abre mão") do benefício de ordem, sendo que a jurisprudência vem confirmando como válido o exercício dessa faculdade, que, inclusive, está prevista no art. 828, I, do Código Civil de 2002, e já era prevista no art. 1.492, I, do Código Civil de 1916. Ainda sobre a fiança, registre-se o teor da Súmula 656 do STJ: "É válida a cláusula de prorrogação automática de fiança na renovação do contrato principal. A exoneração do fiador depende da notificação prevista no art. 835 do Código Civil". (STJ, 2ª Seção, *DJe* 16-11-2022).

---

[24] No que se refere à autonomia da obrigação firmada pelo aval, a seguir a ementa de um recurso especial do STJ sobre o tema: Processual Civil e Comercial. (...) Como instituto típico do direito cambiário, o aval é dotado de autonomia substancial, de sorte que a sua existência, validade e eficácia não estão jungidas à da obrigação avalizada. Diante disso, o fato de o sacador de nota promissória vir a ter sua falência decretada, em nada afeta a obrigação do avalista do título, que, inclusive, não pode opor em seu favor qualquer dos efeitos decorrentes da quebra do avalizado. O art. 24 do DL 7.661/45 determina a suspensão das ações dos credores particulares de sócio solidário da sociedade falida, circunstância que não alcança a execução ajuizada em desfavor de avalista da falida. Muito embora o avalista seja devedor solidário da obrigação avalizada, ele não se torna, por conta exclusiva do aval, sócio da empresa em favor da qual presta a garantia. Mesmo na hipótese de o avalista ser também sócio da empresa avalizada, para que se possa falar em suspensão da execução contra o sócio-avalista, tendo por fundamento a quebra da empresa avalizada, é indispensável, nos termos do art. 24 do DL 7.661/45, que se trate de sócio solidário da sociedade falida. Recurso especial a que se nega provimento (REsp 883.859/SC, STJ, rel. Min. Nancy Andrighi, *DJe* 23-3-2009).

Contudo, tanto o aval como a fiança são garantias fidejussórias, sendo o aval voltado a garantir operações com títulos de crédito, enquanto a fiança relaciona-se a outros tipos de obrigações civis e empresariais. O avalista e o fiador são responsáveis perante o credor pelo cumprimento da obrigação assumida pelo devedor (e/ou codevedor), em caso de inadimplemento deste.

3.2.4.2. Espécies de aval

O aval se divide em algumas espécies, quais sejam total, parcial, em branco e em preto.

Aval **total** ou **completo** é aquele que garante de modo integral o valor do título de crédito.

Em contrapartida, aval **parcial** é aquele que se restringe a garantir apenas uma parte do valor do título.

Vale destacar que o Código Civil, art. 897, parágrafo único, veda o aval parcial. Porém, isso afronta o art. 30 da Lei Uniforme, que prevê que o aval pode ser dado no todo ou em parte do valor do título. Em razão de a lei especial prevalecer sobre a lei geral, o aval parcial é possível.

Por sua vez, o aval **em branco** é aquele que não identifica o avalizado, e, nesse caso, conforme dispõe o art. 31 da LU, o sacador será considerado o avalizado.

Por fim, aval **em preto** é aquele que identifica quem está sendo avalizado, podendo ser o sacador, o sacado ou um dos endossantes.

3.2.5. Vencimento

Vencimento é o advento pelo qual o crédito se torna exigível, por ter chegado o dia, mês e ano (e, se for o caso, a hora) em que vence a dívida.

Antes do vencimento de um título de crédito, o devedor não está obrigado a efetuar o pagamento do respectivo valor. E, se quiser fazê-lo, necessitará do consentimento do credor, pois este não está obrigado a receber antes do vencimento (LU, art. 40).

Com isso, pela regra, o título só pode ser cobrado a partir do seu vencimento. Porém, existem algumas exceções, nas quais o título poderá ter seu vencimento antecipado: aceite parcial, recusa do sacado em firmar o aceite, falência do sacado ou falência do sacador.

3.2.5.1. Espécies de vencimento

Existem várias espécies de vencimento. De acordo com o art. 33 da LU, os vencimentos podem ser:

Vencimento **à vista** – o vencimento acontece no dia da apresentação do título ao devedor para que este faça o pagamento (LU, art. 34).

Vencimento **a prazo** (dia fixado/certo) – o dia futuro de apresentação ao devedor para pagamento é fixado previamente pelo emissor (LU, art. 37).

Vencimento **a certo termo de data** – é um prazo fixado pelo sacador que começa a correr a partir da data de emissão do título (por exemplo, *30* dias após o dia de emissão) (LU, art. 36).

Vencimento **a certo termo de vista** – é um prazo fixado pelo sacador a contar da data do aceite do sacado (por exemplo, *30* dias após a data de aceitação do título) ou da data do protesto (LU, art. 35).

Quando não houver indicação do vencimento, o título será considerado **à vista**.

3.2.6. Pagamento

Pagamento é a forma mais comum de adimplemento e extinção das obrigações. Trata-se do cumprimento ordinário. Mas existem outras que são tidas como de cumprimento extraordinário da obrigação, como a novação, a confusão, a dação etc.

O pagamento é a quitação do débito. Um título de crédito pago é um título quitado.

Destaca-se que o pagamento do título de crédito deve ser feito mediante a sua apresentação e entrega ao devedor (LU, art. 38). A quitação mediante recibo separado é temerária e sempre pode dar ensejo a nova cobrança por terceiro de boa-fé, a quem o título foi repassado como "não quitado"[25].

É possível haver pagamento parcial, não podendo o credor do título recusar-se em recebê-lo (LU, art. 39).

Assim, o efeito do pagamento é a extinção total ou parcial das obrigações representadas pelo título, dependendo se o pagamento do valor foi total ou em parte.

É um direito de quem efetua o pagamento ao credor do título obter a devida quitação (LU, art. 39). A propósito, prevê o art. 319 do Código Civil que o devedor que paga tem direito à quitação regular, podendo reter o pagamento, enquanto não lhe seja dada.

Se o pagamento for efetuado pelo aceitante (ou seu avalista), extingue-se totalmente a obrigação com relação aos demais coobrigados, pois o aceitante é o primeiro e principal devedor. Assim, se ele pagou a dívida está encerrada a obrigação. Porém, se quem pagou foi o seu avalista, este poderá cobrar do avalizado (o aceitante) o valor, mas não dos demais coobrigados (por exemplo, o sacador). Em ambos os casos, não há direito de regresso contra os demais coobrigados.

No entanto, se o pagamento foi efetuado pelo sacador ou endossante (ou o avalista de um deles), a sua obrigação de pagar como coobrigado estará extinta, mas a obrigação dos demais coobrigados permanece. Nesse caso, há o direito de regresso contra os coobrigados e o devedor principal.

E mais: o pagamento deve ser feito no **local** e na **data** estipulados. Se a data de vencimento cair em feriado ou fim de semana, o pagamento deve ser feito no **primeiro dia útil** subsequente.

Se, por ocasião da data do vencimento, ocorrer **caso fortuito** (p.ex., uma enchente) ou **força maior** (p.ex., uma greve), o pagamento deverá ser realizado no primeiro dia imediatamente à cessação do evento.

A indicação do local de pagamento é faculdade do sacador ou do aceitante.

Nas obrigações decorrentes de títulos de crédito, é o credor quem deve ter a iniciativa de procurar o devedor em seu domicílio para buscar a satisfação do pagamento. A isso se

---

[25] Segue decisão do STJ sobre o tema: (...) Pagamento ao endossante em documento em separado. Oposição ao endossatário de boa-fé. Inadmissibilidade. Súmula n. 7 do STJ. Incidência. I. A jurisprudência desta Corte, centrada na exegese do art. 9º, § 1º, da Lei n. 5.474/1968, entende que a circulação da duplicata impõe ao sacado o dever de pagar ao endossatário o valor representado no título de crédito, descabendo falar-se em recibo em separado ao endossante, quando presente a anterioridade do endosso e a inexistência de má-fé na circulação cambial. (...) (AgRg no REsp 556.002/SP, STJ, rel. Min. Aldir Passarinho Junior, *DJe* 26-4-2010).

denomina dívida/obrigação *querable* (quesível). Ao contrário, na dívida/obrigação *portable* (portável), a iniciativa é do devedor em satisfazer o pagamento.

Com relação à letra de câmbio **à vista**, a Lei Uniforme estabelece que ela deverá ser apresentada para pagamento no prazo de *1* ano (LU, art. 34).

Quando a letra de câmbio for **a prazo, a certo termo de data** ou **a certo termo de vista**, o pagamento deverá ser feito no dia do vencimento ou nos 2 dias úteis seguintes (LU, art. 38).

A apresentação do título para pagamento na data do vencimento é importante porque evita que os demais coobrigados, imaginando estarem livres da obrigação, sejam "pegos" de surpresa com a sua cobrança.

Como já dito, o credor não está obrigado a receber o pagamento antes do vencimento (LU, art. 40). No entanto, a falta de pagamento total ou parcial dá ensejo ao *protesto*.

3.2.6.1. Pagamento parcial

O pagamento parcial é sempre possível, e como já visto, não pode o credor do título recusar-se em recebê-lo em parte. Além disso, a quitação parcial deve ser anotada no próprio título (LU, art. 39).

Se o pagamento parcial não for anotado no próprio título, corre-se o risco de esse título circular e de um terceiro de boa-fé recebê-lo, considerando o seu valor total.

Nesse caso, esse terceiro credor terá direito de cobrar a quantia integral prevista no título, conforme o princípio da literalidade, já estudado anteriormente.

Vale ter em conta que o Código Civil prevê no seu art. 314 que o pagamento parcial somente é possível se houver ajuste entre as partes.

3.2.7. Protesto

O regime jurídico do protesto é a Lei n. 9.492/97. De acordo com o *caput* do art. 1º da lei:

> "Protesto é o ato formal e solene pelo qual se prova a inadimplência e o descumprimento de obrigação originada em títulos e outros documentos de dívida".

Cabe lembrar que o art. 43 da Lei n. 9.492/97 revoga todas as disposições contrárias em outras leis sobre protesto. A Lei Uniforme também prevê o instituto do protesto, a partir do art. 44. Assim, no que contrariar a Lei n. 9.492/97, a Lei Uniforme está revogada.

É importante salientar que neste item o estudo versa sobre **protesto extrajudicial**. Não se deve esquecer, entretanto, de que também existe o protesto judicial, que é regido pelo Código de Processo Civil, art. 517 c/c os arts. 726 a 729 [CPC/73, arts. 882 e s.], mas que escapa do objeto deste livro. Nesta obra, focaremos nosso estudo no campo dos títulos de crédito.

Nesse contexto, podem ser protestados os títulos de crédito (cheque, duplicata etc.), bem como outros documentos decorrentes de dívidas, como um contrato de aluguel.

O protesto é realizado pelo Tabelião de Protesto de Títulos (Lei n. 9.492/97, art. 3º). A responsabilidade de levar o título a protesto é do portador do título, do credor ou de seu procurador. A propósito, há duas súmulas do STJ, as quais volta-se a transcrever. Súmula 475: "Responde pelos danos decorrentes de protesto indevido o endossatário que recebe por endosso translativo título de crédito contendo vício formal extrínseco ou intrínseco, ficando ressalvado seu direito de regresso contra os endossantes e avalistas". Súmula 476:

"O endossatário de título de crédito por endosso-mandato só responde por danos decorrentes de protesto indevido se extrapolar os poderes de mandatário".

A relevância do protesto reside no fato de que ele é a prova de que o título foi apresentado ao devedor, que, no entanto, não o pagou. Assim, a função primordial do protesto é demonstrar a impontualidade do devedor.

São três as hipóteses para realização do protesto: por falta de pagamento, de aceite ou de devolução do título. Mas o protesto ocorrerá necessariamente por falta de pagamento nas hipóteses de duplicata ou triplicata encaminhada a protesto, aceita ou não, depois de vencida (Lei n. 9.492/97, art. 21). Triplicata é a segunda via da duplicata, por ter esta sido extraviada ou não aceita.

Uma vez protocolado o título junto ao Tabelião de Protesto, este expedirá a intimação ao devedor, no endereço fornecido pelo apresentante do título, considerando-se cumprida quando comprovada a sua entrega no mesmo endereço (Lei n. 9.492/97, art. 14, *caput*).

A princípio, o interessado se dirige pessoalmente, ou por procurador, ao endereço do Tabelião de Protesto, preenche o formulário próprio, que deve ser instruído pelo título original (o qual fica consignado no cartório). Entretanto, com o incremento da informática é possível que isso seja feito eletronicamente. Trata-se do **protesto por indicação**, o qual está previsto expressamente na Lei n. 9.492/97, art. 8º, bem como na Lei da Duplicata – Lei n. 5.474/68, art. 13, § 1º, c/c o art. 14. Desse modo, protesto por indicação significa que o cartório efetuará o protesto com base nas indicações/informações fornecidas pelo credor (nesse sentido, REsp 1.024.691/PR).

Tratando de duplicatas mercantis e de prestação de serviços, os Tabelionatos poderão receber as **indicações** a protestos por meio magnético ou de gravação eletrônica de dados. Neste caso, serão de total responsabilidade do apresentante os dados fornecidos, cabendo aos Tabelionatos apenas a instrumentalização das indicações dos títulos para os respectivos protestos (Lei n. 9.492/97, art. 8º).

Por força do art. 8º da Lei n. 13.775/2018, foi incluído o § 2º ao art. 8º da Lei n. 9.492/97, o qual assevera que títulos (e documentos de dívida) mantidos sob a forma escritural nos sistemas eletrônicos de escrituração poderão ser recepcionados para protesto por **extrato**. Para tanto, deverá ser atestado (sob as penas da lei) pelo emitente do título que as informações conferem com o que consta na origem do documento.

Na localidade onde houver mais de um Tabelionato de Protesto de Títulos, deverá ser feita a distribuição entre eles por meio de um Serviço de Distribuição mantido pelos próprios Tabelionatos (Lei n. 9.492/97, art. 7º).

Assim, havendo mais de um Tabelião de Protesto de Títulos na mesma cidade, haverá um distribuidor com o fim de que, a partir da entrada dos títulos a serem protestados, haja uma distribuição idêntica quanto ao número de títulos para o cumprimento por cada um dos Tabeliães da localidade.

O art. 41-A da Lei n. 9.492/97, incluído pelo art. 8º da Lei n. 13.775/2018, prevê que os tabeliães de protesto manterão uma "central nacional de serviços eletrônicos compartilhados". Essa central deve funcionar em âmbito nacional e prestará – no mínimo – os seguintes serviços:

> A – escrituração e emissão de duplicata sob a forma escritural, observado o disposto na legislação específica, inclusive quanto ao requisito de autorização prévia para o exercício

da atividade de escrituração pelo órgão supervisor e aos demais requisitos previstos na regulamentação por ele editada;

B – recepção e distribuição de títulos e documentos de dívida para protesto, desde que escriturais;

C – consulta gratuita quanto a devedores inadimplentes e aos protestos realizados, aos dados desses protestos e dos tabelionatos aos quais foram distribuídos, ainda que os respectivos títulos e documentos de dívida não sejam escriturais;

D – confirmação da autenticidade dos instrumentos de protesto em meio eletrônico; e

E – anuência eletrônica para o cancelamento de protestos.

Há alguns **requisitos** que a intimação a ser dirigida ao devedor precisa conter: nome e endereço do devedor, elementos de identificação do título, prazo limite para cumprimento da obrigação junto ao Tabelionato, número do protocolo e valor a ser pago (Lei n. 9.492/97, art. 14, § 2º).

Vale destacar que o envio da intimação poderá ser feita por portador do próprio tabelião ou por qualquer outro meio, como, por exemplo, por Correios. Em qualquer caso é preciso que o recebimento fique assegurado e comprovado mediante protocolo, aviso de recepção (AR) ou documento equivalente (Lei n. 9.492/97, art. 14, § 1º).

Uma vez o devedor recebendo a intimação, o pagamento do título protestado deve ser feito diretamente no Tabelionato que expediu a intimação, no valor igual ao declarado pelo apresentante, acrescido dos emolumentos e demais despesas (Lei n. 9.492/97, art. 19, *caput*).

O prazo para o pagamento do título é de até três dias úteis, que começa a contar da entrada do título no Tabelião, não necessariamente do recebimento da intimação. Porém, o prazo para o devedor pagar **nunca será inferior a 1 dia útil**. O não pagamento implicará em o devedor ter o seu nome "protestado", ou seja, passará a constar do cadastro de pessoas devedoras de títulos; ora tidas como "mal pagadoras", o que implicará em dificuldades em conseguir realizar outros negócios jurídicos, como, por exemplo, a venda de imóveis e, sobretudo, financiamentos para aquisição de bens. Uma vez o nome protestado, o devedor terá também seu nome "negativado" junto a outros cadastros de inadimplentes, como o **SCPC** e o **SERASA**[26], que são informados pelo Tabelião quando o protesto não é quitado.

Embora o protesto de título não seja uma forma de cobrança (mas, um meio de se comprovar o inadimplemento, ou seja, que a cobrança foi realizada amigavelmente sem que o pagamento tenha sido efetuado) ele acaba tendo este efeito, pois 50% das pessoas ao receberem uma intimação para pagar um título de dívida – que de fato tenha contraído – acabam efetuando o pagamento imediatamente. Isso pois, não querem que seu nome fique com restrição no banco de dados de pessoas "protestadas".

É direito do devedor obter a devida quitação em razão do pagamento[27]. Assim, efetuado o pagamento junto ao Tabelionato caberá a este fornecer a devida quitação. Desse modo, o

---

[26] SCPC – Serviço Central de Proteção ao Crédito – é um banco de dados para inadimplentes mantido por várias instituições comerciais que também detém a marca do SPC – Serviço de Proteção de Crédito –. Já SERASA – Centralização de Serviços dos Bancos – é um cadastro organizado pelas instituições financeiras. Ambos os cadastros são de natureza privada.

[27] Tendo tramitado pelo rito dos recursos repetitivos, segue decisão do STJ: Inscrição do nome do devedor em cadastro de inadimplentes. Recurso especial representativo da controvérsia. Quitação

Títulos de crédito e meios de pagamento   227

valor ficará a disposição do apresentante (credor) do título no primeiro dia útil subsequente ao do recebimento (Lei n. 9.492/97, art. 19, § 2º).

Quanto ao valor para o protesto de um título (despesa de distribuição), há variação na legislação estadual de cada Estado, sendo que em alguns há uma pequena taxa que pode variar, seguindo uma tabela, de acordo com o valor do título; em outros Estados, não se tem custo para levar o título a protesto. A título de esclarecimento, o valor a ser recolhido poderá envolver a taxa (quantia destinada à arrecadação do estado) e o emolumento (cifra destinada ao cartório efetivamente).

Porém, quanto às custas para o cancelamento do protesto, independentemente do Estado, juntamente com o pagamento do valor do título, caberá ao devedor pagar tais custas de cancelamento.

Quanto ao prazo para o interessado (credor) realizar o protesto de um título de crédito, o art. 9º da Lei n. 9.492/97 – Lei do Protesto – expressa que não cabe ao tabelião de protesto examinar questões prescricionais dos títulos; logo, o título poderá ser protestado a qualquer tempo, ficando a cargo da pessoa protestada alegar prescrição ou caducidade.

No entanto, para o cheque, os arts. 33 e 48 da Lei n. 7.357/85 preveem que o protesto deve ser feito no prazo de apresentação para pagamento, ou seja, cheque da mesma praça/ município, o prazo é de **30 dias** após a data de sua emissão; se for cheque de outra praça (locais de emissão e pagamento distintos), o prazo é de **60 dias**[28]. Quanto à duplicata, a Lei n. 5.474/68, art. 13, § 3º, prevê **30 dias** para protestar a partir do vencimento, sob pena de perder o direito de regresso contra os endossantes e respectivos avalistas. Por sua vez, de acordo com o art. 44 da Lei Uniforme, o prazo para protesto por falta de pagamento da letra de câmbio e da nota promissória seria de **2 dias** úteis após a data de vencimento.

-----

da dívida. (...) 1. Para fins do art. 543-C do Código de Processo Civil: "Diante das regras previstas no Código de Defesa do Consumidor, mesmo havendo regular inscrição do nome do devedor em cadastro de órgão de proteção ao crédito, após o integral pagamento da dívida, incumbe ao credor requerer a exclusão do registro desabonador, no prazo de 5 (cinco) dias úteis, a contar do primeiro dia útil subsequente à completa disponibilização do numerário necessário à quitação do débito vencido". 2. Recurso especial não provido (REsp 1.424.792/BA, STJ, 2ª Seção, rel. Min. Luis Felipe Salomão, *DJe* 20-9-2014).

[28] Julgado pelo rito dos recursos repetitivos, segue decisão do STJ: Recurso especial representativo de controvérsia. Direito Cambiário e protesto extrajudicial. Cheque. Ordem de pagamento à vista. Cártula estampando, no campo específico, data de emissão diversa da pactuada para sua apresentação. Considera-se, para contagem do prazo de apresentação, aquela constante no espaço próprio. Protesto, com indicação do emitente do cheque como devedor, ainda que após o prazo de apresentação, mas dentro do período para ajuizamento de ação cambial de execução. Possibilidade. 1. As teses a serem firmadas, para efeito do art. 1.036 do CPC/2015 (art. 543-C do CPC/1973), são as seguintes: a) a pactuação da pós-datação de cheque, para que seja hábil a ampliar o prazo de apresentação à instituição financeira sacada, deve espelhar a data de emissão estampada no campo específico da cártula; b) sempre será possível, no prazo para a execução cambial, o protesto cambiário de cheque, com a indicação do emitente como devedor. 2. No caso concreto, recurso especial parcialmente provido (REsp 1.423.464/SC, STJ, 2ª Seção, rel. Min. Luis Felipe Salomão, *DJe* 27-5-2016).

Ocorrendo protesto indevido, caberá ao prejudicado ajuizar uma medida judicial que vise a suspender o protesto (CPC de 2015, art. 305). Eventualmente, se houver prejuízos, é pertinente uma ação indenizatória contra o causador do dano, patrimonial ou moral.

Cabe esclarecer que o protesto deverá ser realizado na comarca do **local de pagamento** ou no **domicílio do devedor** (Lei n. 9.492/97, art. 6º).

3.2.7.1. Protesto facultativo e obrigatório

Para um crédito derivado de um título se tornar exigível contra o devedor principal (p. ex., o sacado da letra de câmbio), basta o seu vencimento, recebendo o nome de protesto **facultativo**, ou seja, o protesto não é obrigatório para a cobrança do crédito contra o devedor principal e/ou seu avalista[29].

Porém, para haver o direito de cobrança contra os demais coobrigados (p.ex., sacador e endossante), é necessário comprovar a recusa do pagamento pelo devedor principal, que é comprovado por meio do protesto. A isso denominamos protesto **obrigatório/necessário**. Nesse caso, o protesto é condição de exigibilidade do crédito contra os coobrigados.

Assim, o coobrigado não está vinculado ao pagamento de título não protestado, mas se o título estiver protestado não poderá se esquivar.

Apesar de o protesto não ser requisito para a execução judicial de títulos de crédito contra o devedor principal, é essencial contra os coobrigados. Por isso, o protesto é primordial para o exercício do direito de regresso de um coobrigado que pagou o título contra outro coobrigado ou devedor principal.

Mesmo o protesto obrigatório pode ser dispensado, como requisito do direito de ação, quando o sacador, endossante ou avalista colocar a cláusula "sem despesas" ou "sem protesto". Essa regra está prevista expressamente na Lei do Cheque – Lei n. 7.357/85, art. 50.

Exemplificando: o coobrigado, tendo pago o título, tem o direito de regresso contra o devedor principal e os outros coobrigados (regressando de forma cronológica, **D** é credor de **C**, que é credor de **B**, que é credor de **A**). Essa situação será examinada com mais detalhes a seguir, no item ação de regresso.

O protesto é realizado por falta de pagamento contra o devedor principal. No caso da letra de câmbio, é o aceitante.

Já o protesto por falta de aceite é feito contra o sacador, pois o sacado é livre para não aceitar.

3.2.8. Ações cambiais

Nas questões do Direito Cambiário, dependendo do caso, é possível ocorrer a necessidade de se socorrer do Poder Judiciário, por meio de ações judiciais, a fim de se buscar a tutela pretendida em relação a um título de crédito.

---

[29] Nesse sentido: Processual Civil. Recursos. Inovação não admitida. Direito cambiário. Títulos de crédito. Nota promissória. Execução proposta contra avalista. Desnecessidade de protesto. (...) II – Não é necessário o protesto para se promover a execução contra o aceitante da letra de câmbio ou contra o emitente da nota promissória, bem como contra seus respectivos avalistas. Isso porque, nesses casos, tem-se uma ação direta, e não de regresso. Agravo Regimental improvido (AgRg no Ag 1.214.858/MG, Min. Sidnei Beneti. *DJe* 12-5-2010).

3.2.8.1. Execução de títulos extrajudiciais

A principal ação cambial é a **execução judicial de títulos extrajudiciais,** segundo a qual o credor efetua a cobrança do seu crédito contra o devedor (ou codevedores), por não ter efetuado o pagamento do título de crédito.

Execução judicial significa que é uma cobrança sumária, sem a necessidade de processo de conhecimento (em que se poderia discutir quem tem culpa ou não, se é devedor ou não). Na execução de título de crédito, existe a cobrança de uma dívida líquida, certa e exigível (CPC de 2015, arts. 783 e 786).

É válido ter em conta que para promover a execução judicial, será preciso anexar o título de crédito original com o fim de atender ao princípio da cartularidade, salvo exceção prevista em lei, como no caso da duplicata, que será estudada adiante.

Como já estudado, o protesto não é requisito para o exercício do direito de ação cambiária, apenas no caso de protesto obrigatório e de ação de regresso.

Os títulos que dão ensejo à ação cambial são: cheque, nota promissória, duplicata, letra de câmbio etc., sendo considerados títulos executivos extrajudiciais (CPC de 2015, art. 784, I) [CPC/73, art. 585-I].

Na ação cambial, apenas despesas, correção monetária e juros poderão ser inclusos na cobrança do valor principal. Eventual condenação para pagamento de multa ou indenização por perdas e danos deverá ser apreciada em ação de conhecimento própria.

Aqui, é pertinente lembrar a figura do ressaque (já em desuso), que ocorre quando o portador, não tendo recebido seu crédito do sacado ou este não tendo efetuado o aceite, saca outro título à vista em vez de utilizar de uma ação judicial (LU, art. 52).

Para finalizar, deve-se lembrar que o prazo para ajuizamento da execução judicial poderá variar de acordo com cada título de crédito: cheque, 6 meses; duplicata, nota promissória e letra de câmbio, 3 anos; conforme será visto no item sobre prescrição.

Vale ressaltar que, ainda que seja de pouca ocorrência na prática, pelo benefício de se poder executar diretamente o título, o art. 785 do CPC de 2015 prevê que a existência de um título de crédito com força executiva não impede o credor de optar pelo processo de conhecimento para obter um título executivo judicial.

3.2.8.2. Ação de regresso (e solidariedade cambial)

Em geral, solidariedade significa responsabilidade ou interesse comum. Para conhecer a solidariedade cambial (dos títulos de crédito) primeiramente é preciso situar o tema no campo do direito obrigacional.

Obrigação solidária é aquela em que o seu objeto pode ser reclamado por qualquer dos credores; ou que obriga qualquer dos devedores. A solidariedade não se presume; resulta da lei ou da vontade das partes (CC, arts. 264 e 265). A solidariedade pode ser ativa (mais de um credor) ou passiva (mais de um devedor), sendo a passiva a mais frequente e a que está ligada aos títulos de crédito.

Na solidariedade passiva, o credor pode exigir o recebimento, parcial ou totalmente, de qualquer dos devedores. Se o pagamento foi parcial, o credor pode exigir o restante dos demais devedores. A propositura de ação judicial pelo credor contra um ou alguns dos devedores não implicará em renúncia da solidariedade. O devedor que efetuar o pagamento total da dívida tem o direito de cobrar de cada um dos codevedores a sua quota correspondente (CC, arts. 275 e 283).

Especificamente quanto à solidariedade cambial, ela está relacionada ao fato de que, embora o título de crédito tenha um devedor principal, todos os codevedores que figurarem na obrigação cambiária podem ser acionados para pagar o débito em caso de inadimplência do devedor. Isso é feito por meio do direito de regresso, voltando-se contra aqueles que se obrigaram anteriormente pelo título[30].

Por exemplo, se um varejista, credor de um cheque, o transferir por endosso a um terceiro (agora credor) e este, posteriormente, tem seu direito de crédito frustrado em razão de o cheque do cliente do varejista ser devolvido por falta de saldo, poderá o credor cobrar este valor de qualquer dos devedores (emitente do cheque ou endossante). Optando por cobrar do endossante e este efetuando o pagamento, lhe é garantido o direito de regresso contra o emitente cobrando-lhe o valor que tenha pago. Neste caso a sentença judicial será o título adequado para embasar o exercício do direito de regresso, o qual pode ser feito nos próprios autos desta ação judicial a que foi condenado ao pagamento; ou por meio de ação de regresso autônoma.

Assim, a ação de regresso é cabível quando um coobrigado efetua o pagamento tendo o direito de reaver o valor de outro coobrigado ou do devedor principal[31].

---

[30] "Processo civil, empresarial e civil. Dialeticidade. Cheques. Endosso. Diferenciação para cessão civil. Solidariedade cambial e comum. (...) 6. A solidariedade cambiária distingue-se da comum (ou civil) em diversos aspectos. Dentre as diferenças, destaque-se que a solidariedade comum é simultânea entre os codevedores, isso é, a dívida reparte-se entre eles de pleno direito, havendo direito de regresso entre os coobrigados somente pela cota individual (art. 283 do CC/2002). Já a solidariedade cambiária é sucessiva, porquanto se um dos coobrigados efetuar o pagamento somente poderá ressarcir-se em relação aos signatários anteriores que o garantem. 7. No cheque, salvo estipulação em contrário, o endossante garante o pagamento da soma cambiária realizado pelo emitente em favor do endossatário. 8. Considerando que o endossatário e o emitente são devedores de diferentes graus, a relação que existe entre eles não é de solidariedade comum, a ensejar o chamamento ao processo, mas sim de natureza cambiária, fundada no direito de regresso, a invocar a denunciação da lide. 9. Considerando que a denunciação à lide configura ação autônoma de cunho condenatório exercida no mesmo processo, é-lhe aplicável a teoria da substanciação, segundo a qual a qualificação jurídica declinada na inicial constitui mera proposta de enquadramento legal. 10. Já se encontrando o processo em grau recursal, militaria contra a celeridade processual determinar o retorno dos autos ao primeiro grau para efetivação da denunciação da lide, cuja existência colima justamente a economia processual, haja vista que, na hipótese do art. 70, III, a denunciação não é obrigatória, pois o direito de regresso pode ser exercido em ação autônoma (...)" (Apelação Cível 20140110941197, TJ-DF, 6ª Turma Cível, rel. Des. Ana Maria Duarte Amarante Brito, *DJE* 2-2-2016).

[31] Acerca do direito de regresso, veja a decisão do STJ: Processual Civil. Recurso Especial. Negativa de prestação jurisdicional. Inexistência. Direito Comercial. Título de crédito. Protesto indevido. Banco endossatário. Legitimidade passiva. (...) II – Embora seja assegurado ao endossatário de boa-fé levar o título a protesto para preservar seu direito de regresso contra o emitente endossante, tendo ele conhecimento prévio e inequívoco de que a duplicata não tem causa ou que o negócio jurídico foi desfeito, deverá responder, juntamente com o endossante, por eventuais danos que tenha causado ao sacado, em virtude desse protesto. Recurso especial não conhecido (REsp 188.996/SP, STJ, rel. Min. Castro Filho, *DJ* 10-9-2007).

Na prática, o direito de regresso funciona da seguinte forma: **A** emitiu um título contra **B**, que é o sacado, tendo como beneficiário **C**. Esse título circulou por endosso várias vezes, respectivamente, para **D**, **E**, **F** e **G**. **G** tem o direito, enquanto endossatário/credor, de cobrar do devedor principal que é **B**. Havendo inadimplemento deste, poderá **G** cobrar dos demais corresponsáveis de forma que, se receber, por hipótese, de **F**, este estará desobrigado da relação, ficando ainda coobrigados pelo pagamento os participantes anteriores, ou seja, **E**, **D**, **C** e **A**. Dessa forma, **F** poderá voltar-se em regresso contra **E**, continuando corresponsáveis **D**, **C** e **A**, e assim sucessivamente.

Se for **cheque**, o prazo para o exercício do direito de regresso é de 6 meses (Lei n. 7.357/85, art. 59, parágrafo único).

Se for **duplicata**, o prazo é de 1 ano para o ajuizamento da ação de regresso (Lei n. 5.474/68, art. 18, III).

Por sua vez, o prazo para regresso na **nota promissória** e na **letra de câmbio** é de 6 meses (LU, art. 70).

3.2.8.3. Ação de anulação/substituição cambial

A ação de anulação cambial é proposta pelo credor do título, sendo cabível em caso de extravio; destruição parcial ou total; furto; roubo ou apropriação indébita do título.

Cabe esclarecer que, na verdade, essa ação de anulação cambial no fundo visa à substituição do título de crédito por uma sentença judicial.

É bom ressaltar que essa ação traz segurança ao devedor, pois ele até pode emitir outro título em substituição ao anterior, mas em caso de extravio poderia ser surpreendido com uma dupla cobrança.

Vale ter em conta que a ação cambial pode ser cumulada com pedido indenizatório por danos morais quando houver prejuízo de ordem extrapatrimonial[32] (LU, art. 36).

3.2.8.4. Ação monitória

É cabível ação monitória quando seu autor quiser cobrar o pagamento de uma quantia em dinheiro com base em uma prova escrita, mas que, no entanto, não tem a eficácia de um título executivo (CPC de 2015, art. 700) [CPC/73, art. 1.102-A].

Essa ação pode ser usada quando o título de crédito não puder ser mais executado (p.ex., no caso de perda do prazo), mas, mesmo assim, servirá de prova para a cobrança da obrigação **extracambiária** firmada (por exemplo, uma compra e venda).

De acordo com a Súmula 299 do STJ: "É admissível a ação monitória fundada em cheque prescrito". Alinha-se a esta disposição a Súmula 531 do mesmo Tribunal: "Em ação monitória fundada em cheque prescrito ajuizada contra o emitente, é dispensável a menção ao negócio jurídico subjacente à emissão da cártula".

---

[32] Nesse sentido: Recurso Especial. Ação de anulação de título cambial cumulada com indenização por danos morais. Prova do prejuízo. – Reconhecido como indevido o aponte a protesto, sustado por força do ajuizamento de medida cautelar, e admitida a responsabilidade do recorrido, que agiu com imprudência, há de ser acolhido o pedido de danos morais. (...) (REsp 802.645/RS, STJ, rel. Min. Cesar Asfor Rocha, *DJ* 4-9-2006).

O prazo para ajuizamento da ação monitória é de **5 anos**, conforme prevê o art. 206, § 5º, I, do Código Civil[33].

No entanto, vale deixar claro que sempre houve divergências sobre qual o marco temporal para começar a fluir este prazo de 5 anos. Alguns entendendo que seria do vencimento do título; outros, do término do prazo para a sua execução judicial. Somos adeptos da primeira alternativa.

Especificamente para o cheque e a nota promissória, mas sem dúvida serão precedentes para outras situações de ação monitória, o STJ pacificou a divergência ao editar as Súmulas 503 e 504. O texto da Súmula 503 é o seguinte: "O prazo para ajuizamento de ação monitória em face do emitente de cheque sem força executiva é quinquenal, a contar do dia seguinte à data de **emissão** estampada na cártula". Já de acordo com a Súmula 504: "O prazo para ajuizamento de ação monitória em face do emitente de nota promissória sem força executiva é quinquenal, a contar do dia seguinte ao **vencimento** do título" (destaques nossos). Cabe explicar que o cheque é uma ordem de pagamento à vista, por isso acertou a Súmula 503 ao expressar que a contagem inicia-se da "emissão" do cheque. Isso, pois, para fins cambiais o cheque não tem vencimento a prazo, sendo que o conhecido "cheque pré-datado" tem apenas efeitos civis, como visto no item sobre o cheque.

3.2.8.5. Ação declaratória de inexistência de débito e cancelamento de protesto (com pedido indenizatório e tutela antecipada)

Tratando-se da hipótese de alguém ver-se apontado indevidamente como devedor (ou codevedor) de um título de crédito em razão de fraude, ele tem direito a buscar anular esse título por meio de ação judicial.

Fundada no art. 20 do CPC, tendo em vista a violação de direito, essa seria uma ação que visa à declaração judicial de **inexistência de débito** (ou de **anulação de título de crédito**) indevidamente lançado/emitido em nome do autor.

Caso este autor tenha sido protestado indevidamente, a fim de evitar que seu nome fique negativado no Tabelião de Protesto e no SCPC e Serasa, ele pode cumular a ação declaratória com o pedido de **cancelamento do protesto**. Neste caso, com base no art. 305 do CPC, pode ser requerido ao juiz uma **tutela cautelar** para que o Cartório de Protesto, imediatamente, "baixe" o débito em nome do autor da ação.

Contudo, ainda é possível ao autor pleitear **indenização** por danos patrimoniais e/ou extrapatrimoniais em razão da emissão fraudulenta do título (dívida) e/ou do seu protesto indevido. Essa ação poderia ser intitulada "ação declaratória de inexistência de débito e cancelamento de protesto cumulada com pedidos indenizatório e de tutela antecipada".

3.2.8.6. Meios de defesa

Em sua defesa (resposta), na execução judicial, ao devedor ou ao coobrigado não cabe alegar **matéria de fato**, como um desentendimento pessoal com o credor que o teria motivado a não pagar (ou sobre a qualidade de um bem adquirido). Isso pois, via de regra, matéria de fato é pauta para ação de conhecimento com ampla dilação probatória.

---

[33] Nesse sentido é a posição do STJ a respeito do cheque: "Civil e Processual Civil. Cheque prescrito. Ação monitória. Prazo prescricional. A ação monitória fundada em cheque prescrito está subordinada ao prazo prescricional de 5 (cinco) anos previsto no art. 206, § 5º, I, do Código Civil. Recurso Especial improvido" (REsp 1.038.104, STJ, rel. Sidnei Beneti, *DJe* 18-6-2009).

Todavia, seria cabível a alegação de **matéria de direito**, como prescrição, fraude ou falsificação do título de crédito, uma vez que são matérias de ordem pública, e como tal podem ser conhecidas de ofício pelo juiz, de forma sumária, sem necessariamente precisar de grande produção de provas.

Uma matéria importante como defesa do executado, em execução judicial de título de crédito, é a prescrição (que veremos adiante).

3.2.8.6.1. Embargos à execução e exceção de pré-executividade

Quando se é executado judicialmente por dívida decorrente de um título executivo extrajudicial (como são enquadrados os títulos de crédito), a princípio, se o devedor/executado não efetuar o pagamento, seus bens ficam sujeitos a ser penhorados e/ou adjudicados (transferidos) em favor do credor/exequente.

Ao ser executado, o devedor tem a possibilidade – a título de defesa – de opor **embargos à execução**, no prazo de 15 dias da sua ciência (citação). Disciplinado pelos arts. 914 e s. do CPC de 2015, os embargos à execução correm em autos apartados (processo separado da execução), tendo dilação probatória (podendo se produzir algum tipo de prova) e estando sujeitos a caucionamento do juízo e o recolhimento de custas.

Embora haja alguma dilação probatória nos embargos, a princípio, não cabe no seu âmbito a apresentação de matéria de fato pelo embargante (ora executado), tendo em vista o que foi estudado acerca do princípio da autonomia, especialmente "a inoponibilidade das exceções pessoais ao terceiro de boa-fé".

Basicamente, o executado poderia alegar nos embargos a: inexequibilidade do título (por exemplo, quando falta ao título o requisito da "executividade", por não corresponder a uma dívida líquida, certa e exigível; ou no caso de prescrição do direito de crédito previsto no título); incompetência do juízo da execução (fora da comarca onde a cobrança deveria ser feita); qualquer matéria que lhe seria lícito deduzir como defesa em processo de conhecimento (como fraude, quanto à emissão do título indevidamente em nome de executado) (CPC, art. 917).

Pela regra geral, os embargos à execução não têm efeito suspensivo para "frear" a continuidade do processo de execução que visa à satisfação do interesse do credor em detrimento da perda do patrimônio pelo devedor. Mas há exceção, pois se estiverem presentes os requisitos para a concessão da tutela provisória (e desde que a execução já esteja garantida por penhora, depósito ou caução suficientes) o juiz poderá conceder o efeito suspensivo aos embargos, mediante requerimento do executado.

Para determinadas situações, como alternativa aos embargos, é possível ao executado apresentar **exceção de pré-executividade** ou **objeção de executividade** (nomenclatura menos usual, porém mais apropriada). Tal instituto foi construído a partir de posições da doutrina e da jurisprudência; e, mais recentemente, pode ser abstraído do parágrafo único do art. 803 do CPC de 2015.

De acordo com o *caput* do mesmo art. 803 do CPC, a execução é nula quando: o título executivo extrajudicial não corresponder a obrigação certa, líquida e exigível; o executado não for regularmente citado; for instaurada antes de se verificar a condição ou de ocorrer o termo. Por sua vez, o parágrafo único dispõe que a nulidade envolvendo quaisquer destas três hipóteses será pronunciada pelo juiz, de ofício ou a requerimento da parte, independentemente de embargos à execução. É este requerimento (alegação) da parte que na prática é vulgarmente intitulado como "exceção de pré-executividade".

No mais, a exceção de pré-executividade pode ser feita via petição simples nos autos da própria execução, sem a necessidade de caucionar o juízo nem pagamento de custas.

Contudo, a exceção de pré-executividade seria cabível diante de uma nulidade absoluta, como, por exemplo, no caso de prescrição, quando se perder o direito à pretensão de cobrança, pois o título deixa de ser exigível; ou por faltar o requisito da "executividade" ao título. Ou seja, seria pertinente apresentar a exceção diante de matéria de ordem pública, que pode ser conhecida pelo juiz de ofício, ao considerar as provas já existentes nos autos, pois não há dilação probatória (não podendo ser produzidas novas provas).

Assim, a exceção de pré-executividade é uma arguição/alegação que acaba – de certa forma – podendo ter o efeito de "suspender", ainda que brevemente, o processo de execução até que o juiz se manifeste sobre a alegação feita pelo devedor/executado.

3.2.8.6.2. Prescrição

Prescrição significa a perda da faculdade de pleitear um direito em juízo; no caso dos títulos de crédito, a perda do direito de cobrar o crédito. Neste item serão tratados os prazos prescricionais quanto à **execução judicial**, não os prazos para outros tipos de ações, como a de cobrança ou monitória.

Destaca-se que o prazo prescricional para a execução judicial de título de crédito varia de acordo com cada título. Por exemplo, no **cheque** o prazo é de 6 meses (além do acréscimo de prazo para se levar à compensação, que será visto no item referente ao cheque), conforme o art. 59, *caput*, da Lei n. 7.357/85.

Com relação aos devedores principais da **duplicata** (Lei n. 5.474/68, art. 18, I), da **nota promissória** e da **letra de câmbio** (LU, art. 70), o prazo prescricional é de 3 anos.

O Código Civil, no art. 206, § 3º, VIII, prevê a prescrição em 3 anos para a pretensão de haver o pagamento de título de crédito, a contar do vencimento, salvo disposições previstas em lei especial. Porém, essa regra apenas será aplicável na falta de norma específica sobre o prazo prescricional de determinado título de crédito.

Uma vez prescritos os prazos, não existirá mais o dever de pagar as obrigações **cambiárias**, como a obrigação do avalista.

No entanto, se for obrigação **extracambiária**, que originou a emissão do título de crédito, cabe ação de conhecimento (p.ex., ação monitória que prescreve em 5 anos, de acordo com o art. 206, § 5º, I, do Código Civil), na qual o título será meio de prova[34].

3.3. CHEQUE

Cheque é uma ordem de pagamento **à vista**, emitida (sacada) contra um banco/instituição financeira, considerando a provisão de fundos suficientes do emissor.

---

[34] Confirmando o prazo prescricional: (...) Ação monitória com lastro em cheque. Prazo prescricional quinquenal. Cheque. Atualização monetária. Termo inicial. Data de emissão. (...) 3. "A ação monitória fundada em cheque prescrito está subordinada ao prazo prescricional de 5 (cinco) anos de que trata o art. 206, § 5º, I, do Código Civil" (AgRg no REsp 1.011.556/MT, rel. Min. João Otávio de Noronha, 4ª Turma, j. 18-5-2010, *DJe* 27-5-2010). 4. A data de emissão do cheque é o termo inicial de incidência de atualização monetária. 5. Agravo regimental não provido (AgRg no REsp 1.197.643/SP, STJ, rel. Min. Luis Felipe Salomão, *DJe* 1º-7-2011).

Assim, sendo o cheque uma ordem de pagamento, cria três figuras jurídicas: **emitente** (sacador), **sacado** (o banco, ou a cooperativa de crédito, que recebe a ordem e efetua o pagamento) e **portador** (beneficiário, tomador, credor).

Na verdade, o cheque, enquanto ordem de pagamento, é uma evolução da letra de câmbio. Mas estes títulos guardam distinções, em especial pelo fato de o cheque não admitir aceite e ter a figura indispensável do banco como sacado.

3.3.1. Regime jurídico

O regime jurídico do cheque é a Lei n. 7.357/85, Lei do Cheque – LCh –, aplicando subsidiariamente a Lei Uniforme para os casos de omissão. A propósito, ao cheque são aplicáveis os princípios da cartularidade, literalidade e autonomia, e aos seus subprincípios da abstração e da inoponibilidade das exceções pessoais ao terceiro de boa-fé[35].

Quanto aos "fundos suficientes", eles devem ser (i) previamente depositados pelo emissor (sacador) em conta bancária; ou (ii) decorrentes de abertura de crédito do banco ao cliente emissor do cheque (LCh, art. 4º, § 2º).

O cheque ainda é um dos títulos de crédito muito utilizados, mas cabe ressaltar que se trata de um título de crédito *à vista* (LCh, art. 32), mesmo que o comércio tenha por hábito utilizá-lo com vencimento a prazo.

Qualquer cláusula inserida no cheque é considerada não escrita para efeitos cambiais, como pré-datá-lo (LCh, art. 32).

No entanto, se ao combinar com o credor do cheque que este deveria ser levado à compensação em uma data posterior, e não sendo essa combinação cumprida, o emissor do cheque tem direito a pleitear indenização contra o descumpridor dessa cláusula, que tem valor para efeitos civis. Nesse sentido é a Súmula 370 do STJ: "Caracteriza dano moral a apresentação antecipada de cheque pré-datado".

Cabe apontar que o cheque pode ser **ao portador** ou **nominativo**. Apesar de poder ser emitido ao portador, para que o cheque seja compensado, em razão de depósito em conta bancária ou desconto diretamente no caixa da agência bancária, é preciso que haja a identificação do credor (Lei n. 8.021/90, arts. 1º e 2º). Os nominativos podem ser **à ordem** – transferível por endosso – ou **não à ordem** – transferível por cessão de crédito (LCh, art. 8º).

O cheque pode ser apresentado para pagamento ou ser levado para câmara de compensação bancária. Historicamente o cheque sempre tem um tempo para compensação, variando de tempos em tempos. Por exemplo, até 2017 um cheque com valor de até R$ 299,99 (conhecido como de "valor inferior") tinha prazo máximo de 2 dias para compensação; acima desse valor, R$ 300,00 ou mais ("valor superior"), o prazo era de 1 dia. Isso em razão da

---

[35] Nesse sentido: Direito Comercial. Recurso Especial. Cheque. Ordem de pagamento à vista. Caractere essencial do título. Data de emissão diversa da pactuada para apresentação da cártula. Costume *contra legem*. Inadmissão pelo direito brasileiro. Considera-se a data de emissão constante no cheque. 1. O cheque é ordem de pagamento à vista e submete-se aos princípios cambiários da cartularidade, literalidade, abstração, autonomia das obrigações cambiais e inoponibilidade das exceções pessoais a terceiros de boa-fé, por isso que a sua pós-datação não amplia o prazo de apresentação da cártula, cujo marco inicial é, efetivamente, a data da emissão. (...) (REsp 875.161/SC, STJ, rel. Min. Luis Felipe Salomão, *DJe* 22-8-2011).

instalação de sistema em que os dados são transmitidos digitalmente, não mais com o efetivo transporte físico dos títulos para a compensação (adiante trataremos da compensação de cheque via aplicativo de *smartphone*). Entretanto, com a edição da Circular Bacen n. 314/2023, passou a ter o prazo único de *1 dia* útil para compensação de cheques de quaisquer valores [a título de marco temporal, esse prazo foi instituído desde a Circular Bacen n. 3.859/2017, ora revogada].

No cheque é possível o pagamento parcial, ou seja, o seu credor não pode se recusar a receber parte de seu valor. Nesse caso, o banco pode exigir que o pagamento parcial conste no corpo do cheque, com a respectiva quitação do credor quanto à quantia já paga (LCh, art. 38, parágrafo único). Entretanto, isso na prática acaba não ocorrendo, pois quando o banco informa o credor que o cheque somente poderá ser pago até certa quantia, em alguma medida isso pode ser entendido como a revelação do saldo do correntista/cliente; logo, uma "quebra" do sigilo bancário, que poderia implicar em pedido de indenização contra a instituição financeira.

É importante esclarecer que os institutos do Direito Cambiário são aplicáveis ao cheque como é o caso do protesto, aval, endosso etc. No entanto, se o instituto afrontar a natureza do cheque, não é cabível, como o aceite não é compatível ao cheque, conforme a vedação do art. 6º da LCh.

Se o aceite fosse cabível no cheque, prejudicaria a sua dinâmica, pois todas as pessoas ao receber um cheque teriam que ir até a agência bancária da respectiva conta-corrente do emissor para solicitar a aceitação. Apesar de o cheque ser uma evolução da letra de câmbio, nessa hipótese se tornaria praticamente igual a ela, sem grande distinção. Como já dito, pode-se entender que o aceite no cheque, de certa forma, pode ser visto como algo implícito, ou seja, o banco, ao disponibilizar o talão de cheques ao cliente, já estaria dando o aceite.

Com relação ao endosso, a regra geral é a de que não há limites para o número de endossos nos títulos de crédito. Uma exceção ocorre no cheque. De acordo com o inc. I do art. 17 da Lei n. 9.311/96 – Lei da CPMF (a princípio, ainda em vigor), é cabível um único endosso para cada cheque. Wille Duarte Costa entende que tal limitação fere a Lei Uniforme sobre títulos de crédito, bem como a Constituição Federal[36].

Apesar de ser um título pagável à vista, no caso de cheque da mesma praça/município (mesmo local de emissão e pagamento), deve ser apresentado para pagamento **30 dias** após a data de sua emissão. Se for cheque de outra praça (locais de emissão e pagamento distintos), o prazo é de **60 dias** (LCh, art. 33).

Diante do exposto, o legislador ao fixar esses prazos tinha como objetivo fazer com que o sacador não tivesse que se preocupar eternamente em manter saldo para o pagamento, e assim ficar constantemente verificando a compensação do cheque.

O recebimento de cheque como forma de pagamento é facultativo, não obrigatório. Isso ficou bem claro a partir da revogação da Lei n. 8.002/90, pelo art. 92 da Lei n. 8.884/94[37].

---

[36] Wille Duarte Costa. *Títulos de crédito*. p. 337-338.

[37] A maioria dos dispositivos da Lei n. 8.884/94, inclusive seu art. 92, a partir de 1º-6-2012 foram revogados pela Lei n. 12.529/2011 – Lei que estrutura o Sistema Brasileiro de Defesa da Concorrência (SBDC) e dispõe sobre a prevenção e a repressão às infrações contra a ordem econômica.

Alguns comerciantes fundamentam sua opção por não aceitar cheque na Constituição Federal, art. 5º, II, o qual prevê que ninguém será obrigado a fazer ou deixar de fazer alguma coisa senão em virtude de lei – trata-se do princípio da reserva legal. No entanto, com o intuito de evitar transtornos entre comerciantes e clientes, em alguns Estados e Municípios existem orientações dos órgãos de Defesa do Consumidor e Associações Comerciais para que se tenha um aviso na porta dos estabelecimentos sobre a não aceitação de cheque como forma de pagamento, ou que essa informação conste no cardápio de restaurantes.

Para a ação cambiária (execução judicial), não há necessidade de protesto (o protesto é facultativo), sendo de 6 meses o prazo prescricional para o seu ajuizamento.

Esse prazo começa a contar do término da data para apresentação ao pagamento (30 dias para mesma praça; 60 dias para praça diversa). Por isso é que se diz que o prazo para a execução de cheque da mesma praça é de 7 meses, e de 8 meses para cheques de praça diferente.

Após esse prazo, o exercício do direito de crédito do credor somente poderá ocorrer por ação monitória, servindo o cheque como prova.

Na execução judicial do cheque, além do valor principal a ser cobrado, podem ser incluídos correção monetária, juros e despesas (honorários, citações etc.).

O cheque tem efeito *pro solvendo*, ou seja, o negócio que originou sua emissão fica condicionado à sua compensação. Se a compensação do cheque não ocorrer, o negócio é desfeito, como o pagamento de aluguel.

Mas as partes também podem convencionar ser o cheque *pro soluto*, em que pela não compensação o negócio originário não se desfaz (o que é bem usual ocorrer no comércio), cabendo ao credor um direito cambial contra o devedor do cheque (protesto, execução judicial).

3.3.2. Requisitos

Como requisitos do cheque estão a expressão "cheque", quantia, nome do banco, data e lugar de emissão, assinatura do emitente ou o seu mandatário especial (LCh, art. 1º, e Resolução CMN n. 5.071/2023, art. 2º e s.).

É importante ter em conta que o cheque é um título vinculado, devendo, portanto, seguir os padrões previstos na legislação quanto à sua formatação.

Além disso, pode-se perceber que o vencimento não está entre os requisitos do cheque, pois trata-se de um título à vista, como já narrado anteriormente.

3.3.3. Sustação e revogação

De acordo com a Lei do Cheque – Lei n. 7.357/85 –, é possível a **revogação** ou a **sustação** do cheque.

A **revogação** do cheque é uma contraordem, para não pagamento ou compensação do título, que deve ter razões motivadas (LCh, art. 35).

Por sua vez, a **sustação** do cheque é uma oposição que deve ser fundada em relevante razão de direito (LCh, art. 36), como no caso de furto ou roubo. No entanto, os atos destinados a suspender a compensação do cheque são denominados indistintamente "sustação".

São vários os critérios (motivos) para a devolução de cheque previstos na Resolução Bacen n. 314/2023, sendo os principais: motivo n. 28 para roubo ou furto; motivo n. 11 para a primeira devolução do cheque por insuficiência de fundos; motivo n. 12 quando da segunda devolução por ausência de fundos; motivo n. 13 para devolução de cheque em razão de a conta estar encerrada; motivo n. 22 por divergência de assinatura; motivo n. 25 para cancelamento de talonário (p.ex., em caso de subtração de talonários em assalto a carro forte ou agência); motivo n. 21 para demais casos (como **desacordo comercial**, que é o desentendimento entre as partes após a entrega do pagamento por meio de cheque).

Quanto à possibilidade de se protestar e executar judicialmente cheques bloqueados, isso vai depender do motivo. Por exemplo, no caso dos motivos n. 25 (cancelamento de talão) e n. 28 (furto e roubo) isso não é possível. Nestes casos também não poderá haver restrições nos órgãos de proteção ao crédito, como **SERASA** e **SCPC**. Já o cheque bloqueado por desacordo comercial (motivo n. 21) pode ser protestado e executado judicialmente; porém, não gera restrições nos órgãos de proteção ao crédito, como SCPC e SERASA. Vale esclarecer que qualquer restrição indevida do nome de uma pessoa física ou jurídica é um abuso de direito, implicando o direito de o prejudicado pleitear indenização junto a quem efetuou a restrição no órgão de proteção ao crédito[38].

Didaticamente falando, existem algumas "espécies" de cheque, quais sejam, cruzado, administrativo etc., como serão apresentados a seguir.

3.3.4. Cheque pré-datado

Cheque pré-datado (pós-datado) é aquele em que se fixa um vencimento a prazo (uma data futura para ser levado à compensação ou à quitação); no entanto, por ser uma ordem de pagamento à vista, poderá ser apresentado ao banco para compensação/quitação antes da data.

É claro, porém, que isso pode estar violando um acordo entre as partes, cabendo ação indenizatória na esfera civil, conforme já apontado na Súmula 370 do STJ: "Caracteriza dano moral a apresentação antecipada do cheque pré-datado".

Mas se houver fundos na conta bancária do emitente, o cheque será compensado, pois ao banco não cabe o exame de cláusulas com datas de vencimento a prazo.

---

[38] Segue ilustrativa decisão judicial acerca de sustação de cheque e aplicação do princípio da inoponibilidade das exceções pessoais ao terceiro de boa-fé; e, posteriormente, outra decisão sobre a necessidade de contraordem para a inexigibilidade de cheque: Comercial. Civil. Título de crédito. Circulação. Cheque. Sustado. Inoponibilidade das exceções pessoais ao terceiro de boa-fé. O cheque é título de crédito que pode circular mediante endosso e é dotado das características comuns aos títulos de crédito em geral, dentre elas a autonomia e abstração. Daí decorrendo na inoponibilidade das exceções pessoais ao terceiro de boa-fé, conforme previsão do art. 17 da Lei Uniforme e art. 25 da Lei n. 7.357/85. No caso examinado, a emitente sustou o cheque porque este foi dado em pagamento de serviço não prestado. Essa circunstância, no entanto, não serve para excluir a responsabilidade pelo pagamento à legítima detentora do título e do crédito nele representado. (...) (AC 20090710262790, TJDF, 6ª Turma Cível, rel. Des. César Loyola, *DJ* 17-3-2011).
Direito Comercial. Títulos de crédito. (...) Art. 35, parágrafo único, da Lei n. 7.357/85. 1. É cabível na hipótese a discussão da *causa debendi* do cheque emitido, pois o mesmo não entrou em circulação, não havendo que se falar em prejuízos a terceiros alheios à negociação havida entre as partes. 2. Para que seja declarada a inexigibilidade de cheque revogado pelo emitente, é necessária a comprovação de que tal ato foi precedido de contraordem endereçada à instituição financeira sacada, nos termos da Lei do Cheque. Tal requisito não resta demonstrado nos autos. (...) (AC 20040410160862, TJDF, 4ª Turma Cível, rel. Leila Arlanch, *DJU* 19-6-2007).

Pelo fato de o cheque ser uma ordem de pagamento à vista, o cheque pré-datado não é considerado uma efetiva espécie de cheque, sendo apenas uma prática usual das pessoas e do comércio.

3.3.5. Cheque cruzado

O cheque cruzado é aquele que deve ser creditado a uma conta bancária, não podendo ser pago diretamente ao credor/portador, isto é, não pode ser descontado em agência bancária por dinheiro pelo credor. Para que isso tenha efeito, são colocados dois traços paralelos na frente (anverso) do título (LCh, arts. 44 e 45).

Existe ainda o denominado cheque "cruzado em preto", que não pode ser endossado (p.ex., os cheques de pagamento de indenização emitidos por seguradoras)[39].

3.3.6. Cheque administrativo

Por sua vez, cheque administrativo é aquele sacado/emitido por um banco contra um dos seus próprios estabelecimentos ou filiais em favor de terceiro (neste caso, poder-se-ia dizer que sacado e sacador são a mesma pessoa).

Nesta operação de emissão de cheque administrativo, o banco retira da conta bancária do cliente a importância e transfere para uma conta interna sua, ou seja, do próprio banco.

3.3.7. Cheque visado

Cheque visado é aquele em que o banco declara suficiência de fundos na conta bancária do emissor, a pedido do credor ou do próprio emitente. O banco debita da conta bancária do emitente, reservando a quantia para a compensação do referido cheque pelo prazo de apresentação (LCh, art. 7º). Seria algo parecido com o aceite.

Os bancos, em geral, têm deixado de utilizar o cheque visado, preferindo o cheque administrativo[40].

3.3.8. Cheque viagem

Existe também o cheque viagem (o *traveller's check*), que é aquele emitido por agentes autorizados para operar com moedas estrangeiras (bancos ou agências de turismo) em favor de terceiro para utilizar o crédito em viagem.

---

[39] Segue decisão do STJ a respeito de cheque cruzado: Cheque cruzado. Pagamento feito pelo banco sacado diretamente ao legítimo portador, e não ao banco indicado no cruzamento em preto. O objetivo do cruzamento é proteger o legítimo titular do cheque, dificultando seu pagamento a quem o detenha por meio ilícito. O cruzamento não confere ao banco, indicado entre as linhas paralelas, a propriedade do cheque. O banco sacado não pode ser responsabilizado se pagou o cheque cruzado ao seu legítimo portador. Ao banco indicado no cruzamento não assiste, portanto, pretensão indenizatória contra o banco sacado. (...) (REsp 14.446/SC, 4ª Turma, rel. Min. Athos Carneiro, DJ 5-10-1992).

[40] A seguir uma antiga, mas muito ilustrativa, decisão do Supremo Tribunal Federal sobre cheque visado: Cheque visado. Cheque marcado. Efeitos diversos. Costume comercial. 1) O uso do cheque visado, admitido por assento comercial, reforça o crédito do beneficiário. Não equipara, em seus efeitos, o cheque visado ao cheque marcado. 2) Na insolvência do banco sacado, que visou o cheque, permanece inalterada a responsabilidade do emitente em face do beneficiário. 3) Exame de precedentes: RE 22.796 (1953) e RE 37.587 (1958) (RE 57.717, rel. Min. Victor Nunes, j. 1º-1-1970).

Como no cheque viagem era preciso trocá-lo por dinheiro numa única vez, em boa medida, ele foi "substituído" por cartões pré-pagos, os quais são "carregados" e podem ser utilizados aos poucos até esgotar o saldo; mais seguro, portanto. Também, o uso máximo dos cartões de crédito internacional fizeram com o que o cheque viagem diminuísse sua utilização.

3.3.9. Cheque sem fundo

O denominado cheque sem fundo é aquele não pago ou não compensado por insuficiência de fundos. Se o cheque for devolvido por falta de provisão duas vezes, seu emissor será inscrito no Cadastro de Emitentes de Cheques sem Fundos – CCF –, ficando o banco impedido de fornecer novos talões, porém não está obrigado a encerrar a conta bancária. Sobre o CCF, veja a Resolução CMN n. 5.071/2023, art. 10 e s.

Em caso de conta bancária conjunta, anteriormente eram incluídos no CCF os nomes e CPFs de todos os titulares. Hoje é incluído apenas o nome e CPF do emitente do cheque.

A respeito do CCF é importante considerar o teor da Súmula 572 do STJ: "O Banco do Brasil, na condição de gestor do Cadastro de Emitentes de Cheques sem Fundos (CCF), não tem a responsabilidade de notificar previamente o devedor acerca da sua inscrição no aludido cadastro, tampouco legitimidade passiva para as ações de reparação de danos fundadas na ausência de prévia comunicação".

Se o emitente, ao sacar o cheque, tinha ciência da insuficiência de fundos, estará sujeito à condenação por crime de estelionato, de acordo com o art. 171, § 2º, VI, do Código Penal. Essa tipificação, na prática, nem sempre é de fácil enquadramento, porém, é possível sim haver conduta delitiva[41], sobretudo se for emitente contumaz.

É muito pertinente expressar que o Superior Tribunal de Justiça sumulou a questão que envolve a responsabilidade do banco por devolução indevida de cheque, o que gera dano moral ao correntista: Súmula 388. "A simples devolução indevida de cheque caracteriza dano moral".

3.3.10. "Cheque eletrônico"

Cheque eletrônico não significa compensação de cheque por via eletrônica, como, por exemplo, alguns serviços oferecidos por certos bancos em que o cliente fotografa o título com o *smartphone* e envia a imagem à instituição para creditar o valor em sua conta bancária, ficando como depositário do cheque original.

---

[41] Como pode ser vislumbrado na decisão do STJ: *Habeas Corpus*. Estelionato. (...) 1. Na hipótese, o denunciado, durante um curto período de tempo (entre os dias 28/3/1995 e 8/4/1995), emitiu cinco cheques (quatro pós-datados e um como ordem de pagamento à vista), em estabelecimentos comerciais diversos, evadindo-se da cidade antes que eles fossem apresentados à cobrança, oportunidade em que todos foram devolvidos por insuficiência de fundos e por se encontrar a conta encerrada. 2. A denúncia encontra-se escorreita quanto à tipificação delitiva, haja vista que enquadrou as condutas do paciente no *caput* do art. 171 do Código Penal, pois é certo que a emissão de cheques pós-datados, e não como ordem de pagamento à vista, exclui a conduta específica descrita no inc. VI do § 2º do art. 171 do Estatuto Repressivo (fraude no pagamento por meio de cheque), porém não afasta a fraude prevista no estelionato em sua forma fundamental. (...) (HC 57.502/RS, 5ª Turma, rel. Min. Arnaldo Esteves Lima, *DJ* 23-10-2006).

Acontece que em boa medida o uso do cheque tem sido substituído pelos cartões de débito e crédito como formas de pagamento[42] (temas que são tratados no capítulo dos contratos mercantis). Assim, marcamos propositadamente a expressão "cheque eletrônico", haja vista que o cartão de débito (e de crédito) pode ser tido como uma evolução do cheque ou como seu sucedâneo. O mesmo pode ser dito quanto ao PIX, uma ordem de pagamento, que também será objeto de estudo adiante.

Essa substituição pode ser explicada por várias razões, entre elas: a facilidade de porte do *smart card* (cartão inteligente); a expansão das compras pela internet, em que muitos fornecedores disponibilizam apenas as formas eletrônicas de pagamento; impossibilidade de sustação por desacordo comercial; diminuição do risco de inadimplência como acontece com o cheque sem fundo; segurança quanto ao porte de dinheiro em espécie, entre outras.

3.3.11. Compensação por *smartphone*

Muitos bancos estão disponibilizando aos seus correntistas aplicativos (programas para *smartphones*) que permitem a compensação do cheque eletronicamente. Na verdade é feito o crédito do valor do cheque na conta bancária sem a necessidade de comparecimento à agência física ou caixa eletrônico para realizar o depósito.

Instalado o aplicativo disponibilizado pelo banco, sendo o correntista credor de um cheque ele deve cruzá-lo com dois traços transversais escrevendo o nome do banco entre os traços. O correntista deve fotografar o cheque e enviar a imagem pelo aplicativo para que o banco processe a sua compensação, realizando assim o crédito correspondente na conta bancária do cliente.

O correntista deve guardar o cheque em papel, pois será considerado seu fiel depositário, não podendo transferi-lo a terceiros, sob pena de arcar com os prejuízos, cujas quantias poderão ser debitadas de sua conta bancária.

Após ocorrer a efetiva compensação do cheque, o banco entrará em contato com o cliente, normalmente via mensagem eletrônica, fornecendo outras informações da liquidação do título, como a autorização para destruí-lo e/ou prazo em que o mesmo deve permanecer em posse do correntista.

Frise-se que o prazo para a compensação do cheque, a princípio, é o mesmo em relação ao depósito de cheque feito na agência bancária ou caixa eletrônico; isto é, o prazo único de **1 dia** útil para compensação de cheques de quaisquer valores (Circular Bacen n. 314/2023).

3.4. DUPLICATA

Duplicata, ou duplicata mercantil, é o título de crédito criado a partir de uma **compra e venda mercantil**, sendo emitida pelo vendedor contra o comprador, que efetuará o pagamento.

Compra e venda mercantil, para fins de emissão de duplicata, é aquela celebrada entre empresários ou entre empresário e consumidor (não sendo cabível, portanto, a emissão de duplicata em razão de uma compra e venda civil). Assim, é irrelevante a distinção entre compra e venda empresarial e de consumo, a qual é tratada em outro item.

---

[42] Paulo Salvador Frontini. Títulos de crédito e títulos circulatórios: que futuro a informática lhes reserva? Rol e funções à vista de sua crescente desmaterialização. *Revista dos Tribunais*. São Paulo, RT, n. 730, ago. 1996, p. 62.

Diferentemente do cheque, da nota promissória, da letra de câmbio e de outros, a duplicata é um título de crédito de criação brasileira, mas, há algum tempo, tem-se notícias de que na Itália e na Argentina já existem títulos parecidos.

A palavra "duplicata" tem origem no revogado art. 219 do Código Comercial, ao disciplinar a entrega da fatura "por duplicado" (uma via ficava para o comprador e outra para o vendedor).

Na duplicata, o principal devedor é o sacado, que é o comprador (porém ele não é o emitente). Por sua vez, pode-se dizer que o vendedor é ao mesmo tempo sacador (emissor) e beneficiário (credor). Assim, existe a dificuldade em caracterizar a duplicata como uma ordem ou promessa de pagamento; sendo nesse sentido um título de crédito *sui generis* (peculiar). E mais, é comum o credor indicado na duplicata ser um banco ou uma faturizadora, que antecipa o valor ao vendedor, ficando como titular do crédito.

Cabe ressaltar que a duplicata pode ser vista como uma designação genérica, existindo ainda duplicata mercantil, duplicata de prestação de serviços e duplicata rural.

3.4.1. Regime jurídico

O regime jurídico da duplicata é a Lei n. 5.474/68, Lei da Duplicata – LD –, aplicando-se a Lei Uniforme no que couber em matéria de emissão, circulação e pagamento (LD, art. 25), além dos princípios do Direito Cambiário (cartularidade, literalidade e autonomia) e regras sobre aval, vencimento etc.

De acordo com o *caput* do art. 1º da LD, é **obrigatória** a extração da **fatura** que dá origem à duplicata nas vendas com prazo para pagamento superior a *30* dias, e **facultativa** nas vendas inferiores a *30* dias. Esse prazo começa a contar da data de entrega ou despacho da mercadoria.

Para esse efeito, **fatura** (conta ou nota de venda) é a relação de mercadorias vendidas, discriminadas pela natureza, quantidade e valor (LD, art. 1º, § 1º). A fatura é necessária para a emissão da duplicata.

Em tempos idos, o empresário precisava emitir dois documentos pela venda de mercadoria: a fatura para poder emitir duplicata e a nota fiscal para fins tributários. Mas, a partir de 1970, visando questões fiscais, firmou-se um convênio do Ministério da Fazenda (Economia) com as Secretarias Estaduais da Fazenda em que se criou a "nota fiscal-fatura" (NF-fatura).

A nota fiscal-fatura tem duplo efeito: nota fiscal para fins tributários e fatura para fins cambiários (emissão da duplicata). Assim, a emissão da nota fiscal-fatura passou a ser obrigatória independentemente do prazo de pagamento.

No ato da emissão da nota fiscal-fatura, o vendedor poderá (não é obrigado) sacar (emitir) a duplicata (LD, art. 2º, *caput*).

Entretanto, se não emitir a duplicata, não poderá emitir outro título, como a letra de câmbio, devido à vedação estabelecida ao vendedor de não poder sacar outro título que não seja a duplicata (LD, art. 2º, *caput*).

Por sua vez, a compra e venda mercantil pode ser paga por cheque ou nota promissória; porém, o sacador (emissor) do título é o comprador, não o vendedor (como na duplicata).

A lei não permite que uma duplicata represente mais de uma nota fiscal-fatura (LD, art. 2º, § 2º). Mas, se for o caso de venda parcelada, pode-se emitir uma única duplicata com a discriminação de todos os vencimentos, ou pode-se emitir uma série de duplicatas, cada uma para um vencimento, mas com a mesma numeração sequencial, que será distinguida pelo acréscimo de uma letra do alfabeto ou um dígito numérico (LD, art. 2º, § 3º).

O envio da duplicata poderá ser feito diretamente pelo vendedor ao comprador no local de seu estabelecimento; bem como poderá ser realizado por seus representantes ou via instituições financeiras que se incumbam de apresentá-la. Neste caso, os intermediários poderão devolver a duplicata, depois de aceita, ou conservá-la em seu poder até o momento do resgate (pagamento), segundo as instruções de quem lhes cometeu o encargo (Lei n. 5.474/68, art. 6º, *caput*).

A partir da emissão, o prazo para remessa da duplicata ao comprador será de 30 dias. Sendo a remessa por representantes ou instituições financeiras, contados a partir do recebimento por estes, o título deverá ser apresentado ao comprador no prazo de 10 dias (Lei n. 5.474/68, art. 6º, §§ 1º e 2º).

O aceite na duplicata é obrigatório: ela deve ser enviada pelo vendedor ao comprador para que este faça o aceite. No entanto, na prática, os vendedores acabam por enviar juntamente com a nota fiscal-fatura um boleto para quitação via bancária, não cumprindo, assim, a duplicata seu trâmite normal e burocrático previsto, inicialmente, pela lei.

Mas, de acordo com a lei, na duplicata, a regra é a de que o comprador realize o aceite; no entanto, ele somente pode se **recusar** caso: haja alguma irregularidade com as mercadorias (vícios, defeitos ou diferenças na qualidade ou na quantidade); ocorra divergência nos prazos ou preços ajustados; ou não tenha recebido as mercadorias (LD, art. 8º).

Tendo a duplicata o vencimento a prazo, ela deverá ser devolvida pelo comprador ao apresentante dentro do prazo de 10 dias, contado da data de sua apresentação, devidamente aceita ou acompanhada de declaração, por escrito, contendo as razões da falta do aceite (Lei n. 5.474/68, art. 7º, *caput*).

Se houver concordância expressa da instituição financeira cobradora, o sacado poderá reter a duplicata em seu poder até a data do vencimento. Para tanto será preciso comunicar, por escrito, à instituição apresentante a ocorrência da aceitação e retenção do título. Este comunicado substitui, quando necessário, a respectiva duplicata para efeito de seu protesto e/ou sua execução judicial (Lei n. 5.474/68, art. 7º, §§ 1º e 2º).

Assim, o aceite pode ser **ordinário**: se dá pela assinatura do aceitante (comprador) no título; **por comunicação**: quando o comprador retém o título, mas efetua uma comunicação avisando; **por presunção**: quando não há causa para recusa do aceite, e, nesse caso, o comprador assina o canhoto da nota fiscal-fatura referente ao recebimento das mercadorias[43].

---

[43] Sobre a prova quanto à entrega das mercadorias: Civil e Comercial. Apelação Cível. Declaratória de inexigibilidade de título de crédito. Duplicata. Alegação consubstanciada na inexistência de causa subjacente. Suposta ausência de entrega da mercadoria. Nota fiscal. Assinatura não reconhecida. Saque indevido. É de se declarar a inexigibilidade da duplicata se não há prova satisfatória nos autos da efetiva entrega das mercadorias; ônus que competia ao réu. Apelação cível não provida (AC 7318898-PR, 0731889-8, TJPR, 15ª Câmara Cível, rel. Jucimar Novochadlo, *DJ* 2-2-2011).

Contudo, como veremos no item sobre a duplicata virtual, a dinâmica empresarial, influenciada pelo desenvolvimento da informática, implicou grandes alterações na prática e no uso da duplicata em relação ao que prevê a sua lei.

Já o **protesto** da duplicata pode ocorrer pela falta de pagamento, falta de devolução do título ou pela falta de aceite (LD, art. 13, *caput*). O credor que não efetuar o protesto no prazo de **30 dias** do vencimento perde o direito de regresso contra os coobrigados – endossantes e avalistas (LD, art. 13, § 4º). É importante destacar que a Lei de Protesto menciona que não cabe ao Tabelião o exame de datas do título, existindo, dessa forma, um conflito aparente de normas.

Como regra, para o protesto, é necessário o título de crédito original. Mas, no caso de duplicata, se o comprador não devolveu o título, poderá se fazer o **protesto por indicação** (LD, art. 13, § 1º, c/c o art. 14; Lei n. 9.492/97, art. 8º).

Protesto por indicação significa que o cartório efetuará o protesto com base nas indicações/informações fornecidas pelo credor, por exemplo, pelo canhoto de recebimento das mercadorias assinado, além de outros elementos constantes da nota fiscal-fatura, situação em que é dispensada a apresentação do título (exceção ao princípio da cartularidade).

Em casos de perda ou extravio da duplicata, o vendedor é obrigado a emitir uma triplicata, ou seja, uma cópia, uma segunda via da duplicata, que terá idênticos efeitos e requisitos (LD, art. 23). A emissão da triplicata é baseada na escrituração, sendo a triplicata a segunda via da duplicata, por ter esta sido extraviada ou não aceita.

O Livro de Registro de Duplicatas era um livro obrigatório para o empresário que emitia duplicatas, pois nele eram escrituradas as duplicatas (LD, art. 19). O art. 9º da Lei n. 13.775/2018 tornou sem efeito o previsto no art. 19 da Lei n. 5.474/68, o qual obrigava o vendedor a escriturar o **Livro de Registro de Duplicatas**. Assim, os lançamentos da duplicata eletrônica (emitida na forma escritural) no sistema eletrônico substituem o referido livro.

Quanto à **execução judicial** da duplicata ou triplicata "aceita", protestada ou não, a petição deve ser instruída com o título (LD, art. 15, I). Porém, para a execução judicial de "duplicata sem aceite" ou "duplicata não devolvida", será necessária a prova do protesto juntamente com o comprovante de entrega da mercadoria ou prestação de serviço a fim de instruir a petição (LD, art. 15, II). A alínea *b* do inc. II do art. 15 da Lei n. 5.474/68 foi alterada pela Lei n. 14.301/2022 para prever que, o documento hábil comprobatório, da entrega e do recebimento da mercadoria, pode ser por meio **digital** (eletrônico).

O **prazo prescricional** da duplicata é de 3 anos contra o sacado e seu avalista e de *1* ano contra os demais coobrigados (LD, art. 18).

Cabe ainda salientar que a duplicata é um título de crédito causal, pois apenas pode ser emitida nas hipóteses previstas na lei. É um título vinculado em razão da padronização estabelecida pelo Banco Central do Brasil, via Resolução Bacen n. 102/68, em cumprimento ao disposto no art. 27 da LD.

3.4.2. Requisitos

Os requisitos da duplicata são os seguintes (LD, art. 2º, § 1º):

1) expressão "duplicata";
2) valor;
3) vencimento;

4) número da nota fiscal-fatura;
5) nome e domicílio do comprador e do vendedor;
6) assinatura do emitente;
7) cláusula à ordem etc.

Destaca-se ainda que a cláusula "não à ordem" só pode ser inserida por ocasião de endosso.

3.4.3. Duplicata virtual. Boleto bancário

Inicialmente vale expressar que embora a palavra "virtual", muitas vezes, seja empregada como sinônima de digital ou eletrônica, ela tem o sentido de "algo possível/factível; que possa vir a existir, acontecer ou praticar-se". Então, a duplicata virtual é aquela que poderia ser emitida em suporte físico, como o papel.

Há tempos, a duplicata desprendeu-se das regras ordinárias previstas em sua norma em razão da realidade negocial, assumindo uma dinâmica influenciada pelo desenvolvimento da informática. Esse fato, em grande medida, acabou levando a duplicata a ser desmaterializada, transformando-se em simples registros eletromagnéticos, os quais passaram a ser transmitidos pelos empresários a instituições financeiras[44], quando da realização de operações de desconto bancário.

Fernando Netto Boiteux afirma que os empresários deixaram de emitir duplicatas em papel e passaram a emitir uma relação das duplicatas lançadas por meio eletrônico. Essa relação é conhecida como borderô, do qual constam os números das duplicatas, correspondendo tais números aos das respectivas notas fiscais-faturas. O borderô é remetido ao banco por via eletrônica (atualmente via internet, no passado por outros veículos como o disquete). Assim, o banco emite e encaminha aos sacados (devedores), para que efetuem o pagamento na rede bancária, um documento de cobrança (**boleto bancário**) com os dados dos sacadores. Se determinado boleto deixar de ser pago, o banco comunica-se com o Tabelionato de Protesto também por via eletrônica e envia a indicação dos dados do título, em vez do próprio título impresso em papel ou o seu respectivo boleto bancário, para efetuar o protesto. O comprovante da entrega da mercadoria ou prestação de serviços é substituído por uma declaração do sacador de que tal documento encontra-se em sua posse, a fim de exonerar o banco de responsabilidade[45].

A transferência dos créditos para o banco denomina-se desconto bancário, que consiste na operação de recebimento antecipado dos valores de títulos de créditos não vencidos, o que é muito utilizado pelos empresários que vendem a crédito. A antecipação dos valores é feita por um banco, para o qual o comerciante transferiu os créditos. A princípio, a transmissão dos créditos deveria ser efetivada por endosso (ou excepcionalmente por cessão de crédito), mas a informática acabou por alterar essa formalidade.

Na operação de desconto, os valores antecipados dos títulos de crédito ficam sujeitos a um deságio, a fim de remunerar a instituição financeira por ter antecipado o valor; pelos seus

---

[44] Nesse sentido, Newton De Lucca. *A cambial-extrato.* São Paulo, RT, 1985. p. 23 e s.

[45] Fernando Netto Boiteux. *Títulos de crédito* (em conformidade com o novo Código Civil). São Paulo: Dialética, 2002. p. 50-51.

custos de cobrança; e pelo risco de inadimplência assumido. Teoricamente, o risco poderá ser total quando não tiver direito de regresso contra quem lhe transmitiu o título, ou devolvê-lo; ou parcial, quando isso for possível. O risco vai influir na taxa de juros cobrada na operação.

Ao tempo do vencimento, o banco promove a cobrança do crédito mediante a expedição de **boleto bancário**, que não se trata de um título de crédito, mas sim um aviso de cobrança ao devedor que tem a facilidade de permitir sua quitação por meio da rede bancária física, caixas eletrônicos ou pela internet.

Nesse caso, sendo "virtual" (que pode vir a existir ou a ser emitida), a duplicata em si apenas vai surgir quando houver inadimplemento do devedor. Na grande maioria das vezes há o adimplemento da obrigação, assim a duplicata tem a potencialidade de ser emitida, por isso a designação de **duplicata virtual**[46]. Isso porque é um título cuja emissão é feita pelo credor.

Vale destacar que a emissão e o pagamento de boletos bancários tornaram-se uma prática corriqueira no comércio, ou seja, usos e costumes. Usos e costumes são práticas continuadas de determinados atos pelos agentes econômicos que são aceitas pelos empresários como regras obrigatórias. Eles vigoram quando a lei não possui normas expressas para regular o assunto.

No âmbito do STJ, em voto proferido como relatora do Recurso Especial n. 1.024.691/PR, após citar o artigo já referido de Paulo Salvador Frontini, a Ministra Nancy Andrighi expressou:

> Ementa: EXECUÇÃO DE TÍTULO EXTRAJUDICIAL. **DUPLICATA VIRTUAL**. PROTESTO POR INDICAÇÃO. **BOLETO BANCÁRIO** ACOMPANHADO DO COMPROVANTE DE RECEBIMENTO DAS MERCADORIAS. DESNECESSIDADE DE EXIBIÇÃO JUDICIAL DO TÍTULO DE CRÉDITO ORIGINAL. (...) 2. Os **boletos de cobrança bancária** vinculados ao título virtual, devidamente acompanhados dos instrumentos de protesto por indicação e dos comprovantes de entrega da mercadoria ou da prestação dos serviços, suprem a ausência física do título cambiário eletrônico e constituem, em princípio, títulos executivos extrajudiciais. 3. Recurso especial a que se nega provimento.
>
> Trecho do voto da Relatora: (...) "Os usos e costumes desempenham uma relevante função na demarcação do Direito Comercial. Atualmente, os hábitos mercantis não exigem a concretização das duplicatas, ou seja, a apresentação da cártula impressa em papel e seu encaminhamento ao sacado. É fundamental, portanto, considerar essa peculiaridade para a análise deste recurso especial, a fim de que seja alcançada solução capaz de adaptar a jurisprudência à realidade produzida pela introdução da informática na praxe mercantil – sem, contudo, desprezar os princípios gerais de Direito ou violar alguma prerrogativa das partes. É importante ter em vista, ainda, que a má interpretação da legislação aplicável às transações comerciais pode ser um sério obstáculo à agilidade negocial, de maneira a tornar a posição do Brasil no competitivo mercado internacional cada vez mais desvantajosa" (STJ, REsp 1.024.691/PR, 3ª Turma, rel. Min. Nancy Andrighi, *DJe* 12-4-2011).

Contudo, entendemos que a duplicata virtual é uma realidade amparada pelo ordenamento jurídico, pois, como analisado, o aceite não precisa ser necessariamente realizado no

---

[46] Paulo Salvador Frontini. Títulos de crédito e títulos circulatórios: que futuro a informática lhes reserva? Rol e funções à vista de sua crescente desmaterialização. São Paulo, RT, p. 60.

próprio título; o protesto pode ser feito eletronicamente por meio de indicação; e a legislação admite a execução de duplicata não aceita, desde que protestada, acompanhada do comprovante de entrega do produto (ou prestação de serviço) e sem que tenha havido recusa de aceite pelo sacado.

3.4.3.1. Duplicata eletrônica (escritural)

Sem prejuízo do que foi visto no item da duplicata virtual e boleto bancário, há anos a emissão convencional da duplicata em papel para posterior "coleta" do aceite do devedor, no corpo do próprio título, sofreu alterações na prática empresarial. Visando dinamizar o uso deste título, os agentes econômicos – em boa medida – foram deixando de emitir concretamente em papel a duplicata para apenas torná-la um documento escritural.

Então, fruto dos usos e costumes mercantis, o legislador – ainda que tardiamente – pretende disciplinar a temática da duplicata emitida sob a forma escritural, que vulgarmente é denominada **duplicata eletrônica**.

Inicialmente, é preciso ter claro que a duplicata eletrônica (ou escritural) não se trata de outra espécie de duplicata (como as duplicatas de prestação de serviço e rural) nem mesmo de novo título de crédito. Cuida-se apenas de outro formato para a duplicata – mercantil ou de prestação de serviço – que é registrada em banco de dados ao invés de ser emitida em papel; ou seja, é emitida sob a forma escritural. **Escriturar** significa "anotar de maneira organizada"; logo, as informações das duplicatas ficam registradas (escrituradas) num banco de dados eletrônico, abstraindo disso a expressão duplicata escritural ou eletrônica.

Embora haja uma aproximação em seus efeitos, no plano conceitual é preciso reforçar que duplicata eletrônica não é – necessariamente – o mesmo que duplicata **virtual**. Isso pois, como visto em outro item, a duplicata virtual tem o sentido de algo possível (que possa vir a existir ou ser emitida "materialmente"), enquanto a duplicata eletrônica é aquela emitida escrituralmente.

Desse modo, a duplicata escritural passou a ser regulamentada por lei específica. Tendo tramitado e sido aprovada, inicialmente, na Câmara dos Deputados pelo Projeto de Lei (PL) n. 9.327-B/2017, e, posteriormente, no Senado Federal por meio do Projeto de Lei da Câmara (PLC) n. 73/2018, que disciplina a duplicata eletrônica. Tal projeto, ao ser enviado para sanção presidencial, acabou sendo obstado por liminar no Mandato de Segurança n. 36.063, deferida pela Ministra Cármen Lúcia, do STF, tornando sem efeito o ato do presidente do Senado Federal de encaminhamento do referido projeto à Presidência da República. Os deputados impetrantes argumentam que o projeto sofreu emenda de mérito ao ser submetido à votação no Senado o que implicaria em retorno obrigatório à Câmara dos Deputados, à luz do parágrafo único do art. 65 da Constituição. De acordo com a liminar, o projeto de lei deve permanecer no Senado Federal até o julgamento de mérito do processo (ou eventual alteração da decisão). Comunicado da liminar, o Senado optou por retomar a votação do projeto aprovando-o novamente, mas sem a alteração que implicou na ação junto ao STF. Posteriormente, finalmente tivemos a promulgação pelo Presidente da República da **Lei n. 13.775/2018 – Lei da Duplicata Eletrônica (escritural)**.

De acordo com o art. 2º da Lei n. 13.775/2018, a duplicata prevista na Lei n. 5.474/68 pode ser emitida sob a forma escritural. Isto é, a nova lei disciplina a emissão escritural das duplicatas mercantil e de prestação de serviço, mas não trata expressamente da duplicata rural (regida no Decreto-lei n. 167/67).

O art. 2º expressa que a duplicata pode ser emitida escrituralmente "para circulação como efeito comercial". Isto está relacionado, sobretudo, à transferência do crédito, ou seja, quando o credor transfere sua titularidade creditícia (prevista no título) a terceiros, como aos bancos, às empresas faturizadoras etc.

Quanto ao regime jurídico, a lei expressa que, de forma subsidiária, é aplicável a Lei n. 5.474/68 às duplicatas emitidas sob a forma escritural (Lei n. 13.775/2018, art. 12, *caput*).

A emissão da duplicata escritural será feita a partir do lançamento em sistema eletrônico de escrituração gerido por entidades que exerçam a atividade de escrituração de duplicatas escriturais (Lei n. 13.775/2018, art. 3º, *caput*). Esse lançamento no sistema será realizado a pedido do emissor da duplicata – ora vendedor da mercadoria ou prestador do serviço – que pode ou não ser o credor do título, uma vez que o emissor da duplicata tem a faculdade de indicar outro credor (por exemplo, um banco ou uma empresa faturizadora).

Para exercer a atividade de escrituração de duplicatas, essas entidades deverão ser autorizadas por órgão ou entidade da Administração federal, direta ou indireta (Lei n. 13.775/2018, art. 3º, § 1º). Embora a lei não tenha especificado, compreendemos que o Bacen (Banco Central do Brasil) é o órgão com maior legitimidade para fornecer tais autorizações, pois se trata do órgão que regulamenta e fiscaliza a atividade financeira no Brasil. Isso está de acordo com o que prevê o arts. 22 e s. da Lei n. 12.810/2013 (reformada pelas Leis n. 13.476/2017 e 13.506/2017)[47].

---

[47] Lei n. 12.810/2013: "Art. 22. Compete ao **Banco Central do Brasil** [Bacen] e à Comissão de Valores Mobiliários [CVM], no âmbito das respectivas competências: I – autorizar e supervisionar o exercício da atividade de depósito centralizado de **ativos financeiros** e de valores mobiliários; e II – estabelecer as condições para o exercício da atividade prevista no inciso I.

Art. 23. O depósito centralizado, realizado por entidades qualificadas como depositários centrais, compreende a guarda centralizada de ativos financeiros e de valores mobiliários, fungíveis e infungíveis, o controle de sua titularidade efetiva e o tratamento de seus eventos. Parágrafo único. As entidades referidas no *caput* são responsáveis pela integridade dos sistemas por elas mantidos e dos registros correspondentes aos ativos financeiros e valores mobiliários sob sua guarda centralizada.

Art. 24. Para fins do depósito centralizado, os ativos financeiros e valores mobiliários, em forma física ou eletrônica, serão transferidos no regime de titularidade fiduciária para o depositário central. § 1º A constituição e a extinção da titularidade fiduciária em favor do depositário central serão realizadas, inclusive para fins de publicidade e eficácia perante terceiros, exclusivamente com a inclusão e a baixa dos ativos financeiros e valores mobiliários nos controles de titularidade da entidade. § 2º Os registros do emissor ou do escriturador dos ativos financeiros e dos valores mobiliários devem refletir fielmente os controles de titularidade do depositário central. (...)

Art. 26. (...) § 5º Compete ao **Banco Central do Brasil**, no âmbito de suas atribuições legais, monitorar as operações de crédito afetadas pelo disposto neste artigo, com a verificação do nível de redução do custo médio dessas operações, a ser divulgado mensalmente, na forma do regulamento.

Art. 26-A. Compete ao **Conselho Monetário Nacional**: I – disciplinar a exigência de registro ou de depósito centralizado de ativos financeiros e valores mobiliários por instituições financeiras e demais instituições autorizadas a funcionar pelo Banco Central do Brasil, inclusive no que se refere à constituição dos gravames e ônus prevista no art. 26 desta Lei; e II – dispor sobre os ativos financeiros que serão considerados para fins do registro e do depósito centralizado de que trata esta Lei, inclusive no que se

Nos termos do art. 11, *caput*, da Lei n. 13.775/2018, poderá o órgão competente (no caso o Bacen) regulamentar esta norma[48], inclusive quanto à forma e à periodicidade do compartilhamento de registros, à fiscalização da atividade de escrituração de duplicatas escriturais, aos requisitos de funcionamento do sistema eletrônico de escrituração e às condições de emissão, de negociação, de liquidação e de escrituração da duplicata emitida escrituralmente.

A escrituração de duplicatas poderá ser feita por Central Nacional de Registro de Títulos e Documentos, a qual também dependerá de autorização do Bacen. Neste caso, a referida escrituração caberá ao oficial de registro [do Cartório de Títulos e Documentos] do domicílio do emissor da duplicata (Lei n. 13.775/2018, art. 3º, § 2º). Vale ter em conta que o emissor da duplicata não é o devedor, mas sim o vendedor da mercadoria ou prestador do serviço.

De acordo com o art. 4º, a escrituração da duplicata deverá atender aos seguintes requisitos:

A – apresentação, aceite, devolução e formalização da prova do pagamento;

B – controle e transferência da titularidade;

C – prática de atos cambiais sob a forma escritural, tais como endosso e aval;

D – inclusão de indicações, informações ou de declarações referentes à operação com base na qual a duplicata foi emitida ou ao próprio título; e

E – inclusão de informações a respeito de ônus e gravames constituídos sobre as duplicatas.

As comunicações referentes aos atos praticados (aceite ou devolução do título, endosso, aval, pagamento etc.) deverão ser feitas pelo gestor do sistema eletrônico perante o devedor e os outros interessados, como, por exemplo, os avalistas.

O órgão encarregado de autorizar as entidades de escrituração de duplicatas, no caso o Bacen, poderá definir a forma e os procedimentos a serem observados para a realização das referidas comunicações.

A comprovação da entrega e/ou do recebimento das mercadorias ou da prestação de serviço deverá ser realizada em meio eletrônico. Para tanto serão admitidos quaisquer meios de prova, como, por exemplo, o canhoto da nota-fiscal fatura devidamente assinado, digital ou fisicamente. Em caso físico, uma alternativa seria escaneá-lo para inserir a respectiva imagem no sistema eletrônico de escrituração (Lei n. 13.775/2018, art. 4º, § 3º).

---

refere à constituição de gravames e ônus referida no art. 26 desta Lei, em função de sua inserção em operações no âmbito do sistema financeiro nacional. (...)

Art. 28. Compete ainda ao **Banco Central do Brasil** e à Comissão de Valores Mobiliários, no âmbito das respectivas competências: I – **autorizar e supervisionar** o exercício da atividade de registro de ativos financeiros e de valores mobiliários; e II – estabelecer as condições para o exercício da atividade prevista no inciso I. Parágrafo único. O registro de ativos financeiros e de valores mobiliários compreende a escrituração, o armazenamento e a publicidade de informações referentes a transações financeiras, ressalvados os sigilos legais." (grifos nossos)

[48] A propósito, foi editada a **Resolução Bacen n. 339, de 24 de agosto de 2023**, a qual dispõe sobre a atividade de escrituração de duplicata escritural, sobre o sistema eletrônico de escrituração gerido por entidade autorizada a exercer essa atividade e sobre o registro, o depósito centralizado e a negociação desses títulos de crédito escriturais.

A **quitação**, total ou parcial, da duplicata escritural poderá ser feita por quaisquer meios de pagamento existentes no âmbito do Sistema de Pagamentos Brasileiro (SPB)[49], devendo ser anotada no sistema eletrônico expressamente a respectiva identificação da duplicata à que se refere a amortização ou liquidação (Lei n. 13.775/2018, art. 5º). A identificação da duplicata pode ser feita com caracteres alfanuméricos, ou seja, com algarismos e/ou letras.

Qualquer pessoa, física ou jurídica, tem direito a requerer um **extrato** do registro eletrônico da duplicata, sendo obrigação dos gestores dos sistemas (ou depositários centrais) fornecer tal documento/extrato.

Nos termos do art. 6º, § 1º, o extrato deverá conter no mínimo as seguintes informações:

A – a data da emissão e as informações referentes ao sistema eletrônico de escrituração no âmbito do qual a duplicata foi emitida;

B – os elementos necessários à identificação da duplicata (conforme o art. 2º da Lei n. 5.474/68);

C – a cláusula de inegociabilidade;

D – as informações acerca de ônus e gravames;

E – quando for o caso, os endossantes e os avalistas indicados pelo apresentante ou credor como garantidores do cumprimento da obrigação (de acordo com o art. 4º, § 4º, da referida legislação sob comento).

O extrato também pode ser emitido eletronicamente desde que estejam presentes mecanismos que assegurem a autenticidade do documento. Todo extrato emitido deverá ser mantido na forma de arquivo no sistema de escrituração eletrônica de duplicatas. De todo modo, a legislação prevê a gratuidade de acesso a informação, sobre a inadimplência de certo devedor, a qualquer pessoa que a solicitar pela internet (Lei n. 13.775/2018, art. 6º, §§ 2º, 3º e 4º).

O dispositivo mais importante da Lei n. 13.775/2018 é o art. 7º. Isso pois, de nada adiantaria a norma tentar atualizar-se à realidade do uso da tecnologia da informação aos institutos cambiais se não houvesse segurança jurídica, sobretudo quanto à certeza de se poder executar judicialmente a cobrança do crédito. Assim, visando a não deixar quaisquer dúvidas sobre esse aspecto, a norma assevera que a duplicata emitida escrituralmente e/ou o extrato dela são **títulos executivos extrajudiciais**, logo, passíveis de serem cobrados judicialmente de forma sumária, sem a necessidade de processo de conhecimento.

É pertinente destacar que a Lei n. 13.775/2018, por meio do seu art. 10, ocupou-se de asseverar que são **nulas** de pleno direito as cláusulas contratuais que vedam, limitam ou oneram, de forma direta ou indireta, a emissão ou a circulação de duplicatas emitidas em papel ou escrituralmente.

Quanto à **apresentação** da duplicata escritural, ela será realizada por meio eletrônico, respeitados os **prazos** determinados pelo órgão regulador. Não havendo essa fixação de prazo pelo órgão, ele será de 2 dias úteis contados da emissão da duplicata (Lei n. 13.775/2018, art. 12, § 1º).

---

[49]   O Sistema de Pagamentos Brasileiro é regido, entre outras normas, pela Lei n. 10.214/2001.

Títulos de crédito e meios de pagamento 251

O meio eletrônico também pode ser utilizado para a **recusa** pelo devedor da duplicata eletrônica a ele apresentada. A recusa poderá ser feita no prazo, nas condições e pelos motivos previstos nos arts. 7º e 8º da Lei n. 5.474/68[50]. O **aceite** também poderá ser feito eletronicamente, no mesmo prazo acrescido de sua metade (Lei n. 13.775/2018, art. 12, § 2º).

No que diz respeito ao **protesto** da duplicata eletrônica, exceto se as partes convencionarem diversamente com a demonstração da anuência inequívoca do devedor, o local (praça) de pagamento deverá ser o mesmo do domicílio do devedor, conforme a regra geral do Código Civil, arts. 75, § 1º, e 327[51] (Lei n. 13.775/2018, art. 12, § 3º).

Frise-se que, por força do art. 9º da Lei n. 13.775/2018, tornou-se sem efeito o art. 19 da Lei n. 5.474/1968, que obrigava o vendedor a escriturar o **Livro de Registro de Duplicatas**. No fundo, o que assevera o art. 9º da Lei n. 13.775/2018 é o fato de os lançamentos (da duplicata na forma escritural) realizados no sistema eletrônico substituírem o referido livro.

No mais, o art. 8º da Lei n. 13.775/2018 realizou dois ajustes na Lei do Protesto (Lei n. 9.492/97), alterou o art. 8º e incluiu o art. 41-A. Desse modo, os tabeliães de protesto deverão manter: uma central nacional de serviços eletrônicos compartilhados de emissão de duplicata escritural, recepção e distribuição de títulos e documentos escriturais para protesto; e a possibilidade de consulta gratuita sobre devedores e protestos realizados.

Contudo, uma vez concretizada tais alterações à Lei do Protesto, ficará autorizada, expressa e a legalmente, a possibilidade da recepção para protesto de extratos de títulos e documentos de dívida.

3.4.4. Duplicata de prestação de serviços

É possível a duplicata de prestação de serviços, uma vez que os prestadores de serviços podem emitir fatura e duplicata de prestação de serviços (LD, art. 20). É o caso, por exemplo, de uma lavanderia que presta serviços a um hotel.

---

[50] Lei n. 5.474/68: "Art. 7º A duplicata, quando não for à vista, deverá ser devolvida pelo comprador ao apresentante dentro do **prazo de 10 (dez) dias**, contado da data de sua apresentação, devidamente assinada ou acompanhada de declaração, por escrito, contendo as razões da falta do aceite. § 1º Havendo expressa concordância da instituição financeira cobradora, o sacado poderá reter a duplicata em seu poder até a data do vencimento, desde que comunique, por escrito, à apresentante o aceite e a retenção. § 2º A comunicação de que trata o parágrafo anterior substituirá, quando necessário, no ato do protesto ou na execução judicial, a duplicata a que se refere.

Art. 8º O comprador só poderá deixar de aceitar a duplicata por **motivo** de: I – avaria ou não recebimento das mercadorias, quando não expedidas ou não entregues por sua conta e risco; II – vícios, defeitos e diferenças na qualidade ou na quantidade das mercadorias, devidamente comprovados; III – divergência nos prazos ou nos preços ajustados." (grifos nossos)

[51] Código Civil: "Art. 75. Quanto às pessoas jurídicas, o **domicílio** é: (...) § 1º Tendo a pessoa jurídica diversos estabelecimentos em lugares diferentes, cada um deles será considerado domicílio para os atos nele praticados."

"Art. 327. Efetuar-se-á o **pagamento** no domicílio do devedor, salvo se as partes convencionarem diversamente, ou se o contrário resultar da lei, da natureza da obrigação ou das circunstâncias. Parágrafo único. Designados dois ou mais lugares, cabe ao credor escolher entre eles." (grifos nossos)

De acordo com a nova redação do art. 20, alterada pela Lei n. 14.206/2021, as empresas, individuais ou coletivas, fundações ou sociedades civis [sociedades simples] que se dediquem à prestação de serviços poderão emitir a duplicata de serviços. O mesmo vale para o Transportador Autônomo de Cargas (TAC).

A duplicata de prestação de serviços, no que couber, segue o mesmo regime jurídico da duplicata mercantil, como, por exemplo, quanto a aceite, protesto, execução etc.

3.4.5. Duplicata rural

A duplicata rural pode ser emitida em situações de vendas a prazo de bens de natureza agrícola, extrativa ou pastoril. É cabível somente nas vendas realizadas diretamente por produtores ou por suas cooperativas (Decreto-lei n. 167/67, art. 46).

3.4.6. Duplicata simulada

A duplicata simulada é um tipo penal, pois configura-se crime emitir duplicata que não corresponda à mercadoria vendida, em quantidade ou qualidade, ou ao serviço prestado (Código Penal, art. 172).

3.4.7. Modelos de duplicata

DUPLICATA RURAL

N. ....

Vencimento: ....

Valor: ....

Sr. ...., estabelecido em .... deve
a ...., estabelecido em .... a importância de .... valor da compra dos seguintes bens:

....

Local e data:

_____

Assinatura do vendedor

Reconheço(emos) a exatidão desta duplicata rural, na importância acima, que pagarei(emos)
a .... ou à sua ordem, na praça de ....

Local e data:

_____

Assinatura do comprador

3.5. LETRA DE CÂMBIO

Letra de câmbio é uma ordem de pagamento que o **sacador** dirige ao **sacado** para que este pague a importância firmada a um terceiro denominado **tomador**.

A fim de melhor compreender o instituto, vale expressar que a palavra "letra" vem do francês *lettre*, que pode ser traduzido como letra ou carta; câmbio quer dizer troca. Na sua acepção original, um título a ser trocado por dinheiro.

A letra de câmbio foi criada pelos mercadores na Idade Média, século XI, com o objetivo de evitar que esses carregassem os recursos financeiros durante suas viagens, correndo riscos com assaltos.

Os mercadores vendiam suas mercadorias em outras cidades e, em vez de dinheiro, recebiam os títulos para serem trocados posteriormente, em suas cidades de origem, pela correspondente quantia pecuniária.

Como já explicitado, pela evolução da letra de câmbio surgiu o cheque, no entanto, trata-se de títulos que, apesar de semelhantes, especialmente por serem ambos ordem de pagamento, guardam certas peculiaridades, em particular pelo fato de o cheque não admitir aceite e ter a figura indispensável do banco como sacado.

3.5.1. Regime jurídico

A principal legislação aplicável à letra de câmbio é o Decreto n. 57.663/66, mas o Decreto n. 2.044/1908 ainda tem alguns dispositivos em vigor, que não foram revogados, aplicando-se à letra de câmbio.

No Brasil, a letra de câmbio já estava prevista no Código Comercial de 1850. Depois essas disposições foram revogadas pelo Decreto n. 2.044/1908 (que também em parte foi revogado). Posteriormente, o Brasil assinou a Convenção de Genebra de 1930 e, em 1966, transformou seus termos em legislação interna por meio do Decreto n. 57.663/66 – Lei Uniforme –, que trata sobre a letra de câmbio e a nota promissória.

Todos os institutos do Direito Cambiário, tratados anteriormente como saque, aceite, aval, endosso, vencimento, pagamento, protesto, ação cambial, prescrição etc. são possíveis na letra de câmbio, inclusive porque foram estruturados a partir da letra de câmbio e foram disciplinados legalmente na Lei da Letra de Câmbio – Decreto n. 57.663/66.

3.5.2. Requisitos

Os requisitos da letra de câmbio estão previstos no Decreto n. 2.044/1908 e no Decreto n. 57.663/66 cumulativamente.

No Decreto n. 2.044/1908 constam os seguintes requisitos:

I – a denominação "letra de câmbio";

II – a quantia em dinheiro e a espécie da moeda;

III – o nome da pessoa que deve pagá-la (sacado);

IV – o nome da pessoa a quem deve ser paga (beneficiário);

V – assinatura de próprio punho do sacador (ou mandatário especial).

Por sua vez, no Decreto n. 57.663/66 estão:

VI – a data do saque;

VII – o lugar onde é sacada.

A "época do pagamento" (vencimento) e o "lugar do pagamento" (local) não são requisitos essenciais, conforme o art. 1º, alíneas 4 e 7, da Lei Uniforme.

Os requisitos anteriores são tidos como **especiais**, pois também existem os requisitos **gerais**, ou seja, aqueles que são comuns a todas as obrigações, principalmente o agente capaz e objeto lícito; que devem ser observados também no título de crédito.

3.5.3. Modelos de letra de câmbio

N._____ Vencimento_____ de_____ de_____ | Valor |

No vencimento pagará(ão) V.Sa(s) por esta única via de Letra de Câmbio, à _____

ou à sua ordem a importância de

Na praça de _____
a apresentação desta cambial poderá ser feita até _____ meses da data do saque

Aceitante(s)

Endereço:

Cidade: / Estado:

Documentos: / Local e Data do Saque

CPF/CNPJ.

Outros Doc.

LETRA DE CÂMBIO (texto vertical)
Aceito(amos) (texto vertical)

LETRA DE CÂMBIO

N. 04

Valor: R$ 2.660,70

Vencimento: 20 de outubro de 2018

No competente vencimento pagará a quantia de ***dois mil seiscentos e sessenta reais e setenta centavos,*** por esta única via de Letra de Câmbio, ao beneficiário MÁRIO MARTA, RG 00.014.003-6, CPF 000.000.000-29, ou à sua ordem, na praça da cidade de São Paulo/SP, em moeda corrente deste país.

Emissão em São Paulo, 20 de outubro de 2018.

_____   (aceite)_____

Emitente: Aceitante:

RG: RG:

CPF: CPF:

End.:   End.:

_____

Avalista

RG:

CPF:

End.:

3.6. NOTA PROMISSÓRIA

A nota promissória é título de crédito consistente em uma promessa de pagamento, de determinado valor, emitida pelo devedor ao credor.

Nota significa título (ou documento) e **promissória** está relacionada à promessa. Assim, trata-se de uma promessa escrita, ou melhor, uma promessa formalizada em um título, cujo emissor assume um compromisso em favor do credor, isto é, confessa que é devedor e promete pagar.

Nesse título de crédito, o devedor é a mesma pessoa que se comprometeu a pagar, diferentemente do que ocorre em uma ordem de pagamento, como letra de câmbio, em que o emissor dá ordem para que o sacado efetue o pagamento ao beneficiário, surgindo desse fato a figura do aceite do sacado como uma concordância à sua obrigação de pagar (como será visto adiante, não cabe aceite na nota promissória).

O devedor de nota promissória também é denominado emitente ou subscritor. Credor, por sua vez, é chamado beneficiário.

3.6.1. Regime jurídico

Com relação à legislação aplicável à nota promissória, é a mesma norma da letra de câmbio, ou seja, a Lei Uniforme – Decreto n. 57.663/66 –, a partir do seu art. 75, fundamentalmente. Entretanto, como já citado, o Decreto n. 2.044/1908 ainda possui alguns dispositivos em vigor, aplicando-se também à nota promissória, no que couber.

No que se refere ao aval, endosso, vencimento, pagamento, protesto, execução e prescrição, valem em geral as mesmas regras da letra de câmbio (LU, art. 77).

Mas existem exceções, pois contrariam as características da nota promissória. Por exemplo, o aceite é incompatível com a natureza de um título considerado promessa de pagamento, e assim, não é cabível à nota promissória.

O principal devedor da nota promissória é o sacador, diferentemente da letra de câmbio, em que o principal devedor é o sacado. Isso ocorre porque na nota promissória só há duas figuras (devedor e credor), e, de certa forma, o sacador é ao mesmo tempo sacado, pois é o emissor do título, e o responsável pelo pagamento.

As informações da nota promissória podem ser preenchidas pelo credor, sendo indispensável, no momento da emissão, apenas a assinatura do devedor (sobre os seus dados que o qualificam como tal).

A Súmula 387 do STF menciona esse assunto: "A cambial emitida ou aceita com omissões, ou em branco, pode ser completada pelo credor de boa-fé antes da cobrança ou do protesto".

Da mesma forma que a Súmula, dispõe o art. 891, *caput*, do Código Civil: "O título de crédito, incompleto ao tempo da emissão, deve ser preenchido de conformidade com os ajustes realizados".

Nesses casos, o mais adequado é que a nota promissória esteja vinculada a um contrato escrito, a fim de se comprovar quais elementos foram estabelecidos pelas partes para o preenchimento.

No entanto, isso pode ser muito perigoso, uma vez que o credor pode preencher em desconformidade com o que foi ajustado entre as partes. Ocorrendo esse fato, e o título ter-

Títulos de crédito e meios de pagamento   257

minar circulando para um portador de boa-fé, caberá ao devedor honrar o seu pagamento, tendo direito de regresso contra quem agiu de má-fé (CC, art. 891, parágrafo único).

Em outras palavras, se o credor originário ou outros endossantes preencherem o título de forma diversa do combinado, o devedor deverá honrar esses termos, cabendo apenas ação regressiva contra o infrator.

Nesses termos, o ideal é que o título seja preenchido com todos os seus dados já na ocasião de sua emissão, oferecendo maior segurança, principalmente, ao devedor.

3.6.2. Requisitos

Quanto aos requisitos da nota promissória, existem aqueles que são **obrigatórios** e outros **facultativos**. Ambos estão previstos, respectivamente, nos arts. 75 e 76 da Lei Uniforme:

Requisitos obrigatórios:

I – expressão "nota promissória";

II – nome do beneficiário (não pode ser ao portador; mas pode ser transformado ao portador por um endosso em branco[52]);

III – assinatura do emitente ou mandatário especial;

IV – quantia;

V – data e lugar do saque/emissão (importante para fins de prescrição e local de pagamento se não houver requisitos facultativos).

Requisitos facultativos:

I – lugar do pagamento (se estiver em branco, o local de pagamento pode ser considerado tanto o domicílio do devedor como o lugar em que a nota foi emitida);

II – vencimento: pode ser "à vista", "a prazo" ou "a certo termo de vista" (se estiver em branco o vencimento será à vista).

Ressalta-se que no vencimento a certo termo de vista o prazo começa a contar do visto do subscritor (LU, art. 78). Nessa hipótese, o título deve ser apresentado ao emitente para ser vistado no prazo de um ano (LU, art. 23).

Faltando os requisitos obrigatórios, o título não produzirá os efeitos de nota promissória (LU, art. 76) e, assim, não será um título executivo extrajudicial[53].

Para evitar problemas na circulação do mesmo título para diversas pessoas, a emissão da nota promissória deve ser em uma única via[54].

---

[52] No mesmo sentido, Gladston Mamede. *Direito empresarial brasileiro*: títulos de crédito. 2. ed. São Paulo: Atlas, 2005. v. 3, p. 240.

[53] Nesse sentido: Direito Cambial e Processual Civil. Nota promissória. Descumprimento de requisitos essenciais. Descaracterização como título executivo. A ausência de requisitos essenciais (no caso, nome do sacador, local do pagamento e data de emissão) descaracteriza a nota promissória como título executivo. (...) (AgRg no Ag 1.281.346/ES, STJ, 3ª Turma, rel. Min. Sidnei Beneti, *DJe* 31-3-2011).

[54] Gladston Mamede. *Direito empresarial brasileiro*: títulos de crédito. p. 239-240.

3.6.3. Modelos de nota promissória

Frente:

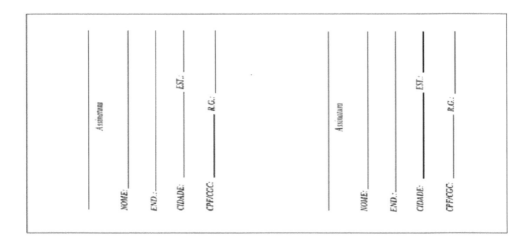

Verso:

NOTA PROMISSÓRIA

N. 01/34
Valor: R$ 7.660,70
Vencimento: 05 de outubro de 2018

Ao quinto dia do mês de abril do ano de dois mil e quatorze pagarei(mos), por esta única via de nota promissória, a CAETANO DE CAMPOS, RG 00.000.000-0, CPF 000.000.000-00, ou à sua ordem, na praça da cidade de São Paulo/SP, a quantia de sete mil seiscentos e sessenta reais e setenta centavos, em moeda corrente deste país.

Emissão em São Paulo, 05 de fevereiro de 2018.

_____

MATTOS FONTES – emitente – "sem despesa"
RG:
CPF:

End.: Rua Prof. Freitas, 88 – ap. 44
São Paulo/SP – CEP: 02212-050

_____

MARÍLIO MENDES – emitente – "sem despesa"
RG:
CPF:

End.: Rua Dr. Pereira, n. 50 ap. 05 bl. C
São Paulo/SP – CEP: 05510-540

_____

XXXXX LTDA. – avalista/"Por aval" – "sem despesa"
CNPJ: 00.000.000/0001-29 – representada pelos sócios Mattos Fontes e Marílio Mendes
End.: Praça da Madeira, 21 – cj. 605 – São Paulo/SP – CEP: 00001-001

3.7. OUTROS TÍTULOS DE CRÉDITO

Além dos títulos de crédito já estudados (cheque, duplicata, letra de câmbio e nota promissória) existem outros que são utilizados nas mais variadas operações e estão previstos em várias normas. Neste livro serão estudados os principais títulos de crédito, que para nosso objetivo possuem maior relevância.

Ao abordarem este tema, alguns doutrinadores os denominam "títulos de crédito impróprios", por entenderem que não podem ser considerados títulos de crédito, uma vez que a estes não são aplicáveis, em medida substancial, os institutos e o regime jurídico do Direito Cambiário[55].

___

[55] Como faz Fábio Ulhoa Coelho. *Manual de direito comercial*: direito de empresa. p. 299.

3.7.1. Conhecimento de depósito e *warrant*

Os "títulos representativos" são aqueles que representam mercadorias custodiadas, ou seja, mercadorias guardadas por alguém. Dessa forma, não representam valores pecuniários (em dinheiro), como os títulos de crédito já estudados.

Em geral, os títulos representativos podem ser negociados, inclusive por meio de endosso, podendo ser citados o conhecimento de depósito, o *warrant* e o conhecimento de frete.

Conhecimento de depósito é um título emitido pelo armazém-geral e representa a propriedade da mercadoria ali depositada. Esse título representa mercadorias paradas/estacionadas, não em trânsito como o conhecimento de transporte.

Trata-se de um título ao portador conferindo-lhe a faculdade de dispor da mercadoria e está previsto no Decreto n. 1.102/1903, arts. 15 e s.

Warrant é um título que representa uma garantia de penhor sobre as mesmas mercadorias depositadas no armazém-geral (em razão do conhecimento de depósito), sendo emitido em conjunto com o conhecimento de depósito. O *warrant* serve, por exemplo, para ser dado como garantia em um financiamento, ficando a mercadoria depositada no armazém, porém empenhada em favor daquele que concedeu o financiamento. O *warrant* tem tipificação legal também no Decreto n. 1.102/1903, arts. 15 e s.

Os dois títulos, conhecimento de depósito e *warrant*, circulam conjuntamente, sendo transferidos por endosso. Eles até podem circular separados, mas a regra é que devem ser apresentados juntos para a liberação da mercadoria (salvo exceções previstas no Decreto n. 1.102/1903)[56].

O conhecimento de depósito precisa mencionar a existência do *warrant*, sendo que, na prática, quando estes títulos circulavam separadamente, o endossatário (credor) do conhecimento de depósito, via de regra, precisaria depositar no armazém a quantia equivalente a mercadoria para fins de manter a garantia (normalmente dada em favor de uma instituição financeira pelo endosso do *warrant*). Como nem sempre isso acontecia, o que prejudicava a satisfação do credor da garantia, os bancos passaram a exigir em seu favor o endosso de ambos os títulos.

3.7.2. Certificado de depósito agropecuário (CDA) e *warrant* agropecuário (WA)

Certificado de depósito agropecuário – CDA – é o título de crédito representativo de promessa de entrega de produtos agropecuários, seus derivados, subprodutos e resíduos de valor econômico, depositados em armazéns destinados à atividade de guarda e conservação de produtos agropecuários (Lei n. 11.076/2004, art. 1º, § 1º, c/c Lei n. 9.973/2000, art. 2º).

Já o *warrant* agropecuário – WA – é o título de crédito representativo de promessa de pagamento em dinheiro que confere direito de penhor sobre o CDA correspondente, assim como sobre o produto nele descrito (Lei n. 11.076/2004, art. 1º, § 2º).

O CDA e o WA são títulos unidos, emitidos simultaneamente pelo depositário, a pedido do depositante, podendo ser transmitidos, unidos ou separadamente, mediante endosso (Lei n. 11.076/2004, art. 1º, § 3º).

---

[56] A seguir, uma decisão sobre *warrant* e conhecimento de depósito: Ação de depósito. Armazém-geral. Preliminar de cerceamento de defesa – rejeitada. Alegada inexistência de contrato de depósito. Títulos de *warrant* e conhecimento de depósito que representam a mercadoria depositada. Cabimento da ação de depósito. Bens fungíveis. Soja. Possibilidade. Produtos agrícolas guardados em armazém-geral. Honorários fixados com base no valor atribuído à causa. Mantidos. Recurso não provido (AC 16.200, MS 2007.016200-2, TJMS, 2ª Turma Cível, rel. Des. Luiz Carlos Santini, publ. em 22-8-2007).

A Lei n. 13.097/2015 deu nova redação do art. 49 da Lei n. 11.076/2004, para expressar que compete ao Conselho Monetário Nacional regulamentar as disposições da Lei n. 11.076/2004, sobretudo quanto ao CDA e ao WA. Também, ao órgão é facultado estabelecer prazos mínimos e outras condições para emissão e resgate e diferenciar tais condições de acordo com o tipo de indexador adotado contratualmente.

Vale destacar que a Lei n. 13.986/2020 promoveu uma série de alterações à Lei n. 11.076/2004, sendo que de acordo com a nova redação do art. 3º desta lei o CDA e o WA poderão ser emitidos sob a forma cartular ou escritural (eletrônica).

Na prática, a emissão na forma escritural do CDA e do WA ocorrerá por meio do lançamento em sistema eletrônico de escrituração. Esse sistema será gerido por entidade autorizada pelo Bacen para exercer essa atividade de escrituração, que por sua vez também é objeto de regulamentação do Bacen.

Quando o CDA e o WA forem emitidos em papel (forma cartular), eles assumirão a forma escritural (eletrônica) enquanto permanecerem depositados em depositário central.

Compreendemos que, pela vigência da Lei n. 9.973/2000 (que institui regras específicas para armazenagem de produtos agropecuários) e da Lei n. 11.076/2004 (que dispõe sobre o certificado de depósito agropecuário e *warrant* agropecuário), o conhecimento de depósito e o *warrant*, previstos no Decreto n. 1.102/1903 (cujo escopo é instituir regras para empresas de armazéns-gerais), ficaram com seu campo de utilização bem restrito, haja vista que se a mercadoria depositada tiver relação com produtos agrícolas ou pecuários os títulos a serem emitidos serão o certificado de depósito agropecuário e o *warrant* agropecuário. Assim, por não haver revogação expressa do Decreto n. 1.102/1903, excepcionalmente, o conhecimento de depósito e o *warrant* poderiam ser emitidos por armazéns-gerais que operam com bens não relacionados à agropecuária, como, por exemplo, certo tipo de maquinário.

3.7.3. Conhecimento de transporte/frete/carga

Conhecimento de transporte (também chamado de *conhecimento de frete* ou *de carga*) é um título que representa mercadorias a serem transportadas. É emitido pela transportadora ao receber a mercadoria a ser transportada, com a obrigação de entregar a carga no respectivo destino. Esse título pode ser negociado mediante endosso.

O conhecimento de carga representa mercadorias que devem ser transportadas, ou seja, que estão em trânsito; diferenciando-se do conhecimento de depósito, que representa mercadorias paradas/estacionadas.

A legislação vigente para esse conhecimento ocorre conforme as seguintes modalidades de transporte:

1) **terrestre rodoviário** é a Lei n. 11.442/2007;
2) **terrestre ferroviário** é o Decreto n. 1.832/96;
3) **marítimo** é o Código Comercial, arts. 575 a 589 (pertencentes à Segunda Parte, que não foi revogada pelo Código Civil de 2002);
4) **aéreo** é a Lei n. 7.565/86, arts. 235 e s.;
5) **modal de cargas** (quando envolver mais de uma das modalidades anteriores) é a Lei n. 9.611/98.

Aqui cabe destacar que o Decreto n. 19.473/30 era o regime jurídico básico do conhecimento de transporte, mas, conforme consta da seção legislação oficial do *site*

<http://www.presidencia.gov.br>, essa norma foi revogada pelo Decreto s/n de 25 de abril de 1991. Vale lembrar que o art. 744, *caput*, do Código Civil faz menção à emissão do conhecimento de frete. Sugerimos ao leitor que se remeta ao item deste livro que trata do "contrato de transporte" (capítulo dos contratos mercantis).

3.7.4. Cédulas e notas de crédito

Existem ainda os "títulos de financiamento", que representam créditos em favor de instituição financeira, devido à concessão de empréstimos.

Os títulos denominados **cédula de crédito** ou uma **nota de crédito** são promessas de pagamento.

No entanto, existe uma distinção entre cédula e nota de crédito. A **cédula** de crédito é assegurada por uma garantia real, por exemplo, penhor ou hipoteca. Por sua vez, a **nota** de crédito não tem garantia real.

A cédula ou a nota de crédito pode ser rural, industrial, comercial ou à exportação. Além disso, a cédula de crédito, especificamente, pode ser imobiliária ou bancária.

3.7.4.1. Rural

Cédula ou nota de crédito rural[57] é o título emitido pelo tomador de recursos destinado ao financiamento de atividade agrícola ou pecuária (ou agronegócio).

O regime jurídico desses títulos rurais é o Decreto-lei n. 167/67, o qual recebeu alterações pela Lei n. 13.986/2020.

A emissão desses títulos está vinculada à concessão de crédito pelo banco ao agricultor (ou agropecuário) com a finalidade de nutrir esse produtor de recursos, que devem ser empregados na exploração de sua atividade rural.

Com isso, o tomador de crédito fica obrigado a aplicar o financiamento nos fins ajustados, devendo comprovar essa aplicação no prazo e na forma combinados (Decreto-lei n. 167/67, art. 2º, *caput*), sob pena de inadimplemento.

Existem diversos títulos de crédito rural, podendo-se citar entre eles (Decreto-lei n. 167/67, art. 9º):

1) **cédula rural pignoratícia** – representa a constituição de uma dívida com a garantia real de um bem móvel;

2) **cédula rural hipotecária** – representa a constituição de uma dívida com a garantia real de um bem imóvel[58];

---

[57] A cédula rural não deve ser confundida com a "cédula de produto rural". Esta última é um título que pode ser emitido por produtores rurais (ou suas cooperativas de produção e associações) com a finalidade de obtenção de recursos para desenvolver sua produção ou empreendimento pecuário ou agrícola. Ela pode ser emitida em qualquer fase do empreendimento: pré-plantio, pré-colheita ou após o produto ter sido colhido. Este título é regulado pela Lei n. 8.929/94 – Lei que institui a cédula de produto rural e dá outras providências.

[58] Execução. Cédula de crédito rural hipotecária. (...) 1. Há legitimidade passiva, para a ação de execução, do cônjuge do devedor de cédula rural com garantia hipotecária. Precedentes. 2. Recaindo a execução sobre bem imóvel dado em garantia, nos termos do art. 655, § 2º, do CPC, mostra-se imprescindível a participação da esposa na execução, uma vez que eventual penhora também atingirá sua meação, tendo em vista

Títulos de crédito e meios de pagamento 263

3) **cédula rural pignoratícia e hipotecária** – representa a constituição de uma dívida com garantias de bens móveis e imóveis;

4) **nota de crédito rural** – trata-se de uma promessa de pagamento, sem garantias reais.

Esses títulos rurais têm alguns requisitos exigidos pela legislação (Decreto-lei n. 167/67, arts. 14, 20, 25 e 27):

I – denominação "**Cédula de Crédito Pignoratícia**" (ou Hipotecária; ou Pignoratícia e Hipotecária) ou "**Nota de Crédito Rural**";

II – data e condições do pagamento;

III – nome do credor e cláusula à ordem;

IV – valor do crédito concedido (Súmula do STJ 93: "A legislação sobre cédulas de crédito rural, comercial e industrial admite o pacto de capitalização de juros");

V – taxa de juros;

VI – comissão de fiscalização, se houver (paga pelo tomador ao financiador pela sua fiscalização em relação ao emprego dos recursos nos fins ajustados), e o tempo de seu pagamento;

VII – local do pagamento;

VIII – data e lugar da emissão;

IX – assinatura do emitente ou representante com poderes especiais;

X – descrição dos bens dados em garantia (exceto na nota de crédito rural).

Frise-se que a cédula de crédito rural poderá ser emitida sob a forma escritural em sistema eletrônico de escrituração, e a assinatura do emitente (ou de representante com poderes especiais) será eletrônica, desde que garantida a identificação inequívoca de seu signatário (Decreto-lei n. 167/67, arts. 10-A e 14, IX, cujas disposições são frutos das alterações trazidas pela Lei n. 13.986/2020).

É importante ressaltar que a cédula e a nota rural podem ser inscritas no Registro de Imóveis. Antes da inscrição, o título obriga somente as partes; após a inscrição, vale contra terceiros (Decreto-lei n. 167/67, art. 30).

3.7.4.2. Industrial

O título de crédito industrial é aquele emitido pelo tomador de recursos junto à instituição financeira, com o intuito de financiar a atividade industrial (fabricação, produção).

A finalidade é nutrir empresários que atuam na área industrial de crédito para que possam financiar o desenvolvimento de sua produção.

O regime jurídico dos títulos industriais está firmado pelo Decreto-lei n. 413/69.

Cabe esclarecer que as operações de empréstimos concedidos por instituições financeiras aos industriários poderão ser representadas por **cédula** ou **nota** de crédito industrial (Decreto-lei n. 413/69, art. 1º).

---

a concessão contratual realizada por esta. 3. Além do mais, a obrigatoriedade do litisconsórcio decorre da possibilidade de expropriação imobiliária, independentemente de o cônjuge figurar no contrato, seja como devedor, garantidor ou apenas aquiescendo em relação a sua meação. 4. Recurso especial conhecido e provido (REsp 468.333/MS, STJ, 4ª Turma, rel. Min. Luis Felipe Salomão, *DJe* 14-12-2009).

Assim, cédula de crédito industrial é uma promessa de pagamento com garantia real (Decreto-lei n. 413/69, art. 9º). Já a nota de crédito industrial representa uma promessa de pagamento sem garantia real (Decreto-lei n. 413/69, art. 15).

Nesse sentido, o tomador de crédito fica obrigado a aplicar o financiamento nos fins ajustados, devendo comprovar essa aplicação no prazo e na forma combinados (Decreto-lei n. 413/69, art. 2º).

Por sua vez, o agente financiador abrirá, com o valor do crédito, uma conta bancária vinculada à operação, que o tomador irá movimentar utilizando-se de cheques, saques, recibos, ordens, cartas ou quaisquer outros documentos conforme previsto (Decreto-lei n. 413/69, art. 4º).

Existem alguns requisitos que são comuns à **cédula** e à **nota** de crédito industrial (Decreto-lei n. 413/69, art. 14):

 I – denominação "**Cédula** (ou Nota) **de Crédito Industrial**";

 II – data do pagamento (discriminar quando parcelado);

 III – nome do credor e cláusula à ordem (circula por endosso);

 IV – valor do crédito concedido (numeral e por extenso);

 V – taxa de juros;

 VI – praça do pagamento;

 VII – data e lugar da emissão;

 VIII – assinatura do emitente ou representante com poderes especiais;

 IX – comissão de fiscalização, se houver, e o tempo de seu pagamento.

Além desses, existem os requisitos especiais da **cédula** de crédito industrial:

 I – descrição dos bens dados em garantia;

 II – obrigatoriedade de seguro para os bens dados em garantia.

A cédula de crédito industrial (a nota não) também pode ser inscrita no Registro de Imóveis; no entanto, antes da inscrição, a cédula obriga somente as partes, e, apenas após a inscrição, irá valer contra terceiros (Decreto-lei n. 413/69, arts. 29 e 30).

3.7.4.3. Comercial

O título de crédito comercial é aquele emitido por tomador de empréstimo com a destinação de financiamento de atividade comercial ou de prestação de serviço.

A legislação aplicável a essa operação é a Lei n. 6.840/80, sendo que, por força do que expressa o seu art. 5º, aplica-se subsidiariamente ao Decreto-lei n. 413/69.

Assim, operações de empréstimo concedidas por instituições financeiras aos empresários (que explorem o comércio e a prestação de serviços) poderão ser representadas por **cédula** ou **nota** de crédito comercial (Lei n. 6.840/80, art. 1º).

A cédula de crédito comercial tem garantia real; a nota não a tem.

Da mesma forma, o tomador do crédito fica obrigado a aplicar o financiamento nos fins ajustados, devendo comprovar essa aplicação no prazo e na forma combinados.

Considerando a aplicação subsidiária do Decreto-lei n. 413/69, e por serem os títulos comerciais semelhantes aos títulos industriais, cabem as mesmas regras já expostas com relação à inscrição no Registro de Imóveis; aos requisitos (observando as distinções de nomenclatura e especificidades da Lei n. 6.840/80) etc.

3.7.4.4. À exportação

Existem ainda os títulos à exportação, que são aqueles emitidos em razão da concessão de crédito por instituições financeiras nas operações de:

1) financiamento à exportação ou à produção de bens para exportação; ou
2) atividades de apoio e complementação integrantes e fundamentais da exportação (p.ex., empresários que fabricam contêineres ou embalagens).

A previsão legal dos títulos à exportação está na Lei n. 6.313/75.

Esses títulos poderão ser representados por **cédula de crédito à exportação** ou por **nota de crédito à exportação**, ambos com características idênticas à cédula de crédito industrial e à nota de crédito industrial, respectivamente.

Assim, são aplicáveis à cédula e à nota de crédito à exportação os dispositivos do Decreto-lei n. 413/69, referentes à Cédula de Crédito Industrial e à Nota de Crédito Industrial, conforme prevê expressamente o art. 3º da Lei n. 6.313/75.

Todavia, aqui cabe a pergunta: Por que emitir um título à exportação em vez de título industrial ou comercial? Porque pode haver distinções na taxa de juros praticada pelas instituições financeiras, em razão de política de incentivo que diminui a taxa para exportação.

Além disso, o art. 2º da Lei n. 6.313/75 prevê que os financiamentos efetuados por meio de Cédula de Crédito à Exportação e da Nota de Crédito à Exportação ficarão isentos do Imposto sobre Operações Financeiras – IOF.

3.7.4.5. Imobiliário (CCI)

Cédula de crédito imobiliário (CCI) trata-se de um título de crédito emitido pelo tomador de empréstimo para a aquisição de imóvel.

Sua disciplina jurídica está assentada na Lei n. 10.931/2004, arts. 18 e s.

Não há previsão de **nota** de crédito imobiliário. Porém, a cédula de crédito imobiliário pode ser emitida com ou sem garantia, real ou fidejussória, sob a forma escritural [eletrônica] ou cartular [em papel] (Lei n. 10.931/2004, art. 18, § 3º).

3.7.4.6. Bancário (CCB)

Já a **cédula de crédito bancário** (CCB) é um título de crédito emitido pelo tomador de empréstimo em favor de instituição financeira, representando uma promessa de pagamento em dinheiro, decorrente de operação de crédito de qualquer espécie.

No que diz respeito ao regime jurídico deste título, ele é previsto na Lei n. 10.931/2004, arts. 26 e s.

Trata-se de um título executivo[59], o qual normalmente está vinculado ao contrato de abertura de crédito (objeto de estudo em outro item). Este título somente pode ser emitido

---

[59] Tendo tramitado pelo rito dos recursos repetitivos, segue decisão do STJ: Direito bancário e processual civil. Recurso especial representativo de controvérsia. (...) 1. Para fins do art. 543-C do CPC: A Cédula de Crédito Bancário é título executivo extrajudicial, representativo de operações de crédito de qualquer natureza, circunstância que autoriza sua emissão para documentar a abertura de crédito em conta-corrente, nas modalidades de crédito rotativo ou cheque especial. O título de crédito deve vir acompanhado de claro demonstrativo acerca dos valores utilizados pelo cliente, trazendo o diploma legal, de maneira taxativa, a relação de exigências que o credor deverá cumprir, de modo a conferir liquidez e exequibilidade à Cédula

em favor de instituição financeira ou de entidade semelhante a esta. Caso a instituição esteja domiciliada no exterior, poderá ser emitida em moeda estrangeira.

É cabível a transferência da cédula de crédito bancário por endosso, mas desde que seja endosso em preto, no qual se identifica o endossatário/credor. Ressalta-se que, embora seja uma medida muito efetiva, não é necessário o protesto[60] deste título para garantir o direito de cobrança contra os endossantes e seus respectivos avalistas.

Não há previsão de **nota** de crédito bancário, porém a cédula de crédito bancário pode ser emitida com ou sem garantia, real ou fidejussória (Lei n. 10.931/2004, art. 27, *caput*).

3.7.5. Cédula Imobiliária Rural (CIR)

Entre as inovações e alterações trazidas pela Lei n. 13.986/2020 está a Cédula Imobiliária Rural (CIR), que se trata de um título de crédito.

De acordo com o art. 17 da Lei n. 13.986/2020, a CIR é um título nominativo, logo, não pode ser emitido ao portador. Esse título de crédito é transferível e de livre negociação, ou seja, circula por meio de endosso.

Trata-se de um título que representa uma promessa de pagamento em dinheiro, decorrente de operação de crédito de qualquer modalidade; bem como representa uma obrigação de entregar, em favor do credor, bem imóvel rural, ou fração deste, vinculado ao patrimônio rural em afetação, que seja garantia da operação e que não tenha ocorrido o pagamento da operação até a data do vencimento.

O proprietário de imóvel rural (pessoa natural ou jurídica), que houver constituído patrimônio rural em afetação, na forma da Lei n. 13.986/2020, é quem tem legitimidade para emitir a CIR, nos termos do art. 18 da referida lei.

A CIR será garantida por parte ou por todo o patrimônio rural em afetação, podendo ser emitida sob a forma escritural (eletrônica), mediante lançamento em sistema de escrituração autorizado a funcionar pelo Bacen.

No que diz respeito aos requisitos da CIR, são eles (art. 22):

I – a denominação "Cédula Imobiliária Rural";

II – a assinatura do emitente;

III – o nome do credor, permitida a cláusula à ordem;

IV – a data e o local da emissão;

(art. 28, § 2º, I e II, da Lei n. 10.931/2004). 3. No caso concreto, recurso especial não provido (REsp 1.291.575/PR, STJ, 2ª Seção, rel. Min. Luis Felipe Salomão, DJe 2-9-2013).

[60] A seguir, veja a decisão do STJ envolvendo protesto de cédula de crédito bancário que tramitou pelo rito dos recursos repetitivos: "(...) Protesto de cédula de crédito bancário. Possibilidade de ser realizado no cartório de protesto do domicílio do devedor ou no cartório em que se situa a praça de pagamento indicada no título, cabendo a escolha ao credor. (...) 2. É possível, à escolha do credor, o protesto de cédula de crédito bancário garantida por alienação fiduciária, no tabelionato em que se situa a praça de pagamento indicada no título ou no domicílio do devedor. 3. No caso concreto, recurso especial provido" (REsp 1.398.356/MG, STJ, 2ª Seção, rel. Min. Paulo de Tarso Sanseverino, rel. para o acórdão Min. Luis Felipe Salomão, DJe 30-3-2016).

V – a promessa do emitente de pagar o valor da CIR em dinheiro, certo, líquido e exigível no seu vencimento;

VI – a data e o local do pagamento da dívida e, na hipótese de pagamento parcelado, as datas e os valores de cada prestação;

VII – a data de vencimento;

VIII – a identificação do patrimônio rural em afetação, ou de sua parte, correspondente à garantia oferecida na CIR; e

IX – a autorização irretratável para que o oficial de registro de imóveis processe, em favor do credor, o registro de transmissão da propriedade do imóvel rural, ou da fração, constituinte do patrimônio rural em afetação vinculado à CIR.

Vale destacar que a CIR poderá ser garantida por terceiros (como avalistas), inclusive por instituição financeira ou por seguradora (Lei n. 13.986/2020, art. 20).

No que diz respeito à cobrança judicial da CIR, trata-se de um título executivo extrajudicial e representa dívida em dinheiro, certa, líquida e exigível, correspondente ao valor nela indicado ou ao saldo devedor da operação de crédito que representa. Logo, pode ser objeto de execução judicial sem a necessidade de processo de conhecimento (Lei n. 13.986/2020, art. 21).

A CIR pode ser protestada, mas, conforme prevê o § 2º do art. 21 da referida lei, o protesto não é obrigatório para fins de assegurar o direito de regresso contra endossantes e avalistas.

3.7.6. Cédula de produto rural (CPR)

A cédula de produto rural (CPR) é um título de crédito emitido por produtores rurais com o fim de obter recursos a serem empregados em sua atividade rural (pastoril, agrícola, extrativa ou de agroindústria). No fundo, a CPR representa uma promessa de entrega de produtos rurais em favor do credor caso não ocorra a quitação dela, ou seja, não acontece o resgate do título pelo pagamento do empréstimo realizado.

A CPR foi instituída pela Lei n. 8.929/94, a qual já foi alterada algumas vezes, como pela Lei n. 13.986/2020 e pela Lei n. 14.421/2022.

De acordo com a Lei n. 8.929/94, a CPR pode ser emitida com ou sem garantia (art. 1º, *caput*). A garantia será cedularmente constituída, isto é, expressa no corpo do próprio título, podendo consistir qualquer tipo de garantia prevista em lei (por exemplo, hipoteca, penhor ou alienação fiduciária) (art. 5º, *caput*). Frise-se que os bens, objetos de garantia, podem ser rurais ou urbanos (art. 6º, *caput*).

Podem emitir a CPR: produtores rurais, pessoas físicas ou jurídicas, bem como cooperativas e associações de produtores rurais (art. 2º). Os requisitos para a emissão da CPR são: denominação "Cédula de Produto Rural"; data da entrega; nome do credor e cláusula à ordem; promessa pura e simples de entregar o produto, sua indicação e as especificações de qualidade e quantidade; local e condições da entrega; descrição dos bens cedularmente vinculados em garantia; data e lugar da emissão; assinatura do emitente e dos garantidores, que poderá ser feita de forma eletrônica.

Por ser um título de crédito, aplicam-se à CPR, no que couber, as normas e institutos do Direito Cambial, como endosso, aval, protesto etc. Quanto às normas, aplica-se em caráter supletivo o Decreto-lei n. 57.663/66, sem prejuízo de outras normas cambiárias. Especificamente, sobre o endosso, conforme prevê o art. 10, II, da Lei n. 8.929/94, os endossantes não respondem pela entrega do produto, mas apenas pela existência da obrigação. Quanto ao protesto, o inciso III do mesmo artigo prevê que é dispensado o protesto cambial para assegurar o direito de regresso contra avalistas.

Vale ter em conta que a CPR é título líquido e certo, exigível pela quantidade e qualidade de produto nela previsto. No que se refere especificamente à cobrança da CPR, cabe a ação de execução para entrega de coisa incerta (arts. 4º e 15).

Se for promovida pelo credor a busca e apreensão do bem alienado fiduciariamente, isso não afasta a execução do título para satisfação do crédito remanescente (art. 16).

Contudo, para a CPR ter efeitos perante terceiros, deverá ser inscrita no Registro de Imóveis do domicílio do emitente (art. 12).

3.7.7. Certificado de depósito bancário (CDB)

Existem também os "títulos de investimento", que se destinam à captação de recursos pelo seu emitente (instituições financeiras), bem como funcionam como uma espécie de investimento para os seus credores (correntistas), como é o caso do certificado de depósito bancário.

Conhecido como CDB, o Certificado de Depósito Bancário é um título de crédito nominativo, transferível e de livre negociação, representativo de promessa de pagamento, em data futura, do valor depositado junto ao emissor, acrescido da remuneração convencionada. Ele é regulado pela Lei n. 13.986/2020, arts. 30 a 40.

O CDB somente pode ser emitido por instituições financeiras que captem recursos sob a modalidade de depósitos a prazo, e conterá os seguintes requisitos: denominação "Certificado de Depósito Bancário"; nome da instituição financeira emissora; número de ordem, local e data de emissão; valor nominal; vencimento; nome do depositante; taxa de juros; a forma, a periodicidade e o local de pagamento. Vale destacar que o CDB poderá ser emitido sob forma escritural, por meio do lançamento em sistema eletrônico do emissor, bem como poderá ser transferido por meio de endosso.

3.7.8. Letra imobiliária garantida (LIG)

A LIG – Letra Imobiliária Garantida – consiste em uma promessa de pagamento revestido como um título de crédito nominativo, de livre negociação e que pode ser transferido por endosso, sendo emitido por instituição financeira em favor do tomador/credor, ou seja, a pessoa que o "adquirir".

Trata-se de uma promessa de pagamento em dinheiro, podendo ser emitida tão somente por instituições financeiras. Sua emissão deve ser feita exclusivamente sob a forma escritural, mediante registro em depositário central autorizado pelo Banco Central do Brasil (Lei n. 13.097/2015, art. 64, *caput*).

Este título é garantido por carteira de ativos, da instituição financeira que o emitiu, sendo submetida ao regime fiduciário disciplinado pela Lei n. 13.097/2015, conforme o art. 63, *caput*, desta mesma lei.

O credor do título tem ciência de que a instituição emissora responde pelo adimplemento de todas as obrigações decorrentes da LIG, mesmo que ocorra insuficiência na carteira de ativos (Lei n. 13.097/2015, art. 63, parágrafo único).

Quanto aos requisitos da LIG, o *caput* do art. 64 Lei n. 13.097/2015 fixa os seguintes:

1) a expressão "Letra Imobiliária Garantida";
2) o valor nominal;
3) a data de vencimento;
4) o nome da instituição financeira emitente;
5) o nome do credor;
6) o número de ordem, o local e a data de emissão;
7) a taxa de juros, fixa ou flutuante, admitida a capitalização;
8) a forma, a periodicidade e o local de pagamento;
9) a identificação da carteira de ativos (a que estiver vinculada);
10) a descrição da garantia real ou fidejussória, quando houver; etc.

Contudo, sem prejuízo de outras peculiaridades, a LIG é título executivo extrajudicial, podendo para tanto ser executada judicialmente. A execução poderá ser dar, independentemente de protesto, com base em certidão de inteiro teor emitida pelo depositário central autorizado pelo Banco Central do Brasil (Lei n. 13.097/2015, art. 64, § 1º).

3.7.9. Letra de Crédito do Desenvolvimento (LCD)

A Letra de Crédito do Desenvolvimento (LCD) é um título de crédito nominativo, transferível e de livre negociação, representativo de promessa de pagamento em dinheiro, que foi criado pela Lei n. 14.937/2024.

De acordo com o § 1º do art. 1º da Lei n. 14.937/2024, a LCD será emitida exclusivamente por bancos de desenvolvimento autorizados a funcionar pelo Banco Central do Brasil ou pelo Banco Nacional de Desenvolvimento Econômico e Social (BNDES), a partir do exercício de 2024.

A LCD trata-se de mais um instrumento jurídico à disposição das instituições financeiras para captar recursos junto às pessoas, que, por sua vez, as adquirem como forma de investimento.

Quanto aos seus requisitos, são eles (§ 2º do art. 1º):

1) a denominação "Letra de Crédito do Desenvolvimento";
2) o nome da instituição emissora;
3) o nome do titular;
4) o número de ordem, o local e a data de emissão;
5) o valor nominal;
6) a data de vencimento (não inferior a 12 (doze) meses);
7) a taxa de juros (fixa ou variável).

Seguindo a tendência das leis cambiarias mais atuais, a LCD será emitida apenas na forma eletrônica (escritural) mediante registro em entidade registradora ou depositário central autorizado pelo Bacen (Banco Central do Brasil).

3.7.10. Nota comercial

Inicialmente é preciso chamar a atenção para o fato de que a "nota comercial" é diferente da "nota de crédito comercial" (já tratada em outro item deste livro). A nota comercial é disciplinada pela **Lei n. 14.195/2021**, arts. 45 a 51; enquanto a nota de crédito comercial é tratada pela Lei n. 6.840/80.

Enquanto valor mobiliário, a nota comercial é um título de crédito não conversível em ações, de livre negociação, representativo de promessa de pagamento em dinheiro, emitido exclusivamente sob a forma escritural por meio de instituições autorizadas a prestar o serviço de escrituração pela CVM – Comissão de Valores Mobiliários (Lei n. 14.195/2021, art. 45).

Já a Nota de Crédito Comercial (prevista na Lei n. 6.840/80) é um título emitido pelo tomador de empréstimo (empresário individual ou sociedade empresária) para emprego do recurso em atividade comercial ou prestação de serviço.

A nota comercial pode ser emitida por sociedades anônimas, sociedades limitadas e sociedades cooperativas, devendo conter as seguintes características (Lei n. 14.195/2021, art. 46, *caput*, e art. 47):

I – a denominação "Nota Comercial";

II – o nome ou razão social do emitente;

III – o local e a data de emissão;

IV – o número da emissão e a divisão em séries, quando houver;

V – o valor nominal;

VI – o local de pagamento;

VII – a descrição da garantia real ou fidejussória, quando houver;

VIII – a data e as condições de vencimento;

IX – a taxa de juros, fixa ou flutuante, admitida a capitalização;

X – a cláusula de pagamento de amortização e de rendimentos, quando houver;

XI – a cláusula de correção por índice de preço, quando houver; e

XII – os aditamentos e as retificações, quando houver.

Havendo inadimplemento de obrigação constante do respectivo termo de emissão da nota comercial, esta poder ser considerada vencida. Vale destacar que a nota comercial é **título executivo extrajudicial**, que pode ser executado independentemente de protesto, com base em certidão emitida pelo escriturador ou pelo depositário central, quando esse título for objeto de depósito centralizado (Lei n. 14.195/2021, art. 48).

3.7.11. Modelos de títulos de crédito

CÉDULA RURAL PIGNORATÍCIA (ou hipotecária)

N. ....

Vencimento: ....

Valor: ....

A .... de .... de .... pagar .... por esta CÉDULA RU-
RAL PIGNORATÍCIA .... a .... ou à ordem,
a quantia de .... em moeda corrente, valor do crédito diferido para finan-
ciamento de ....
.... e que será utilizado do seguinte modo: ....
....
Os juros são devidos à taxa de .... ao ano, sendo de .... a comis-
são de fiscalização.
O pagamento será efetuado na praça de ....
....
Os bens vinculados são os seguintes: ....
....

Local e data:

_____

Assinatura e qualificação

NOTA DE CRÉDITO RURAL

N. ....
Vencimento: ....
Valor: ....

A .... de .... de .... pagar .... por esta NOTA DE CRÉDITO RURAL .... a .... ou à ordem, a quantia de .... em moeda corrente, valor do crédito diferido para financiamento de .... e que será utilizado do seguinte modo: ....

Os juros são devidos à taxa de .... ao ano, sendo de .... a comissão de fiscalização.
O pagamento será efetuado na praça de ....

Local e data:

_____
Assinatura e qualificação

CÉDULA DE CRÉDITO INDUSTRIAL

N. ....

Vencimento: ....

Valor: ....

A .... de .... de .... pagar .... por esta CÉDULA DE CRÉDITO INDUSTRIAL .... a .... ou à ordem, a quantia de .... em moeda corrente, valor do crédito deferido para aplicação na forma do orçamento anexo e que será utilizado do seguinte modo: ....
....
....
Os juros são devidos à taxa de .... ao ano exigíveis em trinta (30) de junho e trinta e um (31) de dezembro, no vencimento e na liquidação da cédula, sendo de .... a comissão de fiscalização.
O pagamento será efetuado na praça de ....
Os bens vinculados são os seguintes: ....
....

Local e data:

_____
Assinatura e qualificação

CÉDULA DE CRÉDITO COMERCIAL

N. ....

Vencimento: ....

Valor: ....

A .... de .... de .... pagar .... por esta CÉDULA DE CRÉDITO COMERCIAL .... a .... ou à ordem, a quantia de .... em moeda corrente, valor do crédito deferido para aplicação na forma do orçamento anexo e que será utilizado do seguinte modo: ....
....
....

Os juros são devidos à taxa de .... ao ano, exigíveis em trinta (30) de junho e trinta e um (31) de dezembro, no vencimento e na liquidação da cédula, sendo de .... a comissão de fiscalização.

O pagamento será efetuado na praça de ....

Os bens vinculados são os seguintes: ....
....

Local e data:

_____

Assinatura e qualificação

CÉDULA DE CRÉDITO À EXPORTAÇÃO

N. ....
Vencimento: ....
Valor: ....

A .... de .... de .... pagar .... por esta CÉDULA DE CRÉDITO À EXPORTAÇÃO .... a .... ou à ordem, a quantia de .... em moeda corrente, valor do crédito deferido para aplicação na forma do orçamento anexo e que será utilizado do seguinte modo: ....
....
....
Os juros são devidos à taxa de .... ao ano exigíveis em trinta (30) de junho e trinta e um (31) de dezembro, no vencimento e na liquidação da cédula, sendo de .... a comissão de fiscalização.
O pagamento será efetuado na praça de ....
....
Os bens vinculados são os seguintes: ....
....

Local e data:

_____
Assinatura e qualificação

3.8. TÍTULOS DE CRÉDITO E O CÓDIGO CIVIL DE 2002

O Código Civil de 2002, nos arts. 887 a 926, traz um regramento sobre títulos de crédito, que são de aplicação supletiva em caso de lacunas na legislação especial dos títulos de crédito.

Vale destacar que o Código Civil não regula nenhum título de crédito em espécie, limitando-se a traçar regras gerais, mas não chega a ser uma lei geral sobre títulos de crédito, como ressalta o seu art. 903:

> "Salvo disposição diversa em lei especial, regem-se os títulos de crédito pelo disposto neste Código".

Logo, o Código Civil não revogou nenhuma disposição das leis cambiárias: Lei do Cheque, Lei da Duplicata, Lei Uniforme etc.

Existem opiniões de que, a partir do Código Civil, é possível a criação de títulos atípicos. No entanto, isso é descartado por outras opiniões que defendem a segurança nas relações jurídicas cambiais, especialmente ao afirmarem que nosso sistema legal é fechado, não permitindo a criação de outros títulos que não os previstos em lei.

Um detalhe interessante é que o art. 887 do Código Civil traz um conceito de título de crédito que reflete o conceito de título de crédito formulado por Cesare Vivante (já estudado anteriormente).

Em suas disposições, o Código Civil, no seu art. 897, parágrafo único, veda o aval parcial. Acontece que isso colide frontalmente com o art. 30 da Lei Uniforme, que prevê que o aval pode ser dado no todo ou em parte do valor do título. Vale ressaltar que o Código Civil tem natureza supletiva em matéria de títulos de crédito, aplicando-se apenas subsidiariamente quando a legislação especial for omissa.

Além disso, o Código Civil, no inc. III do art. 1.647, passou a exigir a necessidade da outorga do outro cônjuge para se prestar aval em títulos de crédito.

Essa exigência pode ser explicada pelas recorrentes ações judiciais em que um dos cônjuges pretende defender parte do seu patrimônio no que se refere ao aval prestado pelo outro cônjuge.

A propósito, também pode-se dizer que essa determinação quase equiparou o aval à fiança, não considerando as peculiaridades dos negócios empresariais, que se diferenciam dos civis.

Entretanto, tal regra prejudica toda a dinamicidade dos títulos de crédito, em especial em relação à celeridade na emissão, circulação e exigência de garantia, burocratizando-o.

E, aqui como já mencionado, é de se questionar sobre a aplicação dessa regra, uma vez que é estabelecida por uma lei geral (Código Civil) em detrimento da legislação especial dos títulos de crédito, que não exige a outorga do cônjuge para que o aval seja prestado[61].

3.9. TÍTULO DE CRÉDITO EMITIDO ELETRONICAMENTE

O art. 889, § 3º, do Código Civil prevê a possibilidade da emissão (criação) de título por computador. Essa emissão tem recebido a denominação título de crédito eletrônico ou virtual, ou seja, é o título emitido por meio eletrônico, não materializado em papel (o título é real, mas não é impresso em papel), podendo ser visto como uma exceção ao princípio da cartularidade (pois há os defendam que, por este princípio, somente se poderia emitir títulos em papel).

---

[61] "Recurso especial. Direito cambiário. Aval. Outorga uxória ou marital. (...) 1. O Código Civil de 2002 estatuiu, em seu art. 1.647, III, como requisito de validade da fiança e do aval, institutos bastante diversos, em que pese ontologicamente constituam garantias pessoais, o consentimento por parte do cônjuge do garantidor. 2. Essa norma exige uma interpretação razoável sob pena de descaracterização do aval como típico instituto cambiário. 3. A interpretação mais adequada com o referido instituto cambiário, voltado a fomentar a garantia do pagamento dos títulos de crédito, à segurança do comércio jurídico e, assim, ao fomento da circulação de riquezas, é no sentido de limitar a incidência da regra do art. 1647, III, do CCB aos avais prestados aos títulos inominados regrados pelo Código Civil, excluindo-se os títulos nominados regidos por leis especiais. 4. Precedente específico da Colenda 4ª Turma. 5. Alteração do entendimento deste relator e desta Terceira Turma. 6. Recurso especial desprovido" (REsp 1.526.560/MG, STJ, 3ª Turma, rel. Min. Paulo de Tarso Sanseverino, *DJe* 16-5-2017).

Por não ser absoluto, não existe abrigo para quem defende a impossibilidade de emissão de títulos eletrônicos, por considerar que essa ação poderia ferir o princípio da cartularidade. Tanto é assim que, no Brasil desde 1968, a Lei de Duplicatas, no seu art. 13, § 1º, prevê a possibilidade do protesto por indicação, sem a duplicata original quando não devolvida pelo credor. Por esse mandamento legal, é possível realizar um ato cambiário, o protesto, sem absolutismo quanto ao princípio da cartularidade.

Desse modo, a previsão do Código Civil pode ser vista como outra hipótese de exceção ao princípio da cartularidade, inclusive levando-se em consideração que as situações, os princípios e as normas evoluem. E os títulos de crédito estão acompanhando a evolução da sociedade, da ciência e do comércio.

A maioria das negociações e contratações têm sido estabelecidas eletronicamente (p.ex., por *e-mails*). Dessa maneira, nada mais óbvio do que a possibilidade de emissão de títulos eletrônicos. Em complemento, muitas normas sobre títulos de crédito vêm prevendo a possibilidade da emissão escritural (eletrônica), como a Lei n. 14.195/2021, art. 45, ao dispor que a Nota Comercial será emitida exclusivamente sob a forma escritural; e a Lei n. 13.097/2015, art. 64, *caput*, ao prever que a Letra Imobiliária Garantida pode ser emitida escrituralmente.

Com relação ao requisito da assinatura do emitente, à possibilidade de circulação e à segurança dos títulos eletrônicos, este poderá ser garantido pelos sistemas de assinatura eletrônica e certificação digital, que está tendo bom andamento no Brasil, a partir da Medida Provisória n. 2.200-2/2001[62].

A Medida Provisória n. 2.200-2/2001 criou a Infraestrutura de Chaves Públicas Brasileira – ICP-BRASIL –, a fim de garantir autenticidade, integralidade e validade jurídica de documentos eletrônicos. Ela é composta por uma autoridade estatal, gestora da política e das normas técnicas de certificação (Comitê Gestor), bem como por uma rede de autoridades certificadoras (subordinadas àquela), que, entre outras atribuições, mantém os registros dos usuários e atesta a ligação entre as chaves privadas utilizadas nas assinaturas dos documentos e as pessoas que nessas revelam-se como os emitentes das mensagens, garantindo a inalterabilidade dos seus conteúdos.

Utilizando-se de **assinatura digital** e **certificação eletrônica**, em tese, é possível realizar o aceite, o endosso, o aval e outros atos cambiários.

Quanto à executividade do título, ele apenas deixou o suporte em papel para utilizar o suporte eletrônico, sendo apenas uma questão de prova. Deve ser observado aqui que até o processo judicial poderá ser digital, conforme estabelece a Lei n. 11.419/2006, que disciplina a informatização do processo judicial.

A desmaterialização dos títulos de crédito não é algo novo. Como bem ponderou Newton De Lucca, pioneiro no trato da questão no Brasil, esse fato teve início na França, em 1967, quando se passou a utilizar uma letra de câmbio que não era materializada. Nesse caso, o comerciante passou a remeter seus créditos ao banco por meio de fitas magnéticas,

---

[62] Vale lembrar que a MP n. 2.200-2/2001 (em sua segunda edição) ainda está em vigor, pois foi publicada em 24 de agosto de 2001, logo, antes da Emenda Constitucional n. 32, de 11 de setembro de 2001, a qual alterou alguns artigos da Constituição Federal, especialmente o art. 62, quanto ao regime jurídico das medidas provisórias.

acompanhadas de um borderô de cobrança, não existindo nem circulação do título[63] nem sua tradicional materialização do ponto de vista da cartularidade.

Michel Vasseur, ao analisar o fenômeno dos efeitos da informática sobre os títulos de crédito em França, no final da década de 1960, apontou que ao se considerar o título de crédito como um suporte de informação, o papel não é indispensável, podendo ser substituído por um suporte magnético[64].

Sobre a discussão da possibilidade ou não da criação de **títulos de crédito atípicos** pela via eletrônica, talvez o mais apropriado não fosse chamá-lo "título de crédito eletrônico", mas, sim, "título de crédito emitido eletronicamente", pois o que será obtido é um título já previsto no ordenamento jurídico (p.ex., a duplicata), mas agora emitido em suporte eletrônico, e não mais em papel.

Destaca-se que a própria redação do § 3º do art. 889 do Código Civil, quando menciona **computador** ou **meio técnico equivalente,** está tratando da forma de emissão dos títulos, e não da criação de novas espécies de títulos de crédito.

Ainda com referência à materialização do título, o princípio da cartularidade, na expressão "documento necessário" do conceito de título de crédito, tem a finalidade primordial de provar a existência do crédito, uma vez que até algumas décadas atrás o papel era o suporte que se tinha como mais apropriado para atestar o crédito, o seu exercício em termos de transmissão e cobrança, e a respectiva perícia em caso de dúvida.

Com a evolução da tecnologia, tudo isso (confirmação da existência do crédito e sua transmissão, cobrança etc.) poderá ser feito utilizando-se o suporte eletrônico. O Direito não pode se esquivar ao avanço tecnológico da sociedade e do comércio[65].

Os problemas advindos de oportunistas e falsificadores no ambiente eletrônico não são necessariamente maiores que os de fora desse ambiente. Especialmente os sistemas de assinatura digital e de certificação digital (com codificação por meio de sistema criptográfico assimétrico e uso de chave pública e privada), a propósito, são muito mais seguros do que a sistemática de assinatura e reconhecimento de firma por semelhança dos cartórios brasileiros.

---

[63] Newton De Lucca. *A cambial-extrato.* São Paulo: RT, 1985. p. 23 e s.

[64] Michel Vasseur. Letra de câmbio-reprodução. Da influência da informática sobre o direito. *Revue Trimestrielle de Droit Commercial,* abr.-jun. 1975, p. 08 e s. apud Nelson Abrão. Cibernética e títulos de crédito. *Revista de Direito Mercantil, Industrial, Econômico e Financeiro,* São Paulo, RT, n. 19, 1975, p. 95.

[65] Recurso especial. Direito Cambiário. Ação declaratória de nulidade de título de crédito. (...) 1. A assinatura de próprio punho do emitente é requisito de existência e validade de nota promissória. 2. Possibilidade de criação, mediante lei, de outras formas de assinatura, conforme ressalva do Brasil à Lei Uniforme de Genebra. 3. Inexistência de lei dispondo sobre a validade da assinatura escaneada no Direito brasileiro. 4. Caso concreto, porém, em que a assinatura irregular escaneada foi aposta pelo próprio emitente. 5. Vício que não pode ser invocado por quem lhe deu causa. 6. Aplicação da "teoria dos atos próprios", como concreção do princípio da boa-fé objetiva, sintetizada nos brocardos latinos *tu quoque* e *venire contra factum proprium,* segundo a qual ninguém é lícito fazer valer um direito em contradição com a sua conduta anterior ou posterior interpretada objetivamente, segundo a lei, os bons costumes e a boa-fé 7. Doutrina e jurisprudência acerca do tema. 8. Recurso especial desprovido (REsp 1.192.678/PR, STJ, 3ª Turma, rel. Min. Paulo de Tarso Sanseverino, *DJe* 26-11-2012).

3.10. MEIOS DE PAGAMENTO

Muito embora os meios de pagamento que serão tratados neste item do livro não sejam necessariamente títulos de crédito, compreendemos que, tendo em vista a dinâmica atual do comércio, físico e eletrônico, cada vez mais os títulos de crédito cedem lugar a novas maneiras de se pagar por compras de bens e serviços. Ainda que não se possa afirmar categoricamente que as últimas novidades em matéria de pagamento sejam títulos de crédito, sem sombra de dúvidas receberam forte influência deste instituto cambiário milenar, pois o primeiro título de crédito foi criado no século XI, como já visto.

Pagamento significa adimplemento da obrigação, ou seja, sua quitação do débito. É bom relembrar que o pagamento é o modo mais comum (cumprimento ordinário) de extinção das obrigações. Sem prejuízo de outras maneiras de cumprimento extraordinário da obrigação, como a novação, a confusão, a dação etc. o pagamento sem dúvida tem maior ocorrência e relevância.

Nos últimos anos, as formas pelas quais o pagamento tem se realizado têm evoluído muito, tornando-se muito dinâmicas, sobretudo com a criação do boleto bancário, o uso do cartão de crédito, a possibilidade de débito em conta, as operações bancárias pela internet, o PIX, o crédito documentado nas operações internacionais e a gestão de pagamento utilizada intensamente nas compras eletrônicas. São estes os temas que estudaremos adiante.

3.10.1. Cartão de crédito

A palavra "crédito" vem do latim *credere*, que significa confiança. Assim, o crédito possibilita a circulação de riquezas sem a necessidade do pagamento imediato, confiando-se no pagamento futuro.

Dessa forma, o crédito traz a possibilidade de consumo imediato pelo seu tomador, no que diz respeito à compra de produto ou serviço, e à espera do vendedor para receber a contraprestação relativa ao bem que vendeu.

Com o cartão de crédito, surge a possibilidade de aquisição imediata do bem para pagamento posterior. O cartão de crédito também está associado à possibilidade de o vendedor não precisar, necessariamente, ter de esperar todo o prazo que esperaria para receber seu crédito. Isso porque pode realizar operação de transferência de seus créditos a instituições financeiras, ou mesmo solicitar a antecipação junto à administradora do cartão, sendo em ambos os casos mediante taxa de deságio.

A administradora do cartão concede crédito (a ser quitado em data preestabelecida) para que o usuário possa usá-lo da forma que melhor entender, dentro do limite estabelecido, para compras de produtos e serviços junto a qualquer fornecedor que esteja filiado à rede da administradora do cartão, não se caracterizando essa operação como um título de crédito[66]. Para tanto, a administradora emite um cartão inteligente (*smart card*), de plástico e com fita magnética, em favor do titular que o utilizará junto à rede de fornecedores de duas formas: passando o cartão em leitor magnético seguido da digitação de senha alfanumérica ou assinatura de próprio punho, ou fornecendo apenas o número do cartão inteligente ao fornecedor que o retransmitirá à administradora juntamente com o valor da compra, como ocorre nas

---

[66] No mesmo sentido, Waldirio Bulgarelli. *Contratos mercantis*. 7. ed. São Paulo: Atlas, 1993. p. 657-659.

compras pela internet (na maioria das vezes também é solicitado o número de segurança do cartão e/ou data de validade).

Cabe explicitar que a operação com cartão de crédito é um contrato financeiro decorrente da prática comercial, não tendo um regime jurídico legal específico, sendo regulado pelo teor do contrato, teoria geral dos contratos e princípios gerais do direito, como a função social e a boa-fé.

O cartão de crédito é uma das formas de adimplir uma obrigação. Trata-se de um contrato inominado, derivado da mistura de abertura de crédito e de prestação de serviços. Na operação de cartão de crédito haveria pelo menos duas relações: entre a administradora do cartão e o cliente e entre a administradora do cartão e o fornecedor. Na primeira relação, o cliente tem a abertura de uma linha de crédito que pode ser utilizada na rede filiada da administradora; na segunda, a administradora se compromete a efetuar o pagamento ao fornecedor em razão dos negócios concretizados pelo cliente. Já a relação entre cliente e fornecedor ocorre por meio de um contrato de compra e venda, prestação de serviços ou locação[67]. Entretanto, é preciso expressar que ainda existe uma terceira relação. É a relação entre a administradora do cartão de crédito e o comerciante, em que este ao se "conveniar" com aquela se submete a receber as quantias correspondentes às compras de seus clientes no prazo e com o deságio (juros) previamente contratados.

Criação decorrente da prática utilizada no comércio, o cartão de crédito constitui poderoso instrumento na política da economia popular, sendo sua função primordial a de expandir o acesso ao crédito. Participa da dinâmica negocial, possibilitando ao seu titular relativa liberdade de compra e financiamento de bens e serviços. Na operação com cartão de crédito há três elementos: o emissor do cartão (empresa que explora o negócio – administradora do cartão), o titular do cartão (cliente da administradora) e o vendedor – ou prestador (pessoa que pertence à rede filiada da administradora)[68].

Difere dos **cartões de fidelidade** emitidos por lojas, em que o crédito é concedido para uso exclusivo em sua rede própria, para compras de produtos e serviços que esta tenha à disposição. Normalmente são emitidos por lojas de varejo, recebendo também a denominação **cartão** *private label*.

Com o passar do tempo, as lojas têm transformado seus cartões de fidelidade em efetivos cartões de crédito, por meio de parcerias com instituições financeiras que administram cartões; para que desse modo, entre outras razões, possam cobrar juros remuneratórios a taxas de mercado. Isso porque de acordo com o Decreto n. 22.626/33 (Lei da Usura) somente instituições financeiras podem cobrar juros de mercado; logo, quem não é instituição financeira apenas pode cobrar juros legais de 1% ao mês.

No mercado denomina-se cartão de crédito **consignado** aquele cujo valor da fatura é vinculado à folha de pagamento. Neste caso, o valor da fatura é descontado totalmente do salário do empregado, não tendo este a possibilidade de não pagar a fatura, nem mesmo de pagá-la parcialmente ou financiá-la. O pagamento é feito de forma integral mediante o desconto promovido diretamente pelo empregador e repassado à operadora do cartão de crédito.

---

[67] Waldirio Bulgarelli. *Contratos mercantis*. p. 647 e 654-657.

[68] Sergio Cavalieri Filho. *Programa de responsabilidade civil*. 9. ed. São Paulo: Atlas, 2010. p. 423.

As **vantagens** do uso de cartão de crédito para o comprador são as seguintes:

1) não precisa demonstrar sua capacidade de pagamento a todo o momento;

2) meio alternativo aos títulos de crédito para pagamento das obrigações;

3) segurança quanto à desnecessidade de porte de dinheiro etc.

Já as **vantagens** do cartão de crédito ao vendedor são:

1) não há inadimplência, pois a administradora pagará ao vendedor ainda que o cliente não pague a fatura do cartão (mas há administradoras colocando cláusulas de que não irão pagar quando for caso de clonagem de cartão etc., surgindo então a necessidade de se exigir o documento de identificação do cliente);

2) não precisa de assessoria creditícia, gestão do crédito, seleção de riscos e administração de contas a receber, o que pode diminuir a necessidade de operações de *factoring;*

3) segurança por não ter de manusear dinheiro ou títulos de crédito (às vezes com custo de carro-forte etc.).

Entretanto, há algumas **desvantagens** pelo uso do cartão de crédito, quais sejam:

1) ao comprador: em caso de inadimplemento, ou pagamento parcial da fatura, os juros a serem pagos seguem as taxas de mercado (não se limitando a um por cento ao mês), sem prejuízo dos demais encargos financeiros;

A respeito das taxas de juros aplicáveis aos que utilizam o **crédito rotativo** do cartão de crédito, ou seja, não pagam o valor total da fatura dentro do prazo de vencimento, é muito importante considerar que as taxas cobradas pelas administradoras são superiores às praticadas pelos bancos pelo uso do cheque especial (linha de crédito em conta-corrente). Nesse sentido é a Súmula 283 do STJ: "As empresas administradoras de cartão de crédito são instituições financeiras e, por isso, os juros remuneratórios por elas cobrados não sofrem as limitações da Lei de Usura".

2) ao vendedor: existe uma comissão ou taxa cobrada pela administradora sobre o valor de cada compra, que pode variar dependendo do prazo em que a quantia será repassada ao vendedor (razão pela qual alguns ainda preferem outras formas de pagamento, como ocorre em pequenas pousadas e restaurantes do interior).

Uma prática que já foi mais comum, hoje nem tanto, é a do envio de cartão de crédito a consumidor que não o solicitou, recebendo posteriormente a cobrança da tarifa de anuidade, mesmo sem ter usado o serviço. Isso é uma prática abusiva à luz do Código de Defesa do Consumidor. Nesse sentido, o STJ editou a Súmula 532: "Constitui prática comercial abusiva o envio de cartão de crédito sem prévia e expressa solicitação do consumidor, configurando-se ato ilícito indenizável e sujeito à aplicação de multa administrativa".

Frequentemente, o contrato entre o cliente e a operadora de cartão de crédito, se no âmbito bancário, ou seja, a partir da manutenção de uma conta junto ao banco, tem a opção de utilizar-se de certa bandeira de cartão de crédito, a qual mantém parceria com o banco. A propósito, um mesmo *smart card* pode ser utilizado para operação de crédito ou débito, sendo o cartão de débito o próximo tema a ser examinado.

3.10.1.1. Crédito rotativo

Quando o titular do cartão de crédito não paga até o vencimento o valor integral da fatura, ao saldo em aberto é aplicável os encargos financeiros, sobretudo a taxa de juros contratados (remuneratórios) com a instituição financeira que administra o respectivo cartão. Esse montante, composto pelo saldo devedor mais os encargos financeiros, é somado ao valor das compras do período subsequente para assim resultar no valor da próxima fatura.

Assim, crédito rotativo do cartão de crédito é uma forma de crédito fornecido ao titular do cartão quando ele não paga o valor total da fatura dentro do prazo de vencimento. Logo, é um crédito correspondente à diferença entre o valor total da fatura (a ser paga no mês) e a quantia efetivamente paga até o seu vencimento. Trata-se de uma espécie de saldo negativo a ser pago pelo titular na próxima fatura, ou que pode ser objeto de financiamento.

Acontece que no Brasil as taxas de juros remuneratórios praticadas pelas operadoras de cartão de crédito para esses saldos negativos são muito altas, chegando praticamente ao dobro das taxas de juros do cheque especial disponibilizados pelos bancos. De acordo com a Associação Nacional dos Executivos de Finanças, Administração e Contabilidade, no Brasil, a taxa de juros no rotativo do cartão de crédito chegou a mais de 15% ao mês e 440% ao ano[69].

Isso, somado ao elevado nível de endividamento dos consumidores brasileiros, levou o Banco Central do Brasil (Bacen) a editar a Resolução Bacen n. 4.549/2017, que dispõe sobre o financiamento do saldo devedor da fatura de cartão de crédito e de demais instrumentos de pagamento pós-pagos; e expedir a Carta Circular n. 3.816/2017, a qual esclarece sobre a implementação da referida norma (a Resolução Bacen n. 4.549/2017). Sem dúvida é uma "ingerência" do governo na economia em razão dos fatos elencados.

Assim, desde a vigência da normativa descrita, dia 3 de abril de 2017, quando não liquidado integralmente no vencimento, o saldo devedor da fatura de cartão de crédito somente pode ser objeto de financiamento como crédito rotativo, o que deve ser feito até o vencimento da fatura seguinte.

Até vencer a próxima fatura pode ser concedido ao cliente o financiamento do saldo devedor por meio de outras modalidades de crédito, desde que em condições mais vantajosas, o que inclui a cobrança de encargos financeiros (Resolução n. 4.549/2017, art. 1º). Ou seja, o saldo devedor somente pode ser mantido em crédito rotativo até o vencimento da fatura subsequente.

Desse modo, o titular do cartão deverá quitar o saldo devedor do crédito rotativo, acrescido dos juros remuneratórios contratados do período em atraso. A liquidação do saldo devedor poderá ser feita com recursos do próprio cliente ou mediante negociação em outra instituição. Entretanto, a operadora do cartão poderá oferecer outra linha de crédito parcelado visando ao pagamento do saldo devedor, desde que em condições mais vantajosas em relação àquelas praticadas na modalidade do crédito rotativo, inclusive quanto à cobrança de encargos financeiros.

O cliente não é obrigado a parcelar o saldo devedor com a própria empresa do cartão de crédito; bem como esta empresa não é obrigada a oferecer linha de crédito para financiar o saldo devedor do crédito rotativo; porém, se o fizer, é preciso que seja em condições mais vantajosas, sobretudo quanto à taxa de juros.

---

[69] *Juros do cartão de crédito chega a 441,76% após segunda queda consecutiva.* Disponível em: <https://www.anefac.com.br/paginas.aspx?ID=3562>. Acesso em: 2 ago. 2017.

Contudo, esse novo regramento decorre da lei (*ex legge*), independendo de pactuação entre as partes envolvidas, titular do cartão e a instituição financeira administradora do cartão de crédito.

Uma vez negociado o saldo do rotativo, a próxima fatura do cliente virá, além da soma dos valores das compras do período, o valor da prestação resultante de parcelamento do saldo devedor do período anterior. É possível haver mais de um parcelamento para o saldo do rotativo, neste caso a fatura virá acrescida com as prestações de mais de um financiamento.

Vale esclarecer que, se não houver a quitação ou financiamento do saldo devedor, estar-se-á em uma hipótese de inadimplemento contratual, cabendo à empresa do cartão as medidas cabíveis contra o devedor, como protesto e negativação do nome do titular e cobrança judicial.

Em 2023, foi editada a Lei n. 14.690, de 3 de outubro de 2023, que instituiu o Programa Emergencial de Renegociação de Dívidas de Pessoas Físicas Inadimplentes (Desenrola Brasil). Dentre outras disposições, vale frisar o que prevê seu art. 28:

> Art. 28. Os emissores de cartão de crédito e de outros instrumentos de pagamento pós-pagos utilizados em arranjos abertos ou fechados, como medida de autorregulação, devem submeter à aprovação do Conselho Monetário Nacional, por intermédio do Banco Central do Brasil, de forma fundamentada e com periodicidade anual, limites para as taxas de juros e encargos financeiros cobrados no crédito rotativo e no parcelamento de saldo devedor das faturas de cartões de crédito e de outros instrumentos de pagamento pós-pagos.
>
> § 1º Se os limites referidos no *caput* deste artigo não forem aprovados no prazo máximo de 90 (noventa) dias, contado da data da publicação desta Lei, o total cobrado em cada caso a título de juros e encargos financeiros não poderá exceder o valor original da dívida. (...)

As regras para financiamento do crédito rotativo não são aplicáveis aos cartões de **fidelidade** (*private label*) emitidos por lojistas. Entretanto, se tais cartões estiverem configurados efetivamente como cartões de crédito, mediante parceria com instituição financeira visando ao parcelamento da fatura, neste caso aplicar-se-á tais regras de financiamento do rotativo.

Por fim, também não se aplicam as regras para financiamento do crédito rotativo aos casos de cartão de crédito **consignado**, ou seja, aquele cujo valor da fatura é descontado do salário do empregado.

3.10.2. Cartão de crédito virtual

O cartão de crédito passou por processo de implementações tecnológicas para que as desvantagens e, principalmente, os riscos decorrentes de seu uso fossem sanados ou, ao menos, diminuídos. Ademais, fora também alinhavado que, apesar de ser a modalidade de pagamento utilizada pela grande maioria das compras realizadas pela internet, o cartão de crédito reflete, essencialmente, em perigos decorrentes de sua utilização, em especial quanto a possíveis falhas de segurança atinentes ao envio de informações pessoais e, em especial, dados bancários do cliente para os ambientes digitais dos fornecedores.

Desta forma, no contexto contemporâneo global, com a específica finalidade de tornar mais seguras as compras em comércio eletrônico, evitando captação indevida de dados, processos de *hackeamento*, e clonagem de cartões, começaram a surgir *Fintechs* destinadas a efetivar a criação do que é tido, hoje, por "cartão de crédito virtual não reutilizável".

O cartão de crédito virtual não reutilizável, comumente conhecido por cartão de crédito virtual, consiste, na esteira da própria acepção de sua nomenclatura, em um cartão fornecido pela instituição financeira vinculada ao cliente, em seus meios digitais (normalmente, aplicativos), que contém numeração temporária, tanto de identificação quanto de código de segurança. Possuem, também, prazo para serem utilizados, após sua emissão *online*, sendo que, após sua utilização, ou expirado o prazo para tanto, o cartão de crédito virtual é extinto, sendo impossível reutilizá-lo e, sendo assim, os dados nele contidos não são armazenados ou repassados a ambiente algum.

Atualmente, no Brasil, diversas instituições financeiras já possuem a tecnologia necessária para fornecer aos seus clientes a modalidade de pagamento via cartão de crédito virtual não reutilizável. O *Nubank, startup* brasileira pioneira na implementação das mais diversas *Fintechs* no país, também se mostrou como a primeira instituição financeira a oferecer aos seus clientes a possibilidade de comprar por intermédio de cartão de crédito virtual. Momento posterior, a tecnologia fora implementada pelas demais grandes empresas do ramo, como *Bradesco, Santander, Caixa Econômica Federal, Banco do Brasil* e *Itaú*.

Cada uma das instituições financeiras acima mencionadas oferece o cartão de crédito virtual não reutilizável com diferentes peculiaridades de funcionamento, de acordo com matéria veiculada pelo conceituado portal de tecnologia "Techtudo"[70].

No caso do *Nubank*, o cartão virtual pode, como exceção aos demais, ser reutilizável, uma vez que é gerado pelo aplicativo da empresa, como um cartão alternativo ao físico, com numeração diferente, porém fixa. Apesar de depender das informações do cartão físico, para fins de envio e cobrança da fatura, bem como limite de crédito, o cartão virtual pode "sobreviver", ainda que o físico seja cancelado, armazenadas as informações do cliente, para fins exclusivos de cobrança.

O *Itaú*, por sua vez, talvez seja a instituição financeira que mais utiliza o cartão de crédito virtual para os fins estritos de sua criação, pois o cartão virtual não é reutilizável, é válido por apenas 48 (quarenta e oito) horas, para única compra, sendo que seu limite e fatura são os mesmos do cartão físico vinculado ao banco. O *Bradesco* utiliza de sistema praticamente idêntico.

No que tange ao *Banco do Brasil*, referida instituição financeira optou por oferecer aos seus clientes uma modalidade mais flexível de utilização dos cartões de crédito virtuais, pois é possível escolher o limite do cartão virtual (respeitado o do físico), assim como o tempo de atividade deste, quantas transações poderão ser feitas e, ainda, valor máximo destas. Entretanto, a emissão de cartão de crédito digital pelo Banco do Brasil prescinde de posse anterior do cartão físico *Ourocard*.

Em arremate, imperioso explicitar que os conceitos de cartão de crédito virtual e cartão de crédito digital não se confundem, e nem podem se confundir, uma vez que cartão de cré-

---

[70] TECHTUDO. DIAS, Mara. Como funciona um cartão de crédito virtual? Saiba o que é e tire dúvidas. 2019. Disponível em: <https://www.techtudo.com.br/noticias/2019/04/como-funciona-um-cartao-de--credito-virtual-saiba-o-que-e-e-tire-duvidas.ghtml>. Acesso em: 16 jan. 2020.

Títulos de crédito e meios de pagamento 285

dito digital é, basicamente, a definição que envolve o processo eletrônico de emissão de cartão físico. Ou seja, enquanto o cartão de crédito virtual sequer existe materialmente, o cartão de crédito digital nada mais é do que o cartão de crédito físico, emitido em ambiente digital.

Notável, portanto, as vantagens trazidas por esta modalidade de pagamento ao comércio eletrônico, vez que constitui, certamente, resposta aos riscos decorrentes do compartilhamento de informações pessoais e dados bancários, estando referida tecnologia muito menos sujeita a sofrer ataques de *hackers* e processo de clonagem. Tendo inovado e trazido melhorias ao pagamento por cartão de crédito físico, o cartão de crédito virtual (via de regra não reutilizável) agrega aspectos de segurança ao já dinâmico meio de pagamento tradicional anteriormente abordado.

3.10.3. Débito em conta e cartão de débito. "Cheque eletrônico"

Para tratarmos do débito em conta e do cartão de débito (cheque eletrônico) é importante que o leitor atente ao que é estudado nos itens deste livro sobre contratos de abertura de crédito (taxas de juros e cheque especial – novas regras) e depósito bancário (contas corrente e poupança), no capítulo dos contratos mercantis. Isso pois, as operações de débito em conta e cartão de débito pressupõem a existência de uma conta bancária, com saldo suficiente ou linha de crédito disponibilizada pela instituição financeira (cheque especial).

Especificamente sobre o **débito em conta**, trata-se de uma operação contratual entre banco e cliente, em que aquele (banco) se compromete a efetuar débitos da conta bancária deste (cliente) mediante ordem de pagamento com o fim de creditar o valor em favor de terceiro. Cuida-se de uma autorização de débito que pode ocorrer para pagamentos de certas despesas, com vencimento em data certa, ou de compras pagas por meio do cartão eletrônico. Se houvesse previsão legal, esta operação de débito via cartão poderia até ser tida como uma espécie de cheque, o "**cheque eletrônico**", uma vez que estamos diante de uma ordem de pagamento, cujo sacado (banco) transfere um crédito a terceiro (beneficiário), mas com o uso da tecnologia da informação no lugar do papel.

Por **cheque eletrônico** deve-se entender a compensação de cheque por via eletrônica, como os serviços disponibilizados por certas instituições cujo cliente fotografa o título com o *smartphone,* enviando a imagem ao banco que credita a quantia em sua conta bancária. O cliente fica responsável pela guarda do cheque original.

Assim, ao titular de uma conta bancária (corrente ou poupança) é facultada a possibilidade de realizar pagamentos aos seus credores mediante uma ordem de pagamento ao seu banco para que retire a quantia necessária de sua conta e transfira para a conta do beneficiário; por isso, dá-se a essa operação o nome de **débito em conta**.

A concretização da operação de débito também pode se dar por meio do uso de um cartão magnético ou *smart card* (cartão inteligente), o que se tem denominado **cartão de débito**. O cartão de débito é uma facilidade criada pelos bancos, por meio do qual o cliente pode efetuar um pagamento realizando débito em sua conta bancária para ser creditado na conta bancária do seu fornecedor (vendedor de produtos ou prestador de serviços). Essa possibilidade apresenta benefícios, como evitar o porte de dinheiro e de talonário de cheques.

Na verdade, o cartão em si é feito de plástico com uma fita magnética, cuja utilização implica sua passagem por uma leitora conectada ao sistema do banco[71]. Ele pode funcionar para operações de: retirada de dinheiro em terminais, transferências entre contas bancárias, autorização de débito etc.

Uma questão importante é alertar sobre a necessidade de segurança nas operações pela transmissão de informações eletronicamente, pois a autorização do débito em conta bancária é feita pelo titular por meio da digitação de uma senha alfanumérica (que em algumas operações vem sendo substituída pela leitura biométrica da impressão digital do cliente). Ainda é importante ressaltar que essa operação foi concebida, inicialmente, para pagamentos à vista (débito da conta do comprador e crédito na conta do vendedor imediatamente), não havendo o efeito *pro solvendo* do cheque nem a possibilidade de sustação por desacordo comercial. Mais tarde surgiu a possibilidade de pagamentos parcelados e pré-datados (débitos e créditos futuros). Este último se aproxima do cartão de crédito, se não fossem algumas características que foram vistas anteriormente.

3.10.4. *Internet-banking (home-banking)*. TED

Home-banking significa movimentações pelo cliente de sua conta bancária à distância, via internet (*internet-banking*) ou por telefone, como, por exemplo, a realização de pagamentos de boletos, as transferências entre contas, a aplicação ou o resgate de investimentos, entre outros.

Se no passado a movimentação bancária era feita exclusivamente de forma pessoal na agência do banco, mais tarde isso evoluiu para a possibilidade de algumas operações serem feitas por fax e por telefone. Nos tempos atuais, praticamente todas as operações bancárias podem ser feitas diretamente pela internet por meio de dispositivos como computadores, *tablets* e *smartphones*.

Sem prejuízo do que é tratado acerca do PIX em outro item deste livro, para o qual remetemos o leitor, as transferências financeiras podem ser realizadas entre pessoas titulares de contas do mesmo banco, bem como tais operações podem envolver instituições financeiras diversas, independentemente de ser da mesma titularidade ou não entre as contas, tratando-se de uma ordem de pagamento.

A título de evolução histórica, enquanto uma ordem de pagamento, o "DOC" – Documento de Ordem de Crédito – no passado era feito exclusivamente mediante o comparecimento do correntista a uma agência do seu banco para solicitar pessoalmente a operação. Posteriormente, também era possível realizar DOC pela internet. O DOC funcionou até o dia 29 de fevereiro de 2024, sendo uma operação não estornável destinada à transferência de quantia de até R$ 4.999,99 (sem valor mínimo), sendo compensada após um dia útil.

Apesar de guardar alguma semelhança com o DOC, pois também é uma transferência interbancária não estornável que pode ser feita pela internet, a "TED" – Transferência Eletrônica Disponível – permite a transferência *on-line* (sem se submeter a prazo de compensação, mas devendo ser realizada até às 17 h.) de qualquer valor. Logo, o valor é disponibilizado ao credor imediatamente, mesmo sendo ele titular de conta em outra instituição financeira. Ini-

---

[71] Nesse sentido, Wille Duarte Costa. *Títulos de crédito*. 2. ed. Belo Horizonte: Del Rey, 2006. p. 88.

cialmente a TED era realizada para valores acima de R$ 5.000,00, e, posteriormente, a partir de R$ 1.000,00; porém, na atualidade, **não** há mais valores mínimos.

Já existem bancos que não têm agências bancárias físicas, sendo que, desde a abertura da conta (mediante o fornecimento de dados, cópias de documentos e foto), a contratação de empréstimos, as aplicações financeiras etc. até o encerramento da conta podem ser feitos totalmente pela internet. Isso tem sido aprovado pelo Banco Central do Brasil (Bacen), desde que cumpridas as regras firmadas para as instituições financeiras. Bancos mais personalizados chegam a oferecer o serviço de entrega de dinheiro a domicílio.

Contudo, o *internet-banking* nada mais é do que o emprego da tecnologia da informação na relação entre instituição bancária e cliente.

3.10.5. Pagamento por aproximação. NFC

Um dos pilares centrais do desenvolvimento de inovadoras modalidades de adimplemento de obrigações advém da elucidação das chamadas *Fintechs*, sendo estas ferramentas tecnológicas criadas para aprimoramento de atividades da indústria financeira.

Ademais, as tecnologias mencionadas advinham, em sua imensa maioria, de *Startups*, criadas com a estrita finalidade de desenvolver *Fintechs* a serem repassadas, em parceria, para instituições financeiras, empresas de gestão de pagamento ou, ainda, fabricantes de *smartphones*.

Diante deste cenário, uma das tecnologias que foram criadas para revolucionar o sistema de pagamentos e aprimorar a indústria financeira foi a denominada por *Near Field Communication* (**NFC**), ou seja, "comunicação por campo de proximidade", também chamada de *Contactless* ("sem contato").

Referida inovação, cuja criação aponta para o início da presente década, em meados de 2011, difundida por intermédio de fóruns *online*, se desenvolve no intuito de viabilizar o câmbio de informações, de maneira *wireless*, entre dois dispositivos eletrônicos, por intermédio da simples aproximação entre eles; podendo-se, a princípio, realizar operações de débito e crédito.

A *Near Field Communication*, ou tecnologia *Contactless,* nada mais é do que uma evolução da troca de informações e comunicações, via radiofrequência, quando um dispositivo busca informações em outro, desprovido de fonte de energia para funcionamento.

Entretanto, enquanto a tecnologia de câmbio informativo via radiofrequência permite a comunicação em longas distâncias, a NFC é utilizada para comunicação em distâncias menores, cujo funcionamento se dá pela proximidade de até 10 (dez) centímetros entre os dispositivos compatibilizados.

Desta forma, o funcionamento de referida ferramenta se dá pela aproximação entre dois dispositivos compatibilizados pela tecnologia, normalmente com *displays* (telas) de *smartphones* colocados frente a frente, ou, ainda, pela aproximação do dispositivo do comprador (seja seu celular ou seu cartão de crédito/débito com a tecnologia implantada) junto da máquina de cartão ou dispositivo análogo do receptor, permitindo a comunicação e o compartilhamento de dados para as mais diversas finalidades. O pagamento por aproximação também pode ser feito utilizando-se de outros equipamentos além do *smartphone* e do *smart card*, como relógios e pulseiras com a tecnologia implementada, que permitem o pagamento por aproximação. Sobre as pulseiras, existem, por exemplo, os modelos produzidos e comercializados pela *Trigg, Santander Pass, Visa* e *Ourocard*.

Inicialmente, a tecnologia NFC fora utilizada para leituras câmbio-informativas mais dinâmicas, como para fins de publicidade, quando o detalhamento de determinado produto ou serviço é oferecido após a aproximação entre dispositivos, ou até mesmo por intermédio de bilhetes de metrô ou passagens de ônibus, cuja tecnologia é implantada, em determinados países nos quais basta aproximar o bilhete ou passagem do leitor, para que o ingresso à condução seja autorizado.

Contudo, tanto as instituições financeiras como as grandes empresas de tecnologia e fabricantes de *smartphone* vislumbraram na tecnologia NFC, ou *Contactless*, importante inovação a ser efetivada para melhoria de seus serviços.

Assim sendo, especialmente no âmbito de transações e comércio, referida tecnologia vem sendo utilizada, recentemente, como inovador meio de pagamento para as mais diversas operações financeiras.

Sendo, ainda, inovação normalmente efetivada por *Startups*, estas também vislumbraram oportunidade de criação de *softwares* para o desenvolvimento da tecnologia NFC como novo meio de pagamento.

A partir de então, o "pagamento direto por aproximação" surge ao redor do mundo, angariando grandes empresas que buscaram inovar seus sistemas para fixar referida modalidade de adimplemento de obrigações em seus *softwares*.

Conforme infere-se do *Near Fild Communication Forum*[72], associação sem fins lucrativos que detém *website* utilizado para fins de definir, dimensionar, descrever e promover a tecnologia NFC, encontram-se, dentre as empresas já adeptas a esta inovação, *VISA*, *Google*, *Apple*, *Samsung Eletronics*, *Sony* e *Mastercard*, dentre outras.

As transações financeiras podem ser realizadas tanto pela aproximação de telas de *smartphones* compatibilizados pela tecnologia, colocadas frente a frente, quanto pela aproximação de qualquer *display* que possua a inovação implementada (seja o celular ou o próprio cartão de crédito) do dispositivo do receptor que seja compatível com a leitura da tecnologia, sendo este, normalmente, máquina de cartão de crédito [e/ou débito] apta para tanto.

A grande maioria dos pagamentos por aproximação, atualmente, é realizada por intermédio de *smartphones*, em parceria com instituições financeiras, como é o caso do Banco do Brasil, que passou a autorizar o pagamento por aproximação, utilizando da tecnologia NFC, implementando a inovação em seu aplicativo, para que o usuário não precise utilizar cartão de crédito ou débito. Basta, assim, inicializar o aplicativo da instituição financeira, selecionar o cartão a ser utilizado, na modalidade de pagamento por aproximação, e posteriormente aproximar o celular da máquina contendo o leitor da tecnologia, para que seja digitada a senha e concretizada a transação[73].

Grandes empresas, como cediço, já possuem aplicativos destinados mormente aos novos meios de pagamento, efetivando, talvez como o principal destes, o pagamento por aproximação. É o caso, por exemplo, do aplicativo *Google Pay*, autoconceituado como "a maneira mais rápida e segura de pagar *online* e em milhares de lojas", que atua em parceria com Banco do Brasil, Caixa Econômica Federal, Banrisul, Credicard, Bradesco Cartões, Next, Itaú, dentre outras[74].

---

[72] NFC FORUM. The Near Field Communication Forum. Disponível em: <https://nfc-forum.org/>. Acesso em: 15 jan. 2020.

[73] BANCO DO BRASIL (BB Digital). Pagamento por aproximação do celular. Disponível em: <https://www.bb.com.br/pbb/pagina-inicial/bb-digital/solucoes/pagamento-por-aproximacao-do-celular#/>. Acesso em: 16 jan. 2020.

[74] GOOGLE PAY BRASIL. (GooglePay). Bancos e Parceiros. Disponível em: <https://pay.google.com/intl/pt_br/about/banks/>. Acesso em: 16 jan. 2020.

A Samsung, a seu turno, já possuía seu aplicativo próprio, o *Samsung Pay*, no entanto, com a finalidade de melhor se adaptar às *Fintechs* que trouxeram inovadores meios de pagamento digitais, estabeleceu, em março de 2019, parceria com a empresa Trigg, uma *Startup* especificamente destinada a implementar *Fintechs* no cenário nacional[75].

Tal parceria, por sua vez, abarcou como integrante a VISA, que, na esteira do disposto em seu *website*[76], disponibiliza, para estabelecimentos comerciais, leitores de faixa magnética aptos, ou seja, compatíveis com a tecnologia NFC ou *Contactless*, para efetivar os pagamentos por aproximação.

Uma das empresas com maior crescimento dos últimos anos, no âmbito da indústria financeira, o *Nubank* implementou, em novembro de 2018, a tecnologia *Contactless* diretamente nos cartões de crédito distribuídos aos seus clientes, para que a simples aproximação do cartão em dispositivos com leitores compatibilizados, sem a necessidade de prévia emissão deste, seja capaz de realizar uma transação financeira.

De acordo com o explicitado pelo portal da própria empresa[77], o cliente cria uma senha contendo 4 dígitos no momento do cadastro de suas informações pessoais, devendo, via de regra, utilizá-la sempre que realizar transações por intermédio de máquinas de cartão. A tecnologia *Contactless* implementada, por sua vez, permite a compra pela simples aproximação do cartão (sem a necessidade de inseri-lo) junto ao leitor da máquina sem a necessidade de se digitar a senha. Podendo haver variação nos limites, normalmente apenas é solicitada a senha para operações financeiras com valor superior a R$ 200,00 (duzentos reais).

Ainda segundo o portal, a segurança da tecnologia é garantida, pois todas as compras feitas por aproximação utilizam de criptografia, que não permite o armazenamento de dados confidenciais, vez que muda após cada transação. Há quem garanta, ainda, que referida modalidade de pagamento é, inclusive, mais segura que o próprio cartão de crédito, ou demais formas de adimplemento, uma vez que é abarcada por comprovados modelos de proteção à captação indevida de dados, bem como previne a duplicidade de transações imediatas em igual valor.

Por óbvio, todo o sistema constituído pelo pagamento por aproximação e as tecnologias que o envolvem demandam, via de regra, presença física entre comprador e vendedor, ou pagador e recebedor (ainda que intermediários). Entretanto, tendo em vista a constante evolução tecnológica vivenciada pelo mundo globalizado, nada impede que se elucidem mecanismos de pagamento por aproximação no comércio eletrônico, por intermédio de leitores digitais, passíveis de captar as informações necessárias pela tela de um computador, o que deve se tornar tendência em um futuro próximo.

---

[75] SAMSUNG NEWSROOM BRASIL. Samsung Pay anuncia parceria com a Trigg. 2019. Disponível em: <https://news.samsung.com/br/samsung-pay-anuncia-parceria-com-a-trigg>. Acesso em: 17 jan. 2020.

[76] VISA. Pagamento por Aproximação. Disponível em: <https://www.visa.com.br/empresas/pequenas-e-medias-empresas/pagamento-por-aproximacao-para-comerciantes.html>. Acesso em: 18 jan. 2020.

[77] BLOG NUBANK. Nubank contactless: como fazer pagamento por aproximação com seu roxinho. 2019. Disponível em: <https://blog.nubank.com.br/nubank-contactless-pagamento-por-aproximacao/>. Acesso em: 19 jan. 2020.

3.10.6. Pagamento instantâneo

Ao longo do ano de 2018, o Banco Central do Brasil organizou um Grupo de Trabalho para fins de implementar, em seu sistema, mecanismos do que denominaram por "pagamentos instantâneos", sendo estes transferências monetárias entre diferentes instituições, por meio da qual a transação e disponibilidade de fundos para o destinatário final ocorre em tempo real, com serviço disponível durante 24 horas por dia, 7 dias por semana, em todos os dias do ano[78].

Na esteira das informações prestadas pelo próprio Banco Central, dentre as finalidades do sistema de pagamentos instantâneos estão, basicamente: o incentivo à eletronização dos instrumentos de pagamento de varejo; a melhoria nos serviços de transferências eletrônicas interbancárias e o imediatismo na disponibilização dos valores para o destinatário final.

Ademais, restou-se alinhavado que para efetuar um pagamento instantâneo, como pretendido pelo Banco Central do Brasil, no sistema a ser implementado, bastaria que o pagador selecionasse, em seu *smartphone*, o sujeito para qual desejasse transferir determinado montante, ou, ainda, utilizar de um *QR Sede* para realizar a leitura de um código de identificação.

Há, inclusive, a ideia de padronizar um único *QR Sede* para cada estabelecimento comercial cadastrado ao sistema, permitindo a todos os seus clientes a leitura deste, para transferência de valores.

Em um primeiro momento, o Banco Central do Brasil organizou o Grupo de Trabalho sobre Pagamentos Instantâneos, por meio da Portaria n. 97.909[79], que encerrou seus trabalhos em 21 de dezembro de 2008, divulgando o Comunicado n. 32.927[80], que estabelecia as diretrizes e sintetizava as pretensões acerca do ecossistema de pagamentos instantâneos pretendido pela instituição.

Posteriormente, foi publicada a Portaria n. 102.166[81], já em 19 de março de 2019, destinada a instituir o Fórum de Pagamentos Instantâneos (FPI) no âmbito do Sistema de Pagamentos Brasileiros (SPB), com o objetivo de auxiliar o Banco Central em seu papel de definidor das diretrizes do sistema pretendido e, assim, houve a criação de mais dois Grupos de Trabalho, o "GT Negócios" e o "GT Padronização e Requisitos Técnicos".

O próprio Banco Central, em seus termos, incentiva que "um modelo baseado em transações entre contas transacionais é propício para o aparecimento de *fintechs* que desenvolvam soluções inovadoras para as transações de pagamento, tanto para pagadores quanto para recebedores".

Depois de muito esforço, em novembro de 2020 começou a funcionar um sistema de pagamento instantâneo (então denominado de PIX, que será objeto de estudo mais adiante).

Acontece que até chegar nesse formato (e nessa nomenclatura), foi grande o trabalho do Banco Central, o qual buscava um ecossistema com vantagens e como uma alternativa

---

[78] BANCO CENTRAL DO BRASIL. Pagamentos instantâneos. Disponível em: <https://www.bcb.gov.br/estabilidadefinanceira/pagamentosinstantaneos>. Acesso em: 15 jan. 2020.

[79] CASA CIVIL DA REPÚBLICA, IMPRENSA NACIONAL. Portaria n. 97.909, de 3 de maio de 2018. *Diário Oficial da União*. Publicado em 07/05/2018. 86. ed. Seção 2. p. 46.

[80] BANCO CENTRAL DO BRASIL. Comunicado n. 32.927, de 21 de dezembro de 2018. Disponível em: <https://www.bcb.gov.br/content/estabilidadefinanceira/especialnor/Comunicado32927.pdf>. Acesso em: 15 jan. 2020.

[81] CASA CIVIL DA REPÚBLICA, IMPRENSA NACIONAL. Portaria n. 102.166, de 19 de março de 2019. *Diário Oficial da União*. Publicado em 20/03/2019. 54. ed. Seção 2. p. 27.

mais barata para os agentes econômicos, dispensando o uso de máquinas de cartão de crédito e débito, ao permitir transferências em tempo real com códigos de identificação, independentemente de dia, hora, ou do encerramento do horário bancário[82].

Notoriamente, caso este sistema seja realmente implementado, em atenção às diretrizes e finalidades já traçadas, constituirá avanço significativo para o comércio eletrônico, tanto para consumidores, que deverão receber seus produtos em menor tempo, dado ao imediatismo da transação, quanto para os fornecedores, que não mais necessitarão de aguardar longos dias para o recebimento de valores que lhe são devidos por transações *online* via cartão de crédito ou débito.

3.10.7. PIX

Do ponto de vista de uma linha do tempo, o PIX pode ser tido como uma ordem de pagamento, uma evolução, portanto, dos títulos de crédito, passando por outros meios de pagamento com a TED (e, outrora, o DOC). Para tratar do assunto vale ponderar que as recentes inovações tecnológicas no setor bancário (notadamente com relação aos novos métodos de pagamento instantâneo) estão revolucionando o pensar e o agir das pessoas em relação à forma de usar e guardar seu dinheiro.

Vale ponderar que o conceito de moeda de troca é conhecido há milhares de anos e, até hoje, funciona como uma representação de confiança de que o valor recebido poderá ser trocado por produtos ou serviços, e ganha cada vez mais relevância quando as sociedades passam a fazer negócios entre si. A evolução das moedas no mundo levou em consideração, afora outros elementos comerciais, a praticidade e a facilidade de sua operação.

Assim, lado a lado aos avanços da forma de se fazer negócios estão as evoluções das moedas e do dinheiro, que visam fornecer melhores condições de negociação, sempre com foco na confiança que está por trás da moeda em circulação.

Note-se que o próprio dinheiro, inicialmente confeccionado em moedas de metal, as quais possuíam valor equivalente ao do material em que eram feitas, pouco tempo depois passou a ser em moedas fiduciárias, ou seja, se tornou representativo de valor, tal como o dinheiro em espécie que atualmente utilizamos.

Neste processo sequencial e, agora, exponencial de evolução dos meios de pagamento e da forma com que a sociedade faz negócios, surgem as transações financeiras digitais, de forma que se deixa de trocar dinheiro e passamos a trocar informações digitais.

Tamanha foi a evolução dos meios de pagamento virtuais, criados em resposta ao desenvolvimento e aprimoramento dos meios de comércio eletrônico, que a própria forma de transação eletrônica vai ficando ultrapassada.

Nesse cenário, a criação do PIX do Banco Central do Brasil insere-se como parte do Sistema de Pagamentos Instantâneos. A palavra PIX não tem um significado próprio, nem é uma sigla de uma expressão; trata-se apenas de um termo que remete a conceitos como tecnologia, transação e pixel (ponto luminoso que junto com outros pontos formam a imagem da tela).

---

[82] VALOR ECONÔMICO. TAUHATA, Sérgio. BC lançará sistema de meios de pagamento instantâneo em 2020. 2019. Disponível em: <https://www.valor.com.br/financas/6228229/bc-lancara-sistema-de-meios-de-pagamento-instantaneo-em-2020>. Acesso em: 19 jan. 2020.

O PIX representará um significativo avanço às relações comerciais (presenciais e *online*), considerando-se que será uma alternativa à circulação de dinheiro em espécie, em particular a essa parcela da população que não possui acesso a cartões de crédito, visto que permite a realização de transações de maneira instantânea, sem taxas relevantes, tal como ocorre com os cartões de débito ou com as transferências via TEDs (e outrora por DOCs).

O PIX, enquanto uma evolução da TED, é considerado o mais atual meio de pagamento da atualidade, tendo sido projetado pelo Banco Central do Brasil (Bacen) para iniciar as operações a partir de 2020, de forma a introduzir uma série de facilidades ao sistema financeiro.

Quanto à regulamentação do PIX, está disciplina especialmente pela Resolução Bacen n. 01/2020 e o respectivo Regulamento anexo. Essa Resolução, que já foi atualizada algumas vezes, instituiu o arranjo de pagamentos PIX e aprova o seu Regulamento. Para mais detalhes sobre os arranjos de pagamento, remetemos o leitor ao item deste livro que cuida desse tema.

É de se dizer que o PIX é um meio de pagamento baseado em uma chave de acesso, que permite a realização das transações financeiras no modelo 24/7/365, isto é, disponível 24 horas por dia, sete dias por semana e 365 dias por ano, com baixíssimas taxas (ou até mesmo gratuito em diversas instituições financeiras), não é criação brasileira, pois já há sistemas semelhantes ao PIX brasileiro no Peru (PLIN) e no México (CODI).

Entretanto, é preciso mencionar que o Brasil está na vanguarda dos meios de pagamento, o que significa dizer que esse tipo de tecnologia ainda não está disponível em grande parte dos países da Europa que não têm serviços similares (talvez pelo melhor acesso do europeu a cartões de crédito e o protagonismo de outras formas de pagamento).

Uma das principais facilidades dessa nova sistemática de pagamentos é, justamente, a disponibilidade ininterrupta, permitindo que se façam transferências bancárias a qualquer dia e horário, diversamente do que ocorre atualmente com o TED e, no passado, com o DOC que, no primeiro caso, em que pese sua compensação ocorra no mesmo dia, só está disponível em dias úteis das seis às dezessete horas. Já no segundo caso, o DOC somente era compensado no dia seguinte e possuía a limitação de valor transacional de R$ 4.999,99 por transação. Esta disponibilidade ininterrupta certamente foi convertida no aumento de transações, visto que o Brasil, diferentemente de outros países, celebra contratos em qualquer dia da semana e a qualquer hora.

Sem dúvida, outro chamativo para a utilização do PIX são os custos reduzidos. De acordo com a Instrução Normativa n. 3/2020 do Banco Central do Brasil, a taxa a ser paga pelas instituições financeiras ao Bacen por operações realizadas com o PIX é de R$ 0,01 a cada dez transações efetuadas. Ou seja, teremos um custo aproximado de R$ 0,001 centavo por transação, enquanto na TED o valor por transação pode chegar a R$ 0,07 centavos por operação e, pelo menos por enquanto, não há cobrança de taxas pelas instituições financeiras para transações do PIX realizadas por pessoas físicas [as pessoas jurídicas, sim, pagam].

Para o consumidor final, essa redução de custos pode, igualmente, ser muito significativa, uma vez que, segundo o próprio Bacen, as taxas de transferências da TED podem variar entre R$ 9,00 e R$ 20,00, enquanto o PIX está sendo oferecido gratuitamente para as pessoas físicas[83].

---

[83] Disponível em: https://www.bcb.gov.br/fis/tarifas/htms/htarco11f.asp?idpai=tarbanvalmed&frame=1. Acesso em: 10 set. 2020.

Já para os empresários que atuam no ramo do comércio (eletrônico e presencial), a utilização do PIX pode significar um aumento de seu faturamento pela desnecessidade de pagamento de taxas das empresas administradoras de cartão de crédito e débito.

Pela regulamentação do Bacen, instituições financeiras com mais de 500 mil contas ativas possuem adesão obrigatória ao PIX e, as demais, têm adesão facultativa. Contudo, mesmo instituições financeiras menores e *fintechs* estão aderindo ao sistema, por uma questão de competição mercadológica.

Com o PIX, em razão da instantaneidade da transação, da confiança do sistema, por ser centralizado no Bacen, e por causa dos baixos custos da transação, poderá haver um sistema de saques descentralizados de dinheiro em espécie. Em outras palavras, comerciantes poderão receber através do PIX e entregar a mesma quantia ao consumidor, como um atrativo de seu ponto comercial, ou cobrar uma taxa para tal transação, auferindo receita por meio desse serviço.

Esse movimento tecnológico que agora chega ao setor bancário possuirá relevante impacto no *e-commerce*, visto que possibilitará o desuso do sistema de pagamento por boleto bancário, que pode demorar mais de dois dias para ser compensado e, com isso, atrasar toda a logística de entrega do produto adquirido, em razão da necessidade de compensação.

Há, ainda neste interregno, uma diminuição significativa no número de fraudes, que ocorrem na emissão de boletos, tal como a falsificação destes e, ainda, uma redução significativa da circulação de papel moeda, em razão da digitalização das transações.

O PIX permitirá a realização de transações bancárias via informação de uma chave de acesso previamente cadastrada junto a uma instituição financeira. Essa chave de acesso pode ser o e-mail, o número de telefone ou o CPF do consumidor.

Para a concretização da transferência bastará que o pagador aponte seu *smartphone* para o *QR Code* do recebedor, que captará as informações dessa chave de segurança e, então, a transferência será realizada instantaneamente, sendo, então, um sistema, que possui três características básicas: a velocidade, ante a instantaneidade do pagamento; a conveniência, tirando o foco das instituições financeiras das agências, diante da possibilidade de descentralização de saques de dinheiro em espécie e, por fim, a disponibilidade, tal como já mencionada neste trabalho.

Para que o usuário possa utilizar esse serviço, necessariamente precisa solicitar à sua instituição financeira que cadastre um apelido, que pode ser seu número de CPF, seu e-mail ou seu número de telefone celular. Esse apelido serve para que o Banco Central, ao receber uma transação por meio do PIX, por intermédio do apelido, possa localizar os dados bancários do recebedor do valor e, assim, fazer o direcionamento para a conta. Note-se que para efetuar transações bancárias não mais é necessário saber os dados bancários do recebedor, tal como banco, agência, número de conta e sua modalidade, titularidade e CPF do titular, bastando, agora, saber o "apelido" do destinatário.

Esse sistema estará disponível, também, para pagamento de contas de consumo, tal como água, energia elétrica, telefonia, internet e também para o pagamento de tributos.

Como sabemos, a história da humanidade é marcada por revoluções e alguns eventos disruptivos, que modificaram completamente o modo de agir, a forma de interação social ou, ainda, o modo de pensar.

No caso dos sistemas de pagamento instantâneo, a exemplo do PIX, surgem alguns problemas e dilemas, que devem ser analisados e tratados pelo direito, em busca de regulamentação jurídica dessa tecnologia para que o ordenamento jurídico esteja apto a solucionar questões e demandas advindas da utilização desses produtos.

É importante, então, que no âmbito jurídico, as instituições financeiras aumentem exponencialmente a quantidade e a qualidade de informações e sistemas de segurança a seus usuários, para que, devidamente educados digitalmente, sejam cada vez menos vítimas de *cybercrimes*.

A título exemplificativo, segundo o FBI, a unidade de polícia do Departamento de Justiça dos EUA, no período de pandemia da COVID-19, o número de golpes aumentou em cerca de 300%[84].

A este respeito leciona Spencer Toth Sydow[85]:

> Consequentemente ao surgimento desse meio ambiente, houve mudanças. O ser humano aumentou seu tempo sozinho, passando a se relacionar e comunicar virtualmente. A presença física foi substituída pela "presença virtual", em que computadores se comunicam, sob administração de seus usuários. As barreiras geográficas foram superadas e o comércio sofreu forte impacto. Por ser mais confortável e mais rápido, o ambiente informático passou a ser mais e mais adotado recebendo mais investimentos, mais confiança e tornando-se parâmetro/padrão. Por conseguinte, passou também a ser um ambiente potencial para lucro e benefícios, tornando-se alvo da delinquência por conta de suas vulnerabilidades, erros de programação, falhas de segurança, técnicas de sobrepujamento, engenhosidade social e até mesmo por mero lazer.

É notável que a criminalidade tenha aderido às fraudes *cibernéticas*, em razão da praticidade, do surgimento de milhões de pessoas vulneráveis operando a rede e, ainda, em razão do crescente número de sistemas digitais que vêm sendo criados, os quais, por óbvio, possuem falhas que são exploradas por esse ramo da criminalidade.

Decorrido um ano do uso do PIX, a ferramenta tem grande aderência entre pessoas físicas e jurídicas, mas, dadas as fraudes e crimes envolvidos, o Bacen viu-se obrigado a estabelecer regras impondo limites de valores para transações no período noturno. Entretanto, para não inviabilizar negócios, o usuário pode voluntariamente configurar esses limites.

Chama-se atenção, do mesmo modo e em igual nível de importância, para que os usuários se conscientizem dos riscos existentes em transações virtuais e, com isso, adotem medidas básicas de segurança digital, de modo a reduzir suas vulnerabilidades e, com isso, reduzindo o interesse de *cibercriminosos* em empreender seu tempo na prática deste tipo de delito. Se não houver vulnerabilidade não há crime.

Ressaltando as vantagens do PIX. A pessoa consegue receber e transferir sem precisar de todos os dados da conta bancária, para isso você vai precisar apenas de uma chave Pix, que é um dado simples que irá identificar a conta bancária. A chave pode ser um CPF, celular, e-mail ou uma chave aleatória. Você pode cadastrar sua chave PIX (vinculada a uma conta bancária) e emitir *QR Codes* para receber pagamentos na sua conta bancária. Para as pessoas que utilizarem o PIX, vislumbram-se os seguintes benefícios: rapidez (concretiza-se em até 10 segundos), simplicidade (poucos cliques, inclusive utilizando o *smartphone*), economia (sem

---

[84] Disponível em: https://canaltech.com.br/seguranca/numero-de-golpes-ligados-ao-coronavirus-aumentou-300-alerta-fbi-163604/. Acesso em: 11 set. 2020.

[85] SYDOW, Spencer Toth. *Curso de Direito Penal Informático*. Salvador: Juspodivm, 2020. p. 21.

Títulos de crédito e meios de pagamento

taxa), conveniência (operações 24 horas por dia, em todos os dias da semana, incluindo finais de semana e feriados) e segurança (prometida pelo Bacen e instituições financeiras).

3.10.8. Débito Direto Autorizado (DDA). PIX Agendado e PIX Automático

Pela evolução tecnológica é possível a emissão de boletos utilizando-se ferramentas digitais, por intermédio de *softwares* (normalmente aplicativos) vinculados à instituição financeira da qual faz uso o comprador, para que este simplesmente opte por pagar, ou não, dentro do vencimento estipulado.

A esta inovação tecnológica deu-se o nome de Débito Direto Autorizado (**DDA**), implementada em meados do ano de 2009 pela Federação Brasileira de Bancos (FEBRABRAN), a qual, inclusive, publicou cartilha explicativa sobre o funcionamento do sistema e suas finalidades[86].

Basicamente, o Débito Direto Autorizado funciona essencialmente como um boleto, entretanto, cobrado por intermédio de um *software online* (nos dias atuais, um aplicativo da instituição financeira do cliente). É enviada, diretamente ao aplicativo, uma cobrança com o nome do devedor, o montante a ser pago, e a data de vencimento.

O devedor, para adimplir a obrigação, acessa sua conta por intermédio da internet (*home-banking*, ou *internet banking*) e simplesmente autoriza que o montante cobrado seja debitado de seu saldo. Entretanto, importante tecer uma diferença desta ferramenta para o instituto do **Débito Automático** (débito em conta). Este último, ao contrário do DDA, demanda simplesmente a opção pelo serviço, em uma única autorização, para que todas as despesas atinentes àquele gasto escolhido a ser adimplido por Débito Automático sejam, como já diz o nome, automaticamente debitadas da conta do cliente.

Já no sistema de Débito Direto Autorizado o cliente recebe todos os boletos vinculados a esse serviço, com o respectivo vencimento e valor, e deve autorizar o pagamento de cada um destes, de maneira individualizada, e no dia em que julgar melhor, desde que dentro do vencimento.

De acordo com o que se extrai da mencionada Cartilha sobre DDA, publicada pela FEBRABRAN, apenas alguns tipos de contas, denominadas "Boletos de Cobrança", como, por exemplo, aqueles destinados ao pagamento de condomínio, clube, mensalidade escolar, dentre outros, poderiam ser objeto de DDA. Entretanto, as cobranças decorrentes de "Arrecadação de Tributos" (IPTU, IPVA, multas etc.) e "Contas de Serviços Públicos" (água, energia elétrica, telefone etc.) não poderiam ser abarcadas pelo DDA.

Embora semelhantes, pode-se dizer que o Débito Direto Autorizado está vinculado a um número de CPF [quiçá um CNPJ], enquanto o Débito Automático corresponderia a uma vinculação junto a uma conta bancária.

Entendendo as cobranças emitidas por fornecedores em comércio eletrônico como "Boletos de Cobrança", são passíveis de serem adimplidas por intermédio do Débito Direto Autorizado, constituindo, também, novo meio de pagamento decorrente da evolução tecnológica trazida pela era digital em que vivemos.

---

[86] FEBRABRAN (Federação Brasileira de Bancos). Cartilha DDA: Débito Direto Autorizado. Disponível em: <https://cmsportal.febraban.org.br/Arquivos/documentos/PDF/CartilhaDDA.pdf>. Acesso em: 16 jan. 2020.

Do ponto de vista prático, o DDA poderá ser substituído, no todo ou em parte, pelo **PIX Agendado** e/ou **PIX Automático**, que receberam regulamentação específica a partir da Resolução Bacen n. 402/2024, ao promover alterações no Regulamento anexo à Resolução Bacen n. 01/2020, cujo atual art. 8º prevê que "o Pix Agendado consiste na possibilidade de o usuário pagador agendar a realização de um Pix para uma determinada data futura".

Já o art. 11-Q do referido Regulamento dispõe que "o Pix Automático consiste no serviço de pagamento em que o participante prestador de serviços de pagamento do usuário pagador inicia um Pix a partir da conta transacional desse usuário, em razão do recebimento periódico de instruções de pagamento do participante prestador de serviços de pagamento do usuário recebedor, observada a necessidade de autorização prévia e específica do usuário pagador para execução desse serviço".

A diferença substancial entre o PIX Agendado e o PIX Programado está no fato de que o PIX Agendado permite que se programe (agende) para o futuro um pagamento único, mediante o débito correspondente do titular da conta na ocasião. Frise-se que o lançamento é para um pagamento único e exclusivo, devendo ser uma data predefinida (a princípio, dentro do prazo de 90 dias do seu lançamento). Seu funcionamento assemelha-se à operação de débito em conta-corrente autorizada pelo correntista.

Já no PIX Automático o agendamento (programação) do pagamento se dá de forma recorrente, ou seja, programam-se os pagamentos automáticos de despesas constantes para datas específicas (cujos valores serão objeto de débito em conta). Esse formato é muito útil para pagamentos de despesas recorrentes, como de energia elétrica, internet, seguro etc.

3.10.9. Boleto bancário. Nova plataforma de cobrança

Como visto no item da duplicata virtual deste livro, o boleto bancário é fruto dos usos e costumes mercantis, originado pelo fato de a duplicata ter se desprendido das regras ordinárias previstas na lei em razão da realidade negocial, assumindo uma dinâmica influenciada pelo desenvolvimento da informática.

Esse fato, em grande medida, acabou levando a duplicata a ser desmaterializada, transformando-se em simples registros eletromagnéticos, os quais são transmitidos pelo empresário à instituição financeira[87], quando da realização de operação de desconto bancário. Entretanto, com o passar do tempo o boleto bancário passou a ser utilizado quase que indistintamente nas relações negociais, não apenas nas relações mercantis previstas na Lei da Duplicata.

Vale lembrar que a partir da década de 1970, no Brasil os empresários deixaram de emitir duplicatas em papel e passaram a emitir uma relação das duplicatas lançadas por meio eletrônico. Tal relação ficou conhecida por borderô, do qual constam os números das duplicatas, correspondendo tais números aos das respectivas notas fiscais-faturas. O borderô é remetido ao banco por via eletrônica [atualmente pela internet, mas no passado por outros veículos como o disquete ou fita magnética]. Assim, o banco emite e encaminha aos sacados (devedores), para que efetuem o pagamento na rede bancária, um documento de cobrança popularmente denominado **boleto bancário** com os dados dos sacadores. Caso determinado boleto deixe de ser pago, o banco comunica-se com o Tabelionato de Protesto também por via eletrô-

---

[87] Nesse sentido, Newton De Lucca. *A cambial-extrato*. São Paulo: RT, 1985. p. 23 e s.

nica e envia a indicação dos dados do título, em vez do próprio título impresso em papel ou o seu respectivo boleto bancário, para efetuar o protesto. O comprovante da entrega da mercadoria ou prestação de serviços é substituído por uma declaração do sacador de que tal documento encontra-se em sua posse, a fim de exonerar o banco de responsabilidade[88].

Contudo, poder-se-ia dizer que o boleto bancário, em seus primórdios, seria uma espécie de aviso de cobrança. No mais, ao tempo do vencimento, o banco promove a cobrança do crédito mediante a emissão de **boleto bancário**, que não se trata de um título de crédito, mas sim um aviso de cobrança ao devedor e que tem a facilidade de permitir sua quitação por meio da rede bancária física, caixas eletrônicos ou pela internet.

Assim, ressaltamos que a emissão e o pagamento de boletos bancários se tornaram uma prática corriqueira no comércio, ou seja, assumiram a condição de usos e costumes. Cabe ponderar que os usos e costumes vigoram quando a lei não possui normas expressas para regular o assunto; consistem nas práticas continuadas de determinados atos pelos agentes econômicos que são aceitas pelos empresários como regras obrigatórias. É comum que os usos e costumes sejam posteriormente transformados em regras jurídicas positivadas, mas a revogada Carta-Circular Bacen n. 2.531/95 não chegou a firmar efetivamente um regime jurídico para o boleto bancário; apenas estabeleceu procedimentos para a implantação da compensação eletrônica de cobrança.

Visando a dinamizar o uso dos boletos, enquanto forma de cobrança de dívidas, bem como garantir maior segurança a eles e assim minimizar as fraudes, a FEBRABAN (Federação Brasileira dos Bancos) criou e vem implantando a **Nova Plataforma de Cobrança**. Esta plataforma consiste num sistema em que os boletos, ainda que vencidos, possam ser pagos via quaisquer instituições financeiras (presencialmente ou pela internet). Para tanto, os boletos deverão ser registrados nesta plataforma com informações do emissor e do devedor/pagador do boleto (nomes e CPFs – ou CNPJs – de ambos), valor e vencimento.

A emissão de um boleto bancário independe do fato de o comprador (devedor) ter uma conta junto a uma instituição financeira, pois essa lâmina de pagamento poderá ser paga com dinheiro em agências bancárias e seus correspondentes, bem como em casas lotéricas e agências dos Correios. Possuindo conta bancária, além destes canais, o devedor ainda tem a possibilidade de, mediante o débito correspondente em sua conta, efetuar o pagamento em caixas eletrônicos ou pela internet (*home-banking*).

3.10.10. Crédito documentário/documentado

Também decorrente de um contrato bancário, o crédito documentário (também denominado crédito documentado) é um meio de pagamento muito importante nas negociações internacionais como uma forma de a obrigação ser concretizada e adimplida com maior segurança, ou seja, uma instituição financeira (emissora), seguindo as instruções de seu cliente (ordenante), compromete-se a pagar a um terceiro (beneficiário).

Assim, nas compras e vendas internacionais, o crédito documentário é uma operação pela qual um banco, a pedido do cliente (comprador), atua como intermediário entre as partes ao comprometer-se diante do vendedor da mercadoria (ou prestador de serviço) a

---

[88] Fernando Netto Boiteux. *Títulos de crédito* (em conformidade com o novo Código Civil). São Paulo: Dialética, 2002. p. 50-51.

efetuar o pagamento sempre que este beneficiário entregar os documentos especificados, no prazo e termos estabelecidos, comprovando assim o envio dos produtos.

O banco pode efetuar o pagamento diretamente ao beneficiário ou pode utilizar-se de outro banco (avisador-intermediário)[89], com quem mantenha acordo para tal, em geral situado no país do vendedor.

A expressão "crédito documentado" significa que o crédito está embasado em documentos, e não sobre mercadorias ou serviços. Assim, é preciso entregar os documentos especificados, no prazo e em condições estabelecidas, comprovando, portanto, a remessa das mercadorias pelo vendedor ao comprador. Em síntese, o pagamento ao credor fica condicionado ao envio da mercadoria.

Giacomo Molle expressa que a origem do crédito documentado remonta ao século XVIII pela atividade bancária desenvolvida em Londres[90].

Dessa forma, a **finalidade** principal do crédito documentário nos contratos internacionais é a de proporcionar uma dupla segurança:

1) para o exportador, que quer ter a segurança quanto ao recebimento do valor devido no prazo convencionado;

2) para o importador, que quer ter a segurança quanto à entrega das mercadorias e de que não irá pagar ao vendedor até ter a certeza de que este cumpriu suas obrigações, explicitadas no condicionado do crédito (nos documentos).

Além de ter a função de ser um instrumento de pagamento, o crédito documentário pode servir de mecanismo de financiamento de operações internacionais, prestado pelo banco emissor ao importador.

Vale destacar que o crédito documentário é um costume bancário reconhecido pela Câmara de Comércio Internacional (CCI), sendo constantemente atualizado. Atualmente vigora a Publicação 600, também conhecida como Brochura (folheto normativo) 600 – *Uniform Customs and Practice for Documentary Credits* – UCP 600[91]; expressão que pode ser traduzida por "Costumes e práticas uniformes para créditos documentários".

Assim como o comércio internacional é regulado fundamentalmente por usos e costumes (*lex mercatoria*), o mesmo acontece com o crédito documentado. Isso se deu especialmente a partir do século XX, devido à pulverização de operações entre as pessoas, especialmente as jurídicas, sediadas em diferentes países, associada ao risco e à incerteza para as partes, decorrentes da distância entre elas e da diversidade de ordenamentos jurídicos. Dessa forma, surgiu a necessidade da criação de mecanismos que regulassem essas operações e assegurassem sua efetividade e execução, proporcionando formas de pagamento que garantissem às partes o cumprimento de suas prestações obrigacionais, surgindo dessa forma as publicações sobre crédito documentado da CCI[92].

---

[89] Nelson Abrão. *Direito bancário*. 14. ed. rev., atual. e ampl. por Carlos Henrique Abrão. São Paulo: Saraiva, 2011. p. 186.

[90] Giacomo Molle. *I contratti bancari*: aggiornata alle norme bancarie uniformi e alla dottrina e giurisprudenza più recenti. 2. ed. Milano: Giuffrè, 1973. p. 475.

[91] Disponível em: <http://www.iccwbo.org/news/brochures/>. Acesso em: 11 jul. 2018.

[92] André Rennó Lima Guimarães de Andrade. *UCP 600 – A nova publicação da Câmara de Comércio In-

3.10.11. Arranjos e instituições de pagamento

Para tratarmos dos arranjos e instituições de pagamento, regulamentados pela Lei n. 12.865/2013 (fruto da aprovação do texto da Medida Provisória n. 615, de 17 de maio de 2013), é importante contextualizarmos o tema, pois no Brasil, até 2010, os serviços de credenciamento (prestados por empresas que habilitam recebedores, pessoas naturais ou jurídicas, para aceitação de instrumentos de pagamento, tais como cartões de débito ou crédito, "bandeiras" de cartões, cujos assuntos trataremos adiante) eram exercidos por duas empresas que representavam um duopólio, detendo mais de 90% deste mercado: a Visanet, que detinha a exclusividade da bandeira "Visa", e a Redecard, que detinha a exclusividade da bandeira "Mastercard".

Vale ter em conta que este mercado "duopolizado" gerava ausência de competição no ramo, barrando novos competidores de acesso ao sistema, sendo que os recebedores (empresários-comerciantes) deveriam se credenciar a estas empresas que detinham a exclusividade das bandeiras, com duplicidade de estrutura para realizar operações, ou seja, deveriam alugar duas "maquininhas" de cartão de crédito, o que gerava maiores custos e taxas.

No ano de 2006, o Banco Central do Brasil – Bacen, a Secretaria de Acompanhamento Econômico – SEAE (Ministério da Fazenda/Economia) e a Secretaria de Direito Econômico – SDE (Ministério da Justiça) [frise-se que a SDE foi extinta a partir da vigência da Lei n. 12.529/2011, tendo sua competência transferida para o CADE] resolveram firmar um convênio para promover uma ação coordenada para analisar, estudar e intercambiar informações sobre o mercado de cartões de pagamento brasileiro.

Sob esse aspecto, o Bacen passou a divulgar relatórios sobre a indústria de cartões de pagamento para pôr em prática os objetivos do convênio, com estudos conjuntos e adotar políticas sobre o tema que culminassem em um novo marco regulatório[93].

Os objetivos do convênio foram muito bem esclarecidos em sua Cláusula Primeira, parágrafo único, ao dispor sobre o objeto, que era a cooperação técnica entre Bacen, SDE e SEAE para elaboração de estudos a respeito da concorrência no segmento dos arranjos e instituições de pagamento, em relação à estrutura do mercado vigente, dos preços e tarifas e a potenciais práticas anticompetitivas, com o fim de identificar falhas de mercado decorrentes das estratégias de negócio empregadas, da estrutura de apreçamento, de remuneração e das práticas mercadológicas, e, eventualmente, propor recomendações no sentido da aplicação de medidas estruturais ou de condutas que visem ao estabelecimento de um ambiente competitivo no mercado, com maior inovação e maior eficiência econômica objetivando a promoção do bem-estar social.

Como resultado deste convênio foi o "Relatório sobre a Indústria dos Cartões de Pagamento", conjuntamente elaborado pela SDE, SEAE e Bacen, de 299 páginas, que concluiu, dentre outros pontos importantes que basicamente não deveria haver exclusividade contra-

---

ternacional sobre créditos documentários. Disponível em: <http://pt.scribd.com/doc/44895763/UCP-600-artigo>. Acesso em: 9 ago. 2018.

[93] Bruno Balduccini, Marcus Firmato, Tatiana Guazzelli e Jorge Vargas Neto. Arranjos e instituições de pagamento: Novo marco legal e regulatório. *Revista de Direito Bancário e do Mercado de Capitais*, São Paulo, RT, v. 63, p. 2, jan. 2014.

tual entre a empresa proprietária do esquema de serviços de pagamento e o credenciador (bandeira), quando o credenciador não fosse o próprio dono do esquema (mesma empresa).

Frise-se que, em 2009, a Secretaria de Direito Econômico [extinta pela Lei n. 12.529/2011] instaurou procedimentos contra as empresas Visanet e Redecard, que mantinham exclusividade contratual com as credenciadoras (bandeiras) Visa e Mastercard, dos quais resultaram Termos de Compromisso de Cessação com o CADE – Conselho Administrativo de Defesa Econômica, nos quais as empresas se comprometeram a, basicamente, abrir a competitividade no mercado e evitar o tratamento discriminatório, por meio da contratação com novas empresas (bandeiras e credenciadoras), quebrando a exclusividade e o duopólio do mercado. A tentativa de abertura do mercado trouxe resultados aquém do esperado, não promovendo a competitividade no setor que se esperava, pois havia outros credenciadores influentes no mercado, que mantiveram suas exclusividades com as bandeiras dominantes, mantendo o *status quo* em uma parcela do mercado.

Também é preciso ter em conta que o mercado é altamente verticalizado entre as credenciadoras e as instituições de pagamento, minando com a tentativa de entrada de outras empresas menores concorrentes no ramo, as quais, caso ingressem no setor, não portarão a rivalidade necessária para efetivamente competir, porém, a tentativa é louvável e segue seu curso atualmente.

Vale frisar que o primeiro marco legal a que este trabalho conjunto dos órgãos mencionados resultou foi a MP n. 615/2013, a qual tratava dos arranjos e instituições de pagamento. Em 9 de outubro de 2013, a MP n. 615 foi convertida na Lei n. 12.865, a qual regulou as normas gerais do tema e também os princípios aplicados à matéria, conferindo ao Conselho Monetário Nacional (CMN) e ao Bacen poderes para regulamentação do segmento[94].

Em trabalho escrito em 2002, Isabel Garcia Calich e Paulo de Lorenzo Messina já comentam que as práticas adotadas pelo Bacen para melhorar o funcionamento e as sistemáticas adotadas no âmbito dos arranjos e instituições de pagamento (tais como a de liquidação de obrigações entre instituições financeiras) objetivavam aumentar a transparência e confiança no Sistema Financeiro Nacional[95].

O projeto de reestruturação do Sistema de Pagamentos Brasileiro (SPB), proposto pelo convênio, compreendia alguns aspectos fundamentais, quais sejam: gerenciamento de riscos sistêmicos (de liquidação); mecanismos para transferência de grandes valores; monitoramento em tempo real da conta reserva bancária; câmaras de compensação eletrônica para registro de negociações dos ativos financeiros circulantes no mercado. E concluíram Isabel Garcia Calich e Paulo de Lorenzo Messina, naquele tempo, que "o novo Sistema de Pagamentos é semelhante ao adotado pelos Estados Unidos, pela União Europeia e pelo Japão"[96].

Bruno Balduccini, Marcus Firmato, Tatiana Guazzelli e Jorge Vargas Neto comentam sobre a importância da regulamentação do setor pela lei, o que se tornou inevitável a partir

---

[94] Bruno Balduccini, Marcus Firmato, Tatiana Guazzelli e Jorge Vargas Neto. Arranjos e instituições de pagamento: Novo marco legal e regulatório. *Revista de Direito Bancário e do Mercado de Capitais*, cit., p. 2.

[95] Isabel Garcia Calich e Paulo de Lorenzo Messina. O novo sistema de pagamentos brasileiro. *Revista de Direito Bancário e do Mercado de Capitais*. São Paulo, RT, v. 17, p. 2, jul. 2002.

[96] Isabel Garcia Calich e Paulo de Lorenzo Messina. O novo sistema de pagamentos brasileiro. *Revista de Direito Bancário e do Mercado de Capitais*, cit., p. 2.

da evolução e do crescimento da indústria, sob pena de insegurança jurídica na prática dos arranjos e instituições de pagamento[97].

3.10.11.1. Conceitos fundamentais

Os arranjos e instituições de pagamento foram definidos e regulamentados pela Lei n. 12.865/2013, que traz em seus arts. 6º a 15 alguns conceitos fundamentais destes institutos, tais como: arranjo de pagamento, instituidor, instituição, conta de pagamento, instrumento de pagamento e moeda eletrônica, além dos princípios do sistema, as competências do Bacen e do CMN, dentre outras disposições e procedimentos envolvendo o instituto.

O CMN e o Bacen passaram a deter poderes de regulamentação destas entidades, relativos a, por exemplo, constituição e funcionamento, gerenciamento dos riscos sistêmicos e também a abertura e movimentação das contas de pagamento.

Nesse sentido, o art. 6º da Lei n. 12.865/2013 trata dos conceitos e definições de diversos institutos relativos à matéria, considerando-se **arranjo de pagamento** o conjunto de regras e procedimentos que disciplina a prestação de determinado serviço de pagamento ao público aceito por mais de um recebedor, mediante acesso direto pelos usuários finais, pagadores e recebedores.

De acordo com o mesmo diploma legal, **instituidor** de arranjo de pagamento é a pessoa jurídica responsável pelo arranjo de pagamento e, quando for o caso, pelo uso da marca associada ao arranjo de pagamento.

Instituição de pagamento é a pessoa jurídica que, aderindo a um ou mais arranjos de pagamento, tenha como atividade principal ou acessória, alternativa ou cumulativamente, a disponibilização de serviços de aporte ou saque de recursos mantidos em conta de pagamento, a execução ou facilitação da instrução de pagamento relacionada a determinado serviço de pagamento, inclusive transferência originada de ou destinada a conta de pagamento, o gerenciamento de conta de pagamento, a emissão de instrumento de pagamento, credenciamento da aceitação de instrumento de pagamento, execução de remessa de fundos, conversão de moeda física ou escritural em moeda eletrônica, ou vice-versa, credenciando a aceitação ou gerindo o uso de moeda eletrônica, dentre outras atividades relacionadas à prestação de serviço de pagamento, designadas pelo Bacen.

Conta de pagamento é o registro detido em nome de usuário final de serviços de pagamento e é utilizada para a execução de operações de pagamento. Já **instrumento de pagamento** é o dispositivo ou conjunto de procedimentos acordado entre o usuário final e seu prestador de serviço de pagamento utilizado para iniciar uma operação de pagamento.

Moeda eletrônica representa os recursos armazenados em dispositivo ou sistema eletrônico que permitem ao usuário final efetuar operação de pagamento. Todos estes são conceitos sinteticamente trazidos pela Lei n. 12.865/2013.

Poder-se-ia fazer a seguinte distinção: moeda eletrônica é o saldo (ou limite de crédito) que se tem junto à instituição; trata-se de uma moeda corrente, emitida por um país, cujo

---

[97] Bruno Balduccini, Marcus Firmato, Tatiana Guazzelli e Jorge Vargas Neto. Arranjos e instituições de pagamento: Novo marco legal e regulatório. *Revista de Direito Bancário e do Mercado de Capitais*, cit., p. 1.

valor está inserido/escriturado em um sistema eletrônico (conta de pagamento), a qual relacionada a um arranjo de pagamento. Enquanto isso, moeda virtual (ou criptomoedas) seria uma "moeda" não emitida por um país e que possuía forma e característica próprias, como pelo uso de *blockchain* (*blockchain* é objeto de um item específico neste livro, para o qual remete-se o leitor).

A matéria sobre arranjos e instituições de pagamento é **regulamentada** por diversas normas direta ou indiretamente, dentre as quais, Resolução Bacen n. 150/2021, que aprova o regulamento que disciplina a prestação de serviço de pagamento no âmbito dos arranjos de pagamentos integrantes do Sistema de Pagamentos Brasileiro (SPB), estabelece os critérios segundo os quais os arranjos de pagamento não integrarão o SPB; Resolução Bacen n. 4.282/2013, que estabelece as diretrizes que devem ser observadas na regulamentação, na vigilância e na supervisão das instituições de pagamento e dos arranjos de pagamento integrantes do Sistema de Pagamentos Brasileiro (SPB); Resolução Bacen n. 96/2021, que dispõe sobre a abertura, a manutenção e o encerramento de contas de pagamento; Resolução Bacen n. 80/2021, que disciplina a constituição e o funcionamento das instituições de pagamento, estabelece os parâmetros para ingressar com pedidos de autorização de funcionamento por parte dessas instituições e dispõe sobre a prestação de serviços de pagamento por outras instituições autorizadas a funcionar pelo Banco Central do Brasil; Instrução Normativa Bacen n. 85/2021, que estabelece os procedimentos para a remessa das informações relativas às apurações de limites e padrões regulamentares de que trata o art. 3º da Resolução BCB n. 69, de 10 de fevereiro de 2021; Resolução Bacen n. 80/2021, que estabelece os requisitos e os procedimentos para autorização de funcionamento, alterações de controle e reorganizações societárias, cancelamento da autorização de funcionamento, condições para o exercício de cargos de administração das instituições de pagamento e autorização para a prestação de serviços de pagamento por instituições financeiras e demais instituições com autorização do Bacen para funcionar; Resolução CMN n. 4.949/2021, que dispõe sobre princípios e procedimentos a serem adotados no relacionamento com clientes e usuários de produtos e de serviços.

Assim, para um estudo adequado do tema, necessário se faz um melhor esclarecimento das definições e conceitos legais fundamentais para compreensão de institutos recentemente regulados pela legislação mencionada; porém nem tão novos assim, tendo em vista que o setor está em crescente evolução no Brasil há tempos, conforme visto no capítulo precedente.

Sucintamente, arranjo de pagamento são as regras que disciplinarão o serviço de pagamento. O arranjo de pagamento não executa nada, apenas disciplina o procedimento e a forma que será executado ao público. Por exemplo, as regras para realização de compras com cartões de crédito e débito, sob determinada marca de uma bandeira ou cartões pré-pagos emitidos no país com possibilidade de aporte de recursos para utilização em restaurantes, lojas, supermercados e postos de gasolina[98].

Instituição de pagamento são pessoas jurídicas que prestam determinado serviço de pagamento regulado pelo arranjo de pagamento, executando qualquer uma das atividades previstas no rol do inc. III do art. 6º da Lei n. 12.865/2013 e sendo as responsáveis por relacionar-se com os usuários finais dos serviços, os cidadãos, titulares das contas de pagamento.

---

[98] Bruno Balduccini, Marcus Firmato, Tatiana Guazzelli e Jorge Vargas Neto. Arranjos e instituições de pagamento: Novo marco legal e regulatório. *Revista de Direito Bancário e do Mercado de Capitais*, cit., p. 3.

"As instituições de pagamento, por sua vez, representam as pessoas jurídicas que deverão se licenciar junto a um instituidor de pagamento e integrar um ou mais arranjos de pagamento previamente autorizados pelo Bacen"[99].

De acordo com o Bacen (<http://www.bcb.gov.br>), são exemplos de instituições de pagamento: as instituições credenciadoras de estabelecimentos comerciais para a aceitação de cartões e as não financeiras que acolhem recursos do público para realização de pagamentos ou transferências.

Uma instituição de pagamento é **proibida** de exercer atividades privativas de instituições financeiras. Porém, nada impede que uma instituição financeira constitua, também, uma instituição de pagamento, aderindo a um arranjo, podendo as instituições financeiras e quaisquer outras instituições autorizadas a funcionar pelo Bacen atuar no ramo de arranjos e instituições de pagamento[100].

Haroldo Malheiros Duclerc Verçosa traça críticas a esta proibição, afirmando que é uma contradição o fato de o legislador ter estendido às instituições de pagamento as mesmas responsabilidades das próprias instituições financeiras, civil e administrativamente, enquanto não as considera como uma modalidade de instituição financeira. O autor chega a afirmar que esta classificação (de instituições de pagamento como não instituições financeiras) é inútil e deve ser desconsiderada pelo Judiciário[101].

Tal compreensão do autor se dá porque diversas disposições aproximam instituições financeiras das instituições de pagamento, tais como, sujeitar-se ao regime interventivo próprio das instituições financeiras, nos termos do art. 13 da Lei n. 12.865/2013[102], dentre outras disposições previstas em regulamentos do Bacen acerca do capital e patrimônio mínimo das instituições de pagamento, que são as mesmas previstas para as instituições financeiras, razão pela qual devem as instituições de pagamento ser consideradas instituições financeiras atípicas, possuindo a mesma natureza.

Podem as instituições de pagamento ser classificadas da seguinte forma:

a) emissoras de moeda eletrônica, que são as que gerenciam a conta de pagamento do tipo pré-paga (em que os recursos são depositados previamente à geração das dívidas), movimentando a moeda eletrônica aportada nesta conta;

b) emissoras de instrumento de pagamento pós-pago (em que os recursos são depositados posteriormente à geração das dívidas), que são as que gerenciam conta de pagamento do tipo pós-paga, movimentando a moeda eletrônica aportada nesta conta; e

c) credenciadoras, que não gerenciam conta de pagamento, mas sim habilitam recebedores, pessoas naturais ou jurídicas, para aceitação de instrumentos de pagamento emitidos por

---

[99] Bruno Balduccini, Marcus Firmato, Tatiana Guazzelli e Jorge Vargas Neto. Arranjos e instituições de pagamento: Novo marco legal e regulatório. *Revista de Direito Bancário e do Mercado de Capitais*, cit., p. 4.

[100] Bruno Balduccini, Marcus Firmato, Tatiana Guazzelli e Jorge Vargas Neto. Arranjos e instituições de pagamento: Novo marco legal e regulatório. *Revista de Direito Bancário e do Mercado de Capitais*, cit., p. 4.

[101] Haroldo Malheiros Duclerc Verçosa. Arranjos e instituições de pagamento (regulamentação e crítica). *Revista de Direito Empresarial*, cit., p. 5 e 26.

[102] "Art. 13. As instituições de pagamento sujeitam-se ao regime de administração especial temporária, à intervenção e à liquidação extrajudicial, nas condições e forma previstas na legislação aplicável às instituições financeiras."

instituições de pagamento ou por instituição financeira participante de um mesmo arranjo de pagamento[103].

Cabe lembrar que uma instituição de pagamento poderá se enquadrar em mais de uma das modalidades ao mesmo tempo[104].

Nos termos da Resolução Bacen n. 150/2021, que aprova o regulamento que disciplina a prestação de serviço de pagamento no âmbito dos arranjos de pagamentos integrantes do Sistema de Pagamentos Brasileiro (SPB), bem como estabelece os critérios segundo os quais os arranjos de pagamento não integrarão o SPB (e também conforme o Bacen em seu *site* <http://www.bcb.gov.br>), alguns arranjos de pagamento não integram o Sistema de Pagamentos Brasileiro, o que significa dizer que apenas não necessitam se submeter ao rigoroso processo de pedido de autorização para funcionamento ao Bacen, porém atuam no âmbito dos arranjos e instituições de pagamento normalmente, o que dá maior espaço para a inovação nesta área, aumentando a concorrência no setor.

Para integrar o Sistema de Pagamentos Brasileiro (SPB), o arranjo deve atender critérios, tais como o volume de operações realizadas ou ser considerado pelo Bacen como um arranjo relevante de risco ao mercado[105].

O processo de autorização mencionado, a ser submetido ao Bacen, está regulamentado na Resolução Bacen n. 80/2021, que dispõe que os interessados na constituição de um arranjo de pagamento deverão protocolar requerimento, munidos de documentos que envolvem uma série de informações técnicas. Existe a possibilidade de o Bacen convocar os integrantes do grupo de controle para entrevista técnica sobre quaisquer tópicos relacionados com a proposta do empreendimento.

Nesse sentido, os arranjos de pagamento **não** integrantes do Sistema de Pagamentos Brasileiro são regulamentados pela Resolução Bacen n. 150/2021, sendo considerados "arranjos" que possuem volumes reduzidos de operações e usuários, ou que apresentam propósito limitado de uso, não oferecendo riscos ao normal funcionamento das operações varejistas no País.

De acordo com o art. 2º da Resolução Bacen n. 150/2021, os arranjos de pagamento (ou simplesmente "arranjos") de **propósito limitado** são aqueles em que os instrumentos de pagamento (como os cartões) são os: aceitos apenas na rede de estabelecimentos de uma mesma sociedade empresária, ainda que não emitidos por ela (por exemplo, cartões de determinados mercados, lojas de departamentos, conveniências, e outros deste gênero); aceitos apenas na rede de estabelecimentos que apresentem claramente a mesma identidade visual entre si, tais como franqueados e redes de postos de combustível; destinados ao pagamento de serviços públicos específicos, tais como transporte público e telefonia pública.

Além disso, em relação ao volume reduzido de operações e usuários, são considerados desta modalidade (de propósito limitado) os arranjos de pagamento em que o conjunto de

---

[103] Haroldo Malheiros Duclerc Verçosa. Arranjos e instituições de pagamento (regulamentação e crítica). *Revista de Direito Empresarial*, cit., p. 15.

[104] Bruno Balduccini, Marcus Firmato, Tatiana Guazzelli e Jorge Vargas Neto. Arranjos e instituições de pagamento: Novo marco legal e regulatório. *Revista de Direito Bancário e do Mercado de Capitais*, cit., p. 4.

[105] Bruno Balduccini, Marcus Firmato, Tatiana Guazzelli e Jorge Vargas Neto. Arranjos e instituições de pagamento: Novo marco legal e regulatório. *Revista de Direito Bancário e do Mercado de Capitais*, cit., p. 3.

Títulos de crédito e meios de pagamento

participantes apresentar, de forma consolidada e acumulada nos últimos 12 meses, volumes inferiores a: R$20.000.000.000,00 (vinte bilhões de reais) de valor total das transações; e 100.000.000 (cem milhões) de transações. Também é considerado arranjo de propósito limitado o instrumento de pagamento oferecido no âmbito de programa destinado a conceder benefícios a pessoas naturais em função de relações de trabalho, de prestação de serviços ou similares, instituído pela legislação ou Poder Público.

Porém, necessário salientar, a fim de evitar confusões, que, apesar da dispensa de autorização, os arranjos não integrantes do SPB pelo volume reduzido de operações e usuários sujeitam-se a algumas exigências, nos termos do Bacen, devendo informar e manter atualizadas anualmente informações, tais como o cadastro, a modalidade de arranjo que operam, com descrição das características do instrumento de pagamento emitido no âmbito do arranjo e estatísticas referentes a valor de operações depositados, quantidades de operações e de usuários finais.

Prosseguindo, Haroldo Malheiros Duclerc Verçosa traça o seguinte comentário sobre os arranjos e instituições de pagamento: "Como se verifica, o sistema funcionará de forma semelhante ao das atuais redes de cartões de crédito, às quais os comerciantes, os prestadores de serviços e os usuários se associam"[106].

Instituidor de arranjo de pagamento é a pessoa jurídica responsável pela criação do conjunto de regras ou procedimentos que regulará os serviços de pagamento, ou seja, do próprio arranjo, tais como as bandeiras de cartões de crédito. A instituição e o instituidor dos arranjos de pagamento podem ser a mesma pessoa jurídica.

De acordo com Haroldo Malheiros Duclerc Verçosa, "instituição equivalente ao 'dono da bandeira' de um cartão de crédito, que registrará a marca a ser por ela explorada no sistema"[107].

Contas de pagamento são os registros individualizados das operações de pagamento em nome do usuário final, podendo ser pré ou pós-pagas, podendo as operações ser realizadas por meio de cartão, telefone, internet ou outros instrumentos de pagamento (meios de realização de pagamentos), não confundindo a conta de pagamento, mantida pelas instituições de pagamento, com a conta-corrente bancária, mantida pelas instituições financeiras.

Os recursos depositados em contas de pagamento possuem proteção jurídica, nos termos do art. 12 da Lei n. 12.865/2013, constituindo patrimônio separado, que não se confunde com o da instituição de pagamento, não respondendo direta ou indiretamente por nenhuma obrigação da instituição de pagamento, nem podendo ser objeto de arresto, sequestro, busca e apreensão ou qualquer outro ato de constrição judicial em função de débitos de responsabilidade da instituição de pagamento, não compondo o ativo da instituição de pagamento, para efeito de falência ou liquidação judicial ou extrajudicial e também não podem ser dados em garantia de débitos assumidos pela instituição de pagamento.

Ao comentarem este aspecto, Bruno Balduccini, Marcus Firmato, Tatiana Guazzelli e Jorge Vargas Neto ensinam que os recursos mantidos em contas de pagamento não compõem os ativos da instituição, em caso de falência ou liquidação, não respondendo por nenhuma obrigação. Os recursos depositados em conta de pagamento são de titularidade do detentor da conta de pagamento, não se confundindo com o patrimônio da instituição, não

---

[106] Haroldo Malheiros Duclerc Verçosa. Arranjos e instituições de pagamento (regulamentação e crítica). *Revista de Direito Empresarial*, cit., p. 4.

[107] Haroldo Malheiros Duclerc Verçosa. Arranjos e instituições de pagamento (regulamentação e crítica). *Revista de Direito Empresarial*, cit., p. 4.

sendo atingido por arrestos, sequestros, busca e apreensão, não podendo ser concedidos em garantia de débitos assumidos pela instituição de pagamento[108].

A moeda eletrônica, por sua vez, é o saldo depositado em uma conta de pagamento. Para Haroldo Malheiros Duclerc Verçosa, a moeda eletrônica é "representada por registros nas instituições depositárias nas contas de seus titulares dando-se também a sua transferência eletrônica e de forma instantânea ou programada da conta do titular comprador para a conta do titular vendedor". Ainda tratando do tema da moeda eletrônica, o autor exclama: *"Admirável mundo novo! E também tremendamente assustador!"*[109].

Os arranjos e instituições de pagamento se inserem em um contexto de desmaterialização da moeda. A moeda eletrônica é uma das espécies da moeda escritural, sendo esta um gênero que representa os saldos depositados em contas, ao lado da moeda física, também espécie. Nesse sentido, o doutrinador explica que a moeda eletrônica pode ser transportada em um *chip* de cartão ou em um celular, por meio de um aplicativo, e transita do meio escritural para o físico e vice-versa por meio das contas mantidas em instituições de pagamento, fenômeno este chamado de "bitização da moeda", conforme Haroldo Malheiros Duclerc Verçosa[110].

Sobre os benefícios da moeda eletrônica, Ricardo Binnie e Alessandra Carolina Rossi Martins explicam que o uso da moeda eletrônica no lugar do papel-moeda é mais conveniente, fácil, cômodo, logisticamente mais viável, não ocupando espaços, diminuindo a burocracia e os custos das operações, gozando de boa proteção jurídica e sendo uma modalidade de moeda mais segura que o papel-moeda, o qual, quando roubado, é difícil de ser recuperado, o que ofusca atualmente a sua utilização como principal meio de pagamento[111].

Cresce em importância a atual tendência mundial e brasileira de desmaterialização da moeda para a disseminação dos serviços de pagamento, que têm no uso da moeda eletrônica uma de suas principais aliadas, a qual passa de sua forma escritural para eletrônica ou virtual, depositada em uma conta de pagamento e passível de ser movimentada por meio de um aparelho celular (um instrumento de pagamento).

E para a efetividade desta operação, os serviços de telecomunicações são essenciais. Boa parte da população brasileira já é celularizada, e um benefício desta facilidade de acesso da população aos serviços de pagamento é a inclusão financeira dos cidadãos, na medida em que os arranjos e instituições de pagamento podem dar acesso à população financeira não bancarizada ao crédito, disseminando-o, já que uma conta de pagamento não se confunde com uma conta-corrente bancária. Este modelo ainda está em fase inicial de implantação no Brasil.

Sobre esse aspecto, com a evolução e disseminação do modelo descrito, em parceria com as empresas de telecomunicações, o sistema de arranjos e instituições de pagamento

---

[108] Bruno Balduccini, Marcus Firmato, Tatiana Guazzelli e Jorge Vargas Neto. Arranjos e instituições de pagamento: Novo marco legal e regulatório. *Revista de Direito Bancário e do Mercado de Capitais*, cit., p. 7.

[109] Haroldo Malheiros Duclerc Verçosa. Arranjos e instituições de pagamento (regulamentação e crítica). *Revista de Direito Empresarial*, cit., p. 3.

[110] Haroldo Malheiros Duclerc Verçosa. Arranjos e instituições de pagamento (regulamentação e crítica). *Revista de Direito Empresarial*, cit., p. 3.

[111] Ricardo Binnie; Alessandra Carolina Rossi Martins. Criptomoeda: Considerações acerca de sua tutela jurídica no direito internacional e brasileiro. *Revista de Direito Empresarial*, São Paulo, RT, v. 11, p. 3, set./out. 2015.

Títulos de crédito e meios de pagamento   307

pode atuar ao lado e complementar o papel das instituições financeiras no tocante à inclusão financeira dos cidadãos, com o aumento progressivo da bancarização da população, democratizando o crédito.

Contudo, acredita-se que os arranjos e instituições de pagamento progressivamente podem se constituir em um poderoso modelo a ser adotado, em parceria com as empresas de telecomunicações, já tão consolidadas no Brasil, em complemento às instituições financeiras, para prover os cidadãos que apenas trabalham com dinheiro em sua espécie física e não são bancarizados, de acesso ao crédito. Isto pois, os dispositivos móveis em geral e o telefone celular são instrumentos de pagamento, sendo largamente utilizados no Brasil, cuja maioria da população já é celularizada, podendo o cidadão acessar e movimentar os recursos mantidos em uma conta de pagamento diretamente de seu aparelho celular, sem necessidade de relacionamento com uma instituição financeira.

3.10.12. Gestão de pagamento (pagamento caucionado)

Nos últimos anos surgiu uma nova figura que faz a gestão dos pagamentos nas compras pela internet (mas também tem sido utilizada fora dela). São empresas de pagamento caucionado (ou de gestão de pagamentos), cuja atividade é realizar uma prestação de serviço que consiste em intermediar o pagamento do negócio realizado entre o consumidor, a administradora do cartão de crédito e o fornecedor (vendedor do produto ou prestador do serviço). São exemplos o PayPal, o MercadoPago, o Bcash (antigo Pagamento Digital) e o PagSeguro.

Vale esclarecer que as empresas que realizam a gestão de pagamento podem ser: empresas autônomas em relação àquelas que realizam a intermediação de compras pela internet, como é o caso do PayPal; ou empresas vinculadas a grupos que possuem intermediários de compras, o que pode ser exemplificado pelo MercadoPago, pertencente ao MercadoLivre.

Este sistema envolve quatro relações: a primeira entre o comprador e o fornecedor do produto ou serviço; a segunda relação se dá entre o comprador e o caucionador; já a terceira trata-se da relação entre o caucionador e o fornecedor; por último, a quarta relação é firmada entre o caucionador e a administradora do cartão de crédito (ou banco, se a operação for realizada por débito em conta bancária).

Nesta operação, o consumidor compra pela internet usando seu cartão de crédito (ou o sistema de débito em conta), sendo que a empresa de pagamento caucionado avalia o negócio e antecipa o repasse do pagamento ao fornecedor antes mesmo de tê-lo recebido da administradora de cartão de crédito. Este repasse é feito normalmente após quatorze dias, pois se neste prazo o consumidor não se manifestar ficará entendido que ele recebeu o bem adquirido e que nenhum vício o acomete, tendo então o fornecedor atendido às especificações da contratação. Neste caso, a empresa de pagamento caucionado libera antecipadamente o recurso ao vendedor do produto, mediante cobrança de uma porcentagem que lhe remunerará, recebendo o valor da compra junto à administradora de cartão de crédito, conforme o prazo contratual, que pode ser após trinta dias ou data mensal previamente estabelecida.

Há uma situação peculiar que consiste no fato de o caucionador reter o pagamento, que deveria ser feito ao vendedor no prazo contratado, quando houver queixa do comprador. Neste caso, o pagamento fica retido até que haja um desfecho amigável entre as partes, sob pena de devolução ou estorno do valor ao comprador. Com o surgimento da figura desses agentes que operam com o sistema de pagamento caucionado, as compras eletrônicas ganharam mais credibilidade e segurança. Esse mecanismo de pagamento funciona como uma espécie de garantia atípica: para o comprador, por saber que o valor será repassado ao vendedor apenas se este honrar o contrato; já para o vendedor, por saber que receberá a quantia após cumprir sua prestação contratual.

Às vezes os valores são repassados ao vendedor mesmo com o aviso do consumidor de que o bem não foi entregue ou que chegou com algum vício. Além disso, pode ser o caso de o consumidor exercer seu direito de arrependimento para assim desfazer o negócio, devendo ser ressarcido integralmente da quantia paga, conforme determina o art. 49 do Código de Defesa do Consumidor.

A remuneração da empresa gestora de pagamento se dá conforme uma tabela estipulada contratualmente que, em geral, consiste em uma porcentagem sobre o valor do bem, observada uma quantia mínima e máxima como contraprestação. Pode a remuneração da gestora ser acrescida por valor descontado da quantia a ser repassada ao vendedor, caso este opte por receber antecipadamente a quantia a que tem direito pela venda (isso porque há uma data mensal preestabelecida para o repasse do caucionador ao vendedor).

Por tratarmos do assunto em outro tópico deste livro, aqui não intencionamos investigar se o serviço de gestão de pagamento tem natureza jurídica de **instituição financeira**, ainda que possa haver muita semelhança quanto a este tipo de antecipação e o instituto do desconto bancário. Bem como se haveria possível analogia com a operação de *factoring*.

No ano 2000, pioneiramente, Haroldo Malheiros Duclerc Verçosa escreveu sobre uma operação decorrente da criatividade dos empresários na busca de melhor eficiência e segurança nas compras de produtos e serviços pela internet. A operação consiste na intermediação de compras pela internet, em que o comprador depositaria o valor em conta bancária do intermediário em vez de pagar diretamente ao vendedor, correndo, assim, o risco de não receber o bem (e o contrário igualmente, de o vendedor enviar a mercadoria e não receber o valor correspondente). Por sua vez, o intermediário avisaria o vendedor que a quantia estava em sua posse, para que assim o vendedor remetesse o bem ao comprador; tendo o comprador recebido o bem conforme o pactuado, avisaria o intermediário a fim de que ele liberasse o valor ao vendedor. Este intermediário foi denominado "agente fiduciário", haja vista a semelhança com o agente fiduciário de debêntures, à luz da Lei n. 6.404/76, art. 68. Trata-se de uma atividade nova, não regulamentada por lei, derivada do princípio constitucional da liberdade das convenções. Conforme o autor, o agente fiduciário deve assumir uma posição favorável a uma das partes, não podendo atuar em favor de comprador e vendedor por não haver neutralidade em sua posição. A neutralidade ocorre em câmaras de compensação, mas não em agentes fiduciários. Neste caso, o agente fiduciário atuará em favor do comprador, defendendo os interesses deste quanto à liberação de recursos quando o vendedor cumprir as prestações derivadas do contrato[112].

Apesar de as empresas que têm operadora neste segmento de gestão de pagamentos não serem necessariamente, até o presente momento, instituições financeiras/bancos, compreen-

---

[112] Haroldo Malheiros Duclerc Verçosa. Agente fiduciário do consumidor em compras pela internet: um novo negócio nascido da criatividade mercantil. *Revista de Direito Mercantil, Industrial, Econômico e Financeiro*. São Paulo, Malheiros, n. 118, abr./jun. 2000, p. 88-90 e 93.

demos que o serviço de gestão de pagamentos é uma evolução do crédito documentado, cujo instituto é um contrato bancário muito importante e utilizado nas negociações internacionais.

3.10.12.1. Trata-se de atividade financeira?

A economia capitalista gerou a acumulação de capitais e a atividade negocial privada, culminando na produção de riquezas. Aquele que capta o capital acumulado alheio por meio de sua atividade negocial privada e os reinveste em pessoas, que produzem mais facilmente riquezas, é o banqueiro nas suas diversas gamas e fases. Como deve receber de muitos depositantes para arriscar em aplicações com vários empresários, a sua atividade lucrativa profissional é então atividade de massa, que deve ser fiscalizada. Surge então a compreensão de como ele opera a obtenção de sua mercadoria de quem a possui disponível, e como ele reemprega o dinheiro que conseguiu receber dos que o têm disponível. Todas, sob o ponto de vista legislativo, representam as atividades bancárias privadas[113].

A atividade bancária, por imposição do art. 17 da Lei n. 4.595/64, é reservada apenas às pessoas jurídicas públicas ou privadas. Para funcionarem, os bancos, pessoas jurídicas nacionais, necessitam de autorização do Banco Central do Brasil (Bacen); e, se estrangeiras, necessitam de decreto do Poder Executivo (art. 18 da Lei n. 4.595/64), que, como aponta Nelson Abrão, vem disciplinando o setor sem descaracterizar o conjunto de medidas provisórias e aquelas de caráter emergencial na solução de crises econômicas, ocasião em que o capital externo é essencial na circulação do mercado[114].

Vilson Rodrigues Alves observa que as expressões "instituição financeira" e "banco" não possuem a mesma extensão. Nos termos do mencionado art. 17, consideram-se instituições financeiras as pessoas jurídicas públicas ou privadas que tenham como atividade principal ou acessória a coleta, intermediação ou aplicação de recursos financeiros próprios ou de terceiros, em moeda nacional ou estrangeira, e a custódia de valor de propriedade de terceiros. Nessa conotação incluem-se os bancos federais e estaduais; as caixas econômicas federais e estaduais; e, no setor privado, os bancos comerciais; os bancos de investimento; as sociedades de crédito, financiamento e investimento; as sociedades corretoras; os fundos de investimento; as Bolsas de Valores; as sociedades de crédito imobiliário e as associações de poupança e empréstimo. No entanto, com a Lei n. 7.492/86, que define os crimes contra o Sistema Financeiro Nacional, o conceito de instituição financeira sofreu uma modificação ampliativa. Segundo seu art. 1º, é considerada instituição financeira a pessoa jurídica de direito público ou privado, que tenha como atividade principal ou acessória, cumulativamente ou não, a captação, intermediação ou aplicação de recursos financeiros de terceiros, em moeda nacional ou estrangeira, ou a custódia, emissão, distribuição, negociação, intermediação ou administração de valores mobiliários. Esse alargamento reflete a existência de diversas instituições financeiras organizadas em conglomerados de pessoas jurídicas com atuação em diversas áreas[115].

---

[113] Philomeno J. da Costa. As atividades bancárias no anteprojeto do Código Civil. *Revista de Direito Mercantil, Industrial, Econômico e Financeiro*, São Paulo, v. 12, n. 10, 1973, p. 12.

[114] Nelson Abrão. *Direito bancário*, cit., p. 24.

[115] Vilson Rodrigues Alves. *Responsabilidade civil dos estabelecimentos bancários*. Campinas: Bookseller, 1996. p. 63-64.

O processo de globalização vem tornando a economia capitalista ainda mais independente, e o reflexo disso é o surgimento de bancos e instituições financeiras diversas atuantes no país, tanto de origem nacional como internacional. Além disso, com o avanço da informática, surgem na atualidade empresas especializadas em operar sistemas de pagamento pela internet (as gestoras de pagamento). A Lei n. 12.865/2013 é que disciplina essas empresas, no que se refere aos conceitos de "arranjo de pagamento", "instituidor de arranjo de pagamento" e "instituição de pagamento", previstos no art. 6º, I a III, figuras regulamentadas pelo Bacen.

Nos termos da mencionada lei, arranjo de pagamento é o conjunto de regras e procedimentos que disciplinam a prestação de determinado serviço de pagamento ao público. São exemplos de arranjos de pagamento os procedimentos utilizados para realizar compras com cartões de crédito, débito e pré-pago, seja em moeda nacional ou em moeda estrangeira. Os serviços de transferência e remessas de recursos também são arranjos de pagamento. O arranjo em si não executa nada, mas apenas disciplina a prestação dos serviços. Quando as atividades de emissão e credenciamento são realizadas pela mesma empresa que instituiu o arranjo, considera-se um arranjo fechado. Já o instituidor de arranjo de pagamento, por sua vez, é a pessoa jurídica responsável pela criação do arranjo de pagamento como, por exemplo, as bandeiras de cartão de crédito. O arranjo proposto deve ser submetido à autorização do Bacen (art. 9º, IV, da Lei n. 12.865/2013). Já as instituições de pagamento são pessoas jurídicas não financeiras que executam os serviços de pagamento no âmbito do arranjo e que são responsáveis pelo relacionamento com os usuários finais do serviço de pagamento. São exemplos de instituições de pagamento os credenciadores de estabelecimentos comerciais para a aceitação de cartões e as instituições não financeiras que acolhem recursos do público para fazerem pagamentos ou transferências[116].

A matéria também é regulamentada pela Resolução Bacen n. 150/2021, que aprova o regulamento que disciplina a prestação de serviço de pagamento no âmbito dos arranjos de pagamentos integrantes do Sistema de Pagamentos Brasileiro (SPB), bem como estabelece os critérios segundo os quais os arranjos de pagamento não integrarão o SPB.

> Resolução Bacen n. 150/2021. Art. 2º Não integram o SPB os arranjos de pagamento (arranjos):
>
> I – de propósito limitado, quando os instrumentos de pagamento forem:
>
> a) aceitos apenas na rede de estabelecimentos de uma mesma sociedade empresária, quando não emitido por ela, ou nas redes de lojas de sociedades integrantes do mesmo grupo empresarial, independentemente do emissor;
>
> b) aceitos apenas em rede de estabelecimentos de distribuição e comercialização de produtos ou serviços que apresentem claramente a mesma identidade visual entre si, sob o regime de franquia empresarial ou por meio de acordo de uso da marca;
>
> c) destinados exclusivamente para o pagamento de serviços públicos prestados diretamente pelo poder público ou sob regime jurídico de outorga, concessão, permissão ou autorização; ou

---

[116] BANCO CENTRAL DO BRASIL. Arranjos e Instituições de Pagamento. Disponível em: <http://www.bcb.gov.br/pre/bc_atende/port/arranjo.asp>. Acesso em: 11 jul. 2018.

d) emitidos e aceitos exclusivamente no âmbito de um arranjo fechado, nos termos do inciso I do art. 2º do Anexo I a esta Resolução, e que sejam destinados exclusivamente para o pagamento:

1. de um tipo de produto ou serviço específico;

2. de um conjunto restrito de produtos; ou

3. de serviços destinados a atender uma determinada atividade econômica ou a mercados especializados;

II – em que o conjunto de participantes apresentar, de forma consolidada e acumulada nos últimos 12 (doze) meses, volumes inferiores a:

a) R$20.000.000.000,00 (vinte bilhões de reais) de valor total das transações; e

b) 100.000.000 (cem milhões) de transações; (...)

Segundo a Associação Brasileira de Instituições de Pagamentos (ABIPAG), o mercado tem caminhado no sentido de acabar com exclusividades, o que foi ratificado pelo Banco Central, enquanto regulador do setor e por meio da Circular Bacen n. 3.815/2016 [hoje já não mais vigente; substituída pela Resolução Bacen n. 150/2021], a qual ficou uma data limite para que isso ocorra, qual seja, até 24 de março de 2017 (art. 24-A da referida circular). Um caso concreto é o da bandeira Elo, cujas transações eram capturadas apenas pelas máquinas da Cielo, e hoje são capturadas também pelos aparelhos da GetNet e Rede, dentre outras. Nesse ponto, a circular esclarece que o instituidor do arranjo de pagamentos, em geral a bandeira, deve atuar de forma "neutra" e não utilizar sua posição para "obter vantagem competitiva indevida para si ou para participantes do arranjo ou prejudicar a concorrência"[117].

As gestoras de pagamento, como o MercadoPago, PagSeguro e PayPal, enquadram-se na modalidade de instituidoras e/ou instituições de pagamento, as quais, nos termos do art. 9º, V, da Lei n. 12.865/2013, necessitam também de autorização do Bacen para serem consideradas regulares. Vale dizer que, embora a função dessas empresas assemelhe-se ao conceito de instituição financeira da Lei n. 4.595/64 e da Lei n. 7.492/86 (visto intermediarem recursos financeiros de terceiros), a Lei n. 12.865/2013, em seu art. 6º, § 2º, **veda (proíbe)**, explicitamente, que instituições de pagamento realizem atividades privativas de instituições financeiras, como a concessão de crédito e a gestão de uma conta-corrente bancária. Por essa razão, compreende-se que as gestoras de pagamento não operam a atividade de natureza bancária prevista no art. 17 da Lei n. 4.595/64.

O PayPal, inclusive, é uma instituição de pagamento emissora de moeda eletrônica, e também um instituidor de arranjo de pagamento, nos termos da Lei n. 12.865/2013, que atualmente está em processo de autorização perante o Bacen, e, como tal, oferece serviços de pagamento. O arranjo de pagamento do PayPal é um arranjo fechado, doméstico e transfronteiriço, de compra e de conta de pagamento pré-paga[118].

---

[117] ABIPAG. "BC quer fim de exclusividade até março de 2017 em cartões". Disponível em: <http://www.abipag.com.br/single-post/2016/12/08/BC-quer-fim-de-exclusividade-at%C3%A9-mar%C3%A7o--de-2017-em-cart%C3%B5es>. Acesso em: 5 ago. 2018.

[118] Contrato do usuário do PayPal. Disponível em: <https://www.paypal.com.br/webapps/mpp/ua/useragreement-full>. Acesso em: 11 jul. 2018.

3.10.13. Criptomoedas. Moedas digitais. *Megabyte*. Criptoativos

A moeda, como bem relata John Kenneth Galbraith, é um artigo de conveniência bastante antigo, mas a noção de que é um artefato seguro, aceito sem discussão, é uma circunstância do século XX. Pelos quatro mil anos que precederam esse século, houve acordo quanto ao uso de um ou mais de três metais para fins de troca, a saber, prata, cobre e ouro. Pela maior parte desses anos, a prata ocupou a posição principal. Por menos tempo, como entre os antigos gregos, ou em Constantinopla após a divisão do Império Romano, o ouro foi o metal dominante. Por períodos curtos, o ferro também foi usado, e mais tarde o fumo, que tece uma experiência limitada, porém notável. Artigos mais diversificados como o gado, conchas, uísque e pedras não foram relevantes por muito tempo para pessoas afastadas de uma vida rural primitiva. Tanto na Antiguidade como na Idade Média, as moedas de jurisdições diferentes convergiam para as principais cidades comerciais. Se houvesse qualquer disposição para aceitar moedas, ofereciam-se as piores, retendo-se as boas moedas. Fato é que a partir de um grande número de moedas em circulação, muitas vezes adulteradas, sendo as piores oferecidas em primeiro lugar, além da prática da usura, abriu-se o caminho para a criação dos bancos, destacando-se o Banco da Inglaterra em 1694[119].

É o que a economia denominou velha corrente do "mercantilismo" e do "livre comércio", caracterizado pela ausência de intervenção estatal. Contudo, John Maynard Keynes já observava que, quando uma nação está aumentando a sua riqueza com certa rapidez, o regime de *laissez-faire*[120] pode ser interrompido pela insuficiência de estímulo a novos investimentos, o que ocorreu com a preocupação das autoridades públicas, na época, com as altas taxas de juros e com uma "balança comercial favorável"[121].

Enquanto a história dos bancos centrais pertence aos ingleses, o papel-moeda emitido por um governo pertence aos americanos. Isso é explicado por Galbraith a partir de várias circunstâncias. A guerra, como sempre, forçou a inovação financeira. O papel-moeda, como os empréstimos do Banco da Inglaterra, era um substituto para a tributação e, no que se refere aos impostos, os colonos eram bastante resistentes, razão pela qual o papel-moeda era considerado um antídoto para a insatisfação econômica. Além disso, as colônias também estavam sob a proibição geral da metrópole quanto à formação de bancos. Consequentemente, não podia haver notas bancárias, sendo o papel-moeda uma alternativa óbvia. E, por fim, a crença de que no Novo Mundo havia a possibilidade, original e inigualada na História, de criar dinheiro para enriquecer os homens. A primeira emissão de papel-moeda foi feita pela Colônia da Baía de Massachusetts em 1690[122].

Nos séculos seguintes, à medida que os países conquistavam sua independência, seus governos passavam a conduzir a emissão de cédulas, controlando as falsificações a fim de garantir o pagamento nos negócios. Hoje a grande maioria dos países possui seus bancos

---

[119] John Kenneth Galbraith. *Moeda*: de onde veio, para onde foi. Trad. de Antônio Zoratto Sanvicente. São Paulo: Pioneira, 1977. p. 7-8, 10 e 35.

[120] *Laissez-faire* é uma expressão francesa (em português, "deixar fazer") que diz respeito ao liberalismo econômico, em que o mercado deve funcionar livremente sem a interferência do Estado.

[121] John Maynard Keynes. *A teoria geral do emprego, do juro e da moeda*. Trad. de Mário R. da Cruz e Paulo de Almeida. São Paulo: Nova Cultural, 1996. p. 310-311.

[122] John Kenneth Galbraith. *Moeda*: de onde veio, para onde foi, cit., p. 51 e 55.

centrais, encarregados das emissões de cédulas e moedas. Todavia, foi com o advento da informática no decorrer do século XX que a moeda de papel evoluiu para um sistema quase inteiramente eletrônico, reduzindo a sua impressão a um simples número, desmaterializado.

Joel Kurtzman reflete que a mudança está no dinheiro, não nas notas ou nas moedas. Hoje o dinheiro tangível representa apenas a mínima parte de todo o dinheiro em circulação no mundo. É um fantasma do passado, um anacronismo. Em seu lugar há uma espécie inteiramente nova de dinheiro, que se baseia não no papel ou no metal, mas na tecnologia, na matemática e na ciência e que percorre o mundo incessantemente numa velocidade semelhante à da luz. Assim como na hipótese de Einstein de que um fóton de luz cria o universo onde quer que vá, este novo dinheiro, definido pelo autor como *megabyte*, está criando um mundo diferente onde quer que ele surja. O dinheiro está deixando de ser uma unidade padrão de valor, algo fixo e limitado, para se transformar em algo etéreo, volátil e eletrônico[123].

Na análise do referido economista, o dinheiro *megabyte* traz inúmeras vantagens, tais como: é um excelente veículo para operações, é movimentado rapidamente e com facilidade, é impresso magneticamente numa fita de computador, é convertido de uma moeda para outra numa fração de segundo, é negociado rapidamente nos mercados de todo o mundo e transformado quase instantaneamente de bônus em ações ou em opções e contratos de futuros. O dinheiro *megabyte* não ocupa espaço, pode ser contado automaticamente e nunca estraga, corrói ou perde a cor. Por outro lado, as antigas moedas lastreadas em ouro com seus elos com a economia real, eram excelentes reservas de valor. Em épocas de expansão ou de retração, as pessoas sempre podiam ter certeza de que uma onça de ouro compraria um bom terno masculino, por exemplo. Isto não acontece com os novos dólares eletrônicos. Com o passar do tempo, o dinheiro *megabyte* sempre perde poder aquisitivo[124].

Não suficiente a inserção do dinheiro e do sistema financeiro na informática, o virtual tornou-se característica essencial de toda essa funcionalidade, de forma que em cada operação financeira, a estrutura se afiança e se desvincula da economia real. As transferências eletrônicas instantâneas de ativos que circulam em segundos por inúmeras praças constituem uma realidade virtual que supera significativamente a economia real e se reproduz por si mesma, independente. Os bancos, sujeitos do mercado financeiro, uma vez que foram transformando seu modelo organizacional, vinculam-se em maior ou menor grau com grupos de fundos de inversões estabelecidos em várias praças e países. Todo esse quadro de operações instantâneas, de grupos de inversores desconhecidos, de organismos internacionais com poderes superiores a seus próprios governantes, de centros decisórios difusos e indeterminados, gera uma nova dimensão que parte do virtual como base operativa, mas que incide no real como determinante da vida dos sujeitos[125].

---

[123] Joel Kurtzman. *A morte do dinheiro*: como a economia eletrônica desestabilizou os mercados mundiais e criou o caos financeiro. Trad. de Geni G. Goldschmidt. São Paulo: Atlas, 1994. p. 15.

[124] Joel Kurtzman. *A morte do dinheiro*: como a economia eletrônica desestabilizou os mercados mundiais e criou o caos financeiro, cit., p. 59.

[125] Maria Alejandra Fortuny. A virtualidade informática e o sistema financeiro: paradoxos iniludíveis da sociedade pós-moderna. In: ROVER, Aires José (Org.). *Direito e informática*. Barueri, SP: Manole, 2004. p. 118-119.

Isso dá origem à descentralização e desregulamentação da economia, abrindo-se espaço para novos agentes econômicos, e, ainda, novas formas de dinheiro. O desenvolvimento veloz da informática e a impossibilidade de intervenção estatal em todos os pontos da internet ocasionaram o que será tratado de "moeda digital", "moeda criptografada" ou "moeda virtual", símbolo da autonomia privada financeira que se distancia da área regulamentada pelos bancos centrais. No Brasil, ainda que discretamente em relação a outros países, como nos EUA, onde o movimento é maior, essas moedas têm circulado e chamado a atenção do Banco Central.

A propósito, como apontam Rachel Sztajn e Milton Barossi Filho, no Brasil o modelo monetário é muito próximo ao norte-americano, ou de moeda fiduciária (por exemplo, os títulos de crédito). A confiança das pessoas de que o Bacen desempenha a função de defensor do valor da moeda, sem desprezar o desempenho do produto, é fundamental para a aceitação e aprovação da moeda de curso forçado, o Real, como moeda fiduciária, além da segurança[126].

O Bacen tem acompanhado o crescimento da utilização das chamadas moedas virtuais, ou "criptografadas", das quais são exemplos o *bitcoin*, a *dogecoin*, o *ripple* e o *vetcoin*. Por meio de comunicados oficiais (Comunicado n. 25.306/2014 e Comunicado n. 31.379/2017), a autarquia alertou sobre os riscos de utilização dessas moedas, as quais são denominadas em unidade de conta distinta das moedas emitidas por governos soberanos e não se caracterizam como dispositivos ou sistemas eletrônicos para armazenamento de moeda eletrônica denominada em reais[127].

Analisando os comunicados oficiais, o Bacen distingue, inicialmente, as moedas eletrônicas das moedas virtuais. Moeda eletrônica seria a moeda real inserida em um sistema eletrônico, como é conhecido, inclusive sendo mencionada pela Lei n. 12.865/2013. Já as virtuais são moedas que não são emitidas por nenhum governo soberano, possuindo forma própria de dominação. São criptografadas e não representam dispositivo ou sistema eletrônico para armazenamento em reais. É onde estariam os exemplos mencionados.

Conforme trechos abaixo extraídos dos comunicados oficiais, depreende-se que o Bacen é contrário à circulação dessas moedas, expondo os detalhes de seus riscos:

> Comunicado n. 25.306/2014: 3. As chamadas moedas virtuais não são emitidas nem garantidas por uma autoridade monetária. Algumas são emitidas e intermediadas por entidades não financeiras e outras não têm sequer uma entidade responsável por sua emissão. Em ambos os casos, as entidades e pessoas que emitem ou fazem a intermediação desses ativos virtuais não são reguladas nem supervisionadas por autoridades monetárias de qualquer país.
>
> 4. Essas chamadas moedas virtuais não têm garantia de conversão para a moeda oficial, tampouco são garantidas por ativo real de qualquer espécie. O valor de conversão de um ativo conhecido como moeda virtual para moedas emitidas por autoridades monetárias depende da credibilidade e da confiança que os agentes de mercado possuam na aceitação da chamada moeda virtual como meio de troca e das expectativas de sua va-

---

[126] Rachel Sztajn; Milton Barossi Filho. Natureza jurídica da moeda e desafios da moeda virtual. In: SZTAJN, Rachel; SALLES, Marcos Paulo de Almeida; TEIXEIRA, Tarcisio (Coords.). *Direito empresarial*: estudos em homenagem ao professor Haroldo Malheiros Duclerc Verçosa. São Paulo: IASP, 2015. p. 201-202.

[127] Já em 2016, nesse sentido, veja; BANCO CENTRAL DO BRASIL. Relatório da Administração 2014. Disponível em: <https://www.bcb.gov.br/Pre/Surel/RelAdmBC/2014/files/Relatorio-da-Administracao-2014.pdf>. Acesso em: 11 jul. 2018.

lorização. Não há, portanto, nenhum mecanismo governamental que garanta o valor em moeda oficial dos instrumentos conhecidos como moedas virtuais, ficando todo o risco de sua aceitação nas mãos dos usuários[128].

Comunicado n. 31.379/2017: 6. É importante ressaltar que as operações com moedas virtuais e com outros instrumentos conexos que impliquem transferências internacionais referenciadas em moedas estrangeiras não afastam a obrigatoriedade de se observar as normas cambiais, em especial a realização de transações exclusivamente por meio de instituições autorizadas pelo Banco Central do Brasil a operar no mercado de câmbio.

7. Embora as moedas virtuais tenham sido tema de debate internacional e de manifestações de autoridades monetárias e de outras autoridades públicas, não foi identificada, até a presente data, pelos organismos internacionais, a necessidade de regulamentação desses ativos. No Brasil, por enquanto, não se observam riscos relevantes para o Sistema Financeiro Nacional. Contudo, o Banco Central do Brasil permanece atento à evolução do uso das moedas virtuais, bem como acompanha as discussões nos foros internacionais sobre a matéria para fins de adoção de eventuais medidas, se for o caso, observadas as atribuições dos órgãos e das entidades competentes[129].

Em que pese as moedas virtuais, aparentemente, enquadrarem-se à moeda objeto de atividade de instituição financeira prevista no art. 17 da Lei n. 4.595/64[130] (que inclusive abrange a coleta, intermediação ou aplicação de recursos financeiros em moeda estrangeira – dado que a origem da moeda virtual é estrangeira), a moeda virtual, criptografada ou digital ainda não está autorizada pelo Bacen, nos termos do art. 18, *caput*[131], da mencionada lei. Assim, o seu emitente não é considerado instituição financeira e sua circulação não pode ser tida como atividade bancária, de acordo com a legislação brasileira. Muito embora, como constam nos Comunicados n. 25.306/2014 e 31.379/2017, no Brasil o uso das moedas virtuais ainda não se mostrou capaz de oferecer riscos ao Sistema Financeiro Nacional[132].

A moeda digital é atrativa para muitos, tendo em conta as várias facilidades dentro do comércio eletrônico. Entretanto, atenta Luiz Alberto Albertin para o fato de ela estar ocupando um lugar instável e desconfortável nos sistemas de taxação e vigência legal existentes.

---

[128] BANCO CENTRAL DO BRASIL. Comunicado n. 25.306, de 19 de fevereiro de 2014. Esclarece sobre os riscos decorrentes da aquisição das chamadas "moedas virtuais" ou "moedas criptografadas" e da realização de transações com elas. Disponível em: <https://www3.bcb.gov.br/normativo/detalharNormativo.do?method=detalharNormativo&N=114009277>. Acesso em: 11 jul. 2018.

[129] BANCO CENTRAL DO BRASIL. Comunicado n. 31.379, de 16 de novembro de 2017. Alerta sobre os riscos decorrentes de operações de guarda e negociação das denominadas moedas virtuais. Disponível em: http://www.bcb.gov.br/pre/normativos/busca/normativo.asp?numero=31379&tipo=Comunicado&data=16/11/2017. Acesso em: 07 jun. 2018.

[130] "Art. 17. Consideram-se instituições financeiras, para os efeitos da legislação em vigor, as pessoas jurídicas públicas ou privadas, que tenham como atividade principal ou acessória a coleta, intermediação ou aplicação de recursos financeiros próprios ou de terceiros, em moeda nacional ou estrangeira, e a custódia de valor de propriedade de terceiros.

Parágrafo único. Para os efeitos desta lei e da legislação em vigor, equiparam-se às instituições financeiras as pessoas físicas que exerçam qualquer das atividades referidas neste artigo, de forma permanente ou eventual."

[131] "Art. 18. As instituições financeiras somente poderão funcionar no País mediante prévia autorização do Banco Central da República do Brasil ou decreto do Poder Executivo, quando forem estrangeiras."

[132] BANCO CENTRAL DO BRASIL. Comunicado n. 25.306, de 19 de fevereiro de 2014, cit.

Anônimas e virtualmente não rastreáveis, essas atuais operações caracterizam um tipo de economia informal. Para prevenir uma economia informal, o governo a coíbe por meio de leis[133], exigindo autorizações, como vem acontecendo com as empresas gestoras de pagamento eletrônico e as moedas virtuais.

Haroldo Malheiros Duclerc Verçosa observa que, tendo em conta seu crescimento significativo, as **criptomoedas** podem ocasionar fortes crises em razão de sua dimensão internacional, bem como por estarem fora do alcance direto do poder estatal. Uma vez que as instituições financeiras tenham investido ativos significativos em tal moeda, elas se encontram diante de um risco imensurável quanto à probabilidade e proporção, o que pode ocasionar a sua quebra e causar um risco sistêmico[134] [efeito cascata].

Dentre as espécies de moedas virtuais, a seguir será analisado o *bitcoin*, cuja criação e evolução insere-se neste cenário de economia informal e independente de qualquer intermediário ou licença governamental, representando para os seus idealizadores um anseio de liberdade quanto à imposição de taxas bancárias, além de proporcionar maior velocidade e menos custos nas operações negociais, sobretudo no comércio eletrônico operado na internet.

No mais, as criptomoedas poderiam ser classificadas como **criptoativos** ou **ativos virtuais**, os quais cada vez mais têm sido objeto de normas jurídicas no Brasil, a exemplo da Lei n. 14.478/2022, que dispõe sobre diretrizes a serem observadas na prestação de serviços de ativos virtuais e na regulamentação das prestadoras de serviços de ativos virtuais, e do Decreto n. 11.563/2023 (que regulamenta a Lei n. 14.478).

A propósito, o Código Penal foi alterado pela Lei n. 14.478/2022, a qual criou o crime de "fraude com a utilização de ativos virtuais, valores mobiliários ou ativos financeiros". Essa Lei incluiu o art. 171-A ao Código Penal, o qual prevê que organizar, gerir, ofertar ou distribuir carteiras ou intermediar operações que envolvam ativos virtuais, valores mobiliários ou quaisquer ativos financeiros com o fim de obter vantagem ilícita, em prejuízo alheio, induzindo ou mantendo alguém em erro, mediante artifício, ardil ou qualquer outro meio fraudulento, implicará pena de reclusão, de 4 (quatro) a 8 (oito) anos, e multa. Esta tipificação penal revela uma realidade crescente quanto aos golpes virtuais praticados no cenário brasileiro (e no mundo).

Além de alterar o Código Penal, a Lei n. 14.478/2022 dispõe sobre diretrizes a serem observadas na prestação de serviços de ativos virtuais e na regulamentação das prestadoras de serviços de ativos virtuais, dentre outras providências. Essa Lei foi regulamentada pelo Decreto n. 11.563/2023, cujo teor foi o de estabelecer competências ao BACEN – Banco Central do Brasil para regular a prestação de serviços de ativos virtuais, bem como regular, autorizar e supervisionar as prestadoras de serviços de ativos virtuais.

3.10.13.1. *Blockchain* e o caso do *Bitcoin*

Bitcoin é uma das espécies de criptomoeda, por sinal a mais conhecida. No conceito de Jerry Brito, *bitcoin* é uma moeda criptografada, um sistema de pagamento *on-line* baseado em protocolo de código aberto que é independente de qualquer autoridade central. É caracterís-

---

[133] Alberto Luiz Albertin. *Comércio eletrônico*: modelo, aspectos e contribuições de sua aplicação. 4. ed. atual. e ampl. São Paulo: Atlas, 2002. p. 186.

[134] Haroldo Malheiros Duclerc Verçosa. Breves considerações econômicas e jurídicas sobre a criptomoeda. Os bitcoins, *Revista de Direito Empresarial*, São Paulo, RT, v. 14, mar./abr. 2016, p. 151.

tico por ser o primeiro sistema de pagamento digital completamente descentralizado do mundo. Um *bitcoin* pode ser transferido por um computador ou *smartphone* sem recurso a uma instituição financeira intermediária. Para tanto, é necessário que a cada utilizador sejam atribuídas duas "chaves": uma chave privada que é mantida em segredo como uma senha, e uma chave pública que pode ser compartilhada com o mundo. A transferência de propriedade dos *bitcoins* é gravada em uma "cadeia de blocos" (*blockchain*), de forma que a criptografia da chave pública assegura que todos os computadores na rede tenham um registro constantemente atualizado e verificado de todas as operações dentro da rede *bitcoin*, o que impede duplo gastos e fraude[135].

Assim, o sistema de escrituração das operações realizadas intitula-se como **blockchain**. É pertinente esclarecer que a *blockchain* é uma espécie de registro "público" digital das negociações com *bitcoins*, ou seja, é um sistema de computação que funciona como uma escrituração contábil registrando o histórico dos atos praticados, tendo a finalidade de garantir lisura e segurança das operações (o que inclui a utilização com as criptomoedas, dentre as quais o *bitcoin*). Vale destacar que essa escrituração "pública" da *blockchain* não é estatal e não armazena dados pessoais dos usuários. Contudo, a *blockchain* é uma tecnologia, existindo tipos de *blockchains* para usos diversos, como, por exemplo, para registro das transferências de criptomoedas ou de NFT – *Non-Fungible Token* (traduzido por "Token Não Fungível", que corresponde a um token criptográfico que representa algo único, como uma obra de arte).

Para o funcionamento da escrituração é preciso usar assinaturas digitais, as quais são certificadas pelos intitulados "mineradores", que são programadores que realizam o trabalho de atestar a segurança das operações. No fundo, os mineradores são os certificadores, que pela tarefa de certificação (mineração) são remunerados com *bitcoins*[136].

De acordo com Natasha Alves Ferreira, o funcionamento do *bitcoin* parece com um programa de computador (ou aplicativo de *smartphone*) que dispõe de uma carteira digital de armazenamento de *bitcoin* e que permite que o usuário envie ou receba a moeda digital por meio de um *software* livre e de um código aberto[137].

Na década de 1990, Julian Assange, jornalista e ativista australiano, editor do *WikiLeaks*[138], foi membro do "*Cypherpunks*", um grupo defensor da não regulamentação governamental no sentido de alcançar privacidade, com ideais libertários usando a criptografia. Em 1998, outro membro do *cypherpunks* propôs uma moeda anônima digital chamada *bmoney* que permitiria que entidades não rastreáveis cooperassem umas com as outras de forma mais eficiente, proporcionando-lhes um meio de troca. Cerca de dez anos mais tarde,

---

[135] Jerry Brito; Andrea Castillo. *Bitcoin*: a primer for policymakers. Arlington: Mercatus Center at George Mason University, 2013. p. 3-5.

[136] Fernando Ulrich. *Bitcon*: a moeda na era digital. São Paulo: Instituto Von Misses Brasil, 2014. p. 18.

[137] Natasha Alves Ferreira. Incertezas jurídicas e econômicas da bitcoin como moeda. In: *CONPEDI – UFPB. Direito e economia II*. Florianópolis: CONPEDI, 2014. p. 385.

[138] *WikiLeaks* é uma organização multinacional de mídia e biblioteca associada. Foi fundada por seu editor Julian Assange em 2006. É especializada na análise e publicação de grandes conjuntos de dados de materiais oficiais censurados ou qualquer outra restrição que envolva guerra, espionagem e corrupção. Disponível em: <https://wikileaks.org/What-is-Wikileaks.html>. Acesso em: 11 jul. 2018.

um programador, trabalhando sob o pseudônimo Satoshi Nakamoto[139], descobriu como implementar essa moeda, que denominou como um sistema eletrônico *peer-to-peer*[140], que é independente de um servidor central. Como o dólar americano, o *bitcoin* não é resgatável para outro tipo de dinheiro ou para certa quantidade de determinada mercadoria, como uma onça de ouro. Ao contrário do dólar americano, o *bitcoin* não é apoiado pelo governo dos EUA ou de qualquer outra instituição legal. Trata-se de um papel-moeda digital, armazenável em meio eletrônico e transferível por meio da internet[141].

Sobre as características do sistema *bitcoin*, Julian Assange explica que é um sistema híbrido. Os usuários são completamente privados e é muito fácil criar uma conta, mas as operações feitas por toda a economia do *bitcoin* são completamente públicas, justamente para que todos possam concordar que uma negociação foi efetivada. Essa é uma das poucas maneiras de operar um sistema monetário distribuído que não requer um servidor central, o que seria um alvo atraente para um controle repressor. Baseado na premissa de que não se pode confiar em ninguém, a grande inovação do *bitcoin* é a sua distribuição, ou seja, a confiança é distribuída. A observância das regras não é imposta por meio de leis, regulamentações ou auditorias, mas sim pela dificuldade computacional criptográfica pela qual cada parte dessa rede deve passar para provar que realmente está fazendo o que alega fazer. Logo, a observância do sistema "bancário" do *bitcoin* está imbuída em sua própria arquitetura. O sistema *bitcoin* permite contabilizar o custo de cometer uma fraude em termos de preços e energia elétrica, de forma que o trabalho necessário para tanto é configurado para ser maior em termos de custos de eletricidade do que o benefício econômico resultante dessa fraude. Segundo o jornalista, na prática o *bitcoin* conseguiu um equilíbrio certo e incluiu uma ideia para comprovar um verdadeiro consenso global em relação às operações na economia *bitcoin*[142].

Desse modo, o fato de o *bitcoin* circular sem supervisão de qualquer autoridade monetária, sem oferecer garantia de conversibilidade em outra moeda e não possuir lastro (como moedas de curso forçado, ou metais preciosos), acarreta o risco de desastres financeiros. Isso é observado por Rachel Sztajn e Milton Barossi Filho, que apontam a impossibilidade de

---

[139] Satoshi Nakamoto. *Bitcoin*: a peer-to-peer electronic cash system. White Paper, 2008. Disponível em: <http://bitcoin.org/bitcoin.pdf>. Acesso em: 11 jul. 2018.

[140] Uma rede *peer-to-peer* (do inglês, seria o equivalente a "par-a-par", com sigla P2P) permite que todos os computadores se comuniquem e compartilhem recursos entre iguais sem controle de um servidor central, ao contrário da arquitetura cliente-servidor tradicional. Apesar de uma rede P2P prover uma solução flexível e escalável para o intercâmbio de dados, ela também traz com ela um problema crítico: já que a cópia e modificação dos dados são realizadas de forma independente por "pares" (*peers*) autônomos sem o controle de um servidor central, é difícil controlar como os dados são trocados entre os "pares". In: Fengrong Li; Yoshiharu Ishikawa. "Simulation based analysis for a traceable p2p record exchange framework". In: HAMEURLAIN, Abdelkader; TJOA, A Min (Org.). *Data management in grid and peer-to-peer systems*. Toulouse, France: Springer, 2011. p. 49-50. Disponível em: <http://booksee.org/book/1424964>. Acesso em: 11 jul. 2018.

[141] Reuben Grinberg. Bitcoin: an innovative alternative digital currency. *Hastings Science & Technology Law Journal*. v. 4. p. 160-208, dez. 2011. p. 162. Disponível em: <http://papers.ssrn.com/sol3/papers.cfm?abstract_id=1817857>. Acesso em: 11 jul. 2018.

[142] Julian Assange. *Cypherpunks*: liberdade e o futuro da internet. Trad. de Cristina Yamagami. São Paulo: Boitempo, 2013. p. 108-109.

garantir limites de sua criação, o que equipara essa moeda com qualquer outro bem. Falta-lhe a liquidez típica das moedas de curso forçado. No entanto, a criação dessa moeda virtual não viola norma jurídica cogente[143].

Jerry Brito observa que nos EUA há um esforço das agências reguladoras no sentido de aplicar as leis federais e regulamentos já existentes no país ao *bitcoin*, tais como: o regime monetário composto por estatutos antifalsificação e leis relativas a moedas concorrentes; o regime *Anti-Money Laundering* (Antibranqueamento de Capitais – AML), grupo de leis e regulamentos concebidos para evitar a lavagem de dinheiro e financiamento do terrorismo e da utilização de produtos financeiros para fins ilícitos, administrado pelo *Financial Crimes Enforcement Network* (Rede de Combate a Crimes Financeiros – FinCEN), um departamento do tesouro dos EUA (*Treasury*); o regime de investimento, categoria de leis e regulamentos destinados a proteger os investidores potencialmente aplicáveis e os mercados financeiros, de responsabilidade da *Securities Exchange Commission* (Comissão de Valores Mobiliários – SEC) e da *Commodity Futures Trading Commission* (Comissão de Comércio de Futuros de Matérias-Primas – o CFTC); o regime de proteção do consumidor, o conjunto de leis e regulamentos federais destinados a proteger os consumidores dos perigos potenciais associados a produtos e instituições financeiras, regido pela *Bureau of Consumer Financial Protection* (Secretaria de Defesa do Consumidor Financeiro – CFPB) e pela *Federal Trade Commission* (Comissão Federal do Comércio – FTC)[144].

Já para Reuben Grinberg, o *bitcoin* opera atualmente em uma área que denomina "penumbra legal". O monopólio do governo federal sobre a emissão de moeda é um pouco restrito e as leis federais sobre a matéria aparentemente não se aplicam ao *bitcoin* devido à sua natureza digital. Os proponentes do *bitcoin* terão que aguardar uma interpretação da SEC – *Securities Exchange Commission* (Comissão de Valores Mobiliários) ou judicial para ter certeza do seu enquadramento legal. Além disso, outras questões legais significantes devem ser estudadas, como a evasão fiscal, a atividade bancária sem "alvará", e estatutos estaduais de confisco[145].

A realidade sobre o *bitcoin* está evoluindo, e seu uso tende a abrir o caminho para outros sistemas financeiros com tecnologia semelhante. Tanto é verdade que, em notícia recente veiculada no *The Economist*, alguns bancos centrais, inspirados pelo *bitcoin* e por sua tecnologia *blockchain*, estão estudando a emissão de moedas digitais próprias, como é o caso da China e da Rússia. Assim como o *bitcoin*, elas seriam construídas em torno de um banco de dados listando quem é dono do que. Diferente dos *bitcoins*, no entanto, esses "livros-razão distribuídos" não seriam mantidos coletivamente por alguns de seus usuários, mas sim controlados pelos emitentes da moeda. Os planos envolvem permitir que indivíduos e firmas abram contas no Banco Central, um privilégio normalmente desfrutado apenas pelos bancos de varejo. Diferente de uma conta bancária normal, estas seriam garantidas completamente pelo Estado, independentemente de qualquer limite no regime de depósito-seguro nacional. Isso faria o ato de guardar o dinheiro no Banco Central atrativo em tempos de incerteza. Os bancos centrais

---

[143] Rachel Sztajn; Milton Barossi Filho. Natureza jurídica da moeda e desafios da moeda virtual, cit., p. 204.

[144] Jerry Brito et al. *The law of bitcoin*. Bloomington: iUniverse, 2015, *on-line*. Disponível em: <https://goo.gl/yE58vW>. Acesso em: 6 jul. 2018.

[145] Reuben Grinberg. Bitcoin: an innovative alternative digital currency. cit. p. 206-207.

também se beneficiariam, pois poderiam economizar em custos de impressão se as pessoas guardassem mais "bits" e menos notas. A moeda digital seria mais difícil de falsificar, embora um ataque cibernético bem-sucedido fosse catastrófico. Dinheiro digital do Banco Central poderia até, em teoria, substituir o dinheiro em espécie[146].

Como visto, a tecnologia *bitcoin* revela-se vantajosa e eficaz ao permitir uma maior transparência nas operações financeiras, não apenas para a economia informal, mas eventualmente para as instituições bancárias reconhecidas pelas autoridades públicas. Cabe aos formuladores das regulamentações bancárias – e isso vale para o Brasil – permitir e contribuir para o desenvolvimento do *bitcoin*, promovendo o seu crescimento e revistando as barreiras legais e regulamentares existentes. Um dos maiores obstáculos mundiais para a adoção legítima dos *bitcoins* é a exigência de que as empresas que pretendem manejá-los devem adquirir, de alguma forma, uma autorização ou licença de seu país, sendo que muitos apresentam-se resistentes à sua circulação. Este é um processo trabalhoso que representa um óbice para o comércio eletrônico internacional, sem que haja muitos benefícios para os consumidores.

Contudo, o ponto mais relevante para o Direito quanto ao uso do *bitcoin* (e das moedas digitais em geral) está na dificuldade – senão na impossibilidade – de rastreamento da origem e destino das operações financeiras realizadas, pois a escrituração da *blockchain* não armazena dados pessoais dos usuários, alienantes e adquirentes dos *bitcoins*, o que pode implicar o uso das moedas digitais para a ocultação de práticas delitivas.

3.10.14. DREX – Real Digital

Desde 2020, o DREX é o projeto que vem sendo desenvolvido pelo Banco Central do Brasil (Bacen) e que recebe a participação conjunta de outras instituições/empresas, que consiste em uma plataforma *on-line* para a moeda digital corrente do país.

A expressão "DREX" é uma sigla fruto de uma combinação de letras com significados próprios: a letra "D" faz referência a Digital, o "R" ao Real (moeda nacional), a letra "E" está relacionada a Eletrônico e o "X" tem a conotação de tecnologia e conexão[147]. Frise-se que o funcionamento do DREX se realizará numa *blockchain* (*blockchain* é objeto de um item específico neste livro, para o qual remete-se o leitor).

Em suma, seria o "Real Digital" a expressão da moeda corrente no país, mas na forma totalmente escritural (sem moeda física), em que o titular terá uma carteira digital com recursos lá contabilizados e para seu uso na realização de pagamentos. O DREX terá o mesmo valor e garantia da moeda corrente nacional (dinheiro em espécie), mantendo-se sob o controle, a regulação e a emissão pelo Bacen.

As expressões monetárias (quantias) dos titulares do DREX estarão contabilizadas (escrituradas) em uma plataforma mantida pelo Bacen e operada por instituições financeiras.

---

[146] "Redistributed ledger: even central bankers are excited about the blockchain" (Tradução livre: Livro--razão redistribuído: mesmo os banqueiros centrais estão excitados com o *blockchain*). *The Economist*, mar. 19th 2016. Disponível em: <http://www.economist.com/news/finance-and-economics/216 95088-even-central-bankers-are-excited-about-blockchain-redistributed-ledger>. Acesso em: 11 jul. 2018.

[147] Disponível em: <https://www.bcb.gov.br/estabilidadefinanceira/drex>. Acesso em: 13 nov. 2024.

A partir do crédito em DREX, as pessoas poderão utilizar esses recursos para liquidar compromissos financeiros, especialmente aqueles relacionados a contratos inteligentes e por meio de operações na "internet das coisas".

De forma sintética, contratos inteligentes são aqueles que têm suas prestações obrigacionais cumpridas pelas partes de forma automática, mediante certas condições pré-programadas. Assim, as partes contratantes poderão ter mais segurança, por exemplo, no caso de uma prestação de serviço que será conectada ao seu pagamento, e vice-versa, de modo que o pagamento só será concretizado se o serviço for efetivamente prestado de forma simultânea. Num caso concreto de compra e venda de veículos em que as partes estão tratando à distância, utilizando-se o DREX, o comprador e o vendedor terão mais segurança, considerando que a transferência documental da propriedade do veículo e o pagamento serão realizados simultaneamente pelo sistema. Desse modo, com o uso do DREX, haverá uma segurança maior para as partes. Comparativamente, se, nesse caso de compra e venda de veículo, o pagamento fosse feito com PIX, quem pagou não teria a certeza de que a parte contrária cumpriria a prestação contratual de realizar a transferência documental (no prazo e forma combinados); ou, o contrário, se o vendedor fizesse a transferência da propriedade, ele não teria plena certeza de que o pagamento seria feito pelo comprador (conforme o combinado).

O DREX funcionará atendendo as diretrizes do SPB – Sistema de Pagamentos Brasileiro (cujo assunto é tratado em outro item desta obra), bem como imagina-se que com sua adoção aumentar-se-á a segurança nas operações financeiras, além de facilitar o rastreamento de recursos decorrentes de práticas ilícitas, como, por exemplo, de lavagem de dinheiro.

Contudo, o acesso do usuário (titular) à plataforma do DREX se dará a partir da relação jurídica com um intermediário (instituição financeira autorizada), a qual mediante solicitação expressa realizará a transferência de valores conta do titular para a sua respectiva carteira digital do DREX, permitindo-se assim a realização de operações digitalmente a partir dela.

QUESTÕES DE EXAMES DA OAB E CONCURSOS PÚBLICOS

1. (OAB Nacional 2009.1) Uma letra de câmbio foi sacada por Z contra X para um beneficiário Y e foi aceita. Posteriormente, foi endossada sucessivamente para A, B, C e D. Nessa situação hipotética:

I – Z é o sacado, X é o endossante, Y é o tomador;

II – aposto o aceite na letra, X torna-se o obrigado principal;

III – se, na data do vencimento, o aceitante se recusar a pagar a letra, o portador não precisará encaminhar o título ao protesto para garantir o seu direito de ação cambial ou de execução contra os coobrigados indiretos;

IV – se A promover o pagamento ao portador D, os endossantes B e C estarão desonerados da obrigação.

Estão certos apenas os itens:
A) I e III;
B) I e IV;
C) II e III;
D) II e IV.

2. (OAB Nacional 2008.2) Os títulos de crédito são tradicionalmente concebidos como documentos que apresentam requisitos formais de existência e validade, de acordo com o regulado para cada espécie. Quanto aos seus requisitos essenciais, a nota promissória:

A) poderá ser firmada por assinatura a rogo, se o sacador não puder ou não souber assiná-la;

B) conterá mandato puro e simples de pagar quantia determinada;

C) poderá não indicar o nome do sacado, permitindo-se, nesse caso, saque ao portador;

D) precisa ser denominada, com sua espécie identificada no texto do título.

3. (Magistratura-SP 182º 2009) Quanto ao cheque, é correto afirmar que:

A) deve ser apresentado para pagamento, a contar do dia da emissão, no prazo de 60 (sessenta) dias, quando emitido no lugar onde houver de ser pago; e de 90 (noventa) dias, quando emitido em outro lugar do Brasil ou no exterior;

B) pode ter seu pagamento garantido, no todo ou em parte, por aval prestado por terceiro, exceto o sacado, ou mesmo pelo signatário do título;

C) nele não se poderá estipular que o seu pagamento seja feito a pessoa nomeada, com ou sem cláusula expressa "à ordem";

D) é válido o endosso do sacado.

4. (Magistratura-SP 181º 2008) É correto afirmar que:

A) os títulos de crédito nominativos "à ordem" circulam mediante tradição acompanhada de endosso;

B) os títulos de crédito nominativos "não à ordem" dispensam a tradição, mas não a cessão civil;

C) sacado de letra de câmbio tem o dever de aceitá-la, sendo responsável pela obrigação cambial;

D) o aval é ato cambial que garante a integralidade de pagamento do título em favor do devedor principal.

5. (Magistratura-MG 2008) Quanto à Cédula de Crédito Bancário, é **INCORRETO** afirmar:

A) a Cédula de Crédito Bancário em favor de instituição domiciliada no exterior poderá ser emitida em moeda estrangeira;

B) a Cédula de Crédito Bancário será transferível mediante endosso em preto, ao qual se aplicarão, no que couberem, as normas do direito cambiário, caso em que o endossatário, mesmo não sendo instituição financeira ou entidade a ela equiparada, poderá exercer todos os direitos por ela conferidos, inclusive cobrar os juros e demais encargos na forma pactuada no título;

C) é necessário o protesto da Cédula de Crédito Bancário para garantir o direito de cobrança contra os endossantes e seus respectivos avalistas;

D) a Cédula de Crédito Bancário é emitida em tantas vias quantas forem as partes que nela intervierem, mas somente a via do credor será negociável.

6. (Magistratura-MG 2008) Quanto às duplicatas, é **CORRETO** afirmar que:

A) comprovada a prestação dos serviços, a duplicata não aceita, mas protestada, é título hábil para instruir pedido de falência;

B) a duplicata mercantil sem aceite e sem o comprovante de entrega da mercadoria, por si só, enseja ação monitória em desfavor do sacado;

C) o endosso datado realizado pelo sacador três dias após o vencimento da duplicata se afigurará como endosso póstumo;

D) caso não corresponda a uma compra e venda mercantil efetiva, a duplicata será nula, ainda que tenha circulado por endosso.

Títulos de crédito e meios de pagamento 323

7. (Magistratura-RS 2009) Sobre protesto, considere as assertivas abaixo.

I – A legislação vigente exime o tabelião de protesto da responsabilidade de investigar a ocorrência de prescrição ou caducidade do título ou documento de dívida, responsabilizando-o apenas pela observância dos seus caracteres formais que obstam o registro do protesto.

II – Segundo o *caput* do art. 21 da Lei n. 9.492/97, *o protesto será tirado por falta de pagamento, de aceite ou de devolução*. No caso de duplicata ou triplicata encaminhada a protesto, aceita ou não, depois de vencida, o protesto será necessariamente por falta de pagamento.

III – Para o cancelamento do registro do protesto, na hipótese de protesto em que tenha figurado apresentante por endosso-mandato, será necessária, além da declaração de anuência passada pelo credor-endossante, a do apresentante-mandatário.

Quais são corretas?

A) Apenas I.
B) Apenas II.
C) Apenas III.
D) Apenas I e II.
E) I, II e III.

8. (Ministério Público-PE 2008) A duplicata mercantil, enquanto título causal:
A) está sujeita a regime jurídico diverso do cambial;
B) sujeita-se ao regime jurídico cambial e, portanto, aos princípios da cartularidade, da literalidade e da autonomia das obrigações;
C) pode ser sacada em qualquer hipótese, segundo a vontade das partes interessadas;
D) não se vincula especificamente a nenhum negócio jurídico;
E) não pode ser tida como um título de crédito abstrato, se examinada sua origem.

9. (Ministério Público-CE 2009) Quanto aos títulos de crédito, é correto afirmar:
A) a emissão de duplicata mercantil que não corresponda à mercadoria vendida, em quantidade ou qualidade, corresponde a ilícito civil, sem consequências criminais;
B) emitida a letra de câmbio pelo sacador, nasce de imediato a obrigação cambial de pagamento do título ao sacado;
C) embora não admitam aceite, as notas promissórias podem ser emitidas com vencimento a certo termo da vista, devendo o credor, nessa hipótese, apresentar o título ao visto do emitente no prazo de um ano do saque;
D) o credor do cheque pode responsabilizar o banco sacado pela inexistência ou insuficiência de fundos disponíveis, dada a responsabilidade objetiva do estabelecimento bancário;
E) a divergência nos prazos ou nos preços ajustados com o vendedor não é motivo de recusa de aceite de uma duplicata mercantil pelo comprador.

10. (Ministério Público-PE 2008) Em relação aos títulos de crédito, é certo que:
A) a prática comercial de emissão de cheque com data futura de apresentação, conhecido como cheque "pré-datado", desnatura sua qualidade cambiariforme, por representar mera garantia de dívida;
B) não existe a figura do aceite na letra de câmbio, embora seja da substância da duplicata, por ser causal;

C) o valor exato e certo, contido em uma nota promissória, não pode sofrer acréscimos de juros ou de correção monetária, pois isso implicaria ausência de liquidez do título;

D) a cédula de crédito bancário permite a aposição de juros, vedada porém sua capitalização, isto é, a cobrança de juros compostos;

E) o emitente da duplicata deve enquadrar-se como comerciante ou prestador de serviços, incluindo-se aquele que fabrica produtos e o profissional liberal, ao qual também se permite a emissão.

4

CONTRATOS MERCANTIS

4.1. ASPECTOS GERAIS DOS CONTRATOS

Por aspectos gerais dos contratos (ou teoria geral dos contratos) deve-se entender a disciplina, o regime jurídico básico (regras básicas), para todos os tipos contratuais possíveis: civis ou empresariais, típicos ou atípicos etc.

Neste capítulo, antes de iniciar o exame dos contratos mercantis em espécie, iremos estudar alguns temas essenciais a eles, como o conceito de contrato, as fases da relação contratual, a extinção dos contratos, hipóteses de aplicação do Código de Defesa do Consumidor etc.

Os denominados contratos mercantis, comerciais ou empresariais são os contratos celebrados pelos empresários no desenvolvimento de sua atividade econômica, assunto que abordaremos com mais detalhes adiante.

4.1.1. Conceito de contrato

No Brasil não há definição legal de contrato. No entanto, no Direito italiano, o correspondente Código Civil de 1942, art. 1.321, traz o seguinte conceito:

> "O contrato é acordo de duas ou mais partes para constituir, regular ou extinguir entre elas uma relação jurídica patrimonial".

Apesar de existir ausência de um conceito em nossa norma, no Brasil o conceito de contrato é formulado pela doutrina, que, de certa forma, segue o do Código Civil italiano.

Sobre esse conceito destaca-se que o termo "**acordo**" deve ser entendido como o ato de encontro das vontades. E a palavra "**patrimonial**" significa que a relação jurídica deve ser de direito com conteúdo econômico, correndo o risco de não ser um contrato.

Por último, é importante situar o contrato, que é uma espécie de obrigação. No entanto, no ordenamento jurídico brasileiro, não existe um conceito legal de obrigação. Porém consta no Direito português, no seu Código Civil, art. 397:

> "Obrigação é o vínculo jurídico por virtude do qual uma pessoa fica adstrita para com outra à realização de uma prestação".

As obrigações, entre outras classificações possíveis, podem ser **unilaterais**, como um título de crédito, ou **bilaterais**, em que o melhor exemplo é o contrato, objeto deste capítulo. Os contratos também podem ser classificados de várias formas (típicos, atípicos, mistos, etc.), mas esse estudo não compõe o escopo desta obra.

4.1.2. Fases da relação contratual

É importante ressaltar, ainda que de forma resumida, que a contratação (enquanto uma relação que pode ou não ser complexa) poderia ser dividida, via de regra, em três fases (observando que nem sempre essas fases se apresentam separadamente de forma clara): pré--contratação; contratação propriamente dita; e pós-contratação.

Com relação à fase **pré-contratual**, ou de puntuação, esta é constituída pelas negociações/tratativas preliminares, podendo refletir-se em convites para negociar, minutas, protocolos de intenção, estudos, discussões prévias etc., sendo meras avaliações de negócio, que antecedem à conclusão do contrato[1].

Já a fase da **contratação propriamente dita** (ou da conclusão) é a celebração do contrato, por meio do encontro de vontades. É a efetivação deste, que pode ocorrer de forma escrita, verbal e eletrônica.

E, por fim, a fase da **pós-contratação** significa a execução do contrato, ou seja, o cumprimento das prestações assumidas pelas partes. A prestação pode ser o pagamento em dinheiro de uma quantia pelo comprador ou a entrega de um bem pelo vendedor.

Assim, pode-se dizer que a formação do contrato inicia-se com as negociações preliminares, posteriormente ocorre a celebração do contrato, e por fim a execução dele. Mas ainda pode-se falar em **pós-cumprimento** quanto aos deveres dos contratantes que são posteriores à execução do contrato, como o dever de as partes manterem sigilo sobre detalhes sensíveis acerca do contrato finalizado.

4.1.3. Inadimplemento contratual e adimplemento substancial

O contrato é uma relação complexa que, em geral, termina com a sua execução/cumprimento. Entretanto, o contrato pode não ser cumprido quando a parte deixar de efetuar sua prestação, total ou parcialmente. Isso configura o inadimplemento contratual.

Dessa forma, a responsabilidade contratual decorre do inadimplemento da prestação prevista no contrato. É uma violação da norma contratual fixada pelas partes.

Ressalta-se que o Código Civil de 2002 trata do tema na sua Parte Especial, Livro I – Do Direito das Obrigações, Título IV – Do Inadimplemento das Obrigações, arts. 389 e s.

---

[1] Sobre formação dos contratos, veja: Tarcisio Teixeira. *Manual da compra e venda:* doutrina, jurisprudência e prática. 3. ed. São Paulo: Saraiva, 2018. p. 65 e s.

Também, aqui, é importante fazer referência ao fato de que o inadimplemento contratual compromete o funcionamento da relação existente entre as partes, pois viola o dever de adimplir a obrigação assumida no negócio jurídico estabelecido.

Cuida-se do descumprimento da prestação devida, o que dá ensejo à rescisão do contrato e, se for o caso, à restituição do bem vendido. Quando cabível pedido de indenização, esta deverá ser proporcional ao prejuízo experimentado, não podendo haver enriquecimento de uma parte em detrimento da outra.

Diante do exposto, pela não realização de obrigações espontaneamente firmadas, caberá o cumprimento forçado da obrigação por meio de uma ordem judicial. É a denominada execução forçada, conforme preveem os arts. 497 a 501 do Código de Processo Civil de 2015 e o art. 463 do Código Civil, quando se tratar de contrato preliminar. Na impossibilidade de cumprimento forçado ou restituição do bem, o devedor responderá pela obrigação por perdas e danos (com acréscimo de juros e correção monetária), em razão do inadimplemento contratual, conforme prevê o art. 389 do Código Civil. Em alguns casos, o cumprimento forçado (ou a restituição do bem) pode ser cumulado com pagamento de indenização por perdas e danos.

Vale ter em conta que o devedor responde com todos os seus bens pelo inadimplemento obrigacional, exceto aqueles restringidos por lei (CC, art. 391, e CPC de 2015, art. 789).

Quanto ao **adimplemento substancial**, esta teoria leva em conta o fato de o devedor ter cumprido substancialmente (em grande parte) suas prestações. Neste caso não poderia o contrato ser rescindido por inadimplemento, cabendo sim outros remédios jurídicos contra o devedor inadimplente, como perdas e danos, ação de cobrança e, se for o caso, desde que atendida a legislação, execução e protesto da dívida.

Sempre houve dificuldade em estabelecer qual percentual seria necessário para ser aplicada a teoria do adimplemento contratual, sobretudo em contratos de longa duração.

Especificamente no caso de alienação fiduciária, a redação inicial do Decreto-lei n. 911/69, art. 3º, § 1º, previa que o credor ou proprietário fiduciário poderia requerer a busca e apreensão do bem alienado, sendo concedida liminar uma vez comprovado o inadimplemento. Porém, se o réu já tivesse pago no mínimo quarenta por cento do preço financiado, poderia requerer o pagamento da dívida (purgação da mora). Ou seja, o devedor pagava o saldo vencido em aberto (não as parcelas vincendas, ou seja, a vencer) e assim continuava na posse do bem, com a continuidade do contrato.

Isso ensejou a edição pelo STJ da Súmula 284, praticamente com o mesmo teor do dispositivo legal referido acima: "A purga da mora, nos contratos de alienação fiduciária, só é permitida quando já pagos pelo menos 40% (quarenta por cento) do valor financiado".

Posteriormente à edição da Súmula 284, o art. 3º do Decreto-lei n. 911/69 foi alterado pela Lei n. 10.931/2004, sendo que a redação do novo § 2º do art. 3º estabeleceu nova dinâmica para a relação entre credor fiduciário e devedor. A partir da vigência deste dispositivo, deixou-se de exigir a necessidade do pagamento de pelo menos quarenta por cento da dívida para ter direito ao pagamento do valor das parcelas vencidas; porém passou-se a exigir expressamente que o devedor pagasse a dívida desde que em sua **integralidade**, conforme os valores apresentados pelo credor, para assim o bem lhe ser restituído livre de qualquer ônus.

Integralidade da dívida significa prestações vencidas e vincendas, pois terá ocorrido o vencimento antecipado de toda a dívida decorrente do contrato de financiamento com alienação fiduciária. A propósito, isso é previsto na redação original e vigente do § 3º do art. 2º do Decreto-lei n. 911/69.

Tendo em vista a alteração promovida ao art. 3º do Decreto-lei n. 911/69 pela Lei n. 10.931/2004, a Súmula 284 passou a não ter mais efeito. Nesse sentido, é a posição do próprio STJ ao julgar o REsp 1.413.388/MS sob o rito dos recursos repetitivos. Contudo, a princípio, não é aplicável a teoria do adimplemento substancial à alienação fiduciária. Isso está de acordo com a interpretação do STJ firmada pelo REsp 1.622.555/MG[2] e AgInt no REsp 1.711.391/PR[3].

Em 14 de novembro de 2014 entrou em vigor a Lei n. 13.043, a qual voltou a efetuar ajustes no Decreto-lei n. 911/69, mas mantendo a impossibilidade de o devedor purgar tão somente a dívida vencida (independentemente da quantia já paga da dívida). Assim, fica mantida a regra de que a única alternativa para o devedor não ser desapossado do bem é quitar **toda a dívida**, sob pena de a propriedade e posse se consolidarem em favor do credor. Ou seja, será preciso pagar a integralidade da dívida pendente (parcelas vencidas e vincendas), conforme os valores apresentados pelo credor na petição inicial, para dessa forma o bem ser restituído ao credor livre de ônus, devendo nesse caso os órgãos competentes expedir novo certificado de registro de propriedade em nome do credor.

Não se pode deixar de mencionar que a Lei n. 13.043/2014 também incluiu o § 15 ao art. 3º do Decreto-lei n. 911/69. De acordo com esse dispositivo, aplicam-se as regras do art. 3º (da alienação fiduciária) aos contratos de *leasing* – arrendamento mercantil –, disciplinados pela Lei n. 6.099/74, sobretudo quanto ao pagamento integral da dívida.

---

[2] Recurso especial. Ação de busca e apreensão. Contrato de financiamento de veículo, com alienação fiduciária em garantia regido pelo Decreto-lei n. 911/69. Incontroverso inadimplemento das quatro últimas parcelas (de um total de 48). Extinção da ação de busca e apreensão (ou determinação para aditamento da inicial, para transmudá-la em ação executiva ou de cobrança), a pretexto da aplicação da teoria do adimplemento substancial. Descabimento. 1. Absoluta incompatibilidade da citada teoria com os termos da lei especial de regência. Reconhecimento. 2. Remancipação do bem ao devedor condicionada ao pagamento da integralidade da dívida, assim compreendida como os débitos vencidos, vincendos e encargos apresentados pelo credor, conforme entendimento consolidado da Segunda Seção, sob o rito dos recursos especiais repetitivos (REsp n. 1.418.593/MS). 3. (...) 4. Desvirtuamento da teoria do adimplemento substancial, considerada a sua finalidade e a boa-fé dos contratantes, a ensejar o enfraquecimento do instituto da garantia fiduciária. Verificação. 5. Recurso especial provido. (...) (REsp 1.622.555/MG, STJ, 2ª Seção, rel. Min. Marco Buzzi (Min. Rel. p/ acórdão Min. Marco Aurélio Bellizze), DJe 16-3-2017).

[3] Agravo interno no recurso especial. Ação de busca e apreensão de veículo. Devedora fiduciante que pagou 91,66% do contrato. (...) 1. No caso em exame, o entendimento adotado pela Corte de origem encontra-se em desacordo com a mais recente posição desta Corte Superior, que, em julgamento proferido no Recurso Especial 1.622.555/MG (rel. Min. Marco Buzzi, rel. p/ acórdão Min. Marco Aurélio Bellizze, DJe 16-3-2017), no âmbito da Segunda Seção, concluiu pela impossibilidade de aplicação da teoria do adimplemento substancial aos contratos firmados com base no Decreto-lei 911/69. 2. Agravo interno a que se nega provimento (AgInt no REsp 1.711.391/PR, STJ, 4ª Turma, rel. Min. Lázaro Guimarães (Des. convocado do TRF 5ª Região), DJe 2-5-2018).

4.1.3.1. Perdas e danos

Perdas e danos envolvem a reparação do prejuízo efetivo (danos emergentes) e tudo aquilo que o prejudicado deixou de ganhar (lucros cessantes). É o dever de indenizar que está previsto nos arts. 402 e 403 do Código Civil.

Na Roma antiga, pelo inadimplemento de obrigação, o devedor deveria pagar inclusive com o seu próprio corpo, tornando-se, muitas vezes, escravo do seu credor. No entanto, no decorrer da história, percebeu-se que esse método era ineficaz.

Mas a solução encontrada pelos ordenamentos passou então a ser de que, pelo não cumprimento das obrigações, o devedor estaria obrigado a pagar uma quantia em dinheiro, alternativa que, na perspectiva do Direito Empresarial, nem sempre se considera satisfatória.

Dessa forma, hipoteticamente, pode acontecer de uma das partes contratantes ser detentora exclusiva de determinado insumo, e assim, ainda que a outra parte receba a indenização, ela não conseguirá obter no mercado, pelo menos a curto prazo, o insumo necessário à sua atividade. No entanto, a indenização é o sucedâneo – uma substituição em dinheiro – que mais se aproxima da coisa pretendida pelo credor.

Salienta-se que o empresário, em especial com o advento do Código Civil de 2002 e suas cláusulas gerais, sempre busca certeza e segurança nas suas relações obrigacionais. Estas, não sendo cumpridas, serão submetidas ao crivo do ordenamento jurídico. Em alguns casos, é perceptível que a indenização nem sempre se apresenta de forma salutar para o empresário.

Nos tempos atuais, o empresário é um profissional que não poderia errar diante de sua *expertise*, devendo sempre proceder de "caso pensado", uma vez que o mercado é dinâmico e exigente.

Além disso, a mora (configuração da inadimplência) é muito mais desastrosa na vida dos negócios do que na vida comum (os contratos são para a empresa o que o ar é para o ser humano, como ocorre nas montadoras de veículos automotores).

Contudo, na vida comum, poder-se-ia dizer que o prejuízo é de apenas um; na vida dos negócios, as perdas são inúmeras e muitas vezes vêm em efeito cascata (essa é uma das razões do surgimento do instituto da falência no intuito de inibir a impontualidade/inadimplemento).

Assim, o fornecedor não poderia dar-se ao luxo de ser constituído em mora (uma vez que estaria assumindo implicitamente que não é profissional competente para celebrar contratos empresariais). Com efeito, se assim acontecer, provavelmente as penalidades serão muito mais rigorosas do que as que seriam aplicadas ao civil inadimplente, em especial as do mercado. A questão das perdas e danos é muito importante para a estabilidade das relações socioeconômicas. Quando ocorrer um dano – prejuízo/diminuição patrimonial – pelo descumprimento da obrigação, total ou parcial, ele poderá ser reparado por meio de uma indenização.

Aqui é importante a consideração de que todos têm liberdade para contratar, porém, uma vez contratado, todos têm a responsabilidade de cumprir o avençado – *pacta sunt servanda* –, não podendo escapar da obrigação, em geral (exceção, por exemplo, é a aplicação da teoria da imprevisão, prevista no art. 478 do Código Civil), sob pena de serem condenados a pagar indenização.

4.1.3.1.1. Danos emergentes

Os danos emergentes serão cabíveis quando houver uma diminuição patrimonial do credor, ou seja, um prejuízo de ordem econômica.

Destaca-se que a demonstração do dano emergente cabe ao credor, isto é, o credor deverá apontar qual foi o prejuízo causado pelo descumprimento da obrigação, que, nesse caso específico, seria a não conclusão do contrato definitivo.

Quando o caso for de prestação em dinheiro, serão acrescidos atualização monetária, conforme índices oficiais, juros, custas e honorários advocatícios, sem prejuízo da pena convencional (ou seja, multa prevista no contrato), sendo esse o sentido do disposto no *caput* do art. 404 do Código Civil (com redação dada pela Lei n. 14.905/2024).

4.1.3.1.2. Lucros cessantes

Por sua vez, os lucros cessantes são proporcionais ao credor em relação ao que ele razoavelmente deixou de lucrar pelo não cumprimento da obrigação por parte do devedor.

Um tema sempre presente nos lucros cessantes diz respeito à prova de fato futuro, ou seja, quanto se ganharia se a obrigação fosse devidamente cumprida. No entanto, o legislador foi feliz ao manter a expressão "razoavelmente", tendo em vista que, a partir daí, se consegue caminhar na busca dos prováveis lucros que seriam auferidos.

Assim, os lucros cessantes são muito relevantes, notadamente no mundo dos negócios, uma vez que a atividade empresarial tem por escopo o lucro e, sendo este impedido pelo inadimplemento de outrem, a sua reposição por meio desse instituto é questão de plena justiça.

No campo empresarial, muitas vezes será necessária uma perícia especializada para a apuração de quanto se lucraria, diante da complexidade das atividades.

Além disso, será necessário verificar como a afetação da atividade empresarial pelo inadimplemento da obrigação ocorreu, pois poderá haver uma completa ou parcial paralisação do negócio, e os lucros cessantes serão indenizados à medida que o lucro líquido for apurado.

O que efetivamente se perdeu e o que se deixou de ganhar por reflexo direto e imediato do inadimplemento da obrigação serão indenizados, não podendo o credor prejudicado ter "aumento de patrimônio com a indenização", mesmo que seja resultado de dolo do devedor. Poderia também se pensar na possibilidade de indenização por dano moral pelo não cumprimento contratual.

4.1.3.1.3. Dano moral

O dano moral é algo diferente de patrimônio, uma vez que este não é afetado (pelo menos diretamente). O dano moral afeta o lado psíquico e/ou a reputação; porém, muitas vezes, são omissas as posições quanto ao cabimento do dano moral em sede de indenização por inadimplemento obrigacional.

No entanto, entendemos que, se o não cumprimento de um contrato causar prejuízos à reputação/imagem de uma pessoa, inclusive a uma sociedade empresária, seja com clientes, colaboradores etc., tem ela, em tese, o direito de pleitear dano moral ao devedor.

Agostinho Alvim considera que a indenização por dano moral pode ocorrer pela violação do contrato ou pela culpa aquiliana (responsabilidade extracontratual)[4].

Ressalta-se que o Superior Tribunal de Justiça já apreciou a questão da possibilidade de a pessoa jurídica ser suscetível de dano moral, o que pode ser visto na Súmula 227 do STJ: "A

---

[4] Agostinho Alvim. *Da inexecução das obrigações e suas consequências*. 5. ed. São Paulo: Saraiva, 1980. p. 240.

pessoa jurídica pode sofrer dano moral". Também se posicionou acerca da possibilidade de cumulação de danos materiais com morais, pela Súmula 37 do STJ: "São cumuláveis as indenizações por dano material e dano moral oriundos do mesmo fato". Vale também registrar o teor da Súmula 642 do STJ: "O direito à indenização por danos morais transmite-se com o falecimento do titular, possuindo os herdeiros da vítima legitimidade ativa para ajuizar ou prosseguir a ação indenizatória".

Contudo, vale ressaltar que o dano moral à imagem de uma empresa (e às pessoas jurídicas em geral) precisa ser devidamente comprovado por ela, enquanto vítima de um ato ilícito que em tese tenha lhe causado dano[5].

4.1.3.1.4. *Teoria da perda da chance*

A teoria da perda da chance surgiu na França, e vem sendo adotada no Brasil há alguns anos pelos tribunais. Ela consiste no fato de alguém pagar uma indenização a outrem por ter perdido a chance de obter uma vantagem (ou até mesmo de impedir um prejuízo). Alguns a denominam "teoria da perda de uma chance". Agrada-nos mais a expressão "teoria da chance perdida".

Há quatro correntes que discutem a teoria da perda da chance. A primeira defende que se trata da mesma natureza do lucro cessante (dano patrimonial). Já a segunda corrente alega que é o mesmo que dano emergente (dano patrimonial). Por sua vez, a terceira entende tratar-se de uma indenização por dano extrapatrimonial (ou moral). Finalmente, a quarta corrente defende ser um terceiro gênero de dano material (lucro cessante *sui generis*[6]); portanto, outra espécie de indenização.

Compreendemos que a chance perdida pode ter cunho patrimonial ou extrapatrimonial quando, por exemplo, se é impedido: (i) de tentar reverter uma decisão judicial por ter o advogado perdido o prazo recursal (patrimônio); ou (ii) de receber uma condecoração honrosa ou um tratamento médico adequado que não deixaria sequelas (extrapatrimônio).

O fato é que uma indenização fundamentada na teoria da chance perdida deve considerar que aquela chance era real e possível. Deve ser algo muito provável e certo, não uma mera possibilidade, sem prejuízo da demonstração do nexo de causalidade. Sobre a aplicação ou não da teoria da perda de uma chance no Superior Tribunal de Justiça veja os Recursos Especiais 1.291.247, 1.104.665, 1.079.185, 788.459, 965.758. Assim, estabelecidos esses pressupostos, teoricamente, seria admissível a aplicação da teoria da perda de uma chance em caso de inadimplemento de um contrato empresarial.

---

[5] Ementa: (...) Para a pessoa jurídica, o dano moral é fenômeno distinto daquele relacionado à pessoa natural. Não se aceita, assim, o dano moral em si mesmo, isto é, como uma decorrência intrínseca à existência de ato ilícito. Necessidade de demonstração do prejuízo extrapatrimonial. – Na hipótese dos autos, não há demonstração apta de prejuízo patrimonial alegadamente sofrido pela recorrida. – Recurso especial parcialmente conhecido e, nesta parte, provido (REsp 1.497.313/PI, STJ, 3ª Turma, rel. Min. Nancy Andrighi, *DJe* 10-2-2017).

[6] É o que prefere Ana Cláudia Corrêa Zuin Mattos do Amaral. *Responsabilidade civil pela perda da chance*: natureza jurídica e quantificação do dano. Curitiba: Juruá, 2015. p. 27 e s.

4.1.4. Extinção dos contratos

Como estudado, o contrato é uma relação complexa, sendo finalizada, em geral, pelo seu cumprimento, isto é, pela execução da correspondente prestação.

No entanto, o contrato pode não ser cumprido quando uma das partes deixar de cumprir sua prestação, parcial ou totalmente, tornando-se inadimplente.

Entre outras consequências do inadimplemento, estudadas anteriormente, o contrato poderá ser rescindido.

Nesse caso, ocorrerá a rescisão contratual, que significa desfazimento, finalização, término do contrato. **Rescisão** é um gênero do qual são espécies a **resilição** e a **resolução**.

Resilição é decorrente da vontade das partes, podendo ser *bilateral* ou *unilateral*.

A **resilição bilateral** ocorre quando as partes concordam sobre a rescisão do contrato, sendo este efetivado por um distrato (desfazer o contrato).

A **resilição unilateral** é promovida por uma das partes por meio de denúncia/notificação a outra, avisando sobre o desinteresse em continuar contratando.

Se, devido à peculiaridade do negócio, uma das partes tiver feito investimentos consideráveis para a execução, a denúncia só produzirá efeito depois de transcorrido prazo compatível com o montante dos investimentos realizados pelo denunciado (CC, art. 473).

Por sua vez, a **resolução** se dá pelo não cumprimento do contrato, que pode ser ocasionado por diversos outros motivos, podendo ser, de acordo com a espécie, **dolosa**, **culposa** ou **involuntária**.

Na **resolução dolosa**, o não cumprimento ocorre voluntariamente por uma das partes.

Porém, na **resolução culposa**, ocorre pela negligência, imprudência ou imperícia da parte.

Por último, na **resolução involuntária**, o inadimplemento acontece por caso fortuito ou força maior.

Contudo, não se pode deixar de mencionar o advento da Lei n. 13.786/2018 (Lei do Distrato), a qual trata da resolução do contrato por inadimplemento do adquirente de unidade imobiliária em incorporação imobiliária e em parcelamento de solo urbano.

4.1.5. Unificação dos diplomas obrigacionais

Com a vigência do Código Civil de 2002, aos contratos celebrados entre empresários é aplicável o regime jurídico estabelecido em tal diploma normativo.

No entanto, a partir do Código Civil de 2002, ficou revogada a Parte Primeira do Código Comercial de 1850, passando, então, a existir um único diploma legislativo quanto às obrigações civis e mercantis. Esse fato tem despertado em muitas pessoas o desejo de unificação do Direito Privado, pois as obrigações civis e comerciais ficariam sob a mesma disciplina normativa.

Também o Direito Obrigacional Empresarial, mesmo antes do Código Civil de 2002, já se socorria das normas do Direito Civil (às ordenações até 1916 e ao Código Civil após 1916), conforme previsão expressa do revogado art. 121 do Código Comercial[7], fazendo

---

[7] Código Comercial, art. 121: "As regras e disposições do direito civil para os contratos em geral são aplicáveis aos contratos comerciais, com as modificações e restrições estabelecidas neste Código".

Contratos mercantis

com que percebamos – de imediato – que a expressão "unificação do Direito Privado" pode não ser a mais adequada.

Fábio Konder Comparato afirma que, mesmo antes do Código Civil de 2002, o sistema de Direito Privado já era unificado, pois havia um regime único de Direito Civil (Código Civil de 1916 ou Ordenações Portuguesas antes de 1916), sendo que o Código Comercial apenas excepcionava determinadas situações específicas – as relações mercantis[8].

Assim, com o advento do Código Civil de 2002, ocorreu a unificação do Direito Obrigacional, passando a vigorar, então, o mesmo regime jurídico para as obrigações civis e mercantis. O legislador brasileiro seguiu, em sua maior parte, o modelo do Código Civil italiano de 1942, principalmente quanto às disposições sobre o Direito Obrigacional e o Direito de Empresa.

No entanto, cada uma das obrigações (civis ou mercantis) continua guardando suas peculiaridades, considerando que o empresário é um especialista na arte de contratar, diferentemente de um civil, que contrata esporadicamente.

Com relação aos reflexos que esse fato causou à autonomia do Direito Empresarial, é importante verificarmos que a posição da doutrina ocorre no sentido de sua manutenção, não importando o fato de haver um regime unificado para o Direito das Obrigações[9], como exposto no início desta obra (item: "Autonomia, importância e conceito de direito empresarial").

Contudo, o Código Civil é importante para o Direito Empresarial, especialmente no que se refere à teoria geral dos contratos, refletida no Título V – Dos Contratos em Geral (arts. 421 a 480), sendo o regime jurídico de todos os tipos contratuais possíveis, típicos ou atípicos, mercantis ou civis etc.

4.1.6. Especificidades dos contratos empresariais

A aplicação da disciplina dos contratos nas relações mercantis, prevista no Código Civil, deve levar em consideração os princípios do Direito Empresarial, à luz do Livro II – Do Direito de Empresa, a partir do art. 966 do mesmo Código.

É preciso ressaltar que o art. 966 do Código Civil dá uma importante diretriz ao prever que o empresário é um **profissional**. Segue a redação do art. 966:

> "Considera-se empresário quem exerce profissionalmente atividade economicamente organizada para a produção ou a circulação de bens ou de serviços. Parágrafo único – Não se considera empresário quem exerce profissão intelectual, de natureza científica, literária ou artística, ainda com o concurso de auxiliares ou colaboradores, salvo se o exercício da profissão constituir elemento de empresa".

Além disso, as relações jurídicas firmadas no âmbito do Direito Empresarial guardam especificidades que não correspondem exatamente aos negócios jurídicos firmados no âmbito do

---

[8]   Fábio Konder Comparato. A cessão de controle acionário é negócio mercantil? In: *Novos ensaios e pareceres de direito empresarial*. Rio de Janeiro: Forense, 1981. p. 251.

[9]   Nesse sentido: Haroldo Malheiros Duclerc Verçosa. *Curso de direito comercial*. v. 1, p. 100-101; Rubens Requião. *Curso de direito comercial*. v. 1, p. 20-22; Waldirio Bulgarelli. *Contratos mercantis*. 7. ed. São Paulo: Atlas, 1993. p. 48 e s.

Direito Civil. Os negócios civis são, em geral, praticados isoladamente (p.ex., a compra ou a venda de um imóvel) e em ritmo lento (com muita reflexão na maioria das vezes). No caso dos negócios empresariais, estes são firmados reiteradamente (p.ex., as compras de insumos e as vendas dos produtos) e em ritmo acelerado (uma vez que a dinâmica da atividade e o mercado assim exigem), considerando que os negócios jurídicos são a essência da atividade empresarial.

O empresário (aquele que exerce profissionalmente atividade econômica organizada para a produção ou a circulação de bens ou serviços, conforme o art. 966 do Código Civil de 2002) firma negócios jurídicos constantemente (com a mais ampla autonomia privada e a mais ampla liberdade de modelagem, principalmente com a utilização de condições e termos), com o intuito de dinamizar sua atividade.

Dessa maneira, os negócios representam para o empresário o que o ar representa para o ser humano, significando dizer que, sem os negócios, a vida empresarial não existe. Pode-se inclusive afirmar que a profissão do empresário é a celebração de negócios jurídicos.

Oscar Barreto Filho, ao se referir sobre o tema da autonomia do Direito Comercial, afirmou que a satisfação das necessidades do mercado exige uma organização especializada e diferenciada, uma atividade criadora que não existe na vida civil comum. Na atividade mercantil, as relações econômicas apresentam-se e são reguladas em razão da sua dinâmica, não sendo estática sua posição[10].

Apesar do advento do Código de 2002, os negócios empresariais devem ser entendidos por uma ótica diferente (com as "lentes" do Direito Empresarial) diante de suas peculiaridades e dinamismo, mesmo com o surgimento de um diploma unificado em relação às obrigações civis e empresariais. Desse modo, se antes de 2002 tínhamos duas leis obrigacionais, uma lei para contrato civil – Código Civil – e outra para contrato empresarial – Código Comercial –, hoje só dispomos de uma, que é o Código Civil, aplicável, no entanto, às duas espécies de contratos.

Pode-se dizer que, se cada uma das leis fosse "um tipo de óculos" para se enxergar as relações contratuais, teríamos os óculos do Direito Civil e os óculos do Direito Empresarial. Hoje, a partir da vigência do Código Civil de 2002, podemos dizer que se passou a ter apenas um único tipo de óculos para vermos as relações civis e empresariais (com lentes multifocais, como aquelas que são usadas para enxergar de perto e de longe).

Assim, com apenas um óculos (mesmo regime jurídico), uma vez identificada a relação que se trata (Direito Civil ou Direito Empresarial), deve-se aplicar e interpretar a relação contratual conforme os princípios pertinentes, em especial quanto à questão da profissionalidade do empresário, dando-lhe a devida carga valorativa.

Como exemplo, em relações empresariais de compra e venda de insumos para a linha de produção, a princípio, um empresário não poderia invocar indistintamente o instituto da lesão, previsto no Código Civil, dizendo que o contratou sob premente necessidade ou "inexperiência", como pode ocorrer nas relações civis e de consumo.

---

[10] Oscar Barreto Filho. *Teoria do estabelecimento comercial.* p. 17-18.

Nessas relações, muitas vezes, o cidadão ou consumidor se vê obrigado a contratar, ou contrata por inexperiência. O empresário, na celebração de contratos, em geral, é um profissional, não é inexperiente, nem hipossuficiente; porém, em tese, pode ser incompetente.

O mesmo pode ocorrer em referência à "resolução por onerosidade excessiva", prevista no art. 478 do Código Civil. Trata-se aqui da teoria da imprevisão, pois, algumas circunstâncias são perfeitamente previsíveis pelo empresário, como a variação de preço àquele que compra e vende na Bolsa de Valores, uma vez que é um especialista em sempre contratar.

Por isso, a atividade empresarial é de risco. O empresário vive de correr riscos. Logo, o critério para se aferir a imprevisão deve ser diferente no Direito Empresarial.

Contudo, em razão do advento do Código Civil de 2002, a valoração prestada em uma relação negocial empresarial deve ser diferente daquela que é dada em uma relação civil, pois é da essência do empresário (à luz do art. 966) a profissionalidade, com experiência presumida, na organização da atividade econômica, não podendo perder isso de vista ao analisar os institutos nas relações negociais empresariais.

Nesse sentido, em 2019, o Código Civil sofreu alterações com a Lei da Liberdade Econômica, sendo incluídos incisos sobre direito empresarial, pessoa jurídica, abuso da personalidade jurídica, dentre outros que serão objeto de estudo em outros itens desta obra.

Porém, foi o art. 113[11] que recebeu maior atenção e alterações com novas formas de interpretação do negócio jurídico, devendo-se levar em conta os usos, costumes e práticas do mercado em que ocorre certo tipo de negócio. Isso não deixa de ser um reforço aos usos e costumes como fonte do direito, sobretudo em razão da velocidade na evolução social e tecnológica.

Outro artigo do Código Civil que recebeu ajustes substanciais foi o art. 421, ao qual foi acrescido o parágrafo único e o art. 421-A[12] no que diz respeito à função social do contrato, às relações privadas e à simetria nessas relações.

---

[11] Código Civil, art. 113. Os negócios jurídicos devem ser interpretados conforme a boa-fé e os usos do lugar de sua celebração.

§ 1º A interpretação do negócio jurídico deve lhe atribuir o sentido que:

I – for confirmado pelo comportamento das partes posterior à celebração do negócio;

II – corresponder aos usos, costumes e práticas do mercado relativas ao tipo de negócio;

III – corresponder à boa-fé;

IV – for mais benéfico à parte que não redigiu o dispositivo, se identificável; e

V – corresponder a qual seria a razoável negociação das partes sobre a questão discutida, inferida das demais disposições do negócio e da racionalidade econômica das partes, consideradas as informações disponíveis no momento de sua celebração.

§ 2º As partes poderão livremente pactuar regras de interpretação, de preenchimento de lacunas e de integração dos negócios jurídicos diversas daquelas previstas em lei.

[12] Código Civil, art. 421. A liberdade contratual será exercida nos limites da função social do contrato.

Parágrafo único. Nas relações contratuais privadas, prevalecerão o princípio da intervenção mínima e a excepcionalidade da revisão contratual.

Art. 421-A. Os contratos civis e empresariais presumem-se paritários e simétricos até a presença de elementos concretos que justifiquem o afastamento dessa presunção, ressalvados os regimes jurídicos previstos em leis especiais, garantido também que:

4.1.7. Classificação dos contratos

Uma classificação é resultado de elementos comuns (estruturais e técnico-jurídicos) e é importante para se saber o regime jurídico e a interpretação aplicável, bem como facilitar a compreensão.

É preciso considerar que os contratos podem ser classificados de várias maneiras, por exemplo, quanto:

1) à forma (escrita, verbal, gestual ou eletrônica);
2) à solenidade (consensual, real ou formal);
3) à prestação (unilateral, bilateral-sinalagmático ou plurilateral);
4) ao ônus (oneroso ou gratuito);
5) ao risco (comutativo ou aleatório);
6) à previsão normativa (típico, atípico ou misto);
7) à execução (instantânea-imediata, continuada-sucessiva ou diferida);
8) ao estabelecimento de cláusulas (paritário ou adesão) etc.

Porém, para se poder abstrair do que venha a ser contrato empresarial, a classificação deve ser feita a partir da qualidade das partes ou direito aplicável. Dentro dessa categoria, considerando apenas o âmbito do privado, os contratos poderiam ser classificados em civis, de consumo e empresariais.

4.1.8. Distinção entre os contratos: civil (c2c), de consumo (b2c) e empresarial (b2b)

Os contratos podem ser classificados de várias maneiras. Para fins deste livro, é imprescindível a diferenciação entre os contratos civil, de consumo e empresarial (mercantil), a fim de evitar confusão entre eles, bem como para conhecer seu regime jurídico.

Contrato civil é aquele em que, independentemente do seu objeto, não há a intenção de lucro com a negociação, nem habitualidade dos contratantes naquela prática, sendo aplicável o Código Civil e/ou lei especial, se for o caso.

Por exemplo, em uma locação imobiliária aplica-se a Lei n. 8.245/91, e supletivamente o Código Civil. Se fosse o caso de duas pessoas naturais (que são amigas, mas isso não precisa ser regra) que contratassem a compra e venda de um automóvel, a legislação aplicável seria apenas o Código Civil que disciplina o contrato de compra e venda. São os negócios entre civis ou entre consumidores (C2C – *consumer to consumer*).

Já o **contrato de consumo** é aquele celebrado a partir da relação entre consumidor (CDC, art. 2º) e fornecedor (CDC, art. 3º), em que o primeiro efetua o contrato como "destinatário final" do produto ou do serviço, sendo o Código de Defesa do Consumidor a legislação aplicável e, subsidiariamente, o Código Civil.

I – as partes negociantes poderão estabelecer parâmetros objetivos para a interpretação das cláusulas negociais e de seus pressupostos de revisão ou de resolução;

II – a alocação de riscos definida pelas partes deve ser respeitada e observada; e

III – a revisão contratual somente ocorrerá de maneira excepcional e limitada.

Nas palavras de Jean Calais-Auloy, contrato de consumo é a ligação entre o consumidor e um profissional, fornecedor de produto ou serviço[13]. O fornecedor é um agente que desenvolve habitualmente uma atividade econômica visando ao lucro, um profissional, portanto.

Pode-se exemplificar o contrato de consumo com a compra de automóvel pelo consumidor na concessionária. Trata-se de contratos entre fornecedor e consumidor (B2C – *business to consumer*).

Por sua vez, o **contrato empresarial (mercantil ou comercial)** é aquele celebrado pelo empresário (empresário individual ou sociedade empresária) no desenvolvimento de sua atividade (como uma locação mercantil) ou aquele celebrado entre empresários, ou seja, os interempresariais (como a distribuição de produtos) em busca de lucro. A habitualidade do agente e a finalidade lucrativa com o negócio são critérios que qualificarão a operação como empresarial; normalmente são negócios celebrados entre empresários (B2B – *business to business*).

Um bom exemplo é a venda e compra feita entre montadora de veículos automotores e concessionária (que compra para revender); trata-se do contrato de concessão mercantil.

O regime jurídico aplicável aos contratos empresariais será o das leis especiais, quando existir, e subsidiariamente o Código Civil ou, na ausência de norma específica, diretamente pela disciplina contratual do Código Civil (o que vai depender do tipo contratual em questão). Por exemplo: no caso da concessão mercantil, aplicar-se-á a norma que lhe é própria, a Lei n. 6.729/76, e supletivamente o Código Civil.

José Xavier Carvalho de Mendonça, ao analisar detidamente as obrigações mercantis, conclui que "contrato comercial" é aquele que tem por objeto o ato de comércio[14]. Transportando essa afirmação para a vigência do Código Civil de 2002 e a adoção da teoria da empresa, poder-se-ia dizer que contrato empresarial é aquele que tem por objeto a atividade econômica organizada e exercida profissionalmente.

Waldemar Martins Ferreira expressa a "profissionalidade" como critério de distinção para os contratos, pois será "comercial" todo o contrato celebrado por comerciante no exercício da sua profissão mercantil[15].

Haroldo Malheiros Duclerc Verçosa, para efeitos do seu *Curso de direito comercial*, e a margem de outras classificações, propõe que os contratos possam ser tidos como: contratos submetidos ao Direito do Consumidor; contratos civis *stricto sensu* e contratos comerciais ou empresariais. Os primeiros, contratos submetidos ao Direito do Consumidor, são aqueles em que se apresenta uma relação de consumo, à luz do Código de Defesa do Consumidor, logo, submetidos ao regimento desta norma legal. Já os contratos civis em sentido estrito são caracterizados pelo fato de as partes não serem empresárias, mas particulares ou prestadoras de serviços intelectuais (literária, artística e científica), por isso, pelo menos teoricamente, encontrando-se em situação de paridade nos planos econômico

---

[13] Jean Calais-Auloy. *Droit de la consommation*. Paris: Dalloz, 1992. p. 1-2.

[14] José Xavier Carvalho de Mendonça. *Tratado de direito comercial brasileiro*. 4. ed. Rio de Janeiro: Freitas Bastos, 1957. v. VI, p. 449.

[15] Waldemar Martins Ferreira. *Tratado de direito comercial*. São Paulo: Saraiva, 1962. v. 8, p. 10 e s.

e jurídico. Por último, os contratos comerciais ou empresariais são os que uma das partes é um empresário no exercício de sua atividade e a outra também pode ser um empresário ou uma pessoa não caracterizada como consumidor. Assim, excluídos os contratos suscetíveis ao Direito do Consumidor, os contratos empresariais são todos os que estão relacionados ao exercício de uma atividade econômica organizada (salvo as de natureza intelectual), a não ser que os mesmos contratos sejam firmados para a realização de atividade secundária ao objeto de uma empresa[16].

Cláudia Lima Marques explica que o CDC adveio a partir de mandamento constitucional (CF, arts. 5º, XXXII, e 170, V; e Ato das Disposições Constitucionais Transitórias, art. 48), como forma de tutelar os interesses dos consumidores. Assim, o Código Civil seria uma norma para relação entre iguais, civis ou empresariais. Exemplifica que as relações civis são entre iguais, pois se dão quando não há a presença de habitualidade e finalidade lucrativa (ou entre empresários, em que ambos atuam com habitualidade visando lucro). Já uma relação entre desiguais ou diferentes se dá quando há um empresário e um "civil", este destinatário final de produto ou serviço, vulnerável, portanto; devendo, neste caso, ser aplicado prioritariamente o CDC, e apenas em caráter subsidiário, no que couber, o Código Civil. Dessa forma, pelo fato de o Código Civil incluir no seu regime a figura do empresário e não a do consumidor (diferenciando-se dos modelos alemão e italiano), o Código de Defesa do Consumidor é a norma reguladora das relações de consumo, aplicando-se com primazia e prioridade, por ser um microcódigo especial que protege situações de desigualdade; devendo o Código Civil, enquanto um Código central, ter aplicação subsidiária[17].

Realizadas estas considerações, aos contratos de consumo aplicam-se as regras do Código de Defesa do Consumidor – CDC, subsidiariamente o regime do Código Civil. Aos contratos civis e mercantis, são empregadas as regras do Código Civil e leis extravagantes, não cabendo, via de regra, a aplicação do CDC.

Contudo, uma questão muito delicada é a da admissibilidade ou não da aplicação do CDC aos contratos empresariais, que se soma ao fato do que se pode compreender do conceito de "consumidor" e sua categorização por meio da expressão "destinatário final". Isso porque, nas relações entre empresários, muitas vezes encontra-se uma das partes em condições de flagrante desigualdade em relação à parte adversa. Dessa forma, coloca-se a questão se a pessoa jurídica, sobretudo quando empresa, pode ou não ser tida como "destinatária final" de um produto ou serviço. Três teorias tratam do assunto no Brasil: a maximalista, a finalista e a finalista mitigada.

4.1.8.1. Hipóteses de aplicação do Código de Defesa do Consumidor aos contratos empresariais. Teorias

Em linhas gerais, aos contratos de consumo aplicam-se as regras do Código de Defesa do Consumidor – CDC, subsidiariamente o regimento do Código Civil. Aos contratos civis

---

[16] Haroldo Malheiros Duclerc Verçosa. *Curso de direito comercial*. São Paulo: Malheiros, 2011. v. 4, t. I, p. 42-43.

[17] Cláudia Lima Marques. Diálogo das fontes. In: BENJAMIN, Antônio Herman V.; MARQUES, Cláudia Lima; BESSA, Leonardo Roscoe. *Manual de direito do consumidor*. 2. ed. São Paulo: RT, 2009. p. 92-95.

e mercantis são empregadas as regras do Código Civil, não estando sujeitos, a princípio, ao CDC. Mas o uso dessa norma passa pela contextualização do que venha a ser uma relação de consumo (elo entre fornecedor e consumidor), e se o destinatário final pode ou não ser uma pessoa jurídica.

Por isso, aqui se faz necessário tecer um breve comentário sobre as teorias que explicam o assunto: maximalista, finalista e finalista mitigada. A teoria **maximalista** considera consumidor todas as pessoas físicas ou jurídicas pelo simples fato de adquirirem um produto ou um serviço como destinatários fáticos (tiraram o bem do mercado), não importando se utilizarão o produto para fins pessoais ou em sua linha de produção.

Em contrapartida, a teoria **finalista** leva em conta a intenção do Código de Defesa do Consumidor de proteger o consumidor, que é vulnerável em relação ao fornecedor. Logo, como regra geral, considera o consumidor aquele que adquire produto ou serviço como destinatário final fático (retirou o bem de circulação) e econômico (não vai usar o bem como insumo para atividade profissional), de forma que não pode a pessoa física ou jurídica ser considerada consumidora se adquiriu o produto ou serviço para integrar a sua linha de produção. Ou seja, apenas a pessoa que adquire produto para fins pessoais poderia ser tida como destinatária final.

Nos últimos anos, o Superior Tribunal de Justiça, em boa medida, tem aplicado nos julgamentos a chamada **teoria finalista mitigada** ou **temperada**, que corresponde a uma posição intermediária às anteriores. Essa teoria leva em conta a vulnerabilidade/fragilidade/desigualdade (fática, técnica, jurídica ou informacional[18]) da pessoa física ou jurídica que se relaciona com o fornecedor, para aí considerá-la consumidor, portanto, protegida pelo Código de Defesa do Consumidor. Essa tese mitigou (aliviou) a teoria finalista. Precedentes da Teoria Finalista Temperada: REsps-STJ 1.010.834, 1.080.719 e 716.877.

O art. 51, I, do Código de Defesa do Consumidor fala que, nas relações de consumo entre fornecedor e consumidor-pessoa jurídica, a indenização poderá ser limitada em casos justificáveis, o que externa a peculiaridade dessa relação, quando comparada à que tem o consumidor-pessoa física em um dos polos.

4.1.8.1.1. O destinatário final

A pessoa jurídica poderia então ser considerada consumidor se for **destinatária final** do bem, mas, se estiver contratando no exercício da atividade empresarial, estar-se-á diante de um contrato empresarial e não de consumo, o que dá ensejo à aplicação das regras do Código Civil e da legislação extravagante, e não necessariamente do Código de Defesa do Consumidor.

Destinatário final significa o consumo ou a aquisição de bem para si ou para outrem com a apropriação definitiva, diferenciando, portanto, do insumo em que haja uma utilização do bem de forma intermediária para implementar a atividade econômica desenvolvida pelo seu adquirente.

---

[18] Leonardo Roscoe Bessa. *Relação de consumo e aplicação do Código de Defesa do Consumidor.* 2. ed. São Paulo: RT, 2009. p. 57.

Por isso a aplicação do CDC se dá somente quando houver uma relação de consumo, devendo ser o adquirente do bem ou tomador do serviço tido como destinatário final. Alguns contratos empresariais podem ter a figura do destinatário final, como no caso de um contrato bancário, quando, por exemplo, a empresa contrata o serviço em seu próprio benefício, hipótese em que se aplicaria o CDC. Nesse sentido, REsps-STJ 1.321.083, 1.144.825, 488.274 e 235.200.

Mas, se, no contrato celebrado entre empresários um deles adquire bens a fim de revendê-los a terceiros (ou contrata um serviço como insumo, sendo um bom exemplo a assistência técnica para máquinas produtivas), esse fato não o caracterizará como destinatário final. Logo, não haverá a aplicação do CDC. Nesse sentido, REsps-STJ 1.442.674, 861.027, 761.557 e 701.370[19].

Por meio de nossa sugestão durante a Jornada de Direito Comercial, promovida pelo Conselho da Justiça Federal em outubro de 2012, foi aprovado o Enunciado n. 20: "Não se aplica o Código de Defesa do Consumidor aos contratos celebrados entre empresários em que um dos contratantes tenha por objetivo suprir-se de insumos para sua atividade de produção, comércio ou prestação de serviços".

Contudo, a aplicação ou não do CDC às relações empresariais é de extrema relevância, sendo que nas relações contratuais que não sejam de consumo, passíveis de aplicação do Código Civil, as partes podem transigir sobre regras legais de ordem dispositiva. Isso já não pode ocorrer com as relações suscetíveis de aplicação do CDC, pois a transigência de mandamentos legais deste diploma consumerista é inadmissível[20]. Assim, compreendemos que o CDC não deve ser aplicado entre fornecedores, pois, sendo uma relação empresarial,

---

[19] Transcrevemos, a seguir, duas ementas do STJ que explicitam a questão de uma pessoa jurídica (empresa) poder ser ou não considerada destinatária final: Consumidor. Recurso especial. Pessoa jurídica. Seguro contra roubo e furto de patrimônio próprio. Aplicação do CDC. – O que qualifica uma pessoa jurídica como consumidora é a aquisição ou utilização de produtos ou serviços em benefício próprio; isto é, para satisfação de suas necessidades pessoais, sem ter o interesse de repassá-los a terceiros, nem empregá-los na geração de outros bens ou serviços. – Se a pessoa jurídica contrata o seguro visando a proteção contra roubo e furto do patrimônio próprio dela e não o dos clientes que se utilizam dos seus serviços, ela é considerada consumidora nos termos do art. 2º do CDC. (...) (REsp 733.560/RJ, STJ, 3ª Turma, rel. Min. Nancy Andrigui, *DJ* 2-5-2006).

Processo civil. (...) Aquele que exerce empresa assume a condição de consumidor dos bens e serviços que adquire ou utiliza como destinatário final, isto é, quando o bem ou serviço, ainda que venha a compor o estabelecimento empresarial, não integre diretamente – por meio de transformação, montagem, beneficiamento ou revenda – o produto ou serviço que venha a ser ofertado a terceiros. – O empresário ou sociedade empresária que tenha por atividade precípua a distribuição, no atacado ou no varejo, de medicamentos, deve ser considerado destinatário final do serviço de pagamento por meio de cartão de crédito, porquanto esta atividade não integra, diretamente, o produto objeto de sua empresa (CComp 41056/SP, STJ, 2ª Seção, rel. Min. Aldir Passarinho Junior, *DJ* 20-9-2004).

[20] Dadas as peculiaridades da relação de consumo, o STJ tem editado inúmeras súmulas a respeito. Sem prejuízo das diversas citadas neste livro, retransmitimos aqui o teor de duas: Súmula 601: "O Ministério Público tem legitimidade ativa para atuar na defesa de direitos difusos, coletivos e individuais homogêneos dos consumidores, ainda que decorrentes da prestação de serviço público".

Súmula 602: "O Código de Defesa do Consumidor é aplicável aos empreendimentos habitacionais promovidos pelas sociedades cooperativas".

Contratos mercantis 341

um fornecedor que adquire um produto do outro para reinseri-lo no mercado de consumo não atua como destinatário final, mas sim como um intermediário, sendo que a proteção da referida norma reserva-se aos destinatários finais, e não aos intermediários.

Tecidas essas considerações, e conceituados os contratos civil, de consumo e empresarial, podemos prosseguir o estudo.

4.2. CONTRATOS EM ESPÉCIE

Por "contratos em espécie" entendem-se os vários tipos de contratos mercantis, que a partir de agora serão abordados.

São inúmeros os contratos empresariais, sendo criados a cada dia, em razão da autonomia privada e da liberdade de se poder criar tipos novos, asseguradas pelo ordenamento jurídico.

No entanto, nesta obra, serão estudados os principais contratos de interesse do estudante, sempre buscando o aprofundamento dos pontos mais relevantes.

Ressalta-se que alguns contratos mercantis têm sua utilidade diminuída nos tempos atuais; outros, ao contrário, têm ganhado cada vez mais importância e utilização pelos empresários. Será mais aprofundado o estudo destes em relação àqueles, que algumas vezes serão tratados mais para efeitos comparativos.

4.2.1. Compra e venda mercantil

Contrato de compra e venda é aquele em que uma das partes se obriga a transferir o domínio de determinada coisa, pela qual a outra parte deverá pagar certo preço (CC, art. 481).

A compra e venda será considerada mercantil (empresarial) quando, além da transferência da coisa e do seu pagamento, as partes envolvidas forem empresários, de acordo com o conceito de empresário do art. 966, *caput*, do Código Civil.

Não se pode esquecer do que foi estudado nos itens sobre as especificidades dos contratos empresariais e do conceito de contrato empresarial. Assim, a compra e venda empresarial é aquela em que o objeto da negociação está relacionado à atividade econômica organizada e exercida profissionalmente pelo empresário.

No campo do Direito Empresarial, é bastante comum a compra e venda estar associada a outros tipos contratuais, como a prestação de serviços.

Também é comum a compra e venda empresarial utilizar-se de condição, termo ou encargo a fim de adaptar as necessidades dos contratantes. Quando não há condição, termo ou encargo, a compra e venda é tida como **pura**.

Sendo pura, a compra e venda é obrigatória e perfeita quando as partes chegarem a um acordo sobre o objeto e o preço do negócio (CC, art. 482).

Quando a compra e venda tiver condição, termo ou encargo será considerada **impura**, devendo assim ocorrer acordo sobre coisa, preço e demais disposições estabelecidas.

Condição é a cláusula que subordina o efeito do negócio jurídico a evento futuro e incerto. A condição pode ser suspensiva ou resolutiva. Condição suspensiva é a que suspende os efeitos do negócio durante um período até que o evento futuro aconteça. Condição resolutiva é a que extingue o negócio assim que ocorrer o evento futuro; podendo ser expressa ou tácita. A primeira opera-se de pleno direito; a segunda, mediante interpelação judicial.

Termo significa o acontecimento futuro e certo que subordina o início ou o término da eficácia jurídica de determinado ato negocial. Logo, uma obrigação a termo é aquela em que se estabelece um prazo certo para seu cumprimento, ou seja, tem um prazo definido para produzir ou não efeitos. Há um limite temporal: termo inicial e termo final.

Encargo ou modo é a forma como uma obrigação é cumprida. Trata-se de um ônus ou dever estabelecido pela obrigação a uma parte do negócio. Assim, a obrigação modal é aquela que se sujeita a encargo, contendo uma vinculação (ou restrição) que diminui a liberalidade de uma parte.

Cabe destacar que a compra e venda pode ser realizada mediante amostras, protótipos ou modelos sendo que nestes casos fica entendido que o vendedor garante que o bem adquirido tenha a qualidade correspondente. Prevalece a amostra (o protótipo ou o modelo) se houver divergência com a descrição do contrato (CC, art. 484).

Christiano Cassetari explica que protótipo é o primeiro exemplar de algo inventado; amostra é a reprodução integral de um bem a ser comercializado; e modelo a reprodução exemplificativa do bem a ser vendido, que pode ser por desenho ou imagem[21], como ocorre nos catálogos de venda.

O preço poderá ser fixado pelos contratantes conforme as taxas de mercado ou de bolsa (Bolsa de Valores ou de Mercados e Futuros), citando data e local para a apuração (CC, art. 486).

Essa hipótese é bastante utilizada em compra e venda empresarial, uma vez que os bens negociados, muitas vezes, sofrem oscilações de preço, sendo essa uma alternativa para a fixação do valor de forma justa. Em outras palavras, será paga a quantia que o bem vale em determinada data (p.ex., a compra e venda de gado com preço fixado pelo valor da arroba em determinada bolsa e determinada data).

Da mesma forma, é possível às partes fixarem os preços em função de índices ou parâmetros, desde que existam critérios objetivos para a sua determinação (CC, art. 487).

Tal procedimento, da mesma forma, costuma ser utilizado como modo de correção monetária ao preço, a partir de índices fornecidos pelo governo ou entidades não governamentais (como IGP-M). Sua utilização é possível desde que os critérios para a sua determinação sejam objetivos, livre totalmente de caráter subjetivo, que possa abrir margem à dúvida ou discussão.

Se a fixação de preço ocorrer pela vontade exclusiva de uma das partes, o contrato será nulo (CC, art. 489).

Quando a compra e venda for **à vista,** o vendedor não é obrigado a entregar a coisa antes de receber o preço do comprador (CC, art. 491).

Sem dúvida, essa regra não se aplica à compra e venda **a prazo**, pois nesse caso o vendedor entrega a coisa para receber o preço posteriormente.

Quando existir despesas com escritura e registro, essas ficam a cargo do comprador; já as despesas com a tradição (entrega) do bem ficam a cargo do vendedor. Em ambos os casos, cabe estipulação diversa por meio de cláusula contratual (CC, art. 490).

---

[21] Christiano Cassetari. *Elementos de direito civil.* São Paulo: Saraiva, 2011. p. 208.

Compra e venda, com certeza, é o tipo contratual mais utilizado, podendo ser classifica-da em **mercantil**, **civil** ou **de consumo**. O que vai mudar são somente as regras.

Como já visto, no geral, aos contratos de consumo aplicam-se as regras do Código de Defesa do Consumidor – CDC, subsidiariamente o regimento do Código Civil. Aos contra-tos civis e mercantis, as regras do Código Civil, não cabendo, via de regra, a aplicação do CDC. A possível aplicação do CDC a um contrato mercantil vai se dar apenas quando o contratante puder ser enquadrado como "destinatário final" do bem ou do serviço. Sendo caso de relação de consumo, aplicam-se as regras do Código de Defesa do Consumidor, den-tre as quais a prevista no art. 53, *caput*[22].

Não é objetivo desta obra repetir tudo o que a doutrina civilista tem tratado sobre o contrato de compra e venda, que também é aplicável à compra e venda mercantil, conside-rando a unificação dos diplomas obrigacionais (que foi retratada anteriormente).

Dessa forma, todas as regras previstas no Código Civil, arts. 481 a 532, sobre compra e venda são aplicáveis à compra e venda empresarial, inclusive em relação às cláusulas especiais da retrovenda, venda a contento e sujeita à prova, preempção ou preferência, venda com re-serva de domínio e venda sobre documentos.

O que nos parece mais relevante é que, na aplicação do regime jurídico do Código Civil à compra e venda mercantil, deve-se ficar atento sobre as especificidades das relações empresariais.

Em geral, à compra e venda mercantil e aos contratos empresariais, a aplicação das re-gras deve sempre considerar que as partes são empresários, à luz do art. 966, *caput*, do Códi-go Civil, pois as relações econômicas empresariais são dinâmicas, com ajustes e mudanças aceleradas, de modo diverso das relações civis.

Assim, a legislação a ser aplicada à compra e venda mercantil é a mesma da compra e venda civil (ou seja, o Código Civil), mas deve-se considerar a "expertise" (profissionalidade, experiência) dos empresários na celebração dos contratos.

Muitos contratos de compra e venda mercantil são celebrados por empresas sediadas em países diversos. Nestes casos remetemos o leitor ao item que trata dos contratos internacionais. Mas não é demais explicitar que a ONU tem uma comissão permanente de Direito do Comér-cio Internacional, a UNCITRAL – United Nations Comission for International Trade Law (Comissão das Nações Unidas para o Direito Comercial Internacional), que motivou a assina-tura da Convenção de Viena de 1980, ou Convenção das Nações Unidas sobre Contratos de Compra e Venda Internacional de Mercadorias (CISG, na sigla em inglês). O Congresso Nacio-nal brasileiro, no dia 19 de outubro de 2012, por meio do Decreto Legislativo n. 538/2012, aprovou o texto da Convenção, que passou a integrar o ordenamento jurídico brasileiro a partir de 16 de outubro de 2014, com a promulgação do Decreto Presidencial n. 8.327/2014.

4.2.1.1. Afixação e diferenciação de preço – nova legislação

É preciso explicitar que por "nova legislação" devem-se compreender as atualizações promovidas pelas Leis n. 13.543/2017 e 13.455/2017 na Lei n. 10.962/2004, a qual regula

---

[22] Art. 53, *caput*: "Nos contratos de compra e venda de móveis ou imóveis mediante pagamento em pres-tações, bem como nas alienações fiduciárias em garantia, consideram-se nulas de pleno direito as cláu-sulas que estabeleçam a perda total das prestações pagas em benefício do credor que, em razão do ina-dimplemento, pleitear a resolução do contrato e a retomada do produto alienado".

as condições de oferta e as formas de **afixação** de preços de produtos e serviços nas vendas para consumidores.

Mesmo antes do advento das Leis n. 13.543/2017 e 13.455/2017, a Lei n. 10.962/2004 já previa uma série de regras sobre afixação de preços no comércio em geral (e especificamente em autosserviços, supermercados, hipermercados, mercearias ou estabelecimentos comerciais).

Dentre as regras está a que determina que na venda a varejo de produtos fracionados em pequenas quantidades, o comerciante deverá informar além do preço do produto à vista, o preço correspondente a uma das seguintes unidades fundamentais de medida: capacidade, massa, volume, comprimento ou área, de acordo com a forma habitual de comercialização de cada tipo de produto (Lei n. 10.962/2004, art. 2º-A – o qual foi incluído por força da Lei n. 13.175/2015). Para não restar dúvidas sobre a aplicação do referido regramento às vendas pela internet, com o advento da Lei n. 13.543/2017 foi acrescentado o inc. III ao art. 2º da Lei n. 10.962/2004, passando a constar de forma expressa que no comércio eletrônico a afixação de preços em vendas para o consumidor deve se dar pela divulgação ostensiva (evidente) do preço à vista, junto à imagem do produto ou descrição do serviço, em caracteres facilmente legíveis com tamanho de fonte não inferior a doze.

De acordo com o art. 5º da Lei n. 10.962/2004, o consumidor pagará o menor preço quando houver divergência de preços, para o mesmo bem, entre os sistemas de informação do estabelecimento. Não há dúvida de que isso também é aplicável aos estabelecimentos digitais e a toda sorte de plataformas eletrônicas pelas quais se pratica venda ao consumidor.

Especificamente sobre a Lei n. 13.455/2017, ela autoriza a **diferenciação** de preços de bens e serviços oferecidos ao público em função do prazo ou do instrumento de pagamento utilizado; sendo nula qualquer cláusula contratual que proíba ou restrinja tal diferenciação de preços (art. 1º). Desse modo, o comerciante passou a ser autorizado expressamente a cobrar valores distintos para o mesmo bem, a depender se o pagamento realizado pelo consumidor for à vista, a prazo, por cartão de débito ou crédito ou outras formas de pagamentos. Tal determinação se deu após a compreensão de que as taxas cobradas por instituições financeiras e administradoras de cartão de crédito são relevantes na formação de preço; bem como que tal diferenciação no preço não fere direitos de consumidores, sobretudo porque a igualdade deve ser dada aos (consumidores) que estão em condições iguais, devendo os desiguais serem tratados de forma desigual.

Desse modo, a Lei n. 13.455/2017 corrigiu a posição equivocada do STJ, o qual não admitia diferenciação de preço, pois considerava prática abusiva o desconto no preço pelo pagamento em dinheiro ou com cheque em relação ao pagamento com cartão de crédito (STJ, REsp 1.479.039-MG, *DJe* 16-10-2015).

O regramento da diferenciação de preço da Lei n. 13.455/2017 também alterando a Lei n. 10.962/2004 ao acrescentar-lhe o art. 5º-A, o qual prevê que possíveis descontos oferecidos pelo fornecedor ao consumidor, seja em razão do prazo ou do meio de pagamento, devem ser informados em local e formato visíveis ao comprador. Se tal regra for infringida, aplicar-se-ão as sanções previstas no Código de Defesa do Consumidor, sobretudo as elencadas em seu art. 56.

Frise-se que desde o ano de 2006, o Decreto n. 5.903/2006 regulamentou a Lei n. 10.962/2004 e o Código de Defesa do Consumidor para fins de práticas infracionais que atentam contra o direito básico do consumidor de obter informação adequada e clara sobre produtos e serviços.

De acordo com o parágrafo único do art. 10 do Decreto n. 5.903/2006 (acrescido pelo Decreto n. 7.962/2013) as regras dos seus arts. 2º, 3º e 9º são aplicáveis às compras realizadas via *e-commerce*.

Assim, os preços dos bens devem ser informados adequadamente, a ponto de garantir ao consumidor que as informações prestadas sejam corretas, claras, precisas, ostensivas e legíveis. Além disso, o preço deve ser informado explicitando o total à vista. No caso de preço a prazo com outorga de crédito, deverá ser discriminado o valor total do financiamento; número, periodicidade e valor das parcelas; taxa de juros; e outros acréscimos e encargos financeiros inerentes (Decreto n. 5.903/2006, arts. 2º, *caput*, e 3º).

Em complemento, à luz do art. 9º do Decreto n. 5.903/2006, infringe o direito básico do consumidor à informação adequada e clara sobre os diferentes produtos e serviços quem: a) utiliza letras cujo tamanho não seja uniforme ou dificulte a percepção da informação, considerada a distância normal de visualização do consumidor; b) expõe preços com as cores das letras e do fundo idêntico ou semelhante; c) utiliza caracteres apagados, rasurados ou borrados; d) informa preços apenas em parcelas, obrigando o consumidor ao cálculo do total; e) informa preços em moeda estrangeira, desacompanhados de sua conversão em moeda corrente nacional, em caracteres de igual ou superior destaque; f) utiliza referência que deixa dúvida quanto à identificação do item ao qual se refere; g) atribui preços distintos para o mesmo item; h) expõe informação redigida na vertical ou outro ângulo que dificulte a percepção.

4.2.2. Prestação de serviço empresarial

Serviço significa qualquer atividade humana prestada licitamente, de forma material ou imaterial.

Contrato de prestação de serviço é aquele em que o objeto do negócio é a realização de um serviço (prestação) material ou imaterial, ou seja, é uma obrigação de fazer, mediante remuneração. Obrigação de fazer consiste no dever que alguém contrai no sentido de executar, por si ou por terceiro, um ato em proveito daquele com quem se obrigou.

A prestação de serviço será considerada **empresarial** quando as partes contratantes (prestador de serviço e tomador) forem empresários, à luz do art. 966, *caput*, do Código Civil.

Em relação ao regime jurídico aplicável, a prestação de serviço rege-se pelo Código Civil, arts. 593 a 609; porém, se for prestação de serviço de natureza trabalhista, reger-se-á pela regras do Direito do Trabalho (CLT e leis pertinentes); ou, se for de outra natureza específica prevista em lei especial, irá reger-se por essa norma, como seria o caso da representação comercial, cujo regime jurídico é o da Lei n. 4.886/65, pois entendemos ser um tipo de prestação de serviço empresarial específico (produção de serviço).

Todo serviço ou trabalho lícito pode ser objeto de prestação (material ou imaterial) tendo direito à remuneração (CC, art. 594). Se não houver remuneração, o serviço é considerado voluntário, regendo-se essa relação (prestação de serviço) pela Lei n. 9.608/1998 – Lei do Serviço Voluntário, cujo art. 1º (com redação dada pela Lei n. 13.297/2016) prevê que serviço voluntário é a atividade não remunerada prestada por pessoa física a entidade pública de qualquer natureza ou a instituição privada sem fins lucrativos que tenha objetivos cívicos, culturais, educacionais, científicos, recreativos ou de assistência à pessoa.

Se a remuneração não for estipulada pelas partes, e não tendo estas chegado a um acordo posteriormente, será fixada por arbitramento (CC, art. 596). Arbitramento tem o sentido de que o valor da remuneração será decidido por um árbitro ou perito.

Para fins de remuneração, a regra é de que esta seja realizada depois da execução do serviço, salvo se as partes estipularem pagamento adiantado ou parcelado (CC, art. 597).

O contrato de prestação de serviço não pode ter prazo superior a **4 anos**. E assim, mesmo que o contrato tenha por objeto a realização de uma obra/construção, decorrido esse lapso temporal, o contrato é considerado como finalizado (CC, art. 598).

Nos contratos de prestação de serviço por prazo indeterminado, qualquer das partes pode rescindir o contrato mediante aviso prévio, desde que não prejudique a natureza do negócio (CC, art. 599, *caput*).

O parágrafo único do art. 599 do Código Civil fixa os prazos de antecedência em que o aviso prévio deve feito à outra parte:

1) *8 dias* para contratos ajustados com remuneração mensal ou tempo maior;

2) *4 dias* para contratos ajustados com remuneração semanal ou quinzenal;

3) *1 dia* para contratos ajustados com remuneração com periodicidade inferior a uma semana.

Ressalta-se que o tempo em que o prestador de serviço, por sua culpa, deixou de trabalhar não será contabilizado nos prazos (CC, art. 600).

Outro ponto importante: se o contrato tiver como objeto uma obra determinada, não pode o **prestador** rescindir sem terminar a obra, salvo "justa causa", o que também está designado para contratos por prazo determinado (CC, art. 602, *caput*). Por justa causa entenda--se um motivo relevante e justificado.

Nesses casos, quando a justa causa não estiver presente, terá direito à remuneração vencida, mas responderá por perdas e danos (CC, art. 602, parágrafo único).

Se a rescisão ocorrer pelo **tomador**, sem justa causa, deverá pagar a retribuição vencida, bem como a metade da que seria devida até o término do contrato (CC, art. 603)[23].

O tomador do serviço não pode transferir a outrem o seu direito quanto ao recebimento do serviço, tampouco o prestador do serviço poderá transferir a outrem a sua prestação, excetuando-se se houver consentimento da parte contrária (CC, art. 605). Trata-se de uma

---

[23] Contrato de prestação de serviços de consultoria empresarial. Rescisão contratual antes do advento do termo final do prazo pactuado. Discussão sobre a culpa pela rescisão, para fins de cobrança de multa. Rescisão precedida da destituição de sócio-administrador dos quadros da empresa ré, contratante dos serviços de consultoria. Empresa de consultoria contratada para a assessoria das atividades do administrador junto à ré. Destituição motivada por rompimento da '*affectio societatis*', sem ensejar indenização em favor da empresa autora. Contrato de consultoria atrelado à pessoa do administrador posteriormente destituído. Esvaziamento do contrato de prestação de serviços de consultoria. Inviabilidade de cumprimento do contrato, sem culpa de qualquer das partes. Improcedência dos pedidos de cobrança de multa pela rescisão, formulados na ação e reconvenção. Sucumbência recíproca. Recurso da ré reconvinte desprovido (AC 992050586679, TJSP, 30ª Câmara de Direito Privado, rel. Edgard Rosa, *DJ* 16-4-2010).

Contratos mercantis 347

operação denominada cessão da posição contratual[24], em que muitas vezes o consentimento é ajustado previamente na celebração do contrato.

4.2.3. Locação mercantil

Sem prejuízo do que foi tratado no Capítulo I, no item referente ao "ponto e ação renovatória", aqui iremos abordar o contrato de locação mercantil.

Contrato de locação é acordo pelo qual uma parte se obriga a ceder à outra, por tempo determinado ou não, o uso e gozo de coisa, mediante contraprestação (CC, art. 565).

A locação pode ser de coisas **móveis** ou **imóveis**. Quando o objeto da locação for de coisas móveis, seu regime jurídico é o do Código Civil, arts. 565 a 578. Já para a locação de imóveis, é a Lei n. 8.245/91 – denominada Lei das Locações – que disciplina a matéria.

A locação de imóvel pode ter como objeto imóvel **residencial**, para **temporada** ou **não residencial**.

Locação residencial é aquela cujo imóvel é destinado à moradia dos locatários.

Já **locação para temporada** tem por fim destinar o imóvel à residência temporária do locatário, para prática de lazer, realização de cursos, tratamento de saúde e outros fatos desde que contratada por prazo não superior a 90 dias, independentemente de ter ou não mobília.

E a **locação não residencial** é aquela cujo imóvel tem qualquer outro fim que não o de moradia, como instalação de: órgão público, associação de classe, comércio etc. Podendo ser-lhe aplicada a denominação **locação mercantil** quando o imóvel tiver destinação empresarial (indústria, comércio ou prestação de serviço).

Aqui tocamos no tema do **contrato de locação mercantil**. Trata-se do contrato que tem por objetivo a locação de um imóvel não residencial destinado ao **comércio** (Lei n. 8.245/91, art. 51). Esse é o objeto de estudo deste tópico (isso pois, as locações de coisas móveis são estudadas nas obras de Direito Civil). A palavra comércio expressa no art. 51 deve ser compreendida como atividade comercial/empresarial em geral, o que inclui comércios em si, indústrias e prestadores de serviços.

Segundo a lei, considera-se locação não residencial o contrato em que o locatário for pessoa jurídica e o imóvel se destinar ao uso de seus titulares, diretores, sócios, gerentes, executivos ou empregados (Lei n. 8.245/91, art. 55).

Na legislação que trata do contrato de locação mercantil, Lei n. 8.245/91, há disposições sobre aluguel, direitos e deveres das partes, benfeitorias, garantias etc.

O locatário de um contrato de locação mercantil goza de uma prerrogativa legal que lhe concede a possibilidade de sua renovação independentemente da vontade do locador.

Isso ocorre devido à formação do **fundo de comércio**. Fundo de comércio é o valor adquirido pelo ponto empresarial em razão do desenvolvimento da atividade empresarial e pelo passar do tempo.

---

[24] Sobre cessão da posição contratual veja: Tarcisio Teixeira. *Manual da compra e venda:* doutrina, jurisprudência e prática. 3. ed. São Paulo: Saraiva, 2018. p. 158 e s.

O art. 55 da Lei n. 8.245/91 não prevê expressamente a figura do empresário individual enquanto locatário, sendo que, mesmo não tendo a natureza de pessoa jurídica, pelo fato de ele ter feito sua inscrição na Junta Comercial e ter seu número de CNPJ lhe é assegurada a mesma proteção das pessoas jurídicas (como as sociedades empresárias) quanto ao seu fundo de comércio. Até porque o imóvel poderá ser utilizado por ele, empresário individual, enquanto titular da empresa, ou mesmo por pessoas que para ele trabalhem (como gerentes e demais colaboradores).

Assim, é por isso que existe a proteção para o empresário locatário de imóvel destinado ao exercício de sua atividade empresarial, pois este tem o direito de renovar compulsoriamente o contrato de locação por meio de uma ação judicial renovatória (Lei n. 8.245/91, art. 51).

É cabível a ação renovatória quando: (i) não houver acordo entre o locatário e o locador; ou (ii) houver abuso por parte do locador referente ao preço para renovação do contrato de locação.

Ressalta-se que não pode haver cobrança de luvas pela valorização do ponto ou pela mera renovação da locação, conforme prevê o art. 45 da Lei n. 8.245/91. No mesmo sentido é o REsp-STJ 440.872.

Além disso, para se obter a renovação do contrato de locação por um prazo igual ao estabelecido, deverão estar presentes os seguintes requisitos, cumulativamente (Lei n. 8.245/91, art. 51, *caput*, I a III):

1) contrato celebrado por **escrito** e com **prazo determinado**;
2) prazo mínimo de locação de **5 anos** – podendo-se somar dois ou mais contratos (nesse sentido, REsp-STJ 693.729); e
3) empresário explorar o mesmo ramo de atividade há pelo menos **3 anos**.

Esse direito de renovação do contrato também é permitido ao inquilino que é comerciante (quem exerce o comércio), estendendo-se ainda às locações em que são locatárias as **indústrias** e as **prestadoras de serviços** (mesmo as sociedades simples, de natureza intelectual) com fins lucrativos, como um escritório de arquitetura ou um consultório médico (Lei n. 8.245/91, art. 51, § 4º).

Um ponto importante é que o período para ajuizar a ação renovatória é do **penúltimo semestre** de vigência do contrato, ou seja, num contrato de **5 anos** (que é composto por dez semestres), a ação deve ser ajuizada durante os meses do nono semestre (Lei n. 8.245/91, art. 51, § 5º).

Quando o contrato de locação mercantil tiver prazo indeterminado, poderá ser denunciado pelo locador por escrito, concedidos ao locatário *30* dias para a desocupação (Lei n. 8.245/91, art. 57).

O locador não estará obrigado a renovar o contrato se (Lei n. 8.245/91, art. 52, I e II):

1) tiver de realizar obras no imóvel por determinação do Poder Público; ou
2) o imóvel for para uso próprio ou para transferência de fundo de comércio existente **há mais 1 ano** (devendo ser detentor da maioria do capital o locador, seu cônjuge, ascendente ou descendente).

Nessa última hipótese, não pode ser para exploração de idêntico ramo econômico do locatário (Lei n. 8.245/91, art. 52, § 1º).

Especificamente sobre o prazo mínimo de 5 anos, que pode ser decorrente da soma de dois ou mais contratos; isso valerá ainda que tenha havido a mudança de inquilino; isto é, inicialmente, o locatário era um empresário, que mais tarde passou o ponto para outro empresário que, por sua vez, continuou explorando o mesmo negócio.

Frise-se que são nulas de pleno direito as cláusulas de um contrato de locação que afastem o direito à renovação prevista no art. 51, ou mesmo que imponham obrigações pecuniárias para tanto; bem como as que visem a burlar os objetivos buscados pela Lei de Locações (Lei n. 8.245/91, art. 45).

Porém, o art. 13 da Lei n. 8.245/91 prevê que a cessão da locação, a sublocação e o empréstimo do imóvel, total ou parcialmente, dependem do consentimento prévio e escrito do locador, o que, em tese, também é aplicável à locação mercantil. Nesse sentido, REsp 1.202.077.

Com efeito, quando se vê um anúncio de "passa-se o ponto", na realidade não se está vendendo a propriedade do imóvel, mas, sim, a propriedade sobre o ponto. Logo, se o alienante não é o proprietário do imóvel (apenas do estabelecimento) é preciso haver o consentimento do proprietário do bem, o qual avaliará se o adquirente do ponto é bom pagador e tem condições de arcar com o valor do aluguel.

4.2.3.1. *Built to suit*

Built to suit em tradução literal equivaleria a "construído para servir" ou "construção ajustada". No fundo trata-se de locação atípica, uma "locação mediante construção", cujo contrato tem por fim a locação de imóvel sob medida para fins não residenciais (empresarial), em que o locador aluga por prazo determinado um imóvel ao locatário, conforme as especificações deste.

Para tanto, o contrato se caracteriza pelo fato de o locador previamente adquirir, construir ou consideravelmente reformar o imóvel objeto da locação. A reforma pode ser feita pelo próprio locador ou por terceiro contratado para este fim, mas atenderá as especificações do pretenso locatário.

Muito utilizado por grandes empresas que demandam enormes instalações, o *built to suit* é muito interessante para o empresário locatário, pois não precisa ocupar-se com a construção ou reforma de imóvel para suas instalações. Em compensação, para o locador (que pode ser um construtor ou investidor) também é um excelente negócio, na medida em que terá uma locação duradoura com os frutos daí decorrentes, ou seja, o recebimento do aluguel que normalmente envolve uma valor substancial.

Este contrato que já era praticado no Brasil passou a ter uma disciplina jurídica por meio da Lei n. 12.744/2012, a qual alterou a redação do art. 4º e acrescentou o art. 54-A à Lei de Locações – Lei n. 8.245/91.

De acordo com o *caput* do art. 54-A, nesta modalidade contratual, *built to suit*, prevalecerão as condições livremente firmadas pelas partes, porém aplicando as regras procedimentais previstas na Lei n. 8.245/91, como, por exemplo, a ação de despejo.

As partes poderão renunciar ao direito de revisão sobre o valor da locação durante o tempo do contrato. Em caso de devolução antecipada do imóvel pelo locatário, a este caberá o pagamento de multa convencionada, a qual não pode extrapolar a somatória dos aluguéis que seriam devidos até o final do contrato. Caso não haja pactuação de multa para este caso, poderá ser fixada judicialmente (Lei n. 8.245/91, art. 54-A, §§ 1º e 2º c/c o art. 4º).

Contudo, tendo em vista as peculiaridades inerentes ao contrato de *built to suit*, Paula Miralles prefere empregar a expressão "locação nos contratos de construção ajustada"[25].

---

[25] Paula Miralles Araujo. *Contratos built to suit*: qualificação e regime jurídico. Dissertação (Mestrado em Direito) – Faculdade de Direito da Universidade de São Paulo, São Paulo, 2015. p. 4.

4.2.4. *Shopping center*

Shopping center significa centro comercial, um local onde se pode efetuar compras de variados bens e serviços, tendo nascido nos Estados Unidos ainda no século XIX. No Brasil existem 628 shoppings de acordo com a Abrasce – Associação Brasileira de Shopping Centers[26].

Contrato de *shopping center* é um acordo reflexo de uma associação de capitais para exploração própria (pelos seus sócios) ou mediante locação comercial (na forma de um condomínio)[27].

Não há uma lei específica que regule o contrato de *shopping center*. Seu regime jurídico é a teoria geral dos contratos e a ampla liberdade de contratar atipicamente assegurada pelo ordenamento, dependendo da vontade das partes. Entretanto, se há contrato de sociedade, aplicam-se as regras do Código Civil em relação às sociedades, sobretudo a sociedade limitada (art. 1.052 e s.), e/ou da Lei n. 6.404/76, se for o caso de uma sociedade anônima. Havendo a instituição de um condomínio, aplicam-se as Leis n. 4.591/64 (Lei dos Condomínios), n. 6.015/73 (Lei dos Registros Públicos) e Código Civil, arts. 1.332 a 1.334, acerca de condomínios.

De igual modo, se há locação, aplica-se a Lei de Locações (Lei n. 8.245/91). A propósito, em relação ao contrato de locação em *shopping center*, ou seja, aquele celebrado entre lojista (locatário) e empreendedor (locador, proprietário do espaço), o objeto da locação é uma unidade ou espaço utilizável (por exemplo, parte de um corredor para a instalação de quiosque) do *shopping center*.

Nesse tipo de contrato, também prevalece a livre disposição de cláusulas e condições entre as partes (nesse sentido, REsp-STJ 123.847), respeitando sempre as limitações legais: normas de ordem pública; bons costumes; função social do contrato; boa-fé etc.

Visando a preservar a unidade do *shopping* enquanto negócio, é comum contratualmente instituir cláusulas que estabeleçam a necessidade de anuência da administração para se efetivar a locação ou sublocação ou, ainda, alienação do estabelecimento, buscando evitar o ingresso de pessoas estranhas que não se identifiquem com o perfil do *shopping*.

Entretanto, a Lei n. 8.245/91, art. 54, prevê algumas disposições mínimas que devem ser respeitadas.

Assim, o locador, ou empreendedor, não poderá cobrar do lojista, no caso, o locatário (Lei n. 8.245/91, art. 54, § 1º):

1) as despesas com obras ou substituições de equipamentos, que impliquem a modificação do projeto ou memorial descritivo da data do habite-se;

2) as despesas com obras de paisagismo nas partes comuns;

3) as seguintes despesas extraordinárias: i – obras de reformas ou acréscimos que interessam à estrutura integral do imóvel; ii – pinturas das fachadas, esquadrias externas, iluminação; iii – indenizações trabalhistas e previdenciárias pela dispensa de empregados, ocorridas em data anterior ao início da locação.

Além disso, as despesas cobradas do locatário devem estar previstas em orçamento, excetuando motivos de urgência ou força maior, podendo o locatário, ou sua entidade de classe, exigir a comprovação dessas a cada 60 dias (Lei n. 8.245/91, art. 54, § 2º).

---

[26] Disponível em: https://www.abrasce.com.br/. Acesso em: 27 set. 2023.

[27] Carlos Alberto Bittar. *Contratos comerciais*. 4. ed. Rio de Janeiro: Forense Universitária, 2005. p. 181.

O locatário de unidade ou espaço utilizável em *shopping center* também tem direito à renovação compulsória do contrato de locação, por via da ação renovatória, aplicando-se, assim, a Lei n. 8.245/91. Nesse sentido, EREsp-STJ 331.365, pois também existe um fundo de comércio a ser protegido. No mesmo sentido, REsp-STJ 189.380.

Salienta-se que, no contrato de locação em *shopping center*, não pode o locador se recusar a renovar o contrato alegando que o imóvel será para uso próprio ou para transferência de fundo de comércio existente há mais de 1 ano (Lei n. 8.245/91, art. 52, § 2º).

Nos contratos de locação entre lojista e *shopping center*, em tese, não há que se pensar na aplicação do Código de Defesa do Consumidor, por ser um contrato empresarial, cujo objeto é um bem que será utilizado para o desenvolvimento de atividade econômica (salvo por uma eventual aplicação da teoria finalista mitigada, que poderá levar em conta a possível vulnerabilidade do locatário frente ao locador)[28].

Um tema já bastante discutido judicialmente é o da responsabilidade do *shopping* pelos veículos estacionados em seu pátio. A este assunto é aplicável a Súmula 130 do STJ: "A empresa responde, perante o cliente, pela reparação do dano ou furto de veículos estacionados em seu estacionamento". Neste caso, haverá a aplicação do Código de Defesa do Consumidor à relação entre cliente e *shopping center*, ainda que o estacionamento não seja remunerado[29].

4.2.5. *Leasing*/arrendamento mercantil

Leasing é uma palavra de origem inglesa, derivada de *lease*, que pode ser traduzida como alugar ou arrendar.

O contrato de *leasing* foi criado nos EUA. No Brasil, o *leasing* recebeu o nome de arrendamento mercantil. O regime jurídico do *leasing* se dá sobretudo pela Lei n. 6.099/74 e pela Resolução Bacen n. 2.309/96, sem prejuízo de outras normas pertinentes.

Trata-se do contrato realizado entre pessoa jurídica-arrendadora e outra pessoa-arrendatária (física ou jurídica), que tem por objeto o arrendamento de bens adquiridos pela arrendadora, conforme especificações da arrendatária para uso próprio desta (Lei n. 6.099/74, art. 1º).

---

[28] Agravo regimental em agravo de instrumento. Locação. *Shopping Center*. Código de Defesa do Consumidor. Lei n. 8.078/90. Inaplicabilidade. Incidência da Lei do Inquilinato. Lei n. 8.245/91. 1. Esta Corte firmou compreensão de que o Código de Defesa do Consumidor não é aplicável aos contratos locativos. 2. Aos contratos de *shopping center* aplica-se a Lei do Inquilinato (art. 54 da Lei n. 8.245/91). (...) (AgRg no Ag 706211/RS, STJ, 6ª Turma, rel. Min. Paulo Gallotti, *DJ* 5-11-2007).

[29] A título ilustrativo, segue abaixo decisão do STF sobre a inconstitucionalidade de leis municipais acerca da exigência de seguro em estacionamento de *shopping center* e outros estabelecimentos empresariais: (...) 1. O Município de São Paulo, ao editar as Leis n. 10.927/91 e 11.362/93, que instituíram a obrigatoriedade, no âmbito daquele Município, de cobertura de seguro contra furto e roubo de automóveis, para as empresas que operam área ou local destinados a estacionamentos, com número de vagas superior a cinquenta veículos, ou que deles disponham, invadiu a competência para legislar sobre seguros, que é privativa da União, como dispõe o art. 22, VII, da Constituição Federal. 2. A competência constitucional dos Municípios de legislar sobre interesse local não tem o alcance de estabelecer normas que a própria Constituição, na repartição das competências, atribui à União ou aos Estados. O legislador constituinte, em matéria de legislação sobre seguros, sequer conferiu competência comum ou concorrente aos Estados ou aos Municípios. 3. Recurso provido (RE 313060, STF, 2ª Turma, rel. Min. Ellen Gracie, j. 29-11-2005).

Destaca-se que o objeto do contrato de *leasing* pode ser bem imóvel ou móvel (veículos, máquinas e equipamentos etc.).

Esse contrato tem como característica a combinação dos seguintes fatores: uma locação associada com uma promessa de venda e uma opção de compra. Na verdade, paga-se um aluguel pelo uso da coisa, sendo que este valor será abatido/amortizado do preço total se, ao final, for exercida a opção de aquisição definitiva do bem.

É um contrato complexo que guarda distinções em relação à locação e à alienação fiduciária.

A locação possui limitações à cessão de uso e gozo do bem. No entanto, na alienação fiduciária o valor pago periodicamente corresponde ao efetivo pagamento do preço, não ao aluguel ou à amortização do preço final, em caso de opção de compra[30].

Assim, o arrendamento mercantil trata-se de um financiamento, em que há um aluguel de bem, sendo um direito do "locatário"/arrendatário, ao final do contrato: optar pela renovação da locação; devolver o bem; ou comprá-lo, pagando então apenas o valor residual previsto no contratual.

Há alguns **requisitos** específicos do contrato de arrendamento mercantil (Lei n. 6.099/74, art. 5º):

1) prazo de duração: no mínimo 2 anos para bens com vida útil de até 5 anos; no mínimo 3 anos para bens com vida útil superior a 5 anos; no mínimo 90 dias para o *leasing* operacional (conforme o art. 8º da Resolução Bacen n. 2.309/96);

2) valor da prestação;

3) faculdade ao arrendatário pela **opção** de compra do bem ou renovação do contrato;

4) preço da opção (ou critério para fixação).

Em geral, ligado a esse tipo contratual, existe um contrato de seguro com o objetivo de dar garantia ao bem arrendado.

Quando o negócio for celebrado com entidade domiciliada no exterior (p.ex., bem importado), o contrato deve ser registrado no Banco Central.

Conforme foi estudado no item sobre inadimplemento contratual e adimplemento substancial (o qual é importante o leitor conhecer), e por força do § 4º do art. 2º e do § 15 do art. 3º, ambos do Decreto-lei n. 911/69, introduzidos pela Lei n. 13.043/2014, as regras sobre inadimplemento para os contratos com cláusula de alienação fiduciária (contrato a ser estudado a seguir) são aplicáveis aos contratos de arrendamento mercantil.

Essas regras de inadimplemento estão previstas em todo o art. 3º, *caput* e §§, do Decreto-lei n. 911/69. Assim, se houver a ação de reintegração de posse de veículo objeto de *leasing*, citado, o devedor terá cinco dias para pagar a integralidade da dívida (prestações vencidas e vincendas), sob pena de o bem ser retomado pelo devedor[31].

---

[30] No mesmo sentido, Carlos Alberto Bittar. *Contratos comerciais*. p. 97.

[31] Recurso especial. Arrendamento mercantil. (...) 1. Aplica-se aos contratos de arrendamento mercantil de bem móvel o entendimento firmado pela Segunda Seção desta Corte Superior, segundo o qual, "nos contratos firmados na vigência da Lei n. 10.931/2004, compete ao devedor, no prazo de 5 (cinco) dias após a execução da liminar na ação de busca e apreensão [no caso concreto, de reintegração de posse do bem arrendado], pagar a integralidade da dívida – entendida esta como os valores apresentados e com-

Ainda sobre inadimplemento no contrato de *leasing*, vale ter em conta a Súmula 369 do STJ: "No contrato de arrendamento mercantil (*leasing*), ainda que haja cláusula resolutiva expressa, é necessária a notificação prévia do arrendatário para constituí-lo em mora".

Um ponto interessante reside no fato de que o crédito do arrendador mercantil não é submetido à recuperação de empresas (se o arrendatário for empresário individual ou sociedade empresária), prevalecendo seu direito de propriedade sobre a coisa e as demais condições contratuais. No entanto, não é permitida a retirada de bens essenciais à sua atividade empresarial do estabelecimento do devedor, pelo período de 6 meses do deferimento da recuperação judicial (Lei n. 11.101/2005, art. 49, § 3º).

Contudo, o contrato de *leasing* tem algumas formatações que podem ser denominadas espécies desse contrato.

4.2.5.1. *Leasing* financeiro

O *leasing* financeiro ou bancário ocorre quando o fabricante ou importador do bem não é o arrendador do contrato, ou seja, em geral, o arrendador é um terceiro, uma instituição financeira que adquire o bem do fabricante para, em seguida, "locá-lo"/arrendá-lo ao arrendatário.

Essa espécie de *leasing* é regulada pela Lei n. 6.099/74, que trata, em sua maior parte, do aspecto tributário desse contrato. Também é abordada na Res. n. 2.309/96, do Banco Central, art. 5º.

É forma mais comum, o verdadeiro contrato de *leasing*. Nessa modalidade de *leasing*, os custos com manutenção e assistência técnica correm por conta da arrendatária (Res. n. 2.309/96, art. 5º, II).

Uma das vantagens do contrato de *leasing* é que as despesas operacionais com os pagamentos pela "locação"/arrendamento do bem podem ser objeto de deduções fiscais[32] (Lei n. 6.099/74, art. 11).

---

provados pelo credor na inicial –, sob pena de consolidação da propriedade do bem móvel objeto de alienação fiduciária" (REsp 1.418.593/MS, Relator o Ministro Luis Felipe Salomão, *DJe* de 27-5-2014, julgado sob o rito dos recursos repetitivos). 2. Entendimento jurisprudencial que já vinha sendo acolhido por Ministros integrantes da Segunda Seção desta Corte Superior e que culminou com a edição da Lei n. 13.043/2014, a qual fez incluir o § 15 do art. 3º do Decreto-lei n. 911/69, autorizando expressamente a extensão das normas procedimentais previstas para a alienação fiduciária em garantia aos casos de reintegração de posse de veículos objetos de contrato de arrendamento mercantil (Lei n. 6.099/74). 3. Recurso especial provido para julgar procedente a reintegração de posse do bem arrendado" (REsp 1.507.239/SP, STJ, 3ª Turma, rel. Marco Aurélio Bellizze, *DJe* 11-3-2015).

[32] Trecho de acórdão do STJ sobre tributação no Leasing Financeiro: (...) 1. O Supremo Tribunal Federal, por ocasião do julgamento do RE 592.905/SC, Relator Ministro EROS GRAU (*DJ* de 2-12-2009), que reconheceu a repercussão geral sobre o tema, consoante regra do art. 543-B, do CPC, firmou o entendimento de que, no arrendamento mercantil (leasing financeiro), contrato autônomo que não é misto, o núcleo é o financiamento, não uma prestação de dar. E financiamento é serviço, sobre o qual o ISS pode incidir, resultando irrelevante a existência de uma compra nas hipóteses do leasing financeiro e do lease-back. 2. A Primeira Seção do Superior Tribunal de Justiça, por ocasião do julgamento do REsp. 1.060.210/SC, *DJe* 5-3-2013, submetido ao rito do art. 543-C do CPC, concluiu que o fato gerador da operação de arrendamento mercantil ocorre no local do estabelecimento prestador do serviço, predominando, para caracterizá-lo, na hipótese de leasing financeiro, o financiamento, o empréstimo de capital,

4.2.5.2. *Leasing* operacional

Na sua concepção, o *leasing* operacional ocorre quando o fabricante do próprio bem arrendado é o arrendador, ou seja, não existe a figura do intermediário, a financeira.

Esse tipo de *leasing* ficou mitigado no Brasil pela Resolução Bacen n. 2.309/96, do Banco Central do Brasil.

A partir dessa norma, o *leasing* operacional necessita ser contratado com intermediação de uma instituição financeira, sendo operações privativas dos bancos múltiplos com carteira de arrendamento mercantil ou sociedades de arrendamento mercantil (Resolução Bacen n. 2.309/96, art. 6º, parágrafo único, c/c o art. 28, III).

A justificativa residiria no fato de que a arrendatária deve ser instituição financeira, submetida ao controle do Banco Central.

Caso ocorra essa operação, ou seja, caso o *leasing* seja efetuado diretamente com o fabricante, não haverá os benefícios fiscais, seguindo o regime tributário da compra e venda a prazo[33].

4.2.5.3. *Lease-back*

Lease-back é o contrato pelo qual uma pessoa proprietária de um bem o vende para em seguida recebê-lo do comprador em arrendamento (Lei n. 6.099/74, art. 9º).

Trata-se de um contrato em que o arrendamento é contratado com o próprio vendedor. Arrenda-se o bem para quem anteriormente era o seu proprietário.

Nesse caso, há uma instituição financeira que "refinancia" o bem, e o vendedor pode usar desse instituto para obter liquidez de caixa pela venda do bem; no entanto, permanecerá utilizando-o, além de poder fazer deduções fiscais em razão das despesas operacionais com os pagamentos pela "locação" da coisa.

4.2.5.4. *Self leasing*

No *self leasing* existem operações realizadas entre empresas coligadas, uma arrendadora e outra arrendatária.

É o arrendamento mercantil contratado com empresas integrantes do mesmo grupo econômico.

Destaca-se que esse tipo de operação, ou seja, o *self leasing*, não é permitido no Brasil. A vedação está prevista no art. 28 da Resolução Bacen n. 2.309/96 e, caso ocorra, não haverá os benefícios fiscais.

4.2.5.5. Valor residual garantido

Valor residual garantido – VRG – é a quantia fixada sobre o valor do bem arrendado, pago pelo arrendatário ao arrendador, ao final do contrato de arrendamento mercantil, ao optar pela compra da coisa.

---

conforme definido pelo STF. (...). (AgRg no Resp n. 1.021.108/RS, STJ, 1ª Turma, Relator Ministro Napoleão Nunes Maia Filho, *DJe* 9-10-2014).

[33] Fábio Ulhoa Coelho. *Curso de direito comercial*: direito de empresa. v. 3, p. 145-146.

Contratos mercantis   355

Discutiu-se se o pagamento antecipado do valor residual garantido (em conjunto com as prestações ou antes do prazo para o exercício da opção de compra) descaracterizaria o *leasing*, tornando-o contrato de compra e venda a prazo.

Essa discussão ocorreu em razão das implicações tributárias, uma vez que, de acordo com o art. 11 da Lei n. 6.099/74, o custo com o *leasing* é uma despesa operacional (o que proporciona uma redução tributária ao arrendatário). Todavia, se houver aquisição do bem pelo arrendatário em desacordo com as disposições legais, será considerado uma operação de compra e venda (não havendo, assim, a redução tributária para este).

Após as divergências jurisprudenciais e doutrinárias, o STJ editou a Súmula 293: "A cobrança antecipada do valor residual garantido (VRG) não descaracteriza o contrato de arrendamento mercantil". Também envolvendo o VRG, o STJ editou a Súmula 564: "No caso de reintegração de posse em arrendamento mercantil financeiro, quando a soma da importância antecipada a título de valor residual garantido (VRG) com o valor da venda do bem ultrapassar o total do VRG previsto contratualmente, o arrendatário terá direito de receber a respectiva diferença, cabendo, porém, se estipulado no contrato, o prévio desconto de outras despesas ou encargos pactuados".

4.2.6. Alienação fiduciária

A alienação fiduciária é uma garantia em favor de quem financia a venda de bens a prazo.

O regime jurídico da alienação fiduciária de bens **móveis** é a Lei n. 4.728/65, art. 66-B (incluído pela Lei n. 10.931/2004); já para o regime de bens **imóveis** é a Lei n. 9.514/97, arts. 22 e s. (com alterações legais, especialmente pela Lei n. 13.465/2017), além do Decreto-lei n. 911/69, que estabelece normas processuais sobre essa alienação. Em caso de omissões dessas normas especiais, aplicam-se supletivamente as regras do Código Civil inerentes à matéria, sobremaneira os seus arts. 1.361 a 1.368-B. Se for caso de relação de consumo, aplicam-se as regras do Código de Defesa do Consumidor, entre as quais a prevista no art. 53, *caput*[34].

Dispondo acerca da propriedade fiduciária, o Código Civil expressa que se considera fiduciária a propriedade resolúvel de coisa móvel infungível que o devedor, com escopo de garantia, transfere ao credor (CC, art. 1.361, *caput*). Frise-se que resolúvel é o que se extingue, que se resolve. Na prática e em geral, as minutas contratuais apresentam o título "venda e compra com alienação fiduciária". Porém, o instituto também é chamado "alienação fiduciária em garantia"; de modo que a alienação fiduciária não se trata, necessariamente, de um tipo contratual, mas sim de uma cláusula em contrato de compra e venda.

Na verdade, a financiadora empresta recursos ao tomador para que este adquira determinado bem junto ao vendedor, quase sempre um comerciante. Assim, a financeira efetua o pagamento ao vendedor e se torna credora do comprador, ficando como proprietária do bem, e este acaba sendo sua "garantia".

Dessa forma, o bem é alienado em fidúcia (garantia) em favor do financiador-credor (fiduciário), que passa a ter a posse indireta e o domínio resolúvel, independentemente da

---

[34] Art. 53, *caput*: "Nos contratos de compra e venda de móveis ou imóveis mediante pagamento em prestações, bem como nas alienações fiduciárias em garantia, consideram-se nulas de pleno direito as cláusulas que estabeleçam a perda total das prestações pagas em benefício do credor que, em razão do inadimplemento, pleitear a resolução do contrato e a retomada do produto alienado".

tradição do bem; enquanto o comprador-devedor (fiduciante) passa a ser possuidor direto e depositário do bem.

Sendo o domínio resolúvel e havendo inadimplemento, o contrato será resolvido, cabendo ao credor pedir a devolução do bem (à luz do art. 1.359 do Código Civil).

Por isso, vale ressaltar que a propriedade fiduciária em garantia de bens móveis ou imóveis não se equipara à propriedade plena. Entretanto, o instituto confere direito real de aquisição ao fiduciante, seu cessionário ou sucessor (CC, arts. 1.367 e 1.368-B, *caput*).

De acordo com o parágrafo único do art. 1.368-B do Código Civil:

> "O credor fiduciário que se tornar proprietário pleno do bem, por efeito de realização da garantia, mediante consolidação da propriedade, adjudicação, dação ou outra forma pela qual lhe tenha sido transmitida a propriedade plena, passa a responder pelo pagamento dos tributos sobre a propriedade e a posse, taxas, despesas condominiais e quaisquer outros encargos, tributários ou não, incidentes sobre o bem objeto da garantia, a partir da data em que vier a ser imitido na posse direta do bem".

Contudo, se houver inadimplemento absoluto ou relativo (mora), o credor fiduciário – com a posse do bem – poderá vender a coisa a terceiros. Para tanto, não precisará haver leilão, hasta pública, avaliação prévia ou qualquer outra medida judicial ou extrajudicial, exceto por expressa previsão contratual que disponha diversamente.

Especificamente sobre bem **imóvel**, o *caput* do art. 27 da Lei n. 9.514/97 prevê que consolidada a propriedade em nome do fiduciário, este – no prazo de trinta dias da data da averbação no Registro de Imóveis – promoverá o leilão público para a alienação do bem[35].

De acordo com o art. 23 da Lei n. 9.514/97, a propriedade fiduciária de imóvel constitui-se pelo registro do contrato que lhe serve de título no respectivo Registro de Imóveis, de modo a ocorrer o desdobramento da posse, tornando-se o fiduciante possuidor direto e o fiduciário possuidor indireto do imóvel.

Vale ter em conta que o contrato que serve de título ao negócio fiduciário terá o seguinte: valor do principal da dívida; prazo e condições de reposição do empréstimo ou do crédito do fiduciário; taxa de juros e encargos incidentes; cláusula de constituição da propriedade fiduciária, com a descrição do imóvel objeto da alienação fiduciária e a indicação do título e modo de aquisição; cláusula assegurando ao fiduciante, enquanto adimplente, a livre utilização, por

---

[35] Recurso especial. Alienação fiduciária de coisa imóvel. (...) 1. Cinge-se a controvérsia a examinar se é possível a purga da mora em contrato de alienação fiduciária de bem imóvel (Lei n. 9.514/97) quando já consolidada a propriedade em nome do credor fiduciário. 2. No âmbito da alienação fiduciária de imóveis em garantia, o contrato não se extingue por força da consolidação da propriedade em nome do credor fiduciário, mas, sim, pela alienação em leilão público do bem objeto da alienação fiduciária, após a lavratura do auto de arrematação. 3. Considerando-se que o credor fiduciário, nos termos do art. 27 da Lei n. 9.514/97, não incorpora o bem alienado em seu patrimônio, que o contrato de mútuo não se extingue com a consolidação da propriedade em nome do fiduciário, que a principal finalidade da alienação fiduciária é o adimplemento da dívida e a ausência de prejuízo para o credor, a purgação da mora até a arrematação não encontra nenhum entrave procedimental, desde que cumpridas todas as exigências previstas no art. 34 do Decreto-lei n. 70/66. 4. O devedor pode purgar a mora em 15 (quinze) dias após a intimação prevista no art. 26, § 1º, da Lei n. 9.514/97, ou a qualquer momento, até a assinatura do auto de arrematação (art. 34 do Decreto-lei n. 70/66). Aplicação subsidiária do Decreto-lei n. 70/66 às operações de financiamento imobiliário a que se refere a Lei n. 9.514/97. 5. Recurso especial provido (REsp 1.462.210/RS, STJ, 3ª Turma, rel. Min. Ricardo Villas Bôas Cueva, *DJe* 25-11-2014).

sua conta e risco, do imóvel objeto da alienação fiduciária; a indicação, para efeito de venda em público leilão, do valor do imóvel e dos critérios para a respectiva revisão; cláusula dispondo sobre os procedimentos para o leilão do imóvel em caso de inadimplemento do fiduciante (Lei n. 9.514/97, art. 24).

Retornando aos termos do Decreto n. 911, do recurso obtido com a venda, o credor descontará o valor do seu crédito (correspondente à dívida pendente do devedor) e as despesas decorrentes; devendo entregar o saldo, se houver, juntamente com a prestação de contas ao devedor (Decreto-lei n. 911/69, art. 2º, *caput*, com nova redação dada pela Lei n. 13.043/2014).

Cabe explicitar que o crédito contra o devedor inclui o valor principal da dívida, juros, comissões, taxas, multa (cláusula penal) e correção monetária, quando expressamente pactuados pelas partes. Além disso, a mora derivará do simples vencimento do prazo para pagamento (o que seria mora *ex re*). Entretanto, a legislação expressa que a mora poderá ser comprovada por carta registrada com aviso de recebimento (tecnicamente isso seria mora *ex persona*), porém não é necessária a assinatura do próprio destinatário do aviso referido (Decreto-lei n. 911/69, art. 2º, §§ 1º e 2º, cujas redações foram alteradas pela Lei n. 13.043/2014).

Se o pagamento da dívida for realizado por terceiro interessado ou garantidor (avalista ou fiador), este se sub-rogará, de pleno direito, no crédito e na garantia constituída pela alienação fiduciária, para assim cobrar o devedor (Decreto-lei n. 911/69, art. 6º).

Como depositário do bem, o devedor (comprador) torna-se responsável pelo bem. Logo, é comum a exigência da contratação de seguro para o bem alienado fiduciariamente.

Com a quitação do financiamento, o tomador do empréstimo (comprador) passa à condição de proprietário do bem.

Mesmo enquanto depositário do bem, e tendo este perecido ou desaparecido durante seus cuidados, não há mais a possibilidade de prisão civil para o então considerado "depositário infiel", diante da atual posição jurisprudencial[36].

Sem prejuízo do que foi estudado no item sobre inadimplemento contratual e adimplemento substancial (ao qual remetemos o leitor), o art. 3º do Decreto-lei n. 911/69 foi alterado pela Lei n. 10.931/2004, sendo que a redação no novo § 2º do art. 3º estabeleceu nova dinâmica para a relação entre credor fiduciário e devedor. A partir da vigência deste dispositivo, o Decreto-lei n. 911/69 passou a exigir expressamente que o devedor deva pagar a **integralidade da dívida** pendente, de acordo com os valores apresentados pelo credor, para assim o bem lhe ser restituído livre de qualquer ônus.

Por integralidade da dívida devem ser entendidas as prestações vencidas e vincendas, pois terá ocorrido o vencimento antecipado de toda a dívida decorrente do contrato de compra e venda com alienação fiduciária. Esse entendimento é abstraído da redação original e vigente do § 3º do art. 2º do Decreto-lei n. 911/69.

---

36 Nesse sentido: *Habeas corpus*. Prisão civil de devedor em contrato garantido por alienação fiduciária. Ilegalidade. Precedentes. 1. Está sedimentado no Superior Tribunal de Justiça o entendimento de que, na hipótese de contratos garantidos por alienação fiduciária, não existe relação de depósito típico, sendo, portanto, ilegal a prisão civil. 2. O Supremo Tribunal Federal, no julgamento do Recurso Extraordinário n. 466.343-SP, decidiu que só o devedor de alimentos está sujeito à prisão civil. (...) 3. Ordem concedida (HC 101.964 DF 2008/0054695-9, STJ, 4ª Turma, rel. Min. João Otávio de Noronha, *DJe* 9-3-2009).

Assim, a Súmula 284[37] perdeu seu efeito, pois seu teor acompanhava a redação inicial do Decreto-lei n. 911/69, sobretudo a do § 2º do art. 3º (posteriormente alterado pela Lei n. 10.931/2004). Em 1969 este previa a necessidade de o devedor ter pago no mínimo quarenta por cento para ter direito a saldar a dívida vencida e assim continuar o contrato e ter a posse do bem. Sobre a revogação da Súmula é a posição do próprio STJ em julgado sob o rito dos recursos repetitivos[38]. Dito tudo isso, a aplicação do adimplemento substancial à alienação fiduciária não é aceitável, em regra. O STJ confirma nossa tese pelo REsp 1.622.555/MG e AgInt no REsp 1.711.391/PR.

Pela regra vigente, derivada da Lei n. 10.931/2004, não é mais preciso o devedor ter pago quarenta por cento da dívida para ter o direito a saldá-la após o ajuizamento da busca e apreensão; diferentemente, o pagamento deve ser de toda a dívida pendente (parcelas vencidas e vincendas).

Vale destacar que a Lei n. 13.043/2014 também efetuou ajustes no Decreto-lei n. 911/69, porém manteve a impossibilidade de o devedor purgar a mora apenas dos valores vencidos (independentemente da quantia já paga da dívida). Assim, fica mantida a regra de que a única alternativa para que o devedor não seja desapossado do bem é quitar **toda a dívida**, sob pena de a propriedade e posse se consolidarem em favor do credor. Ou seja, será preciso pagar a integralidade da dívida pendente, vencida e a vencer, conforme os valores apresentados pelo credor na petição inicial, para dessa forma o bem ser restituído ao credor livre de ônus, devendo neste caso os órgãos competentes expedir novo certificado de registro de propriedade em nome do credor.

Assim, o proprietário fiduciário poderá requerer contra o devedor fiduciante a busca e apreensão do bem alienado, sendo expedida liminar para tanto. Decorridos cinco dias da liminar, consolidam-se a propriedade e a posse plena e exclusiva do bem no patrimônio do credor fiduciário, cabendo às repartições competentes, quando for o caso, expedir novo certificado de registro de propriedade em nome do credor, ou de terceiro por ele indicado, livre do ônus da propriedade fiduciária. Neste mesmo prazo de cinco dias da concessão da liminar, o devedor poderá pagar a integralidade da dívida pendente de acordo com os valores apresentados pelo credor em sua petição exordial, hipótese na qual o bem lhe será restituído livre do ônus.

A alienação fiduciária difere da venda com reserva de domínio, em especial de bens móveis, pois na venda com reserva a retomada do bem ocorre pelo rito comum da reintegração de posse e na alienação fiduciária ocorre pelo rito sumário da busca e apreensão.

---

[37] Súmula 284 do STJ: "A purga da mora, nos contratos de alienação fiduciária, só é permitida quando já pagos pelo menos 40% (quarenta por cento) do valor financiado".

[38] Civil e Processual Civil. (...) 1. "Nos contratos firmados na vigência da Lei n. 10.931/2004, compete ao devedor, no prazo de 5 (cinco) dias após a execução da liminar na ação de busca e apreensão, pagar a integralidade da dívida – entendida esta como os valores apresentados e comprovados pelo credor na inicial –, sob pena de consolidação da propriedade do bem móvel objeto de alienação fiduciária" (REsp 1.418.593/MS, rel. Min. Luis Felipe Salomão, Segunda Seção, j. 14-5-2014, DJe 27-5-2014.). Precedente representativo da controvérsia (art. 543-C do CPC). 2. Agravo regimental a que se nega provimento (AgRg no REsp 1.413.388/MS, 3ª Turma, rel. Antonio Carlos Ferreira, DJe 12-12-2014).

Ressalta-se que se constitui a propriedade fiduciária com o registro do contrato, celebrado por instrumento público ou particular, que lhe serve de título, no **Registro de Títulos e Documentos** do domicílio do devedor fiduciante, ou, em se tratando de veículos, na **repartição competente para o licenciamento**, fazendo-se a anotação no certificado de registro (CC, art. 1.361, § 1º).

Como ocorre no *leasing*, o crédito do alienante fiduciário não será submetido à recuperação de empresas (se o devedor for empresário individual ou sociedade empresária), prevalecendo seu direito de propriedade sobre o bem e as outras condições contratuais. Para tanto, é necessário que o contrato de alienação fiduciária esteja registrado no órgão competente, como no caso do Registro de Títulos e Documentos[39]. Todavia, não é permitida a retirada do estabelecimento do devedor de bens essenciais à sua atividade empresarial, pelo período de 6 meses do deferimento da recuperação judicial (Lei n. 11.101/2005, art. 49, § 3º).

Assim, mesmo que o devedor tenha pleiteado pedido de recuperação judicial ou extrajudicial (à luz da Lei n. 11.101/2005), isso não impede que o credor fiduciário ajuíze e promova a busca e apreensão do bem (Decreto-lei n. 911/69, art. 6º-A, incluído pela Lei n. 13.043/2014).

Se for caso de falência do devedor alienante, fica assegurado ao credor fiduciário o direito de pedir a restituição do bem alienado fiduciariamente, conforme a legislação falimentar, ou seja, a Lei n. 11.101/2005, arts. 85 e s. Uma vez concretizada a restituição, o proprietário fiduciário promoverá a alienação do bem por meio do mesmo procedimento disciplinado pelo Decreto-lei n. 911/69, conforme prevê o seu próprio art. 7º.

Foi incluído pela Lei n. 13.043/2014 o art. 7º-A ao Decreto-lei n. 911/69, segundo o qual não serão admitidos bloqueios judiciais de bens constituídos por alienação fiduciária. Por isso, qualquer discussão relacionada a concursos de preferências deverá ser resolvida pelo valor da venda do bem, conforme disciplina o art. 2º do Decreto-lei n. 911/69.

Contudo, sem prejuízo do já exposto no item do *leasing*, a alienação fiduciária dele se distingue em razão de ser uma venda e compra em que o bem é a garantia do pagamento; o *leasing*, por sua vez, aproxima-se de uma locação com a possibilidade de se tornar uma venda e compra.

---

[39] Agravo de instrumento. Ação de recuperação judicial. Insurgência contra decisão que excluiu os créditos garantidos por cessão fiduciária dos efeitos da recuperação judicial, classificando-os como extraconcursais. Pretendida suspensão da exigibilidade das duplicatas objeto de alienação fiduciária, pelo prazo de 180 dias, nos termos do art. 49, § 3º, parte final, da Lei n. 11.101/2005, sob o argumento de que constituem bem essencial à atividade empresarial da empresa recuperanda. (...) Contratos garantidos por alienação fiduciária ou cessão fiduciária que não foram registrados no ofício de registro de títulos e documentos do domicílio da empresa devedora. Inobservância do disposto no § 1º do art. 1.361 do CC/2002. Propriedade fiduciária, portanto, não constituída. Inviabilidade de enquadramento dos respectivos ativos na hipótese de exclusão contida no art. 49, § 3º, primeira parte, da Lei n. 11.101/2005. Créditos quirografários. Sujeição à recuperação judicial. (...) O objeto do presente recurso está consubstanciado na possibilidade de o crédito, decorrente de penhor ou cessão fiduciária, se sujeitar aos efeitos da Recuperação Judicial, nos termos da Lei n. 11.101/2005. Note-se que os créditos garantidos por penhor e cessão fiduciária se sujeitam à recuperação judicial quando não levados a registro, pois nesta hipótese classificam-se como quirografários (AI 70052805256, TJSC, 2ª Câmara de Direito Comercial, rel. Des. Luiz Fernando Boller, j. 30-9-2014).

4.2.7. *Factoring*/faturização

A palavra *factoring* tem origem inglesa e está relacionada à necessidade de reposição do capital de giro nas empresas, sendo bastante utilizada principalmente pelas empresas pequenas e médias[40].

Trata-se da venda do faturamento de uma empresa para outra, que se incumbe de cobrá-lo, recebendo uma comissão ou juros por isso.

Fábio Konder Comparato propôs a palavra **faturização**[41], que foi aceita pela doutrina e pela jurisprudência. Muitos chamam o instituto de **fomento mercantil**.

Assim, *factoring* é a compra de direitos creditórios (faturamento) resultantes de vendas mercantis (e de consumo) ou de prestação de serviços a prazo.

Desse modo, o empresário transforma o seu crédito a prazo (recebíveis) em dinheiro à vista com o fim de aumentar ou não comprometer o seu capital de giro, e consequentemente sua atividade econômica[42].

No *factoring*, a transferência dos créditos é realizada pela empresa **faturizada** a uma empresa denominada **faturizadora**.

Essa transferência dos créditos ocorre por **endosso** (títulos de crédito) ou **cessão de crédito** (contrato), ambas formas de transferência de crédito, mas que guardam suas peculiaridades (já estudadas no capítulo dos títulos de crédito)[43].

Os direitos de crédito podem estar materializados em títulos de crédito, como cheque e duplicata, ou serem recebíveis decorrentes de contratos em que a faturizada é credora em razão de suas vendas ou prestações de serviço junto a seus clientes.

Em geral a operação de *factoring* está relacionada à assessoria creditícia, gestão de crédito, seleção de riscos e administração de contas a pagar e a receber.

Chama a atenção o fato de que o *factoring* se assemelha à operação de desconto, sendo também muito utilizada pelos comerciantes que vendem a crédito. Mas não se deve esquecer de que **desconto** significa o recebimento antecipado dos valores de títulos de créditos não vencidos.

Na operação de desconto, a antecipação dos valores é feita pelo banco a quem lhe transferiu os créditos – o comerciante –, ficando sujeita a um deságio, com o objetivo de

---

[40] Waldirio Bulgarelli. *Contratos mercantis*. p. 528 e 530.

[41] Fábio Konder Comparato. Factoring. *Revista de Direito Mercantil, Industrial, Econômico e Financeiro*, São Paulo, RT, n. 6, 1972, p. 59.

[42] Rogério Alessandre de Oliveira Castro. O *factoring*, o art. 73-A da LC 123/2006 (incluído pela LC 145/2014) e a vedação da cláusula de não cessão quando a faturizada for microempresa ou empresa de pequeno porte. *Revista de Direito Empresarial*, São Paulo, RT, v. 11, set./out. 2015, p. 78.

[43] Recurso especial. Ação anulatória de duplicatas aceitas. (...) 1. No contrato de *factoring*, em que há profundo envolvimento entre faturizada e faturizadora e amplo conhecimento sobre a situação jurídica dos créditos objeto de negociação, a transferência desses créditos não se opera por simples endosso, mas por cessão de crédito, hipótese que se subordina à disciplina do art. 294 do Código Civil. 2. A faturizadora, a quem as duplicatas aceitas foram endossadas por força do contrato de cessão de crédito, não ocupa a posição de terceiro de boa-fé imune às exceções pessoais dos devedores das cártulas. 3. Recurso especial conhecido e desprovido (REsp 1.439.749/RS, rel. Min. João Otávio de Noronha. *DJe* 15-6-2015).

remunerar o banco que antecipou o valor, os seus custos de cobrança e o risco de inadimplência assumido.

Contudo, a operação de desconto só pode ser realizada por instituição financeira; no *factoring* isso é discutível.

Via de regra, as empresas faturizadoras não são **bancos**, por não se enquadrarem como bancos propriamente ditos, mas algumas são de propriedade dos bancos, em razão da especialidade necessária para realizar essa atividade empresarial.

Um ponto relevante ocorre principalmente pelo fato de que, pela Lei da Usura – Decreto n. 22.626/33 –, somente instituições financeiras podem cobrar juros de mercado; logo, quem não é instituição financeira apenas pode cobrar juros legais, 1% ao mês[44].

A fim de se esquivarem de tal limitação na cobrança de juros, as faturizadoras firmam contratos com a taxa de juros de 1%, mas incluem outras taxas justificando-as com a denominada "assessoria de crédito".

Alguns questionam o fato de o *factoring*, muitas vezes, ser utilizado para lavagem de dinheiro, haja vista a dificuldade em se fiscalizar esse tipo de operação.

Em relação ao regime jurídico, não existe legislação específica sobre o assunto. O que existe é a Lei n. 9.249/95 – sobre tributação do imposto de renda das pessoas jurídicas – que menciona a atividade do *factoring*, porém apenas em relação à alíquota do tributo (quando cumular atividades, será de 32%), não traçando um regime jurídico para este tipo contratual.

Nesse sentido, quanto ao regime jurídico, vale o princípio da autonomia privada e a liberdade de contratar atipicamente, utilizando em sua maioria as disposições sobre endosso e cessão de crédito, em especial no que tange às formalidades para a transferência; à necessidade ou não de comunicar o devedor; à responsabilidade pela insolvência etc.

Salienta-se que as empresas de *factoring*, da mesma forma que as instituições financeiras, devem manter sigilo sobre suas operações.

Ressalte-se, ainda, que a faturizada-endossante é responsável pelo inadimplemento do devedor (nesse sentido, REsp-STJ 820.672), ou seja, se o devedor principal do título não pagar, quem transferiu o título à faturizadora é corresponsável pelo pagamento.

Há um questionamento acerca da obrigatoriedade de a faturizadora estar registrada no Conselho Regional de Administração[45].

Há basicamente duas espécies de *factoring*, quais sejam, *maturity factoring* e *conventional factoring*.

---

[44] Agravo regimental. Contrato de aquisição de créditos. Empresa de *factoring*. Juros remuneratórios. Limitação. 1. As empresas de *factoring* não integram o Sistema Financeiro Nacional, de tal modo que a taxa de juros remuneratórios está limitada em 12% ao ano. (...) (AgRg nos EDcl no Ag 887676/SP, STJ, 4ª Turma, rel. Min. João Otávio de Noronha, *DJe* 27-5-2010).

[45] Em posição favorável sobre a obrigatoriedade do registro é seguinte decisão do STJ: (...) 2. A Segunda Turma já consignou que "as empresas que desempenham atividades relacionadas ao *factoring* não estão dispensadas da obrigatoriedade de registro no Conselho Regional de Administração, porquanto comercializam títulos de crédito, utilizando-se de conhecimentos técnicos específicos na área da administração mercadológica e de gerenciamento, bem como de técnicas administrativas aplicadas ao ramo financeiro e comercial" (REsp 497.882/SC, rel. Min. João Otávio de Noronha, 2ª Turma, j. 3-5-2007, *DJ* 24-5-2007, p. 342). (...) (REsp 914.302/RJ, STJ, 2ª Turma, rel. Min. Eliana Calmon, *DJe* 10-11-2008).

4.2.7.1. *Maturity factoring*

No *maturity factoring* há a negociação dos créditos em que a faturizada resolve transferi--los à faturizadora, que, por sua vez, se encarrega de cobrá-los nos respectivos vencimentos para então repassá-los (pagá-los) à faturizada (cedente ou endossante), mediante comissão.

Nesse caso, a faturizadora é uma empresa de cobrança e administração de crédito. Pode--se dizer que essa é uma forma de o credor terceirizar seu departamento de contas a receber.

4.2.7.2. *Conventional factoring*

Já no *conventional factoring* existe a negociação dos créditos que são cedidos pela faturizada à faturizadora, a qual se encarregará de cobrá-los. Mas a diferença é que a faturizadora adianta o valor desses créditos à faturizada, mediante cobrança de juros ou deságio.

Dessa forma, a faturizada tem uma antecipação dos créditos, não precisando aguardar os vencimentos para recebê-los.

4.2.8. Contratos bancários e financeiros

Atividade financeira é um gênero do qual a atividade bancária é uma das espécies. Por isso, os contratos bancários são financeiros, mas há contratos financeiros que não são necessariamente bancários, como os contratos celebrados junto às administradoras de cartões de crédito que não pertençam a bancos.

Vale ter em conta que a atividade bancária envolve uma série de operações complexas, denominadas operações bancárias.

A contínua especialização e a expansão dessas operações contratuais dão força ao sub--ramo do Direito Empresarial: o Direito Bancário.

Entre as inúmeras operações bancárias estão as seguintes: contrato de depósito (que pode envolver conta poupança, conta-corrente, fundos de investimentos e aplicações financeiras); contrato de financiamento; operação de desconto; aluguel de cofre; crédito documentário etc. Nesta obra serão estudados os principais contratos envolvendo a atividade bancária. Cabe esclarecer que, devido ao grande desenvolvimento dos mecanismos de pagamento, alguns temas de Direito Bancário foram tratados no item "meios de pagamento", como, por exemplo, cartão de crédito, débito em conta, *internet banking*, boleto bancário, crédito documentário, gestão de pagamento, moedas digitais e *bitcoin*.

Sem prejuízo do que foi tratado no item sobre a aplicação do Código de Defesa do Consumidor aos contratos mercantis, haja vista a controvérsia existente no passado, vale registrar aqui o texto da Súmula 297 do STJ: "O Código de Defesa do Consumidor é aplicável às instituições financeiras". Lembrando que o STF mantém a mesma posição acerca da matéria. Importante também é a Súmula 479 do STJ: "As instituições financeiras respondem objetivamente pelos danos gerados por fortuito interno relativo a fraudes e delitos praticados por terceiros no âmbito de operações bancárias". Além disso, também é pertinente a Súmula 381 do mesmo tribunal: "Nos contratos bancários, é vedado ao julgador conhecer, de ofício, da abusividade das cláusulas"; bem como a Súmula 638: "É abusiva a cláusula contratual que restringe a responsabilidade de instituição financeira pelos danos decorrentes de roubo, furto ou extravio de bem entregue em garantia no âmbito de contrato de penhor civil".

Por último, a Súmula 550 do STJ: "A utilização de escore de crédito, método estatístico de avaliação de risco que não constitui banco de dados, dispensa o consentimento do consumidor, que terá o direito de solicitar esclarecimentos sobre as informações pessoais valoradas e as fontes dos dados considerados"; e, a Súmula 548, também do STJ: "Incumbe ao credor a exclusão do registro da dívida em nome do devedor no cadastro de inadimplentes no prazo de cinco dias úteis, a partir do integral e efetivo pagamento do débito".

4.2.8.1. Contrato de depósito bancário

No contrato de depósito bancário, a instituição se compromete a guardar os valores que lhe são confiados, por meio do registro em uma conta bancária, podendo ser resgatados nos prazos e períodos ajustados. Trata-se de um depósito chamado de irregular, porque, diferentemente do depósito tratado no Código Civil, arts. 627 a 652, a propriedade dos recursos depositados é transferida ao banco depositário.

Entretanto, frequentemente, na prática bancária, o contrato de depósito bancário acaba sendo celebrado junto do contrato de abertura de crédito, podendo abarcar outros serviços, como fornecimento de talões de cheque em domicílio etc.

Frise-se que alguns temas relacionados aos contratos bancários, e sobretudo ao contrato de depósito bancário, foram tratados no item acerca dos meios de pagamento, por exemplo, cartão de débito e débito em conta, além de outros assuntos correlatos, como o cartão de crédito e o crédito documentado.

É pertinente considerar que o contrato de depósito bancário pode ser de **poupança** ou de **conta-corrente**.

4.2.8.1.1. Conta poupança

O contrato de poupança é aquele em que os valores são remunerados por serem depositados em uma conta bancária junto a uma instituição financeira.

Essa remuneração no contrato de poupança se dá conforme os índices oficiais fixados por lei, ou seja, 0,5%, mais a TR (Taxa Referencial) correspondente ao período. De acordo com as regras vigentes para depósitos feitos a partir de 4 de maio de 2012, quando a Taxa Selic (Sistema Especial de Liquidação e de Custódia) ficar igual ou menor que 8,5% ao ano, o rendimento da poupança passará a ser 70% da taxa Selic mais a TR. Isso está de acordo com o art. 12 da Lei n. 8.177/91, com a redação dada pela Medida Provisória n. 567, de 3 de maio de 2012, e art. 7º da Lei n. 8.660/93.

A TR é disciplinada pela Lei n. 8.177/91, cujo art. 1º prevê que o Banco Central do Brasil divulgará a Taxa Referencial, calculada a partir da remuneração mensal média líquida de impostos, dos depósitos a prazo fixo captados nos bancos comerciais, bancos de investimentos, bancos múltiplos com carteira comercial ou de investimentos, caixas econômicas, ou dos títulos públicos federais, estaduais e municipais, de acordo com metodologia estabelecida pelo Conselho Monetário Nacional.

Por sua vez, a Taxa Selic é o índice de base para as taxas de juros cobradas no mercado. Trata-se de um índice utilizado como referência pela política monetária, sendo apurada no Selic (Sistema Especial de Liquidação e de Custódia), mediante o cálculo da taxa média ponderada e ajustada das operações de financiamento, lastreadas em títulos públicos federais. A Taxa Selic é estabelecida pelo Comitê de Política Monetária – Copom – do Banco Central do Brasil.

Os valores depositados ficam sob a custódia da instituição, que acaba aproveitando o montante dos recursos de seus clientes-depositantes para emprestar a outras pessoas, mediante a cobrança de uma taxa de juros maior do que a que é paga aos depositantes. Assim, ganha na diferença entre os juros pagos aos depositantes e os juros que recebe dos que tomam empréstimos, o que é denominado *spread* **bancário**. Vale explicar que nos juros que as instituições cobram dos seus clientes estão computados os custos com o risco de inadimplência, a lentidão da Justiça, as despesas administrativas e tributárias etc.

4.2.8.1.2. *Conta-corrente*

No contrato de **conta-corrente**, por sua vez, em geral não há remuneração ao saldo positivo (mas pode-se convencionar diferentemente) decorrente dos valores na conta bancária.

A expressão "conta-corrente" significa que o banco se compromete a fazer operações de débito e crédito na conta bancária do cliente, conforme suas determinações a partir de: emissão de cheques, saques avulsos, autorização de débito automático, depósitos efetuados etc.

Assim, por exemplo, se o banco fizer um débito em conta sem autorização expressa do correntista, haverá a necessidade de restituí-lo. Nesse sentido: STJ, REsp 163.815. A propósito, é importante ter em conta a Súmula 259 do STJ: "A ação de prestação de contas pode ser proposta pelo titular de conta-corrente bancária". Também é importante ter em conta a Súmula 247 do mesmo tribunal: "O contrato de abertura de crédito em conta-corrente, acompanhado do demonstrativo de débito, constitui documento hábil para o ajuizamento da ação monitória". Entretanto, a Súmula 300 do STJ expressa que: "O instrumento de confissão de dívida, ainda que originário de contrato de abertura de crédito, constitui título executivo extrajudicial".

Waldemar Martins Ferreira explica que, na conta-corrente bancária, o banco que recebe o dinheiro do depositante fica obrigado a entregar-lhe tão logo seja solicitado, no todo ou em parte. Ou seja, o depositante tem ao seu dispor aquele numerário para levantá-lo sempre que lhe convenha, podendo isso ser feito por ordem escrita, carta, telegrama, e até por meio do telefone[46].

Com abertura de conta-corrente, e visando sua movimentação, o banco fornece ao cliente um *smart card* (cartão inteligente), talão de cheque, além da possibilidade de operação via internet, inclusive via aplicativo de *smartphone*. Por isso, não podemos deixar de mencionar a internet como importante forma de se movimentar as contas bancárias, seja para pagamento de contas, transferências, aplicações financeiras etc.

A denominação "contrato de conta-corrente" acabou se tornando usual na prática bancária, mas é bom lembrar que, na verdade, esse nome é próprio daquele contrato entre empresários em razão de negociações mercantis recíprocas, em que se formam contas de débito

---

[46] Waldemar Martins Ferreira. *Instituições de direito comercial* – os contratos mercantis e os títulos de crédito. Rio de Janeiro: Freitas Bastos, 1953. v. 3, p. 188-189.

e crédito entre eles, apurando-se os respectivos saldos[47] (que, inclusive, está previsto no texto da Lei n. 11.101/2005, art. 121).

4.2.8.2. Contrato de abertura de crédito

Contrato de abertura de crédito é o acordo pelo qual o banco coloca à disposição do cliente, por prazo certo ou indeterminado, uma importância limitada, facultando a utilização total ou parcial do crédito concedido (nesse sentido, é o art. 1.842, do Código Civil italiano, de 1942), mediante o pagamento de juros (como se fosse uma espécie de mútuo ou empréstimo).

Normalmente, o contrato de abertura de crédito está vinculado a um contrato de depósito, na modalidade de conta-corrente.

Utilizando-se da linha de crédito, da qual correm juros, o cliente deverá efetuar a sua quitação em determinado prazo fixado no contrato. Por isso, essa operação contratual também poderia ser denominada contrato de mútuo. Tratar-se-ia de um mútuo oneroso (ou feneratício). Vulgarmente essa linha de crédito é chamada no mercado de "cheque especial", ou simplesmente de "limite".

José Xavier Carvalho de Mendonça explica que a abertura de crédito é o acordo pelo qual um dos contratantes (creditador) se obriga a colocar à disposição do outro (creditado) fundos até determinado limite, durante certo lapso temporal, mediante cláusulas convencionadas, obrigando o creditado a restituir o creditador no vencimento com juros[48].

Por sua vez, Paulo M. de Lacerda esclarece que o contrato de abertura de crédito aproveita principalmente ao creditado, para quem a operação de crédito é ativa, pois atende às suas necessidades econômicas; mas também aproveita ao creditador pelas vantagens que obtém em decorrência do contrato, especialmente os juros recebidos. O autor explica que, embora em ambos os casos admita-se que corram juros, a abertura de crédito guarda distinção em relação ao mútuo, pois neste o crédito é dado ao mutuário de uma só vez (do contrário, ter-se-á mútuos sucessivos), o que implica arcar com os juros mesmo que não use todo o crédito; já na abertura de crédito, este (o crédito) fica à disposição, sendo que o creditador facultativamente utiliza-o conforme sua necessidade, total ou parcialmente, pagando juros apenas pela soma utilizada[49].

Utilizando-se da linha de crédito, a qual fica disponível por meio da movimentação em uma conta bancária, nova ou já existente, correm juros que deverão ser quitados pelo cliente em prazo determinado pelo contrato. O contrato de abertura de crédito é uma das operações bancárias mais utilizadas no comércio, quando empresas se suprem de recursos conforme suas necessidades ao utilizarem os valores colocados à sua disposição pelo banco, devendo ser devolvidos à instituição financeira mediante o pagamento dos juros acordados[50].

De acordo com a Súmula 233 do STJ: "O contrato de abertura de crédito, ainda que acompanhado de extrato de conta-corrente, não é título executivo", cabendo, assim, ação mo-

---

[47] Nesse sentido, Waldirio Bulgarelli. *Contratos mercantis*. p. 586.

[48] José Xavier Carvalho de Mendonça. *Tratado de direito comercial brasileiro*. v. VI, p. 190.

[49] Paulo M. de Lacerda. *Do contrato de abertura de crédito*. Rio de Janeiro: Jacintho Ribeiro dos Santos – Editor, 1929. p. 51-52.

[50] Waldirio Bulgarelli. *Contratos mercantis*. p. 575.

nitória para a cobrança do débito junto ao cliente correntista. Essa súmula foi publicada em 8-2-2000, sendo que cada caso concreto deve ser visto à luz da legislação vigente à sua época, especificamente acerca das disposições do CPC de 2015, que por sinal já sofreu alguns ajustes. Especificamente sobre a nota promissória atrelada ao contrato de abertura de crédito, é a Súmula 258 do STJ: "A nota promissória vinculada a contrato de abertura de crédito não goza de autonomia em razão da iliquidez do título que a originou"[51].

Não havendo proibição legal, a cobrança de taxa de manutenção de crédito pode ser convencionada, pois, mesmo que não utilizada a linha de crédito aberta, o banco se compromete a manter a quantia à disposição do cliente. De modo popular essa taxa é denominada "taxa do limite" ou "taxa do cheque especial".

A taxa de limite é o mesmo que "**taxa de cadastro**", a qual é cobrada pelo banco quando da abertura da conta pelo cliente. A propósito, o STJ editou duas Súmulas sobre este tema. A Súmula 565 tem o seguinte texto: "A pactuação das tarifas de abertura de crédito (TAC) e de emissão de carnê (TEC), ou outra denominação para o mesmo fato gerador, é válida apenas nos contratos bancários anteriores ao início da vigência da Resolução-CMN n. 3.518/2007, em 30-4-2008". Já o teor da Súmula 566 é: "Nos contratos bancários posteriores ao início da vigência da Resolução-CMN n. 3.518/2007, em 30-4-2008, pode ser cobrada a tarifa de cadastro no início do relacionamento entre o consumidor e a instituição financeira". Também é pertinente explicitar o conteúdo da Súmula 477 do STJ: "A decadência do art. 26 do CDC não é aplicável à prestação de contas para obter esclarecimentos sobre cobrança de taxas, tarifas e encargos bancários".

Discutia-se, no passado, se o contrato de abertura de crédito era o caso de um contrato preliminar de mútuo. E chamava-se contrato preliminar por não ser o contrato definitivo, bem como preliminar por estabelecer apenas as diretrizes de um possível contrato definitivo, pois este se daria somente ao se utilizar o crédito disponível.

O contrato de abertura de crédito também pode ser garantido ou não. Isso vai depender de quais tipos de garantia são admitidas pelo banco. A garantia pode recair sobre um fluxo de recebíveis (direitos creditórios do cliente) mantido permanentemente durante o período do contrato. Também pode ser uma garantia real (p. ex., hipoteca) ou fidejussória (p.ex., fiança, pois aval é para títulos de crédito).

Lembrando que são garantias reais: hipoteca, penhor, anticrese, debênture sobre o ativo da S.A. Trata-se de um direito real sobre a propriedade, um privilégio sobre o bem dado como garantia.

---

[51] No que diz respeito a operações de conta-corrente e uso do cheque especial vinculado à emissão de cédula de crédito bancário, segue a decisão do STJ que tramitou pelo rito dos recursos repetitivos: (...) A Cédula de Crédito Bancário é título executivo extrajudicial, representativo de operações de crédito de qualquer natureza, circunstância que autoriza sua emissão para documentar a abertura de crédito em conta-corrente, nas modalidades de crédito rotativo ou cheque especial. O título de crédito deve vir acompanhado de claro demonstrativo acerca dos valores utilizados pelo cliente, trazendo o diploma legal, de maneira taxativa, a relação de exigências que o credor deverá cumprir, de modo a conferir liquidez e exequibilidade à Cédula (art. 28, § 2º, I e II, da Lei n. 10.931/2004). 3. No caso concreto, recurso especial não provido (REsp 1.291.575/PR, STJ, 2ª Seção, rel. Min. Luis Felipe Salomão, DJe 2-9-2013).

Contratos mercantis 367

Já as garantias fidejussórias são aval e fiança. É um vínculo subjetivo ou de natureza pessoal, por meio do qual alguém se responsabiliza perante o credor pelo cumprimento da obrigação assumida pelo devedor, em caso de inadimplemento deste.

4.2.8.2.1. Taxa de juros

Tendo em vista que o contrato de abertura de crédito se configura como um mútuo oneroso (ou fenerático), necessariamente haverá a cobrança de juros pelo valor emprestado ao correntista. Conceitualmente, juros são rendimentos fixos ou periódicos decorrentes de uma causa, como pelo atraso na data de pagamento ou por empréstimo de recurso financeiro. Os juros têm natureza jurídica de bem acessório, podendo ser fixados em dinheiro ou outro bem fungível[52].

Podemos classificar os juros em: juros de **mora** (convencional ou legal) e juros **compensatórios**. Juros de *mora* (ou moratórios) se dão pelo inadimplemento (atraso, não cumprimento) contratual; sendo algo parecido com uma "recompensa". Juros de mora diferem da cláusula penal de caráter moratório, que nada mais é do que uma multa. É importante aqui ter presente o que expressa a Súmula 54 do STJ: "Os juros moratórios fluem a partir do evento danoso, em caso de responsabilidade extracontratual".

Os juros de mora serão **convencionais** quando sua taxa for livremente fixada pelas partes. Frise-se que, à luz do art. 591, parágrafo único, com nova redação dada pela Lei n. 14.905/2024, se a taxa de juros não for pactuada, aplicar-se-á a taxa legal disposta no art. 406 do Código Civil (nova redação pela Lei n. 14.905/2024):

> Art. 406. Quando não forem convencionados, ou quando o forem sem taxa estipulada, ou quando provierem de determinação da lei, os juros serão fixados de acordo com a taxa legal.
>
> § 1º A taxa legal corresponderá à taxa referencial do Sistema Especial de Liquidação e de Custódia (Selic), deduzido o índice de atualização monetária de que trata o parágrafo único do art. 389 deste Código.
>
> § 2º A metodologia de cálculo da taxa legal e sua forma de aplicação serão definidas pelo Conselho Monetário Nacional e divulgadas pelo Banco Central do Brasil.
>
> § 3º Caso a taxa legal apresente resultado negativo, este será considerado igual a 0 (zero) para efeito de cálculo dos juros no período de referência.

Vale considerar que os juros de mora são sempre devidos por decorrerem da lei (*ex lege*). Sendo pactuada a taxa, serão juros de mora convencionais; caso não, serão juros legais.

Por sua vez, existem os juros **compensatórios** (também denominados reais, contratados, remuneratórios ou negociados). Eles objetivam remunerar o credor pelo fato de ter sido extraída/desfalcada uma quantia do seu patrimônio, concedendo empréstimo ao devedor. Ou seja, é uma remuneração pelo capital emprestado pelo credor em razão do risco de inadimplemento do devedor. Diferentemente dos juros de mora, os juros compensatórios decorrem da vontade das partes (*ex voluntate*), mediante a celebração de contrato.

---

[52] Roberto Senise Lisboa. *Manual de direito civil*: direito das obrigações e responsabilidade civil. 4. ed. São Paulo: Saraiva, 2009. v. 2, p. 363.

A taxa deverá ser firmada pelas partes obedecendo ao limite legal (1% ao mês), sob pena de crime de usura. Bancos e Administradoras de cartão de crédito[53] não se submetem ao limite da lei, podendo cobrar taxas de juros de mercado, à luz da Constituição Federal e demais normas jurídicas.

Um assunto muito relevante para o direito empresarial está no fato de a Lei n. 14.905/2024 ter expressado as hipóteses em que a Lei da Usura (Decreto n. 22.626/33), especialmente quanto às suas limitações na taxa de juros e penalidades, não é aplicada. No caso, não será aplicada nas obrigações: a) contratadas entre pessoas jurídicas; b) representadas por títulos de crédito ou valores mobiliários; c) contraídas perante instituições financeiras e demais instituições autorizadas a funcionar pelo Banco Central do Brasil; fundos ou clubes de investimento; sociedades de arrendamento mercantil e empresas simples de crédito; organizações da sociedade civil de interesse público dedicadas à concessão de crédito; ou d) realizadas nos mercados financeiro, de capitais ou de valores mobiliários.

Sobre juros, é importante ter presente um histórico das Súmulas 379, 382, 530 e 541 do STJ. Súmula 379 do STJ: "Nos contratos bancários não regidos por legislação específica, os juros moratórios poderão ser convencionados até o limite de 1% ao mês". Súmula 382: "A estipulação de juros remuneratórios superiores a 12% ao ano, por si só, não indica abusividade". Súmula 530: "Nos contratos bancários, na impossibilidade de comprovar a taxa de juros efetivamente contratada – por ausência de pactuação ou pela falta de juntada do instrumento aos autos –, aplica-se a taxa média de mercado, divulgada pelo Bacen, praticada nas operações da mesma espécie, salvo se a taxa cobrada for mais vantajosa para o devedor". E Súmula 541: "A previsão no contrato bancário de taxa de juros anual superior ao duodécuplo da mensal é suficiente para permitir a cobrança da taxa efetiva anual contratada".

Podem-se cumular juros de mora e juros compensatórios na mesma obrigação, pois os primeiros têm natureza de "recompensa" pelo inadimplemento contratual; os segundos, de remunerar pelo empréstimo concedido[54].

Para fins ilustrativos, vale explicitar que juros **simples** são aqueles cuja base de cálculo é o valor do capital original apenas. Já juros **compostos** (*ou capitalizados*), aqueles que são acrescidos ao capital principal, ocorrendo a incidência de juros sobre juros vencidos. Isso também é denominado capitalização de juros, juros exponenciais ou não lineares e anatocismo. Anatocismo difere da usura, que significa cobrar taxa de juros acima do limite legal. Também não se confunde com juros cambiários, cobrados em desconto bancário de títulos de crédito.

Sobre capitalização de juros, não se pode deixar de transcrever a Súmula 539 do STJ: "É permitida a capitalização de juros com periodicidade inferior à anual em contratos celebrados com instituições integrantes do Sistema Financeiro Nacional a partir de 31-3-2000 (MP n. 1.963-17/2000, reeditada como MP n. 2.170-36/2001), desde que expressamente pactuada".

---

[53] STJ, Súmula 283: "As empresas administradoras de cartão de crédito são instituições financeiras e, por isso, os juros remuneratórios por elas cobrados não sofrem as limitações da Lei de Usura".

[54] Roberto Senise Lisboa. *Manual de direito civil*: direito das obrigações e responsabilidade civil. p. 366.

4.2.8.2.2. Cheque especial – novas regras

Como se sabe, os brasileiros utilizam muito as linhas de crédito disponibilizadas por instituições financeiras, sendo que dentre as mais usadas estão a do "cheque especial", o qual trata de um limite de crédito pré-aprovado pelo banco, sem exigência de garantias, que deixa à disposição do cliente para uso a qualquer tempo, devendo devolver a quantia acrescida de juros contratados, devendo por isso ser utilizado para situações extraordinárias e emergenciais e por breve espaço de tempo.

Em razão desses aspectos, as taxas de juros do cheque especial costumam ser mais altas do que outras linhas de crédito do mercado (salvo em relação ao cartão de crédito, em que – via de regra – mantém taxas ainda maiores que as do cheque especial.

Assim, historicamente, as taxas de juros do cheque especial praticadas no mercado brasileiro sempre foram elevadas, e somadas ao uso desvirtuado deste tipo de crédito, acabam por gerar frequentemente um alto nível de endividamento das pessoas, não necessariamente pelo capital principal tomado emprestado, mas sobretudo pelos juros a serem pagos.

Desse modo, a Federação Brasileira dos Bancos (FEBRABAN) vem atuando junto às instituições financeiras que a compõem de modo a instituir uma política de autorregulação para o mercado bancário; para tanto criou o seu Sistema de Autorregulação Bancária (SARB), cujos principais bancos que operam no varejo brasileiro são signatários.

Em consequência, a FEBRABAN instituiu o Normativo SARB n. 019/2018 sobre o Uso Consciente do Cheque Especial, em vigor desde 1º de julho de 2018, trazendo mudanças no funcionamento do uso deste tipo de limite de crédito.

Sem prejuízo de outras normas, o art. 1º do Normativo SARB n. 019/2018 visa a promover e estimular o uso adequado do limite concedido em operação de crédito rotativo sem garantia vinculado à conta-corrente de pessoa física, de acordo com as necessidades, interesses e objetivos do consumidor.

Seguindo as novas regras, o extrato bancário deverá informar o saldo da conta bancária devendo aparecer separadamente do valor disponibilizado para uso como cheque especial.

Também, o banco deverá informar o correntista sempre que este utilizar o cheque especial. Caso essa dívida supere 15% do valor disponibilizado como limite de crédito (desde que superior a R$ 200,00), por 30 dias consecutivos, cabe à instituição financeira oferecer uma alternativa de crédito com juros inferiores e para pagamento de forma parcelada para a quitação do débito. Esta proposta de outro produto com taxa menor deverá ser feita de forma proativa, devendo ser reiterada a cada 30 dias; bem como poderá ser feita por quaisquer canais utilizados pelo correntista, e somente poderá ser concretizada por óbvio com a concordância deste.

Contudo, essa política instituída pela FEBRABAN para o cheque especial, em alguma medida, é fruto da adoção pelo Poder Judiciário, em demandas contra os bancos, da teoria intitulada **duty to mitigate the loss** (o dever de mitigar o próprio dano); segundo a qual, aplicada às relações financeiras, o banco deve tomar medidas adequadas para que o prejuízo do cliente não seja aumentado. Assim, o credor (banco) não pode permanecer inerte diante do prejuízo do devedor que se agrava com o decurso do tempo, sobretudo pela incidência das altas taxas de juros remuneratórios.

4.2.8.3. Aval e fiança bancária

Ainda no campo das operações bancárias, podem existir as de **aval bancário** e **fiança bancária**, em que o banco seria o garantidor de um devedor em certa operação negocial.

Não há dúvida de que a instituição financeira cobra pela emissão, por exemplo, da "carta de fiança" como garantia oferecida pelo devedor ao credor do negócio.

Sem prejuízo do que foi tratado no capítulo dos títulos de crédito, em relação à distinção entre aval e fiança, é bom lembrar que tanto o aval como a fiança são garantias fidejussórias (sendo o aval voltado a garantir operações com títulos de crédito, enquanto a fiança relaciona-se a outros tipos de obrigações civis e empresariais), em que o banco se responsabilizará diante do credor pelo cumprimento da obrigação assumida pelo devedor, em caso de inadimplemento deste.

Em outros termos, isso quer dizer que o banco será o garantidor de uma operação, ou seja, será o avalista ou o fiador, cobrando uma remuneração para tanto.

Apesar da utilização um tanto quanto limitada dessas operações, observa-se com uma frequência maior a utilização da fiança bancária ao aval bancário. No entanto, havendo uma operação de aval bancário à luz do art. 31 do Decreto n. 57.663/66 (Lei Uniforme), o aval prestado pelo banco deverá ser feito no corpo do próprio título de crédito. Em contratos de locação imobiliária, tem-se utilizado mais o seguro-fiança, que é prestado por seguradoras (que não são bancos).

4.2.8.4. Desconto bancário

Desconto bancário, ou simplesmente desconto, é a operação de recebimento antecipado dos valores de títulos de crédito não vencidos, muito utilizada pelos comerciantes que vendem a crédito.

A antecipação dos valores é feita por um banco, para o qual o comerciante transferiu os créditos. A transmissão dos créditos é efetivada por endosso ou cessão de crédito.

Os valores antecipados dos títulos de crédito ficam sujeitos a um deságio, a fim de remunerar a instituição financeira por ter antecipado o valor; pelos seus custos de cobrança; e pelo risco de inadimplência assumido.

Assim, o risco será total quando não tiver direito de regresso contra quem lhe transmitiu o título, ou devolvê-lo, e será parcial quando isso for possível. O risco vai influir na taxa de juros cobrada na operação.

4.2.9. Securitização de crédito

Securitização de crédito significa a emissão de valores mobiliários por uma empresa securitizadora, lastreados em recebíveis (faturamento) cedidos por empresas originadoras, que concedem crédito aos seus clientes para que estes possam realizar compras a prazo de bens.

A securitização de crédito difere da operação de seguro, porém pode contar com um seguro, em que a seguradora garante o pagamento dos recebíveis.

Ressalte-se que o termo "securitização" é traduzido da palavra inglesa *securities*, um neologismo criado com o aportuguesamento da expressão. A princípio, após a década de 1970, foi utilizado para indicar os fenômenos sociais dos financiamentos observados na Europa e nos Estados Unidos. Uma terminologia mais adequada seria securitização de recebíveis financeiros, comerciais, bancários ou imobiliários[55].

---

[55] Ilene Patrícia de Noronha. *Securitização de recebíveis comerciais e industriais*. Tese (Doutorado em Direito) – Faculdade de Direito da Universidade de São Paulo, São Paulo, 2004. p. 5.

A securitização é uma forma de captação de recursos pela empresa originadora, por meio da cessão de crédito de seus recebíveis (decorrentes da venda a prazo). A empresa securitizadora irá utilizá-los como garantia para a emissão de novos títulos de dívida/valores mobiliários (p.ex., debêntures, quotas de fundo de investimento etc.). Esses títulos, uma vez colocados no mercado, irão gerar recursos que serão utilizados na aquisição dos novos recebíveis, resultando em um ciclo virtuoso de autofinanciamento para a originadora dos ativos[56].

Assim, a operação inicia-se quando a originadora (financeira) concede empréstimos a tomadores de crédito (p.ex., consumidor para a compra de um automóvel), sendo que o bem adquirido é a própria garantia da instituição financeira.

Dessa forma, o financiador (financeira) cede esses recebíveis (créditos de financiamentos) à empresa securitizadora, que irá emitir valores mobiliários vinculados aos financiamentos dos consumidores.

Os valores mobiliários serão quitados à medida que os empréstimos são pagos pelos seus tomadores.

Apenas a securitização de crédito decorrente de créditos imobiliários é que possuía um regime jurídico próprio na Lei n. 9.514/97, arts. 8º a 16 [revogados]. A emissão de valores mobiliários decorrentes de créditos financeiros, comerciais ou bancários, por muito tempo no Brasil tratou-se de operação atípica, sem um regime jurídico específico, havendo apenas a Resolução CMN (Conselho Monetário Nacional) n. 2.686/2000[57], que a autorizou quando praticada por bancos, sociedades de crédito e sociedades anônimas criadas com a finalidade exclusiva de adquirir tais créditos financeiros.

Posteriormente, a Lei n. 11.076/2004[58] criou o Certificado de Recebíveis do Agronegócio (CRA), emprestando os institutos que se aplicavam somente ao setor imobiliário e financeiro para investimentos no agronegócio, possibilitando operações de securitização de crédito vinculadas a direitos creditórios realizados entre produtores rurais, cooperativas, entre outros.

Contudo, com o advento da Lei n. 14.430/2022, fruto da Medida Provisória n. 1.103/2022, tem-se o **Marco Legal da Securitização de Crédito**, que criou os Certificados

---

[56] Ilene Patrícia de Noronha. *Securitização de recebíveis comerciais e industriais.* p. 4.

[57] BANCO CENTRAL DO BRASIL. **Resolução n. 2.686/2000**. Estabelece condições para a cessão de créditos a sociedades anônimas de objeto exclusivo e a companhias securitizadoras de créditos imobiliários. Brasília, DF, [2000]. Disponível em: https://www.bcb.gov.br/pre/normativos/res/2000/pdf/res_2686_v2_l.pdf. Acesso em: 20 set. 2023.

[58] BRASIL. **Lei n. 11.076/2004**. Dispõe sobre o Certificado de Depósito Agropecuário – CDA, o Warrant Agropecuário – WA, o Certificado de Direitos Creditórios do Agronegócio – CDCA, a Letra de Crédito do Agronegócio – LCA e o Certificado de Recebíveis do Agronegócio – CRA, dá nova redação a dispositivos das Leis n. 9.973, de 29 de maio de 2000, que dispõe sobre o sistema de armazenagem dos produtos agropecuários, 8.427, de 27 de maio de 1992, que dispõe sobre a concessão de subvenção econômica nas operações de crédito rural, 8.929, de 22 de agosto de 1994, que institui a Cédula de Produto Rural – CPR, 9.514, de 20 de novembro de 1997, que dispõe sobre o Sistema de Financiamento Imobiliário e institui a alienação fiduciária de coisa imóvel, e altera a Taxa de Fiscalização de que trata a Lei n. 7.940, de 20 de dezembro de 1989, e dá ouras providências. Brasília, DF [2004]. Disponível em: http://www.planalto.gov.br/ccivil_03/_ato2004-2006/2004/lei/l11076.htm. Acesso em: 20 set. 2023.

de Recebíveis em sentido amplo, possibilitando a expansão desse tipo de operação para além dos setores anteriormente aplicáveis (imobiliário, financeiro e do agronegócio).

De acordo com a Lei, somente quando ofertados publicamente ou admitidos para negociação em mercado regulamentado de valores mobiliários, os Certificados de Recebíveis serão considerados valores mobiliários e deverão se sujeitar às regras e fiscalização da CVM (art. 20, § 1º), de modo que também poderão ser emitidos privativamente e comercializados em mercado fechado, situação em que não serão considerados valores mobiliários. E, especificamente sobre créditos imobiliários, os originadores, que são aquelas empresas que detêm esses créditos, cedem estes às securitizadoras, que os empregam como lastro para emitir Certificados de Recebíveis Imobiliários. E, especificamente sobre créditos imobiliários, os originadores, que são aquelas empresas que detêm esses créditos, cedem estes às securitizadoras, que os empregam como lastro para emitir Certificados de Recebíveis Imobiliários.

Com referência ao risco, na securitização de crédito, os investidores, ao adquirirem títulos ou valores mobiliários emitidos pelos securitizadores, podem estar, em maior ou menor grau, expostos ao risco dos tomadores do crédito, quando da liquidação do título. Assim, não irão ficar expostos ao risco direto da sociedade emissora dos valores mobiliários ou da sociedade originadora dos créditos. Quanto mais pulverizada estiver a carteira de tomadores de crédito da originadora, mais diluído estará o risco, sendo que uma porção de tomadores considerada isoladamente não representará parcela expressiva dos recebíveis.

Além disso, segundo o art. 21, § 4º, da Lei, a companhia securitizadora responderá pela origem e autenticidade dos direitos creditórios vinculados ao Certificado de Recebíveis que emitir.

Sobre o risco de crédito, ele ocorre conforme a espécie de recebíveis, não sendo apreciado com base na avaliação individual de cada tomador de crédito. No entanto, a análise é feita atuarialmente, considerando-se os índices históricos de inadimplência de toda a carteira, o que, inclusive, permite que o crédito seja garantido por seguradora.

Contudo, a securitização de crédito trata-se de uma operação financeira que contempla a transferência de crédito e a emissão de valores mobiliários, possibilitando assim a captação de recursos.

4.2.10. Consórcio (para aquisição de bens)

No Brasil, o sistema de consórcios é um instrumento para aquisição de bens e serviços. Embora com a mesma nomenclatura, aqui não devemos confundir com aquele consórcio previsto na Lei n. 6.404/76, arts. 278 e 279, o intitulado consórcio empresarial de sociedades para a realização de determinado empreendimento (o qual é objeto de estudo no capítulo das sociedades). Atualmente, é regulamentado pela Lei n. 11.795/2008, sem prejuízo de outras normas instituídas pelo Banco Central do Brasil – Bacen. Havendo relação de consumo entre a administradora do consórcio e o consorciado, aplicam-se as regras do Código de Defesa do Consumidor, dentre as quais a prevista no art. 53, § 2º[59].

---

[59] Art. 53, § 2º: "Nos contratos do sistema de consórcio de produtos duráveis, a compensação ou a restituição das parcelas quitadas, na forma deste artigo, terá descontada, além da vantagem econômica auferida com a fruição, os prejuízos que o desistente ou inadimplente causar ao grupo".

Há relatos de que a figura do consórcio tenha surgido no Oriente, especialmente na China e no Japão, por meio dos seus antigos sistemas de poupança. Em território nacional, teria surgido na década de 1960[60], inicialmente numa ação entre amigos, a fim de que pudessem adquirir bens, em especial automóveis.

Os consórcios permitiram que uma parcela considerável da classe média pudesse ter acesso a bens de consumo (veículos, eletrodomésticos etc.) que, sem essa operação, teria maior dificuldade. Isso porque o consórcio é uma espécie de poupança, que vai se acumulando e canalizando os recursos com uma finalidade específica: a aquisição de um determinado bem[61].

Uma vantagem do sistema de consórcio se dá quando suas taxas, somadas, ficam abaixo das taxas de juros praticadas em financiamentos de bens em geral. A desvantagem fica por conta de que o acesso ao bem se dá num prazo incerto, a depender de sorteio ou lance.

Mas antes de avançarmos no assunto, vale a pena discorrermos sobre alguns conceitos fundamentais: consórcio, consorciado, grupo de consórcio e administradora de consórcio.

Consórcio é a reunião de pessoas naturais e jurídicas em grupo, com prazo de duração e número de quotas previamente determinados, promovida por administradora de consórcio, com a finalidade de propiciar a seus integrantes, de forma isonômica, a aquisição de bens ou serviços, por meio de autofinanciamento (Lei n. 11.795/2008, art. 2º).

Já **consorciado** é a pessoa natural ou jurídica que integra o grupo e assume a obrigação de contribuir para o cumprimento integral de seus objetivos (Lei n. 11.795/2008, art. 4º).

Por sua vez, **grupo de consórcio** é uma sociedade não personificada constituída por consorciados visando a formar o sistema de consórcio (Lei n. 11.795/2008, art. 4º).

Vale ter em conta que o grupo de consórcio será representado por sua **administradora**, em caráter irrevogável e irretratável, ativa ou passivamente, em juízo ou fora dele, na defesa dos direitos e interesses coletivamente considerados e para a execução do contrato de participação em grupo de consórcio, por adesão.

E, por último, a **administradora de consórcios** é a pessoa jurídica prestadora de serviços com objeto social principal voltado à administração de grupos de consórcio, constituída sob o tipo societário de sociedade limitada ou sociedade anônima (Lei n. 11.795/2008, art. 5º, *caput*).

A adesão do consorciado ao grupo se dá mediante proposta de participação, sendo este o instrumento pelo qual o interessado formaliza seu pedido de participação no grupo de consórcio, que se converterá no contrato (Lei n. 11.795/2008, art. 10, § 3º).

Será considerado constituído o grupo com a realização da primeira assembleia, que será designada pela administradora de consórcio quando houver adesões em número e condições suficientes para assegurar a viabilidade econômico-financeira do empreendimento (Lei n. 11.795/2008, art. 16).

Quanto ao bem que se objetiva adquirir com a carta de crédito, poderá ser **bem móvel**, **imóvel** ou **serviço de qualquer natureza** (Lei n. 11.795/2008, art. 12, *caput*). A propósito, dentre a variedade de serviços que podem ser objeto de consórcio, existem grupos de consórcio cujas cartas de crédito visam a realização de cirurgia plástica para fim estético. Se o

---

[60] Sérgio Vieira Holtz. *Tudo sobre consórcio*. 2. ed. São Paulo: Hermes, 1989. p. 35.
[61] Sérgio Vieira Holtz. *Tudo sobre consórcio*. p. 41.

objetivo do contrato for aquisição de imóvel, poderá estabelecer a aquisição de imóvel em empreendimento imobiliário, ou seja, de imóvel em construção (Lei n. 11.795/2008, art. 12, parágrafo único).

O contrato de compra e venda de imóvel por meio do sistema de consórcios poderá ser celebrado por instrumento particular. E o registro e a averbação referentes à aquisição de imóvel por meio do sistema de consórcios serão considerados, para efeito de cálculo de taxas, emolumentos e custas, como um único ato (Lei n. 11.795/2008, art. 45).

Fundamentalmente, o consórcio compreende três fases: a captação dos recursos; a administração dos grupos e dos recursos; e a aquisição e entrega dos bens.

A captação de recursos se dá por meio da **contribuição mensal** paga pelos consorciados, e deverá ser uma fração do valor do bem, dividido pelo número de meses previsto para a duração do grupo a que pertença o consorciado. Além disso, também deverão ser pagas a taxa de administração e a taxa do fundo de reserva, que são porcentagem sobre o valor principal.

Normalmente, o valor do principal será reajustado à medida que o valor do bem sofra variação de preço.

O **fundo de reserva** tem por objeto proteger as finanças do grupo, assegurando o cumprimento das obrigações junto aos contemplados mesmo que haja inadimplemento de alguns consorciados (ou mesmo aumento do valor do bem), consistindo normalmente em uma taxa em torno de **5%** sobre o valor principal.

No que tange à **taxa de administração**, a administradora de consórcio tem direito a essa taxa a título de remuneração pela formação, organização e administração do grupo de consórcio até o encerramento deste. A porcentagem da taxa tem muita variação entre as administradoras de consórcio, mas várias delas cobram em média **10%**, porém, é possível cobrar porcentagem maior[62]. Em 15 de junho de 2015 o STJ editou a Súmula 538: "As administradoras de consórcio têm liberdade para estabelecer a respectiva taxa de administração, ainda que fixada em percentual superior a dez por cento".

A contemplação do consorciado pode se dar por sorteio (como uma espécie de bingo) ou por lance (abertos ou fechados). No caso de lance, ganha quem der o maior lance.

Contemplado, o consorciado receberá uma **carta de crédito** no valor correspondente ao grupo a que pertence. O prazo para entrega da carta de crédito é de **30 dias**, desde que o consorciado entregue os documentos dentro de *10* dias.

Se houver inadimplemento das prestações, o consorciado poderá ser excluído do grupo.

Além disso, o consorciado pode **desistir** de participar do grupo, devendo ser feita uma solicitação escrita junto à administradora do consórcio. Nesse caso, a jurisprudência tem

---

[62] Embargos de divergência. Consórcio de bens móveis. (...) 1 – O cerne da controvérsia cinge-se à possibilidade de limitação da taxa de administração de consórcio de bens móveis, prevista no Decreto n. 70.951/72. Consoante recente entendimento consignado pela Eg. Quarta Turma, as administradoras de consórcio possuem total liberdade para fixar a respectiva taxa de administração, nos termos do art. 33 da Lei n. 8.177/91 e da Circular n. 2.766/97 do Bacen, não sendo considerada ilegal ou abusiva, portanto, as taxas fixadas em percentual superior a 10% (dez por cento). 2 – Embargos de divergência acolhidos (EREsp 927.379/RS, STJ, 2ª Seção, rel. Min. Fernando Gonçalves, *DJe* 19-12-2008).

mantido o entendimento de que o consorciado terá direito à devolução dos valores pagos, abatidas as importâncias previstas no contrato, somente após o encerramento do grupo[63].

É admissível a transferência da condição de consorciado a terceiro, desde que as contribuições estejam pagas e haja anuência da administradora. Essa regra está alinhada com a previsão do art. 13 da Lei n. 11.795/2008, ao estabelecer que os direitos e obrigações decorrentes do contrato de participação em grupo de consórcio, por adesão, poderão ser transferidos a terceiros, mediante prévia anuência da administradora.

Quanto às assembleias de contemplação, elas são mensais, com local, data e hora previamente agendados. Nessa ocasião, além das contemplações de consorciados, é possível se obter informações sobre o grupo, exame de documentos etc.

A administradora de consórcio deve figurar no contrato de participação em grupo de consórcio, por adesão, na qualidade de gestora dos negócios dos grupos e de mandatária de seus interesses e direitos (Lei n. 11.795/2008, art. 5º, § 2º).

Muito importante é a questão de que os **diretores**, **gerentes**, **prepostos** e **sócios** com função de gestão na administradora de consórcio são depositários, para todos os efeitos, das quantias que a administradora receber dos consorciados na sua gestão, até o cumprimento da obrigação assumida no contrato de participação em grupo de consórcio, por adesão, **respondendo pessoal** e **solidariamente**, independentemente da verificação de culpa, pelas obrigações perante os consorciados (Lei n. 11.795/2008, art. 5º, § 2º). Trata-se de uma hipótese de responsabilidade objetiva, ou seja, que independe de culpa.

O Bacen é órgão regulador e fiscalizador do sistema de consórcios. Entre suas várias atribuições estão as de: conceder autorização para funcionamento das administradoras de consórcio; baixar normas disciplinando as operações de consórcio; fiscalizar as operações de consórcio, as administradoras de consórcio e os atos dos respectivos administradores; aplicar as sanções de: advertência, suspensão do exercício do cargo, cassação de autorização, multa etc. (Lei n. 11.795, arts. 6º, 7º e 42).

4.2.11. Franquia

Também conhecido como *franchising*, o contrato de franquia é o acordo pelo qual um empresário (franqueador) concede a outro empresário (franqueado) o direito de uso de marca do seu produto ou serviço (ou patente de invenção etc.), ocorrendo a prestação de serviço do primeiro ao segundo quanto à organização do estabelecimento empresarial.

O empresário que deseja participar desse tipo de negócio não precisa ter o trabalho de pesquisar o mercado, estruturar seu negócio, podendo ocupar-se com o estudo da área de atuação, treinamento de funcionários, ações de *marketing* etc. Isso porque, normalmente, esses aspectos são trazidos pelo franqueador que os fornece ao franqueado[64].

---

[63] Consórcio de bens imóveis. Devolução das parcelas pagas. Taxa de administração. 1. A devolução das parcelas pagas deve obedecer ao que assentado na jurisprudência para o consórcio de automóveis, ou seja, far-se-á até trinta dias após o encerramento do plano, correndo os juros dessa data e a correção monetária de cada desembolso. (...) (REsp 612.438/RS, STJ, 3ª Turma, rel. Min. Sidnei Beneti, *DJ* 19-6-2006).

[64] Fábio Ulhoa Coelho. *Manual de direito comercial*: direito de empresa. p. 439-440.

Uma característica marcante dessa operação contratual é o fato de que o franqueado tem o direito de utilizar a marca do franqueador, ao passo que o franqueador tem o direito de participação nas receitas do franqueado[65].

No Brasil, a Lei n. 13.966/2019 (que revogou a Lei n. 8.955/94) dispõe sobre a franquia empresarial. Conforme o seu art. 1º, sistema de franquia empresarial é aquele pelo qual um franqueador autoriza por meio de contrato um franqueado a usar marcas e outros objetos de propriedade intelectual, sempre associados ao direito de produção ou distribuição exclusiva ou não exclusiva de produtos ou serviços e também ao direito de uso de métodos e sistemas de implantação e administração de negócio ou sistema operacional desenvolvido ou detido pelo franqueador, mediante remuneração direta ou indireta, sem caracterizar relação de consumo ou vínculo empregatício em relação ao franqueado ou a seus empregados, ainda que durante o período de treinamento".

É obrigação do franqueador entregar ao interessado em ser franqueado uma **Circular de Oferta de Franquia**. Esse documento deve ser por escrito com linguagem clara e acessível, devendo ter compulsoriamente as seguintes informações (Lei n. 13.966/2019, art. 2º):

1) histórico completo do franqueador, bem como o respectivo nome empresarial, forma societária e empresas diretamente ligadas a ele, incluindo os respectivos nomes fantasias e endereços;

2) levantamentos contábeis do franqueador, referentes aos dois últimos exercícios, pendências judiciais do franqueador;

3) descrição detalhada dos negócios que serão desenvolvidos pelo franqueado, bem como o perfil ideal deste quanto à experiência anterior e escolaridade;

4) especificações no que se refere ao total estimado para a aquisição, implantação e início da operação da franquia, bem como o valor da taxa inicial de filiação e valor das aquisições de estoque e equipamentos;

5) informações sobre quais valores, e em que periodicidade, deverão ser pagos pelo franqueado etc.

Ressalte-se que, embora a legislação estabeleça algumas regras sobre a franquia, as relações entre franqueador e franqueado serão regidas pelas normas contratuais firmadas pelas partes[66], desde que isso não fira normas de ordem pública, a moral e os bons costumes.

É necessário considerar que a Circular de Oferta deve ser entregue ao candidato a franqueado no mínimo **10 dias** antes da assinatura do contrato definitivo ou contrato preliminar de franquia, sob pena de anulação (Lei n. 13.966/2019, art. 2º, § 1º). Isso pode ser intitulado como "prazo de reflexão", com o fim de que o candidato a franqueado possa avaliar prévia e adequadamente o negócio, evitando assim a tomada precipitada de uma decisão, que poderia levá-lo a arrepender-se posteriormente, com todas as implicações jurídicas que poderiam lhe causar (como a perda do valor já investido, total ou parcialmente).

Havendo a hipótese de descumprimento do prazo de *10* dias, o franqueado poderá arguir a anulabilidade do contrato e exigir a devolução de todas as quantias que já houver pago ao franqueador ou a terceiros por ele indicados, a título de taxa de filiação e *royalties*, devidamente corrigidas monetariamente (Lei n. 13.966/2019, art. 2º, § 2º).

---

[65] Nesse sentido, Carlos Alberto Bittar. *Contratos comerciais*. p. 207.

[66] Fábio Ulhoa Coelho. *Manual de direito comercial*: direito de empresa. p. 441.

O contrato de franquia deve ser escrito e em língua portuguesa, conforme dispõe o art. 2º da Lei n. 13.966/2019.

Para produzir efeitos diante de terceiros (inclusive em relação aos direitos da propriedade industrial: marcas, patentes etc.), o instrumento contratual deverá ser registrado no INPI – Instituto Nacional da Propriedade Industrial –, conforme prevê o art. 211, *caput*, da Lei n. 9.279/96.

Embora a relação entre franqueador e franqueados seja eminentemente empresarial, sendo que cada qual guarda independência nas esferas jurídica (e societária) e administrativa, para fins de tutela do consumidor, ambos poderão ser responsabilizados de forma solidária em caso de defeitos ou vícios de produtos e serviços[67].

4.2.12. Agência e distribuição

Agenciar tem o sentido de negociar ou intermediar; angariar propostas. Distribuir significa propagar, entregar, espalhar, dispor ou dividir.

Agência é o acordo pelo qual uma pessoa assume, de forma permanente, mas sem vínculo de dependência, a obrigação de promover negócios em uma região determinada, a conta da parte contrária, mediante remuneração (CC, art. 710, *caput*, 1ª parte).

Já a **distribuição** ocorre quando, além do descrito acima, o agente tiver à sua disposição a coisa a ser negociada (CC, art. 710, *caput*, *in fine*). Neste caso poder-se-ia denominar o agente de distribuidor.

Na distribuição, o distribuidor acaba sendo um ponto de venda efetivo, ou seja, o cliente já pode ter acesso ao produto imediatamente em razão da sua disponibilidade.

O distribuidor não é um mero tirador de pedidos ou de propostas; na verdade, é um vendedor e entregador efetivo da mercadoria, no varejo ou no atacado. Na agência os negócios são feitos, por exemplo, pela venda mediante mostruários, catálogos, cartazes, vídeos e outros materiais fornecidos pelo proponente. Embora não seja uma **diferença** essencial, a distribuição está mais voltada à "venda de produtos", enquanto a agência, à "comercialização de serviços".

Em ambos os contratos, o agente ou o distribuidor é um real promotor de venda, que busca promover negócios para outrem (o denominado preponente).

Esses tipos de contratos facilitam a venda dos produtos do preponente, na medida em que este não precisa abrir filial para a divulgação e comercialização de seus produtos e serviços.

---

[67] Direito do Consumidor. Recurso especial. Franquia. Responsabilidade civil perante terceiros. Aplicação do CDC. Incidência. 1. Os contratos de franquia caracterizam-se por um vínculo associativo em que empresas distintas acordam quanto à exploração de bens intelectuais do franqueador e têm pertinência estritamente *inter partes*. 2. Aos olhos do consumidor, trata-se de mera intermediação ou revenda de bens ou serviços do franqueador – fornecedor no mercado de consumo, ainda que de bens imateriais. 3. Extrai-se dos arts. 14 e 18 do CDC a responsabilização solidária de todos que participem da introdução do produto ou serviço no mercado, inclusive daqueles que organizem a cadeia de fornecimento, pelos eventuais defeitos ou vícios apresentados. Precedentes. 4. Cabe às franqueadoras a organização da cadeia de franqueados do serviço, atraindo para si a responsabilidade solidária pelos danos decorrentes da inadequação dos serviços prestados em razão da franquia. 5. Recurso especial não provido (REsp 1.426.578/SP, STJ, 3ª Turma, rel. Min. Marco Aurélio Bellizze, *DJe* 22-9-2015).

Vale destacar que tanto o agente como o distribuidor são comerciantes, pois realizam intermediação pela circulação de bens ou serviços entre quem os produz e aqueles que os consomem ou utilizam. Já o preponente normalmente é um fabricante/produtor de bens (podendo ser prestador de serviços), no entanto, pode ser um comerciante distribuidor-atacadista utilizando-se da agência ou da distribuição para vender suas mercadorias.

O agente ou o distribuidor devem agir com toda diligência cabível, seguindo as instruções do preponente (CC, art. 712).

As despesas do agente ou do distribuidor correm por sua própria conta, excetuando-se estipulação diversa (CC, art. 713).

Em relação à remuneração, o agente ou o distribuidor têm direito à remuneração se o negócio foi realizado em sua área de atuação, mesmo que concluídos sem a sua intermediação (CC, art. 714) ou se não foi realizado por culpa do preponente (CC, art. 716).

Se o preponente deixar de atender as propostas feitas pelo agente ou distribuidor, ou se reduzi-las a ponto de inviabilizar a continuidade do negócio entre eles, haverá direito à indenização (CC, art. 715).

É regra legal na agência o preponente concluir (finalizar) o contrato com o comprador da mercadoria, e não o agente, a não ser no caso de este ter recebido poderes para tanto (CC, art. 710, parágrafo único). Na distribuição isso é inerente ao contrato, ou seja, é o distribuidor quem conclui o negócio.

A seguir, algumas regras em que o texto do Código Civil menciona apenas a figura do agente, dando a entender que estas não se aplicariam ao distribuidor. No entanto, em nosso entender, podem também ser aplicadas ao contrato de distribuição se não houver incompatibilidade.

A **exclusividade** é um elemento próprio a esse tipo de negócio, a não ser em pacto diverso, ou seja, o agente não pode representar mais de um preponente de negócios do mesmo gênero ao mesmo tempo; por sua vez, o preponente não pode constituir na mesma zona/região, e ao mesmo tempo, outros agentes (CC, art. 711).

Normalmente o contrato é celebrado por escrito, sendo que quando por prazo indeterminado, o contrato pode ser rescindido mediante **aviso prévio** de 90 dias, desde que transcorrido um lapso temporal suficiente para o agente ter recuperado seus investimentos, considerando a natureza e vulto do que foi exigido deste (CC, art. 720)[68].

---

[68] Civil e Processo Civil. Contratos. (...) 3. A complexidade da relação de distribuição torna, via de regra, impraticável a sua contratação verbal. Todavia, sendo possível, a partir das provas carreadas aos autos, extrair todos os elementos necessários à análise da relação comercial estabelecida entre as partes, nada impede que se reconheça a existência do contrato verbal de distribuição. 4. A rescisão imotivada do contrato, em especial quando efetivada por meio de conduta desleal e abusiva – violadora dos princípios da boa-fé objetiva, da função social do contrato e da responsabilidade pós-contratual – confere à parte prejudicada o direito à indenização por danos materiais e morais. 5. Os valores fixados a título de danos morais e de honorários advocatícios somente comportam revisão em sede de recurso especial nas hipóteses em que se mostrarem exagerados ou irrisórios. Precedentes. 6. A distribuição dos ônus sucumbenciais deve ser pautada pelo exame do número de pedidos formulados e da proporcionalidade do decaimento das partes em relação a esses pleitos. Precedentes. 7. Recurso especial não provido (REsp 1.255.315/SP, STJ, 3ª Turma, rel. Min. Nancy Andrigui, *DJe* 27-9-2011).

4.2.13. Representação comercial

A representação comercial é exercida pelo representante comercial autônomo, que pode ser pessoa física ou jurídica. É o representante comercial autônomo que faz a intermediação da realização de negócios mercantis, de forma não eventual, por conta de uma ou mais pessoas, obtendo propostas ou pedidos, para depois transmiti-los aos representados, podendo ou não praticar atos relacionados com a execução dos negócios (Lei n. 4.886/65, art. 1º, *caput*).

Cabe expressar que a representação comercial é praticada por um comerciante (empresário), com habitualidade e de forma profissional, sendo, portanto, um operador responsável pela circulação de produtos no mercado. O contrato de representação comercial é realizado entre o representado-empresário (normalmente fabricante ou comerciante-distribuidor) e o representante comercial autônomo com o objetivo de este promover a divulgação e venda dos bens daquele.

O representante comercial tem por objetivo angariar propostas para o representado, mas pode ter poderes para concluir e executar o negócio (como no contrato de agência).

Ressalta-se que não há relação de emprego entre representado e representante, ainda que a intermediação para a realização de negócios ocorra em caráter não eventual.

Apesar dessa regra, em caso de falência ou recuperação judicial do representado, as importâncias devidas ao representante (incluindo comissões, indenização e aviso prévio) serão consideradas créditos de natureza trabalhista para fins de inclusão no pedido de falência ou plano de recuperação judicial (Lei n. 4.886/65, art. 44, *caput*, com nova redação dada pela Lei n. 14.195/2021). Isso porque, para o representante, a sua remuneração tem caráter alimentar; por isso, em caso de falência do representado, o representante tem direito a receber suas verbas como se fosse um trabalhador, ainda que não o seja.

Além de outros elementos, o contrato de representação comercial deverá conter obrigatoriamente (Lei n. 4.886/65, art. 27):

1) condições gerais da representação;
2) indicações dos produtos objeto do contrato;
3) prazo, determinado ou indeterminado;
4) indicação da(s) zona(s) de atuação do representante;
5) retribuição e periodicidade do pagamento;
6) obrigações das partes, representado e representante;
7) exercício exclusivo ou não em favor do representado etc.

No regime jurídico estabelecido pela Lei n. 4.886/65, inclusive, se exige o registro do representante comercial autônomo no Conselho Regional dos Representantes Comerciais, à luz do seu próprio art. 2º.

Constituem faltas do representante comercial (Lei n. 4.886/65, art. 19):

1) prejudicar, por dolo ou culpa, os interesses confiados aos seus cuidados;
2) promover negócios ilícitos;
3) violar o sigilo profissional;
4) negar-se a prestar contas ao representado etc.

Alguns afirmam que a atividade do representante comercial está englobada no contrato de agência, ficando cada vez mais sufocada por outras espécies de contrato. Entre outras razões, pela necessidade do registro no Conselho Regional dos Representantes Comerciais, associado ao pagamento de anuidades e à submissão ao regime da Lei n. 4.886/65.

O representante comercial desenvolve uma atividade de intermediação, sendo um tipo específico de representação em que o representante não é mandatário (salvo se tiver acordado com o representado), nem comissário (exceto se cumular ambas as funções), muito menos empregado, mas apenas aquele que recolhe ("agencia", do verbo agenciar) propostas ou pedidos para retransmiti-los ao representado. Trata-se de uma representação típica, sem a necessidade de estar vinculada a outros contratos como o mandato[69].

Waldirio Bulgarelli também narra que Fran Martins, Rubens Requião e Orlando Gomes estudam a representação comercial como sinônima de agência[70]. De fato, ao rever a lição de Fran Martins percebe-se que o autor considera que o contrato de representação comercial assemelha-se ao chamado contrato de agência, sendo que representante e agente comercial teriam o mesmo sentido[71]. Ricardo Negrão, por sua vez, expressa que a representação comercial é uma modalidade específica do gênero agência[72].

Carlos Alberto Bittar também considera a agência e a representação a mesma figura, cuja natureza jurídica seria a de aproximação ou intermediação entre os interessados ou a de captação de clientela para posterior concretização da venda diretamente pelo representado. Portanto, trata-se de atividade de intermediação que contribui para a expansão do comércio e alargamento do consumo[73].

Quanto à distinção entre a representação comercial e a comissão (objeto de estudo a seguir), no contrato de representação é proibida a inclusão de cláusula *del credere* (responder pelo crédito), que implicaria na responsabilidade solidária do intermediário pelo inadimplemento do seu cliente, o comprador.

4.2.14. Comissão e mandato mercantis

Ressalta-se que comissão e mandato são dois contratos bem parecidos[74]. O próprio Código Civil, no seu art. 709, expressa que as regras do mandato cabem ao contrato de comissão no que for compatível.

Comissão mercantil é o contrato pelo qual o comissário se obriga a praticar atos (compra ou venda) por conta do comitente empresário, porém em nome próprio (à luz do art. 693, que dispõe sobre comissão, mas não necessariamente mercantil).

Já o **mandato mercantil** é o acordo em que o mandatário recebe poderes para praticar atos em nome e por conta do mandante empresário (conforme o art. 653, que trata do mandato, não necessariamente mercantil).

Vamos seguir o estudo primeiramente pelo mandato mercantil, posteriormente trataremos da comissão mercantil.

---

[69] Waldirio Bulgarelli. *Contratos mercantis*. 7. ed. São Paulo: Atlas, 1993. p. 503-504.

[70] Waldirio Bulgarelli. *Contratos mercantis*. p. 502.

[71] Fran Martins. *Contratos e obrigações comerciais*. Rio de Janeiro: Forense, 1961. v. II, p. 335.

[72] Ricardo Negrão. *Manual de direito comercial e de empresa*. São Paulo: Saraiva, 2010. v. II, p. 291.

[73] Carlos Alberto Bittar. *Contratos comerciais*. p. 71-72.

[74] Nesse sentido, Fábio Ulhoa Coelho. *Curso de direito comercial*: direito de empresa. v. 3, p. 111.

Mandato é contrato pelo qual o mandatário recebe poderes do mandante para em nome deste praticar atos ou administrar interesses (CC, art. 653). Dessa forma, os atos praticados pelo mandatário obrigam o mandante perante terceiros. O mandato será mercantil quando o mandante for empresário individual ou sociedade empresária (à luz do art. 966, *caput*, do Código Civil), outorgando poderes ao mandatário para praticar atos negociais em nome e por conta do mandante.

A parte revogada do Código Comercial de 1850, arts. 140 a 164, disciplinava o contrato de "mandato mercantil". Especificamente, o art. 140 previa que o mandato mercantil se dava quando um comerciante confiava a outrem a gestão de um ou mais negócios mercantis, executando o mandatário e obrigando-se em nome do comitente.

Waldirio Bulgarelli, preferindo empregar a expressão "mandato comercial" em vez de "mandato mercantil", aponta que um elemento distintivo em relação ao mandato civil é o objeto do contrato. No mandato comercial, o objeto é a gestão de negócios mercantis, não tendo grande relevância a qualificação das partes. O autor ressalta a distinção entre o mandato e a comissão (objeto de análise a seguir), em que no primeiro alguém (mandatário) recebe poderes para praticar atos ou administrar interesses em nome de outrem (mandante); na comissão, o objeto é a aquisição ou a venda de bens pelo comissário, em seu nome próprio, por conta do comitente[75].

Para reforçar essa distinção entre mandato civil e mercantil, podemos aproveitar a explicação de Haroldo Malheiros Duclerc Verçosa, pois ao tratar da caracterização da atividade mercantil, explica que a atuação do profissional de aproximação de partes para a realização de negócios pode ser mercantil ou civil. Será mercantil quando o seu objeto também o for; e civil quando o que for realizado tiver natureza civil. Não há regras que definam pacificamente a atividade mercantil, até porque historicamente o Direito Comercial surgiu para fazer um contraponto ao Direito Civil, surgindo, portanto, grandes dificuldades na caracterização de quais atividades possam ser tidas como mercantis[76]. Ainda que o autor não esteja tratando especificamente de mandato, sem dúvida seu raciocínio pode ser aplicado a este contrato a fim de categorizá-lo como mercantil ou civil.

O instrumento pelo qual se concretiza a outorga de poderes do mandante para o mandatário é a procuração, que pode ser por instrumento particular ou público, quando a lei determinar. Fabrício Zamprogna Matiello lembra que o mandato é ato de livre forma em sua constituição, mas algumas vezes a norma jurídica exige forma escrita e pública em razão da necessidade de preservar a segurança dos atos a serem realizados[77].

Tendo em vista o objeto deste item, precisamos verificar os aspectos da responsabilidade no contrato de mandato. Em razão do contrato de mandato, os negócios realizados pelo mandatário que estipular expressamente o nome do mandante acarretarão responsabilidade

---

[75] Waldirio Bulgarelli. *Contratos mercantis*. p. 463.

[76] Haroldo Malheiros Duclerc Verçosa. Atividade mercantil. Ato de comércio. Mercancia. Matéria de comércio. Comerciante. *Revista de Direito Mercantil, Industrial, Econômico e Financeiro*, São Paulo, RT, n. 47, jul./set. 1982 (Nova série), p. 30-31.

[77] Fabrício Zamprogna Matiello. *Código Civil comentado*. 2. ed. São Paulo: LTr, 2005. p. 414.

tão somente a este. O mandatário apenas se obrigará com quem tenha realizado o negócio se agir em nome próprio, conforme assevera o art. 663 do Código Civil.

Vale ter em conta que, quanto às obrigações do mandatário, caberá ao mandatário atuar com total diligência no cumprimento do mandato, sob pena de ter de indenizar os prejuízos causados por sua culpa – ou daquele a quem substabeleceu poderes sem autorização. Já em relação às obrigações do mandante, ele é compelido a cumprir todos os negócios realizados pelo mandatário, conforme os poderes conferidos a este, nos termos dos arts. 667, *caput*, e 675, ambos do Código Civil.

No mandato há uma submissão do mandatário às instruções do mandante, pois aquele atua como o interessado (mandante), representando-o na relação jurídica que tem por objeto firmar. Por isso, o mandatário deve agir com a diligência normal a todos os homens de negócio ao assumir obrigações em nome do mandante, que posteriormente as honrará. Em contraprestação, tem direito à remuneração e recuperação das despesas, podendo inclusive reter bens que estiver em seu poder em caso de não pagamento[78].

Frise-se que o mandatário não é parte no negócio firmado em nome do mandante, por isso não assume os riscos do negócio, como acontece com o comissário no instituto da comissão, que será objeto de análise a seguir.

Ricardo Negrão ainda pondera que no mandato há a determinação de certos atos no instrumento de procuração que devem ser praticados pelo mandatário, distinguindo-se da agência em que o contrato envolve relacionamento de longo prazo (duradouro), sem a necessidade de poderes inerentes ao mandato, tendo por fim a aproximação indeterminada de clientes ao preponente[79].

Em suma, é o mandante quem responde perante terceiros pelos atos praticados em seu nome pelo mandatário, sendo que, pela regra geral do instituto do mandato, o mandatário não tem obrigações em relação a terceiros, exceto se houver atuação culposa de sua parte ou daquele que substabeleceu sem poderes para tanto.

Já a **comissão** trata do acordo cuja finalidade é a aquisição ou a venda de bens pelo comissário, em seu nome próprio, mas por conta de outrem (em favor de outra pessoa), cuja denominação é comitente (CC, art. 693).

Frequentemente, a comissão se apresenta no campo empresarial, mas se o seu objeto não for de cunho mercantil, nem qualquer das partes for empresária, será um contrato de natureza civil[80]. No campo civil não estão presentes a habitualidade e a profissionalidade.

Na esfera do Direito Empresarial, o contrato de comissão mercantil é o contrato pelo qual o comissário se obriga a praticar atos (compra ou venda) por conta do comitente, porém em nome próprio. Na comissão mercantil, ao menos uma das partes é empresária; na maioria dos casos, são ambos. "Por conta do comitente" significa que a atuação do comissário favorece o comitente, ou seja, é em favor dele.

---

[78] Carlos Alberto Bittar. *Contratos comerciais*. p. 61.

[79] Ricardo Negrão. *Manual de direito comercial e de empresa*. p. 298.

[80] Nesse sentido, Fabrício Zamprogna Matiello. *Código Civil comentado*. p. 437-438.

Ressalta-se que comissão e mandato são dois contratos bem parecidos[81]. O próprio Código Civil, no seu art. 709, expressa que as regras do mandato cabem ao contrato de comissão no que for compatível. Antonio Chaves externa que a comissão é uma modalidade (subespécie) de mandato que autoriza o comissário a agir em seu próprio nome e sob sua responsabilidade, podendo designar também a remuneração pela execução de certo negócio. A comissão é mercantil quando ao menos o comissário é comerciante[82].

Entretanto, à luz do art. 653 do Código Civil, o contrato de comissão tem peculiaridades que o diferem do mandato, pois o mandatário age em nome e por conta do mandante, praticando atos ou administrando interesses e obrigando o mandante perante terceiros. Assim, o comissário fica diretamente obrigado com as pessoas que contratar (CC, art. 694); já o mandatário não é parte do contrato.

No contrato de comissão existe verdadeiramente uma intermediação, a qual é realizada pelo comissário perante terceiro em proveito do comitente, por meio da execução de certa atividade, mediante retribuição. O comissário realiza o negócio com o terceiro como parte direta e efetiva do contrato, sem que o comitente fique imediatamente obrigado. A relação do comissário com o comitente (comissão) não se confunde com a relação mantida com terceiro (compra e venda). Por isso, o comissário fica diretamente obrigado perante as pessoas que com ele contratar, respondendo pelas obrigações assumidas e vinculando-se ao cumprimento dos deveres inerentes ao negócio. Esta peculiaridade diferencia a comissão do mandato. Aqueles, terceiros, que contratam com o comissário, não poderão pleitear responsabilidade junto ao comitente, pois este nada terá de suportar; bem como não terá o comitente direito de demandar o terceiro que contratou com o comissário visando ao cumprimento do negócio, cabendo neste caso ao comissário acionar o terceiro[83]. Esta última passagem corresponde ao que prevê o art. 694 do Código Civil.

A comissão é um negócio jurídico que se diferencia da **consignação**. Frise-se que a consignação também é conhecida por contrato estimatório, sendo que este vocábulo "estimatório" está relacionado com o fato de que o preço do bem a ser vendido pelo consignatário é estimado pelo consignante. À luz do art. 534 do Código Civil, o contrato estimatório é aquele em que o consignante entrega bens móveis ao consignatário a fim de que este os venda, pagando assim àquele o preço acordado, exceto, se preferir restituir-lhe a coisa consignada, no prazo firmado.

Assim, a diferença fundamental em relação à consignação está nas relações entre comitente e comissário e entre consignante e consignatário, isso porque na comissão o comissário está apenas obrigado a tentar vender a mercadoria que lhe foi confiada pelo comitente, conforme as instruções firmadas, não se responsabilizando pela venda ou pela própria devolução do bem se este perecer sem sua culpa; por isso, o comissário venderá a mercadoria em seu próprio nome, mas por conta do comitente, recebendo em razão disso uma comissão, não assumindo, portanto, qualquer risco na operação, ficando obrigado a guardar o bem com cuidado e dili-

---

[81] Nesse sentido, Fábio Ulhoa Coelho. *Curso de direito comercial:* direito de empresa. v. 3, p. 130.

[82] Antonio Chaves. *Lições e direito civil* – obrigações – contratos em espécie. São Paulo: RT, 1977. v. IV, p. 326-328.

[83] Fabrício Zamprogna Matiello. *Código Civil comentado*. p. 437.

gência[84]. Já o art. 535 do Código Civil assevera que o consignatário é responsável por pagar o preço caso a restituição do bem se torne impossível, mesmo que por fato a ele não imputável.

O comissário pode omitir o nome do comitente ou não, a depender do interesse mercadológico[85]. Waldirio Bulgarelli pontua que quanto à relação com terceiros, não age o comissário como representante do comitente, sendo este totalmente estranho ao negócio jurídico realizado pelo comissário com terceiro. Ao contratar em seu nome, o comissário assume diretamente perante o terceiro (contratante adverso) as obrigações decorrentes [de vendedor][86].

Paulo Sérgio Restiffe explica que as obrigações do comissário perante terceiros consistem em responder pelos seus atos, sejam as obrigações assumidas ou as perdas e danos em razão do prejuízo que causar[87].

Ademais, o comissário tem direito à remuneração, geralmente uma comissão representada em porcentagem dos valores negociados[88]. No silêncio do contrato de comissão, o comissário não responde pela insolvência das pessoas que com ele contrataram, salvo culpa, nos termos do Código Civil, art. 697. Porém, conforme reza o *caput* do art. 698, se contratualmente o comissário garantir a insolvência do comprador, estar-se-á diante da denominada comissão *del credere* (responder pelo crédito)[89]. O contrato pode prever a cláusula *del credere* parcial, conforme prevê o parágrafo único do art. 698, inserido pela Lei n. 14.690/2023.

Del credere significa responder pelo crédito concedido, ou seja, o comissário se torna garantidor solidário perante o comitente pelo inadimplemento daquele para quem vendeu a mercadoria, por ter concedido crédito a ele (numa venda para pagamento a prazo). Quando convencionada essa responsabilidade, o comissário cobra do comitente uma comissão maior do que a convencional[90].

Vale destacar que o comissário deve agir com diligência e cuidado, devendo cumprir o contrato de comissão seguindo as ordens e as instruções do comitente, sob pena de perdas e danos, conforme preveem os arts. 695 e 696 do Código Civil.

Em caso de falência do comitente, o crédito do comissário – referente às comissões a que tenha direito e às despesas realizadas – goza de privilégio geral, de acordo com o regra expressada no art. 707 do Código Civil. Isso é importante, uma vez que terá direito de receber antes dos credores quirografários (comuns) no concurso de credores da massa falida.

---

[84] Waldirio Bulgarelli. *Contratos mercantis*. p. 264.

[85] Sílvio de Salvo Venosa. *Direito civil:* contratos em espécie. 9. ed. São Paulo: Atlas, 2009. v. 3, p. 289.

[86] Waldirio Bulgarelli. *Contratos mercantis*. p. 496 e 499.

[87] Paulo Sérgio Restiffe. *Manual do novo direito comercial*. São Paulo: Dialética, 2006. p. 325.

[88] Civil e Processual Civil. Contrato de comissão mercantil. Redução unilateral pelas companhias aéreas do valor das comissões das agências de viagens sobre a venda de passagens aéreas nacionais e internacionais. Possibilidade. (...) 3. Nos contratos de comissão mercantil, salvo estipulação em contrário, é possível a redução unilateral, pelas companhias aéreas, do valor de comissões referentes a negócios futuros realizados pelas agências de viagens, na venda de passagens aéreas. Precedentes da Corte. 4. Recurso especial conhecido em parte e, nesta parte, provido (REsp 854.083/AM, STJ, 4ª Turma, rel. Min. Luis Felipe Salomão, *DJe* 12-3-2010).

[89] Sílvio de Salvo Venosa. *Direito civil:* contratos em espécie. p. 297-298.

[90] Waldirio Bulgarelli. *Contratos mercantis*. p. 485.

No mais, o comissário vende em seu nome, ficando vinculado ao comprador e não havendo obrigação do comitente, apesar de o contrato interessar a este, nos termos dos arts. 693 e 694 do Código Civil. Ou seja, o comissário figura como parte no contrato realizado com o comprador do bem, respondendo pelos problemas daí decorrentes.

Contudo, esses contratos, de comissão mercantil e principalmente os de mandato mercantil, atualmente têm sido menos utilizados no cenário econômico e na dinâmica empresarial, cedendo espaço para o uso em maior escala dos contratos de agência e de distribuição; ou acabam adicionados a outros tipos contratuais, como, por exemplo, uma prestação de serviço com cláusula de mandato.

4.2.15. Concessão mercantil

Concessão mercantil é o contrato que regula as relações entre produtores (concedentes, montadoras) e distribuidores (concessionárias, revendedores) de veículos automotores de via terrestre.

O objeto da concessão mercantil é a comercialização de veículos automotores e componentes fornecidos pelo produtor; a prestação de assistência técnica a esses produtos; o uso da marca da concedente etc.

O regime jurídico da concessão é regulamentado pela Lei n. 6.729/79 – Lei da Concessão Mercantil – ou Lei Ferrari, como preferem alguns, haja vista o sobrenome do congressista relator do projeto de lei.

Para fins de concessão mercantil há alguns conceitos importantes, pois podem ser objeto do contrato:

Produtor (concedente ou montadora) é a empresa industrial que realiza a fabricação ou montagem de veículos automotores (Lei n. 6.729/79, art. 2º, I).

Já o **distribuidor** (concessionário ou revendedor) é a empresa comercial pertencente à respectiva categoria econômica, que realiza a comercialização de veículos automotores, implementos e componentes novos, presta assistência técnica a esses produtos e exerce outras funções pertinentes à atividade (Lei n. 6.729/79, art. 2º, II).

Veículo automotor para fins da Lei da Concessão Mercantil deve ser um veículo de via terrestre, como automóvel, caminhão, ônibus, trator, motocicleta e similares (Lei n. 6.729/79, art. 2º, III).

Implemento é a máquina ou petrecho que se acopla a veículo automotor, na interação de suas finalidades (Lei n. 6.729/79, art. 2º, IV).

Diferentemente, **componente** é a peça ou o conjunto integrante de veículo automotor ou implemento de série (Lei n. 6.729/79, art. 2º, V).

Por sua vez, **máquina agrícola** é a colheitadeira, a debulhadora, a trilhadeira e demais aparelhos similares destinados à agricultura, automotrizes ou acionados por trator ou outra fonte externa (Lei n. 6.729/79, art. 2º, VI).

E, por último, **implemento agrícola** diz respeito ao arado, à grade, à roçadeira e aos demais petrechos destinados à agricultura (Lei n. 6.729/79, art. 2º, VII).

O contrato de concessão mercantil tem **prazo indeterminando**, que poderá ser inicialmente ajustado por prazo determinado, não inferior a 5 anos, e se tornará automaticamente de prazo indeterminado se nenhuma das partes manifestar à outra a intenção de não prorrogá-lo, antes de *180* dias do seu termo final, e mediante notificação por escrito devidamente comprovada (Lei n. 6.729/79, art. 21).

A rescisão do contrato de concessão pode se dar: por acordo das partes ou força maior; pela expiração do prazo determinado, estabelecido no início da concessão e sem prorrogação; por iniciativa da parte inocente, em virtude de infração a dispositivo da Lei n. 6.729/79, das convenções (firmadas entre concedente e rede de concessionários) ou do próprio contrato; pelo término das atividades do contraente (Lei n. 6.729/79, art. 22).

Quanto ao alcance do contrato de concessão mercantil, poderá ser estabelecido para uma ou mais classes de veículos automotores. Também poderá proibir a comercialização de veículos automotores novos fabricados ou fornecidos por outro produtor (Lei n. 6.729/79, art. 3º, § 1º).

O concessionário tem a faculdade de participar das modalidades auxiliares de venda que o concedente promover ou adotar, como, por exemplo, consórcios, sorteios, arrendamentos mercantis e planos de financiamento (Lei n. 6.729/79, art. 3º, § 3º).

Existem algumas questões inerentes à concessão, como: a área demarcada para o exercício das atividades do concessionário, que não poderá operar além dos seus limites (podendo ocorrer de na área demarcada haver mais de um concessionário da mesma rede); as **distâncias mínimas** entre estabelecimentos de concessionários da mesma rede, fixadas segundo critérios de potencial de mercado. Na eventualidade de venda de veículo automotor ou implementos novos a comprador domiciliado em outra área demarcada, o concessionário que a tiver efetuado destinará parte da margem de comercialização aos concessionários da área do domicílio do adquirente. Tudo isso está disposto no art. 5º da Lei n. 6.729/79.

Como concessionário, é assegurado o direito de comercialização de veículos automotores e implementos **usados de qualquer marca**, haja vista que em muitas negociações o adquirente usa como parte de pagamento veículos usados. Também, poderá o concessionário comercializar outros bens e prestar outros serviços, compatíveis com a concessão, como, por exemplo, acessórios esportivos, rádios, películas para vidros etc. (Lei n. 6.729/79, art. 4º).

Serão livres os preços dos bens, objeto da concessão, a serem praticados pelo concessionário perante o consumidor (Lei n. 6.729/79, art. 13, *caput*). A esses preços poderá ser acrescido o valor do frete, seguro e outros encargos variáveis de remessa da mercadoria ao concessionário e deste para o respectivo adquirente, devendo ser discriminados, individualmente, nos documentos fiscais pertinentes (Lei n. 6.729/79, art. 13, § 1º).

Quanto aos preços de venda do concedente para com o concessionário, cabe ao concedente fixar o preço de modo a preservar sua uniformidade e condições de pagamento para toda a rede de distribuição (Lei n. 6.729/79, art. 13, § 2º).

O concessionário efetuará o pagamento, total ou parcialmente, do preço dos bens fornecidos pelo concedente somente após o faturamento da venda realizada ao cliente comprador, salvo ajuste diverso entre o concedente e sua rede de distribuição (Lei n. 6.729/79, art. 11).

Chega-se a defender a aplicação subsidiária desta lei para a revenda de veículos não terrestres, como embarcações e aeronaves.

Para Fábio Ulhoa Coelho, a concessão mercantil pode ser um contrato **típico** ou **atípico**. Típico quando o objeto da concessão envolver o comércio de veículos automotores terrestres, atípico para os demais casos, cujos direitos e deveres entre concessionário e concedente serão apenas os estabelecidos entre eles[91].

4.2.16. Corretagem

Contrato de corretagem (ou de mediação[92]) é o acordo pelo qual o corretor se compromete a conseguir negócios em favor da parte contrária (sem manter ligação por mandato, prestação de serviços ou qualquer relação de dependência), mediante remuneração (CC, art. 722).

Trata-se de um intermediário entre o fornecedor (de produtos ou de serviços) e o cliente comprador dos produtos ou tomador dos serviços.

"Praticando habitual e profissionalmente atos de comércio, o corretor é comerciante." Para tanto, é preciso que realize a corretagem em nome próprio, o que constitui ato de comércio; se o corretor silenciar sobre as partes contratantes, torna-se um comissário[93].

Cabe lembrar que o revogado art. 35 do Código Comercial de 1850 considerava corretores, leiloeiros, administradores de armazéns, comissários de transportes como auxiliares do comércio. Atualmente, conforme o Código Civil, art. 966, *caput*, reflexo da teoria da empresa, o corretor é considerado empresário, aquele que circula bens ou serviços – um intermediário, portanto.

Alguns tipos de negócio requerem corretor legalmente autorizado, podendo o corretor ser pessoa física ou jurídica. Assim, pode-se dizer que existem as corretagens "típicas" (regulamentadas por lei especial) e as "atípicas" (não regulamentadas de forma específica).

As corretagens típicas são as que requerem corretor legalmente autorizado para realizar a intermediação, como, por exemplo, (i) o corretor de imóvel, que precisa ser habilitado pelo CRECI – Conselho Regional de Corretores de Imóveis; (ii) o corretor de seguro, que requer habilitação concedida pela SUSEP – Superintendência de Seguros Privados.

É preciso ter em conta que nos casos de corretagens típicas, ou seja, aquelas regidas por leis especiais, o regime jurídico será o da norma que regulamenta a profissão e subsidiariamente as regras do Código Civil, arts. 722 a 729. Seguem a legislação especial pertinente a cada categoria regulamentada:

1) corretor de imóvel, Lei n. 6.530/78;

2) corretor de seguro, Lei n. 4.594/64 e Decreto-lei n. 73/66, arts. 122 e s.;

3) corretor de seguro de vida e de capitalização, Lei n. 4.594/64, art. 32, regulamentada pelo Decreto n. 56.903/65.

---

[91] Fábio Ulhoa Coelho. *Curso de direito comercial*: direito de empresa. v. 3, p. 106-107.

[92] Mediação é sinônimo de contrato de corretagem. Entretanto, cabe destacar que atualmente a mediação vem sendo mais empregada como sendo um meio de solução de conflitos entre partes, tratando-se de uma atividade técnica exercida por terceiro imparcial e sem poder decisório, intitulado "mediador". Uma vez escolhido ou aceito pelas partes, este mediador as auxilia e estimula a identificar ou desenvolver soluções consensuais para a controvérsia. Tal conceito, enquanto um instrumento do Direito Processual, está de acordo com o art. 1º da Lei n. 13.140/2015 – Lei da Mediação.

[93] José Xavier Carvalho de Mendonça. *Tratado de direito comercial brasileiro*. 7. ed. Rio de Janeiro: Freitas Bastos, 1963. v. 1, p. 479-480.

No que se refere às corretagens atípicas, sem norma específica, é aplicável o regime do Código Civil, arts. 722 a 729, como no caso da corretagem exercida na venda de produtos rurais, em que o corretor recebe amostras dos produtores com o fim de levá-las a possíveis compradores, normalmente indústrias de transformação.

Quanto à remuneração do corretor, será fixada pelas partes, pela lei, ou arbitrada segundo os usos do local (CC, art. 724). Assim, por exemplo, usualmente o corretor de imóvel recebe 6% sobre o valor da venda do imóvel, mas isso não impede que as partes acertem de forma diferente[94].

Conforme o art. 725 do Código Civil, a remuneração do corretor também é devida quando tenha conseguido o resultado previsto no contrato de mediação; ou mesmo que este não se concretize em virtude de arrependimento das partes.

Mas vale destacar que nenhuma remuneração será devida ao corretor se o negócio foi iniciado e concluído diretamente entre as partes. Mas se, por escrito, for ajustada a corretagem com **exclusividade**, terá o corretor direito à remuneração integral, ainda que realizado o negócio sem a sua mediação, salvo se comprovada sua inércia ou ociosidade (CC, art. 726)[95].

A natureza jurídica da obrigação do corretor é de obrigação de meio, não de resultado, restringindo-se a aproximar as partes para que concluam o negócio. Mesmo que o contrato não seja executado pelas partes, o corretor faz *jus* a sua remuneração.

Os deveres básicos do corretor consistem em: executar a mediação com diligência e prudência; prestar ao cliente, espontaneamente, todas as informações sobre o andamento do negócio, atentando-se para o fato de o corretor ter de prestar ao cliente todos os esclarecimentos acerca da segurança ou do risco do negócio, das alterações de valores e de outros fatores que possam influir nos resultados da incumbência, sob pena de responder por perdas e danos (CC, art. 723).

---

[94] Tendo tramitado pelo rito dos recursos repetitivos, segue decisão do STJ: Recurso especial repetitivo. Direito Civil e do Consumidor. (...) I – Tese para os fins do art. 1.040 do CPC/2015: 1.1. Validade da cláusula contratual que transfere ao promitente-comprador a obrigação de pagar a comissão de corretagem nos contratos de promessa de compra e venda de unidade autônoma em regime de incorporação imobiliária, desde que previamente informado o preço total da aquisição da unidade autônoma, com o destaque do valor da comissão de corretagem. 1.2. Abusividade da cobrança pelo promitente-vendedor do serviço de assessoria técnico-imobiliária (SATI), ou atividade congênere, vinculado à celebração de promessa de compra e venda de imóvel. II – Caso concreto: 2.1. Improcedência do pedido de restituição da comissão de corretagem, tendo em vista a validade da cláusula prevista no contrato acerca da transferência desse encargo ao consumidor. Aplicação da tese 1.1. 2.2. Abusividade da cobrança por serviço de assessoria imobiliária, mantendo-se a procedência do pedido de restituição. Aplicação da tese 1.2. III – Recurso especial parcialmente provido (REsp 1.599.511/SP, STJ, 2ª Seção, rel. Min. Paulo de Tarso Sanseverino, *DJe* 6-9-2016).

[95] Civil e empresarial. Intermediação ou corretagem para a venda de imóvel. Aproximação útil das partes. Venda após o prazo estipulado em contrato. Comissão devida. (...) – Para que seja devida a comissão, basta a aproximação das partes e a conclusão bem-sucedida de negócio jurídico. A participação efetiva do corretor na negociação do contrato é circunstância que não desempenha, via de regra, papel essencial no adimplemento de sua prestação. Portanto, esse auxílio, posterior à aproximação e até a celebração do contrato, não pode ser colocado como condição para o pagamento da comissão devida pelo comitente. Se após o término do prazo estipulado no contrato de corretagem vier a se realizar o negócio jurídico visado, por efeitos dos trabalhos do corretor, a corretagem ser-lhe-á devida. (...) (REsp 1.072.397/RS, STJ, 3ª Turma, rel. Min. Nancy Andrighi, *DJe* 9-10-2009).

Na verdade, a norma descreve as obrigações do corretor, o qual deve atuar com presteza em favor do interesse do cliente, fornecendo-lhe, por sua iniciativa, as informações necessárias para o desenvolvimento da mediação, bem como deve externar as questões inerentes à segurança e aos riscos do negócio, devendo, portanto, transmitir todos os esclarecimentos possíveis[96].

4.2.17. Seguro

Contrato de seguro é aquele em que o segurador, mediante recebimento do prêmio, assume a obrigação de garantir interesse legítimo do segurado, relativo à pessoa ou à coisa, contra riscos futuros e predeterminados (CC, art. 757).

O segurado pode ser pessoa física ou jurídica, de direito público ou privado. Entretanto, conforme dispõe o art. 24 do Decreto-lei n. 73/66 – Lei do Seguro –, o segurador que opera com seguros privados necessariamente precisa ser pessoa jurídica, uma sociedade anônima ou sociedade cooperativa. As sociedades anônimas podem operar em quaisquer ramos de seguro, já as cooperativas apenas em seguros agrícolas, de saúde e de acidentes de trabalho.

Cabe explicitar que há diferenças técnicas importantes entre prêmio, indenização e sinistro. O prêmio é a quantia paga pelo seguro à seguradora como contraprestação pela garantia dada por aquela. Já a indenização é a importância paga pela seguradora ao segurado caso ocorra um sinistro, que se trata da ocorrência de um fato segurado pela apólice ou pela lei.

O seguro, um dos contratos mais antigos da civilização, baseia-se em **probabilidades**, que são as possibilidades de ocorrência de um acontecimento.

É por meio do cálculo das probabilidades que o segurador fixará o prêmio que será pago pelo segurado[97].

Dessa forma, as probabilidades são mensuradas pela "lei dos grandes números", que, por sua vez, trata-se de um princípio científico (atuarial) em que se estabelecem fenômenos eventuais, determinando o grau de possibilidade de que ocorra determinado acontecimento[98].

Assim, a partir de dados estatísticos, é possível mensurar a ocorrência de eventos, o que possibilita à seguradora avaliar o risco (grau de certeza a respeito de um evento) para aquele bem que será objeto de seguro.

Um aspecto importante do seguro é a formação de mútuo. O mutualismo, no contrato de seguro, ocorre à medida que se consegue repartir entre um grande número de pessoas as consequências do advento de um sinistro (ocorrência do evento segurado). Assim, o mútuo acaba sendo um fundo formado pelos recursos captados junto aos segurados para fazer frente às indenizações perante estes em razão dos sinistros ocorridos.

Nessa união de esforços, em que pessoas estão expostas ao mesmo risco, ocorre uma socialização das perdas, uma vez que isoladamente não teriam condições de suportar os prejuízos. Na ocorrência do sinistro, todos acabam participando de sua recomposição patrimo-

---

[96] No mesmo sentido, Jones Figueiredo Alves. Comentários aos arts. 421 a 729. In: SILVA, Regina Beatriz Tavares da (coord.). *Código Civil comentado.* 7. ed. São Paulo: Saraiva, 2010. p. 586-587.

[97] Silvio Rodrigues. *Direito civil*: dos contratos e das declarações unilaterais da vontade. 30. ed. São Paulo: Saraiva, 2004. v. 3, p. 333.

[98] Nesse sentido, Silney de Souza. *Seguros*: contabilidade, atuária e auditoria. São Paulo: Saraiva, 2002. p. 148.

nial, considerando que contribuíram para a formação de um fundo, com o objetivo de fazer frente às indenizações ocorridas durante a vigência do contrato.

Outro ponto que merece ser destacado é que a "lei dos grandes números" observa a frequência de acontecimentos de situações análogas, pois à medida que aumenta o número de casos verificados, maior será (i) a precisão na mensuração do risco e (ii) a precificação (prêmio) do seguro a ser comercializado, com o intuito de formar um fundo adequado para cobrir as indenizações ocorridas durante a vigência do contrato.

Em relação à sinistralidade, ela é mensurada pelo valor dos prêmios arrecadados *versus* as indenizações pagas. No geral, as indenizações não podem ultrapassar determinada porcentagem (p.ex., 70%) dos prêmios pagos, ou seja, para cada mil reais pagos em prêmios, será possível se indenizar até 700 reais.

Nas seguradoras cada segmento de seguro (vida, automóvel, residência etc.), por ela comercializado, forma uma carteira, sendo que a mutualidade que é formada por ela serve para cobrir os sinistros ocorridos. Mas, na proporção em que os eventos aumentem ou diminuam, os valores dos prêmios a serem pagos, por aqueles que pertençam à carteira, tendem a aumentar ou diminuir.

Aos contratos de seguro também se aplicam as regras previstas no Decreto-lei n. 73/66, que dispõe sobre o Sistema Nacional de Seguros Privados e regula as operações de seguros.

Ainda, se houver relação de consumo entre o segurador e o segurado, por ser este considerado destinatário final da prestação de serviço, haverá a aplicação do **CDC**, conforme exposto no item "Aplicação do Código de Defesa do Consumidor aos contratos mercantis"[99].

O princípio da **boa-fé** é fundamental no contrato de seguro. Por isso, o segurado e o segurador são obrigados a guardar na negociação, na conclusão e na execução do contrato a mais estrita boa-fé e veracidade a respeito do seu objeto, das circunstâncias e das declarações a ele pertinentes (CC, art. 765).

Caso o segurado (ou seu representante) faça declarações inexatas ou omita circunstâncias que possam influenciar na **aceitação da proposta**[100] ou no valor do prêmio, perderá o

---

[99] Consumidor. Recurso especial. Pessoa jurídica. Seguro contra roubo e furto de patrimônio próprio. Aplicação do CDC. O que qualifica uma pessoa jurídica como consumidora é a aquisição ou utilização de produtos ou serviços em benefício próprio; isto é, para satisfação de suas necessidades pessoais, sem ter o interesse de repassá-los a terceiros, nem empregá-los na geração de outros bens ou serviços. Se a pessoa jurídica contrata o seguro visando a proteção contra roubo e furto do patrimônio próprio dela e não o dos clientes que se utilizam dos seus serviços, ela é considerada consumidora nos termos do art. 2º do CDC. (...) (REsp 733.560/RJ, STJ, 3ª Turma, rel. Min. Nancy Andrigui, *DJ* 2-5-2006).

[100] (...) 1. Ação de cobrança visando ao pagamento de indenização securitária, cingindo-se a controvérsia a perquirir se o contrato de seguro de automóvel, após prévias negociações, perfectibiliza-se quando a proposta for encaminhada pelo consumidor à seguradora depois de ocorrido o sinistro. 2. O contrato de seguro, para ser concluído, necessita passar, comumente, por duas fases: i) a da proposta, em que o segurado fornece as informações necessárias para o exame e a mensuração do risco, indispensável para a garantia do interesse segurável, e ii) a da recusa ou aceitação do negócio pela seguradora, ocasião em que emitirá, nessa última hipótese, a apólice. 3. A proposta é a manifestação da vontade de apenas uma das partes e, no caso do seguro, deverá ser escrita e conter a declaração dos elementos essenciais do interesse a ser garantido e do risco. Todavia, apesar de obrigar o proponente, não gera por si só o contrato, que depende de consentimento recíproco de ambos os contratantes. 4. A seguradora, recebendo a proposta,

direito à garantia, além de ficar obrigado ao prêmio vencido. Porém, se a inexatidão ou omissão nas declarações não resultar de má-fé (dolo) do segurado, o segurador terá direito a resolver o contrato; ou, mesmo após o sinistro, cobrar a diferença do prêmio (CC, art. 766).

Vale destacar o fato de que o segurado não terá direito à indenização se ocorrer o sinistro enquanto estiver em mora no pagamento do prêmio (CC, art. 763).

Contrariando o que dispõe a norma jurídica, o STJ editou a Súmula 616: "A indenização securitária é devida quando ausente a comunicação prévia do segurado acerca do atraso no pagamento do prêmio, por constituir requisito essencial para a suspensão ou resolução do contrato de seguro". Acontece que a legislação securitária (incluindo o Decreto-lei n. 73/66) **não** exige comunicação prévia da seguradora ao segurado como requisito para a suspensão do contrato, apenas para a sua resolução (rescisão). Isso, portanto, é um requisito (contra a lei) fruto de uma posição equivocada do STJ, segundo a qual implicará no aumento de custos das seguradoras, pois terão de monitorar e comunicar diariamente todos os segurados que não pagarem seus prêmios dentro do vencimento. Portanto, isso resultará na elevação das despesas da companhia, que, por sua vez, serão repassadas na forma de majoração dos prêmios a serem pagos pelos próprios segurados.

O Código Civil, no art. 206, § 1º, II, prevê a prescrição em *1* ano para a pretensão de o segurado haver o pagamento da seguradora, ou desta contra aquele. O prazo é contado da ciência do sinistro (fato gerador da pretensão). Mas nos contratos de responsabilidade civil, para o segurado o prazo é contado da data em que é citado para responder à ação de indenização proposta pelo terceiro prejudicado, ou da data que a este indeniza, com a anuência do segurador[101].

Quando se tratar da pretensão judicial, contra o segurador, do beneficiário (como nos casos de seguro de vida) ou a do terceiro prejudicado (em seguro de responsabilidade civil obrigatório, como o DPVAT[102]), a prescrição se dá no prazo de três anos (CC, art. 206, § 3º, IX).

---

terá o prazo de até 15 (quinze) dias para recusá-la, caso contrário, o silêncio importará em aceitação tácita (cf. Circular Susep n. 251/2004). 5. No contrato de seguro de automóvel, o início da vigência será a partir da realização da vistoria, exceto para os veículos zero quilômetro ou quando se tratar de renovação do seguro na mesma sociedade seguradora, pois, nessas situações, a vigência será a partir da data da recepção da proposta pelo ente segurador (art. 8º, *caput* e § 1º, da Circular Susep n. 251/2004). 6. Para que o contrato de seguro se aperfeiçoe, são imprescindíveis o envio da proposta pelo interessado ou pelo corretor e o consentimento, expresso ou tácito, da seguradora, mesmo sendo dispensáveis a apólice ou o pagamento de prêmio. 7. Não há contrato de seguro se o particular envia a proposta após ocorrido o sinistro (a exemplo de furto de veículo), visto que não há a manifestação da vontade em firmar a avença em tempo hábil, tampouco existe a concordância, ainda que tácita, da seguradora. Além disso, nessa hipótese, quando o proponente decidiu ultimar a avença, já não havia mais o objeto do contrato (interesse segurável ou risco futuro). (...) (Resp n. 1.273.204/SP, STJ, 3ª Turma, Rel. Min. Ricardo Villas Bôas Cueva, *DJe* 28-10-2014).

[101] Civil. Seguro de vida. Não renovação de contrato de seguro de vida em grupo por deliberação da seguradora. Ação de indenização por danos morais e restituição de prêmios. Prescrição ânua. CC anterior, art. 178, § 6º, II; CC atual, art. 206, § 1º, II. Súmula 101-STJ. I. Prescreve em um ano a ação que postula indenização por danos morais e restituição de prêmios pagos pelo segurado participante de apólice de seguro de vida em grupo cujo contrato não foi renovado, por vontade da seguradora, ao término do prazo. (...) (REsp 759.221/PB, STJ, 4ª Turma, rel. Min. Aldir Passarinho Junior, *DJe* 18-5-2011).

[102] Seguro DPVAT – Seguro de Danos Pessoais Causados por Veículos Automotores de Vias Terrestres.

Se o seguro for demandado judicialmente por um terceiro, que visa à reparação de dano, é indispensável que o segurado denuncie à lide a seguradora, em sede de contestação, para que ela integre o polo passivo da ação. A propósito, é importante termos presente a Súmula 537 do STJ: "Em ação de reparação de danos, a seguradora denunciada, se aceitar a denunciação ou contestar o pedido do autor, pode ser condenada, direta e solidariamente junto com o segurado, ao pagamento da indenização devida à vítima, nos limites contratados na apólice".

Ainda a respeito de aspectos processuais do seguro, o STJ editou a Súmula 529: "No seguro de responsabilidade civil facultativo, não cabe o ajuizamento de ação pelo terceiro prejudicado direta e exclusivamente em face da seguradora do apontado causador do dano". E, acerca da correção monetária é Súmula 632: "Nos contratos de seguro regidos pelo Código Civil, a correção monetária sobre a indenização securitária incide a partir da contratação até o efetivo pagamento".

Há situações em que o pagamento da indenização ao segurado/beneficiário acaba sendo postergado em razão de questões a serem esclarecidas e/ou documentadas durante a apuração do sinistro, o que pode ser plenamente justificável. Mas existem casos em que essa postergação não teria justificativa razoável, razão pela qual o art. 772 do Código Civil passou a ter nova redação dada pela Lei n. 14.905/2024, passando a dispor que "a mora do segurador em pagar o sinistro obriga à atualização monetária da indenização devida, sem prejuízo dos juros moratórios".

Sem prejuízo de outras classificações possíveis, o seguro pode ser dividido em duas grandes categorias: **patrimonial** ou **pessoal**.

4.2.17.1. Seguro patrimonial (de dano)

Seguro patrimonial ou seguro de dano é aquele que visa a proteger o patrimônio das pessoas (físicas ou jurídicas).

São exemplos de seguro de dano aqueles que asseguram proteção à residência, veículos, estabelecimentos empresariais, *smartphones*, *notebooks* etc.

Uma característica marcante do seguro patrimonial é o fato de que a garantia prometida não pode ultrapassar o valor do bem objeto do seguro (CC, art. 778), pois, do contrário, pode haver enriquecimento ilícito do segurado ao receber uma indenização maior do que o bem valia.

Nesse tipo de seguro, o risco compreenderá todos os prejuízos resultantes ou consequentes do fato segurado, inclusive os estragos ocasionados para evitar o sinistro, minorar o dano ou tentar salvar a coisa (CC, art. 779).

Tendo a seguradora pago a indenização do seguro de dano ao segurado, sub-roga-se, nos limites do valor correspondente, nos direitos e ações que competirem ao segurado contra o autor do dano (CC, art. 786, *caput*).

Em caso de seguro de responsabilidade civil, a seguradora garante o pagamento das perdas e danos devidas pelo segurado a terceiro (CC, art. 787).

No que tange ao seguro de veículo, devemos ter em conta a Súmula 465 do STJ: "Ressalvada a hipótese de efetivo agravamento do risco, a seguradora não se exime do dever de indenizar em razão da transferência do veículo sem a sua prévia comunicação".

Quanto à exigência de contratação de seguro em caso de financiamento imobiliário, é importante considerar o teor da Súmula 473 do STJ: "O mutuário do SFH não pode ser compelido a contratar o seguro habitacional obrigatório com a instituição financeira mutuante ou com a seguradora por ela indicada". Se houver tal obrigatoriedade, isso será uma venda casada, prática abusiva tutelada pelo CDC, art. 39, I; ou infração da ordem econômica, conforme prevê a Lei n. 12.529/2011, art. 39, § 3º, XVIII.

4.2.17.2. Seguro pessoal (de pessoa)

Já seguro pessoal ou seguro de pessoa é aquele que tem por objetivo proteger bens jurídicos relacionados à pessoa, e não necessariamente ao seu patrimônio.

São os seguintes os exemplos de seguro de pessoa: vida, perda de renda, acidente pessoal, acidente do trabalho, previdência privada/complementar[103] etc.

A característica marcante do seguro pessoal é a liberdade de contratação quanto ao valor segurado, além da possibilidade de se contratar mais de um seguro para o mesmo interesse (CC, art. 789).

É o que ocorre, por exemplo, com seguro de vida, quando o segurado às vezes tem mais de um. Ao morrer, a família tem direito a receber todos. O motivo dessa regra é o fato de que os bens jurídicos relacionados à vida não tem preço.

Essa regra, no entanto, não é aplicável ao reembolso de despesas médicas do seguro-saúde[104] ou plano de saúde. Não se pode pagar uma consulta e pedir reembolso em duas empresas, pois haveria enriquecimento ilícito.

Ressalta-se que o objeto principal dos contratos de **seguro-saúde** são os reembolsos de despesas médicas, laboratoriais e hospitalares, e para isso existe uma rede referenciada de prestadores apenas para uso facultativo dos segurados. Já os contratos de **planos de saúde** não têm como objeto principal o reembolso; assim possuem uma rede credenciada para atender seus clientes (nos últimos anos, determinados planos têm assegurado também reembolso em seus contratos).

Em matéria de plano de saúde é indispensável ter presente a Súmula 608 do STJ: "Aplica-se o Código de Defesa do Consumidor aos contratos de plano de saúde, salvo os administrados por entidades de autogestão; bem como a Súmula 302 do mesmo Tribunal: "É abusiva a cláusula contratual de plano de saúde que limita no tempo a internação hospitalar do segurado" e a Súmula/STJ 597: "A cláusula contratual de plano de saúde que prevê carência para utilização dos serviços de assistência médica nas situações de emergência ou de urgência é considerada abusiva se ultrapassado o prazo máximo de 24 horas contado da data da contratação".

Também, podendo ser aplicada a vários tipos de seguro, sobretudo o de saúde (e/ou plano de saúde), vida, acidente pessoal, perda de renda etc. – podemos citar a Súmula do STJ 609: "A

---

[103] Sobre a não aplicação do CDC em planos fechados de previdência privada é a previsão da Súmula do STJ 563: "O Código de Defesa do Consumidor é aplicável às entidades abertas de previdência complementar, não incidindo nos contratos previdenciários celebrados com entidades fechadas".

[104] Alguns enquadram o seguro-saúde como seguro pessoal. Mas poder-se-ia dizer que o seguro-saúde é uma mistura de seguro pessoal e seguro patrimonial. Por sua vez, o art. 802 dispõe que não se compreende nas disposições do Código Civil para o seguro pessoal (arts. 789 a 801) a garantia do reembolso de despesas hospitalares ou de tratamento médico, nem o custeio das despesas de luto e de funeral do segurado.

recusa de cobertura securitária, sob a alegação de doença preexistente, é ilícita se não houve a exigência de exames médicos prévios à contratação ou a demonstração de má-fé do segurado".

No seguro de vida por morte, é possível estipular-se um prazo de carência, durante o qual a seguradora não responde pela ocorrência do sinistro. Nesse caso, a seguradora é obrigada a devolver ao beneficiário o montante da reserva técnica já formada (CC, art. 797).

"O suicídio não é coberto nos dois primeiros anos de vigência do contrato de seguro de vida, ressalvado o direito do beneficiário à devolução do montante da reserva técnica formada", sendo este o teor da Súmula 610 do STJ. E, por sua vez, "A embriaguez do segurado não exime a seguradora do pagamento da indenização prevista em contrato de seguro de vida", é o que expressa a Súmula 620 do STJ.

Mesmo que conste restrição na apólice, a seguradora não pode eximir-se ao pagamento do seguro se a morte ou a incapacidade do segurado provir da utilização de meio de transporte mais arriscado, da prestação de serviço militar, da prática de esporte ou de atos de humanidade em auxílio de outrem (CC, art. 799).

Ainda, o art. 784, VI, do Código de Processo Civil de 2015, prevê que o contrato de seguro de vida em caso de morte é um título executivo extrajudicial. Logo, havendo inadimplência quanto ao pagamento da indenização, o direito do beneficiário contra o segurador poderá ser exercido via execução judicial, ficando dispensada a ação ordinária.

Quanto à sub-rogação nos seguros de pessoas, a seguradora não pode sub-rogar-se nos direitos e ações do segurado, ou do beneficiário, contra o causador do sinistro (CC, art. 800).

O seguro pessoal também cobre dano de ordem moral, exceto se este tipo de dano estiver excluído pela apólice de seguro. Nesse sentido, o Superior Tribunal de Justiça editou a Súmula 402: "O contrato de seguro por danos pessoais compreende danos morais, salvo cláusula expressa de exclusão".

4.2.18. Transporte/frete

Contrato de transporte é aquele em que o transportador se obriga a levar, de um local para outro, pessoas ou bens, mediante remuneração (CC, art. 730). É também chamado contrato de frete.

A remuneração no contrato de transporte é fundamental, sob pena poder ser tido como uma mera carona. Mas, sem dúvida, é possível se pensar em um contrato cuja remuneração seria indireta, ou seja, efetua-se um transporte gratuito a fim de fidelizar o cliente ou mesmo por ação de *marketing*.

Se o contrato de transporte enquadrar-se como uma relação de consumo, será aplicável o CDC. Nesse ponto, vale o que expusemos no item sobre as hipóteses de aplicação do Código de Defesa do Consumidor aos contratos mercantis. Mas, sinteticamente, se houver relação de consumo entre o transportador e o tomador do serviço, por ser este considerado destinatário final da prestação de serviço, haverá a aplicação do CDC[105]. Entretanto, se for o

---

[105] Contrato de transporte de mercadoria. Desvio da carga. Indenização ação regressiva. (...) 1. A Seguradora, ao efetuar o pagamento da indenização decorrente do prejuízo advindo pelo desvio da carga, ocorrido por culpa da transportadora, sub-rogou-se nos direitos da segurada em se ressarcir dos valores, acrescidos de juros e correção monetária. A Seguradora assume o lugar de sua cliente, pois honrou integralmente com o pagamento da indenização devida. Nestes termos, recebe os mesmos direitos e

Contratos mercantis

caso de um contrato de transporte enquanto um insumo para o desenvolvimento de atividade empresarial, aplicar-se-ão apenas as regras ordinárias ao caso, mas não o CDC[106].

O contrato de transporte pode ser de **pessoas** ou de **coisas**, mas também pode ser classificado como transporte **cumulativo**.

4.2.18.1. Transporte de pessoas

O transporte de pessoas envolve o deslocamento, de um local para outro, de pessoas (passageiros) e suas bagagens por um transportador.

Nesse contrato, o transportador responde por danos causados aos passageiros e às suas bagagens, podendo ser exigido declaração de valor da bagagem a fim de fixar o limite de indenização (CC, art. 734).

Além disso, o transportador tem direito de reter a bagagem ou objetos pessoais do passageiro para garantir o pagamento do valor da passagem (CC, art. 742).

No contrato de transporte, a responsabilidade contratual do transportador por acidente com o passageiro não pode ser afastada, por culpa de terceiro, contra o qual a empresa de transporte tem ação regressiva (CC, art. 735)[107]. Mesmo em caso de relação de consumo, suscetível, portanto, de aplicação do CDC, cujo art. 14, § 3º, II, prevê a excludente de responsabilidade do fornecedor por culpa exclusiva de terceiro, impera a regra do Código Civil. Isso porque, apesar de o CDC ser uma norma que visa a trazer um regime jurídico mais protetivo ao consumidor, havendo regra mais benéfica, será esta a que deverá prevalecer, via de regra.

O art. 736 do Código Civil prevê que o transporte realizado **gratuitamente**, por cortesia ou amizade (**carona**) não se subordina às normas do contrato de transporte. Entretanto, o

---

deveres da sub-rogada, nos limites da sub-rogação. 2. Em regra, para os contratos de transporte, aplica-se o Código Civil e o CDC; e no que não for incompatível ou houver lacuna, a legislação especial. Quando se tratar de transporte de carga, deverá se averiguar a existência de relação de consumo. Se ausente a relação consumerista, afasta-se o CDC e aplicam-se as regras não revogadas do Código Comercial, as gerais do C. Civil e a legislação específica. (...) (REsp 705.148/PR, STJ, 4ª Turma, rel. Min. Luis Felipe Salomão, *DJe* 1º-3-2011).

[106] Recurso especial. Civil e empresarial. Contrato de transporte internacional de carga. (...) 1. Controvérsia acerca da aplicabilidade do Código de Defesa do Consumidor a um contrato internacional de transporte de insumos. 2. Não caracterização de relação de consumo no contrato de compra e venda de insumos para a indústria de autopeças (teoria finalista). 3. Impossibilidade de se desvincular o contrato de compra e venda de insumo do respectivo contrato de transporte. 4. Inaplicabilidade do Código de Defesa do Consumidor à espécie, impondo-se o retorno dos autos ao Tribunal de origem. 5. Prejudicialidade das demais questões suscitadas. 6. Doutrina e jurisprudência sobre o tema. 7. Recurso especial provido (REsp 1.442.674/PR, STJ, 3ª Turma, rel. Min. Paulo de Tarso Sanseverino, *DJe* 30-3-2017).

[107] Agravo regimental. Responsabilidade civil por acidente automobilístico. (...) 1. Esta Corte tem entendimento sólido segundo o qual, em se tratando de contrato de transporte oneroso, o fato de terceiro apto a afastar a responsabilidade objetiva da empresa transportadora é somente aquele totalmente divorciado dos riscos inerentes ao transporte. 2. O delineamento fático reconhecido pela justiça de origem sinaliza que os óbitos foram ocasionados por abalroamento no qual se envolveu o veículo pertencente à recorrente, circunstância que não tem o condão de afastar o enunciado sumular n. 187 do STF: a responsabilidade contratual do transportador, pelo acidente com o passageiro, não é elidida por culpa de terceiro, contra o qual tem ação regressiva. (...) (AgRg no Ag 1.083.789/MG, STJ, 4ª Turma, rel. Min. Luis Felipe Salomão, *DJe* 27-4-2009).

transporte não será considerado gratuito quando, mesmo realizado sem remuneração direta, o transportador obtiver vantagens indiretas. Contudo, embora editada antes do Código Civil de 2002, continua válida a Súmula do STJ 145: "No transporte desinteressado, de simples cortesia, o transportador só será civilmente responsável por danos causados ao transportado quando incorrer em dolo ou culpa grave".

Em relação ao passageiro, quando for o caso de bilhete com demarcação de lugar, ele faz *jus* a esse lugar para o trecho adquirido.

É ainda responsabilidade do transportador observar os horários de saída e chegada, quando assim estabelecido para o transporte em questão[108].

4.2.18.2. Transporte de coisas

O transporte de coisas ou de cargas é a operação de conduzir bens, de um lugar para outro, por um transportador.

No contrato de transporte de coisas, deve haver nome e endereço do destinatário, e a coisa deve ser caracterizada pela sua natureza, quantidade, peso, valor etc., a fim de não ser confundida com outras (CC, art. 743).

O transportador não está obrigado a levar coisas cujo transporte ou comercialização sejam proibidos, como drogas (CC, art. 747).

Além disso, o transportador, ao receber a mercadoria, emitirá um **conhecimento de frete/transporte** com as informações da carga (CC, art. 744, *caput*).

Como já visto no capítulo dos títulos de crédito, conhecimento de transporte (também conhecido como conhecimento de frete ou de carga) é um título que representa mercadorias a serem transportadas. Esse título é emitido pela transportadora ao receber a mercadoria a ser transportada, sendo que, ao emiti-lo, ela tem a obrigação de entregar a carga no destino. Vale destacar que aplica-se a Lei n. 11.442/2007 para o transporte rodoviário de cargas.

4.2.18.3. Transporte cumulativo

Transporte cumulativo é aquele em que, para a carga chegar ao seu destino final, é necessário que existam vários transportadores, e cada um se encarregará de determinado trecho.

Cada transportador poderá realizar um tipo de transporte (rodoviário, ferroviário, marítimo ou aéreo) ou não, podendo, por exemplo, o percurso aéreo ser dividido em dois ou mais trechos entre transportadores diversos.

---

[108] Civil e processual civil. Agravo regimental no agravo de instrumento. Contrato de transporte aéreo de passageiros. Atraso. Descumprimento contratual. Dano moral. Súmula 7/STJ. Aplicação do Código de Defesa do Consumidor em detrimento da Convenção de Varsóvia. Valor indenizatório. Razoabilidade. I – Esta Superior Corte já pacificou o entendimento de que não se aplica, a casos em que há constrangimento provocado por erro de serviço, a Convenção de Varsóvia, e sim o Código de Defesa do Consumidor, que traz em seu bojo a orientação constitucional de que o dano moral é amplamente indenizável. (...) III – Tendo em vista a jurisprudência desta Corte a respeito do tema e as circunstâncias da causa, deve ser mantido o quantum indenizatório, diante de sua razoabilidade, em R$ 3.000,00 (três mil reais). (...) (AgRg no Ag 903.969/RJ, STJ, 3ª Turma, rel. Min. Sidnei Beneti, *DJe* 3-2-2009). No mesmo sentido, REsp 1.289.629/SP, *DJe* 11-11-2015.

É comum o transporte cumulativo, cujos transportadores respondem, cada qual, pelos danos causados à coisa, no respectivo trecho em que se obrigou (CC, art. 733, *caput*). Salvo, se por disposição contratual, o transportador se obrigou por todo o percurso, mesmo aquele realizado por outra empresa de transporte.

Quando o frete envolver mais de uma modalidade de transporte (aéreo, rodoviário, ferroviário e marítimo), dá-se o nome de modal de cargas, aplicando-se a Lei n. 9.611/98. Remetemos o leitor ao item deste livro "conhecimento de transporte" (capítulo dos títulos de crédito).

4.2.19. *Engineering* (engenharia)

Engineering em português significa engenharia, cujo conceito seria a ciência que por meio de métodos científicos visa a utilização dos recursos naturais em favor da humanidade. A engenharia se projeta nas áreas civil (construção), elétrica, mecânica, agrônoma etc.

Embora possa envolver mais de uma área da engenharia, como a elétrica, normalmente o contrato de *engineering* (ou de engenharia) é um acordo destinado à construção civil de grandes edificações, podendo incluir a elaboração do respectivo projeto, como, por exemplo, rodovias, portos, usinas e complexos industriais.

Apesar de serem muito amplas as disposições contratuais estabelecidas pelas partes nos contratos de *engineering*, somam-se a elas as regras da empreitada previstas no Código Civil, arts. 610 a 626, as quais precisam ser observadas neste tipo de negócio jurídico.

Assim, no plano conceitual, empreitada é o contrato em que uma das partes (empreiteiro; contratado) se obriga perante a outra (dono da obra; contratante) a executar obra, só com seu trabalho, ou com o seu trabalho e os materiais necessários, mediante remuneração (CC, art. 610, *caput*).

Pode-se classificar a empreitada em de lavor ou mista. A de lavor consiste apenas na execução da obra com o fornecimento de mão de obra. Já na empreitada mista soma-se à mão de obra o fornecimento dos materiais necessários para a concretização da obra.

A obrigação de fornecer os materiais não se presume; resulta da lei ou da vontade das partes. O contrato que tenha por objeto a elaboração de um projeto não implica na obrigação de executá-lo, ou de fiscalizar a sua execução (CC, art. 610, §§ 1º e 2º).

Não se pode perder de vista que uma vez concluída a obra pelo empreiteiro, o dono é obrigado a recebê-la. Entretanto, se o empreiteiro se afastou das instruções recebidas e dos planos dados, ou das regras técnicas em trabalhos de tal natureza, o dono da obra poderá rejeitá-la (CC, art. 615).

Quanto à garantia, nos contratos de empreitada de edifícios ou outras construções substanciais (como, por exemplo, pátios industriais), o empreiteiro de materiais e execução responderá pelo período de cinco anos, pela solidez e segurança do trabalho, como pelos materiais (CC, art. 618, *caput*).

Entretanto, o prazo para o ajuizamento da ação visando à reparação do dano é de 180 dias do aparecimento do vício ou do defeito. Após este prazo, o direito estará prescrito (CC, art. 618, parágrafo único).

Vale ter em conta que o vício está ligado à qualidade ou quantidade do produto ou à qualidade do serviço; sendo, portanto, um dano ao patrimônio do cliente. Já o defeito está relacionado com a potencialidade de o produto ou serviço causar dano à saúde ou à segurança do cliente[109]; logo, é um vício mais gravoso.

Com efeito, nos termos do art. 625 do Código Civil, o empreiteiro poderá suspender a obra quando por força maior ou culpa do dono.

Também, a suspensão pode se dar pelo empreiteiro quando advierem dificuldades imprevisíveis (como, por exemplo, causas geológicas ou hídricas), de modo que a obra se torne excessivamente onerosa e o dono se oponha ao reajuste necessário.

Ainda, pode ocorrer a suspensão se as modificações exigidas pelo dono da obra forem desproporcionais ao projeto aprovado, mesmo que o dono arque com o acréscimo de preço. Exemplificativamente, seria o caso de o empreiteiro não ter condições técnicas ou temporais para o serviço excedente.

Contudo, no contrato de *engineering* pode ocorrer de a contratada (empreiteira) ser um consórcio de empresas (agrupamento de empresas, normalmente liderado por uma construtora renomada), que assume a obrigação de elaborar o projeto, executar todas as etapas da construção, fornecer (por meios próprios ou de terceiros) todos os materiais e equipamentos integrantes do empreendimento; bem como instalar, montar e testar esses equipamentos de forma que a obra seja finalizada e entregue no prazo avençado. Assim, caberá ao dono da obra (contratante) começar a utilizá-la realizando sua atividade empresarial[110].

4.2.20. Contratos eletrônicos

Até bem pouco tempo atrás os contratos eram celebrados basicamente de forma escrita (em papel) ou verbal (inclusive por telefone). Com a disseminação da informática e a chegada da internet, desenvolveu-se mais uma maneira de se contratar, qual seja, a contratação eletrônica, que rompe as fronteiras geográficas, facilitando, ainda mais, a ação dos empresários (que sempre buscaram superar barreiras), em especial dos pequenos e dos médios que tinham alcance limitado para a distribuição de seus produtos ou da prestação de serviços. Eles agora veem nos meios eletrônicos um modo prático e econômico para a expansão de seus negócios[111]. Os contratos celebrados eletronicamente movimentaram bilhões de reais em negócios, sobretudo em vendas no varejo.

Entende-se por contratação eletrônica aquela celebrada via computador, em rede local ou na internet. A princípio, essa contratação ocorre em molde similar ao da contratação "convencional" quanto à capacidade do agente, objeto lícito e a forma válida. No entanto, é a forma que vai variar. É uma contratação na qual a formalidade ocorrerá em ambiente virtual.

Teoricamente a internet seria apenas uma facilitadora na contratação, sendo mais um instrumento pelo qual as pessoas pudessem externar sua vontade. Entretanto, nos contratos eletrônicos celebrados na internet, o objeto do negócio pode ser entregue pelo fornecedor

---

[109] Nesse sentido, Rui Stoco. A responsabilidade por vício de qualidade e quantidade no Código de Defesa do Consumidor é objetiva ou subjetiva?, *Revista dos Tribunais*, v. 774, São Paulo, RT, abr. 2000, p. 137.

[110] José Virgílio Lopes Enei. *Project finance*: financiamento com foco em empreendimentos. São Paulo: Saraiva, 2007. p. 199.

[111] Para um estudo mais aprofundado acerca do contrato eletrônico, veja: Tarcisio Teixeira. *Direito digital e processo eletrônico*. 8. ed. São Paulo: Saraiva, 2025. p. 237 e s.

física (quando se tratar de um bem material) ou eletronicamente (quando se tratar de um bem imaterial, como um *software*, o qual é disponibilizado por meio de *download* – transmissão eletrônica do programa), sendo esta última categoria uma espécie de contratação própria dos meios eletrônicos.

Visando a melhor situar o leitor, é cabível expor a distinção entre contrato **eletrônico** e contrato **informático**.

Contrato **informático** é o que tem por "objeto" o equipamento ou o serviço de informática, incluindo o desenvolvimento, a venda e a distribuição de *hardware* ou *software* e outros bens ou serviços relacionados. Todavia, o contrato **eletrônico** tem na sua "forma" a peculiaridade, isto é, a contratação é feita por meio da informática[112].

Ressalta-se que os contratos eletrônicos podem ser considerados contratos entre ausentes ou presentes, no sentido do disposto no art. 428 do Código Civil, especialmente o seu inc. I, dependendo se a contratação está sendo realizada em um sistema com comunicação instantânea ou não.

Contratação eletrônica por comunicação instantânea – *on-line* – pode ocorrer, hipoteticamente, por meio de sistema de comunicação falada (voz sobre IP), salas de conversação em tempo real (*chats*), sistema de comunicação instantânea por escrito (**WhatsApp**, *messenger*) etc.

Por sua vez, a contratação eletrônica por comunicação não instantânea – *off-line* – pode acontecer, exemplificativamente, via *e-mail*, considerando o tempo entre seu envio e recebimento, vinculado ao fato de que a pessoa pode enviar um *e-mail* sem, necessariamente, a outra estar conectada à rede para recebê-lo e respondê-lo de imediato.

No primeiro caso, estamos diante de uma contratação entre presentes; já no segundo, diante de uma contratação entre ausentes.

Assim, a contratação eletrônica proporciona os mais variados tipos de negócio, por diversos agentes, inclusive negócios entre empresários, denominados contratos empresariais.

Dessa forma, aos contratos empresariais, celebrados eletronicamente, é aplicável o regime jurídico do Código Civil, seja a parte dos contratos em geral, seja as regras dos contratos em espécie.

Em relação às regras estabelecidas no Código Civil referentes à manifestação da vontade, oferta, proposta e aceitação, previstas nos arts. 427 e s., a princípio, são aplicáveis aos contratos empresariais celebrados eletronicamente.

Especificamente sobre a manifestação da vontade na internet, considerando-se a desmaterialização dos instrumentos negociais (em especial o papel), criou-se um sistema de **assinatura digital** e **certificação eletrônica** de documentos, por meio da criptografia, com o fim de evitar fraudes.

Criptografia é um método matemático que cifra uma mensagem em código, ou seja, transforma essa mensagem em caracteres indecifráveis. A criptografia pode ser simétrica ou assimétrica.

A mais utilizada e segura é a criptografia assimétrica. Ela cria um código e uma senha para decifrá-lo, isto é, concebem-se duas chaves: uma chave privada, que codifica a mensagem, e outra chave pública, que decodifica a mensagem. Entretanto, o inverso também pode ocorrer,

---

[112] Newton De Lucca. *Aspectos jurídicos da contratação informática e telemática*. São Paulo: Saraiva, 2003. p. 93.

ou seja, a pública serve para codificar e a privada para decodificar. O emissor da mensagem fica com a chave privada e os destinatários de suas mensagens ficam com a chave pública. Esse sistema dá segurança aos negócios efetuados na internet, devendo ser controlado por uma terceira entidade, que é a autoridade certificadora, conhecida, de igual modo, como tabelião virtual, que irá conferir a autenticação digital das assinaturas e dos documentos. Por sua vez, a criptografia simétrica cria uma idêntica chave para criptografar e decriptografar.

No Brasil, a Medida Provisória n. 2.200-2, de 24 de agosto de 2001, criou a Infraestrutura de Chaves Públicas Brasileira – ICP-BRASIL[113] –, com a intenção de garantir autenticidade, integralidade e validade jurídica de documentos eletrônicos. Ela é composta por uma autoridade estatal, gestora da política e das normas técnicas de certificação (Comitê Gestor), e por uma rede de autoridades certificadoras (subordinadas àquela), que, entre outras atribuições, mantém os registros dos usuários e atesta a ligação entre as chaves privadas utilizadas nas assinaturas dos documentos e as pessoas que nelas apontam como emitentes das mensagens, garantindo a inalterabilidade dos seus conteúdos.

Sobre a oferta e a aceitação nos contratos eletrônicos, pode-se dizer que a oferta ocorre no momento em que os dados disponibilizados no *site* ingressam no computador do possível adquirente. Já a aceitação acontece quando os dados são transmitidos por este às máquinas do proprietário do *site*[114].

Não é o momento da disponibilização das informações no *site* que vincula o ofertante, pois, ainda que acessíveis, podem não ser acessadas em razão de problemas técnicos, o que não seria considerada como manifestação de vontade. No entanto, a partir do momento em que as informações chegam ao computador de um usuário, aí sim está realizada a oferta, vinculando dessa forma o ofertante.

De igual modo, se o ato do comprador em manifestar sua vontade (no sentido de concluir o contrato) não chegar ao ofertante, como em razão de problemas técnicos na transmissão dos dados, não será tido como aceitação. A aceitação no contrato eletrônico apenas ocorre quando a transmissão de dados é realizada a ponto de chegar ao ofertante sem nenhum equívoco.

Ricardo Luis Lorenzetti pondera que as informações contidas em um *site* podem ou não ter o caráter de oferta, e assim ser considerada obrigatória. O que vai determinar isso é se nele estão presentes elementos essenciais e suficientes para constituir uma oferta e, assim, torná-la vinculada a ponto de se poder concluir o contrato (p.ex., preço, forma de pagamento, garantia, data de entrega etc.). Em caso positivo, a aceitação será dada pela pessoa que visita o *site*; em caso negativo, o internauta será o proponente e o fornecedor titular do *site* será quem dará a aceitação[115]. Na falta de lei expressa, a solução deverá ser buscada no caso concreto.

---

[113] Não é demais ressaltar que a MP n. 2.200-2/2001 (em sua segunda edição) ainda está em vigor, pois foi publicada em 24 de agosto de 2001, logo, antes da Emenda Constitucional n. 32, de 11 de setembro de 2001, a qual alterou alguns artigos da Constituição Federal, especialmente o art. 62, quanto ao regime jurídico das medidas provisórias.

[114] Nesse sentido, Fábio Ulhoa Coelho. *Curso de direito comercial*: direito de empresa. v. 3. p. 40.

[115] Ricardo Luis Lorenzetti. *Comércio eletrônico*. Trad. de Fabiano Menke. São Paulo: RT, 2004. p. 308-309.

O contrato eletrônico pode ser configurado como um contrato de compra e venda, prestação de serviços ou qualquer outro contrato, aplicando nesse caso as regras que forem próprias a cada tipo de negócio.

Além disso, também é aplicável o CDC – Código de Defesa do Consumidor – aos contratos celebrados por meio virtual, mas somente quando houver a configuração de uma relação de consumo, que é o vínculo estabelecido entre fornecedor e consumidor com o objetivo de adquirir produtos ou serviços como destinatário final.

Ressalte-se apenas que, em caso de haver relação de consumo, é aplicável, por analogia, o direito de arrependimento em favor do consumidor, a fim de que este possa desistir do negócio no prazo de 7 dias, a contar da aquisição ou entrega do bem, conforme o art. 49 do CDC.

Em maio de 2013 passou a vigorar o **Decreto n. 7.962/2013 (vulgarmente chamado de Lei do E-commerce)**, cuja finalidade é regulamentar o Código de Defesa do Consumidor (Lei n. 8.078/1990) quanto à contratação no comércio eletrônico. Sua intenção é promover a disponibilização pelos fornecedores de informações claras sobre si próprios, os produtos e os serviços; bem como a existência de um atendimento facilitado ao consumidor, além do respeito ao direito de arrependimento. Remetemos o leitor ao item "afixação de preços – nova legislação", no qual tratamos sobre essas regras também para efeito de compras pela internet.

No que couber, será aplicável a Lei n. 13.709, de 14 de agosto de 2018 – **Lei Geral de Proteção de Dados Pessoais (LGPD)**.

É válido destacar que o **Marco Civil da Internet**, Lei n. 12.965, de 23 de abril de 2014, não trata especificamente de contratos celebrados pela internet[116]; igualmente sua norma regulamentadora, o Decreto n. 8.771/2016, que disciplina as hipóteses admitidas de discriminação de pacotes de dados na internet e de degradação de tráfego, indica procedimentos para guarda e proteção de dados por provedores de conexão e de aplicações, aponta medidas de transparência na requisição de dados cadastrais pela Administração Pública e estabelece parâmetros para fiscalização e apuração de infrações. Ou seja, o Decreto n. 8.771/2016 não trata exatamente de contratos eletrônicos.

Desde já é bom frisar que a falta de observância ao teor da **Lei do E-commerce** ensejará aplicação das sanções previstas no art. 56 do CDC[117] (Decreto n. 7.962/2013, art. 7º).

---

[116] Para um estudo sobre o Marco Civil da Internet, veja: Tarcisio Teixeira. *Marco Civil da Internet:* comentado. São Paulo: Almedina, 2016. p. 23 e s.; e Tarcisio Teixeira, *Comércio eletrônico:* conforme o marco civil da internet e a regulamentação do *e-commerce* no Brasil. São Paulo: Saraiva, 2015. p. 91 e s.

[117] "Art. 56. As infrações das normas de defesa do consumidor ficam sujeitas, conforme o caso, às seguintes sanções administrativas, sem prejuízo das de natureza civil, penal e das definidas em normas específicas: I – multa; II – apreensão do produto; III – inutilização do produto; IV – cassação do registro do produto junto ao órgão competente; V – proibição de fabricação do produto; VI – suspensão de fornecimento de produtos ou serviço; VII – suspensão temporária de atividade; VIII – revogação de concessão ou permissão de uso; IX – cassação de licença do estabelecimento ou de atividade; X – interdição, total ou parcial, de estabelecimento, de obra ou de atividade; XI – intervenção administrativa; XII – imposição de contrapropaganda. Parágrafo único. As sanções previstas neste artigo serão aplicadas pela autoridade administrativa, no âmbito de sua atribuição, podendo ser aplicadas cumulativamente, inclusive por medida cautelar, antecedente ou incidente de procedimento administrativo."

Além disso, o Decreto traz algumas regras que impõem obrigações aos fornecedores com o fim de assegurar a proteção dos consumidores que compram pela internet.

Conforme o art. 2º, para realizar oferta ou conclusão de contrato (cuja relação seja de consumo), os sites (sítios eletrônicos), ou demais meios eletrônicos empregados, devem disponibilizar em local de destaque e de fácil visualização: o nome empresarial e o número de inscrição do fornecedor, quando houver, no CPF – Cadastro Nacional de Pessoas Físicas – ou no CNPJ – Cadastro Nacional de Pessoas Jurídicas; o endereço físico e eletrônico, entre outras informações pertinentes para sua localização e contato; as características essenciais do produto ou do serviço, devendo ser incluídas as informações sobre os riscos à saúde e à segurança dos consumidores; a discriminação, no preço, de quaisquer despesas adicionais ou acessórias, como as de entrega ou seguros; todas as condições da oferta, incluídas as formas de pagamento, disponibilidade, forma e prazo da execução do serviço ou da entrega ou disponibilização do produto; as informações claras e ostensivas a respeito de quaisquer restrições à fruição da oferta.

Visando a garantir o atendimento facilitado ao consumidor no comércio eletrônico, o fornecedor deverá apresentar um resumo do teor do contrato antes da efetiva contratação, com as informações necessárias ao pleno exercício do direito de escolha do consumidor, devendo enfatizar as cláusulas que limitem direitos; fornecer ferramentas eficazes ao consumidor para identificação e correção imediata de erros ocorridos nas etapas anteriores à finalização da contratação; confirmar imediatamente o recebimento da aceitação da oferta; disponibilizar o contrato ao consumidor em meio que permita sua conservação e reprodução imediatamente após a contratação; manter serviço adequado e eficaz de atendimento em meio eletrônico que possibilite ao consumidor a resolução de demandas referentes a informação, dúvida, reclamação, suspensão ou cancelamento do contrato; confirmar imediatamente o recebimento das demandas do consumidor pelo mesmo meio utilizado pelo consumidor; utilizar mecanismos de segurança eficazes para pagamento e para tratamento de dados do consumidor (art. 4º, *caput* e incisos).

O Decreto n. 7.962/2013 estabeleceu o prazo máximo de cinco dias para o fornecedor manifestar-se (apresentar resposta) junto ao consumidor quanto às dúvidas, às reclamações, às suspensões ou ao cancelamento do contrato (art. 4º, parágrafo único).

Especificamente sobre o direito de arrependimento previsto no art. 49 do CDC, que como vimos pode ser exercido nas compras pela internet, o art. 5º dispõe que o fornecedor deve informar, de forma clara e ostensiva, os meios adequados e eficazes para o consumidor exercer o direito de arrepender-se. Seria muito salutar se o Decreto n. 7.962/2013 tivesse estabelecido critérios distintivos quanto às aquisições cujos bens são entregues via *download* ou fisicamente. Isso haja vista a possibilidade de má-fé de certas pessoas que se aproveitam do recebimento virtual do bem para se arrepender após usufruir do produto ou do serviço; ou mesmo continuar usando-o após o exercício do direito de arrependimento (alguns fornecedores estão trabalhando para minimizar essas atitudes).

O fornecedor deve enviar ao consumidor confirmação imediata do recebimento da manifestação de arrependimento, sendo que o exercício do direito de arrependimento implica a rescisão dos contratos acessórios, sem qualquer ônus para o consumidor.

Vale esclarecer que o exercício do **direito de arrependimento** será comunicado imediatamente pelo fornecedor à instituição financeira ou à administradora do cartão de crédito (ou similar), para que a operação não seja lançada na fatura do consumidor; caso já tenha sido efetivada, que se realize o estorno do valor. E ainda, o consumidor poderá exercer seu direito de arrependimento pela mesma ferramenta utilizada para a contratação, sem prejuízo de outros meios disponibilizados.

Por fim, é preciso ater-se ao fato de que o Decreto n. 7.962/2013 não exige que os titulares de sites de *e-commerce* mantenham centrais de atendimento telefônico para o consumidor para suas demandas, sejam reclamações, pedidos de cancelamentos etc. Atualmente, a regulamentação do serviço de atendimento ao consumidor se dá por meio do Decreto n. 11.034/2022.

Diante do aumento contínuo das operações que são realizadas em ambiente virtual, cada vez mais chegam aos tribunais ações envolvendo litígios decorrentes de contratos celebrados na internet[118].

No que se refere aos contratos eletrônicos celebrados entre partes sediadas em países diversos, deve ser observada a LINDB – Lei de Introdução às Normas do Direito Brasileiro (atual denominação para a LICC – Lei de Introdução ao Código Civil), cujo art. 9º, *caput* e § 2º, disciplina que se aplica à lei do país onde se constituírem as obrigações. Sob este aspecto, será considerado local da constituição da obrigação o lugar onde residir o proponente, isto é, daquele que estiver ofertando o produto ou o serviço na internet. Neste campo, ainda que não se trate expressamente de comércio eletrônico, poderá ser aplicável a Convenção de Viena ou Convenção das Nações Unidas sobre Contratos de Compra e Venda Internacional de Mercadorias (CISG, na sigla em inglês). Em 19 de outubro de 2012 o Congresso Nacional

---

[118] Compra e venda pela "internet". Desistência manifestada no prazo do art. 49 do CDC. Cabimento da restituição do valor debitado pela operadora de cartão de crédito. Descabimento, porém, de indenização pelo dano moral atribuído a desgastes e dissabores, já que pessoa jurídica não sofre tal sorte de repercussão psíquica, assim como de aluguéis pela sala na qual os bens ficaram guardados até retirada pelo vendedor. Apelação parcialmente provida (AC 1171909720088260100 SP 0117190-97.2008.8.26.0100, TJSP, 36ª Câmara de Direito Privado, rel. Des. Arantes Theodoro, *DJ* 9-2-2011).

Responsabilidade civil. Relação de consumo. Comércio eletrônico. Compra de produto. Preço pago e produto não entregue. Fraude incontroversa. Empresa que não observou o dever de cuidado. Falha na prestação de serviço. Responsabilidade objetiva. Solidariedade. Dano moral configurado. Honorários advocatícios reduzidos para 10%. Recurso parcialmente provido (AC 0004150-49.2007.8.19.0042, TJRJ, 5ª Câmara Cível, rel. Des. Claudia Telles de Menezes, *DJ* 16-11-2010).

Responsabilidade Civil. Ação de Indenização por danos materiais e morais. Relação consumerista. Compra de mercadoria na internet que chegou avariada no domicílio da Consumidora. Transportadora que não recolheu o produto para devolução e substituição. Troca frustrada. Responsabilidade civil objetiva. Alegação de fato de terceiro. Não caracterização de causa excludente de responsabilidade. Notória falha na prestação de serviço. Pela teoria do risco do empreendimento, todo aquele que se disponha a exercer alguma atividade no campo do fornecimento de bens e serviços, tem o dever de responder pelos fatos e vícios resultantes do empreendimento, independentemente de culpa. Fortuito Interno. Inteligência da Súmula 94 do Tribunal de Justiça. Inquestionável que é inerente à atividade da Companhia, especializada no comércio eletrônico de mercadorias, fazer chegar incólume o produto nas mãos da consumidora. Dano Moral não caracterizado. Inadimplemento contratual que não gera o dever de indenização moral. (...) (AC 0011557-13.2009.8.19.0212, TJRJ, 7ª Câmara Cível, rel. Des. Maria Henriqueta Lobo, *DJ* 3-8-2010).

brasileiro ratificou o texto da Convenção por meio do Decreto Legislativo n. 538/2012. Após, a Convenção passou a integrar o ordenamento jurídico brasileiro em 16 de outubro de 2014, com a promulgação do Decreto Presidencial n. 8.327/2014.

4.2.21. Contratos internacionais

Contrato internacional é o acordo efetuado entre duas ou mais partes "sediadas em países diversos" para constituir, regular ou extinguir entre elas relação jurídica patrimonial.

Destaca-se que os contratos internacionais são tradicionalmente estudados em Direito Internacional Privado; no entanto, considerando-se que a maior parte destes são celebrados por empresários (os atores principais do comércio internacional), entendeu-se por bem também abordá-los nesta obra de Direito Empresarial, ainda que sucintamente.

O contrato internacional é um instrumento de suma importância para as negociações entre pessoas, naturais ou jurídicas, públicas ou privadas, que estão em localidades diversas, possibilitando de alguma forma a integração dos povos.

A cada dia as relações estabelecidas internacionalmente se intensificam, principalmente no campo da circulação de mercadorias e de serviços, o que aponta para a importância dos contratos internacionais para o Direito.

Ocorre que o desenvolvimento do comércio internacional, decorrente da prática contratual fundamentada na criatividade (em especial dos comerciantes), exigiu certa padronização dos direitos e deveres das partes contratantes, pois incertezas ou inseguranças quanto às extensões das obrigações assumidas podem comprometer os negócios.

Tal fato levou os comerciantes, no decorrer da história, a criarem e adotarem usos e costumes próprios, buscando solucionar possíveis conflitos entre as partes, servindo como referência de aplicação aos contratos internacionais, pois são aceitos como normas. Esses usos e costumes, no âmbito internacional, formam um conjunto de normas consuetudinárias conhecido como *lex mercatoria*.

4.2.21.1. *Lex mercatoria*

Lex mercatoria (lei do mercado) é um conjunto de princípios, instituições e regras, com origem em várias fontes, que nutriu e ainda alimenta as estruturas, bem como o funcionamento legal específico da coletividade de operadores do comércio internacional.

Ricardo Luis Lorenzetti explica que "em relação à economia global, é dito que predomina o costume comercial (*lex mercatoria*), e é por isso que o direito codificado permanece imutável, uma vez que já não é a lei, senão o contrato, o instrumento mediante o qual se realiza a inovação jurídica. É conhecida a influência que têm os novos tipos contratuais de raiz transnacional, com os contratos de *leasing, franchising, trust* ou fideicomisso, *shopping center*, dentre outros. A isso deve ser agregada uma série importantíssima de normas ditadas pelo funcionamento dos organismos internacionais, que passaram a ter uma gravitação decisiva sobre os ordenamentos nacionais"[119].

---

[119] Ricardo Luis Lorenzetti. *Teoria da decisão judicial*: fundamentos de direito. Trad. de Bruno Miragem. Notas de Cláudia Lima Marques. São Paulo: RT, 2009. p. 57-58.

São fontes da *lex mercatoria*: 1 – os princípios gerais do Direito; 2 – os usos e costumes (os contratos e suas cláusulas especiais e os novos tipos convencionais); 3 – as regras estáveis da jurisprudência arbitral internacional.

Assim, a *lex mercatoria* é a superação encontrada pelas partes contratantes dos obstáculos provenientes das soluções que seriam submetidas aos ordenamentos legais nacionais, trazendo mais segurança aos contratantes e revelando a ampla autonomia privada das partes.

Na esfera do comércio exterior, a validade e a eficácia do contrato internacional têm como base a vontade criadora do negócio jurídico, fazendo lei entre as partes.

É importante salientar que a *lex mercatoria* pressupõe a existência de uma comunidade de operadores do comércio internacional, que possui interesses próprios, e que encontra na arbitragem comercial internacional o mecanismo adequado para a aplicação de normas aptas a resolver as pendências instauradas em relação aos contratos celebrados pelas partes internacionalmente. Arbitragem é tema que será visto adiante.

Uma característica interessante é que a área dos contratos internacionais do comércio está mais internacionalizada e uniformizada quando comparada às outras áreas, como o Direito de Família ou Direito das Coisas. Isso é explicável pelo grande desenvolvimento do comércio ao longo da história, bem como pela criação da OMC – Organização Mundial do Comércio (e mais recentemente pelo grande desenvolvimento e avanço do comércio eletrônico).

Isso ensejou várias convenções internacionais no sentido de tentar unificar as normas aplicáveis ao comércio internacional, visando a dar maior segurança e estabilidade aos contratos.

Em razão desse fato, entidades têm trabalhado na sistematização, padronização e interpretação de cláusulas utilizadas nos contratos internacionais. Nesse sentido, a CCI – Câmara de Comércio Internacional – divulga desde 1936 o entendimento das cláusulas sobre a distribuição de despesas e riscos entre comprador e vendedor (os INCOTERMS, que serão estudados a seguir) e o funcionamento do crédito documentário (o contrato bancário será tratado em outro item).

Além desse aspecto, a ONU tem uma comissão permanente de Direito do Comércio Internacional, a UNCITRAL – United Nations Comission for International Trade Law (Comissão das Nações Unidas para o Direito Comercial Internacional), que motivou a assinatura da Convenção de Viena de 1980, ou Convenção das Nações Unidas sobre Contratos de Compra e Venda Internacional de Mercadorias (CISG, na sigla em inglês). O Congresso Nacional brasileiro, no dia 19 de outubro de 2012, por meio do Decreto Legislativo n. 538/2012, aprovou o texto da Convenção, que passou a integrar o ordenamento jurídico brasileiro a partir de 16 de outubro de 2014, com a promulgação do Decreto Presidencial n. 8.327/2014.

A Câmara de Comércio Internacional (CCI) trabalha no sentido de publicar "brochuras" (folhetos normativos)[120] para promover e assessorar o comércio internacional e fortalecer a *lex mercatoria*, ou seja, os usos e costumes internacionais, tendo em vista que

---

[120] De acordo com o catálogo de publicações da CCI, a última brochura publicada ("ICC Pub. n. 978E"), em 2014, versa sobre regras e práticas bancárias no comércio exterior. *"Catalogue of ICC Publications – English"*. Disponível em: <http://www.iccwbo.org/news/brochures>. Acesso em: 15 jul. 2018.

o direito material interno em si é cada vez mais incapaz de acompanhar a rápida evolução e o elevado grau de especialização do comércio internacional, bem como os problemas legais decorrentes disto. Dentre os objetivos recentes destes folhetos estão as recomendações sobre direitos autorais, haja vista que algumas legislações internas não fornecem a proteção adequada para o *software* de um computador complexo. Ou, ainda, recomendações sobre o financiamento do comércio internacional e dos mercados de capitais, dado que as leis nacionais são muitas vezes inaptas para fornecer soluções viáveis aos negócios internacionais.

4.2.21.2. INCOTERMS

Outro aspecto bastante relevante nos contratos internacionais pode ser encontrado no transporte de mercadorias, pois há despesas e riscos entre a saída do estabelecimento do vendedor e a chegada no estabelecimento do comprador. De acordo com o direito interno brasileiro, as despesas com a tradição do bem são por conta do vendedor; no entanto, cabe estipulação diversa. Porém, no âmbito do comercial internacional, as partes usualmente repartem essas despesas.

Assim, diante da complexidade das operações, com o objetivo de fornecer padrões gerais sobre a distribuição de despesas entre exportador e importador no transporte de mercadorias internacional, a Câmara de Comércio Internacional criou os INCOTERMS.

INCOTERMS é abreviação de *International Rules for Interpretation of Trade Terms*, que recebeu a tradução de Regras Internacionais para a Interpretação dos Termos Comerciais; ou, simplesmente, Termos Internacionais do Comércio.

Dessa maneira, a CCI, ao criar os INCOTERMS, estabeleceu normas de interpretação de cláusulas utilizadas no comércio internacional, como as cláusulas identificadas pelas siglas FOB, CIF, DAF etc.

Há quatro grupos de INCOTERMS: E, F, C e D, cada um com desdobramentos e subespécies, em que se detalha, por exemplo, (i) se os custos da tradição serão suportados exclusivamente pelo comprador (grupo E); ou (ii) se o transporte principal é pago pelo comprador, ficando o vendedor responsável pela saída da mercadoria das fronteiras de seu país (grupo F)[121].

4.2.21.3. Aplicação da legislação estrangeira e LINDB (antiga LICC)

De acordo com relatos da doutrina especializada, a aplicação da legislação estrangeira aos contratos internacionais é um dos temas mais árduos. Assim, vamos focar sobre os pontos mais relevantes, uma vez que a aplicação da lei estrangeira ocorre para solucionar problemas em todas as relações jurídicas, mas com grande incidência no campo dos contratos, em especial nos mercantis.

Uma boa forma de abordar o tema da aplicação da legislação estrangeira é dividi-lo em duas fases: (i) a fase da determinação da lei aplicável; e (i) a fase da aplicação da lei determinada/eleita para a relação jurídica.

---

[121] Sobre um detalhamento dos INCOTERMS, veja: Fábio Ulhoa Coelho. *Curso de direito comercial*: direito de empresa. v. 3, p. 77-83.

Na primeira fase, determina-se a lei aplicável à relação jurídica por meio das normas do Direito Internacional Privado. Para essa determinação da lei aplicável, é necessário que se faça a qualificação (caracterização, classificação) de qual dispositivo desse ramo do Direito se aplica ao caso, o que é chamado de determinação do **elemento de conexão**.

Elemento de conexão é o critério ou instrumento para estabelecer qual legislação é aplicável, a ligação ou vínculo com o Direito. Os elementos de conexão têm a função de indicar qual é o direito aplicável, de acordo com circunstâncias que fixam o elemento vinculativo. Esse elemento pode ser: a **autonomia privada**, a **nacionalidade**, a **residência ou domicílio**, o **lugar da situação do imóvel**, o **local do delito**, entre outros.

Por isso, se há um caso que deve ser solucionado de acordo com a lei do domicílio, sucessão por morte, o domicílio é o elemento vinculativo. A lei aplicável será aquela que possuir um vínculo mais estreito com a relação jurídica em questão.

Já na segunda fase, acontece a efetiva aplicação da lei indicada pelo Direito Internacional Privado, podendo ser uma lei nacional (*lex fori* – expressão latina que significa a lei do foro/comarca ou a lei do território) ou lei estrangeira.

Assim, no primeiro caso, não há diferença alguma para o juiz, já que se aplica a lei do seu conhecimento (como se fosse uma ação judicial de jurisdição nacional).

Todavia, em caso de aplicação da legislação estrangeira, podem surgir vários problemas, como: o da investigação do teor da lei estrangeira, a prova da vigência dessa lei, a solução a ser dada no caso de má aplicação da lei pelo juiz, a questão da ordem pública do foro etc.

Dessa forma, a aplicação da legislação estrangeira para solucionar problemas em relações jurídicas passa pela sua qualificação e pela determinação tanto do elemento de conexão quanto da legislação com sua respectiva aplicação.

Para o Brasil, por exemplo, quando se tratar de relações jurídicas referentes aos contratos, entende-se que a ligação mais estreita com a relação obrigacional é a do país em que foi constituído o vínculo jurídico, o que está explicitado no *caput* do art. 9º da **LINDB – Lei de Introdução às Normas do Direito Brasileiro** [outrora denominada como LICC – Lei de Introdução ao Código Civil][122]: "Para qualificar e reger as obrigações, aplicar-se-á a lei do país em que se constituírem" (*lex loci celebrationis*).

Em relação à expressão "as obrigações" (lembrando que contratos são obrigações bilaterais), ela indica a unidade das relações jurídicas; e o "país em que se constituírem" significa o elemento de conexão.

Dessa forma, o lugar da formação ou celebração de um contrato internacional é importante para determinar a legislação aplicável. A **teoria do objetivismo** dá sustentação a esta regra. E, se o contrato for celebrado no Brasil, aplica-se a legislação brasileira.

Entretanto, nos contratos internacionais, é facultado às partes elegerem outra norma que poderá ser aplicada que não seja a do lugar da celebração dos contratos, devido à autonomia privada. No Direito Internacional Privado, autonomia privada significa a aceitação da

---

[122] A Lei n. 12.376, de 30 de dezembro de 2010, altera a ementa do Decreto-lei n. 4.657, de 4 de setembro de 1942, que passa a vigorar com a seguinte redação: "Lei de Introdução às Normas do Direito Brasileiro".

livre vontade das partes como elemento de conexão, sobre a constituição e os efeitos dos atos jurídicos obrigacionais, isto é, podem escolher o direito aplicável ao contrato.

O princípio da autonomia privada das partes baseia-se na **teoria do voluntarismo** para a escolha da legislação aplicável, sendo considerado um elemento de conexão subjetivo (os outros já citados seriam elementos de conexão objetivos), o que é adotado pela maioria dos países.

No comércio exterior, a aplicação do princípio da autonomia privada das partes é a regra básica, e nesse ponto a Convenção de Haia e a Convenção de Roma são claras.

Apesar disso, o Brasil, de acordo com o disposto no *caput* do art. 9º da LINDB, segue a teoria do **objetivismo**, o que causa grande divergência na doutrina pátria sobre a aceitação ou não da autonomia privada no Direito Internacional Privado brasileiro.

Contudo, os que defendem a aplicação do princípio da autonomia argumentam que, se a lei do país em que o contrato foi celebrado admite a autonomia privada, o Brasil deve aceitá-la.

Na prática, a inclusão de cláusulas de lei aplicável escolhida pelas partes nos contratos internacionais celebrados por empresários brasileiros é muito comum, o que demonstra a discrepância entre a lei e a realidade.

Esse fato, de certa forma, pode aumentar os custos de transação (despesas para se concretizar os negócios) do empresário com sede no Brasil, pois o outro contratante pode, em busca de maior segurança, exigir garantias no exterior, evitando assim tanto a jurisdição brasileira quanto a legislação brasileira aplicável.

Para ilustrar tal situação, em muitos contratos internacionais se elege a lei de Nova York como norma aplicável (e, muitas vezes, também como jurisdição competente para apreciação de litígios), deixando claro que a conclusão do contrato ocorreu em Nova York. Isso ocorre para evitar o afastamento dessa cláusula, pelo fato de que o *caput* do art. 9º da LINDB dispõe que se aplica a lei do país onde foi celebrado o contrato (contrato entre presentes).

Além disso, o § 2º do art. 9º da LINDB, tratando de contrato a distância, prevê que se considera constituído o contrato no lugar em que reside o proponente (da proposta), quando este for diferente do lugar onde reside o aceitante.

Considerando que o proponente pode ser o empresário brasileiro ou o empresário sediado em outro país, as partes, para não deixarem nenhuma dúvida quanto à interpretação e não aplicação de tal dispositivo, reúnem-se em Nova York para celebrar o contrato. Um desgaste e um custo desnecessários provocados por uma legislação de certa forma ultrapassada.

4.2.21.4. Aplicação do direito material e processual

Mais um ponto relevante, na aplicação da legislação estrangeira, é a controvérsia sobre como o juiz deve aplicar o direito estrangeiro no processo, se de ofício ou não.

A primeira corrente defende a aplicação pelo juiz da legislação estrangeira de ofício, podendo o magistrado exigir das partes a colaboração na pesquisa da legislação estrangeira.

Já a segunda corrente alega que cabe unicamente às partes do processo alegar e provar o direito estrangeiro, não cabendo ao juiz a iniciativa (Inglaterra).

O Direito Brasileiro prevê que o juiz deve aplicar a legislação estrangeira. De acordo com o art. 14 da LINDB: "Não conhecendo a lei estrangeira, poderá o juiz exigir de quem a invoca prova do texto e da vigência".

Além disso, o art. 376 do Código de Processo Civil de 2015 [CPC/73, art. 337] dispõe: "A parte que alegar direito municipal, estadual, estrangeiro ou consuetudinário, prová-lhe-á o teor e a vigência, se assim o juiz determinar".

Acontece que a interpretação desses dispositivos ainda é controvertida pela doutrina. A maior parte dos doutrinadores, no entanto, a exemplo de Haroldo Valladão, se posiciona no sentido de que o juiz brasileiro deve aplicar de ofício a legislação estrangeira, não o impedindo de requerer a colaboração das partes e determinando-lhes diligências para apuração do teor, da vigência e da interpretação do direito estrangeiro.

É importante considerar que o acesso à legislação estrangeira pelo juiz ou pelas partes pode ocorrer de várias formas, mas, sem dúvida, isso ficou bastante facilitado em razão da internet. Ainda sim, pode ocorrer, excepcionalmente, de o juiz e as partes não terem acesso à norma estrangeira. Nesses casos, em geral aplica-se o direito da *lex fori* (lei do foro/comarca ou a lei do território), substituindo assim o direito estrangeiro desconhecido.

Passando da fase da aplicação do direito material estrangeiro, outra questão relevante reside nos aspectos formais, em especial nas regras processuais cabíveis, ritos, recursos pertinentes etc. De modo diferente de como ocorre em alguns países, no Brasil não há controvérsia nesse sentido na doutrina e na jurisprudência, ou seja, aplica-se o Direito Processual estrangeiro de acordo com as regras que o juiz daquele país observaria, no interesse da concordância da decisão com o sistema jurídico alienígena.

Diante do exposto, percebe-se que o tema da aplicação da legislação estrangeira aos contratos internacionais é bastante rico e complexo, ainda mais em relação a pontos extremamente relevantes, como é o caso das disposições da LINDB e suas possibilidades de interpretação.

Por último, vale relembrar que a Convenção de Viena, ou Convenção das Nações Unidas sobre Contratos de Compra e Venda Internacional de Mercadorias, está em vigor no Brasil por força do Decreto Legislativo n. 538/2012 e do Decreto Presidencial n. 8.327/2014.

4.2.22. Parceria público-privada

Ressalte-se que a parceria público-privada é um regime jurídico oferecido a determinados contratos administrativos por meio de concessão. Não é na sua integralidade um contrato empresarial; no entanto, optou-se por incluí-lo neste capítulo considerando sua relevância para a atividade empresarial.

Parceria Público-Privada – PPP – é o contrato administrativo de concessão, na modalidade patrocinada ou administrativa (Lei n. 11.079/2004, art. 2º, *caput*) em que há a participação do Estado e da iniciativa privada.

Assim, para melhor situar o instituto da PPP, vamos relembrar agora o que é concessão e suas modalidades.

Concessão (conforme a Lei das Concessões – Lei n. 8.987/95) é o contrato administrativo pelo qual o Poder Público, em caráter não precário, faculta a alguém: (i) o uso de um bem público; (ii) a prestação de um serviço público; (iii) ou a realização de uma obra pública. Essas são as três modalidades de concessão na forma da Lei n. 8.987/95.

Acontece que a Lei n. 11.079/2004, art. 2º, traz outra classificação das concessões para efeitos de parceria público-privada: concessão patrocinada; concessão administrativa e concessão comum.

A **concessão patrocinada** é a concessão de serviços públicos ou de obras públicas em que, além da tarifa cobrada do usuário, o Poder Público participa com parte dos recursos para a sua realização (Estado patrocina parcialmente).

Já a **concessão administrativa** é o contrato administrativo de prestação de serviços, de iniciativa privada ao Poder Público, pago por este em razão de ser o usuário do serviço (mesmo que envolva execução de obra ou fornecimento e instalação de bens).

Por sua vez, **concessão comum** é a concessão de serviços públicos ou de obras públicas em que não há contraprestação do Poder Público ao parceiro particular (não se enquadra nem na concessão patrocinada nem na administrativa).

Cabe ressaltar que a concessão comum não pode ser objeto de parceria público-privado e, assim, será uma concessão convencional regida pela Lei n. 8.987/95.

Diante disso, o regime jurídico, ou seja, a legislação aplicável às parcerias público-privadas, é a Lei n. 11.079/2004.

Há algumas características que devem estar nas cláusulas contratuais das PPPs (Lei n. 11.079/2004, art. 5º):

1) prazo de duração: de **cinco a 35 anos**, já inclusos eventuais prazos de prorrogação (garantido prazo mínimo compatível com a amortização dos investimentos realizados);
2) formas de remuneração e atualização dos valores (a remuneração poderá ser por ordem bancária; cessão de créditos não tributários etc.);
3) métodos para a preservação da atualidade da prestação dos serviços;
4) fixação de possíveis penalidades a serem aplicadas ao parceiro público ou ao parceiro privado, por inadimplemento, devendo observar a proporcionalidade entre a falta e a obrigação assumida;
5) repartição de riscos entre os parceiros, incluindo hipóteses de caso fortuito, força maior, fato do príncipe e álea econômica extraordinária;
6) métodos de avaliação de desempenho do parceiro privado.

É relevante ressaltar que a Lei n. 11.079/2004 é uma norma geral sobre PPP, sendo que os outros entes políticos (Estados e Municípios) podem editar normas especiais sobre o instituto, respeitando as diretrizes da lei geral (Lei n. 11.079/2005).

4.3. ARBITRAGEM

Arbitragem é um tema de ordem prática estudado mais na área processual. Mas, sem sombra de dúvida, o campo em que ela tem maior aplicação no Brasil é o dos contratos empresariais, por isso a importância de constar desta obra.

O regramento jurídico da arbitragem é a Lei n. 9.307/96 (alterada pela Lei n. 13.129, de 26 de maio de 2015). O Código Civil de 2002, arts. 851 a 853, também prevê o instituto, mas de forma superficial, sem estabelecer um regime jurídico.

Já havia disposição sobre a arbitragem no Código Civil de 1916 e no Código de Processo Civil de 1973. Acontece que a lei especial – Lei n. 9.307/96 – trouxe uma nova roupagem ao instituto da arbitragem, que, por sinal, já existia no Direito Romano. Não se pode perder de vista a Súmula 485 do STJ: "A Lei de Arbitragem aplica-se aos contratos que contenham cláusula arbitral, ainda que celebrados antes da sua edição". Também é importante a posição do STF ao declarar constitucional a Lei n. 9.307/96 (por meio da decisão proferida em recurso de processo de homologação de Sentença Estrangeira – SE 5206 no ano de 2001), pois esta não exclui o direito previsto no inc. XXXV do art. 5º da Constituição Federal de o cidadão ter acesso ao Poder Judiciário; uma vez que o cidadão facultativamente é quem escolhe a arbitragem como forma de resolver uma lide.

Conceitualmente, arbitragem pode ser considerada um método alternativo (ao Poder Judiciário) de solução de conflitos, que tem sido utilizada como forma de resolver litígios entre pessoas, com mais celeridade e especialidade, além do sigilo da decisão.

Em sua maioria, o uso da arbitragem ocorre para solucionar conflitos entre grandes empresas em contratos relevantes e por agentes que operam no comércio exterior, ou seja, nos contratos internacionais.

É no campo dos negócios internacionais que a arbitragem acaba tendo uma jurisdição predominante nas soluções de litígios, ficando dispensada a atuação estatal nas relações comerciais internacionais, especialmente do Poder Judiciário.

Isso ocorre por não haver uma uniformização plena das legislações dos países, somado ao fato da lentidão (e imprevisibilidade) do Poder Judiciário, que não atende às necessidades das partes, passando, cada vez mais, a se socorrer da arbitragem internacional como forma de decidir seus conflitos.

No Brasil, o uso da arbitragem fica condicionado a litígios que envolvam **pessoas capazes** e **direito patrimonial disponível** (Lei n. 9.307/96, art. 1º, *caput*).

Direito patrimonial disponível diz respeito aos bens a que se pode renunciar, que não envolvam questões de família (anulação de casamento, separação, divórcio) ou de Estado (concessão de aposentadoria). Patrimônio é o que tem valor econômico. Às vezes, pode ser direito patrimonial, mas não ser disponível, como os alimentos ou os bens de um processo falimentar.

A partir da reforma da Lei n. 9.307/96, realizada pela Lei n. 13.129/2015, passou a ser expressamente admitida a possibilidade de a Administração Pública, direta e indireta, utilizar-se da arbitragem como forma de solucionar os conflitos derivados de direitos patrimoniais disponíveis (§ 1º do art. 1º da Lei n. 9.307/96, acrescido pela Lei n. 13.129/2015).

Salienta-se que, nas regras sobre **parceria público-privada**, há a previsão da possibilidade de uso da arbitragem (Lei n. 11.079/2004, art. 11, III). Contudo, o campo mais fértil para o uso da arbitragem continua sendo o dos contratos privados.

Ainda é pertinente afirmar que a decisão arbitral pode ser exarada com base no ordenamento jurídico ou na equidade, a critério das partes (Lei n. 9.307/96, art. 2º, *caput*).

Em razão disso, as partes podem escolher as bases para a decisão arbitral, se (Lei n. 9.307/96, art. 2º, §§ 1º e 2º):

1) determinadas regras jurídicas (que não contrariem os bons costumes e a ordem pública); ou

2) princípios gerais do direito (boa-fé, função social, equidade etc.), usos e costumes e regras internacionais do comércio.

Para ser **árbitro**, basta ser pessoa capaz. Não é necessária qualificação ou formação acadêmica (Lei n. 9.307/96, art. 13, *caput*). Na maioria das vezes são advogados, mas podem ser engenheiros, economistas, contadores, médicos etc.; o mais importante é que conheçam o assunto objeto do litígio a ser arbitrado.

Entretanto, quando a arbitragem envolver a Administração Pública, ela será sempre de direito e deverá respeitar o princípio da publicidade (§ 3º do art. 2º da Lei n. 9.307/96, acrescido pela Lei n. 13.129/2015).

A sentença arbitral não precisa de homologação judicial; é um título executivo judicial (Lei n. 9.307/96, art. 18, e CPC de 2015, art. 515, VII) [CPC/73, art. 475-N, IV]. Na verdade, a sentença arbitral deveria estar entre os títulos extrajudiciais, pois não é constituído pela Justiça. Antes da Lei n. 9.307/96, era preciso homologar judicialmente.

Todavia, permanece a necessidade de a sentença arbitral **estrangeira,** para ser reconhecida ou executada no Brasil, ser homologada pela Justiça brasileira. Anteriormente, a homologação se dava junto ao STF, mas a partir da vigência da nova redação do art. 35 da Lei n. 9.307/96, acrescido pela Lei n. 13.129/2015, compete unicamente ao STJ.

Por isso, a decisão arbitral equivale à decisão do juiz; no entanto, o árbitro decide, mas não executa. A razão para isso é simples: a execução é uma espécie de "violência" ao patrimônio do devedor, que pode ser exercida apenas pelo Estado. Para isso, o juiz pode autorizar o oficial de justiça a arrombar a porta da casa do devedor com o intuito de penhorar bens, se o devedor tentar obstar a penhora (CPC de 2015, art. 846, *caput*) [CPC/73, art. 660]; o Estado pode usar força policial, e inclusive pode até prender o devedor se resistente (CPC de 2015, art. 846, § 2º) [CPC/73, art. 662]. Trata-se de "violências" para garantir o cumprimento da decisão judicial.

Essa violência no Direito Romano era a responsabilidade pessoal, em que o devedor se tornava escravo de seu credor ou era mutilado. Na Germânia, o devedor era esquartejado em tantos pedaços quanto o número de credores. Com o passar dos tempos, e também com o Estado Democrático de Direito, a responsabilidade passou a ser patrimonial. O devedor não responde mais com o corpo pelas suas dívidas, salvo pelas de caráter alimentício.

No território brasileiro, apenas o Estado pode violentar o patrimônio do devedor (nos Estados Unidos, em alguns Estados, o vendedor pode guinchar o carro não pago pelo comprador). Aqui, o árbitro não pode executar, competindo esta função apenas ao juiz.

Contudo, a arbitragem é adotada pelas partes por meio da **convenção de arbitragem** (Lei n. 9.307/96, art. 3º). A convenção de arbitragem, porém, é um gênero do qual são espécies a **cláusula compromissória** e o **compromisso arbitral**.

4.3.1. Cláusula compromissória

A cláusula compromissória é a convenção estabelecida pelas partes em que ambas se comprometem a resolver eventuais e futuros conflitos por meio da arbitragem (Lei n. 9.307/96, art. 4º).

Destaca-se que a cláusula compromissória deve ser escrita. Porém, pode estar inserida em um contrato ou documento separado (como um aditivo contratual).

Se for caso de contrato de adesão, a cláusula compromissória apenas terá efeitos se for sugerida pelo aderente, ou aceita por este de forma expressa (aceitação que deve ser feita em documento anexo ou com o destaque em negrito da cláusula que deve ser assinada ou vistada).

Sem dúvida, isso deve ser ainda mais claro em arbitragem na relação de consumo, em razão da vulnerabilidade do consumidor. O CDC, art. 51, VII, afirma que é nula a cláusula que determina a utilização compulsória da arbitragem.

Vale salientar que, a cláusula compromissória é autônoma em relação ao contrato em que estiver inserida, sendo que, mesmo ocorrendo a nulidade do contrato, isso não implicará a nulidade da cláusula compromissória (Lei n. 9.307/96, art. 8º), o que possibilita, por exemplo, a apreciação por arbitragem do direito a lucros cessantes pela não realização do negócio.

É pertinente explicar que a cláusula compromissória pode ser **cheia**, quando se nomeia a câmara, árbitros, regras a serem aplicadas etc., ou **em branco**, por não se ter previsto tais elementos.

4.3.2. Compromisso arbitral

Compromisso arbitral é a convenção em que as partes, diante de um litígio já existente, comprometem-se a submetê-lo à decisão arbitral (Lei n. 9.307/96, art. 9º).

O compromisso pode ser firmado: judicialmente, acordado nos autos, perante o juiz ou tribunal em que a demanda esteja em curso; ou extrajudicialmente, celebrado por escrito particular, assinado por duas testemunhas, ou por instrumento público.

As principais diferenças entre a cláusula compromissória e o compromisso arbitral são apresentadas a seguir.

CLÁUSULA COMPROMISSÓRIA	COMPROMISSO ARBITRAL
Litígios eventuais e futuros	Litígios atuais e presentes
Pode ser conhecida de ofício	Réu deve apresentar exceção

4.3.3. Arbitragem na prática

Existem algumas questões práticas interessantes a serem ponderadas sobre o instituto da arbitragem.

Tanto na cláusula compromissória como no compromisso arbitral se tem demonstrado difícil o entendimento posterior das partes, por isso ww''',o ideal é a imediata fixação do órgão arbitral que decidirá o litígio (na chamada arbitragem **institucional**), ou do(s) árbitro(s) e outras questões (arbitragem *ad hoc*).

É notório o fato de que o uso da arbitragem tem sido uma alternativa à morosidade e à imprevisibilidade do Judiciário. Mas é preciso refletir sobre a sua adoção na prática. Essa reflexão é necessária também quanto ao uso da arbitragem para os negócios de consumo, incluídos aqueles realizados no ambiente virtual, em razão de as demandas em boa medida envolverem baixos valores financeiros.

Dessa forma, por exemplo, em um contrato de locação seria possível o uso da arbitragem? Sim, pois se trata de um direito patrimonial disponível (o aluguel/remuneração; o imóvel). Muitas imobiliárias têm recomendado o uso da arbitragem, colocando em suas minutas padronizadas a cláusula compromissória de arbitragem. No entanto, como efetuar o despejo do inquilino inadimplente? O árbitro pode fazer isso? O árbitro decidirá, mas a execução será via judicial. Nesse caso, de despejo, talvez fosse mais rápido socorrer-se do Judiciário diretamente.

Já se discutiu o fato de ser a arbitragem inconstitucional, pois, conforme o art. 5º, XXXV, da Constituição Federal, a lei não excluirá lesão ou ameaça a direito da apreciação do Poder

Judiciário. Entretanto, o STF (no ano de 2001, via recurso em processo de homologação de Sentença Estrangeira – SE 5206) já declarou a constitucionalidade da Lei n. 9.307/96, uma vez que ela não está excluindo o cidadão do acesso ao Judiciário; o cidadão é quem faz a opção de forma facultativa.

QUESTÕES DE EXAMES DA OAB E CONCURSOS PÚBLICOS

1. (OAB Nacional 2009.1) Sobre a representação comercial autônoma, conforme disciplinada na Lei Federal n. 4.886, de 1965, é correto afirmar que:

A) a exerce a pessoa física ou jurídica que, sem relação de emprego, desempenhe em caráter não eventual, por conta de uma ou mais pessoas, a mediação para a realização de negócios mercantis;

B) pode exercê-la quem não puder ser comerciante;

C) pode exercê-la quem tenha sido condenado, pelo crime de lenocínio, a pena inferior a 2 (dois) anos de reclusão;

D) nos pertinentes contratos, será facultativa a indicação da zona ou das zonas em que será exercida a representação.

2. (OAB-SP 136º 2008) Acerca do contrato de franquia, assinale a opção correta.

A) A legislação brasileira confere tratamento detalhado ao contrato de franquia, sendo nela estabelecido, expressamente, o rol dos direitos e deveres do franqueador e do franqueado.

B) A falta da prévia circular de oferta de franquia torna nulo, de pleno direito, o contrato de franquia.

C) O contrato de franquia pode ser verbal, tendo, neste caso, efeito apenas entre as partes.

D) Para produzir efeitos perante terceiros, o contrato de franquia deve ser registrado no Instituto Nacional de Propriedade Industrial (INPI).

3. (OAB-SP 137º 2008) A ação renovatória do aluguel empresarial deve ser:

A) ajuizada no penúltimo ano do prazo do contrato em vigor;

B) proposta no interregno de, no máximo, 6 meses, até 2 meses, no mínimo, anteriores à data da finalização do prazo do contrato em vigor;

C) ajuizada no segundo semestre do penúltimo ano do prazo do contrato em vigor;

D) proposta no interregno de um ano, no máximo, até 6 meses, no mínimo, anteriores à data da finalização do prazo do contrato em vigor.

4. (OAB-SP 136º 2008) A respeito das licenças para exploração e das cessões de patentes, assinale a opção correta.

A) As cessões de patentes, assim como as licenças para exploração, são legalmente classificadas em voluntárias e compulsórias.

B) Para ter efeito entre as partes, as licenças para exploração de patentes devem ser registradas no INPI.

C) As licenças compulsórias serão concedidas com caráter de exclusividade para a exploração da patente.

D) Tanto o pedido de patente quanto a patente, ambos de conteúdo indivisível, podem ser cedidos, total ou parcialmente.

5. (OAB-SP 135º 2008) Assinale a opção correta no que se refere ao arrendamento mercantil.

A) Arrendamento mercantil, *leasing* e alienação fiduciária são expressões equivalentes.

Contratos mercantis   415

B) De acordo com a atual jurisprudência do Superior Tribunal de Justiça (STJ), a cobrança antecipada do valor residual garantido não descaracteriza o contrato de arrendamento mercantil.

C) Segundo a jurisprudência do STJ, no contrato de arrendamento mercantil, é possível a correção monetária pelo dólar norte-americano, atribuindo-se integralmente ao arrendatário o
   ônus da desvalorização cambial ocorrida em 1999.

D) O contrato de arrendamento mercantil caracteriza-se como uma compra e venda a prestação.

6. (Magistratura-SP 181º 2008) O contrato de distribuição regulado pelo Código Civil:

A) é celebrado em caráter eventual e não pressupõe a disponibilização da coisa a ser negociada;

B) em vigor, por prazo indeterminado, pode ser rescindido, dentro de prazo que deve levar em
   consideração a natureza e o vulto exigidos do agente;

C) não admite convenção das partes no que se refere à possibilidade de se instituir mais de um
   agente na mesma zona, com mesma incumbência, nem tampouco sobre a distribuição de
   despesas decorrentes da promoção;

D) todas as afirmações acima são corretas.

7. (Magistratura-SP 180º 2007) No que tange à representação comercial, pode-se afirmar que:

A) o contrato de representação comercial é regido por lei especial; a atividade é fiscalizada pelos
   Conselhos Federal e os Regionais dos Representantes Comerciais; o crédito de representante
   comercial em processo falimentar é classificado como trabalhista;

B) o contrato de representação comercial é regido pela legislação trabalhista; a atividade é fiscalizada pelas Delegacias Regionais do Trabalho e pela Justiça do Trabalho; o crédito de representante comercial em processo falimentar é classificado como trabalhista;

C) o contrato de representação comercial é regido pelas disposições não revogadas do Código
   Comercial; a atividade é fiscalizada pela Junta Comercial e pelo Poder Judiciário; o crédito de
   representante comercial em processo falimentar é classificado como quirografário;

D) o contrato de representação comercial passou a ser regido pelo Novo Código Civil em vigor;
   a atividade sob a égide do Direito Civil passou a ser fiscalizada pelo Poder Judiciário; o crédito de representante comercial em processo falimentar é classificado como privilégio especial.

8. (Magistratura-SP 180º 2007) O contrato de compra e venda mercantil torna-se perfeito e
acabado:

A) quando é pago o preço;

B) com o pagamento de 50% (cinquenta por cento) do preço;

C) quando as partes acordam na coisa, no preço e nas condições estabelecidas;

D) quando é entregue a coisa.

9. (Magistratura-SP 180º 2007) O art. 4º da Lei n. 8.955/94 [revogada pela nova Lei de Franquias,
Lei n. 13.966/2019] dita que: "A Circular de Oferta de Franquia deverá ser entregue ao candidato
a franqueado no mínimo 10 (dez) dias antes da assinatura do contrato ou pré-contrato de
franquia ou ainda do pagamento de qualquer tipo de taxa pelo franqueado ao franqueador ou a
empresa ou pessoa ligada a este". O não recebimento da circular de oferta de franquia nos termos
da referida norma:

A) suspende a eficácia do contrato de franquia até que seja sanada a irregularidade;

B) permite ao franqueado o direito de obter a revisão das cláusulas contratuais, desde que demonstre o prejuízo relativo ao negócio;

C) assegura, pelo prazo de um ano, a resolução imotivada do contrato de franquia, por parte do
   franqueado, e, após esse período, mediante prévia notificação, poderá exigir devolução de

todas as quantias que já houver pago ao franqueador ou a terceiros por ele indicado, a título de taxa de filiação e *royalties*, devidamente corrigidas, pela variação do IGPM;

D) permite ao franqueado arguir a anulabilidade do contrato e exigir devolução de todas as quantias que já houver pago ao franqueador ou a terceiros por ele indicados, a título de taxa de filiação e *royalties*, devidamente corrigidas, pela variação da remuneração básica dos depósitos de poupança mais perdas e danos.

10. (Ministério Público-CE 2009) Em relação a contratos mercantis, é correto afirmar que:

A) por sua natureza, o mandato mercantil pode ser oneroso ou gratuito;

B) a compra e venda é mercantil quando o vendedor ou comprador são empresários, podendo uma das partes sê-lo ou não;

C) a alienação fiduciária em garantia tem sua abrangência restrita a bens móveis;

D) as empresas de faturização, ou fomento mercantil, a exemplo das instituições financeiras, devem manter sigilo sobre suas operações;

E) o arrendamento mercantil é a locação caracterizada pela compra compulsória do bem locado ao término da locação.

5

PROPRIEDADE INTELECTUAL (PROPRIEDADE INDUSTRIAL E DIREITO AUTORAL)

5.1. INTRODUÇÃO

A **propriedade intelectual** é o conjunto de normas de proteção sobre bens incorpóreos ou imateriais (o que não tem existência física) decorrente da criatividade, inteligência ou sensibilidade de seu criador – autor ou inventor. São as regras que tutelam as criações (direito autoral) e as invenções (propriedade industrial). Frise-se que o bem incorpóreo objeto da proteção jurídica pode ser materializado em suporte físico, como no caso de uma obra literária.

Pode-se dizer que a propriedade industrial e o direito autoral são duas vertentes que compõem a chamada propriedade intelectual. Assim, a propriedade intelectual é um gênero do qual o direito autoral e a propriedade industrial são espécies.

A propriedade intelectual, enquanto conjunto de regras que tutelam os bens imateriais, desempenha um papel fundamental sob o ponto de vista do desenvolvimento socioeconômico. Isso porque, é uma diretriz básica da economia ao proteger os interesses dos titulares de direitos imateriais, proporcionando-lhes usufruírem com exclusividade de suas criações/ inventos por certo período, acabando por assim promover o desenvolvimento tecnológico. Esse fato promove retorno financeiro aos criadores/investidores, que poderão reinvestir em mais desenvolvimento, o que acaba por gerar um círculo virtuoso em efeito espiral refletindo em promoção cultural e/ou crescimento econômico do país.

Sob outra ótica, o regime da propriedade intelectual também implica em benefícios a terceiros, ou seja, àqueles que não são os titulares da criação; pois, na medida em que fixa limites aos titulares evita-se o uso abusivo da exclusividade por parte destes (como no caso da licença compulsória pelo não uso do invento). Também, ao delimitar um período de uso com exclusividade, ao seu término, o bem torna-se de domínio público, permitindo portanto que qualquer interessado possa explorá-lo (reproduzir, comercializar etc.).

O marco da propriedade intelectual, enquanto gênero da proteção dos bens imateriais, se deu a partir de 1967 com a Convenção de Estocolmo. Foi nesta oportunidade que se criou a OMPI – Organização Mundial da Propriedade Intelectual, bem como se revisou as convenções do final do século XIX sobre propriedade industrial e direitos autorais, conforme veremos adiante.

Para fins introdutórios, o **direito autoral** trata sobretudo, da proteção dos interesses dos criadores de obras literárias, artísticas e científicas (Lei n. 9.610/98), bem como da tutela do programa de computador – *software* (Lei n. 9.609/98). No geral, o direito autoral cuida das criações do espírito humano, ou seja, das obras relacionadas às sensações corporais, às percepções, aos sentimentos, à estética, aos símbolos. Desse modo, as artes provocam os estímulos sensoriais. O *software* seria uma exceção, pois, a princípio, trata-se de uma solução técnica (característica das patentes); embora possa ser considerado um facilitador do desempenho humano.

O direito autoral tem proteção legal fundamentada na Constituição Federal, art. 5º, XXVII, "aos autores pertence o direito exclusivo de utilização, publicação ou reprodução de suas obras, transmissível aos herdeiros pelo tempo que a lei fixar;" e XXVIII:

> "(...) são assegurados, nos termos da lei:
>
> *a*) a proteção às participações individuais em obras coletivas e à reprodução da imagem e voz humanas, inclusive nas atividades desportivas;
>
> *b*) o direito de fiscalização do aproveitamento econômico das obras que criarem ou de que participarem aos criadores, aos intérpretes e às respectivas representações sindicais e associativas".

Já a **propriedade industrial** ou "direito industrial" cuida das marcas, patentes de invenções e de modelos de utilidade, desenhos industriais e indicações geográficas (Lei n. 9.279/96). Via de regra, a propriedade industrial trata de soluções técnicas a serem aplicadas em *produtos* e *processos produtivos*, sendo que há quem entenda ser o desenho industrial uma obra estética.

Vale ter em conta que a palavra "industrial" está relacionada ao fato de que o setor industrial foi o primeiro que começou a registrar marcas e a patentear invenções, o que com o passar dos anos também acabou sendo utilizado pelas áreas do comércio e da prestação de serviços em geral.

A propriedade industrial também está alicerçada na Constituição, art. 5º, XXIX:

> "(...) a lei assegurará aos autores de inventos industriais privilégio temporário para sua utilização, bem como proteção às criações industriais, à propriedade das marcas, aos nomes de empresas e a outros signos distintivos, tendo em vista o interesse social e o desenvolvimento tecnológico e econômico do País".

Ressalte-se, a intenção de se proteger uma invenção técnica, ou criação do espírito, está relacionada à necessidade de todo inventor ou criador ter assegurado um proveito econômico decorrente da exploração comercial de sua invenção ou criação, uma vez que sempre há interesse da sociedade no desenvolvimento tecnológico, socioeconômico e cultural. Se essa proteção não existisse, certamente geraria um desestímulo a novas invenções e criações.

Esse fato acaba gerando uma espécie de "monopólio" temporário, ou melhor, um direito de uso exclusivo por certo prazo; um privilégio temporário, portanto, pois esse proveito econômico não pode ser eterno. Assim, para que a sociedade possa aproveitar e utilizar ainda mais os benefícios provenientes de um invento, a proteção e a exclusividade da exploração econômica pelo seu criador têm um limite de tempo determinado. Conforme veremos adiante, no caso da propriedade industrial, é preciso haver o seu registro junto ao INPI – Instituto Nacional da Propriedade Industrial (assuntos que serão vistos adiante). Terminado o período de exclusividade, o bem se torna de "domínio público", sendo assegurada a todos a exploração de tal criação. Como será visto, embora seja permitido o registro, no direito autoral as criações não precisam ser registradas para ter proteção jurídica.

5.1.1. Breve histórico

Como ponto de partida histórico, poder-se-ia afirmar que o uso das marcas teve seu início na Idade Média, quando proprietários de gado – mediante o uso de ferro quente – marcavam com símbolos seus animais visando a diferenciá-los de outros da mesma espécie, mas que eram de outros proprietários.

Porém, o uso de indicações geográficas certamente é mais antigo do que o das marcas. Isso porque, desde os primórdios do comércio, passando pela Antiguidade e Idade Média, os mercadores procuravam agregar valor aos seus produtos, ao destacar os atributos qualificativos das localidades de onde originavam suas mercadorias que pretendiam comercializar[1].

Para se ter uma ideia, dentro da tumba de "Toutankahamon" (cerca de 1500 a.C.) foram descobertas jarras de vinho etiquetadas com o nome do seu produtor, o local de origem da produção e dizeres sobre as características e qualidades da bebida[2].

Sob o prisma legislativo, o marco da proteção aos bens imateriais teve início com as primeiras leis sobre propriedade industrial. Na Inglaterra, antes mesmo do auge da Revolução Industrial, houve a edição do Estatuto dos Monopólios, em 1623. Nos Estados Unidos, em 1790, foi editada a Lei das Patentes, em cumprimento ao previsto na Constituição americana de 1787. Em França, no ano de 1791 surgiu a conhecida "Lei Chapelier" sobre direitos dos inventores[3].

Mas a propriedade intelectual, enquanto um conjunto de direitos para tutelar os interesses sobre os bens imateriais, começou a ganhar corpo no final do século XIX, impulsionada pela revolução industrial. Desse modo, no campo industrial, as empresas passaram a controlar sua produção por meio de patentes e a distribuição dos bens pelas marcas. Àquela altura, não havendo um sistema internacional de proteção, os países regulavam o assunto internamente, o que acabava possibilitando a um empresário de outro país a utilização de

---

[1] Patricia Carvalho da Rocha Porto. *Indicações geográficas:* a proteção adequada deste instituto jurídico visando o interesse público nacional. Monografia (Especialização em Direito da Propriedade Industrial) – Universidade do Estado do Rio de Janeiro, Rio de Janeiro, 2007. p. 17. Disponível em: <http://denisbarbosa.addr.com/ig.pdf>. Acesso em: 20 jul. 2017.

[2] Frédéric Pollaud-Dulian. *Droit de la propropriété industrielle*. Paris: Montchrestien, 1999. p. 140, apud Patricia Carvalho da Rocha Porto. *Indicações geográficas:* a proteção adequada deste instituto jurídico visando o interesse público nacional, cit., p. 17-18.

[3] Nesse sentido, Fábio Ulhoa Coelho. *Curso de direito comercial*: direito de empresa. v. 1, p. 134.

um bem patenteado, ou de uma marca registrada, em outra nação sem necessariamente isso ser tido por ilegal.

Contudo, de acordo com Newton Silveira, a preocupação em tutelar as criações intelectuais se deu em boa medida a partir do momento em que se pôde reproduzir em grande escala as criações humanas[4].

5.1.2. Convenção de Paris, Convenção de Berna e Protocolo de Madri

No final do século XIX, em 1883, com a Convenção da União de Paris – CUP, foi criado um tratado internacional com a intenção de uniformizar o regramento dos países quanto à propriedade industrial, estabelecendo-se um marco sobre isso. Esse tratado já sofreu várias revisões e atualmente é regulamentado pela Organização Mundial da Propriedade Intelectual – OMPI[5].

Assim, a CUP foi o primeiro tratado internacional sobre propriedade intelectual, especificamente acerca de direitos industriais, sendo a primeira tentativa de uma harmonização internacional dos diferentes sistemas jurídicos nacionais referentes à propriedade industrial, originando assim o que atualmente é chamado de Sistema Internacional da Propriedade Industrial. O embrião dos termos da CUP teria se dado em 1880, quando naquela cidade francesa houve uma conferência diplomática preliminar. A expressão "União" do tratado está relacionada ao esforço conjunto, proposto por seus 14 signatários iniciais, de uniformização de suas leis internas sobre a temática.

O Brasil é signatário inicial da CUP, pois aderiu à Convenção desde o início, tendo internalizado inicialmente suas regras por meio do Decreto n. 9.233/1884. Vale reforçar que o texto da CUP já foi ajustado algumas vezes de modo a mantê-lo atualizado. Isso se deu por meio das Revisões de Bruxelas (1900), Washington (1911), Haia (1925), Londres (1934), Lisboa (1958). A última foi a Revisão de Estocolmo (1967), a qual o Brasil aderiu aos seus termos por meio do Decreto Legislativo n. 78/74; tendo sua promulgação ocorrida pelo Decreto n. 75.572/75.

Mais tarde, o Decreto n. 635/92 voltou a promulgar a Convenção de Paris para a Proteção da Propriedade Industrial, revista em Estocolmo em 1967. Por sua vez, foi o Decreto n. 1.263/94 que confirmou a declaração de adesão do Brasil aos arts. 1º a 12 e ao art. 28, alínea I, do texto da Revisão de Estocolmo da Convenção de Paris. Isso porque, ao assinar a Revisão de Estocolmo, o Brasil o fez com a reserva de que não se considerava vinculado pelo disposto na alínea I do art. 28 (conforme previsto na alínea 2, do mesmo artigo), e de que sua adesão não era aplicável aos arts. 1º a 12, conforme previsto no art. 20. Isso fazia com que continuasse em vigor no Brasil, nessa parte, o texto da revisão de Haia, de 1925.

Quanto à proteção dos direitos autorais no âmbito internacional, seu marco inicial se deu pela **Convenção da União de Berna – CUB** – relativa à proteção das obras literárias e artísticas, firmada em 1886, na Suíça, cidade de Berna. Este tratado foi resultado da atuação

---

[4] Newton Silveira. *Propriedade intelectual*: propriedade industrial, direito de autor, *software*, cultivares, nome empresarial. 5. ed. Barueri: Manole, 2014. p. 11.

[5] Haroldo Malheiros Duclerc Verçosa. *Curso de direito comercial*. v. 1, p. 294-295.

Propriedade intelectual (propriedade industrial e direito autoral) 421

da Associação Literária e Artística Internacional de 1878, criada na França visando ao reconhecimento dos direitos autorais de trabalhos de pessoas estrangeiras.

A CUB também já foi revista várias vezes: Paris (1896), Berlim (1908), completada em Berna (1914), Roma (1928), Bruxelas (1948), Estocolmo (1967) e Paris (1971). Desde 1967 que a Convenção é administrada pela OMPI.

No Brasil, o Decreto Legislativo n. 94/74 aprovou o texto da Convenção de Berna para a Proteção das Obras Literárias e Artísticas, conforme a Revisão de Paris de 1971. Sua promulgação se deu por meio do Decreto n. 75.699/75.

Ainda a título histórico, em 1891 foi celebrado o Acordo de Madri, um tratado internacional que criava um Registro Internacional de Marcas; porém não houve muitas adesões de países. Praticamente um século depois, em 1989, foi celebrado outro tratado com a mesma finalidade, o intitulado "**Protocolo de Madri**", visando assim a superar as deficiências e atualizar o anterior. O Brasil ainda não aderiu a este último.

5.1.3. Organização Mundial da Propriedade Intelectual – OMPI

A Organização Mundial da Propriedade Intelectual – OMPI – foi criada por meio da Convenção de Estocolmo, em 1967. Trata-se de uma entidade internacional com a finalidade de promover a proteção da propriedade intelectual pelo mundo via cooperação entre os Estados. Isso inclui entre suas finalidades a de atualizar e propor internacionalmente padrões de proteção às criações intelectuais. Sua sede está na cidade de Genebra, na Suíça, sendo uma das agências especializadas da **Organização das Nações Unidas – ONU**.

Vale considerar que, terminada a Segunda Guerra Mundial, as discussões de caráter internacional acerca da propriedade intelectual passaram a se dar inclusive no âmbito da ONU. Tudo isso acabou por resultar na criação da OMPI.

No Brasil, foi o Decreto n. 75.541/75 que promulgou a Convenção de Estocolmo no que se refere à instituição OMPI – Organização Mundial da Propriedade Intelectual, sendo que a adesão brasileira aos termos deste acordo internacional, quanto a direitos industriais, foi antecedida pelo Decreto Legislativo n. 78/74.

Estão entre as atribuições da OMPI: incentivar a proteção dos bens imateriais (propriedade intelectual) em âmbito mundial via a cooperação entre os países; encorajar a negociação de novos tratados internacionais e a modernização das legislações nacionais; promover a atividade intelectual, de modo a facilitar a transmissão de tecnologia para os países em desenvolvimento, com a finalidade de potencializar-lhes o desenvolvimento econômico, social e cultural.

A OMPI administra muitos tratados internacionais sobre propriedade intelectual, entre os quais estão a Convenção de Paris e a Convenção de Berna. Enquanto uma instituição fomentadora do desenvolvimento e proteção da propriedade intelectual, a atuação da OMPI foi marcante em muitos episódios, como no Tratado de Cooperação em Matéria de Patentes (PCT); no Convênio Internacional para a Proteção de Obtenções Vegetais (UPOV); no Protocolo de Madrid, para a efetivação do Registro Internacional de Marcas; bem como em outras negociações sobre a padronização nos regimes da propriedade industrial e dos direitos autorais.

Cabe destacar que, desde 1996, a OMPI mantém acordo de cooperação com a Organização Mundial do Comércio – OMC (Acordo OMC-OMPI), o qual objetiva fixar um suporte mútuo entre ambos os organismos para melhor troca de informações e administração de questões internacionais referentes à propriedade intelectual; bem como facilitar a implementação das regras do TRIPS (Acordo sobre Aspectos dos Direitos de Propriedade Intelectual Relacionados ao Comércio), sobretudo pelos países em desenvolvimento. A viabilização dessas propostas se dá, entre outras maneiras, pela participação conjuntamente de ambas as instituições em eventos relacionados à temática.

5.1.4. Organização Mundial do Comércio – OMC

A Organização Mundial do Comércio – OMC – é uma instituição que atua na regulamentação do comércio internacional, sobretudo por meio de acordos firmados por seus países-membros, dentre os quais está o Brasil, formando assim um Sistema Multilateral de Comércio. Além disso, a instituição mantém uma estrutura para negociação e formalização de acordos comerciais, bem como um processo de resolução de conflitos que visa a reforçar a adesão dos participantes aos próprios acordos da OMC.

A OMC foi criada, em 1995, substituindo o **GATT** (*General Agreement on Tariffs and Trade*; em português Acordo Geral sobre Tarifas e Comércio). Após a Segunda Guerra Mundial, o GATT foi institucionalizado em 1947 com o fim de, entre os países, fomentar a liberalização comercial e combater práticas protecionistas adotadas desde os anos de 1930. Desse modo, vinte e três países (entre os quais o Brasil) deram início a negociações tarifárias. Essa primeira fase (Rodada Genebra) resultou em um conjunto de normas e concessões tarifárias, o qual foi intitulado "Acordo Geral sobre Tarifas e Comércio – GATT". Desde a sua concepção, o GATT tinha a finalidade de ser temporário, valendo até que fosse criada a OMC, hoje com mais de 150 países-membros.

Assim, grande parte dos temas tratados pela OMC é derivada das rodadas (negociações) anteriores à sua criação no âmbito do GATT, sobretudo a partir da Rodada Uruguai, que durou de 1986 a 1994 e da qual, em sua conclusão, resultou na própria criação da OMC.

Atualmente é a Rodada Doha que está em curso, sendo que esta rodada de negociações foi iniciada em 2001, permanecendo em curso até o presente momento. Doha consiste em negociações sobre tarifas, comércio, serviços, agricultura, entre outros temas, visando sobretudo atender às necessidades dos países em desenvolvimento. Entretanto, os conflitos sobre o livre comércio de bens e serviços e a manutenção do protecionismo em subsídios agrícolas resultam em impasses entre os países. Esse fato tem levado os Estados a assinarem acordos bilaterais de comércio em detrimento de acordos multilaterais no âmbito da OMC.

Durante esse período do sistema multilateral de comércio, já ocorrem várias rodadas, sendo a maioria durante a vigência do GATT e a última após a criação da OMC: Rodada Genebra: ano de 1947, com 23 países participantes – temática: tarifas; Rodada Annecy: ano de 1949, com 13 países participantes – temática: tarifas; Rodada Torquay: anos de 1950 a 1951, com 38 países participantes – temática: tarifas; Rodada Genebra: anos de 1955 a 1956, com 26 países participantes – temática: tarifas; Rodada Dillon: anos de 1960 a 1961, com 26 países participantes – temática: tarifas; Rodada Kennedy: anos de 1964 a 1967, com 62 países participantes – temática: tarifas e medidas *antidumping* [preço predatório, inferior ao do mercado]; Rodada Tóquio: anos de 1973 a 1979, com 102 países participantes – temática: tarifas, medidas não tarifárias, cláusula de habilitação; Rodada Uruguai: anos de 1986 a 1994, com 123 países participantes – temática: tarifas, agricultura, serviços, propriedade

Propriedade intelectual (propriedade industrial e direito autoral) 423

intelectual, criação da OMC etc.; Rodada Doha: anos de 2001 até o presente; com mais de 150 países participantes – temática: tarifas, agricultura, serviços, facilitação de comércio, solução de controvérsia[6].

5.1.5. Acordo sobre Aspectos dos Direitos de Propriedade Intelectual Relacionados ao Comércio – TRIPS

O TRIPS ou, como também é conhecido, Acordo TRIPS (*Agreement on Trade-Related Aspects of Intellectual Property Rights*; em português, Acordo sobre Aspectos dos Direitos de Propriedade Intelectual Relacionados ao Comércio) é um tratado internacional que consiste no conjunto de acordos comerciais sobre propriedade intelectual, firmado em 1994, por ocasião do encerramento das negociações realizadas na Rodada Uruguai. Desse modo, ainda no âmbito do GATT, além de culminar na criação da OMC (em 1995), a Rodada Uruguai deu origem ao Acordo TRIPS.

O Acordo TRIPS tem por objeto disciplinar, entre seus signatários, a existência, a abrangência e a aplicação de normas de proteção de direitos de propriedade intelectual, bem como prevenir o abuso pelos titulares destes direitos.

Assim, o TRIPS é o mais importante tratado internacional sobre propriedade intelectual, sendo fruto da pressão de países desenvolvidos (sobretudo dos Estados Unidos) por maior proteção aos seus interesses econômicos na esfera da propriedade intelectual. Desse modo, a adesão ao TRIPS passou a ser uma exigência para aqueles países que queiram compor o quadro da OMC. Ou seja, para que os países em desenvolvimento (como o Brasil) pudessem ter acesso aos mercados internacionais passou a ser necessária a ratificação dos termos do TRIPS, o que se dá por meio da edição de normas internas com dura proteção da propriedade intelectual.

Internamente, o Congresso Nacional brasileiro ratificou o TRIPS pelo Decreto Legislativo n. 30/94, passando suas regras a pertencerem ao ordenamento jurídico pátrio por meio do Decreto n. 1.355/94.

São muitos os temas abrangidos pelo TRIPS: direitos autorais (autor e conexos); propriedade industrial (marcas, patentes, desenhos industriais, indicações geográficas); topografias de circuitos integrados; informações confidenciais; atos de concorrência desleal; indenizações; procedimentos civis e administrativos de proteção; provas; medidas cautelares; exigências especiais relativas a medidas de fronteira; procedimentos penais; entre outros.

Entre os assuntos reconhecidos e objetivados pelo TRIPS, estão: a proteção da propriedade intelectual; o desenvolvimento de tecnologia; o reconhecimento das necessidades especiais dos países de menor desenvolvimento quanto à implementação interna de leis e regulamentos com maior flexibilidade, de modo a habilitá-los a criar uma base tecnológica sólida e viável; entre outros.

De acordo com o art. 7º do TRIPS:

> "A proteção e a aplicação de normas de proteção dos direitos de propriedade intelectual devem contribuir para a promoção da inovação tecnológica e para a transferência

---

[6] Disponível em: <https://pt.wikipedia.org/wiki/Organiza%C3%A7%C3%A3o_Mundial_do_Com%C3%A9rcio#cite_note-22>. Acesso em: 17 jul. 2017.

e difusão de tecnologia, em benefício mútuo de produtores e usuários de conhecimento tecnológico e de uma forma conducente ao bem-estar social econômico e a um equilíbrio entre direitos e obrigações".

Contudo, o GATT foi uma base importante para a OMC, pelo fato de que ratificações do TRIPS são requerimentos indispensáveis para se filiar à OMC. Assim, qualquer país que busque obter acesso aos inúmeros mercados internacionais abertos pela OMC deve estabelecer rigorosa legislação, conforme as regras previstas pelo Acordo TRIPS. Por essa razão, o TRIPS é o mais importante instrumento multilateral para a universalização das leis de propriedade intelectual.

5.1.6. Tratado de Cooperação em Matéria de Patentes – PCT

O Tratado de Cooperação em Matéria de Patentes – PCT – foi celebrado em 1970, na cidade de Washington, tendo o Brasil como um de seus signatários. O PCT foi incorporado ao ordenamento jurídico brasileiro após a sua ratificação interna pelo Decreto Legislativo n. 110/77, e a respectiva promulgação pelo Decreto n. 81.742/78.

Posteriormente, houve Emendas ao Regulamento de Execução Regido pelo PCT, adotadas na Assembleia da União Internacional de Cooperação em Matéria de Patentes (realizada em Genebra, em 1978). O Decreto Legislativo n. 42/80 aprovou o texto das emendas, sendo que por meio do Decreto n. 523/92 foi promulgada a execução de tais ajustes ao PCT.

No Brasil, a análise dos pedidos de patentes na esfera do PCT está disciplinada pela Resolução INPI n. 193/2017, cujo art. 2º prevê que:

> "(...) os escritórios de patentes nacionais ou organizações internacionais de referência para o exame técnico do pedido de patente no INPI, doravante escritórios de referência, são os escritórios que trabalham como Autoridades Internacionais de Pesquisa e Exame Preliminar no âmbito do PCT".

A finalidade do PCT é otimizar aos usuários e aos órgãos governamentais, encarregados da administração do sistema de patentes, o procedimento para o pedido de patente em diversos países.

Com o PCT foi criado o pedido internacional de patentes, de modo que o pedido pode ser efetuado normalmente em um dos países membros, havendo uma publicação internacional efetuada pelo escritório internacional na OMPI. Isso gera efeito *erga omnes* no âmbito de cada país signatário do PCT.

Há duas etapas para o depósito do pedido internacional. A primeira, de âmbito internacional, consiste no efetivo depósito do pedido internacional de proteção da patente junto ao escritório da OMPI, ou perante um órgão nacional ou regional de patentes vinculados ao PCT. Já a segunda fase, de esfera nacional, é a confirmação obrigatória do depósito internacional junto ao órgão interno de cada Estado-Membro, que deverá ocorrer no prazo de 30 meses a partir da data do depósito internacional. Neste ponto, a temática é objeto da Resolução INPI n. 179/2017, a qual tem por fim, conforme os termos do PCT, aperfeiçoar os procedimentos para a entrada na fase nacional dos pedidos internacionais de patente depositados junto ao INPI, como Organismo Designado ou Eleito para fins do PCT. Tudo isso é muito importante para o tema do direito de prioridade no âmbito das patentes, conforme veremos a seguir.

Propriedade intelectual (propriedade industrial e direito autoral)

5.2. PROPRIEDADE INDUSTRIAL – ASPECTOS GERAIS

No Brasil, a propriedade industrial tem seu fundamento na Constituição Federal de 1988, art. 5º, XXIX. Na esfera infraconstitucional, seu regime jurídico é dado sobretudo pela denominada **Lei da Propriedade Industrial** – LPI, que é a Lei n. 9.279/96. Esta lei revogou o antigo Código da Propriedade Industrial (Lei n. 5.772/71), que por sua vez revogou o seu antecessor e também denominado Código da Propriedade Industrial (Decreto-lei n. 1.005/69).

É pertinente destacar que a Lei n. 9.279/96 regula a concessão de: patentes de invenção e de modelo de utilidade, registro de desenho industrial, registro de marca, registro para jogos eletrônicos, bem como a repressão à concorrência desleal e às falsas indicações geográficas (LPI, art. 2º).

Em geral, os bens tutelados pela propriedade industrial precisam ser registrados para o fim de constituir o direito do titular e desse modo obter a proteção legal (exceção se dá no caso do segredo industrial). Na propriedade industrial protege-se a ideia do inventor, sendo que a invenção se confunde com o seu suporte material. Diversamente, no direito autoral as criações não precisam ser registradas para serem tuteladas. Além disso, o direito autoral não protege a ideia em si, mas a forma como a ideia do autor é externada; e, quando a obra se materializa em um suporte, com ele não se confundirá[7].

Para todos os efeitos legais, a Lei da Propriedade Industrial considera todos os direitos de propriedade industrial como bens móveis (LPI, art. 5º).

Dessa forma, é cabível ação judicial para reparação de dano causado aos direitos de propriedade industrial, a qual prescreve em 5 anos (LPI, art. 225).

5.2.1. INPI – Instituto Nacional da Propriedade Industrial

O Instituto Nacional da Propriedade Industrial – INPI é o órgão administrativo brasileiro que tem como finalidade, entre outras atribuições relacionadas à propriedade industrial, conceder a titularidade de patentes e registrar marcas.

Na verdade, o INPI é uma autarquia federal vinculada ao Ministério do Desenvolvimento, Indústria e Comércio Exterior. A partir do Decreto n. 8.854, de 22 de setembro de 2016, o INPI passou a contar com uma nova estrutura organizacional visando a dinamizar sua gestão e melhorar seu desempenho operacional.

Dentre as responsabilidades do INPI, fundamentalmente, estão a de: registro de marcas; concessão de patentes de invenção e modelos de utilidade; averbação de contratos de transferência de tecnologia e de franquia empresarial; registro de desenhos industriais e indicações geográficas; registro de programas de computador. Tudo isso está de acordo com as disposições contidas na Lei n. 9.279/96 e na Lei n. 9.609/98 – Lei de *Software*.

Além dessas atribuições, também é de responsabilidade do INPI divulgar os atos praticados junto a ele, o que é feito por meio de artigos e textos publicados na **Revista da Propriedade Industrial – RPI**.

Essa revista foi instituída pela Resolução INPI n. 117/2005, como o único instrumento destinado a publicar os atos, os despachos e as decisões relacionados às atividades da autarquia.

---

[7] Nesse sentido, Fábio Ulhoa Coelho. *Curso de direito civil*: direito das coisas, direito autoral. 4. ed. São Paulo: Saraiva, 2012. p. 202 e s.

O acesso à *Revista da Propriedade Industrial* é livre e gratuito, sendo permanentemente disponibilizado no *site* do INPI: <http://www.inpi.gov.br>.

É bom considerar que o INPI exerce o papel fundamental de dar publicidade aos atos previstos na lei (como, por exemplo, uma licença de marca ou de patente), que, por sua vez, somente poderão produzir efeitos perante terceiros se registrados neste órgão[8].

Embora se compreenda que o registro para os direitos industriais seja obrigatório, na verdade, o registro de uma criação intelectual (propriedade industrial ou direito autoral) pode ser visto como uma faculdade do inventor/criador. No entanto, sobretudo em matéria da propriedade industrial, registrar a criação de um bem trata-se de uma cautela legal que visa a dar segurança aos seus direitos, pois o registro é o meio ordinário e eficaz de se comprovar seus direitos enquanto inventor/criador. Isso porque ao não proceder ao registro no órgão competente se acaba tendo riscos, como o de não conseguir demonstrar que se trata de sua efetiva invenção/criação, bem como não se obter a tutela adequada.

De acordo com a Resolução INPI n. 141/2014, editada em razão de uma determinação judicial advinda da 10ª Vara Cível da Justiça Federal de São Paulo, qualquer cidadão poderá praticar atos junto ao INPI, como depositar pedidos de patentes e registro de marcas. Isso pode ser feito diretamente pelo cidadão ou por meio de um procurador, que pode ser advogado ou não. Assim, o **agente da propriedade industrial**, enquanto profissional devidamente submetido à aprovação por exame público de habilitação para tal profissão e devidamente cadastrado pelo INPI, deixa de ser um intermediário necessário para as solicitações perante o referido órgão.

5.2.1.1. E-Marcas e e-Patentes

É notório que, nos últimos tempos, os processos de registros de marcas e de depósitos de patentes junto ao INPI são extremamente demorados, chegando a levar em média 8 anos para patentes e 5 anos para marcas. Em parte, pela falta de funcionários, sobretudo de técnicos responsáveis pelos exames, de gestão dos recursos humanos disponíveis e de orçamento e investimento adequados, que implica no sucateamento do órgão.

Esse fato gera muita insegurança jurídica e falta de competitividade para os agentes econômicos instalados, ou que queiram se instalar, no Brasil, haja vista que a proteção para quem tem apenas a expectativa de se obter o registro de uma marca ou obtenção de uma patente, por já ter ingressado com o processo, é muito tímida.

A propósito, esse episódio pode inclusive afastar investidores de nosso País, na medida em que outros países têm prazos bem mais curtos, como, por exemplo, nos Estados Unidos, em que se obtém o registro de uma marca em aproximadamente três anos.

---

[8] Nesse sentido, é a decisão do STJ: Propriedade Industrial. Licença para Uso de Marca. Registro no INPI. Medida Cautelar. Liminar. Deferimento. O contrato de licença para uso de marca, para valer contra terceiros, precisa estar registrado no INPI. Assim, não ofende o art. 140, § 2º, da Lei n. 9.279/96, a decisão que defere liminar em autos de ação de busca e apreensão, proposta pelo licenciado, cujo contrato está devidamente registrado, contra o antigo usuário da marca, que não o registrou. Recurso especial não conhecido (REsp 606.443/SP, rel. Min. Castro Filho, *DJ* 25-2-2004).

Visando a minimizar a situação acerca da lentidão, entre outros projetos que têm por finalidade dinamizar as suas atribuições, o INPI criou o e-Marcas e o e-Patentes.

O e-Marcas é um sistema de registro de marcas pela internet, em que se pode promover o depósito de pedidos e petições. Ele integra o e-INPI, que é a plataforma na qual o INPI disponibiliza o acesso eletrônico a seus serviços. Vale considerar que o e-Marcas possui o manual do usuário, em que constam as instruções atualizadas relativas ao acesso, ao preenchimento e ao envio dos formulários eletrônicos para se obter o registro de marca. Conforme o INPI, desde 2015, 99% dos pedidos de registros de marca são feitos por meio deste procedimento eletrônico.

Também, o INPI criou o e-Patente, sistema no qual os pedidos de depósitos de patentes (de invenção ou de modelo de utilidade) poderão ser feitos pela internet que, ao minimizar o tempo de espera, poderá estimular inovações, propiciar maior competitividade e evitar o registro de patentes que poderiam ser registradas primeiramente no Brasil, mas que acabam sendo registradas antes em outros países para, se for o caso, posteriormente, requerer o direito de prioridade no Brasil.

Contudo, esses projetos facilitam a entrada de novos pedidos/requerimentos junto ao INPI, bem como a atuação das pessoas que fazem as solicitações; entretanto, não necessariamente melhoram o tempo entre a entrada dos pedidos e o deferimento ou não pelo órgão.

5.2.1.2. Patentes Verdes

O respeito aos valores ambientais por meio da preservação do ar, da flora, da fauna e das águas (rios e mares) é um apelo de extrema relevância na atualidade, sendo bem-vinda toda a tecnologia desenvolvida para frear os efeitos danosos provocados pela devastação ambiental como as mudanças climáticas globais.

A propósito, a Lei n. 12.187/2009 institui a Política Nacional sobre Mudança do Clima, cujos arts. 6º, 11 e 12 são regulamentados pelo Decreto n. 7.390/2010. A partir disso, o INPI lançou o programa "Patentes Verdes", o qual tem por finalidade acelerar o exame dos pedidos de patentes relacionados a tecnologias voltadas para o meio ambiente.

Com tal iniciativa, o INPI possibilita a identificação de novas tecnologias que possam ser rapidamente registradas e usadas pela sociedade, estimulando o seu licenciamento e incentivando a inovação no Brasil.

A título histórico, foi em abril de 2012 que o programa "Patentes Verdes" teve início em forma de programa piloto/experimental. E, a partir de dezembro de 2016, o INPI passou a oferecer o exame prioritário de pedidos relacionados a tecnologias verdes como um serviço efetivo do órgão. A temática está disciplinada pela Resolução INPI n. 175/2016.

5.2.1.3. Patentes MPE e Prioridade BR

Como já dito, não é segredo que o INPI é um órgão muito lento no âmbito de suas atribuições, como no exame dos pedidos de patentes e de registros de marcas e de desenhos industriais. Entretanto, o órgão vem buscando otimizar a forma de dar respostas aos solicitantes dos serviços.

Desse modo, o INPI vem instituindo programas para exames prioritários, como nos casos do "Patentes MPE" e do "Prioridade BR". Regulamentado pela Resolução

INPI n. 181/2017, o "Patentes MPE" é um projeto experimental que visa a dar prioridade ao exame de pedidos de patentes depositados por Microempresas (ME) e Empresas de Pequeno Porte (EPP). Para beneficiar-se desta prioridade é preciso que a empresa esteja enquadrada nos conceitos de ME (faturamento anual de até R$ 360.000,00) e EPP (acima desse valor até R$ 4.800.000,00), previstos na Lei Complementar n. 123/2006 – Estatuto Nacional da Microempresa e Empresa de Pequeno Porte.

Todo o tratamento jurídico que seja mais favorecido a pequenas e microempresas decorre do que prevê a Constituição Federal, art. 170, IX, e do que estabelece o Código Civil, art. 970.

Por sua vez, o "Prioridade BR" está disciplinado pela Resolução INPI n. 180/2017, a qual dispõe acerca do projeto piloto de priorização do exame de pedidos de patentes com origem no Brasil e com direito de prioridade assegurado para depósito em outro escritório de patentes no exterior (em país estrangeiro ou em organização internacional, como a OMPI).

Tudo isso colabora para tornar o empreendedor pátrio mais competitivo, sobretudo em relação aos prazos para se obter patentes que serão exploradas também no exterior.

5.2.2. Segredo empresarial (industrial) *versus* patente

Na literatura jurídica, a nomenclatura mais utilizada é "segredo industrial" por terem se originado na indústria os primeiros segredos relacionados à invenção de produtos e às formas produtivas. Atualmente, qualquer atividade econômica (indústria, comércio, agropecuária e prestação de serviços em geral) pode utilizar-se desse método (manter segredos), o que justifica a denominação "segredo empresarial".

Antes de tratarmos do segredo empresarial, é pertinente esclarecer brevemente o que é patente, a fim de melhor comparar estes institutos.

Uma patente confere ao seu titular a exploração exclusiva de sua invenção durante tempo determinado (como será aprofundado adiante), podendo o inventor adotar medidas jurídicas contra aqueles que se utilizarem indevidamente do objeto patenteado, com base na Lei n. 9.279/96.

No entanto, a concessão de uma patente ocorre após a sua divulgação, tornando-a de conhecimento público, e, após vencido o prazo legal, a patente cai em domínio público, podendo ser utilizado por qualquer pessoa.

O contrário ocorre com o segredo empresarial, entendido como tudo aquilo, produtos ou processos produtivos, criado pelo empresário que é mantido sob sigilo, ou seja, todo o conjunto de uma criação que não é patenteada.

Segredo empresarial significa que o empresário prefere manter em segredo sua invenção e não deseja revelar sua criação a terceiros ou torná-la pública por meio da patente, para assim explorar o invento por prazo indeterminado. Ou seja, não quer que sua invenção se torne de domínio público, perdendo o privilégio de exploração exclusiva após o prazo legal.

É isso que algumas empresas preferem fazer, como a Coca-Cola, que prefere manter sob segredo a fórmula do xarope que compõe o seu clássico refrigerante negro. Se ela tivesse preferido patentear a sua invenção, já há muitas décadas teria caído em domínio público, e a invenção de sua fórmula para o refrigerante já teria sido explorada por outros fabricantes de bebidas.

Propriedade intelectual (propriedade industrial e direito autoral)

A maior dificuldade para as empresas que assim preferem agir, é conseguir manter o segredo empresarial, pois não gozam dos direitos e instrumentos legais destinados às patentes previstos na Lei n. 9.279/96. Desprotegidas pela lei, correm o risco de outro empresário também explorar a mesma invenção, e caso este efetue o pedido de depósito da patente, será o seu titular, com direito ao uso exclusivo durante o prazo da lei, pois, a princípio, vale quem primeiro requereu o respectivo depósito.

Ressalta-se que, do ponto de vista legal, o segredo empresarial não está totalmente desamparado, já que o art. 195, XI e XII, da Lei n. 9.279/96 considera crime de concorrência desleal divulgar, explorar ou utilizar, sem autorização, conhecimentos, informações ou dados confidenciais utilizados por indústria, comércio ou prestação de serviço, que não sejam de conhecimento público, aos quais se teve acesso mediante relação empregatícia ou contratual ou que foram obtidos de formas ilícitas.

Contudo, não se pode deixar de mencionar que tais disposições da lei brasileira são decorrentes do art. 39 do Acordo TRIPS, do qual o Brasil é signatário, e que prevê a necessidade de proteção às informações confidenciais.

5.3. PATENTES

A patente é um título (**carta-patente**) concedido ao criador de uma invenção, ou modelo de utilidade, assegurando-lhe a propriedade e o privilégio de uso e exploração exclusivos durante determinado período.

Pode-se dizer que a patente é um "monopólio" de exploração concedida, por tempo determinado, ao inventor; na verdade é um privilégio temporário. Conforme o art. 42 da Lei n. 9.279/96, a patente é título que assegura ao seu titular o direito de impedir terceiros de, sem o seu consentimento, produzir, usar, colocar à venda, vender ou importar produto e processo produtivo patenteados.

O uso indevido de um bem patenteado é considerado contrafação (pirataria), o que dá ensejo à ação judicial, que possibilitará ao titular da patente requerer a abstenção do uso indevido e perdas e danos junto ao infrator. Essa ação deverá ser ajuizada na comarca do domicílio do réu, conforme as regras processuais ordinárias[9].

Cabe esclarecer que a patente pode ser requerida pelo próprio autor da invenção, seus herdeiros ou sucessores; pelo cessionário (adquirente) ou por quem for considerado titular pela lei ou por contrato de trabalho ou de prestação de serviços (LPI, art. 6º, § 2º).

São patenteáveis as invenções e os modelos de utilidades, temas sobre que passamos a discorrer agora.

---

[9] O que pode ser confirmado com a seguinte decisão do STJ: Processual Civil. Competência. Ação de abstenção de uso indevido de bem patenteado cumulada com indenização. Aplicação dos arts. 94 e 100, IV, *a*, do CPC. Foro do domicílio da ré. Tratando-se de ação fundada em direito real sobre bem móvel, qual seja, a patente do autor (art. 5º da Lei de Propriedade Industrial), incidem as regras dos arts. 94 e 100, IV, *a*, do CPC, sendo competente para o julgamento da lide o foro do domicílio da ré, que no caso de pessoa jurídica é o local da sua sede. Recurso especial conhecido e provido (REsp 715.356/RS, rel. Min. Cesar Asfor Rocha, *DJ* 6-3-2006).

5.3.1. Invenções

A invenção está relacionada à **criação** de algo novo que possa ter aplicação industrial, como um eletrodoméstico que realize tarefas/funções ainda não existentes em nenhum outro. Por isso, a invenção decorre da imaginação criativa/inovadora do criador, que não se confunde com a descoberta, que significa achar algo que já existe. Por exemplo, a caneta esferográfica e o liquidificador de frutas foram invenções objeto de patenteamento.

Enquanto uma inovação, a invenção pode ser tida como uma "revolução" no conceito de um bem, pois implica em uma quebra de paradigma ao criar algo novo, como, por exemplo, foi a criação do motor mantido pela queima de combustível, que se diferenciou fortemente da tração animal e da máquina a vapor.

Para a invenção ser patenteável, é necessário que se preencham os requisitos da **novidade**, **atividade inventiva** e **aplicação industrial** (LPI, art. 8º).

Novidade significa que a invenção deve ser algo inédito e extraordinário, que ainda não foi inventado/criado. Alguma coisa desconhecida pelo público; um ato inventivo, portanto. Conforme o art. 11, é considerado novo o que não estiver compreendido no estado da técnica (o que já é acessível ao público antes do pedido da patente).

Já **atividade inventiva** quer dizer que deve ser uma criação decorrente da imaginação ou da inteligência humana, não uma descoberta, que significa a revelação de algo já existente (o que não é tem proteção pelo regime jurídico das patentes). À luz do art. 13, a invenção é dotada de atividade inventiva quando, para um técnico no assunto, não decorra de maneira evidente ou óbvia do estado da técnica, como no caso de um brigadeiro meio amargo em razão da adição de cacau puro ao invés de achocolatado adocicado. Isso não poderia ser considerado atividade inventiva.

Por sua vez, **aplicação industrial** corresponde ao fato de que seja algo que possa ser explorado economicamente e produzido em larga escala (ou seja, em escala industrial). O art. 15 expressa que é suscetível de aplicação industrial o que possa ser utilizado ou produzido em qualquer tipo de indústria.

Destaca-se o fato de que as etapas de um processo produtivo, ou seja, as fases pelas quais um produto é fabricado, podem ser também patenteadas. Isso se denomina **patente de processo produtivo**. Dessa forma, existe uma exclusividade de uso pelo seu titular, não podendo esse processo ser utilizado por terceiros no prazo concedido à patente, salvo autorização do titular. A patente de processo está alicerçada pelo art. 42, II, da Lei n. 9.279/96.

Vale chamar a atenção ao fato de que não haverá exclusividade nas fases do processo de produção que não estiverem cobertas pela patente[10].

---

[10] Isso é demonstrado pela decisão judicial adiante do Tribunal de Justiça do Paraná: Propriedade Industrial. Patente. (...) Verificando-se que a ideia de invenção entre os projetos confrontados possui finalidade diversa, conforme laudo apresentado por perito judicial, cuja conclusão passou pelo crivo do contraditório e da ampla defesa, não resta caracterizada violação ao direito protegido pelo privilégio de invenção emitido pelo Instituto Nacional da Propriedade Industrial, porquanto a contrafação se aperfeiçoa no momento em que é violado o objeto do direito do inventor, ou seja, a denominada "ideia de invenção ou de solução". Apelo conhecido e não provido (AC 4257732 (PR 0425773-2), 6ª Câmara Cível, rel. Luiz Cezar Nicolau, j. 16-10-2007).

5.3.1.1. Prazo de vigência

O prazo de vigência da patente de invenção é de **20 anos** (LPI, art. 40), não podendo ser renovado.

Após esse período, a invenção cai em domínio público, ou seja, pode ser explorada por qualquer pessoa.

5.3.2. Modelos de utilidade

Modelo de utilidade é o objeto de uso prático que apresenta ato inventivo do qual resulte melhoria funcional no seu uso ou em sua fabricação. Ele deve apresentar nova forma ou disposição, em relação à invenção, e deve ter aplicação industrial (LPI, art. 9º).

O modelo de utilidade de uma invenção é um aprimoramento ou incremento desta. Em outras palavras, significa que se trata do aperfeiçoamento de algo já criado, por exemplo, um eletrodoméstico que já existe, como o liquidificador, sendo a ele somadas novas funções, como a de deixar o suco coado; a caneta "Bic 4 cores", por terem sido acopladas quatro cores diversas em uma única caneta; ou o sistema de abertura plástico, com lacre de alumínio, para caixas do tipo longa vida.

Assim, o modelo de utilidade não chega a ser uma inovação, mas sim a "evolução" (sofisticação/aperfeiçoamento) de um bem já existente. Diferentemente, a invenção é uma inovação, pois se dá por uma "revolução" conceitual ao se criar algo novo.

Exemplificativamente, se deixarmos de lado os *softwares* envolvidos, pois são protegidos como direito autoral, o computador, enquanto uma máquina/*hardware*, pode ser visto como uma invenção/criação; já o *notebook*, é tido como um modelo de utilidade, por ser um aprimoramento/inovação da criação. Mas, de fato, há situações que aparentemente seriam uma invenção, como no caso do *drone* (em português, zangão), enquanto uma aeronave não tripulada e controlada à distância por uma pessoa. Na verdade, trata-se de um modelo de utilidade, pois é um aprimoramento das aeronaves militares não tripuladas e comandadas por seres humanos, já em uso há algum tempo.

Visa o modelo de utilidade da invenção a aprimorar o uso de um objeto anteriormente criado, dando-lhe maior eficiência ou oferecendo maior comodidade na sua utilização, por meio da nova configuração, acarretando uma melhoria por meio da modificação introduzida[11].

Fábio Ulhoa Coelho afirma que o modelo de utilidade deve apresentar um avanço tecnológico a ponto de os técnicos especializados considerarem como algo criativo/engenhoso[12].

Os requisitos da **novidade**, **ato inventivo** e **aplicação industrial** também são essenciais ao modelo de utilidade (LPI, arts. 11, 14 e 15). É novo quando não compreendido no estado da técnica. Já o ato inventivo se dá quando, para um técnico no assunto, o ato não decorra de maneira comum ou vulgar do estado da técnica. E a aplicação industrial está relacionada com o fato de que se possa utilizar ou produzir em qualquer tipo de indústria.

---

[11] Rubens Requião, citando as lições de João da Gama Cerqueira. *Curso de direito comercial.* v. 1, p. 303.

[12] Fábio Ulhoa Coelho. *Curso de direito comercial*: direito de empresa. v. 1, p. 137.

Assim como ocorre com a invenção, o uso indevido de um bem patenteado como modelo de utilidade será tido como contrafação (pirataria), o que dá ensejo a ação judicial exigindo a abstenção do uso, bem como a pedido indenizatório contra o infrator[13].

5.3.2.1. Prazo de vigência

Por sua vez, o prazo de vigência da patente de modelo de utilidade é de **15 anos** (LPI, art. 40), não havendo renovação.

Superado esse período, o modelo de utilidade cai em domínio público, podendo ser explorado por qualquer pessoa.

5.3.3. Transgênicos e genes humanos

Os micro-organismos transgênicos podem ser patenteados como invenção ou modelo de utilidade, desde que preencham os requisitos da novidade, atividade inventiva e aplicação industrial (LPI, art. 18, III).

O parágrafo único do art. 18 da Lei n. 9.279/96 expressa que, para fins dessa lei, os micro-organismos transgênicos devem ser organismos que expressem uma característica normalmente não alcançável pela espécie em condições naturais. Isso desde que ocorra mediante a intervenção humana direta em sua composição genética, como, por exemplo, as variações de milho e soja desenvolvidas pelas empresas e institutos que operam neste segmento. Isso não compreende o todo ou parte de plantas ou de animais encontrados na natureza.

E como fica a patente do gene humano, ou genoma? Gene é a parte da célula que contém o código genético do ser vivo determinando assim as suas características individuais. Genoma é o conjunto dos genes de uma espécie de ser vivo.

Embora o gene humano, ou o genoma, não possa ser patenteado, o processo produtivo, ou melhor, o processo técnico de isolamento do gene pode ser objeto de um pedido de patente. Logo, ao se obter a patente para o processo de isolamento do gene humano, estar-se-á conseguindo quase que os mesmos efeitos da patente do gene em si[14].

---

[13] A seguir, duas decisões sobre esse tema, a primeira do STJ, a segunda do Tribunal de Justiça do Paraná: Propriedade Industrial. Modelo de utilidade. Máquina de fatiar batatas. Contrafação. Coincidência de características afirmadas pelo tribunal *a quo*. Matéria de natureza fática. Ausência do requisito do prequestionamento. Recurso especial inadmissível. (...) (REsp 159.342/SP, rel. Min. Barros Monteiro, *DJ* 24-11-2003).

Ação de indenização por perdas e danos cumulada com declaratória e condenatória. Propriedade industrial. Lei n. 9.279/96. Carta patente de modelo de utilidade. Prova pericial comprovando a contrafação. Perdas e danos decorrentes do desrespeito ao direito do titular do privilégio. Presunção do prejuízo. Comercialização do produto desinfluente. Prescrição quinquenal. Inocorrência. Recurso pugnando por danos morais não requeridos na inicial. Inovação recursal que impõe seu não conhecimento. Reparação por perdas e danos que não se vincula ao valor atribuído à causa. Responsabilidade do vencido pelos honorários do assistente técnico, por integrarem a sucumbência. Agravo retido desprovido. Recurso da autora parcialmente conhecido e, na parte conhecida, provido. Desprovido o recurso da ré (AC 1627849 PR 0162784-9, 5ª Câmara Cível, rel. Clayton Camargo, j. 23-11-2004).

[14] João Henrique de Almeida Scaff. *Patenteamento de genes humanos*: uma gota de esperança em um mar de incertezas. Rio de Janeiro: Lumen Juris, 2017. p. 126.

Propriedade intelectual (propriedade industrial e direito autoral)   433

5.3.4. Regime jurídico

As regras jurídicas inerentes às patentes estão previstas especialmente na Lei da Propriedade Industrial (Lei n. 9.279/96), a qual vale lembrar foi editada em razão de o Brasil ter assinado o Acordo TRIPS, que por sua vez prevê a tutela das patentes em seus arts. 27 a 34.

As descobertas, teorias científicas e métodos matemáticos; as concepções puramente abstratas; as regras de jogos; as técnicas e métodos operatórios; o todo ou parte de seres vivos (exceto os transgênicos, art. 18, III) etc. (LPI, art. 10), de acordo com a lei, **não** são considerados invenção nem modelo de utilidade.

Também não podem ser patenteáveis as obras literárias (protegidas pelo direito autoral por meio da Lei n. 9.610/98) e os programas de computador (também considerados direitos autorais, protegidos por meio da Lei n. 9.609/98, como será estudado adiante).

Além disso, as invenções e os modelos de utilidades não poderão ser patenteáveis quando forem contrários à moral, aos bons costumes, à segurança, à ordem e à saúde pública (LPI, art. 18, I).

Cabe salientar que invenção e modelo de utilidade são considerados novos quando não abrangidos pelo **estado da técnica** (LPI, art. 11, *caput*).

O **estado da técnica** é constituído por tudo aquilo tornado acessível ao público antes da data do depósito do pedido de patente (LPI, art. 11, § 1º), ou seja, são produtos derivados da mera aplicação de recursos já conhecidos pelas pessoas. As receitas dos tradicionais bolo de fubá e do brigadeiro são bons exemplos do que já está compreendido pelo estado da técnica.

Todo pedido de patente da invenção ou modelo de utilidade deverá conter: requerimento; relatório descritivo (aponta o estado da técnica atual); reivindicações (são os pedidos para se obter o direito exclusivo de exploração decorrente da patente); desenhos (quando for o caso); resumo; e comprovante do pagamento da retribuição relativa ao depósito (LPI, art. 19).

Vale salientar que o pedido de patente de invenção terá de se referir a uma única invenção ou a um grupo de invenções inter-relacionadas de maneira a compreenderem um único conceito inventivo (LPI, art. 22).

Há um procedimento ao qual o pedido de patente deve seguir, devendo, cumpridos os prazos e as exigências legais, ser submetido a um exame técnico. A partir da conclusão do exame, o pedido poderá ser deferido ou indeferido, dependendo do atendimento às regras estabelecidas e aos requisitos exigidos (LPI, arts. 30 a 37).

Quando a patente for concedida, será expedida a respectiva carta-patente, com o nome do inventor e sua qualificação; prazo de vigência; relatório descritivo; prioridade estrangeira (se houver) etc. (LPI, arts. 38 e 39).

Dessa forma, a patente confere ao seu titular a garantia de que qualquer outra pessoa estará impedida de produzir, usar, colocar à venda ou importar o objeto da patente (LPI, art. 42, *caput*).

O titular da patente tem direito de pleitear indenização contra quem explorou indevidamente o objeto patenteado, inclusive em relação à exploração realizada indevidamente entre a data da publicação do pedido e da concessão da carta-patente (LPI, art. 44, *caput*)[15].

---

15   Quanto à legitimidade ativa para ajuizar ação judicial, veja a decisão do STJ: Recurso Especial. Propriedade Industrial. Legitimidade ativa. Prejudicado. Arts. 207, 208 e 209 da Lei n. 9.279/96. Efetivação do

O *caput* do art. 40 da Lei n. 9.279/96 prevê os prazos de vigência das patentes (20 anos para invenções e de 15 anos para modelos de utilidade), a contar da data de depósito. Entretanto, o parágrafo único do mesmo art. 40 prevê uma regra adicional, qual seja a de que, contados da data de concessão da patente, o prazo de vigência não será inferior a 10 anos para a patente de invenção e a 7 anos para a patente de modelo de utilidade. Esse período mínimo de proteção seria justificado pelos atrasados nas análises dos processos administrativos perante o INPI. Contudo, o período de proteção poderia ultrapassar o período máximo de proteção previsto no *caput*, razão pela qual o STF julgou inconstitucional o parágrafo único da Lei n. 9.279/96 no âmbito da ADI n. 5529[16].

A patente pode ser declarada **nula**, total ou parcialmente, quando sua expedição contrariar as disposições legais. A nulidade produzirá efeitos retroativos desde a data do depósito do pedido. Será necessário um processo administrativo e/ou judicial para a apuração da nulidade (LPI, arts. 46 a 57).

O conteúdo da patente é indivisível e, por ser considerada um bem, pode ser objeto de **cessão** (alienação) de direitos, total ou parcialmente.

Havendo cessão de direitos de patente, ela deve ser registrada no INPI, com a qualificação do cessionário (quem recebe a cessão), além de outras informações. De qualquer forma, a cessão apenas tem efeitos perante terceiros após a sua publicação, o que vale também para o pedido de patente (LPI, arts. 58 a 60).

Com efeito, uma patente pode ser objeto de licença voluntária ou compulsória. A **licença voluntária** ocorre quando o titular espontaneamente permite a exploração da patente por terceiro (LPI, art. 61), mediante contrato, em geral a título oneroso (remunerado).

Já a **licença compulsória** acontece quando o titular exerce de forma abusiva os direitos decorrentes da patente; não explora o objeto da patente etc. (LPI, art. 68). Ou seja, haverá licença compulsória quando a patente não estiver cumprindo a sua função social, pois, além de não estar promovendo retorno financeiro ao criador, não estará promovendo benefícios a sociedade sob a ótica do desenvolvimento tecnológico e econômico do país.

O tema das licenças compulsórias ganhou grande discussão por força da Covid-19 e o desenvolvimento das vacinas correspondentes ao vírus. Esse fato levou à edição da Lei n. 14.200/2021, a qual alterou a Lei n. 9.279/96, dando nova redação ao art. 71 e acrescentou-lhe o art. 71-A:

---

registro no órgão competente. 1. O prejudicado que detém legitimidade para ingressar com ação para proteger direitos relativos à propriedade industrial sobre produtos criados deve ser aquele que efetivamente os levou a registro no órgão competente. Interpretação dos arts. 207, 208 e 209 da Lei n. 9.276/96 (REsp 833.098/PR, rel. Min. João Otávio de Noronha, *DJe* 1º-3-2010).

[16] Ementa: Ação direta de inconstitucionalidade. Parágrafo único do art. 40 da Lei n. 9.279/1996. Lei de propriedade industrial. Ampliação do prazo de vigência de patentes na hipótese de demora administrativa para a apreciação do pedido. Indeterminação do prazo de exploração exclusiva do invento. Ofensa à segurança jurídica, à temporalidade da patente, à função social da propriedade intelectual, à duração razoável do processo, à eficiência da administração pública, à livre concorrência, à defesa do consumidor e ao direito à saúde. Procedência do pedido. Modulação dos efeitos da decisão. (...). STF. ADI 5529/DF. Rel. Min. Dias Toffoli. *DJe* 14-09-2021.

Propriedade intelectual (propriedade industrial e direito autoral) 435

Art. 71. Nos casos de emergência nacional ou internacional ou de interesse público declarados em lei ou em ato do Poder Executivo federal, ou de reconhecimento de estado de calamidade pública de âmbito nacional pelo Congresso Nacional, poderá ser concedida licença compulsória, de ofício, temporária e não exclusiva, para a exploração da patente ou do pedido de patente, sem prejuízo dos direitos do respectivo titular, desde que seu titular ou seu licenciado não atenda a essa necessidade.

Art. 71-A. Poderá ser concedida, por razões humanitárias e nos termos de tratado internacional do qual a República Federativa do Brasil seja parte, licença compulsória de patentes de produtos destinados à exportação a países com insuficiente ou nenhuma capacidade de fabricação no setor farmacêutico para atendimento de sua população.

Além disso, também pode ocorrer a denominada **oferta de licença**, que se dá quando o titular da patente solicita ao INPI a colocação da patente em oferta para fins de exploração (LPI, art. 64).

Existe a possibilidade de a patente ser extinta, por exemplo, pelo término do seu prazo; pela renúncia do seu titular; pela falta de pagamento da retribuição ao INPI etc. Quando a patente é extinta, seu objeto cai em domínio público (LPI, art. 78).

A patente de invenção ou modelo de utilidade pertence ao empregador, ainda que tenha ocorrido a participação de empregado na pesquisa, desde que o contrato de trabalho tenha como objeto a pesquisa ou a atividade inventiva. A patente de invenção ou modelo de utilidade apenas pertencerá ao empregado quando ele utilizar recursos próprios e de forma desvinculada do seu contrato de trabalho com a empresa empregadora, como, por exemplo, quando atuar com seus próprios equipamentos e em casa, fora do horário de expediente.

No entanto, poderá pertencer a ambos, quando o empregado contribuir pessoalmente, mas com recursos do empregador (LPI, arts. 88, 90 e 91), pois nesse caso o objeto do contrato de trabalho não é a pesquisa ou atividade inventiva.

Vale lembrar que é considerado crime contra patente de invenção ou modelo de utilidade fabricar produto que seja objeto de patente sem autorização do titular; oferecer à venda produto fabricado com violação de patente etc. (LPI, arts. 183 a 186).

5.3.4.1. Direito de prioridade, *pipeline* e ANVISA

Uma questão extremamente relevante é o fato de que, para aquele que depositou pedido de patente em país que mantenha acordo com o Brasil, ou em organização internacional, como a OMPI, que produza efeito de depósito nacional, será assegurado **direito de prioridade** (LPI, art. 16, *caput*). Isso significa que, para essa pessoa, é assegurada prioritariamente a patente de invenção ou modelo de utilidade no Brasil, uma vez que o pedido já foi realizado no exterior.

A previsão legal do direito de prioridade deriva do fato de o Brasil ser signatário do Tratado de Cooperação em Matéria de Patentes – PCT – de 1970. Inicialmente o teor do PCT foi incorporado ao ordenamento jurídico brasileiro após a sua ratificação interna pelo Decreto Legislativo n. 110/77, e a respectiva promulgação pelo Decreto n. 81.742/78. Mais tarde, em razão de Emendas ao Regulamento de Execução Regido pelo PCT, o Decreto Legislativo n. 42/80 aprovou o texto das emendas, tendo o Decreto n. 523/92 promulgado a execução de tais ajustes ao PCT. Também essa proteção está prevista no art. 4º da Convenção da União de Paris – CUP – de 1883 (lembrando que o Brasil, enquanto signatário deste tratado internacional, internalizou suas regras desde a edição do Decreto n. 9.233/84. Atualmente a matéria é objeto dos Decretos n. 635/92 e 1.263/94).

Quando o registro for realizado no exterior, o prazo de proteção começa a correr desse momento, independentemente do tempo em que a patente passar a ser explorada no território brasileiro.

Essa regra vale especialmente para as **patentes *pipeline*** (ou patentes de revalidação). Trata-se de registro de produtos que não eram patenteáveis no Brasil enquanto vigorava o revogado Código da Propriedade Industrial – Lei n. 5.772/71 (em especial do gênero alimentício e farmacêutico)[17]. O assunto está disciplinado na Lei n. 9.279/96, arts. 230 a 232 c/c o art. 243.

O tema sempre foi questionado por alguns, haja vista que as patentes *pipeline* não se submeteriam ao requisito da novidade, pois já eram objetos comercializados. A constitucionalidade dessa matéria é objeto de apreciação pelo STF, via Ação Direta de Inconstitucionalidade – ADI 4.234. Essa ADI foi ajuizada pela Procuradoria-Geral da República a fim de atacar os arts. 230 e 231 da Lei n. 9.279/96. De acordo com a petição inicial, o fundamento da inconstitucionalidade das patentes *pipeline* está na sua natureza jurídica, uma vez que se pretende tornar patenteável, em prejuízo ao princípio da novidade, aquilo que já se encontra em domínio público (estado da técnica). Assim, estaria a legislação ordinária promovendo uma espécie de expropriação de um bem comum do povo sem respaldo da Constituição Federal.

Cabe ressaltar que a partir da Lei n. 10.196/2001, que incluiu o art. 229-C à Lei n. 9.279/96, a concessão de patentes para produtos farmacêuticos dependerá de prévia anuência da **Agência Nacional de Vigilância Sanitária – ANVISA**.

5.4. DESENHOS INDUSTRIAIS

Desenho industrial é a forma plástica ornamental de um objeto, ou conjunto ornamental de linhas e cores que pode ser aplicado a um produto, proporcionando na sua configuração externa (como o *design* de veículo ou eletrodoméstico) um novo e original resultado visual e que possa servir de modelo para fabricação industrial (LPI, art. 95).

---

[17] Veja a decisão do STJ acerca deste assunto: Agravo Regimental. Recurso Especial. Propriedade Industrial. Patente *pipeline*. Prazo de validade. Contagem. Termo inicial. Primeiro depósito no exterior. Ocorrência de desistência do pedido. Irrelevância. Interpretação restritiva e sistemática de normas. Tratados internacionais (TRIPS e CUP). Patente correspondente no exterior. Concessão sob o regime norte--americano de continuações (*continuation, divisional* ou *continuation-in-part*). Princípio da independência das patentes. Soberania nacional. Recurso Desprovido. (...) Este Tribunal Superior pacificou o entendimento de que, quando se tratar da vigência da patente *pipeline*, o termo inicial de contagem do prazo remanescente à correspondente estrangeira, a incidir a partir da data do pedido de revalidação no Brasil, é o dia em que foi realizado o depósito no sistema de concessão original, ou seja, o primeiro depósito no exterior, ainda que abandonado, visto que a partir de tal fato já surgiu proteção ao invento (v.g.: prioridade unionista). Interpretação sistemática dos arts. 40 e 230, § 4º, da Lei n. 9.279/96, 33 do TRIPS e 4º *bis* da CUP. (...) (AgRg no REsp 1.131.808/RJ, rel. Min. Vasco Della Giustina, desembargador convocado do TJRS, *DJe* 10-5-2011).

Ao criador (autor) do desenho industrial é dado o direito de registrá-lo, o que lhe confere a respectiva propriedade. É exemplificativo como desenho registrável, o *design* de um veículo (carro, barco ou aeronave) ou de um móvel (mesa, cadeira ou armário).

5.4.1. Prazo de vigência

O prazo de vigência do registro de desenho industrial é de **10 anos** contados da data do depósito. Esse prazo é prorrogável por **três períodos** sucessivos de **5 anos** cada, o que pode chegar a um prazo total de até 25 anos (LPI, art. 108).

5.4.2. Regime jurídico

A proteção do desenho industrial se dá, sobretudo, pela Lei da Propriedade Industrial (Lei n. 9.279/96). Vale lembrar que ela foi promulgada em razão de o Brasil ser signatário do TRIPS, cujos arts. 25 e 26 dispõem sobre a proteção dos desenhos industriais.

Ressalta-se que os requisitos da **novidade** e **originalidade** são inerentes ao desenho industrial.

Novidade significa que o desenho industrial não pode estar compreendido no estado da técnica (como já estudado, estado da técnica é o que já é acessível ao público antes da data do pedido de registro), conforme o art. 96 da Lei n. 9.279/96.

Original é o requisito que o desenho industrial possui quando tem uma configuração visual distinta de outros objetos anteriores, de acordo com o previsto no art. 97 da Lei n. 9.279/96. O requisito da originalidade estará prejudicado se houver grande semelhança com outro desenho industrial já registrado, a ponto de criar confusão entre os dois. No entanto, uma mera semelhança é aceitável[18], como acontece no caso de veículos terrestres, marítimos e aeronáuticos.

Deve-se salientar que não são considerados desenhos industriais obras de caráter puramente artístico (LPI, art. 98), como um quadro pintado à mão. Isso pois as criações artísticas são tuteladas pelo direito autoral – Lei n. 9.610/98.

Também não é registrável como desenho industrial o que for contrário aos bons costumes e à moral; atente contra a liberdade de crença ou ideia; a forma necessária comum ou vulgar do objeto ou aquela determinada essencialmente por considerações técnicas ou funcionais, como, exemplificativamente, o formato do comprimido/pílula ou do rolo de papel higiênico etc. (LPI, art. 100).

Assim como no caso de patente, ao registro de desenho industrial também cabe o **direito de prioridade**, isto é, quando uma pessoa já o requereu em país que mantenha acordo

---

18 Conforme demonstra a decisão do Tribunal de Justiça de Minas Gerais: Ação Ordinária. Registro de desenho industrial no INPI. Contrafação. Móveis comercializados pelas partes. Similaridade. Ônus da prova da imitação. O pedido de registro de desenho industrial no INPI dispensa o exame da novidade e da originalidade previamente à outorga do direito de exclusividade. Com isso, o sistema, ao dispensar o exame prévio, dá ensejo à concessão do mesmo direito industrial a duas pessoas diferentes. (...) Em não havendo prova cabal da existência de imitação do conjunto de móveis negociado pela apelada em relação ao produzido e comercializado pela apelante, deve-se negar provimento ao recurso, pois a simples similaridade não revela que o ato seja rechaçado pela Lei n. 9.279/96, mormente em se tratando de registro de desenho industrial (AC 1.0024.03.886524-2/001(1), rel. Des. Nilo Lacerda, *DJ* 25-11-2006).

com o Brasil, ou em organização internacional, como a OMPI, que produza efeito de depósito nacional (LPI, art. 99).

O pedido de registro de desenho industrial deve ser feito junto ao INPI (com requerimento, relatório descritivo, desenhos ou fotografias etc.), submetendo-se a exame e respectivo processo (LPI, arts. 101 a 104). Cabe ressaltar que a Resolução INPI n. 55/2013 e a Instrução Normativa INPI n. 44/2015 também dispõem de regras para os pedidos de registro de desenho industrial.

Uma vez concedido o registro de desenho industrial, será expedido o respectivo certificado, do qual constará o nome do autor e sua qualificação; prazo de vigência; desenho etc. (LPI, arts. 106 e 107).

Sendo validamente concedido, o registro confere a propriedade do desenho industrial ao seu titular (LPI, art. 109).

O titular do registro de desenho industrial deve pagar uma retribuição a cada **5 anos**, a partir do segundo quinquênio da data do depósito (LPI, art. 120).

Vale lembrar que o registro do desenho industrial é **nulo** quando for concedido em desacordo com as disposições legais; logo, também está sujeito ao processo administrativo ou judicial de nulidade, o que produz efeito retroativo (*ex tunc*) desde a data do depósito do pedido (LPI, arts. 112 a 118).

O registro também poderá ser extinto por expiração do prazo; renúncia do seu titular; falta de pagamento da retribuição etc. (LPI, art. 119).

As regras sobre patentes (de invenção e modelo de utilidade) referentes à cessão, licença voluntária e direito do empregado são aplicáveis ao registro de desenho industrial, no que for cabível (LPI, art. 121).

Da mesma forma, considera-se crime contra os desenhos industriais fabricar produto que incorpore desenho industrial registrado sem autorização do titular; imitar substancialmente o desenho de forma que possa induzir a erro etc. (LPI, arts. 187 e 188).

5.5. MARCAS

No início de sua criação, as marcas eram uma espécie de "assinatura" do produtor quando este deixava suas mercadorias em armazéns, a fim de que não fossem confundidas com outras mercadorias semelhantes. Hoje as marcas servem para as pessoas rapidamente poderem identificar um produto e distingui-lo de outros similares[19].

Assim, marca é o sinal colocado em um produto ou serviço para que este seja identificado e distinguido, impedindo que possa ser confundido pelo público com outros bens (produtos ou serviços) semelhantes.

Nesse sentido, a marca é um meio de as pessoas identificarem um produto (ou serviço), diferenciando-o de outros. Por isso, a marca é um ativo extremamente relevante para uma empresa, sendo que algumas vezes ela representa, financeiramente falando, o maior bem da empresa. Em alguns casos a marca (bem imaterial) chega a ter um valor econômico superior a soma de todos os bens físicos da empresa, por exemplo, a Coca-Cola e a Nike. Entre as

---

[19] Newton Silveira. *A propriedade intelectual e a nova lei de propriedade industrial*. São Paulo: Saraiva, 1996. p. 24.

empresas de tecnologia da informação (informática) isso é ainda mais expressivo, como nos casos da Amazon, Microsoft, Google e Apple. Esta última quando alcançou o topo do *ranking* da marca mais valiosa do mundo, teve seu valor estimado em cerca de 178 bilhões de dólares (no início do ano 2017).

Desse modo, a marca tem a função de distinguir um bem e/o seu fornecedor (produtor, comerciante, prestador etc.); bem como indicar a origem do bem, expressar sua qualidade e auxiliar na publicidade.

Tecnicamente, a marca é uma representação gráfica, que pode ser uma palavra, uma expressão, um símbolo ou um emblema estampado no produto (ou serviço) para sua identificação.

As marcas são registradas no INPI – Instituto Nacional da Propriedade Industrial. Em regra, o registro e a proteção da marca valem para determinado ramo de atividade (**princípio da especialidade/especificidade**), como a marca Garoto na área de chocolate; porém, existem exceções, como será visto mais à frente.

Logo, uma mesma expressão pode ser registrada como marca mais de uma vez por pessoas distintas, desde que seja para utilização em atividades econômicas diversas; ainda mais se a palavra utilizada for de **uso comum** com pouca originalidade e criatividade, como, por exemplo, "continental", "global", "mundial", "atlas", "brigadeiro" etc.[20]. Ilustrativamente, pode haver mais de um registro da marca "Casarão", um para a classe de restaurante e outro para a de comércio de artesanatos, ambos registrados por pessoas diferentes, sem qualquer ligação; porém, cada um poderá usar a marca em sua área de atuação.

Vale reforçar que, no INPI, os registros são efetuados por classes, podendo haver a possibilidade de o mesmo nome ou expressão ser registrado em classes distintas, sem existência de colidência absoluta ou nulidade do registro. Ilustrativamente, pode haver o registro da marca "Continental" para a classe de pneus; e da marca "Continental" para a classe de eletrodomésticos, sendo que os registros foram efetuados por pessoas distintas, que atuam em segmentos empresariais diversos.

---

[20] Decisões do STJ que auxiliam no estudo do tema: Propriedade Industrial. Ação de nulidade de registro de marca comercial. (...) 1. Marcas fracas ou evocativas, que constituem expressão de uso comum, de pouca originalidade ou forte atividade criativa, podem coexistir harmonicamente. É descabida, portanto, qualquer alegação de notoriedade ou anterioridade de registro, com o intuito de assegurar o uso exclusivo da expressão de menor vigor inventivo. 2. Marcas de convivência possível não podem se tornar oligopolizadas, patrimônios exclusivos de um restrito grupo empresarial, devendo o Judiciário reprimir a utilização indevida da exclusividade conferida ao registro quando esse privilégio implicar na intimidação da concorrência, de modo a impedi-la de exercer suas atividades industriais e explorar o mesmo segmento mercadológico. Aplicação da doutrina do *patent misuse*. Recurso Especial a que se nega provimento (REsp 1.166.498/RJ, rel. Min. Nancy Andrighi, *DJe* 30-3-2011).

Nome. Registro da expressão "Cultura Inglesa". Palavra comum. "Cultura". Sua utilização pela ré em seu nome de fantasia. Inadmissibilidade. Registrada a marca, não pode outra empresa industrial, comercial ou de serviços utilizá-la, ainda que parcialmente, na composição de seu nome comercial, em havendo similitude de atividades. Precedentes da 4ª Turma. Recurso especial conhecido e provido (REsp 198.609/ES, rel. Min. Barros Monteiro, *DJ* 30-8-2004).

5.5.1. Sinais: distintivos e perceptíveis

Conforme a legislação, a marca poderá ser registrada quando o sinal for distintivo e visualmente perceptível, desde que não esteja entre as proibições legais – que estudaremos mais adiante (LPI, art. 122).

Por **distintivo** deve ser entendido o sinal formado por uma figura, uma palavra ou a combinação de ambos, capaz de diferenciar um produto ou um serviço de outro semelhante.

Já **visualmente perceptível** significa que o sinal poderá ser facilmente identificado por meio da visão. Ou seja, pela letra da lei, no Brasil, não seria admissível marca **sonora, olfativo-aromática, tátil** e **gustativa** (decorrentes de outros sentidos de percepção: audição, olfato, tato e paladar) por não atender ao requisito de visualmente perceptível. Essas marcas poderiam ser tidas como atípicas, sendo admitidas em outros países, como nos Estados Unidos, encontrando defensores em território brasileiro, o que nos parece muito razoável. Entretanto, o mais adequado seria haver uma alteração da lei de modo a eliminar a restrição para apenas sinais visualmente perceptíveis.

Esse sinal pode corresponder a uma expressão gráfica, letra ou palavra; porém, ressalta-se que, para ser objeto de registro como marca, deve estar revestida de suficiente forma distintiva, por exemplo, o "M" do McDonald's, que é um "M" estilizado de forma grande e arredondado, maiúsculo e amarelo.

No entanto, uma letra ou palavra, enquanto uma expressão gráfica isolada, não pode ser registrada como marca (LPI, no art. 124, II). Assim, para ser registrável será preciso que haja um estilo próprio e diferenciado para a letra, palavra ou expressão gráfica.

Pode-se afirmar que, a marca pode ter várias formas de apresentação: nominativa, figurativa, mista ou tridimensional. A marca **nominativa** tem um sinal formado apenas por palavra(s), ou pela combinação de letras e/ou algarismos, sem apresentação fantasiosa/criativa/imaginária. Já a marca **figurativa** apresenta um sinal constituído por desenho, imagem ou formas fantasiosas em geral. Por sua vez, na marca **mista** há uma combinação de elementos nominativos e figurativos. Por último, a marca de forma **tridimensional** contempla um sinal composto da forma plástica distintiva e necessariamente incomum do produto, sobretudo quanto à altura, largura e profundidade de sua embalagem, como será visto adiante.

De acordo com o expresso pelo texto da Lei da Propriedade Industrial – Lei n. 9.279/96 – existem algumas espécies expressas de marca, quais sejam de produto ou de serviço, de certificação, marca coletiva, de alto renome e marca notoriamente conhecida. Também examinaremos a marca tridimensional, a marca virtual, a marca consagrada (ou de referência) e a marca de posição, enquanto abstrações (não expressas) do texto legal, que por sua vez não as proíbem.

5.5.2. Marca de produto ou de serviço (marca de indústria, de comércio e de serviço)

A marca de **produto** ou de **serviço** é utilizada para distinguir um produto ou serviço de outro idêntico, semelhante ou afim, mas de origem diversa (LPI, art. 123, I).

Por isso, a finalidade da marca é deixar claro que os produtos, mesmo havendo alguma semelhança, são fabricados por produtores diferentes. No caso de serviços, por prestadores distintos como no caso de hotéis.

Essa espécie de marca, de produtos ou serviços, é mais conhecida e registrada, pois visa distinguir um produto (ou serviço) de outros similares que existam no mercado, como ocorre com refrigerantes, biscoitos, produtos de limpeza etc.

Propriedade intelectual (propriedade industrial e direito autoral)

Nesses casos, a distinção feita pelo comprador, na ocasião da compra, se dá fundamentalmente pela marca estampada em suas embalagens[21].

Logo, a marca é uma espécie de "assinatura" do empresário que vai atuar perante os clientes/consumidores de forma a distinguir seu produto ou serviço de outros semelhantes; a marca não pode ser um símbolo de garantia de qualidade, mas sim um sinal de que o seu titular é o fabricante (**marca de indústria**) ou comerciante (**marca de comércio**) do produto; ou o prestador do serviço (**marca de serviço**)[22].

A marca de produto pode ser utilizada pela indústria (marca industrial) ou pelo comércio (marca comercial). Entretanto, vale destacar que a marca comercial tem função publicitária, não objetivando criar nos agentes do mercado – incluindo os consumidores – a impressão de o comerciante ser a mesma pessoa do fabricante do bem, pois de fato na grande maioria das vezes são pessoas distintas.

5.5.3. Marca de certificação

A marca de **certificação** ou de garantia é utilizada para atestar a conformidade de um produto ou serviço com determinadas normas ou especificações técnicas, notadamente quanto à qualidade, natureza, material utilizado e metodologia empregada (LPI, art. 123, II).

Sem prejuízo de outras normas disciplinadoras, a marca de certificação é regida pela Lei n. 9.279/97 e pela Instrução Normativa INPI n. 59/2016. São exemplos de marcas de certificação: **ISO 9000** (*International Organization for Standardization* – Organização Internacional para Padronização), **ABRINQ** (Associação Brasileira dos Fabricantes de Brinquedos), **ABIC** (Associação Brasileira da Indústria de Café) etc.

5.5.4. Marca coletiva

Por sua vez, a marca **coletiva** é usada para identificar produtos ou serviços provenientes de membros de determinada entidade (LPI, art. 123, III).

Sua função é permitir que uma entidade possua uma marca para identificar os produtos comercializados ou os serviços prestados pelas pessoas a ela vinculados.

Uma associação ou uma cooperativa podem ser consideradas como entidade legitimada a obter o registro de uma marca coletiva, o que evita a necessidade de cada associado ou cooperado ter de manter sua própria marca, com todas as implicações financeiras e burocráticas que isso significa. Com essa possibilidade, todos os associados ou cooperados poderão

---

[21] A seguir, decisão do STJ sobre marca de produto: Direito Comercial. Propriedade Industrial. Uso de marca com elementos semelhantes. Nomes que, embora comuns, distinguem marca de produto específico consagrado no mercado. Exclusividade de uso. Provimento. I – A exclusividade da marca "Leite de Rosas" é violada pelo uso da expressão "Desodorante Creme de Rosas", mormente em embalagem semelhante. II – Embora composta por palavras comuns, a marca deve ter distinção suficiente no mercado de modo a nomear um produto específico. Marcas semelhantes em produtos da mesma classe induzem o consumidor a erro e violam direito do titular da marca original. III – Recurso Especial provido (REsp 929.604, rel. Min. Sidnei Beneti. *DJe* 6-5-2011).

[22] Newton Silveira. *Licença de uso de marca (e outros sinais) no Brasil*. Tese (Doutorado em Direito) – Faculdade de Direito da Universidade de São Paulo, São Paulo, 1982. p. 25-26.

utilizar a marca coletiva registrada pela entidade a que pertencem. Pode ser o caso, por exemplo, de uma cooperativa de produtores de queijo ou associação de artesãos.

O registro de marca coletiva só pode ser requerido pela pessoa jurídica que represente uma coletividade (LPI, art. 128, § 2º).

5.5.5. Marca de alto renome

A marca de **alto renome** é aquela bastante conhecida pelas pessoas, nacional e internacionalmente, o que a faz merecedora de proteção em todos os ramos de atividades quando registrada no Brasil.

Ressalta-se que alto renome se dá pela fama da marca e pela extensão geográfica que ela alcança (LPI, art. 125). Trata-se de uma marca tradicional, com prestígio e notoriedade indiscutíveis; por isso tem proteção especial com o fim de evitar que terceiros, que explorem outras áreas da atividade econômica, queiram aproveitar-se da fama da marca de alto renome para promover seus próprios produtos ou serviços. Uma conduta dessa ordem poderia ser tida como de concorrência desleal na medida em que haveria um aproveitamento indevido do esforço e fama alheios.

Por exemplo, Coca-Cola é uma marca de renome que não pode ser registrada por ninguém, mesmo em ramo diferente do de bebidas. Também estão nesta categoria de marca: Pirelli, Kibon, Ford, Honda, Nike etc.

A norma jurídica confere à marca de alto renome uma proteção diversa e especial, pois a tutela se dá para todas as áreas de atividade, não se submetendo ao **princípio da especialidade/especificidade**. Isso pois, do contrário, se uma segunda pessoa, de outro ramo, pudesse utilizar-se dessa marca renomada isso poderia causar confusão entre os clientes, ou mesmo captação de clientes em razão da difusão desse renome, que muitas vezes assim é tido graças a um grande esforço publicitário e consequente dispêndio financeiro. Imagine o caso da Coca-Coca, talvez o titular dessa marca nunca explore o ramo de computadores, mas se alguém utilizasse essa marca em computadores sem dúvida poderia induzir consumidores a comprá-los imaginando tratar-se de um produto do grupo Coca-Cola de bebidas[23].

A proteção para a marca de alto renome se dá mediante declaração do INPI, desde que a marca já esteja registrada no Brasil. Ou seja, é o INPI quem caracteriza uma marca como sendo de alto renome, devendo para tanto haver um procedimento administrativo pleiteado pelo interessado (titular da marca) junto ao órgão para, se atendido o que exige a legislação, obter a declaração do INPI. Essa posição foi confirmada pelo STJ por meio da

---

[23] A esse respeito é a decisão do STJ: Processual Civil e Propriedade Industrial. (...) Recurso Provido. 1. Desde que devidamente registrada no Instituto Nacional da Propriedade Industrial – INPI, tem proteção especial em todos os ramos de atividade (art. 125 da Lei da Propriedade Industrial) a marca de alto renome se comprovado que é possível a sua confusão com outra marca, ainda que as áreas de atuação das empresas sejam distintas, tenham elas clientela específica e os respectivos produtos não se identifiquem. 2. É assegurada à marca de alto renome, em relação a classes e segmentos mercadológicos diversos, a extensão dos efeitos do seu registro no território nacional, porquanto a Lei da Propriedade Industrial, fundando-se na defesa das ideias e criações, da propriedade e dos consumidores, excepciona a aplicação do princípio da especialidade. (...) (AgRg no REsp 954.378/MG, rel. Min. João Otávio de Noronha, *DJe* 3-5-2011).

Propriedade intelectual (propriedade industrial e direito autoral) 443

decisão proferida no REsp 1.162.281, cujo entendimento foi de que a notoriedade da marca Absolut tem de ser reconhecida pelo INPI, não por sentença judicial.

A forma da marca objeto de alto renome pode ser nominativa, figurativa ou mista. A regulamentação para o procedimento e seus requisitos a fim de se obter a declaração da marca como de alto renome se dá pela Resolução INPI n. 107/2013. De acordo com o art. 3º desta resolução, a comprovação da condição de alto renome deve atender a três requisitos fundamentais: reconhecimento da marca por ampla parcela do público em geral; qualidade, reputação e prestígio que o público associa à marca dos bens por ela assinalados; e grau de distintividade e exclusividade do sinal marcário (diferenciação do emblema/sinal da marca).

5.5.6. Marca notoriamente conhecida

Marca **notoriamente conhecida** é aquela amplamente conhecida pelas pessoas (clientes e consumidores) naquela área de atividade em que opera o titular da marca. O reconhecimento de uma marca notoriamente conhecida é amplo, porém de alcance menor em relação à marca de alto renome, pois a sua notoriedade se dá em um ramo específico.

Essas marcas têm proteção jurídica independentemente de estarem depositadas ou registradas, em cumprimento ao art. 6º *bis* (I) da Convenção da União de Paris – CUP, para Proteção da Propriedade Industrial (LPI, art. 126). A marca notoriamente conhecida também tem previsão no art. 16.2. do Acordo TRIPS, o qual estende a sua tutela à marca de serviços.

Quando a marca é notoriamente conhecida ela tem proteção especial, independentemente de ser registrada no Brasil em seu ramo de atividade, sendo uma exceção ao **princípio da territorialidade**. Difere, portanto, da marca de alto renome, cuja proteção, que é ainda mais ampla, se dá em todos os ramos de atividade, desde que previamente registrada no Brasil e declarada pelo INPI. Nesse sentido, REsp 1.114.745/RJ.

Por exemplo, a marca Brasilit, do ramo de telhas; ou SIL, do segmento de fios e cabos elétricos; Garoto, na área de chocolates. Veja que, como marca notoriamente conhecida, Continental é uma marca registrada por diversas empresas sem ligação entre elas, e em diferentes segmentos da atividade econômica: pneus, eletrodomésticos, produtos de limpeza etc.

5.5.7. Marca tridimensional

Também é possível o registro de marca **tridimensional**, ou seja, aquela forma diferente criada para um produto ou para a sua embalagem, que a princípio teria outra disposição mais usual no mercado. É uma das formas de a marca se apresentar; sendo as demais formas, como já visto, a figurativa, a nominativa e a mista.

João da Gama Cerqueira afirma que a marca tridimensional consiste na forma do produto ou invólucro[24] [embalagem].

Vale ter em conta que "tridimensional" é um conceito aplicado a imagens, significando: altura, largura e profundidade; por isso a expressão "3D" ou três dimensões.

---

[24] João da Gama Cerqueira. *Tratado de propriedade industrial*. Rio de Janeiro: Forense, 1946. v. 1, p. 383.

Haroldo Malheiros Duclerc Verçosa lembra um típico exemplo de marca tridimensional: a garrafinha da Coca-Cola[25]. Podemos citar também a embalagem do produto de limpeza Pato Purific e a do leite fermentado Yakult, bem como o formato da caneta Bic.

Contudo, a marca tridimensional trata-se do formato de uma embalagem que tem um caráter inovador e diferenciador das outras embalagens de produtos semelhantes[26]. A Lei n. 9.279/96 não prevê expressamente a marca tridimensional. O fundamento para o registro dela está no fato de ela não ser proibida por lei e, principalmente, pelo fato de ser um sinal distintivo e visualmente perceptível, desde que não esteja compreendido entre as proibições legais.

5.5.8. Marca virtual. Domínios e conflitos

Em sentido estrito, a marca virtual não é necessariamente uma espécie de marca à luz da Lei n. 9.279/96. Na verdade, o que se tem denominado como "marcas virtuais" são domínios de internet (ou nomes de domínio).

O domínio é uma designação/expressão que serve para localizar e identificar conjuntos de computadores e serviços na internet, a fim de evitar a localização por meio de seus números identificadores. Assim, o domínio é o endereço eletrônico de um *site* (sítio eletrônico), que constitui um conjunto de informações e imagens alocadas em um servidor e disponibilizadas de forma virtual na internet. No *site* constam as informações de seu titular/proprietário, ou de terceiros, além de outras que sejam necessárias, tendo em vista sua finalidade.

Desse modo, o que identifica o endereço eletrônico do *site* na Internet é o nome de domínio[27]. No Brasil, os registros dos domínios são feitos diretamente no *site*: <http://www. registro.br>. O Registro.br é órgão responsável pelo registro e manutenção dos nomes de

---

[25] Haroldo Malheiros Duclerc Verçosa. *Curso de direito comercial.* v. 1, p. 326.

[26] A seguir, há uma decisão judicial que ilustra a importância da marca tridimensional e sua distinção com relação ao modelo de utilidade: Direito da Propriedade Industrial. Teoria da equivalência entre marca tridimensional e modelo de utilidade. I – Constitui *aberratio finis legis* guardar correspondência entre os efeitos do registro de uma marca tridimensional e de um modelo de utilidade de um aparelho elétrico de barbear. II – A inovação tecnológica agregada ao *corpus mechanicus* do barbeador elétrico PHILISHAVE, consistente em um privilégio clausulado com prazo de validade por força de lei, não pode se transmudar em benefício perpétuo, sob a forma de proteção de marca tridimensional válida e regularmente obtida. III – O registro de marca tridimensional é ato em si válido, que se outorga ao titular para a exclusiva finalidade de distinguir os produtos de uma fábrica e os objetos de um comércio, ou para garantir sua procedência ou origem industrial ou comercial, e que por esse motivo recebe o seu beneficiário a termo, o poder de evitar a sua indevida utilização por qualquer um que dela queira se aproveitar. IV – O equilíbrio entre a contribuição inventiva incorporada pela sociedade e o privilégio outorgado ao inventor é sempre determinado pelo tempo e nenhuma técnica protetiva conjugada, sustentada em um ilusório hibridismo jurídico entre a tutela marcária e modelo de utilidade, pode resultar na perpetuação da novidade. V – Vencido o prazo de proteção, o desenho se torna *res communi omnium*, e isso ocorre mesmo que signifique o esvaziamento da tutela da marca, que se tornará, sob esse único efeito, um mero título jurídico, por conta da equivalência entre o modelo de utilidade e a marca tridimensional, que continuará a manter-se sob o registro e protegida nos demais efeitos. VI – Agravo desprovido (Ag 141.895-RJ, 2005.02.01.011707-0, Tribunal Regional Federal da 2ª Região. 2ª Turma Especializada, rel. Des. Federal André Fontes. *DJU* 13-3-2007).

[27] Sobre os critérios estabelecidos para o registro de nomes de domínios, *vide* Resolução n. 008/2008 do Comitê Gestor da Internet no Brasil. Disponível em: <http://www.cgi.br>.

domínio com a extensão ".br" sendo um departamento do Núcleo de Informação e Coordenação do Ponto BR – (NIC.br).

Vale frisar que o acesso virtual ao *site* é feito por meio do endereço eletrônico (o nome de domínio). Ou seja, o que identifica o endereço eletrônico do *site* na internet é o seu nome de domínio. O nome de domínio está diretamente relacionado com o endereço IP (número de identificação) de um computador, ou seja, quando se está procurando por um nome de domínio, ou página na internet, na verdade está sendo buscado um endereço de um computador.

O que acontece de fato é que, muitas vezes alguém registra um nome de domínio que coincida ou se assemelha muito com a marca registrada por outrem. Nestes casos, podem ser gerados pelo menos dois efeitos. Primeiramente, pela impossibilidade de o titular da marca (registrada no INPI) registrá-la no <http://www.registro.br>, a fim de explorá-la como domínio para o seu *site*. Secundariamente, pode ocasionar a concorrência desleal em detrimento do titular da marca favorecendo indevidamente aquele que detém o domínio que coincide com a marca[28]. Assim, podem ocorrer conflitos entre o detentor de um domínio e o titular de marca. Isso porque aquele detentor do domínio poderá utilizar-se de má-fé para, por exemplo, induzir terceiros a erro com o desvio de clientela, o que pode configurar crime de concorrência desleal. Nestes casos, normalmente os titulares das marcas, pela via administrativa ou judicial, têm conseguido obter o direito de explorar o nome de domínio que coincida com a sua marca registrada[29].

A legislação estabelecida pelo Comitê Gestor não exige a apresentação de qualquer comprovante de titularidade da marca para o seu registro como nome de domínio. Também, este órgão não faz consulta ao INPI. Basta a expressão do domínio (que corresponda à marca alheia) estar livre no servidor do órgão registrador para que sua titularidade e uso na rede sejam autorizados. Desse modo, começou a existir uma nova forma de pirataria de marcas, uma vez que um terceiro pode vir a registrar um nome de domínio do qual não detém a marca, impossibilitando o legítimo detentor da marca de registrar o domínio e, consequentemente, criar um *site* para sua marca.

Além do mais, disciplina jurídica das marcas se dá pela Lei n. 9.279/96, sendo que tal regramento jurídico não se aplica diretamente à internet quanto às coincidências. Isso porque, no âmbito do INPI, os registros são efetuados por classes, havendo, por exemplo, a possibilidade do registro do mesmo nome ou expressão em classes distintas, sem existência de colidência absoluta ou nulidade do registro. Por exemplo, pode haver o registro da marca "Continental" para a classe de pneus; e da marca "Continental" para a classe de eletrodomésticos,

---

[28] Para mais detalhes como o conflito entre marca e nome de domínio, veja: Tarcisio Teixeira. *Direito digital e processo eletrônico*. 8. ed. São Paulo: Saraiva, 2025. p. 405 e s.

[29] Domínio de **marca virtual**. Obrigação de fazer. Procedência. Apelada que sempre ostentou em seu nome comercial a expressão SERVGAS, registrada perante o INPI. Adoção, por parte da apelante, da mesma expressão, junto à Internet (com registro de domínio da expressão www.servgas.com.br). Possibilidade de gerar confusão aos consumidores. Evidenciada a prática de concorrência desleal, diante da amplitude de usuários da internet. Prevalência do registro da marca junto ao INPI sobre registros de domínio junto à internet. Precedentes (inclusive desta Câmara). (...) Sentença mantida. Recurso improvido (TJSP, 8ª Câmara de Direito Privado, Ap. 994.05.043361-5, rel. Des. Salles Rossi – destaque nosso).

sendo que os registros foram efetuados por pessoas distintas, sem qualquer ligação entre elas, cada qual na sua área de atuação.

No entanto, em matéria de internet isso não é possível, por não haver classes para um mesmo nome de domínio. Logo, havendo duas pessoas diversas que são titulares de marcas idênticas, mas em ramos distintos, ficará com o registro do nome de domínio aquele que fizer primeiro o requerimento junto ao <http://www.registro.br>, desde que atendidas as exigências legais correspondentes. Considerando que todos são titulares das respectivas marcas em seus segmentos, podemos ilustrar essa problemática da seguinte maneira, no âmbito do registro brasileiro: se a empresa titular do alvejante registrar www.veja.com.br caberá à editora registrar algo como www.revistaveja.com.br; se o moinho de farinha de trigo registrar www.globo.com.br, à emissora de TV restará o registro de www.redeglobo.com.br.

5.5.9. Marca consagrada ou de referência

A marca consagrada (ou de referência) é aquela que se torna sinônima do produto ou serviço, se confundindo com ele. O que acontece é que um produto, estampando certa marca identificadora, ao se consagrar no mercado acaba se confundindo com ela (a sua marca). Isso porque a marca se destaca tornando-se sinônima daquele tipo de bem (produto ou serviço), especialmente quando o bem tem um forte destaque ou é o primeiro a ser lançado no mercado, antecipando-se à concorrência de produtos semelhantes, resultando assim em uma marca de referência para os consumidores.

Dessa forma, os produtos dos concorrentes passam a ser chamados pelo público em geral pela mesma expressão da marca de referência. Esse fenômeno denomina-se metonímia ou transnominação – uma figura de linguagem que consiste no emprego de uma expressão por outra tendo em vista a relação de semelhança ou a possibilidade de associação entre elas. Ele é relativamente comum, especialmente no mercado de produtos alimentícios e de medicamentos. Isso pode ocorrer naturalmente ou pode ser uma estratégia de *marketing* que favorece o titular da marca.

São várias as marcas que se tornaram sinônimas na modalidade em que operam, como, por exemplo: Danone (iogurte), Insulfim (película adesiva para vidro); Catupiry (requeijão), Maizena (amido de milho), Band-aid (curativo), Gillette (lâmina de barbear), Bic (caneta), BomBril (palha de aço), Durex (fita colante), Post-it (papel colante para recados), Xerox (fotocópia), Aspirina (comprimido para dor de cabeça) etc. Eventualmente, pode haver mais de uma marca consagrada em determinado setor, como, por exemplo, o caso do Nescau e Toddy que são marcas de referência em matéria de achocolatado em pó.

Uma marca de referência não é necessariamente outro tipo de marca; entretanto, pela sua consagração, ela será invariavelmente uma marca notoriamente conhecida ou, às vezes, de alto renome.

5.5.10. Marca de posição

Marca de posição é o "conjunto distintivo" que permite identificar um produto ou serviço de modo a diferenciá-lo de outros idênticos.

Esse conjunto distintivo é resultante da "aplicação" de um sinal de maneira singular e específica em um determinado suporte. Em complemento, a aplicação do sinal no suporte deve ser dissociada de efeito técnico ou funcional.

Mas o que seria o "suporte"? Deve-se compreender que o suporte no caso de produtos poderia ser, por exemplo, um calçado, uma roupa, um acessório, entre outros.

Podemos ilustrar e exemplificar esse cenário de forma mais concreta com o caso da empresa Adidas. Essa empresa tem uma forma bem específica de empregar o seu sinal característico, ou seja, como aqueles "três traços paralelos" são afixados nos seus tênis.

A possibilidade de registro no INPI de uma marca de posição está prevista na Portaria INPI n. 37, de 13 de setembro de 2021. A marca de posição pode ser um símbolo, uma letra com fonte própria e diferenciada, entre outros sinais que possam ser distintivos.

Contudo, consideramos que de um modo geral a "marca de posição" é uma forma de apresentação de uma marca [convencional], diferenciando pelo fato de como o sinal é colocado no suporte, o que torna a característica determinante da marca de posição.

5.5.11. Prazo de vigência

O **prazo de vigência** do registro da marca é de **10 anos** contados da data da concessão do registro feito junto ao INPI, prorrogável por períodos iguais e sucessivos, sem limite de vezes.

É importante destacar que o pedido de prorrogação deverá ser formulado durante o último ano de vigência do registro da marca (LPI, art. 133). Logo, o titular da marca pode tê-la por quanto tempo quiser, bastando para isso realizar os pedidos de prorrogação dentro dos respectivos prazos.

O registro de marca pode ser extinto por expiração do prazo (sem pedido de prorrogação); renúncia do seu titular etc. (LPI, art. 142).

5.5.12. Regime jurídico

A principal norma reguladora da proteção e registro das marcas é a Lei n. 9.279/96 (Lei da Propriedade Industrial), a qual é fruto do Acordo TRIPS, ratificado pelo Brasil, que dispõe sobre as marcas em seus arts. 15 a 21.

Não podem ser registradas como marcas: brasão; medalha; desenho contrário à moral e aos bons costumes ou que ofenda crenças e cultos religiosos; sigla de órgão público; título de estabelecimento ou nome de empresa de terceiro; nome civil; apelido; nome de evento; indicação geográfica; objeto que esteja registrado por outrem como desenho industrial; expressão gráfica, letra ou palavra isoladamente etc. (LPI, art. 124). Os itens citados são casos de proibições expressas da lei, que descreve as impossibilidades de ser objeto de registro como marca.

As restrições quanto à impossibilidade de serem registradas como marcas se estendem: às obras literárias, artísticas ou científicas, bem como os seus respectivos títulos, que estejam sob a proteção do direito autoral, atualmente pela Lei n. 9.610/98; bem como às reproduções ou imitações, no todo ou em parte, ainda que com acréscimo, de marca alheia registrada, para distinguir ou certificar produto ou serviço idêntico, semelhante ou afim, suscetível de causar confusão ou associação com marca alheia (LPI, art. 124, XVII e XIX)[30].

---

[30] Direito Marcário e Processual Civil. Recurso especial. (...) Registro da marca "CHEESE.KI.TOS", em que pese a preexistência do registro da marca "CHEE.TOS", ambas assinalando salgadinhos *snacks*, comercializados no mesmo mercado. Impossibilidade, visto que a coexistência das marcas tem o condão de propiciar confusão ou associação ao consumidor. (...) 2. Em que pese o art. 124, XIX, da Lei da

Como acontece na patente de invenção e no modelo de utilidade ou registro de desenho industrial, cabe o **direito de prioridade** ao registro de marca quando uma pessoa já o requereu em país que mantenha acordo com o Brasil, ou em organização internacional, como a OMPI, que produza efeito de depósito nacional (LPI, art. 127).

Em 1989 foi assinado o **Protocolo de Madri** (ou Sistema de Madri), um tratado internacional para registro de marcas. De acordo com suas disposições é possível requerer o registro de uma marca em vários órgãos registrais dos países signatários ao mesmo tempo. Poder-se-ia dizer que se trata de um pedido de registro internacional, mas que tem o efeito de gerar a análise isolada por cada departamento de marca dos países aderentes. Assim, há uma redução nos custos, não sendo mais preciso percorrer os países nos quais se pretenda atuar e/ou exportar bens, efetuando registros individuais da marca. Apesar de ser de extrema importância em tempo de globalização e para a economia dos países e das empresas que pretendem ser exportadoras, o Brasil ainda não assinou o Protocolo de Madri. Entretanto, mais de noventa países aderiram ao Tratado, como Estados Unidos, China e Alemanha.

Voltando-se para as regras gerais da marca, podem requerer registro de marca todas as pessoas físicas ou jurídicas de direito público ou privado. As pessoas jurídicas de direito privado especificamente só poderão requerer registro de marca relativo à atividade que exerçam efetiva e licitamente (LPI, art. 128, *caput*, § 1º). Isso tem o condão de minimizar atos de deslealdade – concorrência desleal, temática que será estudada adiante.

O pedido de registro de marca deve ser feito junto ao INPI (com requerimento, comprovante de pagamento etc.), submetendo-se a um exame e respectivo processo (LPI, arts. 155 a 160).

Propriedade Industrial vedar a reprodução ou imitação da marca, suscetível de causar confusão ou associação com outra, para a recusa de registro, por haver anterior de marca assemelhada, deve a autoridade administrativa tomar em conta se há identidade dos produtos e se pertencem ao mesmo gênero de indústria e comércio, consistindo a novidade marcária, sobretudo, na impossibilidade de confundir-se com qualquer outra empregada para produtos ou serviços semelhantes. 3. No caso, a recorrente tem registro de marca que, apesar da conclusão da Corte de origem de que evoca ao termo comum anglo-saxão "*cheese*" (queijo), é incontroverso que ambas assinalam salgadinhos "*snacks*", exploram o mesmo mercado consumidor e têm grafia e pronúncia bastante assemelhadas – hábeis a propiciar confusão ou associação entre as marcas no mercado consumidor. 4. "A finalidade da proteção ao uso das marcas – garantida pelo disposto no art. 5º, XXIX, da CF/88 e regulamentada pelo art. 129 da LPI – é dupla: por um lado protegê-la contra usurpação, proveito econômico parasitário e o desvio desleal de clientela alheia e, por outro, evitar que o consumidor seja confundido quanto à procedência do produto (art. 4º, VI, do CDC)" (REsp 1.105.422/MG, rel. Min. Nancy Andrighi, 3ª Turma, j. 10-5-2011, *DJe* 18-5-2011). 5. A possibilidade de confusão ou associação entre as marcas fica nítida no caso, pois, como é notório e as próprias embalagens dos produtos da marca "CHEE.TOS" e "CHEESE.KI.TOS" reproduzidas no corpo do acórdão recorrido demonstram, o público consumidor alvo do produto assinalado pelas marcas titularizadas pelas sociedades empresárias em litígio são as crianças, que têm inegável maior vulnerabilidade, por isso denominadas pela doutrina – o que encontra supedâneo na inteligência do art. 37, § 2º, do Código de Defesa do Consumidor – como consumidores hipervulneráveis. 6. O registro da marca "CHEESE.KI. TOS" **violou o art. 124, XIX,** da Lei da Propriedade Industrial e não atende aos objetivos da Política Nacional de Relações de Consumo, consoante disposto no art. 4º, I, III e VI, do Código de Defesa do Consumidor, sendo de rigor a sua anulação. 7. Recurso especial parcialmente provido (REsp 1.188.105/ RJ, STJ, 4ª Turma, rel. Min. Luis Felipe Salomão, *DJe* 12-4-2013) (grifo nosso).

Se o registro de marca for concedido, será expedido o respectivo **certificado**, do qual constará: a marca; o número e data do registro; o nome, a nacionalidade e o domicílio do titular; os produtos ou serviços etc. (LPI, arts. 161 e 164).

Muitos, ao usarem uma marca, têm o hábito de colocar ao lado da imagem da marca o símbolo ® (ou MR), demonstrando tratar-se de uma marca registrada. Em inglês, emprega-se o sinal ™ – que significa *trade mark* (marca registrada).

Ao titular da marca ou ao depositante, é assegurado: seu uso exclusivo em todo o território nacional (LPI, art. 129); ceder seu registro ou pedido de registro; licenciar seu uso (LPI, art. 130 c/c os arts. 134 a 141).

O titular da marca não pode impedir que comerciantes utilizem sinais distintivos, que lhes são característicos (como o nome fantasia e a insígnia), em conjunto com a marca do produto, quando da sua promoção e comercialização, bem como não pode impedir a citação da marca em obra científica ou literária.

Também não pode o titular da marca impedir a livre circulação de produtos colocados no mercado por si próprio ou por terceiro que foi autorizado (LPI, art. 132). Isso decorre, e é explicado, pelo **princípio do exaurimento** da marca (ou **princípio da exaustão**), que consiste no fato de que o direito sobre o uso da marca se relativiza ao ocorrer a primeira circulação (venda) do bem (normalmente a um distribuidor/revendedor, mas não necessariamente), impedindo assim que o titular da marca pleiteie a exclusividade para barrar as circulações subsequentes do produto. Esse regramento jurídico é plenamente aplicável em ambiente virtual, ou seja, no comércio eletrônico[31].

---

[31] Civil e Comercial. Comércio eletrônico. Site voltado para a intermediação de venda e compra de produtos. Violação de marca. Inexistência. Princípio do exaurimento da marca. Aplicabilidade. (...) 1. O art. 132, III, da Lei n. 9.279/96 consagra o princípio do exaurimento da marca, com base no qual fica o titular da marca impossibilitado de impedir a circulação (revenda) do produto, inclusive por meios virtuais, após este haver sido regularmente introduzido no mercado nacional. 2. O serviço de intermediação virtual de venda e compra de produtos caracteriza uma espécie do gênero provedoria de conteúdo, pois não há edição, organização ou qualquer outra forma de gerenciamento das informações relativas às mercadorias inseridas pelos usuários. 3. Não se pode impor aos sites de intermediação de venda e compra a prévia fiscalização sobre a origem de todos os produtos anunciados, na medida em que não constitui atividade intrínseca ao serviço prestado. 4. Não se pode, sob o pretexto de dificultar a propagação de conteúdo ilícito ou ofensivo na web, reprimir o direito da coletividade à informação. Sopesados os direitos envolvidos e o risco potencial de violação de cada um deles, o fiel da balança deve pender para a garantia da liberdade de informação assegurada pelo art. 220, § 1º, da CF/88, sobretudo considerando que a Internet representa, hoje, importante veículo de comunicação social de massa. 5. Ao ser comunicado da existência de oferta de produtos com violação de propriedade industrial, deve o intermediador virtual de venda e compra agir de forma enérgica, removendo o anúncio do site imediatamente, sob pena de responder solidariamente com o autor direto do dano, em virtude da omissão praticada. 6. Ao oferecer um serviço virtual por meio do qual se possibilita o anúncio para venda dos mais variados produtos, deve o intermediador ter o cuidado de propiciar meios para que se possa identificar cada um dos usuários, a fim de que eventuais ilícitos não caiam no anonimato. Sob a ótica da diligência média que se espera desse intermediador virtual, deve este adotar as providências que, conforme as circunstâncias específicas de cada caso, estiverem ao seu alcance para a individualização dos usuários do site, sob pena de responsabilização subjetiva por culpa *in omittendo*. 7. Recurso especial a que se nega provimento (REsp 1.383.354-SP, STJ, 3ª Turma, rel. Fátima Nancy Andrighi, *DJe* 26-9-2013).

Além disso, o registro da marca é **nulo** quando for concedido em desacordo com as disposições legais; logo, também estará sujeito a processo administrativo ou judicial de nulidade, que produz efeito retroativo (*ex tunc*) desde a data do depósito do pedido. A nulidade do registro pode ser total ou parcial (LPI, arts. 165 a 175)[32].

Vale ressaltar que atentar contra as marcas é considerado crime, de acordo com os arts. 189 a 190 da Lei n. 9.279/96. A conduta criminosa pode ocorrer por meio de reprodução sem autorização ou alteração da marca. A pena é de detenção, de 3 meses a 1 ano, ou multa.

5.6. INDICAÇÕES GEOGRÁFICAS

As indicações geográficas gozam de proteção jurídica pela Lei da Propriedade Industrial, podendo, assim como são as marcas, ser registradas (LPI, arts. 176 a 182). Porém, o registro das indicações geográficas diferenciam-se do registro das marcas, entre outras razões, pelo

---

[32] São frequentes as demandas judiciais envolvendo o registro de marcas, conforme demonstram as decisões a seguir: Recurso Especial. Proteção à marca. Art. 124, XIX, da Lei n. 9.279/96. Conflito entre os signos "DAVE" e "DOVE". Inegável semelhança gráfica e fonética. Produtos destinados ao mesmo segmento mercadológico. Impossibilidade de coexistência. Prevalência do registro mais antigo. Recurso Improvido. 1. Art. 124, XIX, da Lei n. 9.279/96. Interpretação. 2. Conflito entre os signos "DAVE" e "DOVE". Utilização em produtos idênticos, semelhantes ou afins. Marcas registradas na mesma classe perante o Instituto Nacional de Propriedade Industrial – INPI. 3. Semelhança gráfica e fonética entre as expressões. Inadmissível a coexistência de ambas no mesmo ramo de atividade comercial, sob pena de gerar indesejável confusão mercadológica. 4. Registro da expressão mais moderna – "DAVE" – invalidado, em face da anterioridade do registro da marca "DOVE". 5. Recurso especial improvido (REsp 1.235.494, STJ, rel. Min. Vasco Della Giustina, desembargador convocado do TJRS, *DJe* 21-3-2011).

Propriedade Industrial. Mandado de Segurança. Recurso Especial. Pedido de cancelamento de decisão administrativa que acolheu registro de marca. (...) 1. Apesar de as formas de proteção ao uso das marcas e do nome de empresa serem diversas, a dupla finalidade que está por trás dessa tutela é a mesma: proteger a marca ou o nome da empresa contra usurpação e evitar que o consumidor seja confundido quanto à procedência do produto. (...) 4. Disso decorre que, para a aferição de eventual colidência entre denominação e marca, não se pode restringir-se à análise do critério da anterioridade, mas deve também se levar em consideração os dois princípios básicos do direito marcário nacional: (i) o princípio da territorialidade, ligado ao âmbito geográfico de proteção; e (ii) o princípio da especificidade, segundo o qual a proteção da marca, salvo quando declarada pelo INPI de "alto renome" (ou "notória", segundo o art. 67 da Lei n. 5.772/71), está diretamente vinculada ao tipo de produto ou serviço, como corolário da necessidade de se evitar erro, dúvida ou confusão entre os usuários. 5. Atualmente a proteção ao nome comercial se circunscreve à unidade federativa de jurisdição da Junta Comercial em que registrados os atos constitutivos da empresa, podendo ser estendida a todo território nacional se for feito pedido complementar de arquivamento nas demais Juntas Comerciais. Precedentes. 6. A interpretação do art. 124, V, da LPI que melhor compatibiliza os institutos da marca e do nome comercial é no sentido de que, para que a reprodução ou imitação de elemento característico ou diferenciado de nome empresarial de terceiros constitua óbice ao registro de marca – que possui proteção nacional –, necessário, nessa ordem: (i) que a proteção ao nome empresarial não goze somente de tutela restrita a alguns Estados, mas detenha a exclusividade sobre o uso do nome em todo o território nacional e (ii) que a reprodução ou imitação seja "suscetível de causar confusão ou associação com estes sinais distintivos". Não sendo essa, incontestavelmente, a hipótese dos autos, possível a convivência entre o nome empresarial e a marca, cuja colidência foi suscitada. (...) (REsp 1.204.488, STJ, Min. Nancy Andrighi. *DJe* 2-3-2011).

Propriedade intelectual (propriedade industrial e direito autoral) 451

fato de não sujeitar-se a uma limitação temporal; isso pois para as marcas o prazo de proteção é de 10 anos, podendo ser renovados infinitas vezes.

Comparativamente, as marcas são sinais distintivos de uso exclusivo; por sua vez as indicações geográficas também são sinais distintivos, porém sem direito de exclusividade. Ambas têm o efeito de identificar o produto. Mas as indicações geográficas, além da identificação da origem do produto, representam uma "garantia" institucional de qualidade, em função do local da fabricação ou da colheita[33].

Frise-se que as indicações geográficas contribuem para o desenvolvimento socioeconômico da região produtora do bem, pois cria uma espécie de selo (certificação) de origem e de características singulares dos produtos de determinadas localidades. Além disso, as indicações geográficas permitem a manutenção e valorização do patrimônio cultural de regiões do país.

A própria lei que instituiu o Plano Nacional de Cultura – PNC – (Lei n. 12.343/2010), no item 4.4.5. do seu anexo, prevê, como ações e estratégias, a necessidade de:

> "Promover a informação e capacitação de gestores e trabalhadores da cultura sobre instrumentos de propriedade intelectual do setor cultural, a exemplo de marcas coletivas e de certificação, indicações geográficas, propriedade coletiva, patentes, domínio público e direito autoral".

Contudo, a proteção jurídica das indicações geográficas ocorre mediante o respectivo registro no INPI, respeitadas – sem prejuízo de outras normas – as regras da Lei da Propriedade Industrial (Lei n. 9.279/96) e as disposições da Instrução Normativa INPI n. 25/2013 e da Resolução INPI n. 55/2013. O Acordo TRIPS também regula a temática das indicações geográficas por meio dos seus arts. 22 a 24.

De acordo com o previsto no art. 176 da Lei n. 9.279/96, constituem indicação geográfica a **indicação de procedência** ou a **denominação de origem**.

5.6.1. Indicação de procedência

Indicação de procedência significa o nome geográfico do país, cidade, região ou localidade que se tenha tornado conhecido como centro de extração ou produção de determinado produto ou de prestação de determinado serviço (LPI, art. 177).

Bons exemplos de indicação de procedência quanto à fabricação de móveis são as cidades de Bento Gonçalves, Estado do Rio Grande do Sul, e Arapongas, Estado do Paraná.

Outro exemplo que pode ser citado é o de Franca, cidade situada no interior paulista, conhecida como produtora e exportadora de calçados. Existem 44 indicações de procedência registradas no INPI.

5.6.2. Denominação de origem

Já denominação de origem quer dizer o nome geográfico do país, cidade, região ou localidade que designe produto ou serviço cujas qualidades ou características se devam exclusiva ou essencialmente ao meio geográfico, incluídos fatores naturais e humanos.

---

[33] Denis Borges Barbosa. *Uma introdução à propriedade intelectual*. Rio de Janeiro: Lumen Juris, 2003. p. 47.

A denominação de origem de um bem justifica-se em razão de muitos fatores que devem ser levados em conta e podem ser combinados, como o bioma (clima, altitude, vegetação e solo), o *know-how* (saber fazer) empregado na produção e a reputação dos produtores da região.

Pode ser usado como exemplo *Champagne* que é uma marca de vinho branco e espumante produzido na região de *Champagne*, situada no nordeste da França.

Também é exemplo de denominação de origem Serra Gaúcha, localidade no interior do Estado do Rio Grande do Sul na qual se produzem vinhos com características específicas.

No Brasil, em boa parte das situações, o que tem diferenciado a denominação de origem da indicação de procedência é fundamentalmente o meio geográfico, como no caso de Atibaia/SP, que tem um clima muito apropriado (fator natural influenciador da denominação de origem) para o cultivo de morangos, tornando os frutos derivados desta cidade bem apreciados pelos consumidores. No INPI estão registradas apenas 18 denominações de origem.

5.6.3. Regime jurídico

Estende-se a proteção jurídica à representação gráfica ou figurativa da indicação geográfica, bem como à representação geográfica de país, cidade, região ou localidade cujo nome seja a indicação geográfica (LPI, art. 179). Representação gráfica ou figurativa é a demonstração de algo de forma ordenada e escrita ou por um conjunto finito de pontos e de linhas.

Podem requerer registro de indicações geográficas as associações, os institutos e as pessoas jurídicas representativas da coletividade que estão legitimadas ao uso exclusivo do nome geográfico e estabelecidas no respectivo território (Instrução Normativa INPI n. 25/2013, art. 5º).

Na prática, o pedido de registro de indicação geográfica deverá referir-se a um único nome geográfico, devendo conter (Instrução Normativa INPI n. 25/2013, art. 6º):

1) requerimento com o nome geográfico, a descrição e as características do produto ou serviço;

2) documento hábil que comprove a legitimidade do requerente;

3) regulamento de uso do nome geográfico;

4) instrumento oficial que delimite a área geográfica;

5) etiquetas, quando se tratar de representação gráfica ou figurativa da denominação geográfica ou de representação geográfica de país, cidade, região ou localidade;

6) comprovante do pagamento da retribuição correspondente etc.

Não é suscetível de registro como indicação geográfica o nome geográfico que se tornou de uso comum, designando produto ou serviço (LPI, art. 180). Pode ser tomado de exemplo a expressão "alumínio", que é utilizada para designação de um metal e também é o nome de uma cidade do interior de São Paulo.

Além disso, o nome geográfico que não designe indicação de procedência ou denominação de origem poderá servir para ser registrado como marca de produto ou serviço (de acordo com o art. 123, I), desde que não induza as pessoas a respeito de uma falsa procedência (LPI, art. 181)[34].

---

[34] Sobre esse tema: Direito Civil. Direito Empresarial. Recurso Especial. Nome empresarial. Lei n. 8.934/94. Proteção. Nome previamente registrado. Termo que remete a localização geográfica. Ausência de direito de uso exclusivo. Marca. Lei n. 9.279/96. LPI. CDC. CF. CC/2002. Nome geográfico.

Propriedade intelectual (propriedade industrial e direito autoral) 453

É válido destacar também que são considerados crimes contra as indicações geográficas: fabricar, importar, exportar, expor à venda etc. produto que apresente falsa indicação geográfica, com pena de detenção, de **1 mês a 3 meses**, ou multa (LPI, arts. 192 a 194).

5.7. DIREITOS AUTORAIS

5.7.1. Direito de autor e *copyright*

O objeto de proteção do direito autoral são as obras artísticas, literárias e científicas, enquanto criações do espírito humano relacionadas às sensações corporais, às percepções, aos sentimentos, à estética, aos símbolos. Sua norma regente é a Lei n. 9.610/98, tendo alicerce na Constituição Federal, art. 5º, XXVII e XXVIII.

As obras artísticas, literárias e científicas enquanto objeto de tutela do direito autoral podem ser tidas como espécies do gênero criação **intelectual**. A palavra intelectual significa os dons que vêm da inteligência/mente, estando relacionada à erudição, ao estudo, ao pensar e ao sentir.

A obra **artística** está relacionada com a arte, que é a produção de algo extraordinário com a utilização de habilidades e certos métodos para a realização. A arte também está relacionada com a expressão de sentidos e símbolos por meio de linguagem não escrita. São exemplos de profissionais que exercem a atividade de natureza artística o ator e o cantor (que são intérpretes), o desenhista, o fotógrafo e o artista plástico.

Já a obra **literária** relaciona-se com a expressão da linguagem, ideias, sentidos e símbolos, sobretudo por meio da escrita. São exemplos de profissionais que exercem atividade de natureza literária: o escritor, o compositor, o poeta e o jornalista.

Por sua vez, a obra de caráter **científico** está relacionada com quem é pesquisador ou cientista, ou seja, alguém especializado em uma ciência (conhecimentos sistêmicos). As atividades realizadas pelos profissionais de uma das áreas do conhecimento (humanas, exatas e biológicas) podem se enquadrar como criação intelectual. São exemplos: o químico, o físico, o preparador físico, o fisioterapeuta, o médico e o psicólogo.

Historicamente o direito autoral surgiu para tutelar os interesses dos editores e livreiros e não dos escritores (autores) em si. Isso porque se leva em conta, sobretudo, os direitos de propriedade sobre as obras impressas adquiridas de seus criadores. Para o autor, no sistema

---

Possibilidade de registro como sinal evocativo. Impossibilidade de causar confusão ou levar o público consumidor a erro. Ausência de violação ao direito de uso exclusivo da marca. (...) – O registro de termo que remete a determinada localização geográfica no nome empresarial, por se referir a lugar, não confere o direito de uso exclusivo desse termo. – É permitido o registro de marca que utiliza nome geográfico, desde que esse nome seja utilizado como sinal evocativo e que não constitua indicação de procedência ou denominação de origem. – A proteção da marca tem um duplo objetivo. Por um lado, garante o interesse de seu titular. Por outro, protege o consumidor, que não pode ser enganado quanto ao produto que compra ou ao serviço que lhe é prestado. – Para que haja violação ao art. 129 da LPI e seja configurada a reprodução ou imitação de marca pré-registrada, é necessário que exista efetivamente risco de ocorrência de dúvida, erro ou confusão no mercado, entre os produtos ou serviços dos empresários que atuam no mesmo ramo. (...) (REsp 989.105/PR, STJ, rel. Min. Nancy Andrighi, *DJe* 28-9-2009).

anglo-saxão a tutela jurídica recaiu sobre a transpiração (trabalho), enquanto no sistema romano-germânico, sobre a inspiração[35].

Tanto isso é verdade que, nos Estados Unidos e na Inglaterra o *copyright* significa "direito de cópia", não necessariamente direitos autorais ou direitos de autor, que é fruto da experiência histórica francesa, em que o *droit d'auteur* (direito de autor) compreende que a propriedade sobre a obra decorre do próprio ato criativo. Contudo, o *copyright* e o *droit d'auteur* se caracterizam pela substituição dos monopólios, notadamente dos livreiros sobre as obras literárias.

Lawrence Lessig explica que na sua origem os direitos autorais não protegiam os efetivos criadores da obra, pois os livreiros não tinham a menor preocupação com isso, ocupando apenas com o seu lucro derivado do "monopólio" que a propriedade sobre os impressos lhe conferia[36].

Internacionalmente emprega-se o reconhecido símbolo ©, como uma referência ao *copyright*, ou direito de cópia, enquanto proteção sobre certa criação. Porém, este sinal também é empregado em casos de bens protegidos pelo direito de autor.

O sistema brasileiro foi fortemente influenciado pelo direito de autor francês, tendo como primeira norma o Decreto de Dom Pedro I que, em 1827, institui os primeiros cursos universitários no Brasil, as Faculdades de Direito de São Paulo e de Olinda. De acordo com a norma, aos catedráticos eram assegurados por 10 anos os direitos sobre os compêndios publicados. E, em 1830, o Código Criminal do Império reconheceu o caráter moral destes direitos ao tornar a contrafação um crime[37].

A Lei n. 9.610/98 – Lei de Direitos Autorais (LDA) é fruto do Acordo TRIPS, tratado internacional do qual o Brasil é signatário. O TRIPS regula os direitos de autor e conexos em seus arts. 9º a 14. O art. 9º prevê que os signatários do acordo deverão respeitar as regras previstas na Convenção de Berna; bem como que o direito de autor protege "expressões", **não** abrangendo ideias, procedimentos, métodos de operação ou conceitos matemáticos. Já o art. 10 assevera que o *software* (programa de computador) é protegido como sendo obra literária, portanto, direito autoral. Por sua vez, segundo prevê o art. 12, o prazo de proteção dos direitos autorais será de no mínimo 50 anos.

Comparativamente, o direito autoral se diferencia da propriedade industrial, pois esta tutela a ideia (invenção) do criador e para tanto se exige o seu registro (via de regra, pois o segredo industrial é uma exceção) para efeitos de constituir o direito. Já o direito autoral protege a forma como a criatividade do autor se expressa, e não a ideia em si; sendo seu registro facultativo, pois tem efeito meramente probatório. Enquanto na propriedade industrial a invenção se confunde com o seu suporte material; no direito autoral, quando a obra se materializa em um suporte com ele não se confundirá. Isso vale tanto para o suporte corpóreo (como

---

[35] Nesse sentido, Fábio Ulhoa Coelho. *Curso de direito civil*: direito das coisas, direito autoral. 4. ed. São Paulo: Saraiva, 2012. p. 194.

[36] Lawrence Lessig. *Cultura livre*: como a grande mídia usa a tecnologia e a lei para bloquear a cultura e controlar a criatividade. Trad. de Alexandre Boide et. al. São Paulo: Trama, 2005. p. 107.

[37] Carlos Alberto Bittar. *Direito de autor*. 4. ed., rev., ampl. e atual. por Eduardo C. B. Bittar. Rio de Janeiro: Forense Universitária, 2003. p. 14.

Propriedade intelectual (propriedade industrial e direito autoral)   455

no caso dos livros impressos em que a criação sobre o texto/história não se mistura com o papel) como para o incorpóreo (por exemplo, o som com o teor da composição musical)[38].

Para efeitos legais, os direitos autorais são reputados como **bens móveis**, independentemente de suporte material ou imaterial (LDA, art. 3º).

De acordo com o art. 7º da Lei n. 9.610/98, são protegidas pelo direito autoral as **obras intelectuais**, tidas como criações do espírito, como, por exemplo: os textos de obras literárias, artísticas ou científicas; as conferências, alocuções, sermões e outras obras da mesma natureza; as obras dramáticas e dramático-musicais; as obras coreográficas cuja execução cênica se fixe por escrito ou por outra qualquer forma; as composições musicais; as obras audiovisuais, sonorizadas ou não, inclusive as cinematográficas; as obras fotográficas e as produzidas por qualquer processo análogo ao da fotografia; as obras de desenho, pintura, gravura, escultura, litografia e arte cinética; as ilustrações, cartas geográficas e outras obras da mesma natureza; os projetos, esboços e obras plásticas concernentes à geografia, engenharia, topografia, arquitetura, paisagismo, cenografia e ciência; as adaptações, traduções e outras transformações de obras originais, apresentadas como criação intelectual nova; os programas de computador; as coletâneas ou compilações, enciclopédias, dicionários, bases de dados e outras obras que, por sua seleção, organização ou disposição de seu conteúdo, constituam uma criação intelectual.

É preciso ter em conta que o direito autoral tutela as obras intelectuais, externadas por quaisquer meios ou expressadas em qualquer suporte material ou imaterial, seja um suporte já conhecido ou que ainda seja criado/inventado (LDA, art. 7º, *caput*).

Entretanto, por força do art. 8º da Lei n. 9.610/98, o direito autoral não protege: ideias, procedimentos normativos, sistemas, métodos, projetos ou conceitos matemáticos como tais; esquemas, planos ou regras para realizar atos mentais, jogos ou negócios; formulários em branco para serem preenchidos por qualquer tipo de informação, científica ou não, e suas instruções; textos de tratados ou convenções, leis, decretos, regulamentos, decisões judiciais e demais atos oficiais; informações de uso comum tais como calendários, agendas, cadastros ou legendas; nomes e títulos isolados; aproveitamento industrial ou comercial das ideias contidas nas obras.

5.7.2. Direitos morais e patrimoniais

Os direitos envolvidos no campo da propriedade autoral têm um duplo aspecto: os direitos morais e os direitos patrimoniais (LDA, arts. 22 a 45).

Voltando-se aos direitos **morais**, estes pertencem exclusivamente ao criador da obra, nascendo com esta. É um direito personalíssimo do autor, pois é fruto da sua personalidade criativa, tendo como características a inalienabilidade e a irrenunciabilidade (LDA, art. 7º). Por se tratar da projeção da personalidade do criador, a proteção dos direitos morais se dá por prazo indeterminado, ou melhor, perpetuamente.

Com efeito, os direitos **morais** do autor incluem o direito de: reivindicar, a qualquer momento, a autoria da obra; ter seu nome, pseudônimo ou sinal convencional indicado ou anunciado, como sendo o do autor, na utilização de sua obra; conservar a obra inédita; assegurar a integridade da obra, opondo-se a quaisquer modificações ou à prática de atos que, de

---

[38]   Nesse sentido, Fábio Ulhoa Coelho. *Curso de direito civil*: direito das coisas, direito autoral. p. 202 e s.

qualquer forma, possam prejudicá-la ou atingi-lo, como autor, em sua reputação ou honra; modificar a obra, antes ou depois de utilizada; retirar de circulação a obra ou suspender qualquer forma de utilização já autorizada, quando a circulação ou utilização implicarem afronta à sua reputação e imagem; ter acesso a exemplar único e raro da obra, quando se encontre legitimamente em poder de outrem, para o fim de, por meio de processo fotográfico ou assemelhado, ou audiovisual, preservar sua memória, de forma que cause o menor inconveniente possível a seu detentor, que, em todo caso, será indenizado de qualquer dano ou prejuízo que lhe seja causado (LDA, art. 24).

Nos termos do art. 25 da Lei n. 9.610/98, quando se tratar de obra audiovisual, ao diretor dela caberá com exclusividade os direitos morais sobre a criação.

Já direitos **patrimoniais** são aspectos econômicos derivados da comercialização da obra (que no caso de obra literária, como o livro, é antecedida pela publicação). A tutela aos direitos patrimoniais está relacionada ao fato de ser assegurado ao criador o investimento realizado na concretização da obra, seja pela mão de obra, tempo ou recurso financeiro empregados.

Os direitos patrimoniais possuem tempo determinado, passando por toda a vida do autor acrescidos de 70 anos, contados a partir do dia primeiro de janeiro do ano subsequente à sua morte. E, embora pertençam originalmente ao autor, os direitos patrimoniais podem ser cedidos a terceiros, como, por exemplo, editoras de livros. Assim, os direitos patrimoniais se caracterizam pela temporariedade e, se for o caso, pela possibilidade de transmissibilidade a terceiros.

Frise-se a necessidade de diferenciação entre **autor** e **titular** de direitos de autor. O autor é o efetivo criador da obra intelectual, sendo o titular dos direitos morais e, se não houver cedido a terceiro, dos direitos patrimoniais sobre a criação. Já o titular é quem detém os direitos patrimoniais sobre a obra, que pode ser o próprio criador ou o terceiro que os recebeu por cessão. Em regra, o autor é pessoa física, enquanto o titular pode ser pessoa física ou jurídica. Nos termos do art. 11, "autor é a pessoa física criadora de obra literária, artística ou científica". Porém, a proteção concedida ao autor poderá aplicar-se às pessoas jurídicas nos casos previstos na própria Lei n. 9.610/98.

O autor pode se identificar por meio do seu nome civil, completo ou abreviado, ou por apelido – pseudônimo (LDA, art. 12). Os direitos morais e patrimoniais sobre a obra criada pertencem ao seu autor; porém, sendo obra derivada de autoria conjunta (coautoria), os direitos pertencem a todos, salvo se tiverem contratado de forma diferente (LDA, arts. 22 e 23).

Ao autor é garantido o direito exclusivo de utilizar, fruir e dispor da obra literária, artística ou científica (LDA, art. 28); por isso, normalmente o criador da obra é o titular dos direitos inerentes a ela. Entretanto, vale reforçar que ele pode ceder os direitos patrimoniais a terceiros a título oneroso ou gratuito.

Além disso, conforme o art. 14 da LDA, também é titular de direitos de autor quem adapta, traduz, arranja ou orquestra obra que já esteja em domínio público. Neste caso, não poderá opor-se a outra adaptação, arranjo, orquestração ou tradução, exceto no caso de reprodução fiel (cópia) da sua.

Quanto à possibilidade de transmissão dos direitos patrimoniais, ela pode se dar total ou parcialmente por contrato de: **licença**, a qual é temporária e pode ser exclusiva ou não; ou por **cessão**, que consiste na alienação definitiva e exclusiva a um terceiro. Vale ter em conta que à luz do art. 4º, os negócios jurídicos envolvendo os direitos autorais devem ser interpretados de forma restritiva, ou seja, não se pode presumir o que o contrato não preveja.

Propriedade intelectual (propriedade industrial e direito autoral) 457

Enquanto não cair em domínio público, o uso da obra, via de regra, dependerá de autorização expressão do seu criador e/ou titular dos direitos patrimoniais. A autorização poderá ser a título gratuito ou oneroso, sendo que neste caso o valor decorrerá do ajuste entre as partes.

No entanto, pode-se falar no uso lícito da obra, que independe de autorização do criador e/ou titular, sem que isso ofenda os direitos autorais. Nos termos do art. 46 da LDA, as possibilidades de uso lícito consistem:

I – na reprodução: a) na imprensa diária ou periódica, de notícia ou de artigo informativo, publicado em diários ou periódicos, com a menção do nome do autor, se assinados, e da publicação de onde foram transcritos; b) em diários ou periódicos, de discursos pronunciados em reuniões públicas de qualquer natureza; c) de retratos, ou de outra forma de representação da imagem, feitos sob encomenda, quando realizada pelo proprietário do objeto encomendado, não havendo a oposição da pessoa neles representada ou de seus herdeiros; d) de obras literárias, artísticas ou científicas, para uso exclusivo de deficientes visuais, sempre que a reprodução, sem fins comerciais, seja feita mediante o sistema Braille ou outro procedimento em qualquer suporte para esses destinatários;

II – na reprodução, em um só exemplar de pequenos trechos, para uso privado do copista [usuário], desde que feita por este, sem intuito de lucro;

III – na citação em livros, jornais, revistas ou qualquer outro meio de comunicação, de passagens de qualquer obra, para fins de estudo, crítica ou polêmica, na medida justificada para o fim a atingir, indicando-se o nome do autor e a origem da obra;

IV – no apanhado de lições em estabelecimentos de ensino por aqueles a quem elas se dirigem, vedada sua publicação, integral ou parcial, sem autorização prévia e expressa de quem as ministrou;

V – na utilização de obras literárias, artísticas ou científicas, fonogramas e transmissão de rádio e televisão em estabelecimentos comerciais, exclusivamente para demonstração à clientela, desde que esses estabelecimentos comercializem os suportes ou equipamentos que permitam a sua utilização;

VI – na representação teatral e a execução musical, quando realizadas no recesso familiar ou, para fins exclusivamente didáticos, nos estabelecimentos de ensino, não havendo em qualquer caso intuito de lucro;

VII – na utilização de obras literárias, artísticas ou científicas para produzir prova judiciária ou administrativa;

VIII – na reprodução, em quaisquer obras, de pequenos trechos de obras preexistentes, de qualquer natureza, ou de obra integral, quando de artes plásticas, sempre que a reprodução em si não seja o objetivo principal da obra nova e que não prejudique a exploração normal da obra reproduzida nem cause um prejuízo injustificado aos legítimos interesses dos autores.

A questão da possibilidade de reprodução de pequenos trechos de obras está atrelada a dois aspectos: primeiro, não prejudicar a exploração ordinária da obra objeto da reprodução; segundo, permitir a difusão do conhecimento e do acesso à cultura.

Não se pode deixar de apontar a problemática de não haver bases seguras para se saber o que de fato pode ser compreendido por "pequenos trechos"; embora, no campo das cópias de obras literárias, os usos e costumes adotados por bibliotecas e copiadoras tenha se inclinado a considerar como limite o percentual de cópias de até 10% sobre o total de número de páginas da obra.

Marcos Wachowicz expressa que as previsões do art. 46 da Lei dos Direitos Autorais brasileira estão entre as mais restritivas do mundo, colocando-se em desacordo com a realidade socioeconômica do Brasil, bem como por não possibilitar a utilização dos conteúdos disponibilizados na internet. O autor lembra da aplicação das regras dos "**três passos**" enquanto requisitos para o uso da obra intelectual: primeiro, a limitação cabe em certos casos especiais; segundo, desde que a reprodução não prejudique a exploração normal da obra; e terceiro, que não cause prejuízo injustificável aos legítimos interesses do criador[39].

De fato, com a criação e proliferação do uso da internet, a forma produzir, acessar, adquirir e compartilhar conteúdos intelectuais (textos, músicas, vídeos etc.) se alterou consideravelmente, de modo que a lei brasileira, neste ponto, precisaria se alinhar melhor a tal realidade, sob pena de amplo desrespeito ao texto legal.

Neste ponto, muito se discute sobre a adoção da doutrina do *fair use* criada nos Estados Unidos. *Fair use* pode ser traduzido por uso justo/honesto, ou seja, o uso razoável e aceitável de material tutelado por direitos autorais em determinadas circunstâncias, como, por exemplo, no campo educacional em que cópias de textos podem ser utilizadas em escolas para pesquisas, críticas, comentários etc.

Além de todas as hipóteses de uso lítico, o uso de paráfrases (explicações ou interpretações) e paródias (imitações irônicas ou não) é livre, desde que elas não sejam verdadeiras reproduções da obra originária nem lhe impliquem descrédito (LDA, art. 47). Cabe esclarecer que paráfrases são explicações ou interpretações; já paródias consistem em imitações irônicas ou não.

Especificamente sobre a transmissão de músicas, vale destacar a posição externada pelo STJ por meio da Súmula 63: "São devidos direitos autorais pela retransmissão radiofônica de músicas em estabelecimentos comerciais", bem como a Súmula 261: "A cobrança de direitos autorais pela retransmissão radiofônica de músicas, em estabelecimentos hoteleiros, deve ser feita conforme a taxa média de utilização do equipamento, apurada em liquidação".

Comparando com a propriedade industrial, a proteção dos direitos autorais independe de registro (LDA, art. 18), sendo o ato de registrar uma opção do criador para, se for o caso, ter maior facilidade em provar a autoria e originalidade de sua criação.

Assim, para facilitar a proteção de seus direitos, o autor da obra intelectual poderá facultativamente registrá-la, a depender da sua natureza, na Biblioteca Nacional, na Escola de Música, na Escola de Belas Artes da Universidade Federal do Rio de Janeiro, no Instituto Nacional do Cinema, ou no Conselho Federal de Engenharia, Arquitetura e Agronomia, conforme prevê o art. 17 da Lei n. 5.988/73 (antiga Lei dos Direitos Autorais, a qual foi quase que totalmente revogada pela atual Lei n. 9.610/98, a exceção do art. 17 que permanece em vigor).

Diferentemente da Lei n. 9.279/96, que dispõe sobre os crimes envolvendo a propriedade industrial, tendo revogado os dispositivos do Código Penal que tratavam da matéria, a

---

[39] Marcos Wachowicz. A revisão da lei brasileira de direitos autorais. In: Marcos Wachowicz; Manoel J. Pereira dos Santos (Orgs.). *Estudos de direito de autor*: a revisão da lei de direitos autorais. Florianópolis: Fundação Boiteux, 2010. p. 83 e 92.

Propriedade intelectual (propriedade industrial e direito autoral) 459

Lei n. 9.610/98 não trata de tipificação penal. O crime contra o direito de autor e os que lhe são conexos está previsto no art. 184 do Código Penal, com redação dada pela Lei n. 10.695/2003.

E de acordo com a Súmula do STJ 574:

> "Para a configuração do delito de violação de direito autoral e a comprovação de sua materialidade, é suficiente a perícia realizada por amostragem do produto apreendido, nos aspectos externos do material, e é desnecessária a identificação dos titulares dos direitos autorais violados ou daqueles que os representem".

5.7.3. Direitos conexos

Frise-se que os direitos autorais enquanto bens móveis, independentemente de suporte material ou imaterial, são categorizados em direitos do autor e direitos conexos (LDA, art. 1º).

Enquanto os direitos do autor asseguram proteção aos criadores de obras literárias, artísticas e científicas, os direitos **conexos** tutelam os interesses de outras pessoas que se relacionam, indiretamente, com a criação (esta que é objeto de proteção pelo direito do autor). Os direitos conexos, tidos por vizinhos ou análogos, são aqueles atribuídos aos profissionais que por meio do seu trabalho técnico ou criativo agregaram valor à obra criada pelo autor.

Estes profissionais são os artistas, intérpretes ou executantes, os produtores fonográficos e as empresas de radiodifusão. Sua proteção também se dá pelo prazo de 70 anos, contados do dia primeiro de janeiro do ano subsequente à fixação, para os fonogramas; à transmissão, para as emissões das empresas de radiodifusão; e à execução e representação pública, para os demais casos (LDA, arts. 89 e 96).

Vale ter em conta que aos direitos conexos são aplicáveis as normas relativas aos direitos de autor, no que for compatível. Além disso, a tutela dos direitos conexos em nada prejudica os direitos assegurados aos autores das obras literárias, artísticas ou científicas (LDA, art. 89).

5.8. *SOFTWARE* – PROGRAMA DE COMPUTADOR

5.8.1. Aspectos gerais

Software significa programa de computador. Trata-se de uma criação intelectual; um bem imaterial, portanto. Consiste na linguagem dos computadores que permite a criação de textos, desenhos, cálculos, impressões etc.

A criação dos computadores [*hardwares*/máquinas tuteladas por patentes] implicou no desenvolvimento de programas intelectuais (*softwares*) para "alimentarem" as máquinas que desse modo podem realizar as mais complexas operações[40]. Assim, é o programa que dá funcionalidade à máquina.

---

[40] Carlos Alberto Bittar. Os contratos de comercialização de "software". In: Carlos Alberto Bittar (coord.). *Novos contratos empresariais*. São Paulo: RT, 1990. p. 23 e s.

Vale destacar que são tidos como periféricos: impressoras, leitores, monitores, teclado, mouses, entre outros[41], os quais também são *hardwares* dotados, em maior ou menor grau, de funcionalidade via o uso de *softwares*.

Um programa de computador é estruturado a partir de um **código-fonte**, que consiste no conjunto ordenado de símbolos que permite a criação de uma estrutura lógica para dar "respostas" a problemas previamente concebidos (ao que se dá o nome de algoritmos).

Com o trabalho de programação, o código-fonte passa para um processo de "tradução", que tecnicamente é chamado de processo de compilação. Desse modo, quando o código-fonte torna-se capaz de ser lido, entendido e executado por um computador a este código dá-se o nome de **código-objeto**.

Assim, o criador do *software* prevê determinados problemas para os quais o programa apresentará respostas; sendo por isso que os *softwares* precisam de constante atualização (ou novas versões), na medida em que, ao longo do tempo, vão surgindo outras exigências de respostas, em relação ao problema inicial, ou de melhoria dos requisitos funcionais.

Destaca-se que quando o *software* é cedido a terceiros, gratuita ou onerosamente, ele ajuda na racionalização de tarefas, em especial no campo corporativo. Além disso, o *software* aprimora a alocação dos recursos humanos e financeiros, proporcionando sensível economia em relação aos custos, tempo, espaço físico, entre outras vantagens[42].

Em referência ao regime jurídico aplicável, é a Lei n. 9.609/98 – Lei do *Software* – LS (que revogou sua antecessora, a Lei n. 7.646/87), aplicando subsidiariamente a Lei n. 9.610/98 – Lei dos Direitos Autorais. Ambas as leis do ano de 1998 são fruto do Acordo TRIPS, do qual o Brasil é signatário, sendo que o seu art. 10 assevera que os programas de computador são protegidos como obras literárias (direitos autorais) pela Convenção de Berna.

De acordo com o art. 1º da Lei do *Software*:

> "Programa de computador é a expressão de um conjunto organizado de instruções em linguagem natural ou codificada, contida em suporte físico de qualquer natureza, de emprego necessário em máquinas automáticas de tratamento da informação, dispositivos, instrumentos ou equipamentos periféricos, baseados em técnica digital ou análoga, para fazê-los funcionar de modo e para fins determinados".

O *software* em si não pode ser objeto de patente, conforme prevê o art. 10, V, da Lei n. 9.279/96. Porém, mesmo o programa de computador sendo uma solução técnica (característica dos bens patenteáveis pela propriedade industrial) e não obra estética, cabe ponderar que o *software*, por facilitar o desempenho humano, é tido pela legislação como uma criação intelectual vinculada aos direitos autorais.

Entretanto, o registro do *software* deve ser feito no INPI (órgão por excelência registrador de propriedade industrial). Além da previsão pelo art. 10 do TRIPS quanto ao *software* ser considerado direito autoral para efeitos de tutela legal, isso por consequência também decorre do art. 3º da Lei n. 9.609/98 e sua regulamentação, o Decreto n. 2.556/98.

O registro do *software* no INPI tem caráter sigiloso (Decreto n. 2.556/98, art. 1º, § 2º). A isso também é aplicável a Instrução Normativa INPI n. 71/2017, que estabelece normas e

---

[41] Carlos Alberto Bittar. Os contratos de comercialização de "software". In: Carlos Alberto Bittar (coord.). *Novos contratos empresariais*. p. 24.

[42] Nesse sentido, Carlos Alberto Bittar. *Contratos comerciais*. p. 213.

procedimentos relativos ao registro de programas de computador (RPC), bem como a Resolução INPI n. 158/2016, que instituiu as diretrizes para o exame de pedidos de patentes envolvendo invenções implementadas por programas de computador.

É preciso levar em consideração que o cadastro no INPI é requisito essencial para a comercialização do *software*.

Além disso, quando o *software* for de origem estrangeira, será necessário averbar o respectivo contrato no INPI.

Quanto ao prazo de proteção dos direitos sobre o *software*, ele é de **50 anos** a partir do lançamento em qualquer país.

Contudo, o *software* pode ter dupla proteção jurídica: enquanto um programa de computador em si, é tutelado pelo direito autoral; o seu **processo produtivo** (ou seja, os passos da sua criação), enquanto uma criação de solução para um problema de ordem técnica, pode ser objeto de patente. É o que se denomina patente processo ou produto à luz da Lei n. 9.279/96, art. 42, II.

Além disso, existe a possibilidade de haver a chamada patente de *software* **embarcado (ou embutido)**. Isso se dá quando um bem é equipado com certo programa de computador, desenvolvido exclusivamente para o seu funcionamento, o qual é patenteado como produto; ou, as suas etapas fabris são objeto de patente de processo produtivo.

Vale um esclarecimento sobre a diferença entre programas operativos e aplicativos. Nos **operativos** há uma integração entre o programa e o *hardware*, não podendo este funcionar sem o *software* operativo correspondente, pois este é parte daquele. Já nos **aplicativos** não há necessariamente esta integração, uma vez que é possível que o mesmo aplicativo seja utilizado em várias espécies de *hardwares* desde que possuam semelhante sistema operacional[43].

Também é oportuna a distinção feita no âmbito do Direito Tributário acerca de o *software* se tratar de um produto ou um serviço, para com isso saber qual é a hipótese de incidência, ICMS ou ISS.

Após grandes debates jurídicos, o STF apreciou a questão da tributação do *software* [RE 176.626-3, STF, rel. Min. Sepúlveda Pertence, *DJ* 11-12-1998]. Na ocasião, em 1998, o tribunal entendeu que o programa de computador pode ser tributado pelo ICMS ou não, a depender do caso concreto. De acordo com a decisão do STF, se o *software* fosse comercializado indistintamente no mercado a qualquer interessado, seria considerado um produto (*software* de prateleira), tributável pelo ICMS. No entanto, se o *software* fosse desenvolvido especialmente para um cliente sob encomenda, tratar-se-ia de uma prestação de serviços, ficando sujeita ao regime tributário do ISS. Contudo, o STF mudou seu entendimento, consolidando-se sobretudo em 2021 de forma a afastar a incidência do ICMS[44].

---

[43] Newton De Lucca. *Aspectos jurídicos da contratação informática e telemática*. São Paulo: Saraiva, 2003. p. 26-27.

[44] As operações relativas ao licenciamento ou cessão do direito de uso de *software*, seja ele padronizado ou elaborado por encomenda, devem sofrer a incidência do ISS, e não do ICMS. Tais operações são mistas ou complexas, já que envolvem um dar e um fazer humano na concepção, desenvolvimento e manutenção dos programas, além "[d]o help desk, disponibilização de manuais, atualizações tecnológicas e outras funcionalidades previstas no contrato". Nesse contexto, o legislador complementar buscou dirimir o conflito de competência tributária (art. 146, I, da CF), no subitem 1.05 da lista de serviços tributáveis pelo ISS anexa à Lei Complementar n. 116/2003, prevendo o "licenciamento ou cessão de direito de uso de programas de computação". Com isso, nos termos do entendimento atual desta Corte, essas operações não são passíveis de

Os contratos de *software* gozam de liberdade em suas cláusulas, buscando assegurar direitos ao criador do programa e aos seus usuários. No entanto, esses contratos se submetem tanto às restrições previstas na legislação especial que regula o *software*, quanto ao restante do ordenamento jurídico, sob pena de nulidade, como às sanções no campo civil, penal etc. Nesse sentido, por exemplo, devem-se sempre respeitar os direitos morais do autor e, quando for o caso, os direitos de ordem patrimonial.

A violação dos direitos inerentes aos programas de computador é conhecida por "pirataria de *software*"[45]. Trata-se de uma contrafação (falsificação) que, embora possa ser praticada fora da rede, sem dúvida que a internet potencializou muito esse delito. A ação ilícita – cópia e/ou distribuição de programa pirateado – pode ser praticada pelo agente de forma muito cômoda, pois o delito pode ser cometido em qualquer (e de qualquer) lugar, bastando estar diante de um computador conectado.

Desse modo, a internet acaba sendo uma facilitadora para copiar, divulgar e distribuir o programa de computador pirateado. Além disso, a rede mundial de computadores acaba, muitas vezes, por encobrir a autoria da ação, pois, mesmo com os desenvolvidos sistemas de rastreamento, o anonimato é facilitado.

Nos termos do art. 6º da Lei n. 9.609/98:

> "Não constituem ofensa aos direitos do titular de programa de computador:
>
> I – a reprodução, em um só exemplar, de cópia legitimamente adquirida, desde que se destine à cópia de salvaguarda ou armazenamento eletrônico, hipótese em que o exemplar original servirá de salvaguarda;
>
> II – a citação parcial do programa, para fins didáticos, desde que identificados o programa e o titular dos direitos respectivos;
>
> III – a ocorrência de semelhança de programa a outro, preexistente, quando se der por força das características funcionais de sua aplicação, da observância de preceitos normativos e técnicos, ou de limitação de forma alternativa para a sua expressão;
>
> IV – a integração de um programa, mantendo-se suas características essenciais, a um sistema aplicativo ou operacional, tecnicamente indispensável às necessidades do usuário, desde que para o uso exclusivo de quem a promoveu".

Quanto aos direitos do empregador sobre as criações de *softwares* pelo empregado, o *caput* do art. 4º da Lei n. 9.609/98 dispõe que:

---

tributação pelo ICMS, independentemente do meio de disponibilização do programa" (ADI 5576/SP, STF, rel. Min. Roberto Barroso, *DJe* 10/9/2021. No mesmo sentido, ADI 5659/MG e ADI 1945/MT).

[45] (...) Programa de computador (*software*). Natureza jurídica. Direito autoral (propriedade intelectual). Regime jurídico aplicável. Contrafação e comercialização não autorizada. Indenização. Danos materiais. Fixação do *quantum*. Lei especial (9.610/98, art. 103). Danos morais. Dissídio jurisprudencial. Não demonstração. – O programa de computador (*software*) possui natureza jurídica de direito autoral (obra intelectual), e não de propriedade industrial, sendo-lhe aplicável o regime jurídico atinente às obras literárias. – Constatada a contrafação e a comercialização não autorizada do *software*, é cabível a indenização por danos materiais conforme dispõe a lei especial, que a fixa em **3.000 exemplares**, somados aos que foram apreendidos, se não for possível conhecer a exata dimensão da edição fraudulenta. (...) Recurso especial parcialmente provido (grifo nosso) (STJ, REsp 443.119/RJ, 3ª Turma, rel. Min. Nancy Andrigui, *DJ* 30-6-2003).

Propriedade intelectual (propriedade industrial e direito autoral)   463

"Salvo estipulação em contrário, pertencerão exclusivamente ao **empregador**, contratante de serviços ou órgão público, os direitos relativos ao programa de computador, desenvolvido e elaborado durante a vigência de contrato ou de vínculo estatutário, expressamente destinado à pesquisa e desenvolvimento, ou em que a atividade do empregado, contratado de serviço ou servidor seja prevista, ou ainda, que decorra da própria natureza dos encargos concernentes a esses vínculos" [grifo nosso].

Já quanto ao direito do empregado, prevê o § 2º do mesmo art. 4º que:

"Pertencerão, com exclusividade, ao **empregado**, contratado de serviço ou servidor os direitos concernentes a programa de computador gerado sem relação com o contrato de trabalho, prestação de serviços ou vínculo estatutário, e sem a utilização de recursos, informações tecnológicas, segredos industriais e de negócios, materiais, instalações ou equipamentos do empregador, da empresa ou entidade com a qual o empregador mantenha contrato de prestação de serviços ou assemelhados, do contratante de serviços ou órgão público" [grifo nosso].

As regras, para ambos os casos, são aplicáveis quando o programa de computador for desenvolvido por bolsistas, estagiários e assemelhados, conforme dispõe a Lei n. 9.609/98, art. 4º, § 3º.

Pelo não cumprimento do contrato de *software*, ou pelo seu uso indevido, é gerado o dever indenizatório pelo violador em favor do lesado.

Conforme a legislação, algumas regras não podem ser transigidas pelas partes contratantes, pois são normas de ordem pública, como as que envolvem: assistência técnica; não suspensão do uso sem indenização ao prejudicado; correção de erros sem custos; cláusulas contra os bons costumes etc.

Nesse campo de contratação, pode haver **exclusividade** para determinado distribuidor (com regras do contrato de distribuição), como em relação à área geográfica de abrangência; à estratégia de ação e venda; às quotas mínimas de venda; à subcontratação de revendedores etc.

Contudo, o contrato de *software*, dependendo do seu objeto, pode ser um contrato de encomenda de *software*, cessão de *software* ou licença de uso[46].

5.8.2. Desenvolvimento ou encomenda de *software*

Contrato de encomenda de *software* é o acordo em que uma parte encomenda a outra determinado programa de computador, mediante remuneração. Também pode ser chamado de contrato de **desenvolvimento** de *software*.

Uma das partes, o fornecedor/desenvolvedor, compromete-se a criar/desenvolver um programa especial para atender ao objetivo de quem o encomendou, ou seja, o cliente, mediante a correspondente remuneração.

O cliente encomendará e fará o uso do *software* para atender aos seus objetivos específicos, cabendo ao fornecedor propiciar a aplicação e a prestação de assistência técnica.

É comum haver fases de testes, bem como a encomenda de alterações ou módulos com funções complementares, para melhor atender às necessidades do cliente.

---

46   Carlos Alberto Bittar. *Contratos comerciais*. p. 215.

5.8.3. Cessão de *software*

O contrato de cessão de *software* é o acordo pelo qual o criador (cedente) transfere a outrem (cessionário) os direitos sobre seu programa de computador já existente, mediante remuneração, via de regra.

A cessão do titular dos direitos (cedente) pode ser total ou parcial em favor do cessionário, que vai poder aproveitar praticamente todos os resultados do programa de computador, o que incluiria o segredo e, sobretudo, os direitos patrimoniais dessa operação. Os direitos morais do criador são inalienáveis.

Dessa forma, o contrato deve apontar de forma clara quais são os direitos cedidos, pois tudo o que não for expresso no instrumento contratual continuará como direito do titular.

Vale ter em conta que o **titular** do *software* pode não ser necessariamente o seu **criador**, pois este pode ter cedido seus direitos a uma terceira pessoa que passou a condição de titular dos direitos sobre o programa de computador, sobretudo de exploração econômica. Desse modo, o titular do *software* pode, mediante remuneração ou não, ceder seus direitos (recebidos por cessão anterior do autor) a terceiro; ou, como veremos a seguir, o titular pode licenciar o *software* a indeterminadas pessoas com o fim de obter contraprestações pecuniárias.

5.8.4. Licença de *software*

O contrato de licença de uso de *software* é o acordo em que o titular concede o uso do seu programa de computador à outra parte, permanecendo como titular de todos os demais direitos (morais e patrimoniais).

A licença é destinada para determinados fins, devendo ser respeitadas as condições contratuais, inclusive quanto ao segredo do programa e os direitos morais do criador.

Sendo mais comuns em relação aos contratos de encomenda e de cessão, alguns contratos de licença de *software* são remunerados, outros gratuitos. Isso é facilmente perceptível na internet, onde são encontrados inúmeros aplicativos gratuitos para uso em *smartphones*, por exemplo.

É importante afirmar que, quando remunerada e sem exclusividade (o que é a regra geral), a licença pode ser concedida/distribuída a várias pessoas, que pagarão as correspondentes remunerações ao criador e/ou titular dos direitos patrimoniais sobre o programa de computador.

5.9. JOGOS ELETRÔNICOS

Jogos eletrônicos também são programas de computador, devendo a sua criação, os direitos de seus desenvolvedores e respectivos desdobramentos serem protegidos pelo Direito. E, em razão da sua grande proliferação nas últimas décadas, a ponto de falar em "indústria dos games", o Brasil passou a ter uma norma jurídica específica sobre o assunto com a promulgação do Marco Legal dos Jogos Eletrônicos (Lei n. 14.852/2024), que regula a liberdade para a fabricação, a importação, a comercialização, o desenvolvimento e o uso comercial de jogos eletrônicos (arts. 2º e 3º, *caput*).

Embora seja comum no mercado de games também o uso da expressão "jogos digitais", a lei preferiu usar a expressão "jogos eletrônicos". No entanto, para fins deste item do livro, trataremos as expressões "jogos digitais" e "jogos eletrônicos" como sinônimas.

Os desenvolvedores dos jogos eletrônicos e/ou seus representantes interessados poderão obter o registro e a proteção deles enquanto uma propriedade industrial. Tanto é que a Lei n.

14.852/2024 alterou o art. 2º da LPI para prever a possibilidade de registro para jogos eletrônicos perante o INPI.

Jogos digitais são programas executados em plataformas microprocessadas[47], na maioria das vezes caracterizados como um sistema fechado, no qual o usuário não possui possibilidade de modificar a implementação do código. Sendo assim, ele não consegue alterar o programa, apenas interagir a partir de regras preestabelecidas. Este possui sua representação baseada em *bits* e apresentada por imagens e sons. As plataformas mais comuns de interação são os consoles, os computadores e os *smartphones*.

A Lei n. 14.852/2024 traz muitas definições, diretrizes e princípios. Vale destacar que essa nova lei está alinhada com a legislação de proteção de dados brasileira (especialmente a Lei Geral de Proteção de Dados Pessoais – LGPD – Lei n. 13.709/2018), sendo uma das suas diretrizes e princípios a preservação da proteção de dados e da autodeterminação informacional, conforme o art. 6º, VII, da Lei n. 14.852/2024.

Além disso, a Lei n. 14.852/2024 determina uma série de medidas que devem ser adotadas, principalmente se os jogos forem acessíveis ou direcionados a menores (crianças até 12 anos e adolescentes entre 13 e 17 anos).

Nesse ponto, o art. 3º, §§ 1º e 2º c/c arts. 15 a 17 da Lei n. 14.852/2024 preveem que caberá ao Estado realizar a classificação etária indicativa, dispensada autorização estatal prévia para o desenvolvimento e a exploração dos jogos eletrônicos. E que, na realização da classificação etária indicativa de jogos eletrônicos, levar-se-ão em conta os riscos relacionados ao uso de mecanismos de microtransações (formas remuneradas em que o jogador pode melhorar sua experiência ou ter acesso a mais recursos no jogo).

Especialmente sobre esse assunto, é importante destacar que a concepção, a gestão e a operação dos jogos devem considerar os melhores interesses das crianças e adolescentes, devendo ser adotadas medidas adequadas e proporcionais para mitigar os riscos aos direitos das crianças e adolescentes. As ferramentas de compras dentro dos jogos devem garantir, por padrão, a restrição de compras por crianças (até 12 anos) e assegurar o consentimento dos responsáveis.

Além disso, deve-se criar canais de escuta e diálogo com os utilizadores. Caso o jogo inclua interação entre utilizadores – via mensagens de texto, áudio, vídeo ou troca de conteúdos, de forma síncrona ou assíncrona –, deve ser garantido um sistema de recepção e tratamento de reclamações, com a informação aos utilizadores relatores sobre os resultados das reclamações efetuadas, bem como instrumentos para solicitar revisão de decisão e reversão de penalidades impostas.

Desse modo, os agentes que vão desenvolver jogos eletrônicos precisarão adotar medidas adicionais de proteção desses dados para garantir que o tratamento seja realizado de forma segura e de acordo com o melhor interesse dos usuários (jogares), especialmente quanto se tratar de menores, sem prejuízo da estrita observância da LGPD.

---

[47] Paula Dornhofer Paro Costa, Paulo Sergio Prampero e Zady Castañeda Salazar. *Inteligência artificial aplicada a jogos digitais*. Trabalho (sem especificação de nível) – Faculdade de Engenharia Elétrica e de Computação da Universidade Estadual de Campinas, Campinas, 2009. Disponível em: <http://www.dca.fee.unicamp.br/~martino/disciplinas/ia369/trabalhos/t4g1.pdf>. Acesso em: 21 ago. 2017.

5.10. CONTRATOS DE *KNOW-HOW*/TRANSFERÊNCIA DE TECNOLOGIA

Know-how significa saber fazer, conhecimento, técnica, experiência. Os contratos de *know--how* são contratos que têm por objeto a transferência de tecnologia, que, por sua vez, pode consistir na cessão ou licença de patentes, bem como envolver o uso de marcas, *softwares* etc.

A finalidade da transferência de tecnologia é muito variada, podendo se revestir na forma de:

1)   construção de parque industrial;
2)   reorganização empresarial;
3)   mecanismos de produção e venda de bens e serviços de consumo ou insumos;
4)   planejamento e elaboração de estudos para execução e prestação de serviços;
5)   engenharia que fornece projeto, dirige, constrói e coloca em funcionamento uma indústria etc.[48].

Com relação às cláusulas de um contrato de *know-how*, estas devem prever de forma clara o prazo de duração; a remuneração e a maneira de pagamento de *royalties*; a forma de manutenção dos registros junto ao INPI; a preservação do segredo industrial (ou da patente); a delimitação do uso etc.

Já com referência ao regime jurídico, são aplicáveis as regras da teoria geral dos contratos, vinculada à legislação específica, dependendo do que estiver envolvido no contrato. Assim, por exemplo, se houver licença de *software*, aplica-se a legislação correspondente no que tange ao programa de computador; se houver licença de patente, a respectiva legislação da propriedade industrial; e assim por diante.

Para produzir efeitos em relação a terceiros, o contrato de transferência tecnológica deverá ser registrado no INPI (LPI – Lei da Propriedade Industrial – Lei n. 9.279/96, art. 211 c/c os arts. 61, 62, 63, 68, 121, 139, 140 e 141). Aplica-se ao caso a Resolução INPI n. 199/2017, que dispõe sobre as diretrizes de exame para averbação ou registro de contratos de licença de direito de propriedade industrial e de registro de topografia de circuito integrado, transferência de tecnologia e franquia.

O STJ entendeu que o INPI tem competência para alterar cláusulas contratuais referentes à transferência de tecnologia do Brasil para o exterior, fixando assim melhores condições para o uso de patente em cumprimento das "funções social, econômica, jurídica e técnica" no Brasil. O assunto envolveu a remessa de *royalties* (pagamento ao titular de um direito) de uma empresa subsidiária, com sede no Brasil, para a sua respectiva matriz sediada no exterior[49].

---

[48]   Carlos Alberto Bittar. *Contratos comerciais*. 4. ed. Rio de Janeiro: Forense, 2005. p. 222-223.

[49]   (...) I – Ação mandamental impetrada na origem, na qual empresas voltaram-se contra ato administrativo praticado pelo INPI que, ao averbar contratos de transferência de tecnologia por elas celebrados, alterou cláusulas, de forma unilateral, fazendo-os passar de onerosos para gratuitos. (...) III – A discussão acerca de possível violação do art. 50 da Lei n. 8.383/91 diz respeito à questão de deduções de pagamento de *royalties*, matéria de fundo dos contratos, que não interfere na deliberação dos autos, restritos à análise de limite de atuação administrativa do INPI, matéria atinente à Primeira Seção desta Corte. IV – A supressão operada na redação originária do art. 2º da Lei n. 5.648/70, em razão do advento do art. 240 da Lei n. 9.279/96, não implica, por si só, em uma conclusão mecânica restritiva da capacidade de intervenção do INPI. Imprescindibilidade de conformação das atividades da autarquia federal com a cláusula geral de resguardo das funções social, econômica, jurídica e técnica. V – Possibilidade do INPI

Propriedade intelectual (propriedade industrial e direito autoral) 467

Podendo isso ser considerado algo que extrapola as competências institucionais do INPI, trata-se de uma intervenção desse órgão em negociações privadas, que de certa forma implicará em eventual insegurança jurídica e diminuição de investimentos externos no Brasil. Isso porque as empresas estrangeiras duvidarão se terão condições de reaver o investimento por meio da remessa de *royalties*, uma vez que o teor dos contratos ficará sujeito a revisão/alteração pelo INPI.

Os contratos de transferência tecnológica muitas vezes têm como objeto a licença para exploração de patente e/ou para uso de marca, bem como para uso de *software* (que serão a seguir estudadas).

5.10.1. Exploração de patente

Como já estudado, **patente** é um título concedido ao autor de uma invenção ou modelo de utilidade, assegurando-lhe a propriedade e o privilégio de uso e exploração exclusiva durante determinado período.

A **invenção** está relacionada à criação de algo novo que possa ter aplicação industrial, como um eletrodoméstico que realize tarefas que nenhum outro faça. A invenção difere da descoberta, que significa achar algo que já existe (LPI, art. 8º).

Por sua vez, **modelo de utilidade** é o objeto de uso prático que apresenta ato inventivo do qual resulte melhoria funcional na sua utilização ou em sua fabricação. Ele deve apresentar nova forma ou disposição quanto ao ato inventivo, e ter aplicação industrial (LPI, art. 9º).

A distinção entre invenção e modelo de utilidade reside no fato de que o modelo de utilidade é um aprimoramento da invenção, um aperfeiçoamento.

Assim, o titular da patente (ou o depositante, aquele que a está requerendo) poderá celebrar contrato de licença para a sua exploração por terceiro (LPI, art. 61, *caput*).

Para o início do uso da patente não é necessária a averbação da licença no INPI (LPI, art. 62, *caput*, § 2º). Logo, para as partes, os efeitos são imediatos, excetuando-se previsão diversa.

Entretanto, para produzir efeitos perante terceiros, o uso de patente precisa ser averbado no INPI, e somente a partir da publicação a licença de uso produzirá efeitos perante terceiros (LPI, art. 62, *caput*, § 1º).

O licenciado poderá ser investido pelo titular de todos os poderes para agir em defesa da patente (LPI, art. 61, parágrafo único).

Salienta-se que os aperfeiçoamentos introduzidos em patente licenciada pertencem a quem os fizer (titular ou explorador), sendo assegurado o direito de preferência ao outro contratante para seu licenciamento (LPI, art. 63).

Ainda, a **licença** não é a **cessão** da patente. Licença significa autorização/permissão de uso. Cessão quer dizer transferência/alienação; logo, a cessão de patente (ou de pedido de patente) é a alienação da patente em favor de outrem. É a sua transferência/venda.

É válido considerar que nos contratos de *know-how* o mais comum é haver a licença de patente. Entretanto, não há impedimento para a patente ser cedida total ou parcialmente

---

intervir no âmbito negocial de transferência de tecnologia, diante de sua missão constitucional e infraconstitucional de regulamentação das atividades atinentes à propriedade industrial. Inexistência de extrapolação de atribuições. VI – Recurso especial parcialmente conhecido e, nessa parte, negado provimento (REsp 1.200.528/RJ, STJ, 2ª Turma, rel. Min. Francisco Falcão, *DJe* 8-3-2017).

(LPI, art. 58, *caput*). Nesta situação, caberá ao INPI efetuar as anotações relativas à cessão com a qualificação completa do cessionário; qualquer limitação ou ônus que recaia sobre a patente (ou pedido) etc. (LPI, art. 59).

As anotações da cessão pelo INPI somente irão produzir efeitos perante terceiros a partir de sua publicação (LPI, art. 60). No entanto, para as partes, os efeitos são imediatos, salvo previsão diversa.

Assim, a cessão de patente, de certa forma, trata-se de um contrato de compra e venda; logo, além das regras previstas na Lei da Propriedade Industrial – Lei n. 9.279/96 –, aplica-se às regras do contrato de compra e venda e da teoria geral dos contratos, no que couber, de forma subsidiária.

5.10.2. Uso de marca

Como também já estudado em outro item deste livro, **marca** é o sinal colocado em um produto (ou serviço) para que este seja identificado e distinguido, não sendo confundido, pelo público, com outros produtos (ou serviços) semelhantes (LPI, art. 122). A proteção da marca ocorre pelo seu registro no INPI.

Aqui, também, o titular de uma marca (ou seu depositante) poderá celebrar contrato de licença para a sua exploração por terceiro (LPI, art. 139, *caput*).

Para o início do uso da marca pelo licenciado não é necessária a averbação do contrato de licença no INPI (LPI, art. 140, § 2º). Assim, para as partes, os efeitos são imediatos, salvo previsão diversa.

No entanto, para produzir efeitos perante terceiros, será necessário efetuar a averbação junto ao INPI (LPI, art. 140, *caput*). Nesse sentido, REsp-STJ 606.443.

Os efeitos, em relação a terceiros, da licença para uso da marca irão ocorrer somente a partir da publicação (LPI, art. 140, § 1º).

No mais, o titular, ao licenciar sua marca, tem o direito de fiscalizar os produtos e serviços que a estampam em relação às especificações, natureza e qualidade (LPI, art. 139, *caput*).

Já o licenciado, que recebe a licença para utilizar a marca, poderá ser investido pelo titular de todos os poderes para agir em defesa desta (LPI, art. 139, parágrafo único).

Além disso, aqui também valem as mesmas considerações, ou seja, **licença** não é a **cessão** de marca. A licença é uma autorização/permissão de uso. Já a cessão é uma transferência/alienação do registro de marca (ou pedido de registro) em favor de outra pessoa. Cuida-se de uma alienação/venda.

Nos contratos de transferência tecnológica é mais comum ocorrer a licença de marca, porém não há impedimento para a cessão. Neste caso, o cessionário deverá atender aos requisitos legais para requerer a efetivação da cessão de marca, ou seja, se for impedido de requerer um registro de marca, a cessão não se efetivará (LPI, art. 134).

Assim, a cessão de marca deverá compreender todos os registros ou pedidos, em nome do cedente, de marcas iguais ou semelhantes, relativos ao produto ou ao serviço idêntico, semelhante ou afim, sob pena de cancelamento dos registros ou arquivamento dos pedidos não cedidos (LPI, art. 135).

Ao INPI caberá efetuar as seguintes anotações: a cessão com a qualificação completa do cessionário; qualquer limitação ou ônus que recaia sobre o registro da marca (ou pedido de

Propriedade intelectual (propriedade industrial e direito autoral)   469

registro) etc. (LPI, art. 136). Contudo, as anotações da cessão pelo INPI somente irão produzir efeitos perante terceiros a partir de sua publicação (LPI, art. 137). No entanto, para as partes, os efeitos são imediatos, salvo previsão diversa.

5.10.3. Uso de *software*

Quando o *software* (programa de computador) é cedido a terceiros, gratuita ou onerosamente, ele contribui firmemente na racionalização de tarefas, em especial no campo corporativo, por isso é muito relevante em contratos de tecnologia.

Isso porque, como já visto, aprimora a alocação dos recursos humanos e financeiros, proporcionando sensível economia em relação aos custos, tempo, espaço físico, entre outras vantagens.

Sem prejuízo do que prevê a Lei do *Software* (Lei n. 9.609/98), e subsidiariamente a Lei dos Direitos Autorais (Lei n. 9.610/98), frise-se que os contratos de *software* gozam de liberdade em suas cláusulas, buscando assegurar direitos ao criador do programa e aos seus usuários.

Assim, esses contratos se submetem tanto às restrições previstas na legislação especial, que o regula quanto ao restante do ordenamento jurídico, sob pena de nulidade, como às sanções no campo civil, penal etc. Nesse sentido, por exemplo, devem-se sempre respeitar os direitos morais do autor e, quando for o caso, os direitos de ordem patrimonial.

Vale ter em conta que pelo não cumprimento do contrato de *software*, ou pelo seu uso indevido, é gerado o dever indenizatório pelo violador em favor do lesado. Além disso, algumas regras não podem ser transigidas pelas partes contratantes (conforme a legislação): assistência técnica; não suspensão do uso sem indenização ao prejudicado; correção de erros sem custos; cláusulas contra os bons costumes etc.

O contrato de transferência de tecnologia pode envolver o uso do contrato de *software*, dependendo do seu objeto, pode ser a encomenda/desenvolvimento de um *software* específico, a cessão de *software* ou a licença de uso. Entretanto, é a licença de uso de *software* o mais comum de ocorrer enquanto cláusula/parte da transferência de *know-how*.

Com efeito, a licença de uso de *software* é o acordo em que o titular concede o uso do seu programa de computador à outra parte, permanecendo como titular de todos os demais direitos.

Deve-se levar em conta que a licença é voltada a certas finalidades, devendo ser respeitadas as condições contratuais, inclusive quanto ao segredo do programa de computador e os direitos morais do criador.

No mais, é importante afirmar que, quando remunerada e sem exclusividade, a licença pode ser concedida/distribuída a várias pessoas, que pagarão a correspondente remuneração ao criador e/ou titular dos direitos patrimoniais sobre o *software*.

QUESTÕES DE EXAMES DA OAB E CONCURSOS PÚBLICOS

1. (OAB Nacional 2008.2) De acordo com as leis brasileiras, considera-se criação passível de ser objeto de direito de patente:

A) a pintura em que se retrata a imagem de um grupo de pessoas;

B) o livro científico em que se descrevem aplicações de medicamentos;

C) o método cirúrgico de transplante de coração em animais;

D) um processo de fabricação de tinta.

2. (OAB Nacional 2008.1) Segundo o art. 122 da Lei n. 9.279/96 são suscetíveis de registro como marca os sinais distintivos visualmente perceptíveis, não compreendidos nas proibições legais. Com base no regime jurídico das marcas, previsto nessa lei, assinale a opção correta.

A) À marca de alto renome será concedida proteção em seu ramo de atividade, independentemente de estar registrada no Brasil.

B) À marca coletiva, se devidamente registrada no Brasil, será concedida proteção para ser utilizada por todos os que atuarem no correspondente ramo de atividade.

C) À marca de produto ou serviço será concedida proteção para distinguir produto ou serviço de outro, idêntico, semelhante ou afim, de origem diversa.

D) À marca notoriamente conhecida, desde que registrada no Brasil, será concedida proteção em todos os ramos de atividade.

3. (OAB-SP 137º 2008) É patenteável como invenção ou modelo de utilidade:

A) aquilo que for contrário à moral e aos bons costumes, desde que preencha os requisitos da patenteabilidade – novidade, atividade inventiva e aplicação industrial;

B) aquilo que for contrário à segurança, à ordem e à saúde pública, desde que preencha os requisitos da patenteabilidade – novidade, atividade inventiva e aplicação industrial;

C) micro-organismo transgênico que atenda aos requisitos da patenteabilidade – novidade, atividade inventiva e aplicação industrial – e que não seja mera descoberta;

D) sinal distintivo visualmente perceptível e não compreendido nas proibições legais.

4. (OAB-SP 136º 2008) Assinale a opção correta no que diz respeito à invenção e modelo de utilidade realizado por empregado ou prestador de serviço.

A) A invenção pertence exclusivamente ao empregador quando decorrer de contrato de trabalho cuja execução ocorra no Brasil e que tenha por objeto a pesquisa ou a atividade inventiva.

B) O empregador, titular da patente, é obrigado a conceder ao empregado autor de invento participação nos ganhos econômicos resultantes da exploração da patente.

C) A invenção pertence, em regra, exclusivamente ao empregador quando decorrer de contrato de estágio cuja execução ocorra no Brasil e que tenha por objeto a pesquisa ou a atividade inventiva, ainda que aquela seja resultado de contribuição pessoal do estagiário.

D) Considera-se desenvolvida pelo empregado, em regra, a invenção cuja patente tenha sido por ele requerida até o prazo de um ano após a extinção do vínculo empregatício.

5. (OAB-SP 135º 2008) São registráveis como marca:

A) letra, algarismo e data, ainda que isoladamente, quando revestidos de suficiente forma distintiva;

B) termos técnicos que, usados na indústria, na ciência e na arte, tenham relação com o produto ou serviço a distinguir;

C) bandeira pública ou oficial, nacional, estrangeira ou internacional, bem como a respectiva designação, figura ou imitação;

D) sinais ou expressões empregados apenas como meio de propaganda.

6. (Magistratura-SP 180º 2007) A proteção dos direitos relativos à propriedade industrial efetua-se mediante:

A) concessão de patentes de invenção e de modelo de utilidade e concessão de registro de desenho industrial nos termos da Lei de Propriedade Industrial (Lei n. 9.279/96), sendo a proteção relativa à marca submetida às regras do direito autoral (Lei n. 9.610/98);

B) as regras do Direito Autoral previstas no Código Civil;

C) registro público empresarial com o devido depósito da marca e patente efetuado nos termos da Lei n. 8.934/94, que dispõe sobre o registro público de empresas mercantis e atividades afins;

D) concessão de patentes de invenção e de modelo de utilidade; concessão de registro de desenho industrial e de marca; repressão às falsas indicações geográficas; repressão à concorrência desleal, nos termos de Propriedade Industrial (Lei n. 9.279/96).

7. (Magistratura-SP 180º 2007) Marca de produto ou serviço é:

A) a usada para distinguir produto ou serviço de outro idêntico, semelhante ou afim, de origem diversa;

B) a usada pela indústria farmacêutica;

C) a usada para identificação de produtos ou serviços provindos de membros de determinada entidade farmacêutica;

D) a utilizada para atestar a conformidade de um produto ou serviço com certas normas técnicas, notadamente quanto à qualidade, natureza, material usado e metodologia.

8. (Magistratura-PR 2007-2008) Assinale a alternativa correta:

A) A patente de invenção vigorará pelo prazo de 15 (quinze) anos e a de modelo de utilidade pelo prazo 10 (dez) anos contados da data de depósito;

B) À pessoa de boa-fé que, antes da data de depósito ou de prioridade de pedido de patente, explorava seu objeto no País, será assegurado o direito de em 5 (cinco) anos encerrar a exploração, sem arcar com indenizações ao titular da patente;

C) A patente confere ao seu titular o direito de impedir terceiro, sem o seu consentimento, de produzir, usar, colocar à venda, vender ou importar com estes propósitos produto objeto de patente incluindo preparação de medicamento de acordo com prescrição médica para casos individuais, executada por profissional habilitado;

D) Ao titular da patente é assegurado o direito de obter indenização pela exploração indevida de seu objeto, inclusive em relação à exploração ocorrida entre a data da publicação do pedido e a da concessão da patente.

9. (Magistratura-MG 2008) Sobre as marcas, é *CORRETO* afirmar que:

A) a marca de alto renome goza de proteção especial, independentemente de estar previamente depositada ou registrada no Brasil;

B) o contrato de licença para uso da marca produz efeitos em relação a terceiros se averbado no Cartório de Títulos e Documentos;

C) pessoas jurídicas de direito público podem requerer o registro de marca;

D) o titular da marca poderá impedir que comerciantes ou distribuidores utilizem sinais distintivos que lhes são próprios, juntamente com a marca do produto, na sua promoção e comercialização.

10. (Magistratura-RS 2009) A respeito da Lei n. 9.279/96 (Lei de Propriedade Industrial), assinale a assertiva correta.

A) O pedido de patente de invenção terá de se referir a uma única invenção ou a um grupo de invenções inter-relacionadas de maneira a compreenderem um único conceito inventivo.

B) São patenteáveis invenções mesmo que contrárias à moral, aos bons costumes e à segurança.

C) O pedido de patente retirado ou abandonado não necessita ser publicado.

D) A patente de invenção vigorará pelo prazo de dez anos, e a de modelo de utilidade, pelo prazo de cinco anos contados da data do depósito.

E) Prescreve em três anos a ação para reparação de dano causado ao direito de propriedade industrial.

6

DIREITO CONCORRENCIAL E ECONÔMICO

6.1. INTRODUÇÃO

Direito Concorrencial poderia ser conceituado como o ramo do Direito que se ocupa em disciplinar as condutas dos agentes econômicos de modo a evitar práticas ilícitas que possam prejudicar os concorrentes, os consumidores e/ou o mercado. Desse modo, o Direito Concorrencial pode ser dividido em duas grandes partes. Ou melhor, existem dois tipos de concorrência ilícita: a "concorrência desleal" (Lei n. 9.279/96, arts. 195 e 209) e a "infração da ordem econômica" (Lei n. 12.529/2011 – Lei que estrutura o Sistema Brasileiro de Defesa da Concorrência – SBDC).

Classicamente, a disciplina da concorrência desleal é um sub-ramo do **Direito Empresarial**/Comercial (enquanto parte do Direito Privado), tratando da concorrência como ilícito cível e/ou criminal, praticado por um concorrente contra outro. Já o regramento das infrações à ordem econômica é uma vertente do **Direito Econômico** (outro ramo, porém do Direito Público), em que o tratamento da concorrência se dá a partir de um ilícito administrativo, realizado por um concorrente em detrimento do mercado. De todo modo, ambas as análises estão diretamente relacionadas com a atividade econômica empresarial.

Assim, neste capítulo do livro, tendo em vista essas múltiplas características do Direito Concorrencial, o estudaremos sob essas duas óticas: concorrência desleal e infrações à ordem econômica, ainda que para tanto adentremos um pouco na matéria do Direito Econômico.

Apenas para registrar que, do ponto de vista histórico, se perde no tempo a preocupação jurídica com a concorrência, pois na **Antiguidade** (em Roma) havia a prática do monopólio do sal pelo governo, bem como pela concessão, em troca de retribuição, de monopólios para comercialização de certos alimentos. Na **Idade Média**, o conceito de monopólio estava ligado aos privilégios concedidos pelo soberano, em que a certos particulares se outorgava o direito de negociar. Criadas por vontade de seus integrantes, não pelo Estado, as corporações de arte e ofício, enquanto associação de pessoas com interesses comuns (artesãos e comerciantes), visando a se proteger – de alguma forma – acabava eliminando a possibilidade de concorrência, pois havia algo semelhante ao que hoje se conhece como cartel[1].

No final do século XVI, especificamente na Inglaterra, começaram a surgir contestações jurídicas sobre os monopólios concedidos pelo Estado, sendo que após vários casos levados à Justiça inglesa, foi aprovado no início do século XVI, o **Statute of Monopolies** (Estatuto dos Monopólios) de 1624, sendo esse o grande marco histórico da disciplina jurídica da concorrência.

Com a revolução industrial, passou-se de uma produção artesanal para a fabricação em série dos produtos; a relação de aprendiz e mestre foi sendo substituída pela relação empregador e empregado. Assim, começou-se a investir grandes somas nas indústrias assumindo-se os riscos da atividade econômica praticada em maior escala.

Nesse contexto, em 1776 surgiu o clássico livro *A Riqueza das Nações*, de Adam Smith, cujo autor, entre outras ideias, defendia que a concorrência era algo que beneficiava o consumidor, pois forçava a diminuição de preços e a melhora da qualidade dos bens. Para ele, a concepção de mercado deixa de ser um mero local de troca, passando a ser o local onde os agentes econômicos disputam a oportunidade de troca [negócio]. Assim, a concorrência passa a ser um fator fundamental para organizar o mercado, sendo que a livre-iniciativa e a livre concorrência se tornaram princípios do sistema [concorrencial][2].

Neste momento ganha força a expressão francesa *laissez-faire* (em português, "deixar fazer"), que diz respeito ao liberalismo econômico, em que o mercado deve funcionar livremente sem a interferência do Estado, cabendo a este apenas instituir uma regulação mínima.

Outro marco jurídico em matéria concorrencial se deu nos Estados Unidos, com o **Sherman Act**[3] de 1890, cujo objetivo era garantir a concorrência entre as empresas americanas de modo que nenhuma se tornasse tão grande a ponto de dominar e ditar as regras do mercado atuante.

Contudo, a partir do liberalismo econômico (decorrente das ideias de Adam Smith) a concorrência passa a ser vista com algo que concilia a liberdade individual e o interesse público. Mais tarde (especialmente com o *Sherman Act*), percebeu-se a necessidade de alguma atuação estatal de modo a eliminar distorções no mercado e abusos do poder econômico, daí a expressão neoliberalismo.

6.2. CONCORRÊNCIA DESLEAL

"Concorrência" significa a disputa/competição entre agentes econômicos de um mesmo segmento empresarial. Por sua vez, o vocábulo "desleal" significa infiel ou falso.

Assim, a expressão "concorrência desleal" significa que determinadas ações de agentes econômicos, na busca de favorecimento próprio ou de terceiro, são consideradas infiéis ou são utilizadas com falsidade, portanto, condutas ilícitas, pois prejudicam seus concorrentes.

---

[1] Paula A. Forgioni. *Os Fundamentos do antitruste*. 8. ed. São Paulo: RT, 2015. p. 53.

[2] Paula A. Forgioni. *Os Fundamentos do antitruste*, cit., p. 57-59.

[3] Em português, Lei Sherman; em homenagem ao autor da lei, o Senador americano John Sherman.

Conforme o art. 10*bis* (II) da CUP – Convenção da União de Paris (tratado internacional pactuado originalmente em 1883, versando sobre propriedade industrial), cuja ratificação no Brasil se deu pelos Decretos n. 75.572/75 e 1.263/94, "constitui ato de concorrência desleal qualquer ato de concorrência contrário aos usos honestos em matéria industrial ou comercial".

Por sua vez, o art. 40 do Acordo TRIPS (*Agreement on Trade-Related Aspects of Intellectual Property Rights*; em português, Acordo sobre Aspectos dos Direitos de Propriedade Intelectual Relacionados ao Comércio) prevê a necessidade de controle de práticas de concorrência desleal. Fruto do TRIPS, a Lei n. 9.279/96, art. 195 e s., disciplina a matéria considerando as condutas desleais como ilícitos penais; porém também prevê a possibilidade de indenização.

Como será visto em mais detalhes, o art. 170 da Constituição Federal, *caput*, IV e parágrafo único, prevê a livre-iniciativa e a livre concorrência. Dessa forma, é assegurado a todos participar do mercado num sistema de concorrência. Porém, se um agente praticar determinada ação tida como ilícita, a concorrência se torna desleal, ou até pode se configurar numa infração à ordem econômica.

Um ato que pode ser tido como exemplo de concorrência desleal é o desvio de clientela por meio de subterfúgios que possam induzir os consumidores a erro, o que pode ocorrer tanto no comércio convencional como no comércio eletrônico[4].

---

[4]   A seguir, decisão do Tribunal de Justiça do Rio de Janeiro acerca do tema: Civil. Processo Civil. Comercial. Constitucional. Internet. (...) A Internet passou a preencher e ocupar um importante espaço na vida das pessoas. Pouco falta para que não se a encare, mais, como um "mundo virtual", mas real, tantas as implicações e ressonâncias na vida moderna. A autora é uma sociedade empresária especializada em comércio eletrônico, detentora de loja exclusivamente virtual que disponibiliza produtos para crianças e adolescentes, tais como brinquedos, livros, DVD, jogos eletrônicos etc. A segunda ré, de muito maior porte, comercializa os mesmos produtos, dentre uma enorme gama de outros artigos. A primeira ré, empresa multinacional, das mais poderosas do planeta, tem, dentre outras atividades industriais e científicas na área da informática, um sítio de buscas para assinantes e clientes. Contrato celebrado entre as rés que insere no âmbito da publicidade da segunda ré, o domínio da autora, fazendo com que os clientes e usuários em geral cheguem aos mesmos produtos e ao próprio domínio da autora através apenas do domínio da primeira ré, concorrente específica daquela. Embora o domínio da autora faça alusão à figura do "Saci Pererê", do folclore nacional, tornando-a insuscetível de dominação exclusiva, a menção no domínio existente no âmbito da Internet garante proteção ao titular do domínio cujo depósito, ademais, já foi depositado junto ao INPI. Quadro probatório. Recusa das rés quanto ao fornecimento de cópia do contrato celebrado entre as mesmas. *Sites* patrocinados. Alegação de contrato verbal. Inconsistência. Prática evidente de marketing abusiva. A análise mais razoável do esquema engendrado pelas rés demonstra a ocorrência da abusividade, a mais evidente. A vinculação do domínio da autora ao sítio da poderosa multinacional que com ela concorre, de forma quase subalterna, certamente angaria a clientela já potencialmente da autora, de menor porte e a causar maiores dificuldades no enfrentamento desigual. Desvio de clientela inegável. Constitui concorrência desleal qualquer ato de concorrência contrário aos usos honestos em matéria industrial e comercial. A livre concorrência consubstancia um princípio geral da atividade econômica, constitucionalmente assegurado (cf. art. 170, IV, CRFB/88). Recurso a que se nega provimento (Ap. 0147301-07.2004.8.19.0001 (2008.001.60797), 3ª Câmara Cível, Des. Mário Assis Gonçalves, j. 7-4-2009).

Pode-se dizer que na concorrência desleal as ações do agente infrator provocam lesões que alcançam basicamente o interesse do **empresário – concorrente** – diretamente afetado pela prática irregular, quando, por exemplo, tem sua clientela desviada de forma fraudulenta.

Comparativamente, na infração da ordem econômica (como veremos adiante), as ações do infrator ameaçam as estruturas do **mercado**; logo, atingem um número maior de interesses, como no aumento arbitrário de lucros ou na combinação com outros concorrentes para aumentar os preços[5]. Assim, ao prejudicar o mercado estar-se-á provocando perdas aos consumidores, como acontece no caso de monopólio e na formação de cartel.

Assim, enquanto na concorrência desleal se tem um caráter mais privado (microeconômico), por haver um prejuízo direto ao concorrente do empresário praticante do ilícito; na infração à ordem econômica tem-se um aspecto mais público (macroeconômico), tendo em vista que o prejuízo se dá para todo o mercado, incluindo todos os demais agentes econômicos, sobretudo os empresários concorrentes e consumidores.

Desse modo, condutas tidas como de concorrência desleal têm basicamente como finalidade, direta ou indireta, aumentar a clientela do infrator em detrimento de concorrente do mesmo segmento empresarial. Por exemplo, imagine uma confeitaria cujo título de estabelecimento (nome fantasia) seja "Bolos do Frade", sendo que após um bom tempo de funcionamento ocorre a abertura de um estabelecimento concorrente, dentro do seu raio de atuação, usando o título de estabelecimento "Bolos do Frei". Trata-se de uma situação que pode causar confusão entre os consumidores, logo, um possível desvio de clientela sujeito a ser considerado ato de concorrência desleal[6].

Quanto à repressão à concorrência desleal, ela ocorre basicamente em dois níveis: penal e civil.

6.2.1. Repressão na esfera penal e civil

De acordo com a Lei n. 9.279/96, a repressão à concorrência desleal ocorre por meio da tipificação de condutas reputadas como infrações penais (crimes), bem como pela possibilidade de o prejudicado pleitear indenização em razão do ato ilícito praticado na esfera civil.

Conforme o art. 195 da Lei n. 9.279/96, enquanto crimes de concorrência desleal, podem ser citados: obter vantagem em detrimento do concorrente, por meio da publicação de afirmação falsa; desviar clientela empregando meio fraudulento; usar indevidamente nome empresarial, título de estabelecimento ou insígnia alheios; corromper empregado do concorrente para que falte ao seu dever com o seu empregador; receber dinheiro ou outra forma de gratificação para, faltando ao seu dever de empregado, proporcionar vantagem a concorrente do seu empregador; divulgar, sem autorização, conhecimentos ou dados confidenciais utilizados na indústria, comércio ou prestação de serviço etc.

Deve-se levar em consideração o fato de que a sanção para esses crimes é de detenção, de **três meses a um ano**, ou multa.

---

[5] Nesse sentido, Fábio Ulhoa Coelho. *Curso de direito comercial*: direito de empresa. 12. ed. São Paulo: Saraiva, 2008. v. 1. p. 189.

[6] Nesse sentido, REsp-STJ 1.188.105/RJ.

Existe ainda a repressão à concorrência desleal no âmbito civil. O art. 209 da Lei n. 9.279/96 prevê o direito de o prejudicado pleitear indenização por perdas e danos em razão dos prejuízos causados por atos de violação de concorrência desleal ou de propriedade industrial, não previstos no texto da referida lei, que possam prejudicar a reputação ou negócios alheios; criar confusão entre estabelecimentos empresariais ou entre produtos e serviços postos no comércio.

Somado a isso, ainda na esfera civil, a proteção pode ser realizada pelos princípios gerais do ato ilícito e da responsabilidade civil (CC, arts. 186 e 187 c/c o art. 927). Assim, o autor prejudicado pode pleitear uma indenização por danos materiais e morais junto àquele que for considerado culpado[7].

6.3. INFRAÇÃO DA ORDEM ECONÔMICA

6.3.1. A ordem econômica na Constituição

Dentre outras matérias jurídicas, a Constituição de 1988 também estabelece diretrizes acerca da ordem econômica. Por "ordem econômica" podemos compreender as "regras aplicáveis à economia/mercado".

No mais, a palavra "ordem" é a contraposição de "desordem", sendo que da Constituição Federal podem ser extraídas algumas ordens, como a social e a econômica; bem como a ordem política[8].

Nos termos do art. 170 da Constituição Federal, a ordem econômica está fundamentada na valorização do trabalho humano e na livre-iniciativa. Isso pois sua finalidade é assegurar a todos existência digna tendo em vista a incumbência de materializar uma justiça social no Brasil.

Para tanto, a Constituição prevê que serão observados os princípios da: soberania nacional; propriedade privada; função social da propriedade; livre concorrência; defesa do consumidor; defesa do meio ambiente; redução das desigualdades regionais e sociais; busca do pleno emprego; tratamento favorecido para as empresas de pequeno porte.

---

[7] No mesmo sentido, Carlos Alberto Bittar. *Teoria e prática da concorrência desleal*. Rio de Janeiro: Forense Universitária, 2005. p. 77-78.

Essa também é a posição do STJ: Direito Comercial e Processo Civil. Recurso Especial. Ação de conhecimento sob o rito ordinário. Propriedade Industrial. Marca. Contrafação. Danos materiais devidos ao titular da marca. Comprovação. Pessoa Jurídica. Dano moral. Na hipótese de contrafação de marca, a procedência do pedido de condenação do falsificador em danos materiais deriva diretamente da prova que revele a existência de contrafação, independentemente de ter sido, o produto falsificado, efetivamente comercializado ou não. – Nesses termos considerados, a indenização por danos materiais não possui como fundamento tão somente a comercialização do produto falsificado, mas também a vulgarização do produto, a exposição comercial (ao consumidor) do produto falsificado e a depreciação da reputação comercial do titular da marca, levadas a cabo pela prática de falsificação. A prática de falsificação, em razão dos efeitos que irradia, fere o direito à imagem do titular da marca, o que autoriza, em consequência, a reparação por danos morais. – Recurso especial a que se dá provimento (REsp 466.761, STJ, rel. Min. Nancy Andrighi, DJ 4-8-2003).

[8] Fabio Fernandes Neves Benfatti. *Direito ao desenvolvimento*. São Paulo: Saraiva, 2014. p. 137.

Citando a edição da Lei n. 12.529/2011, que estrutura o Sistema Brasileiro de Defesa da Concorrência – SBDC, Ana Frazão alerta que a aproximação entre o Direito da Concorrência e a Constituição é cada vez mais necessária, pois a repressão ao abuso do poder econômico traz implicações para o Estado Democrático de Direito, sobretudo quanto à preservação das liberdades e da democracia[9].

6.3.1.1. Livre-iniciativa e livre exercício de qualquer atividade econômica

Livre-iniciativa significa liberdade de empresariar (desenvolver) uma atividade econômica lícita, implicando na possibilidade de entrar, permanecer e sair do segmento empresarial em que se atua, ou seja, no mercado. Pode-se dizer que a livre-iniciativa é fruto do liberalismo econômico.

No fundo, a livre-iniciativa trata-se de um princípio pelo qual os agentes econômicos agem de forma livre, sem a intervenção direta do Estado. A isso também se denomina economia de mercado ou neoliberalismo, em que a maior parte da atividade econômica (comércio, indústria e prestação de serviços) é gerada pela iniciativa privada, ficando o Poder Público com a função de regulamentar e fiscalizar, bem como de promover áreas essenciais, como, por exemplo, energia, educação, saúde, segurança. De forma diversa, a economia de estado se dá quando o Estado é o protagonista da economia por desenvolver ele próprio o comércio, a indústria e a prestação de serviço.

A livre-iniciativa relaciona-se à expressão da liberdade humana do ponto de vista econômico, o que inclui a possibilidade de participar de um mercado sem esbarrar em óbices estatais. Além disso, envolve a liberdade de escolher a atividade econômica a ser praticada; o modo de organizar sua empresa (atividade) e utilizá-la no desenvolvimento de algo já existente (no campo da indústria, comércio e serviço) ou para a inovação; o critério para a fixação de preço para o seu produto ou serviço. Também a livre-iniciativa, de alguma forma, pode ser tida como um desdobramento da liberdade de contratar, cujo princípio reflete a livre opção em se contratar ou não, manter-se contratado ou descontratar, em escolher um bem em detrimento do outro. Assim, ao Estado caberia o papel de regulação, mas sem intervir na liberdade de iniciativa[10].

De acordo com Eros Roberto Grau, a livre-iniciativa reflete todas as formas de produção, podendo a atividade econômica ser organizada via empresa – enquanto atividade empresarialmente organizada –, cooperativas, autogestionárias (com significante participação dos trabalhadores) e por iniciativa estatal[11].

Haja vista sua relevância, a Constituição Federal de 1988 prevê a livre-iniciativa em duas passagens, como fundamento da República Federativa do Brasil (art. 1º, IV) e como fundamento da ordem econômica (art. 170, *caput*).

O art. 1º, IV, assegurou à livre-iniciativa o *status* de fundamento da República Federativa do Brasil, constituída como Estado Democrático de Direito, ao lado de outros como a

---

[9] Ana Frazão. *Direito da concorrência:* pressupostos e perspectivas. São Paulo: Saraiva, 2017. p. 30.

[10] Nesse sentido, Celso Ribeiro Bastos. *Curso de direito econômico.* São Paulo: Celso Bastos, 2004. p. 115 e 124.

[11] Eros Roberto Grau. *A ordem econômica na Constituição de 1988.* 14. ed. São Paulo: Malheiros, 2010. p. 210.

soberania, a cidadania, a dignidade da pessoa humana, o pluralismo político e os valores sociais do trabalho. Tal dispositivo se relaciona com o art. 5º, XIII, da Constituição, pois este assevera que é **livre o exercício de qualquer trabalho**, ofício ou profissão, desde que lícitos e que sejam cumpridas as qualificações profissionais exigidas pela legislação. Ou seja, a livre-iniciativa corresponde à manifestação pessoal quanto à liberdade do exercício profissional e da atividade econômica. Isso não deixa de ser um desdobramento da Livre-iniciativa.

Por isso, o **livre exercício de qualquer atividade econômica**, previsto no parágrafo único do art. 170, tem por fim garantir a todos a possibilidade de se lançarem ao mercado, não apenas como profissionais no desempenho de uma atividade econômica, mas também de levarem adiante a própria empreitada consistente na organização da empresa. Logo, qualquer atividade econômica é livre, salvo apenas as restrições que o próprio texto constitucional reserva à legislação especial[12].

Desse modo, a Constituição Federal garante o livre exercício enquanto uma manifestação individual (art. 5º, XIII) e como possibilidade de qualquer um lançar no mercado para desenvolver e organizar uma atividade econômica[13].

Além disso, ao tratar da **ordem econômica**, o texto constitucional expressa no seu art. 170 que ela está fundada na livre-iniciativa e na valoração do trabalho humano. Para tanto, deverão ser observados, entre outros, os seguintes princípios: livre concorrência; defesa do consumidor; tratamento favorecido para as empresas de pequeno porte; defesa do meio ambiente; propriedade privada; função social da propriedade.

O parágrafo único do mesmo art. 170 assegura a todos o livre exercício de qualquer atividade econômica, independentemente de autorização de órgãos públicos, salvo nos casos previstos em lei. Ou seja, toda pessoa física ou jurídica (não impedida legalmente) pode desenvolver qualquer atividade econômica (que vise ao lucro), seja ela indústria, comércio ou prestação de serviço, desde que lícita, não precisando para tanto de autorização do Estado.

Vale ter em conta que o registro da atividade na Junta Comercial ou Registro Civil das Pessoas Jurídicas não é tido como autorização estatal, pois se trata de um ato de formalidade e publicidade da criação, existência e regularidade do negócio (que assegura alguns direitos ao(s) titular(es) da empresa). Tanto é que estes órgãos não podem recusar o registro, salvo se por ato que atente a norma de ordem pública ou aos bons costumes.

Celso Ribeiro Bastos e Ives Gandra da Silva Martins afirmam que a livre-iniciativa é uma manifestação dos direitos fundamentais, pois o homem não pode realizar-se plenamente enquanto não lhe for assegurado o direito de projetar-se por meio de uma realização transpessoal: a realização de um objetivo pela liberdade de iniciativa com conotação econômica, pois todos têm o direito de se lançar no mercado visando à produção ou à circulação de bens ou de serviços, cada qual por sua conta e risco[14].

---

[12] Celso Ribeiro Bastos. *Curso de direito econômico*, cit., p. 167.

[13] Celso Ribeiro Bastos. *Curso de direito econômico*, cit., p. 167.

[14] Celso Ribeiro Bastos e Ives Gandra da Silva Martins. *Comentários à Constituição do Brasil*: promulgada em 5 de outubro de 1988. São Paulo: Saraiva, 1990. v. 7, p. 16.

6.3.1.1.1. Autorização prévia do Estado

Os casos de necessidade de autorização de órgãos públicos estão relacionados ao poder de polícia estatal, o qual consiste na faculdade de o Estado limitar ou condicionar o exercício de direitos, como a liberdade e o uso da propriedade, visando ao interesse coletivo; podendo estar relacionado à segurança, à saúde, ao meio ambiente, à defesa do consumidor e da concorrência, entre outros. Esse poder de polícia quanto ao exercício de atividade econômica, em regra, é exercido pelo Poder Executivo, o qual por meio da Administração Pública direta ou indireta fornece as autorizações exigidas por lei, desde que os interessados preencham os requisitos objeto da respectiva regulamentação.

A Constituição Federal trata as situações em que deverá haver necessidade de autorização prévia do Estado como exceções. Isso pois, nos termos do parágrafo único do seu art. 170, a todos é garantido o livre exercício de qualquer atividade econômica, independentemente de autorização de órgãos públicos, salvo nas hipóteses previstas no ordenamento jurídico.

Assim, os casos de necessidade de autorização de órgãos públicos devem ser vistos como situações excepcionais em razão de certas peculiaridades, devendo necessariamente estar previstos no ordenamento jurídico, como no caso dos bancos e administradoras de consórcio, cujas autorizações são fornecidas pelo Banco Central do Brasil – Bacen (Lei n. 4.595/64 e Lei n. 11.795/2008, respectivamente), e das seguradoras, em que a autorização é dada pela Superintendência de Seguros Privados – SUSEP (Decreto-lei n. 73/66).

Isso é explicado pelo fato de que algumas atividades econômicas têm particularidades que demonstram a necessidade de existir maior controle e fiscalização do Estado. Por exemplo, bancos e seguradoras fazem captação de quantias elevadas de recursos junto às pessoas; além disso, se um banco "quebra" pode ocorrer risco sistêmico (ou efeito cascata) aos demais agentes do mercado.

Devido a essa possibilidade, surge a necessidade da autorização estatal, a fim de verificar se o pretendente a obter a autorização preenche os requisitos mínimos para se estabelecer no mercado. No passado, já existiram quotas de autorização, uma espécie de limitação de autorizações; logo, se alguém quisesse entrar em determinado mercado, deveria comprar a autorização de quem já a possuía.

Mas, atualmente, a regra é o sistema da livre-iniciativa, em que o particular tem plena liberdade de empresariar (desenvolver atividade econômica), sem se submeter à vontade do Poder Público, não podendo ser cerceado pelo Estado, salvo exceção prevista em lei.

Além disso, como regra, o particular não deve sofrer com a concorrência do Estado como agente desenvolvedor da economia. Isso porque o art. 173, *caput*, da Constituição Federal afirma que a exploração direta de atividade econômica pelo Estado só será permitida quando necessária aos imperativos da segurança nacional ou a relevante interesse coletivo, ressalvados os casos previstos na própria Constituição e as definições legais.

Em complemento, a Lei n. 13.303/2016, art. 2º, *caput* e § 1º, prevê que a exploração de atividade econômica pelo Estado será exercida por meio de empresa pública, de sociedade de economia mista e de suas subsidiárias. E mais, que a criação de empresa pública ou de sociedade de economia mista dependerá de prévia autorização legal que indique, de forma clara, relevante interesse coletivo ou imperativo de segurança nacional.

Contudo, é assegurado a todos (sobretudo aos particulares) o direito de participar da economia, por meio do desenvolvimento de atividade industrial, comercial ou de prestação de serviço, desde que atendidos os requisitos de capacidade do agente e o respeito aos impedimentos legais para empreender, como estudado em outro item deste livro.

6.3.1.2. Livre concorrência

Enquanto a palavra "livre" está relacionada à liberdade, "concorrência" significa disputa/competição entre agentes econômicos de um mesmo segmento empresarial.

Desse modo, a livre concorrência (ou liberdade de competição) é o princípio pelo qual os agentes econômicos têm a faculdade de participar de um mercado, em que se deve ater pela liberdade de escolha para entrar, permanecer e sair; para tanto devendo primar pela concorrência leal entre eles, devendo o Estado buscar evitar distorções no mercado, inibindo as práticas abusivas do poder econômico.

A livre concorrência é um fim a ser alcançado, mas também um instrumento para alcançar outros fins, como os interesses do consumidor em ter mais e melhores opões de bens, com menor preço e maior qualidade. Logo, em um regime de livre concorrência deve-se pressupor uma oferta e demanda em que há considerável quantidade de produtores/vendedores e compradores, bem como a inibição de práticas abusivas, como cartel, monopólio e outras infrações econômicas.

Mas quando, de fato, existe concorrência? Há concorrência quando dois ou mais agentes econômicos [concorrentes ou *players*[15]] competem pela mesma oportunidade de troca [negócio]. Por "mesma oportunidade de troca" deve-se compreender a situação em que o consumidor pondera sobre comprar um ou outro bem; pois ambos atingiriam a finalidade desejada por ele [uma vez que um produto é substituível pelo outro e vice-versa, uma vez tratar-se de bens similares, embora de marcas/empresas distintas]. Isso pode ser entendido como um mercado saudável, pois prevalece a livre concorrência; mas para que esta de fato possa ocorrer será necessário haver inúmeros compradores e inúmeros vendedores competindo entre si pela mesma oportunidade de troca [negócio][16].

Para que os agentes econômicos possam ser considerados "concorrentes" entre si não basta que sejam partes distintas de um mesmo processo produtivo; é necessário que não sejam colaboradores recíprocos[17]. Isto é, que não pertençam ao mesmo grupo econômico ou que não tenha qualquer interesse e/ou parceria entre tais agentes.

O ideal seria se pudesse haver um "mercado perfeito" (ou concorrência perfeita), o que para muitos é impossível de acontecer. Mas é possível haver um "mercado saudável", em que as barreiras a entrada são mínimas (ou não existem), por ser a livre concorrência destacada pela liberdade de ingresso de novos concorrentes. Consequentemente, esse cenário proporcionaria os seguintes fenômenos: i) maior qualidade e/ou eficiência dos produtos e serviços; ii) redução progressiva dos preços; e, iii) incentivo para maior inovação tecnológica.

No mais, dentre outros princípios previstos na Constituição Federal – como a soberania nacional, a defesa do consumidor, a propriedade privada e a sua função social –, a livre

---

[15] *Players*, em português equivaleria a "jogadores"; especificamente em Direito Concorrencial, tem o sentido de concorrentes.

[16] Paula A. Forgioni. *Os fundamentos do antitruste*, cit., p. 34.

[17] No mesmo sentido, Isabel Vaz. *Direito econômico da concorrência*. Rio de Janeiro: Forense, 1993. p. 25.

concorrência é um princípio que compõe a ordem constitucional econômica, a qual é alicerçada na valorização do trabalho humano e na livre-iniciativa, visando a assegurar a existência digna a todos os cidadãos (CF, art. 170, *caput* e inc. IV).

A Constituição elegeu a livre concorrência como o regime/modelo de comportamento a ser observado pelos agentes econômicos no mercado, dessa forma, vinculando o legislador infraconstitucional a "regular" e "regulamentar" os mercados (como o faz por meio da Lei n. 12.529/2011). Assim como a livre-iniciativa, a livre concorrência está relacionada ao liberalismo econômico, por isso se difere de outros regimes "não livres", em que o Estado seria o grande agente econômico ou em que são permitidas práticas abusivas do poder econômico, como o monopólio e cartel. O monopólio é o melhor exemplo de um regime contrário ao de livre-iniciativa.

Portanto, a Constituição brasileira compreendeu que a livre concorrência é o melhor modelo a ser seguido para alcançar as finalidades constitucionais (especialmente assegurar a todos existência digna), bem como por suas consequências produzidas (melhores bens com menores preços).

Ressalte-se que livre concorrência "**não** se trata de uma 'concorrência livre' de qualquer regramento jurídico", mas de uma concorrência em que o legislador inibe práticas dos agentes econômicos tidas como abusos do poder econômico. Além de buscar evitar tais abusos, a Constituição brasileira visa a que haja um mercado saudável, com uma concorrência eficiente e compatível com as impurezas e imperfeições do mercado. Para tanto, quando necessário, valer-se-á de regras jurídicas e de instituições com a finalidade de reconhecer, evitar e suprimir essas impurezas e imperfeições[18].

No mais, a livre concorrência pode ser vista como uma extensão da livre-iniciativa, podendo haver livre-iniciativa sem livre concorrência, mas não o contrário; isso pois, a livre concorrência pressupõe diversos agentes econômicos rivais disputando o mercado. A variedade de marcas e produtos que possam ser substituídos entre si revelam um regime de livre concorrência, permitindo ao comprador ter opções de escolha e de acesso aos bens por um preço menor e qualidade maior[19].

Esse fenômeno acontece porque o agente econômico, no anseio de manter seus clientes e/ou conquistar novos, buscará sempre melhorar a qualidade do seu produto, bem como o modo de produzi-lo, investindo em novas tecnologias, portanto, não podendo se acomodar com o seu *status* atual. De outro lado, não tem incentivo para aumentar significativamente o seu preço, sob pena de perda de clientes. Tudo isso, respeitando os limites impostos pelo ordenamento jurídico, como não praticar abusos do poder econômico.

Contudo, para que haja concorrência é preciso garantir certos comportamentos, como o de que a concorrência seja desenvolvida de forma honesta e leal, bem como que sejam respeitadas regras mínimas de comportamento entre os agentes econômicos. Essas regras mínimas teriam dois objetivos: (i) garantir que o sucesso relativo das empresas dependa exclusivamente de sua eficiência; e (ii) assegurar que o consumidor tenha acesso à informação,

---

[18] Isabel Vaz. *Direito econômico da concorrência*, cit., p. 100.

[19] Celso Ribeiro Bastos. *Curso de direito econômico*, cit., p. 144-145.

para que ele não confunda um bem com outro do concorrente. Assim, as normas concorrenciais protegem os interesses institucionais da ordem econômica concorrencial, incluindo a tutela dos agentes econômicos concorrentes e, em última análise, dos consumidores[20].

6.3.1.3. Tratamento favorecido ao pequeno empresário

Sem prejuízo do que foi tratado em outro capítulo acerca da microempresa e da empresa de pequeno porte, a Constituição Federal, art. 170, IX, prevê a necessidade de um tratamento favorecido para as empresas de pequeno porte constituídas sob as leis brasileiras e que tenham sua sede e administração no País. Esse dispositivo constitucional teve sua redação refeita pela Emenda Constitucional n. 6, de 1995.

Esse princípio do tratamento favorecido passou a se concretizar, sobretudo, a partir de 2006, em razão da edição da Lei Complementar (LC) n. 123, de 14 de dezembro de 2016, pela qual foi instituído o Estatuto Nacional da Microempresa e da Empresa de Pequeno Porte.

O Código Civil, art. 970, também prevê que a lei assegurará tratamento favorecido, diferenciado e simplificado ao pequeno empresário.

Embora a Constituição Federal utilize a expressão "empresas de pequeno porte" e o Código Civil "pequeno empresário", a LC n. 123/2006, art. 3º, I e II, e art. 18-A, § 1º, estabeleceu uma diferença entre microempresa (faturamento até R$ 360.000,00) e empresa de pequeno porte (faturamento anual entre R$ 360.000,00 e R$ 4.800.000,00); além de prever a figura do microempreendedor individual (faturamento anual até R$ 81.000,00).

Esse tratamento mais benéfico assegurado pela legislação se dá em vários campos, como tributário, trabalhista, previdenciário, administrativo, licitatório, contábil, creditício e desenvolvimento empresarial[21]. A previsibilidade desse tratamento favorecido é espelhado (repetido) no art. 179 da Constituição Federal.

Vale esclarecer que tal favorecimento constitucional não alcança empresas estrangeiras, sendo voltado para empresas constituídas de acordo com a legislação brasileira e que tenham sua sede no Brasil.

E mais, este princípio do tratamento diferenciado está alicerçado no fato de que há uma dificuldade natural para pequenos empreendedores entrarem nos mercados para concorrer com os grandes agentes econômicos. Por isso, cabe à lei minimizar os "entraves" para que os pequenos possam se lançar no mercado em busca de lucro, o que auxilia no desenvolvimento nacional e na redução das desigualdades sociais, especialmente via a criação de empregos e desenvolvimento de novas tecnologias.

Contudo, embora não seja algo fácil de mensurar, o favorecimento aos pequenos empreendedores deve ser tamanho que possa verdadeiramente reequilibrar as forças entre os competidores dos mercados, sob pena de – em sendo muito restrito – acabar tornando-se ineficaz; ou ao contrário, – sendo muito amplo – culminar beneficiando por demais os pequenos em detrimento dos grandes empreendedores.

---

[20] Calixto Salomão Filho. *Direito concorrencial, as condutas*. São Paulo: Malheiros. 2003. p. 55 e 61.

[21] Nesse sentido, Celso Ribeiro Bastos. *Curso de direito econômico*, cit., p. 166.

6.3.1.4. Tutela do consumidor

Devendo ser considerado o que foi tratado em outro capítulo deste livro sobre a aplicação do Código de Defesa do Consumidor, para onde remetemos o leitor, pode-se dizer que a tutela do consumidor acontece em dois planos.

No primeiro plano, a tutela do consumidor é dada diretamente e de forma estrita ("microjurídica" ou "microssistêmica"), pois seria uma proteção por meio de regras jurídicas específicas que objetivam assegurar e ampliar direitos aos consumidores perante os fornecedores para minimizar o desequilíbrio existente entre ambas as categorias. Disso decorrem as leis protetivas ao consumidor, como a Lei n. 8.078/90 (Código de Defesa do Consumidor), Lei n. 9.656/98 (Lei dos Planos de Saúde), Decreto n. 7.962/2013 (Lei do *E-commerce*), entre outras.

Já no segundo plano, a tutela do consumidor se dá indiretamente e de forma mais ampla ("macrojurídica" ou "macrossistêmica"), uma vez que a proteção do consumidor acontece como consequência da regulação dos mercados e dos agentes econômicos (sobretudo as empresas) pelo Estado. Isso é bem ilustrado pela Constituição Federal, arts. 170 e s., ao tratar da ordem econômica; pela Lei n. 12.529/2011, ao disciplinar as infrações à ordem econômica; e pelas regulamentações específicas de autarquias (como o Bacen) e Agências Reguladoras (como ANATEL, ANEEL, ANS etc.).

Todas essas normas de cunho concorrencial, ao visar proteger a livre concorrência, a livre-iniciativa e o equilíbrio dos mercados, no fundo, o fazem objetivando a tutela do consumidor (ainda que não externem isso claramente), para que este possa ter acesso ao maior número de informações e bens possíveis, pelo menor preço e com maior qualidade.

6.3.1.5. Intervenção do Estado no domínio econômico

Por "domínio econômico" devemos compreender que se trata da economia, enquanto conjunto da movimentação de riquezas; ou seja, domínio econômico significa o mercado, que é tido como local onde ocorrem as operações entre os agentes econômicos. Assim, o "domínio econômico" revela que os fenômenos econômicos são alheios à própria natureza do Estado, e que ocorrem independentemente da existência deste. Por essa razão que se fala em "intervenção do Estado" no mercado (domínio econômico).

Desse modo, sinteticamente poderíamos dizer que a intervenção do Estado no domínio econômico se dá basicamente para corrigir falhas (distorções) no mercado, como, por exemplo, por meio de normas que facilitem e ampliem a concorrência.

Existem três formas de o Estado intervir no domínio econômico: disciplinando, fomentando e atuando diretamente. Pela disciplina, o Estado intervém no domínio econômico pela edição de normas (constitucionais e infraconstitucionais, como leis, decretos, resoluções, portarias etc.) e pelo seu poder de polícia (em que o Estado pode restringir e condicionar o exercício da atividade econômica a bem do interesse coletivo).

Quanto ao fomento, o Estado intervém no domínio econômico apoiando a iniciativa privada de modo a incentivar determinados comportamentos, para tanto poderá socorrer-se de, por exemplo, aumento ou redução da carga tributária ou financiamento pelo BNDES – Banco Nacional de Desenvolvimento Econômico e Social.

Já pela atuação direta, o Estado interfere na economia quando – amparado na Constituição – agir diretamente como empresário explorando atividade econômica de produção ou comercialização de bens ou de prestação de serviços, como, por exemplo, via empresas públicas e sociedades de economia mista[22].

A Constituição Federal expressa as funções do Estado quanto ao domínio econômico. As funções de "incentivo" e a "disciplinadora" do Estado podem ser percebidas de forma clara no art. 174, o qual assevera que, como agente normativo e regulador da atividade econômica, o Estado exercerá as funções de *fiscalização*, *incentivo* e *planejamento*, sendo este determinante para o setor público e indicativo para o setor privado.

Sobre a atuação direta do Estado na atividade econômica, o art. 173 da Constituição prevê que apenas será permitida quando necessária aos imperativos da segurança nacional ou a relevante interesse coletivo, a ser definido por lei.

Como já dito, isso ocorre, sobretudo, por meio de empresas públicas e sociedades de economia mista; as quais são disciplinadas pela Lei n. 13.303/2016, que dispõe sobre o estatuto jurídico da empresa pública, da sociedade de economia mista e de suas subsidiárias.

6.3.2. Agências reguladoras

Agências reguladoras são autarquias de regime especial pertencentes à Administração Pública indireta. Cada uma das agências reguladoras pertence a um ministério (órgão superior na organização hierárquica do Poder Executivo de um país), o qual seja competente para atuar naquela área de operação dos entes regulados.

No Brasil, a partir do movimento de privatização (transferência de "empresas estatais" para a iniciativa privada) iniciado nos anos de 1990, começou-se a criar as agências reguladoras visando a melhorar a qualidade dos serviços públicos, sobretudo por meio da regulação (estabelecendo normas para o setor), da fiscalização (supervisionando os entes regulados) e da autuação (punindo os infratores).

Dentre as características das agências reguladoras, estão as seguintes: autonomia financeira; independência administrativa; ausência de subordinação hierárquica; mandato fixo e estabilidade de seus dirigentes, os quais não podem ser demitidos unilateralmente (*ad nutum*).

Essas características seriam como que privilégios para que as agências reguladoras [e seus dirigentes] possam desempenhar suas atribuições em plenitude[23].

Outra característica das agências reguladoras é a tecnicidade; isto é, a especialidade delas, pois devem ser dirigidas por pessoal de alto conhecimento técnico na área objeto da regulação. Isso é uma exigência legal de modo a minimizar a indicação meramente política para o preenchimento dos cargos, visando assim a melhorar o serviço público por meio de dirigentes técnicos.

Ainda assim, apesar das exigências legais e de suas características institucionais, não podemos nos furtar em dizer que, em boa medida, as agências reguladoras (dentre outros órgãos) são ineficientes em sua atuação em razão do seu uso político (especialmente nas nomeações) e/ou da inadequada estrutura administrativa e financeira.

---

[22] Luís Roberto Barroso. Apontamentos sobre as agências reguladoras. In: MORAES, Alexandre de (Org.). *Agências reguladoras*. São Paulo: Atlas, 2002. p. 114-117.

[23] Hely Lopes Meirelles. *Direito administrativo brasileiro*. 37. ed. São Paulo: Malheiros, 2011. p. 389.

Nos termos da Constituição Federal, art. 35, XIX, a criação de autarquias, dentre as quais estão as agências reguladoras, somente pode ocorrer por lei especial, como, ilustrativamente a Lei n. 9.961/2000, que criou a ANS – Agência Nacional de Saúde Suplementar. O Brasil possui uma série de agências reguladoras[24]:

- ANA – Agência Nacional de Águas
- ANAC – Agência Nacional de Aviação Civil
- ANATEL – Agência Nacional de Telecomunicações
- ANCINE – Agência Nacional do Cinema
- ANEEL – Agência Nacional de Energia Elétrica
- ANP – Agência Nacional do Petróleo, Gás Natural e Biocombustíveis
- ANS – Agência Nacional de Saúde Suplementar
- ANTAQ – Agência Nacional de Transportes Aquaviários
- ANTT – Agência Nacional dos Transportes Terrestres
- ANVISA – Agência Nacional de Vigilância Sanitária

Em caráter infraconstitucional, a Lei n. 9.986/2000 dispõe sobre a gestão de recursos humanos das agências reguladoras. Nos termos do art. 4º desta lei, as Agências serão dirigidas de forma colegiada (em conjunto), por Diretoria (ou Conselho Diretor) composta por Diretores (ou Conselheiros), sendo um deles o seu Diretor-Presidente (ou Diretor-Geral ou Presidente).

Por sua vez, o art. 5º da Lei n. 9.986/2000 prevê que tais membros (diretores ou conselheiros das agências) serão brasileiros, de reputação ilibada, formação universitária e elevado conceito no campo de especialidade dos cargos para os quais serão nomeados, devendo ser escolhidos pelo Presidente da República e por ele nomeados, após aprovação pelo Senado Federal, em obediência ao que prevê a Constituição Federal, art. 52, III, f.

Assim, as agências reguladoras são fruto da exigência de uma descentralização administrativa em busca de maior celeridade e eficiência, tanto na prestação como na fiscalização dos serviços públicos[25].

E mais, no âmbito da Administração Pública indireta, as atuações das agências reguladoras estão amparadas pelo poder de polícia do Estado, o qual pode limitar ou condicionar o exercício de direitos, como o da liberdade e do uso da propriedade, tendo em vista o interesse coletivo.

---

[24] Tendo em vista as características assemelhadas de determinados órgãos, chega-se a afirmar que alguns destes poderiam ser tidos como agências reguladoras, mas em regime especial, como, por exemplo: o CADE – Conselho Administrativo de Defesa Econômica; o Bacen – Banco Central do Brasil; a CVM – Comissão de Valores Mobiliários; a SUSEP – Superintendência de Seguros Privados.

[25] Alexandre de Moraes. Agências Reguladoras. In: MORAES, Alexandre de (Org.). Agências reguladoras. São Paulo: Atlas, 2002. p. 36.

6.3.3. Sistema Brasileiro de Defesa da Concorrência (SBDC)

A Lei n. 12.529/2011 estrutura o Sistema Brasileiro de Defesa da Concorrência – SBDC –, bem como dispõe sobre a prevenção e a repressão às infrações contra a ordem econômica, cujas violações estão previstas nos seus arts. 36 e s.[26].

De acordo com o art. 1º da Lei n. 12.529/2011, a ordem econômica é orientada pelos ditames constitucionais de liberdade de iniciativa, livre concorrência, função social da propriedade, defesa dos consumidores e repressão ao abuso do poder econômico. Referida lei tem por fim proteger bens jurídicos de titularidade da coletividade, ou seja, dos agentes econômicos: as empresas e, sobretudo, os consumidores; bem como o próprio Estado quando atua como empresário. Em última análise, pode-se dizer que a intenção do legislador é proteger o mercado enquanto instituição, no molde previsto no art. 219 da Constituição Federal, ao prever que "o mercado interno integra o patrimônio nacional e será incentivado de modo a viabilizar o desenvolvimento cultural e socioeconômico, o bem-estar da população e a autonomia tecnológica do País, nos termos de lei federal".

O SBDC é formado pelo **CADE** (Conselho Administrativo de Defesa Econômica) e pela **SEAE** (Secretaria de Acompanhamento Econômico), conforme o art. 4º da Lei n. 12.529/2011.

6.3.3.1. Conselho Administrativo de Defesa Econômica (CADE). Controle dos atos de concentração

Dentre outras atribuições do CADE, cabe ao órgão analisar e julgar processos administrativos que envolvam **atos de concentração** econômica, aprovando-os ou não, investigar condutas prejudiciais à livre concorrência e aplicar punições aos infratores.

Para fins legais, o ato de concentração se dá quando: duas ou mais empresas anteriormente independentes se fundem; uma ou mais empresas adquirem, direta ou indiretamente, por compra ou permuta de ações (quotas, títulos ou valores mobiliários conversíveis em ações, ou ativos, tangíveis ou intangíveis, por via contratual ou por qualquer outro meio ou forma) o controle ou partes de uma ou outras empresas; uma ou mais empresas incorporam outra ou outras empresas; duas ou mais empresas celebram contrato associativo, consórcio ou *joint venture* (Lei n. 12.529/2011, art. 90, *caput*).

Serão submetidos à apreciação do CADE os **atos de concentração** econômica em que, cumulativamente: pelo menos um dos grupos envolvidos na operação tenha registrado (no último balanço) faturamento bruto anual ou volume de negócios total no País (no ano anterior à operação) equivalente ou superior a R$ 400.000.000,00; e pelo menos outro grupo envolvido na operação tenha registrado (no último balanço) faturamento bruto anual ou volume de negócios total no País (no ano anterior à operação) equivalente ou superior a R$ 30.000.000,00 (Lei n. 12.529/2011, art. 88, *caput*, I e II).

De acordo com o § 1º do art. 88 da Lei n. 12.529/2011, a partir da recomendação feita pelo Plenário do CADE, estes valores poderão ser adequados, simultânea ou independentemente,

---

[26] Vigente a partir de 1º de junho de 2012, a Lei n. 12.529/2011 substituiu grande parte dos dispositivos da Lei n. 8.884/94, cujas infrações à ordem econômica estavam previstas nos seus arts. 20 e s., restando em vigor apenas os arts. 86 e 87, os quais são responsáveis por alterações, respectivamente, no Código de Processo Penal – sobre prisão preventiva – e no Código de Defesa do Consumidor – acerca de práticas abusivas.

por meio de portaria interministerial dos Ministros da Fazenda e da Justiça. Desse modo, na mesma data do início da vigência da Lei n. 12.529/2011, ou seja, em 30 de maio de 2012, houve a edição da Portaria Interministerial MF/MJ n. 994, a qual alterou os parâmetros para análise de atos de concentração, elevando os valores previstos nos incs. I e II do *caput* do art. 88: de R$ 400.000,00 para R$ 750.000.000,00, e de R$ 30.000.000,00 para R$ 75.000.000,00.

Houve uma mudança fundamental no paradigma de atuação do órgão de defesa da concorrência, pois anteriormente o CADE era consultado para se manifestar após a concentração. Agora, por força do § 2º do art. 88 da Lei n. 12.529/2011, o **controle** dos atos de concentração será prévio. Para tanto, o CADE deverá se manifestar, no máximo, em duzentos e quarenta dias contados do protocolo de petição (ou de sua emenda, se for o caso). As empresas envolvidas deverão preservar as condições concorrenciais existentes até a decisão final sobre a operação objeto da apreciação. Os que não respeitam essa regra são conhecidos como aqueles que "queimam a largada" (*jump the line*).

Se o ato de concentração (como, por exemplo, fusão ou incorporação) ocorrer entre instituições financeiras, o órgão estatal encarregado de fazer o controle é o Banco Central do Brasil (Bacen), pois, uma vez havendo um aparente conflito de atribuições, a questão deve ser resolvida pelo princípio da especialidade[27].

O CADE é formado por três órgãos: Tribunal Administrativo de Defesa Econômica, Superintendência-Geral e Departamento de Estudos Econômicos (art. 5º).

Especificamente sobre o Tribunal Administrativo de Defesa Econômica, ele é formado por um presidente e mais seis conselheiros, com mais de 30 anos, de notável saber jurídico ou econômico e reputação ilibada. Eles são nomeados pelo Presidente da República após aprovação pelo Senado, sendo o mandato de quatro anos, não coincidentes, sendo proibida a recondução. Eles deverão dedicar-se exclusivamente à função, exceto permissões constitucionais, como, por exemplo, de magistério no ensino superior (Lei n. 12.529/2011, art. 6º, §§ 1º e 2º).

6.3.3.2. Secretaria de Acompanhamento Econômico (SEAE)

À SEAE (Secretaria de Acompanhamento Econômico – pertencente ao Ministério da Justiça) compete manifestar-se sobre: os aspectos referentes à promoção da concorrência, propostas de alterações de atos normativos de interesse geral dos agentes econômicos, de consumidores ou usuários dos serviços prestados submetidos à consulta pública pelas

---

[27] Administrativo. Ato de concentração, aquisição ou fusão de instituição integrante do Sistema Financeiro Nacional. Controle estatal pelo Bacen ou pelo CADE. Conflito de atribuições. Leis n. 4.594/64 e 8.884/94 – Parecer Normativo GM-20 da AGU. 1. Os atos de concentração, aquisição ou fusão de instituição relacionados ao Sistema Financeiro Nacional sempre foram de atribuição do Bacen, agência reguladora a quem compete normatizar e fiscalizar o sistema como um todo, nos termos da Lei n. 4.594/64. 2. Ao CADE cabe fiscalizar as operações de concentração ou desconcentração, nos termos da Lei n. 8.884/94. 3. Em havendo conflito de atribuições, soluciona-se pelo princípio da especialidade. 4. O Parecer GM-20, da Advocacia-Geral da União, adota solução hermenêutica e tem caráter vinculante para a administração. 5. Vinculação ao parecer, que se sobrepõe à Lei n. 8.884/94 (art. 50). 6. O Sistema Financeiro Nacional não pode subordinar-se a dois organismos regulatórios. 7. Recurso especial provido (REsp 1.094.218/DF, STJ, 1ª Seção, rel. Min. Eliana Calmon, *DJe* 12-4-2011).

agências reguladoras e, quando entender pertinente, sobre os pedidos de revisão de tarifas; minutas de atos normativos elaborados por qualquer entidade pública ou privada quanto aos aspectos referentes à promoção da concorrência; proposições legislativas em tramitação no Congresso Nacional, nos aspectos referentes à promoção da concorrência.

Também compete à SEAE elaborar: estudos avaliando a situação concorrencial de setores específicos da atividade econômica nacional, de ofício ou quando solicitada pelo CADE, pela Câmara de Comércio Exterior ou pelo Departamento de Proteção e Defesa do Consumidor do Ministério da Justiça ou órgão que vier a sucedê-lo; estudos setoriais que sirvam de insumo para a participação do Ministério da Fazenda (Economia) na formulação de políticas públicas setoriais nos fóruns em que este Ministério tem assento; entre outras atribuições previstas no art. 19 da Lei n. 12.529/2011.

Contudo, na busca de fazer cumprir suas atribuições, a SEAE poderá: requisitar informações e documentos de quaisquer pessoas, órgãos, autoridades e entidades, públicas ou privadas, mantendo o sigilo legal quando for o caso; bem como celebrar acordos e convênios com órgãos ou entidades públicas ou privadas, federais, estaduais, municipais, do Distrito Federal e dos Territórios para avaliar e/ou sugerir medidas relacionadas à promoção da concorrência.

6.3.3.3. Espécies de infrações

Antes de estudarmos as infrações em espécie contra a ordem econômica, é preciso ter em conta que a lei que estrutura o Sistema Brasileiro de Defesa da Concorrência é aplicável a quaisquer pessoas, física ou jurídica, de direito público ou privado, associações de entidades ou pessoas, constituídas de fato ou de direito (ainda que temporariamente), com ou sem personalidade jurídica, mesmo exercendo atividade em condição de monopólio legal (Lei n. 12.529/2011, art. 31).

Pelas infrações da ordem econômica, empresas são responsáveis em solidariedade com seus dirigentes ou administradores que terão suas responsabilidades apuradas individualmente. Em caso de empresas ou entidades integrantes de grupo econômico, de fato ou de direito, elas responderão solidariamente quando pelo menos uma praticar o ilícito econômico (Lei n. 12.529/2011, arts. 32 e 33).

Sem prejuízo do que foi tratado no item deste livro sobre desconsideração da personalidade jurídica, destacamos que o art. 34 da Lei n. 12.529/2011 prevê a sua aplicação se ocorrer ilícito econômico derivado de abuso de direito, excesso de poder, infração da lei, fato ou ato ilícito ou violação do estatuto ou contrato social. Também ocorrerá a desconsideração em caso de falência, estado de insolvência, encerramento ou inatividade da pessoa jurídica em razão da má gestão.

De todo modo, havendo processo administrativo junto ao CADE e a consequente imposição de sanção administrativa, isso não afasta a possibilidade de punição por outras infrações previstas no ordenamento jurídico, seja no campo penal, civil e administrativo (Lei n. 12.529/2011, art. 35).

Quando mencionamos a possibilidade de outras punições no campo administrativo, estamos nos referindo a questões administrativas que vão além da competência do CADE, como, por exemplo, problema de corrupção a ser julgado pela Controladoria-Geral da União, tema objeto de disciplina da Lei n. 12.846/2013.

6.3.3.3.1. Dominação de mercado

"Mercado" é o ambiente onde os agentes econômicos (vendedores e compradores) realizam a troca (venda e compra) de bens: produtos e serviços. Esse ambiente tradicionalmente é físico e material, mas desde o final do século XX, com o desenvolvimento do *e-commerce*, o local do mercado também pode ser virtual. O mercado pode ser segmentado, a depender da área de negócios, como, por exemplo, o mercado petrolífero, o mercado de soja, o mercado de energia elétrica, entre outros.

A palavra "mercado" pode ser empregada de forma genérica, querendo referir-se à atividade econômica como um todo, seja de um país ou em nível regional ou mundial; ou de forma estrita, quando se está a cuidar de um segmento específico. Um mercado pode não ser regulado, mas há mercados com regulamentação específica, como o de planos de saúde, transportes terrestres e telecomunicações. Pode também ser apresentado no plural "mercados", ao aludir a vários mercados segmentados.

A ordem jurídica busca que o mercado seja sadio e competitivo de modo que se possa ter melhores produtos e serviços pelos menores preços, mantendo a capacidade lucrativa das empresas, por certo.

Ainda, é importante termos em conta o que vem a ser a expressão "mercado relevante". Trata-se do ambiente em que ocorre a competição entre empresas, as quais comercializam bens substituíveis entre si e/ou em determinada área geográfica. Assim, o mercado relevante pode ser considerado em razão dos bens que possam ser substituídos por outros da mesma categoria (p.ex., carnes bovina e suína), o que pode ser intitulado como "mercado do produto"; ou, o mercado relevante pode ser considerado pela extensão geográfica em que operam as empresas competidoras (como, por exemplo, na região Sul do país), sendo então este o chamado "mercado geográfico".

Desse modo, mercado relevante pode ser entendido como o menor grupo de bens ou a menor área geográfica na qual um suposto monopolista poderia manter seu preço acima do nível competitivo por um período significativo[28].

À luz do inc. II do *caput* do art. 36 da Lei n. 12.529/2011, são considerados infrações à ordem econômica os atos que tenham por objeto dominar mercado relevante de bens ou serviços. A infração se caracteriza mesmo que os efeitos não sejam alcançados, bem como não importa se houve culpa na conduta, uma vez que se trata de responsabilidade objetiva prevista por lei, fundamentada no parágrafo único do art. 927 do Código Civil.

A dominação de mercado muitas vezes surge de práticas como a formação de cartéis, monopólios e oligopólios, cujos exemplos são infrações à ordem econômica, que também são examinadas neste livro.

Ocorre com alguma frequência de certas empresas se destacarem na minimização de custos e/ou maximização de lucros, tendo a partir disso um crescimento dentro do mercado em que atua. O domínio de um mercado é caracterizado quando a participação de uma

---

[28] Leonor Cordovil; Vinícius Marques de Carvalho; Vicente Bagnoli; Eduardo Caminati Anders. *Nova lei de defesa da concorrência comentada – Lei 12.529, de 30 de novembro de 2011*. São Paulo: RT, 2011. p. 106.

empresa (ou conglomerado empresarial) em determinado mercado é tamanha a ponto de conseguir influenciar unilateralmente este mercado de acordo com sua vontade[29].

Mas pode acontecer que a conquista do mercado se dê como resultado da **maior eficiência** de certa empresa em detrimento dos seus (ex)concorrentes. Isso não é caracterizado como infração econômica, nos termos do § 1º do *caput* do art. 36 da Lei n. 12.529/2011. Maior eficiência deve ser compreendida quando, ao ser comparada com as demais concorrentes, uma empresa consegue um menor custo na produção de um bem; ou (ii) uma qualidade superior do seu bem; ou ainda (iii) um menor preço praticado perante os compradores.

6.3.3.3.2. Abuso de posição dominante

A posição dominante pode dar-se não necessariamente como uma infração à ordem econômica, ou seja, pode acontecer em razão da maior eficiência do competidor. Mas, se este competidor vier a **abusar** de sua posição dominante no mercado sua conduta será considerada infração econômica (Lei n. 12.529/2011, art. 36, *caput*, IV).

Assim, somente quem detém posição dominante num mercado pode abusar dela; isto é, sem dominação do mercado em que atua, em tese, não há que se pensar em abuso. Por certo, que ilícitos podem ser praticados por entes que não são os dominantes de um mercado, porém tais infrações não serão de abuso de posição dominante; serão outros tipos de infrações concorrenciais.

No mais, a posição dominante é presumida quando uma empresa (ou grupo de empresas) for capaz de alterar unilateral ou coordenadamente as condições de mercado; ou quando controlar no mínimo 20% do mercado relevante. Este percentual pode ser revisto pelo CADE para setores específicos da economia (Lei n. 12.529/2011, art. 36, § 2º).

O abuso da posição dominante pode ser configurado quando se pretende prejudicar concorrentes ou evitar que novos agentes entrem no mercado em que se atua[30], sem prejuízo de outras condutas que podem ser tidas como abusivas.

Um bom exemplo de posição dominante se dá no campo das telecomunicações, na medida em que com a privatização do setor (transferência de "empresas estatais" para a iniciativa privada) concessionárias "herdaram" uma infraestrutura de cabeamento e postes. E, surgindo novos competidores, se as concessionárias não permitirem o uso dos postes pelos concorrentes, tal fato pode ser caracterizado como abuso da posição dominante. Isso vem sendo objeto da *essential facilities doctrine* (em português, teoria das instalações essenciais ou teoria do compartilhamento obrigatório), em que uma empresa pode ser obrigada a compartilhar – com os seus concorrentes – a infraestrutura que detém. Especificamente no ramo de telecomunicações, essa matéria é disciplinada pela Lei n. 13.116/2015, a qual estabelece normas gerais para implantação e compartilhamento da infraestrutura de telecomunicações.

---

[29] Neide Terezinha Malard. *Cartel*. In: BASTOS, Aurélio Wander (Org.). *Estudos introdutórios de direito econômico*. Brasília: Brasília Jurídica, 1996. p. 57-76.

[30] Leonor Cordovil; Vinícius Marques de Carvalho; Vicente Bagnoli; Eduardo Caminati Anders. *Nova lei de defesa da concorrência comentada – Lei 12.529, de 30 de novembro de 2011*, cit., p. 104.

6.3.3.3.3. Eliminação da concorrência

A eliminação da concorrência é outra forma de se infringir a ordem econômica, pois conforme prevê o inc. I do *caput* do art. 36 da Lei n. 12.529/2011, limitar, falsear ou de qualquer forma prejudicar a livre concorrência ou a livre-iniciativa configura infração da ordem econômica.

Como já visto, a livre concorrência e a livre-iniciativa são pilares constitucionais para a ordem econômica, de modo que qualquer ato que contrarie tais preceitos é considerado infração legal. Os métodos mais clássicos de eliminação da concorrência são os monopólios e oligopólios, mas estes não são os únicos, como veremos a seguir.

6.3.3.3.3.1. Monopólio, oligopólio, monopsônio e oligopsônio

Monopólio, oligopólio, monopsônio e oligopsônio são fenômenos do mercado que podem configurar abuso do poder econômico quando o exercício da atividade se enquadrar nas hipóteses vedadas na legislação. Ou seja, por si sós não serão necessariamente tidos por atos abusivos de poder.

O monopólio caracteriza-se pelo controle exercido por um agente econômico sobre certo mercado de produção, circulação ou prestação de serviço. O monopolista exerce poder no mercado por ser o único fornecedor daquele bem, acabando por impor suas condições aos compradores ou tomadores de serviços, o que pode frequentemente provocar distorções no mercado. Ou seja, por ser o único fornecedor naquele mercado, há uma tendência do monopolista de aumentar os preços a fim de auferir maior lucro (o que pode excluir certos consumidores pelo seu menor poder aquisitivo), bem como tenderá a certa comodidade em manter produtos e serviços no mesmo patamar sem aprimorar a qualidade, tendo em vista a falta de concorrentes.

Existe o **monopólio natural**, quando por questão logística se tornar inviável a concorrência entre agentes econômicos, uma vez que é preciso haver grande ganho em escala, ou seja, enorme produção para auferir lucro, como, por exemplo, no caso da distribuição de água. Havendo lei prevendo e/ou disciplinado isso, esse monopólio será tido como um monopólio **legal** (ou, como preferem alguns, um **monopólio artificial**). Se o monopólio for do Estado, em decorrência de imposição da lei ou de algum comando constitucional, ele pode ser chamado de **monopólio estatal**.

Já o **oligopólio** consiste no fato de em um mercado atuarem poucos agentes econômicos como fornecedores de bens a múltiplos compradores dos produtos ou tomadores dos serviços prestados. O fenômeno do exercício de poder no mercado quanto a aumento de preços e falta de qualidade dos bens se assemelha ao do monopólio. Entretanto, neste é mais intenso pela total falta de concorrência; já no oligopólio, ainda que pequena, há alguma concorrência por haver mais de um agente no mercado.

Monopsônio é um fenômeno que pode ocorrer no mercado quando, havendo vários vendedores, tem-se apenas um comprador para o produto; ou existindo muitos prestadores de serviço, há tão somente um tomador daquele tipo de serviço. É o que ocorreria, por exemplo, se houvesse apenas uma rede de supermercados para comprar os produtos dos fornecedores ou uma só fábrica de leite industrializado para a compra do insumo dos pecuaristas. Semelhante ao que acontece no monopólio quanto ao poder exercido no mercado, o comprador único tende a impor suas condições aos fornecedores, podendo consequentemente provocar distorções no mercado.

Oligopsônio é o fato de em um mercado existirem poucos compradores para muitos vendedores de certo produto. Também pode ser a existência de poucos tomadores para muitos prestadores de determinado serviço. Isso também provoca distorções no mercado pelo reduzido número de compradores que acabam impondo suas condições aos seus fornecedores.

6.3.3.3.3.2. Cartel

Cartel também é uma infração à ordem econômica, conforme prevê expressamente o art. 36, § 3º, I, da Lei n. 12.529/2011.

Conceitualmente, o cartel é um fenômeno que ocorre a partir de um acordo entre empresas, que outrora concorrentes, visam a maximizar os seus lucros. Desse modo, o acordo entre as partes consiste: substancialmente na combinação de preços, na divisão de clientes ou áreas geográficas, em fixar restrições na oferta de bens, entre outras práticas[31].

Assim, cartéis são formados por empresas que disputam o mesmo mercado, na condição de concorrentes, e que em determinado momento percebem que podem aumentar seus lucros ao adotarem determinadas práticas, como fixarem preço único, dividirem entre si os mercados de consumidores ou estabelecerem uma estratégia em conjunto para operarem no mercado; tudo isso por prazo determinado ou indeterminado[32].

Cabe destacar que os cartéis por prazo indeterminado são conhecidos como cartéis **clássicos**; enquanto os por prazo determinado, como cartéis **difusos**.

6.3.3.3.4. Aumento arbitrário dos lucros

Em tese, toda atividade econômica exercida por particular implica na assunção de risco e na ambição de se alcançar lucro. É para auferir lucro que empresários individuais, sociedades e empresas individuais de responsabilidade limitada atuam no mercado. No âmbito privado, quem não visa ao lucro são instituições sem fins lucrativos, como associações, fundações, partidos políticos e igrejas, embora sejam pessoas jurídicas de direito privado.

Entretanto, nos termos do inc. III do *caput* do art. 36 da Lei n. 12.529/2011, aumentar arbitrariamente os lucros é uma infração da ordem econômica.

Mas, sendo o lucro algo lícito e decorrente da livre-iniciativa e do exercício de qualquer atividade econômica, o particular sempre buscará aumentá-lo. Desse modo, é bem complexa a questão de se apurar o quanto o aumento de lucro possa ser tido como arbitrário; logo, um ilícito econômico.

O aumento de lucro se dá a partir de um dos seguintes fatores: redução dos custos de produção (folha de pagamento, insumos, encargos tributários e financeiros etc.); aumento dos preços dos produtos praticados perante os clientes; ou a combinação de ambos.

---

[31] Gesner Oliveira; João Gradino Rodas. *Direito e economia da concorrência.* Rio de Janeiro: Renovar, 2004. p. 40-42.

[32] Neide Terezinha Malard. *Cartel.* In: BASTOS, Aurélio Wander (Org.). *Estudos introdutórios de direito econômico*, cit., p. 57-76.

Sob pena de perda de mercado e clientela, havendo concorrência equilibrada, as empresas antes de aumentar seus lucros devem considerar a posição de seus concorrentes quanto aos preços praticados por eles em bens iguais e/ou semelhantes aos seus; como também, o quanto seus clientes estão dispostos a pagar a mais pelos seus produtos, ou eventualmente substituí-los por outros dos concorrentes.

Assim, pode-se compreender que o aumento arbitrário do lucro é uma consequência do poder econômico, em que certa empresa aumenta sua margem de lucro independentemente dos seus concorrentes ou do receio de perder clientes.

Embora a palavra "arbitrária" possa significar abusiva e excessiva, a legislação não estabeleceu critérios para se auferir o que de fato seria arbitrário no aumento de lucros. Isso pois, um aumento de 5%, 10%, 20% ou 30% não seria necessariamente arbitrário. E mais, exemplificativamente, 10% de reajuste no preço de um bem não corresponderão fatalmente a 10% a mais no lucro da empresa.

Contudo, será necessária muita cautela ao aplicador da lei ao se apurar o que pode ser tido como "aumento abusivo ou excessivo de lucro"; sobretudo quando se tratar de uma empresa operadora em mercado competitivo regido pela lei da oferta e da procura em que o preço oscila (sobe e desce), a depender de a oferta ser maior ou menor do que a procura.

6.3.3.4. Sanções

Quanto às sanções (penas) para quem praticar os ilícitos econômicos, previstos no art. 36 da Lei n. 12.529/2011, elas podem consistir em imposição ao infrator de: multa; publicação da decisão condenatória em jornal de grande circulação; proibição de contratar com instituições financeiras oficiais e de participar de licitações públicas, da Administração direta ou indireta; inscrição no Cadastro Nacional de Defesa do Consumidor; proibição de exercer o comércio em nome próprio ou como representante [administrador ou preposto] de pessoa jurídica, pelo prazo de até cinco anos; cisão de sociedade, transferência de controle societário, venda de ativos ou cessação parcial de atividade (Lei n. 12.529/2011, arts. 37 e 38).

Também é possível a sanção de recomendação aos órgãos públicos competentes para que seja concedida licença compulsória de direito de propriedade intelectual de titularidade do infrator, quando a infração estiver relacionada ao uso desse direito; ou para que não seja concedido ao infrator parcelamento de tributos federais por ele devidos ou para que sejam cancelados, no todo ou em parte, incentivos fiscais ou subsídios públicos (Lei n. 12.529/2011, art. 38, IV).

Além de todas essas penas descritas, o inc. VII do art. 38 da Lei n. 12.529/2011 prevê a possibilidade da imposição pelo CADE de qualquer outro ato ou providência necessários para a eliminação dos efeitos nocivos à ordem econômica decorrentes do ilícito praticado.

Especificamente quanto às multas, elas serão fixadas a depender se o infrator for empresa; pessoas físicas ou jurídicas, de direito público ou privado; ou administradores (Lei n. 12.529/2011, art. 37).

Sendo o infrator empresa (ente que visa ao lucro, portanto), a multa será entre 0,1% a 20% do valor do faturamento bruto da empresa, grupo ou conglomerado obtido, no último exercício anterior à instauração do processo administrativo, no ramo de atividade empresarial em que ocorreu a infração, a qual nunca será inferior à vantagem auferida, quando for possível sua estimação.

Para os demais casos envolvendo pessoas físicas ou jurídicas de direito público ou privado, bem como quaisquer associações de entidades ou pessoas constituídas de fato ou de direito, ainda que temporariamente, com ou sem personalidade jurídica, que não exerçam atividade empresarial, não sendo possível utilizar-se o critério do valor do faturamento bruto, a multa será entre R$ 50.000,00 e R$ 2.000.000.000,00.

Por sua vez, sendo o infrator um administrador (pessoa física, portanto), direta ou indiretamente responsável pela infração cometida, por ato doloso ou culposo, a multa será entre 1% a 20% daquela aplicada à empresa ou às demais pessoas jurídicas ou associações, mesmo aquelas sem personalidade jurídica.

6.3.3.5. Acordo de leniência

Conceitualmente, o acordo de leniência (ou programa de leniência) é a forma de o infrator clamar por um perdão, ainda que parcial, da punição que lhe caberia por infração legal.

Embora semelhante à colaboração (delação) premiada, em que os benefícios são dados ao infrator no âmbito da investigação e/ou processo criminal por prática de crime; no acordo de leniência, os benefícios são concedidos ao infrator por prática de infração da ordem econômica, na esfera do processo administrativo junto ao CADE, pela prática de "delito" econômico (Lei n. 12.529/2011, art. 86). Vale lembrar que a Lei n. 12.846/2013, art. 16, também prevê a figura do acordo de leniência no âmbito das investigações e dos processos administrativos que apuram responsabilidades de entes por ato de corrupção que atentam contra a Administração Pública.

Desse modo, por intermédio da Superintendência-Geral, o CADE poderá celebrar acordo de leniência com pessoas físicas e jurídicas autoras de infração à ordem econômica, desde que colaborem efetivamente com as investigações e o processo administrativo. Dessa colaboração será preciso resultar a identificação dos demais envolvidos na infração e a obtenção de informações e documentos que comprovem a infração comunicada ou sob investigação.

Seguindo o teor do *caput* do art. 86 da Lei n. 12.529/2011, em razão do acordo de leniência haverá a extinção da ação punitiva da Administração Pública ou a redução de 1/3 a 2/3 da penalidade aplicável.

E mais, nos termos do § 1º do art. 86 da Lei n. 12.529/2011, para que o acordo de leniência possa ser celebrado serão necessários quatro requisitos, os quais podem ser divididos em duas ordens: de um lado, por parte da empresa, são três exigências (requisitos); e, por outro lado, pela Superintendência-Geral do CADE, uma exigência. Tais requisitos são cumulativos, sendo os seguintes:

a) a empresa seja a primeira a se qualificar com respeito à infração noticiada ou sob investigação;

b) a empresa cesse completamente seu envolvimento na infração noticiada ou sob investigação a partir da data de propositura do acordo;

c) a empresa confesse sua participação no ilícito e coopere plena e permanentemente com as investigações e o processo administrativo, comparecendo, sob suas expensas, sempre que solicitada, a todos os atos processuais, até seu encerramento; e

d) a Superintendência-Geral não disponha de provas suficientes para assegurar a condenação da empresa ou pessoa física por ocasião da propositura do acordo.

Contudo, o acordo de leniência é algo que deve ser levado adiante e, de fato, ser cumprido pela pessoa física ou jurídica beneficiária, pois, havendo descumprimento do acordo, o beneficiário ficará impedido de se beneficiar de nova leniência pelo prazo de três anos, a partir da data de seu julgamento (Lei n. 12.529/2011, art. 86, § 12).

QUESTÕES DE CONCURSOS PÚBLICOS

1. (TJ-AM Juiz Substituto 2016) Acerca da concorrência empresarial, assinale a opção correta.

A) A concorrência com abuso de poder ocorre mediante violação do segredo de empresa ou mediante publicidade enganosa, ensejando responsabilização administrativa objetiva.

B) A expressão mercado relevante refere-se à importância econômica da atividade analisada.

C) Se houver condenação por crime de concorrência desleal genérica, haverá necessariamente condenação à reparação por danos na esfera cível, pelos mesmos fatos.

D) A concorrência desleal é reprimida nas esferas civil, penal e administrativa.

E) Constitui crime de concorrência desleal imitar expressão de propaganda alheia, de modo a criar confusão entre os produtos, estando o agente sujeito a pena de detenção.

2. (TRF 2ª Região Juiz Federal Substituto 2017) Quanto ao acordo de leniência no âmbito Conselho Administrativo de Defesa Econômica – CADE, marque a opção correta.

A) O acordo de leniência pode resultar em redução da pena, mas não cm extinção da punibilidade da sanção administrativa a ser imposta à pessoa jurídica colaboradora.

B) É inviável o acordo de leniência se a autoridade administrativa já dispõe de prova sobre a ocorrência da infração investigada.

C) A pessoa jurídica que pretenda qualificar-se para o acordo não pode ser a líder da conduta infracional a ser revelada.

D) A pessoa jurídica que pretenda qualificar-se deve ser a primeira a fazê-lo com relação à infração noticiada ou sob investigação.

E) O acordo pode resultar em extinção da pena administrativa, mas não em extinção da punibilidade relativa a crime contra a ordem econômica.

3. (TRF 4ª Região Juiz Federal Substituto 2016) Assinale a alternativa correta acerca dos institutos de Direito Econômico e Concorrencial.

A) A Lei n. 12.529/2011 (Lei Antitruste) aplica-se quando os atos de concentração econômica realizados no exterior produzam ou possam produzir efeitos significativos no mercado interno brasileiro.

B) Admite-se a possibilidade de restrições ao comércio internacional com o fito de proteger o comércio doméstico somente quando consumado o prejuízo frente às importações, por meio de medidas de salvaguarda.

C) A dominação de mercado relevante de bens ou serviços constitui infração contra ordem econômica apenas quando comprovada a culpa do agente ativo.

D) As empresas públicas prestadoras de serviços públicos que atuam diretamente na atividade econômica não podem gozar de privilégios fiscais não extensivos às do setor privado, haja vista a manifesta afronta ao princípio da livre concorrência.

E) A prática de truste consiste na associação entre empresas do mesmo ramo de produção com objetivo de dominar o mercado e disciplinar a concorrência, implicando prejuízo da economia por impedir o acesso do consumidor à livre concorrência.

4. (PGR – Procurador-Geral da República – 2015) A Lei 12.539/2011, que estrutura o sistema brasileiro da concorrência, inovou o Direito Antitruste Brasileiro ao prever que:

A) o conceito de mercado relevante para verificação do abuso de poder econômico passou a ser definido objetivamente pela dimensão geográfica e territorial onde o produto ou serviço e vendido ou prestado;

B) serão submetidos ao Conselho Administrativo de Defesa Econômica – CADE os atos de concentração econômica entre grupos que detenham conjuntamente mais de 30% do mercado e faturamento bruto anual mínimo de R$ 100 milhões registrados no último balanço;

C) o controle dos atos de concentração será prévio, impedindo a criação de fatos consumados que gerem dificuldades econômicas e sociais para o desfazimento do negócio e a sua reversão;

D) não há prazo preclusivo para o controle do ato de concentração pelo Conselho Administrativo de Defesa Econômica – CADE, possibilitando a análise minuciosa de todas as variáveis e condicionantes da operação.

5. (PGFN Procurador da Fazenda Nacional 2015) A respeito do Sistema Brasileiro de Defesa da Concorrência, assinale a opção incorreta.

A) O Conselho Administrativo de Defesa Econômica é constituído pelos seguintes órgãos: Tribunal Administrativo de Defesa Econômica, Superintendência-Geral e Departamento de Estudos Econômicos.

B) Funcionará junto ao Conselho Administrativo de Defesa Econômica, Procuradoria Federal Especializada, competindo-lhe promover a execução judicial de suas decisões e julgados.

C) Compete à Secretaria de Acompanhamento Econômico propor a revisão de leis, que afetem ou possam afetar a concorrência nos diversos setores econômicos do País.

D) Constituem infração da ordem econômica, independentemente de culpa: dominar mercado relevante de bens ou serviços, assim como exercer posição dominante.

E) O Conselho Administrativo de Defesa Econômica poderá celebrar acordo de leniência, com a extinção da ação punitiva da Administração Pública ou a redução de 1 (um) a 2/3 (dois terços) da penalidade aplicável.

6. (TCE-PB Procurador 2014) Nos termos da lei, a infração da ordem econômica é configurada:

A) independentemente de culpa;

B) quando houver dolo ou culpa;

C) somente quando houver dolo;

D) somente quando houver culpa;

E) somente quando houver culpa grave.

7. (TRF 3ª Região Juiz Federal 2013) De acordo com a Lei n. 12.529/2011 (que estrutura o Sistema Brasileiro de Defesa da Concorrência), é correto afirmar que:

A) ao Ministério Público Federal perante o CADE compete tomar as medidas judiciais necessárias à cessação de infrações da ordem econômica ou à obtenção de documentos para a instrução de processos administrativos de qualquer natureza;

B) a personalidade jurídica do responsável por infração da ordem econômica poderá ser desconsiderada quando houver alteração de seus estatutos ou contrato social;

C) a Secretaria de Acompanhamento Econômico poderá requisitar informações e documentos de juízes federais com o fito de promover a concorrência em órgãos de governo e perante a sociedade;

D) a responsabilidade por infração à ordem econômica implica a responsabilidade subsidiária dos administradores da empresa;

E) a execução das decisões do CADE será promovida perante a Justiça Federal no domicílio ou sede do executado, conforme o funcionamento da empresa.

498   DIREITO EMPRESARIAL *sistematizado*

8. (Prefeitura de Curitiba (NC-UFPR) Procurador 2015) Acerca da livre concorrência e do Conselho Administrativo de Defesa Econômica (CADE), assinale a alternativa correta.

A) O Sistema Brasileiro de Defesa da Concorrência é constituído somente pelo CADE.

B) Uma prática contrária à livre concorrência que tenha sido praticada por empresa que atua no Brasil, mas que não tem filial ou sede no território nacional, não está sujeita à competência do CADE.

C) A apresentação de proposta de termo de compromisso de cessação de prática contrária à livre concorrência somente poderá ser efetuada uma única vez.

D) A condenação por prática contrária à livre concorrência pelo Tribunal Administrativo do CADE está sujeita a recurso administrativo perante o Presidente da República.

E) A conquista de mercado resultante de processo natural fundado na maior eficiência de agente econômico em relação a seus competidores não afasta a caracterização do ilícito de dominação de mercado relevante de bens ou serviços.

9. (ANAC Especialista em Regulação de Aviação Civil 2016) Considerando a legislação que estrutura o Sistema Brasileiro de Defesa da Concorrência (Lei n. 12.529/2011), não será considerada infração cometida contra a ordem econômica:

A) criar dificuldades a financiador de bens ou serviços;

B) reter bens de produção para garantir a cobertura dos custos de produção;

C) cessar parcialmente as atividades da empresa sem justa causa comprovada;

D) discriminar fornecedores de bens por meio da fixação diferenciada de preços;

E) conceder exclusividade para divulgação de publicidade nos meios de comunicação de massa.

10. (ANAC – Especialista em Regulação de Aviação Civil – 2016) Considerando a repressão ao abuso do poder econômico, a fim de proteger a livre concorrência, conforme disposição legal, as penas aplicadas não levarão em consideração:

A) a boa-fé do infrator;

B) a situação econômica do infrator;

C) o perigo de lesão à livre concorrência;

D) os efeitos positivos produzidos no mercado;

E) a vantagem pretendida pelo infrator.

7

RECUPERAÇÃO DE EMPRESAS E FALÊNCIA (DIREITO CONCURSAL)

7.1. HISTÓRICO

Este capítulo também poderia ser chamado "Direito Falimentar" ou "Direito Concursal", por ser esta a nomenclatura consagrada para o sub-ramo do Direito Empresarial/Comercial que trata da falência do empresário e de institutos relacionados. Alguns têm preferido "Direito Recuperacional", sob a alegação de que a Lei n. 11.101/2005 visa, acima de tudo, à preservação da empresa em detrimento da falência.

A falência na Idade Média estendia-se a todo tipo de devedor (comerciante ou não)[1]. Naquela época, a falência era considerada como um delito, acarretando penas que variavam de prisão à mutilação do devedor.

Surge nessa época a origem do vocábulo "falência", do verbo latino *fallere*, que significa enganar, falsear.

No Brasil, o Código Comercial de 1850, na sua Parte Terceira, tratava "Das quebras", arts. 797 a 911, e sua parte processual foi regulamentada pelo Decreto n. 738/1850.

Mais tarde, surgiu o Decreto n. 917/1890 derrogando as disposições anteriores, uma vez que estas não atendiam às condições do comércio brasileiro à época.

Além disso, outras normas vigoraram sobre a matéria até o surgimento do Decreto-lei n. 7.661/45, que foi um importante marco para o Direito Falimentar brasileiro (tal decreto foi revogado pela Lei n. 11.101/2005).

---

[1] Nesse sentido, Waldo Fazzio Júnior. *Lei de falência e recuperação de empresas*. 4. ed. São Paulo: Atlas, 2008. p. 24.

Atualmente, no ordenamento jurídico brasileiro, vigora a Lei n. 11.101/2005, que disciplina as recuperações extrajudicial e judicial e a falência do empresário individual e da sociedade empresária.

Frise-se que, ao considerar as peculiaridades do mercado e os precedentes judiciais que foram surgindo ao longo dos quinze anos iniciais de sua vigência, a Lei n. 11.101/2005 foi substancialmente reformada pela Lei n. 14.112/2020, como veremos adiante.

7.2. DECRETO-LEI N. 7.661/45

Para melhor entendermos o Direito Falimentar, é válido fazer um apanhado geral do Decreto-lei n. 7.661/45, em razão de sua relevância no Brasil.

Tal decreto cuidava da **falência** e da **concordata**, dispondo, em seu art. 1º, que era considerado falido o comerciante que, sem relevante razão de direito, não pagasse no vencimento obrigação líquida, constante de título que legitimava a ação executiva.

O sentido da palavra "comerciante" abarcava aqueles que praticavam os atos de comércio, não se devendo esquecer que a **teoria dos atos de comércio** era a adotada pelo Código Comercial de 1850. Ato de comércio equivalia à compra com a intenção de revender (no mesmo sentido do art. 110-1 do Código Comercial francês), além de algumas outras atividades, como a bancária e a securitária.

Na vigência do Decreto-lei n. 7.661/45, a falência era tida como um processo de liquidação do comerciante, a fim de extinguir sua atividade.

Assim, o processo de falência ocorria quando o comerciante estava em estado de insolvência (dívidas maiores que o patrimônio) ou impontualidade (não pagava no vencimento suas obrigações), e nesse processo o juiz prolatava uma sentença declarando o estado de falido do comerciante, por não ter condições de efetuar seus pagamentos.

Iniciava-se, então, um levantamento com a apuração de todos os seus créditos, direitos e patrimônio, que posteriormente deveria ser dividido proporcionalmente aos seus credores, como pagamento das dívidas contraídas.

7.2.1. Concordata suspensiva

A concordata basicamente era uma forma de se obter dilação de prazo e/ou remissão parcial dos créditos quirografários. Portanto, ela tinha uma natureza dilatória, remissória ou mista. A expressão "concordata", na acepção inicial, significava concordância ou acordo com credores, mas na vigência do Decreto-lei n. 7.661/45 o instituto acabou assumindo um caráter de favor legal ao devedor, sem necessariamente haver a concordância dos credores.

O Decreto-lei n. 7.661/45 disciplinava a concordata em duas modalidades: a suspensiva e a preventiva.

Especificamente sobre a concordata suspensiva, durante o curso do processo de falência, o comerciante falido podia requerer ao juiz a "suspensão" do processo por meio dela (Decreto-lei n. 7.661/45, arts. 177 e s.).

Dessa forma, o processo de falência era suspenso, com o objetivo de que o devedor pudesse ter a chance de não ter sua atividade extinta.

Para isso, precisava preencher alguns requisitos, por exemplo, oferecer o pagamento mínimo de 35% dos débitos à vista, ou 50% a prazo em até 2 anos.

7.2.2. Concordata preventiva

Também estava prevista, no Decreto-lei n. 7.661/45, arts. 156 e s., a possibilidade de o devedor evitar a declaração judicial da falência requerendo ao juiz a concessão da concordata preventiva.

A concordata preventiva era utilizada antes que algum credor do devedor requeresse em juízo a sua falência. O instituto tinha, assim, a função de "prevenir" o processo de falência.

Contudo, para efetivamente evitar a falência, o comerciante oferecia o pagamento de seus credores quirografários da seguinte forma: (i) 50% dos débitos à vista; (ii) ou a prazo: 60% em 6 meses, 75% em 12 meses, 90% em 18 meses, 100% em 24 meses.

De modo peculiar, no Direito Romano, a concordata era entendida como um simples benefício que o devedor, considerado infeliz e de boa-fé, obtinha do imperador.

7.3. LEI N. 11.101/2005 (E A REFORMA PELA LEI N. 14.112/2020)

A Lei n. 11.101/2005, Lei de Recuperação e Falência – LRF, revogou o Decreto-lei n. 7.661/45. Ela mantém o instituto da falência, mas não contempla o da concordata, em qualquer de suas modalidades.

Entretanto, poder-se-ia dizer que as concordatas preventivas e suspensivas (que se processavam em juízo) foram substituídas pela recuperação judicial.

Por sua vez, a recuperação extrajudicial, inovação da Lei n. 11.101/2005, anteriormente poderia ser considerada como a **concordata branca/extrajudicial**, pois, apesar de existir na prática, era proibida pelo Decreto-lei n. 7.661, no seu art. 2º, III.

Concordata branca significava convocar credores para propor dilação de pagamentos, o que era considerado ato de falência, ou seja, que enseja a falência do devedor.

Assim, a Lei n. 11.101/2005 disciplina as recuperações extrajudicial e judicial e a falência do empresário individual e da sociedade empresária.

No decorrer do texto legal, o legislador chama o "empresário individual" e a "sociedade empresária" simplesmente de "devedor" (LRF, art. 1º), a fim de evitar a repetição das expressões, o que também será adotado daqui por diante.

Ressalta-se ainda que todas as vezes que a lei se referir a devedor ou falido, a disposição legal se aplica também aos sócios ilimitadamente responsáveis (LRF, art. 190).

Fundamentalmente, as sociedades regulares que têm sócios de responsabilidade ilimitada são: a sociedade em nome coletivo, a sociedade em comandita por ações e a sociedade em comandita simples. No entanto, é bem verdade, hoje são raras as sociedades empresárias em funcionamento que possuem sócios de responsabilidade ilimitada e são submetidas à Lei n. 11.101/2005, haja vista que em sua grande maioria são sociedades limitadas ou sociedades anônimas.

É pertinente explicitar que a Lei n. 11.101/2005 se trata de uma norma multidisciplinar, com regras de Direito Empresarial, Penal, Processual etc. Também vale deixar claro o fato de que, quando a Lei n. 11.101/2005 for omissa quanto a prazos e regras processuais, especialmente sobre os recursos cabíveis, aplicam-se as disposições do Código de Processo Civil.

Frise-se que a Lei n. 11.101/2005 foi substancialmente reformada pela **Lei n. 14.112/2020** atualizando-se de acordo com as peculiaridades do mercado e os precedentes judiciais julgados durante os anos iniciais de sua vigência.

Acontece que, desde a promulgação da Lei em 2005, transcorridos cerca de 15 anos, a realidade empresarial demonstrou características e alterações, sendo necessário não apenas aprimorar os mecanismos de (in)solvência do empresário, como também permitir maior fomento e disseminação do crédito, proteção aos investidores, incentivo à produção e ao empreendedorismo, inclusive no campo tecnológico. Ainda, a reforma legal teme a intenção de dinamizar regras envolvendo a supressão de procedimentos desnecessários, o uso intensivo dos meios eletrônicos de comunicação, a maior profissionalização do administrador judicial e a especialização dos juízes de direito atuantes na esfera concursal.

São inúmeras as alterações que foram promovidas pela Lei n. 14.112/2020 e que, em grande medida, estão estampadas ao longo deste capítulo, mas gostaríamos de registrar aqui alguns aspectos inovadores, como a prioridade processual no âmbito do Poder Judiciário. De acordo com o art. 189-A, os processos e os respectivos recursos, os procedimentos e a execução dos atos e das diligências judiciais em que figure como parte empresário individual ou sociedade empresária em regime de recuperação judicial ou extrajudicial ou de falência terão prioridade sobre todos os atos judiciais (exceto *habeas corpus* e as prioridades estabelecidas em leis especiais).

Também foi interessante o incentivo do legislador ao uso de conciliações e mediações antecedentes ou incidentais aos processos de recuperação judicial. Serão admitidas, dentre outras hipóteses: nas fases pré-processual e processual de disputas entre os sócios e acionistas de sociedade em dificuldade ou em recuperação judicial, bem como nos litígios que envolverem credores não sujeitos à recuperação judicial; na negociação de dívidas e respectivas formas de pagamento entre a empresa em dificuldade e seus credores, em caráter antecedente ao ajuizamento de pedido de recuperação judicial (arts. 20-A a 20-D).

Foram aprovadas regras claras (portanto, mais seguras) acerca do financiamento do devedor e do grupo devedor durante a recuperação judicial, em que o juiz poderá, depois de ouvido o Comitê de Credores, autorizar a celebração de contratos de financiamento com o devedor, garantidos pela oneração ou pela alienação fiduciária de bens e direitos, seus ou de terceiros, pertencentes ao ativo não circulante, para financiar as suas atividades e as despesas de reestruturação ou de preservação do valor de ativos (arts. 69-A a 69-F).

Além disso, foram disciplinadas a consolidação processual e a consolidação substancial. Desse modo, os devedores que atendam aos requisitos previstos na Lei n. 11.101/2005 e que integrem grupo sob controle societário comum poderão requerer recuperação judicial sob consolidação processual.

O juiz poderá, de forma excepcional, independentemente da realização de assembleia-geral, autorizar a consolidação substancial de ativos e passivos dos devedores integrantes do mesmo grupo econômico que estejam em recuperação judicial sob consolidação processual. Isso quando ficar constatada a interconexão e a confusão entre ativos ou passivos dos devedores, de modo que não seja possível identificar a sua titularidade sem excessivo dispêndio de tempo ou de recursos (arts. 69-G a 69-L).

Foi dado um tratamento à insolvência transnacional (ou internacional) visando proporcionar mecanismos efetivos para a cooperação entre juízes e outras autoridades competentes do Brasil e de outros países; a administração justa e eficiente de processos de insolvência transnacional, de modo a proteger os interesses de todos os credores e dos demais interessados, inclusive do devedor; a promoção da recuperação de empresas em crise econômico-financeira, com a proteção de investimentos e a preservação de empregos (arts. 167-A a 167-Y).

7.3.1. Crise da empresa

É importante considerar o fato de que a Lei n. 11.101/2005 visa, primordialmente, viabilizar o saneamento da empresa em crise, ficando a extinção restrita para casos em que a recuperação da atividade não é viável.

Diferentemente do Decreto-lei n. 7.661/45, que tinha por objetivo principal eliminar do mercado o agente econômico sem condições de se manter e cumprir seus deveres, a nova legislação falimentar visa a possibilitar a recuperação de agentes econômicos em estado de crise, mas que, no entanto, podem superá-la. Para tanto, a norma fornece condições para alcançar esse fim. Caso não seja possível a recuperação, a norma também contempla o instituto da falência como forma de liquidar a atividade empresarial, mas não é o seu escopo primordial.

Por essa razão, pode-se dizer que a nova legislação tem um aspecto duplo, qual seja de recuperar e/ou extinguir atividades empresariais em crise[2].

A crise de uma atividade econômica pode ocorrer por várias razões: má gestão; escassez de insumos; eventos da natureza, como estiagem ou excesso de chuvas; elevação ou diminuição excessiva de preços; crises econômicas mundiais ou regionais etc.

Para Fábio Ulhoa Coelho, a crise de uma empresa pode ser **econômica**, **financeira** ou **patrimonial**[3].

Crise econômica ocorre quando a venda dos produtos ou a prestação de serviços não são realizadas em quantidade suficiente à manutenção do negócio.

A crise financeira acontece quando o empresário tem falta de fluxo de caixa, dinheiro ou recursos disponíveis para pagar suas prestações obrigacionais.

Já a crise patrimonial se faz sentir quando o ativo do empresário é menor do que o seu passivo e seus débitos superam os seus bens e direitos.

Analisando a possibilidade de se socorrer da recuperação judicial, Jorge Lobo afirma que o "estado de crise econômico-financeira" do devedor é um pressuposto que está relacionado com inadimplemento, iliquidez ou insolvência. Inadimplemento quer dizer o não pagamento de obrigação líquida e certa no prazo firmado. Iliquidez significa inadimplemento provisório do devedor, que não consegue cumprir as obrigações em dia, muito embora possua bens suficientes para satisfazer dívidas vencidas e vincendas. Insolvência é o inadimplemento definitivo, que se dá quando o ativo (bens e direitos) é inferior ao passivo (obrigações)[4].

---

[2]   Paulo Sérgio Restiffe. *Manual do novo direito comercial.* p. 374.

[3]   Fábio Ulhoa Coelho. *Curso de direito comercial*: direito de empresa. v. 3, p. 231-232.

[4]   Jorge Lobo. Da recuperação judicial. In: TOLEDO, Paulo Fernando Campos Salles de; ABRÃO, Carlos Henrique (Coords.). *Comentários à lei de recuperação de empresas e falência.* 4. ed. São Paulo: Saraiva, 2010. p. 176-178.

O autor ainda aponta outros fatores que podem ameaçar a continuidade da empresa, como: desentendimento entre sócios ou entre estes e administradores; má administração; erros estratégicos; enfermidade do principal sócio ou administrador; falência de fornecedores ou clientes relevantes; surgimento de concorrentes com preços mais baixos; elevação dos custos operacionais; estoque excessivo; linha de produção obsoleta; entre outros.

Vale considerar que uma empresa pode ter sua crise enquadrada em mais de uma das espécies apontadas. A aplicação da Lei n. 11.101/2005, especialmente para a recuperação, se dá a qualquer desses tipos de crise, apesar de a lei utilizar-se da expressão "crise econômico-financeira".

7.3.2. Princípio da preservação da empresa

Como apontado anteriormente, a Lei n. 11.101/2005 tem uma abordagem peculiar quanto à crise que pode atingir uma atividade empresarial, tendo por escopo primordial a tentativa de sanar a crise econômico-financeira que acomete uma empresa, fornecendo para tanto mecanismos que podem ou não ser submetidos ao Poder Judiciário, por meio da recuperação judicial e da recuperação extrajudicial, além de outras negociações que podem ser feitas livremente pelas partes. Apenas em segundo plano, a norma visa a extinguir a atividade empresarial que não tenha condições de sobrevida.

Isso decorre do princípio da preservação da empresa, que pode ser entendido como aquele que visa a recuperar a atividade empresarial de crise econômica, financeira ou patrimonial, a fim de possibilitar a continuidade do negócio, bem como a manutenção de empregos e interesses de terceiros, especialmente dos credores.

Este princípio é abstraído do art. 47 da Lei n. 11.101/2005, ao expressar que:

> "A recuperação judicial tem por objetivo viabilizar a superação da situação de crise econômico-financeira do devedor, a fim de permitir a manutenção da fonte produtora, do emprego dos trabalhadores e dos interesses dos credores, promovendo, assim, a preservação da empresa, sua função social e o estímulo à atividade econômica".

O princípio da preservação da empresa, na verdade, é o grande norteador da Lei n. 11.101/2005, tendo profundos reflexos no ordenamento jurídico como um todo, uma vez que tem guiado posições na jurisprudência e na doutrina acerca da necessidade da preservação da empresa em detrimento de interesses particulares, seja de sócios, de credores, de trabalhadores, do fisco etc., conforme poderemos perceber no estudo que se segue.

Além disso, o princípio da preservação da empresa deve ser visto ao lado do princípio da função social da empresa (Lei n. 6.404/76, art. 116, parágrafo único), que considera o fato de que a atividade empresarial é a fonte produtora de bens para a sociedade como um todo, pela geração de empregos; pelo desenvolvimento da comunidade que está à sua volta; pela arrecadação de tributos; pelo respeito ao meio ambiente e aos consumidores; pela proteção ao direito dos acionistas minoritários etc.

Desse modo, é relevante ponderar que a preservação da empresa justifica-se nos casos de empresas que cumpram a sua função social, e não o contrário. Também, como já apontado anteriormente, toda atividade empresarial, em maior ou menor grau, envolve risco, por isso, o ordenamento jurídico, em especial as leis empresariais, busca estimular o desenvolvimento da atividade econômica por meio de incentivos, como, por exemplo, com regras sobre a separação patrimonial e a limitação de responsabilidade. Assim, o instituto da recuperação de empresa deve ser visto como mais um incentivo ao empreendedorismo, uma vez que se pode contar com essa ferramenta em caso de uma crise afetar a atividade empresarial.

Sem dúvida, hão de aparecer aqueles que vão tentar se aproveitar do princípio da preservação da empresa a fim de obter vantagens ilícitas e imorais, como aconteceu com a revogada concordata preventiva, mas será preciso combater esse tipo de postura, sob pena de a recuperação de empresas cair em total descrédito.

7.3.3. Pessoas e atividades sujeitas à aplicação da Lei n. 11.101/2005. A empresa rural

O regime jurídico da Lei de Recuperação e Falência é aplicável às pessoas que desenvolvem **atividades empresariais** (ou seja, o empresário), salvo as exceções que serão estudadas a seguir.

Por atividade empresarial deve ser entendida qualquer atividade econômica organizada e desenvolvida profissionalmente, para a produção ou a circulação de bens ou de serviços (excluindo-se os de natureza intelectual), à luz do art. 966 do Código Civil.

Assim, a Lei n. 11.101/2005 é aplicável a qualquer atividade econômica que se enquadre no conceito anteriormente citado, seja empresário individual, seja sociedade empresária.

Para fins de decretação da falência, não é preciso que o empresário individual ou a sociedade empresária esteja regularizado perante o Registro Público das Empresas Mercantis (Junta Comercial), pois poderá sua falência ser decretada mesmo exercendo uma atividade empresarial de fato (sem inscrição) ou irregularmente (embora inscrito, com alguma irregularidade)[5].

Já para efeito de recuperação de empresas judicial ou extrajudicial, o empresário somente faz *jus* a esse benefício legal se estiver devidamente inscrito e regularizado perante o Registro Público das Empresas Mercantis.

Vera Helena de Mello Franco e Rachel Sztajn, ao se posicionarem sobre a possibilidade de decretação da falência do empresário irregular ou de fato, lembram que essa é regra na maior parte dos países. E chamam a atenção ao fato de que, além de não ter direito à recuperação de empresas, o empresário irregular ou de fato não poderá requerer a falência de outro empresário (art. 97, § 1º, da Lei n. 11.101/2005), da mesma forma como dispunha a norma anterior[6].

Pelo advento da Lei n. 12.441/2011, surgiu a empresa individual de responsabilidade limitada – EIRELI, que, como já visto, está revogada pela Lei n. 14.382/2022 e se tratava no fundo de um empresário individual com direito à limitação de responsabilidade e separação patrimonial. À epoca, com o fim de não restar qualquer dúvida, a Lei n. 12.441/2011 poderia ter promovido uma alteração na Lei n. 11.101/2005 para constar a EIRELI como sujeita ao

---

[5] Nesse sentido, Mauro Rodrigues Penteado. Disposições preliminares. In: SOUZA JUNIOR, Francisco Satiro de; PITOMBO, Antônio Sérgio A. de Moraes (Coords.). *Comentários à lei de recuperação de empresas e falência*: Lei 11.101/2005. São Paulo: RT, 2005. p. 101.

[6] Vera Helena de Mello Franco e Rachel Sztajn. *Falência e recuperação da empresa em crise.* Rio de Janeiro: Elsevier, 2008. p. 18-19.

regime da falência e recuperação de empresas, mas não o fez. No entanto, entendemos que a EIRELI sempre submeteu à Lei n. 11.101/2005 pelo fato de que ela, via de regra, era concebida para o desenvolvimento de uma atividade econômica, bem como pelo fato de ser um empresário individual com responsabilidade limitada (ou seja, uma mistura de empresário individual com sociedade empresária), devendo, portanto, haver uma aplicação por analogia da referida norma. Logo, durante sua "vida" a EIRELI esteve sim sujeita à Lei n. 11.101/2005.

Embora sem previsão expressa, pelas mesmas razões e fundamentos (desenvolvimento de atividade econômica empresarial), entendemos que o **microempreendedor individual – MEI** também se submete à Lei n. 11.101/2005, tanto para a recuperação de empresas quanto para a falência.

É pertinente explicitar o fato de que a submissão à Lei n. 11.101/2005 se dá para o empresário individual e a sociedade empresária com inscrição/registro na Junta Comercial, pois, do contrário, se houver o desenvolvimento de uma atividade econômica "informalmente", os credores deverão cobrar seus créditos de acordo com as regras ordinárias do Código de Processo Civil, tema que escapa do objeto de nosso estudo.

Por isso, entre outras vantagens, a regularização do empresário e da sociedade empresária lhes assegura o direito à recuperação de empresas, uso dos livros contábeis como prova em processo judicial e vantagens tributárias. Estas, por exemplo, somente são possíveis se houver um Cadastro Nacional de Pessoas Jurídica – CNPJ fornecido pela Receita Federal do Brasil, após a inscrição ou registro na Junta Comercial, sem prejuízo de outros requisitos.

A princípio, as pessoas que desenvolvem **atividades rurais** somente estarão sujeitas ao regime da legislação de falência e recuperação se o agricultor optar por efetuar sua inscrição no Registro Público de Empresas Mercantis, à luz dos arts. 971, *caput*, e 984 do Código Civil, o que o torna equiparado a empresário individual (ou sociedade empresária)[7], ou seja, um empresário rural[8].

Entretanto, a partir da reforma promovida pela Lei n. 14.112/2020 à Lei n. 11.101/2005, esta passou a ter nova redação em seu art. 48, cujos §§ 2º e 3º permitem que no caso de exercício de atividade rural por pessoa jurídica seja admitida a comprovação de dois anos de atividade por meio da Escrituração Contábil Fiscal (ECF), desde que entregue tempestivamente. Quanto ao cálculo do período de exercício de atividade rural por pessoa física, isso será feito com base no Livro Caixa Digital do Produtor Rural (LCDPR) e pela Declaração do

---

[7]   Nesse sentido, Waldo Fazzio Júnior. *Lei de falência e recuperação de empresas*. p. 47.

[8]   Recuperação judicial. Ação ajuizada por produtores rurais que não estão registrados na Junta Comercial. "O empresário rural será tratado como empresário se assim o quiser, isto é, se se inscrever no registro das empresas, caso em que será considerado um empresário, igual aos outros". "A opção pelo registro na Junta Comercial poderá se justificar para que, desfrutando da posição jurídica de empresário, o empresário rural possa se valer das figuras da recuperação judicial e da recuperação extrajudicial, que se apresentam como eficientes meios de viabilizar a reestruturação e preservação da atividade empresarial, instrumentos bem mais abrangentes e eficazes do que aquele posto à disposição do devedor civil (Concordata Civil – Código de Processo Civil, art. 783)". Só a partir da opção pelo registro estará o empresário rural sujeito integralmente ao regime aplicado ao empresário comum. Sentença mantida. Apelação não provida (AC 994092930317, TJSP, Câmara Reservada à Falência e Recuperação, rel. Romeu Ricupero, *DJ* 16-4-2010).

Imposto sobre a Renda da Pessoa Física (DIRPF) e balanço patrimonial, todos entregues dentro dos prazos legais.

7.3.3.1. Pessoas e atividades não sujeitas

Existem atividades que não são alcançadas pela Lei n. 11.101/2005 (LRF, art. 2º):

1) empresas públicas e sociedades de economia mista;
2) bancos públicos ou privados, consórcios;
3) seguradoras, empresas de previdência privada, operadoras de planos de saúde;
4) sociedades de capitalização, cooperativas de crédito;
5) outras que possam ser equiparáveis a essas (p.ex., corretoras de valores mobiliários);
6) cooperativas em geral[9] (para fins de falência, por força da Lei n. 5.764/71, art. 4º);
7) atividades intelectuais: literária, artística e científica (configuradas pelo parágrafo único do art. 966 do Código Civil).

As exclusões citadas ocorrem por opção política do legislador, que reserva tratamentos jurídicos distintos em caso de problemas financeiros a essas atividades.

Dessa forma, as atividades elencadas anteriormente não estão sujeitas à recuperação e à falência, como forma de processo de execução coletiva contra o insolvente (devedor).

No entanto, muitas têm regimes próprios de liquidação para o caso de insolvência, como os bancos e seguradoras, que são liquidadas para se evitar um risco sistêmico ou em cascata.

Nesse sentido, quando não houver regramento próprio, como no caso de insolvência de atividades intelectuais, aplicam-se as regras da execução contra o devedor insolvente do Código de Processo Civil de 2015, arts. 824 e s. [CPC/73, arts. 748 e s.].

Com relação às **companhias aéreas**, no passado elas não podiam impetrar concordata, mas podiam falir. Atualmente, por razões políticas, decorrentes principalmente do caso Varig (em que se buscava recuperá-la), a Lei n. 11.101/2005, tanto para a recuperação de empresas como para a falência, passou a ser aplicável a elas, por força do seu art. 199, que acabou com a proibição prevista no Código Brasileiro de Aeronáutica – Lei n. 7.565/86, art. 187.

7.3.3.2. Cooperativas

A Lei n. 11.101/2005, art. 2º, exclui expressamente a **cooperativa de crédito** de seu regime jurídico para fins de recuperação de empresas e falência. Por sua vez, a Lei n. 5.764/71 (Lei das Cooperativas), art. 4º, *caput*, afirma que a cooperativa é uma sociedade de pessoas, de natureza civil, não sujeita à falência, devendo sua dissolução e liquidação extrajudicial ser realizadas conforme os arts. 63 a 78 da mesma lei. E, complementando, o Código Civil, art. 982, parágrafo único, prevê que, independentemente do seu objeto social, a cooperativa é uma sociedade simples.

---

9   Esse tema é controvertido, por isso, optamos por tratá-lo em um item específico, a seguir.

Surge então um conflito aparente de normas, pois, de acordo com os arts. 998, *caput*, e 1.150 do Código Civil, a sociedade simples está vinculada ao Registro Civil das Pessoas Jurídicas. No entanto, apesar de a cooperativa ser considerada por lei sociedade simples, o art. 18 da Lei n. 5.764/71 determina que ela deva ser registrada no Registro Público das Empresas Mercantis (Junta Comercial), órgão encarregado do registro da sociedade empresária e da inscrição do empresário individual.

Feito esse preâmbulo, e não se questionando as cooperativas de crédito, pois estas não estão mesmo sujeitas à Lei n. 11.101/2005, por força expressa do seu art. 2º, a questão é saber se as **cooperativas em geral** (exceto as de crédito) podem ou não se submeter à norma falimentar e recuperacional.

Quanto ao instituto da **recuperação de empresas**, há um vácuo legislativo, o art. 2º da Lei n. 11.101/2005 exclui tão somente as cooperativas de crédito e não as demais cooperativas. Já a Lei n. 5.764/71, art. 4º, *caput*, expressa que as cooperativas não se submetem à falência, não mencionando a recuperação de empresas (até porque esta lei foi editada em 1971 e a criação da recuperação de empresas ocorreu em 2005).

Há decisões no Poder Judiciário autorizando a recuperação de cooperativas em razão do princípio da preservação da empresa, como, por exemplo, em Minas Gerais, Comarca de Alpinópolis, Processo n. 0009255-05-2011, em que foi deferida a recuperação judicial a uma cooperativa rural. Tem-se justificado a aplicação da recuperação de empresas à cooperativa quando esta estiver organizada como empresa, ou seja, desenvolvedora de atividade econômica organizada com profissionalidade, visando a produção ou a circulação de bens ou de serviços[10].

---

[10] A seguir, um trecho da referida decisão do juízo de Alpinópolis: (...) Assim, ao invocar a Lei 11.101/2005, ainda que somente como referência analógica, em conduzir o processamento dos atos através da ordem delineada naquela norma, salientando que através de seu art. 2º, que veda aplicabilidade desta norma através de um rol exaustivo, onde figura expressamente as "Cooperativas de Crédito", não relacionando, porém, as cooperativas agropecuárias ou agroindustriais. Entende-se assim que o legislador, ao editar a referida Lei, quis diferenciar as cooperativas de crédito das demais, vedando aplicação somente a elas, inexistindo impedimento de aplicabilidade da Recuperação Judicial às cooperativas agropecuárias. Portanto, entendo perfeitamente adequado juridicamente o pedido da parte autora, quanto a sua regularidade e adequação, adotando, assim, a aplicabilidade da Lei n. 11.101/2005, bem como por analogia adotar as regras para acolher o pedido prefacial da recuperação judicial, comungando, pois, de igual identidade de entendimento com o nobre colega que decidiu situação semelhante no Estado do Rio Grande do Sul, na forma descrita às fls. 23, no Processo 11000045060, que deferiu à COCEAGRO a recuperação judicial, como medida judicial plausível e coerente à situação da aludida cooperativa (...).

Posteriormente, em sede de agravo de instrumento tal decisão foi modificada pelo Tribunal de Justiça de Minas Gerais, conforme a ementa: (...) Recuperação judicial. Benefícios. Cooperativas. Sociedade simples. Reconhecimento. Lei n. 11.101/2005. Inaplicabilidade. (...) I – As sociedades simples, tal como as cooperativas, não se encontram no âmbito de incidência do procedimento de recuperação judicial previsto na Lei n. 11.101/2005, porquanto não se enquadram no conceito do art. 1º da referida norma, razão pela qual não lhe são deferidos os benefícios da Recuperação Judicial. (...) (AI CV 1.0019.12.000471-8/001).

Quanto à **falência**, o tema ganha outro contorno, pois mesmo a cooperativa não sendo excluída expressamente pelo art. 2º da Lei n. 11.101/2005, ela está excluída por força da norma que a disciplina, ou seja, pelo art. 4º da Lei n. 5.764/71. Por isso, pode-se entender que à cooperativa poderia ser concedida a recuperação de empresas. No entanto, não poderá ela submeter-se à falência, mas sim à liquidação extrajudicial prevista na Lei das Cooperativas.

Emanuelle Urbano Maffioletti afirma que as cooperativas são consideradas empresas em muitos países. No Brasil, apesar de terem um regime jurídico próprio, elas se organizam como empresas, atendendo a todos os requisitos da teoria da empresa, ou seja, exercem atividade econômica de forma profissional e concorrem com as demais empresas. Para o consumidor, não há relevância em saber se o produto que ele está adquirindo deriva de uma cooperativa ou de outro tipo de empresa. O que a Lei das Cooperativas particulariza é a relação interna entre os sócios que são cooperados. Mas, por serem consideradas sociedade simples por opção legislativa, as cooperativas ficam excluídas da Lei de Falência e Recuperação de Empresa[11].

Especificamente sobre o instituto da recuperação, Mauro Rodrigues Penteado externa que as cooperativas não podem se beneficiar da recuperação de empresas[12].

Haroldo Malheiros Duclerc Verçosa afirma que a sociedade cooperativa acabou tendo uma natureza jurídica híbrida, ou seja, está entre a sociedade simples e a sociedade empresária. Do ponto de vista econômico, as cooperativas são empresas, pois colocam no mercado bens e serviços, podendo neste caso ser tidas como sociedades empresárias, acomodando-se perfeitamente ao conceito de empresário previsto no art. 966 do Código Civil e, consequentemente, no art. 1º da Lei n. 11.101/2005, lembrando que o art. 2º dessa lei exclui apenas as cooperativas de crédito[13].

Feitas essas considerações, entendemos que o instituto da recuperação de empresas pode ser aplicado às cooperativas em geral (não às cooperativas de crédito) por desenvolverem atividade empresarial e em razão do princípio da preservação da empresa (que visa a manutenção dos empregos, o recolhimento de tributos etc.). Porém, as cooperativas não se submetem à falência, mas sim à liquidação extrajudicial, por força da exclusão do art. 2º, *caput*, da Lei n. 5.764/71, podendo, se for o caso, na liquidação extrajudicial aplicarem-se subsidiariamente as regras de liquidação das instituições financeiras e as normas falimentares.

---

[11] Emanuelle Urbano Maffioletti. *O direito concursal das sociedades cooperativas e a lei de recuperação de empresas e falência.* Tese (Doutorado em Direito) – Faculdade de Direito da Universidade de São Paulo, São Paulo, 2010. p. 152 e s.

[12] Mauro Rodrigues Penteado. Disposições preliminares. In: SOUZA JUNIOR, Francisco Satiro de; PITOMBO, Antônio Sérgio A. de Moraes (Coords.). *Comentários à lei de recuperação de empresas e falência*: Lei 11.101/2005. São Paulo: RT, 2005. p. 110.

[13] Haroldo Malheiros Duclerc Verçosa. Das pessoas sujeitas e não sujeitas aos regimes de recuperação de empresas e ao da falência. In: PAIVA, Luiz Fernando Valente de (coord.). *Direito falimentar e a nova lei de falências e recuperação de empresas.* São Paulo: Quartier Latin, 2005. p. 109-110.

7.4. DISPOSIÇÕES COMUNS À RECUPERAÇÃO JUDICIAL E À FALÊNCIA

Destaca-se que as regras deste item e sua extensão são aplicáveis fundamentalmente à recuperação judicial e à falência, mas nem sempre à recuperação extrajudicial, salvo situações excepcionais que serão apontadas expressamente.

7.4.1. Competência e prevenção

Sobre a regra de **competência**, o processamento da recuperação judicial ou extrajudicial e da falência ocorre no juízo (na comarca) estadual do principal estabelecimento do devedor ou da filial que tenha sede (matriz) fora do Brasil (LRF, art. 3º)[14].

Além disso, a competência estadual é reforçada pelo texto constitucional ao expressar que não compete à Justiça Federal a apreciação de causas falimentares (CF, art. 109, I).

Sobre competência, vale destacar a Súmula 480 do STJ: "O juízo da recuperação judicial não é competente para decidir sobre a constrição de bens não abrangidos pelo plano de recuperação de empresa".

Essa regra de competência vale para o juiz que **deferir** a recuperação judicial, **homologar** a recuperação extrajudicial ou **decretar** a falência.

A distribuição do pedido de falência ou de recuperação judicial ou a homologação de recuperação extrajudicial torna **prevento** o juízo para outros pedidos eventuais (LRF, art. 6º, § 8º, cuja nova redação foi dada pela Lei n. 14.112/2020). Dessa maneira, **prevenção** é o critério que determina qual o juízo competente para apreciar o processo, que consiste no que primeiro conheceu a causa.

---

14 Conflito de competência. Processual Civil. Pedido de recuperação judicial ajuizado na comarca de Catalão/GO por grupo de diferentes empresas. Alegação da existência de grupo econômico. Declinação da competência para a comarca de Monte Carmelo/MG. Foro do local do **principal estabelecimento** do devedor. Art. 3º da Lei n. 11.101/2005. Precedentes. (...) 3. O art. 3º da Lei n. 11.101/2005, ao repetir com pequenas modificações o revogado art. 7º do Decreto-lei n. 7.661/45, estabelece que o Juízo do local do principal estabelecimento do devedor é o competente para processar e julgar pedido de recuperação judicial. 4. A Segunda Seção do Superior Tribunal de Justiça, respaldada em entendimento firmado há muitos anos no Supremo Tribunal Federal e na própria Corte, assentou clássica lição acerca da interpretação da expressão "principal estabelecimento do devedor" constante da mencionada norma, afirmando ser "o local onde a 'atividade se mantém centralizada', não sendo, de outra parte, 'aquele a que os estatutos conferem o título principal, mas o que forma o corpo vivo, o centro vital das principais atividades do devedor'" (CC 32.988/RJ, rel. Min. Sálvio de Figueiredo Teixeira, *DJ* de 4-2-2002). 5. Precedentes do STJ no mesmo sentido (REsp 1.006.093/DF, rel. Min. Antonio Carlos Ferreira, 4ª Turma, *DJe* de 16-10-2014; CC 37.736/SP, rel. Min. Nancy Andrighi, Segunda Seção, *DJ* de 16-8-2004; e CC 1.930/SP, rel. Min. Athos Carneiro, Segunda Seção, *DJ* de 25-11-1991). 6. Todavia, a partir das informações apresentadas pelas autoridades envolvidas e também das alegações das partes interessadas, a controvérsia estabelecida não está relacionada propriamente ao critério escolhido pelo legislador, mas na sua aplicação à específica hipótese dos autos. 7. Considerando o variado cenário de informações que constam dos autos, notadamente a de que a ELETROSOM S/A é a maior sociedade do **grupo**, e que sua atividade é pulverizada pelo país, deve ser definido como competente o juízo onde está localizada a **sede** da empresa, ou seja, o juízo da Comarca de Monte Carmelo/MG. 8. Conflito conhecido para declarar a competência do juízo da 2ª Vara da Comarca de Monte Carmelo/MG (Conflito de Competência 146.579/MG, STJ, 2ª Seção, rel. Min. Paulo de Tarso Sanseverino, *DJe* 11-11-2016) (grifos nossos).

7.4.2. Suspensão da prescrição, das ações e das execuções. *Stay period*

O deferimento da recuperação judicial ou a decretação da falência suspende a **prescrição** das obrigações e as **execuções** contra o devedor (LRF, art. 6º, *caput* e I e II, com novas redações dadas pela Lei n. 14.112/2020).

Revogado pela Lei n. 14.112/2020, o § 7º do art. 6º da Lei n. 11.101/2005 previa que as execuções de natureza fiscal não eram suspensas pelo deferimento da recuperação judicial, ressalvada a concessão de parcelamento nos termos do Código Tributário Nacional e da legislação ordinária específica[15].

As ações trabalhistas permanecerão com seu trâmite na Justiça do Trabalho (LRF, art. 6º, § 2º).

Especificamente quanto às execuções trabalhistas e à recuperação judicial, havia um aparente conflito de interesses: de um lado, o trabalhador individual buscando satisfazer seu crédito na Justiça do Trabalho (quando não estiver contemplado pelo plano de recuperação), de outro, a recuperação de uma empresa que se processa em favor da manutenção da empresa, empregos etc.

Diante disso, o STJ vem se manifestado no sentido de que a execução trabalhista individual não pode prevalecer à recuperação da empresa[16]. O mesmo raciocínio vale para as

---

[15] O STJ julgou pelo rito dos recursos repetitivos: Processual Civil. Recurso Especial. Competência para julgamento de demandas cíveis ilíquidas contra massa falida em litisconsórcio com pessoa jurídica de direito público. Jurisprudência da Segunda Seção deste STJ quanto ao primeiro aspecto da discussão. Incidência do art. 6º, § 1º, da Lei n. 11.101/2005. (...) Recurso julgado sob a sistemática do art. 1.036 e s. do **CPC/2015**, c/c o art. 256-N e s. do Regimento Interno do STJ. (...) 2. A jurisprudência da Segunda Seção desta STJ é assente no que concerne à aplicação do art. 6º, § 1º, da Lei n. 11.101/2005 às ações cíveis ilíquidas – como no caso em exame –, fixando a competência em tais casos em favor do juízo cível competente, excluído o juízo universal falimentar. Precedentes: CC 122.869/GO, rel. Min. Luis Felipe Salomão, Segunda Seção, j. 22-10-2014, *DJe* 2-12-2014; CC 119.949/SP, rel. Min. Luis Felipe Salomão, Segunda Seção, j. 12-9-2012, *DJe* 17-10-2012. 3. A Quarta Turma desta Corte Superior, por ocasião do julgamento do AgRg no REsp 1.471.615/SP, rel. Min. Marco Buzzi, j. 16-9-2014, *DJe* 24-9-2014, assentou que se fixa a competência do juízo cível competente, por exclusão do juízo universal falimentar, tenha sido, ou não, a demanda ilíquida interposta antes da decretação da quebra ou da recuperação judicial: "A decretação da falência, a despeito de instaurar o juízo universal falimentar, não acarreta a suspensão nem a atração das ações que demandam quantia ilíquida: se elas já tinham sido ajuizadas antes, continuam tramitando no juízo onde foram propostas; se forem ajuizadas depois, serão distribuídas normalmente segundo as regras gerais de competência. Em ambos os casos, as ações tramitarão no juízo respectivo até a eventual definição de crédito líquido". (...) 5. Tese jurídica firmada: A competência para processar e julgar demandas cíveis com pedidos ilíquidos contra massa falida, quando em litisconsórcio passivo com pessoa jurídica de direito público, é do juízo cível no qual for proposta a ação de conhecimento, competente para julgar ações contra a Fazenda Pública, de acordo as respectivas normas de organização judiciária. 6. Recurso especial conhecido e provido. 7. Recurso julgado sob a sistemática do art. 1.036 e s. do CPC/2015 e art. 256-N e s. do Regimento Interno deste STJ (REsp 1.643.856/SP, STJ, 1ª Seção, rel. Min. Og Fernandes, *DJe* 19-12-2017) (grifo nosso).

[16] Conflito positivo de competência. Vasp. Empresa em recuperação judicial. Plano de recuperação aprovado e homologado. Execução trabalhista. Suspensão por 180 dias. Art. 6º, parágrafos da Lei 11.101/2005. Manutenção da atividade econômica. Função social da empresa. Incompatibilidade entre

relações de consumo, pois, embora a sua proteção seja extremamente relevante, ela não pode ser um fim em si mesma ao querer beneficiar o direito de crédito do consumidor em prejuízo dos vários interesses envolvidos na recuperação de empresas[17]. Tudo isso também vale para a falência, ou seja, as execuções pendentes na Justiça do Trabalho (ou execuções de créditos do consumidor) devem prosseguir no juízo universal, no qual deve ser feita a habilitação do respectivo crédito no quadro-geral de credores.

Ou seja, após processada perante a justiça especializada até a apuração do respectivo crédito, que será inscrito no quadro-geral de credores pelo valor determinado em sentença. Essa posição está agora está alinhada com a Lei n. 11.101/2005, de acordo com o *caput*, II, §§ 2º e 5º, todos do art. 6º, que fora objeto de reforma pela Lei n. 14.112/2020.

É preciso comentar o fato de que o *caput* do art. 6º refere-se expressamente à **suspensão** da prescrição, e não à interrupção. Assim, vale resgatar a diferença entre ambas. A suspensão faz com que o prazo volte a correr pelo tempo restante. Já a interrupção tem por efeito a recontagem do prazo, iniciando-se novamente.

---

o cumprimento do plano de recuperação e a manutenção de execuções individuais. Precedente do caso Varig – CComp 61.272/RJ. Conflito parcialmente conhecido. (...). (CComp 73.380/SP, STJ, rel. Min. Hélio Quaglia Barbosa, *DJ* de 21-11-2008).
Conflito positivo de competência. Comercial. Lei 11.101/2005. Recuperação judicial. Processamento deferido. 1. A decisão liminar da justiça trabalhista que determinou a indisponibilidade dos bens da empresa em recuperação judicial, assim também dos seus sócios, não pode prevalecer, sob pena de se quebrar o princípio nuclear da recuperação, que é a possibilidade de soerguimento da empresa, ferindo também o princípio da *par conditio creditorum*. 2. É competente o juízo da recuperação judicial para decidir acerca do patrimônio da empresa recuperanda, também da eventual extensão dos efeitos e responsabilidades aos sócios, especialmente após aprovado o plano de recuperação. (...) Conflito conhecido para declarar a competência do juízo da 3ª Vara de Matão/SP (CComp 68.173/SP, STJ, rel. Min. Luis Felipe Salomão, *DJ* de 4-12-2008).

[17] Recurso especial. Relação de consumo. (...) 1. A controvérsia dos autos consiste em definir a competência para realizar atos de constrição destinados ao cumprimento de sentença proferida por magistrado do juizado especial cível, em favor de consumidor, quando o fornecedor já obteve o deferimento da recuperação na vara empresarial. 2. O compromisso do Estado de promover o equilíbrio das relações consumeristas não é uma garantia absoluta, estando a sua realização sujeita à ponderação, na hipótese, quanto aos múltiplos interesses protegidos pelo princípio da preservação da empresa. 3. A Segunda Seção já realizou a interpretação sistemático-teleológica da Lei n. 11.101/2005, admitindo a prevalência do princípio da preservação da empresa em detrimento de interesses exclusivos de determinadas classes de credores, tendo atestado que, após o deferimento da recuperação judicial, prevalece a competência do Juízo desta para decidir sobre todas as medidas de constrição e de venda de bens integrantes do patrimônio da recuperanda. Precedentes. 4. Viola o juízo atrativo da recuperação a ordem de penhora on-line decretada pelo julgador titular do juizado especial, pois a inserção da proteção do consumidor como direito fundamental não é capaz de blindá-lo dos efeitos do processo de reestruturação financeira do fornecedor. Precedente. 5. Recurso especial provido para reconhecer a competência do juízo da 7ª Vara Empresarial da Comarca da Capital do Rio de Janeiro (REsp 1.598.130/RJ, STJ, 3ª Turma, rel. Min. Ricardo Villas Bôas Cueva, *DJe* 14-3-2017).

Manoel Justino Bezerra Filho lembra que a decadência não pode ser suspensa ou interrompida, mas que, no entanto, o referido dispositivo legal cuida apenas da prescrição[18].

Além disso, na **recuperação judicial**, a suspensão da prescrição perdurará pelo prazo de **180 dias**, contado do deferimento do processamento da recuperação. Esse prazo poderá ser prorrogável por igual período, uma única vez, em caráter excepcional, desde que o devedor não haja concorrido com a superação do lapso temporal (LRF, art. 6º, § 4º, cuja nova redação foi dada pela Lei n. 14.112/2020).

Esse período de 180 dias estampado na norma concursal é conhecido como ***stay period***, em português "prazo de suspensão".

Mesmo antes da possibilidade de prorrogação do prazo de 180 dias, a jurisprudência já vinha entendendo que o prazo não deveria ser aplicado isoladamente, pois, se há um plano de recuperação em curso, o credor particular deve se submeter a ele e seus respectivos prazos, tendo em vista o princípio da preservação da empresa[19].

7.4.2.1. Sócios solidários e sócios garantidores (avalistas e fiadores)

Um ponto muito importante que precisa ser comentado está no inc. II do *caput* do art. 6º da Lei n. 11.101/2005, cuja nova redação trazida pela Lei n. 14.112/2020 é a seguinte:

---

[18] Manoel Justino Bezerra Filho. *Nova lei de recuperação e falências comentada*. 3. ed. São Paulo: RT, 2005. p. 59-60.

[19] Nesse sentido: Agravo de instrumento. (...)Reforma. A decretação da falência ou o deferimento do processamento da recuperação judicial suspende o curso da prescrição e de todas as ações e execuções em face do devedor, inclusive aquelas dos credores particulares do sócio solidário. O prazo disposto no parágrafo 4º do art. 6º da Lei n. 11.101/2005 não pode receber uma interpretação isolada, e dissociada do espírito reestruturador criado pela própria norma. Se há plano de recuperação em curso regular, devidamente aprovado e homologado, todos os créditos devem se submeter a ele, até mesmo porque o pagamento aos credores se fará nos termos do referido plano que foi votado em assembleia de credores, não havendo como privilegiar um credor em uma execução individual. Impossibilidade de preterição dos demais credores e quebra no planejamento financeiro da devedora. Precedentes Jurisprudenciais do Eg. Superior Tribunal de Justiça: "Deve-se interpretar o art. 6º desse diploma legal de modo sistemático com seus demais preceitos, especialmente à luz do princípio da preservação da empresa, insculpido no art. 47, que preconiza: 'A recuperação judicial tem por objetivo viabilizar a superação da situação de crise econômico financeira do devedor, a fim de permitir a manutenção da fonte produtora, do emprego dos trabalhadores e dos interesses dos credores, promovendo, assim, a preservação da empresa, sua função social e o estímulo à atividade econômica'. No caso, o destino do patrimônio da empresa-ré em processo de recuperação judicial não pode ser atingido por decisões prolatadas por juízo diverso daquele da Recuperação, sob pena de prejudicar o funcionamento do estabelecimento, comprometendo o sucesso de seu plano de recuperação, ainda que ultrapassado o prazo legal de suspensão constante do § 4º do art. 6º da Lei n. 11.101/2005, sob pena de violar o princípio da continuidade da empresa (CComp 79170/SP, Ministro Castro Meira, *DJe* 19-9-2008). Provimento do recurso para suspender a execução a qual deverá se submeter aos ditames do processo de Recuperação Judicial, de acordo com decisão do Eg. STJ acima (AI 0007562-46.2009.8.19.0000, TJRJ, 15ª Câmara Cível, rel. Des. Helda Lima Meireles. *DJ* 19-5-2009).

"A decretação da falência ou o deferimento do processamento da recuperação judicial implica: (...) II – suspensão das execuções ajuizadas contra o devedor, inclusive daquelas dos credores particulares do sócio solidário, relativas a créditos ou obrigações sujeitos à recuperação judicial ou à falência".

A expressão do dispositivo "**sócio solidário**" dá ensejo a uma grande discussão. Alguns entendem que sócio solidário é tão somente aquele que tem a obrigação solidária firmada em contrato social, conforme o tipo societário adotado pela sociedade, como no caso da sociedade em nome coletivo, em comandita simples ou em comandita por ações. Outros defendem que sócio solidário pode ser entendido também como a figura do sócio que firmou obrigação de **aval** em favor da sociedade devedora, pois o aval é uma garantia que implica a responsabilidade do avalista (na hipótese, o sócio) pelo inadimplemento do devedor principal (a sociedade). Nesse caso, havendo o deferimento da recuperação judicial, não poderia o credor cobrar a dívida do garantidor-avalista, pedir sua falência, nem registrar seu nome em órgão de proteção ao crédito, pois estaria inexigível a cobrança tanto à devedora principal (sociedade) quanto aos garantidores (sócios avalistas). Nesse sentido, Apelação n. 7.166.479-6 do Tribunal de Justiça de São Paulo.

Referida norma não faz menção expressa aos garantidores, em especial aos avalistas. Porém, esse tema deve ser visto, à luz do ordenamento jurídico, como um conjunto de normas que se complementam. Neste caso, é preciso haver uma integração da Lei n. 11.101/2005 com a norma disciplinadora do aval, o Decreto n. 57.663/66 – Lei Uniforme, arts. 30 a 32.

Isso porque o instituto do aval, como visto anteriormente, é um tipo de garantia fidejussória solidária e "autônoma" na qual o compromisso do avalista persiste, em geral, mesmo que a obrigação principal seja nula ou extinta. Por isso, a propósito, difere-se da fiança, que é garantia acessória e subsidiária, via de regra.

A garantia autônoma do aval está relacionada com o princípio cambial da autonomia, segundo o qual, se um título representar mais de uma obrigação, cada uma delas será independente em relação à outra, e a possível invalidade de uma não se estende às demais.

Logo, o entendimento de que o deferimento da recuperação torna inexigível a cobrança contra os avalistas parece-nos equivocado, pois, caso se torne predominante, haverá um esvaziamento do instituto do aval como garantia, bem como muita insegurança jurídica nos negócios mercantis, o que terá por consequência o fato de os credores das sociedades empresárias passarem a exigir tamanhas garantias que provavelmente muitos negócios serão inviabilizados.

Além disso, esse tema deve ser visto à luz do disposto no art. 49, § 1º, da Lei n. 11.101/2005, ao estabelecer que os credores do devedor em recuperação judicial conservam seus direitos e privilégios contra os coobrigados. O avalista é um coobrigado.

Diante do exposto, consideramos que a suspensão da prescrição referida no inciso II do *caput* do art. 6º da Lei n. 11.101/2005 não se aplica ao sócio que prestar garantia de aval em favor da sociedade, pois o avalista pode ser cobrado, protestado etc. independentemente de a dívida principal ser exigível ou não contra o devedor principal (a sociedade em recuperação). Esta regra aplica-se somente aos sócios que tenham responsabilidade solidária em razão do tipo societário expresso no contrato social (como ocorre, por exemplo, com os sócios da sociedade em nome coletivo).

Quanto à **fiança**, pela regra geral, por ser uma garantia subsidiária e acessória, que por sua vez extingue-se com o principal, havendo a suspensão da prescrição da dívida principal, a princípio, poderia defender-se que a garantia do sócio fiador estaria suspensa, haja vista a impossibilidade de se cobrar o devedor principal. No entanto, o § 1º do art. 49 da Lei n. 11.101/2005 expressa que os credores do devedor em recuperação judicial conservam seus direitos e privilégios contra fiadores. Ou seja, o sócio fiador da sociedade, que obteve o benefício da recuperação judicial, poderá ser cobrado e/ou protestado pela dívida, pois a suspensão não opera a seu favor[20].

Em 19 de setembro de 2016, foi publicada a Súmula 581 do STJ: "A recuperação judicial do devedor principal não impede o prosseguimento das ações e execuções ajuizadas contra terceiros devedores solidários ou coobrigados em geral, por garantia cambial, real ou fidejussória".

Contudo, o art. 6º-C, incluído pela Lei n. 14.112/2020 à Lei n. 11.101/2005, prevê que é proibida a atribuição de responsabilidade a terceiros em decorrência do mero inadimplemento de obrigações do devedor falido ou em recuperação judicial, exceto nos casos de "garantias reais e fidejussórias". Vale ressaltar que o aval e a fiança são garantias fidejussórias, e como tal continua permitido ao credor cobrar a obrigação contra quem prestou tal tipo de garantia.

7.4.3. Verificação de créditos

Verificação dos créditos significa realizar um levantamento dos créditos contra o devedor (talvez ficasse mais completo dizer dos débitos do devedor), ou seja, do que ele está devendo.

Esse levantamento será elaborado pelo administrador judicial, figura que será estudada a seguir. O administrador judicial realizará a verificação dos créditos com base nos livros contábeis e documentos comerciais e fiscais do devedor, bem como nos documentos apresentados por credores (LRF, art. 7º, *caput*).

7.4.4. Habilitação de créditos

Realizada a verificação dos créditos, será publicado um edital com a relação de créditos já apurados para no prazo de **15 dias** os credores apresentarem ao administrador judicial suas

---

[20] Nesse sentido, o STJ julgou pelo rito dos recursos repetitivos: Recurso Especial Representativo de Controvérsia. Art. 543-C do CPC e Resolução STJ n. 8/2008. Direito Empresarial e Civil. Recuperação judicial. Processamento e concessão. Garantias prestadas por terceiros. Manutenção. Suspensão ou extinção de ações ajuizadas contra devedores solidários e coobrigados em geral. Impossibilidade. Interpretação dos arts. 6º, *caput*, 49, § 1º, 52, III, e 59, *caput*, da Lei n. 11.101/2005. 1. Para efeitos do art. 543-C do CPC: "A recuperação judicial do devedor principal não impede o prosseguimento das execuções nem induz suspensão ou extinção de ações ajuizadas contra terceiros devedores solidários ou coobrigados em geral, por garantia cambial, real ou fidejussória, pois não se lhes aplicam a suspensão prevista nos arts. 6º, *caput*, e 52, III, ou a novação a que se refere o art. 59, *caput*, por força do que dispõe o art. 49, § 1º, todos da Lei n. 11.101/2005". 2. Recurso especial não provido (REsp 1.333.349/SP, STJ, 2ª Seção, rel. Min. Luis Felipe Salomão, *DJe* 2-2-2015).

habilitações (de créditos que não foram relacionados no edital) ou suas **divergências** em relação aos créditos já verificados e relacionados (LRF, art. 7º, § 1º)[21].

A habilitação de crédito deve conter: nome e endereço do credor, valor do crédito, documentos comprobatórios etc. (LRF, art. 9º).

Assim, a partir das informações e documentos colhidos, inclusive os relativos às habilitações, o administrador judicial fará publicar outro edital contendo a relação consolidada de credores (LRF, art. 7º, § 2º). Caso o administrador judicial deixe voluntariamente de relacionar algum crédito, poderá ser obrigado a fazê-lo por ordem judicial[22].

7.4.4.1. Credores retardatários (atrasados)

É possível a admissão de credores retardatários, ou seja, aqueles que habilitam seu crédito após o prazo estabelecido de 15 dias para a devida habilitação.

No entanto, isso tem implicações, pois, na **recuperação judicial**, os credores retardatários serão aceitos, mas não terão direito a voto nas deliberações da assembleia geral de credores; na **falência**, irão perder o direito a rateios eventualmente realizados (LRF, art. 10, §§ 1º e 2º).

Essa regra se dá pelo fato de que um processo não deve se perder ao longo do tempo, por isso o ordenamento jurídico impõe "sanções" ou "perdas" àqueles que demoram a externar seu direito[23].

---

[21] Agravo. Habilitação de crédito em recuperação judicial. Crédito representado por cheque de emissão da recuperanda em favor de empresa de fomento mercantil. Credora que é sociedade limitada regularmente inscrita na Junta Comercial. Inteligência do art. 90, II, da Lei n. 11.101/2005. Não havendo indícios de afronta à ordem jurídica, nem alegação da devedora de falta de causa, incabível exigir-se do credor a prova da origem do cheque que ostenta todos os requisitos cambiais e configura título executivo extrajudicial. Precedentes do STJ. Agravo provido para deferir a habilitação do crédito na classe dos quirografários (AI 0501202-09.2010.8.26.0000, TJSP, Câmara Reservada à Falência e Recuperação, rel. Pereira Calças, *DJ* 1-4-2011).

[22] Nesse sentido: Empresarial e Processual Civil. Agravo de Instrumento. Recuperação judicial. Ausência de inclusão de crédito pelo administrador geral no "quadro geral de credores". (...)Inteligência dos arts. 7º e 175, ambos da Lei n. 11.101/2005. Se o administrador judicial, após a verificação dos instrumentos contábeis da empresa em recuperação judicial e ciente dos créditos apresentados pelos credores, eis que constantes do pleito vestibular apresentado pela recuperanda, não encontrou qualquer impedimento ou vícios de sua existência, imprescindível sua inclusão no "Quadro Geral de Credores", mormente, porque o novo ordenamento legal considera crime, com pena de reclusão e multa, a apresentação, em recuperação judicial, de relação de crédito falsa (AI 1.0079.07.348871-4/001, TJMG, 5ª Câmara Cível, rel. Des. Dorival Guimarães Pereira, *DJ* 11-6-2008).

[23] A decisão que segue foi proferida considerando ainda o regime jurídico anterior, que sobre credores retardatários na falência praticamente não mudou. Optamos por estampá-la em vista do seu caráter pedagógico acerca do tema estudado: Direito Falimentar. Habilitação de crédito trabalhista retardatário. Intempestividade. Processo de falência encerrado. Conclusão do rateio do ativo da massa falida. Falta de interesse de agir do credor. Apelação improvida. 1. O art. 98 da antiga lei de falências prevê a possibilidade de habilitação do credor retardatário. Contudo, o seu § 4º é expresso no sentido de que "os credores retardatários não têm direito aos rateios anteriormente distribuídos", de modo que os atos pretéritos não poderão ser desconstituídos, ainda que o crédito retardatário seja trabalhista e goze de privilégio na

Recuperação de empresas e falência (direito concursal)   517

7.4.5. Impugnação de crédito

Qualquer credor, o próprio devedor ou o Ministério Público poderá impugnar a relação de credores quando for ilegítima, no caso de ausência de crédito ou se houver divergência de valor etc.[24].

O prazo para a impugnação é de **10 dias**, a contar da publicação do edital com a relação de credores, ou seja, o segundo edital previsto no § 2º do art. 7º (LRF, art. 8º).

Cada impugnação de crédito será autuada em separado do processo principal (LRF, art. 13, parágrafo único).

7.4.6. Administrador judicial

Administrador judicial é um auxiliar qualificado do juiz. Ele não é representante dos credores, assim como também não é representante do devedor.

A figura do administrador judicial substituiu a do síndico, que tinha previsão no Decreto-lei n. 7.661/45. Normalmente o nomeado como síndico era o maior credor; caso não aceitasse, seria o segundo maior credor, e assim por diante. Alguns países, como Portugal e Argentina, ainda utilizam o vocábulo síndico em suas normas concursais mais recentes.

É importante atentar-se ao fato de que o administrador judicial será nomeado pelo juiz. Deverá ser um profissional idôneo, **preferencialmente**: advogado, contador, administrador de empresas ou economista. Pode ainda ser uma pessoa jurídica especializada (LRF, art. 21).

Eventualmente, o administrador judicial poderá não ter uma das qualificações citadas, quando, por exemplo, não houver pessoa com formação na comarca em que foi ajuizado o processo; ou pode ocorrer que, mesmo englobando todas as qualificações, a pessoa resolva não aceitar o "cargo".

É preciso também considerar que o administrador pode contratar auxiliares para ajudá-lo em suas atribuições, como contadores, escriturários etc.

7.4.6.1. Deveres

Vários são os deveres do administrador judicial, **dentre os quais uma quantidade considerável foi objeto de acréscimo pela Lei n. 14.112/2020**. Alguns desses deveres são comuns à recuperação judicial e à falência e outros são específicos a cada caso. Iremos começar com os deveres **comuns** e, em seguida, passaremos aos **especiais** (LRF, art. 22).

---

ordem de recebimento. 2. O processo de falência não se pode eternizar no tempo a espera de eventuais credores retardatários. Dessa forma, embora a lei não determine o termo *ad quem* para a habilitação retardatária, este deve ser identificado como o momento da distribuição do último rateio. 3. Portanto, sendo intempestiva a habilitação retardatária, deve-se reconhecer a carência de ação do credor, por falta de interesse processual, visto que o provimento jurisdicional pleiteado seria inócuo e ineficaz, já que não trará qualquer resultado útil ao credor desidioso. 4. Apelo improvido (AC 1139091220048070001, TJDF, 3ª Turma Cível, rel. José de Aquino Perpétuo, *DJ* 8-3-2007).

[24] Recuperação Judicial. Impugnação de crédito. Multa contratual aplicada sobre parcelas inadimplidas, anteriores ao pedido. Abusividade não configurada. Eventual modificação de crédito a ser objeto de deliberação pela assembleia de credores. Recurso desprovido (AI 289252620118260000, TJSP, Câmara Reservada à Falência e Recuperação, rel. Des. Elliot Akel. *DJ* 31-5-2011).

"Deveres comuns" na **recuperação judicial** e na **falência** (LRF, art. 22, I):

1) enviar correspondência aos credores comunicando sobre o processo;
2) fornecer informações aos credores;
3) consolidar o quadro-geral dos credores;
4) estimular, sempre que possível, a conciliação, a mediação e outros métodos alternativos de solução de conflitos relacionados à recuperação judicial e à falência;
5) manter endereço eletrônico na internet, com informações atualizadas sobre os processos de falência e de recuperação judicial, com a opção de consulta às peças principais do processo, salvo decisão judicial em sentido contrário;
6) manter endereço eletrônico específico para o recebimento de pedidos de habilitação ou a apresentação de divergências, ambos em âmbito administrativo, com modelos que poderão ser utilizados pelos credores, salvo decisão judicial em sentido contrário;
7) providenciar, no prazo máximo de 15 dias, as respostas aos ofícios e às solicitações enviadas por outros juízos e órgãos públicos, sem necessidade de prévia deliberação do juízo.

Já os "deveres específicos" na **recuperação judicial** são (LRF, art. 22, II):

1) fiscalizar as atividades do devedor e o cumprimento do plano de recuperação;
2) requerer a falência no caso de o devedor descumprir suas obrigações;
3) apresentar relatórios ao juiz mensalmente sobre as atividades do devedor, fiscalizando a veracidade e a conformidade das informações prestadas pelo devedor;
4) fiscalizar o decurso das tratativas e a regularidade das negociações entre devedor e credores;
5) assegurar que devedor e credores não adotem expedientes dilatórios, inúteis ou, em geral, prejudiciais ao regular andamento das negociações;
6) assegurar que as negociações realizadas entre devedor e credores sejam regidas pelos termos convencionados entre os interessados ou, na falta de acordo, pelas regras propostas pelo administrador judicial e homologadas pelo juiz;
7) apresentar, para juntada aos autos, e publicar no endereço eletrônico específico relatório mensal das atividades do devedor e relatório sobre o plano de recuperação judicial, no prazo de até 15 dias, contado da apresentação do plano, fiscalizando a veracidade e a conformidade das informações prestadas pelo devedor.

Por sua vez, os "deveres específicos" na **falência** são (LRF, art. 22, III):

1) relacionar os processos e assumir a representação judicial e extrajudicial, incluídos os processos arbitrais, da massa falida;
2) apresentar relatório sobre as causas (motivos) da falência;
3) arrecadar bens e documentos do devedor;
4) contratar avaliadores para precificar os bens;
5) proceder à venda de todos os bens da massa falida no prazo máximo de 180 dias, contado da data da juntada do auto de arrecadação, sob pena de destituição, salvo por impossibilidade fundamentada, reconhecida por decisão judicial;
6) diligenciar cobranças de dívidas;
7) praticar atos para realização do ativo e pagamento do passivo (p.ex., fazer anúncio da venda de bens);
8) prestar contas no término do processo;

9) arrecadar os valores dos depósitos realizados em processos administrativos ou judiciais nos quais o falido figure como parte, oriundos de penhoras, de bloqueios, de apreensões, de leilões, de alienação judicial e de outras hipóteses de constrição judicial.

Um ponto importante da atuação do administrador judicial se dá quanto ao fato de que na recuperação judicial ele exerce um papel de fiscalização da gestão, enquanto na falência ele age como gestor efetivo do negócio.

Sob o prisma do Direito **Tributário**, o administrador judicial pode ser tido como responsável pessoal e solidário pelo recolhimento de tributos devidos pela massa se em razão de sua culpa. Essa previsão decorre do Código Tributário Nacional – CTN, art. 134, V, c/c o art. 135, I.

O CTN se refere em sua redação ao "síndico", lembrando que se trata de figura jurídica substituída pelo administrador judicial[25].

7.4.6.2. Destituição e renúncia

Não cumprindo com suas atribuições, o administrador judicial pode ser **destituído** pelo juiz, que, então, nomeará outro. A propósito, a lei atribui ao novo administrador o dever de elaborar relatórios, organizar as contas e apontar as responsabilidades do seu antecessor (LRF, art. 23, parágrafo único).

A decisão do juiz que opta por destituir o administrador judicial deve ser motivada, ou seja, deve levar em conta a gravidade do ato ou da omissão ou o impedimento legal ao exercício do cargo, e não meras alegações de amizade ou inimizade com parte interessada no processo. Além disso, é importante o magistrado levar em conta uma possível defesa apresentada pelo administrador[26].

---

[25] A propósito, a decisão adiante também menciona o síndico, mas o fundamento é mesmo para o atual administrador judicial quanto à responsabilidade tributária: Tributário. Responsabilidade pessoal. Síndico. Arts. 134, V, e 135, I, do CTN. 1. A responsabilidade pessoal e solidária pode ser imputada a síndico de massa falida em relação aos atos em que intervier ou pelas omissões de que é responsável (art. 134, V, do CTN), assim como em relação aos créditos correspondentes a obrigações tributárias resultantes de atos por ele praticados com excesso de poderes ou infração de lei (art. 135, I, do CTN). Precedentes do e. STJ e deste Regional. 2. Configura hipótese de responsabilidade pessoal e solidária o fato de o síndico ter infringido a lei, pois há omissão quanto à correta arrecadação dos bens da massa falida, quanto à contratação de empregados e à realização de obras de construção civil. Descurou-se, portanto, do dever legal de, na época, levar a falência a bom termo. 3. Sentença mantida (AC 8.795-SC 2000.72.00.008795-1, TRF4, 2ª Turma, rel. Vânia Hack de Almeida, *DJ* 5-5-2010).

[26] Processual Civil. Falência. Pedido da massa falida para destituição do administrador judicial nomeado. Indeferimento – agravo de instrumento. Nega provimento. 1. Não se extrai da leitura do art. 21 da Lei n. 11.101/2005 nenhuma disposição no sentido da proibição do exercício do encargo de administrador judicial por algum dos credores do falido, pois o dispositivo se limitou a traçar diretrizes gerais para nortear a nomeação do administrador judicial pelo Juiz, não definindo o que seja uma "pessoa jurídica especializada", o que permite no caso específico a manutenção da agravada como administradora judicial, pois sendo ela uma entidade que administra planos de benefício de natureza previdenciária, tem experiência na administração de bens alheios, além do que ela é a única credora dos falidos (e exatamente por isso tem ela o melhor dos interesses em bem administrar a Massa para poder haver o seu crédito)

Além disso, o administrador judicial pode **renunciar** (LRF, art. 24, § 3º, e art. 22, III, *r*).

Em caso de renúncia, isso ocorre não por decisão judicial motivada, mas, sim, por um ato de sua iniciativa, independentemente do motivo.

7.4.6.3. Remuneração

O administrador judicial tem direito à remuneração. É o juiz quem fixará tanto a forma (periodicidade) quanto o valor da remuneração do administrador (LRF, art. 24).

A remuneração do administrador não pode exceder a **5%** dos valores devidos na recuperação judicial ou do valor da venda dos bens da massa falida (LRF, art. 24, § 1º).

Do montante devido ao administrador judicial, serão reservados 40% para pagamento após ele ter apresentado suas contas e o relatório final ao término do processo (LRF, art. 24, § 2º)[27].

Por força da nova redação, dada pela Lei n. 14.112/2020, o § 5º do art. 24 da Lei n. 11.101/2005 prevê que, no caso de microempresas e empresas de pequeno porte, a

---

e os agravantes não apontaram nenhum ato concreto que pudesse rotular a agravada como administradora incompetente, além do que a agravada foi nomeada há mais de dois anos, mas somente agora os agravantes se lembraram do art. 21 da Lei n. 11.101/2005 e da pública inimizade entre o patrono da agravada e o 2º agravante. 2. A jurisprudência já pacificou há mais de uma década o entendimento de que a inimizade entre uma parte e o patrono da outra não tem nenhuma consequência jurídica no processo, da mesma forma que a inimizade entre o Juiz e o advogado de uma das partes não é causa de impedimento do Magistrado, de forma que a eventual inimizade existente entre o 2º agravante e o patrono da agravada, ainda que pública, não tem o condão de gerar o impedimento da agravada patrocinada para funcionar como administradora judicial na falência das firmas da qual o 2º agravante era sócio controlador. (...) (AI 371818420108190000, TJRJ, 16ª Câmara Cível, rel. Des. Miguel Angelo Barros, *DJ* 3-12-2010). Direito Processual Civil. Falência. Destituição de administrador judicial. Sanção grave. Ponderação do caso concreto. Manutenção do administrador. Homologação da avaliação de imóvel. Contraditório. Ausência. Necessidade. Parcial provimento. 1. A desobediência aos preceitos da Lei 11.101/2005, o descumprimento de dever, omissão, negligência ou a prática de ato lesivo à atividade do devedor ou a terceiros por parte do administrador judicial que ensejam a sua destituição (art. 31) devem ser tão graves quanto à sanção imposta, que leva à perda do direito à remuneração e o impedimento de ser nomeado durante os próximos cinco anos para atividade semelhante, não se caracterizando quando o próprio falido não fornece nos autos os elementos necessários para a escorreita atuação do auxiliar do juízo. (...) (AI 0.678.195-9, TJPR, 17ª Câmara Cível, rel. Francisco Jorge, *DJ* 30-3-2011).

[27] Agravo de Instrumento. Recuperação judicial. Remuneração do administrador judicial. Na recuperação judicial, o administrador judicial, auxiliar do juiz, não administra a empresa em recuperação, que continua a ser gerenciada pelo empresário ou pelos administradores estatutários ou contratuais da sociedade recuperanda. Compete ao juiz fixar o valor e a forma de pagamento da remuneração do administrador. O juiz deve observar a capacidade de pagamento do devedor, o grau de complexidade do trabalho e os valores praticados no mercado para o desempenho de atividades semelhantes. Sendo o administrador judicial um auxiliar do juiz, nesta condição deve ser remunerado, observado o teto dos servidores do Poder Judiciário. Inaplicabilidade da reserva do § 2º do art. 24 da Lei n. 11.101/2005 em se tratado de recuperação judicial. Princípios da proporcionalidade, razoabilidade, equidade e modicidade devem ser aplicados no arbitramento da remuneração do administrador judicial. Agravo provido (AI 994092733511, TJSP, Câmara Reservada à Falência e Recuperação, rel. Pereira Calças, *DJ* 29-1-2010).

remuneração do administrador judicial fica limitada a **2%**. Tal regra também vale para o caso do produtor rural que apresentar plano especial de recuperação judicial (cujo valor da causa não exceda a R$ 4.800.000,00), conforme prevê o art. 79-A, acrescido à Lei n. 11.101/2005 pela Lei n. 14.112/2020.

É de responsabilidade do devedor, ou da massa falida, o pagamento da remuneração do administrador judicial, bem como das pessoas contratadas para auxiliá-lo (LRF, art. 25).

Em caso de destituição ou renúncia do administrador judicial, ele fará jus à remuneração proporcional aos serviços realizados, excluindo-se os casos de desídia (inércia), culpa, dolo ou descumprimento das obrigações fixadas em lei, em que não terá direito à remuneração (LRF, art. 24, § 3º).

Destaca-se que, como será visto a seguir, a remuneração do administrador judicial e dos auxiliares são créditos extraconcursais, devendo ser pagos antes de qualquer credor do falido.

7.4.7. Comitê de credores

Comitê significa grupo encarregado de resolver assuntos específicos. O comitê de credores é um "órgão" que tem a função de representar os credores no processo de recuperação de empresas ou na falência.

Ressalta-se que a criação desse órgão tem o objetivo de evitar que, para toda e qualquer decisão, fosse necessário convocar todos os credores do devedor. Nesse sentido, o comitê de credores, como órgão representativo, tem alguns poderes legais de decisão.

Paulo Sérgio Restiffe afirma ser o comitê de credores um órgão de natureza fiscalizatória, cuja constituição é facultativa, ficando a cargo de deliberação pela assembleia geral de credores[28]. Amador Paes de Almeida também alerta para a facultatividade do comitê de credores[29].

7.4.7.1. Composição

Em relação à formação desse órgão colegiado, ele é constituído pelos próprios credores em número de **quatro**, e a sua composição se dá com (LRF, art. 26):

I – um representante indicado pelos credores trabalhistas;

II – um representante indicado pela classe de credores com direitos reais de garantia (penhor, hipoteca) e com privilégios especiais;

III – um representante indicado pelos credores quirografários (comuns) e com privilégios gerais;

IV – um representante indicado pela classe de credores representantes de microempresas e empresas de pequeno porte.

É preciso considerar que o representante de cada classe terá **dois suplentes**.

Destaca-se que a falta de representante de alguma classe não prejudica a funcionalidade do Comitê, que pode funcionar com número reduzido (LRF, art. 26, § 1º).

---

[28] Paulo Sérgio Restiffe. *Manual do novo direito comercial*. p. 381.

[29] *Curso de falência e recuperação de empresa*: de acordo com a Lei n. 11.101/2005. 24. ed. São Paulo: Saraiva, 2008. p. 210.

Sobre a nomeação dos representantes, ela irá ocorrer por deliberação em assembleia geral de credores (LRF, art. 26, *caput*).

Entretanto, a nomeação do representante e dos suplentes, bem como as respectivas substituições, poderá ser determinada pelo juiz mediante pedido escrito da maioria dos credores de cada classe, independentemente de assembleia (LRF, art. 26, § 2º).

7.4.7.2. Atribuições

Várias são as atribuições do comitê de credores. Algumas são comuns à recuperação judicial e à falência e outras são específicas à recuperação judicial (e não à falência). Iremos iniciar com as atribuições **comuns** e, em seguida, passaremos para as **especiais** (LRF, art. 27).

Atribuições comuns na **recuperação judicial** e na **falência** (LRF, art. 27, I):

1)	fiscalizar as atividades e examinar as contas do administrador judicial;
2)	comunicar ao juiz a violação de direitos dos credores;
3)	requerer ao juiz a convocação de assembleia geral de credores;
4)	apurar e emitir parecer sobre quaisquer reclamações dos interessados etc.

As atribuições especiais na **recuperação judicial** são (LRF, art. 27, II):

1)	fiscalizar a administração do devedor, emitindo relatórios mensais sobre a situação;
2)	verificar se o plano de recuperação está sendo cumprido etc.

Na falta do comitê de credores, as funções a ele concernentes serão exercidas pelo administrador judicial, ou pelo juiz, em caso de incompatibilidade do administrador judicial (LRF, art. 28).

7.4.7.3. Remuneração

Os membros do comitê de credores não terão sua remuneração custeada pelo devedor (na recuperação judicial) ou pela massa falida (na falência), mas, sim, pela disponibilidade de caixa (LRF, art. 29).

Porém, ainda que não remunerado, o representante deverá ter interesse no deslinde do processo, o que o motivaria a se empenhar mesmo sem receber remuneração.

## 7.4.8.	Regras gerais para administrador judicial e membros do comitê de credores

Assim que forem nomeados, o administrador judicial e os membros do comitê de credores serão intimados para, no prazo de **48** horas, assinarem um "termo de compromisso" de bom desempenho de responsabilidades (LRF, art. 33).

Se, por acaso, não assinarem o termo no prazo, o juiz nomeará outro administrador judicial (LRF, art. 34).

7.4.8.1. Impedidos

Não poderá ser administrador judicial ou membro do comitê de credores a pessoa que, ao exercer, nos últimos 5 anos, um dos cargos tenha: (i) sido destituído; (ii) deixado de prestar contas; ou (iii) tido suas contas desaprovadas (LRF, art. 30, *caput*). Essa regra não se aplica no caso de renúncia do administrador.

Também não poderá exercer essas funções pessoas que tenham alguma relação com o devedor, como: (i) parentes até o 3º grau; (ii) amigos; (iii) inimigos ou (iv) representantes do devedor (LRF, art. 30, § 1º).

A propósito, o juiz poderá destituir o administrador judicial ou o membro do comitê de credores quando estes não estiverem cumprindo com suas obrigações.

Contudo, o devedor, qualquer credor ou o Ministério Público pode fazer o requerimento, que será apreciado pelo juiz em 24 horas (LRF, art. 30, §§ 2º e 3º), mas vale destacar que a destituição pode inclusive ser de ofício (LRF, art. 31, *caput*).

7.4.8.2. Responsabilidade

No que se refere à responsabilidade, o administrador judicial e os membros do comitê de credores respondem pelos prejuízos causados à massa falida, ao devedor ou aos credores por atuar com dolo ou culpa.

Quando essa atuação se der por meio de decisão do comitê de credores, o membro dissidente (que discordar da decisão) deve fazer constar seu voto divergente para eximir-se da responsabilidade (LRF, art. 32).

7.4.9. Assembleia geral de credores

Lembre-se de que **assembleia** significa reunião de pessoas para determinado fim.

Assembleia geral de credores é um órgão colegiado composto por credores do devedor, exceto os tributários, como será visto a seguir.

No geral, em suas atribuições (que serão vistas adiante), a assembleia geral de credores é soberana, não podendo o juiz se sobrepor às suas decisões, salvo casos de comprovada fraude e violação do ordenamento jurídico quanto às normas de ordem pública[30].

---

[30] Agravo de Instrumento. Recuperação Judicial. Objeção ao plano de recuperação. Exclusiva atribuição da assembleia geral de credores. Se a assembleia geral de credores aprovou o plano de recuperação judicial, não cabe ao juiz, apreciando objeção de credor, sobrepor-se a essa decisão. Agravo desprovido (AI 0372579-58.2009.8.26.0000, TJSP, Câmara Reservada à Falência e Recuperação, rel. Des. Lino Machado. *DJ* 10-2-2011).

Agravo. Recuperação Judicial. Plano aprovado pela assembleia geral de credores. Plano que prevê o pagamento do passivo em 18 anos, calculando-se os pagamentos em percentuais (2,3%, 2,5% e 3%) incidentes sobre a receita líquida da empresa, iniciando-se os pagamentos a partir do 3º ano contado da aprovação. Previsão de pagamento por cabeça até o 6º ano, acarretando pagamento antecipado dos menores credores, instituindo conflitos de interesses entre os credores da mesma classe. Pagamentos sem incidência de juros. Previsão de remissão ou anistia dos saldos devedores caso, após os pagamentos do 18º ano, não haja recebimento integral. Proposta que viola os princípios gerais do direito, os princípios constitucionais da isonomia, da legalidade, da propriedade, da proporcionalidade e da razoabilidade, em especial o princípio da *pars conditio creditorum* e normas de ordem pública. Previsão que permite a manipulação do resultado das deliberações assembleares. Falta de discriminação dos valores de cada parcela a ser paga que impede a aferição do cumprimento do plano e sua execução específica, haja vista a falta de liquidez e certeza do *quantum* a ser pago. (...) Invalidade (nulidade) da deliberação da assembleia geral de credores declarada de ofício, com determinação de apresentação de outro plano, no prazo de 30 dias, a ser elaborado em consonância com a Constituição Federal e Lei

7.4.9.1. Composição

A assembleia geral de credores é composta dos credores do devedor.

Porém, é preciso destacar que não são todos os credores que constituem a assembleia. Apenas os credores das seguintes classes podem fazer parte da assembleia geral de credores: trabalhistas, acidentários, com garantias reais, privilegiados (geral e especial), quirografários, subordinados e aqueles enquadrados como microempresa ou empresa de pequeno porte (LRF, art. 41).

Assim, os credores tributários não fazem parte da assembleia. Como veremos adiante, os créditos tributários não podem fazer parte da recuperação de empresas, judicial ou extrajudicial; já na falência fazem parte do concurso de credores, mesmo sem compor a assembleia.

7.4.9.2. Atribuições

A assembleia geral de credores possui algumas atribuições na recuperação judicial e na falência (LRF, art. 35).

Na **recuperação judicial**, a assembleia geral de credores terá como atribuição deliberar sobre (LRF, art. 35, I):

1) aprovação, rejeição ou modificação do plano de recuperação judicial apresentado pelo devedor;
2) constituição do comitê de credores e escolha de seus membros (na escolha dos respectivos membros do comitê, somente os credores de cada classe poderão votar, conforme o art. 44); o nome do gestor judicial, quando do afastamento do devedor;
3) qualquer matéria de interesse dos credores;
4) alienação de bens ou direitos do ativo não circulante do devedor, não prevista no plano de recuperação judicial (essa atribuição foi acrescida pela Lei n. 14.112/2020, ao incluir a alínea "g" ao inciso I do art. 35 da Lei n. 11.101/2005).

Na **falência,** a atribuição da assembleia geral de credores é deliberar sobre (LRF, art. 35, II):

1) adoção de outras modalidades de realização do ativo (além das previstas na Lei, art. 142, e de acordo com o art. 145);
2) constituição do comitê de credores e escolha de seus membros (vale a idêntica consideração de que, na escolha dos respectivos membros do comitê, somente os credores de cada classe poderão votar, conforme o art. 44);
3) qualquer matéria de interesse dos credores.

7.4.9.3. Convocação, instalação e votação

É preciso levar em consideração que a assembleia geral de credores será convocada pelo juiz por meio de edital publicado no diário oficial eletrônico e disponibilizado no sítio eletrônico do administrador judicial, com antecedência mínima de **15 dias** (LRF, art. 36, *caput*, que teve sua redação alterada pela Lei n. 14.112/2020).

---

n. 11.101/2005, a ser submetido à assembleia geral de credores em 60 dias, sob pena de decreto de falência. AI 0136362-29.2011.8.26.0000, TJSP, Câmara Reservada à Falência e recuperação, rel. Des. Pereira Calças, *DJ* 29-2-2012.

No edital devem constar: local, data e hora da realização da assembleia; ordem do dia (matérias a serem deliberadas); local para se obter o plano de recuperação judicial a ser submetido à deliberação (quando for o caso) etc. (LRF, art. 36, I a III).

Ressalta-se também o fato de que a assembleia geral de credores será presidida pelo administrador judicial (LRF, art. 37).

Com relação à instalação da assembleia, irá ocorrer em **primeira convocação** (chamada) com a presença de credores titulares de mais da metade dos valores dos créditos de cada classe.

Se for caso de **segunda convocação** (chamada), a instalação da assembleia geral de credores terá início com qualquer número em cada classe (LRF, art. 37, § 2º), ou seja, em segunda convocação, a assembleia terá início independentemente da porcentagem dos valores dos créditos em cada categoria de credores.

O voto do credor na assembleia será proporcional ao valor de seu crédito (LRF, art. 38), a não ser no caso de aprovação do plano de recuperação judicial, cujos votos dos credores trabalhistas e dos enquadrados como ME e EPP são contabilizados unitariamente (*per capita*), independentemente do valor de seus créditos (LRF, art. 45, § 2º, c/c o art. 41, I e IV). Também, vale mencionar uma hipótese de contagem mista criada pela norma, consistindo no fato de que em cada uma das classes referidas nos incs. II e III do art. 41 a proposta deverá ser aprovada por credores que representem mais da metade do valor total dos créditos presentes à assembleia e, cumulativamente, pela maioria simples dos credores presentes (LRF, art. 45, § 1º).

Via de regra, a aprovação do plano de recuperação judicial, em assembleia, deve ocorrer em todas as classes de credores (LRF, art. 45). Cada uma das classes deve aprovar o plano para que assim o juiz homologue-o, pois, se uma delas não o fizer, o plano não poderá seguir adiante, inviabilizando a recuperação da empresa e acarretando a sua decretação de falência.

Aproveitando-se de regra semelhante existente nos Estados Unidos, aqui no Brasil o juiz pode suprir a não aprovação do plano de recuperação por uma das classes de credores, desde que cumpridas as exigências do § 1º do art. 58, o que será visto adiante.

É importante destacar que as deliberações das assembleias-gerais de credores poderão ser substituídas por documento que comprove a adesão de credores que representem mais da metade do valor dos créditos sujeitos à recuperação judicial.

O uso deste formato, ou seja, um **termo de adesão** que supre a necessidade de deliberação também pode ser utilizado nas deliberações sobre: o plano de recuperação judicial, a constituição do Comitê de Credores e, na falência, a forma alternativa de realização do ativo (*caput* e §§ 1º, 2º e 3º do art. 45-A, acrescido pela Lei n. 14.112/2020).

Essas deliberações por meio de termo de adesão serão fiscalizadas pelo administrador judicial, que emitirá parecer sobre sua regularidade, com oitiva do Ministério Público, previamente à sua homologação judicial, independentemente da concessão ou não da recuperação judicial (§ 4º do art. 45-A acrescido pela Lei n. 14.112/2020).

7.5. RECUPERAÇÃO DE EMPRESAS

O instituto da recuperação de empresas é uma inovação no ordenamento jurídico brasileiro trazida pela Lei n. 11.101/2005, porém, já é mais experimentada em outros países, como Estados Unidos e França.

No ordenamento jurídico brasileiro, até 2005, o que tínhamos era a concordata, preventiva e suspensiva.

Lembre-se de que a Lei n. 11.101/2005 revogou o Decreto-lei n. 7.661/45, que tinha como princípio fundamental tirar do mercado o comerciante "doente", com problemas financeiros ou econômicos.

Por sua vez, a Lei n. 11.101/2005 possui uma visão mais moderna, que busca recuperar a empresa que está em crise. Apesar de ser relativamente recente no Brasil, aos poucos o número de recuperação de empresas vem aumentando no cenário nacional.

A recuperação da empresa não se esgota na simples satisfação dos credores, como a falência. É uma tentativa de solução para a crise econômica de um agente econômico, enquanto uma atividade empresarial. Isso ocorre porque a recuperação tem por objetivo principal proteger a atividade empresarial, não somente o empresário (empresário individual ou sociedade empresária).

Além disso, podemos completar dizendo que é uma tentativa de saneamento/reorganização da empresa em crise, a fim de evitar o processo falimentar[31].

De acordo com a Lei n. 11.101/2005, a recuperação de empresa pode ser **judicial** e **extrajudicial** (arts. 1º, 47 e 161). A lei também prevê uma modalidade diferenciada para a recuperação da ME (microempresa) e da EPP (empresa de pequeno porte).

Alguns autores têm **classificado** a recuperação de empresas em três categorias: recuperação ordinária (a judicial), recuperação extraordinária (a extrajudicial) e recuperação especial (a da ME e da EPP).

Outra classificação possível seria a de que a recuperação especial fosse uma subespécie da recuperação ordinária (judicial), haja vista que no fundo a recuperação da ME e da EPP é uma recuperação judicial, mas revestida de algumas características menos burocráticas, como veremos adiante.

7.5.1. Recuperação judicial

Recuperação judicial de empresa é aquela processada integralmente no âmbito do Poder Judiciário, por meio de uma ação judicial, com rito processual próprio, visando à solução para a crise econômica ou financeira da empresa.

É preciso lembrar que a recuperação judicial tem por objetivo (LRF, art. 47):

1) possibilitar a superação do estado de crise econômico-financeira do devedor;
2) manter a fonte produtora (de riquezas);
3) manter os empregos e os interesses dos credores;
4) promover a preservação da empresa e sua função social, bem como estimular a atividade econômica.

Quanto à **natureza jurídica** da recuperação judicial, Jorge Lobo aponta haver divergência. Os privatistas entendem ser a recuperação judicial um instituto do Direito Privado. Já os publicistas, do Direito Público. No entanto, o referido autor prefere situar a recuperação de empresas como instituto do Direito Econômico, pois considera que este ramo do Direito

---

[31] Nesse sentido, Fábio Ulhoa Coelho. *Curso de direito comercial*: direito de empresa. v. 3, p. 381.

está em uma zona intermediária entre o Direito Privado e o Público, alinhado ao fato de que a recuperação está pautada não necessariamente pela ideia de justiça, mas de eficácia técnica ao criar condições que propiciem às empresas em crise se reestruturarem, prevalecendo os interesses coletivos, ainda que isso resulte em sacrifício parcial de credores[32].

Por isso, para o referido autor, a recuperação de empresas teria como **fundamento** a ética da solidariedade, segundo a qual se visa a atender aos interesses das partes envolvidas e harmonizar os direitos de cada um em vez de estabelecer o confronto entre devedor e credores, sendo, portanto, um procedimento de sacrifício.

7.5.1.1. Créditos abrangidos e não abrangidos

Somente alguns dos créditos (relacionados no art. 83 da Lei n. 11.101/2005, que serão estudados adiante) estão sujeitos à recuperação judicial, vencidos ou a vencer (LRF, art. 49), ou seja, os credores trabalhistas e acidentários, os quirografários, os com garantia real, os com privilégio especial ou geral e os subordinados.

Não são abrangidos pela recuperação judicial os seguintes créditos:

1) de natureza **tributária** (LRF, art. 57 c/c o CTN, art. 187);
2) dos credores do devedor (em recuperação judicial) **contra os coobrigados,** fiadores e obrigados de regresso (LRF, art. 49, § 1º);
3) decorrentes de importâncias entregues ao devedor como adiantamento em contrato de câmbio para exportação – ACC (LRF, art. 49, § 4º, c/c o art. 86, II);
4) do arrendador mercantil (contrato de *leasing*), do proprietário fiduciário, do promitente vendedor de imóvel cujos contratos contenham cláusula de irrevogabilidade ou irretratabilidade, do proprietário em contrato de venda com reserva de domínio (LRF, art. 49, § 3º).

Isso se dá em razão da preservação do direito real sobre a propriedade do bem, que tem o alienante ou promitente em detrimento do adquirente pelo fato de ter havido um inadimplemento contratual deste.

Assim, esses credores poderão exercer seus direitos contra o devedor à margem do processo de recuperação, podendo efetuar cobrança, execução, reintegração de posse ou busca e apreensão, a depender do caso. Vale esclarecer que o exercício dos direitos assegurados a estes credores poderá inviabilizar a recuperação judicial da empresa, especialmente se grande parte de sua dívida tiver relação com estes credores.

O § 3º do art. 49 assevera que se tratando de bens de capital[33] essenciais ao desenvolvimento da atividade empresarial eles não poderão ser retirados do estabelecimento pelo prazo de **180 dias**, conforme previsto no art. 6º, § 4º, da Lei n. 11.101/2005.

Quanto aos possíveis efeitos que este tipo de opção legislativa pode provocar na economia por não estender a recuperação a todos os credores, vale resgatar as palavras de Armando Castelar Pinheiro e Jairo Saddi. Eles afirmam que há evidência empírica indicando que uma

---

[32] Jorge Lobo. Da recuperação judicial. In: TOLEDO, Paulo Fernando Campos Salles de; ABRÃO, Carlos Henrique (Coords.). *Comentários à lei de recuperação de empresas e falência.* p. 173-176 e 179.

[33] Bens de capital são os recursos utilizados para que a empresa possa desenvolver sua atividade-fim, ou seja, produzir ou circular bens ou serviços, como, por exemplo, máquinas, equipamentos, tecnologia etc.

boa proteção aos credores leva a juros mais baixos e a um mercado de crédito mais ativo, exemplificando que nos Estados Unidos há estudos demonstrando que a taxa de juros é mais alta nos Estados norte-americanos cuja legislação é mais protetiva aos devedores[34].

Sobre a proteção ao proprietário fiduciário em detrimento de outros credores do devedor, sua disciplina jurídica é complementada pelas disposições previstas no Decreto-lei n. 911/69. Remetemos o leitor ao item sobre alienação fiduciária deste livro, no capítulo sobre contratos mercantis.

Frise-se que a propriedade fiduciária constitui-se com o registro do contrato, celebrado por instrumento público ou particular, no **Registro de Títulos e Documentos** do domicílio do devedor; ou, no caso de veículos, na **repartição competente para o licenciamento**, fazendo-se a anotação no certificado de registro (CC, art. 1.361, § 1º). O desrespeito a essa exigência do registro implica caracterização do crédito como quirografário[35].

É preciso ter em conta que, no âmbito da recuperação judicial, os credores do devedor conservam seus direitos e privilégios contra os coobrigados (fiadores, avalistas etc.). Assim, as obrigações contraídas anteriormente ao pedido de recuperação deverão observar o que foi contratado originalmente (ou o que estiver previsto por lei), exceto se ficar acordado de forma diversa no plano recuperacional aprovado (LRF, art. 49, §§ 2º e 3º)[36].

---

[34] Armando Castelar Pinheiro; Jairo Saddi. *Direito, economia e mercados*. Rio de Janeiro: Elsevier, 2005. p. 201.

[35] Agravo de instrumento. Ação de recuperação judicial. Insurgência contra decisão que excluiu os créditos garantidos por cessão fiduciária dos efeitos da recuperação judicial, classificando-os como extraconcursais. (...) Contratos garantidos por alienação fiduciária ou cessão fiduciária que não foram registrados no ofício de registro de títulos e documentos do domicílio da empresa devedora. Inobservância do disposto no § 1º do art. 1.361 do CC/2002. Propriedade fiduciária, portanto, não constituída. Inviabilidade de enquadramento dos respectivos ativos na hipótese de exclusão contida no art. 49, § 3º, primeira parte, da Lei n. 11.101/2005. Créditos quirografários. Sujeição à recuperação judicial. (...) (AI 70052805256, TJSC, 2ª Câmara de Direito Comercial, rel. Des. Luiz Fernando Boller, j. 30-9-2014).

[36] Recurso especial. Controle judicial de legalidade do plano de recuperação judicial aprovado pela assembleia geral de credores. (...) 1. Afigura-se absolutamente possível que o Poder Judiciário, sem imiscuir-se na análise da viabilidade econômica da empresa em crise, promova controle de legalidade do plano de recuperação judicial que, em si, em nada contemporiza a soberania da assembleia geral de credores. A atribuição de cada qual não se confunde. À assembleia geral de credores compete analisar, a um só tempo, a viabilidade econômica da empresa, assim como a consecução da proposta apresentada. Ao Poder Judiciário, por sua vez, incumbe velar pela validade das manifestações expendidas, e, naturalmente, preservar os efeitos legais das normas que se revelarem cogentes. 2. A extinção das obrigações, decorrente da homologação do plano de recuperação judicial encontra-se condicionada ao efetivo cumprimento de seus termos. Não implementada a aludida condição resolutiva, por expressa disposição legal, "os credores terão reconstituídos seus direitos e garantias nas condições originariamente contratadas" (art. 61, § 2º, da Lei n. 11.101/2005). 2.1 Em regra, a despeito da novação operada pela recuperação judicial, preservam-se as garantias, no que alude à possibilidade de seu titular exercer seus direitos contra terceiros garantidores e impor a manutenção das ações e execuções promovidas contra fiadores, avalistas ou coobrigados em geral, a exceção do sócio com responsabilidade ilimitada e solidária (§ 1º do art. 49 da Lei n. 11.101/2005). E, especificamente sobre as garantias reais, estas somente poderão ser supridas ou substituídas, por ocasião de sua alienação, mediante expressa anuência do credor titular de tal garantia, nos termos do § 1º do art. 50 da referida lei. 2.2 Conservadas, em princípio, as condições originariamente contratadas, no que se insere as garantias ajustadas, a lei de regência prevê, expressamente, a possibilidade de o plano de recuperação judicial, sobre elas, dispor de modo diverso (§ 2º do art. 49 da Lei n. 11.101/2005). 3. Inadequado, pois, restringir a supressão das garantias reais e fidejussórias, tal como

7.5.1.1.1. Trava bancária

"Trava bancária" é a expressão utilizada para referir-se à alienação fiduciária de recebíveis (créditos) feita pela empresa a bancos em razão da tomada de empréstimo (ou contrato de financiamento).

Acontece que os créditos (recebíveis da empresa) são bens móveis e, por força do § 3º art. 49 da Lei n. 11.101/2005, o credor titular da posição de proprietário fiduciário de bens móveis – ou seja, a instituição financeira – não está sujeito ao processo judicial recuperacional. Desse modo, os bancos não se submetem aos prazos de suspensão das cobranças e do plano de recuperação da Lei n. 11.101/2005.

Logo, os bancos têm mais chances de receber seus direitos creditícios perante o devedor em recuperação (e/ou dos respectivos devedores dos recebíveis) por serem titulares desses créditos em razão da alienação fiduciária vinculada a empréstimo ou financiamento realizado.

Assim, a trava bancária ocorre pelo exercício dos bancos em cobrarem individualmente seus créditos, em processos separados e individuais, fora do concurso que ocorre no processo recuperacional.

Embora possa haver entendimentos em sentido contrário, ou seja, defendendo que a preservação da empresa e sua viabilidade econômica deveriam prevalecer sobre direitos creditórios individuais, esses créditos de alienação fiduciária não podem ser bloqueados pelo juízo concursal (em que tramita o processo recuperacional)[37], pois não estão abrangidos pela recuperação judicial de empresas[38].

---

previsto no plano de recuperação judicial aprovado pela assembleia geral, somente aos credores que tenham votado favoravelmente nesse sentido, conferindo tratamento diferenciado aos demais credores da mesma classe, em manifesta contrariedade à deliberação majoritária. 3.1 Por ocasião da deliberação do plano de recuperação apresentado, credores, representados por sua respectiva classe, e devedora procedem às tratativas negociais destinadas a adequar os interesses contrapostos, bem avaliando em que extensão de esforços e renúncias estariam dispostos a suportar, no intento de reduzir os prejuízos que se avizinham (sob a perspectiva dos credores), bem como de permitir a reestruturação da empresa em crise (sob o enfoque da devedora). E, de modo a permitir que os credores ostentem adequada representação, seja para instauração da assembleia geral, seja para a aprovação do plano de recuperação judicial, a lei de regência estabelece, nos arts. 37 e 45, o respectivo quórum mínimo. 4. Na hipótese dos autos, a supressão das garantias real e fidejussórias restou estampada expressamente no plano de recuperação judicial, que contou com a aprovação dos credores devidamente representados pelas respectivas classes (providência, portanto, que converge, numa ponderação de valores, com os interesses destes majoritariamente), o que importa, reflexamente, na observância do § 1º do art. 50 da Lei n. 11.101/2005, e, principalmente, na vinculação de todos os credores, indistintamente. 5. Recurso especial provido (REsp 1.532.943/MT, STJ, 3ª Turma, rel. Marco Aurélio Bellizze, *DJe* 10-10-2016).

[37] Processual Civil. Agravo interno no conflito de competência. Recurso manejado sob a égide do novo CPC. Recuperação judicial. Execução de título extrajudicial. Cessão fiduciária de créditos. Trava bancária. Art. 49, § 3º, da Lei n. 11.101/2005. (...) 2. A jurisprudência do Superior Tribunal de Justiça é firme no sentido de que os créditos garantidos por cessão fiduciária não se submetem ao plano de recuperação, tampouco a medidas restritivas impostas pelo juízo da recuperação (art. 49, § 3º, da Lei n. 11.101/2005). 3. Na hipótese dos autos o juízo do soerguimento já decidiu sobre o caráter extraconcursal das dívidas da empresa recuperanda garantidas por alienação fiduciária. 4. Agravo interno não provido (AgInt no Conflito de Competência 145.379/SP, STJ, 2ª Seção, rel. Min. Moura Ribeiro, *DJe* 18-12-2017).

[38] Direito Empresarial. Recuperação judicial. Alienação fiduciária. Crédito fiduciário inserido no plano de recuperação judicial. Irrelevância. Crédito que não perde sua característica legal. Ação de busca e

7.5.1.2. Requisitos e pressupostos

Quem pode requerer a recuperação judicial, em juízo, é o devedor – empresário individual ou sociedade empresária (LRF, art. 48), desde que atenda os seguintes requisitos:

1) exerça regularmente a atividade empresarial por mais de **2 anos** (isso é confirmado pela decisão do STJ no REsp 1.478.001);

2) não tenha obtido concessão de recuperação judicial há pelo menos **5 anos**;

3) não tenha obtido concessão de recuperação especial (instituto que será tratado adiante) para microempresa ou empresa de pequeno porte há pelo menos **5 anos**;

4) não seja falido (se foi no passado, que no presente esteja reabilitado com sentença declarando extintas suas responsabilidades);

5) não tenha sido condenado por crimes concursais/falimentares (crimes previstos na Lei n. 11.101/2005).

Vale destacar que os requisitos previstos no art. 48 da Lei n. 11.101/2005 são cumulativos.

---

apreensão. Possibilidade. 1. O art. 47 da Lei de Falências serve como um norte a guiar a operacionalidade da recuperação judicial, sempre com vistas ao desígnio do instituto, que é "viabilizar a superação da situação de crise econômico-financeira do devedor, a fim de permitir a manutenção da fonte produtora, do emprego dos trabalhadores e dos interesses dos credores, promovendo, assim, a preservação da empresa, sua função social e o estímulo à atividade econômica". (...) 4. O STJ possui entendimento de que "a novação resultante da concessão da recuperação judicial após aprovado o plano em assembleia é *sui generis*, e as execuções individuais ajuizadas contra a própria devedora devem ser extintas, e não apenas suspensas" (REsp 1272697/DF, rel. Min. Luis Felipe Salomão, 4ª Turma, j. 2-6-2015, *DJe* 18-6-2015). 5. Na hipótese, o recorrido, credor fiduciário, apesar de não se sujeitar ao plano de reorganização, acabou sendo nele incluído, tendo o magistrado efetivado sua homologação. 6. Apesar disso, ainda que o crédito continue a figurar no plano de recuperação judicial devidamente homologado, não se submeterá à novação efetivada nem perderá o direito de se valer da execução individual, nos termos da lei de regência, para efetivar a busca da posse dos bens de sua propriedade. 7. Isso porque a instituição de tal privilégio (LF, art. 49, § 3º) foi opção legislativa com nítido intuito de conferir crédito para aqueles que estão em extrema dificuldade financeira, permitindo que superem a crise instalada. Não se pode olvidar, ademais, que o credor fiduciário de bem móvel ou imóvel é, em verdade, o real proprietário da coisa (propriedade resolúvel e posse indireta), que apenas fica depositada em mãos do devedor (posse direta) até a solução do débito. 8. Deveras, tais créditos são imunes aos efeitos da recuperação judicial, devendo ser mantidas as condições contratuais e os direitos de propriedade sobre a coisa, pois o bem é patrimônio do fiduciário, não fazendo parte do ativo da massa. Assim, as condições da obrigação advinda da alienação fiduciária **não** podem ser modificadas pelo plano de recuperação, com a sua novação, devendo o credor ser mantido em sua posição privilegiada. 9. Não se poderia cogitar que o credor fiduciário, incluído no plano de recuperação, teria, por conduta omissiva, aderido tacitamente ao quadro. É que referido credor nem sequer pode votar na assembleia geral, **não** podendo ser computado para fins de verificação de quórum de instalação e deliberação, nos termos do art. 39, § 1º, da LF, sendo que, como sabido, uma das principais atribuições do referido colegiado é justamente o de aprovar, rejeitar ou modificar o plano apresentado pelo devedor. 10. Recurso especial a que se nega provimento (REsp 1.207.117/MG, STJ, 4ª Turma, rel. Min. Luis Felipe Salomão, *DJe* 25-11-2015) (grifos nossos).

O primeiro requisito, estabelecido pelo art. 48, reflete a regra prevista no revogado Decreto-lei n. 7.661/45, art. 158, I, no que tange à necessidade do exercício do comércio há mais de dois anos, a fim de que se pudesse obter a concordata preventiva.

Quanto a exercer regularmente a atividade empresarial, cabe explicitar que apenas o empresário (individual ou sociedade empresária) devidamente inscrito no Registro Público das Empresas Mercantis poderá requerer a recuperação judicial, não cabendo esse direito a quem exerça atividade empresarial de fato ou irregularmente.

Há uma corrente minoritária que chega a defender a possibilidade de concessão da recuperação judicial para atividades exercidas **de fato** ou **irregularmente**, como no caso de uma sociedade em comum. Para tanto, invocam o princípio da preservação da empresa visando a manutenção dos empregos, a fonte produtora etc.[39]. Apesar de este princípio ser o grande norteador da Lei n. 11.101/2005, sem dúvida, ele não é absoluto a ponto de se sobrepor a todo o sistema empresarial que confere benefícios (como é o caso da recuperação judicial) a quem esteja desenvolvendo sua atividade regularmente; portanto, não podemos concordar com tal opinião.

Quanto à **atividade rural**, a partir da reforma promovida pela Lei n. 14.112/2020 à Lei n. 11.101/2005, esta passou a ter nova redação em seu art. 48, cujos §§ 2º e 3º permitem que no caso de exercício de atividade rural por pessoa jurídica seja admitida a comprovação de dois anos de atividade por meio da Escrituração Contábil Fiscal (ECF), desde que entregue tempestivamente. E, no que diz respeito ao cálculo do período de exercício de atividade rural por pessoa física, isso será feito com base no Livro Caixa Digital do Produtor Rural (LCDPR) e pela Declaração do Imposto sobre a Renda da Pessoa Física (DIRPF) e balanço patrimonial, todos entregues dentro dos prazos legais.

O requisito de "não ser condenado por crimes concursais/falimentares" poderia ser visto como redundante, no entanto, não o é. Isso porque numa leitura precipitada poderia se levar em conta que o condenado por este crime precisaria ser falido, mas na verdade existem pessoas que podem ser condenadas por crime concursal/falimentar sem ter falido, como o administrador judicial e outros previstos no art. 179 da Lei n. 11.101/2005.

Jorge Lobo, ao estudar a recuperação judicial, expressa que há **pressupostos** de cunho subjetivo e objetivo. O pressuposto **subjetivo** está relacionado com a legitimidade para requerer a recuperação judicial. Podem requerê-la o empresário individual e a sociedade empresária, o que a Lei n. 11.101/2005, art. 1º, denomina simplesmente devedor.

Por sua vez, o pressuposto **objetivo** é o "estado de crise econômico-financeira" do devedor, que está relacionado com o inadimplemento das prestações obrigacionais, de forma provisória ou definitiva, conforme discorremos no item da crise da empresa[40].

Por fim, o direito de se requerer a recuperação judicial também pode ser exercido pelo cônjuge sobrevivente, herdeiros do devedor, inventariante ou sócio remanescente (LRF, art. 48, § 1º).

---

[39] Juliana Hinterlang dos Santos Costa. É possível a recuperação judicial ou extrajudicial para as sociedades em comum? *Revista de Direito Empresarial*, São Paulo, RT, n. 8. p. 111-132, mar./abr. 2015.

[40] Jorge Lobo. Da recuperação judicial. In: TOLEDO, Paulo Fernando Campos Salles de; ABRÃO, Carlos Henrique (Coords.). *Comentários à lei de recuperação de empresas e falência.* p. 176-184.

7.5.1.3. Meios de recuperação

Antigamente, de acordo com o Decreto-lei n. 7.661/45, a concordata era a única forma existente de o devedor, que não dispunha de recursos suficientes, evitar sua falência. A concordata consistia basicamente em: (i) perdão parcial dos débitos; (ii) dilação dos prazos de pagamentos; ou (iii) combinação de ambas as hipóteses.

Por sua vez, de modo diferente, a Lei n. 11.101/2005 traz várias maneiras de o devedor evitar sua falência se utilizando da recuperação judicial (LRF, art. 50, que foi objeto de reforma pela Lei n. 14.112/2020):

1) concessão de prazos e condições especiais (p. ex., descontos) para pagamento das obrigações vencidas ou vincendas;
2) transformação, cisão, fusão ou incorporação da sociedade;
3) trespasse ou arrendamento do estabelecimento;
4) venda parcial dos bens;
5) redução salarial, compensação de horas e redução de jornada (mediante acordo ou convenção coletiva);
6) administração compartilhada;
7) usufruto da empresa (que pode ser feito por meio da formação de uma cooperativa dos trabalhadores que irá gerir o negócio);
8) alteração do controle acionário;
9) constituição de sociedade de credores;
10) aumento de capital social;
11) emissão de valores mobiliários;
12) conversão de dívida em capital social;
13) venda integral da devedora, desde que garantidas aos credores não submetidos ou não aderentes condições, no mínimo, equivalentes àquelas que teriam na falência, hipótese em que será, para todos os fins, considerada unidade produtiva isolada.

O art. 50 da Lei n. 11.101/2005, além dos meios que enumera, que podem ser tidos por **típicos**, autoriza a adoção de quaisquer outros métodos para recuperar a empresa. Seriam meios **atípicos** de recuperação em relação à previsão legal.

Obviamente, qualquer possibilidade atípica será permitida desde que não atente contra a norma de ordem pública, a moral, a boa-fé e a função social do contrato.

Além disso, poderá haver a combinação das possibilidades elencadas pela lei. Igualmente, elas também podem ser associadas a outras não previstas pela norma.

Sidnei Agostinho Beneti, ao afirmar que a lei apenas enumera as possibilidades de forma **exemplificativa** e não exaustiva, aponta que a norma deixou aberta à criatividade dos empresários e dos juristas outras possibilidades de recuperação de uma empresa em crise[41].

---

[41] Sidnei Agostinho Beneti. O processo de recuperação judicial. In: PAIVA, Luiz Fernando Valente de (coord.). *Direito falimentar e a nova lei de falências e recuperação de empresas*. São Paulo: Quartier Latin, 2005. p. 226.

7.5.1.4. Pedido e processamento judicial

No aspecto processual, a lei se expressa no sentido de que a recuperação judicial é uma ação. Para tanto, deve-se ajuizá-la por meio de uma **petição inicial** do devedor, a qual deverá ser instruída com uma série de documentos e informações, conforme prevê o art. 51:

1) exposição das causas da crise econômico-financeira;

2) relação nominal completa dos credores, sujeitos ou não à recuperação judicial (inclusive aqueles por obrigação de fazer ou de dar, com a indicação do endereço físico e eletrônico de cada um, a natureza e o valor atualizado do crédito, com a discriminação de sua origem, e o regime dos vencimentos);

3) relação dos empregados e débitos pendentes;

4) extratos bancários atualizados;

5) certidões de cartórios de protesto;

6) relação dos bens particulares dos sócios controladores e dos administradores;

Este requisito tem a finalidade de verificar se os sócios não estão enriquecendo em detrimento da empresa, ou, conforme o art. 82, para eventual ação de apuração de responsabilidade pessoal contra os sócios. Trata-se de um dispositivo bastante questionável, especialmente sob o prisma de o devedor ter de apresentar previamente o seu patrimônio para eventual penhora do credor em ação futura, contrariando a dinâmica processual ordinária.

7) certidão de regularidade no Registro Público de Empresas Mercantis – Junta Comercial;

É importante salientar que o empresário irregular, entre outras implicações, não faz *jus* à recuperação de empresas, haja vista ser um direito assegurado ao empresário individual e à sociedade empresária devidamente inscritos/registrados na Junta Comercial.

Ressalte-se que existem muitas sociedades que, apesar de registradas na Junta Comercial, estão irregulares, pois o Código Civil de 2002 estabeleceu um prazo para que elas ajustassem seus contratos sociais às disposições desta norma, o que, apesar de passados vários anos, ainda não foi realizado por muitas sociedades. Logo, estão irregulares, prejudicando o atendimento deste requisito.

8) relação, subscrita pelo devedor, de todas as ações judiciais e procedimentos arbitrais em que este figure como parte, inclusive as de natureza trabalhista, com a estimativa dos respectivos valores demandados;

9) descrição das sociedades de grupo societário, de fato ou de direito;

10) relatório detalhado do passivo fiscal;

11) relação de bens e direitos integrantes do ativo não circulante, incluídos aqueles não sujeitos à recuperação judicial

12) demonstrações contábeis dos 3 últimos exercícios;

13) demonstrações contábeis levantadas exclusivamente para instruir o pedido, compreendendo balanço patrimonial, demonstrações de resultados.

Ressalta-se que as microempresas e empresas de pequeno porte poderão apresentar livros e escrituração contábil simplificados, em vez das demonstrações citadas exigidas (LRF, art. 51, § 2º).

Estando em ordem a documentação, o juiz deferirá o processamento da recuperação judicial e, no mesmo ato-despacho (LRF, art. 52, o qual foi objeto de ajuste pela Lei n. 14.112/2020):

1) nomeará administrador judicial;

2) ordenará a intimação eletrônica do Ministério Público e das Fazendas Públicas federal e de todos os Estados, Distrito Federal e Municípios em que o devedor tiver estabelecimento (a fim de que tomem conhecimento da recuperação judicial e informem eventuais créditos perante o devedor, para divulgação aos demais interessados);

3) determinará a dispensa da apresentação de certidões negativas para que o devedor exerça suas atividades (exceto para contratação com o Poder Público ou para recebimento de benefícios ou incentivos fiscais ou creditícios, devendo utilizar – após o nome empresarial – a expressão "em Recuperação Judicial")[42];

4) ordenará a suspensão das ações e execuções em curso contra o devedor; e

5) determinará a expedição de edital com:

(i) resumo do pedido,

(ii) relação de credores,

(iii) advertência sobre os prazos para habilitações de créditos, e

(iv) alerta quanto ao prazo para os credores apresentarem objeções (oposição, obstáculo, impedimento, contestação) ao plano de recuperação judicial apresentado pelo devedor.

---

[42] Administrativo. Licitação. Empresa em recuperação judicial. Participação. Possibilidade. Certidão de falência ou concordata. Interpretação extensiva. Descabimento. Aptidão econômico-financeira. Comprovação. Outros meios. Necessidade. (...)2. Conquanto a Lei n. 11.101/2005 tenha substituído a figura da concordata pelos institutos da recuperação judicial e extrajudicial, o art. 31 da Lei n. 8.666/1993 não teve o texto alterado para se amoldar à nova sistemática, tampouco foi derrogado. 3. À luz do princípio da legalidade, "é vedado à Administração levar a termo interpretação extensiva ou restritiva de direitos, quando a lei assim não o dispuser de forma expressa" (AgRg no RMS 44099/ES, rel. Min. Benedito Gonçalves, 1ª Turma, j. 3-3-2016, *DJe* 10-3-2016). 4. Inexistindo autorização legislativa, incabível a automática inabilitação de empresas submetidas à Lei n. 11.101/2005 unicamente pela não apresentação de certidão negativa de recuperação judicial, principalmente considerando o disposto no art. 52, I, [*sic*; correto é inc. II] daquele normativo, que prevê a possibilidade de contratação com o Poder Público, o que, em regra geral, pressupõe a participação prévia em licitação. 5. O escopo primordial da Lei n. 11.101/2005, nos termos do art. 47, é viabilizar a superação da situação de crise econômico-financeira do devedor, a fim de permitir a manutenção da fonte produtora, do emprego dos trabalhadores e dos interesses dos credores, promovendo, assim, a preservação da empresa, sua função social e o estímulo à atividade econômica. 6. A interpretação sistemática dos dispositivos das Leis n. 8.666/1993 e n. 11.101/2005 leva à conclusão de que é possível uma ponderação equilibrada dos princípios nelas contidos, pois a preservação da empresa, de sua função social e do estímulo à atividade econômica atendem também, em última análise, ao interesse da coletividade, uma vez que se busca a manutenção da fonte produtora, dos postos de trabalho e dos interesses dos credores. 7. A exigência de apresentação de certidão negativa de recuperação judicial deve ser relativizada a fim de possibilitar à empresa em recuperação judicial participar do certame, desde que demonstre, na fase de habilitação, a sua viabilidade econômica. 8. Agravo conhecido para dar provimento ao recurso especial (AREsp 309.867/ES, STJ, 1ª Turma, rel. Min. Gurgel de Faria, *DJe* 8-8-2018).

Recuperação de empresas e falência (direito concursal)   535

Contudo, após o deferimento de seu processamento pelo juiz, o devedor não poderá desistir do seu pedido de recuperação judicial, a não ser que receba aprovação da assembleia geral de credores (LRF, art. 52, § 4º).

7.5.1.5. Plano de recuperação

O plano de recuperação judicial consiste na estratégia traçada para se recuperar a empresa em crise. Essa estratégia pode ser criada pelo próprio empresário, por advogado ou profissional contratado para tal fim. No mercado existem empresas especializadas em elaborar estratégias para a recuperação empresarial, as quais contam com profissionais de diversas áreas: contabilidade, economia, administração de empresas, direito etc.

A partir da publicação da decisão que deferiu o processamento da recuperação judicial, o devedor terá o prazo, improrrogável, de **60 dias** para apresentar em juízo o plano de recuperação judicial (LRF, art. 53). No Brasil, apenas o devedor tem a prerrogativa de apresentar o plano de recuperação judicial.

Caso o devedor não o apresente no prazo, a recuperação judicial será convertida em falência (LRF, art. 53 c/c o art. 73, II)[43].

Dependendo da complexidade da atividade empresarial, elaborar um plano de recuperação em 60 dias pode ser algo complicado e difícil. Por isso, na prática, muitas vezes se começa a trabalhar na elaboração do plano, e até mesmo na negociação com credores, antes de o juiz se pronunciar ou mesmo antes de se ajuizar a recuperação. Como já dito, há empresas especializadas na elaboração de plano de recuperação, bem como em diagnosticar as causas da crise.

Este plano de recuperação pode envolver qualquer possibilidade prevista no art. 50 da Lei n. 11.101/2005 (concessão de prazos ou descontos; transformação, cisão, fusão ou incorporação da sociedade; trespasse ou arrendamento do estabelecimento etc.), podendo haver a combinação de mais de uma delas, sem prejuízo da adoção de alternativas não previstas pela referida norma, mas por ela autorizada no mesmo dispositivo legal[44].

7.5.1.5.1. Requisitos

O plano de recuperação judicial deve conter os seguintes requisitos (LRF, art. 53, I a III):

---

[43] Nesse sentido: Agravo. Recuperação judicial convolada em falência em razão da não apresentação do plano no prazo de 60 dias. Desídia da empresa devedora. Prazo improrrogável. Sentença de quebra mantida. Agravo improvido (AI 990101050528, TJSP, Câmara Reservada à Falência e Recuperação, rel. Pereira Calças, *DJ* 16-4-2010).

[44] Recurso Especial. Processual Civil. Agravo de instrumento. Recuperação judicial. Concessão. Art. 59, § 2º, da Lei n. 11.101/2005. Credor. Sócio minoritário. Questões societárias. Ilegitimidade. Mérito do plano. Discussão. Impossibilidade. (...)2. Os credores, que agem na qualidade de sócios, buscando impor aos demais credores da recuperanda as obrigações decorrentes de acordo de acionistas, não têm legitimidade para interpor o agravo de instrumento contra decisão que concede a recuperação judicial. 3. No agravo de instrumento contra decisão concessiva da recuperação não é possível discutir teses acerca do mérito do plano de recuperação aprovado pela Assembleia Geral de Credores. Precedentes. 4. Recurso especial não provido (REsp 1.539.445/SP, STJ, 3ª Turma, rel. Min. Ricardo Villas Bôas Cueva, *DJe* 23-3-2018).

1) meios detalhados de recuperação a ser utilizados (conforme o art. 50);
2) laudo econômico-financeiro e de avaliação dos bens e ativos do devedor, subscrito por profissional legalmente habilitado ou empresa especializada;
3) demonstração de sua **viabilidade econômica**.

Por viabilidade econômica entenda-se a chance que a empresa tem de se recuperar, ou seja, ela deverá apresentar condições mínimas para ser saneada e assim poder obter o favor legal da recuperação judicial. As condições mínimas podem consistir, por exemplo, em ter um ativo imobilizado que em parte será alienado a fim de pagar os débitos e no fato de sua marca (e/ou seus produtos e serviços) ter boa aceitação no mercado etc.

Pelo dispositivo legal, fica claro que a norma concursal não visa a socorrer empresas irrecuperáveis do ponto de vista econômico. A estas restará a possibilidade de tentar concretizar acordos com seus credores, podendo ou não ser homologáveis por meio da recuperação extrajudicial; receber aportes de recursos pelos seus atuais e/ou eventuais novos sócios etc. Se nenhuma dessas alternativas for possível, decreta-se a falência.

A demonstração da possibilidade de se recuperar do ponto de vista econômico deve ser convincente, sob pena de não aprovação do plano pelos credores em assembleia (o que acarretará a decretação da falência). Essa credibilidade poderá ser maior quando houver um relatório assinado por especialista em recuperação e, se possível, no segmento em que a empresa atua.

7.5.1.5.2. Objeção, rejeição e modificação

Caberá ao juiz ordenar a publicação do plano de recuperação judicial fixando o prazo para eventuais **objeções** (LRF, art. 53, parágrafo único).

Qualquer credor poderá apresentar objeção ao plano no prazo de **30 dias** (LRF, art. 55). Havendo objeção, o juiz convocará assembleia geral de credores para deliberar sobre o plano, no prazo máximo de 150 dias a partir da decisão que deferiu o processamento da recuperação (LRF, art. 56, *caput* e § 1º).

O plano de recuperação poderá ser **modificado** pela assembleia geral desde que exista concordância do devedor (LRF, art. 56, § 3º). Essa concordância é necessária, pois, além de ser titular dos bens, é ele quem está na administração e, portanto, quem melhor conhece a atividade, além de o negócio ser dele.

Se por acaso a assembléia-geral de credores **rejeitar** o plano de recuperação, o administrador judicial submeterá, no ato, à votação da assembleia-geral de credores a concessão de prazo de 30 dias para que seja apresentado plano de recuperação judicial pelos credores (LRF, art. 56, § 4º, com nova redação dada pela Lei n. 14.112/2020), conforme veremos a seguir.

7.5.1.5.3. Plano apresentado pelos credores

Aproveitando-se da experiência estrangeira, uma das grandes inovações no âmbito nacional objeto da reforma pela Lei n. 14.112/2020 foi a possibilidade de os credores apresentarem o plano de recuperação judicial, a qual está disciplinada.

Se o plano apresentado pelo devedor for rejeitado, o administrador judicial submeterá, no ato, à votação da assembleia-geral de credores a concessão de prazo de 30 dias para que seja apresentado plano de recuperação judicial pelos credores (LRF, art. 56, § 4º).

Vale destacar que a concessão deste prazo deverá ser aprovada por credores que representem mais da metade dos créditos presentes à assembleia-geral (LRF, art. 56, § 5º).

São necessárias algumas condições cumulativas para que o plano de recuperação judicial proposto pelos credores somente será posto em votação, quais sejam (LRF, art. 56, § 6º):

a) não preenchimento dos requisitos previstos no § 1º do art. 58;

b) preenchimento dos requisitos previstos nos incisos I, II e III do *caput* do art. 53;

c) apoio por escrito de credores que representem, alternativamente: mais de 25% dos créditos totais sujeitos à recuperação judicial; ou mais de 35% dos créditos dos credores presentes à assembleia-geral, conforme o § 4º do artigo 56;

d) não imputação de obrigações novas, não previstas em lei ou em contratos anteriormente celebrados, aos sócios do devedor;

e) previsão de isenção das garantias pessoais prestadas por pessoas naturais em relação aos créditos a serem novados e que sejam de titularidade dos credores mencionados no inciso III deste parágrafo ou daqueles que votarem favoravelmente ao plano de recuperação judicial apresentado pelos credores, não permitidas ressalvas de voto; e

f) não imposição ao devedor ou aos seus sócios de sacrifício maior do que aquele que decorreria da liquidação na falência.

Vale destacar que o plano de recuperação judicial apresentado pelos credores poderá prever a capitalização dos créditos, inclusive com a consequente alteração do controle da sociedade devedora, permitido o exercício do direito de retirada pelo sócio do devedor (LRF, art. 56, § 7º).

Contudo, não sendo aprovado (ou se for rejeitado) o plano de recuperação judicial proposto pelos credores, o juiz convolará a recuperação judicial em falência (LRF, art. 56, § 8º).

7.5.1.5.4. *Aprovação do plano,* cram down *e novação*

Como já apontado anteriormente, no item que trata da assembleia geral de credores, em suas atribuições, a assembleia é soberana, não podendo o juiz se sobrepor às suas decisões, salvo nos casos de comprovada fraude e violação do ordenamento jurídico quanto às normas de ordem pública.

Teoricamente, a **aprovação** do plano de recuperação judicial pode se dar de forma tácita ou expressa. Tácita quando o devedor apresenta o plano e nenhuma objeção é realizada pelos credores. Já a expressa se dá quando o plano é submetido à aprovação da assembleia geral de credores.

Luiz Fernando Valente de Paiva pondera que a Lei n. 11.101/2005 confere aos credores o direito de aceitar ou não o plano de pagamento apresentado pelo devedor, diversamente do que ocorria na norma anterior, em que na concordata suspensiva o devedor de forma quase absoluta impunha as condições de pagamento aos credores quirografários[45].

---

[45] Luiz Fernando Valente de Paiva. Apresentação do plano de recuperação pelo devedor e a atuação dos credores. *Revista do Advogado*, São Paulo, AASP, n. 83, p. 74, 2005.

Quanto à aprovação do plano feita pela assembleia geral de credores, ela se dá mediante o cumprimento das formalidades exigidas pela lei, como a votação e a aprovação da proposta em cada classe de credores, nos termos dos arts. 41 e 45.

Pela regra geral, conforme determina o art. 45, *caput*, todas as classes de credores referidas no art. 41 deverão aprovar a proposta do plano, haja vista que, se uma delas não o fizer, o plano não poderá seguir adiante, inviabilizando a recuperação da empresa e acarretando a decretação de sua falência. No entanto, o § 1º do art. 58 autoriza o juiz a conceder a recuperação judicial com base em plano que não obteve aprovação nos termos do art. 45. Para tanto, é necessário que na assembleia geral, na qual se deliberou acerca do plano, tenha-se obtido, de forma cumulativa:

(i) o voto favorável de credores que representem mais da metade do valor de todos os créditos presentes à assembleia, independentemente de classes;

(ii) a aprovação de três das classes de credores nos termos do art. 45 (ou, caso haja somente três classes com credores votantes, a aprovação de pelo menos duas delas; se houver apenas duas classes com credores votantes, a aprovação de pelo menos uma delas);

(iii) na classe que o houver rejeitado, o voto favorável de mais de um terço dos credores, computados na forma dos §§ 1º e 2º do art. 45.

Nos Estados Unidos, denomina-se **cram down** ("empurrar goela abaixo") essa concessão da recuperação judicial pelo juiz, mesmo não tendo havido a devida aprovação do plano pela assembleia geral de credores.

É bom salientar que cabe ao juiz apenas o controle da legalidade durante o trâmite da aprovação do plano, devendo homologá-lo sem entrar no mérito de sua viabilidade econômica[46], pois isso diz respeito à assembleia geral de credores, a qual é soberana quanto à decisão de aprovação. Entretanto, essa questão não deve ser confundida com a permissão legal de o juiz conceder a recuperação, desde que atendidos os requisitos legais, mesmo contra a rejeição do plano pela assembleia (*cram down*).

Assim, nas hipóteses de aprovação do plano pela assembleia geral de credores, de não ter havido objeção ou de *cram down*, o juiz proferirá decisão concedendo a recuperação judicial (LRF, art. 58, *caput* e § 2º).

---

[46] Direito Empresarial. Plano de recuperação judicial. (...) 1. Cumpridas as exigências legais, o juiz deve conceder a recuperação judicial do devedor cujo plano tenha sido aprovado em assembleia (art. 58, *caput*, da Lei n. 11.101/2005), não lhe sendo dado se imiscuir no aspecto da viabilidade econômica da empresa, uma vez que tal questão é de exclusiva apreciação assemblear. 2. O magistrado deve exercer o controle de legalidade do plano de recuperação – no que se insere o repúdio à fraude e ao abuso de direito –, mas não o controle de sua viabilidade econômica. Nesse sentido, Enunciados n. 44 e 46 da I Jornada de Direito Comercial CJF/STJ. 3. Recurso especial não provido (REsp 1.359.311-SP, STJ, 4ª Turma, rel. Min. Luis Felipe Salomão, *DJe* 30-9-2014).

Recurso Especial. Recuperação judicial. Aprovação de plano pela assembleia de credores. Ingerência judicial. Impossibilidade. Controle de legalidade das disposições do plano. Possibilidade. Recurso improvido. 1. A assembleia de credores é soberana em suas decisões quanto aos planos de recuperação judicial. Contudo, as deliberações desse plano estão sujeitas aos requisitos de validade dos atos jurídicos em geral, requisitos esses que estão sujeitos a controle judicial. 2. Recurso especial conhecido e não provido (REsp 1.314.209/SP, STJ, 3ª Turma, rel. Min. Nancy Andrigui, *DJe* 1º-6-2012).

Contra a decisão que conceder a recuperação judicial, caberá agravo, que poderá ser interposto por qualquer credor ou pelo Ministério Público (LRF, art. 59, § 2º).

Se houver rejeição ao plano de recuperação proposto pelo devedor ou pelos credores, o juiz convolará a recuperação judicial em falência. Dessa decisão, também caberá agravo de instrumento (LRF, art. 58-A, incluído pela Lei n. 14.112/2020).

Havendo a homologação do plano de recuperação judicial ocorrerá a **novação** dos créditos anteriores ao pedido, obrigando, assim, o devedor e todos os credores a ele sujeitos (LRF, art. 59, *caput*).

O instituto da novação está disciplinado no Código Civil, nos arts. 360 a 367, aplicáveis ao caso, portanto, no que for compatível.

Tendo em conta o que foi abordado no item sobre "sócios solidários e sócios garantidores (avalistas e fiadores)", basicamente, para fins de recuperação judicial, a novação recuperacional pode ser vista como uma obrigação nova para extinguir uma anterior ou o fato de um novo devedor suceder ao anterior.

Vale ter em conta que a decisão do juiz que conceder a recuperação judicial constituirá **título executivo judicial**, de acordo com o Código de Processo Civil de 2015, art. 515 (LRF, art. 59, § 1º). Isso quer dizer que, sendo título executivo judicial, em caso de inadimplemento, permite ao seu credor a execução direta do crédito sem a necessidade de processo de conhecimento.

Diante do exposto, havendo a novação das obrigações pelo fato de uma obrigação nova suceder a anterior, os efeitos da antiga obrigação são extintos, como, por exemplo, o cadastro do nome do devedor junto aos órgãos de proteção ao crédito. Até porque se o devedor não cumprir o plano, contra ele os credores terão seus créditos e garantias reconstituídos, além de um título executivo judicial, sem dizer da possibilidade da convolação da recuperação em falência[47].

Por último, nos termos do art. 60, *caput*, se o plano de recuperação judicial aprovado envolver alienação judicial de filiais ou de unidades produtivas isoladas do devedor, o juiz ordenará a sua realização por leilão, propostas fechadas ou pregão (que consiste na mistura de leilão e propostas fechadas).

Muito importante foi o fato de a lei sob comento deixar claro que o objeto da alienação estará livre de qualquer ônus e **não haverá sucessão** do arrematante nas obrigações do devedor, inclusive as de natureza **tributária** (LRF, art. 60, parágrafo único). Ou seja, com essa

---

[47] De forma diversa, é posição estampada no seguinte acórdão: Recuperação judicial. Concessão. (...)Recurso desprovido. 1. Ainda que homologado o plano de recuperação judicial, enquanto não satisfeitas todas as obrigações, não é assegurado ao devedor – que inclui a empresa e os sócios – excluir ou retirar o nome de cadastros de inadimplentes, cuja inscrição apenas reflete a situação da empresa e de seus sócios. A novação operada por meio do deferimento da recuperação judicial é condicional ao cumprimento do plano (Lei n. 11.101/2005, art. 59, *caput*), cuja inexecução assumida no referido Plano de Recuperação Judicial, pode convolar o pedido em falência e os credores terão reconstituídos seus direitos e garantias nas condições originalmente contratadas (Lei n. 11.101/2005, art. 61, § 2º) (AI 18.297/2011, TJMT, rel. Des. Guiomar Teodoro Borges, *DJ* 7-6-2011).

regra, os bens adquiridos de uma empresa em recuperação judicial estarão livres dos débitos anteriores que foram contraídos pelo devedor[48].

7.5.1.6. Dívidas fiscais, parcelamentos e certidões

Aqui, devemos chamar a atenção para o fato de que, para a concessão da recuperação judicial, o art. 57 da Lei n. 11.101/2005 expressa a necessidade de apresentação pelo devedor de certidões negativas de débitos tributários, nos termos dos arts. 151, 205 e 206 do **CTN (Código Tributário Nacional)**; tudo isso deve ser combinado com o disposto no art. 191-A do mesmo diploma tributário, ao prever que "a concessão de recuperação judicial depende da apresentação da prova de quitação de todos os tributos".

A lei prevê que as Fazendas (federal, estaduais e municipais) poderão deferir **parcelamento dos débitos** (LRF, art. 68, *caput*), o que possibilita ao devedor obter uma certidão positiva com efeitos negativos. A certidão é positiva porque consta o débito, mas com efeitos negativos porque o débito será pago parceladamente.

Todavia, acontece que, quando uma empresa atinge um estado de crise, na maioria das vezes, ela há tempos não vem cumprindo com os pagamentos. E, em geral, o Fisco é o primeiro que ela deixou de pagar, muitas vezes não conseguindo atender às exigências do órgão para a efetivação de um parcelamento dos tributos.

Logo, tal dispositivo de certa forma é um obstáculo prático ao instituto da recuperação judicial de empresa, pois quase sempre os créditos tributários são os mais altos e, ao ficar de fora do plano, muitas vezes poderá inviabilizar a recuperação da empresa.

Isso é tão verdade que o número de empresas que conseguiriam obter o benefício da recuperação judicial, com tal exigência, seria ainda menor do que já é. No entanto, a jurisprudência vem oscilando quanto à exigência da lei em relação às certidões negativas, alternando quanto ao entendimento de que tal determinação contraria o próprio objeto da lei e o princípio da preservação da empresa, ou seja, é um obstáculo à recuperação da empresa, à manutenção dos empregos, aos interesses dos credores etc.[49].

---

[48] Incidente de recurso repetitivo. Embargos. TAP Manutenção e Engenharia Brasil S.A. Ilegitimidade passiva. Grupo econômico. Responsabilidade solidária. Empresa que não mais integra o grupo econômico. Provimento. (...) Não há motivos para a concessão de tratamento jurídico mais severo a apenas uma das empresas adquirentes de ativos da VARIG S.A., alienados no curso do processo de recuperação judicial e sob a chancela do Poder Judiciário. Não se pode distanciar do postulado constitucional da isonomia, de modo que às referidas empresas, em razão da identidade jurídica, deve incidir a mesma norma legal, qual seja, o art. 60, parágrafo único, da Lei n. 11.101/2005. 12. Desse modo, conquanto a TAP Manutenção Engenharia Brasil S.A. não tenha arrematado a Unidade Produtiva Varig (UPV) em leilão judicial, mas sim adquirido filial da VARIG S.A. (VEM S.A.) no curso do processo de recuperação judicial, o preceito insculpido no art. 60, parágrafo único, da Lei n. 11.101/2005 a ela também se aplica. Conclusão: Nos termos dos arts. 60, parágrafo único, e 141, II, da Lei n. 11.101/2005, a TAP Manutenção e Engenharia Brasil S.A. não poderá ser responsabilizada por obrigações de natureza trabalhista da VARIG S.A. pelo fato de haver adquirido a VEM S.A., empresa que compunha grupo econômico com a segunda. Processo n. E-ED-ARR-69700- 28.2008.5.04.0008. Provimento. (...) Recurso de embargos de que se conhece e a que se dá provimento (IRR 69700-28.2008.5.04.0008, TST, Tribunal Pleno, rel. Min. Guilherme Augusto *Caputo* Bastos, DJe 3-7-2017).

[49] Processual Civil e Empresarial. Recurso especial. Ação de recuperação judicial. Prequestionamento. Ausência. Súmula 211/STJ. Regularidade fiscal. Desnecessidade. 1. A ausência de decisão acerca dos

Especificamente sobre quitação de tributos federais, é necessário o cotejamento com a **Lei n. 10.522/2002** – Lei do Cadastro Informativo dos créditos não quitados de órgãos e entidades federais. Frise-se que a Lei n. 14.112/2020, ao promover a reforma da Lei n. 11.101/2005, promoveu ajustes na Lei n. 10.522/2002.

De acordo com a nova redação do art. 10-A da Lei n. 10.522/2002, o devedor (empresário individual ou sociedade empresária) que pleitear ou tiver deferido o processamento da recuperação judicial poderá parcelar seus débitos com a Fazenda Nacional em até **120 parcelas** mensais e consecutivas.

Vale destacar que a não concessão da recuperação judicial (prevista no art. 58 da Lei n. 11.101/2005) ou a decretação da falência da pessoa jurídica são causas de rescisão do parcelamento do débito tributário (Lei n. 10.522/2002, art. 10-A, § 4º, cujas disposições foram objeto de ajustes pela Lei n. 14.112/2020).

O devedor poderá obter apenas um parcelamento, incluindo o total dos débitos constituídos ou não, inscritos ou não em Dívida Ativa da União, mesmo que discutidos judicialmente em ação proposta pelo sujeito passivo ou em fase de execução fiscal já ajuizada (Lei n. 10.522/2002, art. 10-A, §§ 1º-A e 5º, que tiveram novas redações em razão da Lei n. 14.112/2020).

7.5.1.7. Prazos

É importante esclarecer que o plano não poderá prever prazo superior a **1 ano** para pagamento dos créditos **trabalhistas** e **acidentários**, vencidos até a data do pedido de recuperação judicial (LRF, art. 54, *caput*).

Esse prazo poderá ser alongado em até 2 anos se o plano de recuperação judicial atender aos seguintes requisitos, cumulativamente: apresentação de garantias julgadas suficientes pelo juiz; aprovação pelos credores titulares de créditos derivados da legislação trabalhista ou decorrentes de acidentes de trabalho; e garantia da integralidade do pagamento dos créditos trabalhistas (LRF, art. 54, § 2º, acrescido pela Lei n. 14.112/2020).

---

dispositivos legais indicados como violados, não obstante a oposição de embargos de declaração, impede o conhecimento do recurso especial. 2. A Corte Especial do STJ decidiu que não constitui ônus do contribuinte a apresentação de certidões de regularidade fiscal para que lhe seja concedida a recuperação judicial. 3. Recurso especial parcialmente conhecido e, nessa parte, não provido (REsp 1.658.042/RS, STJ, 3ª Turma, rel. Min. Nancy Andrighi, *DJe* 16-6-2017).

Empresarial, Tributário e Processual Civil. Agravo de instrumento. Recuperação judicial. Deferimento. Ausência de certidão fiscal negativa. Possibilidade. Inexistência de lei complementar sobre parcelamento do débito tributário. Risco de lesão ao princípio norteador da recuperação judicial. Improvimento da irresignação. Inteligência dos arts. 47, 57 e 68 todos da Lei n. 11.101/2005 e art. 155-A, §§ 2º e 3º do CTN. A recuperação judicial deve ser concedida, a despeito da ausência de certidões fiscais negativas, até que seja elaborada Lei Complementar que regule o parcelamento do débito tributário procedente de tal natureza, sob risco de sepultar a aplicação do novel instituto e, por consequência, negar vigência ao princípio que lhe é norteador. Provimento negado (AI 1.0079.06.288873-4/001, TJMG, 5ª Câmara Cível, rel. Des. Dorival Guimarães Pereira, *DJ* 6-6-2008).

O plano também não poderá ter prazo superior a *30* dias para pagamento dos **salários** vencidos nos **3 meses anteriores** ao pedido, até o limite de 5 salários mínimos por trabalhador (LRF, art. 54, § 1º).

Esta regra pode ser exemplificada da seguinte forma (para facilitar, vamos considerar o valor do salário mínimo como sendo de R$ 500,00): um trabalhador que ganhe mensalmente R$ 4.000,00 em 3 meses teria direito a receber R$ 12.000,00, porém receberá, nestes primeiros 30 dias, R$ 2.500,00 (valor correspondente ao limite de 5 salários mínimos).

Já em outra simulação, um trabalhador que ganhe mensalmente R$ 700,00 teria direito a receber R$ 2.100,00, sendo este o valor que efetivamente deverá receber, porque não ultrapassa os 5 salários mínimos.

Esse limite de até 5 salários mínimos, que pode ser pouco a depender do padrão da pessoa, tem caráter alimentar, ou seja, seria o mínimo necessário para a sobrevivência digna do trabalhador.

Além disso, a partir da decisão que conceder a recuperação judicial, o juiz poderá determinar a manutenção do devedor em recuperação judicial até que sejam cumpridas todas as obrigações previstas no plano que vencerem até, no máximo, **2 anos** depois da concessão da recuperação, independentemente do eventual período de carência (LRF, art. 61, *caput*, que teve sua redação alterada pela Lei n. 14.112/2020). Esse é o denominado prazo de "supervisão judicial" (ou de observação) da recuperação.

Em outras palavras, o plano pode ter obrigações com vencimentos superiores a **2 anos**, mas a recuperação judicial durará até 2 anos[50].

Durante esse período (2 anos), o descumprimento de qualquer obrigação prevista no plano acarretará a convolação da recuperação em falência (LRF, art. 61, § 1º, c/c o art. 73, IV). Neste caso, os credores terão reconstituídos seus direitos e garantias conforme contratadas originalmente, devendo ser deduzidos os valores eventualmente pagos e ressalvados os atos praticados de forma válida durante a recuperação judicial (LRF, art. 61, § 2º).

7.5.1.8. Cumprimento do plano

Após os 2 anos, caso o devedor descumpra alguma obrigação prevista no plano – em especial as de vencimento posterior a 2 anos –, qualquer credor poderá requerer a falência ou a execução específica, uma vez que se trata de título executivo a decisão que concedeu a recuperação (LRF, art. 62 c/c o art. 94).

---

[50] Confirma nossa posição a seguinte decisão judicial: Agravos de instrumento. Recuperação judicial. (...) Aprovado o plano de recuperação judicial pela assembleia geral de credores, não pode o juiz reformar a decisão por considerar inviável a sua execução. A lei não veda tratamento diferenciado dos credores em conformidade com o valor de seus créditos, que venha a ser corroborado pela assembleia geral de credores. O plano de recuperação judicial pode prever prazo superior a dois anos para ser cumprido. Descabida a exigência de quitação dos tributos enquanto não aprovada lei específica de adaptação de sua cobrança às finalidades do benefício legal impugnado. Agravos desprovidos (AI 3205188920108260000, TJSP, Câmara Reservada à Falência e Recuperação, rel. Lino Machado, *DJ* 10-2-2011).

No mesmo sentido, Manoel Justino Bezerra Filho, *Nova lei de recuperação e falências comentada*. p. 172-173.

Em todos os atos, contratos e documentos firmados pelo devedor e sujeitos à recuperação judicial deverá ser acrescida, após o nome empresarial, a expressão "em Recuperação Judicial" (LRF, art. 69, *caput*).

O juiz também determinará à Junta Comercial e à Receita Federal a correspondente anotação da recuperação judicial (LRF, art. 69, parágrafo único, com redação atualizada pela Lei n. 14.112/2020). Sobretudo quanto à Junta Comercial, isso oferece publicidade ao estado da empresa, possibilitando conhecimento aos que com ela forem negociar, por meio de consulta realizada no registro de empresas.

Ressalta-se que, durante o procedimento de recuperação judicial, o devedor ou seus administradores são mantidos na gestão da atividade empresarial, sob a fiscalização do comitê de credores, se houver, e do administrador judicial (LRF, art. 64, *caput*). De modo diferente, na falência, o devedor é afastado da gestão empresarial, a qual é assumida pelo administrador judicial (LRF, art. 75, *caput*, com redação atualizada pela Lei n. 14.112/2020).

7.5.1.8.1. Manutenção da gestão e gestor judicial

A regra na recuperação judicial é a manutenção do devedor ou seus dirigentes (administradores) na gestão do negócio, mas vale destacar que excepcionalmente eles poderão ser afastados da administração da empresa. Neste caso, o juiz destituirá aquele a quem compete a gestão, que será substituído na forma prevista no ato constitutivo (contrato social ou estatuto) do devedor ou no plano de recuperação judicial (LRF, art. 64, parágrafo único).

O art. 64 da Lei n. 11.101/2005 enumera as hipóteses em que o devedor ou seus administradores poderão ser afastados da direção do negócio:

1) se o seu afastamento estiver previsto no plano de recuperação judicial;
2) se houver sido condenado em sentença penal transitada em julgado por crime cometido em recuperação judicial ou falência anteriores ou por crime contra o patrimônio, a economia popular ou a ordem econômica previstos na legislação vigente;
3) se houver indícios veementes de ter cometido crime previsto na Lei n. 11.101/2005;
4) se tiver agido com dolo, simulação ou fraude contra os interesses de seus credores;
5) se se negar a prestar informações solicitadas pelo administrador judicial ou pelos membros do comitê de credores;
6) se houver: a) efetuado gastos pessoais manifestamente excessivos em relação a sua situação patrimonial; b) efetuado despesas injustificáveis por sua natureza ou vulto, em relação ao capital ou gênero do negócio, ao movimento das operações e a outras circunstâncias análogas; c) descapitalizado injustificadamente a empresa ou realizado operações prejudiciais ao seu funcionamento regular; d) simulado ou omitido créditos ao apresentar a relação de que trata o inc. III do *caput* do art. 51 da Lei n. 11.101/2005, sem relevante razão de direito ou amparo de decisão judicial.

Uma vez ocorrido o afastamento do devedor, o juiz convocará a assembleia geral de credores para a escolha do nome de um gestor. Trata-se do **gestor judicial**, cuja atribuição é assumir a administração das atividades do devedor no processo de recuperação judicial. A este gestor judicial são aplicáveis, no que couber, todas as normas sobre deveres, impedimentos e remuneração do administrador judicial, à luz dos arts. 21 e s. da Lei n. 11.101/2005 (LRF, art. 65, *caput*).

Enquanto a assembleia geral não deliberar sobre a escolha do gestor judicial, caberá ao administrador judicial exercer as funções dele (LRF, art. 65, § 1º).

7.5.1.9. Alienação e oneração de bens ou direitos

Como apontado, pela regra geral da recuperação judicial o devedor não é afastado da gestão da empresa. No entanto, é importante considerar que a partir da distribuição do pedido de recuperação, mesmo mantido o direito de gerir, o devedor não poderá alienar ou onerar bens ou direitos de seu ativo não circulante, salvo autorização judicial, depois de ouvido o comitê de credores.

Não haverá necessidade de manifestação judicial se o ato de alienação ou oneração de bens ou de direitos estiver previamente relacionado no plano de recuperação judicial (LRF, art. 66, o qual recebeu ajuste em sua redação pela Lei n. 14.112/2020).

Não se pode deixar de mencionar a inclusão do art. 66-A pela Lei n. 14.112/2020, ao prever que a alienação de bens ou a garantia outorgada pelo devedor a adquirente ou a financiador de boa-fé (desde que realizada mediante autorização judicial expressa ou prevista em plano de recuperação judicial ou extrajudicial aprovado) não poderá ser anulada ou tornada ineficaz após a consumação do negócio jurídico com o recebimento dos recursos correspondentes pelo devedor.

7.5.1.10. Convolação da recuperação judicial em falência

"Convolar" significa mudar o curso ou o sentido. Aqui o sentido é mudar um processo de recuperação judicial para um processo de falência.

Assim, o juiz, no curso do processo de recuperação judicial, decretará a falência do empresário individual ou da sociedade empresária nos seguintes casos (LRF, art. 73):

1) por deliberação da assembléia-geral de credores (de acordo com o art. 42);

2) pela não apresentação, pelo devedor, do plano de recuperação no prazo de 60 dias;

3) quando não aprovado o plano apresentado pelo devedor ou for rejeitado o plano proposto pelos credores;

4) por descumprimento de qualquer obrigação assumida no plano de recuperação (nos termos do § 1º do art. 61);

5) por descumprimento dos parcelamentos junto ao Instituto Nacional do Seguro Social – INSS da transação com a Fazenda Nacional;

6) quando identificado o esvaziamento patrimonial da devedora que implique liquidação substancial da empresa, em prejuízo de credores não sujeitos à recuperação judicial, inclusive as Fazendas Públicas.

As regras anteriormente citadas não impedem a decretação da falência por inadimplemento de obrigação não sujeita à recuperação judicial (LRF, art. 73, § 1º).

A convolação da recuperação judicial em falência não pode decorrer de anulação da assembleia de credores que aprovou o plano recuperacional, pois essa não é uma das hipóteses

Recuperação de empresas e falência (direito concursal) | 545

de convolação previstas pela Lei n. 11.101/2005, art. 73. Nesse caso, ao anular tal assembleia que aprovou o plano, o juiz deverá convocar uma nova assembleia de credores[51].

Havendo a convolação em falência, os atos praticados (p.ex., vendas) durante a recuperação judicial serão presumidos válidos, desde que realizados conforme a lei (LRF, art. 74).

Como benefício aos credores que acreditaram na recuperação da empresa, que mais tarde restou infrutífera, havendo a convolação da recuperação em falência, os créditos decorrentes de obrigações contraídas pelo devedor durante a recuperação judicial, inclusive aqueles relativos a despesas com fornecedores de bens ou serviços e contratos de mútuo, serão considerados extraconcursais, devendo ser respeitada, no que couber, a ordem estabelecida no art. 83 da Lei n. 11.101/2005 (LRF, art. 67, *caput*).

No mesmo sentido, o plano de recuperação poderá prever tratamento diferenciado aos créditos sujeitos à recuperação judicial pertencentes a fornecedores de bens ou serviços que continuarem a provê-los normalmente após o pedido de recuperação, desde que tais bens ou serviços sejam necessários para a manutenção das atividades e que o tratamento diferenciado seja adequado e razoável no que concerne à relação comercial futura (LRF, art. 67, parágrafo único, com redação atualizada pela Lei n. 14.112/2020).

7.5.2. Recuperação especial da ME, EPP e empresa rural

As diretrizes que determinam o que é ME e EPP estão previstas na LC n. 123/2006 – Estatuto Nacional da Microempresa e da Empresa de Pequeno Porte.

---

[51] Recurso Especial. Autos de agravo de instrumento dirigido contra a decisão que convolou a recuperação judicial em falência. Obrigatória convocação de nova assembleia de credores quando anulada aquela que aprovara o plano de recuperação judicial. Inexistente qualquer uma das causas taxativas de convolação. 1. No processo recuperacional, são soberanas as decisões da assembleia geral de credores sobre o conteúdo do plano de reestruturação e sobre as objeções/oposições suscitadas, cabendo ao magistrado apenas o controle de legalidade do ato jurídico, o que decorre, principalmente, do interesse público consubstanciado no princípio da preservação da empresa e consectária manutenção das fontes de produção e de trabalho. 2. Nessa perspectiva, sobressai a obrigatoriedade da convocação de nova assembleia quando decretada a nulidade daquela que aprovara o plano de recuperação e que, consequentemente, implicara a preclusão lógica das objeções suscitadas por alguns credores. 3. No caso concreto, o magistrado, após considerar nula a assembleia geral de credores que aprovara o plano de reestruturação, não procedeu à nova convocação e, de ofício, convolou a recuperação em falência, sem o amparo nas hipóteses taxativas insertas nos incs. I a IV do art. 73 da Lei n. 11.101/2005, quais sejam: (...)5. Em vez da convolação da recuperação em falência, cabia ao magistrado submeter, novamente, o plano e o conteúdo das objeções suscitadas por alguns credores à deliberação assemblear, o que poderia ensejar a rejeição do plano ou a ponderação sobre a inviabilidade do soerguimento da atividade empresarial, hipóteses estas autorizadoras da quebra. Ademais, caso constatada a existência de matérias de alta indagação e que reclamem dilação probatória, incumbir-lhe-ia remeter os interessados às vias ordinárias, já que o plano de recuperação fora aprovado sem qualquer impugnação. 6. Recurso especial provido a fim de cassar a decisão de convolação da recuperação judicial em falência e determinar que o magistrado de primeiro grau providencie a convocação de nova assembleia geral de credores, dando-se prosseguimento ao feito, nos termos da Lei n. 11.101/2005 (REsp 1.587.559/PR, STJ, 4ª Turma, rel. Min. Luis Felipe Salomão, *DJe* 22-5-2017).

Conforme a LC n. 123/2006, **ME – microempresa** é aquela que possui receita bruta anual de até R$ 360.000,00 (art. 3º, I).

Por sua vez, **EPP – empresa de pequeno porte** é aquela que possui receita bruta anual superior a R$ 360.000,00 até o limite de R$ 4.800.000,00 (art. 3º, II). Lembre-se sempre de que o que irá caracterizar o empresário como micro ou pequeno é a receita bruta que ele auferir em cada ano.

Como opinamos anteriormente sobre a submissão da **EIRELI** [atualmente revogada pela Lei n. 14.382/2022] à Lei n. 11.101/2005, e considerando que ela podia se enquadrar como ME ou EPP para os fins tributários do art. 3º, *caput*, da LC n. 123/2006, entendemos que em caso de crise econômica da EIRELI, que estivesse enquadrada como ME ou EPP, ela poderia utilizar-se das regras especiais estabelecidas pela norma e tratadas neste item.

A Lei de Recuperação e de Falência prevê a possibilidade de a microempresa e a empresa de pequeno porte obterem o benefício da recuperação judicial, mediante a apresentação de um **plano especial** de recuperação (LRF, art. 70).

É denominado "plano especial", pois a recuperação para ME e EPP é muito mais simples de se concretizar, liberando o empresário de certas exigências feitas para a recuperação convencional. Por isso, alguns chamam a recuperação da ME ou EPP de recuperação especial de empresa.

Em geral, a recuperação judicial da microempresa e da empresa de pequeno porte segue a sistemática da recuperação judicial "convencional", ressalvados alguns aspectos, a saber.

Trata-se de uma ação judicial, que começa pela petição inicial, com a figura do administrador judicial e do comitê de credores, assim como ocorre com a recuperação judicial "convencional".

É bom salientar que na petição inicial deve ficar claro que o empresário pleiteia a recuperação especial para ME ou EPP, pois do contrário poderá o juiz entender que ele deseja a recuperação judicial ordinária, uma vez que esta é possível também à ME ou à EPP. Mas neste caso, precisará atender aos requisitos que são próprios da recuperação ordinária/convencional.

Como já visto, quanto à recuperação judicial convencional, a Fazenda (federal, estadual e municipal) e o INSS podem deferir o parcelamento de seus créditos tributários e previdenciários, de acordo com os parâmetros estabelecidos pelo CTN. Em razão da inclusão de um parágrafo único ao art. 68 da Lei n. 11.101/2005 (por vigência da LC n. 147/2014), as microempresas e empresas de pequeno porte terão direito a prazos vinte por cento superiores aos regularmente concedidos às demais empresas.

Quanto à **empresa rural**, a partir da reforma promovida pela Lei n. 14.112/2020 à Lei n. 11.101/2005, esta passou a ter nova redação em seu art. 48, cujos §§ 2º e 3º permitem que no caso de exercício de atividade rural por pessoa jurídica seja admitida a comprovação de dois anos de atividade por meio da Escrituração Contábil Fiscal (ECF), desde que entregue tempestivamente. E, no que diz respeito ao cálculo do período de exercício de atividade rural por pessoa física, isso será feito com base no Livro Caixa Digital do Produtor Rural (LC-DPR) e pela Declaração do Imposto sobre a Renda da Pessoa Física (DIRPF) e balanço patrimonial, todos entregues dentro dos prazos legais.

Sendo assim, o novo art. 70-A (incluído pela Lei n. 14.112/2020) prevê a possibilidade de o produtor rural apresentar "plano especial" (nas condições que veremos a seguir, portanto, mais simples) de recuperação judicial desde que o valor da causa não exceda a R$ 4.800.000,00.

7.5.2.1. Condições especiais (plano especial)

O **plano especial** de recuperação da microempresa e da empresa de pequeno porte (bem como a empresa rural), no entanto, fica limitado às seguintes condições, que o diferenciam (LRF, art. 71):

1) abrangerá todos os créditos existentes na data do pedido (vencidos e vincendos);

Até o advento da LC n. 147/2014, que alterou o art. 71, este previa que a recuperação da microempresa e da empresa de pequeno porte incluía apenas os credores quirografários.

Apesar da maior abrangência, ficam de fora do plano especial: créditos advindos de recursos oficiais (como, por exemplo, de agências de fomento ou do BNDES – Banco Nacional de Desenvolvimento Econômico e Social); créditos fiscais (federais, estaduais e municipais); créditos de arrendador mercantil (contrato de *leasing*), proprietário fiduciário, promitente vendedor de imóvel cujos contratos contenham cláusula de irrevogabilidade ou irretratabilidade, proprietário em contrato de venda com reserva de domínio (LRF, art. 49, § 3º); e créditos decorrentes de importâncias entregues ao devedor como adiantamento em contrato de câmbio para exportação (LRF, art. 49, § 4º, c/c o art. 86, II).

2) parcelamento limitado a **36 prestações mensais**, com valores iguais e sucessivos, acrescidas de juros equivalentes à taxa do Sistema Especial de Liquidação e de Custódia – SELIC, podendo conter ainda a proposta de abatimento do valor das dívidas;

3) o pagamento da primeira parcela deverá ser efetuado em até **180 dias**, contados da distribuição da petição inicial;

4) após ouvir o administrador judicial e o comitê de credores, o devedor não pode aumentar suas despesas ou contratar empregados sem autorização judicial.

Não há suspensão da **prescrição**, nem das **ações** e **execuções** contra o devedor por créditos não abrangidos pelo plano, ou seja, créditos não quirografários como os trabalhistas e os com garantias reais (LRF, art. 71, parágrafo único). Por isso, apenas quanto aos créditos quirografários alcançados no plano especial de recuperação é que existe essa suspensão da prescrição, das ações e das execuções. Os demais credores poderão cobrar seus créditos normalmente, na via judicial ou extrajudicial.

Além disso, não existe a necessidade de convocar assembleia geral de credores para decidir sobre o plano especial de recuperação judicial da microempresa e da empresa de pequeno porte. O juiz concederá esse benefício legal verificando apenas se as exigências legais estão sendo atendidas (LRF, art. 72, *caput*).

Cabe lembrar que as microempresas e empresas de pequeno porte poderão apresentar livros e escrituração contábil simplificados nos termos da legislação específica, no caso a LC n. 123/2006.

O juiz julgará improcedente o pedido de recuperação, decretando a falência da microempresa e da empresa de pequeno porte, se houver objeções (oposição, impedimento, contestação) dos credores titulares de mais da metade de qualquer uma das classes dos créditos previstos na classificação do art. 83, contados conforme as regras do art. 45 (LRF, art. 72, parágrafo único).

Também, poderá haver a convolação da recuperação especial, aqui tratada, em falência caso haja descumprimento do plano de recuperação[52].

7.5.3. Recuperação extrajudicial

Recuperação extrajudicial é um procedimento "alternativo" para prevenir que a empresa em crise "quebre".

A recuperação judicial consiste na convocação de credores para: (i) contratar dilação no prazo dos pagamentos ou diminuição dos valores "no âmbito privado", (ii) mas que necessitam de homologação do juízo judicial.

É um procedimento "alternativo" ou "extraordinário", pois existe o procedimento da recuperação judicial, que é o ordinário.

Denomina-se "extrajudicial", pois as negociações são firmadas no âmbito privado, e não em um processo judicial, sendo apenas homologadas pelo juiz.

Assim como a recuperação judicial, a recuperação extrajudicial também é uma tentativa de solução para a crise econômica de um agente econômico. É uma tentativa de saneamento/reorganização da empresa em crise, visando a evitar o processo falimentar.

Com isso, pode-se dizer que os objetivos da recuperação extrajudicial são idênticos aos da recuperação judicial, quais sejam:

1) possibilitar a superação do estado de crise econômico-financeira do devedor;

2) manter a fonte produtora (de riquezas);

3) manter os empregos e interesses dos credores;

4) promover a preservação da empresa e sua função social, bem como estimular a atividade econômica.

A recuperação extrajudicial é uma inovação da Lei n. 11.101/2005, tratada a partir do art. 161.

E, conforme já estudado anteriormente, poderia ser considerada como a **concordata branca/extrajudicial** (convocar credores para propor dilação de prazo), que, apesar de existir na prática, era proibida pelo Decreto-lei n. 7.661/45, art. 2º, III, considerada como ato de falência, que ensejava a falência do devedor.

O devedor é quem pode requerer a homologação do plano de recuperação extrajudicial: empresário individual ou sociedade empresária, em razão de sua negociação com respectivos credores dos meios pelos quais pretende-se reerguer sua empresa (LRF, art. 161).

Vale lembrar que, para ter direito à homologação do plano de recuperação extrajudicial, o devedor precisará preencher os requisitos do art. 48 da Lei n. 11.101/2005, quais sejam: exercício regular da atividade empresarial por mais de 2 anos; não ter obtido concessão de

---

[52] Recuperação judicial. Plano especial de recuperação judicial de microempresa. Desatendimento das condições impostas pelo art. 71 da Lei n. 11.101/2005. Atraso no pagamento da primeira parcela. Decretação da falência. Recurso desprovido, cassado imediatamente o efeito suspensivo concedido (AI 2345136420108260000, TJSP, Câmara Reservada à Falência e Recuperação, rel. Boris Kauffmann, *DJ* 4-1-2011).

recuperação judicial há pelo menos 5 anos; não ter sido condenado por crimes concursais/falimentares etc.

Como já apontado, entendemos que a empresa individual de responsabilidade limitada (EIRELI) [atualmente revogada pela Lei n. 14.382/2022] e o microempreendedor individual (MEI) se submetem à Lei n. 11.101/2005, logo, também podem requerer a homologação de recuperação extrajudicial.

7.5.3.1. Créditos abrangidos e não abrangidos

Apenas parte dos créditos (conforme art. 83, II, IV, V, VI, VIII, que serão estudados adiante) está sujeita à recuperação extrajudicial (LRF, art. 163, § 1º), isto é, os credores quirografários, os com garantia real, os com privilégio especial ou geral e os subordinados.

Entretanto, não estão sujeitos à recuperação extrajudicial os seguintes créditos:

1) **trabalhistas** e **acidentários** – acidente do trabalho, exceto se houver negociação coletiva com o sindicato da respectiva categoria profissional (LRF, art. 161, § 1º, com nova redação dada pela Lei n. 14.112/2020);

2) **tributários** (LRF, art. 161, § 1º, cujo teor foi alterado pela Lei n. 14.112/2020);

3) do arrendador mercantil (contrato de *leasing*), do proprietário fiduciário, do promitente vendedor de imóvel cujos contratos contenham cláusula de irrevogabilidade ou irretratabilidade, do proprietário em contrato de venda com reserva de domínio (LRF, art. 49, § 3º);

4) decorrentes de importâncias entregues ao devedor como adiantamento em contrato de câmbio para exportação (LRF, art. 49, § 4º, c/c o art. 86, II).

Deve-se explicitar que o plano de recuperação extrajudicial poderá alcançar **uma ou mais classes** de credores, a critério do devedor, de acordo com a necessidade e disponibilidade de negociação de seus credores.

Esse plano de recuperação pode receber adesão de todos ou de apenas alguns credores (LRF, art. 162).

Todavia, o devedor poderá também requerer a homologação de plano de recuperação extrajudicial que obriga (vincula) todos os credores por ele abrangidos. Para tanto, será necessária a adesão por credores que representem **mais da metade** dos créditos de cada espécie abrangidos pelo plano de recuperação extrajudicial (LRF, art. 163, *caput*, com nova redação promovida pela Lei n. 14.112/2020). Assim, ainda que haja credores que discordem do plano, não tendo a ele aderido, eles estarão obrigados a aderir.

Além disso, o pedido de homologação de plano extrajudicial poderá ser apresentado com comprovação da anuência de credores que representem pelo menos **1/3** de todos os créditos de cada espécie por ele abrangidos. Em conjunto, será preciso apresentar o compromisso de, no prazo improrrogável de 90 (noventa) dias, contado da data do pedido, atingir o quórum de mais da metade dos créditos de cada classe abrangida, por meio de adesão expressa. De todo o modo, a lei facultada a conversão do procedimento em recuperação judicial a pedido do devedor (LRF, art. 163, § 7º, o qual foi incluído pela Lei n. 14.112/2020).

Assim, a recuperação extrajudicial poderá ter natureza **meramente homologatória**, quando os credores unanimemente aderirem ao plano; ou **contenciosa**, se a adesão se der pela maioria dos credores (ou seja, sem unanimidade).

E mais, aplica-se à recuperação extrajudicial a suspensão da prescrição das obrigações do devedor e das execuções ajuizadas contra ele. Isso se dá desde o respectivo pedido e exclusivamente em relação às espécies de crédito por ele abrangidas. Somente haverá a necessidade de ser ratificada pelo juiz se for o caso do quórum inicial de 1/3 para o pedido de homologação (LRF, art. 163, § 8º, acrescido pela Lei n. 14.112/2020).

7.5.3.2. Requisitos

O plano de recuperação extrajudicial poderá ser homologado judicialmente quando contiver (LRF, art. 162 c/c o art. 163, § 6º):

1) sua justificativa (exposição da situação de crise);
2) documentos com as condições e as assinaturas dos credores que aderiram;
3) exposição da situação patrimonial;
4) demonstrações contábeis do último exercício social e as levantadas especialmente para instruir o pedido;
5) relação nominal completa de credores discriminando a natureza dos respectivos créditos.

7.5.3.3. Homologação

Ressalte-se que a recuperação extrajudicial, por ser um acordo com credores, possui natureza contratual, mas o juiz, para homologá-la, deve verificar se não é contrária à ordem pública e aos bons costumes.

Diferentemente da recuperação judicial, em que primeiro se peticiona ao juiz, sendo o plano apresentado dentro de 60 dias do edital, na recuperação extrajudicial o devedor leva ao juízo o plano pronto para homologação, junto com a petição inicial.

Como já foi estudado, apenas o devedor pode requerer a homologação do plano de recuperação extrajudicial. Não será possível a homologação da recuperação extrajudicial se: (i) houver pendente pedido de recuperação judicial; ou (ii) o devedor tiver obtido o benefício da recuperação judicial ou extrajudicial há menos de 2 anos (LRF, art. 161, § 3º).

Recebido o pedido de homologação, o juiz determinará a publicação de edital eletrônico convocando os credores do devedor para apresentarem suas **impugnações**, no prazo de 30 dias da publicação (LRF, art. 164, § 2º e *caput*, este que teve sua redação ajustada pela Lei n. 14.112/2020).

Com relação aos efeitos da recuperação extrajudicial, eles começam a partir da sentença homologatória do plano (LRF, art. 165, *caput*), sendo esta um título executivo judicial (LRF, art. 161, § 6º).

Da sentença homologatória do plano cabe **apelação** sem efeito suspensivo (LRF, art. 164, § 7º).

O pedido de homologação do plano de recuperação extrajudicial não suspende direitos, ações ou execuções contra o devedor por parte dos credores que não estão incluídos no plano de recuperação.

A petição de homologação não impede o pedido de decretação de falência pelo credor não signatário do plano (LRF, art. 161, § 4º)[53].

Além disso, se houver descumprimento do plano, o credor signatário pode requerer a decretação da falência do devedor, por ter em mãos a sentença homologatória, que é um título executivo judicial.

De qualquer forma, de acordo com a lei, no art. 167 fica assegurada a possibilidade de o devedor fazer outros tipos de acordos com seus devedores.

7.6. FALÊNCIA

Falência é um processo de execução coletiva, ou um concurso de credores, no qual os bens do falido são arrecadados para uma venda judicial forçada, com a distribuição proporcional do resultado entre todos os credores.

Nesse sentido, a falência promove o afastamento do devedor de suas atividades, ou seja, o devedor deixa de gerir a atividade empresarial (o que não ocorre na recuperação judicial, LRF, art. 64, *caput*), visando a preservar a utilização produtiva de bens e recursos, inclusive os intangíveis, como a marca (LRF, art. 75, *caput*, que teve sua redação ajustada pela Lei n. 14.112/2020). A **gestão** do negócio ficará a cargo do administrador judicial nomeado pelo juiz.

Com a decretação da falência, acarreta-se o vencimento antecipado das dívidas do devedor e dos sócios de responsabilidade ilimitada (LRF, art. 77).

O juízo da falência é universal, ou seja, é indivisível e competente para conhecer todas as ações sobre bens e interesses do falido, salvo ações trabalhistas e fiscais (LRF, art. 76)[54].

Assim, as ações serão distribuídas por dependência no juízo falimentar (LRF, art. 78, parágrafo único). Já as ações trabalhistas e fiscais irão tramitar perante as Justiças Especializadas, sendo que, em geral, após o trânsito em julgado, habilita-se o crédito decorrente destas respectivas ações no processo de falência.

Todas as ações do falido (como autor ou como réu) terão prosseguimento com o administrador judicial (LRF, art. 76, parágrafo único).

---

[53] Nesse sentido: Execução de título extrajudicial. Suspensão do feito pelo prazo de 180 dias. Plano de recuperação extrajudicial homologado. Irrazoabilidade. O § 4º do art. 161 da Lei n. 11.105/2005, estabelece que o pedido de recuperação extrajudicial, não acarretará suspensão de direitos, ações ou execuções, nem a impossibilidade do pedido de decretação de falência pelos credores não sujeitos ao plano de recuperação extrajudicial. Hipótese que não se confunde com a recuperação judicial. Decisão reformada. Deram provimento ao recurso (AI 7303155500, TJSP, 18ª Câmara de Direito Privado, rel. Jurandir de Sousa Oliveira, *DJ* 9-1-2009).

[54] Processual civil e falimentar. Demanda visando reparação por dano moral. Protesto de título. Polo passivo formado por sociedade empresária falida. (...) O juízo da falência é indivisível e competente para conhecer todas as ações sobre bens, interesses e negócios do falido (art. 76 da Lei n. 11.101/2005). Todas as ações referentes aos bens, interesses e negócios da massa falida serão processadas e julgadas pelo juízo perante o qual tramita o processo de execução concursal por falência. É a chamada aptidão atrativa do juízo falimentar, ao qual conferiu a lei a competência para conhecer e julgar todas as medidas judiciais de conteúdo patrimonial referentes ao falido ou à massa falida. (...) (AC 92477-30/2006-0001-RJ, TJRJ, 16ª Câmara Cível, rel. Des. Lindolpho Morais Marinho, *DJ* 27-6-2011).

A decisão que decreta a falência da sociedade que tenha sócios de responsabilidade ilimitada também acarreta a falência destes, que ficam sujeitos aos mesmos efeitos jurídicos produzidos em relação à sociedade falida. Logo, deverão ser citados para apresentar contestação, se assim o desejarem (LRF, art. 76).

Como já dito, são raras as sociedades empresárias submetidas à Lei n. 11.101/2005 que possuem sócios de responsabilidade ilimitada, pois em sua grande maioria são sociedades limitadas e sociedades anônimas.

Quanto aos efeitos da decretação da falência, esta, além de acarretar a falência dos sócios de responsabilidade ilimitada, também estende os mesmos efeitos a eles, como, por exemplo, a inabilitação empresarial. Já no que se refere aos sócios de responsabilidade limitada, estes efeitos serão estendidos a eles se forem os administradores da sociedade (LRF, art. 81, § 2º).

Se for o caso de ação de responsabilização pessoal dos sócios de responsabilidade limitada, dos controladores e dos administradores (independentemente da realização do ativo e da insuficiência para cobrir o passivo), conforme a legislação em vigor, ela será apurada perante o próprio juízo falimentar (LRF, art. 82).

Essa hipótese trata de uma possível ação própria ajuizada contra controladores, administradores e sócios limitadamente responsáveis visando a sua responsabilização. É uma ação ordinária que deve observar as regras do Código de Processo Civil, arts. 318 e s. [CPC/73, arts. 282 e s.].

A propositura desta ação deve ser perante o juízo falimentar, sendo que ela independe da realização do ativo e da prova de sua insuficiência para cobrir todo o passivo. No entanto, o que se percebe da prática processual recente é a utilização cada vez maior da aplicação da **desconsideração da personalidade jurídica** no curso do processo falimentar, desde que haja a configuração do desvio de finalidade, por meio de abuso da personalidade jurídica da sociedade ou pela confusão patrimonial entre os bens dos sócios e da sociedade.

Pode-se exemplificar a aplicação da desconsideração da personalidade jurídica em processos falimentares, por exemplo, no julgamento proferido pelo Tribunal de Justiça do Estado de São Paulo, 7ª Câmara de Direito Privado, por meio do AI 155.854-4/8, rel. Salles de Toledo, *DJ* 30-11-2000.

Haroldo Malheiros Duclerc Verçosa, comentando a referida decisão, frisa que uma das finalidades da desconsideração está na sua presteza quanto a atender aos interesses dos prejudicados, haja vista que, se tivessem de esperar uma decisão em processo de conhecimento para discutir a fraude, enquanto corre o processo falimentar, isso corresponderia a não se obter a tutela adequada[55].

Não se pode deixar de explicitar o advento do art. 82-A (trazido pela Lei n. 14.112/2020 à Lei n. 11.101/2005), que assevera que é proibida a extensão da falência ou de seus efeitos (no todo ou em parte) aos sócios de responsabilidade limitada, aos controladores e aos administradores da sociedade falida. Por certo, sendo possível a desconsideração da personalidade jurídica, desde que respeitadas as diretrizes do art. 50 do Código Civil e dos art. 133 a 137 do CPC.

---

[55] Haroldo Malheiros Duclerc Verçosa. Falência – desconsideração da personalidade jurídica. *Revista de Direito Mercantil, Industrial, Econômico e Financeiro*, p. 171.

7.6.1. Massa falida

Para melhor entendimento do instituto da falência, é necessário nos determos um pouco no conceito de massa falida.

Massa falida é o acervo que compreende o ativo (bens e créditos) e o passivo (débitos) do falido, que passa a ser gerido e representado pelo administrador judicial.

Embora seja apenas uma universalidade de bens (universalidade de direito), e não uma pessoa jurídica, a massa falida tem capacidade de estar em juízo como autora ou ré de processos, sempre representada pelo administrador judicial, figura que substitui o "síndico da massa falida".

7.6.2. Classificação dos créditos (*par conditio creditorum*)

Classificação dos créditos é a ordem de prioridade para o recebimento de valores que forem disponibilizados durante o processo pela venda dos bens do falido.

Destaca-se que a ideia de classificar os credores do falido visa a reequilibrar situações de desigualdades. Diante da diversidade de créditos a ser habilitados, a lei objetiva assegurar um tratamento mais equilibrado e proporcional aos credores no processo falimentar[56].

Existe uma consagrada expressão latina que trata desse tema: *par conditio creditorum*, que na verdade é um princípio que revela a igualdade de condições entre os credores. Essa isonomia abarca os credores da mesma classe, ou seja, é um tratamento igualitário entre os credores, mantendo as diferenças quanto às respectivas classes de créditos, como será visto adiante.

Uma vez classificados os créditos, primeiro pagam-se os credores da primeira classe, de acordo com os créditos de cada credor pertencente a esta classe. O pagamento será total ou parcial, dependendo dos recursos obtidos durante o processo.

Depois de os credores da primeira classe terem sido pagos, se houver saldo, serão pagos os credores da segunda classe, total ou parcialmente, e assim por diante.

Quando o pagamento for parcial, deverá ser respeitada a proporcionalidade, conforme o valor do crédito dentro de sua classe.

Há **nove classes de credores**, sendo que a classificação dos créditos obedece à seguinte ordem hierárquica (LRF, art. 83, o qual foi objeto de reforma pela Lei n. 14.112/2020):

1ª) credores trabalhistas limitados a 150 salários mínimos[57] por trabalhador e créditos derivados de acidente do trabalho;

---

[56] Nesse sentido, Waldo Fazzio Júnior. *Nova lei de falência e recuperação de empresas*. p. 34.

[57] Atrelar essa quantia com o valor do salário mínimo poderia ser considerado inconstitucional, haja vista a vedação de sua vinculação para qualquer fim, conforme prevê o art. 7º, IV, da Constituição Federal.

Entretanto, em questões envolvendo a vinculação do salário mínimo, o STF vem se pronunciando de forma "flexível": "Ação Direta de Inconstitucionalidade. 2. Empresa Individual de Responsabilidade Limitada (EIRELI). Art. 980–A do Código Civil, com redação dada pelo art. 2º da Lei n. 12.441, de 11 de julho de 2011. 3. Exigência de integralização de capital social não inferior a 100 (cem) vezes o maior salário mínimo vigente no País. Constitucionalidade. 4. Proibição de vinculação do salário mínimo para qualquer fim. Art. 7º, IV, da Constituição Federal. Ausência de violação. Uso meramente referencial. 5. Livre iniciativa. Art. 170 da Constituição Federal. Ausência de violação. Inexistência de obstáculo ao livre exercício de

Para os créditos trabalhistas, o que ultrapassar esse limite será considerado como crédito quirografário, que está classificado na sexta classe. Já aos créditos de acidente do trabalho não se aplica este limite, ou seja, seus credores recebem tão somente nesta classe[58].

2ª) credores com garantia real;

São exemplos de créditos com garantia real: hipoteca, penhor, anticrese etc. Ou seja, um bem é a garantia da dívida. Estes credores recebem seus créditos nesta segunda classe, mas limitados ao valor do bem gravado; pois eventual diferença será considerada crédito quirografário.

3ª) créditos tributários, exceto as multas tributárias;

Por créditos tributários podem-se entender aqueles decorrentes de tributos federais, estaduais e municipais. Além disso, estão inclusas aqui as contribuições parafiscais, como as destinadas ao Instituto Nacional do Seguro Social – INSS, ao Fundo de Garantia do Tempo de Serviço – FGTS, ao Serviço Social da Indústria – SESI, ao Serviço Social do Comércio – SESC, entre outras.

No que tange às multas tributárias, por não comporem o valor principal do tributo, para efeitos de recebimento, elas são classificadas como a penúltima classe de créditos.

4ª) créditos com privilégio especial;

Inicialmente, vale considerar que **privilégios** são qualificativos que o Direito imprime a determinados créditos, diferentemente de **preferências**, que resultam da vontade das partes.

Os créditos com privilégio geral são aqueles previstos em leis civis e comerciais, como, por exemplo, o credor de benfeitorias necessárias, tratado no art. 964, III, do Código Civil.

---

atividade econômica. A exigência de capital social mínimo não impede o livre exercício de atividade econômica, é requisito para limitação da responsabilidade do empresário. 6. Ação direta de inconstitucionalidade improcedente." (ADI 4.637/2011, STF, Plenário, rel. Min. Gilmar Mendes, *DJe* 4-2-2021).

E o STF posicionou-se no sentido de que não há inconstitucionalidade, ao apreciar a ADI 3.934/2007, que, entre outras coisas, discutia a constitucionalidade do art. 83, I, da Lei n. 11.101/2005. Segue trecho do voto do relator Ministro Ricardo Lewandowski: "(...) o que a Constituição Federal veda é a sua utilização como indexador de prestações periódicas, e não como parâmetro de condenações e indenizações, de acordo com remansosa jurisprudência desta Suprema Corte (...)". A seguir, a ementa da decisão: "Ação direta de inconstitucionalidade. Arts. 60, parágrafo único, 83, I e IV, *c*, e 141, II, da Lei n. 11.101/2005. Falência e recuperação judicial. Inexistência de ofensa aos arts. 1º, III e IV, 6º, 7º, I, e 170 da Constituição Federal de 1988. ADI julgada improcedente. I – Inexiste reserva constitucional de lei complementar para a execução dos créditos trabalhistas decorrente de falência ou recuperação judicial. II – Não há, também, inconstitucionalidade quanto à ausência de sucessão de créditos trabalhistas. III – Igualmente não existe ofensa à Constituição no tocante ao limite de conversão de créditos trabalhistas em quirografários. IV – Diploma legal que objetiva prestigiar a função social da empresa e assegurar, tanto quanto possível, a preservação dos postos de trabalho. V – Ação direta julgada improcedente". (ADI 3.934/2007, STF, Plenário, rel. Min. Ricardo Lewandowski, *DJe* 6-11-2009.)

[58] De acordo com os termos do art. 44 da Lei n. 4.886/65 (Lei do Representante Comercial Autônomo), em caso de falência da empresa representada, as importâncias devidas ao representante (inclusive comissões, indenização e aviso prévio) serão consideradas créditos de natureza trabalhista. Esse fato se dá porque, embora não haja relação de trabalho entre as partes, a remuneração do representante comercial tem caráter alimentar.

Com a alteração promovida pela Lei Complementar n. 147/2014 ao inc. IV do art. 83 da Lei n. 11.101/2005, os créditos dos microempreendedores individuais (MEIs) e das microempresas (MEs) e empresas de pequeno porte (EPPs) passaram a ser considerados de privilégio especial.

5ª) créditos com privilégio geral;

De igual modo, os créditos com privilégios gerais são os previstos em leis civis e comerciais, como o crédito por despesas de funeral (CC, art. 965, I) e o crédito do comissário, quanto a comissões que tiver direito e despesas realizadas (CC, art. 707).

6ª) créditos quirografários;

Os créditos quirografários são os créditos comuns, por não terem privilégios ou garantias. Podem ser tidos como exemplos de créditos quirografários: os não inclusos ou comportados nas outras classes; o excedente dos 150 salários mínimos dos trabalhistas; os decorrentes de títulos de crédito ou contratos sem garantias ou privilégios, exceto a multa, se houver.

7ª) créditos de multas contratuais e tributárias;

As multas são cláusulas penais impostas pelo descumprimento de uma obrigação contratual ou tributária. Elas não são consideradas parte do valor principal devido pela obrigação firmada e não cumprida ou pelo tributo não pago, sendo, por isso, classificadas nesta classe de créditos.

8ª) créditos subordinados.

Os créditos subordinados são assim classificados por força de contrato ou de lei, como, por exemplo, dispõe o art. 58, § 4º, da Lei n. 6.404/76 que a debênture que não gozar de garantia poderá conter cláusula de subordinação aos credores quirografários, preferindo apenas aos acionistas no ativo remanescente, se houver, em caso de liquidação da companhia. Bem como são subordinados os créditos de sócios e administradores, sem vínculos empregatícios, perante a empresa, como os créditos derivados de *pro labore* em razão do trabalho desempenhado ou de dividendos pela participação nos lucros da empresa ao tempo da decretação da falência.

Também são considerados subordinados os créditos da CVM (Comissão de Valores Mobiliários) decorrentes da imposição de multa por infrações à legislação do mercado de capitais, conforme prevê o § 15 do art. 11 da Lei n. 6.385/76 (incluído pela Lei n. 13.506/2017).

Amador Paes de Almeida ensina que os subordinados são créditos **subquirografários**, por não gozarem de qualquer garantia e estarem na última escala dos créditos[59].

Também podem ser denominados créditos subquirografários os decorrentes de multas. A propósito, na classe dos credores decorrentes de multas não estão inclusos os créditos

---

[59] Amador Paes de Almeida. *Curso de falência e recuperação de empresa*: de acordo com a Lei n. 11.101/2005. p. 210.

decorrentes de **multas por inadimplemento de obrigações trabalhistas**, haja vista que esses créditos são classificados como de natureza trabalhista efetivamente[60].

9ª) créditos derivados de juros vencidos após a decretação da falência.

Isso está relacionado com o art. 124 da Lei n. 11.101/2020, ao prever que contra a massa falida não são exigíveis juros vencidos após a decretação da falência, previstos em lei ou em contrato, se o ativo apurado não bastar para o pagamento dos credores subordinados. A contrário senso, havendo saldo remanescente positivo após a quitação dos credores subordinados, tais juros serão pagos na condição de última classe de credores.

Dentre alguns pontos interessantes no concurso de credores, encontra-se o dos **honorários advocatícios**, que, apesar de terem caráter alimentar, a lei falimentar não os equiparou ao crédito trabalhista ou com privilégio especial. No fundo, honorários advocatícios são classificados como créditos com privilégio geral, conforme prevê o Estatuto da Advocacia – Lei n. 8.906/94, art. 24, *caput*, ao estabelecer que a decisão judicial que fixar honorários e o contrato escrito são títulos executivos e constituem "crédito privilegiado" na falência. Esse privilégio deve ser entendido como geral, pois a norma não expressou que ele seja especial. Portanto, essa disposição legal se enquadra na hipótese do art. 83, V, *c*, que classifica como crédito com privilégio geral os assim definidos em outras leis. No entanto, sempre houve divergências entre os que equiparam os honorários advocatícios com os créditos trabalhistas[61].

Recentemente, o STJ, ao decidir por maioria de votos no Órgão Especial o REsp 1.152.218, entendeu que os honorários de advogados, sejam contratuais ou sucumbenciais, têm natureza alimentar, sendo equiparados aos créditos trabalhistas para fins de habilitação de crédito no processo falimentar. Por força da equiparação, os créditos dos

---

[60] Falência. Classificação de créditos. Crédito resultante da aplicação da multa do art. 477, § 8º, da CLT. Decisão classificando-o como subquirografário. Inadmissibilidade. Crédito que tem privilégio do art. 83, I, da Lei n. 11.101/2005. Orientação atual desta câmara e do STJ. Valores que não excedem o limite previsto para tais créditos. Recurso provido (AI 994093235088, TJSP, Câmara Reservada à Falência e Recuperação, rel. Boris Kauffmann, *DJ* 22-4-2010).

Falência. Classificação de créditos. Multa ajustada para o descumprimento de acordo celebrado em reclamação trabalhista. Decisão classificando o crédito como subquirografário. Inadmissibilidade. Orientação da câmara reservada à falência e recuperação. Recurso provido (AI 36816313201082600000, TJSP, Câmara Reservada à Falência e Recuperação, rel. Boris Kauffmann, *DJ* 1º-4-2011).

[61] Direito falimentar. Apelação cível. Habilitação de crédito. Honorários de advogado. Privilégio geral. Art. 24 da Lei n. 8.906/94. Art. 83, V, letra "c", da LFR. Sentença mantida. Recurso negado. 1. Em que pese sua natureza alimentar, o art. 24 do Estatuto da OAB não confere privilégio especial aos honorários advocatícios, taxativamente enumerados no art. 83, IV, da Lei n. 11.101/2005 (LFR), classificando-se como créditos com privilégio geral na falência, na forma do inc. V, letra "c", desse mesmo dispositivo/LFR. (...) (AC 6651574, TJPR, 17ª Câmara Cível, Relator Francisco Jorge, *DJ* 26-1-2011).

Falência. Habilitação de crédito – honorários advocatícios. Crédito com privilégio geral. Se salário e honorários advocatícios são figuras afins em sua natureza alimentar, a Lei de Falências deveria estender a estes algum privilégio, porquanto é exatamente a garantia de subsistência trazida por qualquer parcela de natureza alimentar que ela deve proteger. Razão ao apelante, devendo ser seus **créditos** equiparados aos **créditos** trabalhistas. (...) (AC 1.0210.97.002077-7/001, TJMG, 2ª Câmara Cível, relator do acórdão Des. Carreira Machado, *DJ* 7-5-2009).

honorários ficam limitados aos mesmos 150 salários mínimos dos trabalhistas. A mesma decisão compreendeu que os honorários advocatícios contratados para atender aos interesses da massa falida (após a decretação da quebra) têm natureza de créditos extraconcursais. É imprescindível chamar a atenção ao fato de que o referido recurso especial foi julgado seguindo o rito dos representativos de controvérsia (multiplicidade de recursos), nos termos do CPC de 2015, art. 1.036 [CPC/73, art. 543-C], sendo, portanto, a interpretação aplicável aos demais processos que versam sobre o tema no STJ, bem como serve de orientação para as instâncias inferiores.

Contudo, mantemos nossa opinião no sentido de que a sociedade de advogados ou o advogado autônomo, que normalmente têm outras fontes de renda decorrentes de outros clientes, não podem ter seus créditos (decorrentes de trabalhos realizados ao devedor antes de falir, não à massa falida) equiparados aos dos trabalhadores da empresa falida que, via de regra, tinham-na como única fonte de renda. Ou seja, os créditos dos advogados já gozam de uma classificação melhor em relação aos quirografários, a de privilegiados gerais.

De forma diversa, os créditos do **representante comercial autônomo** (em razão do contrato empresarial de representação comercial, que será estudado no capítulo dos contratos mercantis) ainda que não haja vínculo de trabalho com o representado, pois no fundo é uma relação empresarial que existe entre ambos, se acontecer a falência do representado, serão considerados créditos da mesma natureza dos créditos trabalhistas, conforme prevê o art. 44 da Lei n. 4.886/65 – Lei da Representação Comercial. À luz desse dispositivo, estão inclusos nestes créditos todas as importâncias, relacionadas com a representação, devidas pelo empresário falido ao representante comercial, inclusive as comissões vencidas e vincendas, indenização e aviso prévio.

Especificamente sobre os **créditos tributários**, alguns entendem que, havendo concorrência entre a União, Estados e Municípios para o recebimento de seus créditos na terceira classe, e não havendo recursos suficientes para pagamento de todos, deveria ser aplicada a regra do Código Tributário Nacional (CTN), art. 187, parágrafo único, que prevê uma ordem hierárquica: primeiro receberia a União, depois Estados, Distrito Federal e Territórios, e, por último, os Municípios.

Vale destacar que a cobrança dos créditos tributários goza de um procedimento próprio: a **execução fiscal**, que é regulada pela Lei n. 6.380/80 – Lei de Execução Fiscal, devendo o ente político (União, Estado ou Município) comunicar seu crédito para ser incluído no quadro-geral de credores[62].

---

[62] Ilustra essa situação a decisão judicial a seguir: Agravo de instrumento. Falência. Créditos tributários. (...) 1. Nos termos dos arts. 187 do CTN e 29 da Lei n. 6.830/80, a cobrança judicial do crédito tributário não se sujeita a concurso de credores ou habilitação em falência, eis que possui procedimento próprio, a execução fiscal. Segundo tal premissa, basta que a Fazenda Pública, Nacional, Estadual ou Municipal comunique ao Juízo da Falência o seu montante e o Administrador Judicial o inclua no Quadro-Geral, para que dele tenham conhecimento os demais credores. 2. A mera informação referente ao crédito não implica em pedido de habilitação no processo falimentar, sob pena de violação ao direito de opção conferido ao ente público que, conforme moderna jurisprudência, poderá escolher entre a habilitação de seus créditos na falência, hipótese em que a competência para eventual impugnação será atraída pelo Juízo Falimentar, ou intentar a ação executiva fiscal, de competência da Justiça Federal ou

7.6.3. Créditos extraconcursais

É importante explicitar a questão da existência dos créditos extraconcursais, que são aqueles que não estão compreendidos na classificação dos créditos da falência, pois são créditos contra a massa falida e não contra o devedor falido. Embora intitulados como créditos pois seus titulares são credores, no fundo são de fato "débitos" contraídos pela massa falida em seu próprio interesse e, consequentemente, no dos credores.

Os créditos (ou melhor, os débitos) extraconcursais são pagos com precedência aos citados anteriormente (LRF, art. 84) na ordem a seguir:

1) despesas cujo pagamento antecipado seja indispensável à administração da falência, inclusive na hipótese de continuação provisória das atividades (cc. art. 150);

2) créditos trabalhistas de natureza estritamente salarial vencidos nos 3 (três) meses anteriores à decretação da falência, até o limite de 5 (cinco) salários mínimos por trabalhador, serão pagos tão logo haja disponibilidade em caixa (cc. art. 151);

3) valores efetivamente entregues ao devedor em recuperação judicial por financiador (cc. arts. 69-A a 69-F);

4) créditos em dinheiro objeto de restituição (cc. art. 86);

5) remunerações devidas ao administrador judicial e aos seus auxiliares, reembolsos devidos a membros do Comitê de Credores, créditos derivados da legislação trabalhista ou decorrentes de acidentes de trabalho relativos a serviços prestados após a decretação da falência;

6) obrigações resultantes de atos jurídicos válidos praticados durante a recuperação judicial (cc. art. 67) ou após a decretação da falência;

7) quantias fornecidas à massa falida pelos credores;

8) despesas com arrecadação, administração, realização do ativo, distribuição do seu produto e custas do processo de falência;

9) custas judiciais relativas às ações e às execuções em que a massa falida tenha sido vencida;

10) tributos relativos a fatos geradores ocorridos após a decretação da falência (respeitando-se a ordem do art. 83).

Não é demais reforçar o mandamento do *caput* do art. 84 (o qual também foi objeto de reforma pela Lei n. 14.112/2020), que expressa haver uma ordem de prioridade nos pagamentos entre os créditos extraconcursais; portanto, o respeito à sequência do art. 84 é tanto imperativa quanto à do art. 83.

Esses créditos extraconcursais são pagos com precedência aos demais créditos, pois, se tivessem que concorrer com os demais elencados na classificação de crédito, o processo falimentar ficaria inviabilizado. Exemplificativamente, o **administrador judicial** precisa ser remunerado, antes mesmo de os credores receberem seus direitos, sob pena de não se conseguir um profissional para o exercício de tal ofício. Ou seja, é normal que a massa falida tenha despesas para sua manutenção, mesmo que a atividade empresarial já tenha sido encerrada de fato.

---

das Varas de Fazenda Pública. (...) (AI 21917120088070000, TJDF, 5ª Turma Cível, rel. Lecir Manoel da Luz, *DJe* 4-9-2008).

A partir da vigência inicial da Lei n. 11.101/2005, especialmente pela dinâmica do art. 84, I-D (ajustado pela Lei 14.112/2020), houve a perda do efeito da Súmula 219 do STJ (*DJ*, 25-3-1999): "Os créditos decorrentes de serviços prestados à massa falida, inclusive a remuneração do síndico, gozam dos privilégios próprios dos trabalhistas". Isso porque o administrador judicial (que substituiu o síndico da massa falida) tem claramente, na lei, seu crédito considerado uma despesa da massa falida, um crédito extraconcursal, portanto. Assim, será pago com precedência aos credores do falido, inclusive quanto aos créditos trabalhistas.

Quanto aos **tributos** resultantes de fatos ocorridos após a decretação da falência, o CTN, no seu art. 188, *caput*, também prevê que são extraconcursais os créditos tributários decorrentes de fatos geradores ocorridos no curso do processo falimentar.

No que se refere às obrigações de atos praticados na recuperação judicial, o art. 84, I-E, emprega a palavra "durante", do que se depreende ser a partir da decisão do juiz que concedeu a recuperação, precedida da aprovação do plano pela assembleia geral de credores.

Quanto à inclusão da despesa com **advogado** contratado para ajuizar a recuperação judicial, a princípio, por ser anterior à concessão da recuperação não deveria ser tida por crédito extraconcursal. Entretanto, poderia ser considerada como uma despesa necessária para a busca da superação da crise empresarial[63]. Uma vez aceito esse raciocínio, também poderão ser tidas como despesas extraconcursais as realizadas na contratação de escritório especializado na elaboração do "plano" de recuperação de empresas, que nem sempre é o mesmo escritório de advocacia que ajuizou a recuperação.

Ao julgar o REsp 1.152.218, o STJ entendeu que os **honorários advocatícios** firmados para assessorar a massa falida (logo depois da decretação de falência) têm natureza de créditos extraconcursais. Esses honorários são despesas da massa, devendo ser pagos antes mesmo dos créditos trabalhistas, não sendo aplicável a Súmula 219 do STJ. Além disso, é preciso lembrar que, pela multiplicidade de recursos, o julgamento do REsp 1.152.218 seguiu o rito dos representativos de controvérsia, conforme o art. 1.036 do CPC de 2015 [CPC/73, art. 543-C], cuja tese recairá sobre os outros litígios que tratam do assunto no STJ, além de servir de orientação para as instâncias inferiores.

7.6.4. Pedido de restituição

Durante o processo falimentar, pode ocorrer de ser arrecadado (trazido para o acervo da massa falida), pelo administrador judicial, algum bem de propriedade de outrem, o que pode

---

[63] Falência (Lei n. 11.101/2005). Decretação após concessão da recuperação judicial. Crédito resultante de obrigação assumida com escritório de advocacia contratado para ajuizar o pedido de recuperação judicial. Classificação, pelo administrador judicial, como crédito extraconcursal. Impugnação feita por sócio da falida sustentando ser crédito quirografário, por ter sido o contrato celebrado antes do ajuizamento do pedido de recuperação judicial. Sentença acolhendo a impugnação. Recurso. Crédito que decorreu de contrato celebrado para prestação de serviços visando a superação da crise econômico financeira da devedora. Interpretação da expressão "durante a recuperação judicial" do art. 67 da Lei n. 11.101/2005. Recurso provido para restaurar a classificação atribuída pelo administrador judicial em seu rol de credores (ED 990.10.196753-7, TJSP, Câmara Reservada à Falência e Recuperação, rel. Boris Kauffmann, *DJ* 29-3-2011).

incluir o fato de que esse bem estivesse em poder do devedor. Nesses casos, o legítimo proprietário do bem arrecadado poderá pedir sua restituição/devolução (LRF, art. 85, *caput*).

Ressalte-se o fato de que somente o proprietário pode pedir a restituição, por se tratar de um direito real de propriedade. Entretanto, não podemos perder de vista que o credor fiduciário também goza de tal prerrogativa, conforme comentado em outro item deste livro, "alienação fiduciária" (no capítulo sobre contratos mercantis), para o qual remetemos o leitor. Mas aqui não se pode deixar de mencionar que, ocorrendo a falência do devedor, fica assegurado ao credor ou proprietário fiduciário o direito de pedir a restituição do bem alienado fiduciariamente (Decreto-lei n. 911/66, art. 7º).

Da mesma forma, quem vendeu para o devedor a crédito e entregou a coisa nos **15 dias** anteriores ao requerimento de sua falência poderá pedir a restituição dessa coisa (LRF, art. 85, parágrafo único).

Vale ter em conta que o objeto do pedido de restituição deverá ser uma coisa que não tenha sido alienada, pois, se for o caso de uma mercadoria adquirida pelo devedor e que por este já foi revendida, não poderá ela ser restituída, cabendo apenas uma indenização em dinheiro.

O revogado Decreto-lei n. 7.661/45, no *caput* do seu art. 76, equivalente ao *caput* do art. 85 da Lei n. 11.101/2005, previa a palavra "coisa", o que fazia com que alguns entendessem que não seria possível a restituição de um bem incorpóreo, como a licença de uso de marca.

A seu tempo, e sob a vigência da norma anterior, Trajano de Miranda Valverde afirmava que o objeto do pedido de restituição (quer fundado em direito real, quer em contrato) deveria ser coisa corpórea, móvel ou imóvel[64].

O dispositivo em vigor, *caput* do art. 85 da Lei n. 11.101/2005, usa a palavra "bem", o que, a princípio, sana a controvérsia, cabendo então a bens corpóreos e incorpóreos.

No entanto, o vigente parágrafo único do art. 85 (assim como fazia o seu correspondente, § 2º do art. 76 do Decreto-lei n. 7.661/45) utiliza a palavra "coisa", o que pode levar a crer que essa regra do parágrafo único (coisa vendida a crédito e entregue ao devedor nos 15 dias anteriores ao requerimento de sua falência, se ainda não alienada) será cabível apenas a bens corpóreos.

Pode acontecer de a restituição ser em dinheiro, quando (LRF, art. 86):

1) não for possível a restituição da coisa por esta ter perecido;

2) a importância entregue ao devedor for decorrente de adiantamento de contrato de câmbio;

3) for decorrente dos valores entregues ao devedor pelo contratante de boa-fé na hipótese de revogação ou ineficácia do contrato (cc. art. 136);

4) devidos às Fazendas Públicas, relativamente a tributos passíveis de retenção na fonte, de descontos de terceiros ou de sub-rogação e a valores recebidos pelos agentes arrecadadores e não recolhidos aos cofres públicos.

---

[64] Trajano de Miranda Valverde. *Comentários à lei de falências*. 4. ed. atualizada por J. A. Penalva Santos e Paulo Penalva Santos. Rio de Janeiro: Forense, 1999. p. 457.

As restituições em dinheiro não integram o concurso de credores, ou seja, os terceiros que têm direito às restituições receberam suas quantias antes de os credores receberem seus créditos classificados por classes[65].

A sentença judicial que negar a restituição, mas que reconhecer o direito de crédito do autor, incluirá o requerente no quadro-geral de credores, na classe correspondente à natureza do seu crédito (LRF, art. 89).

É preciso considerar que o pedido de restituição deve ser feito perante o juízo falimentar, de maneira fundamentada e descrevendo a coisa a ser devolvida (LRF, art. 87, *caput*).

O juiz determinará que esse pedido seja autuado em separado. Também ordenará a intimação do falido, do comitê de credores e do administrador judicial para que possam se manifestar no prazo de 5 dias (LRF, art. 87, § 1º).

Após isso, o juiz avaliará as provas e determinará audiência de instrução e julgamento, se necessário (LRF, art. 87, § 2º).

Julgando procedente o pedido, será proferida sentença que determinará a entrega da coisa em **48 horas** (LRF, art. 88).

Dessa sentença cabe apelação sem efeito suspensivo (LRF, art. 90, *caput*).

É bom lembrar que, quando a Lei n. 11.101/2005 for silente quanto aos prazos dos recursos cabíveis, aplicam-se aos prazos as normas do Código de Processo Civil.

Até o trânsito em julgado, o pedido de restituição suspende a disponibilidade do bem objeto da discussão na demanda judicial (LRF, art. 91, *caput*).

Como esclarece Manoel Justino Bezerra Filho, o bem fica indisponível até o trânsito em julgado da sentença que julga improcedente o pedido de restituição, haja vista que, se a sentença for procedente, o bem continuará indisponível até a sua efetiva devolução ao autor vencedor da demanda[66].

7.6.5. Decretação da falência

Em geral, o processo falimentar é bastante complexo e, para melhor entendê-lo, de uma maneira didática, pode-se dizer que ele se divide, basicamente, em **duas fases**.

A **primeira fase** tem início com a petição inicial do credor requerendo a falência do devedor, indo até a decisão do juiz, que julga procedente ou não esse pedido, por meio da decretação da falência. A declaração da falência pode ser motivada por crise, impontualidade ou prática de ato de falência.

A decisão que decreta a falência é popularmente conhecida por **declaração de quebra**. "Quebra" porque no passado era comum o uso da expressão italiana *bancarotta*, que corresponde à banca quebrada. Isso porque quando um comerciante deixava de honrar seus compromissos havia uma autorização para que sua banca pudesse ser quebrada pelo credor.

---

[65] Apelação cível. Falência. Pedido de restituição de mercadorias ou equivalente em dinheiro. Inteligência do art. 78, § 2º, do Decreto-lei n. 7.661/45. Recurso provido. Não havendo mais as mercadorias alienadas a crédito, a restituição correspondente se dá pela entrega do equivalente em dinheiro, sem que o terceiro seja incluído no rol de credores da massa (AC 86400/2010, TJMT, *DJ* 8-2-2011).

[66] Manoel Justino Bezerra Filho. *Nova lei de recuperação e falências comentada*. p. 227.

562   DIREITO EMPRESARIAL *sistematizado*

Ainda hoje, alguns países utilizam o vocábulo quebra em vez de falência, como é o caso da Argentina.

Com a decretação da falência, começa a **segunda fase**, em que, sucintamente, se procurará vender o ativo para pagar o passivo. Feito isso, o juiz irá proferir uma nova decisão encerrando o processo falimentar, após cumpridos alguns trâmites que serão estudados adiante.

Ressalta-se que a decisão declaratória de falência é um marco fundamental no processo falimentar da qual resultam vários efeitos (que serão abordados mais à frente). Essa decisão ocorre após o juiz ter recebido a petição inicial requerendo a falência e avaliado a contestação do devedor.

A seguir, será estudado como o processo falimentar tem início, quais são as hipóteses de cabimento, quem tem legitimidade para requerê-lo etc.

7.6.5.1. Hipóteses

Antes da análise das hipóteses de decretação da falência, é importante entender que a lei exige que haja insolvência do empresário para que o juiz decrete sua falência.

Por isso, é pertinente a distinção feita por Fábio Ulhoa Coelho quanto à diferença entre insolvência **econômica** e insolvência **jurídica**. **Insolvência econômica** se caracteriza pelo fato de que o estado patrimonial do empresário está com o ativo menor do que o passivo, o que também é denominado insolvabilidade. Já a **insolvência jurídica** se configura pela impontualidade injustificada (LRF, art. 94, I), execução frustrada (LRF, art. 94, II) ou pela prática de ato de falência (LRF, art. 94, III)[67].

Dessa forma, para a decretação da quebra é indiferente o estado econômico-financeiro do empresário (se acometido por crise ou não), pois a lei segue critérios objetivos na enumeração das possibilidades de insolvência jurídica.

A falência do devedor será decretada nas seguintes hipóteses (LRF, art. 94):

1)   quando não pagar, sem relevante razão de direito, no vencimento: obrigação líquida, materializada em título, ou títulos executivos protestados cuja soma ultrapasse o equivalente a **40 salários mínimos** na data do pedido da falência[68];

Os credores, com créditos inferiores a 40 salários mínimos, podem unir/somar seus direitos creditórios para chegar ao valor mínimo (LRF, art. 94, § 1º).

2)   quando executado, por qualquer quantia: não pagar, não depositar e não nomear bens à penhora (p.ex., em uma execução trabalhista);

3)   quando praticar os seguintes atos, exceto no caso de fazer parte de plano de recuperação judicial:

    3.1)   realizar precipitadamente liquidação de seus ativos;

---

[67]   Fábio Ulhoa Coelho. *Curso de direito comercial*: direito de empresa. v. 3. p. 251.

[68]   Como já apontado, a vinculação da quantia mínima com o valor do salário mínimo poderia ser considerada inconstitucional, em razão da proibição de sua vinculação para qualquer fim, conforme prevê o art. 7º, IV, da Constituição Federal. Mas vale lembrar que o STF tem se posicionado de forma um tanto quanto "flexível" quanto a isso (no sentido de que não há inconstitucionalidade), como, por exemplo, nas decisões exaradas na ADI n. 3.934/2007 e na ADI 4.637/2011.

Pode ser o caso de o empresário vender seus bens visando a promover o encerramento na Junta Comercial, o que não impedirá a decretação de sua falência.

3.2) tentar retardar pagamentos ou fraudar credores;

3.3) transferir o estabelecimento sem consentimento de credores;

O Código Civil, em seu art. 1.145, prevê que, na alienação do estabelecimento, ao empresário deverão restar bens suficientes para saldar suas dívidas; caso contrário, ele deverá pedir anuência de todos os seus credores.

3.4) simular a transferência de seu estabelecimento;

3.5) dar garantia sem ficar com bens para fazer frente ao seu passivo;

3.6) ausentar-se sem deixar procuradores com bens para pagar os credores;

3.7) deixar de cumprir, no prazo estabelecido, o plano de recuperação judicial.

Os atos enumerados anteriormente são denominados **atos de falência**, assim chamados por serem atitudes temerárias que podem acarretar frustrações aos seus credores.

7.6.5.2. Quem pode requerer

É importante analisar quem tem legitimidade ativa para requerer a decretação da falência do devedor. Conforme a lei, podem solicitar a falência do devedor (LRF, art. 97):

1) qualquer credor (de natureza civil, empresarial, trabalhista etc. Já a União, os Estados e os Municípios não podem requerer falência, cabendo a tais entes a prerrogativa da execução fiscal, disciplinada pela Lei n. 6.830/80, art. 29, e CTN, art. 187)[69];

2) o cotista (de sociedade limitada) ou acionista (de sociedade anônima) do devedor (essa hipótese cabe apenas para sociedade empresária, pois empresário individual não tem cotista ou acionista);

3) o cônjuge sobrevivente, herdeiros do devedor ou inventariante (já essa hipótese é só para empresário individual);

4) o próprio devedor (autofalência, que será vista a seguir).

Quanto à primeira possibilidade, se o credor também for empresário, deverá apresentar certidão da Junta Comercial que comprove a regularidade de sua atividade (LRF, art. 97, § 1º). Daí a importância de o empresário manter-se em situação regular junto ao Registro Público das Empresas Mercantis, sob pena de não ter legitimidade para requerer a falência de seus devedores.

---

69 Nesse sentido: Processual Civil e Tributário. Apresentação de créditos na falência. (...) 2. Os arts. 187 [do CTN] e 29 da Lei n. 6.830/80 não representam um óbice à habilitação de créditos tributários no concurso de credores da falência; tratam, na verdade, de uma prerrogativa da entidade pública em poder optar entre o pagamento do crédito pelo rito da execução fiscal ou mediante habilitação do crédito. 3. Escolhendo um rito, ocorre a renúncia da utilização do outro, não se admitindo uma garantia dúplice. Precedentes. 4. O fato de permitir-se a habilitação do crédito tributário em processo de falência não significa admitir o requerimento de quebra por parte da Fazenda Pública. 5. No caso, busca-se o pagamento de créditos da União, representados por 11 (onze) inscrições em dívida ativa, que, todavia, em sua maioria, não foram objeto de execução fiscal em razão de seu valor. (...) (REsp 1.103.405/MG, STJ, 2ª Turma, rel. Min. Castro Meira, *DJe* 27-4-2009).

7.6.5.2.1. Falência requerida pelo próprio devedor (autofalência)

A última hipótese de quem pode requerer a falência, no caso o próprio devedor, é a chamada autofalência.

A autofalência ocorre quando o devedor verifica a inviabilidade da continuidade da atividade empresarial, por crise econômico-financeira, ficando impossibilitado de atender aos requisitos para pleitear a recuperação judicial (LRF, art. 105, *caput*).

Por isso, a autofalência pode ser vista como um **dever** para o empresário finalizar uma atividade em crise com o fim de evitar ainda mais prejuízos aos *stakeholders*, ou partes interessadas/afetadas (credores em geral, como fornecedores, funcionários etc.).

Entretanto, a autofalência não deixa de ser um **direito**, na medida em que, se houver o pagamento de mais de 25% dos credores quirografários, à luz do art. 158 da Lei n. 11.101/2005, II, objeto de reforma pela Lei n. 14.112/2020. Neste caso os outros 75% dos créditos quirografários, bem como os créditos decorrentes de multas e créditos subordinados, não precisariam ser pagos, ficando como um "perdão legal" da dívida. Esse é um dos benefícios dados pelo ordenamento jurídico ao empresário, haja vista o risco inerente a toda atividade econômica associado ao fato de que em boa medida os principais credores foram satisfeitos, ainda que os quirografários parcialmente. Ressalta-se que será facultado ao falido integralizar a quantia necessária a fim de alcançar essa porcentagem de mais de 25%.

Para requer a autofalência, o devedor deverá apresentar demonstrações contábeis, expor as razões da impossibilidade de prosseguir no negócio etc. (LRF, art. 105).

Se for um empresário individual, apenas a sua vontade já é o suficiente para o requerimento de sua falência. Se for uma sociedade empresária, será necessária uma deliberação dos sócios a fim de verificar a vontade majoritária do capital social. Para tanto, é preciso respeitar o quórum previsto na lei ou no contrato/estatuto social, como, por exemplo, 3/4 do capital social no caso de uma sociedade limitada à luz dos arts. 1.076, I, e 1.071, V e VI, do Código Civil.

Entendemos que, sendo a EIRELI [atualmente revogada pela Lei n. 14.382/2022] submetida à Lei n. 11.101/2005, por desenvolver atividade econômica, composta apenas de uma pessoa, ela também poderia requerer sua autofalência, quando for o caso.

7.6.5.3. Petição inicial e procedimento. Protesto especial

O pedido de falência deverá ser feito junto ao juízo falimentar. Em algumas comarcas, há varas especializadas com competência para julgar processos falimentares, mas, na maioria, a competência é das varas cíveis.

A **petição inicial** do credor, que irá requerer a falência do devedor, deverá ser instruída com o documento comprobatório, de acordo com a hipótese de falência (LRF, art. 94, §§ 3º, 4º e 5º):

1) para **execução frustrada** (hipótese do inc. II do art. 94), com a certidão judicial expedida pelo juízo em que se processa a execução;

2) para **atos de falência** (hipóteses do inc. III do art. 94), com a descrição dos fatos que caracterizam a falência juntando as provas pertinentes, conforme o caso;

3) para **impontualidade injustificada** (hipótese do inc. I do art. 94), com o título executivo e a certidão do protesto para fim falimentar.

Embora o § 3º do art. 94 seja claro ao exigir que o pedido de falência seja acompanhado do instrumento de protesto "específico" com a finalidade falimentar, há precedentes no STJ (p.ex., REsp 1.052.495/RS e AgRg no REsp 1.071.822/SP) dispensando o **protesto especial** para instruir ação de falência contra o devedor. Nesse caso, o mero protesto cambial (do título) seria suficiente para instruir o pedido de quebra. Essa posição do STJ é contrária não apenas à Lei n. 11.101/2005, mas à toda dinâmica de proteção e preservação da empresa. Isso pois o protesto especial para efeitos falimentares é um direito atribuído ao empresário devedor, o qual pode buscar sustá-lo ou mesmo efetuar o pagamento da dívida com o fim de evitar a decretação da quebra. No mais, vale expressar o teor da Súmula 361 do STJ: "A notificação do protesto, para requerimento de falência da empresa devedora, exige a identificação da pessoa que a recebeu".

7.6.5.4. Afastamento da falência

Em relação à possibilidade de afastamento da falência, o devedor poderá **contestar** o requerimento de sua falência, procurando desse modo afastar a decretação da quebra.

O prazo para apresentar a contestação é de **10 dias** (LRF, art. 98).

Assim, a decisão judicial pode ser no sentido de decretar ou não a falência do empresário. Quando o juiz não decreta a falência, tem-se uma denegatória da falência, decisão que afasta a quebra[70].

Dessa forma, o devedor poderá afastar a decretação da falência se, ao contestar, provar que (LRF, art. 96):

1) já pagou a dívida;
2) o título é falso;
3) ocorreu a prescrição do crédito;
4) há nulidade de obrigação ou de título;
5) existe fato que pode extinguir a obrigação (novação, compensação etc.) ou suspendê-la, ou que não legitime a cobrança;
6) houve vício no protesto;

O protesto pode ser considerado viciado quando não for realizado na comarca do domicílio do devedor ou do local do pagamento, nos termos da Lei do Protesto – Lei n. 9.492/97, art. 6º.

7) a atividade empresarial foi encerrada há mais de **2 anos** (a contar da baixa de encerramento na Junta Comercial);
8) apresentou pedido de recuperação judicial;

Dentro do prazo para contestar, o devedor poderá solicitar sua recuperação judicial (LRF, art. 95), fazendo, dessa forma, uso desse instituto como era a revogada concordata suspensiva, que tinha exatamente a finalidade de suspender a continuidade do processo falimentar.

---

[70] Nesse sentido, Amador Paes de Almeida. *Curso de falência e recuperação de empresa*: de acordo com a Lei n. 11.101/2005. p. 99.

9) depositou o valor, no prazo da contestação, correspondente ao total do crédito (que se discute a falsidade ou prescrição), acrescido de correção monetária, juros e honorários advocatícios (LRF, art. 98, parágrafo único).

Esse depósito é conhecido como "depósito elisivo", pois, ao ser uma espécie de caução, tem como efeito afastar a possibilidade da decretação da falência.

Nessa última hipótese, ainda que o pedido de falência formulado pelo credor seja julgado procedente, a falência não será decretada, mas, sim, o juiz ordenará o levantamento do valor depositado em favor do autor.

7.6.5.5. Recursos cabíveis

Da decisão que decreta a falência (decisão declaratória) cabe **agravo**, pois não é uma sentença que termina o processo, e sim uma decisão interlocutória que abre uma nova fase processual.

Entretanto, quando o pedido de falência é julgado improcedente (decisão denegatória), se estará diante de uma sentença da qual cabe **apelação**, por se tratar de decisão que finaliza o processo (LRF, art. 100).

Se for verificado que o autor ajuizou o pedido de falência por dolo, ou seja, com a intenção de prejudicar, a sentença que julgá-la improcedente irá condená-lo a indenizar o réu (ou terceiros prejudicados) por perdas e danos, a serem apurados em liquidação de sentença (LRF, art. 101).

Trata-se de uma hipótese que independe de reconvenção (pedido contraposto feito no prazo da contestação) por parte do réu empresário, uma vez que a própria lei lhe assegura esse direito à indenização, que pode ser fundamentado em dano emergente, lucro cessante e/ou dano moral, temas que estudamos no capítulo sobre contratos.

Quando o pedido doloso de falência causar dano a terceiro, este também poderá reclamar indenização dos responsáveis, mas neste caso por meio de ação própria, ou seja, ação indenizatória por perdas e danos (LRF, art. 101, § 2º).

7.6.5.6. Decretação de falência – efeitos e determinações

A decisão que decretar a falência do devedor, entre outras providências, determinará (LRF, art. 99, o qual sofreu algumas alterações pela Lei n. 14.112/2020):

1) a suspensão da prescrição das obrigações e execuções contra o falido (*vide* art. 6º, *caput*, I e II);

2) que o falido apresente em até **5 dias** a relação nominal dos credores, com as respectivas qualificações e valores;

3) a explicitação do prazo de **15 dias** para habilitações de crédito (*vide* art. 7º, § 1º);

4) a proibição da prática de dispor ou onerar bens do falido;

5) as diligências necessárias para salvaguardar interesses das partes envolvidas (p.ex., busca e apreensão de bens pertencentes à massa falida);

6) a nomeação do administrador judicial;

7) a expedição de ofícios a órgãos que possam informar sobre a existência de bens do falido (como aos Registros de Imóveis, DETRAN etc.);

8)   à Junta Comercial e à Receita Federal que procedam à anotação da falência no registro do devedor, para que dele constem a expressão "falido", a data da decretação da falência e a inabilitação empresarial;

9)   o prosseguimento provisório das atividades do falido com o administrador judicial ou o lacre dos estabelecimentos;

10)   quando for conveniente, a convocação da assembleia geral de credores para eleger os membros do comitê de credores;

11)   a intimação eletrônica do Ministério Público e das Fazendas (federal, estaduais e municipais) em que o devedor tiver estabelecimento, para que tomem conhecimento da falência;

12)   o termo legal da falência (que será examinado a seguir);

13)   a inabilitação empresarial (assunto que também será abordado adiante).

7.6.5.7.   Termo legal da falência

O termo legal da falência é o que se chama **período suspeito**. Recebe esse nome porque os atos praticados nesse tempo têm uma presunção legal de ilegitimidade, já que era possivelmente de conhecimento do devedor sua eventual quebra/falência. Logo, esses atos são desconsiderados, por exemplo, uma venda de ativos.

A fixação do período do termo legal da falência será feita pelo juiz na decisão que decretar a falência do devedor. Esse período poderá ser de até **90 dias** retroagindo a partir do pedido da falência, pedido de recuperação judicial ou primeiro protesto válido por falta de pagamento (LRF, art. 99, II)[71].

Destaca-se que o termo legal da falência sofreu aumento quanto ao seu prazo máximo, pois, na legislação anterior, Decreto-lei n. 7.661/45, art. 14, parágrafo único, III, o prazo era de até 60 dias.

7.6.5.8.   Inabilitação empresarial

Inabilitação empresarial significa o lapso temporal em que o falido fica impossibilitado de exercer qualquer atividade empresarial.

Com a decretação da falência, o devedor fica proibido de exercer atividade empresarial, o que ocorre a partir dessa decisão judicial, que declarou a quebra, até a sentença que extinguir suas obrigações, podendo ainda perdurar por até **5 anos** da decisão penal (LRF, art. 102, *caput,* c/c o art. 181, § 1º).

Significa dizer que a inabilitação durará da decretação da falência até a sentença de extinção de suas obrigações, se não houver condenação penal; havendo condenção, o prazo poderá estender-se por até 5 anos contados do trânsito em julgado dessa decisão

---

[71]   Falência. Apelação. Ação de adjudicação compulsória de imóvel objeto de compromisso de compra e venda. Imóvel em construção objeto de dação em pagamento para credora de empresa do mesmo grupo econômico da falida. Negócio realizado muitos anos antes da falência e do termo legal da quebra. Transferência da posse do imóvel ocorrida diversos anos antes da falência. Não caracterização da ineficácia pretendida pela massa falida. Registro imobiliário do compromisso realizado anteriormente à falência e ao termo legal, procedência da adjudicação compulsória mantida. Apelo improvido (AC 125299620108260100, TJSP, Câmara Reservada à Falência e Recuperação, rel. Pereira Calças, *DJ* 15-3-2011).

condenatória criminal, que deve expressamente declarar motivadamente a inabilitação como efeito da condenação.

A inabilitação empresarial é uma das sanções ao empresário por ter quebrado. No entanto, se pensarmos em uma falência provocada por motivos alheios à vontade do devedor, como uma crise econômica mundial ou um plano econômico do governo, essa sanção pode nos soar como injusta.

É preciso levar em consideração que, a partir da decretação da falência, o devedor perde o direito de administrar ou dispor de seus bens (LRF, art. 103).

Isso difere da recuperação judicial, em que o devedor é mantido na gestão da atividade empresarial, sob a fiscalização do comitê de credores e do administrador judicial (LRF, art. 64, *caput*). Na falência, o devedor perde esse direito de administração (LRF, art. 103 c/c o art. 75, *caput*), a qual passa a ser feita pelo administrador judicial.

Esse efeito de inabilitação empresarial também é estendido aos sócios de responsabilidade ilimitada. Quanto aos sócios de responsabilidade limitada, a inabilitação empresarial somente os alcançará se forem os administradores da sociedade (LRF, art. 81, § 2º).

Terminado o período de inabilitação, o falido poderá requerer ao juiz da falência que proceda à respectiva anotação em seu registro perante a Junta Comercial (LRF, art. 102, parágrafo único). Com isso, poderá fazer nova inscrição como empresário individual ou participar como sócio de sociedade empresária.

7.6.5.9. Direitos e deveres do falido

Em relação aos direitos que a lei reserva ao devedor, vale ter em conta que ele conserva o direito de fiscalizar a administração da massa falida (cuja gestão é de responsabilidade do administrador judicial), podendo requerer providências ao juiz para melhor preservar os bens ou direitos, bem como intervir nos processos em que a massa for parte ou interessada, além de poder interpor recursos cabíveis (LRF, art. 103, parágrafo único).

A decretação da falência impõe, entre outros, os seguintes deveres aos representantes legais do falido (LRF, art. 104, reformado pela Lei n. 14.112/2020):

1) assinar nos autos do processo falimentar o "termo de comparecimento";

Esse termo de comparecimento deve conter, entre outras informações, a indicação do nome, nacionalidade, estado civil e endereço completo do domicílio.

Ainda, o falido deverá declarar, para constar do termo: as causas determinantes da sua falência, quando requerida pelos credores; tratando-se de sociedade, o nome e endereço de todos os sócios, acionistas controladores, diretores ou administradores, apresentando o contrato ou estatuto social e a prova do respectivo registro, bem como suas alterações; o nome do contador encarregado da escrituração dos livros obrigatórios; os mandatos que porventura tenha outorgado, indicando seu objeto, nome e endereço do mandatário; seus bens imóveis e os móveis que não se encontram no estabelecimento; se faz parte de outras sociedades, exibindo o respectivo contrato; suas contas bancárias, aplicações, títulos em cobrança e processos em andamento em que for autor ou réu.

2) entregar ao administrador judicial os seus livros obrigatórios e os demais instrumentos de escrituração pertinentes, que os encerrará por termo;

3) prestar informações necessárias ao juiz, administrador judicial, credor ou Ministério Público;

4) não se ausentar do local onde se processa a falência;
5) auxiliar o administrador judicial;
6) examinar as habilitações de crédito;
7) apresentar ao administrador judicial a relação de seus credores, em arquivo eletrônico.
8) entregar ao administrador judicial, para arrecadação, todos os bens, papéis, documentos e senhas de acesso a sistemas contábeis, financeiros e bancários, bem como indicar aqueles que porventura estejam em poder de terceiros

Caso algum representante legal do falido não cumpra com quaisquer dos seus deveres legais previstos na norma falimentar, após intimado pelo juiz a fazê-lo, responderá por crime de desobediência (LRF, art. 104, parágrafo único).

O crime de desobediência está previsto no art. 330 do Código Penal, que estabelece: "Desobedecer a ordem legal de funcionário público: pena – detenção, de quinze dias a seis meses, e multa".

7.6.6. Arrecadação, avaliação e custódia dos bens

A palavra "arrecadação" tem o sentido de juntar, recolher. A primeira ação do administrador judicial, após assinar o termo de compromisso, será efetuar a arrecadação dos bens do falido, a fim de compor o acervo da massa falida, pois, posteriormente, serão alienados para pagar o passivo.

Frise-se que o administrador também deverá arrecadar os documentos do falido, a fim de que possam servir para o levantamento dos débitos, créditos e outras informações relevantes (LRF, art. 108, *caput*).

Os bens arrecadados serão mantidos sob a guarda do administrador judicial ou de outra pessoa de sua confiança. O falido, ou um de seus representantes, poderá ser nomeado depositário dos bens (LRF, art. 108, § 1º).

Se for necessário, quando houver risco para o cumprimento da fase de arrecadação ou mesmo para a preservação dos bens da massa falida ou interesses dos credores, o estabelecimento será lacrado (LRF, art. 109).

O administrador judicial, ao efetuar a arrecadação, deverá avaliar os bens arrecadados (LRF, art. 108, *caput*).

Não sendo possível a avaliação dos bens, no ato da arrecadação, o administrador deverá requerer ao juiz a concessão de prazo para apresentação do laudo de avaliação, que não poderá ser superior a **30 dias**, contados do auto de arrecadação – documento que discrimina tudo o que foi arrecadado (LRF, art. 110, § 1º).

Após ouvir o comitê de credores, considerando os custos e o interesse da massa falida, o juiz poderá autorizar os credores, de forma individual ou coletiva, a adquirir ou adjudicar imediatamente os bens arrecadados, pelo valor da respectiva avaliação, respeitando a regra da classificação de crédito (LRF, art. 111).

Quando necessário, os bens poderão ser removidos dos seus locais atuais, para melhor guarda e conservação, sendo mantidos sob a responsabilidade do administrador judicial (LRF, art. 112).

No caso de existirem bens sujeitos à desvalorização (p.ex., equipamentos de informática) ou perecíveis (p.ex., produtos alimentícios), esses poderão ser vendidos antecipadamente, mediante autorização judicial, após ouvir o comitê de credores e o falido no prazo de **48 horas** (LRF, art. 113).

Além de tudo, o administrador poderá alugar ou celebrar contratos referentes aos bens da massa falida, a fim de gerar renda para ela (LRF, art. 114), como, por exemplo, a locação de bens móveis e imóveis.

Por fim, vale destacar a inclusão do art. 114-A à Lei n. 11.101/2005 pela Lei n. 14.112/2020. Esse dispositivo prevê que se não forem encontrados bens para serem arrecadados, ou se os arrecadados forem insuficientes para as despesas do processo, o administrador judicial informará imediatamente esse fato ao juiz, que, ouvido o representante do Ministério Público, fixará, por meio de edital, o prazo de 10 dias para os interessados se manifestarem sobre o prosseguimento ou não da ação.

7.6.7. Efeitos da decretação da falência sobre as obrigações do devedor

A decretação da falência do devedor tem como resultado o fato de que os credores somente poderão exercer seus direitos sobre os bens do falido nas condições previstas na Lei Falimentar (Lei n. 11.101/2005 – LRF, art. 115).

Entre os vários efeitos que a decretação da falência tem sobre as obrigações do devedor estão os seguintes:

1) a suspensão do **direito de retenção** do devedor quanto aos bens sujeitos à arrecadação, os quais deverão ser entregues ao administrador judicial (LRF, art. 116, I);

2) a suspensão do **direito de retirada** (saída da sociedade) dos sócios ou de recebimento do valor de suas quotas ou ações, por parte dos sócios ou acionistas da falida (LRF, art. 116, II);

3) a cessação dos efeitos de **mandatos** conferidos pelo devedor antes da falência (LRF, art. 120);

4) a não exigência contra a massa falida de **juros** vencidos após a decretação da falência, ainda que previstos em lei ou em contrato, salvo se o ativo apurado for suficiente para pagar, inclusive, a última classe de credores, ou seja, a dos subordinados (LRF, art. 124, *caput*);

5) a não **resolução** automática dos contratos bilaterais e unilaterais (que será abordada a seguir);

6) o encerramento das "contas correntes" com o devedor, apurando-se os respectivos saldos (LRF, art. 121).

Ressalta-se que "contas correntes" na expressão da lei não se trata de contas bancárias. São contratos de contas de compensações entre dois empresários. Na prática, esses empresários celebram negócios em que, em alguns, um é vendedor e, em outros, comprador, sendo que, ao final de determinado período, verifica-se quem tem maior crédito contra o outro pelas vendas, ocorrendo o pagamento apenas da diferença entre as operações.

Na vigência do art. 157 (revogado pela Lei n. 14.112/2020), Ricardo Negrão chamava a atenção ao fato de que, com a decretação da falência, os prazos prescricionais contra o devedor eram suspensos, recomeçando a contagem após o trânsito em julgado da sentença que encerrava o processo falimentar[72]. Tratava-se de mais um efeito decorrente da decretação da falência.

Outro efeito a ser lembrado é o fato de o falido perder o direito de dispor e administrar seus bens (à luz do art. 103, *caput*), sendo que muitas vezes ele pode tentar praticar algum ato de alienação, a fim de aproveitar-se pessoalmente, mas de forma indevida, de parte do acervo da massa falida. Caso ocorra algo do gênero, o ato de alienação praticado pelo falido será nulo, devendo o bem ser devolvido à massa. Assim, fica dispensada a ação revocatória (que será estudada adiante) para esse fim, haja vista que por se tratar de ato nulo poderá ser reconhecido de ofício pelo magistrado[73].

7.6.7.1. Resolução de contratos bilaterais e unilaterais

Ainda com relação aos efeitos da decretação de quebra sobre as obrigações do devedor, os **contratos bilaterais** (que ainda não foram totalmente cumpridos) não se resolvem (finalizam) automaticamente pela falência, podendo ser cumpridos pelo administrador judicial, quando for de interesse da massa.

O cumprimento do contrato deverá acontecer com o intuito de reduzir ou evitar o aumento do passivo da massa falida, ou, se for necessário, para a manutenção e preservação de seus ativos, mediante autorização do comitê de credores (LRF, art. 117, *caput*).

Mesmo que haja previsão contratual de resolução automática do contrato em caso de falência do contratante, à luz da lei, o que vai determinar a resolução ou não será a conveniência para a massa falida.

Com os mesmos fundamentos e exigências, essa resolução também é aplicada aos **contratos unilaterais** (aqueles com prestações apenas para uma das partes, no caso para o devedor falido, como a doação), que não se resolvem automaticamente pela decretação da falência (LRF, art. 118).

7.6.8. Ineficácia e revogação de atos praticados antes da falência

Ineficaz significa sem efeito, que não produz resultado. Alguns atos que foram realizados pelo devedor, antes da decretação da falência, podem ser considerados **ineficazes** a partir de uma decisão judicial.

---

[72] Ricardo Negrão. *Direito empresarial*: estudo unificado. p. 256-257.

[73] Nesse sentido: Recurso especial. Direito empresarial. Negativa de prestação jurisdicional. Inexistência. Alienação de imóveis após a decretação da sentença falimentar. Nulidade absoluta. Ajuizamento da ação revocatória. Medida desnecessária. Nulidade reconhecida *ex officio*. Alegações incognoscíveis. Súmula n. 7 do STJ. Recurso improvido. (...) 2. O falido não tem o poder de dispor de seus bens, por isso qualquer alienação realizada após a decretação da falência, salvo as exceções legais, é considerada nula, pois infringe os princípios norteadores da *par conditio creditorum*, motivo pelo qual pode ser reconhecida *ex officio*. 3. *In casu*, a alienação dos imóveis ocorreu após a existência de sentença falimentar, circunstância que torna nulo o ato de disposição patrimonial. 4. O ajuizamento de ação revocatória, para atacar a aludida alienação, mostra-se desnecessário, tendo em vista que este remédio processual visa à desconstituição de negócio jurídico realizado dentro do termo legal, ou seja, antes da decretação da falência. (...) (REsp 809501/RS, STJ, 3ª Turma, rel. Min. Vasco Della Giustina, desembargador convocado do TJRS, *DJe* 26-4-2011).

Mesmo que o contratante não tenha conhecimento do estado de crise econômico-financeira do devedor, e que o devedor não tenha tido a intenção de fraudar credores, determinados atos serão tidos como ineficazes por força da lei (LRF, art. 129, *caput*).

Alguns desses atos considerados **ineficazes** são os seguintes (LRF, art. 129):

1) pagamento de dívidas **não vencidas** dentro do termo legal da falência (período suspeito de até 90 dias anteriores ao pedido de falência);

2) pagamento de dívidas **vencidas**, mas de forma diversa à prevista no contrato, dentro do termo legal da falência;

3) constituição de direito real de garantia no período do termo legal da falência;

4) venda de estabelecimento sem consentimento dos credores e sem deixar bens suficientes para cobrir o passivo, exceto se não houve oposição dos credores no prazo de 30 dias (regra semelhante está prevista no art. 1.145 do Código Civil)[74];

5) prática de atos a título gratuito (p. ex. doação) desde 2 anos da decretação;

6) renúncia de herança (no caso de empresário individual) contados 2 anos da decretação etc.

É importante destacar que os quatro primeiros atos elencados acima (que na lei correspondem aos incs. I, II, III e VI do art. 129) não serão declarados ineficazes se forem previstos e realizados de forma definitiva no plano de recuperação judicial ou extrajudicial (LRF, art. 131).

Vislumbra-se que em todos os casos são utilizados critérios objetivos para determinar se estes são ou não ineficazes.

Porém, além das hipóteses de ineficácia, existe a previsão de que qualquer ato praticado com a intenção de prejudicar credores, desde que provado o conluio entre devedor e terceiro, poderá ser **revogado** por decisão judicial (LRF, art. 130, *caput*).

Esse último caso, ato praticado com a intenção de prejudicar credores, segue um critério subjetivo, que consiste na necessidade de se **provar o conluio** (ajuste de condutas) entre devedor e terceiro, o que reflete a expressão latina *consilium fraudis* – vontade de praticar fraude contra interesse de terceiro.

A declaração de ineficácia ou revogação de tais atos ocorre por meio da **ação revocatória**, instrumento sobre o qual discorremos a seguir.

Mas não se pode deixar de mencionar que a ineficácia dos atos relacionados no art. 129 poderá ser declarada de ofício pelo juiz, alegada em defesa ou pleiteada mediante ação própria ou incidentalmente no curso do processo falimentar (LRF, art. 129, parágrafo único).

---

[74] Falência. Ação revocatória. Legitimidade passiva. Alienação de estabelecimento comercial dentro do termo legal da falência. Incidência das Súmulas 5 e 7. Prazo decadencial. Estabelecimento comercial. Alienação de bens incorpóreos. Ineficácia em relação à massa. (...) 3. O "estabelecimento comercial" é composto por patrimônio material e imaterial, constituindo exemplos do primeiro os bens corpóreos essenciais à exploração comercial, como mobiliários, utensílios e automóveis, e, do segundo, os bens e direitos industriais, como patente, nome empresarial, marca registrada, desenho industrial e o ponto. 4. Assim, a alienação dos direitos de exploração de posto de combustível equivale à venda do ponto comercial, elemento essencial e constitutivo do estabelecimento, transação que, sem a autorização dos credores da alienante, rende ensejo à declaração de ineficácia em relação à massa falida (...) (REsp 633.179/MT, Min. Luis Felipe Salomão, *DJe* 1º-2-2011).

Contudo, a decisão que declarar a ineficácia ou revogar atos fraudulentos produzirá efeito *erga omnes* (contra todos) e, mesmo que a situação envolva a alienação de bens imóveis e não tendo havido a averbação do processo em curso na matrícula do imóvel junto ao Registro Imobiliário. Essa posição está de acordo com o parágrafo único do art. 54 da Lei n. 13.097/2015, cujo teor faz menção expressa aos arts. 129 e 130 da Lei de Recuperação e Falência.

7.6.8.1. Ação revocatória

Amador Paes de Almeida diz que, no Direito Falimentar, há duas espécies de ação revocatória: revocatória por ineficácia e revocatória por fraude. A primeira se destina às hipóteses do art. 129 e a segunda para o caso do art. 130 da Lei Falimentar[75], conforme visto anteriormente.

Ressalte-se que **ação revocatória** (de revogar) não se confunde com ação renovatória (de renovar), prevista na Lei das Locações, Lei n. 8.245/91, art. 51, destinada ao empresário locatário de imóvel que, por meio dela, tem o direito de renovar compulsoriamente o contrato de locação.

Salienta-se que a ação revocatória por fraude prevista no art. 130 deverá ser proposta pelo administrador judicial, qualquer credor ou Ministério Público no prazo de **3 anos** da decretação da falência (LRF, art. 132).

Esse prazo nos parece muito longo, o que de certa forma traz insegurança e lentidão para o processo falimentar, à medida que prejudica rateios já realizados, ou acaba por inibir rateios a fim de aguardar a expiração dos 3 anos.

Contudo, a ação será ajuizada perante o juízo falimentar, sob o rito ordinário, e poderá ser promovida contra todos que figuraram no ato "viciado" a ser revogado, inclusive terceiros. Poderão ser réus da ação: os que figuraram no ato ou que por efeito dele foram pagos, garantidos ou beneficiados; os terceiros adquirentes se, ao se criar o direito, tiveram conhecimento da intenção do devedor de prejudicar os credores. Também pode ser ajuizada contra herdeiros ou legatários de quaisquer dessas pessoas elencadas anteriormente (LRF, arts. 133 e 134).

Sendo procedente a ação revocatória, o juiz ordenará o retorno dos bens à massa falida, e da sentença caberá apelação (LRF, art. 135).

De qualquer forma, o terceiro contratante de boa-fé, devido ao reconhecimento da ineficácia do ato que havia realizado com o agora falido, terá direito à restituição dos bens ou valores que entregou ao devedor à época do negócio. Fica também a ele assegurado propor ação por perdas e danos contra o devedor ou contra os seus garantidores (LRF, art. 136).

7.6.9. Realização do ativo

Realizar o ativo significa vender/alienar os bens arrecadados da massa falida (para num segundo momento poder efetuar o pagamento dos credores).

---

[75] Amador Paes de Almeida. *Curso de falência e recuperação de empresa*: de acordo com a Lei n. 11.101/2005. p. 193.

Assim, a realização do ativo terá início logo após a arrecadação dos bens e a juntada ao processo, pelo administrador judicial, do respectivo auto de arrecadação (LRF, art. 139).

7.6.9.1. Meios de alienação

A alienação dos bens, ou seja, a realização do ativo, respeitando a seguinte ordem de preferência, será realizada utilizando-se de umas das seguintes formas (LRF, art. 140, I a IV):

1) alienação da empresa, com a venda de seus estabelecimentos em bloco (ou seja, uma venda total sem qualquer separação);
2) alienação de suas filiais isoladamente;
3) alienação em bloco dos bens que compõem cada um dos estabelecimentos;
4) alienação dos bens individualmente.

Se for conveniente e oportuna à realização do ativo, pode-se adotar mais de uma forma de alienação (LRF, art. 140, § 1º).

Destaca-se que a alienação poderá ter início inclusive sem a formação do quadro geral de credores (LRF, art. 140, § 2º).

7.6.9.2. Modalidades

Ainda sobre alienação dos bens, ela poderá ocorrer por uma das modalidades a seguir (LRF, art. 142, reformado pela Lei n. 14.112/2020):

1) leilão eletrônico, em formato presencial ou híbrido;
2) processo competitivo organizado e promovido por agente especializado e de reputação ilibada, cujo procedimento deverá ser detalhado em relatório anexo ao plano de realização do ativo ou ao plano de recuperação judicial, conforme o caso;
3) qualquer outra modalidade, desde que aprovada nos termos da Lei 11.101/2005, como, por exemplo, pela constituição de uma sociedade formada por credores (LRF, art. 145, *caput*, que fora objeto de reforma pela Lei n. 14.112/2020);

Em quaisquer das modalidades de alienação, no prazo de **48 horas** da arrematação, cabe impugnação do devedor, qualquer credor ou Ministério Público (LRF, art. 143, *caput*).

Vale ressaltar a nova redação do *caput* do art. 145 (alterado pela Lei n. 14.112/2020) ao dispor que, por deliberação da assembleia-geral, os credores poderão adjudicar os bens alienados na falência ou adquiri-los por meio de constituição de sociedade, de fundo ou de outro veículo de investimento, com a participação, se necessária, dos atuais sócios do devedor ou de terceiros, ou mediante conversão de dívida em capital.

Em relação às quantias recebidas, elas serão depositadas em instituição financeira, atendidas as normas da organização judiciária do local (LRF, art. 147).

7.6.9.3. Sucessão tributária, trabalhista e acidentária

Para qualquer modalidade de realização do ativo, não é necessária a apresentação de certidões negativas (LRF, art. 146).

Isso ocorre porque o objeto da alienação está livre de qualquer ônus, **não havendo sucessão do arrematante** nas obrigações do devedor, inclusive nas de natureza tributária, trabalhista e de acidente do trabalho (LRF, art. 141, II).

Recuperação de empresas e falência (direito concursal)   575

Trata-se de uma questão importante e polêmica, pois, se de um lado pode trazer prejuízos ao Fisco e aos trabalhadores, uma vez que só poderão tentar receber do devedor falido, de outro lado, incentiva outras pessoas a se interessarem pelo acervo da massa falida, podendo comprá-lo e reergê-lo. Enfim, oferece a possibilidade de as pessoas aproveitarem os bens para o exercício de atividade empresarial com seus reflexos positivos (manutenção dos empregos, recolhimentos de tributos, ou seja, exercer a função social da propriedade e da empresa).

A não sucessão de obrigações tributárias, trabalhistas e acidentárias na alienação de bens não é aplicável quando o arrematante for (LRF, art. 141, § 1º):

1) sócio da sociedade falida;
2) parente, em linha direta ou colateral até o 4º grau, consanguíneo ou afim do falido ou do sócio da falida;
3) agente do falido (um representante disfarçado do falido), com objetivo de fraudar a sucessão.

Os antigos empregados do devedor serão admitidos mediante novos contratos de trabalho pelo adquirente, não ficando este obrigado pelos débitos dos contratos anteriores (LRF, art. 141, § 2º).

7.6.10. Pagamento aos credores

Após a realização do ativo, alienando-se os bens do falido, será feito o pagamento do passivo, isto é, o pagamento dos credores do falido.

O pagamento dos credores ocorre com os valores recebidos por meio da venda do ativo, respeitando a classificação dos créditos e outras determinações legais.

De qualquer forma, o pagamento dos credores somente será feito depois que forem (LRF, art. 149):

1) realizadas as restituições e os pagamentos indispensáveis mediante disponibilidade de caixa, que trataremos adiante (LRF, arts. 150 e 151);
2) pagos os créditos extraconcursais, como, por exemplo, a remuneração do administrador judicial; e
3) consolidado o quadro-geral de credores.

É importante ressaltar que, para a realização do ativo, não precisa haver a consolidação do quadro geral de credores, mas essa consolidação é necessária para o pagamento dos credores.

Para os pagamentos serem efetuados, deve-se respeitar a ordem de classificação dos créditos (prevista no art. 83), pagando-se primeiro os credores da primeira classe – total ou parcialmente, de forma proporcional aos seus créditos.

Depois de os credores da primeira classe terem sido totalmente pagos (dentro dos limites legais), se houver saldo, serão convocados os credores da segunda classe para os respectivos pagamentos, e assim por diante.

Porém, os **créditos trabalhistas** de natureza salarial vencidos nos 3 meses anteriores à decretação da falência, até o limite de cinco salários mínimos por trabalhador, serão pagos assim que houver disponibilidade de caixa (LRF, art. 151).

O mesmo ocorrerá com as despesas indispensáveis à administração da falência ou à continuação provisória da atividade, que serão pagas pelo administrador judicial tão logo haja disponibilidade de caixa (LRF, art. 150).

Depois de pagos todos os credores, se houver, o saldo positivo será entregue ao falido (LRF, art. 153). Na prática, trata-se de uma hipótese rara de ocorrer na medida em que as falências costumam se dar por crises empresariais que deixam o ativo menor do que o passivo.

O mais comum é não conseguir pagar todos os credores com a venda do ativo, ficando parte deles com seu crédito em aberto perante o devedor.

7.6.10.1. Responsabilidade pessoal e desconsideração da personalidade jurídica

No que se refere à responsabilidade pessoal e à possível aplicação da desconsideração da personalidade jurídica, deve-se ter em conta inicialmente que se tratando de empresário individual não é dado o direito à limitação de responsabilidade e à separação patrimonial. Logo, seus bens pessoais responderão pelas dívidas decorrentes da sua atividade empresarial, salvo o que for considerado bem de família, à luz do art. 1º da Lei n. 8.009/90, que estabelece:

> "O imóvel residencial próprio do casal, ou da entidade familiar, é impenhorável e não responderá por qualquer tipo **de dívida civil, comercial, fiscal, previdenciária ou de outra natureza**, contraída pelos cônjuges ou pelos pais ou filhos que sejam seus proprietários e nele residam, salvo nas hipóteses previstas nesta lei" (destaques nossos).

Diferentemente, os **sócios** da sociedade empresária com responsabilidade limitada, como regra geral, têm direito à separação patrimonial e à limitação de responsabilidade. No entanto, durante o curso do processo falimentar, se ficar configurado o uso abusivo da personalidade jurídica por sócios ou administradores da sociedade em razão de fraude ou confusão patrimonial, o juiz poderá decretar a desconsideração da personalidade jurídica.

Como visto em outra passagem, com certa frequência ocorre a aplicação da desconsideração da personalidade jurídica em processos falimentares, sendo que uma das finalidades da desconsideração está na sua presteza quanto a atender aos interesses dos prejudicados, pois se tivessem de esperar uma decisão em ação apartada para comprovar a fraude, enquanto corre o processo falimentar, isso corresponderia a não se obter a tutela pertinente[76].

A Lei n. 11.101/2005, art. 82, prevê a possibilidade de haver o ajuizamento de uma ação própria contra controladores, administradores e sócios limitadamente responsáveis visando a responsabilização pessoal deles. Trata-se de uma ação ordinária que deve observar as regras do Código de Processo Civil de 2015, arts. 318 e s. [CPC/73, arts. 282 e s.].

A propositura da ação deve ser perante o juízo falimentar, sendo que ela independe da realização do ativo e da prova de sua insuficiência para cobrir todo o passivo. Porém, o que se percebe da prática processual é muito mais a aplicação da desconsideração da personalidade jurídica no curso do processo falimentar.

---

[76] Haroldo Malheiros Duclerc Verçosa. Falência – desconsideração da personalidade jurídica. *Revista de Direito Mercantil, Industrial, Econômico e Financeiro*, p. 171.

Recuperação de empresas e falência (direito concursal)

A propósito da desconsideração da personalidade jurídica na falência, a partir da vigência do art. 82-A (introduzido à Lei n. 11.101/2005 pela Lei n. 14.112/2020) fica proibida a extensão da falência ou de seus efeitos (no todo ou em parte) aos sócios de responsabilidade limitada, aos controladores e aos administradores da sociedade falida. Por certo, sendo possível a desconsideração da personalidade jurídica, desde que respeitadas as diretrizes do art. 50 do Código Civil e dos art. 133 a 137 do CPC.

7.6.11. Encerramento da falência

Feitos a realização do ativo e o pagamento aos credores, o administrador judicial apresentará, no prazo de **30 dias**, as contas ao juiz, acompanhadas dos documentos comprobatórios, que serão apensadas aos autos da falência (LRF, art. 154, *caput*, § 1º).

O juiz, ao receber as contas do administrador, as julgará por sentença, da qual cabe *apelação* (LRF, art. 154, § 6º).

Uma vez julgadas as contas do administrador, ele apresentará o relatório final da falência no prazo de **10 dias**, indicando (LRF, art. 155):

1) o valor do ativo (de acordo com as avaliações) e o valor do resultado de sua realização (da alienação, que pode ter sido diferente, maior ou menor);

2) o valor do passivo (total dos débitos do falido) e o valor dos pagamentos feitos aos credores (o quanto se conseguiu pagar: total ou parcialmente).

Apresentado o relatório final, o juiz encerrará a falência por sentença (trata-se de outra sentença) e ordenará a intimação eletrônica das fazendas (federal, distrital, estaduais e municipais onde o devedor tiver estabelecimento), bem como determinará a baixa da falida no Cadastro Nacional da Pessoa Jurídica (CNPJ), expedido pela Receita Federal. Dessa sentença também cabe **apelação** (LRF, art. 156, que fora objeto de alteração pela Lei n. 14.112/2020).

Essa sentença tradicionalmente é denominada **sentença de encerramento**. Ela tem natureza processual, tendo um caráter praticamente homologatório, sem carga decisória substantiva[77].

7.6.12. Extinção das obrigações do falido

Encerrada a falência, as obrigações do falido, de natureza civil/empresarial, se extinguirão pelo (LRF, art. 158):

1) pagamento de todos os créditos;

Esta hipótese ocorrerá se for possível pagar todo o passivo com o resultado da venda do ativo, assim não haverá mais qualquer obrigação a cumprir.

2) pagamento, após realizado todo o ativo, de mais de 25% dos créditos quirografários, facultado ao falido o depósito da quantia necessária para atingir a referida porcentagem se para isso não tiver sido suficiente a integral liquidação do ativo;

---

[77] Manoel Justino Bezerra Filho. *Nova lei de recuperação e falências comentada*. p. 340.

Destaca-se essa faculdade de o falido integralizar a quantia necessária a fim de alcançar essa porcentagem. Neste caso, os outros 75% dos créditos quirografários, bem como os créditos decorrentes de multas, de subordinados e de juros vencidos após a decretação da falência, não precisariam ser pagos, ficando como um "perdão legal" da dívida. Trata-se de um dos benefícios dados pelo ordenamento jurídico ao empresário, haja vista o risco inerente a toda atividade econômica associado ao fato de que em boa medida os principais credores foram satisfeitos, ainda que os quirografários parcialmente.

3) decurso do prazo de **3 anos** contado da decretação da falência;

Vale explicitar que antes da reforma promovida pela Lei n. 14.112/2020 este prazo era de 5 anos, o qual era contado a partir da sentença de encerramento da falência, ou melhor, do "trânsito em julgado" da sentença de encerramento[78] (e não da decretação da falência como atualmente).

Esse prazo de 3 anos pode ser visto como mais um benefício ao falido, uma vez que pode haver situações em que a prescrição contra ele tenha um prazo maior e ainda assim a prescrição será de no máximo 3 anos. Vislumbra-se a hipótese em que começa a correr contra o devedor (que mais tarde será declarado falido) um prazo prescricional de 5 anos decorrente de uma dívida que, por sua vez, foi suspenso após 1 ano pela decretação da falência deste devedor. Com a decretação da falência, essa dívida se tornará extinta em no máximo mais 3 anos, e não em 4 *anos*, que seria o tempo restante pela suspensão da prescrição (do prazo original de 5 anos).

4) encerramento da falência (cc. arts. 114-A ou 156).

Ocorrendo quaisquer das hipóteses avençadas acima (pagamentos de todos os credores ou de mais de 25% dos quirografários; decurso do prazo de 3 anos; ou encerramento da falência) poderá o falido **requerer** ao juízo falimentar que suas obrigações sejam declaradas extintas por sentença (LRF, art. 159, *caput*).

É a denominada **sentença de extinção**, contra a qual cabe apelação. Transitada em julgado, os autos serão apensados aos autos da falência (LRF, art. 159, § 6º).

Vale ressaltar que a secretaria do juízo fará publicar imediatamente informação sobre a apresentação do requerimento do falido. A partir disso, no prazo comum de 5 dias, qualquer credor, o administrador judicial e o Ministério Público poderão manifestar-se exclusivamente para apontar inconsistências formais e objetivas. Terminado o prazo, o juiz, em 15 dias, por sentença declarará extintas todas as obrigações do falido, incluindo as de natureza trabalhista (LRF, art. 159, §§ 1º e 3º, ora objetos de reforma pela Lei n. 14.112/2020).

Essa sentença de extinção das obrigações do falido, entre outros efeitos, permite que o empresário possa voltar a desenvolver atividade econômica regularmente, podendo, assim, efetuar nova inscrição na Junta Comercial.

Nos termos do **CTN**, art. 191, que teve sua redação alterada pela Lei Complementar n. 118/2005, é necessária a prova da quitação de todos os tributos para a extinção das obrigações do falido. Ainda que julgando pela antiga Lei de Falência (Decreto-lei n. 7.661/45) e redação anterior do art. 191 do CTN, o STJ compreendeu pela desnecessidade da apresentação da

---

[78] No mesmo sentido, Manoel Justino Bezerra Filho. *Nova lei de recuperação e falências comentada.* p. 343.

prova de quitação tributária, o que pode ser aplicável à legislação falimentar atual (Lei n. 11.101/2015), bem como à redação atualizada em 2005 do art. 191 do CTN[79].

7.7. ASPECTOS PENAIS E CRIMES DA LEI N. 11.101/2005

Pode-se vislumbrar que um processo falimentar é um campo muito fértil para fraudes, por exemplo, pela habilitação de crédito irregular, pela premeditada frustração de credores etc. Por conta disso, a legislação prevê uma série de condutas tidas como criminosas, como veremos adiante.

A Lei n. 11.101/2005 manteve o regime anterior quanto à condição objetiva de punibilidade no campo penal, ou seja, é indispensável haver a sentença do juízo competente (de vara cível ou empresarial) nos autos de um processo que: (i) decretou a falência; (ii) concedeu a recuperação judicial; ou (iii) homologou a recuperação extrajudicial de todos os credores prevista no art. 163 (LRF, art. 180).

Os crimes, na lei vigente, são punidos com mais rigor se comparados com o Decreto-lei n. 7.661/45. A maioria prevê pena de reclusão, de 2 a 6 anos.

Em relação ao sujeito ativo do crime, o **devedor** ou **quem o represente**, os **sócios, diretores, gerentes, administradores** e **conselheiros**, "de fato" ou "de direito", bem como o **administrador judicial**, equiparam-se ao devedor ou falido para todos os efeitos penais da lei (LRF, art. 179).

Deve ficar claro que sócio, diretor, gerente etc. "de fato" é aquele que atua na prática, mas não consta no contrato social, e "de direito" é aquele que constava do contrato social.

No mais, a condenação criminal por um dos crimes concursais/falimentares gera os seguintes efeitos (LRF, art. 181):

1) inabilitação para o exercício de atividade empresarial;
2) impedimento para o exercício do cargo de conselheiro de administração, diretor ou gerente das sociedades sujeitas à Lei Falimentar (essa regra não se aplica às sociedades simples, por hipótese, por não estarem sujeitas à referida norma);
3) impossibilidade de gerir empresas por mandato ou gestão de negócios (ambos os institutos estão previstos no Código Civil, arts. 653 a 692 e 861 a 875, respectivamente).

Os efeitos citados anteriormente não são automáticos e devem ser declarados motivadamente na sentença condenatória penal. Eles irão perdurar até **5 anos** após a extinção da punibilidade, podendo cessar antes pela reabilitação penal (LRF, art. 181, § 1º).

---

[79] Decurso do prazo de cinco anos. Prova da quitação de tributos. Desnecessidade. 1. Extinção das obrigações do falido requerida em 16-8-2012. Recurso especial interposto em 19-8-2016 e atribuído à Relatora em 26-8-2016. 2. Controvérsia que se cinge em definir se a decretação da extinção das obrigações do falido prescinde da apresentação de prova da quitação de tributos. 3. No regime do DL n. 7.661/45, os créditos tributários não se sujeitam ao concurso de credores instaurado por ocasião da decretação da quebra do devedor (art. 187), de modo que, por decorrência lógica, não apresentam qualquer relevância na fase final do encerramento da falência, na medida em que as obrigações do falido que serão extintas cingem-se unicamente àquelas submetidas ao juízo falimentar. 4. Recurso especial provido (REsp 1.426.422/RJ, STJ, 3ª Turma, rel. Min. Nancy Andrigui, *DJe* 30-3-2017).

Uma vez transitada em julgado a sentença penal condenatória, será notificado o **Registro Público das Empresas Mercantis** (Juntas Comerciais) para que se tomem as medidas necessárias para impedir novo registro em nome dos inabilitados, ou seja, aqueles que foram condenados (LRF, art. 181, § 2º).

Sobre os prazos prescricionais, eles são os mesmos estabelecidos pelas regras do Código Penal, arts. 109 e s., ou seja, é proporcional à pena de cada crime.

Para ilustrar, de acordo com o art. 109 do Código Penal, a prescrição antes de transitar em julgado a sentença final criminal regula-se pelo máximo da pena cominada ao crime, verificando-se (*in verbis*):

I – em *20* anos, se o máximo da pena é superior a *12*;

II – em *16* anos, se o máximo da pena é superior a *8* anos e não excede a *12*;

III – em *12* anos, se o máximo da pena é superior a *4* anos e não excede a *8*;

IV – em *8* anos, se o máximo da pena é superior a *2* anos e não excede a *4*;

V – em *4* anos, se o máximo da pena é igual a *1* ano ou, sendo superior, não excede a *2*;

VI – em *3* anos, se o máximo da pena é inferior a *1* ano.

Os prazos prescricionais começam a correr do dia da decretação da falência, da concessão da recuperação judicial ou da homologação do plano de recuperação extrajudicial (LRF, art. 182, *caput*).

De acordo com a norma revogada (Decreto-lei n. 7.661/45, art. 199), o prazo prescricional era de 2 anos, começando a correr do trânsito em julgado da sentença de encerramento da falência ou do que julgou cumprida a concordata.

A decretação da falência do devedor interrompe a prescrição cuja contagem tenha se iniciado com a concessão da recuperação judicial ou com a homologação do plano de recuperação extrajudicial (LRF, art. 182, parágrafo único).

Os principais crimes previstos na Lei n. 11.101/2005 são os seguintes:

1) fraudar credores (LRF, art. 168). A "contabilidade paralela", ou o popularmente conhecido "caixa dois", agrava a pena de 1/3 até metade se o devedor manteve ou movimentou recursos ou valores paralelamente à contabilidade exigida pela legislação. Esse agravamento também vale para a distribuição de lucros ou dividendos a sócios e acionistas até a aprovação do plano de recuperação judicial (LRF, art. 168, § 2º);

2) favorecimento de credores (LRF, art. 172);

3) desvio, ocultação ou apropriação de bens (LRF, art. 173);

4) habilitação ilegal de crédito (LRF, art. 175);

5) omissão de documentos contábeis – que deveriam ser apresentados no processo[80] (LRF, art. 178).

---

[80] Crime falimentar. Falta de apresentação de livros obrigatórios e de balanço contábil ao juiz competente. Caracterização do ilícito. Por ser o crime falimentar ilícito de natureza formal, suficiente é, para sua configuração, a simples falta de apresentação dos livros obrigatórios ou de balanço contábil ao juízo competente, para sua rubrica (Apelação Criminal 1.0024.02.856002-7/001, TJMG, rel. Des. Hyparco Immesi, *DJ* 16-3-2006).

Recuperação de empresas e falência (direito concursal)

Também deve ficar entendido que a competência para julgar os crimes previstos na Lei de Recuperação e Falência é do **juiz criminal da comarca** onde tenha sido decretada a falência, concedida a recuperação judicial ou homologada a recuperação extrajudicial (LRF, art. 183).

Além disso, os crimes previstos nesta lei são de **ação penal pública incondicional**, que é de titularidade do Ministério Público (LRF, art. 184, *caput*).

Nesse sentido, o Ministério Público é intimado da decisão judicial na esfera cível (ou empresarial) para promover imediatamente a ação penal ou, se for o caso, requisitar a abertura de inquérito policial (LRF, art. 187, *caput*).

Esgotado o prazo (5 dias, quando o réu estiver preso, e 15 dias, quando estiver solto), que cabe ao Ministério Público para oferecer a denúncia, qualquer credor ou administrador judicial poderá oferecer **ação penal privada subsidiária da pública**, no prazo decadencial de 6 meses (LRF, art. 184, parágrafo único, c/c o art. 187, § 1º).

Assim, em qualquer fase do processo de falência ou de recuperação de empresa, se houver indícios da prática de crimes previstos na Lei Falimentar, o juiz da vara cível (ou empresarial) cientificará o Ministério Público (LRF, art. 187, § 2º). Por meio dessa informação, o órgão do Ministério Público poderá tomar medidas que achar mais adequadas para, no momento oportuno, propor a ação penal.

QUESTÕES DE EXAMES DA OAB E CONCURSOS PÚBLICOS

1. (OAB Nacional 2008.2) A Lei n. 11.101/2005 prevê a possibilidade de o empresário renegociar seus débitos mediante os institutos da recuperação judicial e da recuperação extrajudicial. Acerca das semelhanças e diferenças entre ambos os institutos, assinale a opção correta.

A) Diferentemente do previsto para a recuperação judicial, a recuperação extrajudicial limita-se a procedimento negocial entre o devedor e os respectivos credores, excluída a participação do Poder Judiciário em qualquer uma de suas fases.

B) Ambos os procedimentos envolvem a negociação de todos os créditos oponíveis ao devedor, sendo a recuperação extrajudicial reservada apenas às microempresas e empresas de pequeno porte.

C) Ambos os procedimentos exigem que o devedor apresente plano de recuperação, o qual somente vinculará os envolvidos se devidamente aprovado em assembleia geral de credores.

D) Diferentemente do previsto para a recuperação extrajudicial, o pedido de recuperação judicial poderá acarretar a suspensão de ações e execuções contra o devedor antes que o plano de recuperação do empresário seja apresentado aos credores.

2. (OAB Nacional 2008.1) Consoante a regulamentação processual da falência, prevista na Lei n. 11.101/2005, compete necessariamente ao juízo falimentar:

A) a ação em que o falido figurar como autor e que seja oferecida após a decretação da falência;

B) o pedido de restituição de bem alheio sob posse do devedor quando da decretação da falência;

C) a reclamação trabalhista oferecida contra o falido após a decretação da falência;

D) a execução fiscal em curso contra o devedor falido quando da decretação da falência.

3. (Magistratura-SP 182º 2009) Conforme a Lei n. 11.101, de 2005:

A) o juiz decretará a falência do devedor que não pague, no vencimento, obrigação líquida materializada em título executivo protestado cujo valor ultrapasse o equivalente a trinta salários mínimos na data do pedido de falência, mesmo se demonstrado vício no protesto;

B) o juiz poderá decretar a falência pelo inadimplemento de obrigação não sujeita à recuperação judicial, nos termos do disposto em lei;

C) desde que previsto no respectivo contrato, a decretação da falência de concessionária de serviços públicos implicará a extinção da concessão, na forma da lei;

D) caso o contratante não tivesse, à época, conhecimento do estado de crise econômico-financeira do devedor, será considerado válido, em relação à massa falida, o ato a título gratuito praticado 18 (dezoito) meses antes da decretação da falência.

4. (Magistratura-SP 181º 2008) O administrador judicial de falência:

A) atua sob fiscalização do juiz e do Comitê de credores e tem por atribuição representar a massa falida, avaliar os bens arrecadados e realizar transações consideradas de difícil recebimento, sem autorização judicial;

B) pratica atos conservatórios de direito, podendo vender antecipadamente bens deterioráveis sujeitos à desvalorização;

C) na qualidade de representante da massa, pode contratar advogado e fixar sua remuneração;

D) é remunerado e seu crédito deve ser satisfeito antes do pagamento dos credores, em dinheiro.

5. (Magistratura-SP 180º 2007) Os principais efeitos da sentença de quebra sobre os direitos dos credores são os seguintes:

A) formação da massa de credores; vencimento antecipado dos créditos; suspensão de todas as ações ou execuções individuais dos credores; suspensão da fluência dos juros contra a massa falida;

B) formação da massa falida subjetiva; vencimento antecipado dos créditos sem implicação fiscal; suspensão das ações individuais dos credores e não suspensão das execuções; suspensão da fluência dos juros contra a massa falida;

C) formação da massa falida objetiva; vencimentos antecipados dos créditos sem implicação contábil; suspensão de todas as execuções individuais dos credores; suspensão da fluência de juros contra a massa falida;

D) formação da massa falida objetiva e subjetiva; vencimento antecipado dos créditos derivados da legislação trabalhista, suspensão da correção monetária e não suspensão da fluência de juros contra a massa falida.

6. (Magistratura-SP 180º 2007) Na falência, são considerados créditos extraconcursais:

A) os créditos derivados da legislação do trabalho, limitados a 150 (cento e cinquenta) salários mínimos por credor, e os decorrentes de acidentes de trabalho;

B) créditos tributários, independentemente da sua natureza e tempo de constituição, excetuadas as multas tributárias;

C) custas judiciais relativas às ações e execuções em que a massa falida tenha sido vencida;

D) créditos com garantia real até o limite do valor do bem gravado.

Recuperação de empresas e falência (direito concursal) 583

7. (Magistratura-PR 2007-2008) Assinale a alternativa INCORRETA.

A) Na recuperação judicial, a verificação dos créditos será realizada pelo administrador judicial, com base nos livros contábeis e documentos comerciais e fiscais do devedor e nos documentos que lhe forem apresentados pelos credores.

B) O juiz, de ofício, poderá determinar a destituição do administrador judicial quando verificar omissão, negligência ou prática de ato lesivo às atividades do devedor ou a terceiros.

C) O juízo da falência é indivisível e competente para conhecer todas as ações sobre bens, interesses e negócios do falido, causas trabalhistas e fiscais.

D) O juiz que adquirir bens de massa falida ou de devedor em recuperação judicial, ou, em relação a estes, entrar em alguma especulação de lucro, quando tenham atuado nos respectivos processos, comete crime de violação de impedimento.

8. (Magistratura-MG 2008) Quanto à falência e à recuperação judicial, é INCORRETO afirmar que:

A) na falência, os créditos retardatários perderão o direito a rateios eventualmente realizados e ficarão sujeitos ao pagamento de custas, não se computando os acessórios compreendidos entre o término do prazo e a data do pedido de habilitação;

B) após a homologação do quadro-geral de credores, aqueles que não habilitaram seu crédito poderão, observado, no que couber, o procedimento ordinário previsto no Código de Processo Civil, requerer ao juízo da falência ou da recuperação judicial a retificação do quadro-geral para inclusão do respectivo crédito;

C) na recuperação judicial, os titulares de créditos retardatários têm direito a voto nas deliberações da assembleia geral de credores;

D) As habilitações de crédito retardatárias, se apresentadas antes da homologação do quadro-geral de credores, serão recebidas como impugnação.

9. (Ministério Público-PE 2008) Em relação à recuperação judicial de empresa, é correto afirmar:

A) o Ministério Público tem sua atuação restrita à verificação da prática de crimes falimentares ou no curso da recuperação judicial;

B) os crimes previstos na lei respectiva são de ação penal pública condicionada à representação dos credores.

C) a sentença que decreta a falência, concede a recuperação judicial ou extrajudicial é condição objetiva de punibilidade das infrações penais respectivas;

D) na omissão do Ministério Público ao oferecimento de denúncia por crime falimentar, qualquer credor habilitado ou o administrador judicial poderá oferecer ação penal privada subsidiária da pública, observado o prazo decadencial de três meses;

E) a inabilitação para o exercício de atividade empresarial é efeito automático da condenação por crime falimentar.

10. (Ministério Público-CE 2009) Na falência, na recuperação judicial e na recuperação extrajudicial de sociedades, os seus sócios, diretores, gerentes, administradores e conselheiros, de fato ou de direito, bem como o administrador judicial, equiparam-se ao devedor ou falido para todos os efeitos penais decorrentes desta Lei, na medida da sua culpabilidade.

Este texto, em face da Lei n. 11.101/2005, é:

A) parcialmente verdadeira, pela não abrangência da situação exposta nas recuperações extrajudiciais de sociedades;

B) inteiramente verdadeira;

C) parcialmente verdadeira, pela não abrangência dos conselheiros de sociedades na equiparação ao devedor ou falido para efeitos penais;

D) parcialmente verdadeira, pela não abrangência do administrador judicial na equiparação ao devedor ou falido para efeitos penais;

E) inteiramente falsa, pois inexiste qualquer equiparação, para efeitos penais, no que concerne ao devedor ou falido.

8

COMPLIANCE, LEI ANTICORRUPÇÃO E RESPONSABILIDADE EMPRESARIAL OBJETIVA

PARA OBTER O CONTEÚDO DO CAPÍTULO, ACESSE O *QR CODE*.

GABARITO E COMENTÁRIOS DAS QUESTÕES

CAPÍTULO I – Direito de empresa (teoria geral)

1-A. Comentário: Independentemente do seu objeto social, as sociedades cooperativas são sempre sociedades simples por força do parágrafo único do art. 982 do Código Civil, o que também está relacionado com a disposição da Lei n. 5.764/71 – Lei das Cooperativas –, art. 4º, que considera a cooperativa uma sociedade de pessoas não sujeita à falência.

2-D. Comentário: A natureza do estabelecimento é uma universalidade de fato, o que significa uma pluralidade de bens singulares (aqueles que, embora reunidos, se consideram por si só independentes dos demais) pertencentes à mesma pessoa, tendo uma destinação unitária, à luz do art. 90 do Código Civil. Lembrando que, de fato, os bens que formam a universalidade podem ser objeto de relações jurídicas.

3-D. Comentário: Estabelecimento empresarial é o conjunto de bens utilizados pelo empresário para o desenvolvimento de sua atividade econômica. Por sua vez, trespasse significa alienação do estabelecimento e pode ser negociado. À luz do Código Civil, arts. 966, *caput*, e 1.150, empresário é gênero do qual são espécies empresário individual e sociedade empresária, sendo que, no regime jurídico para o trespasse, não há restrição quanto às espécies de empresário que podem negociar um estabelecimento, podendo envolver empresários individuais e/ou sociedades empresárias.

4-B. Comentário: O serviço do Registro Público de Empresas Mercantis é realizado pelas Juntas Comerciais, das quais são próprios os atos de efetuar o registro de ato constitutivo do empresário (individual e as sociedades empresárias, incluindo a comandita por ações), bem como as alterações e o cancelamento; arquivamento de documentos; autenticação dos instrumentos de escrituração empresarial; assentamento dos usos e das práticas mercantis; matrícula de leiloeiros, administradores de armazéns, tradutores e intérpretes comerciais [tradutores e intérpretes públicos]; elaboração de tabela de preços dos serviços; elaboração dos regimentos internos etc., o que está disposto na Lei n. 8.934/94, art. 8º c/c o art. 32.

588   DIREITO EMPRESARIAL *sistematizado*

5-A. Comentário: Existem duas espécies de livros de escrituração empresarial: obrigatórios e facultativos. O livro Diário é obrigatório a todos os empresários, exceto aos pequenos por estarem dispensados. Estes podem fazer uma escrituração simplificada, conforme dispõem os arts. 1.180, 1.179, § 2º, c/c a Lei Complementar n. 123/2006 – Estatuto Nacional da Microempresa e da Empresa de Pequeno Porte. Vale lembrar que o livro Diário pode ser substituído por fichas/folhas impressas por máquina de escrever ou computador (CC, art. 1.180). No caso da adoção de fichas, o livro Diário poderá ser substituído pelo livro Balancetes Diários e Balanços (CC, art. 1.185).

6-C. Comentário: De acordo com o Código Civil, nome empresarial é gênero do qual são espécies firma e denominação (CC, art. 1.155, *caput*). Firma está relacionada ao nome do(s) sócio(s) que consta(m) no nome empresarial. Já na denominação deve constar o objeto da sociedade em seu nome empresarial. A sociedade limitada pode operar por firma ou denominação, devendo ter a palavra "Limitada", ou sua abreviação "Ltda.", sob pena de responsabilidade solidária e ilimitada dos administradores (CC, art. 1.158, § 3º).

7-A. Comentário: Essa possibilidade ocorre por força do art. 1.143 do Código Civil, ao prever que o estabelecimento pode ser objeto de trespasse/alienação, ou seja, objeto unitário de direitos e negócios jurídicos. Destaca-se que o efeito entre as partes ocorre imediatamente e contra terceiros somente após averbado no Registro Público de Empresas Mercantis (CC, art. 1.144). Além disso, pelos débitos anteriores, o alienante continua solidariamente responsável por *1* ano (CC, art. 1.146). E, por fim, o alienante não pode fazer concorrência com o adquirente por 5 anos, salvo autorização expressa no contrato de compra e venda (CC, art. 1.147).

8-B. Comentário: Conforme o art. 3º, I, da Lei Complementar n. 123/2006, microempresa (empresário individual ou sociedade empresária) é aquela que tem receita bruta de até R$ 240.000,00 por ano. Não se deve esquecer que empresa de pequeno porte é aquela que tem receita bruta superior a R$ 240.000,00 até o limite de R$ 2.400.000,00 (art. 3º, II). Essa era a resposta válida até 31-12-2011, após esta data os valores foram alterados para: microempresa – receita bruta anual limitada a R$ 360.000,00; empresa de pequeno porte – receita bruta anual entre R$ 360.000,00 e R$ 4.800.000,00 (LC n. 123/2006, art. 3º).

9-D. Comentário: A desconsideração da personalidade jurídica tem como consequência o fato de que os bens dos sócios podem ser atingidos em razão das dívidas da sociedade. Há uma implicação de responsabilidade pessoal e direta dos sócios pelas dívidas da sociedade, porque a separação patrimonial entre sociedade e seus sócios deixa de existir. Vale destacar que a desconsideração da personalidade jurídica é declarada pelo juiz quando estiver configurado o abuso da personalidade jurídica, conforme dispõe o art. 50 do Código Civil. O abuso da personalidade jurídica se configura pelo desvio de finalidade (com atitudes fraudulentas) ou pela confusão patrimonial.

10-E. Comentário: Incapacidade superveniente do empresário (aquela que ocorre posteriormente ao início da atividade, pois até então ele era capaz) não impede a continuidade do exercício da empresa pelo agora incapaz. Para tanto, é necessária uma autorização judicial com a nomeação de um representante, seus pais ou autor da herança (CC, art. 974, *caput*). É importante destacar que a autorização judicial deve ser registrada no Registro Público de Empresas Mercantis (CC, art. 976, *caput*).

CAPÍTULO II – Direito societário

1-C. Comentário: Ações preferenciais são aquelas ações que têm privilégios aos seus titulares, como na distribuição de lucros. E justamente por conferirem ao acionista uma vantagem, podem limitar ou suprimir o direito de voto dele. Por sua vez, os valores mobiliários são formas de captação de recursos para financiamento de sociedade anônima, único tipo societário que pode emiti-los. Ações, debêntures, bônus de subscrição e partes beneficiárias são espécies de valores mobiliários à luz do art. 2º da Lei n. 6.385/76 e art. 46, § 1º, da Lei n. 6.404/76.

Gabarito e comentários das questões 589

2-A. Comentário: Sociedade simples tem por objeto o desenvolvimento de atividades intelectuais, de natureza artística, científica e literária, à luz do parágrafo único do art. 966 do Código Civil. Por sua vez, sociedade empresária é aquela na qual seu objetivo social é a exploração de qualquer atividade econômica (exceto as intelectuais), ou seja, tem como finalidade desenvolver uma atividade, de forma profissional, economicamente organizada para a produção ou a circulação de bens ou de serviços, conforme o *caput* do art. 966 do Código Civil.

3-C. Comentário: Sociedade de capital significa que não importam os atributos/qualidades pessoais de cada sócio, pois qualquer pessoa pode ser sócia, como ocorre em geral com a sociedade anônima. Diferentemente, na sociedade de pessoas, os atributos/qualidades de cada sócio têm relevância à sociedade, sendo nesta vedado o ingresso de estranhos, caso um sócio queira vender suas quotas sociais, como regra geral.

4-D. Comentário: Na sociedade limitada, os sócios têm responsabilidade restrita (limitada) ao valor de suas quotas, mas todos respondem solidariamente pela integralização do capital social. Tal regra está prevista no art. 1.052 do Código Civil.

5-D. Comentário: Quanto às regras jurídicas para o trespasse de estabelecimento empresarial, o alienante não pode fazer concorrência com o adquirente por 5 anos, o que quer dizer que não pode abrir o mesmo tipo de negócio num raio de distância que possa afetar a clientela do adquirente, salvo autorização expressa no contrato de compra e venda, conforme prevê o art. 1.147 do Código Civil.

6-B. Comentário: Os acionistas gozam de alguns direitos que são considerados essenciais, pois não podem ser privados deles, nem por previsão no estatuto social, nem por determinação da assembleia geral. E, entre esses direitos está o de preferência na subscrição de debêntures conversíveis em ações, conforme o que determina o art. 109, *caput*, e inc. IV, da Lei n. 6.404/76.

7-D. Comentário: Na sociedade simples, a nomeação do administrador poderá ser feita no próprio contrato social ou ato separado (procuração), devendo ser averbado no respectivo Registro Civil das Pessoas Jurídicas, de acordo com a redação do art. 1.012 do Código Civil.

8-C. Comentário: (válido até a entrada em vigor da Lei n. 12.431, de 24-6-2014, que alterou a redação do art. 146, *caput*, da Lei n. 6.404/76) Os membros do conselho de administração da sociedade anônima deverão ser pessoas naturais (não podem ser pessoas jurídicas) e acionistas da sociedade anônima. A seu turno, os diretores deverão ser pessoas naturais (não pessoas jurídicas), residentes no território nacional, podendo ser acionistas ou não da companhia, o que está de acordo com o art. 146, *caput*, da Lei n. 6.404/76.

Novo comentário: Os membros do conselho de administração (diretores e conselheiros de administração) deverão ser pessoas naturais, podendo ser acionistas ou não da companhia. Assim, não há mais a necessidade de o conselheiro de administração ser acionista como se exigia até 2011; antes, portanto, da reforma promovida pela Lei n. 12.431/2011, que alterou o *caput* do art. 146 da Lei n. 6.404/76.

9-D. Comentário: O cedente responde solidariamente com o cessionário por "dois" anos, a contar da averbação da modificação do contrato pelas obrigações da época em que era sócio, valendo tanto para responsabilidade perante a sociedade quanto perante terceiros, conforme o disposto no art. 1.003, parágrafo único, do Código Civil.

10-A. Comentário: Sendo um sujeito de direito personificado, a sociedade empresária tem consequentemente nome, patrimônio, domicílio, direitos e deveres próprios, dando-lhe autonomia aos seus sócios. Dessa forma, a sociedade é a responsável direta pelas obrigações e prejuízos causados diante de seus credores. Apenas em casos excepcionais os sócios poderão ser responsabilizados pelos prejuízos em relação a terceiros, mas isso não será de forma direta e solidária.

CAPÍTULO III – Títulos de crédito e meios de pagamento

1-D. Comentário: **X** é o sacado nessa relação cambial, o qual não teria obrigação de aceitar o título de crédito, mas uma vez aceito se torna o devedor principal. Considerando que o título foi circulado várias vezes por endosso, o último endossatário é o credor. Este, não tendo sucesso na cobrança junto ao devedor principal **X**, tem o direito de cobrar dos demais coobrigados, que, por sua vez, têm o direito regressivo contra aqueles que já eram coobrigados anteriormente. Dessa forma, **A**, por ter efetuado o pagamento, poderá cobrar dos coobrigados anteriores, ou seja, de **Y** e **Z**, e não daqueles que se tornaram coobrigados posteriormente, pois esses estão desonerados cambialmente.

2-D. Comentário: Entre os requisitos da nota promissória, previstos no Decreto n. 57.663/66 – Lei Uniforme –, art. 75, está a necessidade de o título ter a expressão "nota promissória". É importante ressaltar que também são requisitos desse título de crédito: nome do beneficiário, data do saque, assinatura do sacador, quantia.

3-B. Comentário: O cheque como título de crédito comporta como regra geral todos os institutos do Direito Cambial, exceto o que for incompatível com ele, como o aceite. Assim, o aval, como uma garantia fidejussória prestada por terceiro, pode garantir o pagamento de cheque, total ou parcialmente. Ressalte-se que o cheque deve ser apresentado para pagamento em 30 dias da sua data de emissão no caso de cheque da mesma praça/Município (mesmo local de emissão e pagamento); já para cheque de outra praça (locais de emissão e pagamento distintos), o prazo é de 60 dias (Decreto n. 57.663/66 – Lei Uniforme –, art. 33). Além disso, ressalta-se o fato de que o sacado não pode endossar devido ao fato de ser devedor, sendo que endosso é ato privativo de quem é credor.

4-A. Comentário: Título de crédito nominativo é aquele que identifica o seu credor. Assim, a mera tradição não basta para a transferência, é necessário, além da tradição, outro ato jurídico. O título nominativo com cláusula à ordem circula mediante tradição e endosso. Se fosse um título nominativo com cláusula não à ordem, circularia mediante tradição e cessão de crédito.

5-C. Comentário: Não é necessário o protesto desse título para garantir o direito de cobrança contra os endossantes e seus respectivos avalistas. Associado a isso, é cabível a transferência da cédula de crédito bancário por endosso, mas desde que endosso em preto, no qual se identifica o endossatário/credor. Esse título somente pode ser emitido em favor de instituição financeira ou entidade a esta equiparada, sendo que, se a instituição estiver domiciliada no exterior, poderá ser emitido em moeda estrangeira.

6-A. Comentário: Duplicata é um título executivo extrajudicial (uma obrigação líquida) que poderá embasar o pedido de falência, desde que tenha prova de seu protesto e de que a prestação de serviço tenha sido realizada, não necessitando do aceite efetivamente, uma vez que a Lei da Duplicata autoriza o protesto por indicação, não se esquecendo de que protesto é o ato formal que comprova o inadimplemento do devedor. E, por indicação, significa que o cartório efetuará o protesto com base nas indicações/informações fornecidas pelo credor, como pelo canhoto comprovando que o serviço foi prestado (ou, em outra hipótese, que a mercadoria foi entregue). Por último, a falência do devedor será decretada quando não pagar obrigação líquida, materializada em título(s) executivo(s) protestado(s) cuja soma ultrapasse o equivalente a 40 (quarenta) salários mínimos na data do pedido da falência (combinação: Lei n. 5.474/68, arts. 13, § 1º, e 14; Lei n. 9.492/97, art. 23, parágrafo único; e Lei n. 11.101/2005, art. 94, I).

7-D. Comentário: Com relação ao prazo para se realizar o protesto, a Lei do Protesto expressa que não cabe ao Tabelião de Protesto examinar questões prescricionais dos títulos; logo, o título poderá ser protestado a qualquer tempo, ficando a cargo da pessoa protestada alegar prescrição ou caducidade. O tabelião avaliará tão somente os aspectos formais necessários ao protesto (Lei n. 9.492/97, art. 9º). Os casos de realização do protesto são por falta de pagamento, de aceite ou de devolução. No entanto, o protesto será necessariamente por falta de pagamento nas hipóteses de duplicata ou triplicata encaminhada a protesto, aceita ou não, depois de vencida (Lei n. 9.492/97, art. 21).

8-B. Comentário: Como título de crédito que é, à duplicata mercantil são aplicáveis os institutos jurídicos do Direito Cambial com suas respectivas regras, incluindo a emissão, o endosso, o aval etc., bem como os princípios norteadores deste sub-ramo do Direito Empresarial, ou seja, os princípios da cartularidade, literalidade e autonomia, à luz do art. 25 da Lei n. 5.474/68.

9-C. Comentário: As notas promissórias comportam quase todos os institutos do Direito Cambiário. A exceção fica por conta fundamentalmente do aceite, em especial pelo fato de que, neste título de crédito, tem-se uma promessa de pagamento em que o devedor promete que ele efetuará o pagamento ao credor, de determinado valor e em determinadas condições. Já em uma ordem de pagamento, como a letra de câmbio, o emissor dá ordem para que o sacado efetue o pagamento ao beneficiário, surgindo desse fato a figura do aceite do sacado como uma concordância à sua obrigação de pagar. Além disso, a nota promissória permite o vencimento a certo termo de vista, no qual o prazo começa a contar do visto do subscritor, devendo o título ser apresentado a este para ser vistado no prazo de um ano, conforme a inteligência do art. 78 c/c o art. 23 do Decreto n. 57.663/66 – Lei Uniforme.

10-E. Comentário: A duplicata é um título de crédito que opera em várias modalidades: duplicata mercantil, duplicata de prestação de serviços ou duplicata rural. Assim, para a emissão da duplicata mercantil, é necessário que tenha havido uma compra e venda mercantil, ou seja, entre empresários (incluindo aqui a figura do comerciante). Já para emitir duplicata de prestação de serviços, deve ter ocorrido a efetiva prestação, por empresário ou profissional liberal.

CAPÍTULO IV – Contratos mercantis

1-A. Comentário: A representação comercial é exercida pelo representante comercial autônomo, que pode ser pessoa física ou jurídica, que faz a intermediação da realização de negócios mercantis, de forma não eventual, por conta de uma ou mais pessoas, obtendo propostas ou pedidos, para transmiti-los aos representados, podendo ou não praticar atos relacionados com a execução dos negócios. Ressalte-se que não há relação de emprego entre as partes, ainda que a mediação para a realização de negócios se dê em caráter não eventual (Lei n. 4.886/65, art. 1º).

2-D. Comentário: Como regra geral, o contrato de franquia deve ser escrito e assinado na presença de duas testemunhas. Ele valerá independentemente de ser levado a registro perante cartório ou órgão público (art. 6º da Lei n. 8.955/94, que foi revogada pela Lei n. 13.966/2019). Entretanto, para produzir efeitos diante de terceiros, o contrato deverá ser registrado no INPI – Instituto Nacional da Propriedade Industrial, nos termos do previsto pelo art. 211, *caput*, da Lei n. 9.279/96.

3-D. Comentário: A ação renovatória é o instrumento processual para assegurar a proteção do ponto que vem sendo explorado, permitindo ao locatário obter a renovação do seu contrato de locação por via judicial. O período para ajuizar a ação renovatória ocorre no penúltimo semestre de vigência do contrato, ou seja, num contrato de 5 anos (que é composto por dez semestres), a ação deve ser ajuizada durante os meses do nono semestre, conforme determina o art. 51, § 5º, da Lei n. 8.245/91.

4-D. Comentário: O conteúdo da patente é indivisível e, por ser considerada um bem, pode ser objeto de cessão de direitos, total ou parcialmente. Havendo cessão de direitos de patente, ela deve ser registrada no INPI, com a qualificação do cessionário, sem prejuízo de outras informações. Ressalte-se que a cessão apenas produz efeitos diante de terceiros após a sua publicação. Todas essas regras valem para o pedido de patente (Lei n. 9.279/96, arts. 58 a 60).

5-B. Comentário: No passado, foram grandes as divergências jurisprudencial e doutrinária sobre o fato de a cobrança antecipada do valor residual garantido descaracterizar ou não o contrato de arrendamento mercantil, e assim caracterizá-lo como contrato de compra e venda a prazo. Mas o STJ editou a Súmula 293 a respeito da matéria: "A cobrança antecipada do valor residual garantido (VRG) não descaracteriza o contrato de arrendamento mercantil".

6-B. Comentário: Quando o contrato de distribuição tiver prazo indeterminado, poderá ser rescindido mediante aviso prévio de 90 dias, desde que transcorrido um lapso temporal suficiente para o agente ter recuperado seus investimentos, considerando a natureza e o vulto do que foi exigido dele, de acordo com o art. 720 do Código Civil.

7-A. Comentário: Apesar de não haver relação de emprego entre as partes, ainda que a mediação para a realização de negócios se dê em caráter não eventual, em caso de falência do representado, as importâncias devidas ao representante (incluindo comissões, indenização e aviso prévio) serão consideradas créditos de natureza trabalhista, à luz do art. 44 da Lei n. 4.886/65.

8-C. Comentário: A compra e venda quando pura (ou seja, sem condição, encargo ou modo) é obrigatória e perfeita quando as partes chegarem a um acordo sobre o objeto e o preço do negócio, conforme o art. 482 do Código Civil. Não sendo pura, deverá haver acordo sobre coisa, preço e demais disposições estabelecidas.

9-D. Comentário: A circular deve ser entregue ao candidato a franqueado no mínimo *10* dias antes da assinatura do contrato definitivo ou contrato preliminar de franquia, sob pena de anulação. Ocorrendo tal hipótese de descumprimento do prazo, o franqueado poderá arguir a anulabilidade do contrato e exigir a devolução de todas as quantias que já houver pago ao franqueador (ou a terceiros por ele indicados), a título de taxa de filiação e *royalties*, devidamente corrigidas, pela variação da remuneração básica dos depósitos de poupança, sem prejuízo de indenização por perdas e danos, conforme prevê expressamente o parágrafo único do art. 4º da Lei n. 8.955/94 – Lei de Franquia (revogada pela Lei n. 13.966/2019).

10-D. Comentário: Faturização, também conhecida como fomento mercantil ou *factoring*, significa a compra de direitos creditórios resultantes de vendas mercantis (e de consumo) a prazo ou de prestação de serviços, sendo que, geralmente, essa operação está vinculada à: assessoria creditícia, gestão de crédito, seleção de riscos e administração de contas a pagar e a receber. Ressalta-se que as empresas de faturização, da mesma forma que as instituições financeiras, devem manter sigilo a respeito de suas operações.

CAPÍTULO V – Propriedade intelectual (propriedade industrial e direito autoral)

1-D. Comentário: Um processo produtivo, isto é, a maneira como o produto é fabricado, pode ser patenteado, o que ocorre por haver exclusividade de uso pelo seu titular, não podendo esse processo ser utilizado por terceiros no prazo concedido à patente, exceto com autorização do titular. Não existe exclusividade naquelas fases do processo de produção não cobertas pela patente. O fundamento para a patente de processo produtivo está no art. 42, II, da Lei n. 9.279/96.

2-C. Comentário: À luz do art. 123, I, da Lei n. 9.279/96, marca de produto ou de serviço é usada para distinguir produto ou serviço de outro idêntico, semelhante ou afim, mas que tem uma origem diversa. Já a marca coletiva é usada para identificar produtos ou serviços provenientes de membros de determinada entidade, podendo ser utilizada apenas por estes (Lei n. 9.279/96, art. 123, III). Por sua vez, a marca de alto renome é aquela muito conhecida pelas pessoas, nacional e internacionalmente, o que a faz merecedora de proteção em todos os ramos de atividades, quando registrada no Brasil (Lei n. 9.279/96, art. 125). E, por fim, marca notoriamente conhecida é aquela de conhecimento das pessoas que operam no mesmo ramo de atividade do titular da marca, sendo sua proteção neste ramo específico. Essas marcas têm proteção jurídica independentemente de estarem depositadas ou registradas, isso ocorre em cumprimento ao art. 6º *bis* (I) da Convenção da União de Paris para Proteção da Propriedade Industrial (Lei n. 9.279/96, art. 126).

3-C. Comentário: Micro-organismo transgênico pode ser patenteado, seja como invenção, seja como modelo de utilidade, desde que preencha os requisitos da novidade, atividade inventiva e aplicação industrial (Lei n. 9.279/96, art. 18, III). O que for contrário à moral, aos bons costumes, à segurança, à ordem e à saúde pública não é patenteável (Lei n. 9.279/96, art. 18, I). Entretanto, o sinal distintivo visualmente perceptível e não compreendido nas proibições legais não é patenteável, mas, sim, objeto de registro de marca (Lei n. 9.279/96, art. 122).

4-A. Comentário: A patente pertence ao empregador, ainda que com participação de empregado na pesquisa, desde que o contrato de trabalho tenha como objeto a pesquisa ou atividade inventiva. Somente pertencerá ao empregado quando ele utilizar recursos próprios e de forma desvinculada do seu contrato de trabalho com a empresa empregadora. Poderá pertencer a ambos, quando o empregado contribuir pessoalmente, mas com recursos do empregador (Lei n. 9.279/96, arts. 88, 90 e 91), pois, nesse caso, o objeto do contrato de trabalho não é a pesquisa ou atividade inventiva.

5-A. Comentário: Letra, algarismo e data, isoladamente, não são registráveis como marca, conforme o disposto no art. 124, II, da Lei n. 9.279/96. No entanto, poderá ser objeto de marca quando estiverem revestidos de suficiente forma distintiva. A título de exemplo, é o que ocorre com o "M" do McDonald's, passível de registro como marca por ser um "M" estilizado, de forma grande e arredondado, maiúsculo e amarelo.

6-D. Comentário: Lei n. 9.279/96 – Lei da Propriedade Industrial – estabelece as regras protetivas da propriedade industrial no Brasil. Isso ocorre mediante a concessão de patentes de invenção e de modelo de utilidade, registro de desenho industrial, registro de marca, bem como pela repressão à concorrência desleal e às falsas indicações geográficas, conforme dispõe o seu próprio art. 2º.

7-A. Comentário: A marca de produto ou de serviço é usada para distinguir produto ou serviço de outro idêntico, semelhante ou afim, mas que possui uma origem diversa, à luz do art. 123, I, da Lei n. 9.279/96. Esse tipo de marca visa a distinguir um produto (ou serviço) de outros parecidos que existam no mercado. Não se confundem com as marcas de certificação, ou seja, aquelas que atestam a conformidade com normas ou especificações técnicas, em especial quanto à qualidade, natureza, material utilizado e metodologia empregada (Lei n. 9.279/96, art. 123, II).

8-D. Comentário: À luz do art. 44, *caput*, da Lei n. 9.279/96, é assegurado ao titular da patente o direito de pleitear indenização contra quem explorou indevidamente o objeto patenteado. Essa proteção ocorre inclusive em relação à exploração realizada entre as datas da publicação do pedido e da concessão da patente, pois, durante esse período, o pedido da patente estava sob análise do INPI – Instituto Nacional da Propriedade Industrial –, o que impede o exercício do direito de ação contra quem estava fazendo uso indevido da invenção.

9-C. Comentário: O registro de marca pode ser feito por todas as pessoas físicas ou jurídicas de direito público ou privado, em conformidade com o previsto no art. 128, *caput*, da Lei n. 9.279/96. Deve-se lembrar que as pessoas jurídicas podem ser de direito público interno e externo (p.ex., União, Estados, Municípios, autarquias, ONU etc.) e de direito privado (associações, fundações, partidos políticos, entidades religiosas e sociedades), à luz dos arts. 40, 41 e 44 do Código Civil.

10-A. Comentário: Conforme o disposto no art. 22 da Lei da Propriedade Industrial – Lei n. 9.279/96 –, para ser aceito pelo INPI, o pedido de patente de invenção terá de se referir a uma única invenção ou a um grupo de invenções inter-relacionadas, de maneira a compreenderem um único conceito inventivo. É importante destacar que não é possível patentear o que for contrário à moral, aos bons costumes e à segurança

594   DIREITO EMPRESARIAL *sistematizado*

(Lei n. 9.279/96, art. 18, I). O prazo de vigência da patente de invenção também é de *20* anos e o de modelo de utilidade é de *15* anos (Lei n. 9.279/96, art. 40). Por fim, a prescrição é de 5 anos para reparação de dano causado aos direitos de propriedade industrial (Lei n. 9.279/96, art. 225).

CAPÍTULO VI – Direito concorrência e econômico

1-E. Comentário: Os crimes de concorrência desleal em boa medida são constituídos por práticas que prejudicam o concorrente. Dentre eles, pratica tal crime quem usa expressão ou sinal de propaganda alheios, ou os imita, de modo a criar confusão entre os produtos ou estabelecimentos, sendo a pena de detenção, de três meses a um ano, ou multa (inc. IV do art. 195 da Lei n. 9.279/96).

2-D. Comentário: De acordo com o *caput* do art. 86 da Lei n. 12.529/2011, o CADE, por intermédio da Superintendência-Geral, poderá celebrar acordo de leniência com pessoas físicas e jurídicas que forem autoras de infração à ordem econômica, desde que colaborem efetivamente com as investigações e o processo administrativo. E complemento, o inc. I do § 1º do art. 86 dispõe que o acordo de leniência apenas poderá ser celebrado se a empresa for a primeira a se qualificar com respeito à infração noticiada ou sob investigação.

3-A. Comentário: Sem prejuízo de convenções e tratados de que seja signatário o Brasil, a Lei n. 12.529/2011 é aplicável às práticas cometidas no todo ou em parte no território brasileiro, bem como que nele produzam ou possam produzir efeitos. Para tanto, sendo o caso, a empresa estrangeira será notificada e intimada de todos os atos processuais na pessoa responsável por sua filial, agência, sucursal, estabelecimento ou escritório instalado no Brasil (art. 2º da Lei n. 12.529/2011).

4-C. Comentário: No sistema anterior previsto na Lei n. 8.884/94 o sistema de controle dos atos de concentração era feito posteriormente pelo CADE. Diferentemente, a Lei n. 12.529/2011 (art. 88, § 2º) trouxe uma mudança de paradigma de modo que a partir de sua vigência o controle dos atos de concentração passou a ser prévio e realizado em até duzentos e quarenta dias, contados do protocolo de petição ou de sua emenda.

5-D. Comentário: Apenas o exercício de posição dominante não é uma infração à ordem econômica. É preciso que o exercício seja praticado de forma abusiva. Assim, a questão está errada pela falta da expressão "de forma abusiva", pois, nos termos do art. 36 da Lei n. 12.529/2011, constituem infração da ordem econômica, independentemente de culpa, os atos sob qualquer forma manifestados, que tenham por objeto ou possam produzir os seguintes efeitos, ainda que não sejam alcançados: I – limitar, falsear ou de qualquer forma prejudicar a livre concorrência ou a livre-iniciativa; II – dominar mercado relevante de bens ou serviços; III – aumentar arbitrariamente os lucros; e, IV – exercer "de forma abusiva" posição dominante.

6-A. Comentário: O Sistema Brasileiro de Defesa da Concorrência, estruturado pela Lei n. 12.529/2011, optou pela teoria objetiva da responsabilidade civil, conforme autorizado pelo parágrafo único do art. 927 do Código Civil. Assim, o elemento culpa não é relevante, sendo considerado o risco como elemento caracterizador para efeitos da prática. Assim, nos termos do *caput* do art. 36 da Lei n. 12.529/2011 a expressão "independentemente de culpa" quer dizer responsabilidade objetiva quanto à infração da ordem econômica.

7-C. Comentário: A alternativa correta é uma leitura conjunta do *caput* com o inc. I do § 1º, ambos do art. 19 da Lei n. 12.529/2011. Isso pois, de acordo com os dispositivos que regem a matéria, compete à Secretaria de Acompanhamento Econômico promover a concorrência em órgãos de governo e perante a sociedade cabendo-lhe, para o cumprimento de suas atribuições, requisitar informações e documentos de quaisquer pessoas, órgãos, autoridades e entidades, públicas ou privadas, mantendo o sigilo legal quando for o caso. Por certo que dentre as autoridades estão os juízes federais.

8-C. Comentário: O CADE poderá firmar com o representado compromisso de cessação da prática sob investigação (ou dos seus efeitos lesivos) sempre que, em juízo de conveniência e oportunidade, devidamente

Gabarito e comentários das questões   595

fundamentado, entender que atende aos interesses protegidos legalmente. Mas é preciso frisar que a proposta de termo de compromisso de cessação de prática somente poderá ser apresentada uma única vez (§ 4º do art. 85 da Lei n. 12.529/2011).

9-B. Comentário: Trata-se de uma questão um tanto quanto mal formulada, pois todas as alternativas teriam algum problema, já que, de acordo com a Lei n. 12.529/2011, as seguintes condutas caracterizam infração da ordem econômica (art. 36, § 3º e respectivos incisos): IV – criar dificuldades à constituição, ao funcionamento ou ao desenvolvimento de empresa concorrente ou de fornecedor, adquirente ou financiador de bens ou serviços; VI – exigir ou conceder exclusividade para divulgação de publicidade nos meios de comunicação de massa; X – discriminar adquirentes ou fornecedores de bens ou serviços por meio da fixação diferenciada de preços, ou de condições operacionais de venda ou prestação de serviços; XVI – reter bens de produção ou de consumo, exceto para garantir a cobertura dos custos de produção; XVII – cessar parcial ou totalmente as atividades da empresa sem justa causa comprovada. Desse modo, a alternativa B seria a mais correta, digamos, pois a retenção pode se dar quando se visa a garantir a cobertura de custos de produção.

10-D. Comentário: Qual seria um efeito positivo produzido no mercado? Difícil. Talvez o ganho em escala. Mas quem ganharia com isso? Quem sabe o desenvolvimento de nova tecnologia. Enfim, o efeito positivo no mercado produzido não constitui hipótese a ser levada em consideração na aplicação das sanções previstas na Lei n. 12.529/2011. Segundo seu art. 45 será considerado(a): I – a gravidade da infração; II – a boa-fé do infrator; III – a vantagem auferida ou pretendida pelo infrator; IV – a consumação ou não da infração; V – o grau de lesão, ou perigo de lesão, à livre concorrência, à economia nacional, aos consumidores, ou a terceiros; VI – os efeitos econômicos negativos produzidos no mercado; VII – a situação econômica do infrator; e, VIII – a reincidência.

CAPÍTULO VII – Recuperação de empresa e falência (direito concursal)

1-D. Comentário: Após analisar o pedido da recuperação judicial, o juiz, ao deferir o seu processamento, no mesmo ato, ordenará a suspensão das ações e execuções em curso contra o devedor, ou seja, antes da apresentação do plano aos credores (Lei n. 11.101/2005, art. 52). É a partir da publicação da decisão que deferiu o processamento da recuperação judicial que o devedor terá o prazo, improrrogável, de 60 dias para apresentar em juízo o plano de recuperação judicial (Lei n. 11.101/2005, art. 53).

2-B. Comentário: O juízo da falência é indivisível e competente para conhecer todas as ações sobre bens e interesses do falido, salvo ações trabalhistas e fiscais (Lei n. 11.101/2005, art. 76). Especificamente sobre o pedido de restituição, este deve ser feito junto ao juízo falimentar, de forma fundamentada e descrevendo a coisa a ser devolvida (Lei n. 11.101/2005, art. 87, *caput*).

3-B. Comentário: O juiz poderá decretar a falência do empresário individual ou da sociedade empresária por inadimplemento de obrigação não sujeita à recuperação judicial, quando não se tratar de uma das hipóteses albergadas pela norma para fins de composição do plano de recuperação, conforme a dicção do art. 73, parágrafo único, c/c o art. 94, ambos da Lei n. 11.101/2005.

4-D. Comentário: O administrador judicial tem direito à remuneração, a qual é fixada pelo juiz. Essa remuneração é considerada como crédito extraconcursal (aquele que não está compreendido na classificação dos créditos da falência), o qual deve ser pago com precedência aos direitos de crédito dos credores do devedor. Inteligência dos arts. 24 e 84 da Lei n. 11.101/2005.

5-A. Comentário: O resultado da decretação da falência do devedor ocorre em relação ao fato de que os credores somente poderão exercer seus direitos sobre os bens do falido nas condições previstas na norma falimentar. Entre os vários efeitos da decretação da falência estão: a formação da massa de credores; o vencimento antecipado dos créditos; a suspensão de todas as ações ou execuções individuais dos credores; a suspensão da fluência dos juros contra a massa falida. Inteligência dos arts. 6º, §§ 1º e 2º, 77, 115, e 124, *caput*, da Lei n. 11.101/2005.

6-C. Comentário: Créditos extraconcursais são aqueles que não estão compreendidos na classificação dos créditos da falência, sendo pagos com precedência, como as custas judiciais de processos em que a massa falida foi vencida, conforme prevê expressamente a Lei n. 11.101/2005, art. 84, IV.

7-C. Comentário: Como regra geral, o juízo da falência é universal, quer dizer, é indivisível e competente para conhecer todas as ações sobre bens e interesses do falido. As exceções ficam por conta das ações trabalhistas e fiscais, que correm perante órgãos judiciários especializados, quais sejam, varas do trabalho e varas das execuções fiscais, de acordo com o art. 76 da Lei n. 11.101/2005.

8-C. Comentário: Credores retardatários são aqueles que habilitam seu crédito após o prazo estabelecido de 15 dias para a habilitação. Na recuperação judicial, os titulares de créditos retardatários serão aceitos, mas não terão direito a voto nas deliberações da assembleia geral de credores, conforme disposição do art. 10, §§ 1º e 2º, da Lei n. 11.101/2005.

9-C. Comentário: Para fins criminais, a Lei n. 11.101/2005 estabelece, como condição objetiva de punibilidade, a indispensabilidade da sentença do juízo competente (de vara cível ou empresarial) nos autos do processo que: decretou a falência; concedeu a recuperação judicial; ou concedeu a recuperação extrajudicial de todos os credores, à luz do art. 180 da Lei n. 11.101/2005.

10-B. Comentário: Os sócios, diretores, gerentes, administradores e conselheiros, de fato ou de direito, bem como o administrador judicial, equiparam-se ao devedor ou falido para todos os efeitos penais da Lei n. 11.101/2005, à luz do seu art. 179. São aqueles que podem ser o sujeito ativo de crime em caso de falência, recuperação judicial ou recuperação extrajudicial.

REFERÊNCIAS

ABRÃO, Carlos Henrique. *Cartões de crédito e débito*. 2. ed. São Paulo: Atlas, 2011.

_____. *Empresa individual*. São Paulo: Atlas, 2012.

_____. *Protesto*: caracterização da mora, inadimplemento obrigacional. 4. ed. São Paulo: Atlas, 2011.

ABRÃO, Nelson. *Direito bancário*. 14. ed. rev. atual. e ampl. por Carlos Henrique Abrão. São Paulo: Saraiva, 2011.

_____. Cibernética e títulos de crédito. *Revista de Direito Mercantil, Industrial, Econômico e Financeiro*. São Paulo, RT, n. 19, 1975.

ADAMEK, Marcelo Vieira von. *Responsabilidade civil dos administradores de S/A (e as ações correlatas)*. São Paulo: Saraiva, 2009.

ALBERTIN, Alberto Luiz. *Comércio eletrônico*: modelo, aspectos e contribuições de sua aplicação. 4. ed. atual. e ampl. São Paulo: Atlas, 2002.

ALMEIDA, Amador Paes de. *Curso de falência e recuperação de empresa*: de acordo com a Lei n. 11.101/2005. 24. ed. São Paulo: Saraiva, 2008.

_____. *Direito de empresa no Código Civil*. São Paulo: Saraiva, 2004.

_____. *Teoria e prática dos títulos de crédito*. 24. ed. São Paulo: Saraiva, 2005.

ALMEIDA, Marcus Elidius Michelli de. O pedido de restituição e os embargos de terceiro em face da nova lei de face da nova lei de falências. In: PAIVA, Luiz Fernando Valente de (coord.). *Direito falimentar e a nova lei de falências e recuperação de empresas*. São Paulo: Quartier Latin, 2005.

ALVES, Giovani Ribeiro Rodrigues. *Fundamentos para a compreensão de um novo Código Comercial brasileiro*. Rio de Janeiro: Processo, 2017.

ALVES, Jones Figueiredo. Comentários aos arts. 421 a 729. In: SILVA, Regina Beatriz Tavares da (coord.). *Código Civil comentado*. 7. ed. São Paulo: Saraiva, 2010.

ALVES, Vilson Rodrigues. *Responsabilidade civil dos estabelecimentos bancários*. Campinas: Bookseller, 1996.

ALVIM, Agostinho. *Da inexecução das obrigações e suas consequências*. 5. ed. São Paulo: Saraiva, 1980.

AMARAL, Ana Cláudia Corrêa Zuin Mattos do. *Responsabilidade civil pela perda da chance*: natureza jurídica e quantificação do dano. Curitiba: Juruá, 2015.

AMARAL, Antonio Carlos Rodrigues do (coord.). *Direito do comércio internacional*: aspectos fundamentais. São Paulo: Aduaneiras, 2004.

ANDRADE, André Rennó Lima Guimarães de. UCP 600 – A nova publicação da Câmara de Comércio Internacional sobre créditos documentários. Disponível em: <http://pt.scribd.com/doc/44895763/UCP-600-artigo>. Acesso em: 9 ago. 2018.

ARAUJO, Paula Miralles. *Contratos* built to suit: qualificação e regime jurídico. Dissertação (Mestrado em Direito) – Faculdade de Direito da Universidade de São Paulo, São Paulo, 2015.

ASCARELLI, Tullio. *Problemas de sociedade anônima e direito comparado*. 2. ed. São Paulo: Saraiva, 1969.

_____. *Teoria della concorrenza e dei beni immateriali*: istituzioni di diritto industriale. Milano: Giuffrè, 1960.

_____. *Teoria geral dos títulos de crédito*. 2. ed. São Paulo: Saraiva, 1969.

ASQUINI, Alberto. Perfis da empresa. Profili dell'impresa, in *Rivista del Diritto Commerciale*, 1943, v. 41, I, tradução de Fábio Konder Comparato. *Revista de Direito Mercantil, Industrial, Econômico e Financeiro*, São Paulo, RT, n. 104, out./dez. 1996.

ASSANGE, Julian. *Cypherpunks*: liberdade e o futuro da internet. Trad. de Cristina Yamagami. São Paulo: Boitempo, 2013.

AZEVEDO, Álvaro Villaça. Jurisprudência não pode criar responsabilidade objetiva, só a lei. Análise das Súmulas 341, 489 e 492, do Supremo Tribunal Federal, e 132 do Superior Tribunal de Justiça. *Revista dos Tribunais*, São Paulo, RT, v. 743, set. 1997.

_____. Proposta de classificação da responsabilidade civil objetiva: pura e impura. *Revista dos Tribunais*, São Paulo, RT, v. 698, dez. 1993, p. 10.

BALDUCCINI, Bruno; FIRMATO, Marcus; GUAZZELLI, Tatiana; VARGAS NETO, Jorge. Arranjos e instituições de pagamento: Novo marco legal e regulatório. *Revista de Direito Bancário e do Mercado de Capitais*, São Paulo, RT, v. 63, jan. 2014.

BARBOSA, Denis Borges. *Tratado da propriedade intelectual*. Rio de Janeiro: Lumen Juris, 2010. v. 3.

_____. Prefácio do livro de Newton Silveira. *Estudos e pareceres de propriedade intelectual*. Rio de Janeiro: Lumen Juris, 2008.

_____. *Uma introdução à propriedade intelectual*. Rio de Janeiro: Lumen Juris, 2003.

BARBOSA, Leonardo Garcia. Sociedade anônima simplificada. *Revista de Informação Legislativa*, Brasília, Senado Federal, ano 51, n. 204, out./nov. 2014.

BARRETO FILHO, Oscar. *Teoria do estabelecimento comercial*. São Paulo, Max Limonad, 1969.

BARROSO, Luís Roberto. Apontamentos sobre as agências reguladoras. In: MORAES, Alexandre de (org.). *Agências reguladoras*. São Paulo: Atlas, 2002.

BASSO, Maristela. *O direito internacional da propriedade intelectual*. Porto Alegre: Livraria do Advogado, 2000.

BASTOS, Celso Ribeiro. *Curso de direito econômico*. São Paulo: Celso Bastos, 2004.

_____; MARTINS, Ives Gandra da Silva. *Comentários à Constituição do Brasil*: promulgada em 5 de outubro de 1988. São Paulo: Saraiva, 1990. v. 7.

BENETI, Sidnei Agostinho. O processo de recuperação judicial. In: PAIVA, Luiz Fernando Valente de (coord.). *Direito falimentar e a nova lei de falências e recuperação de empresas*. São Paulo: Quartier Latin, 2005.

BENFATTI, Fabio Fernandes Neves. *Direito ao desenvolvimento*. São Paulo: Saraiva, 2014.

BESSA, Leonardo Roscoe. *Relação de consumo e aplicação do Código de Defesa do Consumidor*. 2. ed. São Paulo: RT, 2009.

BEZERRA FILHO, Manoel Justino. *Nova lei de recuperação e falências comentada*. 3. ed. São Paulo: RT, 2005.

BINNIE, Ricardo; MARTINS, Alessandra Carolina Rossi. Criptomoeda: considerações acerca de sua tutela jurídica no direito internacional e brasileiro. *Revista de Direito Empresarial*, São Paulo, RT, v. 11, set./out. 2015.

BITTAR, Carlos Alberto. *Contratos comerciais*. 4. ed. Rio de Janeiro: Forense Universitária, 2005.

_____. Os contratos de comercialização de "software". In: BITTAR, Carlos Alberto (coord.). *Novos contratos empresariais*. São Paulo: RT, 1990.

_____. *Direito de autor*. 4. ed. rev., ampl. e atual. por Eduardo C. B. Bittar. Rio de Janeiro: Forense Universitária, 2003.

_____. *Teoria e prática da concorrência desleal*. Rio de Janeiro: Forense Universitária, 2005.

BOITEUX, Fernando Netto. *Títulos de crédito (em conformidade com o novo Código Civil)*. São Paulo: Dialética, 2002.

BRITO, Jerry; CASTILLO, Andrea. *Bitcoin*: a primer for policymakers. Arlington: Mercatus Center at George Mason University, 2013.

_____ et al. *The law of bitcoin*. Bloomington: iUniverse, 2015. Disponível em: <https://goo.gl/yE58vW>. Acesso em: 6 jul. 2018.

BULGARELLI, Waldirio. *Contratos mercantis*. 7. ed. São Paulo: Atlas, 1993.

_____. *Manual das sociedades anônimas*. 3. ed. São Paulo: Atlas, 1984.

_____. *Sociedades comerciais*. 3. ed. São Paulo: Atlas, 1987.

_____. *Títulos de crédito*. 2. ed. São Paulo: Atlas, 1982.

BURANELLO, Renato M. *Sistema privado de financiamento do agronegócio* – regime jurídico. 2. ed. São Paulo: Quartier Latin, 2011.

CALAIS-AULOY, Jean. *Droit de la consommation*. Paris: Dalloz, 1992.

CALICH, Isabel Garcia; MESSINA, Paulo de Lorenzo. O novo sistema de pagamentos brasileiro. *Revista de Direito Bancário e do Mercado de Capitais*, São Paulo, RT, v. 17, jul. 2002.

CAMPINHO, Sérgio. *O direito de empresa à luz do novo Código Civil*. 10. ed. Rio de Janeiro: Renovar, 2009.

CAMPOS FILHO, Moacyr Lobato. *Falência e recuperação*. Belo Horizonte: Del Rey, 2007.

CARNELUTTI, Francesco. *Teoria giuridica della circolazione*. Padova: CEDAM, 1933.

CARVALHO DE MENDONÇA, José Xavier. *Tratado de direito comercial brasileiro*. 7. ed. Rio de Janeiro: Freitas Bastos, 1963. v. I.

_____. *Tratado de direito comercial brasileiro*. 4. ed. Rio de Janeiro: Freitas Bastos, 1957. v. VI.

CARVALHOSA, Modesto. *Considerações sobre a lei anticorrupção das pessoas jurídicas*. Lei n. 12.846/2013. São Paulo: RT, 2015.

CASSETARI, Christiano. *Elementos de direito civil*. São Paulo: Saraiva, 2011.

CASTRO, Aldemário Araújo. Os meios eletrônicos e a tributação. In: Reinaldo Filho, Demócrito (coord.). *Direito da informática*: temas polêmicos. Bauru: Edipro, 2002.

CAVALIERI FILHO, Sergio. *Programa de responsabilidade civil*. 9. ed. São Paulo: Atlas, 2010.

CHAVES, Antonio. *Lições e direito civil* – obrigações – contratos em espécie. São Paulo: RT, 1977. v. IV.

COASE, Ronald H. The nature of the firm. In: *The firm, the market and the Law*. Chicago: University of Chicago Press, 1937.

COELHO, Fábio Ulhoa. *Curso de direito civil*: direito das coisas, direito autoral. 4. ed. São Paulo: Saraiva, 2012.

_____. *Curso de direito comercial*: direito de empresa. 12. ed. São Paulo: Saraiva, 2008. v. 1.

_____. *Curso de direito comercial*: direito de empresa. 11. ed. São Paulo: Saraiva, 2008. v. 2.

_____. *Curso de direito comercial*: direito de empresa. 8. ed. São Paulo: Saraiva, 2008. v. 3.

_____. *Manual de direito comercial*: direito de empresa. 20. ed. São Paulo: Saraiva, 2008.

COMPARATO, Fábio Konder. Factoring. *Revista de Direito Mercantil, Industrial, Econômico e Financeiro*, São Paulo, RT, n. 6, 1972.

_____. *Direito empresarial* – estudos e pareceres. São Paulo: Saraiva, 1990.

_____. *O poder de controle na sociedade anônima*. Rio de Janeiro: Forense, 1983.

CORDOVIL, Leonor; CARVALHO, Vinícius Marques de; BAGNOLI, Vicente; ANDERS, Eduardo Caminati. *Nova lei de defesa da concorrência comentada – Lei 12.529, de 30 de novembro de 2011*. São Paulo: RT, 2011.

COSTA, Juliana Hinterlang dos Santos. É possível a recuperação judicial ou extrajudicial para as sociedades em comum? *Revista de Direito Empresarial*, São Paulo, RT, n. 8, mar./abr. 2015.

COSTA, Leonardo Honorato. Abuso do direito de voto nas sociedades limitadas: remédios judiciais. *Revista de Direito Empresarial*, São Paulo, RT, n. 4, jul./ago. 2014.

COSTA, Philomeno J. da. As atividades bancárias no anteprojeto do Código Civil. *Revista de Direito Mercantil, Industrial, Econômico e Financeiro*, São Paulo, v. 12, n. 10, 1973.

COSTA, Wille Duarte. *Títulos de crédito*. 2. ed. Belo Horizonte: Del Rey, 2006.

DE LUCCA, Newton. *A cambial-extrato*. São Paulo: RT, 1985.

_____. *Aspectos jurídicos da contratação informática e telemática*. São Paulo: Saraiva, 2003.

_____. *Da ética geral à ética empresarial*. Tese (Concurso para provimento do cargo de Professor Titular de Direito Comercial) – Faculdade de Direito da Universidade de São Paulo, São Paulo, 2009.

DIAS, José de Aguiar. *Da responsabilidade civil*. 10. ed. Rio de Janeiro: Forense, 1995. v. 1.

DORIA, Dylson. *Curso de direito comercial*. 14. ed. São Paulo: Saraiva, 2000. v. 1.

_____. *Curso de direito comercial*. 10. ed. São Paulo: Saraiva, 2000. v. 2.

ENEI, José Virgílio Lopes. *Project finance*: financiamento com foco em empreendimentos. São Paulo: Saraiva, 2007.

FAZZIO JÚNIOR, Waldo. *Lei de falência e recuperação de empresas*. 4. ed. São Paulo: Atlas, 2008.

FERREIRA, Natasha Alves. Incertezas jurídicas e econômicas da *bitcoin* como moeda. In: CONPEDI -UFPB. *Direito e economia II*. Florianópolis: CONPEDI, 2014.

FERREIRA, Pinto. *Curso de direito agrário*: de acordo com a Lei n. 8.629/93. 2. ed. São Paulo: Saraiva, 1995.

FERREIRA, Waldemar Martins. *Instituições de direito comercial* – os contratos mercantis e os títulos de crédito. Rio de Janeiro: Freitas Bastos, 1953. v. 3.

_____. *Tratado de direito comercial*. São Paulo: Saraiva, 1962. v. 8.

FORGIONI, Paula A. *A evolução do direito comercial brasileiro*: da mercancia ao mercado. São Paulo: RT, 2009.

_____. *Os fundamentos do antitruste*. 8. ed. São Paulo: RT, 2015.

FORTUNY, Maria Alejandra. A virtualidade informática e o sistema financeiro: paradoxos iniludíveis da sociedade pós-moderna. In: ROVER, Aires José (org.). *Direito e informática*. Barueri, SP: Manole, 2004.

FRANÇA, Erasmo Valladão A. e N.; ADAMEK, Marcelo Vieira von. Empresa individual de responsabilidade limitada (Lei 12.441/2011): anotações. *Revista de Direito Mercantil, Industrial, Econômico e Financeiro*, São Paulo, Malheiros, n. 163, out./dez. 2012.

FRANCO, Vera Helena de Mello. *Manual de direito comercial*. 2. ed. São Paulo: RT, 2004.

_____. *Direito empresarial I*: o empresário e seus auxiliares, o estabelecimento empresarial, as sociedades. 3. ed. São Paulo: RT, 2009.

_____; SZTAJN, Rachel. *Direito empresarial II*: sociedade anônima, mercado de valores mobiliários. São Paulo: RT, 2009.

_____; SZTAJN, Rachel. *Falência e recuperação da empresa em crise*. Rio de Janeiro: Elsevier, 2008.

FRAZÃO, Ana. *Direito da concorrência*: pressupostos e perspectivas. São Paulo: Saraiva, 2017.

Referências

FRONTINI, Paulo Salvador. Títulos de crédito e títulos circulatórios: que futuro a informática lhes reserva? Rol e funções à vista de sua crescente desmaterialização. *Revista dos Tribunais*, São Paulo, RT, n. 730, ago. 1996.

GAGGINI, Fernando Schwarz. *A responsabilidade dos sócios nas sociedades empresárias*. São Paulo: LEUD, 2013.

GALBRAITH, John Kenneth. *Moeda*: de onde veio, para onde foi. Trad. de Antônio Zoratto Sanvicente. São Paulo: Pioneira, 1977.

GALGANO, Francesco. *Diritto civile e commerciale*. Padova: CEDAM, 1990.

_____. *Storia del diritto commerciale*. Bologna: Il Mulino, 1976.

GAMA CERQUEIRA, João da. *Tratado da propriedade industrial*. Rio de Janeiro: Forense, 1946. v. 1.

_____. *Tratado da propriedade industrial*. Rio de Janeiro: Forense, 1946. v. 2.

GOLDSCHMIDT, Levin. *Storia universale del diritto commerciale. Prima traduzione italiana a cura di Vittorio Pouchain e Antonio Scialoja*. Torino: Unione Tipografico-Editrice Torinense, 1913.

GRAU, Eros Roberto. *A ordem econômica na Constituição de 1988*. 14. ed. São Paulo: Malheiros, 2010.

GRINBERG, Reuben. *Bitcoin*: an innovative alternative digital currency. *Hastings Science & Technology Law Journal*, v. 4, p. 160–208, dez. 2011. Disponível em: <http://papers.ssrn.com/sol3/papers.cfm?abstract_id=1817857>. Acesso em: 6 jul. 2018.

GUERREIRO, Marcelo da Fonseca. *Seguros privados*: doutrina, legislação e jurisprudência. 2. ed. Rio de Janeiro: Forense Universitária, 2004.

GUIMARÃES, Deocleciano Torrieri. *Dicionário técnico jurídico*. 6. ed. São Paulo: Rideel, 2004.

HOLTZ, Sérgio Vieira. *Tudo sobre consórcio*. 2. ed. São Paulo: Hermes, 1989.

HOUAISS, Antonio. *Dicionário Houaiss da língua portuguesa*. Rio de Janeiro: Objetiva, 2009.

JO, Hee Moon. *Moderno direito internacional privado*. São Paulo: LTr, 2001.

KEYNES, John Maynard. *A teoria geral do emprego, do juro e da moeda*. Trad. de Mário R. da Cruz e Paulo de Almeida. São Paulo: Nova Cultural, 1996.

KURTZMAN, Joel. *A morte do dinheiro*: como a economia eletrônica desestabilizou os mercados mundiais e criou o caos financeiro. Trad. de Geni G. Goldschmidt. São Paulo: Atlas, 1994.

LACERDA, Paulo M. de. *Do contrato de abertura de crédito*. Rio de Janeiro: Jacintho Ribeiro dos Santos Editor, 1929.

LESSIG, Lawrence. *Cultura livre*: como a grande mídia usa a tecnologia e a lei para bloquear a cultura e controlar a criatividade. Trad. de Alexandre Boide et. al. São Paulo: Trama, 2005.

_____. *Code Version 2.0*. New York: Basic Books, 2006.

LI, Fengrong; ISHIKAWA, Yoshiharu. Simulation based analysis for a traceable p2p record exchange framework. In: HAMEURLAIN, Abdelkader; TJOA, A Min (orgs.). *Data management in grid and peer-to-peer systems*. Toulouse, France: Springer, 2011, p. 49-50. Disponível em: <http://booksee.org/book/1424964>. Acesso em: 11 jul. 2018.

LIMA, Alvino. *Culpa e risco*. São Paulo: RT, 1960.

LISBOA, Roberto Senise. *Manual de direito civil*: direito das obrigações e responsabilidade civil. 4. ed. São Paulo: Saraiva, 2009. v. 2.

LOBO, Jorge. Da recuperação judicial. In: TOLEDO, Paulo Fernando Campos Salles de; ABRÃO, Carlos Henrique (coords.). *Comentários à lei de recuperação de empresas e falência*. 4. ed. São Paulo: Saraiva, 2010.

LORENZETTI, Ricardo Luis. *Comércio eletrônico*. Trad. de Fabiano Menke. São Paulo: RT, 2004.

_____. *Teoria da decisão judicial*: fundamentos de direito. Trad. de Bruno Miragem. Notas de Cláudia Lima Marques. São Paulo: RT, 2009.

MACHADO, Silvio Marcondes. *Limitação da responsabilidade de comerciante individual*. São Paulo: RT, 1956.

_____. *Problemas de direito mercantil*. São Paulo: Max Limonad, 1970.

MAFFIOLETTI, Emanuelle Urbano. *O direito concursal das sociedades cooperativas e a lei de recuperação de empresas e falência*. Tese (Doutorado em Direito) – Faculdade de Direito da Universidade de São Paulo, São Paulo, 2010.

MALARD, Neide Terezinha. Cartel. In: BASTOS, Aurélio Wander (org.). *Estudos introdutórios de direito econômico*. Brasília: Brasília Jurídica, 1996.

MAMEDE, Gladston. *Direito empresarial brasileiro*: títulos de crédito. 2. ed. São Paulo: Atlas, 2005. v. 3.

_____. *Manual de direito empresarial*. São Paulo: Atlas, 2005.

_____; MAMEDE, Eduarda Cotta. *Holding familiar e suas vantagens*: planejamento jurídico e econômico do patrimônio e da sucessão familiar. São Paulo: Atlas, 2011.

MANDEL, Júlio Kahan. *Nova lei de falências e recuperação de empresas anotada*: Lei n. 11.101, de 9 de fevereiro de 2005. São Paulo: Saraiva, 2005.

MARINONI, Luiz Guilherme; ARENHART, Sergio Cruz. *Manual do processo de conhecimento*. São Paulo: RT, 2006.

MARQUES, Cláudia Lima. Diálogo das fontes. In: BENJAMIN, Antônio Herman V.; MARQUES, Cláudia Lima; BESSA, Leonardo Roscoe. *Manual de direito do consumidor*. 2. ed. São Paulo: RT, 2009.

MARTINS, Eliseu; GELBCKE, Ernesto Rubens; SANTOS, Ariovaldo dos; IUDÍCIBUS, Sérgio de. *Manual da contabilidade societária*. 2. ed. São Paulo: Atlas, 2013.

MARTINS, Fran. *Contratos e obrigações comerciais*. Rio de Janeiro: Forense, 1961. v. II.

_____. *Curso de direito comercial*: empresa comercial, empresários individuais, microempresas, sociedades comerciais, fundo de comércio. 31. ed. rev. e atual. Rio de Janeiro: Forense, 2008.

MARTINS, João Marcos Brito. *Direito de seguro*: responsabilidade civil das seguradoras. 2. ed. São Paulo: Forense Universitária, 2004.

MATIELLO, Fabrício Zamprogna. *Código Civil comentado*. 2. ed. São Paulo: LTr, 2005.

MEIRELLES, Hely Lopes. *Direito administrativo brasileiro*. 37. ed. São Paulo: Malheiros, 2011.

MOLLE, Giacomo. *I contratti bancari*: aggiornata alle norme bancarie uniformi e alla dottrina e giurisprudenza più recenti. 2. ed. Milano: Giuffrè, 1973.

MONTAÑO, Carlos. *Microempresa na era da globalização*: uma abordagem crítica. São Paulo: Cortez, 1999. (Col. Questões de nossa época, v. 69).

MORAES, Alexandre de. Agências reguladoras. In: MORAES, Alexandre de (org.). *Agências reguladoras*. São Paulo: Atlas, 2002.

NAKAMOTO, Satoshi. *Bitcoin*: a peer-to-peer electronic cash system. *White Paper*, 2008. Disponível em: <http://bitcoin.org/bitcoin.pdf>. Acesso em: 6 jul. 2018.

NEGRÃO, Ricardo. *Direito empresarial*: estudo unificado. São Paulo: Saraiva, 2008.

_____. *Manual de direito comercial e de empresa*. São Paulo: Saraiva, 2010. v. II.

NEGREIROS, Teresa. *Teoria do Contrato*: Novos paradigmas. 2. ed. Rio de Janeiro: Renovar, 2006.

NORONHA, Ilene Patrícia de. *Securitização de recebíveis comerciais e industriais*. Tese (Doutorado em Direito) – Faculdade de Direito da Universidade de São Paulo, São Paulo, 2004.

OLIVEIRA, Gesner; RODAS, João Gradino. *Direito e economia da concorrência*. Rio de janeiro: Renovar, 2004.

OLIVEIRA, J. Lamartine Corrêa de. *A dupla crise da pessoa jurídica*. São Paulo: Saraiva, 1979.

OPITZ, Silvia C. B.; OPITZ, Oswaldo. *Curso completo de direito agrário*. 6. ed. São Paulo: Saraiva, 2012.

PAIVA, Luiz Fernando Valente de. Da recuperação extrajudicial. In: PAIVA, Luiz Fernando Valente de (coord.). *Direito falimentar e a nova lei de falências e recuperação de empresas*. São Paulo: Quartier Latin, 2005.

PENTEADO, Mauro Rodrigues (coord.). *Títulos de crédito*: teoria geral e títulos atípicos em face do novo Código Civil, títulos de crédito eletrônico. São Paulo: Walmar, 2004.

_____. Disposições preliminares. In: SOUZA JUNIOR, Francisco Satiro de; PITOMBO, Antônio Sérgio A. de Moraes (coords.). *Comentários à lei de recuperação de empresas e falência*: Lei 11.101/2005. São Paulo: Revisa dos Tribunais, 2005.

_____. *Consórcios de empresas*. São Paulo: Pioneira, 1979.

PEREIRA, Alexandre Demetrius. *A empresa individual de responsabilidade limitada*. Disponível em: <http://www.blogdireitoempresarial.com.br/2011/06/empresa-individual-de-responsabilidade.html>. Acesso em: 11 jul. 2018.

PEREIRA, Caio Mário da Silva. *Instituições de direito civil*. 12. ed. Rio de Janeiro: Forense, 2006. v. III (Fontes das obrigações).

_____. *Responsabilidade civil*. 2. ed. Rio de Janeiro: Forense, 1991.

PINHEIRO, Armando Castelar; SADDI, Jairo. *Direito, economia e mercados*. Rio de Janeiro: Elsevier, 2005.

PINHEIRO, Patricia Peck; WEBER, Sandra Tomazi; OLIVEIRA NETO, Antonio Alves de. *Fundamentos dos negócios e contratos digitais*. São Paulo: RT, 2019.

PORTO, Patricia Carvalho da Rocha. *Indicações geográficas*: a proteção adequada deste instituto jurídico visando o interesse público nacional. Monografia (Especialização em Direito da Propriedade Industrial) – Universidade do Estado do Rio de Janeiro, Rio de Janeiro, 2007. p. 17. Disponível em: <http://denisbarbosa.addr.com/ig.pdf>. Acesso em: 20 jul. 2017.

RECHSTEINER, Beat Walter. *Direito internacional privado*: teoria e prática. 10. ed. São Paulo: Saraiva, 2007.

REQUIÃO, Rubens. Abuso de direito e fraude através da personalidade jurídica. *Revista dos Tribunais*, São Paulo, RT, n. 410, dez. 1969.

_____. *Curso de direito comercial*. 27. ed. São Paulo: Saraiva, 2008. v. 1.

_____. *Curso de direito comercial*. 25. ed. São Paulo: Saraiva, 2007. v. 2.

RESTIFFE, Paulo Sérgio. *Manual do novo direito comercial*. São Paulo: Dialética, 2006.

ROCCO, Alfredo. *Princípios de direito comercial*. São Paulo: Saraiva & Cia., 1931.

RODRIGUES, Silvio. *Direito civil*: dos contratos e das declarações unilaterais da vontade. 30. ed. São Paulo: Saraiva, 2004. v. 3.

_____. *Direito civil*: responsabilidade civil. 22. ed. São Paulo: Saraiva, 2009. v. 4.

SALAMA, Bruno Meyerhof. *O fim da responsabilidade limitada no Brasil* – história, direito e economia. São Paulo: Malheiros, 2014.

SALLES, Marcos Paulo de Almeida. Estabelecimento, uma universalidade de fato ou de direito?. *Revista do Advogado*, São Paulo, n. 71, ago. 2003.

SALOMÃO FILHO, Calixto. *A sociedade unipessoal*. São Paulo: Malheiros, 1995.

_____. *Direito concorrencial, as condutas*. São Paulo: Malheiros. 2003.

SCAFF, Fernando Campos. *Aspectos fundamentais da empresa agrícola*. São Paulo: Malheiros, 1997.

SCAFF, João Henrique de Almeida. *Patenteamento de genes humanos*: uma gota de esperança em um mar de incertezas. Rio de Janeiro: Lumen Juris, 2017.

SIDOU, J. M. Othon. *Dicionário jurídico*: Academia Brasileira de Letras Jurídicas. 9. ed. Rio de Janeiro: Forense Universitária, 2004.

SILVA, Alberto Luís Camelier da. *Concorrência desleal: atos de confusão*. São Paulo: Saraiva, 2013.

SILVEIRA, Newton. *A propriedade intelectual e a nova lei de propriedade industrial*. São Paulo: Saraiva, 1996.

_____. *Estudos e pareceres de propriedade intelectual*. Rio de Janeiro: Lumen Juris, 2008.

_____. *Licença de uso de marca (e outros sinais) no Brasil*. Tese (Doutorado em Direito) – Faculdade de Direito da Universidade de São Paulo, São Paulo, 1982.

_____. *Propriedade intelectual:* propriedade industrial, direito de autor, *software*, cultivares, nome empresarial. 5. ed. Barueri, SP: Manole, 2014.

SOARES, José Carlos Tinoco. *Lei de patentes, marcas e direitos conexos.* São Paulo: RT, 1997.

SOUZA, Silney de. *Seguros:* contabilidade, atuária e auditoria. São Paulo: Saraiva, 2002.

SOUZA, Sylvio Capanema de. *Direito do consumidor.* Rio de Janeiro: Forense, 2018.

SOUZA JUNIOR, Francisco Satiro de. Da recuperação extrajudicial. In: SOUZA JUNIOR, Francisco Satiro de; PITOMBO, Antônio Sérgio A. de Moraes (coords.). *Comentários à lei de recuperação de empresas e falência:* Lei 11.101/2005. São Paulo: RT, 2005.

STOCO, Rui. A responsabilidade por vício de qualidade e quantidade no Código de Defesa do Consumidor é objetiva ou subjetiva? *Revista dos Tribunais*, São Paulo, RT, v. 774, abr. 2000.

_____. *Tratado de responsabilidade civil.* 6. ed. São Paulo: RT, 2004.

STRENGER, Irineu. *Contratos internacionais do comércio.* 4. ed. São Paulo: LTr, 2003.

_____. *Direito internacional privado.* 6. ed. São Paulo: LTr, 2005.

SYDOW, Spencer Toth. *Curso de direito penal informático.* Salvador: JusPodivm, 2020.

SZTAJN, Rachel. *Teoria jurídica da empresa:* atividade empresária e mercados. 2. ed. São Paulo: Atlas, 2010.

_____; VERÇOSA, Haroldo Malheiros Duclerc. A disciplina do aval no novo Código Civil. *Revista de Direito Mercantil, Industrial, Econômico e Financeiro*, São Paulo, Malheiros, n. 128, out./dez. 2002.

_____; BAROSSI FILHO, Milton. Natureza jurídica da moeda e desafios da moeda virtual. In: SZTAJN, Rachel et. al. (coords.). *Direito empresarial:* estudos em homenagem ao professor Haroldo Malheiros Duclerc Verçosa. São Paulo: IASP, 2015.

TEIXEIRA, Tarcisio. *Direito digital e processo eletrônico.* 8. ed. São Paulo: Saraiva, 2024.

_____. *Manual da compra e venda:* doutrina, jurisprudência e prática. 3. ed. São Paulo: Saraiva, 2018.

_____. *Comércio eletrônico:* conforme o marco civil da internet e a regulamentação do *e-commerce* no Brasil. São Paulo: Saraiva, 2015.

_____; ARMELIN, Ruth Maria Guerreiro da Fonseca. *Lei Geral de Proteção de Dados Pessoais:* comentada artigo por artigo. 3. ed. Salvador: JusPodivm, 2021.

_____; ALICEDA, Rodolfo Ignácio; KASEMIRSKI, André Pedroso. *Empresas e implementação da LGPD – Lei Geral de Proteção de Dados Pessoais.* Salvador: JusPodivm, 2021.

_____; CHELIGA, Vinicius. *Inteligência artificial:* aspectos jurídicos. 3. ed. Salvador: JusPodivm, 2021.

_____; MAGRO, Américo Ribeiro (coords.). *Proteção de Dados:* fundamentos jurídicos. 2. ed. Salvador: JusPodivm, 2021.

_____; RODRIGUES, Carlos Alexandre. Blockchain e criptomoedas: aspectos jurídicos. 2. ed. Salvador: JusPodivm, 2021.

_____; BATISTI, Beatriz; SALES, Marlon. *Lei anticorrupção:* comentada dispositivo por dispositivo. São Paulo: Almedina, 2016.

_____; LIGMANOVSKI, Patricia Ayub da Costa. *Arbitragem em evolução:* aspectos relevantes após a reforma da lei arbitral. Barueri, SP: Manole, 2017.

_____; LOPES, Alan Moreira (coords.). *Direito das novas tecnologias:* legislação eletrônica comentada, *mobile law* e segurança digital. São Paulo: RT, 2015.

_____; _____. *Startups e inovação:* direito do empreendedorismo (*entrepreneurship law*). 2. ed. Barueri: Manole, 2020.

_____; _____; TAKADA, Thalles (coords.). *Manual jurídico da inovação e das startups.* Salvador: JusPodivm, 2019.

TOMASZEWSKI, Adauto de Almeida. *Direito civil, notarial & registral.* Curitiba: Camões, 2008.

TÔRRES, Heleno. *Direito tributário e direito privado:* autonomia privada, simulação, elusão tributária. São Paulo: RT, 2003.

TZIRULNIK, Luiz. *Empresas & empresários:* no novo Código Civil. 2. ed. rev., ampl. e atual. de acordo com a Lei 11.101/2005 (nova Lei de Falências). São Paulo: RT, 2005.

ULRICH, Fernando. *Bitcon:* a moeda na era digital. São Paulo: Instituto Von Misses Brasil, 2014.

VALLADÃO, Haroldo. *Direito internacional privado.* 5. ed. Rio de Janeiro: Freitas Bastos, 1983. v. 1.

VALVERDE, Trajano Miranda. *Comentários à lei de falências.* 4. ed. atualizada por J. A. Penalva Santos e Paulo Penalva Santos. Rio de Janeiro: Forense, 1999.

VASCONCELOS, Justino. *Das firmas e denominações comerciais.* Rio de Janeiro: Forense, 1957.

VAZ, Isabel. *Direito econômico da concorrência.* Rio de Janeiro: Forense, 1993.

VENOSA, Sílvio de Salvo. *Direito civil:* contratos em espécie. 9. ed. São Paulo: Atlas, 2009. v. III.

VERÇOSA, Haroldo Malheiros Duclerc. Agente fiduciário do consumidor em compras pela internet: um novo negócio nascido da criatividade mercantil. *Revista de Direito Mercantil, Industrial, Econômico e Financeiro.* n. 118. São Paulo, Malheiros, abr./jun. 2000.

_____. Arranjos e instituições de pagamento (regulamentação e crítica). *Revista de Direito Empresarial.* n. 1. São Paulo, RT, jan./fev. 2014.

_____. Atividade mercantil. Ato de comércio. Mercancia. Matéria de comércio. Comerciante. *Revista de Direito Mercantil, Industrial, Econômico e Financeiro.* n. 47. São Paulo, RT, jul./set. 1982 (Nova série).

_____. Breves considerações econômicas e jurídicas sobre a criptomoeda. Os bitcoins. *Revista de Direito Empresarial,* São Paulo, RT, v. 14, mar./abr. 2016.

_____. *Curso de direito comercial.* São Paulo: Malheiros, 2004. v. 1.

_____. *Curso de direito comercial.* São Paulo: Malheiros, 2006. v. 2.

_____. *Curso de direito comercial.* São Paulo: Malheiros, 2008. v. 3.

_____. *Curso de direito comercial.* São Paulo: Malheiros, 2011. v. 4. t. I.

_____. Das pessoas sujeitas e não sujeitas aos regimes de recuperação de empresas e ao da falência. In: PAIVA, Luiz Fernando Valente de (coord.). *Direito falimentar e a nova lei de falências e recuperação de empresas.* São Paulo: Quartier Latin, 2005.

_____. Falência – desconsideração da personalidade jurídica. *Revista de Direito Mercantil, Industrial, Econômico e Financeiro.* São Paulo, Malheiros, n. 120, out./dez. 2000.

_____. *Os "segredos" da arbitragem:* para empresários que não sabem nada (e para advogados que sabem pouco). São Paulo: Saraiva, 2013.

VIVANTE, Cesare. *Elementi di diritto commerciale.* Milano: Ulrico Hoepli, 1936.

WACHOWICZ, Marcos. A revisão da lei brasileira de direitos autorais. In: WACHOWICZ, Marcos; SANTOS, Manoel. J. Pereira dos (orgs.). *Estudos de direito de autor:* a revisão da lei de direitos autorais. Florianópolis: Fundação Boiteux, 2010.

ÍNDICE ALFABÉTICO-REMISSIVO

A

Abuso do poder de controle, 2.8.6.3.3.

Ação de anulação/substituição cambial, 3.2.8.3.

Ação declaratória de inexistência de débito e cancelamento de protesto (com pedido indenizatório e tutela antecipada), 3.2.8.5.

Ação de regresso, 3.2.8.2.

Ação monitória, 3.2.8.4.

Ação renovatória, 1.5.5.

Ação revocatória, 7.6.8.1.

Aceite, 3.2.2.

Acionista, 2.8.6.; minoritário, 2.8.6.2.; controlador, 2.8.6.3.

Ações: valores mobiliários, 2.8.5.; 2.8.4.; de fruição/gozo, 2.8.5.3.; ordinárias, 2.8.5.1.; preferenciais, 2.8.5.2.

Ações cambiais, 3.2.8.; meios de defesa, 3.2.8.6.; prescrição, 3.2.8.6.2.

Acordo de leniência, 6.3.3.5.

Administração: sociedade, 2.4.3.; 2.7.3.; sociedade anônima, 2.8.7.2.; governança corporativa, 2.8.11

Administradores: deveres, 2.8.7.2.3.; responsabilidade, 2.8.7.2.4.

Administrador judicial, 7.4.6.; 7.4.8.

Agência: contrato, 4.2.12.

Agências reguladoras, 6.3.2.

Agronegócio (empresa rural), 1.2.12.

Alienação de controle, 2.8.9.

Alienação fiduciária, 4.2.6.

Aplicativos (*softwares*), 5.7.1.

Apuração de haveres, 2.1.5.1.7.

Arbitragem, 4.3.

Arranjos de pagamento, 3.10.8.

Arrecadação, avaliação e custódia dos bens, 7.6.6.

Arrendamento mercantil, 4.2.5.

Assembleia: sócios, 2.7.5.1.

Assembleia especial (sociedade anônima), 2.8.7.1.3.

Assembleia geral (sociedade anônima), 2.8.7.1.; ordinária, 2.8.7.1.1.; extraordinária, 2.8.7.1.2.

Assembleia geral de credores, 7.4.9.

Assinatura digital, 3.7.1.; 3.9.; 4.2.20.

Atividade: artística, 1.2.5.1.; científica, 1.2.5.1.; empresarial, 1.2.4.; intelectual, 1.2.5.; literária, 1.2.5.1.; negocial, 1.1.3.1.

Atos de comércio, 1.1.1.1.

Atos *ultra vires*, 2.4.3.1.

Autofalência, 7.6.5.2.1.

Aumento de lucros, 6.3.3.3.4.

Autonomia patrimonial (separação patrimonial), 1.2.8.

Auxiliares (do comércio/do empresário), 1.7.3.

Aval, 3.2.4.; recuperação de empresas, 7.4.2.1.

Aval bancário, 4.2.8.3.

Aviamento, 1.5.1.

B

Baixa (extinção): sociedade, 2.1.5.
Balanço de resultado econômico, 1.8.1.1.
Balanço patrimonial, 1.8.1.1.
Bitcoin, 3.10.7.1.
Blockchain, 3.10.7.1.
BM&FBOVESPA (B3), 2.8.4.2.
Boa-fé, 2.4.3.1.1.
Boleto bancário, 3.4.3.; 3.10.4.
Bolsa de Valores (B3), 2.8.4.2.
Bônus de subscrição, 2.8.4.5.3.
B3 (BM&FBOVESPA), 2.8.4.2.
Built to suit (locação), 4.2.3.1.
Business judgment rule, 2.8.7.2.5.

C

CADE (Conselho Administrativo de Defesa Econômica), 6.3.3.1.
Capital integralizado, 2.7.1.
Capital social, 2.7.2.; aumento e redução, 2.7.2.
Capital subscrito, 2.7.2.
Cartão de crédito, crédito rotativo, consignado, 3.10.1.
Cartão de fidelidade (*private label*), 3.10.1.
Cartão de débito, 3.10.2.
Cartel, 6.3.3.3.3.2.
Cédula de crédito: imobiliário e bancário, 3.7.4.
Cédula de produto rural (CPR), 3.7.5.
Cédula e nota de crédito: rural, industrial, comercial e à exportação, 3.7.4.
Cédula imobiliária rural, 3.7.9.
Central de balanços (CB), 1.8.5.1.7.
Certificação eletrônica, 3.9.; 4.2.20.
Certificado de depósito agropecuário, 3.7.2.
Certificado de depósito bancário, 3.7.6.
Cessão de crédito, 3.2.3.1.
Cessão de marca, 5.9.2.
Cessão de patente, 5.9.1.
Cessão de quotas, 2.4.2.2.; 2.7.2.
CGSIM, 1.4.4.
Cheque, 3.3.; sustação e revogação, 3.3.3.
Cheque eletrônico, 3.3.10.; 3.10.2.
Cisão, 2.12.3.
Classificação dos créditos: falência, 7.6.2.
Cláusula compromissória, 4.3.1.
Clientela, 1.5.2.
Código Comercial de 1850, 1.1.1.3.1.
Código Comercial (Projeto de Lei), 1.1.8.
Código de Defesa do Consumidor (CDC), 4.1.8.1.
Comércio, 1.1.3.1.
Comércio eletrônico, 1.1.3.1.1.; 4.2.20.
Comissão de Valores Mobiliários (CVM), 2.8.4.4.

Comissão mercantil, 4.2.14.
Comitê de credores, 7.4.7.; 7.4.8.
Comitê Gestor do Simples Nacional, 1.4.4.
Commercial papers, 2.8.4.5.5.
Companhia, 2.8.; 2.8.2.
Compensação (cheque), 3.3.; por *smartphone*, 3.3.11.
Compliance, 8.1.
Compra e venda mercantil, 4.2.1.
Compromisso arbitral, 4.3.2.
Concessão mercantil, 4.2.16.
Concordata: preventiva, 7.2.2.; suspensiva, 7.2.1.
Concorrência desleal, 6.2.
Cônjuges: sociedade, 1.3.2.
Conhecimento de depósito, 3.7.1.
Conhecimento de transporte/frete/carga, 3.7.3.; eletrônico (CT-e), 1.8.5.1.10.
Conselho de administração, 2.8.7.2.1.
Conselho fiscal, 2.7.4.; 2.8.7.3.
Consórcio (aquisição de bens), 4.2.10.
Consórcio de sociedades, 2.11.6.
Consumidor, 4.1.8.; 6.3.1.4.
Conta-corrente, 4.2.8.2.2.
Conta poupança, 4.2.8.2.1.
Contabilidade eletrônica, 1.8.5.
Contabilidade empresarial, 1.8.
Contabilista (contador), 1.7.2.; responsabilidade, 1.7.2.1.
Contrato de abertura de crédito, 4.2.8.1.
Contrato de depósito bancário, 4.2.8.2.
Contrato eletrônico, 4.2.20.
Contrato empresarial: espécies, 4.2.; peculiaridades, 4.1.6.
Contrato empresarial, civil e de consumo: conceitos e distinções, 4.1.8.
Contrato: classificação, 4.1.7.; conceito, 4.1.1.; extinção, 4.1.4.; fases da contratação, 4.1.2.; teoria geral, 4.1.
Contratos bancários, 4.2.8.
Contratos internacionais, 4.2.21.
Contrato social, 2.4.1.; pacto separado, 2.4.1.2.
Controlador: acionista, 2.8.6.3.
Controle Fiscal Contábil de Transição (FCONT), 1.8.5.1.6.
Conversão, 2.12.1.
Cooperativas, 2.10.; falência e recuperação de empresas, 7.3.3.2.
Corporações de Ofícios e de Artes, 1.1.1.
Corretagem, 4.2.15.
Corretoras de títulos e valores mobiliários, 2.8.4.1.
Cotas (quotas) sociais, 2.7.2.
Cram down, 7.5.1.5.4.
Crédito documentário (documentado), 3.10.5.

Crédito rotativo (cartão de crédito), 3.10.1.1.

Créditos extraconcursais: falência, 7.6.3.

Credores retardatários, 7.4.4.1.

Crimes concursais falimentares, 7.7.

Criptoativos (ativos virtuais), 3.10.13.

Criptografia, 4.2.20.

CUB – Convenção da União de Berna, 5.1.

CUP – Convenção da União de Paris, 5.1.

D

Dano moral, 4.1.3.1.3.

Danos emergentes, 4.1.3.1.1.

Debêntures, 2.8.4.5.2.

Débito em conta, 3.10.2.

Decisões sociais, 2.4.3.2.; 2.7.5.; quóruns de votação, 2.7.5.2.

Declaração de Direitos de Liberdade Econômica, 1.1.5.1.

Decretação da falência, 7.6.5.; efeitos, 7.6.7.

Decreto-lei n. 7.661/45, 7.2.

Demonstrações contábeis, 1.8.1.

Denominação, 1.6.2.

Denominação de origem, 5.6.2.

Desacordo comercial, 3.3.3.

Desconsideração da personalidade jurídica, 2.1.4.1.; inversa (ou invertida), 2.1.4.1.1.

Desconto (bancário): operação, 4.2.8.4.

Desenhos industriais, 5.4.

Destinatário final, 4.1.8.1.1.

Devedor do INSS, 1.3.1.4.

Direito Comercial, 1.1.1.4.

Direito de regresso, 3.2.8.2.

Direito de retirada, 2.1.5.1.2.

Direito Empresarial: conceito, 1.1.2.; sub-ramos, 1.1.6.

Diretoria, 2.8.7.2.2.

Dissolução: sociedade, 2.1.5.; 2.4.6.; 2.7.7.

Distribuição: contrato, 4.2.12.

Dividendos, 2.8.6.1.

DNRC, 1.4.1.

DOC – Documento de Ordem de Crédito (transferência bancária), 3.10.3.

Documento Auxiliar da Nota Fiscal Eletrônica (DANFE), 1.8.5.1.7.1.

Domínio econômico (intervenção do Estado), 6.3.1.5.

DREI, 1.4.1.

Due diligence, 2.12.2.

Duplicata, 3.4.

Duplicata eletrônica (escritural), 3.4.3.1.

Duplicata virtual, 3.4.3.

E

E-marcas, 5.2.1.1.

E-patentes, 5.2.1.1.

EFD-Contribuições (PIS/COFINS), 1.8.5.1.4.

EFD-Social, 1.8.5.1.6.

EIRELI (Empresa individual de responsabilidade limitada), 1.2.9.

Elemento de empresa, 1.2.5.3.

Embargos à execução, 3.2.8.6.1.

Empreendedor individual, 1.2.11.

Empreitada (engineering), 4.2.19.

Empresa, 1.1.1.2.; 1.2.3.; 1.2.4.; Crise, 7.3.1.; preservação, 2.1.5.5.; 7.3.2.

Empresa Simples de Crédito (ESC), 3.1.1.

Empresário, 1.2.; inscrição, 1.2.6.; individual, 1.2.7.; irregular, 1.2.13.; rural (agronegócio), 1.2.12.; capacidade, 1.3.; conceito, 1.2.1.; estrangeiro, 1.3.1.5.; impedimentos, 1.3.1.; incapacidade, 1.3.1.; incapacidade superveniente, 1.3.1.6.; 2.1.5.1.4.; microempresa, 1.2.10.; obrigações, 1.2.6.

Endosso, 3.2.3.

Engineering (empreitada), 4.2.19.

EPP (empresário de pequeno porte), 1.2.10.; recuperação judicial, 7.5.2.

Escrituração contábil, 1.8.; a prova, 1.8.3.

Escrituração Contábil Digital (ECD), 1.8.5.1.1.

Escrituração Fiscal Digital (EFD), 1.8.5.1.2.

Estabelecimento, 1.5.

Estabelecimento: trespasse/alienação, 1.5.3.

Estabelecimento virtual, 1.5.6.

Estrangeiro: empresário, 1.3.1.5.

Exceção de pré-executividade, 3.2.8.6.1.

Exclusão de sócio, 2.4.5.; 2.7.6.

Execução judicial: títulos de crédito, 3.2.8.1.

Extinção (baixa): sociedade, 2.1.5.

F

Factoring, 4.2.7.

Falência, 7.6.; encerramento, 7.6.11.; juízo competente, 7.4.; cooperativa, 7.3.3.2.

Falência de sócio, 2.1.5.1.5.

Falido: direitos e deveres, 7.6.5.9.; extinção das obrigações, 7.6.12.; falido não reabilitado, 1.3.1.1.

Faturização, 4.2.7.

Fiança, 3.2.4.1.; recuperação de empresa, 7.4.2.1.

Fiança bancária, 4.2.8.3.

Filial: abertura, 2.4.1.5.

Firma, 1.6.1.

Fontes: Direito Empresarial, 1.1.4.

Fórum Permanente das Microempresas e Empresas de Pequeno Porte, 1.4.4.

Franquia, 4.2.11.

Frete (contrato), 4.2.18.

Função social da empresa, 2.1.5.5.; 2.8.6.3.2.

Funcionário público, 1.3.1.2.

Fundo de comércio, 1.5.4.

Fusão, 2.12.2.

G

GATT – Acordo Geral de Tarifas e Comércio, 5.1.4.

Gene humano, 5.3.3.

Gerente, 1.7.1.

Gestão de pagamento (pagamento caucionado), 3.10.5.

Gestor judicial, 7.5.1.8.1.

Governança corporativa, 2.8.11.

Grupos de sociedades (de fato e de direito), 2.11.5.

H

Habilitação de créditos, 7.4.4.

Haveres (apuração), 2.1.5.1.7.

Holding, 2.11.1.

Home banking (internet-banking), 3.10.3.

I

Impugnação de créditos, 7.4.5.

Inabilitação empresarial, 7.6.5.8.

Inadimplemento contratual, 4.1.3.

Incapacidade superveniente: empresário, 1.3.1.6.; 2.1.5.1.4.; exclusão de sócio, 2.1.5.1.

Incorporação, 2.12.2.

INCOTERMS (Termos Internacionais do Comércio), 4.2.21.2.

Indenização (protesto indevido), 3.2.8.5.

Indicação de procedência, 5.6.1.

Indicação geográfica, 5.6.

Infração da ordem econômica, 6.3.

INPI – Instituto Nacional da Propriedade Industrial, 5.2.1.

Inscrição do empresário, 1.2.6.

Insider trading, 2.8.7.2.3.

Insígnia, 1.6.4.

Instituições de pagamento, 3.10.8.

Internet, 1.1.3.1.1.; 4.2.20.

Internet-banking (home banking), 3.10.3.

Intervenção do Estado no domínio econômico, 6.3.1.5.

Invenções, 5.3.1.

J

Joint venture, 2.12.4.

Junta Comercial, 1.4.1.

K

Know-how: contrato, 5.9.

L

Leasing, 4.2.5.; valor residual garantido, 4.2.5.5.

Lei anticorrupção, 8.1.

Lei de Introdução ao Código Civil (LICC), 4.2.21.3.

Lei de Introdução às Normas do Direito Brasileiro (LINDB), 4.2.21.3.

Legislação estrangeira: aplicação, 4.2.21.3.

Letra de câmbio, 3.5.

Letra imobiliária garantida, 3.7.8.

Lex mercatoria, 4.2.21.1.

Liberdade Econômica (Lei da), 1.1.5.1.

Licença para exploração de patente, 5.9.1.

Licença para uso de marca, 5.6.3.

Limitação de responsabilidade, 1.2.8.

Liquidação: sociedade, 2.1.5.

Livre concorrência, 6.3.1.2.

Livre-iniciativa, 1.1.5.; 6.3.1.1.

Livros obrigatórios e facultativos, 1.8.2.

Locação mercantil, 4.2.3.; *built to suit*, 4.2.3.1.

Lucros: participação, 2.4.2.2.1.

Lucros cessantes, 4.1.3.1.2.

M

Mandato mercantil, 4.2.14.

Marcas, 5.5.; prazo, 5.5.10.; e-Marcas, 5.2.1.1.; marca sonora, olfativo-aromática, tátil e gustativa, 5.5.1.; princípios, 6.4.5., 6.4.6.

Marca de referência (consagrada), 5.5.9.

Marca tridimensional, 5.5.7.

Marca virtual, 5.5.8.

Marco Civil da Internet, 1.1.3.1.1.; 4.2.20.

Massa falida, 7.6.1.

ME (microempresa), 1.2.10. ; recuperação judicial, 7.5.1.

Mediação, 4.2.15.

MEI (microempreendedor individual), 1.2.11.

Meios de pagamento, 3.10.

Mercado, 1.2.3.

Mercado de Balcão, 2.8.4.3.

Microempresário, 1.2.10.; recuperação judicial, 7.5.1.

Militar, 1.3.1.3.

Minoritário: acionista, 2.8.6.2.

Modelos de utilidade, 5.2.2.

Moedas digitais, 3.10.7.

Monopólio, 6.3.3.3.3.1.

Monopsônio, 6.3.3.3.3.1.

Morte de sócio, 2.1.5.1.1.

M&A – mergers and acquisitions, 2.12.2.

N

NFC – *Near Field Communication*, 3.10.5.

Nome empresarial, 1.6.

Nome fantasia, 1.6.3.

Nota comercial, 3.7.9.

Nota Fiscal eletrônica, 1.8.5.1.3.; estadual, 1.8.5.2.1.; municipal, 1.8.5.2.2.

Índice alfabético-remissivo

Nota promissória, 3.6.
Novação (recuperação de empresa), 7.5.1.5.4., 7.4.2.1.

O

Obrigações do empresário, 1.2.6.
Obrigações do falido: extinção, 7.6.12.
Offshore, 2.11.1.
Oligopólio, 6.3.3.3.3.1.
Oligopsônio, 6.3.3.3.3.1.
OMC – Organização Mundial do Comércio, 5.1.4.
OMPI – Organização Mundial da Propriedade Intelectual, 5.1.3.
OPA – oferta pública de aquisição do controle, 2.8.10.
Ordem econômica: infração 6.3., Constituição Federal, 6.3.1.

P

Pagamento, 3.2.6.; meios de pagamento, 3.10.
Pagamento caucionado (gestão de pagamento), 3.10.6.
Pagamento dos credores: falência, 7.6.10.
Pagamentos (novos meios: por aproximação, instantâneo, débito direto autorizado – DDA, cartão de crédito virtual, PIX), 3.10.
Parceria público-privada, 4.2.22.
Par conditio creditorum (princípio), 7.6.2.
Partes beneficiárias, 2.8.4.5.4.
Partilha: sociedade, 2.1.5.4.
Patentes, 5.3.; prazo, 5.3.1.1.; 5.3.2.1.; e-patentes, 5.2.1.1.; *pipeline*, 5.3.4.1.; Prioridade BR, 5.2.1.3.
Patentes verdes, 5.2.1.2.
Patentes MPE (micro e pequena empresa), 5.2.1.3.
PCT – Tratado de Cooperação em Matéria de Patentes, 5.1.6.
Pedido de restituição, 7.6.4.
Penhora (quotas, ações, empresa, estabelecimento, faturamento e lucro), 2.1.6.
Pequeno empresário, 1.2.10.
Perdas e danos, 4.1.3.1.
Perfis da empresa, 1.2.3.
Personalidade jurídica, 2.1.4.
Pipeline (patentes), 5.3.4.1.
PIX, 3.10.13.
Poder de controle, 2.8.6.3.1.; abuso, 2.8.6.3.3.
Ponto, 1.5.4.
Preço (regras para afixação e diferenciação), 4.2.1.1.
Prejuízos: participação, 2.4.2.2.1.
Prepostos, 1.7.
Preservação da empresa (princípio), 2.1.5.5.; 7.3.2.
Prestação de serviço empresarial, 4.2.2.
Princípio da especialidade/especificidade (marca), 5.5., 5.5.5.
Princípio da territorialidade (marca), 5.5.6.

Prioridade BR (patente), 5.2.1.3.
Projeto de Código Comercial, 1.1.8.
Pro labore, 2.1.2.
Propriedade industrial, 5.2.
Protesto, 3.2.7.
Protesto especial (falimentar), 7.6.5.3.

Q

Quotas (cotas) sociais, 2.7.2.

R

Realização do ativo, 7.6.9.
Recuperação de empresas, 7.5.; juízo competente, 7.4.1.; cooperativa, 7.3.3.2.
Recuperação de microempresas e empresas de pequeno porte, 7.5.2.
Recuperação extrajudicial, 7.5.3.
Recuperação judicial, 7.5.1.
REDESIM, 1.4.3.
Registro, 1.4.
Registro Civil das Pessoas Jurídicas, 1.4.2.; 2.4.1.3.
Registro Público de Empresas Mercantis, 1.4.1.
Reorganização societária, 2.12.
Representação comercial, 4.2.13.
Resolução de contratos bilaterais e unilaterais, 7.6.7.1.
Responsabilidade pessoal de sócio, 7.6.10.1.
Reunião: sócios, 2.7.5.1.

S

Saque, 3.2.1.
SCPC, 3.2.7., 3.3.3.
Securitização de crédito, 4.2.9.
Segredo empresarial, 5.2.2.
Segredo industrial, 5.2.2.
Seguro, 4.2.17.; patrimonial, 4.2.17.1.; pessoal, 4.2.17.2.
Separação patrimonial (autonomia patrimonial), 1.2.8.
SERASA, 3.2.7., 3.3.3.
Shopping center, 4.2.4.
Sinais distintivos, 5.5.1.
Smartphone (compensação de cheque), 3.3.11.
Sociedade anônima, 2.8.; aberta, 2.8.3.2.; fechada, 2.8.3.1.; simplificada (SAS), 2.8.
Sociedade controlada, 2.11.2.
Sociedade controladora (*holding*), 2.11.1.
Sociedade de grande porte, 2.15.
Sociedade de simples participação, 2.11.4.
Sociedade dependente de autorização, 2.14.
Sociedade em comandita por ações, 2.9.
Sociedade em comandita simples, 2.6.

Sociedade em comum, 2.2.

Sociedade em conta de participação, 2.3.

Sociedade em nome coletivo, 2.5.

Sociedade empresária, 1.2.8.

Sociedade entre cônjuges, 1.3.2.

Sociedade estrangeira, 2.14.2.

Sociedade filiada, 2.11.3.

Sociedade limitada, 2.7.

Sociedade nacional, 2.14.1.

Sociedade simples, 2.4.

Sociedades, 2.1.; classificação, 2.1.7.; resolução, 2.4.5.

Sociedades coligadas (grupos de fato e de direito), 2.11.

Sociedades corretoras, 2.8.4.1.

Sócios: direitos e obrigações, 2.4.2.; falta grave, 2.1.5.1.3.; morte de sócio, 2.1.5.1.1.; responsabilidade pessoal, 7.6.10.1.

Software: contrato, aplicativos, *software* embarcado, 5.7.1.

SPE – Sociedade de propósito específico, 2.13.

SPED – Sistema Público de Escrituração Digital, 1.8.5.1.

Spread bancário, 4.2.8.2.1.

Startup (Marco Legal), 1.2.14.

Stay period (prazo de suspensão), 7.4.2.

Subsidiária integral, 2.8.8.

Sucessão tributária, trabalhista e acidentária: falência, 7.6.9.3.

T

Tag along, 2.8.9.

Take over, 2.8.10.

TED – Transferência Eletrônica Disponível (operação bancária), 3.10.3.

Teoria da aparência, 2.4.3.1.2.

Teoria da perda da chance, 4.1.3.1.4.

Teoria poliédrica, 1.2.3.

Teoria *ultra vires*, 2.4.3.1.1.

Termo legal da falência, 7.6.5.7.

Termos Internacionais do Comércio (INCOTERMS), 4.2.21.2.

Título de crédito eletrônico, 3.9.

Título de estabelecimento, 1.6.3.

Títulos de crédito, 3.1.; classificação, 3.1.7.; Código Civil, 3.8.; prescrição, 3.2.8.6.2.; princípios, 3.1.6.

Transferência de tecnologia, 5.9.

Transformação, 2.12.1.

Transgênicos, 5.3.3.

Transporte, 4.2.18.; cumulativo, 4.2.18.3.; de coisas, 4.2.18.2.; de pessoas, 4.2.18.1.

Trapicheiro, 1.7.3.

Trava bancária, 7.5.1.1.1.

Triplicata, 3.4.1.; 3.2.7.

TRIPS – Acordo Relativo aos Aspectos do Direito da Propriedade Intelectual Relacionados com o Comércio, 5.1.5.

Tutela antecipada (protesto indevido), 3.2.8.5.

U

Unificação dos diplomas obrigacionais, 4.1.5.

Usos e costumes, 1.1.4.1.

V

Valores mobiliários, 2.8.4.

Vencimento, 3.2.5.

Verificação de créditos, 7.4.3.

W

Warrant: título de crédito, 3.7.1.

Warrant agropecuário, 3.7.2.